보건교사 길라잡이

5 아동·여성·정신

신희원 편저

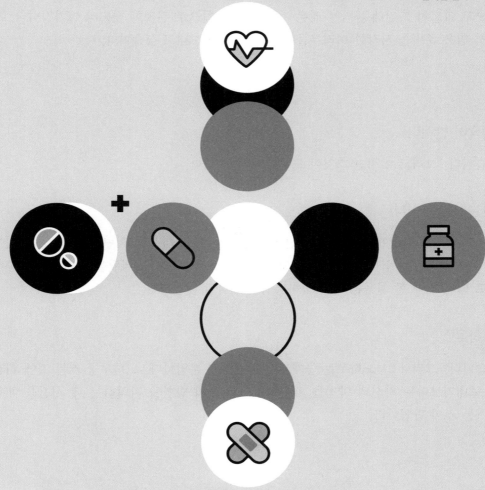

동영상강의 www.pmg.co.kr

박문각 임용

박문각

머리말

반갑습니다. 신희원입니다.

25년 전 임용고시를 치르고 보건교사로 임용되었던 순간이 떠오르면 저는 지금도 감명 받습니다. 간호사의 생활도 좋지만, 삶의 방향을 용기 있게 턴해서 완전히 다른 방향으로 과감히 도전해 본다는 것은 자신의 삶에 참으로 진지한 태도라 여겨집니다. 그래서 임용 준비를 시작한 여러분들에게 큰 박수를 보내고 싶습니다.

시작이 반이다!

맞습니다. 그리고 어쩌면 그것이 모두일 수 있습니다.

간절함이 답이다!

보건교사 임용고시에 합격을 하려면 엄청나게 많은 노하우가 저변에 깔려 있을 것이란 의구심이 들 것입니다. 간절함을 키우십시오. 그 간절함이 떨림을 가져오고 신중해지고 되기 위해 할 일들을 하나씩 하나씩 채워나갈 것입니다.

노하우?

있습니다. 그러나 그 노하우는 공개되어진 전략일 뿐입니다. 노하우를 캐는 것에 시간을 보내기보다는 자신의 약점을 채우고 임용고시의 방향을 파악하는 데 시간을 채워나가는 것이 답입니다.

지피지기면 백전백승이다!

자기 자신을 알아야 합니다. 자신이 어떤 부분에 약체인지를 파악해 나가야 합니다. 예를 들면 암기는 잘하지만, 서술을 충분히 하지 않는 경향이 보이는 분들이 많습니다. "IN PUT"을 위한 수많은 노력을 하는 이유는 "OUT PUT"을 잘 하기 위함입니다. 애석하게도 많은 분들이 "IN PUT"에 더 무게중심을 두고 아쉬운 결과를 향해 가는 경우를 많이 보아왔습니다. 문제가 요구하는 답안의 방향을 정확히 파악하고, 키워드를 쓰고, 그 근거를 채워나가기 위해서는 내용의 숙달된 이해도가 있어야만 가능합니다.

그래서 신희원 본인이 여러분의 보건교사 임용을 도와줄 수 있는 부분은 다음과 같습니다.

- 핵심키워드, 우선순위 내용 파악을 위한 구조화 학습을 통해 여러분의 이해도를 제대로 증진시켜줄 수 있다!
- 문제를 읽어내는(파악하는) 능력을 키워줄 수 있다!
- 가장 중요한 "OUT PUT"을 잘하게 해줄 수 있다!

여러분과 이 한 해를 함께 발맞추어 나아가 꼭 합격의 라인에 같이 도달합시다.
꿈은 이루어진다! 여러분을 응원합니다.

신희원

차례

Part 1 아동청소년간호학

Part 2 학교여성간호학

신희원

보건교사 길라잡이

5 아동·여성·정신

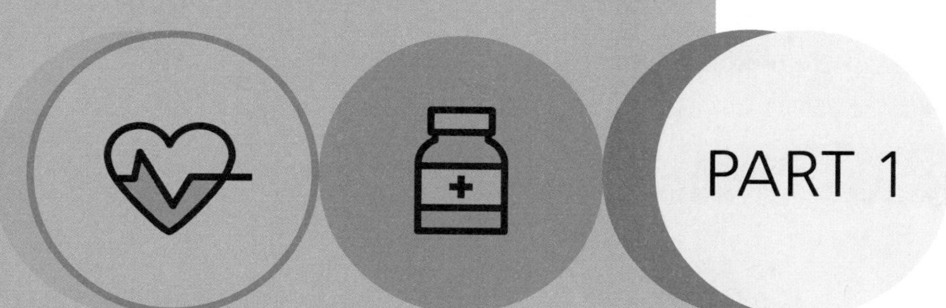

아동청소년 간호학

출제경향 및 유형 (아동의 발달단계별 특성)

1992학년도	Erikson의 정서발달단계, 제1대구치 연령
1993학년도	학령기(7～12세)의 성장발달단계(Erikson, Freud, Piaget), 성 역할이나 성 유형이 뚜렷해지는 시기
1994학년도	건강한 1세 유아의 신체적 발달과업, 유아(1～3세)의 대소변 훈련
1995학년도	에릭슨의 학령기(6～12세)의 과업
1996학년도	성장통, 신생아 관리의 4대 원칙, 영아기수분전해질 특징
1997학년도	
1998학년도	
1999학년도	
후 1999학년도	프로이드 · 에릭슨 · 피아제 이론에서 14～16세에게 적용되는 단계
2000학년도	
2001학년도	
2002학년도	
2003학년도	
2004학년도	
2005학년도	
2006학년도	
2007학년도	유아의 발달특성(분노발작, 퇴행)
2008학년도	학령전기 아동의 인지발달특성, 콜버그의 도덕발달
2009학년도	아동의 정상 성장발달을 평가(한국형 Denver Ⅱ), 성장발달 단계별 신체적 발달특성
2010학년도	에릭슨이 제시한 심리 사회발달의 특성
2011학년도	프로이드, 콜버그 및 피아제의 이론에 근거한 행동특성별 발달단계
2012학년도	한국형 덴버 Ⅱ 검사 결과(정상, 주의, 지연), 통증사정 도구
2013학년도	
2014학년도	
2015학년도	보울비(J. Bowlby) 이론에 근거한 애착의 4단계
2016학년도	프로이드의 심리성적 발달이론, 배변훈련과 성격형성, 방어기제(퇴행)
2017학년도	미숙아의 Apgar Score, 캥거루돌보기
2018학년도	놀이 유형
2019학년도	태너의 성적성숙단계
2020학년도	
2021학년도	아프가점수, 마유, 포유반사
2022학년도	거부반응, 퇴행
2023학년도	

01 아동의 발달단계별 특성

01 아동의 성장과 발달

1 성장 발달의 형태

(1) 성장 발달의 개념

성장	• 신체의 양적 증가 • 생물학적인 변화(세포가 분열하고 새 단백질을 합성) • 몸무게, 키, 골격 등의 크기가 변하는 현상
발달	• 성장에 따르는 기능적인 과정으로 질적인 측면에서의 변화 • 질적 변화: 아동이 다양한 기술과 기능을 획득하는 순차적인 과정 • 점진적 변화와 증가로 낮은 단계에서 복잡한 단계로 진행됨(언어 습득 연령별 변화) • 모체에서 수정된 순간부터 죽음에 이르기까지 전 생애를 통해 일어나는 신체, 정신 및 심리적인 변화양상과 과정을 의미함 → 엄밀히 말하면 발달은 성장, 성숙, 학습보다 더 광범한 개념으로 성장, 성숙, 학습을 통하여 이루어지는 것
성숙	• 학습, 환경요인보다 유전요인인 내적 요인에 의한 변화로 구조와 기능이 정밀해짐 • 높은 수준으로 기능하도록 신체 구조에 변화가 일어나며, 능력과 적응성 증가, 나은 쪽으로 질적인 변화를 가져옴(중추신경계의 성숙)
분화	• 초기 세포와 조직 구조가 체계적으로 수정·변화되는 과정의 생물학적인 특성 • 단순한 행동과 기능에서 복잡한 행동과 기능으로 발달 • 전체에서 특정한 부분으로 분화하는 경향이 있음 • 일반적 발달에서 특정의 분화된 발달

- 성숙(maturation) : 유전적 특성에 의한 개인의 발달패턴과 방향에 따라 진행되는 과정
- 학습(learning) : 훈련이나 연습 등 환경에서의 직간접적인 경험에 의해 나타나는 발달적 변화

(2) 성장과 발달의 양상(기본원리)

<table>
<tr><td>상호관련성,
복합성</td><td colspan="2">• 성장발달의 각 영역은 상호 밀접한 연관성이 있음
• 성장 발달에 있어 유전적 요인과 환경적 요인의 다양한 영향을 받음</td></tr>
<tr><td rowspan="3">방향성 원칙
(경향)</td><td>두미
발달 원칙</td><td>• 머리에서 발 방향으로의 성장과 발달(신경의 수초화)이 진행됨
• 유기체의 끝인 머리부분은 제일 먼저 발달하고, 가장 크고 복잡한 반면, 아랫부분의 끝은 작고 단순하며 가장 나중에 형성됨
예 영아는 몸통이나 사지보다는 머리부분의 운동조절을 먼저 성취하고, 서기 전에 등을 먼저 곧게 세우고, 손보다는 눈을 먼저 사용하고, 발을 조절하기 보다는 손을 먼저 조절함(머리를 조절하여 목을 가누고, 차츰 등과 몸통을 가누면서 앉을 수 있게 됨)</td></tr>
<tr><td>근원
발달 원칙</td><td>• 몸의 근거리에서 원거리 방향으로의 진행(중심에서 말단부)
• 심장에서 가까운 곳에서 먼 말초부로 발달(팔 → 손목 → 손 → 손가락)</td></tr>
<tr><td>세분화 원칙
(분화)</td><td>• 일반적이고 전체적인 활동에서 세분화된 활동으로 발달함
• 처음에는 전체적 활동만 가능하다가 점차 정교한 활동까지 발달하게 됨 (단순 → 복잡)</td></tr>
<tr><td>연속성</td><td colspan="2">• 명확하게 예측 가능한 발달순서가 있음
• 연속적 · 규칙적 변화를 특징으로, 점진적 형태를 가짐
예 아동 후기 성격: 인생 초반기 신뢰의 기반 위에, 걷기 전에 기어 다님</td></tr>
<tr><td>결정적 시기
(결정적, 민감,
취약, 최적)</td><td colspan="2">• 아동의 신체발달이나 정신적 발달이 급격히 이루어지는 특정한 시기가 있음
• 이 시기에 환경적 장애로 인해 정상 발달이 이루어지지 않으면 해당영역의 발달결함을 계속 지속시킬 가능성이 크다는 의미에서 '결정적 시기'라고 함
• 발달의 양상을 위한 최대한의 능력이 처음으로 제시되거나 발달되어 질적 구조가 빠르게 성장하는 시점으로 민감기(sensitive period)라고도 함
• 환경의 영향 크게 받음, 학습이 이루어질 가능성이 극대화 되는 시기
→ 결정적 시기에 적절한 환경에 노출되지 못하면 돌이킬 수 없는 발달결함 초래
예 생후 1년간 신뢰감 형성이 되지 않으면 성장 후 타인과의 대인관계가 어려움</td></tr>
<tr><td>개인차</td><td colspan="2">• 성장발달은 유전과 환경의 상호작용과정으로 아동별로 성장발달 속도 · 형태에 독특한 양상을 보임
– 성장발달이 모든 아동에게 동일한 속도로 진행되지는 않음
– 개별아동은 각자 나름대로의 성장률을 가지고 있음
• 평균적 발달 표준에 맞추어 아동의 발달 상태를 정상, 비정상으로 판단하는 것은 위험</td></tr>
<tr><td>분화와 통합의
원리</td><td colspan="2">미분화된 일반적인 것에서 특수, 세밀한 것으로 분화되면서 통합상태로 진행
예 전체운동에서 미세운동으로, 신체발달/지적발달/사회성발달/성격발달/정서발달이 독립적이지 않고 상호 관련되어 통합된 전체로 발달</td></tr>
</table>

> • 목을 가누고 다음에 허리를 가눈다.
> • 몸통 성장 후에 다리가 성장한다.
> • 척수 유수화가 이루어지고 나서 대소변을 가린다.
> • 파악반사 소실 후에 의도적인 쥐기 반사를 한다.
>
> 성장과 발달은 연속적으로 규칙적이며, 일정하고 예측 가능한 양식이 있다. 이러한 양식과 경향은 모두에게 보편적이고 기본적이지만 각 개인별로 독특성을 가진다. 발달 방향의 유형은 근위부에서 원위부로(머리에서 아래 방향으로), 몸통에서 사지로, 단순한 동작에서 복잡한 행동으로(분화) 진행된다. 반사적인 행위가 소실된 후 의도적인 행위가 이루어진다.

(3) 신체적 성장

신체 성장의 지표	• 신생아와 영아의 체중, 신장, 머리둘레, 가슴둘레 • 생후 12개월 동안은 빠르게 성장한다.
일반적 신체 성장	• 신체부위, 기관별 성장비율이 각기 다르다. • 성장률은 영아기와 사춘기에 가장 빠르다.
뇌 성장	출생 후 2년간 상당히 성장한다. • 신경계는 영아기 동안 계속 성숙해 나가기 때문에, 머리둘레는 뇌 성장의 지표가 된다. • 6개월에 성인 뇌 무게의 절반으로 자란다. • 12개월에는 출생 시의 2.5배가 된다. • 대천문은 빠른 뇌 성장과 균형을 맞추기 위해 12~18개월까지 열려 있다. • 대체로 신경계는 첫 1년 동안 엄청나게 성숙(수초화)한다. • 생후 2년 동안 끊임없이 척수와 신경의 수초화가 이루어진다. • 첫 몇 개월 동안 반사 행동은 목적 있는 행동으로 변화된다. • 신경의 성장은 학령전기까지 가장 빠르며 그 후에는 거의 정지 상태를 유지한다.
임파조직	12세까지 빨리 성장한 후 오히려 위축하는 경향이 있다.
생식기 성장	사춘기에 이르기 전까지는 매우 느리나 사춘기부터 급격히 성장한다. 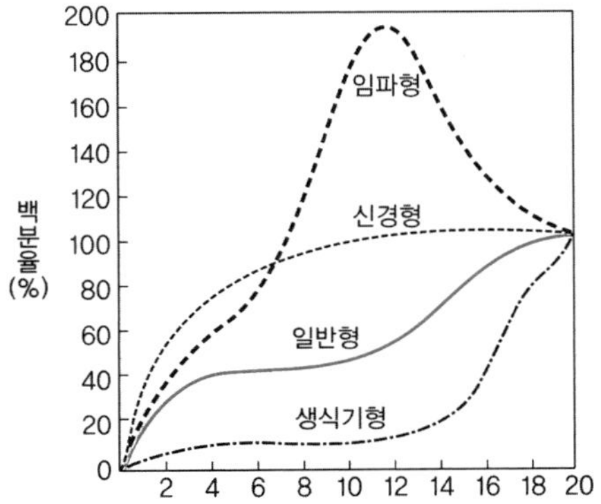

	일반형	키, 체중, 호흡기, 소화기, 신장, 심장, 비장 근육 및 골 전체의 무게, 혈액량 등이 일반형에 속한다. S자형 패턴을 보이며 영아기, 사춘기에 급성장한다.
	신경형	뇌, 척수, 시각기, 두이 등이 신경형에 속하며 출생초기부터 급성장하여 4세 경에 이미 성인수준의 80%에 달한다.
	림프형	가슴샘, 림프절, 편도 등의 림프 조직의 성장유형이며, 10~12세경에 성인의 2배에 달했다가 이후 점차 퇴축하여 18세경에 성인 수준이 된다.
	생식기형	생식기, 유방, 음모, 자궁, 전립샘 등이 생식형 성장을 하는데, 사춘기부터 급속히 성장하여 16~18세에 성인 수준에 도달한다.

| 기관별 성장 |

머리둘레	• 만삭 신생아의 평균 머리둘레는 33~35cm(13~14inch)로, 가슴둘레보다 2.5cm 정도 더 크다. 머리둘레는 첫 6개월 동안 빠르게 성장하여 한 달에 평균 1.5cm 정도 자란다. 6~12개월 영아의 머리둘레는 평균 0.5cm 자란다. • 정상 두위의 범위 = $\left(\frac{\text{신장(cm)}}{2}+9.5\right)\pm 2.5$
가슴둘레	• 평균 가슴둘레는 30.5~33cm(12~13inch)이다. • 아동이 성장하면서 가슴둘레도 꾸준히 증가한다.
체중	출생 시 평균 체중은 3,400g(7.5lb)이며, 생후 5일 동안 체중의 10%가 줄어든다. 그 이후 신생아의 체중은 하루에 평균 20~30g씩 늘어 10~14일 안에 출생 시 체중으로 돌아온다. 대부분의 영아는 4~6개월쯤 출생체중의 2배가 되고, 1세에는 3배가 된다.
신장	생후 5년에는 출생 시의 2배이다.
근육발달	• 두부에서 미부로(cephalic caudal): 머리 → 다리 • 중심부에서 말초부로(proximal distal): 체간 → 사지 • 일반적인 운동에서 특수 운동으로 • 전체적인 동작에서 국소적 동작으로

02 성장발달이론

1 피아제(Jean Piaget)의 인지발달이론 [1999 · 2008 · 2011 기출]

(1) 특징

특징	항상 어떤 형태에는 일정한 발달적 특징이 있음
고정된 요소	단계적 개념, 조직, 적응, 균형, 동화 및 조절 등
이론개념	• 피아제에 의하면, 지능은 생존가능성을 증가시키기 위해 개인이 환경에 적응하도록 하고 그들의 행동을 통해 개인을 완성시키고 환경과 균형을 유지하도록 함 • 감각운동기, 전조작기, 구체적 조작기, 형식적 조작기의 네 단계로 제시됨

(2) 이론개념

이론개념	개념
도식 (schema)	• 환경에 효과적으로 적응해 나가는 방법 • 사물이나 사건에 대한 전체적인 윤곽 • 인지구조의 기본단위, 지적구조, 지각의 틀, 반응의 틀 • 적응과정을 통해 새로운 도식개발 및 기존 도식의 변화 초래
적응 (adaptation)	• 인지구조가 환경적 요구에 맞춰가는 것 • 환경과의 직접적 상호작용을 통해 도식이 변화하는 과정 • 동화와 조절의 2가지 차원이 있음(정보를 동화하고 조절하는 이중적 과정) **동화 (assimilation)**: • 새로운 지식, 경험, 개념을 기존의 도식들로 받아들이는 통합과정 • 이미 가지고 있는 도식에 따라 새로운 정도를 이해하려는 것 **조절 (accommodation)**: • 새로운 정보나 경험에 맞춰 자신의 인지 구조를 수정하는 것 • 새로운 상황을 해결하기 위해 이미 가지고 있는 도식들을 변화시키고 새로 형성하는 것
조직 (organization)	• 모든 지적과정을 체계화하고 결합하고 통합 • 인지구조가 환경적 요구에 맞춰가는 도식 간의 적절한 상호관계
평형 (equilibration)	• 동화와 조절 사이의 인지적 균형 유지 • 효과적 도식을 만드는 것 • 발달은 인지체계와 외부세계 간에 안정된 평형을 추구하는 것
발달기제	• 조직, 적응, 평형의 원리하에서 발달이 이루어짐

(3) 발달단계별 특성

단계/시기	연령대	특성
감각운동기	출생~2세	분리, 대상영속성, 상징 사용
반사기	출생~1개월	예상할 수 있는 선천적 생존 반사행동(빨기, 움켜잡기)
1차 순환반응기	1~4개월	자극에 의도적으로 반응함, 만족하는 행동을 시작하고 되풀이함(싫고 좋은 감각 구분)
2차 순환반응기	4~8개월	계획된 행동(소리를 들으려고 딸랑이를 흔듦)으로부터 배움, 운동능력/시력이 협동적이 되어 환경에 흥미 증가, 친숙한 것과 낯선 것을 구별함, 정서표현
2차 도식의 협응기	8~12개월	물체의 영속성(대상영속성)을 발달시킴, 계획된 목표로의 행동을 추진(물체를 떨어뜨리고, 던지고, 시험해봄), 다른 사람의 행동을 예상함(양육자가 오면 욺), 친숙한 것과 낯선 것을 구별함, 까꿍놀이, 목적지향적 행동
3차 순환반응기	12~18개월	새로운 것이나 반복하는 것에 흥미를 느낌, 물체가 시야에서 벗어나도 지각함, 인과관계를 이해함, 다른 사람의 도움을 위해 졸라댐, 문제해결능력을 발견하며, 주변 물체의 움직임을 탐색, 상징적 모방
정신적 결합기	18~24개월	간단한 문제는 해결함, 모방함, 연관된 경험에 인과성 추론, 친숙한 물체에 이름을 붙이고 위치를 찾음, 관찰이 일어나고 행동을 모방, 상징적이거나 의식적인 놀이를 할 때 결과를 예측
전조작기	2세~7세	-
전개념기	2세~4세	자기중심적 생각(얼굴 가리고 "엄마, 나 안 보이지?"), 심상 이미지, 언어 사용의 증가, 상징적인 놀이
직관적 사고기 [2008 기출]	4~7세	세련된 언어 구사, 자기중심주의 감소, 끊임없는 질문, 현실에 바탕을 둔 놀이, 흑백논리, 직관적 사고, 비가역성, 변환추리, 마술적 사고, 물활론, 현실중심적인 놀이, 상징놀이(상징성 사고), 역할놀이
구체적 조작기	7세~11세	관계, 분류, 보존(질량, 무게, 부피), 서열화, 동일성, 보상성, 가역성을 이해함, 논리적 추리의 한계성(관찰이 가능한 구체적 사건이나 사물에 한정), 귀납적 사고 → 연역적 사고, 덜 자기중심적인 생각(탈중심화)
형식적 조작기	11세 이상	• 체계적이고 추상적인 생각을 할 능력이 있음(논리성, 추상력, 상상력 최고의 수준) • 가설적, 연역적 사고, 이상주의적 사고 • 현실에서부터 미래의 가능성과 관련된 상상을 함, 미래계획 가능 • 수학, 과학의 원리에 이해력을 바탕으로 개인의 가치관과 규칙 세우기 가능(종합적 사고 가능) • 언어발달: 함축된 개념, 비유, 풍자, 패러디의 이중의미

(4) 구제적 조작기의 개념

구제적 조작기의 개념	• 조작이란 정보의 전환을 이해하는 가역적 정신활동을 의미한다. • 이 시기에 어떤 사건이나 행동을 표현할 수 있는 정신적 개념화가 가능해져 논리적으로 조작할 수 있다. • 구체적 조작기는 자기중심적 사고에서 벗어나 다른 사람의 관점에서 사물을 볼 수 있으며, 어떤 사건의 현상이나 결과보다는 ⇒ 원인에 근거하여 판단하는 과정으로 발전한다. • 또한 개별적 사실로부터 일반적 결론을 이끌어 내는 귀납적 추론이 가능해진다.
구체적 사고	• 세상에 대해 경험해보지 않고 상상할 수 있다. • 단지 추상적 사고가 발달되지 않았기 때문에 아동은 현재 시간의 틀 안에서 구체적 사고로 제한된다.
분류	• 비슷한 특성끼리 그룹으로 모으는 능력이다. • 개, 고양이, 말을 분류해 그룹으로 나눌 수 있고, 우표나 동전, 돌멩이를 모으기도 한다(분류와 모으기). • 우표, 조개껍질, 인형, 자동차 등을 분류하고 수집하는 것을 좋아한다. • 가장 좋은 친구, 둘째로 좋은 친구 등과 같이 친구들과의 관계에서조차 서열을 매기기도 한다.
보존	• 동일성, 가역성, 상호성이라는 개념을 이해하면서 보존개념을 획득한다. • 모양의 변화가 양의 변화가 아님을 이해하는 능력이다. 예 잔이 달라도 물의 양은 같다. 납작하고 길게 뭉친 찰흙의 양과 둥글게 뭉친 찰흙의 양은 같다.
가역	• 행동이 반대로 이루어질 수 있다고 이해하는 능력이다. • 덧셈과 뺄셈, 장난감을 다시 조립할 수 있다.
탈 중심화	• 두 가지 이상의 측면을 동시에 고려할 수 있는 탈중심화가 발달하여 물체의 높이와 넓이를 고려할 수 있다. • 의사소통 시에도 다른 사람의 입장이나 감정을 추론하고 이해할 수 있게 된다. • 자신의 생각이나 행동을 객관적으로 바라볼 수 있게 되어 학교생활이나 또래집단에서의 사회적 역할을 더 잘 할 수 있게 된다.
상징	• 학교에서 글쓰기를 배우면서 글이라는 것을 통해 무한히 넓은 상징의 세계를 배운다. • 시간을 말하는 법과 시간 속에서(역사적으로) 사건들의 관계, 공간 속에서(지리학적으로) 위치, 그리고 시간과 공간의 관계(지질학과 천문학)를 이해하게 된다. 이 시기에 습득하는 아동의 읽기능력은 독자적인 탐구를 위한 가장 가치 있는 것으로 상상이나 지식을 향상시킨다.

2 에릭슨(Erik H. Erikson)의 정서발달(심리사회적 발달)이론 [1999 · 2010 기출]

결정적 시기 동안 개인이 숙달해야 할 핵심 갈등 또는 위기가 있고 각 단계에서 우위를 차지한다.
→ 전 단계의 갈등 위기는 덜 우위가 됨

- 주된 발달 갈등과 위기: 긍정적, 부정적
- 다음 단계로의 진행: 한 단계에서의 어려움이 다음 단계에 영향을 줌

단계 시기	발달과업	특성
영아기 출생~1세	신뢰감, 불신감	• 기본적 욕구가 충족(양육자에 의한 효과적 일관된 충족) – 신뢰감: 세상은 좋고, 예상할 수 있으며 안전하고 신뢰할 수 있는 곳 – 세상, 타인, 자신에 대한 신뢰의 기초 • 기본적 욕구 불충족: 일관적이지 않고 부적당(결핍), 혼란전달 – 불신감과 경계심
유아기 1세~3세	자율성, 수치감	• 자율성 획득: 언어적 능력과 운동기술 향상 시 배움 – 배변훈련, 목욕하기, 밥먹기, 옷입기 등 독립적 행동을 배움 – 신체, 환경 조절하는 능력 증가, 상반되는 충동에서 스스로 선택하려 함 • 수치심: 적극성, 독립성이 양육자에게 받아들여지지 않거나 지나친 통제를 가하면 수치심 형성 • 의심: 새로운 환경 속에서 자신과 타인에 불신감을 느낄 때 생김 • 계속 자신의 행동에 찬성을 받고 싶어 한다면 이런 갈등을 해결 못한 것
학령전기 3~6세	주도성, (솔선감) 죄책감	• 열정 가지고 놀이, 일에 참여하고 활동에 성취감과 만족감을 얻는 시기 • 도덕심 발달: 초자아 형성(양육자에 대한 신뢰는 도덕판단을 도와줌) • 상상놀이: 극적이고 상상적이며 창의적 놀이 • 부모가 주도성 행동에 꾸짖기, 강압적, 비일관적 엄격한 태도를 보이면 – 자신의 행동과 생각에 죄책감(활동이나 상상이 나쁜 것이라는 느낌) – 자신감 저하, 수동적이고 활동참여 거절
학령기 6~12세	근면성, 열등감	• 심리사회적/신체적/인지적 기술을 숙달하는 방법을 배움으로써 자기 자신의 가치에 대해 배움 • 학교과제, 스포츠, 취미생활을 통하여 – 성취감과 가치에 대한 감각을 느낌 – 팀을 통해 경쟁, 협동을 배우는 시기 → 사회적 관계(또래) 형성 – 일상적인 것을 만드는 아동을 장려하고 끝마치게 해주며, 그 결과를 칭찬해 주면 근면성 및 긍정적 자아개념이 형성됨 • 열등감: 보호자나 선생님의 기대에 미치지 못했다는 생각, 다른 친구들과 자신이 다르다고 생각될 때

청소년기 12~19세	정체감 혼란	• 자아정체감 확립 – 나 자신이 누구인가 하는 지각 발달 – 타인에 비친 자신의 모습을 자기개념과 비교 – 다음에 기초하여 청소년은 자신의 정체성에 의미를 확립 ◦ 청소년 자신의 사춘기 발달과 같은 또래의 생물학적 변화 ◦ 그들의 추상적인 논리를 하려는 경향, 행동의 결과적인 변화, 그들의 행동을 정당화하는 도덕적 설명 ◦ 그들이 어렸을 때 만들어졌던 개인(부모, 친구, 선생님, 대중적 영웅)에 대한 정체성 ◦ 집이나 학교, 일터에서 보여주는 책임감 증가 ◦ 진로에 대한 사고를 시작할 필요성 ◦ 종교적 믿음과 정치적 사상에 대한 생각을 시작할 필요성 • 성역할 정체감, 집단정체감, 역할혼돈 • 혼돈의 원인 : 신체변화, 골격성장, 2차성징 발달, 성욕 등 – 이 시기에 가난, 인종주의, 성적 경향, 기능부전 가족, 만성병, 개인적 상실과 슬픔은 저해요소로 작용 • 자아정체감 혼란을 완화시키는 방법 : 자신의 신체에 대한 이해, 변화의 수용, 역할실험, 가족(부모)으로부터의 독립, 반항과 논쟁, 친구 그룹과의 동일시, 이상주의 등 → 자아정체감은 동일시와 성취를 통하여 발달 • 부모로부터 독립, 성에 관심 • 또래에 의해 적응된 현재의 역할과 유행 따르고자 함

(1) 1단계 : 영아기(0~1세)

발달과제	과업 : 신뢰(Trust) 대 불신(Mistrust), 덕목 : 희망(Hope)
특징	자신의 욕구 충족을 위해 돌보는 사람과 상호작용하는 시기
적응	• 어머니의 일관성 있고 예측가능하며 신뢰성 있는 태도가 믿음을 형성 • 어머니가 자신의 양육방법에 대해 확신을 갖고 아이가 그것을 느끼도록 함으로써 인간에 대한 신뢰감을 가져 남을 믿지 못하는 성격이 되지 않도록 해야 함
부적응	부족한 음식, 수면, 배설환경의 취약성에 의해 불신감을 형성

(2) 2단계 : 걸음마기/유아기/초기아동기(1~3세)

발달과제	과업 : 자율성(Autonomy) 대 수치(Shame), 의심(Doubt), 덕목 : 의지(Will)
특징	주위환경을 탐색하고 자신의 행동을 조절하는 시기
적응	• 자신의 의지대로 옷 입기, 걷기, 잡기, 먹기, 배변 등을 하면서 독립성 및 자아통제형성 • 유아가 자신감을 잃지 않고 자신을 통제할 수 있도록 지지적인 분위기를 만들어 주어야 함
부적응	배변훈련이 너무 빠르거나 과잉 통제, 독립성이 허용되지 않을 때, 반복적인 실패 시 자신의 의지가 손상되어 자율성이 형성되지 못하고 수치심과 의심이 나타날 수 있음

(3) 3단계 : 후기아동기/학령전기(3~6세)

발달과제	과업 : 주도적(Initiative) 대 죄책감(Guilty Feeling), 덕목 : 목적(Purpose)
특징	• 행동이 주도적이고 목표를 정하여 추진하고 경쟁하며 호기심이 많고 창조적 • 부모와 동일시하는 것이 주제이기도 하며, 아동은 성적 환상과 비도덕적 생각이나 행동을 처벌하려는 엄격한 양식에 지배되어 주도성과 죄의식이 어느 수준에 정착하며 가치 있는 인간이 되기 위해 항상 무엇을 해야 하고 경쟁해야 하는 것 같이 느낌 • 도덕심발달 : 초자아 형성(양육자에 대한 신뢰는 도덕판단을 도와줌) • 상상놀이 : 극적이고 상상적이며 창의적 놀이
적응	새로운 것의 시도와 성공이 주도성, 솔선감, 창의성을 형성함
부적응	부모가 주도성 행동에 꾸짖거나 엄격한 태도 → 부도덕한 생각이나 행동에 대한 죄의식 느낌(활동이나 상상이 나쁜 것이라는 느낌) → 자신감 저하, 수동적이고 활동 참여 거절

(4) 4단계 : 학령기(7~12세)

발달과제	과업 : 근면성(Industry) 대 열등감(Inferiority), 덕목 : 능력(Competence)
특징	지식획득과 신체적 기술 및 대인관계 형성시기
적응	• 주어진 과제의 성공경험으로 근면성 획득 • 일상적인 것을 만드는 아동을 장려하고 끝마치게 해주며, 그 결과를 칭찬해 주면 근면성 및 긍정적 자아개념 형성
부적응	• 주어진 과제의 실패로 열등감 형성 • 보호자나 선생님의 기대에 미치지 못했다는 생각, 다른 친구들과 자신이 다르다고 생각될 때 열등감 형성

(5) 5단계 : 청년기(12～18세)

발달과제	과업 : 주체성(Identity) 대 역할혼돈(Role Confusion), 덕목 : 충실(Fidelity)
특징	• 동일시를 통해 형성된 자기를 완전한 하나의 주체로 통합하는 시기 • 현재 자신이 무엇이며 장래에 무엇이 되기를 원하는가를 결정 • 이 단계에 자기 자신이 되느냐 되지 못하느냐 문제가 기본과제로 자신에 대한 개념을 하나로 통합하지 못하면 주체성 혼란과 역할에 대한 혼란을 가져오게 됨
적응	자신에 대한 긍정적 인식과 자아통합성 인식
부적응	자기인식의 실패는 역할 혼돈 초래

(6) 6단계 : 성인기(18～45세)

발달과제	과업 : 친밀감(Intimacy) 대 고립감(Isolation), 덕목 : 사랑(Love)
특징	타인을 사랑하고 돌보아 주는 능력을 친밀감이라고 하며 자신에 대한 주체가 확립되어야 진정한 친밀감이 이루어지며 그렇지 못하면 고립감 형성
적응	배우자, 직업선택, 직장적응 등에서 친밀감 형성
부적응	불안전한 자아정체감은 진정한 친밀감을 이루지 못하고 고립감을 갖게 함

(7) 7단계 : 중년기(45～65세)

발달과제	과업 : 생산성(Productivity) 대 자기 침체(Self Absorption), 덕목 : 돌봄(Care)
특징	자녀양육이나 창조적인 활동, 생산적인 활동을 통해서 다음 세대를 키우고 교육하는 데 대한 관심 의미
적응	세대를 키우고 교육, 일을 통한 문화계승, 사회발전에 기여하는 과업을 통해 생산성 획득
부적응	자신의 삶의 목적, 과정, 선택에 대한 후회는 즉, 생산성 부족은 자기 침체, 지루함, 심리적인 미성숙으로 표현됨

(8) 8단계 : 노년기(65세 이후)

발달과제	과업 : 통합(Integrity) 대 절망(Despair), 덕목 : 지혜(Wisdom)
특징	생의 한계를 받아들이고 자신도 역사의 한 부분임을 받아들이며 지혜를 갖고 지금까지를 모두 통합하는 시기
적응	지나온 삶에 대한 만족과 긍정적 회환, 죽음의 수용
부적응	자기가 한 일, 자기 생애에서 못한 일에 대해 후회하게 되고 절망감을 느낌

3 프로이드의 정신성적 발달(Psychosexual Development) 이론 [1999 · 2011 · 2016 기출]

프로이드의 정신분석이론은 '구강기 – 항문기 – 남근기 – 잠복기 – 성기기' 다섯 단계를 통해 성격형성이 이루어지는 정신성적 발달이론을 발전시켰다.

단계	특성
구강기 출생~1세	• 구강의 욕구충족(빨기, 물기, 씹기, 소리내기)으로 만족↑ • 애착형성(엄마는 보통 그런 영아의 욕구를 채워주는 대상) ⇔ 불만족 시 수동적, 불안정, 의존적 성격, 논쟁적, 비판적
항문기 1~3세 [2016 기출]	• 심리적 에너지는 괄약근 발달에 의한 항문부위 집중 → 대소변 가리기와 같은 몸의 기능을 다스리는 법을 배움 • 배변훈련: 몸의 기능 조절방법 터득 • 초자아 발달의 시초: 부모의 의견 내면화 • 성 차이 지각 예 남자 아이에게 여자 옷 입히면 울면서 싫어함 • 강박적, 결벽증적 욕구, 인색
남근기 3~6세	• 성 차이에 대해서 흥미를 느낌 • 오이디푸스/엘렉트라 콤플렉스를 경험함 • 심리적 에너지는 성기(생식기)로 초점 → 자신의 성기를 만지고 자극하는 데서 쾌감 → 성별의 차이 인식, 차이에 대한 흥미 → 성교육 시작 시기 • 여아는 남근선망, 엘렉트라 콤플렉스(Electra complex: 아빠에 대한 딸의 애착) → 여아가 남근이 없는 것에 대해 어머니를 원망하고 남근에 대해 부러움과 질투를 느낌 • 남아는 거세불안, 오이디푸스 콤플렉스(Oedipus complex: 엄마에 대한 아들의 애착) → 남자 아동이 자신의 아버지가 자신보다 육체적, 정신적으로 훨씬 강하다는 것을 깨닫게 될 때 갈등이 생김. 잠재적으로 아이는 아버지가 죽어서 자신이 어머니와 결혼할 수 있게 되기를 바람 → 동성의 부모에게 경쟁의식을 느끼고 아버지의 보복으로 남근이 거세될 것이라는 불안을 느낌(거세 콤플렉스) • 성별에 따른 역할 모방: 이성 부모는 물론 동성 부모의 역할은 아동이 성정체감을 형성하고 사회적인 존재로 성장하는 데에 중요한 역할(특히 중요한 과정은 아기 돌보기, 역할 모방) • 초자아 작용 시작 → 부모와 동일시

잠복기 6~11세	• 성적인 욕구가 가라앉고 적절한 성 역할을 습득 　– 성교육의 가장 좋은 시기 　– 같은 성의 부모와 동일시 • 보호자의 상호관계, 같은 성을 가진 친구와의 우정, 또는 대중매체를 통해 성역할을 배우고 확인 • 오이디푸스/엘렉트라 콤플렉스에 대한 갈등 해결 • 신체적이고 정신적인 에너지들이 학교, 놀이, 지식 습득으로 모아짐 • 또래를 통한 사회기술 습득 • 초자아가 본능을 통제할 만큼 충분히 발달 → 실용적 기술개발, 사회에 대해서 배움 • 초자아 발달(부모와의 강력한 동일시)
생식기 12세 이상	• 2차 성징 + 이성에 대한 성적 관심 • 사랑하는 관계를 형성하는 법과 사회적으로 납득될 만한 방법으로 성적 충동을 다루는 방법을 배움 • 우정 형성, 결혼 준비

(1) 구강기(oral stage): 0~18개월

특징	• 리비도: 입술, 입, 혀 • 입을 통해 세상을 느끼고 평가하며 쾌감대가 입에 집중되어 태어나서 6~8개월까지는 수용기로, 엄마의 모든 것을 무조건적으로 받아들이고 의존하는 시기 • 그러다가 치아가 나면 18개월까지 구강기적 공격성이 나타나며 불만과 좌절을 물어뜯음으로써 표현 • 스스로 자기 손을 빠는 것으로 만족하는 '자기애(auto-erotism)'와 자신이 '전지전능(omnipotence)'한 것처럼 느끼는 현상이 나타남 • 보통 4개월 정도가 되면 자신의 몸이 엄마의 몸과 다르다는 것을 인식하는데 이것을 '신체자아'라고 하며 6개월경에는 자아가 발달하기 시작한다고 봄
욕구충족	• 자신감 · 관대함 · 주고받음 / 타인신뢰 / '독립적 성격' 형성 • 이 시기를 적절히 잘 지내면 자신감과 관대함, 남에게 의존하지 않고 타인을 신뢰하며 주고받을 줄 알고 사교적이며 새로운 지식을 잘 받아들이는 긍정적인 성격이 형성됨
욕구과잉/ 욕구결핍	• 지나친 낙관주의 · 자기애 / 의존성 / '구강기 성격'형성 • 과잉보호를 받고 자란 아이는 의존적이고 준비성이 없으며 남이 자신을 도와주기만을 바라는 성격이 되며, 좌절감을 심하게 느끼고 자란 아이는 억지를 쓰고 요구가 많으며 잔인하고 욕심이 많은 성격을 형성하여 말로 상대방을 공격함으로 쾌감을 느끼기도 함

(2) 항문기(anal phase) : 18~36개월 [2016 기출]

특징	• 리비도 : 항문 • 대소변을 조절하는 데서 쾌감을 느끼는 이 시기는 배변훈련이 성격형성에 영향을 많이 미치며 부모의 통제로 애증이 얽힌 감정, 즉 양가감정으로 갈등 • 발달을 저해하는 어머니의 태도로는 너무 조숙하게 대소변훈련을 시키거나 청결만을 강조하는 경우, 너무 무섭게 징벌적이거나 관용적이어서 전혀 부끄러움을 느끼지 않는 것 등이 있음 • 이시기에는 운동기술과 질서감이 발달하고 여러 가지 감각이 세련화되며 손재주가 많이 발달하는 시기이므로 다양한 감각자극을 주는 것이 필요함
욕구충족	• 리더십/자기판단과 자기결정/'자주적 성격' 형성 • 이 시기를 잘 지내면 '자율성(autonomy)'이 발달하고 자존심이 강하며 리더십이 있는 아이로 성장할 수 있음
욕구과잉/ 욕구결핍	• 질서정연 · 완벽주의/완고함 · 인색함/반항 · 분노 · 가학피학성/'항문기적 성격'형성 • 과잉충족이나 좌절을 맛보면 '강박적인 성격'으로 질서정연하고 정리 정돈을 잘하는 항문기적 성격이 되기도 하며, 오히려 더 지저분하고, 순종, 반항, 분노, 가학 피학성, 양가감정이 심한 성격기반을 지닌 사람이 될 수도 있음

(3) 남근기(phallic stage) : 3~5세

특징	• 리비도 : 남 · 녀 모두 음경(penis), 쾌감대(erozenous zone)집중, 반대 성의 부모에 관심집중 • 여아 : 남근선망, 엘렉트라 콤플렉스 • 남아는 거세불안, 오이디푸스 콤플렉스 • 남녀의 성의 차이를 깨닫고 성에 호기심을 갖게 되며 수음행위(정상적인 행위) • 오이디푸스 콤플렉스(Oedipus complex : 엄마에 대한 아들의 애착) − 이성의 부모에 대한 성적 추구와 동성부모에 대한 적대감으로 이루어짐 − 어머니를 연인으로 생각하고 아버지를 경쟁자로 인식하여 여자 형제들에게 음경이 없는 것을 보고 자기 성기가 떨어질지도 모른다는 '거세공포'가 생김 − 거세공포에 의해 좌절당하면서 자기도 아버지처럼 되려는 성적 '동일화(sexual identification)기전'에 의해 아버지를 모델로 삼아 해결됨 → 동성 부모와의 동일시를 통해 극복 • 엘렉트라 콤플렉스(Electra complex : 아빠에 대한 딸의 애착) − 여아가 남근이 없는 것에 대해 어머니를 원망하고 남근에 대해 부러움과 질투를 느낌 • 여자아이들은 수음행위를 하게 됨. 성기를 절단당한 것이 아닌가 하는 열등의식과 시기, 질투가 생김 • 이 시기가 동생을 보는 시기로 형이 동생에게 경쟁적으로 되어 서로가 부모의 사랑을 차지하려는 형제간의 경쟁의식(sibling rivality)이 두드러지기도 함 • 성격이 형성되고 초자아가 발달되는 중요한 시기

욕구충족	• 성정체감 · 성역할 기초확립/이성부모에 대한 성적 관심 추구 → 동성부모와의 동일시를 통해 극복됨 • 자신의 몸에 대해 자랑스럽고 기분 좋게 생각하는 자기애(narcissism)도 나타남
욕구과잉/ 욕구결핍	• 과도한 남녀경쟁/권위에 취약/성장애, 불안장애 • 아버지가 지나치게 공격적이거나 성격이 약한 경우, 어머니가 너무 과잉보호를 하거나 남자 같은 경우, 부모 사이에 애정이 없는 경우 동일화 모델이 안 되어 신경증, 정신증의 요인이 될 수 있음 • 어린 시절에 성에 대한 부모의 의식적, 무의식적 꾸중과 위협은 죄의식을 갖게 하며 성에 대한 공포와 저항이 형성되어 성인이 되어서 조루증, 불감증, 불임증의 원인이 될 수 있음 • 이 시기에 발달과제를 실패하면 심한 불안 등 신경증의 요인이 되며 초자아 형성의 장애로 반사회적 성격형성의 기반이 됨. 동성부모의 사망, 별거, 이혼, 이별은 동일시할 대상이 없으므로 초자아 형성에 어려움이 있게 됨

(4) 잠복기(latency stage) : 6~11세

특징	• 리비도 : 지적 활동에 집중 • 학업 · 사회적 관계, 기술연마, 새로운 환경적응에 관심 집중 • 성적 흥미가 일시적으로 잠복되어 지적인 능력이 발달하며 승화기전을 많이 쓰고 8세가 지나면 선악의 개념을 스스로 구분하며 11세에는 초자아가 더욱 굳어짐 • 학교생활이 시작되면서 집단 활동에 관심이 집중되며 교육과 경험을 통해 자아의 발전이 촉진됨 • 사회화 시기라고도 하며 남아는 더 남자다워지고 여아는 더 여자다워지며 동일화가 강해지고 이상적인 목표를 세워 자아이상 형성이 왕성해져서 위인전을 읽히는 것이 좋으며 또래와의 집단형성이 두드러짐
욕구충족	• 적응능력향상, 학업 · 대인관계의 원만함, 자신감이 높아짐 • 이 시기를 잘 지내면 사회적응능력이나 집단생활에 적응하는 유능한 성격이 형성됨
욕구과잉/ 욕구결핍	성적 · 공격적 충동 조절 실패 → 학습적응에 지장으로 열등감

(5) 성기기(genital stage)

특징	• 리비도 : 이성의 동료에 집중 • 남근기의 성 에너지가 재분출되어 현실화되는 시기 • 청소년기를 말하며 이 시기에 성은 전신적인 것이 아니고 성기에 관심이 집중되는 시기로 이성에 대한 관심이 크며 생리적으로 생식이 가능한 시기 • 자주독립, 성숙한 이성관계의 수립, 개인적인 주체성확립, 성인으로서의 부과된 역할을 맡아 수행하는 시기

	• 성적 충동이 증가하면서 정적 환상과 함께 수음행위를 하게 되며 갈등과 죄의식, 열등감을 느낌 • 평소에 부모가 이해를 잘하고 대화가 되며 부모와의 관계가 좋으면 부모의 말보다 행동을 모델로 삼고 잘 이겨나가게 됨
욕구충족	• 적응능력 향상, 학업·대인관계의 원만함, 자신감이 높아짐 • 이 시기를 잘 지내면 사회적응능력이나 집단생활에 적응하는 유능한 성격이 형성됨
욕구과잉/ 욕구결핍	성적·공격적 충동 조절 실패 → 학습적응에 지장으로 열등감

4 콜버그(Kohlberg)의 도덕발달 [2008 · 2011 기출]

도덕 발달 수준	사회조망	도덕 발달 단계	사회적 관점
전인습적 수준	현실 개인 조망	[1단계] 타율도덕성: 2~3세	• 타율적 단계(처벌과 복종) – 보상/처벌 • 타인의 이해를 고려하지 않음. 자기이해와 타인의 이해가 다르다는 것을 모르며, 다른 견해들을 연관짓지 않음. 행위들을 심리적인 것보다는 신체적인 것으로 봄
		[2단계] 개인·도구 도덕성: 4~7세	➲ 개인주의적 단계 • 순수한 도구(현실적 도구) → 자신의 필요한 욕망을 만족시키는 것을 극대화 • 옳은 것을 상대적으로 이해 → 내가 좋으면 옳은 것 • 관심과 흥미에 따라 도덕적 행위 결정 • 타인도 똑같은 요구 인정 → 그러한 이해들이 갈등을 낳는다는 것을 이해 • 구체적 정직감, 공정성
인습적 수준	사회 구성원 조망	[3단계] 개인 간 규준적 도덕성, 상호관계도덕: 7~12세 (학령기)	• 착한 소년소녀 지향적 도덕(권위적 인물의 승인) • 사회규율이나 관습에 맞는 행동 • 고립적인 개인의 관점, 사람들의 기대에 순응 • 행동과 결정은 아동의 의도("그는 잘한다는 뜻으로 말해")와 다른 사람의 반응("나는 이 일을 당신이 기대하기 때문에 해요. 그러면 당신은 뭔가를 주겠죠.")에 대한 주의에 근본을 두고 평가 → 공유된 도덕적 규범들에 구체화된 삶들 간의 관계성을 상호적으로 신뢰하는 제3자의 관점과 조화

		[4단계] 사회 체계 도덕성, 권위와 사회적 질서 유지 : 10~12세	• 사회체계의 지향적 도덕 – 사회구조는 갈등을 일으키는 여러 요구를 중재하고 공공선을 증진하는 것으로 이해 • 규율은 법칙이며 개인적인 소망이나 좋은 의도, 단체의 신념에 우선하기 때문에 지켜져야 한다고 믿음 – 체벌을 받을까 두려워서가 아니라 사회질서를 유지하기를 원하기 때문에 사회적 기대를 따름 → 법에 따른 행동
후인습적 수준	사회 선행 조망	[5단계] 사회계약/법률 중심 단계, 개인 권리와 사회 복지 도덕성 : 12세 이상	• 절대적 기준과 상황적 요소를 비추어 판단 • 도덕 사회를 건설하는 데 누구라도 선택할 보편화된 가치와 권리를 인식하는 이성적 도덕 주체의 관점 • 법의 가변성 인정 • 실재 적법과 사회 체계의 타당성은 기본적인 인간의 권리와 가치를 보호하고 보존하는 정도의 관점에서 평가 • 사회는 사회적 협동과 동의에 기반한다고 생각
		[6단계] 보편적, 가역적 그리고 규범적인 일반윤리, 원칙의 도덕성	• 모든 사람에게 동등하게 적용 • 자유롭고 자율적 개인으로서 서로에게 가져야 할 모든 인간 존재의 이상적인 관점 • 규범적인 역할채택은 공정성, 공평성, 즉 역할 채택에서 가역성을 확고하게 하는 절차에 의해서 사고

| 발달단계와 발달과업 |

발달 단계	Erikson 심리 사회이론		Freud 심리성 이론	Piaget 인지발달이론	Kohlberg 도덕발달이론	의미 있는 대상	과제
	과업	부정적 결과					
영아기 0~1세	신뢰감	불신감	구강기	감각 운동기(0~2세) : 대상으로부터 자기를 구별	전인습적 도덕기(0~2세) : 내가 원하는 것이 좋은 것	어머니 또는 대리모	• 받기 • 작은 불만을 인내하는 것 • 어머니를 자기나 다른 사람과 구별하여 알아보는 것
유아기 1~3세	자율감	수치심과 의심	항문기	전조작기(2~7세) : 상징 사용, 전개념기	1단계(2~3세) : 처벌 – 복종 지향	부모	• 자신의 언어능력을 시험해 보는 것 • 현실적 즐거움의 원칙을 받아들이기 시작

학령전기 3~6세	창의성	죄의식	성기기	직관기(4~7세) : 직관적 사고, 상징사용 증가	2단계(4~7세) : 도구적 쾌락주의와 구체적 상호관계	기초가족	• 묻기 • 자신의 신체와 환경을 인지 • 남녀 성의 구별
학령기 6~12세	근면감	열등감	잠재기	구체적 조작기 (7~12세) : 귀납적 추론과 논리성 시작	• 3단계(7~9세) : 상호관계의 개인관계 지향 • 4단계(10~12세) : 사회질서, 고정된 규칙, 권위 유지	학교, 이웃	• 모험심, 수집, 자신의 성에 관해 이야기 함 • 물건을 만들어 안정감을 얻으려 함
사춘기 또는 청년전기 12~18세	자아 정체감	역할 혼돈	사춘기	형식적 조작기 (12~) : 모든 문제에 있어 과학적 접근 시도	➋ 후인습적 단계(청년기와 성인기) • 5A단계 : 사회적 계약 공리적 법 수행 • 5B단계 : 공위의 법과 의식지향 • 6단계 : 보편적 도덕 원리지향	동료집단, 외부집단	• 이성접근 • 진로선택 • 가족에서 독립하기 시작
청년후기 또는 초기 성인기	친근감	고독감과 고립	생식기			친구, 이성, 협조나 경쟁 대상	• 이성과 영속적인 관계를 맺음 • 직업에 정착하여 창조적이고 생산적이 됨

5 설리반(Sullivan)의 대인관계이론

① 대인관계의 성공경험은 자아개념의 온전한 형성

② 대인관계의 실패경험은 성격형성의 문제 발생

단계 시기	특성
영아기 출생~18개월	• 모성(단극－양극) • 과업: 다른 사람 특히 엄마에게 의지하는 것을 배움 • '좋은 나/나쁜 나'의 개념이 나타남
초기아동기 18개월~6세	• 부모(삼극) • 의사소통발달 → 대인관계 형성 용이 • 찬성/반대를 인식, 만족 지연
후기아동기 6~9세	• 이웃, 학교 • 지적능력 증가, 행동통제방법을 배우며 자신의 위치를 알게 됨 • 나의 욕구와 타인의 욕구에 있어서 기준이 생기기 시작 • 또래들과 만족스러운 관계 형성 또는 그 반대
청소년 전기 9~12세	동료그룹, 친구가 중요함 • 타인과의 참된 관계형성 촉진 • 자아정체감 형성 촉진 • 타인에 대한 배려심 촉진
청소년기	➲ 초기 청소년기: 12~15세 • 독립심 완성 • 이성과의 관계발달
	➲ 후기 청소년기: 15~18세 • 성적 충동의 억제 • 책임감 있고 만족스러운 관계형성을 위한 상호작용, 대화기술 사용 • 이성에 대한 사랑의 감정을 최초로 표출

6 보울비(Bowlby)의 애착발달 단계 [2015 기출]

구분	특성
[1단계] 전애착기: 출생~6주 무분별한 사회적 반응 단계	• 붙잡기, 미소 짓기, 울기, 눈 응시하기 등 다양한 신호체계를 통해 주위 사람들과 가까운 관계를 형성 • 애착형성이 되지 않은 단계 • 인간에 대한 비변별적 반응

[2단계] 애착형성기 : 6주~6개월 변별적인 사회적 반응 단계 (attachment in the making)	• 친숙한 사람과 낯선 사람에게 다르게 반응 • 어머니에 대한 신뢰감이 발달하기 시작 • 애착반응으로 6~8개월경에 낯가림이 나타남
[3단계] 애착기 : 6개월~3세 능동적 접근 추구단계/명백한 애착 단계 (clear-cut attachment)	• 이미 애착이 형성된 사람에게 적극적으로 접근 • 따라서 애착 대상이 떠나면 분리 불안을 보임
[4단계] 상호관계형성기 : 3세~아동기 말기 목표 – 수정적인 동반자적 단계 (goal-corrected partnership)	• 분리불안이 대상영속성 개념획득의 증거임 • 2세 말이면 애착 형성한 사람의 행동을 예측할 수 있음 • 아동은 어머니와 협상하고, 자신이 원하는 대로 행동을 수정하려고 함

7 말러(M. Mahler)의 분리개별화(separation-individualization)이론

어머니와 아이의 상호작용을 대상관계 이론의 발달적 측면에서 가장 확고하게 위치 지은 이론이다. 어머니와 아이의 상호작용을 주의 깊게 관찰함으로써 '분리－개별화'라는 분리된 정체감을 형성하려는 아이의 원시적인 노력과 다시 어머니에게로 융합하려는 갈등을 알게 되었다.

정상자폐기 (phase of normal autism) : 0~1개월	• 모든 세상을 자신으로 여기는 시기 • 타인이나 주변 환경의 존재를 인식하지 못함 • 생존을 위한 기본욕구 충족과 안위에 초점 • 이 시기에 고착되면 소아 자폐장애	
공생기 (symbiotic phase) : 1~5개월	• 모자가 공생하는 시기 • 어머니와 '정신이 결합된' 형태 • 자신을 어머니의 연장으로 생각하면서 어머니를 자신의 매일의 필요를 충족시키는 사람으로 인식 • 어머니의 존재가 없거나 거부당하면 공생 정신증(symbiotic psychosis)을 초래	
분리개별화시기 (separation ondividualization phase) : 5~36개월	• 영아가 '정신적으로 출생'하는 시기라 부름 • 어머니로부터의 분리이며 신체적 정신적 면에서 개인적인 구별감을 획득 • 자아영역이 독립되면서 신체적, 정신적으로 분리되어 개별화가 이루어짐 • 자아가 강해지고, 자아감을 수용하고, 자아영역이 독립될 때 개별화가 이루어짐	
제1분기	분화분기 (differentiation subphase) : 5~10개월	• 모자공생의 알을 깨고 껍질 밖으로 나오는 부화기 • 영아가 주위환경에 관심을 갖고 조금씩 어머니 품에서 벗어나려고 시도하지만 곧 돌아오는 때

제2분기	실제분기 (practicing subphase) : 10~16개월	• 뒤뚱거리며 걸으면서 어머니를 떠나 관심이 주위환경으로 옮겨지면서 어머니로부터 조금씩 분리되는 경험 • 어머니 대신 다른 것과 관계 맺는 데 마음을 쏟음. 사물에 관심이 증가하나 엄마의 존재를 인식 • 만능감이 나타나기도 하며, 분리불안이 커짐을 경험
제3분기	화해접근분기 (rapprochement subphase) : 16~24개월	• 자유롭게 걸어다니며 어머니 몸과 자기 몸이 분리되어 있음을 확실히 아는 시기 • 건강한 자아가 결정적으로 발달하는 시기 • 만능감은 감소하나 분리불안은 더욱 심해져 어머니의 행방에 깊은 관심을 가짐 • 어머니와 자신은 한데 묶여져 살 수 없다는 것을 알고 말로 자기 의사를 표현해야만 이해해 준다는 것을 알게 됨 • 이때 어머니와 싸우기도 하는데, 말러는 이것을 '화해접근위기(rapprochement crisis)'라고 함 • 이때 어떤 어머니는 아동이 멀리 떨어지면 찾아 나서고, 찾으면 야단치고 냉랭하게 대하는 양가적인 태도가 아동에게 혼란을 가져오기도 함. 병적인 모자관계는 경계성 인격장애의 원인이 될 수 있음
제4분기	통합(대상항상성수립)기 (consolidation subphase) : 24~36개월	• 궁극적인 개체와 자아분리감 형성 • 하나의 인간으로서 좋은 점, 나쁜 점을 모두 갖춘 어머니를 내면화시켜서 자신과 분리된 사람으로 계속 지각하게 됨 • 대인관계의 안정, 적절한 인간관계 유지

(1) 성 발달

성개념 발달과정	성정체성	생후 15~18개월경 성을 구분하게 됨(남자, 여자가 있음을 알게 됨)
	성안정성	4세경, 평생 같은 성으로 있다는 것을 이해하게 됨
	성불변성	5~6세경, 다른 성의 옷을 입거나 머리길이에 변화를 주어도 역시 같은 성이라는 것을 인식하게 됨
성역할 고정관념의 발달	• 5~6세 이후 평생 자신의 성이 불변하다는 것을 이해 한 후 남자나 여자가 어떻게 행동하느냐에 대한 규칙을 찾으려고 함 • 아동은 성인을 지켜보며 정보를 얻고, 이후에는 사회적인 인습으로 깨닫게 되고, 성역할 개념은 더욱 유연해지며, 성고정 관념은 다소 감소하게 됨	
성역할 영향요인	• 생물학적 요인보다 사회 환경적인 요인이 더욱 중요하게 영향을 줌 • 부모의 양육태도, 다른 역할모델들의 특성, 아동의 성에 따른 문화적이고 가족적인 가치 등	

(2) 자아개념 발달(신체상, 자존감)

자아개념	사회적 접촉과 다른 사람들과의 경험에서 학습되며 자신이 독립적인 존재임을 인식하는 것	
발달과정 및 특성	영아기	약 생후 9~12개월, 다른 사람과 분리되어 있다는 것을 인식하기 시작함 → 분리개념 인식 시작기
	유아기	약 21~24개월, 분리개념 확립
	학령전기	약 5~7세에는 체격, 연령, 성을 포함하여 전체적인 차원에서 자신을 설명할 수 있음
	학령기	• 사람들 간의 견해, 사회적 기준, 도덕적 명령의 차이점 등을 인식하면서 자아개념이 더욱 복잡하고 더 정교해짐 • 외적인 특성보다 내적인 특성에 더 치중함
	청소년기	• 신체적, 정신적 변화와 동료와의 관계에 더 치중함 • 아동기에 얻어진 가치관, 목표, 능력으로 청소년 후기 동안 더 명료해짐

03 아동 발달 사정

1 발달 사정

발달사정	발달 기능의 평가는 모든 건강 사정에 중요한 요소
발달사정 목표	• 아동이 정상적으로 발달하는 확실한 근거 • 문제에 대한 초기발견 • 연령에 맞는 행동에 대한 교육과 적절한 안내 제공
발달사정을 위한 검사표	발달 사정 시 간호사는 보호자와 아동에게 정확하고 간결한 지시와 설명을 하도록 함. 보호자에게 아동이 전형적이었는지 확인하도록 하며, 부전형적 행동은 재검진이 필요함

검사명	연령	평가내용
Carey-Revised Infant	4~8개월	기질, 섭취양상, 수면, 배설, 다양한 상황에 대한 반응
Denver Articulation Screening Exam	2.5~6세	이해력: 30가지 소리 표현
Denver II	출생~6세	개인적-사회적, 미세 운동적응, 언어, 큰 운동
Developmental Profile II	출생~9세	신체적, 자립심, 사회적, 학습, 의사소통 능력
Early Language	출생~3세	청각적 표현과 수용, 언어의 시각적 요소
Goodenough-Harris Drawing Test	5~17세	아동의 인물화: 신체부분, 옷, 비율, 시선에 대한 분석
HOME(Home Observation for Measurement of the Environment)	출생~6세	조직, 놀이 도구, 보호자 통제, 자극, 처벌과 구속
McCarthy Scales of Children's Abilities	2.5~8.5세	지적 발달, 운동신경 발달, 기억력, 양적, 지각 능력, 일반적인 인지

2 DDST(Denver Developmental Screening Test : II) [2009 · 2012 기출]

(1) 개요

| DDST(Denver Developmental Screening Test : II) |

평가대상	• 출생~6세까지 • 아동의 신경근 발달을 사정
평가목적	• 출생부터 6세까지 아동의 발달사정, 잠재적 발달지연을 평가함 • 아동에게 잠재된 발달 장애를 조기에 발견 • 다른 또래 아동들의 발달 속도에 비해 지연되는 아동들을 구별 • 발달 지연 장애의 위험이 있는 아동을 관찰

(2) 평가항목 및 검사방법

<table>
<tr><td rowspan="5">평가항목</td><td colspan="3">개인－사회적, 미세 운동－적응성, 언어, 큰운동</td></tr>
<tr><td>전체운동
(gross-motor)</td><td colspan="2">앉기, 걷기, 뛰기 등 일반적인 큰 근육의 움직임</td></tr>
<tr><td>미세운동－적응
(fine motor-adaptive)</td><td colspan="2">눈/손 협응, 작은 물체 다루기, 문제해결력</td></tr>
<tr><td>언어발달
(language)</td><td colspan="2">듣기, 이해력, 언어 사용</td></tr>
<tr><td>개인－사회성
(personal-social)</td><td colspan="2">사람들과 어울리기, 스스로 자신을 돌볼 수 있는 능력</td></tr>
<tr><td>평가 시
주의사항</td><td colspan="3">• 아이가 도구를 쉽게 보고 만질 수 있어야 함
• I.Q TEST/지적 능력 검사와 다름을 사전에 설명
• 언어/감정/학습 장애 진단이 목적이 아님을 설명
• 아동이 모든 항목을 통과해야 하는 것은 아님을 설명
• Age line은 결과해석의 기준이 되므로 정확히 표시, 2세 미만의 아동의 경우 조산여부를 물음</td></tr>
<tr><td rowspan="4">연령선
그리기</td><td rowspan="4">• 계산 후(조산아는 연령조정이 필요) 검사지 위에서 아래로 일직선의 '연령선'을 그음
－ 2세 이상인 아동은 연령조정이 필요 없음
• 연령선 위에 검사날짜를 기입
• 2세 이하이고 예정일보다 2주 이상 조산인 아동인 경우 조정해서 계산</td><td colspan="2">➲ 연령 계산
검사를 받을 아동의 정확한 연령 계산
• 평가일에서 출생일을 뺌
• 월은 30일, 년은 12개월</td></tr>
<tr><td>평가일</td><td>2023. 05. 06</td></tr>
<tr><td>출생일</td><td>2022. 01. 01</td></tr>
<tr><td>➲ 연령</td><td>1세 4개월 5일</td></tr>
</table>

미숙아 계산원칙	• 검사년월일-생년월일-조산일수 • 조산일수는 3주 이상부터 적용 • 조산 주수 다음 날짜는 모두 버림 • 빼셈이 부족한 달은 12를, 부족한 날짜는 30을 빌려와서 계산함		
	3주 5일 조산	검사일	2023. 09. 08
		출생일	2023. 03. 20
		연령	05. 18
		3주 조산	21
		조정 나이	4개월 27일

(3) 검사 방법 및 기록방법

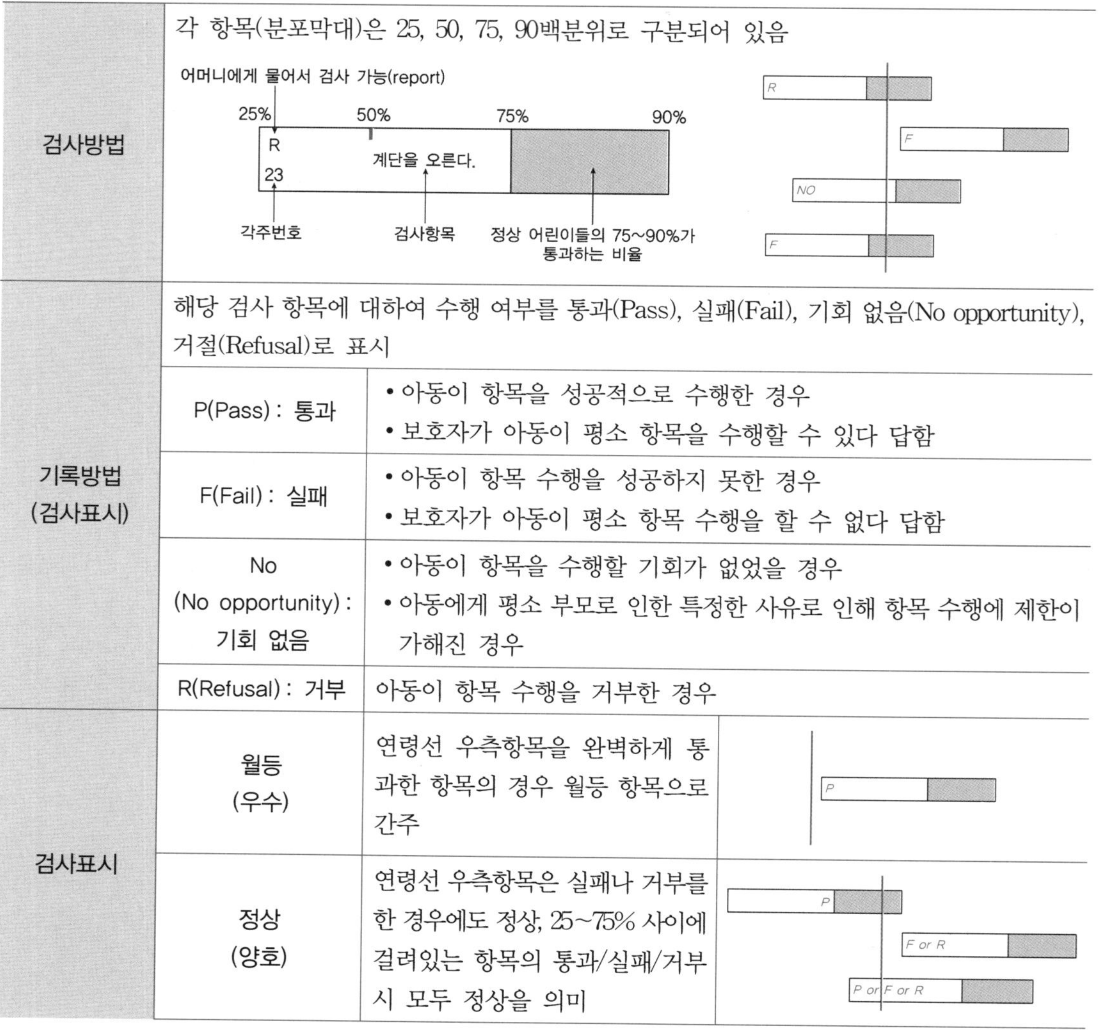

검사방법	각 항목(분포막대)은 25, 50, 75, 90백분위로 구분되어 있음		
기록방법 (검사표시)	해당 검사 항목에 대하여 수행 여부를 통과(Pass), 실패(Fail), 기회 없음(No opportunity), 거절(Refusal)로 표시		
	P(Pass) : 통과	• 아동이 항목을 성공적으로 수행한 경우 • 보호자가 아동이 평소 항목을 수행할 수 있다 답함	
	F(Fail) : 실패	• 아동이 항목 수행을 성공하지 못한 경우 • 보호자가 아동이 평소 항목 수행을 할 수 없다 답함	
	No (No opportunity) : 기회 없음	• 아동이 항목을 수행할 기회가 없었을 경우 • 아동에게 평소 부모로 인한 특정한 사유로 인해 항목 수행에 제한이 가해진 경우	
	R(Refusal) : 거부	아동이 항목 수행을 거부한 경우	
검사표시	월등 (우수)	연령선 우측항목을 완벽하게 통과한 항목의 경우 월등 항목으로 간주	
	정상 (양호)	연령선 우측항목은 실패나 거부를 한 경우에도 정상, 25~75% 사이에 걸려있는 항목의 통과/실패/거부 시 모두 정상을 의미	

	주의 (요관찰, C)	연령선을 지나는 항목의 실패 혹은 거부 시, 75~95% 사이에 걸려있는 항목의 실패나 거부 시	R or F / F / F or R, C, 주의 항목 표기
	지연	연령 선 완전 왼쪽에 위치한 항목의 실패 혹은 거부 시	R or F, 지연 항목 표기
	기회 없음	시도할 기회가 없던 경우는 "NO"로 표기하고, 전체검사 해석 시 포함하지 않음	
검사중지	• 연령선 왼쪽으로 (P)가 연속으로 3개 나왔을 경우 중지 • 연령선 오른쪽으로 (F)가 연속으로 3개 나왔을 경우 중지		

(4) 결과 해석

정상	주의항목 최대 1개, 지연 없음	
	주의 (caution)	연령선의 75~90% 사이에 있는 항목을 실패 또는 거절한 경우, 막대 오른쪽에 'C'라고 표기
	후속조치	다음 정규 방문 시 검사 실시
발달 의심	1번 이상의 '지연'과 2번 이상의 '주의' → 발달지연 의심	
	지연 (delay)	연령선 왼쪽에 있는 항목에서 실패, 거절한 경우, 막대 오른쪽 끝에 검게 색칠하여 표기
	후속조치	이러한 경우 아동을 1~2주 내에 다시 검사하도록 함
검사불능	연령선 완전 왼쪽에 있는 항목에서 1개 이상의 거부나, 75~90% 사이에 연령선이 지나는 항목에서 1개 이상의 거부가 있는 경우	
	후속조치	1~2주 이내에 재검사 실시
검사를 마치지 못함	질환이나, 또는 다른 논리적 이유로 인해 아동이 끝까지 Denver II 항목을 마치지 못하였다고 판단된다면 1개월 이내에 아동을 재검사 하도록 함	
결과해석 시 주의점	• DDST는 진단적 검사가 아니라 선별검사 • 현재나 장래의 적응 능력이나 지적 능력을 예측하는 것(지능검사)이 아님	

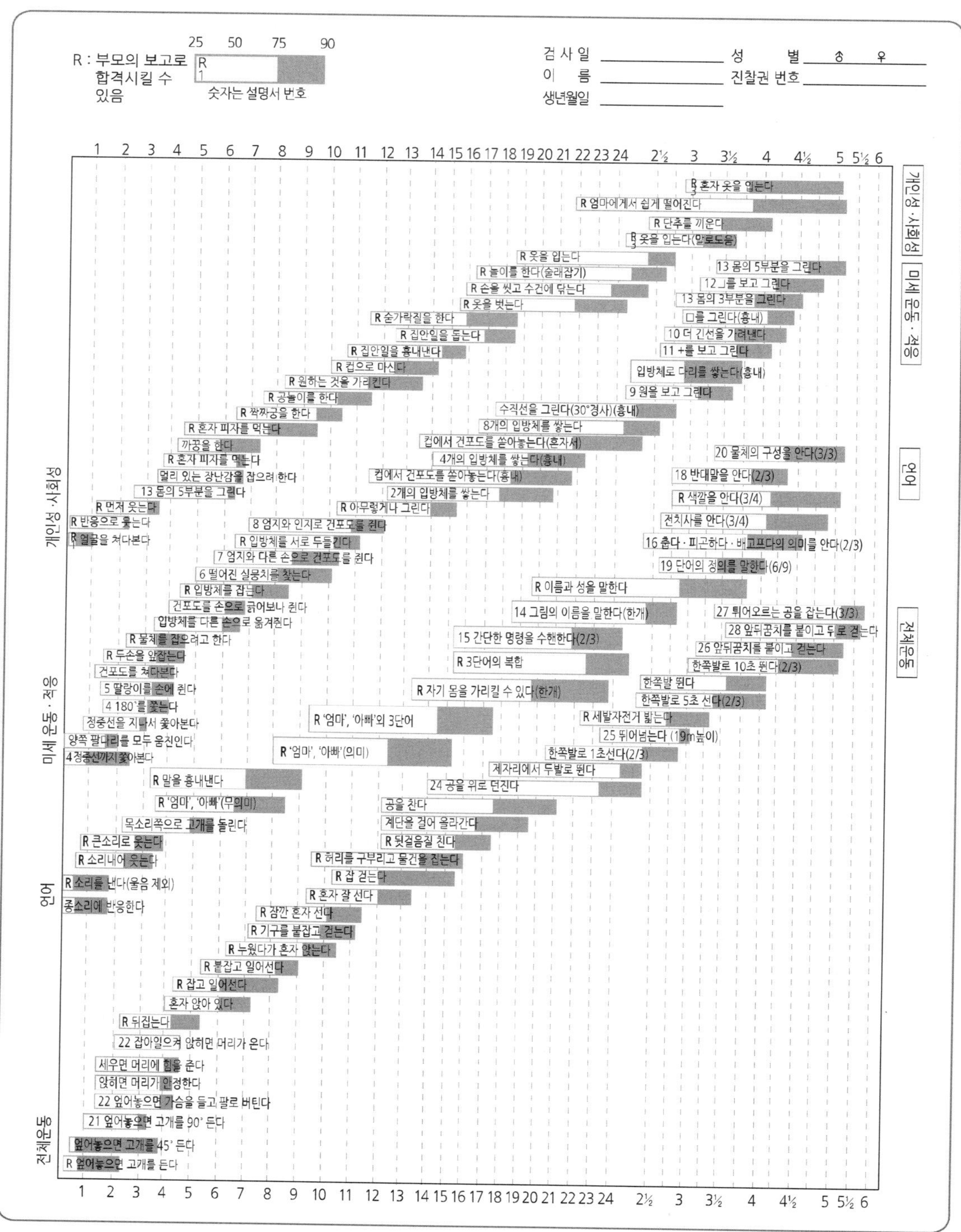

| Denver 발달 선별 검사표 |

Denver 발달 선별 검사표(검사설명서)

1. 아기를 웃기거나 이야기해서(만지지는 않고) 아기가 웃도록 한다.
2. 손에 장난감을 갖고 놀 때 빼앗아 본다. 저항하면 합격
3. 구두끈 매는 것과 등쪽의 단추 채우는 것은 제외한다.
4. 실뭉치를 아기 얼굴에 15cm 떨어지게 들고 한쪽에서 다른 쪽으로 반원을 그리듯 움직인다. 90°정도 정중선까지 쫓아 보면 합격
5. 딸랑이가 손가락 끈이나 손가락 등쪽에 닿았을 때 손으로 잡으면 합격
6. 실뭉치가 없어진 쪽을 계속 보거나 어디 갔는지 찾으면 합격, 검사자는 팔을 움직이지 말고 재빨리 실뭉치를 떨어뜨린다.
7. 엄지와 다른 손가락으로 건포도를 잡으면 합격
8. 엄지와 인지 끝으로 정확히 건포도를 잡으면 합격
9. 닫혀진 원은 합격, 둥근선을 반복해서 그리면 불합격

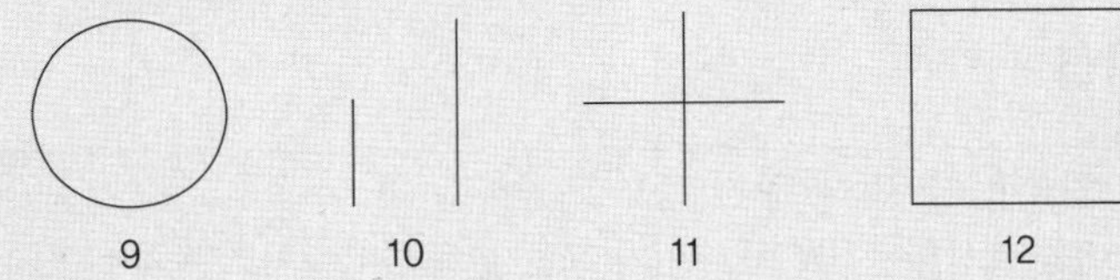

10. 어느 쪽이 더 긴지?(더 크다고 하지 않는다) 종이를 거꾸로 놓고 다시 묻는다(3회 모두, 혹은 6회에서 5회 맞히면 합격).
11. 어떤 모양의 십자가도 합격
12. □를 보고 그리게 한 후 못 하면 시범을 보이고 나서 그리게 한다.
13. 한 쌍을 이루는 신체부위는 양쪽을 모두 그려야 계산에 넣는다(눈, 귀, 팔, 다리 등).
14. 그림을 가리키며 이름을 물어본다.

15. "나무토막을 엄마께 드리세요.", "책상 위에 놓으세요.", "바닥에 놓으세요."라고 말한다(3개에서 2개 맞히면 합격). 손가락으로 가리키거나 고갯짓, 눈짓을 해서 도와주지 않는다.
16. "추울 때에는 어떻게 하지요?"("배고플 때…", "피곤할 때에…")라고 묻는다. 3개에서 2개 맞히면 합격
17. "나무토막을 책상 위에, 책상 밑에, 의자 앞에, 의자 뒤에 놓으세요."라고 지시한다. 4개 중 3개를 맞히면 합격(손가락으로 가리키거나 고갯짓, 눈짓을 해서 도와주지 않는다)
18. "불은 뜨겁고 얼음은?", "엄마는 여자이고 아빠는?", "말은 크고 쥐는?"이라고 묻는다. 3개 중 2개 맞히면 합격
19. "공은 무엇이에요?", "호수(연못)는?", "책상은?", "집은?", "바나나는?", "커튼은?", "천장은?", "울타리는?", "아스팔트?", 용도, 모양, 구성, 분류에 대해서 얘기하면 합격(9개 중 3개 맞히면 합격)
20. "수저는 무엇으로 만들었어요?", "누구든?", "문은?"(다른 단어로 대치하지 않는다) 3개 중 1개만 맞히면 합격
21. 엎드린 자세에서 팔이나 손으로 버티고 가슴까지 든다.
22. 아기를 누운 자세에서 양손을 붙잡고 잡아당겨 앉힌다. 머리가 뒤로 처지지 않으면 합격
23. 벽이나 손잡이는 잡아도 되고 사람은 안 된다. 기어 올라가면 불합격
24. 920cm 거리에서 검사자의 팔 길이 이내로 위쪽으로 공을 던져야 한다.

25. 20cm 폭의 종이를 두 발로 붙이고 건너뛰어야 한다.
26. 앞꿈치와 뒤꿈치 사이가 2.5cm 이내가 되도록 붙여서 앞으로 걷도록 하는데. 시범을 보여 주어도 좋다. 4걸음을 걸어야 하고, 3회 시도 중 2번 성공해야 합격
27. 90cm 떨어져서 어린이에게 공을 튕겨 보내면 팔을 사용하지 않고 손으로 잡아야 한다. 3회 시도 중 2번 성공해야 합격
28. 어린이에게 앞꿈치나 뒤꿈치가 2.5cm 이내가 되도록 붙여서 뒤로 걷게 하는데, 시범을 보여 주어도 좋다. 4걸음을 걸어야 하고, 3회 시도 중 2번 성공해야 함

검사일과 행동의 관찰(검사지 어린이의 기분, 검사자에 대한 태도, 주의 집중, 언어 표현, 자신감 등)

3 한국소아발육곡선 [2009 기출]

신체 발육 표준치	• 같은 연령대 아이들의 중간 정도를 말하는 것 • 만 나이를 계산해서 50%의 수치가 표준 신체 발육수치로 수치를 표준으로 삼는다는 의미 • 3%는 100명 중 3번째로 작은 것을 의미 • 97%는 97번째로 큰 것 • 키나 체중이 3% 미만인 경우 정확한 검사를 받아볼 필요가 있음
표준 신체 발육 곡선 [2009 기출]	• 단순히 큰지 작은지 보다는 아이가 정상적이며, 지속적으로 잘 성장하고 있는지를 알아 보는 것이 중요 • 표준성장곡선은 남아와 영아의 그래프를 구분하여 확인한 후 가로축의 나이(만 나이)와 세로축의 신장을 대입하여 교차점을 확인하고 교차점이 3% 아래 교차점에 있다면 저신장에 속하는 것으로 봄 • 3% 이하가 저신장인 이유는, 저신장의 기준이 또래 아이들 100명을 키 순서대로 세웠을 경우 앞에서 3번까지이기 때문

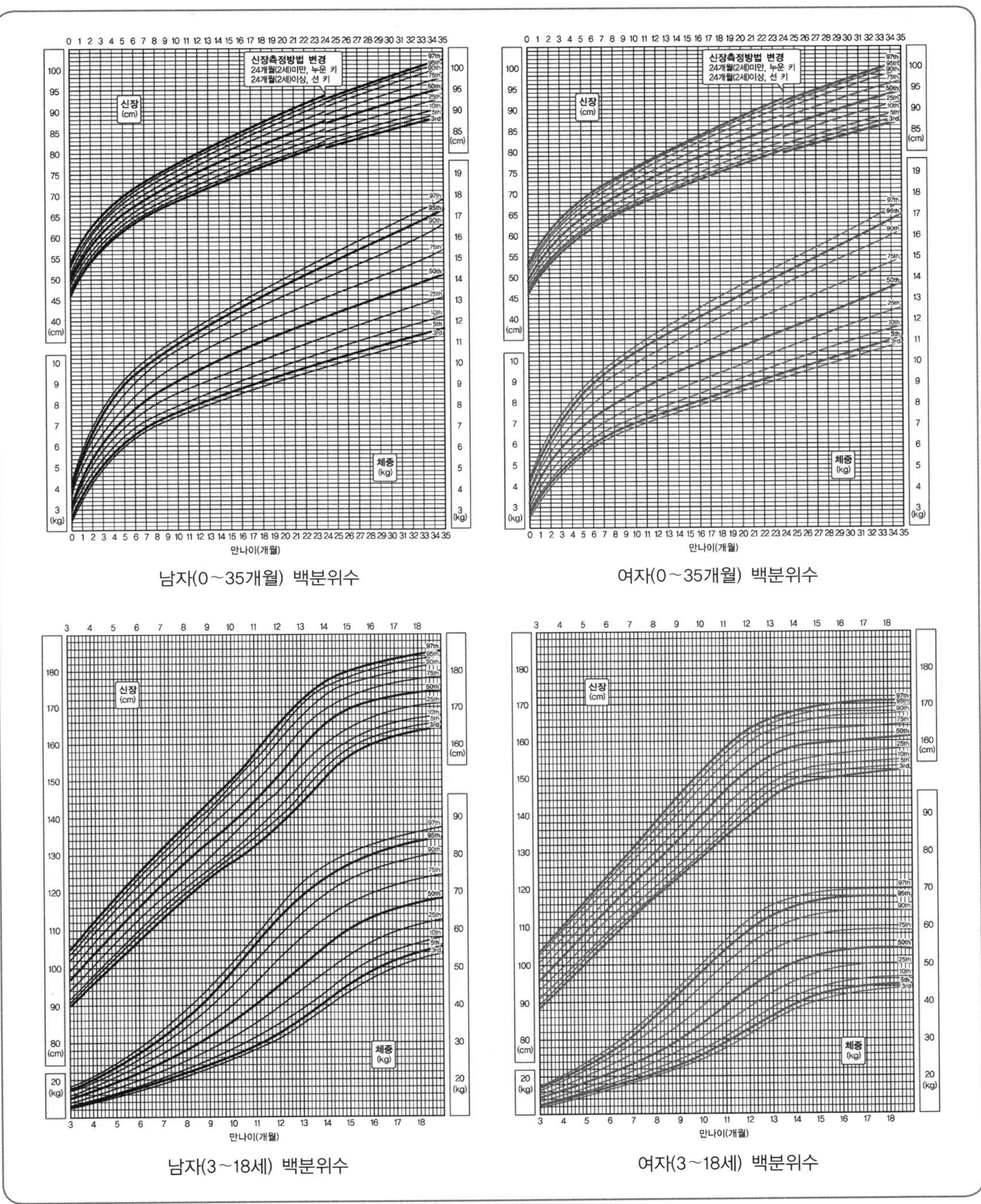

| 성장곡선도표(신장, 체중) |

출처 ▶ 질병관리본부, <2017 소아청소년 성장도표>

4 아동의 통증관리 [2012 · 2013 · 2017 기출]

(1) 통증

<table>
<tr><td>통증의 정의</td><td>추상적이고 주관적인 개념으로 생리적, 심리적, 사회적 접근을 통해 포괄적으로 정의
• 개인적이고 사적인 통감
• 현재 또는 임박한 조직손상을 알려주는 유해한 자극
• 인체가 손상 받지 않게 보호하려는 반응형태를 포함</td></tr>
<tr><td>통증의 원인</td><td>• 기계적, 물리적 상해
• 과다한 열 및 화학물질
• 혈관허혈, 근육경련
• 조직손상, 질병, 염증 등이 있을 때 히스타민, 브라디키닌, 세로토닌, 프로스타글란딘, 아세틸콜린, 등의 화학물질이 분비되어 통각수용기를 활성화시킴</td></tr>
</table>

(2) 통증의 생리

<table>
<tr><td rowspan="5">수용(변환)</td><td colspan="2">통증에 대한 지각은 신경계에서의 생리적 반응을 포함하고 있는 복잡한 현상이다. 또한 통각수용기의 활성과정을 변환이라 한다.</td></tr>
<tr><td>말초신경섬유의 통각수용기 (특별수용기)</td><td>• 척수에서 뻗어 나와 피부, 관절, 뼈, 내장기관을 덮고 있는 점막 등 다양한 부위에 걸쳐있다.
• 말초신경섬유의 말단에 통각수용기가 있는데, 통각자극이 있을 때 활성화된다.
• 통각자극은 기계적, 화학적, 온도적 자극에 반응한다.</td></tr>
<tr><td>기계적 자극</td><td>신체부위에 대한 강한 압력, 강한 근육수축 혹은 근육과다신전으로 인한 광범위한 압력 등이 포함된다.</td></tr>
<tr><td>화학적 자극</td><td>조직손상, 허혈, 감염에 대한 반응으로 히스타민, 프로스타글란딘, 류코트리엔, 브라디키닌과 같은 중개물질의 방출이 포함된다.</td></tr>
<tr><td>온도 관련 자극</td><td>심한 추위나 더위 등에 자극을 받는다.</td></tr>
<tr><td rowspan="2">전달 : 섬유</td><td colspan="2">통각수용기가 통각자극에 의해 활성화될 때, 자극은 말초신경을 따라 척수와 뇌로 전달되는 전기적 자극으로 전환된다. 구심성 신경섬유는 전기적 자극을 전달하는 기능을 갖는다.</td></tr>
<tr><td colspan="2">
<table>
<tr><th>Fast Pain : 빠른 통각</th><th>Slow : 지연성 통각</th></tr>
<tr><td>수초화 섬유(Aδ-섬유)</td><td>비수초성 소섬유(C섬유)</td></tr>
<tr><td>• initial pain(초기 통각)
• 속도 20~30m/s
• 경계가 분명한 경고성 통증
• 자극을 매우 빠른 속도로 전달(보통 급성 통증, 날카로운 통증)</td><td>• 지연성 통각, 오래 지속
• 속도 2.0~2.5m/s
• 둔하고 타는 듯한 통각
• 퍼지는 듯한 감각이나 경미하고 쑤시는 통증과 연관됨</td></tr>
<tr><td>대섬유 A-alpah 섬유, A-beta 섬유</td><td>온 · 냉감, 촉각, 압각, 진동 등에 자극</td></tr>
</table>
</td></tr>
</table>

(3) 통증 전달 과정(관문통제이론)

<table>
<tr><td rowspan="3">통증전달</td><td colspan="2">척수 후각</td><td>척수의 후각은 신경세포 간 혹은 상호연결 섬유를 포함하고 있다.</td></tr>
<tr><td colspan="2">대직경섬유</td><td>통각, 촉각 정보를 전달한다.</td></tr>
<tr><td colspan="2">소신경섬유</td><td>통각 혹은 통증 신호를 전달한다.</td></tr>
<tr><td rowspan="2">자극 시</td><td colspan="2">대섬유</td><td>뇌로 가는 관문 혹은 경로를 닫음으로써 통증 자극의 전달을 막거나 방해
→ 자극은 통증을 해석하는 뇌에 도달하지 못하게 된다.</td></tr>
<tr><td colspan="2">마사지</td><td>마사지나 압박과 같은 특정 비약물적 치료가 통증경감에 효과적이다.</td></tr>
<tr><td rowspan="8">지각</td><td colspan="3">척수시상로에서 시상으로</td></tr>
<tr><td rowspan="3">통증경로</td><td>척수후각</td><td>척수의 후각에서 신경섬유는 나누어지고 맞은편으로 교차되어 시상으로 올라간다.</td></tr>
<tr><td>시상</td><td>• 시상은 빠르게 반응하여 자극을 신체감각의 통증으로 해석하는 뇌의 체성감각피질로 메시지를 보낸다.
• 속도가 빠른 A-델타섬유들에 의해 전달되는 자극은 날카롭고, 국한된 통증으로 지각된다. 속도가 느린 C섬유들에 의해 전달되는 자극은 분산되고, 둔하고, 타는 듯하거나 아리는 통증을 유발한다.</td></tr>
<tr><td>뇌피질</td><td>대뇌피질로 메시지를 보내기 위해 시상은 자극이 감각적으로 해석되는 변연계와 자율신경계 반응이 시작되는 뇌간중앙으로 메시지를 보낸다.</td></tr>
<tr><td colspan="3">통증역치</td></tr>
<tr><td rowspan="3">자극의 해석</td><td>체성감각피질</td><td>자극을 신체적 감각을 인지하고 해석한다.</td></tr>
<tr><td>변연계</td><td>자극에 대한 감정적 반응을 나타낸다.</td></tr>
<tr><td>전두엽</td><td>통증의 생각, 이유, 지각을 담당한다.</td></tr>
<tr><td rowspan="3">조절</td><td>신경조절물질</td><td colspan="2">• 인간의 통증에 대한 지각을 변화시켜 통증감각을 조정한다.
• 신경조절물질의 예로 세로토닌, 엔돌핀, 엔케팔린, 다이노르핀 등이 있다.</td></tr>
<tr><td rowspan="2">통증지각</td><td colspan="2">통증지각은 말초성이거나 중심성으로 바뀔 수 있다. 말초신경섬유에서 화학물질은 신경섬유를 자극하거나 신경섬유를 민감하게 하면 분비된다. 말초의 민감화로 인해 신경섬유는 통증 유발에 필요한 강도보다 더 낮은 강도의 자극에 반응하게 한다. 결과적으로 사람은 더 많은 통증을 지각하게 된다. 이러한 물질의 분비를 차단 또는 억제하는 활동을 통해 통증 지각을 감소시킬 수 있다.</td></tr>
<tr><td>엔돌핀</td><td>Substance P 신경전달 물질의 유리를 억제하기 위해 시냅스 전에 작용 or 통증 자극의 전도를 억제하기 위해 시냅스 후에 작용함으로써 통증을 억제한다.</td></tr>
</table>

	하행성 척수전도로	감각수용의 억제자극으로 작용한다. • 세로토닌: 이러한 억제 자극을 지지하는 신경전달물질 • 중뇌와 연수를 통하여 시상으로부터 척수의 후학에 이르는 전도로
	내인성 하행 통증 억제체제	A-delta 섬유에 의해 전달되는 침해자극에 의해 효과적으로 활성화된다. 예 TENS(전기자극이 아편성 진통제를 활성화)와 침술(아편제의 전도로 사용)
	통증지각에 대한 조절은 척수의 후각에서 나타날 수 있다. 흥분상태의 중간뉴런에 의해 분비되는 물질들은 통증감각을 증가시킬 수 있다. 특정 수용체에 대한 결합을 통해 다른 신경화학물질들은 통증지각을 억제할 수 있다.	

(4) 통증 평가 척도 [2012 기출]

척도	사용법	특성
CRIES	울음, 산소포화도 95% 이상을 위한 부가적 산소요구, 활력징후 증가, 얼굴표정, 수면곤란의 5가지 요인을 통해 영아의 통증 정도를 측정하며 점수가 높을수록 심한 통증을 의미한다. 최소 0점부터 최대 10점까지 채점한다.	• 수술 후 신생아 통증 사정에 사용한다. • 정상신생아와 미숙아 모두에게 적용할 수 있다.
FLACC	• 환자의 각성상태 – 적어도 2~5분마다 관찰한다. 다리와 몸을 노출시키고 관찰한다. 환자의 자세를 바꿔주거나 활동을 관찰한다. 몸의 긴장과 긴장도를 사정한다. 필요하면 위안을 주는 중재를 시행한다. • 수면 중인 환자: 적어도 5분 간격으로 관찰한다. 다리와 몸을 노출시키고 관찰한다. 가능하다면 환자의 자세를 바꿔준다. 몸을 만져 긴장과 긴장도를 사정한다.	신생아를 포함한 아동의 수술 후 통증을 사정하기 위한 도구이다.

구분	0	1	2
얼굴 (Face)	독특한 표정 또는 미소 없음	때때로 찡그린 얼굴 또는 찌푸림, 걱정스런 얼굴, 무관심	자주 지속되는 찡그림, 아래 턱 떨림
다리 (Legs)	정상적 자세 또는 이완됨	불안, 사지의 긴장도, 강직 증가	발을 차거나 다리를 들어올림, 과긴장

활동 (Activity)	조용히 눕기, 정상적인 자세, 쉽게 움직임	자세를 바꾸거나 움직이는 것을 주저하거나 신체적, 혹은 심리적으로 긴장	자세를 고정, 경련
울음 (Cry)	울음 없음, 깨거나 잠	신음소리, 끙끙거리는 소리	꾸준한 울음, 비명, 흐느낌, 잦은 불평
위안 (Consolability)	만족, 이완됨	가끔씩 접촉으로 안정시킴, 30초~1분 간격으로 만져주거나 말해주면 편안해 함	계속 위안을 원하거나 위안을 받지 못함, 불편함

• 가능할 때마다 통증에 대한 행동 측정은 자가 보고와 함께 사용되어야 한다. 자가 보고가 가능하지 않을 때 통증 행동에 대한 해석과 통증치료에 대한 판단은 통증행동이 관찰되는 상황에 대한 주의 깊은 고려가 필요하다.
• 모든 범주는 0~2점을 주며 총점은 0~10점이 된다.

PIPP (Premature Infant Pain Profile)	미숙아의 재태기간, 행동변화지표, 생리적 지표, 얼굴표정변화 지표의 총 7가지 지표에 대해 0~3점으로 채점한다. 15초간 기본행동상태를 관찰하고 자극이 주어진 후 최대 30초 동안 보이는 반응 중 가장 높은 점수를 취한다. 총 0~21점의 범위를 보이며 높은 점수일수록 통증이 심함을 의미한다.	미숙아의 상황적 특성과 행동반응을 예민하게 측정할 수 있는 도구이다.
얼굴통증 평가척도	• '통증 없음'의 웃는 얼굴부터 '심한 통증'의 우는 얼굴인 여섯 가지 만화 얼굴로 이루어져 있다. • 아동에게 각각의 얼굴은 통증이 없기 때문에 행복을 느끼거나 적거나 심한 통증 때문에 슬픈 사람을 표현하는 것임을 설명한다. – 얼굴 0 : 아동이 전혀 아프지 않기 때문에 매우 행복하다. – 얼굴 1 : 약간 아프다. – 얼굴 2 : 조금 더 아프다. – 얼굴 3 : 더욱 아프다. – 얼굴 4 : 많이 아프다. – 얼굴 5 : 눈물이 날 정도로 가장 많이 아프다. • 얼굴 그림 밑에 통증 정도를 기술해 놓은 척도도 있고 그렇지 않은 척도도 있다. 아동에게 자신의 통증 느낌을 가장 잘 표현한 그림을 선택하게 한다. 0 No Hurt / 1 or 2 Hurts Little Bit / 2 or 4 Hurts Little More / 3 or 6 Hurts Even More / 4 or 8 Hurts Whole Lot / 5 or 10 Hurts Worst	3~8세 아동의 통증사정에 사용한다.

Eland 색상척도 (Eland color tool)	• 8가지 색상의 크레용을 보여주고 아동에게 '자신이 가장 아플 때', '그보다 덜 아플 때', '조금 아플 때', '통증이 없을 때'를 각각 나타내는 색깔을 고르게 한 다음 표시해 둔다. • 4가지 크레용을 '가장 아픈 통증'부터 '통증이 없는' 것까지 배열하여 보여준다. 아동에게 신체 윤곽을 그린 그림 위에 아픈 부위를 통증의 정도에 따라 색깔로 표시하게 한다.	색깔을 아는 4~8세 아동에게 사용한다.
포커칩 척도 (poker chip tool)	빨간색 플라스틱 토막 4개를 아동에게 보여주고 이 토막이 아픔 조각이라고 말한다. 조각 한 개는 조금 아픈 것이고, 네 개는 가장 많이 아픈 것을 의미하며, 토막을 고르지 않으면 통증이 없는 것을 의미한다. 아동에게 통증이 있는 만큼 토막을 고르게 한다.	• 4세 정도의 아동에게 주로 사용한다. • 두 가지 숫자 중 큰 것을 식별할 줄 아는 인지 능력을 가진 아동인지 결정한다.
오우커 척도 (Oucher Scale)	• '아프지 않음'에서 '극도로 아픔'까지를 나타내는 아동 얼굴사진 6장과 0부터 100까지의 수직형 점수표를 포함하고 있다. • 첫 번째 사진(0)은 '전혀 아프지 않음', 그 다음(1)은 '조금 아픔', 그 다음(2)은 '조금 더 아픔', 다음(3)은 '더 많이 아픔', 그 다음(4)은 '아주 많이 아픔', 마지막(5)은 '극도로 아픔'이다. • 수직의 숫자를 이용하는 경우 0은 '아프지 않음', 1~29까지는 '조금 아픔', 30~69까지는 '중간 정도의 아픔', 70~99까지는 '많이 아픔', 100은 '극도의 아픔'을 의미한다. 아동에게 통증이 어느 정도인지 묻는다.	• 3~13세의 아동에게 사용한다. • 3세 아동에게는 사진을 사용하는 것이 좋다.
숫자 척도 (numeric scale)	직선에 0(통증 없음)에서 출발하여 오른쪽으로 5(가장 통증이 심함) 혹은 10(가장 통증이 심함)까지를 표시해둔다. 때로는 중간지점에 '보통의 통증'이라고 표시해둔다. 아동에게 양 끝 지점의 숫자가 의미하는 통증의 강도를 설명하고 통증을 가장 잘 나타내는 숫자를 고르게 한다. No Pain ... Worst Pain 0 1 2 3 4 5 6 7 8 9 10	• 5세 정도의 아동에게 사용한다. • 척도는 수평이나 수직으로 사용 가능하다.
시각적 아날로그 척도 (VAS; Visual Analog Scale)	• 10cm와 같은 확실한 길이로 그려진 세로 또는 가로로 된 선과 통증과 같이 측정할 수 있는 조관적 현상의 한계를 나타내는 고정된 항목으로 정의한다. • 아동에게 자신의 통증의 총량을 가장 잘 묘사하는 표시를 선 위에 하도록 요청한다. No Pain ... Worst Pain	4세 전후 아동에게 사용한다.

청소년 아동 통증도구 APPT (Adolescent Pediatric Pain Tool)	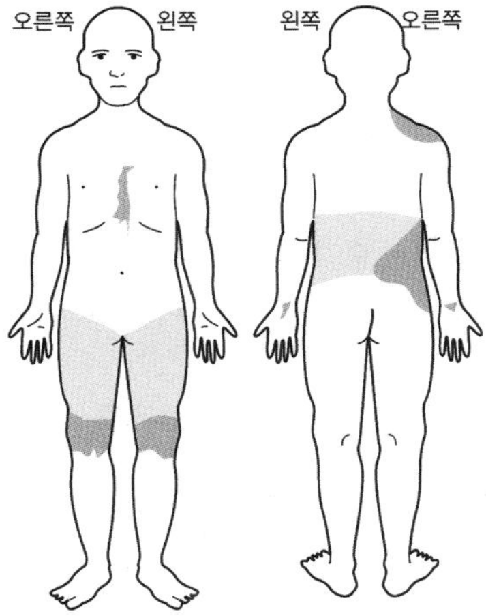 오른쪽 왼쪽 왼쪽 오른쪽 • 한 장, 양 면의 도구이며 신체의 앞면과 뒷면이 한 면에 있다. 그리고 다른 뒷면에 100mm word graphic 점수 척도와 통증 묘사어 목록이 있다. • 아동에게 신체 윤곽 그림 위에 통증 부위를 색칠하게 하고, word graphic 점수 척도에 점수를 표시하며 묘사어 목록에서 해당 단어를 선택하도록 한다. • 이 과정으로 얻어진 각각의 세 가지 요소는 분리되어 점수화한다.	8세 이상의 아동에서 통증 강도뿐만 아니라 통증의 위치와 통증의 질도 사정 가능한 다차원적 사정도구이다.
PPQ	아동과 청소년의 인지발달 단계에서 적당한 방식으로 환자와 부모로서의 통증 경험의 인식을 사정하는 도구이다. 이는 만성적이고 재발성 통증의 복잡성을 사정하고 어린이 류마티스 관절염을 겪는 아동의 만성적 근골격계 통증을 나타낸다. 통증력, 통증언어, 아동이 통증을 연상하는 색, 그들이 경험한 감정, 그들이 경험한 가장 심한 통증, 그들이 통증에 대처하는 방법, 통증에 대한 긍정적인 양상, 최근의 통증 부위 8가지 질문으로 구성되며 시각적 아날로그 척도, 색깔기호 점수 척도, 만성적 통증의 감각적, 감정적, 평가적인 차원들에 대한 정보를 제공하기 위한 언어적 묘사를 포함하여 3가지 요소로 구성된다. 아동의 통증 측정 중에서도 최근 경향은 일반적인 미터법을 지지한다.	8세 이상의 아동에서 통증 강도뿐만 아니라 통증의 위치와 통증의 질도 사정 가능한 다차원적 사정도구이다.

(5) 통증의 비약물적 관리

<table>
<tr><td>행동적-인지적 전략</td><td colspan="2">• 통증보다는 아동이 특정영역에 초점을 두게 하는 방법이다.
• 통증을 유발하는 자극에 대한 해석을 변화시켜 통증인식을 줄이고, 통증을 좀 더 잘 견딜 수 있도록 해준다.
• 부정적인 태도, 사고, 불안을 줄여서 아동의 대응기전을 향상시킨다.
• 아동의 연령이나 발달 수준이 적절하다면 고연령의 아동뿐만 아니라 어린 아동에게도 사용할 수 있다.
• 흔히 사용되는 전략에는 기분전환, 이완, 심상요법, 피부자극과 같은 생체회환, 생각 멈추기, 긍정적인 자기대화 등이 있다.</td></tr>
<tr><td rowspan="4">생물물리학적 전략</td><td colspan="2">• 통증이 뇌로 전달되는 것을 방해하는 것에 초점을 둔다.
• 통증 부위 근처에 어떤 종류의 피부 자극을 하는 것이다.
• A-델타섬유와 C섬유의 통증 자극 전도 능력을 감소시킨다.
• 생물물리학적 전략에는 열과 냉의 적용, 마사지, 압박, 경피적 전기신경 자극(TENS) 등이 있다.</td></tr>
<tr><td>빨기와 자당</td><td>• 빨기는 영아가 만족감을 얻기 위해 하는 행동이다. 그러므로 비영양적 젖꼭지는 통증을 유발하는 치료과정 동안 신생아의 통증 행동을 감소시킬 수 있다.
• 발뒤꿈치 천자와 같은 침습적인 절차가 실시되는 동안에 자당이나 포도당처럼 달콤한 맛이 나는 용액을 섭취하게 하면 아동의 통증 행동이 감소되는 것으로 나타났다.</td></tr>
<tr><td>열과 냉 적용</td><td>• 열과 냉의 적용은 통증과 관련된 생체 매커니즘을 바꾸는 것이다.
• 냉의 적용은 혈관수축을 야기하고, 모세혈관 투과성을 변경시키며, 상처 부위의 부종을 감소시킨다. 혈관수축 때문에 혈류는 감소하고 히스타민이나 세로토닌 같은 통증 유발 물질 또한 감소한다. 또한 말초 신경섬유를 통한 고통스러운 자극의 전달도 감소시킨다.
• 열의 작용은 혈관을 확장시키고 부분적으로 혈류를 증가시킨다. 또한 통증을 유발하는 자극을 감소시키고 통증에 반응하는 섬유를 자극하는 화학 물질을 제거한다. 혈류의 증가로 모세혈관 투과성이 변화되고, 종창과 통증 신경 섬유의 압박을 감소시킨다. 열은 통증 반응을 조정하는 내인성 진통제가 방출되도록 한다.</td></tr>
<tr><td>마사지와 압박</td><td>• A-델타섬유와 C섬유의 자극을 억제
• 근육을 이완시키고 긴장을 감소
• 아동의 주의를 분산
• 마사지는 신체 부분을 문지르거나 주사 부위를 10초간 누르고 있는 것 등 단순한 것이다. 로션이나 연고를 이용할 수도 있는데 이들은 편안함을 증진시키는 효과가 있다. 반대부위 압박이나 마사지는 통증부위에 대한 접근이 불가능하거나 이환된 부위의 통증이 너무 심할 때 이용 가능하다.
• 지압 – 더 큰 압박 적용/압박의 적용과 이완은 내인성 엔돌핀과 엔케팔린이 분비되게 한다.</td></tr>
</table>

(6) 통증의 약물적 관리 [2013 · 2017 기출]

① 개요

비마약성 진통제 [2013 · 2017 기출]	NSAIDs	아세트아미노펜과 이부프로펜, ketorolac, naproxen, indomethacin, diclofenac, piroxicam과 같은 비스테로이드성 항염제(NSAIDs)
	효과	• 경미하거나 중등도의 통증을 치료하기 위해 사용되나, 종종 관절염, 관절, 뼈, 근육 통증, 두통, 치통, 생리통 같은 경우에도 사용될 수 있다. • 아세트아미노펜은 가장 잘 알려진 비마약성 진통제이고, ibuprofen은 일반적으로 아동의 해열제로 사용된다.
	주의	아스피린은 레이증후군을 일으킬 위험이 크기 때문에 아동의 진통제나 해열제로 사용해서는 안 된다.
	부작용	• 흔히 위장관계 자극, 혈액 응고 문제, 신장 기능장애 등 • 비마약성 약물은 상대적으로 안전하고, 다른 약물과 약물 상호작용이 적으며, 중추신경계를 억압하지 않는다.
	천장효과	일정 수준 이상의 약물 사용을 사용하면 증량을 해도 더 이상 통증 경감 효과가 증가되지 않는다. 결과적으로 더 효과적인 통증 경감을 위해 비마약성 진통제는 마약성 진통제와 혼합해서 사용하게 된다.
마약성 진통제		• 일반적으로 중등도의 통증이나 심각한 통증이 있을 때 적용된다. 마약성 진통제는 효현제(약물이 수용체 부위에서 신경전달 물질로 작용할 때)나 길항제(약물이 수용체 부위에서 작용을 차단할 때)로 분류된다. • 효현제로 작용하는 마약성 물질로는 morphine, codeine, fentanyl, meperidine, hydromorphone, oxycodone, hydrocodone이 있다. • 마약성 진통제는 경구, 직장, 근육 내, 정맥 내로 투여할 수 있다. • 아편제는 chemoreceptor trigger zone을 자극하여 오심과 구토를 유발한다. 게다가 아편제를 반복적으로 투여하면 약물 내성(이전과 같은 통증 경감 작용을 얻기 위해서는 증가된 용량의 약물이 필요함)과 신체적 의존성(금단증상을 예방하기 위해서 지속적인 투약이 필요함)을 유발하는 것으로 알려져 있다.

② 약물

약물	적응/적응증	간호 적용
아세트아미노펜 [2013 기출]	• 사이클로옥시게나제의 중추신경 억제 가능성 • 시상하부 열 조절 중추에 직접 작용 • 약한 통증부터 중증 통증, 열: 관절염, 근골격계 통증, 두통	• 경구 혹은 직장 투여, 24시간 내에 5정을 초과하지 않도록 함 • 부모에게 처방전 없이 살 수 있는 약물(OTC)의 약전을 주의 깊게 살펴보게 함
이부프로펜 [2017 기출]	• 프로스타글란딘 합성 억제 • 약한 통증부터 중증 통증, 열, 염증성 질환의 치료	• 경구 투여 • 위장관계자극이 있다면 음식과 함께 주거나 식후에 제공

NSAIDs (케토로락, 디클로페낙, 인도메타신, 나프록센)	• 프로스타글란딘 합성 억제 • 중증에서 심한 통증	• 경구용 약물로 위장관계 자극이 있다면 음식과 함께 주거나 식후에 제공 • 두통, 어지러움, 오심, 구토, 변비, 설사가 나타나는지 관찰 • 멍, 코피, 잇몸 출혈 혹은 소변이나 대변 잠혈 혹은 현성 출혈 같은 출혈의 증상과 징후를 사정 • 케토로락: IV나 IM으로 투여 가능. 2~16세 아동에게는 1회 용량만 투여하는 것이 권장됨 • 나프록센: 혼합 상품으로 사용 가능 • 인도메타신: IV로 투여할 때 핍뇨나 무뇨가 있는지 보고 • 디클로페낙: 직장 투여 가능
아편제 (모르핀, 코데인, 펜타닐, 하이드로모르핀, 옥시코돈, 메타돈)	• 마약성 효현제는 μ-수용체 부분에 주로 작용(모르핀, 코데인, 펜타닐, 하이드로모르핀, 옥시코돈, 메타돈) • 중증~심한 급성과 만성 통증 • 모르핀: 다루기 힘든 통증, 수술 전 안정 • 코데인: 기침 반사 억제를 위해서도 사용 • 펜타닐: 골수 흡인, 골절 정복, 봉합 같은 단기 치료절체와 관련된 통증	• 호흡기계 상태를 자주 사정하고, 환기율이 감소하거나 호흡 양상이 변화할 때 알린다. 호흡기계 억제가 있을 때 사용 가능하도록 날록손을 준비(모르핀, 펜타닐, 하이드로모르핀) • 진정, 어지러움, 기면 혹은 혼수가 나타나는지 관찰 • 부모와 아동에게 아동이 잠이 오거나, 나른하거나, 몽롱함이 있음을 교육 • 아동이 다치는 것을 예방하기 위해 안전한 방법을 도입 • 연동 운동의 감소가 있는지 장음을 사정. 복부 팽만이 있는지 관찰 • 변비의 위험을 줄이기 위해 적절한 섬유소 섭취와 대변 완화제 섭취를 권장 • 소변 배출량을 관찰하고 변화가 있을 시 알림
혼합된 마약성 효현제- 길항제: 펜타조신, 부토파놀, 날부핀	• 펜타조신: μ-수용체 부위에 길항제로 작용, κ-수용체 부위에 효현제로 작용 • 부토파놀: κ-수용체 부위와 친화성이 높고, α-수용체 친화성이 적음 • 중증~심한 통증 • 편두통 완화 • 수술 전 진통제(날부핀)	• 아동의 진정을 관찰. 아동과 부모에게 약물주입 시 졸리거나, 잠 오거나, 몽롱할 수 있음을 교육 • 아동이 다치는 것을 예방하기 위해 안전한 방법을 도입

5 영양증진

적절한 영양은 성장과 발달에 필수적인 요소이다. 모유나 조제유는 4~6개월까지 공급할 수 있고, 이후부터는 고형식을 공급한다.

영양 요구량	신생아	영아
수분	140~160mL/kg/일	• 첫 10kg 동안 100ml/kg/일 • 10kg 이후 50ml/kg/일
열량	105~108kcal/kg/일	• 1~6개월: 108kcal/kg • 6~12개월: 98kcal/kg

(1) 모유수유(breastfeeding) [2023 기출]

모유 성분	• 모유에는 젖당, 지질, 다불포화지방산, 아미노산이 들어있음 • 모유에 들어 있는 유장(모유 윗물)의 카제인 단백질은 모유의 소화가 잘 되도록 도움 • 비율이 높은 지방과 균형 있는 아미노산은 수초를 형성하는 데 도움이 됨 • 모유의 철분 함유량은 조제유보다 적지만, 철분의 생체이용률이 좋아서 4~6개월간 동안은 신체요구량에 알맞음 • 모유는 완전한 영양분을 가질 뿐만 아니라, 면역물질이 모체에서 영아로 전달되도록 하고, 모아의 유대증진에 도움이 됨	
모유 장점	영아	• 엄마와의 유대 증진 • 면역학적 보호 작용 • 항염증 성분 함유 • 설사의 빈도와 강도를 줄임 • 천식, 중이염, 박테리아성 뇌수막염, 보툴리눔독소증, 요로감염의 발생 빈도가 감소됨 • 인지발달을 도움 • 후기 아동기의 비만 발생률을 낮춤
	어머니	• 영아와의 유대 증진 • 산후출혈을 줄임 • 난소암와 폐경 전 유방암의 위험을 낮춤 • 임신으로 인한 비만 및 장기적 비만의 발생률을 줄임 • 일부 여성의 배란을 지연시키는 효과가 있음 • 수유를 위해 준비할 것이 없음(조제하지 않아도 됨) • 경제적 이점
요구에 의한 수유	프로게스테론↓	태반 배출 → 프로게스테론↓
	프로락틴↑ [2023 기출]	뇌하수체 전엽이 자극되어 프로락틴이 분비 → 프로락틴은 유방의 세엽 세포를 자극 → 모유 생성

<table>
<tr><td rowspan="4">모유 종류</td><td>초유
(colostrum)</td><td colspan="2">• 출생 후 첫 2~4일에 생성된다.
• 초유는 엷고 수분이 많은 노란 액체로, 소화되기 쉽고 당과 지방이 적으며 단백질 함유량이 높다.
• 출생 후 2~4일이 되면 이행유로 바뀌고, 10일이 되면 성숙유가 생성된다.</td></tr>
<tr><td rowspan="3">성숙유</td><td colspan="2">약간 푸르스름한 색상을 보이며 묽다.</td></tr>
<tr><td>전유
(fore milk)</td><td>• 유두 뒤편 작은 집합관을 통해 유관동에 모아지고, 사출반사를 통해 모유가 방출된다.
• 영아가 유방을 빨 때, 옥시토신이 뇌하수체 후엽에서 분비되어 유관동이 자극되고, 모유가 유두로 모이면 영아가 빨 수 있게 된다.
• 최유반사는 아기가 유방을 빠는 것뿐만 아니라 아기를 생각하거나 아기의 울음소리를 듣는 것만으로도 발생한다.</td></tr>
<tr><td>후유
(hind milk)</td><td>• 전유가 다 유출되고 나면 지방질이 많은 모유, 즉 후유가 생성되고 영아가 빠르게 자라게 하는 데 도움이 된다.
• 아기가 젖을 빠는 동안 옥시토신이 생성되면 자궁이 수축되고 후진통이 일어나게 된다.</td></tr>
<tr><td>수유의 기술</td><td colspan="3">• 엄마는 편안한 자세를 취한다. 수유를 할 때 여러 가지 자세를 취할 수 있다(요람 안기, 옆으로 눕기, 럭비공 안기).
• 어머니는 'C' 모양으로 가슴을 쥐고, 유두를 영아의 볼에 댄다. 이렇게 하면 영아는 입을 더 크게 벌리게 된다. 어머니의 유두와 유륜 주변까지 입에 넣어 밀착되게 한다.
• 수유가 끝나면 어머니는 영아의 입에 손가락을 살짝 넣어 유방을 떼어낸다. 이렇게 하면 영아가 엄마의 유두를 잡아당기는 것을 방지하여 유두가 갈라지거나 통증이 발생하는 것을 예방할 수 있다.
• 영아가 수유하는 것을 보고 듣는 것으로 영아가 어머니에게 잘 밀착되어 있는지를 사정할 수 있다. 제대로 밀착된 영아는 리듬 있게 유방을 빨며 어머니 유륜의 대부분을 입 안에 넣고 있다. 모유를 삼킬 때 삼키는 소리를 들을 수 있다.
• 수유 시 모체에 통증이 있는지 사정한다. 영아가 적절히 수유 중이라면 어머니는 통증을 느끼지 않는다.
• 영아가 배고플 때마다, 즉 요구에 의한 수유를 한다면 모유수유가 잘 이루어지고 있는 것이다. 신생아는 1시간 반에서 3시간 간격으로 수유를 하고, 한 번 수유 시 각 가슴에서 10~20분 정도의 시간이 걸리며, 한쪽에서 더 오래 걸릴 수 있다.
• 모유수유를 하는 영아가 첫 며칠 동안, 하루에 기저귀를 6~8회 적신다면 물이나 조제유를 더 보충할 필요는 없다. 출산 후 며칠이 지나면 모체의 모유량은 충분해진다. 배뇨량이 충분하고 장운동과 체중 증가가 충분하다는 것은 모유수유가 잘 되고 있다는 것이다.</td></tr>
</table>

<table>
<tr><td rowspan="7">모유수유 시 일어나는 흔한 문제점</td><td>문제점</td><td>해결 방법</td></tr>
<tr><td>유두가 쓰라림</td><td>• 예방: 수유를 시작할 때부터 적절하게 밀착하도록 한다.
• 수유하는 중에 유두를 공기에 노출시킨다.
• 모유가 유두에서 마르도록 한다.
• 알로에 베라와 비타민 E는 쓰라린 유두를 회복시키는 데 도움이 된다.
• 의약용 라놀린과 무방부제 라놀린이 도움 될 수 있다.</td></tr>
<tr><td>충혈</td><td>• 가슴을 따뜻하게 찜질하거나 수유 전에 따뜻하게 샤워를 하도록 한다.
• 따뜻하면 모유가 잘 나오고 유방이 부드러워져 영아가 밀착하기도 좋다.</td></tr>
<tr><td>흡입력이 약함</td><td>• 계획에 따른 수유가 아니라 배고플 때 바로 먹인다.
• 졸려하는 영아에게는 발바닥을 쓰다듬고, 옷을 벗기고 머리를 쓰다듬어 자극한다.</td></tr>
<tr><td>모유공급이 불충분함</td><td>• 어머니의 스트레스를 줄인다.
• 어머니가 음식과 수분을 충분히 섭취하도록 한다.
• 출근하는 엄마는 꾸준하게 모유수유를 할 수 있도록 직장에서 유축을 하도록 한다.</td></tr>
<tr><td>아버지가 소외감을 느낌</td><td>다른 돌봄 행위에 아빠가 참여하도록 격려한다.</td></tr>
<tr><td>어머니가 모유량이 충분한지 걱정함</td><td>영아가 하루 6회 정도 배뇨하고 체중이 증가하고 있다면 충분히 수유하고 충분한 영양을 섭취하고 있는 증거이다.</td></tr>
<tr><td>모유수유금기</td><td colspan="2">갈락토스혈증, 모체의 불법 약물 사용, 일부 처방약, 모체의 치료되지 않은 활동성 결핵, 모체의 HIV 감염 등</td></tr>
</table>

(2) 영아의 영양

<table>
<tr><td>영아영양</td><td colspan="2">• 성장이 매우 빠른 시기: 일생 중 단백질 요구량이 가장 많은 시기이다.
• 영아기 영양요구량은 6개월 동안 1일 120cal/kg
• 적어도 12개월부터는 젖병을 떼고 스스로 컵으로 먹도록 유도한다.</td></tr>
<tr><td rowspan="3">이유식</td><td colspan="2">보충식으로 고형식이를 제공하는 것(생후 4~6개월경 시작)이다.</td></tr>
<tr><td>목적</td><td>• 생후 6개월경이 되면 모체로부터 받은 철분의 태아 저장이 끝나 철분이 부족해진다.
• 젖꼭지를 빠는 방법 이외에 숟가락으로 떠먹는 방법을 익힌다.
• 젖 이외의 다양한 음식의 맛을 익히도록 하기 위함이다.</td></tr>
<tr><td>주의사항</td><td>한 번에 한 가지 음식을 제공하여 적어도 3~7일 정도 먹이도록(알레르기 방지) 한다.</td></tr>
<tr><td>고형식이 첨가가 4~6개월이 적절한 이유</td><td colspan="2">• 태아의 철분 저장이 고갈되는 시기이다.
• 위장관의 소화능력이 발달된다.
• 알레르기에 덜 과민하게 된다.
• 치아가 출현한다.</td></tr>
</table>

	• 혀를 내미는 반사가 사라진다. • 삼키는 기술이 잘 조정된다.
치아와 잇몸의 건강증진 [2017 기출]	• 건강한 치아와 잇몸을 유지하기 위해서 구강위생과 적절한 불소보충이 필요하다. 충치가 생길 위험이 있는 6개월 이후 아동은 0.3ppm 이하의 불소가 함유된 물을 섭취한다. 불소를 지나치게 섭취하면 치아변색을 일으킬 수 있다. 아동기 초기의 충치는 우유나 주스가 치아와 잇몸에 고여서 생긴다. • 치아가 나기 전에 부모는 수유 후 아동의 잇몸을 젖은 수건으로 닦아준다. 치아가 나면 부드러운 수건으로 치아를 계속 닦아주고, 작고 부드러운 칫솔을 사용한다. 영아에게 치약은 필요하지 않다. 잘 때 우유나 주스 병을 물고 있지 않도록 한다. 설탕 함유량이 높은 주스가 밤새 치아와 접촉하여 치아가 썩을 수 있기 때문이다. • 12~15개월에 젖병수유를 중단하는 것은 충치발생을 예방할 수 있다. 흘림 방지 컵도 충치를 유발할 수 있으므로 피해야 한다. • 미국소아치과협회에서는 1세가 되면 치과를 방문하도록 권장하고 있다.

04 신생아기 특성

1 아프가 점수(Apgar Score) [2017 · 2023 기출]

(1) 아프가 점수 평가

정의	신생아의 건강상태를 알아보기 위해 태어나자마자 시행하는 검사	
항목	① 심박수 ② 호흡수 ③ 근육의 힘 ④ 자극에 대한 반응 ⑤ 피부 색깔 5항목을 검사하며 각 항목당 2점씩 채점하여 10점 만점	
평가	출생 60초 후의 상태와 출생 후 5분에 각각 두 번 판정하여 점수를 냄	
	생후 1분	신생아의 가사의 유무를 판단하여 응급처치 필요성 여부를 조사하는 지표
	생후 5분	신생아의 예후를 판정하는 좋은지표
평가내용	(아래 표 참조)	

출생 시 영아 평가 - 아프가 점수			
징후 \ 점수	0	1	2
심박동수	없음	느림 < 100	> 100
호흡 능력	없음	불규칙, 느림, 약한 울음	크고, 강한 울음
근 긴장도	늘어짐	사지의 약간 굴곡	충분한 굴곡
자극에 대한 반사	무반응	찡그림	울음, 재채기
피부색	푸름, 창백	몸통 분홍, 사지 푸름	완전히 전신 분홍

평가결과	0~3점	심한 곤란증
	4~6점	중등도의 어려움
	7~10점	자궁 외 생활에 적응하는 데 어려움이 없음

(2) 출생 시 영아의 적응상태

출생 시 영아의 적응상태	• 출생 시 밝은 붉은 색, 통통하고 매끄러움 • 심박수: 심첨맥박 안정 시 80~100회/분 • 호흡능력: 50회/분, 주로 복식호흡 • 머리 천문은 탄탄하고 편평하고 부드러움 • 눈은 건드리면 각막반사 출현, 불빛에 눈 깜박임 • 매우 기민하고 힘차게 울며, 주먹을 열심히 빨고, 환경에 매우 관심을 보임 • 사지는 약간의 굴곡을 유지함
1기: 6~8시간	• 기민, 힘차게 울며 주변에 관심 보임 • 주먹을 열심히 빨고 왕성한 흡철반사를 가지고 있으므로 모유수유를 시작해도 좋은 시기 • 심박은 180회/분으로 높을 수 있고 장음이 활발, 점액분비가 증가되며 체온은 약간 떨어질 수 있음
1기 후: 2~4시간	• 심박률과 호흡률감소, 체온 계속 떨어짐 • 점액생성 감소하고 대소변 배출 안 됨 • 비교적 조용, 수면상태, 자극에 최소 반응 → 목욕 피해야 함
2반응기	• 깊은 수면에서 깨어남, 2~5시간 지속 • 아기와 부모의 상호작용기회 • 다시 기민, 반응적, 심박 호흡률 상승, 구역반사 활발, 장 호흡계 분비 증가, 태변배출 • 이 시기 이후 생리적 안정이 되며 수면과 활동이 번갈아 나타남

2 천문

(1) 폐쇄시기

대천문	• 앞쪽에 있고 다이아몬드 모양, 4~5cm • 12~18개월에 닫힘
소천문	• 뒤쪽에 있고, 삼각형 모양, 0.5~1cm • 2개월(6~8주)에 닫힘
봉합선	6~8개월에 닫힘
정상	편평하고 부드럽고 탄탄해야 함
비정상	융합, 넓어짐, 함몰(탈수), 팽만(두개내압 상승)

(2) 폐쇄의 의미

대천문 폐쇄의 의미	• 척수의 완전한 유수화(myelination) • 대천문이 닫힘
척수의 완전한 유수화(myelination) → 생리·신체적 발달특성	• 잘 걸을 수 있음 • 방광과 장을 조절할 수 있음(대소변 가리기) • 눈과 손의 협응(coordination) : 12~18개월이 되면 혼자 책장 넘기기, 신발과 양말 벗기, 지퍼 내리기, 4개 블록 쌓기 등이 가능함 척수의 유수화(대천문12-18M 폐쇄) ↙ ↘ 대소변 가리기 눈-손 협응

3 생리적 황달(physiologic jaundice)

정의	• 신생아의 55~70%에서 나타나며 생후 2~3일에 시작되어 7일 이후(7일~14일) 에는 소실 • 모유의 pregnanedeol-3a, 20a로 인하여 황달이 보통보다 오래 지속되는 수도 있음 • 5mg/dL 이상 시 육안적으로 황달 관찰 가능 • 배출되지 못한 간접 빌리루빈이 다시 재흡수, 순환하면서 피부, 공막에 침착되어 나타남 • 지속적인 황달: 담관 폐쇄, 매독, 신생아 적아구증 같은 병리적 상태를 암시		
병태생리	적혈구 파괴	평균적으로 신생아는 혈액의 적혈구 농도가 높고 적혈구의 생존기간이 짧기 때문에(70일~90일) 성인(120일)보다 2배 정도 빌리루빈을 생산함	
	간기능 미숙	낮은 알부민 농도	• 알부민 농도가 낮기 때문에 빌리루빈과 결합할 수 있는 혈장결합력도 떨어져 있음 • 혈액에서 간으로 이동하는 빌리루빈 감소로 혈장 간접 빌리루빈이 증가
		간 효소 부족	• 간접 빌리루빈이 배설되기 쉬운 형태인 직접 빌리루빈으로 전환하기 위해 간의 효소인 glucuronyl transferase가 필요하나 이의 생산 제한으로 간접 빌리루빈이 증가 • 적혈구가 파괴되어 생긴 간접 빌리루빈은 직접 빌리루빈으로 전환되어야 수용성이 되어 땀과 소변 등으로 배출되지만, 신생아는 간의 미성숙으로 인해 효소활성이 부족하여 직접 빌리루빈으로 전환되지 못함
	장 세균	정상적으로 직접 빌리루빈은 장내 세균에 의해서 urobilinogen으로 변형되어 대변으로 배설됨. 그러나 신생아의 장은 무균적이며, 운동이 적기 때문에 urobilinogen을 효과적으로 배설하지 못함	
치료	phototherapy		

4 반사(reflexs) [2023 기출]

(1) 원시반사

정의	원시반사는 피질하부에서 이루어지고 전신반응으로 나타난다. 바빈스키 반사를 제외한 원시반사는 보호반사를 유발하면서 첫 몇 개월 동안 서서히 감소되고 1세 정도에 사라진다. 보호반사(자세반응 또는 자세반사라고 함)는 바로 신체의 평형유지와 관련 있는 전체운동 반응이다. 원시반사의 적절한 출현과 소실 그리고 보호반사의 발달은 신경계가 건강하다는 지표이다. 원시반사가 소실될 시기가 지났는데도 남아 있으면 신경계의 이상을 의미하므로 검사를 해 보아야 한다.

구분	설명	소실 시기
모로반사 (moro reflex) [2023 기출]	자세를 갑자기 바꾸거나 편평한 곳에 눕힐 때, 손으로 아기의 어깨를 받치고 갑자기 머리를 떨어뜨릴 때 나타난다. 사지를 대칭적으로 활짝 펼치고 팔을 쭉 펴며 외전하고 손바닥을 활짝 편다. 이후 사지를 내전, 편안히 구부린다(손가락은 C자 모양). → 미약하거나 손실된 경우는 뇌손상, 사지골절을 의심할 수 있다(중추신경계사정의 중요한 지표).	2개월에 가장 강하게 나타나며 3~4개월에 감소하고 6개월 전에 소실된다.
펜싱반사 (fencing reflex)	머리를 한쪽으로 돌리면 그쪽 팔, 다리를 편다. 반대쪽 사지는 구부린다[비대칭성 긴장성 목반사(tonic neck reflex, asymmetric tonic neck)].	3~4개월에 감소
파악반사 (grasp reflex)	손을 건드리면 꽉 붙잡고 놓지 않는다. 발바닥도 마찬가지다.	4개월 후 감소
바빈스키 반사 (babinski reflex)	발바닥을 발꿈치에서 발가락 쪽으로 긁으면 발가락은 과신전, 엄지발가락은 배굴, 나머지는 부채살처럼 펴진다.	1년 후 소실
포유반사 (rooting reflex)	신생아의 입 가장자리(뺨)를 자극하면 그 방향으로 고개를 돌리고 빨기를 시도하며 찾는다(근원반사).	3~4개월에 소실
흡철반사 (sucking reflex)	손가락이나 젖꼭지로 입을 자극하면 빤다.	5~6개월에 감소하고 1년 후 소실
대광반사	눈에 빛을 비추면 동공이 작아진다.	소실되지 않음
눈깜박임 반사	눈을 뜨고 있을 때 콧등을 치면 눈을 깜박인다.	소실되지 않음
연하반사	혀 뒤에 액체를 대주면 빠는 동시에 삼킨다.	소실되지 않음
기침반사	이물이 상기도에 들어가면 재채기 또는 기침한다.	소실되지 않음
구역반사	인두부위의 이물질 제거에 유용하다.	소실되지 않음
밀어내기 반사 (extrusion reflex)	손가락이나 젖꼭지를 혀끝에 대면 혀를 바깥으로 밀어낸다.	4개월경에 소실

(2) 보호반사(protective reflexes)

구분	설명	발생 시기	소실 시기
목 바로잡기 반사 (neck righting)	신체를 기울이면 목과 머리를 똑바르게 유지한다.	4~6개월	지속
(측면) 낙하산 반사 [parachute(sideways)]	지지해 앉은 자세에서 신체를 기울이면 양팔을 보호하듯 펼친다.	6개월	지속
(전면) 낙하산 반사 [parachute(forward)]	공중에서 아동을 전면으로 들고 앞으로 기울이면 팔을 앞으로 신전한다. 자신을 보호하기 위해 반사적으로 앞으로 팔을 뻗는다.	6~7개월	지속
(후면) 낙하산 반사 [parachute(backward)]	뒤쪽으로 기울어질 때 팔을 신전한다.	9~10개월	지속

5 캥거루식 돌보기(kangaroo care) [2017 기출]

<table>
<tr><td>정의</td><td colspan="2">• 기저귀와 모자만 착용한 영아를 부모의 맨 가슴에 똑바로 세워 안는 피부 접촉 방법
• 태아기부터 발달되는 최초의 감각
• 피부를 통해 외부세계와 최초의 의사소통</td></tr>
<tr><td>효과</td><td colspan="2">• 미숙아의 성장과 안정을 도우며 모아 관계를 향상시키는 효과
• 강력한 애착발달</td></tr>
<tr><td>피부접촉</td><td colspan="2">어머니 몸의 애정, 사랑, 부모되기를 할 수 있게 돕는 물질을 생산하게 하고, 이 물질은 영아의 뇌에 긍정적 행동을 하도록 도우며 강력한 애착을 발달시켜 어머니와 강하게 결속(bonding)하게 됨</td></tr>
<tr><td rowspan="4">방법</td><td>어머니 오리엔테이션</td><td>어머니에게 수유 30분 후인 오후 3~6시 사이에 주 3회(월, 수, 금) 1회 60분씩 총 10회, 모유수유실에서 오리엔테이션을 실시</td></tr>
<tr><td>어머니 준비</td><td>• 어머니는 손과 가슴 부위를 깨끗이 씻음
• 준비된 가운으로 갈아입음
• 의자에 편안히 앉아 가운의 앞섶을 열고, 손을 비벼서 따뜻하게 함</td></tr>
<tr><td>미숙아 준비</td><td>수유 30분 후 기저귀와 모자만 착용</td></tr>
<tr><td>수행</td><td>• 어머니는 기저귀와 모자만 착용한 미숙아를 맨 가슴에 세워 안고 피부 접촉을 60분간 실시
• 한 손으로 미숙아의 엉덩이와 등을 지지한 채 다리를 구부려 안고, 다른 한 손으로 미숙아의 목과 머리를 지지
• 미숙아의 보온 유지를 위해 아기싸개나 어머니가 입고있는 가운을 사용하여 미숙아의 등을 덮어 줌
• 어머니는 미숙아를 안고 있는 동안 미숙아와 눈을 맞추거나 손을 바꾸어 안을 수 있으나, 자극을 주지 않기 위해 큰소리로 이야기를 하거나 세게 흔들지 않도록 함</td></tr>
</table>

05 영아기 특성

1 신체적 발달

치아	• 대부분의 신생아는 출생 시 치아가 없고 1개월 이내에는 이가 나지 않는다. 첫 치아가 나는 시기는 평균 6~8개월이다. • 젖니(유치)는 아동기에 빠지고 영구치로 대체되며, 치아가 날 때 주변의 잇몸은 자주 붓는다. • 보통 아래의 중심앞니가 먼저 올라온 후 위 중심앞니가 올라온다. • 7개월경에 치아가 나기 시작하여 24~30개월경이 되면 20개의 유치가 모두 생긴다.
치아가 나는 순서	나는 시기 중절치 — 7개월 측절치 — 9개월 견치 — 18개월 제1소구치 — 14개월 제2소구치 — 24개월

2 운동 기술발달

전체운동기술	• 큰 근육(예 머리조절, 뒤집기, 앉기, 걷기)을 이용하는 기술이다. • 두미방향으로 발달한다. • 뒤집기나 앉기보다 머리 드는 것을 먼저 익힌다. • 영아는 머리를 가눌 수 없으므로 아기를 들 때는 목을 지지해야 한다. • 영아는 머리를 가누고, 그 후 뒤집기, 앉기, 기기, 짚고 일어서기가 가능해지고 생후 1세가 되면 독립적으로 걸을 수 있다.
운동발달장애 징후	• 팔다리가 뻣뻣하거나 힘이 없다. 3~4개월에 머리를 가누지 못한다. • 한쪽 손만 뻗친다. 6개월에 지지하지 않으면 앉지 못한다. • 12개월에 기지 못한다. 12개월에 서지 못한다.
미세운동기술	• 근위-원위 방향으로 발달한다. • 미세운동이 발달하려면 손과 손가락 이용이 성숙되어야 한다. • 먼저 손 전체로 크게 잡다가 나중에는 집게잡기와 같이 손가락 끝으로 미세하게 잡을 수 있게 된다. • 신생아의 손 운동은 불수의적 운동인 데 비해 12개월 아동은 컵과 숟가락을 이용하여 스스로 먹을 수 있다 • 12개월 된 영아는 손가락으로 음식을 집어 먹을 수 있어야 하고, 도움을 받으면 옷을 입을 수 있어야 한다. 예 소매에 팔 넣기

3 지적 발달

1기 (출생~1개월): 기능적 동화작용	반사적으로 빨면서 영양 섭취에 대해 만족감을 느낀다. 영아는 반사를 조절하게 되고 익숙한 도구, 냄새, 소리를 구분한다.
2기 (1~4개월): 1차 순환 반응기	• 우연히 엄지를 빨기 시작한 후 만족감을 느끼기 위해 엄지빨기를 반복한다. 모방과 대상 연속성 개념이 발달하기 시작한다. • 감정을 나타낸다.
3기 (4~10개월): 2차 순환 반응기	• 원하는 결과를 얻기 위해 반복적으로 행동한다. 예 딸랑이를 흔들어 소리를 듣는다. • 영아의 행동은 목적이 있지만 항상 목표를 가지고 행동하는 것은 아니다.
4기 (10~12개월): 2차 도식의 조정단계	• 영아는 이전에 배운 행동으로 이전에 배운 도식을 조정한다. 딸랑이를 잡고 흔들거나 원하는 장난감을 잡기 위해 방 안을 기어 다닌다. • 영아는 어떤 일을 예상할 수 있다. 대상 연속성은 8개월에 완전히 나타난다. • 영아는 특정 사건의 상징을 이해한다. 예 손을 흔드는 것은 누군가 떠난다는 뜻이다.

4 성장과 발달의 평균 달성 [2009 기출]

1개월	신체발달	• 체중: 4.9kg, 출생 후 6개월 동안은 매 주마다 150~210mg씩 증가한다. • 신장: 출생 후 6개월 동안은 매 개월마다 약 1inch(2.54cm)씩 증가한다. • 맥박: 120~150회/분 • 호흡: 30~60회/분
	운동능력	지지해 주어도 머리를 들 수 없다. 머리를 어깨에 기대어 놓으면 가끔 들 수 있다. 엎드려 누이면 머리를 옆으로 돌릴 수 있다. 단단한 바닥에서는 발로 바닥을 밀면서 앞으로 움직일 수 있다. tonic neck reflex가 아주 잘 나타난다. 주먹을 쥐고 있으며 물건을 향하여 손을 뻗칠 수는 없고 손 안에 물건이 닿으면 쥘 수 있으나 곧 그것을 떨어뜨린다.
	시각	신생아는 근시로 20~40cm 거리에서 물체가 더 잘 보인다. 물체보다 사람의 얼굴을 더 좋아하고 얼굴 표정을 따라할 수도 있다. 사람 얼굴 외에도 특정한 물건을 더 좋아하는데, 특히 흑백 줄무늬가 있는 대비되는 물체에 관심을 보인다. 눈동자는 흔들리고 사시가 있는 경우도 있다. 가장 잘 아는 사람의 얼굴을 구분할 수 있고, 시야에 가까이 들어온 물체를 집중해서 쳐다본다. 주위를 막연히 응시하고 볼 수 있는 범위 내에 있으면 얼굴이나 밝은 물체를 주시하는 것처럼 보인다. 움직이는 물체는 중앙선까지 시선이 따라갈 수 있다.

	언어사회성	의미 있는 작은 소리를 낸다. 막연하게 웃는다. 얼굴이나 밝은 물체에 대해서 막연한 관심을 보인다. 배가 고프거나 불편한 경우에는 운다.
2개월	신체발달	후천문이 닫힌다.
	운동능력	고개를 똑바로 들 수 있다. 복부를 바닥에 대고 머리와 가슴을 잠깐 동안 들 수 있다. tonic neck reflex나 moro reflex가 차차 없어진다. 옆으로 누웠다가 바로 돌릴 수 있다. 잠깐 동안 딸랑이를 쥘 수 있다.
	시각	움직이는 불빛이나 물체를 따라 눈을 돌릴 수 있다.
	언어사회성	**다른 사람의 미소에 반응하여** 사회적 미소를 보인다. 이것은 사회적 행동의 시작이다. 울음에 의해서 관심을 얻을 것이라는 것을 배운다. 우는 이유에 따라서(배고플 때, 졸릴 때, 아플 때) 울음이 분화되기 시작한다. 말하는 목소리에 대해서 관심을 보인다.
3개월	신체발달	체중 6.8kg
	운동능력	손과 손가락을 보며 논다. 반짝이는 물건이 있으면 손을 뻗치나 미치지는 못한다. 손이나 물건을 즐겁게 입으로 가져갈 수 있다. 머리를 안전하게 똑바로 들 수 있다. 보통 양팔로 지지하면서 가슴을 든다. 쥐는 반사는 약해진다. 지지해 주면 무릎을 구부리고 등을 구부리고 앉는다.
	시각	물체가 얼굴 앞에서 오른쪽에서 왼쪽으로, 위에서 아래로 움직일 때 양쪽 눈이 상하 수평으로 움직이는 것을 볼 수 있다.
	언어사회성	엄마의 얼굴을 보면 크게 웃고, 소리에 대해서 즐거움을 나타낸다. 덜 운다.
4개월	신체발달	체중 7.3kg, 3~4개월 사이는 별로 다른 것은 없다. 타액이 분비되기 시작하며 삼키는 방법을 알지 못하므로 침을 흘린다.
	운동능력	균형 잡힌 체위를 취할 수 있다. 앉아 있을 때 머리를 똑바로 들 수 있다. 뒤집으려고 노력한다. 손바닥을 펴고 있다. 좋아하는 장난감이 눈에 보이면 팔을 뻗친다. 적당히 지지해 주면 앉을 수 있고 좋아한다. tonic neck reflex가 없어진다. 세우면 자신의 몸무게의 일부를 지탱한다.
	시각	집 안의 물건을 안다. 손에 있는 장난감을 응시하고 그것을 입으로 가져간다. 움직이는 물체를 잘 볼 수 있다. 매달린 장난감이 눈앞에 있으면 팔을 움직인다. 두 눈으로 들어온 상을 하나의 대뇌 영상으로 통합하는 능력(양안 시성)은 6주에서 시작해서 4개월에 완성된다.
	언어사회성	큰 소리로 웃고 다른 사람이 미소 지으면 반응을 나타낸다. 사회적 관심을 원하며 가족의 다른 구성원에 대해서도 흥미를 나타낸다. 사람들과 함께 있는 것을 좋아한다.
5개월	신체발달	체중 7.8kg
	운동능력	조금만 지지해 주면 앉는다. 앉아 있을 때 밀어도 등을 곧게 세울 수 있다. 손이 미치지 않는 곳에 있는 물체에 손을 뻗친다. 손바닥에 직접적인 자극을 주는 물체를 완전히 쥔다. moro reflex가 완전히 없어진다.
	언어사회성	원하던 물체가 그로부터 멀어지면 불유쾌한 소리를 낸다.

<table>
<tr><td rowspan="3">6개월</td><td>신체발달</td><td colspan="2">체중 8.2kg, 신장 68cm</td></tr>
<tr><td>운동능력</td><td colspan="2">알맞은 위치에 있으면 지지해 주지 않아도 잠깐 동안 앉아 있을 수 있다. 손가락을 동시에 구부려서 잡는다. 앉은 자세에서 스스로 누울 수 있다. 앉아 있을 때 몸을 올렸다 내렸다 한다. 손에 딸랑이나 수저를 쥐고 물건을 강하게 친다. 앉아 있다가 갑자기 움직인다. 신체를 움직이는 데 손과 팔을 사용한다.</td></tr>
<tr><td>언어사회성</td><td colspan="2">여러 개의 분명한 음절의 소리를 낸다. 기쁘면 활발하게 소리를 낸다. 낯선 사람을 알기 시작한다(5~6개월).</td></tr>
<tr><td rowspan="2">7개월</td><td>운동능력</td><td colspan="2">손을 앞에다 대고 가만히 앉을 수 있다. 몸이 조금 앞으로 나갈 수 있다. 서 있도록 잡아 주면 다리를 껑충거린다. 장난감을 가까이 가져가면 한 손으로 쥘 수 있다. 장난감을 한 손에서 다른 손으로 옮겨 쥘 수 있다. 반드시 누웠다가 쉽게 뒤집을 수 있다.</td></tr>
<tr><td>언어사회성</td><td colspan="2">목적 달성을 위하여 소리를 낸다. 여러 음절의 모음 소리를 낸다. 낯선 사람에게 공포를 나타낸다. 정서적 불안정으로 쉽게 울고 웃는 변화를 나타낸다.</td></tr>
<tr><td rowspan="4">8개월</td><td>운동능력</td><td colspan="2">안전하게 혼자 앉을 수 있다. 완전히 다른 손가락과 나란히 하여 엄지손가락을 붙인다. 오랫동안은 아니지만 손과 눈의 협동이 잘 이루어져 물건을 잡을 수가 있다.</td></tr>
<tr><td rowspan="3">언어사회성</td><td colspan="2">낯선 사람이 오면 부끄러워하고 몸을 돌리며 머리를 흔들며 울고, 낯선 사람과 같이 노는 것과 장난감 받는 것을 거부한다. 낯선 사람에게 신경질적인 태도를 나타낸다. 가족에 대한 사랑이 나타나며, 사랑하는 사람이 오라고 할 때는 손을 벌린다.</td></tr>
<tr><td>낯가림</td><td>8개월경에는 낯가림이 생긴다. 평소에는 매우 만족하고 붙임성 있던 영아가 낯선 사람이 다가오면 떨어지지 않고 짜증을 내기 시작한다. 낯가림은 영아가 자신을 다른 사람들과 분리된 존재라는 것을 인식한다는 표시이다. 영아는 새로운 사람과 새로운 장소를 의식하며 모르는 사람과의 상호작용을 위협적으로 느껴 울게 된다.</td></tr>
<tr><td>분리불안</td><td>분리불안은 영아기 후반에 발달한다. 영아는 부모가 자리를 떠나면 힘들어 한다. 시간이 지나면 결국 영아는 진정이 되고, 현재 자신과 함께 있는 사람과 상호작용을 하기 시작한다. 영아가 조금 더 자라 인지능력과 기억능력이 향상되어 부모가 다시 돌아올 것이라는 것을 알게 될 때까지 분리불안은 계속된다.</td></tr>
</table>

정서발달장애 징후	**사회 · 정서적 발달에 문제가 있는 잠정적 경계징후** • 3개월에 다른 사람들에게 웃지 않는다. 안기는 것을 싫어한다. 다른 사람들을 좋아하지 않는다. • 8개월에 까꿍 놀이에 관심 없다.	
9개월	운동능력	손과 입의 협동이 잘 되므로 우유병을 쥐고 빨 수 있다. 마음대로 입 안에다 젖꼭지를 빼고 넣을 수 있다. 한 손 사용하는 것을 더 좋아한다. 엎드려서 기는 것처럼 움직이며 복부에 바닥이 닿고 머리와 어깨는 팔꿈치에 무게가 지지된다. 앉아 있다가 스스로 일어나려고 하며, 도와주면 발을 옮길 수 있다.
	언어사회성	언어의 모방이 나타난다. "다-다"와 같은 소리를 낼 수 있다. 어른이 화를 내면 반응한다. 야단치면 운다.
10개월	운동능력	잠자는 것 외에는 누워 있는 것을 즐겨하지 않는다. 잡아주면 빨리 걷는 행동을 한다. 잡고 걸을 수 있다. 매우 잘 기어 다닌다. 두 손을 함께 움직일 수 있다.
	언어사회성	한두 단어는 말할 수 있고 어른들의 억양을 모방한다. 이름을 부르면 쳐다 본다. 'bye-bye'와 간단한 놀이를 할 수 있다.
11개월	운동능력	혼자 잡고 설 수 있다. 음식을 혼자 먹으려고 하나 거의 다 쏟는다.
12개월	신체발달	• 체중: 출생 시 체중의 3배 • 신장: 출생 시 신장의 1.5배. 머리둘레와 가슴둘레는 거의 비슷하다. 6개의 치아가 난다.
	운동능력	도와 주면 걷는다. 한 손으로 의자를 잡고 걷는다. 음식을 집어서 입으로 가져갈 수 있다. 컵으로 마시거나 숟가락으로 먹을 수 있다. 손가락으로 집어 먹는 것을 좋아한다. 옷을 입힐 때 협조한다. 양말을 벗을 수 있다.
	언어사회성	"엄마", "아빠" 등의 두 단어를 말할 수 있다. 걷는 것에 흥미를 가지므로 어휘 발달이 느리다. 자신의 이름을 안다. 명령하면 단순한 행동은 억제한다. "no, no"의 의미를 안다. 사랑, 질투, 화냄 그리고 다른 정서적인 반응을 보인다. 사랑받기 위해서 운다. 많은 사람한테 사랑받기를 좋아하며 반응이 오는 동작을 반복한다. 간섭하면 고집이 세진다. 리듬을 좋아한다. 아직도 자기만 생각하는 자기중심적인 모습을 보인다.

06 유아의 성장과 발달 [2008 기출]

1 유아의 생리발달

대천문	대천문은 약 12~18개월에 척수 수초형성이 될 시기에 닫힌다.
뇌성숙	3세의 뇌는 성인의 약 80~90%이다.
수초완성	수초형성은 24개월에 완성된다. • 잘 걸을 수 있다. • 방광과 장을 조절할 수 있다. • 눈과 손의 협응(coordination) : 12~18개월이 되면 혼자 책장 넘기기, 신발과 양말 벗기, 지퍼 내리기, 4개 블록 쌓기
신장	36개월에 신장은 104cm 정도 된다.
체중	1년에 1.8~2.5kg 증가, 3세 유아 평균 14~15kg이다.
운동발달 19~30개월	• 혼자 계단 오르내리기 • 세발자전거 타기 • 보호자 감독 아래 혼자 옷 입기 • 양안시 발달 • 손가락으로 색연필 잡기
치아발달	초기의 치아발생(20개의 유치)은 30개월에 완성
대소변훈련	괄약근 조절로 방광과 장 훈련이 가능하다.

2 인지 발달 - 전조작기 사고의 특징 [2008 기출]

자기중심주의 (egocentrism)	남이 처한 상황을 파악할 능력이 없다. • 예시 : 다른 아동을 때리는 아동에게 '때리는 것은 다른 사람에게 피해가 되므로 나쁘다.' 라고 말하는 것은 효과가 없다. 그냥 '때리는 것은 안 돼.'라고 강조한다.
변환추리	• 특수한 것에서 특수한 것을 추론한다. • 한 현상을 다른 현상과 연결시킨다. • 예시 – 유아는 전에 어떤 것이 들어 있는 음식이 맛이 없으므로 그것이 들어 있는 음식은 안 먹겠다고 한다. → 다른 때에 거절한 음식을 권한다. – 평소에 유치원에서 수민, 민준 순으로 귀가를 했는데, 오늘은 수민이보다 민준이가 먼저 하원하는 경우, 수민이가 울고불고하는 행동을 보인다. → 아동이 익숙한 상황이나 환경을 되도록 바꾸지 않고 유지해준다.

전체적 조직화	• 전체 중의 일부분이 변화되면 전체가 변한다고 생각한다. • 예시: 아동은 침대의 위치가 바뀌었기 때문에 방에서 잠자기를 거절한다. → 침대를 같은 위치에 놓아주거나 서서히 변화를 유도한다.
중심화	• 가능한 모든 대안을 고려하기보다 한 측면에만 초점을 둔다. • 예시: 음식의 맛이 좋고 냄새가 좋더라도 차다고 식사를 거절한다. → 원하는 대로 해 준다.
물활론	• 무생물에도 생명이 있는 것으로 생각한다. • 예시: 아동이 넘어지고 나서 계단을 야단친다. → 계단을 같이 야단친다.
비가역성	• 물리적으로 시도한 행동의 반대나 역순을 생각할 능력이 없다. • 예시: '말하지 마.'와 같이 어떤 행동을 하지 못하도록 말하면 유아는 반대되는 행동을 생각할 수 없다. → 요구나 지시를 할 때 '긍정적'으로 말한다. 예 '말하지 마.' 대신 '조용히 해라.'
마술적 사고	• 생각은 전능하며, 사건을 일으킬 수 있다고 믿는다. • 예시: 아동이 어떤 사람이 죽기를 기원한다. 그때 그 사람이 죽으면, 아동은 죽음을 기원한 '나쁜' 생각 때문에 그 사람이 죽게 되었다고 죄책감을 느낀다. → 생각이 사건을 유발하는 것이 아니며 아동에게는 책임이 없다고 말해 준다.
보존개념 결여	• 전체에서 빼거나 더하지 않더라도 크기, 모양 혹은 길이가 변할 수 있다는 것을 이해하지 못한다. • 예시: 만약 같은 길이의 두 선이 하나가 다른 것보다 더 길게 보인다면, 아동은 두 선을 자로 재어 보고 같은 길이라 하더라도 '한 선이 길다'라고 말한다.

3 성심리 발달

특성	유아의 수용	부모는 사실대로 받아들여 침착한 태도로 불안과 수치심을 줄여야 한다.
	역할놀이, 소꿉놀이	성역할을 이해하는 방법이다.
	보호자의 영향	보호자의 성관련행동과 유아의 질문에 대한 대답은 미래의 성적 행동에 많은 영향을 끼친다.
부모교육	• 은어, 아기말투, 헷갈리는 말은 피한다. • 유아가 많은 성 관련 행동을 경험할 때 바른 지지를 해준다. '남자는 울지 않는다.' 혹은 '남자는 트럭을 가지고 논다.' 등의 표현은 하지 않는다. • 성기를 만지는 것은 자연스러운 일이며 유아기적 행동임을 인정한다. • 연령에 적절한 언어를 사용하여 질문에 대답한다. • 배변훈련을 집안의 큰일처럼 만들지 않고 교육적 측면에서 가르칠 수 있도록 한다(항상 손씻기, 앞에서 뒤로 닦기 등).	

심리 사회발달	주요 심리사회적 과제	통제력, 자율성, 독립성 기르기
	과제발달	• 보호자와 떨어져 있을 수 있다(울거나 심통 내지 않기). • 만족감이 지연되는 것을 견디기(장난감을 상자에 꺼낼 때까지 분노발작을 일으키지 않고 기다리기) • 장/방광 조절(2시간 이상 참을 수 있음) • 사회적으로 수용되는 행동과 언어 사용(분노발작 자제) • 안정되게 걸으며, 새로운 환경 탐색 • 덜 자기중심적인 태도로 다른 사람과 어울림(좀 더 자발적으로 친구와 장난감을 함께 사용함)

4 유아의 놀이

유아놀이의 특징	• 놀이는 유아의 신체적, 사회심리적 발달을 증진시킨다. • 영아기의 혼자놀이(solitary play)는 평행놀이(parallel play)로 발전되어 다른 아이들과 어울려 놀지는 않지만 옆에서 같이 논다.	
	평행놀이 (parallel play)	놀이친구의 감정에 관심이 없고 좋아하는 장난감을 지키기 위해 때리거나 뺏는다.
유아놀이의 기능	• 주변 환경을 탐험함으로써 인지발달을 촉진한다. • 물건에 대하여 배우고 문제를 해결한다. • 상상놀이에서 역할을 해봄으로써 사회성을 발달시킨다. • 문제해결을 돕고, 스트레스를 풀고, 과잉에너지를 소비하며 내적 갈등과 불안을 비위협적인 방법으로 감소시킨다.	

5 유아의 성장발달과 관련된 문제 [2016 기출]

(1) 대소변 가리기

① '대소변 가리기(배변훈련)'의 신체적 준비사항

대소변 가리기 준비	• 항문과 요도의 조임근이 조절되기 시작하면서 소변 보유능력도 커지므로 생리적으로도 배변훈련이 가능해짐 • 밤에 소변가리기는 4~5세가 지나서야 완성됨 • 아동이 신체적 정서적으로 준비가 되어있을 때 시작(대부분 18~24개월경)
신체적 준비	• 2시간 이상의 소변 보유 능력이 있음 • 걸을 수 있음 • 아동이 스스로 하의를 입고 벗을 수 있음 • 장 운동이 규칙적임

심리적 준비	• 기저귀가 젖으면 불편함을 표현함 • 성인의 배뇨 또는 배변 행동을 모방함 • 배변이나 배뇨의사를 말이나 행동으로 나타냄 • 대소변 배설과 관련된 부모의 지시에 따를 수 있음 • 대소변 가리기 훈련에 대해 흥미를 보임

② 대소변 가리기

특징	항문 및 요도 조임근의 수의적 조절은 걷기 시작한 후 18~24개월경에 이루어짐 • 배설에 대한 인지적 사고가 있을 때 • 지시에 따를 때 • 보호자에게 기저귀가 젖을 경우 갈아달라 말할 때 • 2시간 이상 기저귀가 젖지 않을 때 • 혼자 옷 갈아입고, 쭈그리고, 걸을 수 있을 때 배변훈련을 시작할 수 있음
중요 책임	• 유아가 준비되었다는 것을 부모가 알 수 있도록 도와주는 것 • 부모가 아동의 배변 훈련에 준비되어 있는가도 사정 • 배변훈련은 더 규칙적이고 예측하기가 쉬워서 방광훈련보다 일찍 시작됨 • 방광조절이 어려운 것은 장은 한두번 정도 움직임이 있지만 소변은 훨씬 많이 보기 때문
중재	• 벌이나 강압을 하면 수치심과 열등감을 줄 수 있으므로 스스로 조절하도록 하는 것이 도움이 됨 • 유아에게 몸에서 어떻게 '오줌'과 '똥'을 만들어 내는지 설명하고 용기를 북돋아줌 • 유아가 적극적으로 참여하고 책임감을 갖도록 함 • 긍정적인 강화와 칭찬을 통한 부드러운 접근과 올바르게 변기 사용하면 상을 줌 • 화장실에 가는 것을 계속 생각나게 하지 않는다면 배변훈련이 성공하는 데 도움이 될 것

(2) 형제간의 경쟁

특징	• 흔히 적개심과 원망의 표현이 아주 미묘하고 은밀할 수 있다. • 우유병을 달라 하거나, 오줌을 다시 싼다든지, 주의를 끌기 위해 달라붙든지, 아기 같은 말(baby talk)을 한다든지, 다른 사람에게 공격적인 행동을 하는 등 다시 아기로 퇴행하기도 한다.
다루는 법	• 유아에게만 관심을 집중할 수 있는 시간을 만든다. • 유아의 의식주의 행동을 필요할 때까지 유지한다. • 동생이 태어날 시기에 새로운 발달과제(대소변 가리기, 밤에 젖병 물지 않기)를 가르치지 않는다. • 동생이 태어나기 전에 조부모나 유아를 돌봐주는 사람과 함께 자도록 하며 엄마가 돌아온다고 안심시킨다. • 신생아와 접촉할 기회를 만들어 준다.

	• 아동에게 부모의 기저귀 갈아주기, 수유행동을 모방할 수 있도록 인형을 주는 것은 좋은 작전이다. • 동생이 출생한 후에는 아기를 돌보는 데 참여시킨다. • 유아가 경쟁심을 표현한다면 한계를 정해주고 사랑으로 일관된 훈육을 한다. • 유아와 함께 있는 시간을 계획하고 가능하면 똑같은 관심을 주도록 한다. • 동생을 돌보거나 함께 놀 수 있도록 하며 좋은 행동을 하면 칭찬해 준다.
중재	• 형제간의 경쟁은 갓난아이가 새로 가족으로 들어왔을 때 유아의 두려움, 걱정, 이해부족을 나타낸다. • 이는 아기를 위한 준비를 할 때 유아를 포함시키고, 유아에게 자신이 사랑받고 있으며 특별하다는 느낌을 갖도록 확신시켜주고 적당한 한계설정을 해줄 때 최소화할 수 있다.

6 유아의 성격 특성 [2007 · 2021 기출]

(1) 분노발작(temper tantrums) [2007 기출]

정의 및 특징	• 1~4세에서 가장 많이 볼 수 있다. • 좌절 상황이나 내재된 스트레스가 외부로 폭발되는 것을 의미하며, 이는 정상적인 삶이다. 새로운 경험이 긴장을 높여 분노발작증세를 보이는 것이다. • 피곤함과 배고픔은 유아의 대응 능력을 제한하여 부정적 행동과 분노발작을 일으킬 수 있다. • 바닥에 주저앉아 크게 울면서 발버둥을 치거나 머리를 부딪히면서 뒹글기도 한다. 어떤 아동은 부모가 요구를 들어줄 때까지 숨을 멈추기도 한다. 비록 숨을 멈추고 산소부족으로 기절할지라도 이산화탄소가 높아져 호흡중추를 자극하므로 신체적인 손상까지 가는 일은 없다.
자연스러운 결과	분노발작은 좌절의 경험으로 유아기에 경험하는 자연스러운 결과이다. 유아는 새로운 것을 탐험하고자 하지만 이러한 노력은 대개 안전상의 이유로 많이 좌절된다. 유아는 고의로 나쁜 행동을 하지 않는다. 그들은 새로운 규칙과 관계를 배우는 데 시간과 성숙이 필요하다. 유아는 자신을 주체하지 못하고 화를 내거나 우는 것 대신 감정을 언어로 표현하기 시작하고, 다른 대체 행동을 하기 시작한다.
떼쓰기가 있는 아동의 사정 내용	• 부모가 걱정을 표현한다 : 분노, 슬픔, 무력감 • 아동이 1세 이하 이거나 4세 이상이다. • 떼쓰기가 놀이방 등에서도 정기적으로 일어난다. • 떼쓰기는 공격적이고 폭력적인 행동과 연관된다. 예 자신이나 타인의 외상 • 수면장애, 식사 거절 혹은 부모와 떨어지기가 매우 어려운 것과 같은 다른 걱정거리가 있다. • 떼쓰는 동안에 호흡을 정지시키고 실신한다. • 성적 추근거림이나 극도의 겸손함을 보인다(성폭력의 가능성을 시사한다).

부모의 태도	분노발작이 부모와 양육자에게는 짜증날 수 있지만, 이것은 유아의 독립심을 키우는 정상적인 과정이다. • 유아가 성숙할수록 그들은 자신의 감정을 더 잘 표현할 수 있고 자신의 환경을 이해하게 된다. • 부모는 유아의 행동 징후를 알아차리고 불만을 일으키는 활동을 제한할 수 있다. 부모는 아이가 불만을 품기 시작하는 것을 눈치 채면 다정하게 주의를 시켜야 할 것이다. 행동 변화의 중재를 일찍 시작한다면 분노발작을 예방할 수 있다. 관심 분산, 새로운 관심 또는 그 상황에서 분리시키는 등의 방법을 사용한다.
분노발작 무시, 안전보호 우선	분노발작이 발생했을 때 가장 좋은 방법은 행동을 무시하되 분노발작 동안 아동이 안전하도록 보호하는 것이다. • 신체 처벌은 그저 분노발작을 더 길게 하고, 더 심한 부정적 행동을 자극할 뿐이다. 만약 분노발작이 공공장소에서 일어나면 부모가 자녀를 꼭 포옹하며 차분한 목소리로 달래는 것이 좋다. • 부모가 자아통제의 모델이 되는 것이 중요하다. 유아의 분노발작은 불안이 주원인이기 때문에 자아 통제의 모범적인 행동은 유아가 자기가 원하는 것을 얻지 못했을 때 자신의 성질을 조절하는 법을 가르치는 데 도움을 줄 것이다.
중재	• 관심을 받기 위한 행동이라면 위험성 여부를 감시하면서 무시해야 한다. • 부모는 유아가 진정될 때까지 가만히 있어야 한다. – 떼쓰기(temper tantrums)가 진정되면 아동을 안정시키고 편안하게 해준다. – 분노발작이 끝나면 위험하지 않은 놀이나 장난감을 주어 유아의 관심을 다른 곳으로 돌리게 한다. • 분노발작 동안에 중재는 하지 않지만 외상을 예방하기 위해 곁에 있어야 한다. • 공공장소에서 분노발작증세를 보인다면 사람의 시선이 없는 조용한 곳으로 데려가는 것 또한 좋은 방법이다. • 부드럽고 차분한 목소리로 말하며 유아의 감정을 인정하고 안아주는 것이 도움이 된다. • 놀라 경악하면 분노발작을 강화시킬 수 있다. • 활동적인 유아는 잠자러 가기 전에 늑장을 부리며 침대에 눕히면 저항하기도 한다. 이때는 목욕을 시키거나 이야기를 들려주면서 재우면 해결할 수 있다. 부모는 “이야기가 끝나면 잘 시간이다” 등의 말로써 알려주고 그대로 실천한다. • 분노발작 후 훈육은 효과가 없다. • 불필요한 요구는 들어줄 수 없음을 미리 아동에게 경고해 줌으로써 떼쓰기를 피할 수 있다.
예방	• 규칙적인 생활을 한다. • ‘아니요’라고 말할 수 있는 선택을 줄인다. • 잘한 행동에 대해 칭찬한다. • 차분하게 행동한다. • 행동이 강해지기 전에 ‘타임아웃’을 주거나 유아의 방에 가도록 한다면 분노발작은 피할 수 있다.

(2) 거부증(negativism) [2021 기출]

특징	• 아동이 자율성을 찾아가는 과정에서 나타나는 표현이다. • 유아 양육에서 곤란한 문제 중의 하나는 아동이 모든 지시에 대해 "아니오", "싫어"라고 반응함으로써 기쁨을 느낀다. • 거부증(negativism)은 건방지고 고집스러운 것의 표현이 아니라 자기통제를 주장하는 방법이다.
중재	• 유아에게는 '예-아니요' 형식의 질문을 피해야 한다. "아니"라고 대답할 기회를 적게 주는 것이다. 왜냐하면, 대부분의 아이는 부정을 의미하지 않더라도 "아니요"라고 대답할 것이기 때문이다. • 예를 들면 유아에게 "이제 잘래"라고 물으면 주저 없이 "아니"라고 대답하므로 그 대신 "이제 잘 시간이야"라고 말해 주고 준비시킨다. – 유아에게 선택할 기회를 주는 것이다. • 아동에게 간단한 선택을 주는 것은 유아의 통제감을 키우는 데 좋다. – 부모는 유아에게 실제로 선택권이 없는 "뭘 하고 싶은지"를 질문하면 안 된다. "빨간 컵을 사용하고 싶어, 파란 컵을 사용하고 싶어?"가 "우유 먹고 싶어?"보다 적절한 질문이다. – 밖에 나갈 때가 되면 "신발 신고 싶니?"라고 묻는 것 대신 설명하는 어투로 밖에 나가기 위해서는 신발을 신어야 한다고 설명하고 어떤 신발을 신고 싶은지, 양말 색깔은 어떤 것을 고르고 싶은지 선택권을 주는 것이 좋다. – 만일 아동이 부정적인 대답을 한다면 부모는 침착하게 자녀 대신 결정을 해야 한다. – 30개월이 되면 거부증이 없어지므로 주의를 끌기 위한 행동에는 무시하는 것이 가장 좋은 방법이다.
"아니요"를 다루는 방법	• "아니요"라고 말할 기회를 주지 않는다. (선택의 자유가 없도록) – "지금 점심 먹을래?"(×) – "땅콩잼 먹을래? 딸기잼 먹을래?"(○) • 아이가 피곤하거나 배고플 때 복잡한 요구나 지나치게 자극을 주는 상황(마트 방문)은 피한다. • 부정적 행동을 하는 경우 관심을 갖지 않는다. • 훈육을 하려면 즉시 해야 한다. 그렇지 않으면 꾸중을 듣는 이유를 잊어버린다. • 스트레스나 분노로 아이를 겁주지 않는다. • 아이가 이해할 수 있도록 간단한 표현으로 훈계한다. 설명을 길게 하면 조건과 순서를 기억할 수 없다. – "네가 빨리 치아를 닦지 않으면 잠자기 전에 책 안 읽어줄 거야"(×) – "치아 닦아야 자기 전에 책 읽을 수 있어"(○)

(3) 의식적인 행동(ritualistic behavior)과 퇴행 [2007 · 2016 기출]

특징	• 같은 컵, 같은 수저를 사용하는 동일성 지속이 필요하다. • 취침시간, 식사시간 같은 일상의 의식은 반복을 통해 아동을 편하고 안전하게 느낀다. • 의식이 깨지면 스트레스를 받은 유아는 제멋대로 행동하며 퇴행(안전하고 친근했던 과거로 돌아감)하게 된다. • 일상은 유아에게 안전감을 주고 환경이 통제된다고 생각하는 동안은 새로운 기술을 배울 수 있는 틀을 제공해 준다. • 친숙한 담요와 좋아하는 곰인형을 찾고 많은 질문을 하거나 화를 내고 울고 분노발작을 한다.
중재	• 의식주의는 안정된 일상생활의 반복으로 통제감과 자신감을 느끼게 한다. 예 취침 전에 책읽기, 같은 컵 사용하기, 같은 의자에 앉기 • 의식행동을 하지 않으면 스트레스와 불안감이 증가된다. • 퇴행을 무시하고 긍정적 특성이나 행동에 대하여 칭찬해 주는 것이다.
퇴행다루기	• 스트레스 요인을 알아보고 다양한 대안 고려하기 • 활동을 바꾸고 보호자가 더욱 관심을 갖고 상호작용하여 유아의 행동 안정성이 발달되도록 도와준다. • 퇴행은 정상적인 표현이며 오랫동안 지속되지 않는다는 점을 명심한다. • 올바른 유아훈육 : 조직, 안내, 한계설정은 유아의 자율성, 통제감, 기술숙달의 발달을 위해 중요하다. • 효과적인 훈육방법 : 일관성, 단호함, 타임아웃, 기분전환, 긍정적 강화 • 한계를 미리 정한 후 아동에게 알려준다. • 한계를 시험해본다. • 사회적으로 수용되는 행동을 할 수 있도록 도와준다. • 바람직하지 않은 감정을 건설적인 활동으로 돌린다. • 부적절한 장소나 동기 그리고 시간에는 훈육하지 않는다. • 훈육하기 위해서 위협하지 않는다. • 훈육한 후에 사랑과 격려를 해 준다.

(4) 분리불안

특징	아동은 독립적 욕구가 강해서 엄마와 떨어져 있고 싶어하지만, 엄마도 자신과 떨어져 있고 싶어할까봐 겁냄
분리불안 다루기	숨박꼭질, 솔직한 설명, 일시적인 대체물(좋아하는 이불)이 효과적임

(5) 어떤 사물에 대한 판단력과 선택이 느림(slowness in carrying out requests)

유아는 선과 악, 옳고 그른 것 중에서 하나를 선택하여 결정하기가 힘들다.

7 한계설정과 훈육

(1) 훈육의 정의 및 종류

훈육의 정의	• 훈육은 벌이 아니고 바람직한 행동을 가르치는 것이다. • 좋은 훈육은 위험으로부터 보호해주고 그들이 결정을 내릴 준비가 되지 않았을 때 부담을 덜어주며, 안전한 곳에서 사고와 행동의 독립성을 발달시켜준다.
훈육의 종류	논리적 설명, 보상, 무시하기, 결과의 체험, 격리, 신체적 체벌 등

종류	내용
논리적 설명	• 왜 그 행동이 잘못되었는지 설명한다. • 어린 아동에게 논리적 설명을 하는 경우 아동을 부끄럽게 하거나 비난하기 위한 꾸지람으로 받아들일 수 있다(자신이 나쁜 아이라고 심각하게 받아들일 수 있음). → 행동에 초점을 두어야 한다. 예 "그런 행동은 잘못되었다. 네가 그런 식으로 행동하여 실망했다."
보상	• 보상은 긍정적 강화로, 아동으로 하여금 특별한 방식으로 행동하도록 격려함으로써 비행을 줄이는 것이다. 예 스티커 사용, 나이 든 아동은 토큰 사용으로 일정 수 이상이면 영화관람 및 책 사주기 • 보상은 아동이 좋아하는 것이어야 효과적이고, 즉시 제공되어야 하며 물질적 보상과 더불어 칭찬이 수반되어야 효과적이다.
무시하기	• 간단해 보이지만 지속적으로 일관성 있게 적용하기 어렵다. 부모가 포기하는 경우 아동은 자신의 행동으로 부모의 관심을 지속시키는 것을 배우고 그릇된 행동이 강화된다. • 효과적 전략 – 과정을 이해한다. – 무시하기 전후 결과를 비교하기 위하여 무시하기 훈육법을 사용하기 전 잘못한 행동을 기록한다. – 부모가 관심을 가지는 행동이 강화로 작용하는 것인지 여부를 확인한다. – 무시하기 훈육을 시작하면 아동은 부모의 행동이 진실인지 여부를 확인하기 위해 종종 그릇된 행동을 더 하는 경우(반응폭발)가 올 수 있음을 사전에 인지해야 한다.
행동의 결과체험	• 행동의 결과체험의 3가지 유형 ① 당연성(natural): 식사시간에 늦으면 저녁을 먹지 못하는 것과 같이 어떤 중재 없이 일어나는 결과이다. ② 논리성(logical): 사용했던 장난감을 치울 때까지 다른 장난감을 가지고 놀지 못한다고 정한 규칙과 직접적으로 관련된 결과이다. ③ 비관련성(unrelated): '숙제를 끝내지 않으면 놀지 못한다.'와 같은 의도적으로 부과하는 결과(특혜취소)이다. • 아동에게 의미 있는 경우만 효과적이다. 예를 들면 지저분한 방에서 생활하게 하는 당연성의 결과는 청소의 동기유발을 못하나, 방이 깨끗해질 때까지 친구를 데려오지 못하면 아동이 청소하도록 유도할 수 있다.

	• 이런 결과를 경험한 아동은 그러한 규칙을 도입한 것에 책임전가 경향이 있으므로 부모는 어떤 언급도 삼가야 한다.
타임아웃	• '아동을 방으로 들여보내는 것'과 같은 비관련성 행동의 결과체험의 유형이다. • 격리됨으로써 지루해지고 가족과 어울리기 위해 올바른 행동을 한다는 것을 전제로 한다. • 신체체벌이 없고 꾸중을 하지 않으므로 훈육방법의 단점을 보완할 수 있다. • 격리하는 동안 부모가 옆에 있지 않아도 되고, 아동에게 일관성 있게 적용할 수 있으며, 부모, 자녀 모두에게 생각할 시간을 제공해주는 장점이 있다. • 효과적이기 위해선 미리 계획을 세워야 한다. • 공공장소라면 적절한 장소를 찾아서 하거나 아니면 집에 가자마자 타임아웃을 시행할 것이라고 설명한다. – 적절한(안전, 편리, 조용, 아동을 관찰) 장소를 찾는다. – 아동이 어떻게 행동해야 하는지 규칙을 인식한다. – 타임아웃 과정을 아동에게 설명한다. • 행동을 잘못하면 한 번 경고, 그래도 따르지 않으면 정해진 타임아웃 장소로 데리고 간다. • 아동은 정해진 시간 동안 그 장소에 앉아 있어야 한다. • 울거나, 거절하거나, 방해하는 행동을 하면 조용해진 후 다시 타임아웃 시간 동안 조용히 있어야 하며, 그 다음 장소를 떠날 수 있다. – 타임아웃 시간은 연령 1년에 1분으로 규칙을 사용한다. – 타임아웃 시간을 측정하는 기록할 수 있고 소리 나는 타이머가 좋다.
신체처벌	• 고통을 가하는 것으로 손바닥, 엉덩이 때리기 등 • 짧은 기간 나쁜 행동을 감소시킬 수 있다. • 폭력이 받아들여짐을 가르칠 수 있고, 부모가 화가 나서 체벌하는 경우 아동에게 신체적 손상을 끼친다. • 아동이 익숙해지면 매번 더 심한 체벌이 필요하다.
훈육 시 주의점	신체적 체벌은 폭력이 받아들여질 수 있음을 아동에게 교육하게 되고, 아동에게 손상을 주게 되고, 작은 체벌에 익숙해지면 매번 더 심한 체벌이 요구되므로 주의해서 사용하며, 신체적 체벌은 반드시 한 번만 때리는 것임을 기억해야 한다.

(2) 효과적인 훈육

효과적인 훈육의 3가지 요소	① 아동과 부모간의 긍정적이고 지지적인 상호관계 ② 바람직한 행동유도를 위한 긍정적인 강화기술 ③ 바람직하지 못한 행동의 감소나 제거를 위한 강화나 체벌의 사용
바람직한 행동의 증가	• 잘못된 행동보다 좋아진 행동에 초점 맞추기 • 아동이 하고 싶은 것을 할 때 함께 시간 보내기 • 기쁘거나 슬플 때 함께 감정을 나누도록 요청하기 • 풀어야 할 문제에 대해 아동과 함께 이야기하며 해결책 찾기 • 발달단계에 적절한 의미 있는 책임 부여하기 예 식탁 차리기, 상 치우기, 장난감 치우기 등

<table>
<tr><td></td><td colspan="2">• 적절하다면 아동이 책임을 선택하도록 하기, 책임을 부여받았다면 무엇을 해야 하는지 아동이 이해했음을 확인하기
• 타인에 대한 존중을 모범 보이고 가르치기
• 어떤 훈육을 받을 것임을 알고 있는지 확인하기
• 결과는 존중돼야 하고 합리적이어야 하며, 잘못된 행동의 결과를 결정할 때 아동이 참여하도록 할 것</td></tr>
<tr><td rowspan="4">바람직하지 못한 행동의 감소 혹은 제거</td><td colspan="2">바람직하지 못한 행동이란 타인을 위험에 빠지도록 하는 행동이며 훈육의 결과가 효과적이고 건설적이며 가혹하지 않아야 함</td></tr>
<tr><td>언어적 질책</td><td>• 자주 사용하지 않는다면 특별한 행동목표를 할 때 그 행동을 즉시 중지시키거나 감소시키는 데 효과적
• 빈번하게 사용한다면, 아동은 부모의 주의를 끄는 것으로 인식하여 그릇된 행동을 강화할 수 있음</td></tr>
<tr><td>활동 중지</td><td>• 주어진 시간 동안 자극이 없는 안전한 곳에 아동을 있게 함. 시간이 다 되었다는 것을 아동이 알 수 있도록 타이머 사용
• 활동 중지 전략의 장점은 부모와 아동 사이의 정면 충돌과 냉각 기간을 줄일 수 있다는 점</td></tr>
<tr><td>체벌</td><td>• 그릇된 행동을 억제시킬지 모르나 큰 손실 우려
• 반복적으로 사용하게 되면 그 효과도 감소하고 이 방법에 길들여지면 그 강도가 점차로 증가되며 학대로 이어질 수 있음</td></tr>
<tr><td>효과적인 훈육방법</td><td colspan="2">• 논리적인 결과 이용
• 자연적인 결과 이용
• 특별대우하지 않음
• 말하기 전에 생각하기
• 일관성 있게 대할 것
• 아동의 한계와 능력을 인식
• 아동의 감정에 주의를 기울임
• 잘못된 행동 강화를 피할 것
• 실수를 배우고 성장하는 기회로 받아들일 것
• 적절한 시기에만 선택할 수 있게 함
• 바람직한 행동은 칭찬하기
• 미리 계획하기</td></tr>
<tr><td>적절한 훈육의 특징</td><td colspan="2">• 명확하고, 합리적이고 발달적 측면에서 적절한 규칙을 정함
• 문제행동이 나타났을 때, 아동이 예측할 수 있는 결과를 설명함
• 아동의 발달 수준에 적합하고, 부정적으로 여겨질 수 있는 결과를 개발함
• 잘못된 행동을 했을 때는 즉각 나무람
• 화내지 않고 조용히 결과를 행할 것
• 아동이 적절하게 행동한 경우 칭찬해 줌</td></tr>
</table>

훈육 수행지침	일관성 (consistency)	위반한 행동마다 합의한 훈육 행위를 정확하게 수행함
	시기선택 (timing)	• 아동이 잘못한 행동을 하는 순간 훈육을 시작함 • 만약 난처한 상황을 피하기 위하여 훈육을 바로 하지 못하는 경우 옳지 않은 행동이라고 말로 해주고 훈육행위를 할 것이라고 분명히 말함
	전념 (commitment)	• 훈육의 세부사항, 예를 들면 정해진 시간의 분까지 다 끝냄 • 훈육을 방해하는 전화 받는 것과 같은 행동을 피함
	일치성 (unity)	아동을 돌보는 모든 사람들이 훈육계획에 동의하고 세세한 부분에도 익숙해져야 함
	융통성 (flexibility)	아동의 연령, 기질과 비행행동의 심각성에 따라 적합한 훈육전략을 선택함
	계획 (planning)	• 아동에게 훈육을 준비시키고 사전에 계획된 훈육전략을 사용 • 아동이 예측하지 못한 잘못된 행동을 하는 경우, 훈육자의 감정이 가라앉은 다음 훈육을 시행함
	행동지향 (behavior orientation)	항상 아동이 아닌 행동만 규탄하고, "이렇게 하는 것은 잘못이야. 엄마는 네가 그렇게 행동하는 것을 보는 것이 슬프다."라고 말함
	사생활 보장 (privacy)	특히 형이나 언니를 훈육할 때는 혼자 있을 때 실시하며, 다른 사람 앞에서 훈육하여 수치심을 느끼지 않도록 함
	종료 (termination)	훈육이 끝난 뒤에는 아동이 '깨끗한 상태'가 되었다고 생각하고 재차 언급하거나 잔소리하지 않도록 함
아동의 비행 감소를 위한 훈육 지침	• 아동이 받아들일 수 있는 실현 가능한 목표 설정 • 부적절함을 감소시켜주기 위해 성공할 수 있는 기회와 여건 제공 • 아동이 바람직한 행동을 하는 것에 관심을 갖고 칭찬과 격려 • 깨지는 물건은 손에 닿지 않는 곳에 두는 등 위험 요소가 있는 물건을 제거 • 명확하고 합리적인 규칙을 설정하고 규칙은 어느 상황에서든지 지키도록 함. 만약 예외가 발생하는 경우에는 단 한 번뿐임을 강조 • 바람직한 행동을 교육할 때는 조용한 목소리로 예를 들어 설명해 줌 • 특별한 사건(친지 방문, 외식하기) 등이 있을 때는 사전에 적절하게 행동하는 방법을 알려줌 • 아동에게 요구할 때는 긍정적인 언어를 사용 • 아동이 바람직하지 않은 행동을 보일 때 초기에 주의를 주고, 다른 활동을 하도록 유도 • 다음에 일어날 일에 대해 사전에 예고할 것 • 지나친 흥분이나 피로, 과다행동과 같이 비행으로 연결될 수 있는 상황에 주의를 기울일 것	

8 유아의 안전사고 예방

자동차사고, 익수, 화상, 중독, 낙상, 흡인과 질식, 신체손상

(1) 유아의 주요 발달 특성별 부모 교육지침

주요 발달 특성	사고 예방 대책
자동차 • 걷고, 달리고, 기어오른다. • 문을 열 수 있다. • 세 발 자전거를 탈 수 있다. • 공이나 물건을 던질 수 있다.	• 공인된 안전의자를 사용한다. • 밖에서 놀 때 지켜본다. • 차도나 주차된 차 뒤에서 놀지 못하게 한다. • 아동을 지켜보지 못할 때는 문을 잠근다. • 보행자 안전수칙을 지키게 교육한다. • 초록색 등이 켜질 때 횡단보도를 통행하게 한다. • 보도 밑에 내려 서 있지 않는다. • 차도를 건널 때 좌우를 확인한다. • 인도로 다니며, 인도가 없으면 차를 보면서 왼쪽으로 걷는다. • 밤에는 밝은 옷을 입고 형광 물질을 부착한다.
익수 • 모험심이 강하다. • 강한 호기심이 있다. • 위험을 인식하지 못한다. • 물 깊이의 의미를 모른다.	• 물 가까이에서는 아동을 항상 관찰한다. • 목욕탕의 문을 닫고 변기 뚜껑을 닫는다. • 수영과 물놀이 안전수칙을 가르친다.
화상 • 기어오르거나 발끝으로 서서 높은 곳에 닿을 수 있다. • 물건을 잡아당긴다. • 구멍이나 열린 곳을 탐색한다. • 서랍을 여닫을 수 있다. • 열이나 불의 잠재적 위험을 느끼지 못한다. • 기계를 가지고 논다.	• 가정에서 흔히 쓰는 다음과 같은 기구나 물품을 유아의 손이 닿지 않는 곳에 둔다. → 열기구, 커피 메이커, 주방기구, 성냥, 라이터, 촛불, 향불, 뜨거운 음식, 담배, 다리미나 전기 기구의 코드가 손에 닿지 않게 한다. • 전기 콘센트는 플라스틱 덮개를 해 둔다. • 식탁보가 아동 손에 닿지 않게 한다. • 전기제품 전선 혹은 전등을 가지고 놀지 않게 한다. • 욕조의 물 온도를 항상 점검하고, 수도꼭지를 가지고 놀지 못하게 한다. • 햇빛에 노출될 때는 햇빛차단 크림을 바른다(SPF 15 혹은 그 이상).

중독 • 입에 무엇이든 집어넣는다. • 서랍이나 대부분의 용기의 뚜껑은 열 수 있다. • 기어오른다. • 경고표시를 읽을 수 있다. • 안전한 용량을 알지 못한다.	• 모든 독성물질을 아동의 손에 닿지 않게 한다. • 약물을 잘 관리하고 보호마개를 단단히 해 둔다. • 약을 과자와 함께 주지 않는다. • 빈 독극물 보관 통은 버린다. → 그 통에 음식이나 다른 물질을 보관하지 않는다. • 독성물질 통의 상표를 제거하지 않는다. • 이페칵 시럽을 상비한다. • 가까운 병원의 위치와 전화번호를 알아둔다.
낙상 • 창문이나 문을 열 수 있다. • 계단을 오르내릴 수 있다. • 깊이에 대한 개념이 불확실하다.	• 창문에 스크린을 치고 안전하게 못을 박고 가드레일을 단다. • 계단 끝에 문을 단다. • 목욕통이나 샤워실 안에는 미끄럼 방지 매트를 깐다. • 요람에는 난간을 충분히 올린다. 아기가 기어 올라갈 만한 기구나 장소는 문을 잠그거나 막아둔다. • 요람이나 우리 모양의 놀이터에는 큰 인형이나 범퍼 패드를 두지 않는다(아동이 기어오를 수 있는 계단으로 사용할 수 있다). • 특히 계단 가까운 곳에서 보행기를 사용하지 않는다. • 옷을 안전하게 입힌다(신발이 미끄러지지 않게 하고, 구두끈을 잘 매고, 바지가 바닥에 끌리지 않게 한다).
흡입과 질식 • 입에 물건을 집어넣는다. • 단단하거나 먹을 수 없는 음식조각을 삼킬 수 있다.	• 씨가 있는 과일, 뼈 많은 고기, 마른 콩, 단단한 과자, 껌, 견과류, 팝콘, 포도, 캐러멜은 주지 않는다. • 작은 조각으로 분해되는 장난감은 피한다. 견고하고 날카롭지 않은 장난감을 선택한다. • 낡은 냉장고, 오븐 등 유아가 들어갈 만한 물건은 버리거나 문을 떼어 준다. • 음식 등을 입에 넣고 있을 때는 웃기거나 놀라게 하지 않는다. • 풍선이나 풍선이 달린 나팔 등을 주지 않는다(입에 물고 있는 채 풍선이 터지면 질식할 수 있다).
신체손상 • 여러 가지 기술이 서투르다. • 쉽게 산만해진다. • 낯선 사람에 대한 위험 가능성을 인식하지 못한다.	• 칼, 가위, 이쑤시개 같은 날카롭거나 뾰족한 물건을 주지 않는다. • 안전교육을 시킨다. → 뾰족한 끝을 얼굴 쪽으로 향하지 않게 한다. • 위험한 연장 등은 캐비닛에 넣고 잠근다. • 유리문은 안전유리를 사용하고 표시가 나도록 스티커를 붙인다. • 아동에게 이름, 주소, 전화번호를 가르쳐 주고, 옷이나 신발에 표식을 해 준다. • 낯선 사람에 대한 안전교육을 실시한다. – 눈에 띄거나 지나치게 비싼 옷을 입히지 않는다. – 낯선 사람을 따라가지 않도록 한다. – 다른 사람의 행동에 대한 아동의 말을 항상 주의깊게 듣는다. – 불편한 상황에 놓였을 때 "싫어요"라고 말하도록 가르친다.

(2) 유아의 개월별 부모 교육지침

12~18개월	• 거부증이나 의식주의(ritualism) 같은 유아기에 예측되는 행동변화를 준비시킨다. • 현재의 식이 습관을 점검하여 젖병 사용을 점차 줄이고 고형 음식을 증가시킨다. • 생리적 식욕부진, 음식에 대한 변덕과 까다로운 입맛, 식사시간에는 하던 대로 하고 싶어 하는 요구, 식사시간 내내 앉아 있지 못함, 식탁 예절부족과 같은 예상되는 식이습관의 변화를 강조한다. • 충치의 가장 큰 원인인 수면 시 젖병 수유 여부와 수면시간을 지연시키는 행동을 사정한다. • 자동차, 중독, 추락사고 등 집 안팎에서의 위험에 대비하여 적절한 제언을 한다. • 확고하나 부드러운 훈육, 거부증이나 분노발작을 다루는 기술과 적절한 훈육에 대해 교육한다. • 운동, 언어, 인지, 사회적인 기술을 발달시키는 장난감에 대해 토의한다. • 치과 검진, 구강위생, 충치를 유발하는 식습관을 설명한다.
18~24개월	• 놀이에서 동료의식의 중요성을 강조한다. • 동생의 출생을 준비시키고, 새로운 경험의 중요성을 강조한다. • 현재의 훈육방법과 효과, 아동의 거부증에 대한 부모의 느낌에 대해 토의한다. • 대소변 가리기 훈련에 대한 준비정도를 의논한다. 신체나 심리적으로 준비가 될 때까지 기다리는 것이 중요한다. • 어둠이나 큰 소리 등에 대한 공포심, 안전 담요와 엄지손가락을 빠는 것 같은 습관에 대해 의논한다. 그러나 이런 일시적인 행동은 정상적인 반응이다. • 스트레스 시기의 퇴행 증상에 대해 부모에게 준비시킨다. • 친숙한 상황에서 잠시 동안 부모로부터 분리됨으로써 분리를 쉽게 참을 수 있는 능력이 생긴다. • 부모가 피로, 좌절, 분노 등의 느낌을 표현할 기회를 준다. → 아동이 보채고 자지 않을 때는 아동을 사랑하기가 어려울 때도 있다. • 집중시간이 길어지고, 거부증이 약화되고, 남을 즐겁게 하려는 의식이 증가하는 등 앞으로 일어날 변화에 대해 설명해준다.
24~36개월	• 모방의 중요성과 활동에 참여시킬 필요성에 대해 의논한다. • 대소변 가리기 훈련과 실패했을 때의 처리방법에 대해 교육한다. • 아동의 독특한 사고과정, 특히 언어사용, 부족한 시간개념을 등을 설명한다. • 훈육은 여전히 매우 조직적이며 구체적이어야 하고, 언어적 추론과 설명에만 의존하는 것은 혼동, 오해, 그리고 심지어는 외상까지 유발한다는 것을 강조한다. • 2세 말에는 놀이방이나 어린이집 등을 알아볼 것을 제언한다.

07 학령전기아동의 건강증진 [2009 기출]

1 학령전기아동의 발달

<table>
<tr><td rowspan="2">생리발달</td><td colspan="2">신체성장과 변화속도는 영아기나 유아기 아동의 속도보다 느리다.</td><td>• 그러므로 이때 균형적 식사가 중요하고 비타민 섭취가 필요하다.
• 영양을 한꺼번에 너무 많이 권장하면 비만의 우려가 있다.
• 식사시간동안 투쟁을 하지 않도록 각별히 주의
→ 식사시간은 즐거운 시간임을 인지시킨다.</td></tr>
<tr><td colspan="2">모든 감각기능이 성숙해진다.</td><td>• 시각이 20/20으로 완성된다.
• 편도선도 자라고 항체 수준 증가, 감염 대항능력이 발달
• 20개의 유치가 완성된다.
• 밤 시간을 포함한 장과 방광 조절 → 최상의 근 골격계 발달이 되도록 적당한 휴식, 영양, 운동조절이 필요하다.</td></tr>
<tr><td rowspan="4">대근육
운동기술</td><td colspan="3">눈, 손, 근육조정 발달시기 : 걷기, 달리기, 뛰기를 잘 한다.</td></tr>
<tr><td>3세</td><td colspan="2">세발자전거, 한발로 서 있기, 아래 칸으로 뛰어 내리기, 양발 번갈아 계단 오르기</td></tr>
<tr><td>4세</td><td colspan="2">한 발로 깡충깡충 뛰기, 두 손으로 공 잡기, 양발 번갈아 계단 오르내림</td></tr>
<tr><td>5세</td><td colspan="2">양발 번갈아 깡충깡충 뛰기, 공 잡고 던지기, 스케이트, 수영, 춤, 덤블링 등 운동기술 배우기 시작 등</td></tr>
<tr><td rowspan="3">미세
운동기술</td><td>3세</td><td colspan="2">9~10개 블록 쌓기, 동그라미 그리기, 혼자 옷을 갈아입기</td></tr>
<tr><td>4세</td><td colspan="2">가위 사용, 신발끈 매기, 단추 끼기, 네모와 다이아몬드, 십자가 따라 그리기</td></tr>
<tr><td>5세</td><td colspan="2">네모 · 세모 따라 그리기, 사람 6부분 그리기, 가위와 연필 사용이 능숙</td></tr>
<tr><td rowspan="2">성심리발달</td><td>오이디푸스
혹은 음경기</td><td colspan="2">잠재의식과 갈등을 느끼고, 다른 성의 부모를 더 사랑하게 된다.</td></tr>
<tr><td>콤플렉스</td><td colspan="2">• 오이디푸스 콤플렉스(남아가 엄마에게)
• 엘렉트라 콤플렉스(여아가 아빠에게)
• 같은 성을 가진 부모 따라하기 : 엄마 화장 따라하기, 아빠 청소 따라하기 등
• 신체적 차이점을 '의사', '간호사' 놀이를 하면서 질문한다.
– 성기 부분을 포함한 신체 부분을 아동에게 간단히 설명해주기
– 은밀하고 사적인 부분은 '다른 사람'이 만져서는 안 된다고 가르치기 좋은 시기</td></tr>
</table>

<table>
<tr><td rowspan="4">인지발달
(전조작기 사고,
2세~6세)</td><td>자기중심적
사고</td><td>• 아동은 자신의 관점으로 모든 일을 이해하고 다른 사람은 다른 관점을 가지고 있다고 생각하지 못한다.
• 왜 차들은 움직여? – 차를 타고 내가 공원에 갈 수 있다.
• 왜 햇빛이 있어? – 내가 밖에서 놀 때 해는 비친다.
• 왜 내가 아팠어? – 우리 언니는 때린다.</td></tr>
<tr><td>변화적 추리력
(비약적 추리
= 마술적 사고)</td><td>• 서로 관련 없는 것끼리 연관 지어 추리한다.
• 아빠가 집에 계신다. – 저녁 먹을 시간이다.
• 의사가 내 귀에 무언가 넣었다. – 내 귀가 아프다.
• 저녁 먹기 전에 과자를 먹었다. – 과자 때문에 내가 아프게 되었다.</td></tr>
<tr><td>물활론적 사고</td><td>• 어떻게 해서 다쳤어? – 자전거가 나를 떨어뜨렸어.
• 왜 문을 때렸어? – 문이 내 머리를 때렸어.</td></tr>
<tr><td>논리적
추리 가능</td><td>• 불이 뜨겁다면 물은 차갑다.
• 가볍다 / 무겁다</td></tr>
<tr><td>심리 사회
발달</td><td colspan="2">• 솔선감 대 죄책감
• 낯선 사람에 대한 불리불안이 없어진다.
• 양심(초자아)이 형성된다.
• 분노발작, 거절증, 의식적 행동이 줄어든다.</td></tr>
<tr><td>도덕 발달
콜버그의
세 번째 단계 –
인습적 수준</td><td colspan="2">• 아동은 다른 사람을 만족시키기를 원하며 행동에 대한 동의를 얻기 바란다.
• 옳고 그름에 대해 이해하지 못한다.
• 도덕적 판단은 체벌과 보상을 통해 배운 옳고 그름을 통해서 얻게 된다.
예 "엄마가 안 된다고 했어요."</td></tr>
<tr><td>영적</td><td colspan="2">종교적 영향이나 부모의 행동을 따라하며 배운다. 이해하진 못한다. 자신이 상상하는 신에 대한 묘사를 다른 말로 설명한다.</td></tr>
<tr><td>놀이</td><td colspan="2">• 매우 극적이고 상상적이며, 창의적이다.
• 극적놀이: 공구 놀이, 부엌놀이, 인형놀이, 요술지팡이
• 인지놀이: 퍼즐, 교육비디오
• 가장놀이: 전투인형, 차 트럭 기차, 사람과 동물놀이
• 그룹놀이를 즐긴다.
• 놀이친구에게 관대해진다.
• 연합놀이로 다른 아동과 상호작용을 하고 장난감도 공유한다.
• 3세: 세발자전거, 두드리기, 큰 블록 쌓기, 음악/리듬장난감, 보여주고 말하기, 맞추기 게임, 퍼즐
• 4세: 퍼즐, 암기게임, 공상놀이, 책, 음악 등
• 5세: 흉내놀이, 인형놀이, 가장놀이, 책읽기, 그림그리기 등 그룹스포츠나 게임을 가르치기에 좋은 시기</td></tr>
</table>

훈육과 한계설정	• 수용되는 행동을 배우기 위해 제한을 만드는 것이 필요하다. • 제한을 넘어서면 훈육이 따라야 한다. → 타임아웃은 한 살마다 1분을 넘지 않도록(3세인 경우 3분을 초과하지 않도록), 즉 차분해질 수 있도록 충분한 시간은 주되 화가 날 정도는 되지 않도록 한다. • 공격적 행동: 폭력적이지 않은 방법으로 갈등을 풀 수 있도록 해야 한다. • 모델, 즉 자신이 본 사람의 행동을 따라한다. 부모는 아이가 자신의 올바른 행동을 따라할 수 있도록 하고, 아이의 올바른 행동에 보상을 하도록 한다. 옳지 못한 행동에 훈육을 하는 것처럼 좋은 행동을 할 경우 반드시 보상을 하는 것이다.

2 아동발달과 놀이

(1) 아동발달단계와 놀이 유형 [2018 기출]

	놀이유형	설명
영아기	단독놀이	• 같은 장소에서 다른 아동이 사용하는 장난감과는 다른 장난감을 가지고 혼자 그리고 독립적으로 노는 것이다. • 다른 사람이 있거나 나타나는 것은 즐거워하지만 가까이 가거나 대화하려는 노력은 없다. • 아동의 관심은 자신의 행동에 집중되어 있다.
	방관자 놀이	다른 아동이 하고 있는 것을 보고 있지만 참여는 시도하지 않는다. 예 손윗 형제가 그림을 그리는 것을 구경한다.
유아기	평행놀이	• 다른 아동들 사이에서 독립적으로 놀며, 주위 아동이 사용하고 있는 것과 비슷한 장난감을 갖고 논다. → 서로는 영향을 주는 것도 아니고 안 주는 것도 아니다. • 다른 아동과 함께 논다기 보다는 다른 아동 '곁에서' 논다고 할 수 있다. • 유아기의 특징이지만 다른 연령 집단에서도 일어날 수 있다.
학령전기	연합놀이 [2018 기출]	• 동일한 행동이나 비슷한 놀이에 같이 참여하는 것이지만 조직이 없고 역할이나 임무, 공동의 목표가 없다(인형놀이, 소꿉놀이). • 장난감을 빌려주고 빌려오기도 하면서 누구랑 놀 것인지 아닌지를 조절하려고 한다. 예로 두 명의 아동이 인형을 가지고 노는 것이다. • 아동은 각자 자신의 요구에 따라 행동하며, 한 아동이 특정행동을 시작하면 전체가 그 예를 따라 하기도 한다.
학령기	협동놀이	• 아동은 집단에서 목적을 달성하기 위해 다른 아동과 논의하고 활동계획을 세우며 논다. • 행동조직과 각자의 역할이 있고 규칙을 지킴으로써 목표와 성취를 달성하기 위해 함께 논다. • 지도자와 추종자 관계가 상세히 설정되고 행동통제와 역할배분을 하는 한두 명에 의해 행동이 통제된다.

(2) 놀이의 기능

신체 발달	• 감각운동 기능은 모든 연령층의 놀이에 중요한 구성요소 • 영아의 놀이에서 주로 발달되는 형태
사회성 발달	다른 아동과의 놀이를 통해 사회적 관계를 정착, 자기표현, 만족지연 → 유대감과 관련된 문제를 해결하는 방법을 배움
인지 발달	• 아동의 탐색과 조작 역할 • 대상의 모양, 색깔, 크기, 구조와 의의, 수의 중요성/사용, 언어와 대상을 연결 • 추상적 개념의 이해와 위, 아래, 안과 밖 같은 공간적 관계 이해
언어 발달	• 놀이는 언어발달의 수단, 언어는 놀이 진행에 필수적인 매체의 역할 • 놀이 친구들과 사회적 관계를 맺음으로써 → 자기중심적 언어에서 탈피 → 타인의 말에 귀 기울이고, 이해, 자신의 의견을 교환하는 의사소통능력 신장
창의성 발달	• 다각적인 탐색 → 광범위한 기술과 반응 습득 + 융통성 있는 사고 → 창의성 증진 • 구체적인 사고력을 추상적 사고력으로 전환하는 역할
정서 발달	• 정신건강: 부정적인 정서의 정당한 구실로 표출에 도움(문제, 걱정거리, 긴장, 좌절감, 적개심 표현하여 해소) • 건전한 정서 형성: 성취감, 만족감, 놀이의 웃음과 스릴 → 긍정적인 자아개념, 자율성, 인내심, 성취감 등 • 자신의 감정 통제 방법 습득

MEMO

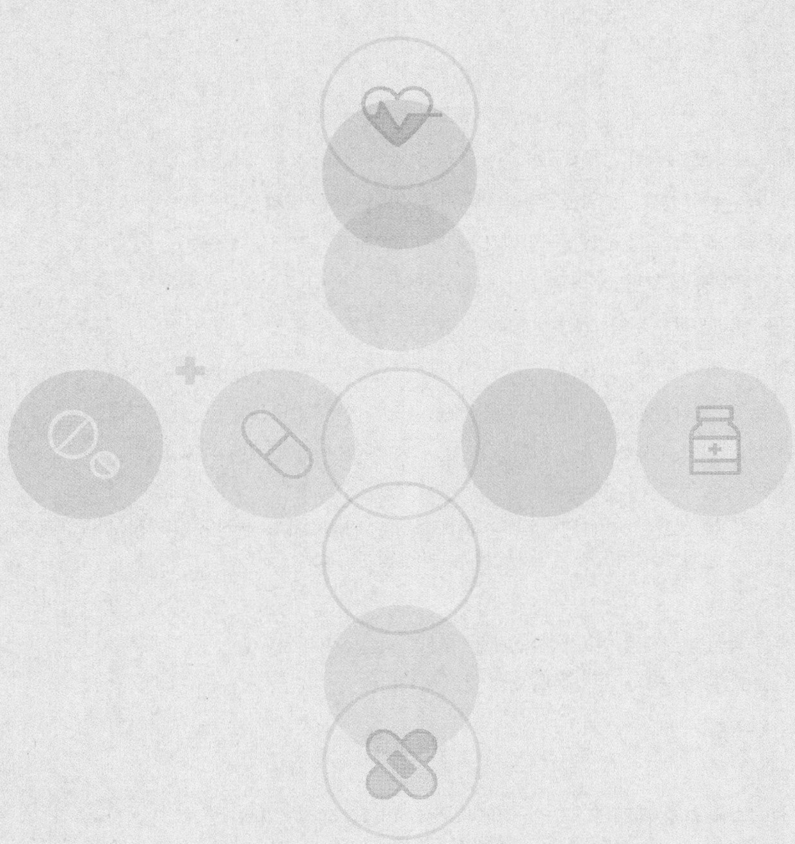

출제경향 및 유형 (학령기 아동의 성장 발달)

연도	내용
1992학년도	
1993학년도	
1994학년도	
1995학년도	
1996학년도	
1997학년도	
1998학년도	소아비만의 문제점과 관리방법(지방)
1999학년도	소아비만의 원인, 정도, 문제점과 구체적인 체중 관리방법
후 1999학년도	
2000학년도	
2001학년도	
2002학년도	강간상해 증후군 심리적 반응 3단계
2003학년도	ADHD 아동의 관리방법 중 약물요법을 제외한 일반적인 관리 방법
2004학년도	비만학생의 식이요법 실천방안, 비만평가 시 신체측정자료
2005학년도	학령기 아동에게 사고위험이 높은 이유, 신체적 학대 시 나타나는 신체적 징후
2006학년도	전기기구 취급에 관한 주의사항(안전교육)
2007학년도	외상 후 스트레스 장애 간호중재
2008학년도	ADHD 진단기준(과잉행동-충동성의 진단 기준), 비만도 산출과 판정
2009학년도	비만판정 및 비만 시 예측가능한 건강문제, ADHD 대처방안, 아동학대발견 시 보건교사의 우선적 조치, 아동학대의 사정, 응급조치, 중재방안, 공황장애
2010학년도	주의력 결핍과잉행동장애 약물 메틸페니데이트(methylphenidate)의 부작용, 읽기장애, 틱, 뚜렛장애, 렛트 장애, 품행장애, 반항성 장애, 학교복도와 계단 낙상예방 방안(안전교육)
2011학년도	
2012학년도	외상 후 스트레스 장애의 주요증상, 신체적 학대에 의한 신체부위
2013학년도	주의력 결핍과잉행동장애의 지도를 위해 교사가 알아야 할 내용
2014학년도	아동학대 유형과 신고
2015학년도	
2016학년도	'외상 후 스트레스 장애(PTSD)'의 진단기준에 주요 임상적 양상 4가지
2017학년도	
2018학년도	
2019학년도	
2020학년도	아동학대 유형
2021학년도	틱, 뚜렛장애
2022학년도	
2023학년도	

학령기 아동의 성장 발달

01 학령기 아동의 주요 발달 특성

1 신체적 발달 특성

<table>
<tr><td>신체 발달</td><td colspan="2">• 성장 속도가 완만하고 가장 건강한 시기
• 영구치가 나고 얼굴이 빨리 성장하여 얼굴의 균형이 변화하며 신체 기관이 성숙
• 생리적 발달: 성적 중성기</td></tr>
<tr><td>신체 비율</td><td colspan="2">• 하지의 성장속도 증가 → 외모가 날씬해 보임
• 키에 비해 머리둘레가 감소, 허리둘레 감소, 다리 길이 증가(성인에 가까운 체형)
• 신체를 움직이는 조정력과 효율성 증진 → 자세가 좋아짐
• 골격이 자라고 지방이 줄어들면서, 몸무게에서 근육의 비율 증가
• 골성장이 근육성장보다 빨라 성장통이 발생할 수 있음</td></tr>
<tr><td rowspan="3">성장통</td><td>정의</td><td>• 근육보다 골격 성장이 빨라서, 뼈를 싸고 있는 골막이 늘어나 주위 신경을 자극해서 발생되는 통증
• 활동 시 통증을 호소하지 않고 주물러주면 시원해 함</td></tr>
<tr><td>특징</td><td>• 통증은 주로 무릎이나 대퇴에 발생
• 밤에 더욱 심한 통증(일시적)</td></tr>
<tr><td>중재</td><td>• 부드럽게 마사지
• 따뜻한 물에 담가 통증을 완화</td></tr>
<tr><td>얼굴 변화</td><td colspan="2">두개골과 뇌의 느린 성장에 비해 안면골의 성장속도가 빨라 얼굴의 균형이 변화됨</td></tr>
<tr><td rowspan="2">치아교체기
(영구치 대치)</td><td colspan="2">유치가 모두 영구치로 대치됨</td></tr>
<tr><td colspan="2">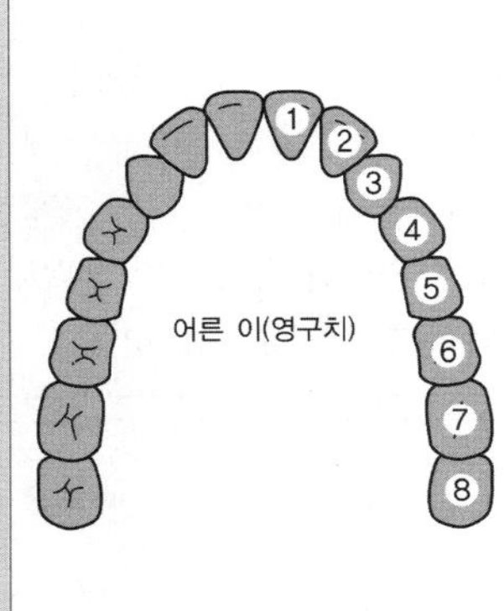

<table>
<tr><td rowspan="2">영구치 이름</td><td colspan="2">맹출 시기</td></tr>
<tr><td>윗니(상악)</td><td>아랫니(하악)</td></tr>
<tr><td>가운데 앞니(중절치)</td><td>만 7~8세</td><td>만 6~7세</td></tr>
<tr><td>작은 앞니(측절치)</td><td>만 8~9세</td><td>만 7~8세</td></tr>
<tr><td>송곳니(견치)</td><td>만 11~12세</td><td>만 9~10세</td></tr>
<tr><td>첫 번째 작은 어금니(제1소구치)</td><td>만 10~11세</td><td>만 10~12세</td></tr>
<tr><td>두 번째 작은 어금니(제2소구치)</td><td>만 10~12세</td><td>만 11~12세</td></tr>
<tr><td>첫 번째 어금니(제1대구치)</td><td>만 6~7세</td><td>만 6~7세</td></tr>
<tr><td>두 번째 어금니(제2대구치)</td><td>만 12~13세</td><td>만 11~13세</td></tr>
<tr><td>사랑니(제3대구치)</td><td>만 17~21세</td><td>만 17~21세</td></tr>
</table></td></tr>
</table>

	영구치의 맹출 순서	• 상악: 제1대구치 → 중절치 → 측절치 → 제1소구치 → 견치 → 제2소구치 → 제2대구치 → 제3대구치 • 하악: 제1대구치 → 중절치 → 측절치 → 견치 → 제1소구치 → 제2소구치 → 제2대구치 → 제3대구치
운동능력	전체운동	눈과 손의 협응 능력이 발달하여 야구나 농구를 할 수 있으며 팀으로 경쟁하는 놀이에 더욱 열중 예 달리기, 뛰기, 균형 잡기, 던지기, 계단 오르기, 스케이트, 수영, 야구, 축구 등
	미세운동	소근육의 발달로 더욱 정교한 작업이나 도구의 사용이 가능함
골성장 지속	올바른 자세를 유지, 척추측만증 예방	
사춘기 전기	• 신체성장과 생리적 변화가 현저한 시기 → 이차 성징 발현 • 남아와 여아의 성장과 성숙은 아동 중기가 끝날 무렵 두드러진 차이가 나기 시작 • 사춘기 평균 연령: 여아 12세, 남아 14세 → 여아가 남아를 2년 정도 앞섬	
기타	• 신경계 발달: 6세에는 뇌중량이 성인의 60%, 12세는 95%로 언어·정신기능 증가, 지능이 거의 발달됨 • 시력 및 청력: 거의 성인 수준으로 거의 완성됨 • 면역체계의 성숙, 편도 아데노이드의 임파조직의 성숙(7세까지 성장)	

2 학령기의 도덕적 발달 특성(Kohlberg의 도덕적 발달이론의 인습적 수준) [2011 기출]

(1) 콜버그(Kohlberg)의 이론

학령기 초기	• 전인습단계 • 1단계에서는 벌을 받지 않기 위해서 문제를 일으키지 않으려고 노력 • 2단계에서는 개인주의와 인위적 목적으로 자신에게 유익한 행동을 수행함 1. 제1수준: 전인습성의 도덕성 ① 제1단계: 처벌과 복종지향의 도덕성(2~3세) ② 제2단계: 수단적인 목적 및 교환(4~7세) 2. 제2수준: 인습적 도덕성 ① 제3단계: 상호적 관계의 인정, 중요한 규칙의 유지(7~10세) ② 제4단계: 사회적 질서와 양심(10~12세) 3. 제3수준: 자율적 도덕 원리의 도덕성(12세 이상) ① 제5단계: 계약, 개인적인 권리, 민주적으로 승인된 법의 도덕성(12세~청소년기) ② 제6단계: 보편적인 윤리·원리의 도덕성(청소년기~성인기)

<table>
<tr><td>학령기 후기</td><td colspan="2">• 인습단계
• 착한 아이와 나쁜 아이의 개념을 익히며, 4단계에서는 법과 지시를 따를 줄 알고 있음</td></tr>
<tr><td rowspan="2">도덕발달</td><td colspan="2">각 단계의 순서는 일정하나, 발달속도와 도착점은 일정치 않다고 주장</td></tr>
<tr><td>도덕발달 속도에 영향을 미치는 요인 3가지</td><td>① 적당한 인지 발달 수준의 획득
② 적당한 사회 도덕적 경험에의 노출
③ 갈등상황에서의 역할습득의 기회</td></tr>
<tr><td>부모들의 훈육방법과 통제방법</td><td colspan="2">• 잘못한 것에 대해 처벌하기보다 칭찬을 많이 함
• 아동의 자아존중감이나 유머감각, 죄의식 또는 고마움으로써 아동을 설득
• 부모들은 아동에게 일어난 일의 책임이 아동 자신에게 있다는 것을 알게 하는 것이 중요
• 부모와 아동은 분명한 의사소통을 해야 함
• 부모는 아동과 함께 있을 때 충분한 영향을 줄 수 있어야 함
• 아동 스스로 자신의 행동을 감독하고 용납될 수 있는 행동 기준을 택하고, 지나친 모험을 피함
• 부모의 지지나 지도가 필요할 때가 언제인지를 가르쳐 주어야 함</td></tr>
</table>

(2) 학령기의 사회 심리적 발달 특성(Erikson의 근면감 대 열등감 단계) [2010 · 2011 기출]

<table>
<tr><td>학령기</td><td colspan="2">언어적 사고를 할 수 있게 되고 규칙에 따라 놀이와 학습을 할 수 있게 되며, 비교적 정서적으로 안정된 시기일 뿐 아니라, 학업에 열중하고 그 문화가 요구하는 기술을 배우는 시기를 의미함</td></tr>
<tr><td rowspan="2">근면감 대 열등감</td><td colspan="2">• 아동의 사회적 세계는 학교, 클럽, 신체활동, 스포츠를 포함하여 계속 확대
• 학령기 아동은 또래들과의 상호작용을 통하여 단체의 구성원으로 받아들여져 동등하게 활동하면서 여분의 시간과 노력을 학업을 수행하거나 운동기술을 증진하는 데 활용함
• 근면감 대 열등감이라는 자아특징은 개인적이고 사회적인 의미를 가짐</td></tr>
<tr><td>개인적</td><td>• 신체 및 인지기술에 대한 개인의 능력으로, 아동의 정신에너지는 이러한 기술을 습득하고 완성하는 데 초점
• 아동이 자신의 신체 및 인지기술이 부족하다는 것을 알게 되면 근면감과 완성감보다는 부적절함과 열등감을 느낌
→ 여러 가지 모형, 음식 만들기, 톱질하기 등과 같이 일상적인 것을 만드는 아동을 장려하고 끝마치게 해주며, 그 결과를 칭찬해 주면 근면성 및 긍정적 자아개념이 형성
→ 부모가 아동이 하는 일을 실수로 여기거나, 어지른다고 야단을 치면 열등감이 싹틈</td></tr>
</table>

	사회적	자신의 능력과 자기또래의 능력을 비교하면서 자신이 어떤 사람인지에 대한 인식을 형성 → 다른 친구와 비교해서 자신이 무력하다고 느끼거나, 학교에서의 경험이 계속 실패를 거듭할 경우, 아무리 집에서 근면성이 강화되고 격려되어도 열등감이 조장 → 반면에 집에서 근면성을 키우지 못했던 아동도 민감하고 열성적인 선생님의 도움으로 학교에서 근면성을 키울 수 있음
	• 학령기의 세계는 가정 외 사회적 기관도 중요역할을 함(한다/될 수 있다) • 이렇듯 아동이 근면성을 형성할지 열등감을 형성할지는 부모의 양육방식뿐만 아니라 외부환경에 의해서도 영향을 받음	
근면감 획득의 주요과업	이 시기의 학령기 아동은 자신의 제한점을 인식하여 자존감이 감소되지 않는 상태에서 그것들을 수용해야 함. 즉 이 시기의 주요 과업은 다음과 같음 → 자신이 하는 일에 대해 끝까지 이를 달성하도록 하는 것 → 개인적 성취와 친구와의 상호작용으로 지배력이 달성됨	
자기인식, 자아개념형성 중재내용	자아개념은 다양한 개념과 관계에서 발달하며, 친구가 자신을 어떻게 생각하느냐에 영향을 받음. 자아개념에는 자존감, 조절감, 신체상, 성역할이 포함됨 → 이 시기에는 아동들에게 성공의 중요함을 인식시키도록 해야 하는데, 성공과 실패의 경험으로 자신이 어떤 일을 성공할 수 있다는 것을 알게 함 → 부모에게 긍정적인 피드백을 제공하도록 하며, 아동이 현실적 목표를 세우고 실제적 과업을 수행할 수 있게 도와주도록 교육 → 자신의 신체 변화에 대해 많은 의문을 가지므로 성교육 프로그램 개발이 중요	

3 학령기의 인지적 발달 특성(Piaget의 구체적 조작기) [2011 기출]

인지적 특성	구체적 조작기	• 학령기 초기에는 직관적인 사고를 하다가 7~11세 사이에는 구체적 조작기를 들어섬 • 눈앞에 보이는 지각적 특성보다는 과정과 관계에 따라서 사고하기 시작
	• 탈중심화, 가역적 사고, 보존개념, 분류와 조합, 서열화 등에 대한 개념이 발달함 → 사고를 변형시켜 조작해 보고 논리적으로 융통성을 실험하며 사물 사이의 관계를 이해하거나 공통점을 찾아 분류하는 능력 • 아동은 자기중심적 관계에서 상호협의적 관계로 발전시켜 나가는 특징이 있음. 즉, 사물들과의 관계 속에서 많은 개념들을 이해하게 되며 직감에서 논리적이고 합리적인 사고를 하게 됨 • 점차 자기중심적인 면이 사라지고 민주적 규칙과 행동에 대한 합리적 기대를 하게 됨	
가역적 사고	결론에 도달하기 위해 정신적으로 취해진 단계를 되돌아 볼 수 있는 능력 예 수의 전환 개념 : 5 + 2 = 7이면 7 − 5 = 2이다. / 블록으로 무엇을 쌓고 다시 원위치로 복귀시킬 수 있는 것	

<table>
<tr><td rowspan="4">보존개념</td><td colspan="2">물질의 동일한 양은 변형과 상관없이 동일하다는 것으로, 보존개념은 사물의 외형이 변하여도 길이, 양, 무게, 면적, 부피 등은 변하지 않고 동일한 상태를 유지하는 것을 이해하는 능력을 말함. 여러 가지 영역의 보존개념들은 일정한 시기에 한꺼번에 획득되는 것이 아니라, 영역에 따라 달리 나타남
<table><tr><td>개념</td><td>수</td><td>양</td><td>길이</td><td>공간</td><td>시간</td><td>무게</td><td>부피</td></tr><tr><td>연령</td><td>6~7세</td><td>6~7세</td><td>7~8세</td><td>7~8세</td><td>9세</td><td>10세</td><td>11~12세</td></tr></table></td></tr>
<tr><td>동질성
(identity)</td><td>아무것도 더해지거나 덜어지지 않았기 때문에 막대는 여전히 같은 진흙임. 형태만 변하였을 뿐 아무것도 변하지 않았음</td></tr>
<tr><td>가역성
(reversibility)</td><td>진흙은 원래의 형태(공 모양)으로 되돌려질 수 있음</td></tr>
<tr><td>상호관계
(reciprocity)</td><td>막대가 길이는 더 커 보이지만, 공은 훨씬 두꺼움. 이런 경우 아동들은 동시에 두 가지의 타원을 다룰 수 있고, 한 차원에서의 변화가 다른 것에서의 변화를 보상한다는 것을 이해할 수 있는 능력을 보임</td></tr>
<tr><td>보존성
(존속성)의
개념을
습득함으로써
얻는 이득</td><td colspan="2">• 객관적으로 실제를 구분할 수 있음
• 연역적 방법을 사용할 수 있음
• 추리를 할 수 있고 논리적 사고를 할 수 있게 됨
• 태도와 가치 체계를 형성할 수 있고 진리의 존속성과 영구성을 알게 됨
• 자아개념을 형성할 수 있게 됨
→ 이 시기에는 이런 조작들이 구체적인(실존) 사물에 의해서만 가능함. 그래서 구체적 조작기라 하고 고학년이 되면 형식적 조작기(11~12세 이후)에 접어듦. 이 시기에는 구체적인(실존) 사물 없이도 사고할 수 있고 가능성을 추리하며, 이들을 연합시켜 사고를 진행할 수 있음</td></tr>
<tr><td rowspan="5">탈중심화</td><td colspan="2">자기중심성을 벗어나 다른 특성 또는 전체로 신축성 있게 사물을 지각하고, 자기 자신의 시각에서 타인의 시각으로 옮겨서 지각할 수 있는 능력을 말함. 탈중심화는 정신적 조망의 회전능력임</td></tr>
<tr><td>공간조망</td><td>다른 사람의 위치에서 공간적 시각을 추론할 수 있는 능력을 말함</td></tr>
<tr><td>감정조망</td><td>어떤 사태에서 타인의 감정을 추론해서 이해하는 것을 말함</td></tr>
<tr><td>인지조망</td><td>타인의 사고 과정이나 행동의 원인을 추론하고 이해하는 능력을 의미함</td></tr>
<tr><td colspan="2">7~12세의 아동은 자신의 사고나 행동에 대해 객관적 관점에서 되돌아볼 수 있으며, 동시에 타인의 사고나 감정을 이해하고 예측할 수 있는 상호적 조망 수준에는 미치지 못함</td></tr>
<tr><td rowspan="3">인지발달</td><td>질서와 정돈</td><td>물체 크기와 다른 물건에 따라 정돈 – '정돈을 할 수 있다.' – 구체적 사물을 다루면서 추상적 개념을 가질 수 있음</td></tr>
<tr><td>분류</td><td>부분과 전체를 따로 떼어 별도로 생각할 수 있는 능력이 생김</td></tr>
<tr><td>시간</td><td>과거와 미래에 대해서도 생각할 수 있음. 시간개념은 관계성을 알 수 있는 능력을 갖게 되고, 시간을 연속적 순서로 배치할 수 있고, 분리된 사건의 간격을 이해할 수 있게 될 때 가능</td></tr>
</table>

	사고력과 추리력	7세 이후 자기중심성이 약화되면서 11세경 추상화, 개념화, 추리, 판단의 사고 작용이 나타나기 시작. 상상과 현실이 분화하는 시기로 상상은 창조력의 기반이며 창조력은 생활을 개선하고 사회문화를 향상시키는 원동력
	상상력 지도	• 상상적 활동, 놀이, 그림이야기, 글짓기 등을 아동의 발달수준에 맞추어 지도 • 아동의 내면 활동에 대한 이해와 더불어 건전한 상상의 발달을 위한 지도가 필요
	사회적 행동	친구나 성인과 협동할 수 있고 급속히 팽창하는 인지력과 의사소통력으로 사회적이 됨
	보존성/존속성	모양이 변함에도 불구하고 사물의 어떤 성질, 양, 부피, 무게 등은 일정불변이라는 개념을 갖게 됨
인지발달을 위한 간호중재	• 어린이의 인지, 지각능력을 증진시키고 문제를 예방하는 것이 중요함 • 부모가 어린이의 능력을 잘 이해할 수 있도록 돕고, 아직은 아동이 자기중심적임을 인지시켜야 함 • 시각, 청각의 문제를 먼저 고려해 보아야 하며, 언어발달과 언어기술을 계속 관찰하여야 함 • 아동과 가족을 지지, 상담하면서 가장 보편적인 검사를 실시함 • 인지능력, 학습능력 사정 시에는 가족력, 환경 등에 대한 철저한 사정이 필요함	

4 프로이드 관점에서의 학령기 아동의 특성

잠복기	학령기를 성적으로 비교적 고요한 시기인 잠복기라고 하였음
갈등해소	구강, 항문, 남근과 관련된 욕구가 감소하고, 오이디푸스 갈등 해결됨
성역할 수용, 초자아 발달	자신의 성역할을 수용하여 본능을 억제하는 초자아를 발달시킴
동일시	남근기의 오이디푸스 콤플렉스를 해결하는 데 사용한 동성의 부모와의 동일시를 또래와의 동일시로 확대하면서, 성에 대한 관심이 줄어들고 학습이나 기술습득에 관심을 가짐
사회화	본능의 지배로부터 벗어나면서 급속하게 사회화되고 기술을 발달시키며, 자신과 사회에 대해 여러 가지를 배우게 됨
착한 소년·소녀	떼를 쓰거나 이기적인 행동이 줄어들면서 착해지고 어머니를 도우며 보이스카우트, 우표수집, 소년야구단 등의 수많은 활동에 참여하는 등 이전에 가졌던 관심은 보이지 않게 됨
또래와의 친밀도	동성의 또래 관계에서 친밀감을 경험함

성교육	부모는 아동이 성역할을 획득하는 데 중요한 역할모델로, 성교육에 가장 적합한 시기 **학령기 아동의 성교육에서 유의해야 할 점** • 아동의 성에 대한 관심정도와 지식정도를 파악한다. • 성교육은 아동의 인지정도와 상황에 적절하게 설명한다. • 교육내용은 구체적이고 정직하게 설명한다. • 성적인 것과 일상생활을 연결시켜 설명한다. • 아동의 성적인 관심이나 놀이에 민감하게 반응하지 않는다. • 아동이 성적인 용어로 된 욕을 사용하지 않도록 지도한다. • 아동이 성적인 상황을 자연스러운 과정으로 받아들이도록 한다.

02 학령기 아동의 사회심리적 건강문제

1 불안장애

(1) 개요

정의	불안은 애매하고 모호하며, 주관적이고 긴장과 안정감이 없으며, 막연한 위협감을 느끼는 감정	
불안의 생리적 반응	• 맥박 증가, 혈압 상승, 호흡률 · 깊이 증가 • 동공 산대, 정신적 각성 상태, 통증 • 땀 분비 증가, 피부 창백, 구강 건조 • 장운동 감소, 혈당 증가, 근육긴장도 증가, 소변량 감소	
불안의 수준 [2010 기출]	경증 불안	가벼운 긴장상태로, 신체적 증후 없고, 감각 · 지각력이 민감하여 학습이 동기화되는 유용한 상태
	중등도 불안	좀 더 긴장이 큰 상태, 선택적 부주의, 약간의 신체적 증후(발한, 근육긴장, 호흡변화)가 있으나 병적 상태는 아님
	중증 불안	현저한 긴장 상태, 감각 · 지각영역 축소, 주의력 · 집중력 저하, 공포, 두려움, 불안 감소 위한 행동적 노력, 신체적 증후(과도 발한, 거친 호흡, 동공 확대, 안절부절못하는 행동, 설사, 변비)
	공황	불안이 가장 극심한 상태, 정신분열 또는 사망에 이름

(2) 불안 양상 분류

<table>
<tr><td rowspan="2">분리불안</td><td>정의</td><td>강한 애착을 느끼고 있는 양육자와 분리될 때 심하게 불안을 느끼는 아동</td></tr>
<tr><td>증상</td><td>• 부모가 멀리 가지나 않을까, 집에 돌아오지 않는 것은 아닌가 하는 것에 대한 비현실적이고 집요한 걱정
• 부모가 멀리 가지 않도록 애원, 애착행위(부모와 떨어지면 야경증, 부모 곁이 아니면 자지 않음, 학교 가기 거부, 항상 부모 주위에서 맴돎)</td></tr>
<tr><td>회피불안</td><td colspan="2">아주 심하게 낯선 사람 피함, 친한 친구나 가족하고만 지내려 함</td></tr>
<tr><td>과잉불안</td><td colspan="2">• 비현실적인 근심, 걱정, 불안이 있으며 지나치게 예민해 마음을 편하게 하지 못하고 항상 긴장상태에 있음
• 신체 불편감 호소, 미래나 과거 행동까지 걱정, 친구교제, 학업 또는 운동 등에 대한 걱정 많음
• 비현실적인 불안이 6개월이나 그 이상 계속되면 과잉불안
• 신체 불편감(두통, 복통 등) 호소
➲ 발생빈도 높은 집단
• 핵가족 내 첫 아이와 사회경제 수준이 높은 가정의 아이
• 유능하고 정상적인 실력이 있는 아이라도 가정 분위기가 성취의욕이 높을 때
• 일반 정신병보다는 불안도가 높은 엄마의 자녀</td></tr>
<tr><td>습관적
상동형</td><td colspan="2">• 비생산적이고 사회에서 수용되지 않는 행동(흔들기, 머리 때리기 등)이 특정 신체 부분에 주기적 또는 지속적으로 반복해서 나타남
• 손가락 빨기, 머리카락 뽑기, 피부에 상처 내기, 이갈기, 손톱 물어뜯기, 숨을 몰아쉬기, 손으로 자주 신체 어느 부분 자극, 되풀이해서 어떤 목소리 내기</td></tr>
<tr><td>강박형</td><td colspan="2">• 지속적인 생각, 상상, 상념들이 무감각하게 반복적으로 떠오르면서 강박적인 반응으로 목적적인 행동이 따름
• 불안이 되풀이됨</td></tr>
</table>

(3) 불안과 관련된 생리적, 행동적, 인지적, 정서적 반응

생리적 반응		행동적 반응	인지적 반응	정서적 반응
• 심혈관계 반응: 빈맥 및 심계 항진, 혈압상승 또는 하강, 현기증 • 호흡기계 반응: 빠른 호흡, 숨이 참, 흉부의 압박감, 목의 이물감, 숨막힘 • 신경근육계 반응: 반사 반응 증가(깜짝 놀람), 눈꺼풀이 떨림, 불면증, 전율, 초조, 긴장된 얼굴, 전반적 허약감, 다리가 떨림	• 위장계 반응: 식욕부진, 복통 및 복부 불편감, 오심, 속쓰림, 설사 • 비뇨기계 반응: 소변을 보고 싶은 충동, 빈뇨 • 피부: 안면홍조, 진땀, 가려움, 열감과 오한, 창백한 얼굴	안절부절 및 초조한 행동, 신체적 긴장(경직된 태도), 전율 신경이 날카롭고 짜증을 잘 냄, 깜짝 놀람, 지나친 조심성, 말이 빠름, 조절 능력 결여, 사고를 자주 냄, 인간관계를 피함, 과한기	주의집중력 빈약, 잘 잊어버림, 판단의 실수, 몰두, 사고의 중단, 지각적 영역 감소, 창의력 감소, 생산력 감소, 혼동, 객관성 상실, 조절 능력 상실의 두려움, 두려운 시각상, 죽음이나 상해에 대한 두려움, 야경증	신경과민, 긴장, 조바심, 근심, 초조, 불길한 예감, 두려움, 놀람, 전율, 무감각, 분노, 우울, 죄책감, 적대감, 수치심

(4) 불안의 간호중재

중등도 [2010 기출]	• 자신의 불안을 인정하게 함: 불안을 인식하는 것을 돕기 위해 비위협적인 주제에서부터 갈등의 중심적인 문제에 이르기까지 유동적이고 개방적인 질문 • 불안의 원인이 되는 위협적인 일이 얼마나 불안의 정도를 높이는지 인식하게 함 – 위협적인 일이 어떻게 불안을 조정했으며, 어떤 행위가 불안을 제거했는지 조사 • 불안에 대처할 기전을 파악하여 사용: 스트레스 재평가, 친한 사람과 공포 나누기, 새로운 방법 모색
불안감 감소	• 간호사 자신의 불안을 낮춤 • 환자의 이야기 경청 • 확인된 공포의 대상이나 상황에 노출을 제한 • 환자가 규명한 공포의 대상이나 상황에 대한 신체적 반응을 설명해줌 • 공황 반응을 증가/감소시키는 요인을 환자 스스로 파악할 수 있도록 도와줌 • 과거에 사용했던 효과적인 대처기전에 대해 이야기 • 환자에게 맞는 선택적 적응대처 전략을 실행하도록 도와줌 • 환자에게 사고대체와 행동대체를 교육 • 안전한 상태에서 공포와 맞서도록 도와줌 – 공포 자극을 점진적으로 노출 – 회피 행동의 감소나 사회화 기술, 주위활동에서의 증가 시 긍정적 재강화 제공

	• 대상자가 자신의 불안이 유발되는 조건, 상태를 파악하여 표현하게 함 • 자신의 능력과 자원을 인식하게 함 • 스트레스를 조절할 수 있는 방법(운동, 마사지, 이완요법 등)을 소개함 • 가능한 대상자의 이야기를 경청하고 그들의 입장을 이해하도록 함

2 정신사회적인 행동문제

(1) 학교 공포증

① 개요

<table>
<tr><td rowspan="3">학교 공포증의 원인</td><td>불안과 연관된 학교 거부</td><td>지속적으로 부모와의 이별불안을 가지고 있다. 대개 부끄럼이 많고 예민한 성격을 가지고 있으며 대부분 과잉보호하는 부모의 아이들이다.</td></tr>
<tr><td>이차적 이득과 연관된 학교 거부</td><td>불안과는 연관이 없다. 대개 집에 있는 것으로 해서 부모의 관심을 더 받게 되거나 보고 싶은 TV 프로그램을 볼 수 있는 식으로 학교를 가지 않음으로 해서 생기는 이차적인 이득과 관련되어 학교를 가기 싫어하는 마음이 더 강해진다. 이 경우의 부모는 대개 아이의 교육에 관심이 적은 경우가 많고 아이들도 대부분 학업 성적이 낮다.</td></tr>
<tr><td colspan="2">| 학교공포증으로 인한 이득(원인) |
<table><tr><td>일차적 이득</td><td>대상자의 내적 긴장 즉, 불안 완화</td></tr><tr><td>이차적 이득</td><td>대상자가 원하지 않는 특별한 행동을 하지 않음으로써 주위의 관심과 보호를 받으며, 주위사람을 조정하고, 불리한 상황을 피할 수 있다.</td></tr></table></td></tr>
<tr><td>학교 공포증에서 주로 호소하는 신체적 증상</td><td colspan="2">• 구역, 구토, 식욕부진, 복통, 두통, 근육통, 미열, 신체적 피로감
• 주로 학교가기 전 아침에 생기고 학교에 가야 할 시간이 되면 심해지며, 학교에 가지 않으면 즉시 사라진다.

사정 사항
• 평소 집에서는 잘 놀고 잘 먹으며 모든 것이 정상이지만 학교만 가기 싫어하는가?
• 학교에 가기 직전에 불안 등 정신적 증상과 구토, 복통, 설사 등 신체적 증상이 나타났는가?
• 학교에 가기 전 나타났던 증상과 징후가 학교에 가지 않은 오후는 거의 완전히 없어지는가?
• 학교에 가지 않는 공휴일이나 휴일에는 학교공포증이 나타나지 않는가?
• 학교에 가기를 두려워 할 뿐만 아니라 친구집, 친척집 등에 가는 것도 두려워하는가?</td></tr>
</table>

학교 공포증 징조로 유의해야 하는 관찰 사항 5가지	① 학교에 대하여 병적으로 과민한 공포를 보이는지 ② 이유 없이 구토, 두통, 현기증을 일으키는 일로 학교를 빠지게 되는지 ③ 학교 공부에 해가 되는 행동들을 예사롭게 하는지 ④ 장기적인 결석을 하는지 ⑤ 집에 있으면 부모님 말씀을 잘 듣는 편이나, 학교 가기를 싫어하는지
치료의 우선목표	• 아동을 학교에 완전하게 등교(full-time attendance)시키는 것이다. • 치료에서 가장 중요한 것은 아동이 규칙적으로 학교에 출석하도록 하는 것이다.
중재 방안	• 학교 공포증의 해소에는 아동의 학교거부 행동을 직접 분석하여 수정해 나가는 행동수정 방법이 가장 효율적인 것으로 알려져 있다. • 문제를 면밀히 살펴보고 의사의 도움을 받을 일이 있는지의 여부와 원인을 조사한다. • 아이의 염려에 대해 단계적으로 점진적인 완화를 꾀한다. • 학교 등교에 대한 어떠한 행동도 칭찬, 격려해 주고 필요한 경우 물질적 보상을 하여 학교를 거부하는 원인을 조금씩 꾸준히 줄여 나간다. • 어느 정도 무리가 있더라도 학교에 출석시킨다. • 결석하는 일이 없는지 지속적으로 세심한 주의를 기울인다. • 이사 다니는 가정에서는 반드시 새로운 환경 적응에 실패하지 않도록 도와주어야 한다. • 다음의 사항들을 실천하도록 한다. – 전학서류가 즉시 처리되도록 계획하고 이전 학교와 새로운 학교의 수업진도 등을 먼저 알아본다. – 친구들과 전학 학생에 대한 정보를 사전에 주고받는다. – 학급 학생들이 새로 전학 온 학생에 대한 어떤 태도가 도움을 줄 수 있을지 학생들 스스로 토론하도록 교사가 안내해 줄 것을 부모가 교사와 협의한다.

학교 공포증

10세 이상의 나이 든 아동에게 더욱 흔하다. 학교에 대한 불안과 두려움으로 나타나는 학교 거부, 학교회피 행동은 성별과 사회경제적 상태에 관계없이 발생한다. 불안, 특히 어머니로부터 분리되는 불안은 종종 공포로까지 이어지며, 어떤 아동은 학교수업을 마치고 집에 왔을 때, 집에 어머니가 없을 것이라고 생각하고 겁을 먹는다. 대개는 아동을 안심시키면 되지만, 경우에 따라서는 식욕부진, 오심, 구토, 설사, 현기증, 두통, 하지통 혹은 복통 심지어 미열과 같은 뚜렷한 신체적 증상이 나타날 수 있다. 학교 공포증의 뚜렷한 특징은 아동이 집에 있으면 그 증상이 즉시 사라진다는 것이다.

- 간호 : 학교 공포증이 있는 아동을 위한 간호의 기본 목적은 아동이 계속 학교에 다니도록 하는 것이다. 부모에게 아동을 가능하면 빨리 학교로 돌려보내도록 설명한다. 증상이 심한 아동은 수업에 부분적으로 참석시키거나 상담실이나 보건실에서 시간을 보낸 후에 숙제를 받을 수 있다.
- 예방 : 예를 들면 부모가 외출할 일이 있을 때 6개월 된 아동을 보모에게 맡기고 간다거나, 3세 된 아동을 자신의 집이 아닌 친척집에 잠시 맡겨 두는 것이다. 그리고 아동이 스스로 음식을 먹고, 옷을 입고 씻도록 허용해야 한다. 3~4세 아동은 뜰에서 놀이를 하도록 해 주고, 나중에는 동네에서 놀 수 있도록 허락해 주어야 한다. 아동이 미리 준비되지 않았거나 새로운 상황에 적응하기 어려운 단서가 보이면 대처할 수 있는 도움을 필요로 한다. 많은 아동이 학교생활을 통해 일부 형태의 공포를 가지므로 문제가 조기에 확인되면 효과적인 치료가 가능하고, 학교에 대한 부정적 감정이 최소화되며, 평생을 통해 남게 되는 공포가 비교적 적어진다.

② 학교공포증을 극복하는 방법

즉시 등교하도록	• 아동이 즉시 학교에 가도록 한다. • 매일 학교에 가게 되면 막연한 불안에 직면함으로써 공포가 사라질 것이다.
단호하게	학교 가는 날 아침에는 더욱 단호하게 학교에 가도록 한다. 처음에는 무척 힘들겠지만 아동이 신체증상을 호소하거나 등교시간에 늦었다 하더라도 학교에 가도록 한다.
신체검사	신체적 증상에 대해 진단적 검사를 받도록 한다. 비록 증상이 심인성이라 할지라도 아동과 부모에게 신체적 이상이 없다는 것을 확인시켜 주어 불안을 없애 주어야 하기 때문이다.
의사소통	• 학교 담임교사에게 도움을 청한다. 이런 경험이 많은 담임선생님께 알리는 것도 중요하다. • 아동과 함께 학교에 대한 두려움을 이야기한다. 무엇 때문에 학교 가기가 싫은지 물어본 뒤 부모가 해결해 줄 수 있는 게 있다면 해주겠다고 약속한다.
또래친구	아동이 친구들과 더 많은 시간을 보낼 수 있도록 도와준다. 학교공포증이 있는 아동은 부모와 같이 지내기를 좋아하는 경향이 있으므로 친구들과 어울리도록 권장한다.

(2) 반복되는 복통

특징	대부분은 심인성으로 배꼽 주위에서 일어나는 복통이 중요 특징이다. 그러나 촉진 시 통증은 심와부 또는 우하복부나 좌하복부에서 나타나며 막연한 압통이 있다. 복통의 지속시간, 강도는 일정하지 않으며 묽거나 작은 알 모양의 대변, 두통, 창백함, 현기증, 그리고 배뇨곤란이 수반되기도 한다. 학령기 아동의 10~20%에서 발생하며 5세 이하에서는 드물고, 발생률이 높은 시기는 10~12세이며, 여아가 남아보다 좀 더 많다.
원인	학교 공포증, 우울, 급성반응성 불안, 전환반응과 같은 정신적 원인과 염증성 장질환, 위궤양 등의 기질적 원인에 의해 일어난다. 복통이 있는 아동은 매우 민감한 편이며 자아상이 약하여 특히 중요한 사람으로부터 꾸중을 듣거나 논쟁을 벌이게 되면 불편감을 느낀다. 아동이나 부모의 목표와 기대치가 높고 부모가 대단한 노력가인 경향이 있으며, 그들은 다른 아동보다 더욱 성숙하고 예민하다. 다른 사람이 자신을 어떻게 생각하는지 관심이 지나치게 많은 편이다. 부모, 교사, 다른 사람의 기대를 충족시키기 어려운 아동은 복통에 취약하다.
증상	통증은 시간, 간격, 강도가 불규칙하고 장의 운동성이 증가하여 묽은 변을 보거나 작은 환약 모양의 대변을 본다. 장 부위의 자극 정도에 따라 복통과 함께 두통, 홍조, 창백, 현기증, 피로 등이 동반되기도 한다.
치료	배변 습관을 규칙적으로 하기 위한 고섬유 식이와 장을 비우는 데 도움이 되는 완화제를 권한다.
간호	가족이 분노를 어떻게 다루는지에 대한 단서를 확인한다. 반복되는 통증은 아동에게 일반적이고, 곧 사라진다는 것으로 안심시켜 부모의 두려움과 걱정을 덜어준다. 평온하고 조용한 환경을 만들어 편안하게 휴식을 취하면 단기간에 증상이 완화된다. 열요법이 불편감을 덜어주며 만약 이 증상이 이런 단순한 조치에도 경감되지 않는다면 항경련제를 사용하게 된다.

3 주의력결핍 및 파괴적 행동장애 [2003 · 2008 · 2009 · 2010 · 2013 기출]

(1) 주의력결핍 과잉행동장애(ADHD)의 현황과 사례

성비	학령기 아동의 약 3~5%가 이 질환을 앓고 있는 것으로 보고되고 있다. 일반적으로 남아에서 여아보다 높은 유병률을 보여 약 3~5배 정도 더 흔히 발병된다.
공존 병리와 위험 인자	• 품행장애, 반항성 장애 : ADHD의 약 50%에서 • 불안장애 : ADHD의 25%에서 • 우울증 : ADHD의 1/3에서 • 학습장애 : ADHD의 20~25% • 뚜렛장애의 50%에서 ADHD 공존함
사례	A 교사는 힘찬이 때문에 어려움이 많다. 시도 때도 없이 괜히 친구들을 툭툭 치고 괴롭히는 바람에 매일 싸움이다. 얼마 전 미술 시간에는 다른 아이의 그림에 낙서를 하고 도망쳐 아이들 간에 주먹다짐이 일어날 뻔했다. 힘찬이는 이미 친구들의 미움을 사 친구들이 피하기까지 한다. 수업 중 장난치고 생각 없이 불쑥 내뱉는 엉뚱한 질문은 전체 수업 분위기를 망치고 선생님을 곤혹스럽게 만든다. 야단을 쳐도, 달래도, 멀뚱히 쳐다보거나 잠시 행동이 멈출 뿐 언제 그랬냐 싶게 지시사항을 따르지 않아 '이 아이가 일부러 반항하는 건가?'라는 생각이 들 때가 한두 번이 아니다.

(2) ADHD의 진단기준(DSM-5) [2008 기출]

진단기준	다음과 같은 특징을 가진 '부주의' 그리고 / 또는 '과잉행동-충동성'의 지속적인 패턴이 기능이나 발달을 저해한다.
부주의	다음 증상들 중 여섯 가지(또는 그 이상)가 발달 수준에 적합하지 않고, 사회적 활동과 학업적 / 작업적 활동에 직접적으로 부정적인 영향을 미칠 정도로 적어도 6개월 동안 지속된다.
	① 흔히 세부적인 면에 대해 면밀한 주의를 기울이지 못하거나, 학업, 직업, 또는 다른활동에서 부주의한 실수를 저지른다. 예 세부적인 것을 간과하거나 놓친다, 일을 정확하게 하지 못한다. ② 흔히 일 또는 놀이를 할 때 지속적인 주의집중에 어려움이 있다. 예 수업, 대화, 또는 긴 문장을 읽을 때 지속적으로 집중하기 어렵다. ③ 흔히 다른 사람이 직접적으로 말을 할 때 경청하지 않는 것처럼 보인다. 예 분명한 주의산만이 없음에도 생각이 다른데 있는 것 같다. ④ 흔히 지시를 따르지 못하고, 학업, 잡일, 또는 직장에서의 임무를 수행하지 못한다. 예 과제를 시작하지만 빨리 집중력을 잃고 쉽게 곁길로 빠진다. ⑤ 흔히 과업과 활동조직에 어려움이 있다. 예 순차적 과제 수행의 어려움, 물건과 소유물 정돈의 어려움, 지저분하고 조직적이지 못한 작업, 시간관리 미숙, 마감 시간을 맞추지 못함 ⑥ 흔히 지속적인 정신적 노력을 요하는 과업에의 참여를 피하고, 싫어하고, 저항한다. 예 학업 또는 숙제, 청소년과 성인들에게는 보고서 준비, 서식 완성 긴 논문 검토

	⑦ 흔히 과제나 활동에 필요한 물건들을 분실한다. 예 학교 준비물, 연필, 책, 도구, 지갑, 열쇠, 서류, 안경, 휴대폰 ⑧ 흔히 외부자극에 의해 쉽게 산만해진다. 예 청소년과 성인에게는 관련 없는 생각이 포함된다. ⑨ 흔히 일상 활동에서 잘 잊어버린다. 예 잡일하기, 심부름하기, 청소년과 성인에게는 전화 회답하기, 청구서 납부하기, 약속 지키기
과잉행동 및 충동성	다음 증상들 중 여섯 가지(또는 그 이상)가 발달 수준에 적합하지 않고, 사회적 활동과 학업적 /작업적 활동에 직접적으로 부정적인 영향을 미칠 정도로 적어도 6개월 동안 지속된다.
	① 흔히 손발을 가만히 두지 못하거나 의자에 앉아서도 몸을 움직거린다. ② 흔히 앉아 있도록 기대되는 교실이나 기타 상황에서 자리를 뜬다. 예 교실, 사무실이나 작업장, 또는 자리에 있어야 할 다른 상황에서 자리를 이탈한다. ③ 흔히 부적절한 상황에서 지나치게 뛰어다니거나 기어오른다. 주의: 청소년이나 성인에게는 주관적 안절부절못함으로 제한될 수 있다. ④ 흔히 여가활동에 조용히 참여하거나 놀지 못한다. ⑤ 흔히 끊임없이 움직이거나 마치 자동차에 쫓기는 것처럼 행동한다. 예 식당, 회의장과 같은 곳에서 시간이 오래 지나면 편안하게 있지 못한다. 지루해서 가만히 있지 못하거나 지속하기 어렵다는 것을 다른 사람들이 경험한다. ⑥ 흔히 지나치게 수다스럽게 말한다. ⑦ 흔히 질문이 채 끝나기 전에 성급하게 대답한다. 예 다른 사람의 말에 끼어들어 자기가 마무리한다. 대화에서 차례를 기다리지 못한다. ⑧ 흔히 차례를 기다리지 못한다. 예 줄서서 기다리는 동안 ⑨ 흔히 다른 사람의 활동을 방해하고 간섭한다. 예 대화, 게임, 또는 활동에 참견함, 요청이나 허락 없이 다른 사람의 물건을 사용함, 청소년이나 성인에게는 다른 사람이 하는 일에 간섭하거나 떠맡음
기타	• 몇몇 부주의 또는 과잉행동 – 충동 증상이 만 12세 이전에 나타난다. • 몇몇 부주의 또는 과잉행동 – 충동 증상이 두 가지 이상의 장면에서 나타난다. 예 가정, 학교 또는 직장에서, 친구 또는 친척들과 함께, 다른 활동들에서 • 증상이 사회, 학업, 또는 직접 기능에 방해를 받거나 질적으로 감소하는 명백한 증거가 있다. • 증상이 조현병(schizophrenia) 또는 기타 정신증 장애의 경과 증상에서만 발생하지 않으며, 다른 정신장애에 의해 더 잘 설명되지 않는다. 예 기분장애, 불안장애, 해리장애, 성격장애, 물질중독 또는 위축

(3) ADHD의 원인

유전적 요인	이 질환의 발병에 있어서 유전적인 소인이 작용할 가능성에 대하여는 다음과 같이 요약될 수 있다. 첫째는 형제들인 경우, 일반 인구의 2배 정도 유병률이 높다는 점이다. 두 번째는 쌍생아에 대한 연구에 있어서 이란성 쌍생아에 비하여 일란성 쌍생아에 있어서 일치율이 높다는 보고이다. 세 번째는 행동 장애가 동반된 주의력 결핍, 과잉 운동 장애인 경우에 가족 중에 알코올 중독증, 인격 장애, 불안 장애, 기분 장애 또는 약물 남용의 위험성이 증가된다는 보고는 이 질환들 간에 서로 유전적으로 관련이 있을 가능성을 시사하는 소견들이라 할 수 있다. 그러나 현재로서는 정확한 유전적인 기전에 대하여는 언급하기 어려운 상태이다.
임신 분만	분만을 전후로 한 합병증(임신중독증 또는 난산)
신경학적 증상	가벼운 신경학적 증상
뇌의 기질적인 장애	이 질환이 특히 걸음마 이후에 발병되는 경우에는 뇌의 뚜렷한 기질적인 병변과 관계가 있을 가능성이 크다. 두부외상이 있거나 뇌염 등의 뇌의 감염성 질환, 경련발작 또는 뇌성마비 등 뇌의 뚜렷한 기질적인 병변에 동반되어 주의력 결핍, 과잉 운동 장애가 나타날 수 있다. 연구자에 따라서 다소의 차이가 있으나 약 15~20% 정도에서 뇌파의 이상소견이 있다는 보고도 있다.
독성 물질	분만 전후에 어머니가 독성물질에 노출되거나 또는 아동 자신이 독성물질에 노출되는 경우에 주의력 결핍, 과잉 운동 장애가 생길 수 있다는 보고들이 있다. 임신 중에 어머니가 술을 과하게 마시는 경우에 태아의 알코올 증후군이 나타날 수 있는데, 이때에 과잉 운동 증상이 동반될 수 있다. 음식물에 부가제로 사용되는 색소나 향료들도 과잉 운동 증상이나 학습 장애를 유발시킨다는 보고도 있다. 아동 자신이 납중독의 병력이 있는 경우에 이것이 원인으로 작용할 수도 있다.
신체적인 질환과의 관계	ADHD는 여러 종류의 신체적인 장애와 관계가 있을 수 있다. 어린 시절의 심한 영양실조가 이 질환의 발병에 중요한 역할을 한다는 보고가 있다. 특히 생후 1년 이내에 심한 영양실조가 있는 경우에 약 60%에서 주의력 결핍, 충동적인 행동, 과잉 운동 증상이 나타난다는 보고도 있다. 이외에도 유문 협착, 갑상선 기능 항진, 아동학대도 원인 중의 하나로 주장되고 있다.
약물의 부작용	아동기에 흔히 사용되는 약물들 중에 주의력 결핍, 과잉운동을 일으키는 약물들이 있다. 대표적인 약물로는 항경련제가 있다.

(4) ADHD의 치료 [2003 기출]

환경적 치료	자극	자극에 대하여 아주 민감하게 반응하기 때문에 주변 환경을 차분하게 해준다.
	조용한 공간, 색	조용한 공간을 제공해주는 일이 중요하며 방안의 벽지나 가구 등도 요란스럽지 않은 색깔로 꾸며주는 것이 좋다.

	장난감	• 장난감도 한꺼번에 여러 가지를 주면 이것저것 만지다가 적절하게 가지고 놀지 못하기 때문에 한 번에 한두 가지 정도의 장난감을 주는 것이 좋다. • 장난감들을 서랍 속에 넣어두어 눈에 띄지 않도록 하여야 하며, 한두 가지 장난감에 익숙해지면 서서히 종류를 다양하게 해준다.
	친구, 놀이	친구들과 놀이를 할 때에도 한꺼번에 여러 친구들이 있으면 산만하여 적절한 놀이가 이루어지지 않는 경우가 많기 때문에 1~2명의 친구들과 함께 놀면서 익숙해지면 점차 많은 친구들과 놀도록 도와준다. 특히 놀이를 할 때에 순서를 지키지 않는다거나 충동적으로 행동하여 따돌려지는 경우가 많기 때문에 어른들이 함께 놀면서 이러한 행동을 즉시 지적해주는 것이 많은 도움을 줄 수 있다.
특수교육	학생수	가능하면 적은 수의 학생 수가 포함된 분위기가 바람직하며 1 : 1의 상황에서는 집중을 잘할 수도 있다.
	좌석배치	좌석의 배치도 앞좌석으로 하여 산만한 행동에 대하여 즉각적으로 주의를 할 수 있도록 하는 것이 바람직하다.
	학습시간	초기 단계에서는 학습 시간을 짧게 자주하고 서서히 학습 시간을 길게 잡는 것이 도움을 줄 수 있다.
	구조화	교과과정이나 학습의 내용에 대하여는 구조화를 철저히 하는 것이 효과적이다.
약물치료	중추신경 흥분제	암페타민 또는 리탈린－과잉운동, 주의력 결핍 또는 충동적인 행동에 모두 효과를 기대한다.
	각성제	염산메틸페니데이트: 도파민과 노르에피네프린의 활성을 증가시켜 대뇌피질내 카테콜아민 대사의 불균형을 조절하여 환자의 집중력을 향상시키고 충동을 억제한다.
	항우울제	불안 또는 우울 증상이 뚜렷이 동반된 아동, 가족력에서 기분장애가 있는 경우, 가족력에서 약물남용의 병력이 있는 경우, 틱장애가 동반된 경우, 중추신경흥분제에 의한 반동성 과잉운동증상이 극심한 경우
행동정신치료	• 긍정적 또는 부정적 강화법이 많이 사용된다. • 문제 행동의 목록을 만들고 아동과 미리 약속을 하고 바람직한 행동이 나타났을 때에는 이에 대한 상을 주고 바람직하지 못한 행동에 대하여는 벌을 주는 방법이다.	
정신치료	이 질환이 심리적 요인에 의하여 발병이 된다고 생각하지는 않으나 또래들로부터 따돌림을 받거나 학습부진으로 말미암아 이차적으로 불안 우울 증상이 동반될 수 있다. 이러한 경우에는 정신치료가 도움을 줄 수 있다.	
부모상담	부모자녀 관계가 문제가 되어 이 질환이 발병되는 것으로 생각되지는 않는다. 그러나 아동의 지속적인 문제행동으로 인해 이차적으로 관계가 악화될 수 있다. 부모 상담을 통하여 이러한 아동을 다루는 방법에 대한 교육이 도움을 줄 수 있다. 한꺼번에 모든 문제 행동을 고치려고 하면 상당한 무리가 따르므로 이에 대한 교육과 상벌을 주는 방법 등에 대하여 상담을 할 수 있다.	

(5) ADHD 약물요법

약물치료와 다른 치료 방법이 함께 사용된다. 소아정신과 전문의에 의해 처방 받은 환자의 80%이상이 분명한 호전을 보였지만, 진단이 잘못된 경우 효과가 없으므로 동반질환, 과거 및 현재의 신체질환, 가족력 등을 고려하여 정확한 진단과 평가가 필수적이다.
대표적인 약물로는 집중력 강화제(중추신경자극제), 삼환계 항우울제, 항정신병 약물, 자율신경계 약물(α2-adrenergic 수용체 효현제) 등이 있다.

① 약물

중추신경 흥분제 암페타민 또는 리탈린	약리효과	흥분성 약물인 ritalin, dxefrine, adderall은 많은 아동의 경우에서 지속적으로 ADH의 증상을 개선
	기전	신경시냅스에서 dopamine과 norepinephrine의 분비를 증강시켜서 집중력, 주의력을 증진시키고, 아동의 과잉행동 수준을 감소
	부작용	식욕부진, 체중 감소, 복통, 두통, 불면증, 빈맥, 고혈압
각성제인 염산메틸 페니데이트	약리효과 기전	도파민과 노르에피네프린의 활성을 증가시켜 대뇌피질내 카테콜아민 대사의 불균형을 조절하여 환자의 집중력을 향상시키고 충동을 억제
	부작용	식욕저하, 수면장애, 체중 감소, 짜증, 두통, 안절부절 하지 못함, 위축감, 복통 등 • 좀 더 보기 드문 이상 증상으로는 입마름, 어지러움, 일시적인 틱장애, 반동현상(재발효과)
부작용시 항우울제	desipramine(nprpramin)이나 bupropion(wellbutrin)	

② 메틸페니데이트(methylphenidate, ritalin) 약물치료

약물작용부위	신경시냅스(신경 세포와 신경 세포가 연결된 부위)
기전	신경시냅스(신경 세포와 신경 세포가 연결된 부위)에서 N, E, dopamine 분비를 증가시켜 집중력 강화, 주의력 증진, 과잉행동 감소
효과	• 과다 행동이 가장 먼저 호전되고 집중력이 연장되어, 면학분위기가 나아짐 • 중추신경흥분(자극)으로 dopamine과 norepinephrine의 분비를 증가시켜서 집중력, 주의력을 증진시키고, 아동의 과잉행동 수준을 감소
부작용	식욕부진, 체중 감소, 복통, 짜증, 두통, 불면증, 안절부절못함, 위축감, 복통, 빈맥, 고혈압
	• 흥분제가 효과가 없거나 아동이나 보호자가 받아들이기 어려운 심한 부작용을 유발하면, 다른 약물을 사용한다. 실제로 desipramine(Norpramin)이나 bupropion(Wellbutrin) 같은 항우울제가 사용되고 있다. • 좀 더 보기 드문 이상 증상으로는 입마름, 어지러움, 일시적인 틱장애(자신의 의지와 무관하게 근육이 빠른 속도로 리듬감 없이 반복해서 움직이거나 소리를 냄), 반동현상(약물을 끊었을 때 갑자기 활동량이 많아지거나 기분이 악화되는 현상) 등이 있다.

<table>
<tr><td rowspan="4">부작용</td><td>중추신경계</td><td>• 두통, 불면증, 현기증, 혼돈
• 이상운동증(틱: 도파민 증가), 정신증(도파민 증가는 급성 조현병 증상)
※ 이상운동증: 수의적인 움직임이 감소되고 불수의적인 움직임이 나타나는 현상</td></tr>
<tr><td>심혈관계</td><td>빈맥, 고혈압</td></tr>
<tr><td>소화계</td><td>복통, 오심, 구토, 설사, 식욕부진, 체중 감소</td></tr>
<tr><td>약물의존</td><td>약물 의존, 내성을 일으킨다.</td></tr>
</table>

③ 메틸페니데이트(methylphenidate)약물치료 시 '식욕부진', '약물의존', '재발효과'로 부모교육

<table>
<tr><td rowspan="2">복용</td><td>방법</td><td>약 복용을 정확하게 지킨다.</td></tr>
<tr><td>근거</td><td>약물은 ADHD를 가진 아동을 치료하는 데 중요하며 ADHD 아동은 주의력이 떨어지므로 약 복용을 잊어버릴 수 있다.</td></tr>
<tr><td rowspan="2">아침 복용</td><td>방법</td><td>약을 아침에 복용, 저녁 6시 이전에 복용한다.</td></tr>
<tr><td>근거</td><td>학교생활 중 약물효과를 최대화하고 야간에 불면증이 생기지 않도록 한다.</td></tr>
<tr><td rowspan="2">식욕 감소</td><td>방법</td><td>식사 전보다 식사와 함께, 식사 후 투약한다.</td></tr>
<tr><td>근거</td><td>약 투여로 식욕감소가 있다.</td></tr>
<tr><td rowspan="2">성장 관찰</td><td>방법</td><td>체중, 신장을 관찰한다.</td></tr>
<tr><td>근거</td><td>흥분제 사용으로 식욕 부진으로 체중 감소, 성장률이 감소한다.</td></tr>
<tr><td rowspan="2">혈압 모니터</td><td>방법</td><td>혈압을 모니터한다.</td></tr>
<tr><td>근거</td><td>중추신경계 자극제 부작용으로 고혈압, 빈맥이 있다.</td></tr>
<tr><td rowspan="2">수면 사정</td><td>방법</td><td>수면을 잘 취하는지 사정한다.</td></tr>
<tr><td>근거</td><td>부작용이 불면증이다.</td></tr>
<tr><td rowspan="2">약물 의존</td><td>방법</td><td>아동에게 흥분성 약물을 줌으로 나중에 약물 중독자가 되는 것은 아닌지 걱정, 감정을 토로한다.</td></tr>
<tr><td>근거</td><td>중추신경자극제는 흥분성 약물로 약물 의존, 내성을 일으켜 약물 의존 문제에 보호자가 투약하는 것에 방해하므로 ADHD 증상 감소를 위해서만 약물을 사용한다.</td></tr>
<tr><td rowspan="2">재발효과</td><td>방법</td><td>부모나 교사는 처음 복용 후 약효가 떨어지면 과잉행동과 주의산만이 재발했다고 불평하는데 '재발효과'는 두 번째 복용 시간을 앞당기면 해결된다.</td></tr>
<tr><td>근거</td><td>• methylphenidate는 단기 지속약물로 투약 후 90분에서 2시간 사이에 최고치에 도달하고, 총 지속시간은 4시간이다.
• amphetamine은 지속 기간이 methylphenidate보다 길어 재발효과가 그보다 조금 후에 나타난다.</td></tr>
<tr><td rowspan="2">약 쉬는 날</td><td>방법</td><td>몇 달 동안 매번 '약 쉬는 날'을 가진다.</td></tr>
<tr><td>근거</td><td>약 쉬는 날을 통해 치료가 계속 필요한지 판단하기 위해서이다.</td></tr>
</table>

(6) ADHD의 인지행동 치료법

행동치료	• 상점(token)과 대가(response-cost)기법 • 벌보다 칭찬과 보상이 효과적
이완훈련	특정상황에 반응할 때 긴장조절하게 하는 방법
자기조절훈련	• 중추신경계각성제약물복용 + 자기평가기법 = 좋은 효과 • 자기평가(self-monitoring) = 자기강화(self-reinforcement)기법 • 문제가 되는 상황에서 특정 생각이나 행동이 나타나는지 평가하며, 일정한 기준에 비추어 행동의 빈도와 질을 변화시키고, 이에 따라 자신이 강화프로그램을 적용하는 것
	• 자기평가 + 자기조절, 자기강화 → 긍정적인 행동변화 도출 • 자기평가만으로는 거의 효과 없으며 자기조절, 자기강화가 함께 결합되어야 긍정적인 행동변화가 도출됨 🚨 <u>그러나 ADHD에서는 주의를 기울인다는 것이 목표행동이기 때문에 자신이 하고 있는 일에 집중하고 이를 평가하는 작업만으로도 충분한 효과를 거둘 수 있음</u>
인지행동치료 (cognitive-behavioral intervention)	• 자기지시훈련(self instructional training), 문제해결능력증진기법(problem-solving training), 귀속재훈련(attribution retraining), 스트레스접종기법(stress inoculation procedure), 문제해결형 의사소통훈련, 분노대처훈련 • 대인관계의 문제를 해결하는 데 도움 됨

(7) ADHD 아동의 관리방법 중 약물요법을 제외한 일반적인 관리방법

환경	• '일관성'이 중요 • 과제를 완성하는 동안 환경의 산만함을 감소(TV 끄기) • 아동에게 산만해지지 않고 숙제를 할 수 있는 자신만의 '특별한', 조용한 공간 제공(지지적 환경) • 강점 강조
학급환경	• 과제의 양은 감소시킴 • 과제수행에 많은 시간이 필요함을 인지 • 과제활동 중간에 정기적으로 잦은 휴식이 유용 • 만약 과제가 어렵다면 과제를 부분으로 잘라서 따로 가르침(적절한 과제)
가정에서의 전략	• 기상, 취침, 집안일, 숙제, 놀이시간, TV시청시간, 식사시간 등 적절한 시간을 계획(시간 계획) • 아동이 받아들일 수 있는 명확하고 간결한 규칙과 적절한 행동강령(규칙과 보상) • 간단하고 명확한 지시사항 → 시범과 반복해서 따라할 수 있도록 → 반응 시 칭찬(지시와 반응) • 간략한 과제 제시. 만약 과제가 어렵다면 과제를 부분으로 잘라서 따로 가르침(적절한 과제)

	• 아동에게 산만해지지 않고 숙제를 할 수 있는 자신만의 '특별한', 조용한 공간 제공(지지적 환경) • 아동의 욕구표현 방법을 찾도록 도와주기 • 긍정적 피드백, 적절한 행동 및 일을 완수 시 칭찬

(8) ADHD 아동의 관리방법 중 약물요법을 제외한 일반적인 관리방법

교수 전략 (과제 제시)	성공경험	적절한 과제를 선택하여 성공적인 경험을 하도록 해준다.
	세분화	필요한 자료는 세분화하고 단계적으로 제시한다.
	피드백	긍정적 피드백을 지속적으로 자주 주도록 한다.
	단서	가능한 한 아동이 혼자 하도록 하며 필요한 단서나 도움을 준다.
	다중감각	동시에 시각, 청각, 운동 – 촉각 감각자극을 동시에 주면서 이들을 통합하여 기억과 학습을 향상시킨다.
동기부여	놀이의 치료적 이용, 병적인 생활 습관을 교정한다.	
주의력 증진	단기 기억 증진 프로그램, 호흡 조절 및 명상, 점진적 근육 이완법, 신체운동을 통한 주의력을 증진시킨다.	
학습 환경의 체계적 조절	단순 환경	모든 자극에 반응하므로 단순한 환경으로 1 : 1이나 소집단활동을 한다.
	좌석	자극을 줄이도록 좌석 변경
	앞좌석	교사 가까이 앞좌석에 앉도록 한다. → 앞좌석에서 자주 피드백을 준다.
	짝	• 모범 아동을 가까이 배석시킨다. • 짝으로 차분한 아이를 앉힌다.
	정돈된 환경	잡다한 물건은 정리한다.
정기적 평가	그래프 등을 이용해 하루의 경과를 스스로 볼 수 있도록 한다.	
부모 교육	자극 줄이기, 사려 깊은 과제 부여, 주의집중에의 노력에 대한 보상, 규칙 만들기, 결과 알려주기	
치료 요법	개인 및 집단 정신치료, 행동수정 요법, 가족 상담 등 심리·사회적 치료	

(9) ADHD 아동의 간호중재

안전 확보	• 안전하지 않은 행동을 멈추게 한다. • 세심하게 관찰한다. • 받아들일 수 있는 행동과 받아들이지 못할 행동에 대해 분명한 지침을 준다. • 설명은 짧고 명확해야 하며 처벌이나 비하하는 식으로 말하지 않는다.
아동보호	아동의 한계를 인정하여 아동을 피곤하지 않도록 하고 주변의 과장된 반응으로부터 아동을 보호한다.
역할수행 증진	• 기대에 부응하면 긍정적 피드백을 준다. • 환경을 조정한다(과제 완수를 위해 자극이 없는 조용한 장소를 제공).
지시의 단순화	• 아동을 100% 집중시킨다. • 복잡한 과제를 여러 단계로 나눈다. • 중간중간 휴식시간을 준다.
일상생활의 구조화	• 일상생활에 변화가 있으면 잘 적응하지 못하고 기대에 부응하기 어렵다. • 일일 계획을 수립하고 변화를 최소화한다.
일관성	• 부모가 아동의 일상생활을 일관성 있게 조직적 방법으로 안정적, 예측 가능한 환경 조성으로 기상, 숙제, 놀이시간, TV 시청시간, 식사시간, 집안일, 취침의 적절한 시간을 계획한다. • 일상생활에 변화가 생기는 경우 아동이 이해하고 변화를 예측할 수 있도록 설명한다.
명확하고 간결한 규칙	• 허용행동과 그렇지 않은 행동을 명확히 규정하여 한계 내에 선택한다. • 받아들일 수 있는 명확하고 간결한 규칙, 행동 강령을 세운다. • 인쇄하여 눈에 띄는 곳에 붙인다. • 동기부여를 위해 규칙을 바꾸거나 다양화한다.
여가 활동	활동적이고 혼자가 아닌 여럿이 할 수 있는 엄격한 규율이 있는 여가 활동을 한다. 예 태권도, 검도, 사물놀이
긍정적 강화	긍정적 강화로 주고 적절한 행동이나 일을 완수했을 때 칭찬한다.
아동과 가족의 교육과 지원	• 부모의 느낌과 좌절감을 들어준다. • 부모와 함께 계획하고 간호를 제공한다. • 부모에게 지지그룹(자조그룹)을 안내한다. • 대상자에게 적합한 특수교육 서비스에 대한 정보를 제공한다. • 대상자의 일상생활 기대하는 행동에 대해 구조화하고 일관성을 가지도록 한다.

(10) 자존감 증진 전략

감정 표현	방법	• 감정을 솔직하게 표현하도록 한다. • 대상자의 솔직한 감정 표현을 수용한다. → 긍정적 존중을 의미
	근거	• 아이가 가치 있는 존재라는 것을 이야기하면 자아존중감이 높아진다. 성공보다 실패를 경험하고 교사, 부모에 의해 충동적, 산만한 행동 때문에 야단, 꾸중, 비난 같은 부정적 반응에 반복적 노출되면 자아개념에 부정적 영향으로 '말 안 듣는 아이', '문제아'로 평가된다. • 자신을 '나쁜 아이', '뭐든지 잘 못하는 아이'로 생각하고, 자신감이 없어지고 낮은 자존감을 형성한다.
활동참여	방법	가족은 아동을 최대한 정상적으로 대하여 아동에게 금지, 가능하지 않은 것보다 할 수 있는 활동 참여를 강조한다.
	근거	아이의 사회적 활동으로 정상적 발달과 자신감을 가진다.
성취감향상	방법	아동이 현실적 목표를 갖어 성취를 할 수 있는 상황을 만들어 성공할 수 있는 활동 계획으로 성공 기회를 제공한다.
	근거	성공은 자아존중감을 높이며 비현실적인 목표는 실패를 초래하여 자아존중감이 감소한다.
긍정강화	방법	• 아동을 칭찬할 수 있는 효과적 방법을 행한다. • 칭찬하기는 강점과 자원에 주목하여 장점의 목록을 작성하게 한다.
	근거	대상자는 '문제'에만 관심이 집중되고, 잘하는 것과 긍정적인 면을 보지 못하며, 장점(긍정적 측면)을 깨닫는 것은 지각의 변화를 돕고 자존감이 증가한다.
관심	방법	아동의 친구와 학교생활에 관심을 표현하고 집밖에서 아동의 활동에 친숙해진다.
	근거	관심을 받았을 때 자존감이 높아진다.
평가	• 자신에 긍정적인 말을 함으로 자기 가치에 느낌이 좋아졌음을 보여줄 것이다. • 성공기회를 갖는다. • 스스로 일상생활을 결정해 수행한다. • 그래프 등을 이용해 하루의 경과를 스스로 볼 수 있도록 한다.	

| ADHD 아동의 행동교정에 흔히 사용하는 방법 |

기법	내용	예
긍정적 강화 (Positive Reinforcement)	바람직한 행동에 대한 보상과 이득을 제공함	과제를 마친 후에 보상으로 하고 싶어 하는 것을 하게 함
타임아웃 (Time-Out)	바람직하지 못한 행동을 한 경우, 일정시간 동안 벌을 세움	아동이 친구를 때린 경우, 따로 불러 '생각하는 의자' 등에 가서 5분 동안 정해진 자리에 앉아 있게 함
값 치르기 (Response cost)	바람직하지 못한 행동을 한 경우, 보상 혹은 이득을 받지 못하도록 함	과제를 마치지 못하면 쉬는 시간 혹은 방과 후에 남게 함
토큰 시스템 (Token economy)	보상과 손해를 합친 것. 바람직한 행동을 하면 보상을 누리고 그렇지 못하면 보상과 특권을 잃게 함	과제를 다 하면 별표 스티커를 얻고, 자리에서 자꾸 움직이면 스티커를 잃음. 정해진 수의 스티커가 모이면 정해진 보상을 지급함

(11) ADHD 아동의 교실 내에서의 지도방안 [2013 기출]

주의 집중 능력을 신장시키는 방안	• 조직화하는 기능을 향상시킨다.
	• 유지된 주의 집중 기능을 향상시킨다.
	  – 과제를 짧고 흥미롭게 만든다.
	  – 과제의 새로움을 증대시킨다.
	• 아동의 듣기 능력을 향상시킨다.

충동성을 감소시키는 방안	• 교육 과정을 수정한다. • 아동이 기다리는 것을 배우도록 돕는다. • 아동이 시간을 관리하는 것을 돕는다.
과잉 행동을 감소시키는 방안	• 과잉적 활동을 조정한다. • 순동행동을 촉진시킨다. • 자극하는 학습 환경으로 구조화한다. • 적극적으로 아동의 자부심을 키워준다.
교사가 아이에게 해줄 수 있는 구체적 사항들 [2013 기출]	• 꾸준한 인내심과 ADHD에 대한 이해가 있어야 한다. 그래야만 중도에 '포기하고 싶은' 순간을 잘 넘길 수 있을 것이다. 미성숙 혹은 부적절한 아이의 행동은 심리적이라기 보다는 신경학적 원인에 기인한다는 점을 인지하여야 한다. • ADHD 아동의 학습을 도와주기 위해서는 환경 조성이 중요하다. 아동의 자리는 시선을 밖으로 빼앗기는 창가보다 교사의 눈에 잘 띄는 교탁 앞이 좋다. 짝으로 차분한 아이를 앉히도록 한다.

	• 특별 수업은 다양한 교재를 이용해 지루하지 않게 진행하고, 그룹 학습을 할 때는 큰 집단보다 소집단 학습이 아이의 집중을 돕는다. • 가능한 한 격려와 칭찬, 애정을 표현한 말을 많이 하는 것도 필수다. • 지시 사항은 간단명료하게 하고 아이가 정확히 전달받았는지를 되물어 확인해야 한다.

(12) ADHD로 진단된 아동에게 부모가 줄 수 있는 도움 [2009 기출]

ADHD 진단을 받은 아이들의 부모는 ADHD에 대해 잘 알고 있을 것 같지만 실제 그렇지 못한 경우가 대부분이다. 교사가 먼저 가정통신문 등을 통해 필요한 정보들을 전해준다면 '우리 아이가 선생님의 관심을 받고 있구나.' 하는 고마움은 물론이고 ADHD 치료에 학교-가정을 연결하여 일관된 치료방침을 세우는 데 도움이 된다.

정리하는 습관을 기르도록 한다. (불필요한 자극을 줄인다)	우선 공부방을 깔끔하게 정리하여야 한다. ADHD 아동의 집중력을 높이기 위해서는 불필요한 자극을 되도록 줄여야 한다. 벽지 색깔도 어지러운 무늬보다는 차분한 단색이 좋다. 책상도 아이와 상의하여 불필요한 것은 버리고 깔끔히 분류하여 정리토록 한다. 또한 TV 소리, 소음이나 외부인이 들락거리는 것도 가능한 제한하여 학습에 집중토록 해야 한다.
계획표를 짜고 메모하는 습관을 기르도록 한다.	ADHD 아동은 불쑥불쑥 생각나는 대로, 충동적으로 행동하는 경향이 많다. 때문에 일상생활의 중요한 일들, 예를 들어 학원가는 시간을 잊는다든지 계획을 세워 단계적으로 일을 처리하는 등의 능력이 부족하다. 따라서 하루 혹은 주간 계획을 미리 점검하고, 준비하고, 확인하는 작업이 필요하다. 따라서 메모장을 항상 소지하여 기록하고 점검하는 습관이 중요하다.
한 번에 한 가지씩만 행동수정하는 것을 목표로 한다.	행동수정의 제1조는 목표를 하나만 정하라는 것이다. 가장 문제되는 행동 하나를 택하여 집중적으로 수정하여야 한다. 지각이 잦은 아이의 경우 이번 주에는 집에서 10분 먼저 떠나기를 목표로 세운다. 목표행동 설정은 아이와 상의하여 결정해야 효과적이고 너무 어려운 목표를 세워서는 안 된다. 일단 목표행동이 정해지면 이외의 문제행동에 대해서는 관대하게 넘어가야 한다.
스트레스를 풀 수 있는 여가활동을 활용한다.	부모들은 아이의 집중력을 증진시키려고 서예, 바둑, 피아노 등을 가르치는데 만약 아이가 지겨워하고 부담스러워 할 경우 계속 고집할 필요는 없다. ADHD 아동에 바람직한 여가활동으로는 활동적이며, 혼자가 아닌 여럿이 참여하고, 엄격한 규율이 있는 태권도, 검도, 사물놀이가 추천된다.
아이에게 칭찬보다 좋은 약은 없다.	• 행동수정에 있어 잔소리, 꾸중, 벌과 같은 부정적 강화보다는 칭찬, 보상, 미소 같은 긍정적 강화가 훨씬 효과적이다. 특히 ADHD 아동의 경우 별로 칭찬받은 적이 없기 때문에 더 효과적일 수 있다. 평소에 하지 않던 바람직한 행동을 하는 순간을 포착하여 칭찬을 해주고, 바람직하지 않는 행동을 보일 경우는 그냥 못 본 척 넘어가는 방법이 권장된다. 이럴 경우 바람직한 행동은 점차 늘고 바람직하지 않은 행동은 자연히 수그러든다.

	• ADHD 아동의 삶의 질을 향상시키는 데 있어 가장 중요한 것은 전문의를 찾아 정확한 진단과 치료를 받는 것이다. 하지만 그 아동과 많은 시간을 보내는 교사의 이해와 사랑, 아이의 재능을 살려줄 수 있는 교육법의 중요성도 그에 못지않다. ADHD 아이들의 가장 좋은 치유책은 자기 자신의 존재가치를 느끼게 하여 소속감과 자긍심을 느끼게 하는 것이다.
가정에서의 중재전략에 대한 정보 [2009 기출]	• 기상, 취침, 집안일, 숙제, 놀이시간, TV 시청시간, 식사시간 등 적절한 시간을 계획한다. 아동의 일상생활을 일관성 있게 유지한다. 일상생활에 변화가 생기는 경우 아동이 이해하고 변화를 예측할 수 있도록 설명해 준다(시간계획). • 아동이 받아들일 수 있는 명확하고 간결한 규칙과 적절한 행동강령을 세운다. 규칙은 중요하고 적절한 행동에 대해 보상하며, 인쇄하여 눈에 띄는 곳에 붙인다(규칙과 보상). • 가능한 한 지시사항을 간단하고 명확하게 준다. 필요하다면 시범을 보인다. 아동이 그것을 당신 앞에서 반복해서 따라할 수 있도록 한다. 올바로 반응했을 때 칭찬해준다(지시와 반응). • 한 번에 한두 개 이상의 지시사항을 주지 않는다. 만약 과제가 어렵다면 과제를 부분으로 잘라서 따로 가르친다(적절한 과제). • 아동에게 산만해지지 않고 숙제를 할 수 있는 자신만의 '특별한', 조용한 공간을 제공한다(지지적 환경). • 당신이 정해 놓은 한계 내에서 아동이 선택할 수 있게 한다. • 아동이 자신을 표현할 수 있는 방법을 찾도록 도와준다. 이는 아동이 받아들여지고 유용하게 자신의 욕구를 표현하도록 도와줄 것이다. • 긍정적 피드백을 주고, 적절한 행동이나 일을 완수했을 경우 칭찬한다.

4 특정학습장애 [2010 기출]

학습장애가 있는 경우에는 학습이 부진하게 되며, 아이는 점차 좌절감과 열등감을 느끼게 되고 어른들은 아동을 게으르고 말 안 듣는 아이로 여기게 되어 아동과 부모님, 또는 아동과 선생님 사이에 갈등이 생기게 된다. 아동은 점차 학습이나 학교생활에 적응이 힘들어져 품행이 좋지 않은 아이들과 어울리게 되거나 학교에 가기를 싫어한다. 주의력이 부족한 경우에는 어른들로부터 자주 지적을 받게 되고 말썽꾸러기로 인식되며 자주 처벌을 받게 된다.

(1) 정의 [2010 기출]

정의	• 신체적, 심리적 장애나 문화적 결손이 없음에도 불구하고 학습능력이 크게 떨어져 읽기, 쓰기, 셈하기 등에서 특별히 어려움을 겪는 상태 • 읽기, 쓰기, 셈하기 평가에서 나이, 학교교육, 지능에 비해 기대수준보다 현저히 낮은 상태

읽기형	• 글자나 단어, 말소리를 연결시키지 못함 • 철자를 뒤집거나 거꾸로 보고 단어를 만드는 데 어려움을 느낌 예 읽기 장애를 가진 아동들은 공통적으로 책을 너무 가까이서 보고, 안절부절 못하고, 읽으려 하지 않고, 읽더라도 단어를 하나씩 천천히 읽음
쓰기형	• 철자상의 오류, 문법이나 구두점 찍기상의 실수, 지독한 악필, 문장 만들기가 어려움 등 • 단어에 대한 시각적 지각을 잘 하지 못하고 부주의하며 필기속도가 느림
산술형	숫자나 부호를 알아보는 것, 덧셈을 할 때 더해가는 숫자를 기억하는 것, 사물을 세거나 절차에 따라 계산하는 것에 곤란을 겪음

(2) 용어 정의

학습지체, 정신지체	원인불명으로 지능지수가 70 이하로 낮은 아동이나 기질적인 뇌손상을 가진 아동에서 학습 성취도가 떨어지는 경우이다.
학습지진	지능지수가 70~85 정도로 낮은 상태여서 학습을 하는 데 시간이 걸리는, 즉 배우는 데 시간이 걸리는 아이들이 해당된다.
학습부진	정상적인 지능지수를 가지고 있고 신경계의 이상이 전혀 없으나 정서적 문제(우울증, 불안증, 강박증)나 사회환경적 요인(가정불화, 빈곤, 결손가정, 스트레스) 때문에 학습 성취도가 떨어지지만, 일단 이러한 환경적 정서적 요인들이 제거되거나 치료적 개입을 통해 교정되면 학습능력과 학업성취도를 보이는 경우이다.
학습장애	정상적인 또는 정상 이상의 지능지수를 보여 주고 정서적인 혹은 사회 환경적인 문제가 없음에도 학업성취도가 떨어지는 아동들로서, 그 이유는 학습과 관련된 뇌기능의 특정 영역이 결함을 보이거나 발육지연 또는 장애를 가지고 있기 때문이다. 특수 학습장애라고 불리기도 한다.

(3) 원인

원인	• 뇌손상에 의한 뇌기능 장애: 뇌성마비, 간질, 신경계의 감염, 뇌손상, 비정상 뇌파 • 뇌의 성숙지연 • 유전적 요인: 난독증을 가진 경우 부모나 형제에서 난독증을 보이는 경우(34%) • 신경생화학적 요인 • 뇌의 편측화의 불균형 • 산모의 건강상태: 흡연, 음주 • 사회 및 환경적 요인 • 기타: 알레르기, 중이염
학업성취를 위해 필요한 것들	지능, 학습능력, 집중력, 정서적 안정의 네 가지 요건이 만족되어야 함. 그 외에도 읽기, 쓰기, 시각, 운동, 지각능력, 기억력, 정보처리능력과 같은 학습능력이 필요함

(4) 특정학습장애아 진단기준(DSM-5)

진단기준	학습기술을 배우고 사용하는 데 있어서의 어려움을 느낌. 적절한 개입을 제공하였는데도 아래에 열거된 증상 중 적어도 한 가지 이상이 최소 6개월 이상 지속됨
학습의 어려움	• 부정확하거나 느리고 힘겨운 단어 읽기(단어가 부정확, 느리며 더듬더듬 읽기, 자주 추측하며 읽기, 단어소리를 내어 읽는 데 어려움) • 읽는 것의 의미를 이해하기 어려움(본문을 정확하게 읽을 수 있으나 읽는 내용의 순서, 관계, 추론 또는 깊은 의미를 이해하지 못함) • 철자법의 어려움(자음이나 모음을 추가하거나 생략 또는 대치함) • 쓰기의 어려움(한 문장에 다양한 문법적, 구두점 오류, 문단구성이 엉성 / 생각을 글로 표현하는데 명료성 부족) • 수 감각, 단순 연산값 암기 또는 연산절차 어려움(숫자 의미, 수의 크기나 관계에 대해 빈약한 이해, 한자리 수 덧셈을 할 때 또래처럼 단순 연산값에 대한 기억력을 이용하지 않고 손가락을 사용함. 연산을 하다가 진행이 안 되거나 연산과정을 바꾸어버림) • 수학적 추론 어려움(양적 문제를 풀기 위해 수학적 개념, 암기된 연산값, 또는 수식을 적용하는 데 심각한 어려움)
기타	• 보유한 학습기술이 개별적으로 실시한 표준화된 성취도 검사와 종합적인 임상평가를 통해 생활연령에 기대되는 수준보다 현저히 양적으로 낮으며 학업적 · 직업적 수행이나 일상생활을 현저하게 방해. 17세 이상인 경우 학습어려움에 대한 과거병력이 표준화된 평가를 대신할 수 있음 • 학습 어려움은 학령기에 시작하나 해당 학습기술을 요구하는 정도가 개인의 능력을 넘어서는 시기가 되어야 분명히 드러날 수 있음(주어진 시간 안에 시험 보기, 길고 복잡한 리포터를 촉박한 마감기한 내 읽고 쓰기, 과중한 학업부담) • 학습 어려움은 지적장애, 시력이나 청력문제, 다른 정신적 또는 신경학적 장애, 정신사회적 불행, 학습지도사가 해당언어에 능숙하지 못한 경우, 불충분한 교육적 지도로 더 잘 설명되지 않음 ※ 심각도는 경도, 중등도, 고도로 나누어짐

(5) 특정학습장애아의 특성

특성	학습장애	읽기장애, 산술장애, 표현성 쓰기장애 등이 있다.
	지능	지능은 정상이나 개념을 이해하기 어려워 '바보'라는 생각이 들어 자존감이 낮다.
	죄의식	나쁜 급우관계, 부모의 지나친 억압, 성적 호기심에 대한 심한 죄의식이 원인이 될 수 있다.
	우울증	특수치료를 받지 않거나 호전되지 않았을 경우 지속적인 학업장애, 빈약한 자아개념, 우울증 등의 후유증이 올 수 있다.
	학교생활의 어려움	학교가기를 꺼리거나, 무단결석, 행동장애를 유발할 수 있다.

학습장애 조기판별법	• 사실을 기억해내는 속도가 느리다. • 읽기와 철자법에서 지속적으로 실수를 한다. • 글자와 소리의 관계를 익히는 속도가 느리다. • 숫자의 순서를 바꾸어 생각하고 계산 부호를 혼동한다. • 새로운 기술을 익히는 속도가 느리며 기억에 크게 의존한다. • 충동적이며 기본적인 계획력이 부족하다. • 지시나 일과를 따르는 데 어려움이 있다. • 연필을 쥐는 자세가 불안정하다.

(6) 보건교사가 학습장애아동 의심 환아 발견 시 조치

인지증진	어린이의 인지, 지각능력을 증진시키고 문제를 예방하는 것이 중요하다.
부모 이해	부모가 어린이의 능력을 잘 이해할 수 있도록 돕고, 아직은 아동이 자기중심적임을 인지시켜야 한다.
시청각 고려	시각, 청각의 문제를 먼저 고려해 보아야 하며, 언어발달과 언어기술을 계속 관찰하여야 한다.
보편적 검사	아동과 가족을 지지, 상담하면서 가장 보편적인 검사를 실시한다.
가족력 등 환경사정	인지능력, 학습능력을 사정 시에는 가족력, 환경 등에 대한 철저한 사정이 필요하다.

(7) 특정학습장애아 관리 지도 방법(지도 시 유의할 점)

적응행동의 생활화	• 구체적 상황에서 구체적인 지시에 의해 상황에 맞는 적응행동을 습득시키는 방법 • 꾸짖기보다는 할 수 있을 때까지 칭찬해 줌으로써 적응행동을 강화함
긴장완화	학습하는 주변 환경을 익숙하게 하고 자신감을 갖게 하여 이완할 수 있는 분위기 조성
소집단 지도	앞으로의 사회참여나 타인과의 공존을 위해서도 또래소집단 지도 필요(학습능력이 이질적인 학생들로 구성된 협동학습은 아동이 학습 능력 발달에 효과적)
적당한 과제 유도	• 과제거부 아동에는 과제수준을 낮추어 소량으로 부과함으로써 성취감을 느끼도록 지도 • 아동의 특별한 재능을 기억해 학습증진에 활용 • 아동이 완성 · 성공할 수 있는 활동 제공, 필요한 자료는 세분화, 단계적 제시 • 가능한 한 아동이 혼자 하도록 하며 필요한 단서나 도움을 제공
평가자와 지도자의 역할	• 아동의 행동에 대하여 반응(평가)하지 않으면 발달촉진의 효과가 약해짐 • 그래프 등을 이용해 하루의 경과를 스스로 볼 수 있도록 함 • 긍정적 피드백을 지속적으로 자주 주도록 함

(8) 특정학습장애아 아동에게 성취감을 고무시켜 주기 위한 가족교육 내용

완성	아동이 완성할 수 있고 성공할 수 있는 활동을 제공한다.
단계적 제시	필요한 자료는 세분화하고 단계적으로 제시한다.
산만 ×	활동 시 산만하지 않도록 앉힌다.
긍정피드백	긍정적 피드백을 지속적으로 자주 주도록 한다.
재능활용	아동의 특별한 재능을 기억해 학습증진에 활용하도록 한다.
그래프	그래프 등을 이용해 하루의 경과를 스스로 볼 수 있도록 한다.
가까이	과제에 주의를 집중하기 위해 가까이 있도록 한다.
단서	가능한 한 아동이 혼자 하도록 하며 필요한 단서나 도움을 준다.

5 틱장애 [2010 기출]

(1) 틱의 특성

정의	• 반복적으로 갑작스럽고 빠르게 나타나는 근육의 움직임이나 어떤 형태의 소리를 낸다. • 갑자기 불수의적이면서 빠른 반복적, 상동성 움직임이나 소리를 내는 것이 이에 해당한다. • 대개 만 2세부터 13세 사이에 시작되며, 7~11세 사이에 발병하는 경우가 가장 많다.
특성	• 불수의적이다. 고의가 아니다(명심). • 시간의 경과에 따라 증상의 정도가 변한다(마치 파도가 밀려오듯이 어느 날 증상이 심해졌다가 며칠 뒤에서 잠잠). • 증상을 보이는 해부학적 위치가 자꾸 변한다(어느 날은 눈을 깜빡이다가 며칠 후에는 코를 킁킁댐). • 증상이 생기기 전에 불쾌한 감각이나 느낌이 있고 틱 행동을 하고 나면 완화된다. • 스스로 노력하면 일시적으로는 틱의 증상을 억제할 수 있다. • 피곤, 흥분, 긴장, 스트레스 상태에서 악화된다. 시험 볼 때, 책을 읽을 때, 남 앞에서 발표할 때 증상이 심해진다. • 잠을 잘 때나, 한 가지 행동에 몰두할 때는 증상이 줄어드는 경우가 많다.

(2) 증상에 따른 틱장애 분류

단순 근육틱	눈 깜박거림, 얼굴 찡그림, 머리 흔들기, 입 내밀기, 어깨 들썩이기
복합 근육틱	자신을 때리는 행동, 제자리에서 뛰어오르기, 다른 사람이나 물건을 만지기, 물건을 던지는 행동, 손의 냄새 맡기, 남의 행동을 그대로 따라하기, 자신의 성기부위 만지기, 외설적인 행동
단순 음성틱	킁킁거리기, 가래 뱉는 소리, 기침소리, 빠는 소리, 쉬 소리, 침 뱉는 소리
복합 음성틱	사회적인 상황과 관계없는 단어를 말하기, 욕설, 남의 말을 따라 하기

(3) 틱장애의 분류와 분류기준

모두 18세 이전에 증상이 시작된다.

<table>
<tr><td>일과성 틱장애
(transient tic disorder)</td><td colspan="2">• 1가지 또는 여러 가지의 운동틱 또는 음성틱이 나타난다.
• 틱은 적어도 4주 동안 거의 날마다 하루에 몇 차례 일어나지만 연속적으로 12개월 이상 지속되지 않는다.
• 18세 이전에 발병한다.
• 장해는 물질이나 일반적인 의학적 상태의 직접적인 생리적 효과로 인한 것이 아니다.
• 뚜렛 증후군, 만성 운동 또는 음성 틱장애의 진단기준에 맞지 않아야 한다.</td></tr>
<tr><td>만성 운동
또는 만성
음성틱장애
(chronic motor or vocal tic disorder)</td><td colspan="2">• 1가지 또는 여러 가지의 운동틱 또는 음성틱이 장애의 경과 중 일부 기간 동안 존재하지만 두 장애가 함께 나타나지는 않는다.
• 틱은 1년 동안 거의 매일 또는 간헐적으로 하루에 몇 차례 일어나고, 이 기간 동안에 틱이 없는 기간이 연속적으로 거의 3개월 이상 지속되지는 않는다.
• 18세 이전에 발병한다.
• 장해는 물질이나 일반적인 의학적 상태의 직접적인 생리적 효과로 인한 것이 아니다.
• 뚜렛 증후군의 기준에 맞지 않아야 한다.</td></tr>
<tr><td rowspan="3">뚜렛 증후군
(tourette's disorder)</td><td colspan="2">• 여러 가지 운동 틱과 1가지 또는 그 이상의 음성 틱이 장애의 경과 중 일부 기간 동안 나타난다. 두 가지 틱이 반드시 동시에 나타나는 것은 아니다. 기침이나, 근육의 씰룩거림, 깜박거림, 몸 비틀기 등의 복합적인 운동 틱과 하나 이상의 음성 틱을 동시에 보이는 장애로, 1년 이상 심해졌다 좀 나아졌다 하기를 반복한다.
• 틱은 1년 이상의 기간 동안 거의 매일 또는 간헐적으로 하루에 몇 차례씩(대개 발작적으로) 일어나고, 이 기간 동안에 틱이 없는 기간이 3개월 이상 지속되지 않는다.
• 사회적, 직업적, 또는 다른 중요한 기능 영역에서 심각한 고통이나 장해를 일으킨다.
• 18세 이전에 발병한다.
• 장해는 자극제 같은 물질이나 일반적인 의학적 상태(예: 헌팅턴 병, 바이러스성 뇌염)의 직접적인 생리적 효과로 인한 것이 아니다.</td></tr>
<tr><td>요인</td><td>뚜렛병의 발병원인은 유전적인 요인, 뇌의 구조적-기능적 이상, 뇌의 생화학적 이상, 호르몬, 출산 과정에서의 뇌 손상 및 면역반응 이상 등이 관련 있는 것으로 알려져 있다. 이밖에도 학습 요인, 심리적 요인 등은 병 악화에 관련이 있다.</td></tr>
<tr><td>사례</td><td>5세 경의 남아가 눈을 깜박이기 시작하며 몇 달 후 입으로 '딸깍'하는 소리를 비율동적으로 반복하게 된다. 7세까지 눈 깜박임이 지속되며 딸깍거리는 소리를 내는 대신 코를 풀거나 어깨를 들썩이는 행동을 보인다. 10대에는 지금까지 있던 틱 증상과 함께 심하게 머리를 흔드는 증상이 더해진다. 대학에 들어가서는 머리를 흔드는 증상은 매우 미묘하게 있으며 눈에 거의 띄지 않을 정도의 비정상적 근 긴장만이 남아있지만, 시험 기간 중에는 악화되곤 한다.</td></tr>
</table>

공존질환	틱장애 또는 뚜렛 증후군은 다른 질환들과 같이 발생할 수 있다. 틱이 심하다고 해서 반드시 다른 질환들이 동반되는 것은 아니며 틱이 좋아졌다고 해서 동반되는 질환들이 같이 좋아지는 것은 아니다. 미국 질병관리본부에서 따르면 뚜렛 증후군을 진단받은 아동 중 79%가 최소 한 가지의 정신 건강, 행동 또는 발달 장애를 진단받는 것으로 조사되었다. 동반되는 질환에는 주의력 결핍 과잉행동장애(ADHD), 강박장애(OCD), 기타 행동장애가 포함된다. 뚜렛 증후군 및 관련질환 환자들은 학습, 행동, 사회적 부분에서 문제를 가질 위험이 더 높을 수 있다.

운동틱		음성틱
• 눈 깜빡이기	• 안구 움직이기	• 헛기침, 잔기침
• 코 찡긋거리기	• 입 벌리기	• 숨을 크게 마시거나 내쉬기
• 혀 내밀기	• 얼굴 찡그리기	• 코웃음 치기
• 입술 깨물기	• 머리 흔들기	• 콧김 불기
• 머리 끄덕이기	• 침 뱉기	• 가래 뱉는 소리
• 핥기	• 점프하기	• 동물 소리
• 몸 구부리기	• 어깨 들썩이기	• 말 더듬기
• 손가락 움직이기	• 물건 만지기	• 특별한 악센트, 리듬으로 말하기
• 치아 부딪히기	• 팔 흔들기	• '킁킁', '음음' '푸푸' 등의 소리 내기
• 몸 비틀기	• 배 힘주기	• '악'소리 지르기
• 다른 사람 행동 따라 하기		• 같은 말 반복하기
• 외설적인 행동		• 동물 소리
		• 상대방의 말 따라하기(반향언어증)
		• 욕하기
		• 외설증
		• 같은 단어, 구절 발복하기

뚜렛 장애

틱장애 중에서 가장 복잡하고 심한 뚜렛 장애는 2~16세 사이에 시작되어 일생동안 지속된다. 이 장애의 특징은 빠르게 반복되는 다양한 운동과 소리이다. 원인은 확실하지 않으며, 대부분의 이론은 신경전달물질의 이상이나 뇌 회로의 조절이상이 있는 것으로 언급하고 있다. 가족력을 근거로 연구한 결과 이 장애는 성 영향 상염색체 우성으로 유전된다.

• 간호 : 아동은 자주 화를 내고 참을성이 없으며, 분노발작을 하기도 한다. 이러한 아동은 정상적인 사회적, 정서적 발달을 도모하기 위해 받아들일 수 있는 행동을 취하도록 지도해야 한다. 예를 들면 감정조절을 위해 아동을 조용한 곳에 두거나, 베개나 장난감을 준다거나 감정을 환기시킬 수 있도록 백을 두들기도록 하는 것도 도움이 된다.

(4) 틱의 원인

유전	유전적인 원인
뇌구조 이상	전두엽과 기저핵 병변
뇌생화학 이상	뇌의 신경 전달 물질에 이상, 도파민(dopamine) 활성이 틱과 관련
호르몬	남성 호르몬과 틱이 연관
출산 시 손상	• 출산 과정에서의 뇌손상, 뇌의 염증, 산모의 스트레스 • 박테리아 감염 후 일종의 면역반응의 이상이 발생해서 틱장애와 강박장애가 발생
학습요인	아주 경한 정도의 일시적인 틱은 주위의 관심이나 환경적 요인에 의해 강화되어 나타나거나, 특정한 사회적 상황과 연관되어 나타날 수 있음
심리요인	➲ 틱의 증상은 스트레스에 민감 • 가족이 틱의 증상을 오해하고 창피를 주거나 벌을 주어서 증상을 억압해보려고 하는 경우 아이는 정서적으로 불안해지기 때문에 증상이 악화됨. 단, 심리적인 원인 단독으로 틱이 발생하는 것은 아님 • 틱을 나타내는 어린이는 침착하지 못하고 많이 움직이며 사람을 대할 때 긴장하기 쉽고 내성적이고 소극적인 반면, 완전주의적 욕심이 강해서 신경질적인 경향이 있음 • 정신적으로 불안정하며 공부를 강요하는 데서 오는 스트레스나 예의범절에 대해 부모의 지나친 간섭 등의 유전소인과 환경에서 오는 긴장상태를 틱으로 발산시키고 있다고 생각됨

(5) 틱의 치료적 조치

치료여부	치료가 필요한 정도인가 여부를 결정: 아주 사소한 틱이나 경한 형태의 일시적인 틱장애는 즉각적인 치료를 필요로 하지 않는다.
약물치료	• 소아정신과의 판단에서 필요한 경우에는 약물 치료 → 중등도 이상의 증세를 보이는 경우(만성 틱장애, 뚜렛 장애의 경우) 등에 약물을 사용한다. • 틱으로 인해 아이가 학업 성취에 영향을 받고 친구들의 놀림을 받는 등 적응상에 어려움이 있다면 약물치료를 고려해야 한다. • 약물치료는 틱을 억제하는 데 상당한 효과가 있다. • 일반적으로 뚜렛 증후군, 만성 틱장애의 경우에는 약물치료를 선호하지만, 증상이 심하지 않는 일과성 틱장애에서는 비약물 치료를 시행하는 것이 추천된다. • 대개 약물치료 기간은 12~18개월 동안 유지하는 것으로 알려져 있으며, 증상이 조절된 후 감량을 고려한다. • 항우울제를 투여하는 환자들은 우울증이 악화되거나 자살경향이 나타나지 않는지 주의 깊게 모니터링 해야 하며 특히 치료 시작 시기나 용량을 증가하거나 감소하는 경우 주의를 요한다.

지지상담	• 우울, 불안, 자신감의 결여 등에 대한 지지적 상담을 제공한다. • 심리적인 요소가 명백한 주원인인 극소수의 환아를 제외하고는, 놀이치료나 정신치료가 주된 치료방법이 되어서는 안 된다.
인지 행동치료	• 일부러 틱증상 반복하기, 이완훈련, 인식훈련, 자기관찰, 조건부 강화 등은 일과성 틱장애에서 효과적인 경우가 있다. • 어린이의 긴장이나 가족에 대한 갈등을 경감시키기 위해서는 유희요법이나 모형정원요법을 통하여 효과를 볼 수 있다.

(6) 약물치료 [2010 기출]

약물	부작용
haloperidol(정신신경제)	피로, 체중 증가, 근육 경직, 지발성 운동장애, 운동장애, 학교공포증, 광민감성, 우울, 시력 불선명
pimozide(정신신경제)	피로, 체중 증가, 근육 경직, 지발성 운동장애, 운동장애, 학교공포증, 광민감성, 우울, 시력불선명, 심전도 변화
clonazepam(항전간제)	피로, 과민성, 현기, 탈억제
틱과 ADHD 치료약물 정보	
methylphenidate (각성제, 흥분제, 중추신경용제)	두통, 위 통증(복통), 식욕 상실, 체중 감소, 불면증, 빈맥, 고혈압
강박장애를 동반한 또는 동반하지 않은 불안 치료약물 정보	
fluoxetine(항우울제)	초조, 불면증, 위장 장애, 성기능 장애
clomipramine(항우울제)	입 마름, 시야 흐림, 변비, 피로, 심전도 변화, 체중 증가
sertraline(항우울제)	피로, 불면증, 초조, 체중 증가, 성기능 장애

(7) 행동치료

<table>
<tr><td>치료의 효과</td><td colspan="2">행동치료는 틱/뚜렛 증후군을 가지고 있는 환자들에게 증상을 관리할 수 있도록 가르치는 치료방법이다. 행동치료 자체로는 틱/뚜렛 증후군을 완전히 치료할 수는 없으나 틱이 발현되는 횟수와 중증도, 틱으로 인한 영향을 줄이는 데 도움이 될 수 있다.</td></tr>
<tr><td rowspan="3">습관반전</td><td colspan="2">자각 훈련과 경쟁반응 훈련 두 가지 주요 부분으로 나뉜다.</td></tr>
<tr><td>자각훈련</td><td>틱 증상이 나타날 때는 알아챈다.</td></tr>
<tr><td>경쟁반응훈련</td><td>틱 증상이 있을 때 동시에 일어날 수 없는 새로운 행동을 하도록 배운다. 예를 들어 뚜렛 증후군이 있는 환자에게 머리를 문지르는 틱이 있다면, 손을 무릎에 두거나 팔짱을 끼도록 하는 새로운 행동으로 머리를 문지를 수 없도록 하는 것이다. 또는 고개를 뒤로 젖히는 운동틱을 갖고 있는 경우 고개를 숙이는 행동을 의도적으로 하게 한다. 이때 자신이 편하게 생각하는 다른 부분의 행동(주먹 쥐기, 눈 질끈 감기)으로 대치해도 된다. 위와 같은 경쟁적 반응이 주변으로부터 '덜 병적으로 보이는 행동'이라는 긍정적 반응을 얻어야만 하며 훈련은 매일 시간을 정해서 1주일은 열심히 해야 한다.</td></tr>
<tr><td>CBIT</td><td colspan="2">CBIT(Comprehensive Behavioral Intervention for Tics): CBIT는 근거기반의 새로운 뚜렛 증후군과 만성 틱장애의 행동 치료방법이다. CBIT는 틱에 대한 교육과 이완훈련을 포함한 다른 치료전략에 습관반전을 추가한 방법이다. CBIT는 틱 증상과 틱과 관련된 이상반응을 감소시키는 데 효과적인 것으로 보인다.</td></tr>
</table>

(8) 틱의 완화 및 치료를 위해 환아나 가족에게 특히 강조해야 할 주의점

<table>
<tr><td>증상 호전 가능</td><td>가족이나 일반인들은 틱증상을 일부러 혹은 고의로 증상을 만들어내는 것으로 오해하는 경우가 많지만 이는 틀린 생각이다. 증상이 지속적으로 악화되는 것이 아니고 대개 성인이 되면 좋아진다는 것도 부모들이 알 필요가 있다.</td></tr>
<tr><td>비난 ×</td><td>나무라거나 비난하기, 놀리기, 지적하기 등을 피한다. → 발달을 꾀한다는 자세로 임한다.</td></tr>
<tr><td>무시</td><td>초기에 가장 효과적인 대책은 증상을 무시하고 관심을 주지 않는 것이다.</td></tr>
<tr><td>수용</td><td>어린이에게 캐묻거나 하지 말고 잘 받아들여서 긴장하지 않도록 끈기 있게 지도해 간다.</td></tr>
<tr><td>신경정신</td><td>틱증상은 신경정신의학적으로 뇌의 이상에서 비롯되며, 사회 심리적 요인에 의해 영향을 받는다. 순수한 심리적인 질환 혹은 정신병이 아니다.</td></tr>
<tr><td>지지적 환경</td><td>아이들을 위해서 학교 교사와의 협조가 필요하다. 교사가 병에 대한 이해를 바탕으로 교실 내에서 긍정적이고 지지적인 환경을 제공한다면, 환아의 정서적 부담을 덜어줄 수 있다.
예 수업을 방해한다고 다른 아이가 구박하거나 다른 학생들이 고충을 말하는 일이 있는데 그런 점을 잘 배려</td></tr>
<tr><td>자조모임</td><td>비슷한 증세를 가진 아동이나 청소년의 자조모임이 도움이 된다.</td></tr>
<tr><td>유희요법</td><td>어린이의 긴장이나 가족에 대한 갈등을 경감시키기 위해서는 유희요법이나 모형정원요법을 통하여 효과를 볼 수 있다.</td></tr>
<tr><td>약물</td><td>소아정신과의 판단에서 필요한 경우에는 약물 처리를 하기도 한다.</td></tr>
</table>

(9) 외상 후 스트레스 장애(Post-traumatic Stress Disorder; PTSD) [2007 · 2012 · 2016 기출]

① 외상 후 스트레스 장애(PTSD)의 전형적인 세 가지 범주의 증상(행동 특성) [2016 · 2023 기출]

<table>
<tr><th>주요 행동 특성</th><th colspan="2">세부 내용</th></tr>
<tr><td>침습적 증상(재경험) : 플래시백 (flashback) [2023 기출]</td><td colspan="2">• 사건과 관련하여 원치 않는 회상
• 사건과 관련한 악몽
• 사건을 생생하게 다시 겪고 있는 듯한 느낌(flashback)
• 플래시백(flashback) : 사건이 해소되는 동안의 해리성 경험과 그 당시 사건이 재발하고 있는 것 같은 느낌이나 생각에 집착
• 사건을 떠오르게 하는 단서에 노출되었을 때의 심리적 고통
• 사건을 떠오르게 하는 단서에 노출되었을 때의 생리적 반응</td></tr>
<tr><td>회피 (avoidance)</td><td colspan="2">• 사건과 관련되어 떠오르는 생각, 느낌, 대화를 회피
• 사건과 관련된 장소, 행동 사람을 회피
• 외상과 관련된 생각, 느낌, 대화를 회피
– 외상이 회상되는 행동, 장소, 사람들을 피함
– 외상의 중요한 부분을 회상할 수 없음
– 중요한 활동에 흥미나 참여가 저하되어 있음
– 정서의 범위가 제한되어 있음</td></tr>
<tr><td>부정적 인지, 부정적 감정상태 (둔화) (negative cognition and a mood)</td><td colspan="2">• 사건 관련 기억상실
• 자신, 타인, 세계에 대한 부정적 인식
• 책임감의 감소 혹은 외계에 대한 관심의 상실
• '동떨어져 있는 느낌'
• 일상적인 일이나 활동에 대해 무관심해지고 흥미를 잃음
• 정서의 범위가 제한되어 있음
• 특히 친분관계, 상냥한 태도, 성적 관심이 상실
• 긍정적인 감정 경험의 어려움</td></tr>
<tr><td rowspan="4">과각성(arousal) 반응(reactivity)의 변화</td><td colspan="2">자율신경계에도 지나친 각성상태가 오는데, 대표적으로는 과민하고 잘 놀라고 잠들기가 힘든 증상</td></tr>
<tr><td>불안정성</td><td>• 예민, 분노폭발
• 난폭함 또는 자기 파괴적 행동
• 경계적 태도(hypervigilance)
• 경악반응(startle response)</td></tr>
<tr><td>주의집중곤란</td><td>• 집중력 저하
• 기억상실이나 정신집중장해도 호소</td></tr>
<tr><td>수면장애</td><td>• 불면
• 잠이 자주 깨고 잠에서 일단 깨면 다시는 잠들지 못하면서 악몽에 시달림</td></tr>
</table>

② 외상 후 스트레스 장애(PTSD)의 진단기준(DSM-5)

노출	A. 다음 중 한 가지 이상의 죽음, 심각한 상해, 또는 성폭행에 실제 노출되었거나 위협을 당한 적이 있다.
	① 외상성 사건을 직접 경험한 경우 ② 다른 사람에게 일어난 외상성 사건을 목격한 경우 ③ 가까운 가족이나 친구에게 외상성 사건이 일어난 것을 알게 된 경우: 가까운 가족이나 친구에게 일어난 실제 죽음이나 죽음에 대한 위험을 알게 된 경우 ④ 외상성 사건의 혐오적인 세부사항들의 반복적이거나 극단적인 노출을 경험하는 경우 예 죽은 사람의 시체를 처리하는 최초의 대처자, 아동학대의 세부사항에 반복적으로 노출되는 경찰 주의: 진단기준 A4는 전자 매체, 텔레비전, 영화, 또는 사진 등에 대한 노출을 의미하지는 않는다.
재경험(reexperience), 회상	B. 외상성 사건이 발생한 이후에 외상성 사건과 관련된 다음 중 한 가지 이상의 증상이 나타난다.
	① 외상성 사건에 대한 반복적이고 무의식적이며 집요하게 떠오르는 고통스러운 회상 주의: 6세 초과 아동은 외상성 사건과 관련된 주제의 놀이를 반복할 수도 있다. ② 외상성 사건의 내용과 정서에 대한 반복적이고 괴로운 꿈 주의: 아동의 경우, 내용이 인지되지 않는 무서운 꿈 ③ 마치 외상성 사건이 재발하고 있는 것 같은 행동이나 느낌을 가지게 되는 분열적 반응(예 갑자기 너무 생생하게 떠오르는 회상)이 연속체상에서 나타나는데, 가장 극심한 경우에는 현실에 대한 자각 상실 주의: 아동의 경우, 외상성 사건의 특유한 재연 놀이를 통해 재경험된다. ④ 외상성 사건과 유사하거나 상징적인 내적 또는 외적 단서에 노출되었을 때 심각한 심리적 고통 ⑤ 외상성 사건과 유사하거나 상징적인 내적 또는 외적 단서에 노출되었을 때 심각한 현저한 생리적 반응
회피(avoidance)	C. 외상성 사건의 발생 후 다음 중 한 가지 이상 외상성 사건과 관련된 자극을 지속적으로 회피한다.
	① 외상성 사건과 밀접하게 관련된 고통스러운 기억, 생각, 또는 느낌을 회피하거나 회피하려고 노력 ② 외상성 사건과 밀접하게 관련된 고통스러운, 기억, 생각 또는 느낌을 상기시키는 외부적인 자극(예 사람, 장소, 대화, 활동, 사물, 상황)을 회피하거나 회피하려고 노력

부정적 인지와 감정상태(둔화, negative cognition and a mood)	D. 외상성 사건이 발생한 후, 사건과 관련된 인지와 기분이 부정적으로 변화되기 시작하거나 악화되며 다음 중 두 가지 이상이 나타난다.
	① 뇌손상, 알코올, 또는 약물과 같은 요인에 기인한 것이 아니고, 분열성 기억상실에 기인하여 외상성 사건의 중요한 측면을 기억하지 못함 ② 자신과 타인 및 세상에 대한 부정적인 생각과 기대가 과장되어 지속됨 예 "내가 나빠." "아무도 믿을 수 없어." "세상은 정말 위험해." "내 몸의 신경계가 영원히 망가졌어." ③ 외상성 사건의 원인이나 결과에 대해 왜곡된 인지를 지속적으로 가지게 됨으로써 자기 자신이나 타인을 비난함 ④ 지속적인 부정적 감정상태 예 두려움, 공포, 분노, 죄책감, 또는 수치심 ⑤ 중요한 활동에 대한 흥미와 참여가 현저히 감소 ⑥ 사람들로부터 멀어지고 소외된 느낌 ⑦ 지속적으로 긍정적 정서를 경험할 수 없음 예 행복, 만족, 사랑을 경험하지 못함
각성(arousal)과 반응(reactivity)의 변화	E. 외상성 사건의 발생 후 사건과 관련된 각성 반응이 현저하게 변화되며, 다음 증상 중 두 가지 이상이 나타난다.
	① 사람이나 사물에 대한 언어적 또는 신체적 공격성이 (자극이 전혀 없거나 거의 없어도) 과민한 행동이나 분노 폭발로 표출 ② 난폭하거나 자기파괴적 행동 ③ 지나친 경계 ④ 과장된 놀람 반응 ⑤ 집중의 어려움 ⑥ 수면장애 예 잠들기 어렵거나 지속적으로 자기 어렵거나 숙면하기 어려움
결과 해석	F. 진단기준 B, C, D, E의 증상들은 최소한 1개월 이상 지속되어야 한다. G. 이러한 증상들이 사회적, 학업적, 직업적 및 다른 중요한 기능 영역에 임상적으로 중요한 손상 또는 결함을 초래한다. H. 이 증상들은 약물(예 투약, 알코올)이나 다른 의학적 상태의 생리적인 효과에 기인한 것이 아니다.

③ PTSD 단계 [2002 기출]

Response to truma (혼란기)	충격에 대한 반응과 관련된다(충격, 정신적 쇼크, 공포, 두려움, 의심, 불신). 민감하지 않은 사람은 충격 후 즉시 증상을 경험하지만 그것이 오래 지속되지는 않는다. 소질을 가진 사람은 기저에 높은 수준의 불안을 가지고 있고, 충격에 대해 과민하게 반응하면 충격이 연이을 것이라는 것에 강박적으로 집착한다. 만약 증상이 4~6주간 지속되면 2단계에 들어간다.
Acute PTSD (급성기-부정기)	절망감과 조절 불능, 자율신경계의 각성 증가, 충격적 사건의 회상, 신체증상 등이 일어난다. 충격적 사건의 한가운데 놓이게 되며, 생활방식과 인격, 사회기능에 뒤따르는 변화가 일어난다. 공포적 회피, 경악반응, 분노폭발 등이 일어난다.

Chronic PTSD (만성기-재조직기)	무기력, 타락, 의기소침을 동반한 만성적인 장애가 발생하거나 다시 재조정하고 조직화하는 시기이다. 실제적 사건에 대한 집착에서부터 그 사건에서 기인한 육체적 심리적 무능에 대한 집착으로 변화되어 약물남용, 가족관계의 장애, 실업은 물론 신체증상, 만성적인 불안, 우울증이 흔한 합병증이 나타나거나 심리적 극복을 하게 된다.

④ 상담 및 치료

외상 후 위기 상담 기술	• 아이들이 어떤 무섭고 나쁜 일을 경험할 때 흥분하고 동요되는 것이 정상임을 알게 하라. • 그들의 느낌과 생각을, 판단하지 말고, 표현하도록 격려하라. • 아이들이 더 이상의 외상이 될 수 있는 사건에 노출되지 않도록, 최선을 다해 보호하라. • 가능한 한 최대한 정상적인 일상의 일들로 돌아가라. • 학교는 아이들에게 가장 중요한 일상이므로, 주요한 치유환경이 될 수 있다. 교직원들에게 아이들이 필요로 하는 것을 교육시켜야 한다. • 아이들에게 그 사건은 그들의 잘못이 아니며, 어른들은 그들을 돌보기 위해 노력하고 있다고 안심시켜라. • 아이들이 슬픔을 느끼거나 우는 것을 막지 마라. • 아이들에게 일상생활에서 합리적인 결정권을 제공하여, 통제감과 자율성을 갖도록 하라. 예 식사나 옷 등등 • 만약 아이가 퇴행한다면, (또는 그들이 어렸을 때 했던 행동을 다시 시작한다면) 어른들은 이런 행동이 외상에 대한 아이들의 반응으로 흔히 나타나는 것임을 기억하여, 이를 나무라기보다는 지지함으로 도움을 줄 수 있을 것이다. • 아이들은 어른들의 감정과 태도에 반응하기 때문에, 어른들이 자기 자신을 잘 관리하고, 그들 자신의 괴로움에 도움을 받는다면, 어른들은 아이들에게 큰 도움이 될 수 있다. 이런 지지와 격려를 받은 아이들은 대개 수 주 내에 회복하게 된다. • 어떤 아이들은 그 이상의 도움을 필요로 한다.
PTSD 치료	• 치료 원칙은 조기발견, 철저한 조기치료, 그리고 업무에의 조기복귀이다. • 자연히 치유되기는 어렵고 증상이 오랫동안 지속될 가능성이 있기 때문에 치료가 필요하다. • 인지 행동요법을 통해 자신의 불안과 무력감을 이겨내도록 도와주고 문제 해결 능력을 고취시키고 이완 행동 연습을 통해 대처 전략을 마련한다. 가족이나 사회적 지지를 강화하며 때로는 약물치료가 필요하다.
외상 후 스트레스 장애 간호중재 [2007 기출]	• 인지 행동요법으로 자신의 불안과 무력감을 이겨내도록 도와주도록 한다. • 문제해결능력을 고취시키고 이완행동연습을 통해 대처 전략을 마련한다. • 환자가 사고의 회상에 대해 이야기 할 때 적극적으로 들어주고 환자에게 지시하는 진술은 피하도록 한다. • 가족이나 사회적 지지를 강화한다. → 오락, 단체모임에 참여를 권장한다. • 외상적 사고 중 가장 무력감을 느끼거나 자기억제가 힘든 특정상황을 알아내고 묘사하도록 권장하고 새로운 견해나 관점을 제공하여 사고에 대한 객관적인 지각을 변화시킨다. • 필요하면 약물치료를 병행한다.

(10) 자폐스펙트럼 장애(Autistic Spectrum Disorder; ASD)

① 원인

생물학적 요인	비정상적인 뇌파, 간질성 발작, 손 조작의 늦은 발달, 발달되지 않은 반응의 지속, 신진대사의 비정상(혈액 세로토닌 상승), 소뇌 충부 형성 부전(기억의 일부와 행동의 통제와 관련된 뇌의 부분)의 증세를 보인다.
유전적 근거	쌍둥이에게서는 열성 염색체의 유전적인 형태가 일관적으로 보여진다.
질병	취약 X염색체 증후군, 결절성 경화증, 대사 이상, 태아 풍진증후군, 헤모필루스 인플루엔자 뇌수막염, 뇌구조이상 등과 관련된다.

② 자폐스펙트럼 장애(ASD)의 진단 기준

사회적 상호작용 결함, 의사소통 결함	A. 다양한 맥락에 걸쳐 사회적 의사소통과 상호작용에 지속적인 결함이 나타난다. 이러한 결함은 현재 또는 과거에 다음과 같은 방식으로 나타난다.
	① 사회 및 정서적 상호성에서의 결함 예 비정상적인 사회적 접근과 주고받은 일반적인 대화의 실패, 관심, 정서, 애정 등을 다른 사람과 공유하는 데 제한, 사회적 상호작용을 시작 및 반응하는 데 어려움 등 ② 사회적 상호작용을 위해 사용하는 비언어적 의사소통 행동에서의 결함 예 언어 및 비언어적 의사소통을 통합적으로 사용하는 데 어려움, 눈맞춤과 몸짓과 같은 비언어적 행동에서의 비정상성, 몸짓의 이해 및 사용의 결함, 안면표정과 비언어적 의사소통에서의 전반적 결함 등 ③ 사회적 관계를 만들고 유지하고 이해하는 데 결함 예 다양한 사회적 맥락에 맞게 행동하는 데 어려움, 상상놀이를 공유하거나 친구를 만드는 데 어려움, 또래에 대한 관심이 없음 등
제한적 · 흥미적 · 반복적 행동 · 활동	B. 제한적이고 반복적인 행동, 흥미, 활동을 보이며, 이는 다음 중 적어도 두 가지가 현재 또는 이전부터 지속적으로 나타난다.
	① 상동적이거나 반복적인 동작, 사물 또는 말의 사용 예 비정상적인 사회적 접근과 주고받은 일반적인 대화의 실패, 관심, 정서, 애정 등을 다른 사람과 공유하는 데 제한, 사회적 상호작용을 시작 및 반응하는 데 어려움 ② 동일성에 대한 고집, 판에 박힌 일과에의 집착, 언어 또는 비언어적 행동의 의례적(예배 의식과 같은) 패턴 예 작은 변화에도 과도하게 불안해함, 전이의 어려움, 경직된 사고 패턴, 판에 박힌 인사하기 일과, 매일 동일한 일과 또는 동일한 음식 섭취에 대한 요구 등 ③ 정도나 초점이 비정상적인 매우 제한적이고 한정된 흥미 예 특이한 사물에 대한 강한 집착이나 몰두, 과도하게 한정된 흥미에의 몰두 등 ④ 감각자극에 대한 둔감 혹은 민감 반응 또는 환경의 감각 양상에 대한 특이한 감각적 관심 예 고통 또는 온도에 대한 분명한 무감각, 특정 소리나 감각에 대한 혐오적 반응, 과도하게 냄새를 맡거나 과도하게 사물을 만짐, 빛이나 움직임에 대한 시각적 강한 흥미 등

기타	C. 증후가 초기 발달 시기에 나타나야만 한다(그러나 발달 시기별 사회적 요구가 제한된 능력을 초과할 때까지는 증후가 충분히 나타나지 않을 수도 있다. 또는 이후의 발달 시기에 학습된 전략으로 인해 증후가 사려져서 나타나지 않을 수도 있다). D. 증후가 사회적, 직업적 또는 현재 기능수행의 다른 중요한 영역에서 임상적으로 유의미한 결함을 유발한다. E. 이러한 어려움이 지적장애로 보다 더 설명이 되어서는 안 된다. 지적장애와 자폐스펙트럼장애는 자주 공존한다. 자폐스펙트럼장애와 지적장애로 동시에 진단이 되려면 사회적 의사소통이 일반적인 발달에서 기대되는 수준보다 낮아야만 한다.

③ 자폐 스펙트럼 장애의 다음의 임상유형 [국시 2005, 2011 기출]

레트증후군	생후 6개월 이후에 심각한 성장 발달장애를 보이고 언어 능력이 완전히 소실되고 호흡기계 증상(불규칙적 호흡, 과호흡증, 무호흡)과 특징적인 손 운동이 있다.
소아붕괴	생후 2~3년간은 정상적인 발달을 보이다가 3~4세부터 이전에 습득된 지적, 사회적 기능, 언어 기능이 붕괴된다.
아스퍼거증후군 (Asperger Syndrome)	• 자폐성장애와 비슷하게 사회적 교류가 손상되고 반복적 행동을 하지만 언어가 명확하고 인지장애가 없다. • 지적발달장애와 관계없이 사회적 상호작용이 심각하고 제한되고 반복적인 행동, 흥미, 활동을 하지만 자폐증에 비해 의사소통장애가 심각하지 않다.

④ 임상증상

사회적 상호작용장애	• 출생 후 수개월부터 어머니와 눈 접촉, 신체접촉을 피한다. • 어머니를 좋아하지 않으며, 혼자서 지내기를 좋아하는 등 어머니와 애착이 형성되지 않는다. • 의사표시는 말보다 손을 끌어 잡아당기며 불러도 대답이 없고 다른 사람의 존재를 인식하지 않는 듯 행동 – 낯가림, 부모와의 분리 시 불안이 없다. • 사회적 미소(2~3개월)도 없다. cf) 분리불안 : 8~12개월에 시작, 유아기에 다시 최고조에 이른다.
의사소통장애	• 언어가 전혀 발달되지 않거나 아무 이유 없이 괴성을 지른다. • 언어 이전 단계인 옹알거림(4개월), 모방 행위도 보이지 않는다. • 언어가 문구나 노래는 해도 대인관계에는 사용되지 않는다. • 발음과 음의 고저도 특이하다. • 말을 시키면 앵무새처럼 하는 반향언어로 이전에 들은 단어나 문장을 반복한다. • 표현성 언어장애, 수용성 언어장애의 발달에도 심각한 장애가 있다.
행동장애	• 변화에 대한 저항과 반복적 행동, 상동적 행동으로 한 가지 물건에 집착, 한 가지 행동을 되풀이한다. • 발가락 끝으로 걷는다. • 조그마한 변화도 싫어하며 같은 행동을 고집한다.

감각장애	감각장애 특정 감각에 대한 과민·과소반응을 보인다.
인지장애	• 자폐아의 75%가 인지장애가 있으나, 일부 자폐 아동은 음악, 수학 등 특정 분야에서 상당히 뛰어난 능력을 보인다. • 심각한 인지장애와 탁월한 인지능력을 동시에 보여준다.
정서장애	갑작스런 기분변화를 나타내며 특별한 이유 없이 울거나 웃거나 한다.
예후	• 환아의 절반 정도는 청소년기에 정신증상이 심각해지고, 여아는 지속적인 악화 경향을 보인다. • **지능이 높고 기능적 언어가 가능하며, 행동장애**가 적은 경우 예후가 가장 좋다.

⑤ 간호

특수치료	완치는 불가능하지만 전문가가 참여한 특수치료법을 받는다면 타인에 대한 사회적 인식을 증가시키고, 언어적 의사소통기술을 가르치고, 받아들이기 어려운 행동을 줄인다.
자극 감소	개인적인 공간을 사용하여 자극을 줄인다. → 외부의 소리와 시각적 자극을 피한다.
접촉 감소	• 신체적 접촉이 아동을 화나게 하므로 잡거나 눈을 맞추는 것을 줄이면 갑작스런 행동을 피할 수 있다. • 절차를 수행하거나, 약물을 투여하거나, 음식을 줄 때 주의해야 한다. – 이들은 먹는 데 신경질적이거나, 토하거나 먹지 않거나, 음식물을 모아두는 것에 구분이 없거나, 체온계처럼 먹을 수 있는 것이든 아니든 삼키기 때문이다.
새로운 환경	새로운 환경은 가능한 천천히 소개하는 것이 필요하다.

03 학령기 아동의 안전관리

1 사고예방

(1) 발달 특성과 관련된 학령기 아동에게 사고위험이 높은 이유 [2005 기출]

신체적 손상을 줄 수 있는 활동 (격렬한 운동, 위험한 장난 등)을 즐긴다.	• 활발한 운동, 신체적 활동을 즐긴다. • 속력 있는 활동에 따라 흥분한다. • 과로하기 쉽다.
새로운 것을 하고자 하고 새로운 기술을 배우는 데 관심이 많다.	• 독립심이 강하다. • 모험심이 많다. • 작업을 능숙하게 하지 못한다.
환경을 조절하는 능력이 부족하고 위험 상황을 예측하기 어렵다.	• 환경에 따라 쉽게 산만해진다. • 위험한 장소에서 놀기도 한다. • 전체운동은 조심스러우나 겁이 없고 판단력이 미숙하다. • 가끔 자신감이 신체적 능력을 넘어선다.

뼈의 성장이 근육의 성장보다 빨라 전반적으로 운동을 조정하는 능력이 아직 미숙하다.	-
또래의 영향으로 그들의 능력의 한계를 벗어나는 활동에 참여한다.	• 집단규칙을 따른다. • 집단 충성심을 갈망하고 친구들의 지지를 받고자 한다. • 친구들의 영향을 쉽게 받는다. • 설득될 수 있다.
통찰력과 예견력이 부족(적절히 대처하는 기술 부족)하고 순간적인 충동에 의하여 행동하는 시기이다.	-

학령기 아동의 안전사고 예방

- 신체적 기술(기능)이 증진된다.
  → 관리가 필요한 활동을 할 때 장비를 제공한다. 선행조건, 훈련, 안전장지에 대해 지도한다.
- 활발한 신체적 활동이 필요하다.
  → 안전한 장소에서 놀도록 한다.
- 새로운 기술을 배우고 익히는 데 관심을 가진다.
  → 위험성이 있는 기구의 사용, 관리에 대해 가르친다.
- 때때로 위험한 곳에서 논다.
  → 위험한 운동을 할 경우 보호장비를 갖추도록 강조한다.
- 특히 또래들과 있을 때 대담하고 모험적이다.
  → 개를 괴롭히거나 놀라게 하지 말고 개가 먹을 때 방해하지 않도록 가르친다.
- 가끔 자신감이 신체적 능력을 초과한다.
- 집단충성심을 갈망하고 친구들의 지지를 받고자 한다.
- 위험한 묘기를 시도한다.
- 신체적 활동을 즐긴다.
- 과로하기 쉽다.
  → 수영 시 안전한 곳에서 수영한다.
- 근육의 성장과 조정력에 비해 키가 크다.
- 동년배의 영향을 쉽게 받는다.
  → 위험한 약물 혹은 알코올을 먹도록 권할 때 "아니요"라고 말하도록 가르친다.
- 독립심이 증가하고 모험적이며 새로운 것을 하고자 한다.
- 집밖에서 하는 활동이 많아진다.
- 환경에 따라 쉽게 산만해진다.

(2) 학령기 아동의 사고 예방을 위해서 필요한 사항

안전한 환경	안전한 환경을 만들어 준다.
안전교육	스스로 사고방지하고, 사고발생 시 자신을 방어할 수 있는 능력과 방법을 교육한다. 즉, 안전교육이 필요하다. • 교통사고 예방을 위한 교육 • 수영 및 각종 사고에 대한 교육 • 화재방지 교육 • 안전하게 자전거 타기에 대한 교육 • 부모나 교사가 평소에 안전수칙을 항상 강조하고 훈련토록 한다.

(3) 청소년 집단을 대상으로 한 안전교육의 중요성(= 안전교육이 필요한 청소년들의 특성)

운동 절정기	정신적으로 미숙한 상태이나 신체적으로 왕성한 활동을 보내는 시기(운동참여 절정기)이다.
안전의식 감소	학교에서 보내는 시간이 길어지고 성인에 비해 안전의식이 크게 떨어진다.
독립심	독립심과 자유를 원하며 독립심을 시험한다.
도전	위험한 묘기 등 위험한 일에 도전한다.
새로운 사물	좀 더 복잡한 기구, 사물, 장소에 접근하려고 시도한다.
또래 인정	또래들로부터 인정받기를 원한다.

2 안전교육의 특성

1회성 원리	안전교육이란, 시행착오를 통해서는 배울 수 없는 지식으로써 단 1회의 교육실시 여부에 따라 생존과 사망을 결정할 수 있는 특성을 지니고 있다.
지역특수성 원리	안전교육은 지형, 산업, 인구구조 등 지역적 특수성을 고려하여 실시해야 한다.
인성교육의 원리	안전교육은 인격에 관한 교육으로서 자신의 생명뿐만 아니라 타인의 생명도 존중하도록 하는 교육이며, 또한 스스로를 존중하고 타인의 복지에도 관심을 갖도록 하는 인성교육이 수반되어야 한다.
실천교육의 원리	안전교육은 단순히 지식 전달에서 그쳐서는 안 되며, 올바른 태도 및 습관을 갖도록 하는 교육이 이루어져야 하고, 이와 같은 지식과 태도를 바탕으로 잠재적인 위험상황을 이겨낼 수 있는 대응능력을 기르게 하는 실천교육이 반드시 수반되어야 한다.

3 사고발생의 이론 : 하인리히(Heinrich) 이론

도미노이론	하인리히는 사고발생 과정을 도미노 이론을 그대로 이용하여 설명하고 있다. 사회적 환경이나 가정의 유전적인 결함요소가 개인의 결함으로 연결되는 요인이 되고, 이러한 결함을 지닌 사람이 위험한 장소에 노출되면 불안전한 행동을 하게 되며, 이러한 불안전한 행동이 위험한 장소의 불안전한 상태와 연결되면 사고를 일으키게 되어 인적 피해나 물적 피해를 주는 재해가 발생한다는 것이다.
하인리히(Heinrich)의 사고발생 연쇄과정	① • 사회적 요소 • 가정적 요소 • 유전적 요소 → ② 개인적 결함 → ③ • 불안전 행동 • 불안전 상태 → ④ 사고 → ⑤ 재해
정리	위와 같이 ①, ②, ③, ④, ⑤를 일정한 간격으로 세워 놓고, ①에 힘을 가해 쓰러뜨리면 ②, ③, ④, ⑤로 연속으로 넘어지나 ①, ②가 넘어져도 ③을 제거하면 사고나 재해로 연결되지 않는다는 것이다. 하인리히는 이 이론을 제시함으로써, 사고 예방 대책이 인간의 불안전한 상태의 제거에 직결되어 있음을 제안하였다.

4 3E를 통한 사고예방 접근방법

안전사고에 대한 예방대책 (3E)	① safety Education(안전교육) ② safety Engineering(안전공학) ③ safety Enforcement(안전강화)
교육적 대책 (Education)	• 개인이 위험을 피할 수 있도록 행위변화를 촉진시키는 설득적, 교육적 도구를 사용한다. • 사고가 교육의 부족으로 인한 위험 예지 능력의 미비 및 불안전한 행동에서 발생되므로 1차적으로 교육적 대책(Education)이 가장 중요하다.
기술적 대책 (Engineering)	• 보다 안전한 환경을 만들기 위해 환경을 수정하는 것이다. • 이미 일어난 사고가 다시 재발하는 것을 방지하기 위해서는 사고원인 분석과 대책수립 등의 기술적 대책(Engineering)이 요구된다.
관리적 대책 (Enforcement)	• 사고 감소 위한 법적 제한 강화한다. • 사고가 발생할 수 있는 위험요인을 미리 파악하고 이를 관리하는 관리적 대책(Enforcement)이 중요하다.

5 학교안전의 개념

학교안전	안전 교육과 안전 관리로 나누어지며 안전 교육에는 안전에 관한 학습과 안전에 관한 지도가 있고, 안전 관리는 대인관리와 시설관리로 나눌 수 있다.
안전학습	모든 교과를 통한 지식이나 기능 습득은 물론 체육, 보건학습의 안전내용 영역에 중심을 두고, 사회, 이과 등 관련 교과의 학습, 실험, 실습, 특별활동 등의 학급지도와 학교 행사를 중심으로 하여 행하여지는 것이다.
안전지도	안전에 관한 바람직한 행동 변화에 필요한 지식이나 기능을 습득시키기 위하여 안전 학습과 안전에 관한 원리 원칙을 구체적인 행동 장면에 적용시켜 항상 안전한 행동을 실천하는 태도와 능력을 기르는 것을 말한다.
대인관리	안전 인식 진단, 일상 행동 관찰 등으로 사고 요인이 되는 학생 심신의 특징을 파악하거나 안전 행동의 실태 파악, 위험한 행동의 규제 및 긴급시의 구급체제를 확립하는 것 등을 말한다.
시설관리	주로 환경관리로 학교 내외의 시설 설비의 안전 점검과 안전 조치 및 정서적 환경 등을 들 수 있다.

6 학교 안전관리의 정의

학교안전관리	학교에서의 안전관리는 사고 재해 발생요인을 사전에 파악하여 이것을 제거하는 데 노력하고, 만일 불행하게도 사고나 재해가 발생했을 때 신속하고 적절한 구급활동이 되도록 그 체제를 확립하여 학생들의 안전확보를 도모하기 위한 활동		
대인관리	심신안전관리	사고요인이 되는 심신상태 파악	건강진단(시력, 청력, 질병 등), 체력진단(운동기능, 순발력), 지능, 성격진단, 안전인식 진단
		일상	일상행동 관찰
		구급체계	구급조치, 응급사고 발생 시 구급체제
	생활안전관리	학교 내 생활	안전한 생활실천 상황 파악, 휴식여가시간 활동(교실, 운동장 사용), 교육시작 전, 방과 후 학과 학습, 학교행사, 그룹 활동, 학과 수업시간에 사용하는 용구 및 기기
		학교 외 생활	통학로 설정, 안전 · 위험개소(구역)설정, 놀이 · 운동 규제
대물관리	학교환경관리(학교 내의 시설설비 안전 점검, 안전조치, 일상 · 정기안전 점검, 학교 환경 미화 등 안전 배려)		

7 학교 안전관리의 실시방안

학교안전교육의 필요성	• 아동사고는 사망의 주요 원인이 될 뿐만 아니라 불구의 주요 원인이 되기도 한다. • 학생들은 학교 내 외적 환경에서 많은 위험요인에 노출될 수 있고, 활동량이 많은 시기이므로 사고 위험이 높다고 할 수 있다. • 사고의 원인은 무관심과 부주의로 인한 것이 대부분이므로 안전에 대한 교육과 안전생활을 실천화하여 사전에 예방할 수 있다. • 따라서 학생들에게 사고의 위험으로부터 안전을 유지하며 사고를 예방할 수 있는 능력을 길러주기 위한 교육은 필수적이며, 사고예방에 대한 접근방법은 사고 위험의 요인을 미리 제거하고 사고를 당했을 경우 상해를 최소화 할 수 있는 종합적인 대책이 필요하다.
학교안전관리의 구체적 실시방안 (매 학기 반복점검사항)	• 사고요인이 되는 심신 상태의 파악, 분석, 진단 • 학생의 안전 인식 및 행동 조사 • 통학로 설정, 점검 개선, 통학방법의 결정 • 구급조치 실시요령 작성의 훈련 • 방재계획 책정, 방화 시설의 안전점검 • 학교시설의 사전 점검(운동시설 용구, 실험기구 등등) • 책상, 의자, 바닥, 문, 복도, 계단, 보관함 등의 안전점검 • 학교안전 위원회 구성 개최 현황 • 변소, 세면장 등의 안전점검 등

8 학교 안전관리 방안

구분	체육 시간 중	실험 실습 중	교과 수업 중	청소 중	휴식 시간 중	과외 활동 중	기타	계
2000년	151	7	31	22	62	26	106	405
2001년	119	8	18	28	46	35	136	390
2002년	143	12	27	26	136	62	155	561
계	413 (30.5)	27 (2.0)	76 (5.6)	76 (5.6)	244 (18.0)	123 (9.0)	397 (29.3)	1356 (100)

학교 내 사고예방을 위한 일반적인 주의사항 (사전예방 점검사항)	• 교실: 바닥상태, 못, 압핀 등 위험물의 유무, 교실창틀, 출입문 위험 유무, 책걸상 파손 등을 확인한다. • 복도, 계단, 승강구: 복도 창틀의 파손유무, 복도·계단·승강구의 불필요한 물건과 안전 유무를 확인한다. • 화장실, 음료 수도시설: 주위의 위험물 확인, 미끄러움 없도록 바닥을 깨끗이 청소한다. • 체육관: 마루 파손 유무, 체육 용구의 취급 문제, 체육시설의 파손 유무, 탁구대나 매트 등 정리방법 등에 대해서도 안전을 기하도록 한다.

	• 운동장: 지면의 경사도나 굴곡상태, 배수상태 등 점검, 유리조각, 돌, 못 등의 위험물 제거, 항상 안전한 상태로 정비한다. • 고정된 체육시설: 철봉의 착지면이나 주위의 상태, 각종 골대의 고정여부 등 확인한다. • 특별 교실(과학실, 미술실, 가정실습실, 보건실 등): 설비, 약품 등에 대한 정비, 안전표지나 위험표지 부착, 특히 약품저장에 주의한다.
학교 안전계획에 포함되어야 하는 일반적 사항	• 건물이나 교구의 뾰족한 모서리, 미끄러운 바닥(또는 마루), 어두컴컴한 장소, 불쑥 내민 층계, 좁은 복도, 급한 계단, 다치기 쉬운 못과 옷걸이, 좁고 구부러진 출입구, 회전식 출입문은 고치거나 없앤다. • 아동들이 넘어지기 쉬운 땅에 묻힌 돌, 쇠붙이, 유리조각 등을 제거한다. • 교사 내 특히 복도에서 달리는 것을 금하며 출입 시에는 질서를 유지하도록 가르친다. • 교사의 요소에 방화벽, 방화문(비상구)을 설치한다. • 요소에 소화전, 소화기, 소방기구, 방화수를 비치한다. • 비상계단, 비상구, 피난대, 피난줄, 구호시설과 자재를 정비해 둔다. • 소방, 피난에 관한 훈련을 한다. • 전체 건물이 내화, 내풍, 내지진성 구조를 하며 강당은 가급적이면 유사시에 일반 주민까지도 수용 구호할 수 있게 해둔다. • 난로, 인화물(가스, 알코올, 휘발유, 아세톤 등), 담배꽁초 등 화기단속을 철저히 한다. • 사고에 관한 보고(원인, 시간, 장소, 구호대책 등)를 안전교육의 귀중한 교재로 활용한다.

9 학교 안전사고 예방

실험시간에 주의할 일	• 산이나 알칼리 같은 물질을 다룰 때에는 보안경을 쓰고, 만일 그러한 물질이 피부에 닿았다면 물로 충분히 씻어 낸 다음 붕산수로 닦아낸다. • 유독성 가스가 나오는 약품은 반드시 환기장치가 되어 있는 곳에서 다루어야 한다. • 실험에 필요한 유독성 액체를 입으로 빨아서는 안 된다. • 깨진 실험기구는 쓰레기통에 버리지 말고 반드시 한 곳에 모아서 한꺼번에 버려야 한다. • 가스 버너를 사용하기 전에 연결된 호스를 점검하여 가스가 새는 곳이 없는지 살펴야 한다. • 온도계나 유리관에 마개를 끼울 때에는 장갑을 끼거나 헝겊으로 감싸서 손을 보호해야 한다. • 물과 반응하는 약품은 하수도나 수채 구멍 혹은 물기가 있는 통에 부어 넣지 말고, 특별히 마련된 용기에 모아두었다가 폐기물 처리 절차를 거쳐 안전하게 처리한다.
미술시간에 주의할 일	• 조각칼 등 위험한 도구는 아무 곳이나 놓아두지 말고 상자에 넣어 보관한다. • 미술도구는 올바른 사용법을 익힌 다음 사용한다.
실과 실습시간에 주의할 일	• 뜨거운 음식이나 재료를 옮길 때에는 넘어지지 않도록 주의한다. • 가스밸브를 함부로 만지지 않는다. • 수업이 끝나고 나면 바늘과 같이 위험한 물건이 땅에 떨어졌는지 확인한다. • 다리미를 사용하고 나서는 전기코드를 뽑아 안전한 장소로 옮겨 놓는다. • 깨진 유리조각이나 도자기조각이 바닥에 남아 있지 않도록 깨끗이 청소한다. • 칼이나 가위, 송곳 등 날카로운 기구를 다룰 때에는 더욱 조심한다.

소풍을 가서 주의할 일	• 놀이에 알맞은 옷을 입는다. 특히 편안한 신발을 신고, 맨발로 뛰어다니지 않는다. • 도랑, 고압선, 공사장 등 위험구역에 가까이 가지 않는다. • 음식을 입에 넣고 씹으면서 놀이를 하지 않는다. • 돌 던지기, 총 쏘기, 칼 장난, 물 속에의 씨름 등은 매우 위험하므로 하지 않는다. • 벌집이 있는 곳에는 가까이 가지 말고 건드리지 않는다.	
여행길에서 주의할 일	• 시간을 잘 지킨다. • 기차나, 전철, 버스가 들어오는 승강구에 나가 서 있지 않는다. • 친구나 여행지의 다른 사람과 싸우지 않는다. • 자유시간에 외출할 때는 반드시 가는 곳과 돌아오는 시간을 알린다. • 버스나 창 밖으로 물건이나 손을 내놓거나 휘두르지 않는다. • 만나는 사람에게 공손하고 예의바르게 행동한다. • 개인행동은 되도록 하지 않는다. • 자연을 보호하고 휴지나 오물은 반드시 지정된 장소에 버린다.	
운동시간의 사고 예방	운동을 할 때 큰 효과를 얻으면서도 자신의 몸을 다치지 않기 위해서는 안전규칙을 잘 지키는 것이 가장 중요하다. 즉, 운동하기에 적당한 옷과 신발이 필요하며, 한 번에 너무 많은 운동을 하려고 해서는 안 된다. 천천히 시작하고 조금씩 운동량을 늘려 가는 것이 좋다. • 하루 중 제일 더울 때에는 바깥에서 운동하지 않는다. • 가볍고 시원하며 안전한 옷을 입는다. • 발등과 발꿈치를 보호해 줄 수 있는 신발을 신는다. • 적어도 식사 후 2시간이 지난 다음에 운동을 한다. • 운동을 하는 동안 숨쉬기가 힘들거나 피곤하다고 느낄 때, 또는 어딘가 몸이 아플 때에는 운동을 멈추고 쉰다. • 그 밖에 몸이 좋지 않다고 느꼈을 때에도 운동을 멈춘다. • 운동을 하기 전에는 준비운동을, 끝나고 나서는 정리운동을 한다.	
계단에서의 추락사고	추락사고가 일어나기 쉬운 계단	• 계단에 난간이 없는 경우 • 난간과 난간 사이가 넓은 경우 • 계단의 경사가 너무 급한 경우 • 계단의 폭이 매우 좁은 경우 • 계단의 높이가 일정하지 않은 경우 • 계단이 너무 어두운 경우 • 계단 위에 장애물이 있는 경우 • 계단 발판 표면에 기름, 얼음, 물, 진흙 등이 묻어 있어 미끄러운 경우
	계단 추락사고를 막기 위한 방법	• 계단을 보면서 천천히 걷는다. • 계단을 하나하나씩 순서대로 밟는다. 몇 칸씩 건너뛰게 되면 매우 위험하다. • 위험하다고 생각되는 계단은 안전하게 고치도록 어른들께 말씀드린다. • 계단 난간 사이에서 절대로 장난을 치거나 사람을 밀지 말아야 한다.

10 교통사고 예방

(1) 횡단보도를 건널 때

횡단보도 건널 때 주의점 교육 시 강조할 점	어린아이들은 횡단보도를 건널 때 빨리 건너려고 무작정 뛰는 경향이 있다. 운전자는 시야에 없었던 물체가 갑자기 뛰어들기 때문에 오히려 대책을 마련하지 못하고 사고를 내게 된다. • 반드시 녹색신호에 건너가도록 한다. • 녹색신호가 켜지자 마자 뛰어 들어가지 않도록 하고 차가 멈추었는지 확인한다. • 횡단보도를 벗어나 건너지 않도록 하고 반드시 횡단보도 우측으로 건너도록 한다. • 횡단보도를 건너는 자전거나 오토바이를 주의한다. • 횡단보도를 건널 때는 절대로 뛰지 않는다. • 녹색신호가 깜빡일 때 무리하게 뛰어 건너지 않도록 한다. • 횡단보도를 건너다 돌아온 방향으로 갑자기 몸을 돌려 뛰지 않도록 한다. • 횡단보도를 건너다 되돌아 올 때는 차가 멈추어 있는지 확인한다. • 횡단보도에서는 친구들과 장난치거나, 휴대폰을 사용하거나 게임기로 게임을 하며 건너지 않도록 한다. • 보행자의 의복 색깔에 주의를 준다. 특히 비 오는 날, 어두운 날 그리고 저녁에 아동이 외출 시 반드시 밝은 옷을 입히도록 한다. 우산이나 우비도 노란색이나 하얀색 등 밝은 색으로 하여 불의의 사고에 대비하도록 한다.
안전한 도로 횡단 5원칙	우선 멈춘다. → 좌우의 차를 본다. → 횡단보도의 우측에서 운전자를 보며 손을 든다. → '차량 멈춤'을 확인한다. → 건너는 동안 계속 차를 보면서 걷는다.

(2) 신호등 없는 횡단보도 보행

길 건널 때	• 길을 건너기 전에는 항상 자동차가 완전히 지나갈 때까지 기다린다. • 길을 건너기 전에 좌우를 살피어 길에 다른 위험물이 없는지 확인한다. • 급히 서두르지 않는다. • 차를 운전하는 사람이 지나가는 사람을 못 볼 수도 있으므로 자동차의 바로 앞이나 뒤에서 길을 건너서는 절대 안 된다. • 차도와 보도가 따로 있는 곳에서는 반드시 보도로 건넌다. 차도와 보도가 따로 없는 곳에서는 반드시 좌측통행을 해야 오른쪽의 앞에서 오는 차를 살필 수 있다. • 길을 건널 때는 신호등에 관계없이 뛰어들지 말고, 어두울 때나 철길 건널목에서는 특히 주의해야 한다. • 중요한 교통표지판을 잘 알아둬야 한다.
골목길 다닐 때	• 복잡한 길에서는 좌측통행을 한다. • 자동차가 지나가는데도 모른척하면 운전하는 사람에게 불안감과 반발심을 불러일으키므로 사고의 원인이 될 수 있다. • 골목길에서 친구들과 어깨동무를 한 채 걸어가면 교통이 막히므로 주의한다.

버스나 기차 탈 때	• 항상 지정된 장소에서 차를 기다린다. • 차를 타고 내리는 곳에서 장난을 치거나 놀이를 하지 않는다. • 차례로 줄을 서서 질서를 지킨다. • 차가 완전히 멈출 때까지 기다린다. • 차에 타기 전에 내릴 사람들이 더 없는지 확인한다. • 뒤에서 밀지 않는다. • 차에 너무 바싹 붙어 서지 않는다.

(3) 자전거를 탈 때

자전거 타기 전	• 자전거를 타는 능력과 신체에 맞는 자전거를 탄다. • 자전거를 타기 전에 자전거의 작동 상태가 올바른지 점검한다. • 아동에게 잘 맞는 헬멧과 신발을 착용한다. • 자전거의 크기가 아동의 체격과 맞고 적당한 조명과 반사경을 갖추어야 한다. • 시야나 조정에 지장을 주는 짐은 싣지 않는다. • 밤에 자전거를 탈 때나 비가 오는 날은 옷이나 자전거에 형광 물질을 부착, 옷은 밝은 색으로 입는다.
자전거 탈 때	• 주차장에서 떨어진 곳, 사람 왕래가 적은 곳에서 탄다. • 한 줄을 지어 자전거 타기, 두 사람이 함께 타지 않는다. • 길에서는 오른쪽으로 달리고, 커브 길에서는 되도록 안쪽과 가깝게 달린다. • 횡단보도에서는 자전거에서 내려 걸으면서 통과한다. • 회전이나 정지하기에 앞서 수신호를 하여 알려준다. • 구덩이, 미끄러운 노견, 흙이나 자갈을 조심한다. • 다른 교통수단과 일정한 거리를 유지한다.
주의점	• 보행자에 주의, 양보한다. • 후진하거나 출발하는 자동차에 주의한다. • 결코 트럭이나 다른 탈 것에 연결해서 타지 않는다. • 어두운 밤에는 자전거를 타지 않는다. • 너무 빨리 달리지 않는다. • 비에 젖어 있는 도로에서는 미끄러지지 않도록 주의한다. • 운전대에서 손을 떼어놓지 않는다. • 여러 명이 한꺼번에 타거나 친구들과 달리기 경주를 하지 않는다.

01

11 가정에서의 사고 예방

(1) 화재사고

화재를 막기 위해서 조심해야 할 사항	• 성냥불을 가지고 장난하지 않으며, 반드시 꺼진 것을 확인한다. • 전기를 이용하는 기구들은 올바른 사용법을 익힌 다음 사용하고, 일단 사용한 다음에는 뒤처리를 잘 해야 한다. • 가스나 휘발성 기름을 연료로 사용할 때에는 불을 완전히 끈 후 보충한다. • 잘 타는 물질을 불 옆에 두지 않는다.
화재가 났을 때	• 평소에 비상구, 비상계단, 소화기가 어디에 있는지 잘 알아둔다. • 창문을 여는 방향과 연기가 어디로 흘러가는지 살펴야 한다. • 질서 있게 행동한다. • 물건 등을 꺼내오려고 불이 난 건물로 다시 뛰어드는 것은 매우 위험하므로 삼가야 한다. • 연기가 차 있는 곳에서는 젖은 수건이나 손수건 등으로 코와 입을 가리고 낮은 자세를 취한다. • 높은 창이나 복도에서 아래로 피해야 하는 상황이라 무작정 뛰어내리지 말고 침착하게 소방대가 도착할 때까지 기다리는 것이 안전하다. • 많은 부위에 화상을 입었을 경우 즉시 응급처치를 받아야 한다.
소화기 사용	• 불에 가까이 가기 전에 소화기 포장을 찢어내고, 소화기 손잡이의 안전핀을 잡아당긴다. 그런 다음 소화기가 제대로 작동되는지 확인한다. • 가급적 불이 난 곳보다 낮은 곳에 있는 것이 좋다. 뜨거움을 피하기 위해 몸을 구부린 채 불에 너무 가까이 가지 말고, 언제든지 대피할 수 있는 길을 남겨두어야 한다. • 몸을 낮게 한 다음 곧 바로 소화기를 단단히 잡는다. 화염이 생기는 곳의 중심부를 겨냥하고 소화기를 작동시켜 청소하듯이 구석구석에 뿌린다. 예를 들어, 벽에 불이 타고 있으면 바닥에서 시작해서 위쪽 방향으로 구석구석 소화용 분말 등을 뿌려 준다.

(2) 전기사고 [2006 기출]

전기기구를 사용하기 전에 주의해야 할 점	• 제품을 구입할 때 주는 지침서를 주의 깊게 읽고, 읽은 다음에는 그것을 버리지 말고 잘 보관해 둔다. • 기구의 off(꺼짐)스위치가 있는지 확인한다. • 먼저 코드를 기구에 끼운 다음 플러그를 콘센트에 꽂는다. • 물기가 있거나 젖은 손으로 기구를 만지지 말아야 한다.
전기기구를 사용한 다음 주의해야 할 점	• 줄을 잡아당기는 것이 아니라 플러그를 잡고 뺀다. • 전기기구를 물에 씻지 않는다. • 플러그 또는 코드가 손상되어 합선되는지 잘 살핀다. • 전기기구와 코드가 분리될 수 있게 만들어진 것은 코드를 따로 떼어 보관한다.

전기사고를 막을 수 있는 방법	• 젖은 손으로 전기기구를 다루지 말아야 한다. • 텔레비전, 라디오의 안테나는 넘어져서 전선에 접촉되지 않도록 고정시킨다. • 콘센트 구멍에 다른 물건을 넣지 않는다. • 너무 많은 전기기구를 동시에 쓰지 않아야 한다. • 전기를 사용하지 않는데도 전기계량기가 작동하고 있으면 어디선가 누전되고 있다는 뜻이므로 확인하고 점검해야 한다.

(3) 승강기 안전사고

승강기 안전사고	• 사용방법을 철저히 익힌다. • 승강기 앞이나 안에서 장난을 치지 말아야 한다. • 승강기에 탈 수 있는 정원을 반드시 지킨다. • 비상정지 버튼은 필요할 때에만 만져야 한다.

04 아동학대

1 아동학대

정의	"아동학대란 보호자를 포함한 성인이 아동의 건강 또는 복지를 해치거나 정상적 발달을 저해할 수 있는 신체적 · 정신적 · 성적 폭력이나 가혹행위를 하는 것과 아동의 보호자가 아동을 유기하거나 방임하는 것을 말한다." → 적극적인 가해행위뿐만 아니라 소극적 의미의 단순 체벌 및 훈육까지 아동학대의 정의에 명확히 포함하고 있음	
아동복지법 제3조	아동	18세 미만인 사람
	보호자	친권자, 후견인, 아동을 보호 · 양육 · 교육하거나 그러한 의무가 있는 자 또는 업무 · 고용 등의 관계로 사실상 아동을 보호 · 감독하는 자
	아동학대	보호자를 포함한 성인이 아동의 건강 또는 복지를 해치거나 정상적 발달을 저해할 수 있는 신체적 · 정신적 · 성적 폭력이나 가혹행위를 하는 것과 아동의 보호자가 아동을 유기하거나 방임하는 것
	아동학대범죄란	다음 각 목의 어느 하나에 해당하는 죄를 말한다. 가. 「아동학대범죄의 처벌 등에 관한 특례법」 제2조 제4호에 따른 아동학대범죄 나. 아동에 대한 「형법」 제2편 제24장 살인의 죄 중 제250조부터 제255조까지의 죄
	피해아동	아동학대로 인하여 피해를 입은 아동

<table>
<tr><td rowspan="7">「아동학대 범죄의 처벌 등에 관한 특례법」 제10조 (아동학대범죄 신고의무와 절차)</td><td rowspan="3">신고기관</td><td colspan="2">누구든지 아동학대범죄를 알게 된 경우나 그 의심이 있는 경우</td></tr>
<tr><td>특별시 · 광역시 · 특별자치시 · 도 · 특별자치도(이하 "시 · 도"), 시 · 군 · 구(자치구)</td><td rowspan="2">에 신고할 수 있다.</td></tr>
<tr><td>수사기관</td></tr>
<tr><td>아동학대 신고의무자</td><td colspan="2">직무를 수행하면서 아동학대범죄를 알게 된 경우나 그 의심이 있는 경우에는 시 · 도, 시 · 군 · 구 또는 수사기관에 즉시 신고하여야 한다.</td></tr>
<tr><td colspan="3">• 아동권리보장원 및 가정위탁지원센터의 장과 그 종사자
• 아동복지시설의 장과 그 종사자
• 아동복지전담공무원
• 가정폭력 관련 상담소 및 가정폭력피해자 보호시설의 장과 그 종사자
• 건강가정지원센터의 장과 그 종사자
• 다문화가족지원센터의 장과 그 종사자
• 사회복지 전담공무원 및 같은 사회복지시설의 장과 그 종사자
• 성매매방지 지원시설 및 성매매피해상담소의 장과 그 종사자
• 성폭력피해상담소, 성폭력피해자보호시설의 장과 그 종사자
• 119구급대의 대원
• 응급의료기관등에 종사하는 응급구조사
• 육아종합지원센터의 장과 그 종사자 및 제10조에 따른 어린이집의 원장 등
• 보육교직원
• 유치원의 장과 그 종사자
• 아동보호전문기관의 장과 그 종사자
• 의료기관의 장과 그 의료기관에 종사하는 의료인 및 의료기사
• 장애인복지시설의 장과 그 종사자로서 시설에서 장애아동에 대한 상담 · 치료 · 훈련 또는 요양 업무를 수행하는 사람
• 정신건강복지센터, 정신의료기관, 정신요양시설 및 정신재활시설의 장과 그 종사자
• 청소년시설 및 청소년단체의 장과 그 종사자
• 청소년 보호 · 재활센터의 장과 그 종사자
• 「초 · 중등교육법」 제2조에 따른 학교의 장과 그 종사자
• 한부모가족복지시설의 장과 그 종사자
• 학원의 운영자 · 강사 · 직원 및 교습소의 교습자 · 직원
• 아이돌보미
• 취약계층 아동에 대한 통합서비스지원 수행인력
• 입양기관의 장과 그 종사자
• 한국보육진흥원의 장과 그 종사자로서 어린이집 평가 업무를 수행하는 사람</td></tr>
<tr><td>신고인 보호</td><td colspan="2">신고인의 인적 사항 또는 신고인임을 미루어 알 수 있는 사실을 다른 사람에게 알려주거나 공개 또는 보도하여서는 안 됨</td></tr>
<tr><td>신고 시 조사 또는 수사</td><td colspan="2">신고가 있는 경우 시 · 도, 시 · 군 · 구 또는 수사기관은 정당한 사유가 없으면 즉시 조사 또는 수사에 착수하여야 함</td></tr>
</table>

2 아동학대의 유형 [2014 · 2020 기출]

신체적 학대	• 양육자가 아동에게 의도적으로 신체적 손상을 입혀 고통을 주는 행위 • 찰과상, 열상에서부터 심한 신경적 외상과 사망에 이르기 까지 범위가 매우 광범위함
아동 방임	법적으로 아동의 안녕에 책임이 있는 부모나 양육자가 아동의 기본적 요구에 적절한 돌봄을 제공하는 것에 태만한 것
성적 학대	근친상간, 매춘, 강간, 성희롱 등의 행위를 설득, 강요하여 아동으로 하여금 성적으로 순종하도록 착취하는 행위 혹은 그와 유사한 행동
정서적 학대	부모나 양육자의 행동이나 소홀함으로 인해 아동에게 심각한 행동적, 인지적, 감정적 혹은 정신장애를 유발하는 것
아동복지법 제17조 금지행위	제17조(금지행위) 누구든지 다음 각 호의 어느 하나에 해당하는 행위를 하여서는 아니 된다. <개정 2014. 1. 28., 2021. 12. 21.> 1. 아동을 매매하는 행위 2. 아동에게 음란한 행위를 시키거나 이를 매개하는 행위 또는 아동에게 성적 수치심을 주는 성희롱 등의 성적 학대행위 3. 아동의 신체에 손상을 주거나 신체의 건강 및 발달을 해치는 신체적 학대행위 4. 삭제 <2014. 1. 28.> 5. 아동의 정신건강 및 발달에 해를 끼치는 정서적 학대행위(가정폭력에 아동을 노출시키는 행위로 인한 경우를 포함) 6. 자신의 보호 · 감독을 받는 아동을 유기하거나 의식주를 포함한 기본적 보호 · 양육 · 치료 및 교육을 소홀히 하는 방임행위 7. 장애를 가진 아동을 공중에 관람시키는 행위 8. 아동에게 구걸을 시키거나 아동을 이용하여 구걸하는 행위 9. 공중의 오락 또는 흥행을 목적으로 아동의 건강 또는 안전에 유해한 곡예를 시키는 행위 또는 이를 위하여 아동을 제3자에게 인도하는 행위 10. 정당한 권한을 가진 알선기관 외의 자가 아동의 양육을 알선하고 금품을 취득하거나 금품을 요구 또는 약속하는 행위 11. 아동을 위하여 증여 또는 급여된 금품을 그 목적 외의 용도로 사용하는 행위

3 학대 아동(방임, 신체, 성적 학대 포괄) 의심 시 취해야 할 중재 [2009 기출]

신고	아동학대를 알게 된 경우에는 즉시 시 군 구 또는 수사기관에 신고한다.	
학대증거확인	신체적 단서	영양불량 암시소견(가느다란 사지, 피하지방 부족), 불량한 개인위생, 타박상, 채찍자국, 화상, 열상 등
	행동적 단서	성인과의 신체적 접촉 경계, 둔하고 비활동적, 장기간 결석, 약물/알코올중독 등
아동보호	• 더 이상 학대받지 않도록 아동을 보호한다. • 아동보호국 담당자에 의뢰, 안식처로 옮겨지도록 하고, 사건 전 과정을 정확하게 기록해 둔다.	
아동을 지지	• 의료적 치료(응급처치)를 위해 병원에 보낸다. • 신체적 욕구와 발달과제 및 놀이에 관심을 갖고 있는 아동으로 대우한다. • 아동을 옹호, 지지 해주며, 치료적 환경을 조성한다.	
가족 지지	학대 아동과 학대 아동 부모와의 성공적인 치료적 관계 확립 도움, 개인적 편견을 배제, 부모역할에 대한 자신감을 부여(바람직한 훈육법 교육)한다.	
지지자원제공	• 복합적이고 다양한 봉사기관과 협력하여 적절한 지역의 지지자원을 제공한다. • 성적 학대를 당했다고 이야기하는 아동을 대할 때는 비록 그 이야기가 다소 일관성이 없더라도 조심스럽게 잘 들어주어야 한다(불안 때문에 완전히 털어놓지 못하기 때문).	
학대예방	• 부모 : 잠재적 학대자를 확인하고, 학대행위 발생 이전에 지지적 중재전략을 제공한다. • 아동 : 아동 스스로를 보호하도록 교육한다.	

4 신체적 학대 [2005 기출]

(1) 신체학대

정의	보호자를 포함한 성인이 아동에게 우발적인 사고가 아닌 상황에서 신체적 손상을 입히거나 또는 신체손상을 입도록 허용한 모든 행위
신체학대	• 구타, 폭력, 감금 등 아동의 신체에 직접적인 해를 입히는 행위 • 직접적으로 신체에 가해지는 행위(손,발 등으로 때림, 꼬집고 물어뜯는 행위, 조르고 비트는 행위, 할퀴는 행위 등) • 도구를 사용하여 신체를 가해하는 행위(도구로 때림, 흉기 및 뾰족한 도구로 찌름 등) • 완력을 사용하여 신체를 위협하는 행위(강하게 흔듦, 신체부위 묶음, 벽에 밀어붙임, 떠밀고 잡음, 아동 던짐, 거꾸로 매달음, 물에 빠트림 등) • 신체에 유해한 물질로 신체에 가해지는 행위(화학물질 혹은 약물 등으로 신체에 상해를 입히는 행위, 화상을 입힘 등)

신체학대 징후	• 설명할 수 없는 상처나 구타 자국 • 발생 및 회복에 시간차가 있는 상처 • 사용된 도구의 모양이 그대로 나타나는 상처 • 담뱃불 자국, 뜨거운 물에 잠겨 생긴 화상 자국 • 시간차가 있는 골절, 복합 및 나선형 골절 • 입, 입술, 치은, 눈, 외음부 상처 • 겨드랑이, 팔뚝 안쪽, 허벅지 안쪽 등 다치기 어려운 부위의 상처
행동징후	• 설명할 수 없는 상처나 구타자국 • 공격적이거나 위축된 극단적 행동 • 부모에 대한 두려움 • 집에 가는 것을 두려워 함 • 위험에 대한 지속적 경계 • 어른과의 접촉회피 • 다른 아동이 울 때 공포를 나타냄
학대아동의 경고지표	• 설명되지 않는 골절, 화상, 열상 등의 심각한 상처 • 심각한 상처(흔들린 아이 증후군 등)에 대한 아이 또는 부모의 일관성 없는 설명 • 요로감염의 높은 발병률: 외부생식기의 멍, 출혈, 부종 • 부모/양육자가 적절히 설명할 수 없는 많은 타박상 • 상처에 대한 지연된 치료 • 아동의 나이와 발달단계에서 흔치 않은 상처들(2개월 된 영아의 대퇴부 골절, 2세 아동의 어깨 탈골 등) • 치료되지 않은 흉터, 골절 등 보고되지 않은 이전의 상처들

(2) 의료기관을 내원 시 아동학대 예방 및 치료 지침서(2003)

피부변화	도구 모양, 시간차 상처, 입가의 상처	• 설명할 수 없는 상처나 구타 자국 • 발생 및 회복에 시간차가 있는 상처 • 사용된 도구의 모양이 그대로 나타나는 상처 보통 얼굴, 상처 혹은 엉덩이에 손자국 • 전신이나 허리띠 같이 일직선 모양으로 멍 자국이 나 있는 경우 • 손목이나 발목을 따라 돌면서 일직선으로 멍이 들은 경우 – 끈으로 묶어놓은 경우 • 양쪽 입가에 멍 – 입에 재갈을 채웠던 경우 • 입, 입술, 치은, 눈, 외음부 상처 • 겨드랑이, 팔뚝 안쪽, 허벅지 안쪽 등 다치기 어려운 부위의 상처 → 이런 자국의 멍은 각각의 시간단계에 따라 다른 것이 섞여 있는 경우가 많음

골절	나선형 골절	• 어린 연령의 골절은 반드시 학대와 연관지어 의심하여야 함 • 나선형 골절인 경우 상지나 하지를 억지로 비튼 경우 발생 • 걷지 못하는 영아인 경우 나선형 골절은 거의 생기지 않으므로 학대 의심
화상	담뱃불, 엉덩이 화상	• 담뱃불 자국, 뜨거운 물에 잠겨 생긴 화상 자국 • 허벅지 안쪽 부위에 담뱃불에 의한 화상의 흔적이 있는 경우 • 손이 데지 않는 상황에서 엉덩이와 회음부만 화상을 입는 경우는 특히 뜨거운 물에 아동의 배와 발을 잡고 엉덩이 부분을 집어 넣기 때문에 발생하는 유형이므로 아동학대에 의한 것으로 판단해야 함
안면부 외상	눈과 눈 주위	• 학대가 있었던 아동의 많은 수가 눈 주위의 부종이나 수정체 탈구, 망막 박리 및 출혈, 전방출혈, 결막 하 출혈, 안와 골절 등 • 구타에 의한 비 연골 골절, 반복적인 귀 외상으로 인한 고막천공 등
두부와 중추신경계 외상	경막하출혈	아동을 붙잡고 심하게 흔드는 경우 경막하 출혈 → 이때는 두개골 골절이나 다른 외상 없이 경막하 출혈만 생김
흉부와 복부 외상	장기파열	• 흉부외상에는 흔히 늑골골절이 생길 수 있음 • 복부에 구타가 가해지는 경우 내부 장기 파열이나 출혈 • 잘 설명되지 않는 여러 차례의 출혈이나 장관의 천공이 있는 경우가 많음
성학대로 인한 외상	요로생식기 감염	• 사춘기 이전의 아동에게 임질이나 매독, 클라미디아, 트리코모나스 포진 등으로 인한 질염, 요도염, 회음부 감염 • 요도나 회음부 열상, 타박상이 있다면 성 학대를 고려해 보아야 함

(3) 신체적 학대 의심 시 조치 [2005 기출]

신고	–
격리보호	의심이 가면 즉시 입원을 시켜 소아를 위험한 환경으로부터 격리, 보호하고 환자의 형제가 있다면 이들도 학대받지 않도록 배려해 주어야 한다.
간호관리	상해의 종류에 따라 적절한 간호관리를 수행하며, 계속적인 신체적 간호와 더불어 연령에 따른 감각적 자극 및 교육을 통해 발달적 요구를 충족시켜 준다.
옹호지지	옹호와 지지의 역할을 수행한다. 부모와 자녀에 대한 처벌 분위기보다는 치료 분위기를 만들어주며 따뜻하고 민감한 태도로 다룬다.
부모계획	부모를 위한 장기 중재를 계획한다. 부모가 충동을 조절할 수 있게 하며 신체학대의 대안을 제시하고 아동발달에 대한 지식을 증가시킨다.

5 정서적 학대

구분		내용
정의		아동에게 행하는 언어적 모욕, 정서적 위협, 감금이나 억제, 기타 가학적 학대행위를 말하며 언어적, 정서적, 심리적 학대를 말함(거절, 체면손상, 위협, 고립, 착취 등 적대적 · 거부적 정서반응)
정서학대	언어적 모욕	• 원망, 거부, 적대적 경멸적 언어폭력 • 아동에게 욕설을 퍼붓는 행위 • 원망적 · 거부적 언어를 사용하는 행위 • 아동에게 욕하거나 심하게 고함을 지르는 행위, 아동의 단점을 계속적으로 놀리는 행위 • 부모의 화풀이 대상이 되는 경우로 '나가서 죽어라' 등의 심한 욕설을 하는 행위
	정서적 위협	• 아동발달수준에 적절하지 않은 비현실적인 기대로 아동을 괴롭히는 행위 • 주위 친구, 형제 등과 비교 차별 편애하는 행위 • 가족 내에서의 왕따 행위 • 아동이 보는 앞에서 자주 부부싸움을 하거나 배우자를 폭행하는 행위 • 경멸, 모독감, 수치심을 주는 등 적대적이며 거부적인 태도를 취하는 경우 • 아동을 시설 등에 버리겠다고 위협하거나 짐을 싸서 집 밖으로 내쫓는 행위
	감금이나 억제	• 잠을 재우지 않는 행위 • 정서발달 연령에 감당하기 어려운 행위(감금행위, 약취 및 유인, 노동착취)
	기타 가학적 학대	• 발가벗겨 내쫓는 행위 • 미성년자 출입금지 업소에 아동을 데리고 다니는 행위
신체징후		• 발달 지연 및 성장장애, 성숙지연 • 신체발달 저하 • 언어장애
행동징후		• 특정 물건을 계속 빨고 있거나 물어뜯음 • 행동장애(반사회적, 파괴적 행동장애) • 정신신경성 반응(히스테리, 강박, 공포) • 극단행동, 과잉행동, 자살시도(자기 패배적이고 자해적 행동) • 약물/알코올 복용 • 낮은 자존감 • 낮은 학업성취도 • 친구나 또래집단과 교류가 없음 • 학교활동과 방과 후 활동이 없음

6 성적 학대

(1) 성학대 개념

구분	내용
정의	보호자를 포함한 성인이 자신의 성적 충족을 목적으로 18세 미만의 아동에게 행하는 모든 성적 행위
성적 학대	• 자신의 성적 만족을 위해 아동을 관찰하거나 아동에게 성적 노출을 하는 행위(옷을 벗기거나 벗겨서 관찰하는 등의 관음적 행위, 성관계 장면을 노출, 나체 및 성기노출, 자위행위노출 및 강요, 음란물을 노출하는 행위) • 아동을 성적으로 추행하는 행위(구강추행, 성기추행, 항문추행 등 신체부위를 성적으로 추행하는 행위) • 아동에게 유사성행위를 하는 행위(드라이 성교) • 성교하는 행위(구강성교, 성기성교, 항문성교) • 성매매를 시키거나 성매매를 매개하는 행위
신체적 징후	• 질 내 정자의 존재, 성병 감염, 임신 • 걷거나 앉는 데 어려움 • 외생식기, 항문, 구강, 인두에 타박상, 출혈, 열상, 자극의 흔적 • 찢기거나 손실된 처녀막 • 질에 생긴 상처나 긁힌 자국, 홍진 • 항문 주변의 멍이나 찰과상 • 회음부의 동통과 가려움, 배뇨 시 통증, 생식기 부위 부종, 소양증 • 반복되는 요로 감염, 걷거나 앉는 데 어려움, 임신
행동적 징후	• 나이에 맞지 않는 성적 행동(지나친 자위행위, 노골적인 유혹행동) • 강박적인 자위행위, 타인과 성적인 상호관계 • 명백하게 성적인 묘사를 한 그림들 • 위축, 환상, 유아적 행동(퇴행적 행동 – 오줌 싸기, 엄지손가락 빨기) • 혼자 있기를 거부 또는 외톨이 • 특정 유형 사람들 또는 성에 대한 두려움 • 자기파괴적 행동(자살시도), 비행, 가출 • 수면장애, 배설장애, 섭식장애
가해자가 아동에게 성적 행동을 강요하는 방법	• 아동에게 선물을 제공하거나 특권을 부여함 • 성인은 아동에게 '해도 괜찮다'는 것을 강조하여 도덕적 기준에 대한 거짓말을 함 • 정서적으로 고립되거나 가난한 아동들은 온정적이며 인간적인 접촉 요구를 만족시켜주는 성인들에게 쉽게 유혹됨 • 아동에게 '우리 둘만이 아는 비밀'임을 강조하고, 비밀을 지키도록 압력을 행사함 • 가해자는 아동에게 남에게 성적 학대 사실을 말하면 보복이나 가족으로부터 배척당하게 될 것임을 강조함으로써 두려움을 조장함

(2) 성학대 예방 전략(중앙아동보호전문기관) [2010 기출]

지식습득	• '성학대가 무엇인가?' 알려준다. • 수영복을 입으면 가려지는 부분은 다른 사람에게 함부로 만지게 하거나 보여주지 말라고 알려준다. • '부당하게 취급받았을 때, 즉시 믿을 만한 어른에게 이야기하고 숨기지 말라.'를 가르친다.
접촉구별	• '괜찮은, 적절한 접촉'과 '안 되는, 부당한 접촉'을 구별하여 부당한 접촉은 거부하도록 가르친다. • 친족 강간의 경우 평소에 친분이 두터운 '좋은, 괜찮은 사람'으로부터 접촉으로 일어날 수 있기 때문에 접촉을 구별하도록 가르치는 데 어려움이 있다.
피하기	피하는 행동전략("싫어요" 라고 말한다. → 피한다. → 다른 어른에게 이야기한다.)을 습득시킨다.
자기주장	• 자기주장 훈련을 시킨다. • 스스로 행동 전략이나 판단을 주장할 수 있도록 가르친다.

7 방임

(1) 방임의 의미

방임	보호자가 아동에게 위험한 환경에 처하게 하거나 아동에게 필요한 의식주, 의무교육, 의료적 조치 등을 제공하지 않는 행위를 말하며, 유기란 보호자가 아동을 보호하지 않고 버리는 행위	
물리적 방임	의식주를 제공하지 않는 행위	• 부적절한 식사(아침, 점심은 시리얼, 저녁은 없음) • 낡고, 더럽고, 연령에 맞지 않고 몸에 잘 맞지 않는 옷 • 건강관리 유지의 노력이 없음(예방접종, 정기검사) • 감독 소홀, 부적절한 한계 설정(5세 아동에게 밤 11시까지 놀도록 허락함)
	불결한 주거환경 (위험한 상태에 그대로 방치)	• 부적절한 집(난방이 안 되는 방, 물이 안 나오거나 배수시설이 적절하지 못함) • 부적절한 수면환경(여아가 오빠와 같이 자는 것) • 구조적/전기적/화재의 위험(안전하지 못한 전기노출) • 물 온도 위험(온도가 너무 높음)
교육적 방임	• 아동을 학교에 보내지 않거나 무단결석을 허용함 • 특수교육이 필요한 아동에게 특수교육을 제공하지 않음 • 학교 준비물을 챙겨주지 않음	
의료적 방임	아동에게 필요한 의료적 처치 및 개입을 하지 않는 행위 • 예방접종을 제때에 하지 않거나 필요한 의료적 처치를 소홀히 함 • 태아기에 약물 및 알코올에 노출시킴	

유기	• 아동을 보호하지 않고 버리는 행위 • 아동의 출생신고를 하지 않는 행위, 보호자가 아동을 가정 내 두고 가출한 행위 • 아동을 시설근처에 두고 사라진 경우 • 보호자가 친족에게 연락하지 않고 무작정아동을 친족집 근처에 두고 사라진 경우

(2) 신체적 방임의 신체적 단서, 행동적 단서

신체적 단서	• 성장장애 • 영양불량을 암시하는 소견: 가느다란 사지, 복부팽만, 피하지방 부족 • 불량한 개인 위생: 치아 위생 불량 • 지저분하고 부적절한 옷차림 • 불량한 건강관리의 증거: 예방접종을 받지 않음, 감염에 대한 치료를 받지 않음, 잦은 감기 • 감독이나 관리소홀로 인한 빈번한 손상
행동적 단서	• 둔하고 비활동적: 지나치게 수동적이거나 기면상태 • 스스로를 자극하는 행위: 손가락 빨기, 머리 흔들기 등 • 음식을 구걸하거나 훔치기 • 장기간의 결석 • 약물중독이나 알코올 중독 • 만행을 저지르거나 좀도둑질을 함

8 학대 아동을 위한 간호계획

학대 아동을 위한 간호계획	• 간호사는 먼저 아동학대에 대한 스스로의 가치와 태도를 분명히 해야 한다. • 옹호와 지지의 역할을 수행한다. → 부모와 자녀에 대한 처벌 분위기보다는 치료분위기를 만들어주며 따뜻하고 민감한 태도로 다룬다. • 상해의 종류에 따라 적절한 간호 관리를 수행하며, 계속적인 신체적 간호와 더불어 연령에 따른 감각적 자극 및 교육을 통해 발달적 요구를 충족시켜 준다. • 부모를 위한 장기 중재를 계획한다. → 부모가 충동을 조절할 수 있게 하며 신체학대의 대안을 제시하고 아동발달에 대한 지식을 증가시킨다. • 복합적이고 다양한 봉사기관과 여러 건강기관과 협력하여 적절한 지역의 지지자원을 제공한다.
학대 아동 예방을 위한 간호수행	• 학대의 위험성이 있는 가족을 대상으로 지지적인 간호를 수행한다. 예를 들어 10대 부모, 미혼모, 낮은 사회적 · 경제적 수준의 초산모 등은 위험성이 높은 집단이므로 임신기간과 분만 후 가정 방문을 통한 교육과 지지를 제공한다. • 병원에서의 산전교육, 육아 클리닉에서의 상담과 지지 등은 아동학대를 예방할 수 있는 좋은 중재가 된다. • 아동이 자신을 보호할 수 있도록 교육시키는 것이 필요하다.

<table>
<tr><td rowspan="2">아동학대 예방법</td><td>가해자(어른)의 경우</td><td>• 화가 나서 학대 또는 폭력의 충동을 느끼는 경우 심호흡을 여러 번 하고 30초간 숫자를 헤아린다.
• 자녀에 대한 지나친 기대보다는 기대수준을 현실적으로 맞추는 노력이 필요하다.
• 항상 화목한 가정을 위해서 가족구성원이 노력한다.
• 아동 양육이 힘들 때는 친척이나 주위 사람들에게 도움을 요청하도록 한다.
• 알코올중독이나 약물중독에 빠지지 않도록 대화를 자주하고 고민에 대해서도 의논할 수 있는 가정 분위기로 가꾼다.
• 심한 스트레스를 받거나 욕구충족이 되지 않고 고민스러울 때는 전문가에게 상담을 요청한다.</td></tr>
<tr><td>피해자(아동)의 경우</td><td>• 학대의 현장에서 도망친다.
• 크게 울거나 싫다고 소리를 지른다.
• 잘 모르는 사람은 따라가지 않는다.</td></tr>
<tr><td>아동학대 예방의 중요성</td><td colspan="2">• 아동학대는 어린이를 죽일 수 있다.
• 아동학대는 아동에게 상처를 준다.
• 학대받은 아동은 자신에 대해 무가치하게 느낄 수 있다.
• 아동학대는 신뢰를 파괴한다.
• 학대 행동은 다른 세대로 전수된다.
• 아동학대는 지역사회에 비용을 부가한다.
• 아동학대의 예방이 치료보다 훨씬 좋다.
• 아동학대 예방프로그램은 효과가 있다.
• 아동학대의 예방은 우리 사회의 다른 문제들을 감소시킬 것이다.
• 아동학대 예방에 대한 헌신은 사회의 성숙을 나타내는 증표이다.</td></tr>
</table>

MEMO

출제경향 및 유형 (청소년 성장 발달)

1992학년도	
1993학년도	성 역할이나 성 유형이 뚜렷해지는 시기
1994학년도	
1995학년도	
1996학년도	
1997학년도	
1998학년도	초등학교 고학년 학생의 성장발달 과정에 나타나는 특징, 약물남용의 1차 예방법
1999학년도	자살예고행동, 자살위험사정, 자살예고 행동단서, 자살위험 정도의 사정
후 1999학년도	중학생(12~15세)의 프로이드, 에릭슨, 피아제의 발달단계, 흡연이 인체에 미치는 기관별 영향, 약물남용 학생의 행동적 특성
2000학년도	'흡연이 청소년에게 미치는 영향'의 교육내용, 청소년흡연이 특히 나쁜 이유
2001학년도	청소년기 발달과업 5가지, 발달과업 성취를 위한 중재내용 3가지, 니코틴 의존도가 높은 사람의 특성 3가지
2002학년도	청소년기 가족 발달과업, 우울증의 간호중재, 우울 증상을 해결하기 위하여 가족적 접근 외에 할 수 있는 간호중재
2003학년도	학생의 폭력 피해 징후 – 신체적, 정서적, 사회적 측면에서 5가지
2004학년도	집단 따돌림의 학교 대책방안
2005학년도	신경성 식욕부진증 증상과 간호중재
2006학년도	청소년 초기의 자기중심적 사고 – 상상적 청중(imaginary audience)과 개인적 우화(personal fable), 거식증의 진단 기준
2007학년도	
2008학년도	청소년의 주요한 자살 심리
2009학년도	성폭력, 공황장애, 자살 위험도를 사정
2010학년도	성학대 예방교육, 1형당뇨병 부모교육, 물질남용의 물질의 이해교육, 틱, 뚜렛장애, 렛트 장애, 품행장애, 반항성 장애, 자살증상 판단 후 자살 예방간호, 에릭슨이 제시한 심리 사회발달의 특성
2011학년도	신경성 식욕부진증과 신경성 폭식증의 증상비교, 프로이드, 콜버그 및 피아제의 이론에 근거한 행동특성별 발달단계
2012학년도	폭력 잠재성 위험을 가진 학생의 간호, 약물중독 관련 용어(오용, 내성, 의존, 금단증상)
2013학년도	가성 성조숙증
2014학년도	저신장증, 태너의 성적 성숙단계
2015학년도	
2016학년도	
2017학년도	신경성 식욕부진증의 진단 및 대처방법
2018학년도	
2019학년도	자살의 유형, 위험요인, 중재, 태너의 성적 성숙단계
2020학년도	섭식장애의 유형(신경성 식욕부진증, 신경성 폭식증)
2021학년도	
2022학년도	적대적 반항장애, 품행장애, 카페인 중독
2023학년도	

Chapter

03 청소년 성장 발달

01 청소년기 발달 특성

1 아동기에서 성인기로 전환하는 과도기

학자명	구분	특성
프로이트	청년	모든 본능적인 욕구의 부활이 이타적 사랑에 대한 성숙된 능력을 향해 움직이길 갈망(성에너지의 재활성화, 자아, 초자아, 이드 간의 성인적 균형)한다.
안나 프로이트	청소년	청소년 전기는 신체적으로 유도된 청소년기의 변화를 위한 심리적 준비상태로서의 청소년기와는 다르다. 억압된 prooedipal과 oedipal의 갈망은 부분적인 대상, 욕구충족, 객관적인 대상의 양가감정형태로 환원된다.
에릭슨	청소년(13~18세)	빠르게 변화하는 모호한 시기. 자신의 정체성을 지속하고 자신의 변화를 통합하는 시기로서 정체감 대 역할혼돈이 있다.
	청년	자기가 누구인지를 알고 다른 사람과의 관계를 통해 친밀감을 느끼는 시기로서 친밀감 대 고립감이 있다.

2 청소년기의 신체적 성장

급격한 성장 관련 호르몬	• 대사촉진과 혈압에 영향을 주는 갑상선 자극 호르몬 • 신장과 사지의 성장을 자극하는 성장 호르몬 • 남녀 간 성적 차이와 관련된 부신피질 호르몬	
청소년의 성장속도	신장	여자 청소년의 신장 성장속도의 절정기(PHV)는 남자 청소년보다 18~24개월 빠르다.
	몸무게	여자 청소년의 연평균 몸무게 성장속도의 절정기(PWV)는 남자 청소년보다 작다.
	남자	• 남자 청소년은 연평균 PWV와 PHV가 일치한다. • 신체적 성장이 균형과 조화를 잃게 된다. → 신장의 급성장이 일어난 12~14개월 후에 근력이 증가하게 되거나 몸통 근육의 성장과 상·하지 근육의 성장이 조화를 이루지 못하여 세련미가 없고 청소년 자신도 부정적 신체상을 갖거나 자아존중감이 저하된다.
	여자	여자 청소년의 몸무게는 신장의 성장과 일치하지 않아 신장이 성장한 6~9개월 후에 몸무게가 성장한다.

3 청소년에게 나타나는 성적 변화

<table>
<tr><td>남자</td><td colspan="3">• 고환과 음경이 11~15세 사이에 성숙하기 시작, 청소년 후기에 완전 성숙된 정자와 남성 호르몬이 분비된다.
• 성대가 굵어지고 낮은 목소리를 내게 된다.
• 음경 기저부에 치모가 나서 착색, 액와, 코밑, 팔, 다리에 체모가 난다.
• 피지선의 분비가 활발하여 지성피부가 되어 여드름이 생긴다.
• 아포크린 한선의 발달로 남성적 체취를 풍기게 된다.
• 밤에 야간몽정이 나타난다.</td></tr>
<tr><td rowspan="5">여자</td><td>성장속도↑</td><td colspan="2">남자 청소년보다 신장 성장속도가 빠르다: 신장 성장속도가 동년배 남자 청소년보다 빠르므로 큰 키를 감추기 위해 고개를 숙이거나 몸을 움츠려 체형이 변하기도 하고 교우관계가 원만하지 못할 수 있다.</td></tr>
<tr><td>지방분포↑</td><td colspan="2">지방의 분포가 많아진다: 청소년 초기에 체지방 증가하여 비만감을 느끼고, 비만을 해결하기 위해 무절제한 다이어트를 하므로 건강 문제를 야기한다.</td></tr>
<tr><td>성적 변화</td><td colspan="2">성적 변화가 일어난다: 여성다움에 대한 만족감을 느끼면서, 그 시대의 사회규범, 유행에 맞추려는 노력을 한다.</td></tr>
<tr><td>유방 성숙</td><td colspan="2">자신의 성숙함과 여성다움 의미, 자아정체감 형성에 도움을 준다.</td></tr>
<tr><td>초경</td><td colspan="2">자신의 생리현상에 대하여 긍정적 느낌과 부정적 느낌이 혼합된 양가감정으로 반응한다. 긍정적 느낌은 자신의 성숙에 대한 자부심과 여성감에 대한 확신을, 부정적 느낌은 생리로 인한 불편감과 당혹감을 반영한다.</td></tr>
<tr><td rowspan="8">청소년의 신체적·생리적 발달 특징 [2000 기출]</td><td>체중과 신장</td><td colspan="2">갑작스럽게 키가 커지게 된다(제2의 발육 급진기).</td></tr>
<tr><td>신체균형</td><td colspan="2">근골격계가 빨리 자라 자세가 나빠지고 보기에 어색하다.</td></tr>
<tr><td>치아발달</td><td colspan="2">영구치의 숫자가 늘어난다. 부비동의 급속한 발달로 코 부위가 성장하여 얼굴이 변형된다.</td></tr>
<tr><td>피부</td><td colspan="2">피지분비가 왕성해져 여드름이 생기고, 혈관운동 불안정으로 갑자기 얼굴이 붉어진다.</td></tr>
<tr><td>심맥관계</td><td colspan="2">심장과 폐의 성장이 다른 부위보다 느려 산소공급이 원활하지 못해 쉽게 피로감을 느낀다.</td></tr>
<tr><td rowspan="3">생리적 발달</td><td colspan="2">이차성징의 발현 [2000 기출]</td></tr>
<tr><td>소년</td><td>• 테스토스테론과 안드로겐
• 성기가 커짐, 가슴이 넓어지고 어깨가 넓어짐, 목소리의 변성, 정자 생산, 몽정, 음모, 성욕과 성적 충동의 증가</td></tr>
<tr><td>소녀</td><td>• 에스트로겐
• 골반이 넓어짐, 유방의 발달, 질 분비물의 변화, 치부와 액와의 털, 월경(음모 발생 후 액와모 발생 전)</td></tr>
</table>

4 1차 · 2차성징

(1) 1차성징과 2차성징

일차성징 (primary sex character)	생식기능을 수행하는 내외부 기관을 말함. '아들이냐 딸이냐'가 결정되는 남녀의 성징
이차성징 (secondary sex character)	호르몬 변화의 결과로 신체전반에 일어나는 변화

(2) 2차성징

<table>
<tr><th></th><th colspan="2">여자</th><th>남자</th></tr>
<tr><td>FSH</td><td colspan="2">난소여포과 에스트로겐 생산을 자극</td><td>정자생성과 정세관 성숙</td></tr>
<tr><td>LH</td><td colspan="2">배란, 황체형성역할</td><td>고환성숙, 테스토스테론의 생성</td></tr>
<tr><td rowspan="2">성 호르몬</td><td>에스트로겐</td><td>프로게스테론</td><td>테스토스테론</td></tr>
<tr><td>• 유방발달
• 색소침착: 유두, 음부, 겨드랑이
• 체모, 음모발달
• 생식기관 성장: 질, 자궁, 난소
• 골단 성숙: 장골성장 억제 → 초경 후 2/3년 후 키 멈춤</td><td>• 모성호르몬
• 황체에서 생성
• 태아 착상: 임신 지속</td><td>• 남성호르몬
• 생식기계 성장과 발달촉진: 신장, 체중 증가
• 골단 성숙 자극: 장골의 성장 억제
• 남성 고유의 체격 형성</td></tr>
<tr><td rowspan="2">안드로겐</td><td colspan="2">액와의 체모발달과 음모발달</td><td>고환에서 테스토스테론으로 전환</td></tr>
<tr><td colspan="3">피지선 발달: 여드름</td></tr>
</table>

5 청소년의 신체적 건강문제

건강문제	• 두통, 복통 등으로 인한 신체적 불편감, 감기, 편도선염으로 인한 신체적 허약감을 느낀다. • 심장의 성장발달에 비해 혈관의 성장속도가 느리기 때문에 혈압이 상승하여 심장압박으로 인한 긴장감과 피로감을 호소하기도 한다. • 피지 분비의 증가로 인해 여드름이 분비된다. → 이는 급속한 신체의 성장, 불규칙한 식사, 위생(청결)의 부족과 학교, 교우, 사회생활에서 겪는 갈등, 좌절, 스트레스 등이 원인이 될 수 있다.
건강문제 해결간호	• 청소년기의 신체적, 정신적 발달속도가 빠르고, 신진대사와 식욕이 증가하여 항상 공복감을 느낀다. – 여자 청소년들의 경우 자신의 신체상에 관심이 지나쳐 특히 비만에 예민하여 식사절제로 인해 오히려 영양결핍이 문제가 될 수 있다. • 청소년들은 급성기에 있으므로 일반적으로 성인보다 많은 양의 영양을 섭취해야 한다. • 일일 칼로리, 단백질, 칼슘, 비타민 D를 충분히 섭취해야 한다. • 남자 청소년은 비타민 B 섭취를 증가한다. → 에너지 대사와 근육발달에 도움이 된다. • 여자 청소년은 생리가 시작된 후 철분의 섭취량을 증가한다. • 균형 있는 운동과 휴식이 필요하다. – 남자 청소년: 육체적 능력을 기르고 자신의 남성다움을 과시할 수 있는 활동에 관심이 많아 농구, 축구, 야구 등 에너지 소모가 많은 스포츠 또는 자동차와 기계를 다루는 일에 참여하고자 한다. – 여자 청소년: 전통적으로 요리, 청소, 바느질 같은 가사기술과 기능에 흥미를 가져왔으나 산업 정보화시대가 되면서부터는 여성의 남성영역에서 활동도 증가, 활동에 대한 성 차이가 줄어들고 있다. • 성인들과 달리 청소년들은 자기가 좋아하는 일에 대해서는 휴식을 포기하고 활동에 몰입하므로 생활계획표에 따라 활동하는 습관을 갖도록 도와준다. • 운동 후에는 피부나 치아 등을 청결히 하는 위생습관을 갖도록 도와준다.

| 학령기와 청소년기의 발달특성 비교 |

구분	학령기	청소년기
신체적, 생리적 발달 특징	• 체중과 신장: 신장의 증가가 체중의 증가보다 느림 • 신체균형: 골 성장이 근육성장보다 빨라 성장통이 발생 • 치아발달: 유치가 빠지고 영구치가 발아 • 신경계: 지능이 거의 발달, 12세경 성인의 95% 뇌중량 • 시력: 6세경 거의 완성, 양안시 • 청력: 6세경 거의 완성 • 면역계: 면역계가 성숙하여 감염이 국소화, 편도 아데노이드는 7세까지 성장 • 생리적 발달: 성적 중성기, 10세부터 남여 신체 발달이 현저히 분화	• 체중과 신장: 갑작스럽게 키가 커지게 됨, 제2의 발육 급진기 • 신체균형: 근골격계가 빨리 자라 자세가 나빠지고 보기에 어색 • 치아발달: 영구치의 숫자가 늘어남 • 피부: 피지분비가 왕성해져 여드름이 생기고 혈관운동 불안정으로 갑자기 얼굴이 붉어짐 • 심맥관계: 심장과 폐의 성장이 다른 부위보다 느려 산소공급이 원활하지 못해 쉽게 피로감을 느낌 • 생리적 발달 – 이차성징의 발현 – 소년: (테스토스테론과 안드로겐에 의해) 성기가 커짐, 가슴이 넓어지고 어깨가 넓어짐, 목소리의 변성, 정자 생산, 몽정, 음모, 성욕과 성적 충동의 증가 – 소녀: (에스트로겐에 의해) 골반이 넓어짐, 유방의 발달, 질 분비물의 변화, 치부와 액와의 털, 월경(음모 발생 후 액와모 발생 전)
정서 발달	자신과 주위 환경을 조절하는 능력을 가지므로 부모에게 전적으로 의존하지 않음. 문화, 규범, 허용된 사회적 행위를 배움. 강한 자기중심적 성향을 탈피하여 감정이입을 배우고 도덕적 판단이 상당히 진보	제2의 반항기, 가면우울, 동일시와 자기주체성을 형성하는 시기. 변화하는 신체상에 자아의식을 통합하기 위해 몸을 청결히 하고 치장하는 데 많은 시간을 보냄. 집단의 주체의식을 느끼고 동년배 영향을 많이 받고 부모의 권위에 도전
사회적 발달	학교생활을 통해 광범위한 사회관계를 발전, 교사의 영향을 많이 받음. 동성친구와의 관계가 깊어짐	이성에 대한 관심, 1~3명의 동성친구들과 긴밀한 우정을 갖게 됨. 집단의 협동이나 규칙을 준수, 자아정체감의 수립으로 광범위하고 탈중심화된 당당한 인격체

Freud의 성적 발달	• 성적으로 고요한 시기, 잠복기 • 특정장기에 성적욕구나 쾌감을 갖지 않는 시기 • 자신의 성역할을 익히며 성적 본능을 억제	• 성 발달단계의 최종시기인 생식기, 성적 주체성을 인식하고 역할을 인식, 이성에 관심 • 이차성징의 발현 • 성적행동에 영향을 주는 요인은 가치관과 윤리관으로 이의 재정립을 위한 성교육이 필요
Erickson 정서적 발달	• 근면성의 발달기로 생산적인 일에 몰두하는 한 인간의 기초를 형성 • 실패 시 열등감의 형성 • 자신이 하는 일에 대해 끝까지 이를 달성하도록 함 • 개인적 성취와 친구와의 상호작용으로 지배력 달성	• 자아정체감 확립의 시기, 실패 시 역할혼돈, 정체감 확립을 위해 동료와 어울림 • 동일시 대상을 찾으려 하며 영웅을 숭배, 부모의 권위에 도전, 비판적
Piaget 인지적 발달	➲ 구체적 조작기 사물을 상대적으로 이해, 탈중심화, 보존개념과 가역성의 이해, 서열화, 부분과 전체의 개념의 발달	➲ 형식적 조작기 가설을 설정하고 이론을 정립하며 가정할 수 있는 능력이 발달, 연역적 추론의 가능, 어휘력과 언어의 발달이 급속도로 진전, 은어와 특수어의 사용
Kohlberg 도덕성 발달	• 인습수준의 도덕성 발달 시기 – 3단계: 대인관계의 조화를 위한 착한 소년, 소녀 지향 – 4단계: 사회질서와 권위 지향 • 특성 – 가정, 집단, 국가의 기대 자체가 도덕 판단의 기초가 됨 – 도덕 판단은 다른 사람들의 인정, 가족의 기대, 사회의 법, 국가에 대한 충성에 근거함 – 사회규율이나 관습에 맞는 행동을 하며, 권위적인 인물을 승인을 유지하고, 사회적 질서를 유지하는 행동을 도덕적이라고 판단하는 단계	• 후 인습수준의 도덕성 단계 – 5단계: 사회적 지향단계 – 6단계: 보편적 윤리지향 • 특성 – 공통의 기준이나 권리 및 의무에 따라 행동 – 민주적 방식으로 도출된 사회적 계약에 의해 결정된 행동을 함 – 보편적 도덕적 원리가 행위의 도덕 판단의 기준이 됨 – 법은 사람을 충족시키면 언제든지 변경할 수 있다고 생각함 – 선과 권리는 개인적 양심의 문제라고 생각함 – 보편적 원리에 입각한 인간의 존엄성과 정의를 원칙으로 하는 행동

6 청소년의 인지지각 발달특성(피아제 이론)

(1) 형식적 조작기

추상적 사고	• 추상적인 사고가 가능하다. • 자유연상, 즉 실존현상뿐만 아니라 상상세계에 대해서도 논리적 생각을 전개하고 개념을 상호교환 한다. • 행동하기 전에 가능성을 상상할 수 있다. • 현재에만 국한되지 않고 과거 회상, 미래의 가능성을 추상화하므로 미래 성인으로서의 역할이나 계획, 생의 목적수립 등이 가능하다. • 미래에 대해 이상을 가지며 계획을 세우기도 한다. • 형식적 조작기에 도달한 청소년은 추상적, 미래 중심적, 자기 반성적인 사고가 가능해져 급격한 신체적 · 심리적 변화에 잘 적응, 새로운 마음을 가질 수 있게 된다.
가설 검증 능력	• 현실이 아닌 가설적 상황을 이해할 수 있다(가설 검증 능력). • 구체적 사물을 넘어 상징화하고 가설적인 범위로까지 사고를 확장, 추상화한다. • 가설로부터 추론을 이끌며 가설을 검증하기 위한 계획을 설명하고 이를 체계적으로 검증하여 그 결과를 해결할 수 있다. • 한 문제에 대하여 여러 가지 생각을 동시에 할 수 있고 추상적인 것도 이해할 수 있다. • 청소년들은 현재, 이 장소에 구애되지 않은 문제들도 다룰 수 있게 된다. • 다른 사람들이 그들에게 부과한 법칙에 대해서 의문을 가지며 논란을 일으킬 수도 있다(가설적인 연역적 추리 가능).
논리적인 연역과 귀납이 가능	인과관계나 추상적인 언어 활용을 다룰 수 있다.
상대적이고 다차원적 사고	조합적 사고로 체계적 진술이 가능하다.
추리력	명제적 논리를 다룰 줄 알고 비유를 이해하며 사고에 관한 추리력을 갖는다.

(2) 형식적 조작기의 새로운 개념적 기술

변수 조작	청소년은 두 가지 이상의 변수를 동시에 조작할 수 있다. 예 여행을 계획하는 데 있어 속도, 거리, 시간 사이의 관계를 고려할 수 있다.
미래변화	청소년은 미래의 변화에 대해 생각할 수 있다. 예 그들은 10년쯤 지나서 자신과 부모의 관계가 매우 달라질 것이라는 것을 깨닫는다.
가설	청소년은 발생 가능한 사건의 논리적 순서에 대해 가설을 세울 수 있다. 예 대학과 직업을 선택하는 데에 있어서 학교 성적이 얼마나 중요한지를 예측할 수 있다.

직업선택	청소년은 자신의 행동의 결과를 예측할 수 있다. 자신이 낙오되면 직업선택의 가능성이 줄어든다는 것도 알 수 있다.
진술 능력	청소년은 어떤 진술에 대하여 논리적 일관성 여부를 가려낼 수 있는 능력이 있다. 예 '모든 사람은 법 앞에서 평등하다'와 같은 말과 높은 지위를 가진 범법자에 대한 대통령의 사면 같은 일 사이의 분명한 모순을 보게 되면 혼란을 느낀다.
사고 능력	청소년은 자기 자신과 세상에 대하여 상대론적 방식으로 사고할 수 있다. 그들은 자신이 살고 있는 사회의 규범과 문화 때문에 일정한 방식으로 행동할 것을 기대받고 있다는 것도 안다. 또한 다른 문화에서는 다른 규범이 같은 행동을 기대할 수 있다는 것을 알아서 자신과 타문화 사람들을 객관적으로 이해할 수 있고 수용할 수 있게 된다.

7 청소년기 자기중심적 사고 [2006 기출]

특징	청소년들은 자신이 중요하고 가치 있다고 여기는 관념의 세계와 타인의 관념을 구분하지 못한다. 따라서 청소년들은 자신은 특별한 존재라는 청소년기 특유의 독특성에 대한 착각에 빠져들게 되며 자신이 우주의 중심이 된다고 믿을 만큼 강한 자의식을 보이게 된다. 이러한 경향은 11~12세에 시작하여 15~16세경에 정점을 이르다가 청소년들이 다양한 대인관계의 경험을 통해 자신과 타인에 대한 객관적인 이해가 이루어지면서 서서히 사라지게 된다. 청소년기 자기중심성(Elkind)은 다음의 세 가지 특징적 행동으로 나타난다.
개인적 우화	• 자신은 특별하고 독특한 존재이므로 자신의 감정이나 경험세계는 다른 사람과 근본적으로 다르다고 믿는 것이다. • 청소년기 자신의 독특성에 대한 비합리적이고 허구적인 관념을 지칭한 것이다. 개인적 우화는 청소년들의 자기 과신에서 비롯되고, 현실 검증 능력이 생기면서 자신과 타인의 실체를 객관적으로 인식하고 타인과의 친밀한 관계를 정립하게 되면 사라진다.
상상적 청중	• 과장된 자의식으로 인해 자신은 타인의 집중적인 관심과 주의의 대상이 되고 있다고 믿는 것이다. • 이로 인해 청소년들은 상상적 청중을 즐겁게 하기 위해 많이 애쓰고 힘들어하며, 타인이 눈치 채지도 못하는 작은 실수로 번민하기도 한다. • 상상적 청중 척도에서 높은 점수를 보이는 청소년들은 부정적인 자아개념을 갖는 경향이 높으며, 자아존중감과 자아 발달 단계가 낮다. 이성과의 교제경험이 있는 청소년이 상상적 청중 경향이 낮다는 보고가 있다.
이상주의적 경향	기성세대가 확립한 가치관이나 사회제도의 모순을 지적하면서 개혁을 주장하고, 사람들의 다양한 견해를 존중함 없이 자신의 요구만을 관철시키려 하여, 자신의 생각을 검증해 볼 기회를 갖지 못하는 청소년들의 편협한 이상주의적 경향을 갖기도 한다.

특징	정의	임상적인 예
현실성과 가능성	장래에 가능성 있는 것에 대해 심사숙고한다.	"나는 간호사가 되기를 원한다. 그래서 다른 이들을 돕고 싶다."
청소년기의 자기중심적 사고	다른 사람의 관심과 그들의 관심이 다른 것을 구분하지 못한다.	무도회 때 여드름 때문에 청소년들은 충격을 받는다. 부모들은 위안하는 데 많은 시간을 보낸다.
명제적 사고	그들 자신의 사고를 분석할 수 있다.	"나는 의사가 들어와서 그 다음 무엇을 할지를 모르기 때문에 내 방에 의사가 들어오면 초조해진다."
상징주의	추상과 이론적 개념을 이해한다.	청소년은 외과수술 전에 신부가 방문해서 기도해주기를 요구한다.
결합적 사고	결과에 영향 주는 많은 요소들을 심사숙고한다.	청소년은 간호사의 적당한 투약시간과 매일의 식이요법에 대해 검토한다.
가설연역적 사고	이론을 이끌어낼 수 있다.	청소년은 자기의 외과적, 내과적인 관리의 장단점에 관하여 의사들과 토의한다.
연관성 사용	기본적으로 서로 유사하고 다른 단계를 도출해낸다.	당뇨병에 대한 경험을 나누고 역할모델로서 그것에 관련된 것을 지시함으로써 동료들과 관계를 유지한다.
객관성	객관적으로 상황을 사정한다.	간호사에게 외과적인 것에 관한 많은 질문을 한다.
상대성	다른 사람과의 상관관계를 고려한다.	소아과 병원에서 사탕 제공자로서 자원봉사한다.

8 청소년기의 사회 심리적 발달특성(에릭슨의 이론)

(1) 자아정체감 확립이 청소년기에 심각한 문제로 대두되는 이유

급격한 신체변화	사춘기 동안의 급격한 신체적 변화와 성적 성숙 때문이다. 급격한 신체변화와 성적 성숙으로 자의식이 강해지고 본능적 욕구가 강해지는 이때, 자아는 초자아와 본능간의 균형을 유지하기 위해 자아확장을 이루어야 하므로 이 시기의 청소년들은 필연적으로 자아정체감의 문제에 직면한다.
과도기	청소년기는 아동기에서 성인기로 옮겨가는 과도기로서, 신체적으로는 이미 성인에 가깝지만 경제적, 정서적으로는 아직 부모에게 의존하는 미성숙한 상태이다. 때문에 자신의 위치와 역할에 대해 고민한다.
선택과 결정의 요구 시기	진학문제, 전공 선택, 이성문제, 교우관계 선택이 요구되는 상황에 이런 선택과 결정을 이해하고 자기 자신과 여러 가능성을 진지하게 탐색할 필요가 있다.
추상적 사고	추상적 사고를 할 수 있고 현실적 구속에서 벗어나, 가능성의 세계로 확장된 청소년들의 인지능력발달은 자신의 위치, 역할, 능력을 검토해보는 자기 탐색과정에도 영향을 미친다.
동일시의 재조합시기	독립된 정체감 형성을 위해서 이전에 동일시했던 행동에 대한 과감한 해체와 재조직화를 요구받는 청소년들은 과거 개인의 참조체제를 선택하고, 현재 새롭게 내면화한 동일시 내용 및 미래 계획과 포부를 역동적으로 통합하고 재조직화한다.

(2) 에릭슨의 사회심리 이론

<table>
<tr><td>과업</td><td colspan="2">• 중심과제는 자아정체감의 확립 아니면 역할혼돈의 상태이다.
• 주체성은 자기 인식이며, 자기 자신의 개성을 보여주는 것이다.</td></tr>
<tr><td>혼돈의 원인</td><td colspan="2">• 신체변화, 골격성장, 2차 성징발달, 성욕 등이다.
• 이 시기에 가난, 인종주의, 성적 경향, 기능부전 가족, 만성병, 개인적 상실과 슬픔은 저해 요소로 작용한다.</td></tr>
<tr><td rowspan="4">혼란완화방법</td><td colspan="2">신의 신체에 대한 이해, 변화의 수용, 역할실험, 가족(부모)으로부터의 독립, 반항과 논쟁, 친구 그룹과의 동일시, 이상주의 등</td></tr>
<tr><td>동일시</td><td>• 청소년기에는 자신의 정체감을 쉽게 획득하기 어렵기 때문에 동료집단이나 존경하는 위인이나 영웅에게서 동일시의 대상을 찾으려고 애쓴다.
• 자아정체감은 동일시를 통하여, 성취를 통하여 발달시킨다.</td></tr>
<tr><td>친밀감 형성</td><td>이 과정 동안 확고한 정체감을 확립한 사람은 타인과의 상호관계도 원만하여 성인 초기의 발달과제인 친밀감 형성을 쉽게 달성할 수 있게 된다.</td></tr>
<tr><td>부모로부터 독립</td><td>부모로부터 독립하고, 동료관계는 부모보다 친구가 중요하게 되며, 이성에 관심을 갖게 된다. 완전한 성숙에 이르기 위해 사춘기 청소년은 가족으로부터 벗어나 독립된 정체감을 가져야 한다.</td></tr>
<tr><td>자아정체감</td><td colspan="2">자아정체감 성취는 현실적으로 선택할 수 있는 것이 무엇인가를 먼저 고려한 후 선택을 하고 그것을 성취하기를 추구한다는 것을 의미한다. 만약 서둘러서 자아정체감을 성취하려고 하면 청소년이 위기 및 역할갈등에 처할 수 있다.</td></tr>
</table>

(3) 청소년기 위기를 해결하는 단계(에릭슨)

에릭슨에 의하면 청소년의 과업은 사회적 환경 안에서 자아정체감을 탐색하는 것이며, 이 시기에 서둘러 정체감을 찾으려고 시도하는 경우에는 자신의 이상과 자신의 적을 고정관념화하여, 기존의 정체감이 선택이나 결정에 부적절하게 나타날 수 있기 때문이다. 에릭슨은 이러한 청소년의 위기를 해결하는 단계로 신뢰감, 자율성, 진취성, 근면성의 단계를 언급하고 있다. 이러한 단계를 거치면서 자신의 발전을 위해 필요한 능력, 일관성 있는 역할모델, 성공적인 방어 및 승화에 의해 정체감이 완성된다.

| 자아정체감 형성 및 위기해결을 위한 4단계 |

신뢰성 (trust)의 단계	청소년은 발달하는 과도기적 과정에 있으므로 아직은 지나친 관여를 두려워하는 반면, 홀로 남겨지는 것도 두려움의 원인이 되는 구강기적 성격도 띄게 된다. 따라서 자신이 믿을 수 있다고 증명할 수 있는 대상자를 찾게 된다.
자율성 (autonomy)의 단계	청소년은 성인이나 또래집단이 있는 상황에서 가능한 한 어려운 활동을 자발적으로 수행하는 것을 좋아한다. 그러면서도 조소나 회의에 빠질 가능성이 있고, 활동에 강요받아 참여하는 것을 두려워하므로 청소년 자신이 자유로이 선택하게 해야 한다. 이를 통해 독립적으로 수행하거나 결정하는 것을 배우게 된다. → 자유로운 선택을 통해 독립적으로 수행하거나 결정하는 것을 배우게 한다.

진취성 (initiative)의 단계	아동보다 성인과 비교해서 자신의 능력범위를 충족시킬 수 있도록 진취성이나 목적의식을 설정한다. 따라서 무엇을 할 수 있는가보다는 무엇을 할 것인가에 관심을 갖고 행동하는 것을 배워야 한다. → 목적의식을 갖고 행동하는 것을 배우게 되므로 진취적이 된다.
근면성 (industry)의 단계	청소년은 외적인 만족보다는 자신이 느낄 수 있는 만족감에 의해 동기부여가 잘 된다. 따라서 청소년들은 자신이 수행한 것에 의한 경제적인 성공뿐만 아니라 스스로 만족감을 느낄 수 있는 일을 선택할 수 있어야 한다. 흔히 성인의 강요에 의해 시도된 일이 청소년 자신에게 만족감을 줄 수 없는 경우 회의에 빠져 고민하게 된다.

(4) 마샤(Marcia)의 정체성(주체성)의 상태

마샤(Marcia, 1976)는 위기(의미 있는 대안들 중 어느 것을 선택할까 고민하는 단계)와 전념(행동을 수행하기 위한 의미 있는 선택을 이룬 단계)이라는 두 개의 차원을 가정하여 네 가지의 정체감의 상태를 설명하고 있다. 마샤에게 있어 정체감을 획득하는 것은 직업목표를 설정하고 정치적 및 개인적 이념을 확립하는 것을 의미한다.

		위기(orientation) (정체감을 갖기 위해 노력했는가? 탐구 노력)	
		있음	없음
관여 (commitment, 무언가에 전념하고 있는가?)	있음	**정체감 확립** • 확실하고 변함없는 자아, 직업, 종교, 성 역할에 대한 신념 또는 그 밖의 것에 전념함 • 타인의 견해, 신념, 가치가 고려되었으나 스스로 많은 생각 끝에 결정에 이름	**정체감 유실(상실)** • 직업이나 이데올로기에 전념함 • 스스로 삶을 구성하는 과정이 결여됨 → 심각하게 생각하거나 의문을 가지지 않고 타인의 가치를 받아들임 • 자신의 정체감을 확립할 수 있는 가능성을 상실함
	없음	**정체감 유예** • 현재 정체감 위기나 변화를 경함하고 있음 • 무엇인가에 뚜렷이 전념하지 못함 • 뚜렷한 정체감이 없음 • 정체감 확립을 위해 적극적으로 노력함	**정체감 혼미** • 방향성이 결여됨 • 정치적, 종교적, 도덕적 문제, 심지어 직업문제에 대해서도 관심이 없음 • 일을 해도 왜 하는지를 모름 • 다른 사람이 어떤 일을 왜 하는지에 관심이 없음

(5) 마샤의 자아정체감 이론의 4단계

마샤는 에릭슨이 말한 자아정체감의 형성기를 네 가지 상태(혼돈, 유실, 유예, 성취의 상태)로 분류했다. 그는 이 네 가지 단계가 발달전 단계는 아니나, 유예 상태만은 정체감 확립에 반드시 필요한 조건이라고 주장한다.

구분	내용
성취상태 (achieved status)	• 어느 사회에서나 안정된 참여 • 상황 변화에 따른 동요 없이 성숙한 정체감을 소유할 수 있게 됨 • 매사에 자신감이 차 있고 융통성이 있음 • 부모를 별개의 사람으로 보고 부모나 그들 자신의 생활방식을 독립적으로 결정한다고 믿음 • 직업에 대해서 이들은 여러 가지 직업을 신중히 생각하고 그의 부모가 바라는 것에서 벗어나려고 함
유예상태 (moratorium status)	• 아직 부모의 의견이 중요 – 부모의 의견을 따르지 않을 때 갈등 • 자신의 능력과 사회적 요구와 부모의 기대 사이에서 고민 • 자기정의를 획득하기 위하여 열심히 노력함 • 다양한 역할실험에 몰두하고 광범한 독서와 백일몽을 하며 전공학문에 대해 회의하기도 함 • 이성교제, 결혼, 종교문제, 정치문제에 심사숙고함 • 현재 위기에 처해 있기는 하지만 그것을 해결하기 위해 노력하고 있음
유실상태 (foreclosure status)	• 내면적으로는 본인의 결단의 지점을 통과하지 못했지만, 외면적으로는 통과한 것처럼 보임 • 이 결단은 자신의 입장은 거의 없고 항상 부모의 것과 일치함 • 자신의 결단을 부모와 같은 것으로 보고 자신감이 있기에 이 수준의 청소년들은 확실한 자아정체감이 있음. 마치 성취단계의 청소년처럼 보이는 것 • 직업선택과 개인적 신념 확립을 위해 노력하기보다는 부모와 같은 의미 있는 다른 사람들의 가치와 기대를 무조건 수용하고 채택함
혼돈상태 (diffusion status)	• 이들은 일을 저지르지도, 책임을 지려 하지도, 의심하지도 않고 어떻게 살아야 하는지에 관심도 없음 • 자신들의 생존과 기본적인 안전을 유지하기 위해서만 노력함 • 노후에 대한 아무런 대책도 하지 않음 • 직업계획이나 이념적인 세계관에 대해서는 강한 참여를 하지 않거나 쉽게 중단해 버림

| 마샤의 자아정체감 이론의 4단계 |

정체감 상태	특징	직업과 이념의 선택 여부	위기의 경험 여부
획득	정체감 획득을 위해 능동적으로 노력한다.	예	위기를 경험하고 성공적인 해결을 이룬다.
유실	정체감에 대한 특별한 관심도 없고 의문시하지도 않으며, 정체감획득을 위한 어떤 노력도 기울이지 않는다.	예	독립적인 의사결정은 이루어지지 않으며 위기는 회피한다.
유예	정체감 획득을 위해 능동적으로 노력한다.	아니요	의사결정과정에서 위기상태에 있다.
혼란	정체감에 대한 특별한 관심도 없고 의문시하지도 않으며, 정체감획득을 위한 어떤 노력도 기울이지 않는다.	아니요	위기 상태에 있지도 않고 의사결정도 시도하지 않는다.

(6) 청소년기의 사회적 발달특징

또래집단의 기능	사회적 지원과 안정감 제공	의존관계에 있던 부모로부터의 독립욕구로, 스트레스와 갈등을 경험하는 청소년들은 유사한 갈등을 겪고 있는 친구로부터 공감적 피드백과 정서적 안정감을 제공받음으로써 긴장을 해소한다.
	준거집단	자신의 경험과 행동 판단의 기준이 되는 준거집단으로서의 역할이다.
	보다 성숙한 인간관계를 형성할 기회 제공	청소년은 동성 혹은 이성 친구 관계에서 무엇을 기대하고 무엇을 기대하지 말아야 하는지를 배우고, 또래집단 참여를 통해 상호성, 협동심의 가치를 배우게 된다.
	자아정체감 형성을 도움	긍정적으로는 직면한 새 역할에 있어 또래를 통해 격려받을 수 있고 청소년으로 하여금 긍정적인 자아상을 발견하도록 돕는다. 반면 좋지 못한 또래집단에 소속 시 부정적 정체감을 형성할 수도 있다.
허로크(Hurlock), 교우생활이 그들의 사회적 발달에 미치는 유익한 점	• 즐거울 때 즐길 수 있다. • 안정감이 촉진된다. • 관대함과 이해력이 발달된다. • 타인들과 원만하게 일할 수 있는 경험을 얻게 한다. • 사회적 기술을 획득하는 기회를 갖는다. • 사람을 비판하는 기회가 된다. • 구애행동을 경험하게 된다. • 충성심이 발달하기도 한다.	

집단 활동을 통한 사회적 행동발달이 갖는 장단점	장점	• 청소년에게 안정감을 준다. • 청소년에게 건전한 오락의 기회를 제공한다. • 사회성을 발달시킨다. • 타인에 대한 관용과 이해심을 발달시킨다. • 사교술을 배운다. • 사회적 통찰력을 키운다. • 집단에 대한 충성심을 기른다.
	단점	• 다른 일을 소홀히 한다. • 가끔 허세를 조장한다.

9 청소년기 도덕성 발달(콜버그의 이론) 특성

특성	청소년기가 되었다고 해서 도덕적 발달의 제6기(인습후기)에 도달했다는 것을 의미하는 것은 아니다. 그러나 청소년들이 그 이전의 단계를 잘 거쳐서 도덕적 인습후기 수준에 도달함으로써 성적인 행동, 음주, 마약복용, 사소한 비행 같은 도덕적 갈등에 대처하는 데 도움이 된다.
5단계	사회적 계약에 적응하는 것이 특징이다. 규칙이나 법칙은 상호간의 이익, 상호간의 협조, 상호간의 발달을 위해서 설정된다. 특히 삶과 자유 같은 가치관이나 권리는 그 문화권 내에서 다른 가치관이 더 중요하게 여겨질지라도 어떤 사회에서나 인정받아야만 하는 것이다.
6단계	가장 높은 수준인 제6단계는 의식적 결정과 보편적이고 윤리적인 원칙에 중점을 두게 된다. 이런 추상적인 원칙은 정의, 인간의 권리, 그리고 인간의 존엄성에 관련되는 것이다. 대부분의 청소년들의 도덕관은 그들이 성인이 될 때까지 지속적으로 발달해 나간다는 것을 인식해야 한다. 도덕적 사고가 반드시 행위로 이어지는 것이 아니다. 이러한 지식과 행위 간의 괴리는 전 생애를 통해 지속되는 경향이 있다.

10 청소년기의 발달과업

Havigurst가 제시한 청소년기에 이루어야 할 과업 10가지	해비거스트(Havigurst)는 전 단계의 과업을 올바르게 완성하지 못하면 현 단계의 과업을 성숙되게 할 수 없음을 지적하면서, 청소년기 과업을 잘 성취한 자만이 성숙된 성인의 역할을 할 수 있음을 강조하고 있다.	
	① 남녀 동년배와 보다 성숙한 관계를 형성한다. ② 사회성을 획득한다. ③ 자신의 체격을 인정하고, 자신의 성역할을 수용한다. ④ 부모나 다른 성인으로부터 독립심을 기른다. ⑤ 경제적 독립을 준비한다. ⑥ 직업을 준비하고 선택한다. ⑦ 결혼과 가정생활을 준비한다. ⑧ 국민으로서 필요한 지식을 습득한다. ⑨ 사회적으로 책임 있는 행동을 한다. ⑩ 행동지침으로 도덕적인 가치체계를 기른다.	
청소년기 발달과업 [2001 기출]	신체적	2차 성징의 변화를 받아들이면서 남성, 여성으로서의 역할을 성취하는 시기이다.
	심리적	자아정체감을 형성하고 심리적 독립을 형성하는 시기이다.
	사회도덕적	보편적인 윤리적 체계와 가치관을 확립하여 도덕성을 가지고 사회적인 책임감을 준비하며 집단 및 또래관계를 형성하여 사회성을 개발하고 직업을 준비하는 시기이다.
	지적	논리적 사고를 이루는 시기로 지적, 개념적 능력을 개발해야 하는 시기이다.
	정신적	정서적 불안, 우울, 질풍노도와 같은 정서를 경험하면서 점차 사회적으로 안정하는 시기이다.
발달과업 성취를 위한 중재	발달단계에 맞는 성교육 실시	• 남녀 동년배와의 성숙된 관계형성과 자신의 체격에 순응하고 이차성징을 이해하도록 성교육을 실시하여 올바른 성의식, 건전한 성태도, 성의 가치, 분별 있는 성윤리를 지니게 한다. • 급격한 신체적 변화와 성충동의 조절 위해 자신의 욕구와 신체적 변화를 솔직하고 사실대로 대화할 수 있도록 한다. • 신체적인 성장이 자연스러운 과정이고, 그것이 어떻게 조절되어야 하는지를 경험할 수 있도록 한다.
	사회경제적 독립을 위한 준비교육 실시	• 부모로부터의 독립의 의미와 한 사회인으로서의 준비에 필요한 정보와 지식을 주고 청소년이 느낄 수 있는 부담감이나 두려움을 해소할 수 있도록 상담 · 지도한다. • 직업의 의미와 각종 직업의 특성을 알려주어 경제적 독립을 이룰 수 있도록 준비한다.
	인성 교육	인지발달과 보편적 도덕관 형성을 위한 인성교육을 실시한다.

02 청소년의 사회심리적 건강문제

1 우울증 [2002 · 2017 · 2020 기출]

(1) 청소년 우울증과 간호중재

우울증의 일반적인 증상	• 슬픈 기분 상태가 지속된다. • 희망을 상실하거나 염세적이 된다. • 일상생활에서 즐거움과 관심을 잃어버린다. • 수면 장애와 식욕 장애가 있다. • 불안정하고, 안절부절못하며, 피곤해 한다. • 집중, 기면, 의사 결정에 곤란을 겪는다. • 죽음, 자살에 관한 생각을 한다. • 치료 효과가 없는 신체 증상과 통증이 지속된다. → 매사에 불안감을 지나치게 보이며 불안으로 인해 여러 가지 신체증상을 보이는 상태를 말한다. 여러 가지 신체증상에는 얼굴이나 가슴이 화끈거리고 빈뇨, 설사, 구토, 위장 불쾌감, 과호흡 등이 있다.
청소년의 우울증상으로 인해 나타나는 행동의 변화	• 단체활동 참여에 변화가 생긴다. • 단체활동 중 말의 수가 예전과 다른 변화를 보이는 등 사회활동이 감소한다. • 친구들과의 교제에서 상호작용을 유도하는 태도가 성공적이지 못하다. • 놀이나 게임과 같은 활동에 관여하지 않는다. • 자기에게 주어진 일이나 학교수업을 수행하지 못하는 행동을 보인다. • 웃고 떠들고 불평하고 불쾌해 하는 것과 같은 감정표현에 변화를 보인다. • 옷차림의 변화를 보인다.
우울 증상을 해결하기 위하여 할 수 있는 간호중재	• 가능한 한 자기표현을 많이 할 수 있도록 도와주고, 감정을 수용해 준다. • 내적 충동에 대해 자기조절을 할 수 있도록 필요한 제한과 자기성찰의 경험을 갖도록 도와준다 → 운동, 마음에 드는 옷 입고 외출하기, 쾌적한 용모 유지, 기타 취미활동 격려한다. • 또래와의 인간관계를 넓힐 기회를 갖게 해준다. • 내적 충동에 대해 자기조절을 할 수 있도록 필요한 제한과 자기성찰의 경험을 갖도록 도와준다. • 청소년기의 성장발달, 과제, 특성을 충분히 알고 있어야 한다.
우울증을 경감시키는 방법 [2002 기출]	• 다른 사람(부모, 선생님, 상담자, 정신과 의사)의 도움을 구한다. • 하루 일과를 계획한다. → 해야 할 일의 목록을 만들고 점검하기 위함이다. • 생소한 것들의 목록을 작성하고 이들을 검토한다. • 즐거운 일들을 계획하고, 충분한 휴식과 수면을 취한다. • 운동시합을 약속한다. • 내가 돋보인다고 생각하는 옷을 입고 외출할 일을 계획한다. • 식사 시간을 꼭 지키고 쾌적한 용모를 지키도록 한다.

청소년기 우울증에 대한 예방 및 관리가 중요한 이유 (문제점)	• 자살 • 약물남용 • 심각한 기능상 손상 • 집중력 저하와 학교성적 하락과 같은 문제점을 야기할 수 있으므로	
청소년기 우울증이 성인과 차이가 나는 양상 (증상)	가면성 우울증	• 신체 불편감 호소 • 품행성 장애 유발 • 공격적 행동 • 학교공포증 • 학업부진

(2) 우울 증상과 관련된 행동

생리적 반응	행동적 반응	인지적 반응	정서적 반응
• 식욕의 현저한 변화 (증가 또는 감소) • 수면양상 변화 (불면증 또는 과수면) • 변비 (항우울제 복용으로 더욱 악화) • 쉽게 피로함 • 신체적인 통증 호소 • 체중 변화 (증가 또는 감소) • 소화불량 • 왔다 갔다 하며 목표가 없는 행동	• 정신적인 지연 (걸음이 느리고 천천히 이야기 함) • 동기가 결여 • 무쾌감증 • 자주 소리 내어 울고 있음 • 신체적 고통을 호소하며 요구적임 • 자발성 결여 • 개인 위생 및 옷차림이 빈약 • 고립 및 철회 • 에너지 결여 • 수동적, 공격적 행위 • 자살 시도	• 우유부단(양가감정) • 주의집중 능력 감소 • 자아, 자신의 세계 및 미래에 대한 부정적 사고 • 계속적인 반추 • 신체적 망상 • 빈곤 사고	• 슬픔, 실망 • 분노, 초조, 분개 • 불안, 죄의식, 자존감 저하 • 절망감, 무능감 • 고독감 • 무가치감 • 무욕감

(3) 불안과 우울 간의 비교

우울한 환자	불안한 환자
• 슬픔과 절망감이 지배적 • 아침에 일찍 깸(후기 불면증) 또는 과수면 • 언어와 사고과정이 느림(환자의 말과 행동이 느림) • 정신운동 지연(초조감이 나타날 수도 있음) • 문제나 증상에 대한 이야기하기를 꺼림 • 외부 활동에 전혀 관심 없음 • 쾌감경험 능력 결여(즐겁고 기쁨을 느끼는 활동이 없음) • 보통 아침 또는 자고 난 이후 기분이 악화 • 보통 식욕이 감퇴되고 먹고 싶은 음식이 없음	• 두려움과 걱정이 지배적 • 잠들기 어려움(초기 불면증) • 다소 빠르지만 정상적으로 반응 • 맥박이 빠르며 과다한 정신운동 • 관련된 주제에 대해 이야기를 잘함 • 선택적인 부정적 평가(어떤 특정한 사건은 관심 있음) • 어떤 행동은 즐거울 수가 있음 • 보통 저녁 때 기분이 안 좋음(잠을 자거나 휴식을 취한 후에는 더욱 좋아짐) • 보통 간식을 먹으며 적어도 몇 가지 좋아하는 음식이 있음

2 자살 [1999 · 2008 · 2009 · 2010 · 2019 기출]

(1) 자살의 이론적 견해

① 사회학적 관점[뒤르켐(Emil Durkheim)의 자살론, 1897] [2019 기출]

이기적 자살	사회가 지나친 개인주의로 인해 개인을 통제할 수 있는 힘이 약하기 때문에 자살이 증가한다는 것 예 '젊은 베르테르의 슬픔'에서의 죽음
이타적 자살	개인이 자신이 속한 사회에 지나치게 통합되어 그 사회를 위해 희생할 목적으로 자살하는 것 예 가미카제 특공대, 자살 폭탄테러 등
아노미성 자살	사회가 무규범 상태가 될 때 그러한 혼란 상태로부터 탈출하기 위해 자살하는 것 예 급격한 사회변동, 경제 위기, 전쟁 속의 자살
숙명적 자살	구성원들에 대한 사회 통제력이 너무 강해서 더 이상 희망을 발견할 수 없을 때 자살하는 것 예 학업과 입시 중압감 속 청소년의 자살

② 심리학적 관점

Freud의 애도와 우울증	정신적으로 혼란에 빠져 있는 사람이 어떤 상대에게 느끼는 살인적 분노를 상대와 자신을 동일시하여 자살하는 것이다. 즉, 자신을 죽임으로써 상대방을 죽인다고 여기는 것이다.
Menninger의 자신에 대항하는 사람	타인에 대한 분노에서 야기되는 전도된 살인으로 죽음의 본능이 자신에게 향하는 것

Baumeister의 자기로부터의 도피	기대와 현실 간에 괴리의 원인을 자기 탓으로 여겨 자기비난, 부정적 자기평가로 부정적 정서상태가 초래되고, 이런 생각과 감정을 해소할 강력한 수단으로 자살을 선택하는 것이다.
분노	• 공격적인 폭력 경험인 폭력행위는 자살행위와 직접 관련이 있다. • 폭력피해자들에게 분노와 자살행위는 높은 상관관계가 있어, 분노는 자살행위를 일으키는 중요한 심리적 요인이다.
공격성	• 자살은 자기 자신으로 향하는 공격성의 결과이다. • Freud는 자살을 자신이 동일시한 대상에 무의식적인 공격이라고 보았다. • 반전살인 즉, 의식적인 차원에서 느껴지는 살인 적인 분노가 반전되어 상대를 자기 자신과 무의식적으로 동일시하여 자신을 죽임으로써 상대방을 죽이는 목적을 달성한다.
절망감	• 자살을 확실하게 예측할 수 있는 것은 절망감이다. • 죄책감과 자기비난은 절망감의 다른 측면이다. • 이런 정서적인 요인들은 자살과 같은 자기 파괴적인 행동을 선택하게 한다.
죽음 소망	• K. Menninger는 죽이고자 하는 소망, 죽임을 당하고자 하는 소망이 관련된다고 보았다. • 죽이고자 하는 소망은 공격성, 복수, 비난, 규탄, 파멸 등이며 죽임을 당하고자 하는 소망은 복종, 피곤, 절망, 고통 등이다.

③ 생물학적 관점

가계연구 (Baechler, 1979)	자살자 가족들이 다른 가족에 비해 자살기도나 자살률이 높게 나타남
쌍생아 연구 (Roy 등, 1991)	149명의 쌍생아 연구에서 한 명이 자살했을 때, 쌍둥이 모두가 자살한 경우가 9쌍이었음
생화학적 연구 (Taskman 등, 1981)	자살자의 뇌에서 신경전달물질인 세로토닌 결핍현상이 발견됨 VS 우울증(도파민 감소, NE 감소, 세로토닌 감소)

(2) 자살행위의 정신역동

양가성	자기 보존과 자기 파괴의 양가감정 사이에서 갈등을 하게 되며 자살이 죽음과 동일시되지 않고 살고자 하는 욕구와 공존
절망	자신의 무력감과 자존심 저하로 현재 상황을 변화시킬 수 없고 누구의 도움도 받지 못하며 희망이 없다고 생각하는 것
죄책감	자신의 능력에 맞지 않는 책임감을 느끼고, 감당하지 못할 경우 죄책감을 갖게 됨
공격성	공격성이 자신에게 향하게 되며 때로는 타인을 조정하려는 수단으로 삼을 수 있음

(3) 청소년기 자살

청소년기에 자살이 많은 이유	• 급격한 신체적, 정서적, 지적 변화 • 자아 발달의 미숙, 과도한 입시경쟁 • 급격한 사회변화에 따른 가치관의 갈등 • 가족 구성원간의 결속력 약화 • 자살에 대한 태도의 변화 • 자살방법 선택의 용이성 • 매스미디어와 언론매체의 적절치 못한 보도로 자살에 대한 충동 및 모방심리 형성	
청소년 시기에 자살 위험도가 높은 이유	• 정서적 혼란과 강렬한 정서경험 • 충동심이 강화되는 시기 • 인지적으로 미성숙 • 자신에 대한 통합적 상의 미형 • 자기 부정적인 면을 부각 • 취약한 스트레스의 대처능력과 약한 자아감	
청소년 자살심리의 특징 [2008 기출]	• 자신 나름대로 분명한 동기가 있음 • 충동성이 강해 순간적으로 이루어짐 • 피암시성이 강하며 동반자살이나 모방자살로 이루어짐 • 용이하게 선택할 수 있는 추락, 투신으로 인한 자살률이 증가 • 현실의 고통에서 벗어나 사후세계에서 문제를 해결하려는 생각을 갖고 있음	
자살심리	회피심리	문제해결에 필요한 자원 부족과 문제해결능력 부족으로 입시부담, 학내 폭력 등의 어려운 상황을 피하기 위한 회피심리
	자기 처벌 심리	자신을 학대하는 초자아로부터 야기되는 죄책감과 죄의식으로 자신을 벌하기 위한 못 난 자기 징벌성의 자기 처벌 심리
	충동적인 자해심리	욕구좌절 시 성질을 자제하지 못하고 흥분하는 충동적인 자해심리로 청소년의 특징인 충동적 행동은 높은 자살사고로 몰고 감
	재결합 심리	부모, 형제, 친구의 죽음 같은 사건에 직면하였을 때 죽은 부모, 형제, 친구, 사망한 사랑하는 사람을 저승에서 만나기 위한 재결합 심리
Schneidman 자살의 심적 고통 상황 10가지 [2010 기출]	① 고통을 피하기 위한 마지막 방법 ② 심리적 욕구 불만: 자신에게 중요한 심리적 필요가 충족되지 않을 때 ③ 해답을 찾음: 위기 극복을 위한 자살 ④ 의식을 단절하려는 시도 ⑤ 무기력과 절망: 자기존중감이 상실되고, 무가치한 존재로 전락될 때 ⑥ 선택의 폭 제한: 인지적 협착이나 제한적 사고 ⑦ 양가성 ⑧ 자살의도 표출 ⑨ 탈출: 문제해결능력 부재, 인간관계 부재 ⑩ 과거의 대처방식: 대처기제의 제한	

청소년 자살의 원인	사회 환경적 원인	• 가정폭력, 가정불화, 질병, 경제적 어려움, 상실감 등 가정의 문제로 인한 스트레스 • 입시위주의 경쟁적 교육풍토 • 생명을 경시하는 폭력적이고 선정적인 대중문화 • 기성세대와의 가치관 차이
	개인 심리적 원인 [2008 기출]	• 상대에게 보복하기 위한 자포자기 심정으로 자살을 함으로써 상대방을 죽이는 목적을 달성 • 영적 재생을 바라는 무의식적 소망 • 중요한 목표의 실패에 따른 자책감 및 자기 처벌 • 고통에서의 해방 • 남의 비난에 민감하게 반응하고 높은 기준을 고집하는 완벽주의 성향 • 충동적이고 정서적으로 불안정하고 예측하기 어려운 성격 • 내성적이고 온순하며 자기를 드러내지 않는 성향
	정신질환적 원인	• 청소년 자살의 63~95%에서 정신과적 질환이 동반됨 • 청소년 자살 위험도: 보통 사람에 비해 다음과 같은 경우 자살 위험도가 높아짐(Shaffer, 1988) – 우울증이 있을 경우: 남 8.6배, 여 49배 – 반사회적 성격: 남 4.4배, 여 3.2배 – 자살기도의 경험이 있는 경우: 남 22.5배, 여 8.6배 – 약물남용자: 남 7.1배, 여 0.8배

청소년 자살예방을 위해 알아야 하는 것들

자살경계징후	자살을 표현한다. 언어적, 행동적 단서를 표현한다.
자살가능성 평가	'자살 판정지표' 등으로 위험성 정도를 사정한다.
자살 위험성 있는 학생 상담	• 시간을 충분히 내어 관심을 표명한다. • '자살'에 관한 질문을 던지는 것에 두려워하지 말아야 한다. 먼저 알아차려 물어주기를 고대하고 있다는 점을 기억하라.

(4) 자살 예고 행동단서 [1999 기출]

구분		단서
언어적 단서	직접적 암시	• "나는 죽고 싶다" • "나는 더 이상 지탱할 수 없어" • "더 이상 사는 것이 의미가 없어"
	간접적 암시	• "내가 없어지는 것이 훨씬 나아" • "나는 아무짝에도 쓸모가 없어"
행동적 단서	유서	유서를 써 놓는다.
	갑작스런 행동변화	• 권태나 무기력함을 보인다. • 전에 좋아하던 활동에 흥미를 보이지 않는다.
	대인관계변화	• 친구 관계에 소홀해진다. • 갈등, 소외, 위축
	학교생활의 변화	• 잦은 결석, 성적 하락 • 학교에서 불안해하며 공부를 제대로 못 한다.
	반사회적 행동	• 알코올이나 약물남용이 심해진다. • 싸움, 가출, 성적 문란 등의 태도를 보인다.
	아끼던 물건 정리	평소에 아끼던 물건들을 친구들에게 나눠준다.
	생활을 정리	오랫동안 여행을 떠날 것처럼 주변을 정리 정돈한다.
	자해행위	위험을 감수하거나 자해행위가 증가한다.
	자기비난	지속적인 자기비난이 이어진다.
육체적, 정서적 단서	식욕의 변화	식욕부진
	수면양상의 변화	잠을 너무 많이 자거나 너무 적게 잔다.
	외형의 급작스러운 변화	외적 용모에 관심을 갖지 않는다.
	우울증상	정신신체 증상의 잦은 호소가 이어진다.
우울증상	• 대부분의 증상이 우울증의 증상과 비슷하다. • 우울, 무가치감 • 정신운동초조 • 불면 • 체중 감소 • 피로	

자살의 위험신호

- 죽음이라는 주제에 몰두
- 자신의 죽음에 대해서나 죽고 싶다고 이야기함
- 특별한 원인 없이 기운 소진
- 안절부절 논쟁적, 고집
- 무모한 행동
- 학업수행 변화: 성적이 떨어짐, 결석, 활동불참
- 고립된 상태: 감정이 없고, 경직된 표정
- 갑자기 쾌활해짐
- 집중력 장애
- 아끼던 물건을 남들에게 줌
- 힘이 없어 보임: 흥미 상실
- 수면양상 변화: 너무 많이 자거나 못 잠
- 신체적 호소: 반복되는 복통, 두통
- 반사회적 행동: 음주, 약물남용, 싸움, 가출, 성적문란
- 학교 등교 거부
- 자신을 무가치하다고 평가
- 사회적 위축
- 급격한 식욕변화

(5) 자살 위험 정도 사정 [1999 · 2009 · 2019 기출]

원인	가족력	자살행위 가족력
	성격적 요소	• 미숙한 기본성격 • 충동성, 공격성, 적대성 • 경계성, 반사회적 성격장애
	절망감, 우울증	절망감, 우울증, 알코올중독, 피해망상의 증상
	스트레스의 유무	경제적 여유나 신체 건강의 정도
과거 자살시도	과거 자살시도가 몇 번이었는지 확인한다. → 최근 자살을 시도한 경험은 미래에도 자살을 시도할 위험이 증가한다.	
자살 의도 (유서의 유무)	자해나 자살에 대해 생각해 본 적이 있는지, 진심으로 죽고 싶은지 등을 확인한다.	
자살 심각성	• 얼마나 많이 이런 생각이 괴롭히는지(How much) • 얼마나 오랫동안 자살하고 싶은 생각이 지속되는지(How long) • 얼마나 자주 자살하고 싶은 생각이 드는지(How often)	
자살 계획	구체적 자살계획	• 자살에 구체적 방법의 계획인지 계획한 방법이 치명성인지 • 자살에 사용하려고 계획한 물건들(총, 독약, 알약)을 구할 수 있는지 (접근할 수 있는지)
	실행 가능성	이런 계획을 실행할 수 있는 어떤 방법을 가지고 있는지 직접 물어본다(자살 방법의 실행가능성으로 현실적 가능과 시도할 기회가 있는지 등).

(6) 자살위험도의 판정지표 [1999 · 2009 · 2019 기출]

자살계획	상대가 품고 있는 계획이 구체적인 것일수록, 자살방법이 처참한 것일수록(예 철도자살, 고층빌딩, 투신자살, 분신자살), 그리고 감행 마감 날을 정해 놓고 있는 경우일수록 그의 자살위험도는 높다. 이유를 들어 자살하지 않겠다고 할 때는 우선 당분간 믿어 볼만하다. 무조건 자살의사가 없다고 우기는 경우는 조심해야 하는데, 거짓말을 하는 수가 있어서이다.
증상의 경중	평소 안정된 성격을 가진 사람이 환경적인 스트레스를 받아 자살할 생각이 든 경우는 응급치료가 필요하며, 또 하면 잘 낫는다. 반대로 평소부터 불안정한 성격을 가진 사람으로 자살위험성을 만성적으로 지녀온 경우라면 응급치료와 적극적 치료가 오히려 해로울 때가 많다. 이때는 재활에 중점을 둔 느긋한 치료가 더 효과적이다. 알코올중독자, 미숙한 성격의 소유자, 자기 파괴적 경지에서 아슬아슬하게 살아오는 자가 여기 속한다.
기본성격	무원감(無援感), 절망감, 혼동상태, 알코올중독, 피해망상, 살해위협의 경우는 위험하다. 자살위험이 있는 사람의 5%는 동시에 살인 잠재성이 있다는 말도 있다. 소위 '동반자살'도 실은 자세히 조사해 보면 '先殺人 後自殺'(선살인 후자살)의 경우가 많을 것으로 추측된다.
스트레스 유무	큰 스트레스(예 별거, 권고사직, 이혼 등)에 대한 반응으로서 자살이 위험시되는 환자는 서둘러 보호하고 지지해 주는 치료가 반드시 필요하며, 대개는 이런 치료로 신속히 호전한다. 반대로 아무런 외적 스트레스가 없는 데도 오는 자살위험은 정신질환의 가능성이 높으니 정신과의사에게 맡겨야 한다.
내적 대처기제	대처기제 확인(회피, 내재화, 무력감, 절망, 무가치감, 자살 가족력 유무)
외적 대처기제	• 혼자 있는지 혹은 주변 지지자들이 있는지 파악한다. • 경제적 여유, 신체건강도, 대인관계의 원만성 같은 것이 때로 자살위험의 경중을 좌우한다. 알코올중독자 같이 감정적으로 파산한 사람들은 장기간 자기 파괴적 생활을 해온 고로 가족친지에게서 모두 배척 받고 있어 최악의 궁지에 몰려도 누구 하나 도와주려 하지 않기 때문에 자살위험도가 높다.

(7) 자살에 관한 일반상식의 허실

정말 자살할 사람은 남에게 그럴 의사표시를 않는다.	자살할 의향이 있는 사람은 주위에 이를 알린다. 거의 모든 자살자는 애타는 '구조요청'을 수없이 발하여 남들이 눈치코치로라도 알아채게 하는 것이다.
자살하는 사람들은 꼭 죽고야 말겠다는 확고한 결단을 내린 사람들이다.	그들은 그 대부분 생사 양단간을 분명히 정하지 못한 채 혹시 누군가에 의해, 또는 어떤 상황변화에 의해 자기가 구원받고 구조되기를 마지막 순간까지 애타게 기다리는 사람들이다.
한 번 자살기도한 사람은 영구히 위험하다.	자살충동, 자살의사는 어느 제한된 시간에만 있는 것으로 그때만 넘기면 대개는 얼마 동안 위험이 사라진다.
한 번 자살기도를 해 본 사람들, 또는 자살위기를 넘긴 사람들에게서는 그것으로 자살위험성이 영구히 사라진다.	자살자의 45%에서 3개월 전쯤 해서 마지막 자살미수가 있었으며, 또 자살기도자의 15%는 재기도를 하는데, 그 반수가 1년 이내에 한다. 그리고 자살기도자의 5%는 결국 자살로 인생을 끝낸다.

자살은 유전병이거나 정신병이다.	자살은 유전과 전혀 관계가 없다. 자살기도자, 자살자의 대략 1/3 만이 정신질환자이고, 나머지는 보통 사람들이다.
자살한 사람들은 모두에서 우울증이 발견된다.	우울증이 대부분의 자살에 주요요인이지만 자살한 사람 모두가 우울증이 있는 것은 아니다.

(8) 자살이 위험시되는 학생 관리

응급상담	우선 시간을 충분히 내서 상담한다. 그러나 시간이 너무 많이 든다든지, 환자가 집에 돌아가 밤중에 계속 응급상담전화를 걸어온다면 이는 정신과의사의 진료나 정신과 입원이 필요한 상태라는 신호일 수가 많다.
약물치료	약물 그 자체가 수시간~수일 만에 자살위험성을 없애 주는 효험이 있는 것은 아니지만, 약물치료는 자살예방책으로서 중요한 방법의 하나이다. 약은 환자에게 희망과 생존가치를 부여해 주는 역할을 하여, 처방과 동시에 정신치료도 겸한다. 약 때문에 자주 생기는 부작용을 처음부터 알려 주면서, 매일 또는 격일로 오거나 안 되면 전화라도 해서 상태를 알려달라 부탁하면 더 좋다. 항정신병약, 항우울제, 항불안제를 주로 쓴다. 부작용이 심하다면 약 용량을 낮춰야 하겠지만 꼭 그럴 필요만은 없다. 때로 부작용이 오히려 역설적으로 환자의 호전을 초래할 수 있다.
가족친지의 이용	위중한 사태가 벌어지고 있음을 가능한 한 조속히 환자의 가족, 친지에게 알려야 하고, 모르고 있었다는 가족, 친지의 말을 들으면 상황을 알리고 조언을 해 준다. 자살위기의 와중에서는 누군가가 환자 곁에 꼭 붙어 있어야 한다. 가족과 의논을 해두면 여차할 때 환자를 입원시키기도 쉽다.
건설적 행동의 지시	심리검사 등을 하러 보내보기도 하고, 어느 친구와 전화해 보라는 등등의 제한된 범위 내의 활동을 지시한다. 움직이면 긴장이 풀리는 수가 많다.
정신과 자문	자살자 15%는 그 직전 정신과 입원권고를 받고도 따르지 않았던 경우이니, 이 점에 유의하라.

자살 청소년 간호

자살 충동을 느끼는 청소년을 다루는 데 있어서 간호사의 첫 번째 책임은 그들의 안전을 보장하고 위험으로부터 보호하는 것이다. 어떠한 자살에 대한 언급도 소홀히 다루어져서는 안 된다. 비록 청소년 상담은 비밀을 보장하는 것이 일반적인 접근법이지만, 자해적인 행동에 대해서는 비밀을 보장하지 않아도 된다. 자살하려는 청소년의 의도를 가족과 다른 전문가에게 알리고, 이러한 사실을 청소년에게도 알려준다. 이러한 사실을 청소년에게도 알려준다. 이러한 간호활동은 청소년을 이해하고 관심을 가지고 있다는 것을 전달할 수 있는 기회가 된다. 간호사가 표현하는 이해와 관심은 매우 치료적이다. 간호사가 표현하는 이해와 관심은 매우 치료적이다. 비난을 한다면 더욱 우울해지고 자살충동을 느낄 것이다. 간호사가 청소년을 도와줄 것이며 시간이 지나면 기분이 좋아질 것이라고 이야기하는 것은 도움이 되는 방법이다. 매우 강한 자살 충동을 느끼는 청소년은 혼자 두지 않도록 하는 것이 필요하다. 자살 시도를 하거나 자살한 청소년의 가족은 가족 갈등이나 불화를 겪고 있는 경우가 많다. 간호사는 가족에게 관심, 솔직한 대화, 이해를 표명함으로써 가족의 역할 모델이 되어야 한다.

(9) 자살위험이 있는 학생 상담방법

충분한 시간	상담 시 시간을 충분히 내야 한다.
관심표명	자살위험성이 있을 만한 경우에는 먼저 관심을 표명해야 한다. 중립적, 과학적, 냉정한 태도는 이런 위급한 경우에는 맞지 않는다.
'자살'에 관한 질문	'자살'에 관한 질문을 던지는 것에 두려워하지 말아야 한다. 먼저 알아차려 물어주기를 고대하고 있다는 점을 기억하라. 질문방법은 처음에 광범위하게 묻다가 차차 구체적으로 또 정직하게 물어 들어가는 것이 무난하다. 예컨대 '기분은?' → '자포자기라는 생각은 안 드느냐?' → '자신을 해치고 싶은 심정이냐?' → '자살하겠다는 말이냐?' → '자살방법도 생각해 보았느냐?' → '수면제는 어떻게, 몇 알을 모았느냐?' → '모은 약을 어디다 감추었느냐?'와 같은 순서다. 대개 정직하게 대답해 준다. 그렇게 용기 있고 자상하게 물어준 것을 고마워한다.
자살가능성을 보이는 청소년을 다루는 원칙 (Pitcher & Poland, 1992)	• 불안하겠지만 안정을 찾으라. • 동료교사 또는 학생 친구들의 도움을 청하라. • 그 학생에게 서서히 접근하고 논리적으로 질문하라. • 자살기도의 계획과 자살사고의 빈도를 구체적으로 캐물어라. • 자살 이외에도 다른 대안이 있으며 이러한 처치에 놓인 경우가 그 학생뿐이 아님을 강조하라. • 자살사고와 의도를 비밀로 하겠다고 타협하지 마라. • "No-Suicide Contract"에 서명하게 하라.
자살위험도가 높은 학생 대상 보건교사의 예방적 간호중재 내용 [2010 기출]	• 대화를 통해 자살 가능성에 대해 평가한다. • 자살위험이 드러나면 대화하고 아이를 편안하게 해주고 원인을 밝혀 해결해 주도록 한다. • 정신과 의사와 상의하는 것이 좋다. • '설마' 하고 방심하지 않는다. • 정서적 스트레스의 증상을 인식하고 문제 해결 방법을 가르치고 건전한 행동을 촉진시키는 교육적 자원을 제공한다. • 자신이 지지 받고 있음을 확신시켜준다. • 의사결정과 자율성을 증진시킨다. • 자살예방서비스(사랑의 전화, 생명의 전화)를 이용하도록 한다.

(10) 자살 시도한 학생 관리

혼자 두지 말 것	자살을 시도한 사춘기아동은 절대 혼자 내버려 두어서는 안 된다.
응급간호	생명에 위협을 초래하는 상황에서는 응급간호가 시행되어야 한다.
병원입원	문제해결을 위해 입원이 필요하다. 입원을 통해서 평가를 내리는 기회가 되며 가족의 지지가 부족할 때 보호해 줄 수 있다.
가족참여	• 응급상황이 아니면서 가족이 감독과 지지능력을 갖춘 때에는 가족과 함께 구체적인 계획을 짜서 안전하게 아동을 보호하며 정신과 전문의와 상담하도록 격려한다. • 외래로 치료를 받게 될 때에도 가족의 참여는 필수적이다.
우울치료	우울의 치료도 요구되며 항우울제와 정신요법을 병행한다.
증상이 개선될 때 주의	자살을 시도한 아동에게 우울이 사라질 때 주의 깊은 관찰이 아주 중요하다. 증상이 사라짐과 동시에 자살을 결정할 수 있기 때문이다.

3 집단 따돌림(왕따) [2004 기출]

집단 따돌림(왕따) 현상에 대한 조사연구(MBC, 2000)에 의하면 10명 중 1명 정도가 집단따돌림을 당한 것으로 조사되었다. 피해청소년들의 공통점은 내성적 경향, 열등감, 피해의식 등 대인관계상의 어려움이 있으며 대인신념이 부정확하고 왜곡된 대인지각, 부적절한 행동을 나타냈다.

사례

- "인석이의 웃는 모습을 보면 꼭 주먹으로 한대 후려쳤으면 하는 생각이 든다. 성질이 사나운 아이들은 그 바보를 죽이고 싶다는 말까지 했다." (홍모군 · 초등4년)
- '왕따' 피해자들은 엉뚱한 대로 표적을 돌리기 일쑤다. "나는 코가 안 좋아서 코를 자주 팠다. 아이들이 '코딱지맨'이라며 '왕따'했다. … 그럴 때면 코가 나쁜 아이로 낳은 엄마가 원망스러웠다." (지모군 · 초등3년)
- 그래서 '왕따'를 당하는 아이들은 결국 "놀리는 아이들을 착한 사람으로 만들어 달라"고 기도하거나 다음처럼 처절한 사건 속에서 위안을 느끼며 산다.
  "체육시간에 힘이 센 아이가 화가 난다고 나를 밀쳤다. 아이들이 몰려왔다. 아이들은 나에게 괜찮으냐고 관심을 보여 주었다. 힘센 그 아이가 고마웠다. 그 애가 밀지 않았다면 난 계속 왕따가 돼 있었을 테니까." (김모양 · 초등4년)

(1) 집단 따돌림의 정의

정의	집단 따돌림이라 함은 두 명 이상이 집단을 이루어 특정인을 그가 속한 집단 속에서 소외시켜, 구성원으로서의 역할수행에 제약을 가하거나 인격적으로 무시 또는 음해하는 언어적, 신체적 일체의 행위를 말한다.
행동특성	• 무조건 전학을 보내 달라고 하거나 갑자기 학교를 자퇴하고 검정고시를 보겠다고 한다. • 말수가 적어지고 혼자 있는 시간이 많아진다.

	• 아침에 학교에 가는 것을 기피하고 자주 지각을 한다. • 학용품 및 소지품이 자주 없어지거나 파손되는 경우가 많다. • 도시락을 가져가지 않거나 남겨오는 경우가 많다. • 전화를 자주 하거나, 외부전화에 민감하며 전화를 받고난 후에 우울해 한다. • 공책 등에서 "학교에 가기 싫다", "죽고 싶다" 등의 낙서를 발견할 수 있다. • 머리나 배가 아프다고 자주 호소한다. • 전보다 용돈을 자주 호소한다. • 부모나 형제들에게 사소한 일로 화를 내고 공격적인 행동을 보인다. • 운동장에 혼자 있는 경우가 많다. • 수업시간에 피해학생이 발표를 하면 일부 학생들이 웃거나 야유를 한다. • 수학여행이나 소풍을 가지 않으려 하거나, 가서도 혼자 지낸다. • 수련회나 운동회를 참석하기 싫어한다. • 자주 주위 학생들의 눈치를 살피고 친한 친구가 없다. 아무도 짝이 되려고 하지 않는다.

(2) 집단 따돌림의 유형

유형	내용(예시)
활동에 함께 하지 않기	• 쉬는 시간에 함께 놀지 않고 고립시키기 • 놀이 시간에 팀에 넣어주지 않기 • 좌석 배치 시에 옆자리 기피하기 • 점심 식사 함께 하지 않기
침묵으로 따돌리기	• 공연히 훔쳐보고 모른 척하기 • 물어봐도 대답하지 않고 못들은 척하기 • 몇몇이서 쑥덕거리며 쳐다보고 비웃기 • 옆으로 지나가지도 않고 지날 때는 중얼거리기
무능한 사람 만들기	• 돌봐주는 척하며 못난이로 취급하기 • 편들어 주는 척하며 다른 친구들에게 비방하기 • 이야기를 듣는 척하며 가로막기 • 물건을 숨겼다가 찾아주고 보답을 요구하기
공개적으로 놀리기	• 모범생에 대해: 범생이, '…척한다'고 말하기 • 신체적 특징: 돼지, 땅달보, 깜씨 • 단순 실수에 대해: 짱구, 바보, 사오정 • 수업시간 중 선생님 지적에 야유 보내기
집단으로 협박하기	• 은밀히 언어적으로 괴롭히기 • 종처럼 부리기 • 물건 훔치게 하기 • 은밀히 폭력행사하기

01

(3) 집단 따돌림 피해학생 · 가해학생의 공통된 특성

피해학생의 공통된 특성	• 동작이 둔하거나 체형이 특이한 학생 • 잘난 척하고 다른 친구를 무시하는 학생 • 불결하거나 지적 능력이 떨어지는 학생 • 심신 장애가 있는 학생 • 내성적이고 힘이 약한 학생 : 교사의 질문에 답변을 독점하는 학생 • 새로 전학 온 학생 • 고자질을 잘하는 학생 • 교사로부터 지적이 많은 학생
가해학생의 공통된 특성	• 인지적 측면 : 자폐적, 경직되고 비현실적, 자기 패배적, 피해 망상적 사고패턴, 공상이나 환상, 자기만의 세계에 몰입 • 정서적 측면 : 분노, 외로움, 불안, 우울, 무력감 등의 부정적 정서 • 행동적 측면 : 자기표현능력의 부족, 회피적 행동, 엉뚱한 행동

(4) 가해학생의 특성

학교에서 관찰되는 가해학생 특성	가정에서 관찰되는 가해학생 특성
• 교사와의 만남을 회피하려 한다. • 자신에게 관심을 갖는 것에 반발한다. • 자주 화를 낸다. • 교실이나 벽에 낙서를 한다. • 몇몇 친구와 패거리를 만든다. • 남들이 자신을 공격할 것이라고 생각한다. • 자신이 남들보다 불행하다고 생각한다. • 말투가 거칠고 불평불만이 많다.	• 친구에게서 얻었다며 고급품을 지닌다. • 매식을 잘한다. • 아침에 일어나가 싫어하고 지각이 잦다. • 참을성이 없다. • 말씨가 거칠고 이유 없이 반항한다. • 금방 화를 내거나 이유를 단다. • 외출이 잦다. • 비밀이 많고 부모와는 대화가 없다.

(5) 집단 따돌림 발생 원인

유사성이나 동질성	유사성에서 벗어난 한 개인에 대한 집단의 거부반응
집단동조압력	집단동조압력에 적응하지 못하는 경우
집단이기주의	자신과 타인의 차이를 인정하려고 하지 않는 집단이기주의
무의식적인 자기방어	자신내부의 불안심리를 타인을 공격하여 완화시키려는 무의식적인 자기방어
가정환경	가정의 심리적 풍토와 부모의 양육방식 및 가정환경

(6) 보건 교사가 학교 당국과 협조하여 대처할 수 있는 방안 [2004 기출]

교관계 파악	평상시 교우관계를 파악한다.
실태 파악	교내의 따돌림 실태를 파악한다.
특별활동 활성화	소집단활동으로 이루어지는 특별활동을 강화한다.
상담	확인된 피해자의 상담을 통해 원인을 파악한다.
교육 분위기	학생, 교사, 부모 모두를 대상으로 한 개인과 그의 개성을 존중하는 지속적인 교육과 분위기를 만든다.
동료집단치료	집단따돌림은 집단 내 교우관계가 원인이므로 동료집단적 치료를 실시한다.
교육적 대책	• 가해학생과 피해학생의 판별법을 터득하여야 하며 이들을 조기에 판별함으로서 사태가 악화되는 것을 막도록 한다. • 인성교육과 생활교육에 많은 시간을 투자함으로써 '함께 사는 사회'의 구성원이 되기 위한 교육을 철저히 하도록 한다. • 집단따돌림의 가해자가 될 위험성이 있는 학생과 피해자가 될 위험성이 있는 학생을 조기에 파악하여 이들을 대상으로 상담 및 교육 프로그램을 실시한다. • 필요시에는 학부모 또는 관할부서와의 연계성을 가지고 문제해결을 시도한다. • 교원충원 및 전문상담교사 배치로 학교교육 자체가 집단따돌림 현상에 대하여 교육적으로 대처할 수 있도록 한다.

(7) 집단 따돌림의 예방 및 대책

가정	• 부모의 양육태도가 일관성이 있으며 애정으로 대하고, 민주적인 분위기에서 자녀를 양육하도록 노력하여야 한다. • 평소 가정 내의 문제해결을 위하여 가족원 중 특정인에게 책임을 전가시키지는 않았는지 검토한다. • 가정 내에 어떤 형태로든 폭력적 요소가 내재되어 있거나 또는 폭력을 암묵적으로 허용하는 분위기는 아닌지 검토하고 만약 그렇다면 이를 개선하도록 한다. • 부모와 자녀가 잦은 대화의 시간을 갖도록 한다. • 가정에서 부모는 자녀의 학교생활이나 또래관계에 관심을 가져야 하며 필요시 교사와의 상담을 통하여 학교와의 공조체제로 문제해결을 하도록 한다. • 자녀가 집단따돌림을 받고 있다는 것을 알게 되었을 때 지나치게 흥분하여 이를 감정적으로 처리하지 말고 성숙한 자세로 문제해결에 임하도록 한다. • 평소 자녀에게 사회기술과 유연한 대처능력을 갖도록 교육하고 부모 자신이 역할 모델이 되어주어야 한다.

학교	• 교사는 끊임없이 집단따돌림 문제에 대하여 경각심을 갖고 가해학생과 피해학생의 판별법을 터득하여야 하며 이들을 조기에 판별함으로서 사태가 악화되는 것을 막도록 한다. 이를 위하여 학교나 교육부 차원에서 교사 연수프로그램이나 연구 지원이 필요하다. • 성적위주, 입시만능에 치중한 교육에서 벗어나 인성교육과 생활교육에 많은 시간을 투자함으로써 '함께 사는 사회'의 구성원이 되기 위한 교육을 철저히 하도록 한다. • 집단따돌림의 가해자가 될 위험성이 있는 학생과 피해자가 될 위험성이 있는 학생을 조기에 파악하여 이들을 대상으로 상담 및 교육 프로그램을 실시한다. • 교사 자신이 특정학생에게 편중된 관심을 가지거나, 또는 집단따돌림을 대수롭지 않은 일회적 사건으로 경시함으로써 집단따돌림 현상을 심화시키지 않도록 한다. • 필요시에는 학부모 또는 관할부서와의 연계성을 가지고 문제해결을 시도한다. • 교원충원 및 전문상담교사 배치로 학교교육 자체가 집단따돌림 현상에 대하여 교육적으로 대처할 수 있도록 한다. • 가해학생에 대해 처벌보다 봉사활동 참여를 유도할 필요가 있다. 봉사활동은 학기중, 방학중, 연중으로 나눠 졸업할 때까지 지속적으로 실시한다.
사회	• 성인사회 자체가 경쟁위주와 능력위주에 휘말려 부유한 자, 강한 자가 약한 자를 짓밟고 따돌리는 폭력문화의 형성에 기여하고 있지는 않은지 검토한다. • 교내 집단따돌림은 가정이나 학교뿐만 아니라 행정관할구역 내 관련부서에까지 연대책임을 두어 범사회적인 대책수립을 강구하도록 한다. • 지역사회 내의 종교단체, 사회교육기관 등이 집단따돌림 예방을 위한 청소년 대상 교육 프로그램이나 오락 프로그램 등을 통하여 집단따돌림 예방에 동참하도록 한다. • 타인의 고통을 이해하고 이를 함께 극복하여 나가는 '더불어 사는 사회'의 구성원이 될 수 있도록 사회 전체가 자라나는 청소년들에게 역할모델이 되어 주어야 한다.
피해학생에 대한 조치	• 집단따돌림을 당하는 학생은 대부분 보복 등에 대한 두려움으로 이를 감추거나 태연한 척하는 경우가 많은데 스스로 이 문제를 교사나 학부모에게 상담하는 적극적 자세를 갖도록 한다. • 따돌림을 당하는 이유가 자기 자신 때문이라는 자포자기적 생각을 갖지 말도록 하며 적극적인 원인탐구와 대안모색에 나서는 유연한 사고를 갖도록 한다.

4 학교폭력 [2003 기출]

(1) 폭력

정의	폭력이란 육체적 손상을 가져오고, 정신적 심리적 압박을 주는 모든 물리적 강제력을 가진 것으로 발생근원은 항상 사회적인 것임
유형	유형은 살인, 폭행, 강간, 자살

영향요소	생물영역	연령(아동학대, 노인학대), 건강상태(미숙아, 다태아, 과잉행동아), 호르몬
	심리영역	정서적 미성숙, 낮은 자존감, 의존적, 수동적
	사회영역	가부장제
	행동영역	한부모 가정의 생활방식, 알코올 및 약물남용
	건강관리체계 영역	의료인들의 학대에 대한 간과

사회가 가정폭력에 영향을 미치는 4가지 방식

① 폭력에 대한 사회의 허용적 태도 및 정의
② 폭력에 관한 잘못된 신념: 폭력을 내재화, 정당화
③ 개인의 폭력에 대한 사회화가 갈등해결 수단
④ 사회적 환경(빈곤, 실직)이 스트레스 요인 → 대처능력 취약 → 지지체계 부족 → 가정폭력 발생

(2) 학교폭력의 정의 및 특징

정의

일반적으로 학교나 학교 주변에서 학생 상호간에 발생하는 의도성을 가진 신체적, 정서적 가해 행동을 말함. 고의적 괴롭힘이나 따돌림, 금품갈취, 언어적 놀림이나 협박과 욕설, 신체적 폭행이나 집단적 폭행 등이 그 범주에 해당됨

연도	신체적 폭행 피해	협박 피해	금품피해	집단괴롭힘
2004	2.51% (0.46%p 감소)	3.08% (1.97%p 증가)	4.22% (0.73%p 증가)	0.63% (0.29%p 감소)
2003	2.97%	1.11%	3.49%	0.92%

특성

타인의 입장에서 볼 때 하찮은 놀림이나 대수롭지 않은 행동일지라도 그것을 당하는 사람이 그로 인해 심리적 또는 행동적 불편함을 느끼면 그것 역시 엄연한 폭력 행위가 됨. 대개 이러한 폭력 행위는 반복적으로 발생하며, 개인적으로 이에 대해 저항하기가 매우 어려움

- 단순한 탈선 차원을 넘어 심각한 범죄단계(흉포화)에 이르고 있음
- 가치관의 혼란으로 죄의식이나 책임감을 못 느낌
- 특정 비행집단에만 국한된 것이 아니라 폭력이 모든 청소년에게 일반화(쉽게 발견)
- 집단화 경향
- 저연령화 및 여학생 폭력증가 현상
- 폭력, 금품갈취 외에도 집단 따돌림 등 심리적 폭력이 나타남. 단순폭력보다 지속적으로 가해지는 학대적 폭력 경향 보임
- 재미로, 아무 이유 없이, 건방지게 구니까, 갈등에 의해 우발적으로 일어나는 경향이 있음

(3) 학교폭력의 요인

개인과 가정	• 학생의 자아 통제력 및 타인 존중의식 미약 • 대인관계기법 및 소심한 성격 • 가정폭력, 해체가정의 증가 등으로 가정의 교육기능 약화 • 가해 학생 가정의 자녀에 대한 무관심 • 학부모의 자녀 과잉보호 및 학벌 · 입시위주의 교육관 팽배
학교	• 인권 · 자율 · 책임을 중시하는 학교풍토 조성 미흡 • 예방 및 발생 시 대처에 관한 교육 미흡 • 일부 교원의 학교폭력에 대한 미온적 대처 • 교권 실추, 교원 부족으로 생활지도에 전념할 수 없는 교육현장
사회	• 물질만능주의, 향락주의적 사회 분위기 • on-off 라인상 유해환경의 범람 • 학벌중심의 사회, 입시위주의 교육제도 • 학교폭력 예방 · 근절을 위한 범사회적 노력 미흡 • 가/피해학생의 선도 및 보호 지원을 위한 시스템 및 프로그램 부족 • 범정부 차원의 유기적 추진 미흡

학교폭력의 원인

① 개인적 특성: 성격, 가치관 혼돈, 문화에 대한 이해부족, 정신이상 등
② 사회적 환경: 도덕윤리의 붕괴, 폭력적인 범죄, 하위문화의 영향, 대중매체의 폭력보도와 방영, 사회 전반적인 유해환경 확산 등
③ 가정의 문제: 가족구조의 변화, 가정교육의 기능약화 등
④ 학교의 문제: 인성교육 부족, 과다경쟁과 입시교육 위주의 학교교육 등

(4) 학생의 폭력 피해 징후 [2003 기출]

신체적 피해	• 신체적 고통과 상해 • 두통이나 복통 • 신체 성장 장애
정신 · 정서적 피해	• 스트레스(외상 후 스트레스 장애), 초조감, 혼란스러움 • 자존심의 손상 • 부정적인 자아개념 • 우울, 불안, 피해망상 등과 같은 정신, 행동적 장애 • 성에 대한 부정적인 태도와 가치관 혼동 • 심리 · 신체적 장애

일상생활에서의 부적응	• 식욕, 수면 등 일상적 활동에서의 변화 • 등교 거부나 학교에 대한 극단적 두려움 • 자살 생각 및 충동의 증가와 실제 자살 • 장기적으로 대인관계의 단절이나 부적응 • 가족관계의 갈등과 와해 • 학업 능력의 저하와 적응 실패

(5) 가정 학교에서 발견할 수 있는 폭력징후

가정	• 전학을 시켜달라고 요구한다. • 학교에서 돌아온 후 방안에서 우울해하거나 힘이 없거나 눈물을 보인다. = 풀이 죽어서 돌아와 맥없이 풀썩 주저앉거나 자기 방에 틀어박혀 나오려고 하지 않는다. • 학교에 가는 것을 두려워한다. • 학교와 관련된 일에 대해 흥미를 잃고 있다. • 학교에서 돈이 필요하다고 자주 가져간다. • 같이 어울리는 친구가 거의 없다. • 아이의 옷이 더럽혀져 있거나 책 등과 같은 물건이 손상되어 있다. = 몸에 다친 상처나 멍 자국을 자주 발견하게 된다. 물어 보면 그냥 넘어졌다거나 운동하다 다쳤다고 대답하는 경우가 많다. • 두통, 복통 등을 호소하며 학교에 가지 않으려고 한다. 따라서 지각이 잦아지고 등교 거부로 발전한다. • 잠을 잘 자지 못하거나 악몽을 자주 꾼다(수면장애 호소). = 잘 때 식은땀을 흘리면서 잠꼬대나 앓는 소리를 한다. • 매사에 의욕이 없으며, 식욕 부진 등이 나타난다. • 자주 물건을 잃어버린다. = 비싼 옷이나 운동화, 안경 등을 자주 잃어버리거나 망가뜨린다. • 교과서나 가방, 공책 등에 '죽어라', '죽고 싶다'와 같은 낙서가 쓰여 있다. • 용돈이 모자란다고 하거나 말도 없이 집에서 돈을 집어 간다면 학교 폭력을 당하고 있는 것이 아닐까 하고 의심해도 좋다. • 입맛이 없다며 평소에 잘 먹던 음식에도 손을 대지 않는다. • 친구에게서 전화 오는 것조차 싫어한다. • 도시락을 안 가져가려고 한다. • 갑자기 성적이 떨어진다.

학교	• 수업시간에 특정학생에게 야유나 험담이 많이 나돈다. • 잘못했을 때 놀리거나 비웃거나 한다. • 학급 집단 속에 몇 개의 폐쇄적인 소집단이 생긴다. • 체육시간이나 점심시간, 야외활동 시간에 집단에서 떨어져 따로 행동하는 학생이 있다. • 학급에 무력감이 느껴진다. • 옷이 지저분하거나 단추가 떨어지고 구겨져 있다. • 안색이 안 좋고 평소보다 기운이 없다. • 흠칫거린다. • 친구가 시키는 대로 그대로 따른다. • 항상 완력 겨루기의 상대가 된다. • 친구의 심부름을 한다. • 혼자서만 하는 행동이 두드러진다. • 주변 학생들한테 험담을 들어도 반발하지 않는다. • 성적이 큰 폭으로 급격히 떨어진다. • 청소당번을 돌아가면서 하지 않고 항상 동일학생이 한다. • 특정학생을 향해 다수가 눈치를 보는 것 같은 낌새가 있다. • 자주 지각을 하거나 몸이 아프다는 이유로 결석하는 학생이 있다. • 평소보다 어두운 얼굴표정으로 수심이 있고 수업에 열중하지 못한다. • 상담실을 서성거리거나 보건실을 찾아오는 횟수가 잦아진다. • 특별한 볼일 없이 교무실이나 교사의 주위를 배회한다. • 남의 시선을 피해 울고 있는 경우가 많다. • 자신의 외모나 청결 등 몸치장에 관심이 없다. • 이름보다는 비하성 별명이나 욕으로 호칭된다. • 갑자기 신체적인 외상이 생겼는데, 이유에 대해 설명을 피한다.

(6) 학교폭력 발생 시 처리요령(= 학교폭력 발생 시 일반적인 대처방안)

학교폭력 상황에서의 교사의 태도	• 학교폭력을 발견 또는 주지하였을 때 당황하지 말고, 침착하게 대처하라. • 교사의 감정적 대처와 편견은 더 큰 피해를 초래할 수 있다. • 담임교사(피해, 가해 학생의)와 상담교사, 학교 당국 그리고 학부모의 상호 협력적인 대처와 지도방법이 요구된다. • 자신감을 가지고 학교폭력에 대처한다.
학교폭력 발생 시 지도 원리 및 대처요령	• 제일 먼저 안전을 고려하라. – 폭력 상황은 예측할 수 없는 위험요인이 함축되어 있기 때문에 돌출적인 행동과 참관 학생들의 가세, 흥분 고조, 도구 사용 등이 나타날 수 있다. – 가해, 피해 학생들과 그 밖의 사람들이 희생하거나 신체적 심리적 상처를 입지 않도록 보호하고 격리한다.

	• 가해자와 피해자를 파악하고, 이들을 합리적으로 지도하라. – 가해자 및 피해자 파악: 시간적인 여유를 가지고 접근해야 하며, 당사자뿐만 아니라 주변 많은 사람들의 이야기를 주의 깊게 듣고, 관련 정보를 수집하는 등의 적극적인 자세를 가져야 한다. – 가해자 및 피해자 지도: 잘못의 시인과 용서 구하기 → 상담(현재의 문제에 초점), 교사는 온정성, 공감성, 진실성의 태도를 잃지 않도록 노력한다. 가해 및 피해 학생과의 상담과정에서 문제가 발생할 경우 전문 상담자에게 위탁한다. • 폭력 장면과 심각성 정도를 파악하라. – 폭력장면과 형태 확인 – 폭력의 심각성 정도 파악과 차별적 지도 • 폭력행동의 발생 배경을 직접적으로 점검, 탐색하라. – 일반적인 점검 질문 – 구체적인 탐색적 질문 • 폭력의 유형에 따라 지도 및 대처방법을 달리 적용하라. – 상황적 폭력 – 대인 관계적 폭력 – 약탈적 폭력 – 정신병적 폭력
기타	• 지속적인 폭력 및 괴롭힘이나 약물(알코올) 사용 후 폭력에 대해서는 엄중히 대처하고 철저하게 관리하라. • 부모가 개입되었을 때 적극적이고 분명한 자세를 취하라. • 조직폭력에 대해서는 일차적으로 교육 및 선도 가능성 여부를 판단하라. • 남녀 간 폭력이나 선후배 간 폭력 문제에 대해 선입견을 배제하라. • 일방적 구타와 상호 구타에 대해 차별적인 지도체제를 마련하라.

피해자에 대한 조치

① 정상적인 학교생활 복귀를 위해 적절한 치료 등 지원 보호를 강화한다.
② 폭력으로 인해 출석하지 못하는 경우 출석을 인정한다.
③ 최악의 경우 전학 학급교체 등을 검토하고 조치한다.

가해자에 대한 조치

① 상습적인 가해학생에 대해서는 출석정지, 퇴학조치(고교생) 등 실질적인 징계조치를 한다.
② 학교에서는 '사회봉사' 징계자를 대상 선도교육을 반드시 실시한다.
③ '특별교육이수' 징계자는 교육청에서 지정한 교육기관, 단체에서 실시하는 선도교육 프로그램을 이수한다.
④ 학교폭력 가해자에 대한 처벌은 훈계, 학교내 봉사, 사회봉사, 특별교육 이수, 퇴학처분 등이 있다.

01

(7) 가정, 학교, 지역사회, 정부 측면에서 학교폭력 예방 대책

가정	• 부모의 올바른 가치관과 가정교육관으로 건전한 가정 분위기 조성 • 자녀와의 대화를 통한 교육
학교	• 학교 상담실을 개설하고 프로그램을 개발하여 효율적으로 운영 • 감정통제훈련, 의사소통훈련, 인간관계개선 프로그램 등의 교육을 실시 • 학부모와 지역사회 주민들이 자원봉사자로서의 상담원 활동에 적극적 참여가 요구됨 • 폭력 청소년을 학교에서 퇴학시키기보다 선도하는 것이 바람직함
지역사회	• 인간중심적인 가치관의 확산 필요 • 유해환경의 정화 • 지역공동체 생활기능 강화 • 대중매체의 폭력에 대한 자율규제를 실시해야 함
정부	• 유해환경 대폭 정비 • 청소년 단체에 대한 지원 강화 • 청소년 문화 공간 확충 예 음악감상실, 미술관, 도서관, 공연장 등
학교폭력 예방관리를 위한 대처방법 (청소년 폭력 예방재단)	• 싸울 때는 주먹 대신 대화로 해결 • 싸움 현장을 멀리하고 본능적으로 위험하다는 느낌이 들면 즉시 피할 것 • 집 근처에 안전한 길과 도움을 받을 만한 장소를 미리 알림 • 다른 사람이 시비를 걸면 상대하지 않고 일단 자리를 피함 • 폭력을 행사하거나 위험한 인물은 즉시 경찰, 부모, 학교에 알릴 것 • 유흥업소, 술이나 마약을 접할 수 있는 장소, 의심스러운 장소는 아예 피함 • 마약이나 폭력을 행사하는 친구를 사귀지 않음 • 폭력예방 캠페인, 마약퇴치 모임, 상담학교 등에 적극 참여함 • 주위의 친구나 후배들이 폭력의 희생자가 되지 않도록 공동으로 협력

5 충동조절장애 [2010 · 2012 기출]

- 품행장애
- 적대적 반항장애
- 간헐적 폭발장애

(1) 품행장애

정의	품행장애란 타인의 권리나 입장을 침해하거나 나이에 적합하다고 기대되는 기준이나 규범을 어기는 행동을 반복적으로 보이는 것을 말한다. 청소년기에 이러한 행동이 나타나는 경우는 청소년 비행이라고 부를 수 있는 행동들이, 학생의 연령에서 나타나는 경우에 행동장애라고 부른다.

특성	• 품행장애는 반항적인 행동장애가 특성이다. • 항상 집, 학교 및 공공장소에서 지속적으로 심각한 행위의 장애를 나타낸다. • 기본적인 규범이나 질서 및 법을 지키지 않고, 타인에게 공격적이고, 반항적이며 해를 끼친다. • 사람뿐 아니라, 동물이나 심지어 자신의 소유물도 난폭하게 다룬다. • 타인을 비난 무시하고 타인의 기분을 전혀 고려하지 않으며 범죄형 행동에 대한 죄의식이 전혀 없다. • 아동기 때 엄마와의 관계에서 안정적이고 즐겁지 않은 경험이 위압적인 행동을 낳게 된다는 이론이 있다. • 3~18세 발생, 조기 발생일수록 질병의 진행과 회복도 느리다. • 반사회적 성격의 알코올 의존자 부모에게 더 많다. • 합병증은 학업중단, 범죄행위, 약물남용, 성병, 사고로 인한 신체장애, 자살 등이 있다.
품행장애의 양상에 관한 진단적 사정의 4가지	① 거짓말 ② 훔치기 ③ 속이기 ④ 공격성

① 품행장애의 진단기준(DSM-5)

A. 연령에 적합한 주된 사회적 규범 및 규칙 또한 다른 사람의 권리를 위반하는 행동을 반복적이고 지속적으로 보이며, 아래의 항목 중에서 세 가지 이상을 12개월 동안 보이고 그 중에서 적어도 한 항목을 6개월 동안 지속적으로 보인다.

사람과 동물에 대한 공격성	• 다른 사람을 괴롭히거나 위협하거나 협박한다. • 신체적 싸움을 먼저 시도한다. • 다른 사람에게 심각한 신체적 손상을 입힐 수 있는 무기(예 방망이, 벽돌, 깨진 병, 칼, 총 등)를 사용한다. • 사람에 대해 신체적으로 잔인한 행동을 한다. • 동물에 대해 신체적으로 잔인한 행동을 한다. • 강도, 약탈 등과 같이 피해자가 있는 상황에서 강탈을 한다. • 성적인 행동을 강요한다.
재산의 파손	• 심각한 손상을 입히고자 의도적으로 방화를 한다(고의적 방화 경험). • 다른 사람의 재산을 방화 이외의 방법으로 의도적으로 파괴한다.
사기 또는 도둑질	• 다른 사람의 집, 건물, 차에 무단으로 침입한다. • 사물이나 호의를 얻기 위해 또는 의무를 회피하기 위해 자주 거짓말을 한다. • 피해자가 없는 상황에서 물건을 훔친다.

심각한 규칙 위반	• 부모의 금지에도 불구하고 밤늦게까지 자주 집에 들어오지 않으며 이러한 행동이 13세 이전부터 시작되었다. • 부모와 함께 사는 동안에 적어도 두 번 이상 밤늦게 들어오지 않고 가출한다(또는 장기간 집에 돌아오지 않는 가출을 1회 이상 한다). • 학교에 자주 무단결석을 하며 이러한 행동이 13세 이전부터 시작되었다.

B. 행동의 장애가 사회적, 학업적, 직업적 기능수행에 임상적으로 심각한 장애를 초래한다.
C. 18세 이상의 경우, 반사회적 인격장애의 준거에 부합하지 않아야 한다.

※ 다음 중 하나를 명시할 것
- 아동기 발병형: 10세 이전에 품행장애의 특징적인 증상 중 적어도 1개 이상을 보이는 경우다.
- 청소년기 발병형: 10세 이전에는 품행장애의 특징적인 증상을 전혀 충족하지 않는 경우다.
- 명시되지 않는 발병: 품행장애의 진단기준을 충족하지만, 첫 증상을 10세 이전에 보였는지 또는 10세 이후에 보였는지에 대한 정보가 없어서 확실히 결정하기 어려운 경우다.

※ 제한된 친사회적 정서가 있는지 명시할 것
※ 현재의 심각도를 명시할 것: 경도, 중등도, 고도

A. 다른 사람의 기본적 권리를 침해하고 연령에 적절한 사회적 규범 및 규칙을 위하는 반복적이고 지속적인 행동 양상으로, 지난 12개월 동안 다음의 15개 기준 중 적어도 3개 이상에 해당되고, 지난 6개월 동안은 적어도 한 개 이상의 기준에 해당됨

[사람과 동물에 대한 공격성]
1. 자주 다른 사람을 괴롭히거나, 위협하거나, 협박함
2. 자주 신체적인 싸움을 겲
3. 다른 사람에게 심각한 신체적 손상을 입힐 수 있는 무기를 사용 예 방망이, 벽돌, 깨진 병, 칼, 총
4. 다른 사람들에게 신체적으로 잔인하게 대함
5. 동물에게 신체적으로 잔인하게 대함
6. 피해자가 보는 앞에서 도둑질을 함 예 노상강도, 소매치기, 강탈, 무장강도
7. 다른 사람에게 성적 활동을 강요함

[재산 파괴]
8. 심각한 손상을 입히려는 의도로 고의적으로 불을 지름
9. 다른 사람의 재산을 고의적으로 파괴함(방화로 인한 것은 제외)

[사기 또는 절도]
10. 다른 사람의 집, 건물 또는 자동차를 망가뜨림
11. 어떤 물건을 얻거나 환심을 사기 위해 또는 의무를 피하기 위해 거짓말을 자주 함(즉, 타인을 속임)
12. 피해자와 대면하지 않은 상황에서 귀중품을 훔침(부수거나 침입하지 않고 상점에서 물건 훔치기, 문서위조)

[심각한 규칙 위반]
13. 부모의 제지에도 불구하고 13세 이전부터 자주 밤늦게까지 집에 들어오지 않음
14. 친부모 또는 양부모와 같이 사는 동안 밤에 적어도 2회 이상 가출, 또는 장기간 귀가하지 않은 가출이 1회 있음
15. 13세 이전에 무단결석을 자주 함

B. 품행장애가 사회적, 학업적 또는 직업적 기능 영역에서 임상적으로 현저한 손상을 초래함
C. 18세 이상일 경우, 반사회성 성격장애의 기준에 부합되지 않음

② 품행장애를 가진 아동의 타인을 향한 폭력 위험성에 대한 간호계획

분노수용방법	아동에게 '나를 미치게 하는 상황'을 역할극으로 하게 한다. 그리고 분노가 어떻게 조절되는지를 알게 하고 샌드백을 치거나 진흙을 두들기는 것과 같이 분노를 처리하는 수용 가능한 방법에 대해 이야기한다.
언어적 표현	신체적 공격 대신 언어적 감정을 표현하도록 격려한다. 예로 '나는 네가 그 애를 보고 화낼 것을 안다'와 같이 아동이 분노를 언어로 표현하도록 한다.
긍정적 피드백	"네가 말로 그 아동에게 화났다고 이야기한 것은 아주 좋았다. 너는 의자를 던지지 않았다"의 방식으로 아동 자신의 느낌을 언어로 표현하도록 재강화한다.
치료적 환경	구조화된 환경(치료적 환경)을 제공한다. 예를 들면 자기나 타인 또는 소유물을 손상시키지 않는 것에 대한 규칙을 세울 수 있다.
신체폭발차단	공격적인 행위를 하기 전에 신체적으로 폭발하는 것을 차단한다. 만일 아동이 공격적인 행위를 하면 가능한 행위를 취하게 한다.

(2) 적대적 반항장애(oppositional defiant disorder)

① 적대적 반항장애의 특성

정의	반항성 장애란 권위에 대해 순종하지 않거나 반항, 자극적인 반대를 일삼는 것을 말한다. 어른들의 말을 듣지 않고 정당한 지시를 해도 덮어놓고 반항하며, 어른들에게 욕설을 하고 자신이 잘못하고도 항상 남의 탓으로 하며, 걸핏하면 화를 내지만 그 대상이 주로 학교 선생님 또는 부모에게 국한되어 있는 특성을 가진 학생들을 의미한다.
특성	• 적개심, 공격심, 부정적 행동이 반항성 장애의 특징이나, 타인의 정의에 대해서는 공격을 하지 못한다. • 특별한 권위에 복종하지 않고 반항한다. → 품행장애자는 타인의 권리를 공격하지만, 반항성 장애는 공격하지 않는다. – 성인의 규칙을 거부하고, 성인과 언쟁하며, 분노의 표현이 노골적이고 야비하게 타인을 모욕한다. – 품행장애와의 차이는 타인을 공격하지 않는다. 다만, 부정적이고 화내고 공격적인 태도만 있다. • 불안정한 기분과 경조증, 반사회적 행동 등의 특별한 증상이 있다. • 8세경부터 진단되기 시작하고 여자보다 남자가 더 많다.

② 적대적 반항장애 진단기준(DSM-5)

<table>
<tr><td colspan="2">A. 화난, 민감한 기분, 시비를 걸거나 반항하는 행동, 보복적인 행동이 최소 6개월간 지속되고, 형제가 아닌 다른 사람, 1인 이상과의 상호작용에서 다음 항목 중 적어도 네 가지 증후를 보인다.</td></tr>
<tr><td>화난, 민감한 기분</td><td>• 자주 화를 낸다.
• 자주 다른 사람에 의해 쉽게 기분이 상하거나 신경질을 부린다(짜증을 낸다).
• 자주 화를 내고 쉽게 화를 낸다.
• 시비를 걸거나 반항하는 행동
• 권위적인 사람 또는 성인과 자주 말싸움(논쟁)을 한다. [국시 2004]
• 권위적인 사람의 요구에 응하거나 규칙 따르기를 거절 또는 무시하는 행동을 자주 보인다.
• 의도적으로 다른 사람을 자주 괴롭힌다.
• 자신의 실수나 비행을 다른 사람의 탓으로 자주 돌린다.</td></tr>
<tr><td>보복적인 행동</td><td>지난 6개월간 두 차례 이상 다른 사람에게 악의에 차 있거나 보복적인 행동을 한 적이 있다.
주의: 행동의 지속성과 빈도에 따라 장애의 증후적인 행동과 정상적인 제한 내에서의 행동을 구별해야 한다. 5세 이하의 아동을 대상으로 적용할 때에는 최소한 6개월 동안 일상생활의 대부분 시간에 행동이 나타나지 않을 경우 진단을 내리지 않는다. 5세 이상의 경우, 최소한 6개월 동안 일주일에 적어도 한 차례 나타나야 준거에 부합하는 것이다. 이러한 빈도 준거는 증후를 판별하는 데 적용할 수 있는 최소한의 빈도 수준으로, 행동의 빈도와 강도는 개인의 발달 수준, 성별, 문화별로 수용될 수 있는 기준 이 다름을 감안해야 한다.</td></tr>
<tr><td>B. 심각한 장애</td><td>행동의 장애가 개인의 사회적 맥락(예 가정, 또래집단, 직장동료)에서 개인 또는 다른 사람에게 고통을 주는 것과 관련이 있거나, 사회적 · 학업적 · 직업적 또는 다른 중요한 기능수행 영역에 부정적인 영향을 미친다.</td></tr>
<tr><td>C. 제외</td><td>• 행동이 정신병적 장애, 물질 사용장애, 우울장애, 양극성장애에 의해 주로 나타나는 것이 아니다. 또한 준거는 파괴적 기분조절장애(disruptive mood dysregulation disorder)에 부합하지 않는다.
• 파괴적 기분조절장애와 간헐적 폭발장애의 두 진단 기준을 모두 만족시킨다면 파괴적 기분조절 장애로만 진단한다.</td></tr>
<tr><td>현재의 심각도 명시</td><td>• 경도: 증후가 단지 한 상황에서만 나타난다.
예 가정에서, 학교에서, 또래와의 관계에서 또는 일터에서
• 중등도: 일부 증후가 최소 두 가지 상황에서 나타난다.
• 중도: 일부 증후가 세 가지 이상의 상황에서 나타난다.</td></tr>
</table>

③ 반항성 장애와 품행장애의 비교 [2010 기출]

반항성 장애	품행장애
• 적개심은 어른이나 친구에게 직접적으로 표현되고, 고의적으로 귀찮게 굴거나 언어적 공격 양상을 보이지만 심각한 공격성은 나타내지 않는다. • 이 장애의 증상은 거의 대부분 집에서 나타나는데, 학교나 지역사회에서는 공격성을 잘 나타내지 않는다. • 증상은 전형적으로 잘 알고 있는 어른이나 친구와의 관계에서 더 잘 나타난다. • 이 장애를 갖고 있는 개인들은 흔히 자신을 반항적이거나 도전적이라고 생각하지 않고, 자신의 행동을 불합리한 요구나 환경에 대한 반응이라고 정당화한다.	• 어린 나이에 성행위, 음주, 흡연, 불법 약물 사용, 무모하고 위험을 초래하는 행동을 한다. • 타인의 권리를 침해한다. • 이들의 행동은 잦은 학교 휴학 또는 퇴학, 직업 적응 문제, 법적 문제, 성병, 예기치 않은 임신, 사고나 싸움으로 인한 신체적 손상을 가져온다. • 냉담하며, 죄책감이나 자책감이 결여되어 있다. 이러한 개인은 죄책감을 표현함으로써 처벌을 줄이거나 모면할 수 있음을 알기 때문에 이들이 표현하는 죄책감이 진실한 것인지 아닌지를 평가하기는 어렵다.

(3) 간헐적 폭발장애

정의	폭행이나 파손의 결과 심각한 정신사회적 손상으로 해고, 인간관계 문제, 퇴학, 이혼, 교통사고, 수감을 당하게 된다.
간헐적 폭발장애 진단기준 (DSM-5)	A. 공격적인 충동을 통제하지 못해서 보이는 반복적인 행동폭발로 다음의 항목 중 하나를 특징적으로 보인다. 1. 언어적 공격성(예 분노발작, 장황한 비난, 논쟁이나 언어적 다툼) 또는 재산, 동물, 타인에게 가하는 신체적 공격성이 3개월 동안 평균적으로 일주일에 2회 이상 발생한다. 신체적 공격성은 재산 피해나 재산 파괴를 초래하지 않으며, 동물이나 다른 사람에게 상해를 입히지 않음 2. 재산 피해나 파괴 그리고/또는 동물이나 다른 사람에게 상해를 입힐 수 있는 신체적 폭행을 포함하는 폭발적 행동을 12개월 이내에 3회 보인다. B. 반복적인 행동폭발 동안 표현되는 공격성의 정도는 정신사회적 스트레스 용인에 의해 촉발되거나 유발될 수 있는 정도를 심하게 넘어선다. C. 반복적인 공격적 행동폭발은 미리 계획된 것이 아니며(예 충동적이거나 분노로 유발된 행동), 유형적인 대상에만 한정된 것이 아니다(예 돈, 권력, 친밀감). D. 반복적인 공격적 행동폭발은 개인에게 현저한 심리적 고통을 유발하거나, 직업적 또는 대인관계 기능에 손상을 주거나, 경제적 또는 법적 문제와 관련된다. E. 생활연령은 적어도 6세 이상이다(또는 6세에 상응하는 발달단계 수준).

	F. 반복적인 공격적 행동폭발이 다른 정신질환으로 더 잘 설명되지 않으며(예 주요우울장애, 양극성장애, 파괴적 기분조절 부전장애, 정신병적 장애, 반사회성 성격장애, 경계성 성격장애) 다른 의학적 상태(예 두부외상, 알츠하이머병)나 물질(예 남용약물, 치료약물)의 생리적 효과로 인한 것이 아니다. 6~18세 아동의 경우 적응장애의 일부로 보이는 공격적 행동을 이 진단으로 고려해서는 안 된다. 주의: 반복적이고 충동적인 공격적 행동폭발이 주의력결핍 과잉행동장애, 품행장애, 적대적 반항장애, 자폐 스펙트럼장애들에서 보일 수 있는 정도를 초과하고 독립적인 임상적 주의가 요구될 때 상기 진단에 더해서 간헐적 폭발장애를 추가적으로 진단 내릴 수 있다.
특성	• 공격적인 충동을 조절하지 못하여 행동폭발을 반복적으로 보이는 특성이다. • 행동폭발은 30분 이하로 지속된다. • 관계가 친밀한 사람에 의해 유발된 사소한 자극으로 촉발되며 타인에게 피해를 입히지 않는 공격성이 3개월 동안 평균 매주 2회 이상 나타날 때이다. • 타인이나 동물에게 상해를 입힐 정도의 폭발적 행동은 12개월내 3회정도 보일 때 진단된다. • 주로 정신사회적 스트레스요인에 의한 반응으로 공격성을 통제하지 못하고 이러한 공격 행동은 계획적이거나 의도된 것이 아니다. • 6세 이하(이에 준한 발달단계)는 진단할 수 없다.
원인	생애 초기 약 20년 동안의 신체 · 정서적 외상경험, 유전, 세로토닌 이상 등
증상	• 폭행이나 기물파손을 가장 흔하게 보인다. • 자극에 비해 공격성이 과도하게 나타난다. • 대부분 시간이 지나면서 분노 폭발이 가라앉으며 후회나 자책을 하는 경우가 많다, • 전조나 전구 증상이 없이 갑작스러운 분노가 대부분 30분 이내 가라앉는다. • 분노 발작 사이의 기간에도 별다른 문제를 보이지 않는 경우가 많다. • 분노폭발은 친숙한 사람이나 주변의 사람으로부터 사소한 자극에 의해 발생한다. • 섬망, 치매, 두부손상, 경계성 성격장애, 회피성 성격장애, 물질남용 등 공격성을 초래하는 다른 진단을 모두 배제한 다음 내려진다.
치료	항불안제는 신경안정제로 GABA를 활성화시켜 과도한 긴장이나 폭발적 성향을 지닌 환자에게 적용한다.
간호	약물만으로는 해결되지 않는다. 분노조절이 포함한다.

(4) 폭력에 의한 고위험성을 지닌 학생의 행동특성

타인에게 해를 끼치는 행동	• 주위환경이나 타인에 대해 공격적인 행동 • 약자를 괴롭히거나, 약한 동물에게 잔인하고, 방화를 즐기는 행동
자신에게 해를 끼치는 행동	• 자해적인 자살시도, 험악한 욕설로 주위를 당황하게 만드는 행동 • 자주 성질을 부릴 정도로 충동적이고 참지를 못하는 행동 • 좌절을 이기지 못하고 작업 수행하다가도 쉽게 화를 내며, 쉽게 포기를 하는 행동
사회의 규범이나 법을 어기는 행동	• 규칙이나 규범, 질서에 거부하고 반항하는 적대적 행동 • 거짓말, 도벽, 사기로 학교생활을 하지 못할 뿐만 아니라 사회생활에도 적응하지 못하는 행동
과거력	• 약물, 흡연, 알코올, 성폭행의 경험 • 부모로부터 애정을 받지 못한 경험, 기관을 전전하면서 성장한 경험 • 낮은 자아감과 무력감

(5) 충동조절장애아의 간호중재 방법 [2012 기출]

수용적 태도	예 "식당에서 고함은 허락되지 않는다. 조용히 식사를 마친 후 네 기분을 함께 얘기해 보자" • 괴로운 감정을 수용해 줌으로써 현실에 대한 솔직한 감정표현이나 도움을 받고 싶어하는 마음을 받아준다. • 용서받지 못할 행동이 있다는 것도 알려줄 필요가 있다. • 부적절한 행동일지라도 자기가치감을 고려하여 그 개인이 가지고 있는 감정을 수용하도록 한다.
인격존중	권위적, 비판적 태도보다 인간존중의 태도여야 한다.
개방적 의사소통	예 "식기를 바닥에 던졌는데, 무슨 일이 있었니?"(○) / "왜 식기를 바닥에 던졌니?"(×) • 방어적 대답 또는 거짓으로 꾸며낼 수 있다. • 두렵고 불안한 느낌을 말로 표현하도록 격려한다. • 소년들이 흔히 사용하는 은어는 사용하지 않도록 한다. → 아동은 성인의 역할 모델을 요구하므로 • '왜'라는 질문으로 대화를 이끌면 방어적이고 지나치게 이성적인 대답만 들을 뿐 감정의 표현이 나타나지 않기 때문에 아동을 잘못 이해하게 된다.
경청 및 상담	• 아동의 기분, 느낌, 생각을 경청하려면 폐쇄적 질문보단 개방적 질문을 해야 하고 동시에 비언어적 신호나 표정, 몸짓을 잘 관찰한다. • 아동의 행동을 자세히 관찰하고 경청하면 공격적 폭력적인 행동을 미리 예방할 수 있다. • 개방적인 질문을 하며, 비언어적 신호나 표정, 몸짓을 잘 관찰한다. • 개인적 상담 : 자신의 갈등과 문제를 토론할 수 있는 기회이다. • 단체상담 : 자신이나 타인을 이해하고 자신의 문제점을 인식하는 기회로서 도움이 된다.

구분		내용
운동이나 게임, 놀이		에너지를 돌림으로써 불안 및 분노 감소, 자존감 증진
행동수정		계약적 조건을 만들어 바람직한 행동에는 상을 주고 바람직하지 않은 행동은 벌을 준다.
가족치료		폭력적 아동의 행동간호에는 반드시 부모교육을 포함해야 한다. 부모와 아동이 포함된 가족치료를 해야 한다.
감정표현	방법	• 자기주장적 의사소통기술로 욕구를 표현하는 의사소통술을 가르친다. • 분노의 언어적 표현으로 감정을 언어화하고 경청하고 분노를 적절히 표현하는 역할 모델로 행동한다. '나' 전달법 : '나'라는 주어가 들어가는 문장 "내가 생각하기에는 …", "나는 그것에 대해 이렇게 느낀다.", "나는 …을 좋아한다." "내가 원하는 것은…" • 자신의 입장을 분명히 한다. • 자신의 뜻, 욕구를 남에게 알린다.
	근거	공격적으로 반응하기보다 감정을 언어로 표현하고 자신의 욕구를 충족시키는 의사소통을 한다.
감정 수용	방법	아동에 대한 태도는 권위적, 비판적 태도보다 인격을 가진 인간으로 존중하며 부적절한 행동도 자기가치감을 고려하여 괴로운 감정을 수용한다. 예 "식당에서 고함치는 것은 허락되지 않는다. 조용히 식사를 마치고 난 다음, 네 기분에 대해서 같이 얘기해 보자.
	근거	현실에 대한 솔직한 감정표현과 도움을 받고 싶어 하는 마음을 받아준다. 강한 분노를 경험하는 환자는 고립감을 느끼며 분노는 정상적 감정으로 환자의 강한 감정을 인정해 줌으로 환자의 고립감을 완화시킨다.
관찰	방법	부적절한 공격 가능성에 대비해 환자를 모니터하고, 미리 상황을 중재한다. 폭력 가능성의 단서 사정으로 분노를 자극하는 일, 만성적 가정 부조화, 최근에 행동 변화와 과다행동, 불안, 분노, 당황의 증상, 비언어적 신호인 표정, 몸짓 관찰, 동요되는 기미가 보이는 행동이 나타나는지 관찰한다. 자신의 분노를 인지하도록 행동에 피드백을 해준다. 예 아동과 대화 중 눈의 초점을 다른 곳으로 옮긴다, 손을 꼰다, 말을 뚝 그친다.
	근거	아동의 행동을 관찰하고 경고신호를 사정하여 공격적, 폭력적 행동을 미리 예방한다. 공격성이 나타날 때 행동을 미리 알면 폭력적 사건이 일어나기 전 중재할 수 있다.

<table>
<tr><td rowspan="6">개방적 질문</td><td>방법</td><td colspan="3">개방적 질문을 한다.</td></tr>
<tr><td rowspan="5">근거</td><td colspan="3">폐쇄적 질문보다 개방적 질문으로 동의 기분, 느낌, 생각을 자세히 경청한다.
cf) 개방적(촉진적) 질문</td></tr>
<tr><td rowspan="2">방법</td><td>자유롭게</td><td>• 대상자에게 이야기할 수 있는 기회를 주는 방법으로 특정한 주제에 대한 것이 아닌 광범위하고 일반적인 질문을 주는 것이다.
• 환자가 자신의 생각, 문제를 자유롭게 자세히 표현할 기회를 주어 다양한 대답이 가능한 서술적 방식으로 토의한다.</td></tr>
<tr><td>설명</td><td>자신이 한 말에 부연 설명하도록 도와준다.</td></tr>
<tr><td rowspan="2">효과</td><td>정보</td><td>포괄적이고 자세한 정보를 얻으려 한다.</td></tr>
<tr><td>병식</td><td>환자의 반응을 이끌어 냄으로 자신의 생각, 감정, 경험을 노출하여 자신의 생각, 감정을 파악하여 병식을 갖도록 돕는다.</td></tr>
<tr><td rowspan="2">'왜'라는 질문</td><td>방법</td><td colspan="3">• '왜'라는 질문을 사용하지 않는다.
• 올바른 대화: "왜 식기를 바닥에 던졌니?"보다 "식기를 바닥에 던졌는데 무슨 일이 있었니?"</td></tr>
<tr><td>근거</td><td colspan="3">• '왜'라는 질문은 방어적, 지나치게 이성적 대답만 들을 뿐 감정의 표현이 나타나지 않아 아동을 잘못 이해할 수 있다.
• 감정을 표현하지 않고 방어적인 대답을 한다. 이유를 자신의 기분과 상관없이 이치에 맞게 거짓으로 꾸며내기 때문이다.</td></tr>
<tr><td rowspan="2">비난 제한</td><td>방법</td><td colspan="3">아동을 비난하지 않는다.
예 "너는 고함치는 것을 네 스스로 잘 알 것이다. 우리는 더 이상 참을 수 없다. 이 병동에 있기를 원하면 당장 고함을 그쳐라."</td></tr>
<tr><td>근거</td><td colspan="3">• 아동은 경시 당했다는 느낌을 받고, 자존심은 낮아진다. 간호사를 피한다.
• 잘못된 대화는 간호사와 환자의 관계를 악화, 의사소통에 장애를 초래한다.</td></tr>
<tr><td rowspan="2">행위 인식</td><td>방법</td><td colspan="3">허용되지 않는 행동에 분명하게 알린다.</td></tr>
<tr><td>근거</td><td colspan="3">허용되지 않는 행동을 인식한다.</td></tr>
<tr><td rowspan="2">인식 결과</td><td>방법</td><td colspan="3">• 분노의 잘못된 표현이 어떤 결과를 가져오는지 설명한다.
• 수용할 수 없는 행동을 했을 때 실제로 어떤 결과가 일어나는지 이야기한다.</td></tr>
<tr><td>근거</td><td colspan="3">수용할 수 없는 행동에 수용되지 않은 행동이 있음을 인식한다. 분노의 잘못된 표현의 결과를 인식한다.</td></tr>
<tr><td rowspan="2">책임</td><td>방법</td><td colspan="3">모든 사람은 분노를 표현할 권리가 있으나, 타인을 정서적으로 신체적으로 위협하지 않는 방법으로 분노를 표현해야 할 책임이 있다.</td></tr>
<tr><td>근거</td><td colspan="3">공격적·폭력적으로 행동한 사람은 행동에 대한 책임을 져야 한다.</td></tr>
</table>

신체적 활동	방법	스트레스, 분노에 대처기전 사용을 가르쳐주어 신체적 활동, 운동, 게임, 놀이로 에너지를 긍정적 방향으로 배출한다. cf) 신체적 활동: ADHD, 불안, 식이장애
	근거	폭력적 행동이 억제된 분노, 좌절감의 과도한 에너지를 신체적 활동으로 배출하여 분노, 불안을 감소시키고 자신감 증진, 이완 효과를 돕는다.
분노조절 기법	방법	• 환자에게 자신의 행동을 조절할 수 있다는 생각을 심어준다. • 파괴적 방법으로 분노를 표현하는 환자를 진정시키는 기법을 교육하고 분노를 적절하게 표현하는 방법을 고안하도록 돕는다. • 분노를 비폭력적으로 표현하는 장점을 환자에게 알려준다. • 고통을 주는 상호작용이나 자극에서 벗어나기, TV 시청이나 독서의 다른 일 하기, 패턴을 끊기 위해 열까지 세기
	근거	패턴을 끊어버리면 폭력적으로 가는 상황을 예방하고, 평정심을 찾을 수 있다.
독서요법	방법	환자에게 분노관리에 관한 책, 기사, 팸플릿을 읽도록 요청한다.
	근거	간호사와 환자는 함께 읽었던 것을 논의한다.
영화, TV쇼	방법	다른 사람들이 분노와 공격을 어떻게 관리하는지 관찰한다. 영화, TV에 나오는 사람들을 관찰하여 실제나 가상에서 다른 사람들이 어떻게 분노를 관리하는지 평가한다.
	근거	적절하게 분노를 표현하는 역할 모델을 제공한다. 공격 행위에 통제를 유지하는 것을 배운다.
역할극	방법	방어적 태도를 유발하는 상황에 역할극 연습한다. 방어적 행동이 나타나는 상황을 파악하여 친구들에게 난폭하게 대하며 때리는 상황을 파악한다. 역할 연기를 통해 적절한 반응을 연습한다.
	근거	역할극은 어려운 상황이 발생했을 때 상황 대처에 자신감을 제공한다.
강화, 벌 [국시 2018]	방법	계약적 조건을 만들어, 분노를 적절하게 표현하는 바람직한 행동에 상을 주고, 바람직하지 못한 행동에 벌을 준다.
	근거	긍정적 피드백을 받은 행동은 반복적으로 일어나며 만족을 얻는다. 바람직하지 못한 행동에 벌을 주어 바람직하지 않은 행동을 감소시킨다.
도움 요청	방법	분노가 끓어오르면 간호사나 믿을 수 있는 사람에게 도움을 구하도록 돕는다.
	근거	자제력을 잃지 않도록 도울 것이라고 환자를 안심시킨다.

(6) 폭력을 시도하려는 대상자 중재

더 많은 공간 확보	탈출구 확보
안전확보	귀걸이 목걸이 착용하지 않기/뒤에 도와줄 사람 확인하기/물건의 위치파악(위험한 물건치우기)/대상자를 정면으로 대하지 않기/안전요원 부르기 등
대화를 위한 중재 5단계	• 천천히 간단한 문장으로, 낮은 목소리로 침착하게 말하고 절대 소리 지르지 않기 • 개별접촉 – 조용히 정상적 어투로 비자극적 비비판적 어조로 대화 • 불쾌한 원인 찾기 – 공감적으로 접근하여 개방적 질문을 하되 '왜'라는 질문하지 않도록 주의 ["당신에게 무슨 문제가 있습니까?(×) "사람들이 항상 당신에게 불친절하다고 생각하세요?(○)] • 불쾌감 완화 • 모든 사람을 안전하게 – 다른 대상자 멀리, 주변에 흉기 될 만한 물건 없도록 • 다른 문제해결방법과 행동 돕기 – 무엇이 화나게 하는지 파악하여 분노통제 – 독백이 적응적 대처를 도울 수도 있고 저해할 수도 있음
약물치료	로라제팜(ativan), 디아제팜(valium), 할로페리돌(haldol), 클로르프마진(thorazine)
강박과 격리	대상자가 의식이 있고 자신이나 타인에 위험할 때만 사용
충동조절 장애아에 대한 교육지침	• 공격성을 야기하는 주변환 경에서 비공격적인 반응을 하는 모델을 보여준다. • 아동에게 비공격적인 행동을 연습하거나 역할놀이를 할 수 있는 기회를 제공한다. • 비공격적인 행동을 할 때 강화해 준다. → 차단과 같은 공격성을 나타낼 기회가 없는 별의 방법을 사용하도록 한다. • 행동장애 아동의 공격성과 외향적인 행동문제를 과소평가해서는 안 된다. → 특히 남아일 경우 아동기 학업실패, 공격성 및 반사회적인 행동은 미래의 사회적 적응이나 정신건강 등에 심한 어두움을 예고하기 때문이다.

6 위기간호

정의	위기간호란 개인이 습관적인 문제 해결 방법으로부터 해결을 얻지 못한 중요한 문제에 직면하는 위험한 환경에 맞부딪혀 심리적으로 평온하지 못한 상태에 있을 때를 말한다.	
위기 분류 [2012 기출]	성숙 위기	• 인생 주기의 전환기에 발생한다. • 전환기에 발달 과업을 성취하는가에 따라 위기는 성숙의 기회가 될 수 있다. • 순서를 벗어난 경우 부정적 결과를 경험하기도 한다.
	상황 위기	• 개인이나 집단의 정신적 균형을 깨뜨릴 만한 사건이 발생할 때 생긴다. • 실직, 사랑하는 사람의 상실, 가치 있는 물건의 상실, 질병, 원치 않은 임신, 이혼, 학교적응 문제, 범죄 목격 등
	우발적 위기	• 돌발적이고 예상치 못한 사건을 의미한다. • 큰 환경적 변화에 따라 많은 손실이 발생한다. – 화재, 지진, 태풍, 홍수 같은 자연 재해 – 전쟁, 집단 유괴, 집단 살인, 비행기 추락, 시내 폭동, 번화가 폭발 사고 등
위기 발생 순서	① 문제 인식이 발생한다. ② 불안과 긴장이 증가한다 : 대응기전의 필요성 인식 ③ 일상적으로 사용한 상황에 대한 대응기전이 필요하게 된다. ④ 본래 가지고 있던 위기 대응방법이 성공을 못하면서 긴장이 고조된다. ⑤ 만약 새로운 문제 해결 방법이 성공을 하지 못하면 문제는 계속 남아 피할 수 없게 된다. 따라서 다음과 같은 문제가 계속 남아있게 된다. ㉠ 일상적인 생활 및 정서 기능의 부조화가 온다. ㉡ 심한 불안을 경험하게 된다. ㉢ 사물에 대한 인지과정은 좁아진다. ㉣ 대응능력은 점점 줄어든다. ⑥ 중재가 없더라도 부정적이든 긍정적이든 해결은 6주 안에 일어날 것이다.	
위기 형태 특징	• 갑작스럽게 발생하며 자신의 능력에 제한 있고 1주에서 6주까지 계속된다. • 갑작스런 사고(죽음, 상실 등)가 특징이며 이때 일상적 대응기전은 이런 사고에 대응되도록 사용되어지지 않는다. • 상황은 위험스러워서 자기 자신이나 남을 해칠 수도 있다. • 개인은 6주 후에는 위기 상황 전보다 더 좋거나 나쁘거나 또는 똑같은 상태로 돌아갈 것이다. 그러므로 이때 치료자의 중재역할은 중요한 것이다. • 만약 전적으로 문제에 관여되면 고통은 끝난다. • 문제에 관여되면 위기에 처한 사람은 치료에 대부분 응하게 되고 변화가 일어나며 위기는 극복되어질 수 있다.	

위기 중재의 원칙	• 목적은 위기 이전의 상태로 돌아가게 하며 그 기능을 유지하는 것이다. • 즉각적인 중재의 중요성을 인식해야 한다. 왜냐하면 중재의 가능성은 6주 안에 이루어져야만 되기 때문이다. • 문제 사정을 정확하게 하고 이 문제에만 초점을 주며 치료는 현실 위주로 해야 된다. • 중재 한계선을 짓는다. • 필요하면 환자와 함께 있어야 하며 그 위기 중재에 중요한 인물을 선택해야 한다. • 가능한 대응기전을 탐색한다. – 대응기전을 강화시키고 이용한다. – 대응기전의 약점과 탐색하는 것을 도와준다. • 가능한 상황지지물을 탐색하는 것을 도와준다. – 상담자는 문제를 명시하고 그 문제를 이해하도록 도와주며 이 문제와 인생과의 통합을 시도하도록 도와준다. – 이상의 단계가 완성되면 장래 지지문제에 대한 계획은 환자와 함께 치료자가 해야 할 것이다.

MEMO

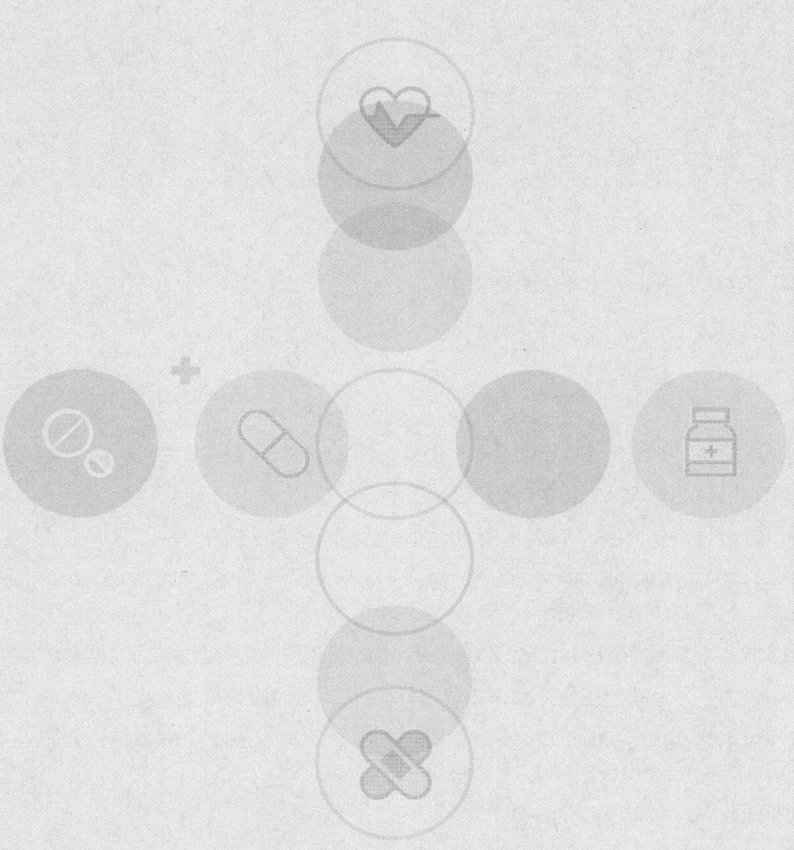

출제경향 및 유형 (신생아의 신체적 건강장애)

1992학년도	선천성 매독, 허치슨(Hutchison) 치아, 지질대사 결핍질환, 활로 4징후, 동맥관개존증, 로타바이러스, 비출혈부위(키셀바하), 편도절제술 적응증, 크룹, 소아당뇨의 특징
1993학년도	Tay-Sachs disease, 비청색증심질환, 급성 중이염 증상, 부비동염 발생부위, 편도적출술 금기증, 백혈병, 진행성 근퇴화증
1994학년도	성염색체질환, 다운증후군, 청색증 심질환, 뇌성마비, 퀘시오카, 감기바이러스(Adeno virus), 소아당뇨병의 특징, Reye증후군
1995학년도	Turner 증후군, 부비동 수술환자 간호방법, 유행성 각결막염
1996학년도	동맥관개존증, 중이염의 합병증, 알러지비염
1997학년도	
1998학년도	
1999학년도	
후 1999학년도	
2000학년도	뇨검사 시 「단백」 검출되었을 때 대표적인 질환
2001학년도	
2002학년도	
2003학년도	선천성 심장질환 아동에게 요구되는 건강관리 내용
2004학년도	
2005학년도	
2006학년도	
2007학년도	천식의 과민반응기전(병태생리), 연쇄상구균 감염 후 급성 사구체 신염 시 사정해야 할 주요 내용
2008학년도	아나필락시스 자반증, 연소성 류머티스양 관절염
2009학년도	천식아동의 치료약물(기관지확장제 분류), 철분결핍빈혈영아의 간호중재
2010학년도	선천성심질환-팰로씨4증후군의 신체소견, 기관지 천식환아의 간호진단과 간호계획(MDI사용법), 벤토린(Ventolin 약물요법), 1형 당뇨병의 주요특징과 부모교육내용
2011학년도	천식[최대 호기 유속기(peak expiratory flow rate meter) 사용법], 철분결핍, 사구체 신염
2012학년도	가와사키 질환, 기생충질환(요충증), 아동급성 중이염의 특성 및 간호중재, 통증사정도구
2013학년도	급성 림프성 백혈병의 병태생리적 변화, 신증후군 4대증상, 가성 성조숙증, 베커형(Becker type) 근이영양증, 성적 성숙 변화 단계(Tanner stage)
2014학년도	천식의 병태생리, 류마티스열, 저신장증
2015학년도	
2016학년도	
2017학년도	선천성 심실중격결손편도선염의 약물요법(아세트아미노펜과 이부프로펜)
2018학년도	급성사구체신염, 고관절탈구(Allis-sign, 피스톤징후), 뇌수종(일몰징후, 마퀴인 징후), 알러지비염의 약물
2019학년도	태너의 성적 성숙단계, 흡연이 심혈관질환에 미치는 영향
2020학년도	당뇨병 학생의 응급상황 조치, 미세변화형신증후군의 전신부종기전과 소변 혈액검사, 여드름 관련 호르몬과 여드름 관리, 천식의 테오필린 치료지수
2021학년도	
2022학년도	가와사키
2023학년도	

Chapter 04 신생아의 신체적 건강장애

01 신생아 건강장애

1 신생아

(1) 신생아 관리 4대 원칙 [1992 기출]

호흡유지, 체온 유지, 감염 예방, 영양 유지

(2) 신생아 체온 조절

열생산 기전	• 열생산 기전이 성인과 달라서 떨림을 통해 열을 생산하지 못하고 비떨림성 열을 생산한다. 말초 수용체가 온도 하강에 자극을 받으면 자율 신경계를 자극하여 mrepinephrine을 분비한다. • 말초혈관 수축을 일으키고, 갈색지방에서 중성지방(triglycerides)을 지방산으로 산화시켜서 열을 생산한다. • 갈색지방은 견갑골간, 목덜미, 심장, 신장주위에 위치한다. • 중성 지방은 체내 지방조직에서 분비되어 에너지원으로 사용된다.	
생리적 열손실 요인 [국시 2008]	넓은 체표면적	신생아에서 몸 크기에 비해 체표면적이 넓어 열손실이 높다.
	피하지방 부족	절연체로 작용하는 피하지방이 적어 열이 손실되기 쉽다.

(3) 모체 성호르몬 영향 [2022 기출, 국시 2007 · 2013]

유방 종창	기전	태반을 통해 모체로부터 받은 호르몬인 에스트로겐의 자극이 일어난다.
	증상	생후 2~3일까지 남아, 여아에서 유방 종창으로 유방이 커진다.
마유 [2022 기출]	기전	태아 시 모체에서 받은 호르몬(에스트로겐과 프로게스테론)의 영향으로 태아의 프로락틴 분비는 억제된다. 신생아에게 분만 후 에스트로겐과 프로게스테론이 감소되어 뇌하수체 전엽에서 분비되는 프로락틴 작용으로 마유가 분비된다.
	증상	• 신생아의 젖에서 우유 같은 액체가 출생 첫 주말까지 분비된다. • 감염될 수 있으므로 짜지 않는다.

가성월경	기전	가성월경은 태반을 통해 모체로부터 받은 모체의 호르몬인 에스트로겐과 프로게스테론이 분만 후 갑자기 감소하면서 생긴다.
	증상	여아에서 가성월경인 질 분비물(혈액보다는 우유 같은 분비물이 흔히 보임)이 첫 주 동안 나타나며, 2~4주에 소실된다.
간호	이런 현상은 저절로 없어지므로 치료를 할 필요가 없다.	

(4) 우유병 충치 [2017 기출]

부위 [국시 2010]	• 상부 치아의 광범위한 충치로 위쪽 중절치(위쪽 앞니)부터 시작하여 어금니가 상한다. • 아래쪽 앞니는 아래 입술, 혀, 침으로 보호된다.	
원인 [2017 기출]	• 치아가 난 후 모유나 우유나 주스가 있는 우유병을 물고 자면 탄수화물 용액, 당분이 치아에 침착되어 충치를 일으킨다. • 치아 에나멜질 위의 당분은 영아의 입속에서 박테리아와 만나 충치가 된다.	
예방 [2017 기출]	우유, 주스 제한	• 잘 시간에 모유나 우유나 주스가 든 병을 주지 않는다. • 수면 중 모유나 우유를 먹일 경우 치아에 당분이 침착되어 젖병충치를 일으킨다. • 치아가 썩는 것은 아기가 자는 동안 젖병이 치아를 계속 젖게 하는 것이 원인이 되어 발생한다.
	물 [2017 기출]	밤 시간에 우유병을 물릴 때 탄수화물이 많은 용액보다 물을 준다.
	옥수수 시럽, 꿀	노리개 젖꼭지에 옥수수 시럽, 꿀을 묻혀 주면 똑같은 문제가 초래된다.
	컵	• 젖병충치 발생을 줄이기 위해 과일주스는 우유병이 아닌 컵에 준다. • 1세에 컵을 사용하여 마신다.
	젖떼기	• 1세 전후로 젖병을 땐다. • 젖떼기는 서서히 이루어져야 하므로 컵이나 숟가락의 사용 빈도를 늘리면서 점점 수유하는 횟수를 줄여준다.
	아기 젖병 증후군	젖병을 빨면서 자면 흡입 위험, 윗니의 우유병 충치, 치아가 후방으로 밀릴 수 있다.

2 미숙아(preterm, and premature infant)

(1) 개요

구분		내용
정의 [국시 2005]		• 출생 시 체중에 상관없이 재태연령 37주 미만으로 태어난 영아를 의미한다. • 고빌리루빈혈증, RDS뿐 아니라, 영아에게 성인기에도 지속되는 학습장애, 성장결핍, 천식 등의 문제가 지속될 수 있다. ※ 만삭아(fullterm infant) : 출생, 체중에 상관없이 재태연령 38주~42주 말 사이에 태어난 영아
특징		• 시진 시 피하지방조직이 없거나 최소량만 있기 때문에 매우 작고 수척해 보인다. • 몸에 비해 머리가 매우 크다. 이는 두미방향(cephalocaudal direction)의 성장을 반영한다. • 피부는 밝은 분홍색, 부드럽고 광택이 난다(부종일 수 있음). • 가는 솜털이 온몸에 나 있다. • 손발에 주름이 적다. • 두개골과 늑골이 매우 부드럽다. • 기타 : 26주 이전에는 눈이 붙어 있음, 비활동적, 사지는 펴고 있고 어떤 자세든 놓여있는 그 자세를 유지, 체온유지가 안 됨, 소변으로 대사물질 배출 능력 제한, 감염의 감수성이 증가, 휘기 쉬운 흉곽과 미숙한 폐조직, 호흡 저하, 세포외액이 많아 수분전해질 불균형에 취약하다.
합병증	저체온	열생산 부족, 피하지방 감소, 큰 체표면적으로 저체온증
	호흡곤란 증후군	• 폐의 지속적인 팽창을 유지시켜 주는 물질인 폐 표면 활성제가 부족하여 폐포가 쭈그러들어 무기폐의 호흡곤란 증후군이 발생한다. • 폐 표면 활성제는 폐포 내의 표면장력을 낮추며 폐 표면 활성제 부족은 폐포안 표면 장력이 커져서 폐포의 정상적인 팽창이 이루어지지 않는다.
	미숙아 망막증	망막의 미숙함, 고농도 산소가 원인이다.
	괴사성 장염	고농도의 조제유, 저산소혈증

(2) 미숙아 망막병증(Retinopathy Of Prematurity; ROP), 수정체 후부 섬유증식증(Retrolental Fibroplasia)

구분		내용
원인 병태생리		높은 동맥산소 농도가 중요한 발생 소인, 미숙한 망막혈관에 심한 혈관수축이 있고, 이런 부위에 저산소증이 발생, 망막은 부어오르고 출혈과 반흔 형성이 발생하여 망막이 분리된다.
증상		• 양측성, 일측성으로 병발 • 눈의 망막 혈관의 경련, 확대, 굴곡, 부종, 출혈 • 망막의 국소 박리 → 시력상실
진단 및 예방	진단	ophthalmoscopy
	예방	• 산소농도가 40%를 넘지 않도록 한다. 100% 산소포화도는 바람직하지 않다. • PO_2가 100mmHg 이하가 되도록 한다.

치료	• 망막의 냉동요법절제 • 레이저 광응고 치료

3 과숙아(Postterm, and Postmature infant)

정의	• 출생 시 체중에 상관없이 재태연령 43주 이상으로 태어난 영아 • 태반기능 부전과 태변흡인 증후군으로 자궁 내 저산소증 증가
원인	• 유전적 소질 • 내분비 이상(부신피질 부전증) • 장기의 과도 안정 • 태아의 위치 이상 • 태아와 태반과의 불균형
특징	• 외관상 생후 1주~3주 정도 지난 신생아 같아 보이며, 약간 여위어 보임 • 손톱, 두발이 만삭아보다 길 • 피부에는 솜털과 태지가 없고, 낙설이 있음 • 신장은 53~57cm 가량 • 기타: 양수에 태변, 쇠약한 신체외모(자궁 내 영양부족), 태변흡입증후군과 관련된 태아절박가사(fetal distress)에 취약함
태변 흡입 증후군 [국시 2004]	양수과소증이 동반되며 태반 기능 부전으로 저산소증으로 양수와 태아가 태변으로 착색, 태변 흡입으로 합병증 위험
성장지연	태아의 발육 지연
치료	• 조기분만 유도 → 위험할 수 있음 • 제왕절개술 시도
예후	정상 만삭아보다 사망율이 2~3배 높음

| 사망률에 의한 분류 |

생존출생 (live birth)	재태연령에 상관없이 심장박동, 호흡이 있거나 자발적인 움직임이 있는 신생아의 출생을 의미한다.
태아사망 (fetal death)	출생 후 살아 있다는 징후가 없는 재태연령 20주 이후와 분만 전의 태아 사망을 의미한다.
신생아사망 (neonatal death)	출생 후 첫 27일 내 발생한 사망, 초기 신생아 사망은 출생 첫 주에 발생하고, 후기 신생아 사망은 7~27일에 발생한다.
주산기 사망률 (perinatal mortality)	생존 출생 1,000명당 태아 사망과 초기 신생아 사망의 총수를 기술한다.
출생 후 사망 (postnatal death)	출생 후 28일에서부터 1년 사이에 발생하는 사망을 의미한다.

4 고빌리루빈혈증

(1) 정의

고빌리루빈혈증	고빌리루빈혈증은 혈액내 빌리루빈 수치가 상승하는 것을 말하며 황달이 나타나는 것이 특징
생리적 황달	• 생후 2~3일경 나타나는 황달. 7일 이후 없어짐 • 5mg/dL이상 시 육안적으로 황달 관찰 가능 • 배출되지 못한 간접빌리루빈이 다시 재흡수, 순환하면서 피부, 공막에 침착되어 나타남
병리적 황달	혈청 빌리루빈 수치가 12mg/dL 이상이며 24시간 이내 황달이 발생하는 것
빌리루빈 생성과 배설	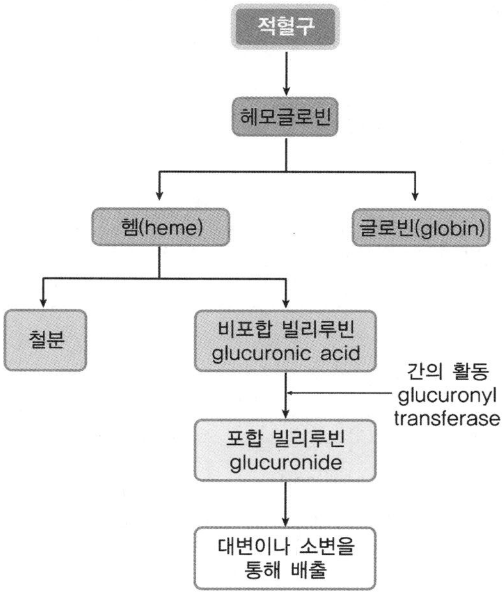 적혈구 → 헤모글로빈 → 헴(heme) / 글로빈(globin) 헴(heme) → 철분 / 비포합 빌리루빈 glucuronic acid → (간의 활동 glucuronyl transferase) 포합 빌리루빈 glucuronide → 대변이나 소변을 통해 배출

(2) 생리적 황달

<table>
<tr><td>정의</td><td colspan="3">• 생후 2~3일경 나타나는 황달. 7일 이후(7일~14일) 없어진다.
• 5mg/dL 이상 시 육안으로 황달 관찰 가능하다.
• 배출되지 못한 간접 빌리루빈이 다시 재흡수, 순환하면서 피부, 공막에 침착되어 나타난다.</td></tr>
<tr><td rowspan="2">병태생리</td><td>적혈구 파괴</td><td colspan="2">평균적으로 신생아는 혈액의 적혈구 농도가 높고 적혈구의 생존기간이 짧기 때문에(70일~90일) 성인(120일)보다 2배 정도 빌리루빈을 생산한다.</td></tr>
<tr><td>간기능 미숙</td><td>낮은 알부민 농도</td><td>• 알부민 농도가 낮기 때문에 빌리루빈과 결합할 수 있는 혈장결합력도 떨어져 있다.
• 혈액에서 간으로 이동하는 빌리루빈 감소로 혈장 간접 빌리루빈이 증가한다.</td></tr>
</table>

		간 효소 부족	• 간접 빌리루빈이 배설되기 쉬운 형태인 직접 빌리루빈으로 전환하기 위해 간의 효소인 glucuronyl transferase가 필요하나 이의 생산 제한으로 간접 빌리루빈이 증가한다. • 적혈구가 파괴되어 생긴 간접 빌리루빈은 직접 빌리루빈으로 전환되어야 수용성이 되어 땀과 소변 등으로 배출되지만, 신생아는 간의 미성숙으로 인해 효소활성이 부족하여 직접 빌리루빈으로 전환되지 못한다.
	장세균	• 정상적으로 직접 빌리루빈은 장내 세균에 의해서 우로빌리노겐(urobilinogen)으로 변형되어 대변으로 배설된다. 그러나 신생아의 장은 무균적이며, 운동이 적기 때문에 우로빌리노겐을 효과적으로 배설하지 못한다. • 배출되지 못한 간접 빌리루빈이 다시 재흡수, 순환하면서 피부, 공막에 침착되어 나타난다.	
모유수유	• 연동운동을 자극하고 태변을 빠르게 통과시킴으로써 간접 빌리루빈의 재흡수를 감소시킨다. • 빌리루빈을 우로빌리노겐으로 변형하는 세균을 장내로 유입한다. • 천연하제인 초유는 태변의 배설을 촉진한다. • 결합단백질인 알부민 생성에 필요한 단백질과 칼로리를 제공한다.		

(3) 병리적 황달

정의	혈청 빌리루빈 수치가 12mg/dL 이상이며 24시간 이내 황달이 발생하는 것이다.
증상	• 황달이 2주 이상 지속된다. • 간접 빌리루빈은 신경조직에 독성이 강하여 뇌저신경절에 빌리루빈이 축적되어 핵황달이 발생할 수 있다.

(4) 핵황달

정의	• 황달이 2주 이상 지속됨 • 간접 빌리루빈은 신경조직에 독성이 강하여 뇌저신경절에 빌리루빈이 축적되어 핵황달이 발생 가능함 • 간접 빌리루빈이 혈중에서 심하게 상승한 경우 빌리루빈이 혈액과 뇌 사이의 장벽을 넘어서 뇌 세포 내로 확산되어 뇌 손상을 일으키는 증후군
증상	• 일주일 정도 경과하면 늘어지는 증상과 함께 팔다리를 뻣뻣하게 뻗거나 고음으로 보채면서 울고 열이 나는 증상을 나타냄 • 경련, 후궁반장이 동반되기도 하며, 심한 경우 사망하거나 신경학적 장애가 남을 수 있음
신생아에게 미치는 영구적 영향(장애)	만성적이고 영구적인 후유증을 초래하는 빌리루빈 독성으로 뇌성마비, 청각신경장애, 시력장애, 치아형성부전증을 가져올 수 있음

(5) 모유황달

정의	• 모유를 먹이는 것이 원인이 된다고 보여지는 신생아 황달(모유수유의 2~3%) • 생후 4~7일경부터 빌리루빈이 상승하여 10~15일경 최고치에 도달하였다가 모유를 계속 수유할 경우 서서히 감소하여 3~10주 동안 낮은 농도에서 지속됨
중재	황달이 나타날 때 1~2일간 모유수유를 중단하면 혈청 빌리루빈이 급격히 감소하여 다시 모유수유를 시작해도 고 빌리루빈혈증이 재발하지 않는 것이 특징

(6) 황달 치료

교환수혈	위험한 수준의 빌리루빈을 감소시킨다.
알부민 투여	알부민은 혈청에서 빌리루빈과의 결합성을 높여준다.
광선치료	혈청 빌리루빈 수치가 14mg/dl 이상일 경우 신생아의 노출된 피부에 빛을 적용하는 것이다.

(7) 광선치료

광선요법 시 주의사항	체위변경	• 노출을 극대화하기 위해서 체위를 자주 변경한다. • 광선과 아기와의 거리는 46cm 이상을 유지한다.
	눈 간호	• 특수안대로 신생아의 망막(미숙아 망막병증)을 보호해야 한다. • 안대는 반드시 주기적으로 제거해 주어야 한다. • 수유 동안에는 안대를 벗겨서 시각적, 감각적 자극을 제공한다.
	피부 간호	• 모든 신체 표면이 빛에 노출되도록 자주 체위변경을 해준다. • 오일이나 로션은 피부를 태울 수 있으므로 바르지 않는다.
	생식기 간호	• 생식기도 광선요법용 기저귀로 가려준다(고환 가리기). • 빌리루빈이 체외로 배출되면 묽은 초록변을 자주 볼 수 있다 → 회음부 간호
	체온상승 탈수 사정	• 광선으로 인한 체온상승과 탈수가 있을 수 있으므로 주의깊게 사정한다. • 신생아는 무른 변과 증가된 소변을 경험하기도 하는데 이는 탈수를 야기하며 생식기 주위 피부에 찰과상을 입히기도 한다.
	수분공급	• 탈수증과 건조증상을 주의하여 적절하게 수분을 보충한다. • 불감성 손실과 장관의 수분 손실 보상 위해 수분이 요구되는 것이다.
	수치측정	매일 빌리루빈 수치를 측정한다.
광선치료 시 합병증	• 광선으로 인해 체온이 상승된다. • 광선으로 인한 탈수 및 피부건조 → 수분보충 • 광선으로 인한 안구 손상(미숙아 망막병증) → 안대 • 광선으로 인한 생식기 손상 → 고환을 가린다(기저귀). • 빌리루빈이 체외로 배출되면 묽은 변(회음부 간호)이 관찰된다. • 오일이나 로션은 피부를 태울 수 있으므로 바르지 않는다.	

5 영아 돌연사 증후군(Sudden Infant Death Syndrome, Crib Death; SIDS)

정의	수면 중 1세 이하 영아의 갑작스럽고 설명할 수 없는 죽음으로 발생한다.	
원인	엎드려 자는 자세	바로 누워 자는 아기보다 사망 위험율이 높다.
	부드러운 침구	• 부드러운 침구 위에 얼굴을 아래로 하여 잘 때 이산화탄소가 축적된 공기를 재호흡하여 사망한다. • 수평으로 엎드려 뉘였을 때(복위) 순간적으로 머리를 들고 좌우로 돌릴 수 있으나 베개나 푹신한 요 위에 엎드려 뉘였을 때는 움푹 파인 요 위에서 머리를 들고 가눌 수가 없어 질식의 원인이 된다.
	어른과 한 침대 자는 것	영아가 성인이나 나이든 아동과 동일한 침대에서 같이 자는 것이다.
	기타	아직 구체적으로 밝혀지지 않았으나 어머니의 흡연, 부적절한 산전간호, 10대 산모의 출산아, 영아를 엎드려 재우는 것, 어른과 한 침대에서 자는 것, 침실의 과열로 인한 열스트레스 등을 원인으로 보고 있다.
예방 [국시 2004 · 2012]	안전한 침대	• 부모가 침대에서 아이와 같이 자지 않고, 잘 때는 아이를 부모 방의 안전한 침대에 둔다. • 침대의 공유가 영아 돌연사 증후군과 높은 관련성이 있다.
	앙와위	수면 시 앙와위를 권장하여 신생아를 바로 눕히거나 옆으로 눕힌다(엎드려 눕히지 않는다).
	단단한 매트리스 [국시 2019]	• SIDS의 위험을 줄이기 위해 침구 표면이 단단한 매트리스를 사용한다. • 수면 중의 질식을 피하기 위하여 부드럽고 푹신한 매트리스, 침요, 담요, 베개, 동물인형이나 타월을 사용하지 않는다.
	두꺼운 이불 제한	이불로 두껍게 신생아를 싸는 것은 SIDS의 가능성을 증가시킨다.
	난방 피하기	수면 시 지나친 난방을 피하려고 방 온도를 높이는 것이 SIDS의 가능성이 증가되는 행위이다.
	모유수유	• 모유수유를 권장한다. • 우유섭취 시 나타나는 과민반응도 원인 중 하나이다.
	간접흡연 제한	• 임신 뿐만 아니라 영아 근처에서 금연하여 영아의 간접흡연 노출을 피한다. • 흡연도 영아 돌연사 증후군의 원인이다.

02 유전질환

1 유전질환 [1992 · 1995 기출]

(1) 유전질병

상염색체 질환	• 단일인자유전 • 다인자유전
성염색체	• X염색체: 반성유전 • Y염색체: 한성유전

① 상염색체 유전(단일인자유전)

상염색체 우성유전의 특징	• 가계의 모든 세대에 나타난다. • 돌연변이 유전자를 자손에 전달할 확률은 50% • 가계에서 정상인은 다음세대에 그 형질이 나타나지 않는다. • 남녀 모두 같은 비율로 나타나며, 근친결혼의 영향을 받지 않는다. • 골형성 부전증, 마르판증후군, 신경섬유증, 가족성 고콜레스테롤혈증, 헌팅턴병, 연골 무형성증 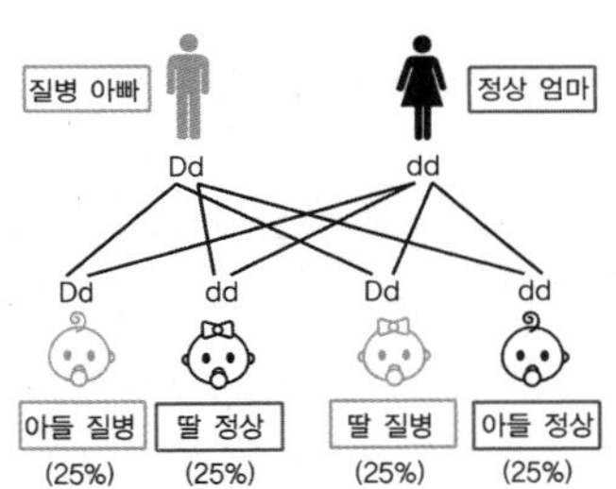 **| 상염색체 우성(부모 중 한쪽이 질병) |**
상염색체 열성유전의 특징	• 한 세대를 건너뛰어 나타난다. • 부모가 이형접합체일 때 그 자녀들에게 전달될 확률은 25%이며 건강한 보인자가 될 확률은 50%, 특별한 대립형질에 대해 정상유전자형을 가질 확률은 25% • 남녀 모두에게서 같은 비율로 나타나며, 근친결혼 시 발생빈도증가 • 낭성 섬유증, 페닐케톤뇨증, Tay-Sachs병, 겸상적혈구질환 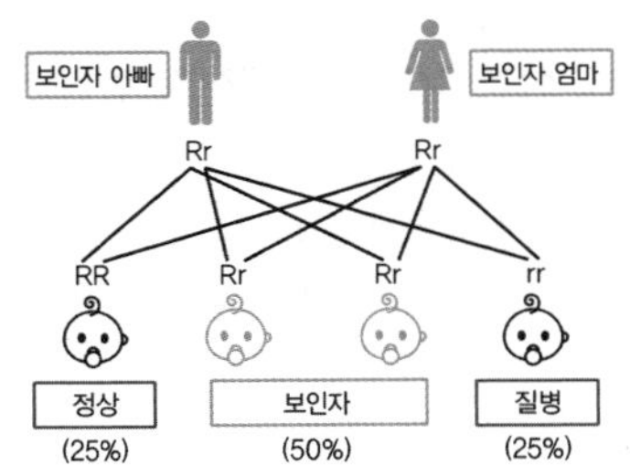 **| 상염색체 열성(부모 모두 보인자) |**

② X-연관 유전

X-연관 유전 (반성 우성유전)	• 모든 세대에 나타남 • 남성이 X-연관된 변성 유전자를 물려받는다면 질환자 • 보인자인 아버지는 유전자를 모든 딸에게 전달하다 아들에게는 전달하지 않는다. • 보인자인 어머니는 아들과 딸에게 각각 50%확률로 전달한다. • 발생빈도는 여성이 남성의 약 2배 • 증상은 남성이 여성보다 심각하다. • 비타민 D 저항성 구루병, 유전성 골이양증 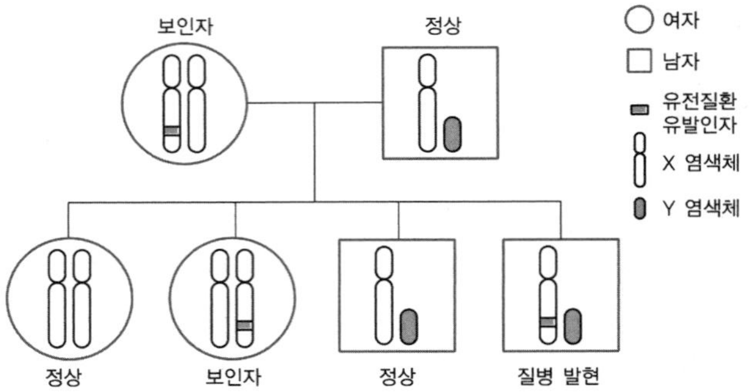 보인자 정상 ○ 여자 □ 남자 유전질환 유발인자 X 염색체 Y 염색체 정상 보인자 정상 질병 발현
X-연관(반성) 열성 유전	• 유전은 불연속적이다. • 발생은 대부분 남성에게 나타난다. • 아버지로부터 아들에게는 유전되지 않으나 딸은 모두 보인자가 된다. • 어머니가 보인자인 경우 아들의 50%발병하고, 딸의 50%가 보인자 / 즉 보인자가 임신시마다 아들에게 전달될 확률은 25%이다. • 혈우병, 적록색맹, 뒤시엔느(Duchenne) 근육 디스트로피(근육퇴행위축) 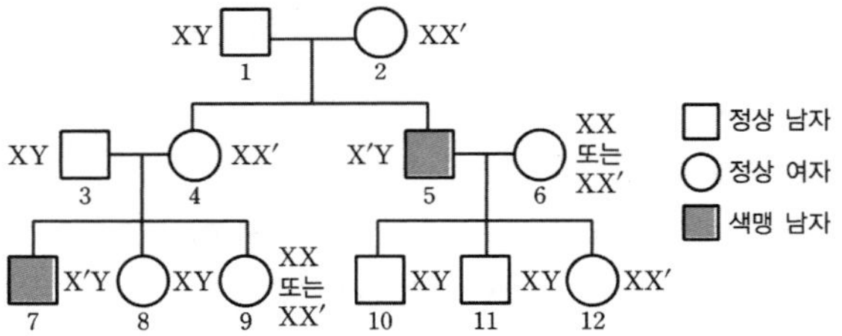 XY 1 XX′ 2 XY 3 XX′ 4 X′Y 5 XX 또는 XX′ 6 X′Y 7 XY 8 XX 또는 XX′ 9 XY 10 XY 11 XX′ 12 □ 정상 남자 ○ 정상 여자 ■ 색맹 남자

③ 다인자유전

다인자유전	구순열, 구개열, 이분척추, 유문협착증, 만곡족, 선천성 고관절 이형성증, 심장 결손과 같은 흔한 선천성 기형들 중 많은 것이 다인자 유전에 기인한다. 이들 질병은 복수 유전자와 환경적인 요인에 의한 것으로 생각된다. 즉, 양 부모로부터 유전자의 결합이 알려지지 않은 환경적인 요인들과 함께 형질 또는 질환을 형성한다.

2 유전질병의 진단검사

(1) 가족력

한세대가 길고, 임의교배가 불가능하므로 가계도는 유전질병 위험성을 예측할 수 있는 중요한 기초자료

(2) 유전검사

<table>
<tr><td>초음파검사</td><td>• 임신12~16주 제태기간 및 쌍둥이 여부
• 임신 16~18주경 뇌수종, 기관기형, 심장결함, 신경관결손 등 산전결함여부검사
• 자궁외 임신, 태아의 성장률, 태아의 위치 확인</td></tr>
<tr><td>Triple 검사</td><td>16~18주경 임산부혈액으로 호르몬 농도를 측정하여 검사, 무뇌증, 이분척추, 다운 증후군 산전 진단 → 위험도 증가 시 양수검사시행(염색체 이상으로 확진 − 양수 내 아세틸콜린 에스테라제 존재 유무 또는 정밀초음파검사로 기형 − 다운증후군, 신경관결손 등 − 확진)
<table>
<tr><th></th><th>트리플(triple)</th><th>쿼드(quad) 검사</th></tr>
<tr><td>검사항목</td><td>• 태아단백(ATP)
• 성선자극호르몬(hCG)
• 비포합형에스티리올(UE3)</td><td>• 태아단백(ATP)
• 성선자극호르몬(hCG)
• 비포합형에스티리올(UE3)
• 인히빈 A(inhibin-A)</td></tr>
<tr><td>대상질환</td><td>• 다운증후군
• 신경관 결손</td><td>• 다운증후군
• 신경관 결손</td></tr>
<tr><td>효율성</td><td>다운증후군 : 63~65%</td><td>다운증후군 : 78~80%</td></tr>
</table></td></tr>
<tr><td>양수 검사</td><td>• 임신 14~16주경 양수흡인채취로 태아 염색체 조사 및 유전자 검사
• 대상자는 35세 이상의 고령 산모, 유전병질병아들을 출산한 경험력이 있는 산모, 가족력이 있는 경우, 초음파검사 및 Triple 검사 양성소견자
• 검사 2~3주 배양 후 염색체 분석결과가 나와 임신중절의 휴유증을 감수해야 하므로 융모막검사 추천</td></tr>
<tr><td>융모막 검사</td><td>• 임신 9~11주 융모막 세포채취하여 DNA분석
• 검사합병증 : 태아손실, 출혈, 감염, 양막파열, Rh감작 등
• 양수검사보다 빠른 시기에 하고, 결과도 수일 내 알 수 있으나, 양수검사보다 유산율이 더 높고 정확도가 낮음</td></tr>
<tr><td>유전자 검사</td><td>• 혈액을 포함한 조직에서 채취한 DNA로부터 변이를 검사
• 성인이 되어야 나타나는 암, 알츠하이머병, 헌팅턴질병 등을 사전 진단할 수 있음
• 선천성 부신과증식증, 낭포성섬유증식증, 혈우병, 페닐케톤뇨증, 겸상적혈구 빈혈, 지중해 빈혈, 뒤쉬엔느 근육디스트로피 등</td></tr>
</table>

염색체 검사	• 혈액(태아는 제대혈액이나 양수)내 세포배양을 통해 염색체 이상유무 확인 • 태아의 염색체이상, 발육부진, 지능박약, 성기이상 확인 • 산전검사로 염색체 이상검사를 하는 중한 이유는 200명 중 1명 정도가 염색체 이상을 지니고 있을 뿐 아니라 자연 유산된 태아의 40~60%가 염색체 이상을 나타냄 • 고령(35세 이상)의 산모, 염색체이상, 대사성질병, 선천성기형의 위험 시 반드시 실시

3 염색체 이상 질병

(1) 염색체 이상

정자와 난세포는 각각 23개의 짝을 짓지 않은 염색체를 가지고 있다. 임신 시 두 세포가 결합할 때 이들은 46개의 염색체 수정란을 형성한다. 때때로 임신이 시작되기 전, 세포 분열의 과정 중에 오류가 발생하여 난자 또는 정자의 염색체 수가 너무 많거나 적어진다. 만약 이러한 난자 또는 정자가 정상 난자 또는 정자와 결합한다면 결과적으로 발생한 배아는 염색체 이상을 가지게 된다. 염색체 이상은 또한 염색체 구조 내의 오류 때문에 발생할 수 있다. 염색체의 작은 조각이 결손, 중복, 역위, 다른 염색체의 일부와 전좌될 수 있다.

염색체 수의 이상	• monosomy(단일 염색체증): 임신 초기에 자연 유산 • trisomy(3염색체증) – 특정한 염색체 수가 3개(3체성) – trisomy 21(다운 증후군)	21
염색체의 구조 이상	결손(결실), 중복, 전좌(한 염색체의 일부가 다른 염색체로 옮겨짐), 역위(염색체의 일부가 분리되어 거꾸로 뒤집힌 다음 재부착)	정상 a b c d e f g 결실 a b c d 중복 a b c d e f g a b c 전좌 a b c d e f g h i 역위 a b c e d f g
성염색체 이상	• 한쪽 성에 국한되어 있으며 결손되거나 가외의 성 염색체를 포함 • 여성의 터너(Turner) 증후군과 남성의 클라인펠터(Klinefelter) 증후군	

⑵ 염색체 수의 이상

① 상염색체 이상

Down 증후군 1.8 : 1,000 출생	47, XX, +21 또는 47, XY, +21 또는 그 변형 46	• 가장 흔한 상염색체의 3체성. 즉 1개의 여분의 염색체가 G군에 속해 있음 • 특징적 얼굴(머리, 눈, 귀, 입, 목소리, 목, 가슴) • 특징적 손과 발 • 심장 이상 • 근육 긴장 저하

② 성염색체 이상

Klinefelter 증후군 1 : 400 남아	47, XXX 또는 그 변형 XY/XXY XX/XXY	• 고환이 작고, 여성형 유방/무정자증, 불임증, 성욕 감퇴 • 체격이 크고 사지가 길다. 지능박약, 반사회적 경향
Turner 증후군 1 : 2,500 여아	45, X 또는 그 변형 XO/XX	• 익상경(web neck), 낮은 두발선(low posterior hairline) • 넓고 방패 같은 가슴(shield like chest), 외반주(cubitus valgus) • 대동맥 축착증, 청력 장애, 안근결손, 사지의 임파수종(lymphedema), 지능발육 부진증, 2차 성징 발육 부전증, 불임증

⑶ 염색체 이상 질병 : 염색체 구조의 이상

Edward 증후군 (18 trisomy) 0.3 : 1,000 출생	47, XX, +18 또는 47, XY, +18	• 10% 정도가 1년을 산다. • 지능저하, 귀머거리, 후두골 돌출 • 저위(低位)의 변형된 귀, 잉어 같은 입, 좁은 입천장, 특징적인 손의 자세(둘째손가락이 셋째손가락 위에, 새끼손가락이 약손가락 위에 덮여 있다), 피문 이상, 골격근 형성 부진, 심장, 위장, 신장 기형
Patau 증후군 (13 trisomy) 0.2 : 1,000 출생	47, XX, +13 47, XY, +13	• 13 trisomy 증후군의 약 20%가 1년을 산다. • 지능저하, 소두증 • 소안구증(小眼球症), 저위의 변형된 귀, 구순 및 구개 파열 • 사지 이상(다지증), 심장 및 신장 이상
묘성증후군(猫聲症候群) cat-cry(cri-du-chat) 불명. 주로 여자에 온다.	46, XX, 5p- 또는 이보다 드물지만 46, XY, 5p-	• 5번 염색체의 단완의 결실 • 고양이 울음소리 같은 울음소리, 넓은 미간과 달 모양의 얼굴, 저출생 체중, 지능 저하, 소두증, 양안 격리증, 저위의 변형된 귀 • 살이 오르지 않고 키가 작다. 머리카락이 일찍 샌다.

| 염색체 이상 증후군 |

증후군 군	빈도	이상형	임상 및 검사소견
Klinefelter 증후군	1 : 400 출생남아	47, XXX 또는 그 변형 XY/XXY XX/XXY	• 가장 흔한 남성 성선 기능 저하증의 원인의 하나이다. • 임상 증상은 사춘기 이후에 나타난다. 고환이 작고, 여성형 유방이 나타난다. 무정자증, 불임증, 성욕 감퇴, 체격이 크고 사지가 길다. 환관증형, 지능박약, 반사회적 경향이 있다. 구강 점막 표본에서 성염색질이 양성으로 나타난다.
XYY증후군	1 : 500 출생남아	47, XYY	표현형은 남아, 행동 이상, 키가 크고, 테스토스테론의 혈청 농도 상승
3X증후군	1 : 1,000 출생여아	47, XXX	지능 저하, 월경 불규칙, 임신율 저하
XXXY증후군	불명	48, XXXY	지능저하, 양안격리증(hypertelorism), 내안각 췌피(epicanthus), 사시, 음낭형성 부진, 작은 고환, 요골-척골 융합, 측만(scoliosis), 후만(kyphosis)
Turner 증후군, 성선발육부전 (gonadal dysgenesis)	1 : 2,500 출생여아 5 : 100 유산태아	45, X 또는 그 변형 XO/XX	증상은 익상경(web neck), 낮은 두발선(low posterior hairline), 대동맥 축착증(coactation of the aorta), 청력장애, 안근결손, 넓고 방패 같은 가슴(shield like chest), 외반주(cubitus valgus), 사지의 임파수종(lymphedema), 지능발육 부진증, 2차 성징 발육 부전증, 불임증 등이 나타난다. 염색질 소체(chromatin body)는 음성이다.
Down 증후군	1.8 : 1,000 출생	47, XX, +21 또는 47, XY, +21 또는 그 변형 46	이것은 가장 흔한 상염색체의 3체성이다. 즉 1개의 여분의 염색체가 G군에 속해 있다.
Edward 증후군 (18 trisomy)	0.3 : 1,000 출생	47, XX, +18 또는 47, XY, +18	• 두 번째로 흔한 상염색체 3체성이다. 대부분 18 trisomy를 가진 경우 영아기에 사망한다. 10% 정도가 1년을 산다. • 양수과다, 작은 태반, 단일 제대동맥, 저출생 체중, 지능저하, 귀머거리, 후두골 돌출, 저위(低位)의 변형된 귀, 잉어 같은 입, 좁은 입천장, 특징적인 손의 자세(둘째손가락이 셋째손가락 위에, 새끼손가락이 약손가락 위에 덮여 있다). 피문 이상, 골격근 형성부진, 심장, 위장, 신장 기형

Patau 증후군 (13 trisomy)	0.2 : 1,000 출생	47, XX, +13 47, XY, +13	• 13 trisomy 증후군의 약 20%가 1년을 산다. • 전뇌(forebrain), 후각 및 시신경의 불완전 발육, 소운동 발작, 지능저하, 소두증, 넓은 대천문 및 시상봉합(sagital suture), 이마의 혈관종, 국소성 두개골 결손, 소안구증(小眼球症), 구순 및 구개 파열, 저위의 변형된 귀, 사지 이상, 심장 및 신장 이상, 태아 혈색소의 존속
묘성증후군 (猫聲症候群) cat-cry (cri-du-chat) syndrome	불명. 주로 여자에 온다.	46, XX, 5p- 또는 이보다 드물지만 46, XY, 5p-	• 5번 염색체의 단완의 결실로 온다. • 고양이 울음소리 같은 울음소리, 넓은 미간과 달 모양의 얼굴, 저출생 체중, 지능 저하, 소두증, 양안 격리증, 내안각 췌피(epicanthus), 저위의 변형된 귀, 소악증(micrognathia), 살이 오르지 않고 키가 작다. 큰 전두증(frontal sinus), 머리카락이 일찍 희어진다.
4p-증후군	불명	46, XX, 4p- 46, XY, 5p-	• 4번 염색체의 단완의 결실로 온다. • 중앙 두개골 결손, 잉어 같은 입, 매부리코, 요도하열, 화골핵의 심한 지연, 심한 지능장애
18q-증후군	불명	46, XY, 18q- 46, XY, 18q-	• 18번 염색체의 장완의 부분결실로 온다. • 저출생 체중, 지능저하, 경련, 중앙이 들어간 안면(midface dysplasia), 길고 가늘어진 손가락, 피문 이상
18p 증후군	불명	46, XX, 18p 46, XY, 18q-	여러 가지 다발성 기형, 그러나 특징이 분명하지 않은 증후군이다.

4 다운(Down) 증후군(Mongolism) [1994 기출]

(1) 원인, 진단

원인	• 삼염색체(trisomy) 21번 • 염색체 전위(translocation)		
진단	검사시기	• 임신 15~20주경 • 양수 천자, 융모막 생검	
	검사항목	alpha fetoprotein(AFP), 융모성선자극호르몬(HCG), 비포함 에스트리올	
	다운증후군	감소	AFP와 에스트리올
		증가	HCG

(2) 특징적 외모

특징적 외모	머리가 작고 앞뒤가 납작하고, 코는 작고 콧날이 낮으며 눈 사이가 넓고 안열은 외상방으로 올라가고 사시가 흔히 나타남. 귀는 작고 기형, 입술은 두텁고, 혀는 튀어나오고 손은 짧고 두꺼우며, 손·발바닥의 주름이 유인원형
머리	편평한 얼굴과 편평한 후두, 천문이 크고, 늦게 닫힘, 적은 머리카락
눈	눈끝이 올라감, 속 쌍꺼풀, 홍채의 반점, 짧고 적은 속눈썹
코	납작한 콧대(안장코)와 작은 코
귀	작고 접혀진 귓바퀴, 귓불이 변형되어 있거나 낮게 위치함
입	입은 벌리고 혀는 내밀고 있음, 입안은 작고 입천장은 좁고 높음, 하악의 형성부전(반달모양의 좁고 높은 구개), 혀는 갈라져 있음
목	주름이 잡힌 짧고 넓은 목, 뒷목의 덧살로 목이 겹치거나 늘어진 피부
가슴	작은 흉곽, 12번째 늑골의 기형, 오목 새가슴(푹 꺼져 있거나 튀어나온 새가슴)
손발	• 짧고 뭉툭함, 한손 또는 양손의 단일주름 • 약지의 만곡 • 첫째와 둘째 발가락 사이가 벌어져 있음
치아	치아발육지연, 불규칙한 치아모양
목소리	저음, 불명확한 발음
생식기	작은 음경, 잠복고환, 구상모양의 외음
근골격계	짧은 길이, 과굴곡, 연약한 근육, 근긴장 저하, 환축추의 불안정성
	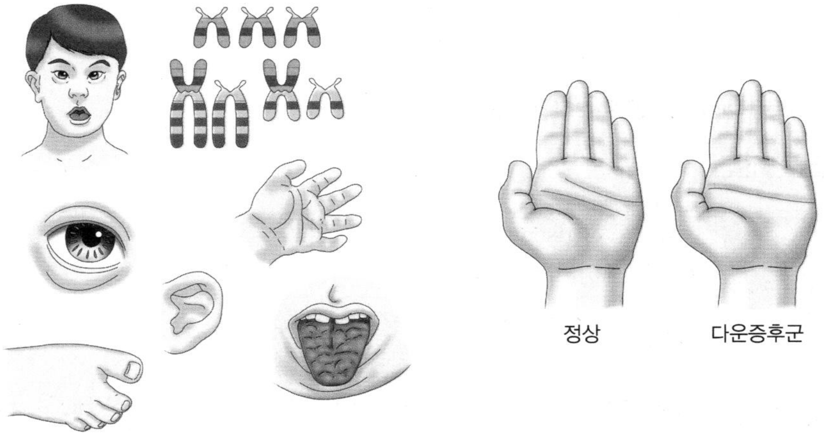 정상 다운증후군

(3) 지능

정신지체	정신지체 – 경증~중등도, 조기치매(1/3)
주의력 부족	충동적 행동, 판단력 부족, 짧은 주의력 지속시간, 느린 학습 능력
운동발달지연	운동발달 지연, 행동발달 지연, 언어발달 지연 → 15개월에서 길게는 36개월에 걸음마 시작

(4) 의학적 문제

의학적 문제	• 선천적 심장 결함 • 청력소실(난청 흔함) • 눈(백내장, 나쁜 시력, 사시, 안구진탕증, 난시, 근시, 원시) • 백내장(흐린 눈) • 탈구와 같은 고관절 문제 • 백혈병 • 만성 변비 • 수면무호흡(수면 중 호흡 중단) • 치매(사고 및 기억 문제) • 갑상선 기능장애(그레이브스 병, 갑상선종, 만성 임파구성 갑상선염, 갑상선 기능 저하) • 비만, 당뇨병 • 씹기 문제를 일으키는 치아 성장 지연 • 면역 저하[잦은 호흡기 감염(기관지염이나 폐렴), 결막염과 중이염 등의 빈도와 정도가 심함] • 체중과 신장 모두 감소, 36%는 과체중 • 성적 발달의 지연 또는 불완전(남아는 생식기의 미발달/잠복고환/불임, 여아는 사춘기 지연/불규칙한 월경)

(5) 치료 및 간호

치료적 중재	• 시력과 청력을 정기적으로 검사한다. • 심한 성장지연 시 주기적인 갑상선 기능검사를 실시한다.
간호중재	• 영양을 공급하고 유지한다. • 합병증을 관리한다. • 안전한 환경을 제공한다. • 연령에 맞는 적절한 자극을 준다. • 가족에게 환아의 수용도를 길러주고 지원한다.
예후	평균수명이 많이 길어졌으나 일반인보다는 낮다. 80%가 55세 이후까지 생존한다.

5 클라인펠터(Klinefelter) 증후군

(1) 특징

특징	• 성염색체 이상 • 남아 400~1,000명 중 1명 빈도 • 정상 남아보다 X 염색체가 한 개 더 많은 염색체 이상 질환 → 47, XXX 또는 그 변형 XY/XXY

(2) 증상

사춘기 이전	사춘기 이후	
• 하지길이가 김 • 양팔이 김 • 작은 고환 • 반사회적 인격장애, 인지장애, 사회적응의 부진	• 키가 큼 • 작고 단단한 고환 • 여성형 유방 • 무정자증, 요도하열, 잠복고환 → 불임 • 액와모, 음모 정상 or 정상보다 감소 • 이차성징 발달 정도 다양	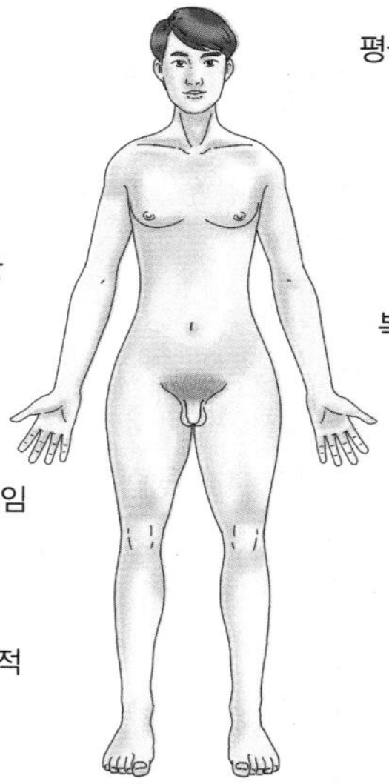 평균 이상의 큰 키 좁은 어깨 체모 감소 여성형 유방 복부 및 엉덩이 지방 축적 성욕 감소, 불임 긴 팔다리 발기부전, 작은 고환 용적

6 터너(Turner) 증후군

(1) 특징

특징	• 성염색체 수가 1개 결손되어 45, X 또는 그 변형 XO/XX • 4,000~10,000 출생당 1명의 비율로 발생(살아서 태어나는 여아 2,500~3000명 중의 1명)

(2) 증상

나이에 따른 특징	신생아	손, 발 등의 림프 부종과 목의 덧살, 익상경, 저체중, 저신장
	소아기	저신장 및 특징적 외모
	사춘기	생식샘 형성 장애로 2차 성징이 나타나지 않는다.
골격 성장 장애, 저신장	• 키가 작은 아이(저신장증): 출생 시 약간 작으며, 출생 후 3세까지는 비교적 정상적으로 성장하다가 이후 성장 장애가 심해져 성인 키가 결국 140cm 정도밖에 안 된다. • 가슴이 넓어 보임: 유두 간격이 넓어서 방패와 같은 모양의 가슴을 보인다. • 짧은 목: 목이 두껍고 짧아서 주름이 쉽게 진다. • 외반주: 팔을 곧게 폈을 때에 팔꿈치 아래가 바깥쪽으로 굽은 것을 의미한다. • 4번째 중수골(손바닥뼈)의 돌출이 적다. • 안면골의 기형적인 발달 • 부정교합: 턱이 작고 큼 → 윗니와 아랫니가 고르게 맞지 않다.	
림프계 폐쇄 익상경	• 태아 시기에 림프관 폐쇄가 있어 익상경(목이 날개가 달린 듯이 두꺼워지는 모습) • 낮은 목뒤 두발선: 목 뒷부분의 머리선이 아래까지 내려와 있다. • 양각 귀(rotated ear), 수족의 부종 • 심한 조형성의 장애(nail dysplasia): 손톱이 약하고 끝부분이 위쪽으로 향해 있다.	
생리적 소견	• 2차 성징이 지연된다. 예 성적 유치증, 원발성 무월경, 불임증 등 • 난소는 없거나 흔적만 보인다. • 유방 발달이 잘 안 된다.	
지능	지능은 정상일 수도 있으나 약간의 학습장애를 동반한다.	
기타	심장 기형, 콩팥 기형 등이 잘 발생하며, 갑상선 기능 이상, 비만, 당뇨병, 중이염, 난청, 골다공증 등이 출생 후 발생하기도 한다.	

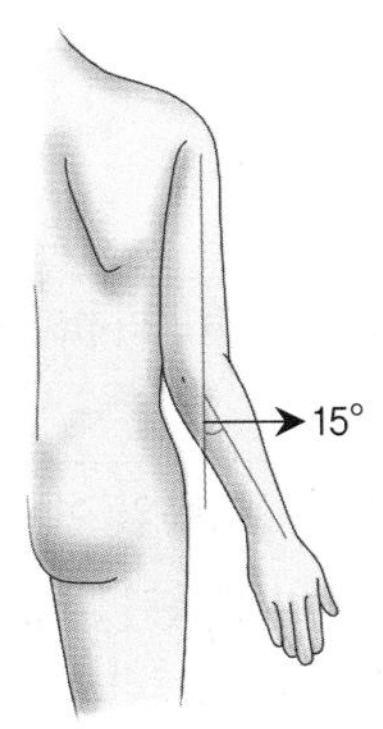

터너 증후군의 상지 외반주(cubitus valgus)

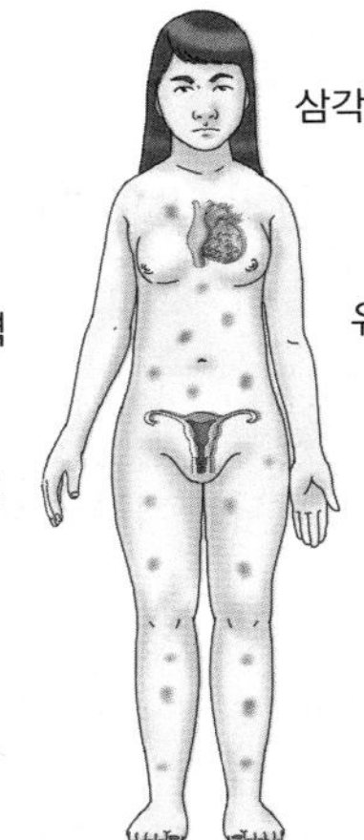

(3) 치료

개요	• 근본적으로는 일생 동안 야기될 수 있는 문제들에 대한 적절한 치료를 필요로 한다. 앞서서 언급한 동반되는 생리적인 제반 문제들에 대한 주기적인 관찰이 무엇보다 중요하다. • 저신장의 치료를 위해서는 유전자 재조합 인체 성장호르몬(rhGH), 성호르몬제, anabolic제 등의 사용이 효과적이다. • 대부분의 환아에서 이차성징의 발현과 월경을 갖기 위해서 여성호르몬의 대용요법이 필요하다.
호흡기 감염예방	• 부모에게 체위배액과 타진법을 가르친다. • 아동의 체위 변경 → 앉은 자세의 중요성을 강조한다. • 찬 습기 흡입 요법 • 구강간호
피부손상방지	• 크림이나 로션을 사용, 비누 사용은 삼간다. • 아동이 밖에 나갈 때는 입술에 윤활제를 발라준다.
자가간호	• 자가간호 활동을 강화한다. • 혀를 밀어내는 것은 음식을 거부하는 것이 아니라는 것을 가족에게 설명한다. • 에너지 요구량에 따른 필요량을 계산한다. • 일정한 간격으로 신장과 체중을 측정한다. • 변비 예방을 위한 간호를 실시한다.
가족지지	아동과 가족을 조기 영아 자극 프로그램에 참여시키는 등 최적의 발달 증진을 도모한다. • 가족지지: 지지모임을 가지고 관심과 느낌을 표현하도록 격려한다.

03 감염성 질환

1 출산 전 감염

(1) 임질과 클라미디아 감염 비교 [2012 기출]

구분	임질	클라미디아 감염
잠복기	2~6일	8~21일
주요 감염 부위	요도염(남), 경부염(여)	요도염(남), 경부염(여)
국소적 합병증	부고환염, 바르톨린선염, 난관염, 골반내염증질환, 전립선염, 결막염, 인두염, 직장염	부고환염, 바르톨린선염, 난관염, 골반내염증질환, 결막염(트리코마), 직장염, 산후 자궁내막증식증
전신적 합병증	관절염으로 인한 균혈증, 피부염, 심내막염, 뇌수막염, 간주위염, 복막염	관절염, 간주위염, 만성 결막염

신생아에게 미치는 영향	• 초기 저장소: 여성(자궁경부) • 신생아 안염	• 초기 저장소: 여성(자궁경부) • 미숙아, 결막염, 폐렴
치료	신생아 안염	봉입성 결막염, 폐렴

(2) 성 매개 감염이 태아와 신생아에게 미치는 영향

구분	영향
클라미디아	• 신생아는 분만 도중에 감염될 수 있음 • 눈 감염(신생아 결막염), 폐렴, 저체중아 출산, 조기양막파열(PROM)의 위험 증가, 조산, 사산
임질	• 신생아는 분만 도중에 감염될 수 있음. 유산, PROM, 조산의 위험 증가 • 비염, 질염, 요도염, 태아 모니터 부착부위의 감염 • 임균성 신생아 안염은 실명과 패혈증을 일으킬 수 있음(관절염과 뇌수막염 포함)
헤르페스 2형 (음부 포진)	• 분만 중에 감염이 발생할 수 있음. 신생아의 피부나 구강에 상처가 생길 수 있음 • 지적 장애, 조산, 저체중아 출산, 실명, 사망
매독	• 자궁 내로 들어갈 수 있음 • 태아나 신생아 사망을 일으킬 수 있음 • 선천성 매독 증상에는 피부 궤양, 발질, 열, 약하거나 쉰 울음, 비장 부종, 황달과 빈혈, 다양한 기형
트리코모나스 감염증	저체중아 출산, PROM과 조산의 위험 증가
음부 사마귀	인후에 사마귀 발생 가능(후두 유두종) → 드물지만 생명을 위협

2 아구창(thrush, oral moniliasis)

원인	➲ candida albicans • 구강 칸디다증(아구창)은 구강 점막의 진균 감염증이다. 신생아와 유아에게 가장 흔하다. 면역장애가 있거나 코르티코스테로이드 제제를 사용하는 아동, 면역체계를 억제하는 치료, 항생제 사용 등이 구강 칸디다증에 영향을 줄 수 있다. • 진균 감염은 유아와 모유수유 중인 어머니 사이에서도 전염이 가능하다.
증상	• 혀, 구강점막, 구개에 응유와 같은 하얀 점이 융기되어 있다(입 안에 남아 있는 우유와는 다르게 면봉이나 천으로 쉽게 닦이지 않음). • 동통은 없으나 자극하면 출혈이 발생한다. • 식욕부진, 식도위염, 폐렴이 초래된다.

치료	• nystatin, 1% genitian violet 용액으로 치료를 진행한다. • 가족교육: 만약 아동의 어머니가 함께 감염되었다면 어머니 또한 항진균제를 복용해야 한다. 유방의 진균 감염은 모유수유에 큰 통증을 가져다줄 수도 있다. 그러나 적절히 치료만 된다면 모유수유는 불편감 없이 진행될 수 있다. 철저한 손씻기와 젖병의 젖꼭지 및 노리개용 젖꼭지를 청결하게 유지해야 한다. 아동은 종종 장난감을 입으로 가져가므로 장난감을 깨끗하게 관리해야 한다. 기저귀의 진균감염은 종종 아구창으로 전염될 수도 있고, 또한 치료되어야 하기 때문에 아동의 부모에게 기저귀 발진이 있을 시 즉시 이야기하도록 교육한다. • 조기발견: 지도 모양의 혀(geographic tongue)는 양성이고 비감염성이다. 혀의 사상유두의 감소는 주기적으로 이동하는 부분에서 발생하므로 혀의 검거나 밝거나 패치의 높거나 낮은 것 같은 지도 모양을 볼 수 있다. 지도 모양 혀의 연한 부분을 아구창의 두꺼운 하얀 병변과 혼돈하지 않도록 해야 한다.

3 선천성 매독(congenital syphilis)

원인	treponema pallidum		
증상	조기증상	• 지속적인 비염 • 피부발진 • 골의 변화 • 간비종대(hepatosplenomegaly) • 영양장애, 빈혈, 임파절 종대, 폐렴, 맥락망막염	
	후기증상	• 비골의 파괴로 안장코(saddle nose) 초래, 두개골 돌출 • 경골의 골막염으로 군도각(saber shins) • Hutchinson 3증후군: 귀머거리, 톱니모양의 안쪽 절치(hutchinson's teeth), 각막실질염(interstitial keratitis) • 편측마비(hemiplegia), 경련성 마비(spastic paralysis), 정신지체(mental retardation)	
	허치슨 (Hutchinson) 3증후군	간질성 각막염	각막의 불투명, 혼탁으로 실명
		허치슨 치아	• 정상치아보다 작음 • 깨무는 표면(저작면)에 절흔으로 얇아져 있음 • 치아사이 간격이 넓음 → 치아의 간격이 넓고 작고 못(톱니)모양의 치아 → 영구치 침범
		8차 신경장애	청신경장애로 난청

치료	출생 전	• 페니실린: 매독에 이환된 임신부에게 penicillin 요법을 시행 • probenecid: 페니실린의 세뇨관 분비를 차단하여 항생제 농도를 증가시킴, 페니실린과 병행함(요산배설촉진제로 요산의 신장 제거 촉진) • 테트라사이클린 → 태아 기형 초래 • 클라미디아 동반 시 → erythromycin 투여
	출생 후	penicillin, erythromycin, tetracycline
간호	• 매독균의 전파를 방지 • 비염에 대한 간호 • 움직이면 통증이 심하므로 조심성 있고 부드럽게 다루며, photophobia 시 방을 어둡게 한다.	

4 톡소플라스마증(Toxoplasmosis)

원인	톡소플라스마 원충
증상	• 경련, 혼수, 정신운동성지연, 소두증, 뇌수종 • 맥락망막염, 소안구증 • 간비장 증대, 황달, 반상출혈, 빈혈
치료	pyrimethamine과 sulfonamide 겸용치료
간호	• 증상완화 간호 • 고양이 → 감염원 주의

04 소화기 질환

| 급성 설사(diarrhea) |

감염과 기생충 침입	• 세균: 이질균, 살모넬라균, 대장균, 포도상구균, 비브리오 콜레라균 • 바이러스: rotavirus, norwalk virus, enterovirus, adenovirus, echovirus, coxsackie • 기생충: 회충, 요충, 십이지장충
장관외 감염	• 상기도 감염 • 요로감염 • 중이염
식이성	• 과식 • 새로운 음식의 소개 • 설사 후 너무 빠른 우유 섭취 • 지나친 당의 섭취로 인한(주스나 우유 등) 삼투성 설사 • 껌, 사탕에 함유된 sorbitol과 과당의 지나친 섭취

약품성	• 항생제 • 완하제
독소	• 중금속(납, 수은, 비소) • 유기인산
기능적 원인	• 과민성 대장 증후군
기타 원인	• 괴사성 소장결장염 • 선천성 거대결장

| 설사로 인한 수분과 전해질 소실의 결과 |

탈수	• 잦은 물 같은 대변에 의한 수분의 소실 • 구토로 인한 소실 • 오심이나 식욕부진에 따른 음식물 섭취의 감소 • 열, 빈호흡, 기온상승에 따른 불감성 수분 소실의 증가
전해질 장애	• sodium, chloride, potassium, bicarbonate의 소실 • 저장성이나 고장성 용액이 사용될 때 전해질의 부적절한 대치
대사성 산증	• 대변으로 중탄산(bicarbonate) 소실 • 소변량의 감소로 수소 이온과 대사물의 정체 • 설사성 탈수나 부적절한 탄수화물 섭취 시 글리코겐 저장이 고갈된 상태에서의 지방 대사로 인한 케톤혈증 • 저혈량증에 따른 조직 저산소증으로 젖산의 축적

(1) 진단

경증설사	설사 횟수가 하루에 5회 이내이며, 체중 감소가 없거나 5% 이내인 경우를 말하며 탈수 증상은 나타나지 않는다.
중등도설사	설사 횟수가 5~10회 이내이며, 5~10% 이내의 체중 감소가 있고, 약간의 탈수증은 있으나 산혈증은 동반되지 않는 경우이다.
중증설사	설사 횟수가 하루에 10회 이상이며 체중이 10% 이상 감소하고 중등도 내지 심한 탈수를 동반하고 산혈증, 기면, 반혼수 상태를 나타낸다.

(2) 치료

| 급성 설사의 치료 |

탈수의 정도	증상과 징후	재수화 치료	계속되는 설사 시 수분소실의 대치	유지 요법
경증 (5~6%)	• 갈증의 증가 • 구강점막 건조	ORS 50ml/kg (4시간 이내)	한 번 설사 시마다 ORS 10ml/kg 혹은 150~250ml	• 모유수유의 지속 • 가능하면 정상식이 회복
중등도 (7~9%)	• 피부긴장도 저하 • 구강점막 건조 • 움푹 들어간 눈 • 천문함몰	ORS 100ml/kg (4시간 이내)	경증과 동일	경증과 동일
중증 (> 9%)	• 중등도 탈수증 • 빈맥, 청색증 • 빈호흡, 기면, 혼수	수액요법(Ringer's lactate) : 40ml/kg/hr, 맥박과 의식수준이 정상으로 돌아올 때까지 – 그후 ORS 50~100ml/kg		

(3) 로타바이러스

정의	로타 바이러스에 의한 현성 감염으로 구토와 발열, 피가 섞이지 않은 물설사를 초래하여 탈수증을 일으킬 수 있는 질병이다.
전파경로	• 대변 – 입으로 감염, 약 24~72시간의 잠복기가 있다. • 오염된 물이나 감염된 호흡기 비말을 통해서도 바이러스가 전파된다. • 감염 후 임상증상이 나타나기 전부터 증상이 없어진 후 10일까지 감염된 사람의 대변에 존재한다. • 감염된 사람이 증상을 보이지 않더라도 로타바이러스는 이 기간 동안 손과 입을 통해(fecal-oral route) 쉽게 전파될 수 있다. • 화장실에서 변을 본 후 또는 아이의 기저귀를 교환한 후 손을 씻지 않으면 바이러스는 그 손을 통해 다른 사람에게 전파될 수 있다.
임상증상	초기에는 콧물, 기침, 열 등의 가벼운 감기 증세를 나타내기 때문에 인플루엔자와 무관함에도 불구하고 'stomach-flu'라고도 부른다.
	• 이후에는 갑자기 복통, 심한 구토와 함께 4~8일간의 설사, 탈수 증상이 나타난다. • 이와 같은 특징적 임상 증상 때문에 '설사–발열–구토 증후군(Diarrhea-Fever-Vomiting Syndrome)'이라 일컫기도 한다. • 환자의 30%는 39℃를 넘는 발열, 4~6일간 지속

<table>
<tr><td rowspan="1"></td><td colspan="2">• 영유아에서 탈수가 심해지면 사망할 수도 있다.
• 대변검사상 혈액이나 백혈구는 관찰되지 않는다.

탈수증상 확인을 위해 관찰해야 하는 것
• 맥박증가, 피부탄력성 감소, 점막건조, 꺼진 안구, 차갑고 얼룩진 사지, 안절부절 또는 의식변화, 소변량 감소나 핍뇨, 갈증호소 등
• 영아 : 천문함몰, 피부긴장도 저하, 핍뇨, 점막건조, 움푹 들어간 눈, 활력징후의 변화(빠르게 약간 맥박, 저혈압 등), 몸무게 감소</td></tr>
<tr><td rowspan="3">치료</td><td>대증요법</td><td>–</td></tr>
<tr><td>탈수예방</td><td>• 구토와 발열증상을 보이고 물설사를 초래해 탈수증을 일으킨다.
• 경구나 정맥을 통해 충분한 양의 수액을 보충해 준다.</td></tr>
<tr><td>약물</td><td>지사제의 사용은 삼가고 항생제나 장운동 억제제도 사용하지 않는다.</td></tr>
</table>

05 선천성 대사장애

1 선천성 대사장애 [1992 · 1994 기출]

<table>
<tr><td>정의 및 특징</td><td>• 태어날 때부터 어떤 종류의 효소가 없어서 우유나 음식의 대사산물이 뇌나 신체에 유독작용을 일으켜 대뇌, 간장, 신장, 안구 등의 장기에 돌이킬 수 없는 손상을 주는 질병이다.
• 신생아 시기에는 아무런 증상이 나타나지 않기 때문에 알 수 없으며, 생후 6개월부터 여러 증상이 생기게 된다.
• 증상이 나타났을 때부터 치료를 시작하더라도 그동안 손상 받은 뇌 세포가 치유되지 않아서 지능은 좋아지지 않는다. → 조기 발견 치료하면 충분히 예방할 수 있다.
• 대사이상 질환은 열성으로 유전되는 질환으로, 부모로부터 모두 돌연변이가 된 유전자만을 받을 경우 4명 중 1명이 발생한다.</td></tr>
<tr><td>검사대상 질환</td><td><table><tr><th>질환</th><th>증상</th></tr><tr><td>페닐케톤뇨증</td><td>습진, 자폐아, 지능박약아</td></tr><tr><td>갑상선기능저하증</td><td>배꼽탈장, 근육긴장저하, 정신박약아</td></tr><tr><td>단풍당뇨증</td><td>경련, 혼수상태, 산혈증으로 사망</td></tr><tr><td>호모시스틴뇨증</td><td>지능이상, 골격이상, 경련</td></tr><tr><td>갈락토스혈증</td><td>지능발육부진, 구토, 설사, 간경변</td></tr></table></td></tr>
</table>

2 페닐케톤뇨증(phenylketonuria)

<table>
<tr><td>유전질환구분
(원인)</td><td colspan="2">• 상염색체 열성 유전
• 유전성 대사질환(phenylalanine 대사의 선천적 결핍)</td></tr>
<tr><td>정의</td><td colspan="2">페닐알라닌수산화효소(phenylalanine hydroxylase)가 결핍되어 페닐알라닌이 정상적으로 대사되지 않음으로써 비정상적인 대사물질이 분비되고, 이로 인해 지능장애, 담갈색 모발, 피부의 색소 결핍 등을 초래하는 질환</td></tr>
<tr><td>병태생리</td><td colspan="2">• 페닐알라닌을 티로신으로 전환하는 페닐알라닌 hydroxylase 효소의 결핍
• 페닐알라닌은 성장에 필요한 필수 아미노산으로 조금이라도 과잉된 양은 티로신(tyrosine)으로 전환되어야 함 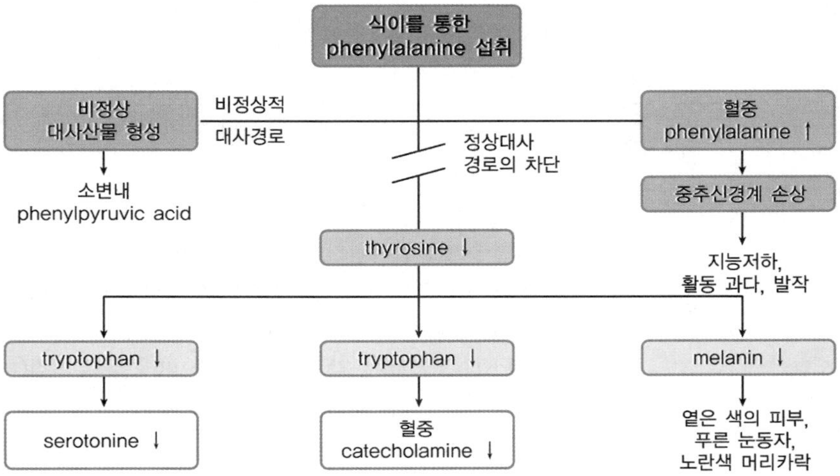

식이를 통한 phenylalanine 섭취
비정상 대사산물 형성
비정상적 대사경로
혈중 phenylalanine ↑
정상대사 경로의 차단
소변내 phenylpyruvic acid
중추신경계 손상
thyrosine ↓
지능저하, 활동 과다, 발작
tryptophan ↓
tryptophan ↓
melanin ↓
serotonine ↓
혈중 catecholamine ↓
옅은 색의 피부, 푸른 눈동자, 노란색 머리카락

| 페닐케톤뇨증에서 대사장애와 그 결과 |</td></tr>
<tr><td rowspan="3">검사</td><td>검사명</td><td>• guthrie 검사
(소변을 이용한 염화제이철반응에 녹색을 보임)
• 특정 대사물에 대한 대사장애를 가진 미생물 균주를 이용하여 검체의 특정 대사산물의 증가를 확인하는 선별검사</td></tr>
<tr><td>방법</td><td>생후 2~3일경 발뒤꿈치 혈액 채취 → guthrie paper 위에 혈액을 떨어뜨림 → 혈중 페닐알라닌 농도 측정</td></tr>
<tr><td>결과 해석</td><td>혈액의 아미노산 분석상 혈중 페닐알라닌이 지속적으로 4mg/dL 이상을 나타내는 경우는 비정상(정상치 : 0.4~1mg/dl)
→ guthrie paper 위에 혈액을 떨어뜨려 녹색반응이 나타나면 양성
→ 즉시 진단검사를 시행</td></tr>
</table>

대표적 증상 3가지	고페닐알라닌 혈증	• phenylalanine 함유한 음식 섭취 → 혈액 내 축적 → phenylketon body 형성 → 두뇌발달 저해(신경전달물질 감소) • 뇌조직 페닐알라닌의 축척(신경전달물질 감소) – 정신지체(IQ 50 이하) – 경련 발작 – 자폐증, 과다활동, 공격적 행동
	티로신 감소	멜라닌 색소형성이 안 됨 → 흰 피부, 담갈색 모발, 홍채색소 감소(푸른 눈)
	페닐케톤뇨증	비정상 대사산물(페닐알라닉 산) → 땀과 소변에서 곰팡이 냄새(쥐 오줌 냄새)
	기타	구토, 습진, 성장장애
치료	생후 3개월 내 치료하면 정신지체는 일어나지 않을 수 있음	
	저페닐알라닌 식이	• 생후 3주 이내 저페닐알라닌 식이 시작 • 과일주스, 일부 곡류, 빵, 전분 등 • 고단백 음식 제한, 아스파탐 제한
	PKU 조제분유	• 혈중 페닐알라닌치가 10mg/dL 이상이면 진단 즉시 PKU 조제유를 줌 • 모든 천연단백이 페닐알라닌을 포함하며 저페닐알라닌 특수 분유인 대체분유를 먹임 • PKU 조제유는 칼로리, 단백질, 비타민, 무기질(미네랄)이 포함됨
	모유수유 금지	양성이 나오면 lofenalac을 최소한 6년까지 줌 • 로페날락은 영유아 단계의 페닐케톤뇨증 환자의 식단에서 우유를 대체하기 위해 처방된 등록 상표인 유아용 분유
	여아	여아인 경우 임신하면 다시 lofenalac 식이 필요(태아중추신경계 손상 예방)
	혈청페닐알라닌 농도 유지	혈중 페닐알라닌 농도 check : 3~8mg/dL 유지
갈락토스혈증	• 간에서 갈락토스를 포도당(glucose)으로 전환하는 데 필요한 갈락토스 전이 효소의 부족으로 갈락토스가 혈중에 축적되어 장기가 손상된다. • 갈락토스 : 유당의 주요 성분	
뇌 손상	갈락토스혈증으로 뇌손상이 되어 지적발달장애, 지능발육지연, 기면, 근긴장도가 저하한다.	
백내장	백내장 : 수정체의 혼탁으로 망막에 선명한 상을 맺지 못한다.	
간경화	간경화로 순환 혈액에서 빌리루빈을 취하는 능력, 합성하거나 배설하는 능력 변화로 빌리루빈 증가로 1주 이후 간 비대, 황달, 출혈성 장애, 문맥성 고혈압으로 비장비대가 발생한다.	
신장 손상	갈락토스뇨증(galactosuria), 신장손상으로 아미노산뇨가 발생한다.	

3 갈락토스혈증(galactosemia)

<table>
<tr><td>정의</td><td colspan="2">• 갈락토스혈증은 중요한 효소 대사 결핍으로 인해 체내에 갈락토스(유당)와 그 대사산물이 축적되어 생후 즉시 발육 부전, 구토, 황달, 설사 증상 등이 나타나고, 치료하지 않으면 백내장, 정신지체 등을 보이다가, 결국은 간 기능 부전, 출혈, 패혈증 등으로 사망하게 되는 매우 드문 유전 질환이다.
• 출생아 5만~6만 명 중 1명 꼴이다.</td></tr>
<tr><td rowspan="6">병태생리</td><td colspan="2">• 락토스(우유나 버터와 같은 낙농 제품)을 섭취하게 되면 락토스는 갈락토스와 글루코스로 분해된다.
• 간에서 갈락토스를 포도당(glucose)으로 전환하는데 필요한 갈락토스 전이 효소인 GALT의 결핍으로 인해 체내에 갈락토스와 그의 대사산물인 galactose-1-phosphate(Gal-1-P)가 축적되어 신장, 간, 뇌의 선조직 세포에 이상을 초래하고, 일반 우유(분유와 모유)나 갈락토스가 함유된 모든 음식들이 체내에서 독성으로 작용한다.
• 출생 후 모유나 일반 분유를 먹게 되면 구토, 간 증대, 그리고 황달의 증상이 먼저 나타나게 되고 박테리아 감염(심할 경우), 보챔, 빈약한 체중 증가, 그리고 설사 등이 나타날 수 있다. 만일 신생아기에 진단받지 못할 경우에는 간, 뇌, 눈, 그리고 신장의 손상으로 진행된다. 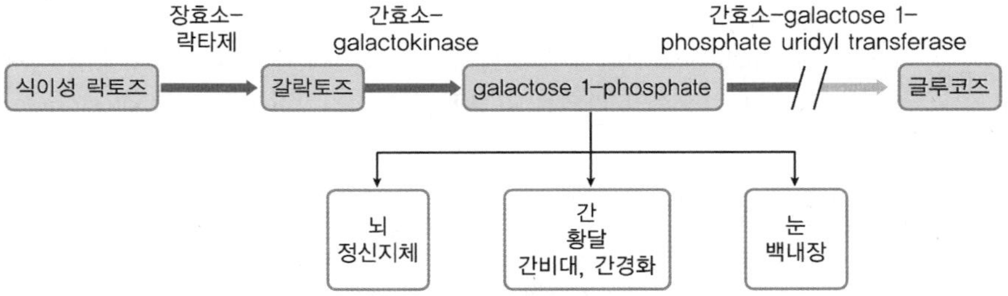

장효소-락타제 / 간효소-galactokinase / 간효소-galactose 1-phosphate uridyl transferase
식이성 락토즈 → 갈락토즈 → galactose 1-phosphate →// 글루코즈
뇌: 정신지체 / 간: 황달, 간비대, 간경화 / 눈: 백내장

| 갈락토스혈증 대사장애와 그 결과 |</td></tr>
<tr><td>갈락토스혈증</td><td>• 간에서 갈락토스를 포도당(glucose)으로 전환하는데 필요한 갈락토스 전이 효소 부족으로 갈락토스가 혈중에 축적되어 장기가 손상된다.
• 갈락토스 : 유당의 주요 성분</td></tr>
<tr><td>뇌 손상</td><td>갈락토스혈증으로 뇌손상이 되어 지적발달장애, 지능발육지연, 기면, 근긴장도가 저하한다.</td></tr>
<tr><td>백내장</td><td>수정체의 혼탁으로 망막에 선명한 상을 맺지 못한다.</td></tr>
<tr><td>간경화</td><td>빌리루빈 증가로 1주 이후 간 비대, 황달, 출혈성 장애, 문맥성 고혈압으로 비장비대가 발생한다.</td></tr>
<tr><td>신장 손상</td><td>갈락토스뇨증(galactosuria), 신장 손상으로 아미노산뇨가 발생한다.</td></tr>
<tr><td>원인</td><td colspan="2">• 상염색체 열성 유전 대사이상 – 선천성 탄수화물 대사장애
• galactose−1−phosphate uridyl transferase 결핍(갈락토스가 글루코스로 전환 ×)</td></tr>
</table>

증상	• 정상으로 출생하지만 유당이 풍부한 우유, 유제품, 모유수유 직후 구토, 설사 체중 감소, 탈수증 • 수유곤란, 보챔, 기민증상 체중 감소, 영양 실조, 성장발달 지연 • 저혈당 : 포도당으로 전환되지 않는다. • 갈락토스뇨, 아미노산뇨 • E. coli 패혈증 : 대장균에 의한 패혈증, 치료하지 않으면 출생 후 1개월 내 사망 – 문맥고혈압증, 간경변, 간종대, 황달 • 지능발달 부진, 백내장
진단 : beutler법	• 생후 2~3일경에 발뒤꿈치 혈액을 채취하여 시행하는 beutler법(결손효소의 측정법)을 시행한다. • 총 갈락토스 농도를 측정한다. → 갈락토스, AST, ALT, 빌리루빈이 비정상적 상승을 보인다.
치료 간호	• 영아에게 락토스가 들어있지 않은 음식(두유)을 준다. • 백내장 : 외과적 교정

4 테이삭스병(Tay-Sachs disease)

정의	유태인(ashkenazi)에게 주로 발생하는 유전성 대사질환으로, 지질의 축적으로 인해 중추신경계의 점진적인 파괴를 유발하는 지질침착질환(lysosomal storage disorder)
원인	• 상염색체의 열성 유전질환 • 선천적 지질대상이상
병태생리	지질대사에 있어 중요한 분해 효소인 hexosaminidase A의 결핍으로 인해 충추신경계에 당지질(glycolipid)인 강글리오시드(ganglioside)가 축적되고, 신경계의 퇴화(신경세포지질 축적 → 뇌 위축, 단단)로 진행됨
증상	• 4~6개월부터 발육의 퇴행, 빠른 속도로 진행 • 경련 발작, 운동능력 결핍 • 청각상실, 망막변성 : 실명, 영양실조 • 지능 발달은 6개월에서 멈춤, 정신 황폐증
치료간호	• 치료 방법이 없음 • 환아, 부모에게 정서적 지지 • 유전상담
예후	보통 3~4세 전에 사망

5 선천성 갑상선기능저하증(Thyroid Stimulating Hormone Test), 크레틴병(cretinism)

(1) 개요

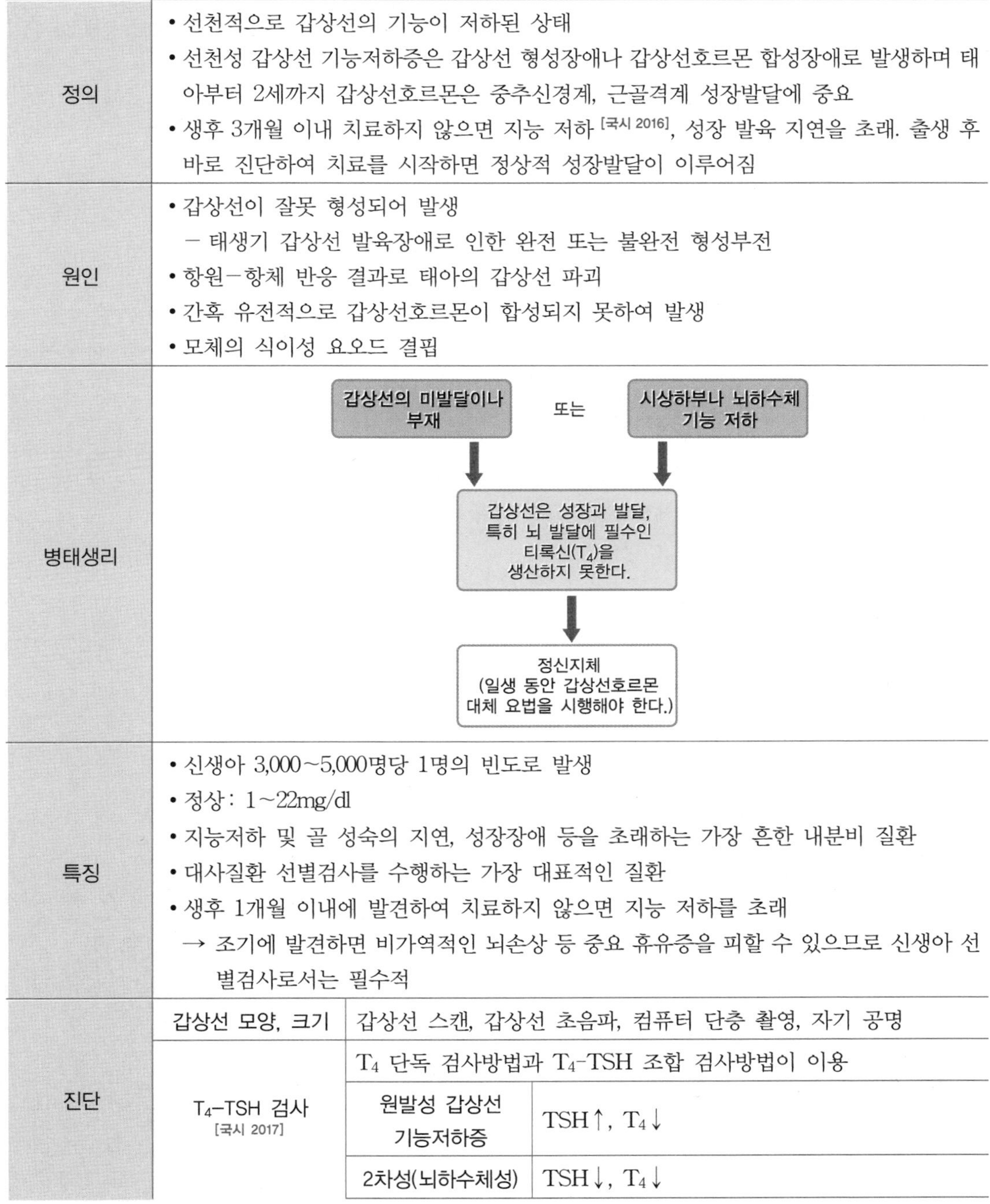

구분	내용		
정의	• 선천적으로 갑상선의 기능이 저하된 상태 • 선천성 갑상선 기능저하증은 갑상선 형성장애나 갑상선호르몬 합성장애로 발생하며 태아부터 2세까지 갑상선호르몬은 중추신경계, 근골격계 성장발달에 중요 • 생후 3개월 이내 치료하지 않으면 지능 저하 [국시 2016], 성장 발육 지연을 초래. 출생 후 바로 진단하여 치료를 시작하면 정상적 성장발달이 이루어짐		
원인	• 갑상선이 잘못 형성되어 발생 – 태생기 갑상선 발육장애로 인한 완전 또는 불완전 형성부전 • 항원–항체 반응 결과로 태아의 갑상선 파괴 • 간혹 유전적으로 갑상선호르몬이 합성되지 못하여 발생 • 모체의 식이성 요오드 결핍		
병태생리	갑상선의 미발달이나 부재 / 또는 / 시상하부나 뇌하수체 기능 저하 ↓ 갑상선은 성장과 발달, 특히 뇌 발달에 필수인 티록신(T_4)을 생산하지 못한다. ↓ 정신지체 (일생 동안 갑상선호르몬 대체 요법을 시행해야 한다.)		
특징	• 신생아 3,000~5,000명당 1명의 빈도로 발생 • 정상 : 1~22mg/dl • 지능저하 및 골 성숙의 지연, 성장장애 등을 초래하는 가장 흔한 내분비 질환 • 대사질환 선별검사를 수행하는 가장 대표적인 질환 • 생후 1개월 이내에 발견하여 치료하지 않으면 지능 저하를 초래 → 조기에 발견하면 비가역적인 뇌손상 등 중요 휴유증을 피할 수 있으므로 신생아 선별검사로서는 필수적		
진단	갑상선 모양, 크기	갑상선 스캔, 갑상선 초음파, 컴퓨터 단층 촬영, 자기 공명	
	T_4–TSH 검사 [국시 2017]	T_4 단독 검사방법과 T_4–TSH 조합 검사방법이 이용	
		원발성 갑상선 기능저하증	TSH↑, T_4↓
		2차성(뇌하수체성)	TSH↓, T_4↓

		검사시기	• 생후 2~6일에 검사 • 정상 신생아도 출생 직후 TSH상승으로 생후 48시간 이내 검사는 잘못된 해석을 이끎
	혈청 콜레스테롤 증가	갑상샘호르몬이 혈청 콜레스테롤 제거 기전을 자극하며 갑상샘호르몬 감소로 혈청 콜레스테롤이 증가	
	뼈의 발육상태 평가	골격계 발육 지연으로 골연령은 출생 시부터 크게 지연됨	
증상	• 생리적 황달 • 목 쉰 울음소리 • 장운동 저하로 변비 • 근육 긴장 약화로 제대 탈장 • 정상 이하의 체온		
치료간호	-		

(2) 증상

증상 없음	모체의 갑상선호르몬 영향으로 생후 2~3개월까지 증상이 나타나지 않음	
얼굴	• 부서지기 쉽고 거칠고 적은 머리카락 • 멍청한 표정, 낮은 콧등 • 벌리고 있는 입 • 내밀고 있는 큰 혀	
심혈관계	• 서맥 • 정상 이하의 체온	
소화기계	• 치아발육 지연 • 수유장애, 생리적 황달 지연 • 장운동 저하로 변비, 대변배설이 늦음 • 복부 팽만 • 근육 긴장 약화로 제대 탈장, 서혜부 탈장	
근골격 계	• 성장 발육 지연 • 짧은 목, 짧은 손가락 • 작은 키, 짧은 다리	**연령의 지연** 이 환자는 7세이지만, 손목뼈가 1개 밖에 없어(표시된 부분) 뼈 연령이 1~2세 정도로 지연되어 있다. 참고로 손목뼈의 수는 만 나이(또는 +1세)이다.

신경계	• 넓은 대천문, 대천문 폐쇄 지연(12~18개월 폐쇄) • 목쉰 울음소리, 기면 • 근 긴장 저하, 반사 이상(감소) • 지적발달장애, 지능저하, 학습장애, 행동, 언어장애 • 사지 마비
피부	• 건조하고 두터운 피부 • 생식기, 사지의 부종 • 출생 체중이 4kg 이상으로 체중이 평균보다 무거움

(3) 치료 및 간호

치료 간호	• 건조시킨 갑상선 제제 영구적 투여 • 균형 잡힌 영양식이 • 치아 부식 방지 • 지적 발달을 돕기 위해 환아에게 적절한 놀이 → 자극을 계속 주도록 안전한 환경 제공
약물	일생 동안 갑상선호르몬 대체 요법 시행 • 기본서 <성인(2)> 참조
유전상담	• 갑상선 기형: 특발성으로 형제에게 발생할 가능성은 높지 않음 • 갑상선호르몬 합성장애: 상염색체 열성유전으로 부모가 이형접합체일 때 자녀에게 발생할 확률은 1 : 4 • 상염색체 열성유전: 두 개의 상염색체가 모두 돌연변이 유전자를 가져야 질환이 나타남

6 단풍당뇨증

정의 및 특징	탈 탄산 효소의 결손 → 루신, 이소루이신, 발린 등의 아미노산과 이들로부터 유래한 알파 키토산 축적
증상	• 수유 곤란, 구토, 호흡장애, 경련, 발육 장애 • 소변에서 설탕을 태운 냄새 • α-Keto 산 축척의 심한 신경증상 • 생후 수 주 내지 수개월 안에 사망 가능
치료	• 특수 분유 및 식이 요법 • 중증: 복막 투석 필요

7 효모시스틴뇨증

정의	메티오닌 이라는 아미노산의 대사과정 중 시스타치오닌 합성효소의 장애
증상	• 호모시스틴 소변으로 배설 • 혈중의 메티오닌 증가 • 지능장애, 경련, 보행 장애, 수정체 탈구, 백내장, 시력장애, 긴사지, 골다공증, 혈전 형성
치료	• 특수 분유 및 식이요법 • 비타민 투여

06 선천성 기형아동

1 식도폐쇄(esophageal atresia, 식도 - 기관루)

병태생리	• 가장 흔한 형태는 상부 식도분절이 막혀서 맹관으로 끝나고 하부 분절의 상단이 기관이나 기관지에 누공을 이루며 연결된 원위 식도 – 기관루 형태로서, 전체 식도 폐색증의 약 85~87%를 차지한다. • 두 번째로 흔한 형태는 상하부의 식도가 분리되어 각각 맹관을 형성하는 분절형 식도 폐색증으로, 기관과 교통되지 않고 막힌 상태로서 약 8%를 차지한다. • 세 번째 유형은 식도가 폐쇄되지 않고 정상적인 식도와 기도 사이에 누공만을 형성하는 H형 식도 기관루이다. • 네 번째 유형은 식도의 상부가 기관과 연결되어 있는 근위식도 기관루, 다섯 번째 유형은 식도의 상, 하부 양쪽이 누공으로 기관과 연결되어 있는 근위 및 원위식도 기관루이다.
식도-기관류의 임상증상	• 과도한 타액분비와 침을 흘린다. • 3C증상: 기침(coughing), 질식(choking), 청색증(cyanosis) • 수유 시 호흡곤란, 호흡정지, 수유 시 액체가 코나 입을 통해 역류한다. • 복부팽만(A형 식도폐쇄는 위장이 공기로 팽만하여 흉곽과 복부 압박)
식도폐쇄 유형	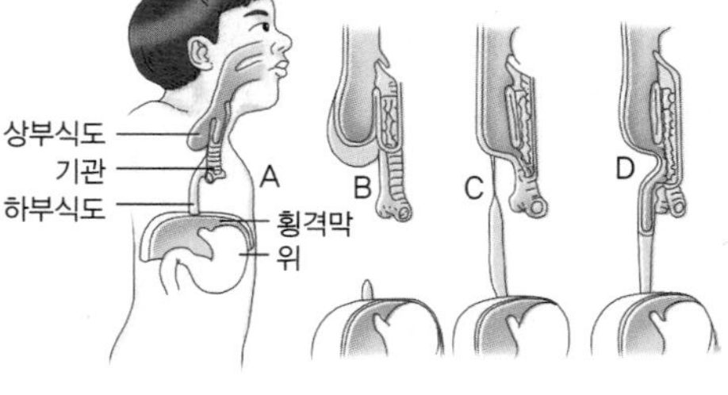 상부식도 / 기관 / 하부식도 / 횡격막 / 위 / A B C D A: 가장 흔한 형으로, 식도 상부는 맹낭, 식도 하부는 기관과 누공으로 연결된 형 B: 식도 상부가 맹낭으로 끝난 형 C: 식도가 폐쇄되지 않고 기관과 누공을 형성 D: 식도 상하부가 누공으로 인해 기관에 연결된 형

중재	• 경구섭취를 중지한다(비경구적 혹은 위루술을 통한 영양 보충). • 수유 시 상체 30~40도 상승시킨 자세(위 분비물 역류 방지)를 취한다. • 복부팽만, 호흡곤란을 관찰한다.
치료	기도의 개방성 유지, 폐렴 예방, 위장 또는 맹낭의 감압, 지지요법, 기형의 외과적 복구 등을 돕는다.

2 구순열과 구개열(cleft lip and cleft palate)

정의	구순열(cleft lip)과 구개열(cleft palate)은 태생기에 발생하는 안면 불구로 심각한 기형을 동반한다.
빈도 및 원인	• 선천성 기형 중 발생 빈도가 높다. • 남아 > 여아(구순열), 남아 < 여아(구개열) • 일란성 쌍생아, 염색체 기형, 환경적 원인, 기형발생물질(phenytoin), 엽산 결핍, 알코올, 흡연(구개파열 위험성을 1.5배 상승시킴) 구순열 / 구개열
병태생리	임신 초기에 위턱, 입술, 코 주위의 형성과정에서 연합부전으로 초래된다. 입술을 형성하는 조직은 보통 임신 5~6주에 융합되며 구개는 임신 7~9주에 닫힌다. 연구개와 경구개의 융합은 태생 7~12주 사이에 일어난다. 그러므로 입술이나 구개 중 하나라도 융합되지 않는다면, 영아는 구순열 또는 구개열이 된다.
진단	• 구순열(토순)은 일측성 또는 양측성일 수 있고, 입술에 절흔(notch)이 있는 형태로부터 콧속까지 입술이 완전히 분리된 형태까지 다양하다. • 구개열(구개파열)은 중이염이 자주 발생할 수 있다. 연구개 근육은 유스타키오관을 적절히 기능하도록 도와주는데 구개파열 시 연구개 근육의 장애로 중이의 배액이 불충분하기 때문이다. • 경구개의 파열은 입과 비강 사이에 통로를 형성하여 코를 통한 역류와 흡인이 잘 되며 구강 내 진공을 만들지 못해 빨고 삼키는 것이 어렵고 공기를 잘 삼키게 되는 등 특별한 수유 문제를 일으킨다. • 임신 14~16주경에 초음파 검사로 발견될 수 있다.
증상	수유곤란, 언어발달 지연, 언어장애, 치아발달문제, 부정교합, 유스타키오관의 부적절한 기능과 반복되는 중이염으로 청력장애 등

치료간호	• 소아과 의사, 간호사, 성형외과 의사, 치과 교정의, 치과 보철의, 이비인후과 의사, 언어 교정사, 때때로 정신과 의사 등이 포함된다.
	• 외과적 중재는 균열을 폐쇄하고 합병증 예방, 훈현, 정상 성장 발달의 촉진 등에 중점을 둔다.
	• 구순열 외과적 교정: 생후 1개월 동안 시행(구강, 호흡기, 전신감염으로부터 안전할 때)
	• 구개열 외과적 교정
	  – 첫 번째 단계: 9~15개월(18개월까지) 상악골의 정렬과 관련 있다.
	  – 두 번째 단계: 2~5세 상악골 재위치와 치아의 부정교합 정렬(윗니/아랫니 다물어지는 상태)
	  – 세 번째 단계: 10~11세
	  – 네 번째 단계: 12~18세

수술 전 관리	• 환아에 대한 가족 수용성을 증가시킨다. • 영양공급: 구멍이 크고 긴 부드러운 젖꼭지 사용, upright sitting position으로 앉혀서 수유, 자주 트림시키기, 경우에 따라 위관영양하기도 한다. 수유 시 숟가락 옆면, 고무 끝이 달린 점적기 사용, 유아용 컵 등을 사용한다. • 감염 방지: 파열 부분 위생간호, 억제대 사용(수술 후 억제대 사용해야 하므로 수술 전 미리 경험해보게 함, 미이라 억제나 팔꿈치 억제 사용) • 부모의 지지는 필수적이다. • 성장발달을 사정한다.
수술 후 관리 봉합선손상 예방	• 분비물 흡인 및 기도개방을 유지한다. → 똑바로 누운 체위나 측와위를 취하게 하고, 절대로 복위 취하지 않게 함, 습도 유지 등 • 입술의 봉합선과 구강 내 봉합선의 상해 방지를 위해 측와위, Logan-bow 적용, 팔꿈치 억제대, 비외상성 수유 시행, 설압자 사용 금지, 빨대 사용 말고 컵 사용, 입으로 숟가락 넣지 말기, 노리개 젖꼭지 사용금지, 자주 트림시키기 • 봉합선에 긴장을 줄 수 있으므로 영아를 울리지 않는다. 울음을 예방할 수 있는 방법은 필요 시 통증을 위한 약물 투여, 껴안기, 흔들기, 요구를 예측하는 방법으로 안심을 주거나 관심을 돌리게 하는 것이 있다. • 구강과 봉합선 청결을 유지한다. • 적절한 영양 증진: 유방을 아동의 입술에 갖다 대어 밀착된 상태로 유지한다면 모유를 적절하게 빨 수 있을 것이다. 아기가 빠는 데 어려움이 있다면 과도한 공기를 내보내도록 트림시킨다. • 영아-부모 결속 강화: 결속을 강화하기 위해 출산 후 즉시 안정된 아이를 안을 것을 권유한다. 죄책감, 분노, 슬픔과 같은 정상적인 감정들을 인정해준다. 부모가 중요한 영양적 기능, 특히 수유를 할 수 있도록 부모를 지지한다. • 정서적 지지를 제공한다.

3 밀폐항문(Imperforate anus)

정의	항문이 없는 기형부터 직장 원위부에서 회음부 혹은 비뇨생식기계로 누공을 가지는 여러 형태의 기형을 의미한다.
증상 진단	• 태변이 없다. • 태변이 요도나 회음부(질입구 등)로 나온다. • 배변장애, 복부팽만, 리본 모양의 변 • 방사선 검사 및 초음파 검사로 기형을 확인할 수 있다.
밀폐항문 분류	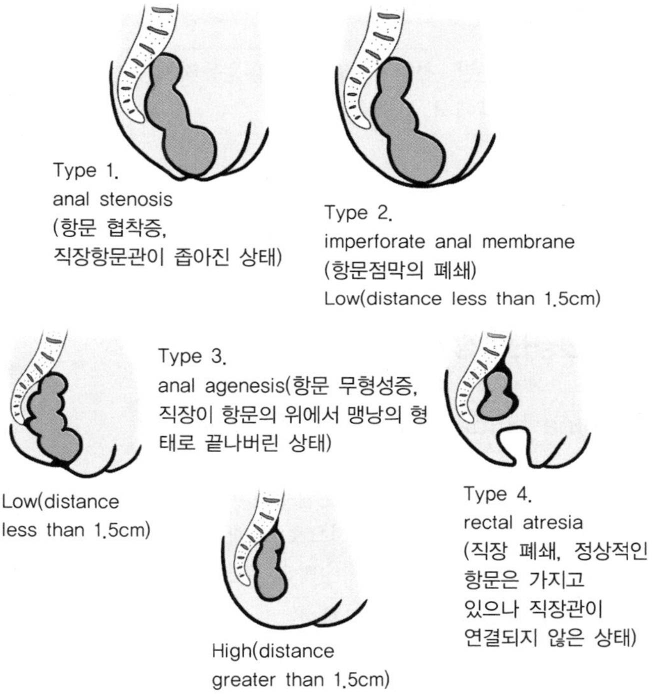 Type 1. anal stenosis (항문 협착증, 직장항문관이 좁아진 상태) Type 2. imperforate anal membrane (항문점막의 폐쇄) Low(distance less than 1.5cm) Type 3. anal agenesis(항문 무형성증, 직장이 항문의 위에서 맹낭의 형 태로 끝나버린 상태) Low(distance less than 1.5cm) High(distance greater than 1.5cm) Type 4. rectal atresia (직장 폐쇄, 정상적인 항문은 가지고 있으나 직장관이 연결되지 않은 상태)
치료	기형의 선택적인 복구는 생후 6~12개월에 시행한다.
예후	직장 항문 기형의 수술적 치료 후에 발생 가능한 잠재적 합병증에는 협착, 항문요도루의 재발, 점막 탈출, 변비가 포함된다.
간호	• 항문 부위를 깨끗하게 유지하고 세심한 회음부 간호를 한다. • 완벽한 배설억제 능력은 보통 2~3세까지 좀처럼 획득되지 않는다. • 변비의 예방이 중요하다. • 배변 습관 훈련, 식이 변형, 대변완화제, 식이섬유를 통해 아동이 배변조절을 획득하도록 서서히 돕는다. 최적의 상태는 아동후기나 청소년기까지는 이루어지지 않는다.

4 제헤르니아(omphalocele)

정의	제륜의 불완전한 폐쇄
빈도	흑인, 미숙아, 갑상선기능저하증
치료	• 소독된 식염수로 적신 가제로 덮어줌 • 즉시 수술

5 횡격막 탈장(diaphragmatic Hernia)

증상	• 심한 호흡곤란, 청색증, 구토, 호흡운동지체 • 장음 – 흉부에서 청진
치료	• 교정 수술 • 수술 전·후 간호

07 뇌 및 신경근육장애

1 이분척추(spina bifida, myelomeningocele)

<table>
<tr><td>정의</td><td colspan="3">• 다요인적인 유전으로 인해 발생한 태아기의 신경관 결손(척추의 폐쇄부전)
• 태생기 신경관의 융합부전으로 초래
• 정상적으로 척수는 뼈와 수막의 보호막 안에 둘러싸여 있음</td></tr>
<tr><td>원인(소인)</td><td colspan="3">• 모체의 영양실조(특히 엽산의 결핍), 엽산경로상의 유전적인 돌연변이
• 유전적 요인(18번 염색체 3개 등)
• 약물, 방사선, 화학물질 등
• 임부의 비만, 모체측 비타민 B_{12} 결핍상태, 모체의 고체온증, 항간질제 사용</td></tr>
<tr><td>병태생리</td><td colspan="3">척추궁(vertebral arch) 형성의 정지</td></tr>
<tr><td>빈도</td><td colspan="3">• 1,000명 중 1명 비율로 발생
• 남아 < 여아
• 첫 아이와 6회 이상의 출생아, 유색인 < 백인</td></tr>
<tr><td rowspan="2">분류</td><td>잠재성
(폐쇄성)</td><td colspan="2">• 가장 흔한 형태, 25%
• 외부로 드러나지 않은 결함[외과적으로 보이는 낭(sac) 없음]
• 허리 엉치뼈부위(L5와 S1)에 호발</td></tr>
<tr><td>낭성
이분척추</td><td>수막류</td><td>외형적인 낭(sac)
• 수막과 뇌척수액으로 둘러싸여 있지만 신경계의 구성요소는 없음</td></tr>
</table>

<table>
<tr><td></td><td></td><td>척수수막류</td><td>• 수막과 뇌척수액 및 신경을 포함하고 있어 심각함
• 요천골 부위에 돌출을 생성
• 낭속에 척수와 수막 포함
• 개방성 척수결함(open spinal defect)
• 침범 부위에 따라 운동, 감각, 반사 및 괄약근 기능장애 등 다양한 신경학적 휴유증을 동반하며 근골격계 기형과 수두증(뇌를 경추 밑으로 두게 하는 것 때문에 뇌척수액 흐름이 막힘)이 동반되기도 함</td></tr>
<tr><td rowspan="6">임상증상</td><td rowspan="3">잠재성
이분척추</td><td colspan="2">• 가장 흔한 형태, 25%
• 대개 무증상, 외과적으로 보이는 낭(sac) 없음</td></tr>
<tr><td>기형척추부위
(피부증상)</td><td>피부함몰, 포도주양 혈관 모반, 털이 나 있음, 피하 지방종</td></tr>
<tr><td>신경근육장애</td><td>발의 무력으로 인한 진행성 보행장애, 방광과 항문 조임근 장애(척추가 기형부위에 이상 유착되는 경우)</td></tr>
<tr><td rowspan="3">낭상
이분척추</td><td colspan="2">운동 및 감각장애</td></tr>
<tr><td>제2요추 이하
부위</td><td>하지의 무기력 및 부분마비, 감각 장애, 요실금, 배변조절 장애</td></tr>
<tr><td>제3천추 이하
부위</td><td>방광 및 항문조임근 장애, 관절기형(가끔 자궁 내에서 발생, 외반첨족 혹은 내반첨족, 척추측만증, 대퇴관절 탈구)</td></tr>
<tr><td>치료</td><td colspan="3">• 가능하면 24~72시간 이내의 조기봉합을 함
• 뇌막염, 요로감염, 뇌실염은 적극적으로 항생제치료를 함
• 관절경축 예방, 불구교정, 침범된 다리의 최대한의 기능 달성
• 운동 및 감각장애의 영향을 예방, 피부손상 방지
• 신경성 방광기능장애 : 신기능 보존하고 요배설을 적절하게 억제시킴
• 배변조절 : 식이조절, 규칙적인 배변습관, 변비와 변매복 예방</td></tr>
<tr><td rowspan="3">수술 전 간호</td><td>낭간호</td><td colspan="2">• 낭의 자극을 줄이기 위해 복위로 눕히고, 엉덩관절(고관절) 탈구를 예방하기 위해 무릎사이에 패드를 사용
• 외전상태로 유지, 기저귀 착용을금하고 아래에 깐 패드는 자주 교환해주어 건조하게 유지함</td></tr>
<tr><td>감염예방</td><td colspan="2">대변이나 소변에 오염이 되지 않도록 기저귀를 채우지 않고 둔부를 매일 노출시킴</td></tr>
<tr><td>다리기형,
괴사예방</td><td colspan="2">여러 기구를 이용하여 바람직한 자세 유지, 피부간호, 수동적 관절운동</td></tr>
<tr><td>수술 후 간호</td><td colspan="3">• 활력징후 관찰, 섭취량과 배설량 측정, 영양공급, 감염증상 관찰, 통증관리
• 쇼크 예방 : 척추보다 머리를 낮추어 뇌척수압을 유지하고 수술부위를 압력을 줄임</td></tr>
</table>

2 뇌수종(Hydrocephalus, 수두증) [2018 기출]

구분	내용	
정의	뇌 속에는 뇌척수액을 만드는 조직이 있거나 뇌척수액이 순환하는 중간에 확장된 공간인 뇌실이 있음. 뇌수종은 뇌실에 뇌척수액이 많이 고여서 머리가 지나치게 커지고 뇌가 눌려서 얇아지는 병	
원인	• 흡수계(absorption system)의 장애 • 뇌척수액의 과잉생성 • 뇌척수액을 생성하고 흡수하는 부위의 폐쇄	
빈도	500명 중 1명 발생	
증상	• 거대두개(macrocephaly) • 천문팽창 • 뇌내압 상승 증상 • 불안정, thrill cry, 구토, 활력증상 장애 • 두통, 경련, 기면, 혼미, 혼수상태 • 낙일현상(sunset eye), 사시, 안구진탕, 시신경 위축	
낙일현상 (sunset eye) [2018 기출]		안구가 수평선 아래로 내려감으로써 공막의 백색이 각막(동공) 위로 나타나며 두개내압의 상승 및 공간점유병변으로 야기됨
마퀴인 징후 (Macewen sign)	• 두개골 타진 시 깨진 항아리 소리가 남 • 뇌수종 시 골판이 얇아져서 두개골(대천문 부위)을 타진하였을 때 탁음이 나지 않고 깨진 항아리 소리와 비슷한 소리가 나는 현상, 파옹음(cracked-pot sound, Macewen's Sign)	
치료	➲ 교정수술-단락시술 • 뇌실정맥전류술(ventriculo venous shunt) • 뇌실복막전류술(ventriculoperitoneal shunt) • 뇌실요관전류술(ventriculo ureteral shunt) • 척추요관조루술(spinoureterostomy) • 뇌실늑막전류술(ventriculopleural shunt)	

3 만곡족(clubfoot, talipes)

<table>
<tr><td>정의 및 특징</td><td colspan="2">• 선천성 만곡족은 소아환자의 발모양이 골프채(golf club)와 같이 생김
• 선천성 만곡족에서 보이는 골프채 모양의 발 기형은 발뒤꿈치가 들리고, 발의 앞쪽이 바닥을 향하는 첨족 변형, 발바닥이 안쪽으로 향하는 내반 변형, 발의 앞쪽 끝부분이 안쪽으로 휘어지는 내전 변형이 복합된 것으로, 발에 있는 거골이라는 뼈의 변화가 이러한 변형을 일으키는 주된 역할을 하는 것으로 알려져 있음</td></tr>
<tr><td>원인</td><td>• 난자의 결함
• 가족성 소인
• 성장 정지</td><td rowspan="2"> 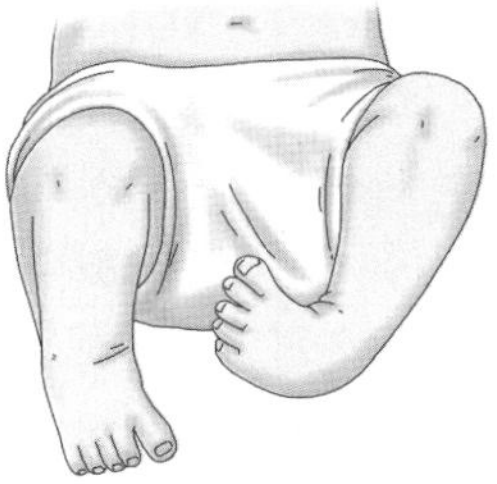정상 만곡족</td></tr>
<tr><td>빈도</td><td>• 1,000명당 2명 정도 발생
• 남아(2배) > 여아
• 환아의 50%: 양측성</td></tr>
<tr><td rowspan="4">형태</td><td>내반족(talipes varus)</td><td>내번 또는 안쪽으로의 굴곡</td></tr>
<tr><td>외반족(talipes valgus)</td><td>외반 또는 바깥쪽으로의 굴곡</td></tr>
<tr><td>첨족(talipes equinus)</td><td>발이 바닥면으로 굽은 척측 굴곡</td></tr>
<tr><td>종족(talipes calcaneus)</td><td>발이 발등 쪽으로 굽은 배측 굴곡</td></tr>
<tr><td>내반족과 외반족</td><td colspan="2"> 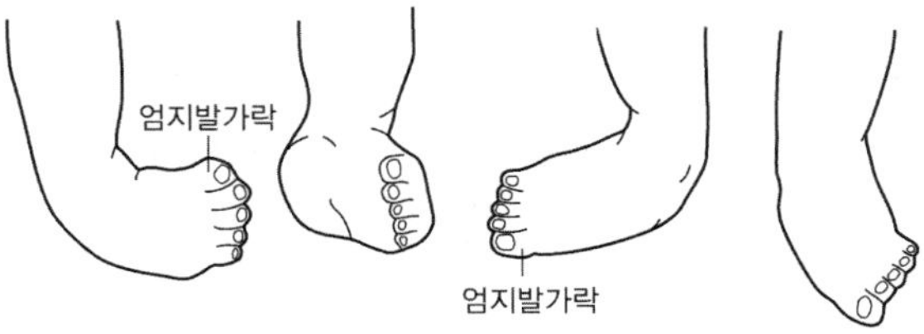내반족 외반족
엄지발가락
엄지발가락</td></tr>
<tr><td>치료간호</td><td colspan="2">• 기형을 교정하고, 정상적인 근육 발달이 이루어질 때까지 교정을 유지하며, 기형의 재발 가능성에 대한 추후관찰을 해야 함
• 생후 즉시 석고붕대한다.
• Denis Browne splint: 1세 미만 영아에서 사용
• 외과적 교정</td></tr>
<tr><td>경과 예후</td><td colspan="2">• 치료받지 않은 선천성 만곡족 소아환자는 발의 변형이 고정되며, 심한 경우 정상적인 신발을 신을 수 없고, 발등으로 땅을 딛고 걷게 되어서 발등에 굳은살이 생길 수 있으며, 절뚝거리면서 걷게 됨
• 비정상적인 걸음걸이로 발, 발목, 무릎 등이 아플 수 있고, 노화 현상이 빨리 진행되어서 심한 퇴행성관절염이 동반될 수 있다. 따라서 이러한 이차적인 변화가 동반되기 전에 조기 치료를 시행하는 것이 바람직함</td></tr>
<tr><td>합병증</td><td colspan="2">골다공증, 무혈성 괴사, 변형의 교정이 너무 지나쳐서 새로운 변형이 생기는 경우 등</td></tr>
</table>

4 발달성 고관절 이형성증(Developmental Dysplasia of Hip; DDH) [2018 기출]

(1) 개요

구분		내용
정의		• 고관절의 탈구, 아탈구, 형성장애를 포함하는 고관절의 발달적 형성이상을 말한다. 선천성 고관절 탈구(Congenital Dislocation of the Hip, CDH)라고도 한다. • 고관절 이형성증의 경우, 대퇴골두는 관골구와 비정상적으로 연관되어 있다. 고관절의 완전탈구가 발생할 수 있는데, 이 때 대퇴골두와 관골구는 전혀 만나지 않는다. 아탈구는 관골구 안에 대퇴골두가 완전히 안착하지 않은 상태를 의미하는 부분적인 탈구이다. 형성장애는 관골구가 컵처럼 오목한 모양이 아니라 얕거나 비스듬한 모양인 것을 가리킨다. 발달성 고관절 이형성증은 일측성 또는 양측성이다. 이형성의 고관절은 아탈구나 탈구를 일으켰다가 다시 정복될 수 있다.
원인		• 태아의 위치이상, 둔위나 양수과소증 • 유전인자에 의한 관절의 발육부전 • 호르몬 요인으로 인한 관절낭과 관절인대의 이상이완
빈도		여아 > 남아(7 : 1). 발달성 고관절 이형성증은 남아보다는 여아에게 흔하다. 이는 여자 신생아의 경우, 인대를 느슨하게 하는 어머니의 여성 호르몬에 대한 감수성이 높기 때문이다.
병태생리		탈구는 자궁 내 성장기간 동안에 발생하고, 신생아의 느슨한 고관절은 고관절의 탈구와 재배치가 나타난다. 대퇴골두가 관골구에 적절히 깊게 안착해야만 고관절은 정상적으로 발달할 수 있다. 아탈구나 주기적 또는 지속적인 탈구가 발생하면 고관절의 구조적 변화가 일어난다. 지속되는 고관절 이형성증은 고관절의 제한된 외전과 근육의 구축을 발생시킨다.
	관골구의 형성부전 (acetabular dysplasia, preluxation)	가장 가벼운 형태로 관골구(acetabulum)의 발육이 확실히 지연되어 있다. 이것은 연골두(cartilaginous roof)가 비교적 온전하긴 하지만 비스듬하고 얕은 관골구 두부(acetabular roof)의 형성장애를 통해 알 수 있다.
	부전탈구 (subluxation)	가장 많은 선천성 대퇴관절 형성장애의 유형이다. 부전탈구는 불완전 탈구나 탈구 가능한 대퇴관절을 의미하며, 전탈구(preluxation)에서 완전탈구상태로 발전하는 중간형태이다.
	탈구 (dislocation)	대퇴골두가 관골구 속에 들어 있지 않고 섬유연골 위의 후상위 방향으로 탈구된다.
증상	단측성	• 탈구가 있는 쪽 다리가 짧다(Galeazzi sign). • 둔부 주름이 비대칭적이며, 외전이 제한된다. • Ortolani's sign : 딱딱한 바닥에 아기를 부드럽게 이완된 상태에서 똑바로 눕힌 다음에 검사자는 아기의 다리를 마주본다. 골반을 구부리고(강제로 힘을 주지 않은 상태에서) 무릎을 구부려서 90°를 만든다. 검사자는 가운데 손가락으로는 대전자부를, 엄지손가락은 대퇴부의 안쪽으로 넣어 소전자를 반대로 잡는다. 그리고는 대전자

		부를 내측으로 밀어올리면서 외전시키면 대퇴골 두부가 관골구 안에서 앞쪽으로 미끄러져 들어가는 느낌을 느낄 수 있다. • Trendelenburg sign : 아동이 처음 한 발로 일어나고 다른 발로 일어섰을 때, 이완된 둔부의 체중부하, 골반은 정상적인 방향에서 아래로 향하게 된다.
	양측성	• wadding gait • lordosis • 보행지연
합병증	대퇴골두의 무혈관성 괴사, 관절가동범위운동의 소실, 재발되는 불안정한 고관절, 대퇴신경마비, 다리 길이의 차이, 조기 골관절염 등이 있다.	

(2) 발달성 고관절 이형성증 진단적 사정 [2018 기출]

진단시기 [2018 기출]	선천적 대퇴관절 형성 장애의 진단은 가능한 한 신생아기에 이루어져야 한다. 생후 2개월 전에 치료하는 것이 가장 성공률이 높기 때문이다.	
시진	보통 완전 탈구라기보다는 둔부 관절이 이완된 것처럼 보인다.	
	둔부 주름의 비대칭 (그림 A)	• 영아를 평평한 곳에 눕히고 편안하게 한다. 영아가 복위 자세를 취했을 때 허벅지나 둔부 주름의 비대칭이 보인다. • 다리길이 불일치로 관찰되는 영향 받은 쪽의 짧아진 대퇴가 관찰된다.
	트렌델렌버그 걸음 (Trendelenburg gait)	나이 든 아동에게 보일 수 있다.
	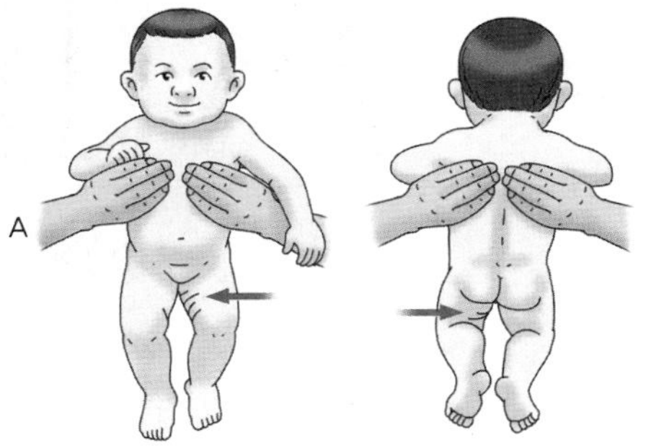 A 둔부와 대퇴주름의 비대칭	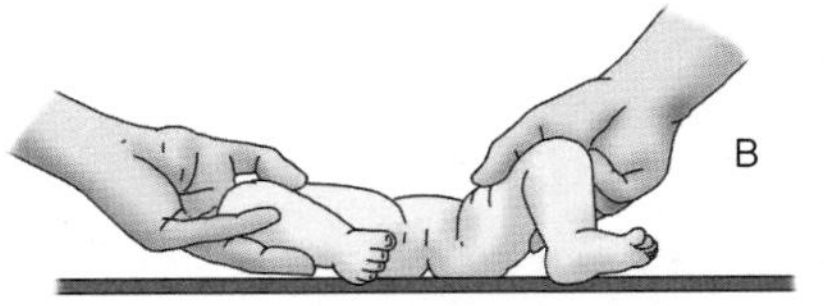 B 굴곡 시에 제한된 둔부 외전
촉진	굴곡 시 제한된 둔부외전 (그림 B)	수동적 관절가동범위운동을 실시하면서 고관절의 제한된 외전에 주목한다. 영아의 골반이 고정된 상태에서 외전은 75도까지, 내전은 30도까지 가능하다.

	오토라니(Ortolani) 검사 (그림 C)	검사는 아동을 눕힌 후 대퇴관절을 90도 굴곡시키고 슬관절도 굴곡시킨 후, 중지는 대전자부에 엄지는 소전자부에 위치한 다음, 대전자부를 내측으로 밀어 올리면서 외전 시키면 '뚝'하는 느낌을 느낀다. '딸깍' 하는 소리와 함께 탈구된 대퇴골두가 관골구에 강제로 맞추어진 것처럼 느낀다.
	발로우(Barlow) (그림 C)	• 아동을 눕히고 고관절과 슬관절을 90도 굴곡시킨 상태에서 외전시키면 탈구가 있는 쪽의 제한이 있다. 아래쪽 전자의 바깥쪽으로 부드럽게 압력을 가하여 불안정한 대퇴골두가 빠지게 힘을 가한다. • 고관절이 '뚝'하며 고관절이 탈구된다.
	C 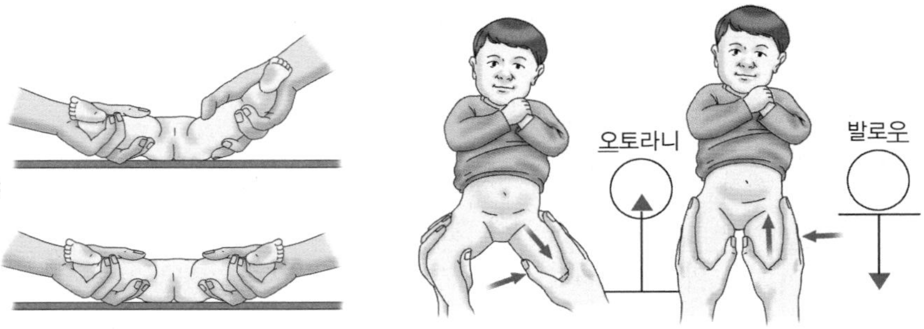　오토라니　발로우	
갈레아치 (Galeazzi) 징후 (Allis 징후)	• 아동을 눕히고 무릎을 세우면 무릎의 높이가 다르다. • 탈구쪽이 짧다(그림 D).	
	D 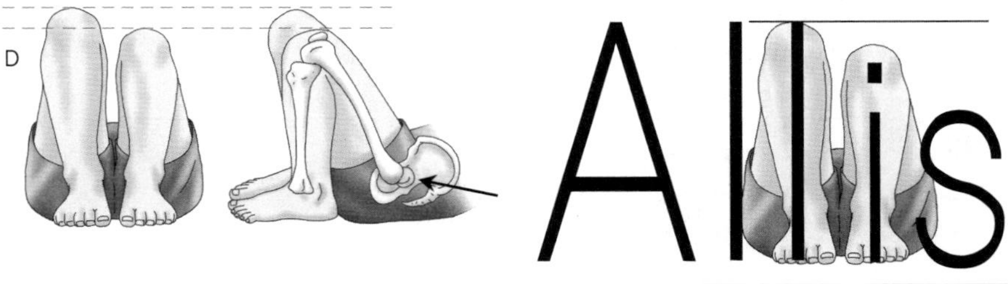　Allis, Galeazzi Test	
트렌델버그 (Trendelenburg) 징후	정상인 다리를 들고 탈구된 다리로 서면 정상인 쪽으로 골반이 기우는 것이다(그림 E).	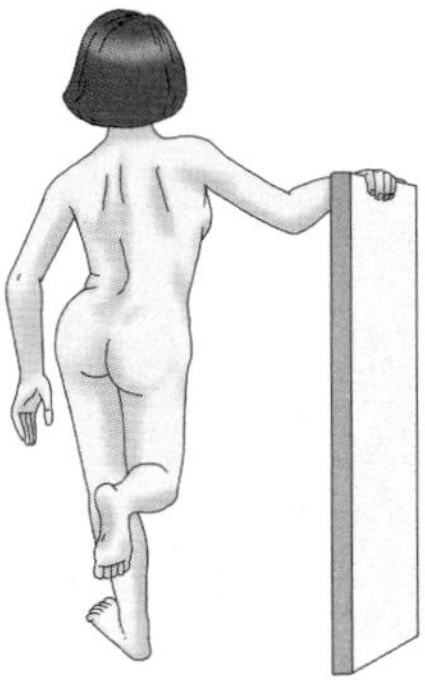 E

<table>
<tr><td>피스톤 징후
[2018 기출]</td><td colspan="2">다리를 편 상태에서 허벅지를 아동의 머리쪽으로 올렸다가 아래로 잡아당기면 엉덩이 쪽에서 대퇴골두가 위와 아래로 움직이는 것이 느껴지는 것이 양성 증상이다.</td></tr>
<tr><td>양측성 탈구</td><td colspan="2">척추전만이나 오리걸음을 볼 수 있다.</td></tr>
<tr><td>기형의 조기발견</td><td colspan="2">• 기형의 조기발견을 위해 오토라니 검사와 발로우 검사를 실시한다. 이를 통해 다리의 짧아짐, 엉덩이 추벽주름, 외전의 제한 등과 같은 징후를 주의 깊게 살펴 볼 수 있다.
• 예를 들면, 기저귀를 갈 때 움직임의 제한이나 넓은 외음부 등을 살펴 볼 수 있을 것이다. 절룩거리거나 이상하게 걷는 아동은 진단을 받도록 해야 하는데 이런 증상은 정형외과 문제나 신경계의 문제를 나타낼 수 있기 때문이다.</td></tr>
<tr><td rowspan="5">치료</td><td colspan="2">4개월에서 2세의 아동에게는 흔히 폐쇄정복을 실시한다. 2세 이상의 아동이나 그 전 치료에 반응하지 않은 아동에게는 수술적 개방정복을 실시하고 그 후 일정기간 동안 석고붕대를 적용한다.</td></tr>
<tr><td>조기치료</td><td>가능한 한 빨리 치료를 시작해야 하는 이유는 다음과 같다. [2018 기출]
• 초기중재가 정상적인 골격구조와 기능으로의 회복에 더욱 도움이 되기 때문이다.
• 치료가 지연될수록 기형은 더욱 심해지고, 치료는 어려우며 예후는 좋지 않다.</td></tr>
<tr><td>파블릭보장구
(pavlik harness)</td><td>• 4개월~6개월 미만의 영아
• 무릎 굴곡시키고 고관절은 60° 외전된 상태로 유지한다.
• 골반을 더욱 외전시키고(내전예방) 정복자세를 유지한다.
• 제거하지 않고 스펀지 목욕한다.
• 항상 장비 속에는 내의를 입고, 피부가 벗겨지는 것을 방지하기 위한 무릎양말을 신는다.
• 고리나 옷 밑에 발적을 자주 확인한다.
• 하루에 한번 부드럽게 마사지한다. 이때 로션이나 파우더는 피한다.
• 언제나 기저귀는 고리 밑에 대주도록 한다. → 보장구를 착용한 상태에서 기저귀를 교체한다.
• 의사나 전문 간호사가 확인하기 전까지 끈을 무작위로 조절하지 않는다.
• 아기가 등을 바닥에 대고 잠을 자도록 한다.</td></tr>
<tr><td>closed reduction</td><td>4개월에서 2세의 아동에게는 흔히 폐쇄정복을 실시한다. 석고붕대나 다른 장비를 사용한다.</td></tr>
<tr><td>open reduction</td><td>2세 이상의 아동이나 그 전 치료에 반응하지 않은 아동에게는 수술적 개방정복을 실시하고 그 후 일정기간 동안 석고붕대를 적용한다.</td></tr>
</table>

5 레그-칼베-페르테스병(Legg-Calve-Perthes disease)

<table>
<tr><td>정의</td><td colspan="2">아동에게 대퇴골두의 특발성 혈행 장애로 초래되는 무혈성 골괴사이다. 비록 그 원인이 혈류의 차단이라고 추정되지만 아직까지 발생기전이 자세히 밝혀진 것은 아니다.</td></tr>
<tr><td>빈도</td><td colspan="2">• 남아에게 흔하며[남아(4~5배) ≥ 여아], 주로 4세부터 12세 사이에 발생한다.
• 빈도는 10만 명당 3.8명 꼴이다.</td></tr>
<tr><td>증상</td><td colspan="2">• 고관절, 슬관절, 내전근 부위의 통증이 흔히 나타난다. 발병은 잠행적이며 병력상 발병 부위의 절룩거림 혹은 엉덩이 통증, 쑤심, 뻣뻣함을 포함하는 복합적 증상이 지속적이거나 간헐적으로 나타날 수 있다.
• 고관절의 운동 범위가 감소하고 특히 외전(abduction)과 내회전(internal rotation)의 제한이 뚜렷하다.
• 통증과 절름거림은 일반적으로 활동한 날 저녁에 발생되어 인지된다.
• 첫 증상으로 소아기의 통증이 나타나는데, 성장통으로 간주되기 쉽다.
• 통증은 주로 고관절 부위에서 나타나나, 연관통으로 인해 무릎 부위의 통증으로 나타나기도 한다. 보통 좌우측 중 한쪽에서 나타나며, 10~12%에서는 양쪽에서 나타난다.</td></tr>
<tr><td rowspan="5">단계</td><td>1단계
무혈관성 단계</td><td>대퇴골두의 위쪽면이 편평하게 되는 퇴행성 변화와 함께 대퇴 중심골단의 무균성 괴사 또는 경색증이 있다</td></tr>
<tr><td>2단계
혈관재생단계</td><td>방사선 사진상 얼룩덜룩한 모습을 나타내며 분열과 함께 하는 중심골흡수와 재혈관화가 있다.</td></tr>
<tr><td>3단계
회복단계</td><td>방사선 사진상 석회화, 골화 또는 방사선 투여 부위의 밀도증가 등으로 보여지는 새로운 뼈의 형성이 있다.</td></tr>
<tr><td>4단계
재생단계</td><td>대퇴두부의 점진적 재형성이 있다.</td></tr>
<tr><td colspan="2"></td></tr>
<tr><td rowspan="3">치료</td><td>첫 번째 원칙</td><td>고관절 운동의 회복이다. 관절 운동은 활액막과 관절 연골의 영양을 원활하게 한다. 피부 견인이나 석고 고정을 통한 점진적인 외전으로 내전근의 긴장을 극복할 수 있으나, 간혹 내전근 절개술을 요하는 경우도 있다.</td></tr>
<tr><td>두 번째 원칙</td><td>단 관절 운동 범위가 회복되면 대퇴골두를 비구 내에 잘 유치하여야 한다. 이를 위해서 관절운동, 견인요법과 같은 비수술적인 치료법이나, 대퇴골 절골술이나 무명골 절골술과 같은 수술적 치료법이 필요하기도 하다</td></tr>
<tr><td>세 번째 원칙</td><td>체중부하를 감소시켜 골두에 가해지는 압력을 줄이는 것이다.</td></tr>
</table>

01

08 신생아 혈액질환

1 용혈성 빈혈

기전	• 제2형 세포 용해성(세포독성) 과민 반응을 의미한다. • 적혈구가 손상되어 혈구 밖으로 헤모글로빈이 빠져 나오는 현상이다.	
Rh 부적합 빈혈	혈액형 [국시 2010]	Rh－산모와 Rh＋의 둘째 아기
	기전	• Rh－산모와 Rh＋의 둘째 아기에서 산모의 Rh＋IgG항체가 태아 적혈구를 파괴하며 황달이 발생한다. • 일반적으로 태아 때는 간접 빌리루빈을 태반이 청소하여 황달이 나타나지 않는다.
	coombs test	적혈구에 대한 항체 검사 ＋
ABO 부적합 빈혈	혈액형 [국시 2006 · 2009]	• 엄마 혈액형 : O형 • 신생아 혈액형 : A 또는 B형
	기전	• 혈액형이 A형과 B형인 사람은 anti-A 항체(B형 사람)와 anti-B 항체(A형 사람)를 이전 면역 반응 없이 자연적으로 가지고 있으나 분자량이 큰 IgM으로 구성되어 태반을 통과하지 않는다. • O형인 사람은 동종 항체인 anti-A와 anti-B 중 많은 부분이 IgG로 형성되어 A, B 항원에 감작된 산모의 항체(IgG)가 쉽게 태반을 통과하며 첫 분만에서도 발생빈도가 높다. • 감작 : 항원에 항체가 생긴다.
	쿰즈 검사 (coombs test)	적혈구에 대한 항체 검사 ＋

2 RH 부적합증(신생아적아구증, erythroblastosis fetalis)

기전	• 제2형 세포 용해성(세포독성) 과민 반응이다. • 적혈구가 손상되어 혈구 밖으로 헤모글로빈이 빠져 나오는 현상이다.
병태생리	• 모체가 Rh－인 경우, 태아가 Rh＋일 때 둘째 아기부터 문제가 발생한다. • 첫 임신 때 태반이 분리되는 동안에 태아의 Rh＋적혈구가 모체순환에 유입되면서 모체에서는 항 Rh항체가 형성되고, 두 번째 임신 때 항 Rh항체가 태반을 넘어서 태아순환으로 들어가면 태아의 적혈구를 공격한다. • 태아는 용혈이 진행되며 이에 대한 보상으로 적혈구 조혈이 가속화되어 미성수 적혈구(적아구)가 나타나게 된다. → 신생아적아구증(태아적아구증, 적아세포증)

<table>
<tr><td>신생아 적아구증</td><td colspan="3">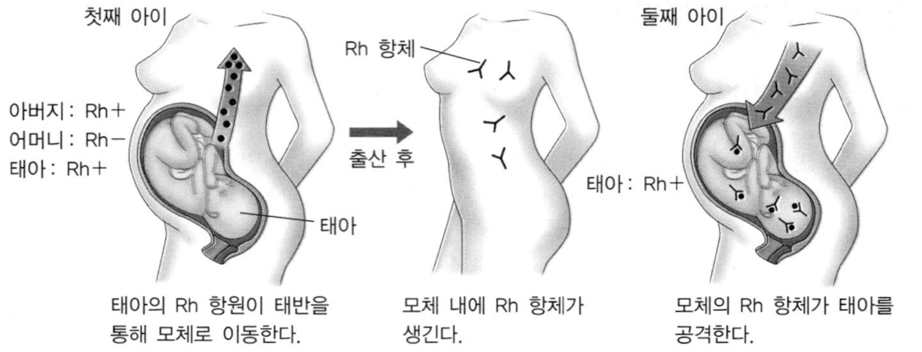
첫째 아이
아버지 : Rh+
어머니 : Rh−
태아 : Rh+
태아
Rh 항체
출산 후
둘째 아이
태아 : Rh+
태아의 Rh 항원이 태반을 통해 모체로 이동한다.
모체 내에 Rh 항체가 생긴다.
모체의 Rh 항체가 태아를 공격한다.
| 신생아적아구증 |</td></tr>
<tr><td rowspan="5">쿰즈검사 (Coomb's test)</td><td colspan="3">• 신생아의 제대혈액을 채취하여 적혈구에 부착된 항체를 검사하는 것이다.
• D라는 항원의 유무를 통해 Rh 혈액형의 양성과 음성으로 나뉜다.
• 항원이 부착되는 적혈구막 표면에 결합되어 있는 적혈구 항체 또는 보체를 확인하는 검사이다.</td></tr>
<tr><td>직접 쿰즈</td><td colspan="2">항원이 부착되는 적혈구의 표면에 결합되어 있는 적혈구 항체 또는 보체를 확인한다.</td></tr>
<tr><td rowspan="3">간접 쿰즈</td><td colspan="2">혈액 내에 순환하는 적혈구에 대한 항체를 확인하는 검사이다.</td></tr>
<tr><td>음성</td><td>항체 생성을 예방하기 위해 Rh 면역글로불린을 투약한다.</td></tr>
<tr><td>양성</td><td>산모의 체내에 존재하는 항체들을 모두 확인하여, 필요 시 Rh 면역글로불린을 투약한다.</td></tr>
<tr><td>합병증</td><td colspan="3">핵황달(kernicterus)</td></tr>
<tr><td>예방</td><td colspan="3">• 면역글로불린을 주사한다.
• Rh동종면역의 예방을 위해 Rh+신생아를 분만하거나 태아를 유산한 후, 감작(동종면역)되어 anti-D를 생성하게 된다. 그러므로 첫 아이 분만 후 감작되지 않은 엄마에게 Rho immune globulin(Rho GAM)을 첫째 분만 혹은 유산 후 72시간 이내에 투여한다. 가임기의 Rh 음성인 여성이 Rh 양성 적혈구가 포함된 혈액 성분을 투여 받은 경우에는 anti-D (RhoGam이나 WinRho)로 수동면역(passive immunization)을 하여 감작되는 것을 예방하여야 한다.</td></tr>
<tr><td>치료</td><td colspan="3">교환수혈, 농축혈청 알부민 투여, 광선요법(phototherapy)</td></tr>
</table>

MEMO

출제경향 및 유형 (영유아의 신체적 건강장애)

1992학년도	선천성 매독, 허치슨(Hutchison) 치아, 지질대사 결핍질환, 활로 4징후, 동맥관개존증, 로타바이러스, 비출혈부위(키셀바하), 편도절제술 적응증, 크룹, 소아당뇨의 특징
1993학년도	Tay-Sachs disease, 비청색증심질환, 급성 중이염 증상, 부비동염 발생부위, 편도적출술 금기증, 백혈병, 진행성 근퇴화증
1994학년도	성염색체질환, 다운증후군, 청색증 심질환, 뇌성마비, 퀘시오카, 감기바이러스(Adeno virus), 소아당뇨병의 특징, Reye증후군
1995학년도	Turner 증후군, 부비동 수술환자 간호방법, 유행성 각결막염
1996학년도	동맥관개존증, 중이염의 합병증, 알러지비염
1997학년도	
1998학년도	
1999학년도	
후 1999학년도	
2000학년도	뇨검사 시 「단백」 검출되었을 때 대표적인 질환
2001학년도	
2002학년도	
2003학년도	선천성 심장질환 아동에게 요구되는 건강관리 내용
2004학년도	
2005학년도	
2006학년도	
2007학년도	천식의 과민반응기전(병태생리), 연쇄상구균 감염 후 급성 사구체 신염 시 사정해야 할 주요 내용
2008학년도	아나필락시스 자반증, 연소성 류머티스양 관절염
2009학년도	천식아동의 치료약물(기관지확장제 분류), 철분결핍빈혈영아의 간호중재
2010학년도	선천성심질환-팰로씨4증후군의 신체소견, 기관지 천식환아의 간호진단과 간호계획(MDI사용법), 벤토린(Ventolin 약물요법), 1형 당뇨병의 주요특징과 부모교육내용화구역 설정 및 관리, 학교건강검사
2011학년도	천식[최대 호기 유속기(peak expiratory flow rate meter) 사용법], 철분결핍, 사구체 신염
2012학년도	가와사키 질환, 기생충질환(요충증), 아동급성 중이염의 특성 및 간호중재, 통증사정도구
2013학년도	급성 림프성 백혈병의 병태생리적 변화, 신증후군 4대증상, 가성 성조숙증, 베커형(Becker type) 근이영양증, 성적 성숙 변화 단계(Tanner stage)
2014학년도	천식의 병태생리, 류마티스열, 저신장증
2015학년도	
2016학년도	
2017학년도	선천성 심실중격결손편도선염의 약물요법(아세트아미노펜과 이부프로펜)
2018학년도	급성사구체신염, 고관절탈구(Allis-sign, 피스톤징후), 뇌수종(일몰징후, 마퀴인 징후), 알러지비염의 약물
2019학년도	태너의 성적 성숙단계, 흡연이 심혈관질환에 미치는 영향
2020학년도	당뇨병 학생의 응급상황 조치, 미세변화형신증후군의 전신부종기전과 소변 혈액검사, 여드름 관련 호르몬과 여드름 관리, 천식의 테오필린 치료지수
2021학년도	
2022학년도	가와사키
2023학년도	

05 영유아의 신체적 건강장애

01 호흡기 질환

1 낭포성 섬유증식증(Cystic Fibrosis; CF)의 개요

<table>
<tr><td>원인</td><td>상염색체 열성 유전질환으로 환아는 양쪽 부모 모두에게서 비정상적인 염색체를 받은 경우이며 7번 염색체 유전자에 결함이 있는 것이다. CF는 바로 기도와 췌장 상피세포의 기능이 저하되어 나타난 것이다. 나트륨과 염소의 비정상적 이동이 기도 점액의 점성을 높이고 폐질환을 일으키는 것으로 보인다.</td></tr>
<tr><td>병태생리</td><td>상염색체 열성유전질환, 7번 염색체 유전자 결함
<table>
<tr><td>분비물의 점도↑</td><td>진하고 끈끈한 분비물이 배출되지 못하고 선내에 축적</td></tr>
<tr><td>땀 속에 sodium과 chloride↑</td><td>한선의 전해질 장애로 땀 속의 나트륨과 염소성분이 정상보다 2~5배↑</td></tr>
</table>

• 기계적인 폐쇄 → 기관지와 췌장 분비선이 막힌다.

• 정체된 점액은 세균 성장 → 가스 교환 감소 → 만성 폐감염, 폐섬유화, 폐기능 저하, 호흡부전

• 췌장과 장 점막의 분비 감소로 지방과 단백질이 흡수되지 못하고 그대로 배설되어 지방변, 지용성 비타민 결핍증, 성장장애 등이 초래된다.

• 간에서는 담낭과 담도에 단단한 젤라틴 같은 물질이 쌓인다.

• 침샘에서도 입이 마르고 감염에 민감하다.

• 자궁경부가 점액으로 가득 차 있다.</td></tr>
<tr><td>진단검사</td><td>땀 속의 염소, 췌장효소 부족, 흉부 방사선검사, 만성 폐쇄성 폐질환, 가족력 등을 근거로 진단 내려진다. 땀 검사는 특별한 기구를 이용해서 땀 분비를 자극한 후 필터 용지에 땀을 떨어뜨려 성분을 검사하는 것이다. 최소한 75mg 이상의 땀이 필요하다. 흉부 방사선 검사에서는 부분적인 무기폐와 패쇄성 폐기종을 볼 수 있다.</td></tr>
</table>

2 임상증상

임상증상	• 통로의 폐쇄로 인한 췌장 효소 결핍 • 감염이 동반된 점진적이고 만성적인 폐쇄성 폐질환 • 땀샘의 비정상적인 기능으로 땀 속에 sodium과 chloride의 농도가 상승되는 것이다. • 위장관계에서는 양이 많고, 거품이 있고 악취 나는 대변과 영양소의 흡수장애로 지용성 비타민 A·D·E·K의 결핍, 빈혈, 성장 발육 부진이 초래된다. • 호흡기계에서는 호흡곤란, 발작적인 기침, 폐쇄성 폐기종과 산재성 무기폐, 폐포의 과도 팽창에 의한 술통 모양의 가슴, 청색증, 곤봉상지, 반복되는 기관지염과 기관지 폐렴의 증상이 있다. • 6개월 이전: 체중 감소, 양이 많고 냄새나는 대변, 복부팽만, 영양실조, 만성호흡기 감염 • 6개월 이후: 심한 호흡기 감염, 경련성 기침, 호흡곤란, 재채기, 청색증, 손가락 및 발가락의 곤봉상 변형
호흡계	• 초기 호흡기 증상은 천명음, 마른기침이다. • 기관지와 세기관지에 폐쇄가 있게 되면 불규칙한 환기, 폐기능장애가 오고 2차적으로 감염이 발생한다. 두드러진 폐 증상은 만성 기침이다. 호흡곤란이 심해지고 기침은 간혹 발작적으로 일어난다. 작은 기도 통로가 점액으로 막히면 폐쇄성 과팽창과 무기폐가 생긴다. • 폐쇄가 점점 심해지면 술통모양의 가슴이 된다. • 청색증, 곤봉지가 나타난다.
위장관계	• 태변 장폐색증: 질고 접착제 같은 끈적한 태변이 회맹판 주변에서 막히고 장폐쇄를 일으키며 복부팽만, 구토, 탈수 등이 나타난다. 통증, 오심, 구토가 발생한다. • 질병이 진행되면 췌장 분비선들이 막히고 소화효소를 배출하지 못하게 되어 소화, 흡수 장애가 발생한다. 따라서 소화되지 않은 음식으로 인해 정상보다 2~3배 이상 부피가 큰 분변이 배출된다. • 고형식을 먹기 시작하면서 분변량은 더 많아지고 거품이 있으며 냄새가 고약한 변을 본다. • 지방흡수장애는 지용성 비타만 A·D·E·K 결핍을 가져온다. CF 환자의 많은 수가 위식도 역류, 소화궤양을 가지고 있다.
생식계	점성도가 높은 자궁 분비물이 정자가 들어오는 것을 막아서 임신이 어려울 수 있다. 임신을 하면 미숙아 출산과 저체중 신생아의 빈도가 높다.
피부계	땀에서 나트륨과 염소의 농도가 높게 나타나는 것이 독특한 특성이다. 부모들은 종종 아이와 입을 맞출 때 짠 맛이 난다고 말한다. 땀샘의 염소 통로 손상으로 나트륨과 염소의 재흡수가 안 되어 더울 때는 과도하게 염분을 소실하거나 탈수, 저염소성, 저나트륨성 알칼리증의 위험이 있다.

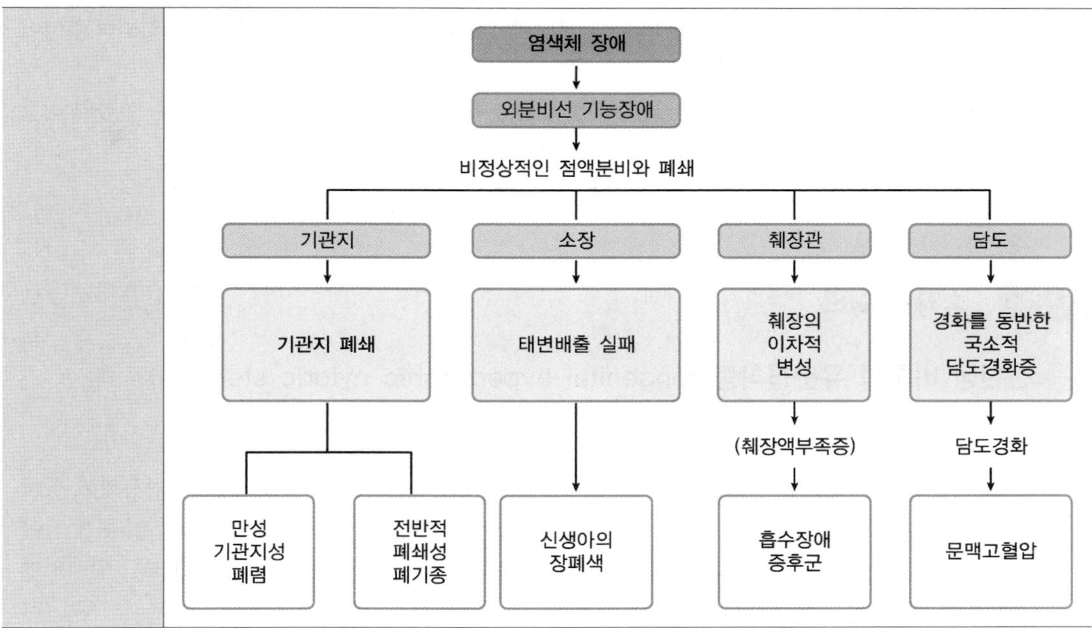

3 치료적 중재

호흡기관리	호흡기 관리는 환기를 증진하고, 기관지 분비물을 제거하며, 항생제를 투여함으로써 호흡기 감염을 예방하는 데 중점을 둔다.
기도 청결	• 감염 예방을 위해 매일 규칙적으로 체위배액이나 흉부물리요법을 실시한다. 조끼 제품들은 흉곽진동을 증가시켜 분비물 배출을 돕는다. • 환자가 호흡기 증상을 나타낼 때는 흉부물리요법 전에 기관지 확장제를 투여하여 분비물 배출을 더 용이하게 한다. • 매일 규칙적으로 운동하는 것도 중요하다. 운동은 분비물 배출을 자극할 뿐 아니라 자존감 증가, 근력 향상, 심박출량 증가 등 모든 면에서 폐 기능을 증진시킨다. • CF 환아는 독감 예방접종과 같은 연령에 필요한 예방접종을 매년 실시해야 한다. CF에서의 폐 손상은 주로 염증과정으로 야기되므로 코르티코스테로이드가 자주 투여된다.
위장관 관리	• 소화흡수를 돕도록 음식물에 췌장 효소를 섞어서 보충한다. 보통 한 끼 식사에 1~5캡슐이 사용되며 음식물과 섞어서 먹게 된다. 지용성 비타민은 흡수가 안 되기 때문에 수용성 비타민과 효소가 투여된다. • 균형 잡힌 고열량, 고단백 식이가 좋다. • 많은 분비물, 기침, 약물, 피로장애로 인해 식욕부진이 많다. 체중을 유지할 수 없는 경우라면 위루술이나 비경구적 통로로 영양을 보충해야 한다. • 날씨가 덥거나 육체 운동을 하면 땀을 통해 염화나트륨의 소모가 심하므로 소금이 충분히 들어있는 음식을 먹도록 하며, 염분이 적은 분유나 모유를 먹는 영아는 보충제가 꼭 필요하다. 전해질 섭취를 위해 이온 음료를 먹을 수도 있다.

내분비 관리	• 당뇨 관련 CF는 급성기 폐 감염 상태에서 인슐린 저항과 인슐린 부족이 혼합되어 혈당이 불안정한 상태를 나타낸다. • 혈당 모니터, 경구용 혈당 강하제, 인슐린 주사, 식이요법, 운동이 필요하다. 아동의 성장 발달을 위해서 성장호르몬의 투여가 고려되기도 한다.

02 소화기 질환

1 선천성 비후성 유문협착증(congenital hypertrophic pyloric stenosis)

<table>
<tr><td>빈도</td><td colspan="2">① 남아 > 여아, ② 첫 아기, ③ 흑인
유문협착증은 첫 아이와 남아에서 4~6배 정도 높은 발생빈도를 보인다. 가족력이 있어 형제자매에서 빈도가 높으며, 비대성 유문협착증이 있는 어머니에게서 태어난 첫 번째 남아에게서 가장 빈도가 높다. 아시아인은 백인보다 발생빈도가 낮으며, 미숙아보다 만삭아에게서 더 많이 나타난다.</td></tr>
<tr><td>병태생리</td><td colspan="2">• 유문의 윤상근육이 비대되고 과다증식되어 위와 십이지장 사이의 유문강이 좁고 길어진다. 유문근은 평소 두께보다 2배 정도 비후해져서 우측 늑연골 하부에서 촉지될 정도이다. 우상복부에 단단하고 움직이는 올리브 모양의 병변을 촉진한다(비후된 유문이다).
• 유문관의 유문근의 비후로 좁아져 유문 부위의 폐쇄로 위 내용물이 장으로 이동하지 못하고 구토를 유발한다.
• 염증, 부종이 장의 강을 좁혀 부분적으로 막혔던 것이 완전 폐쇄로 발전한다.</td></tr>
<tr><td>증상</td><td colspan="2">수유 자세와 상관없는 사출성 비담즙성 구토, 구토 후 배고픔, 구토로 인한 체중 감소, 점진적 탈수와 그 후 기면, 가족력 등의 건강력을 사정한다.
• 포유직후 projectile vomiting, 토물에 담즙 섞여 있지 않고, 식욕은 좋다.
• 변비, 체중 감소
• 우측상 복부: 유문덩어리가 촉진된다.
• 구토, 대사성 알칼리혈증: 구토 직후에도 매우 먹고 싶어 한다. 구토로 인해 탈수증, 체중 감소, 성장장애가 나타난다.
• 탈수증, 황달, 소변 배설량 감소</td></tr>
<tr><td rowspan="3">간호</td><td>금식</td><td>구토는 수술로 교정할 때까지 지속되므로 금식을 한다.</td></tr>
<tr><td>수유</td><td>• 소량씩 자주 천천히 수유한다.
• 수유할 때 반좌위로 세운 상태에서 천천히 먹여서 구토를 예방한다.
• 식후에 위가 빨리 비워지게 하기 위하여 상체를 높인 우측 횡와위인 오른쪽으로 눕히거나 앉힌다.</td></tr>
<tr><td>트림 시키기</td><td>수유 중/후에 트림을 시켜서 위안에 공기가 차지 않도록 위팽만을 감소시킨다.</td></tr>
</table>

	적게 움직임	수유 후 적게 움직임으로 구토를 줄인다.
	탈수 관찰	탈수 시 소변량 감소, 소변 비중 증가(정상 : 1,016~1,020)
	대사성 알칼리증 관찰	대사성 알칼리증, 저칼륨혈증, 칼슘의 이온화 감소를 관찰한다.
수술	• 유문근절개술 • 비후된 유문근을 절개하고 벌려주어 위점막을 확장한다.	

2 장 중첩증(intussusception)

정의	• 생후 3개월~3세 아동에게 나타나는 장폐색증의 주요 원인 중의 하나이다. • 흔히 상부 장이 하부 장 속으로 말려 들어가 장 폐색을 초래한다.	
빈도	• 발생빈도가 높은 시기 : 80% : 1년 미만 영아(6개월에 호발) • 남아 > 여아 • 회맹부가 대장 안으로 말려들어 가는 것이 95% 정도로 가장 흔하다.	
원인	➲ Unknown • 설사, 변비 • 상기도 감염, 위장관 알레르기, 장관 바이러스 감염, 멕켈게실, 장의 회전이상, 복부손상	
병태생리	• 가장 흔한 위치는 회맹부이다. • 회장과 대장의 접합부인 회맹부판에서 회장이 대장(결장)안의 장내로 밀려들어간다. → 장벽이 서로 압력을 가해서 염증, 부종발생하고 혈관들이 두 층 장벽 사이에 끼어 장은 국소 빈혈 → 점막출혈은 혈변이 되고 점액이 포함된다. → 24시간이 계속되어 장의 괴사나 천공은 복막염이나 사망을 초래한다.	
임상증상	발작적 통증	• 갑자기 발작적인 복통이 나타나면서 다리를 오므려서 무릎을 배에 붙이고 자지러지게 운다. • 발작적인 통증 사이사이에 아동이 정상적이고 평온해 보인다.
	소시지모양 덩어리	복부를 촉지하면 우상복부에서 경미한 압통이 있는 소시지 모양의 덩어리가 촉지되며, 우하복부는 비어있다.
	젤리모양의 변	• 구토, 무감각, 복부팽만과 압통 • 대변이 폐색부위를 넘어가기 어렵기 때문에 주로 혈액과 점액으로 구성된 젤리 모양의 변을 보게 된다.
	장폐색	오심, 구토, 토물은 처음에 위 내용물이고 마지막에 담즙이 포함된다.
	복막염	• 감돈이 계속되면 괴사로 인해 출혈이나 천공을 초래하여 복막염을 일으킨다. • 복막염으로 열, 빈맥, 쇼크

치료	바륨관장, 공기정복술 [국시 2019]	방법	• 증상이 나타난 후 24~48시간 내 관장을 하며 치료 중 복부를 만져서는 안 된다. • 응급으로 방사선 투시 하에 공기나 바륨을 주입하거나 초음파 유도 하에 식염수를 관장하여 정복한다.
		기전	• 공기나 바륨 용액은 장으로 천천히 넣어 공기압이나 바륨 용액의 정수압의 압력에 의해 중첩이 있는 장의 운동을 자극하여 말려 들어간 중첩된 장이 원위치로 돌아가 장이 성공적으로 환원되면 덩어리가 없어진다. [국시 2013] • 생리식염수를 주입하여 수압으로 정복한다.
		금기	완전한 기계적 폐색(장관 구경이 좁아지는 기계적 폐색), 고열, 구토, 장 천공, 복막염, 쇼크 패혈증
	외과적 환원		• 바륨관장으로 중첩된 장이 환원되지 않을 때 개복하여 환원한다. • 복부팽만 등 장폐색 증상이 있을 때 실시한다.
	장 절제		• 외과적 환원으로 성공하지 못할 때 장 절제 후 문합(연결)한다. • 감돈(장이 자신의 위치로 돌아가지 못하는 상태)으로 장이 괴사되었을 때 실시한다.

3 선천적 거대결장(congenital aganglionic megacolon)

정의	선천적으로 장의 신경절 세포 부재로 연동운동이 부적절하여 초래되는 기계적 폐쇄를 의미함	
빈도	모든 신생아 장폐색의 원인 중 가장 높은 빈도를 나타내며, 남아가 80%를 차지	
침범부위	대부분의 경우 직장 및 하부 S상 결장 침범	
병태생리	결장의 어느 부분에서 부교감 신경절 세포가 결손되어 초래됨. 신경절 세포의 결여로 인해 연동운동이 소실됨에 따라 무신경절의 상부는 장 내용물이 축적되어 장이 팽만되고, 하부는 연동운동이 전달되지 않아 장폐색을 나타냄. 직장 조임근의 이완불능으로 고체, 액체, 가스 배출이 방해를 받아서 폐색 양상을 나타냄	
증상	• 무태변, 변비, 구토, 복부팽창, 식욕부진 • 대변 : 리본 모양, 총알 같은 형태 • 발육지연, 빈혈	
	신생아기	• 출생 후 24~48시간 이내에 태변배출 실패 • 수분 섭취 거절 • 담즙 섞인 토물 • 복부팽만 • 탈수, 체중 증가 불량

	영아기	• 성장장애 • 변비 • 복부팽만 • 설사와 구토 • 분변정체로 잦은 소장결장염: 설사, 열, 탈수
	아동기	• 변비 • 복부팽만 • 리본 모양의 악취가 나는 대변 • 눈에 보이는 연동운동 • 대변 덩어리가 쉽게 촉지됨 • 영양불량 및 빈혈(체중 증가 부진, 성장부진, 피로, 창백)
치료 및 간호	• 정상 장운동을 회복하고 내부 항문 조임근의 기능을 향상시키기 위해 장의 무신경절 부위를 외과적으로 제거함 • 근치수술 • 일시적인 colostomy	

4 영양 장애(Nutritional disturbance)

(1) 비타민 결핍증

비타민 A 결핍증	비타민 A (vitamin A, retinol)	• 눈 망막의 간상세포에 존재하는 시홍소(rhodopsin)라는 붉은색 감광물질의 구성성분 • 상피조직을 형성하고 유지 • 성장세포의 불열과 증식에 관여하여 뼈와 치아가 정상적으로 발달하도록 도움 • 생식 및 면역체계 보존에 중요한 역할을 하여 성장 및 정자 생성에 필요할 뿐만 아니라 티록신(thyroxine)합성에도 관여	
	식품	레티놀	간, 생선, 간유, 어유, 우유 및 유제품, 전지분유, 계란 등에 레티놀 형태로 함유
		베타카로틴	당근, 고구마, 살구, 시금치, 양배추, 녹황색 채소, 해조류, 과일에 베타카로틴(beta carotene, provitamin A)형태로 함유
	야맹증	시홍소는 어두운 곳에서 시각에 관계되는 물질이기 때문에 비타민 A 섭취량이 부족하면 시홍소 생성량이 점차 감소되어 야맹증	
	기타부족증	상피조직의 각질화, 안구 건조증, 호흡기, 위장관, 비뇨생식기 등의 점막 건조, 치아 법랑질 결손, 발육부진, 뼈 형성의 약화, 티록신 형성 감소 등이 나타남	

<table>
<tr><td rowspan="6">비타민 B군 결핍증</td><td>B군의 비타민</td><td colspan="2">• 체내의 효소반응에 관여하며 단백질, 탄수화물, 지방의 대사과정에서 조효소(coenzyme)로서 작용
• 신경계 조직, 피부, 혈색소 및 항체 등도 형성</td></tr>
<tr><td>식품</td><td colspan="2">맥주효모와 같은 효모에 비교적 많이 함유되어 있으며, 돼지고기, 쇠고기 등의 육류, 간, 땅콩 등의 콩류, 견과류, 우유 및 유제품, 생선, 달걀 등에 많음</td></tr>
<tr><td rowspan="4">부족증</td><td colspan="2">비타민 B_1, B_2, 나이아신(niacin), 엽산(folic acid) 등의 결핍증은 세계 여러 지역에서 심각한 보건문제의 하나가 되고 있음</td></tr>
<tr><td>비타민 B_1 결핍</td><td>탄수화물 대사에 장애를 받아 각기병(beriberi)</td></tr>
<tr><td>비타민 B_2 결핍</td><td>구각염, 설염(glossitis), 구순증(cheilosis), 피부염 및 각막 충혈, 백내장 등</td></tr>
<tr><td>나이아신 결핍</td><td>대구성 빈혈, 골수기능 저하 등</td></tr>
<tr><td rowspan="2">비타민 C 결핍증</td><td>비타민 C</td><td colspan="2">• 교원질(collagen) 형성에 필수적
• 도파민(dopamine)과 노르에피네프린(norepinephrine), 트립토판(tryptophan)과 같은 신경전달물질을 합성
• 스테로이드 합성, 면역기능, 상처회복에도 관여
• 혈색소형성을 위한 철분의 흡수를 증가</td></tr>
<tr><td>괴혈병</td><td colspan="2">결체조직의 퇴화를 초래하여 모세혈관이 쉽게 파열되고 피부, 점막, 내부 장기에 출혈이 일어나기 쉽고 괴혈병(scurvy)에 걸림</td></tr>
<tr><td rowspan="3">비타민 D 결핍증</td><td>비타민 D</td><td colspan="2">식물조직 중에는 프로비타민 D_2인 에르고스테롤(ergosterol)이 있는데, 자외선을 받으면 이것이 비타민 D_2로 전환됨</td></tr>
<tr><td>구루병</td><td colspan="2">• 비타민 D가 결핍되면 골격의 석회화가 이루어지지 않아 아동의 경우는 구루병(rickets)
• 구루병의 발생위험이 높은 집단은 ① 비타민 D가 부족한 어머니에게서 태어난 아동, ② 공해가 심한 지역에 살거나 색소침착이 심한 흑인 등 햇빛에 적게 노출되는 아동, ③ 비타민 D 섭취원이 적은 채식주의 가정의 아동, ④ 요구르트나 가공하지 않은 원유 등 유제품을 주로 먹는 영아 등</td></tr>
<tr><td>골연화증</td><td colspan="2">성인의 경우는 골연화증</td></tr>
</table>

(2) 단백질 결핍증: 콰시오커(kwashiorkor)

단백질 (protein)	그리스어로 '중요한 것'이라는 의미의 proteios에서 유래됨 • 세포 내의 각종 화학반응의 촉매 역할을 담당하는 물질로서 매우 중요 • 모든 세포의 세포막은 단백질과 지질로 구성되어 있으며, 핵이나 미토콘드리아 등 세포 내의 각종 구조물도 단백질과 지질로 구성되어 있음 • 단백질은 항체를 형성함으로써 면역기능에도 중요하게 관여 • 단백질은 근육과 결체 조직 등 신체조직을 구성할 뿐만 아니라 효소구성, 체내 필수물질의 운반과 저장, 항체 형성, 체액 및 산염기 균형 등에 주요한 기능을 함
신체계측	신체 내 단백질의 양을 사정하는 방법은 팔둘레를 계측하는 것 → 신체 전체의 근육량과 상관관계가 있음(팔은 근육 단백질의 주된 저장소, 팔둘레 계측은 신체 내 단백질 저장량에 대한 지표가 됨)
콰시오커 (kwashiorkor)	• '둘째 아이가 태어날 때 첫째 아이가 걸리는 병'이란 의미의 가나어에서 유래됨. 동생이 태어나면 형은 젖을 떼고 주로 곡류나 감자 등으로 식사를 하게 되므로 동생을 둔 1~4세 사이의 아동에게 흔히 나타나기 때문에 붙여진 이름임 • 탄수화물 위주의 식사는 열량은 적절히 공급하지만 양질의 단백질을 충분히 공급하지 못하기 때문임. 영아의 단백질 권장량은 1일에 20~25mg이며 아동기에는 1일 25~70mg 섭취를 권장
콰시오커가 있는 아동의 건강문제	• 콰시오커에 걸린 어린이는 성장장애가 오며 면역 기능 부전으로 질병에 잘 걸림 • 또래들에 비해 마르고 허약함 • 복수(ascites)로 인한 복부 팽만 • 부종으로 인해 심한 근육위축 은폐: 아동이 실제보다 덜 쇠약해 보임 • 피부가 건조하고 비늘처럼 벗겨지며 탈색됨 • 비타민 A 결핍으로 영구적인 실명의 위험성 • 철분, 칼슘, 인과 같은 무기질 결핍 수반 • 모발 탈색 및 부분 탈모증: 모발이 가늘고 거칠며, 건조함 • 감염에 대한 저항력 저하로 설사, 감염 빈발 • 간의 지방 침윤 • 췌장의 포도상선 세포(acinar cell)의 위축 • 자극에 대한 과민증 • 위축, 무감각, 행동변화

(3) 무기질 장애

<table>
<tr><td>칼슘</td><td>• 칼슘은 인체에 가장 많이 들어 있는 무기질로서 인과 결합하여 뼈와 치아를 발달시키고 유지하는 기능을 한다. 심장 등의 근육을 수축시키고 혈액을 응고시키며, 신경전도(nerve conduction)기능을 하기도 한다.
• 우리나라 영양 권장량에 의하면 영아의 1일 칼슘 권장량은 200~300mg이며, 그 이후 아동의 권장량은 500~900mg이다. 칼슘이 결핍되면 구루병(rickets), 강직성 경련(tetany), 뼈와 치아의 성장장애 등이 올 수 있다. 반대로 칼슘이 과잉되면 기면(drowness), 극도의 무기력(extreme lethargy), 철, 아연, 망간 등 다른 무기질의 흡수장애, 조직에 칼슘이 침전되면 심부전 등의 증상이 올 수 있다.
• 칼슘 장애가 있는 아동을 위한 간호사항을 요약하면, 인과 칼슘 비율이 높으면 칼슘의 배설이 촉진되므로 칼슘 부족증이 있는 신생아에게 전유를 먹이지 않도록 하는 것이다.</td></tr>
<tr><td>철분</td><td>• 모체에서 받은 철분은 생후 5~6개월까지 존재하다가 점차적으로 감소되어 생후 6개월쯤에는 혈색소 수치가 낮아진다.
• 철분이 결핍되기 쉬운 시기는 급성장이 일어나는 생후 4~6개월까지로, 이 시기에는 아동에게 철분이 많이 함유된 음식을 섭취하도록 해야 한다.

| 철분흡수에 영향을 미치는 요소 |
<table><tr><th>흡수 증가 요소</th><th>흡수 저해 요소</th></tr><tr><td>• 산성상태(low pH): 위산이 많은 식간에 철분 투여한다.
• 비타민 C: 철분을 주스나 과일, 비타민제와 함께 투여한다.
• 비타민 A
• 칼슘
• 조직의 요구
• 육류, 생선, 닭고기 등
• 철제 냄비에 조리</td><td>• 알칼리 상태(high pH): 제산제를 투여하지 않는다.
• 인(P): 우유는 철분 흡수에 도움이 되지 않는다.
• 피틴산염(phytates): 곡류에 함유되어 있다.
• 수산염(oxalate): 과일과 야채에 함유되어 있다.
• 탄닌(tannins): 차, 커피에 함유되어 있다.
• 조직의 포화도
• 흡수장애
• 설사, 지방변증
• 감염</td></tr></table></td></tr>
<tr><td>마그네슘</td><td>마그네슘이 결핍되면 진전(tremors), 연축(spasm), 경련(convulsion), 불규칙한 심박동, 근육 약화, 하지 경련, 섬망(delirium) 등이 나타나며, 과잉될 경우에는 칼슘, 마그네슘 비율의 불균형으로 인해 신경계 장애가 올 수 있다.</td></tr>
</table>

01

03 유아 건강장애

1 급성상기도 감염

호흡기 합병증의 초기 증상

- 이통
- 발열(38.3℃)
- 2일 이상 계속되는 기침
- 민감
- 울음
- 수면장애
- 빠른 호흡(50~60/min↑)
- 안절부절
- 천명
- 무기력
- 수유 거부

2 편도선염

<table>
<tr><td>기능</td><td colspan="2">상기도를 침범하는 미생물에 방어벽으로 항체 형성을 통해 병원체 침입으로부터 보호</td><td rowspan="4">이관편도
인두편도(아데노이드)
구개편도
설편도
| 편도의 위치 |</td></tr>
<tr><td rowspan="3">림프조직</td><td>6세</td><td>성인 크기</td></tr>
<tr><td>10~12세</td><td>성인 2배</td></tr>
<tr><td>18세</td><td>성인 크기</td></tr>
<tr><td>증상</td><td colspan="3">• 양측 편도선이 커짐. 발열과 목림프절 비대가 동반되면 사슬알균(연쇄상구균) A형 또는 감염성 단세포 증가증일 가능성이 있음
• 보통 앞쪽 목 림프절들이 먼저 비대되고 뒤쪽 목 림프절은 나중에 비대됨
• 연하곤란: 염증에 의한 부종으로 구개 편도가 커지면서 공기, 음식물의 통과 방해
• 호흡곤란: 구강호흡을 계속하게 되면 구강인두 점막이 건조해지고 목에 자극이 있을 수 있음. 입에서 불쾌한 냄새가 나고 미각과 후각에 손상을 받음
• 40℃ 이상의 고열, 오한, 두통, 근육통</td></tr>
<tr><td rowspan="3">치료</td><td>내과치료</td><td colspan="2">• 바이러스성 인두염의 대증요법
• 인두배양의 결과가 A군 β-용혈성 연쇄상구균으로 나오면 항생제 치료</td></tr>
<tr><td rowspan="2">외과치료</td><td>편도선 절제</td><td>극도의 호흡곤란이나 연하장애를 초래하는 과잉 증식이 있을 때 시행</td></tr>
<tr><td>아데노이드 절제</td><td>3세 이하의 아동은 아데노이드 절제가 시행되는 경우에 편도선 절제를 같이 해서는 안 됨</td></tr>
</table>

<table>
<tr><td>수술 전 간호</td><td colspan="2">• 출혈경향 사정
• 흔들리는 치아 발치
• 상기도 감염 완화 2~3주 후 수술: 급성감염 시 출혈경향 증대, 타 기관으로의 염증 전파</td></tr>
<tr><td rowspan="9">수술 후 간호</td><td>배액분비 촉진</td><td>엎드리거나 옆으로 눕힘(수술 후 배액촉진)</td></tr>
<tr><td>출혈예방</td><td>• 기침, 목소리 사용 자제(수술 부위를 자극하기 때문에)
• 조심스런 흡인, 빈번한 기침이나 코풀기 금지
• 응고된 혈액과 분비물의 관찰, 콧속·치아 및 구토물의 혈액유무 확인
• 출혈 유무 관찰: 전등, 설압자 이용
• 출혈징후 관찰
– 자주 뱉어내거나 삼키는 행동
– 선홍색 출혈, 다량의 토혈, 맥박상승, 불안정, 혈압하강, 창백함
• 빨대로 빠는 행동 금지(출혈을 촉진)</td></tr>
<tr><td>인후통증 관리
(약 5일)</td><td>얼음 목도리, 일정한 간격으로 진통제 투여</td></tr>
<tr><td>음식과 수분공급</td><td>의식이 완전히 회복되고 출혈의 증상이 나타나지 않을 때</td></tr>
<tr><td>찬물, 얼음,
과일주스 제공</td><td>붉은색과 갈색 주스, 감귤류 주스 금지, 회복 후 미지근한 물 섭취</td></tr>
<tr><td>유제품(우유,
아이스크림, 푸딩)
금지</td><td>구강과 인후에 막 형성
→ 제거 시 출혈 가능성</td></tr>
<tr><td>출혈증상 관찰</td><td>맥박의 상승, 창백, 토혈 등이 있음. 출혈 시 가장 늦게 나타나는 증상인 혈압 저하는 쇼크를 의미</td></tr>
<tr><td>기도폐쇄증상
관찰</td><td>청색증, 천명, 빠른 호흡, 안절부절, 홍분은 부종이나 분비물 축적으로 기도가 폐쇄된 것을 의미</td></tr>
<tr><td colspan="2" style="display:none"></td></tr>
<tr><td>가족지지와
간호</td><td colspan="2">퇴원교육은 다음과 같음
• 자극적이거나 양념이 많은 음식을 제한
• 칫솔질을 지나치게 하지 않음
• 기침이나 인후를 깨끗하게 하기 위한 행동을 삼감
• 통증 시에는 경한 진통제나 얼음 목도리를 사용
• 출혈의 가능성을 감소시키기 위해 활동을 제한</td></tr>
</table>

편도선 절제술의 적응증과 금기증
- 어릴수록 과다출혈이 있으므로 3세가 지난 후 실시
- 매우 어린 나이에 수술 시행 시 다시 편도가 자라거나 다른 림프조직이 비대해 질 수 있음

적응증		금기증
• 재발성 편도염 & 급성 편도선염의 잦은 재발 • 편도주위 농양 • 편도선 과잉증식(만성 염증비대, 일측성 고도비대): 연하곤란, 기도폐쇄, 부정교합, 안면발달장애, 비강 기도 폐색, 비대로 인한 호흡장애 • 편도의 악성종양	편도	• 모든 종류의 급성 감염(감염된 조직에 출혈의 위험성이 증가되기 때문에) • 활동성 결핵 • 치료되지 않는 전신질환이나 혈액질환: 혈우병, 고도빈혈, 자반증, 백혈병 • 전신질환: 당뇨, 심장병, 심장염 + 면역저하로 감염 위험성이 높은 경우 • 고령자, 만 3세 이하 • 소아마비 유행시기: 편도가 잠복기관 – 인두나 소장의 림프조직에서 증식함 • 구개파열: 말하는 동안 양쪽 편도선이 공기의 유출을 막아 줌
• 중증의 중이염 • 재발성 삼출성 중이염과 아데노이드 비대증 • 수면무호흡증 • 편도선염이 류마티스열, 천식, 관절염, 홍채염을 악화시킬 때 • 디프테리아 보균자	합병증	

3 중이염 [2012 기출]

정의	유스타키오관의 기능적 장애로 중이에 분비물이 축적되면서 유스타키오관의 폐쇄를 유발하여 발생하는 중이의 급만성 염증이다.
원인	streptococcus pneumonia, haemophilus influenzae, 상기도감염, 간접흡연
영아의 중이염 호발요인	• 유스타키오관이 성인에 비해 넓고 짧으며 수평면에 위치하여 상기도 감염에 취약하다. → 넓고 짧고 곧고 수평에 위치한다. • 관을 둘러싼 연골의 미발달로 쉽게 팽창되고 부적절하게 열려 역류 가능성이 증가한다. • 미성숙한 자연 방어기전으로 감염에 취약하다. • 후두의 림프조직이 발달되어 있어 유스타키오관을 막기 쉽다. • 주로 누워 있는 영아는 우유나 분비물이 유스타키오관에 들어가기 쉽다. A 유스타키오관 B 유스타키오관 **| 아동과 성인의 유스타키오관(A: 아동, B: 성인) |**

<table>
<tr><td>병태생리</td><td colspan="2">• 상기도 감염은 주로 급성 중이염에 선행한다. 비인두 부위에 액체와 병원균이 올라가서 중이에 침입한다. 고막 뒤에 있는 액체는 수평으로 놓인 유스타키오관 때문에 비인두 부위로 다시 빠져나가는 것이 어렵다. 바이러스성 상기도 감염은 급성 중이염을 유발하거나 아동을 세균성 침입의 위험에 처하게 한다. 유스타키오관으로 병원균이 접근하여 증식하고 점막을 침투할 수 있다. 열과 통증이 급성으로 발생한다. 고막 뒤의 증가된 압력으로 인해 천공이 유발될 수 있다. 이로 인해 통증이 감소되고 외이도의 배액이 가능할 수 있다. 대부분의 천공은 자연적으로 치유되며 양성이다.
• 중이염은 유스타키오관의 기능장애로 발생한다. 유스타키오관은 중이와 비인두를 연결시켜 주는 관으로 정상적으로 닫혀 있으며, 중이의 분비물이 배액되는 동안에만 열린다.
• 유스타키오관은 ① 비인두 분비물과 음압으로부터 중이를 보호하고, ② 중이의 분비물을 비인두로 배액시키며, ③ 대기와 중이의 압력을 동일하게 유지시키기 위해 중이를 환기시키는 기능을 한다.</td></tr>
<tr><td>임상증상</td><td colspan="2">열(미열 또는 고열), 귀앓이 호소(이통), 안달복달함 또는 과민함, 달랠 수 없는 울음(특히 누워있을 때), 귀를 치고 잡아당김(이가 나거나, 삼출성 중이염일 때 나타날 수 있거나, 습관일 수 있음), 머리를 좌우로 흔듦, 식사 부족 또는 식욕 상실, 기면, 수면 곤란 또는 밤에 울면서 깸, 귀에서 액체가 나오는 등의 증상이 있다.</td></tr>
<tr><td>진단</td><td colspan="2">급성 중이염은 임상증상과 고막소견으로 진단한다. 이경으로 보면 고막은 선홍색으로 팽만되어 있으며 육안으로 경계선이나 빛에 대한 반사가 없다.</td></tr>
<tr><td>간호</td><td colspan="2">• 이통을 감소시키기 위해 진통제를 투여한다. 열을 떨어뜨리기 위해 해열제로 acetaminophen을 권장하나 ibuprofen이 작용시간이 더 길다.
• 국소적인 열 요법을 시행한다. 감염된 부위에 얼음주머니로 부종을 감소시키고 압력을 떨어뜨려준다.
• 머리를 감거나 목욕 시에 귀가 젖지 않도록 주의를 기울여야 한다.
• 항생제 투여 후 24~48시간 내에 통증이나 고열이 사라지더라도 처방된 약을 모두 투여할 것을 강조 → 재발 방지
• 예방 : 앉은 자세에서 수유, 감기에 걸렸을 때 코를 세게 풀지 않도록 교육시킨다.</td></tr>
<tr><td rowspan="5">예방 및 관리</td><td>간접흡연에 노출되지 않도록</td><td>담배 연기는 유스타키오관을 자극하여 중이염을 유발한다.</td></tr>
<tr><td>생후 6개월 이상 모유수유를 실시</td><td>모유 속에 함유된 면역 성분이 유스타키오관과 중이 점막을 병원체로부터 보호한다.</td></tr>
<tr><td>감기에 걸렸을 때는 코를 세게 풀지 않도록</td><td rowspan="2">3세 이하의 영유아의 유스타키오관은 성인에 비해 짧고 굵고 직선으로 수평하게 연결되어 있기 때문이다.</td></tr>
<tr><td>젖병 수유 시에는 아기를 똑바로 눕힌 상태에서 수유금지</td></tr>
<tr><td>증상이 호전되어도 처방된 약을 모두 먹이고, 치료 후에는 병원을 방문하여 귀 검진</td><td>처방 받은 대로 충분히 치료하지 않으면 중이염은 재발이 잘 되기 때문이다.</td></tr>
</table>

4 크룹(croup)

(1) 크룹 증후군

<table>
<tr><td>정의</td><td colspan="2">후두개와 후두의 염증으로 생기는 상기도 질환이다.</td></tr>
<tr><td>특징</td><td colspan="2">• 크룹은 후두개, 성문, 후두를 포함하는 복합적인 증상을 일컫는 일반적인 용어이다.
• 개 짖는 소리와 같은 기침, 흡기성 천명(stridor), 약간의 호흡곤란이 특징이다.
• 후두염증, 후두부종 등으로 상기도 폐쇄가 진행됨에 따라 쉰 목소리, 개가 짖는 듯한 쇳소리의 기침, 흡기 시의 천명음, 비익 확장, 흉벽함몰 등이 나타난다.
• 기도가 더 좁아지면 심한 저산소증, 고탄산증, 쇠약감 등이 동반된다.
• 크룹 증후군은 감염이 발생된 해부학적 위치에 따라 급성 후두개염, 급성 후두기관기관지염, 급성 경련성 후두염, 급성 기관염으로 분류된다.</td></tr>
<tr><td>원인</td><td colspan="2">• 바이러스: parainfluenza virus 75%
• 세균: hemophilus influenzae, staphylococcus aureus, streptococcus pneumoniae</td></tr>
<tr><td>크룹의 일반적 증상</td><td colspan="2">• 보통 자정에 갑작스런 목쉰 소리와 변성(후두의 부종 또는 폐쇄로) [국시 2018]
• '개가 짖는 듯한' 기침(급성 후두개염에서 없다)소리가 난다.
• 흡기 시 협착음(천명음) 크룹의 전형적인 특성이 나타난다.
• 상기도 폐쇄로 호흡곤란: 경부연조직, 늑간근, 흉골의 수축이 나타날 수 있다.
• 콧물, 인후통, 열을 동반한 상기도 바이러스 감염의 증상들이 동반될 수 있다.</td></tr>
<tr><td rowspan="2">병태생리</td><td>점막염증과 부종으로 기도 좁아짐 (4가지 증상)</td><td>① 거친 쇳소리의 기침발작(개 짖는 소리)이 초래된다.
② 쉰 목소리가 나타난다.
③ 상기도 폐쇄에 의한 호흡곤란
④ 상기도 폐쇄에 의한 흡기성 협착음(천명음) – 흉골하 또는 흉골심부 견축, 초조, 창백 또는 청색증</td></tr>
<tr><td colspan="2">심박수 증가, 극도의 불안정 or 무관심, 저산소증</td></tr>
<tr><td>A: 정상후두, B: 크룹에서 부종으로 좁아진 후두</td><td colspan="2"> 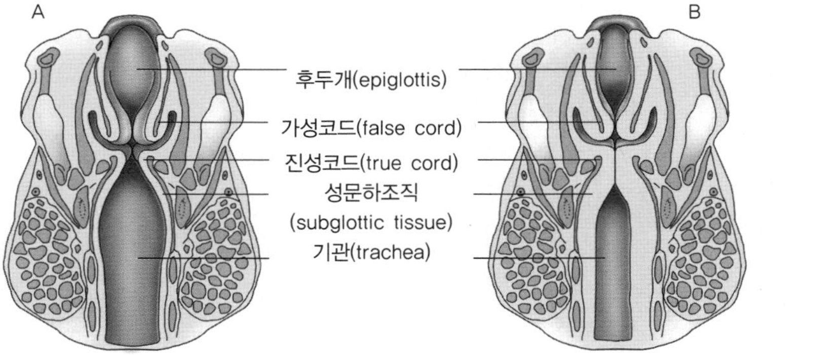A
B
후두개(epiglottis)
가성코드(false cord)
진성코드(true cord)
성문하조직 (subglottic tissue)
기관(trachea)</td></tr>
</table>

<table>
<tr><td rowspan="5">치료</td><td colspan="2">steroid 투약 → 기도부종과 염증 감소</td></tr>
<tr><td colspan="2">분무용 epinephrine(속효성 기관지확장제) 투여</td></tr>
<tr><td>지지적 간호</td><td>• 저산소증 아동에게는 산소를 공급한다.
• 자주, 소량으로 아이에게 구강으로 물을 제공하여 수화를 유지한다.
• 처방에 따라 해열제를 제공하여 열을 관리한다.
• 편안한 자세(부모 무릎에 앉히기 등)를 허락하여 불안을 감소시킨다.</td></tr>
<tr><td colspan="2">집에서 시원한 가습을 하거나 밤공기에 짧게 노출시키면 이롭다는 보고가 있다.</td></tr>
</table>

(2) 급성 후두기관기관지염(바이러스성 크룹)

정의	바이러스에 의하여 상기도 감염 후 발병하며 성대나 성대하부 감염으로 흡기 시 성대 아래 기도가 갑자기 폐쇄됨
호발연령	3개월~5세
원인균	parainfluenza virus(m/c, 75%)
증상양상	서서히 진행
증상	• 상기도 감염 선행 • 미열 • 쉰 목소리 : 후두 안에 성대 • 개 짖는 소리의 기침 • 흡기 시 협착음(천명) • 흉부견축 증가 • 상기도 폐쇄로 이산화탄소를 배출하지 못하면 호흡성 산증, 호흡부전
검사	기관지경 : 성문하, 기관지 점막 발적, 종창
치료	• 차가운 가습 요법 • 비강충혈 억제제 racemic epinephrine • corticosteroid

(3) 급성 후두개염(acute epiglottitis)

정의	• 가장 심각한 크룹의 형태, 생명을 위협하는 세균성 감염으로 완전기도폐색 유발 • 내과적 응급 질환 • 후두개, 후두개 주위 염증으로 심하게 급속히 진전되어 후두폐쇄 초래	
호발연령	2~7세	
원인균	b형 헤모필루스 인플루엔자(용혈성 인플루엔자, hemophilus influenza), 연쇄상구균, 포도상구균	
증상양상	갑자기 급격한 호흡곤란으로 치명적인 결과를 초래	
증상	• 인후통으로 시작해 급격히 호흡곤란으로 진행되어 완전 기도폐쇄로 진전 • 고열 • 목소리는 굵고 잘 들리지 않으며 흡기 시 천명이 있음 • 인후통으로 인한 연하곤란과 타액의 분비 증가로 침을 흘리는 경향 • 똑바로 앉아서 목을 앞으로 기울이고 입을 벌리고 혀를 내밀고 침을 흘림 • 흉부견축 증가 • 불안정, 극도로 불안, 겁에 질린 표정 • 약한 저산소증으로 창백, 청색증	
검사	후두경 검사	염증으로 크게 부른 붉은 빛의 후두개
	X-선 검사	상기도 측면 촬영으로 'thumb sign'으로 부어 있는 후두개 음영
치료	• 항생제 치료 • corticosteroid • 호흡곤란이 심하면 기관 삽관(응급 기관절개술 장비 준비) • 후두개염 발생률은 HIB(b형 헤모필루스 인플루엔자)백신접종으로 감소되고 있음	

| 급성 후두기관 기관지염과 급성 후두개염 간호 |

인후자극 금지	• 설압자로 후두개의 직접 검사를 금지한다. • 인후검사는 갑작스런 후두 경련으로 인한 후두 폐쇄로 완전 기도 폐쇄가 가능하여 사망 위험이 있으니 절대 인후검사나 눕혀서는 안 된다. • 환아가 적절한 환기를 하고 있을 때에 불필요한 기도 조작을 하지 않는다. • 환아를 조심스럽게 다루고 불필요하게 환아의 자세를 변경하지 않는다. • 기도 폐쇄는 갑자기 일어날 수 있으며 인후의 국소자극, 불안, 질환의 악화로 촉발된다. • 기관 삽관이나 기관 절개 준비 하에 인후검진을 하여 원인균을 확인하기 위해 인두배양을 한다.
응급SET 준비	후두 폐쇄성 기도의 완전 폐쇄가 가능하여 생명에 위협을 줄 수 있으므로 응급물품인 기관 내 삽관이나 기관절개 세트는 사용 가능하도록 환자 가까이에 배치한다.

(4) 급성 경련성 후두염(연축크룹, spasmodic croup)

정의	흡기 시 후두 경련에 의해 성대 주위 기도 폐쇄	
호발연령	1~3세	
원인균	알레르기, 심리, 바이러스	
증상양상	밤에 갑자기 나타남	
증상 [국시 2017]	• 밤 11시에서 새벽 2시 사이 겨울마다 재발 • 개가 짖는 듯한 쉿소리의 기침, 쉰 목소리, 흡기 시 시끄러운 소리, 불안정 • 흡기 시 천명 • 흉부견축 증가 • 불안, 초조, 공포, 허탈감 • 흥분하면 호흡곤란이 심해지고, 청색증 • 기도가 폐쇄되는 경우는 극히 드묾 • 수 시간 후 기침도 완화 • 다음날 낮이 되면 약간의 쉰 목소리, 기침 외에 건강하게 보임 • 이러한 증상이 2~5일간 밤마다 연속해서 일어나기도 하고, 아동 초기에는 겨울마다 재발하는 경향 • 열과 전염성은 없음	
간호	가습 요법	차가운 가습 요법
	구토 유발	• 기침이나 토근 시럽으로 구토를 유발하여 후두 경련 호전 • 구토로 인해 위 내용물이 흡인되지 않도록 주의

(5) 가습요법

방법	• 급성 후두기관 기관지염과 급성 경련성 후두염 • 가정에서 밀폐된 욕실에서 증기 흡입으로 샤워의 증기나 분무기로부터 나오는 차가운 증기를 쐬어 줌
효과	찬 증기를 쐬어주면 찬 습기는 부어 있는 기도의 혈관 수축을 도와 급성 후두경련, 호흡곤란이 수분 내 완화되고 기관지 분비물을 묽게 하여, 객담 배출을 용이하게 함

5 뇌성마비(cerebral palsy)

(1) 개요

<table>
<tr><td>원인</td><td colspan="3">• 뇌의 선천성 기형
• 출생 전, 출생 시, 출생 후의 대뇌의 손상</td></tr>
<tr><td rowspan="9">증상</td><td>운동장애</td><td colspan="2">• 비정상적인 운동
• 전체 운동발달 지연, 운동장애
• 생후 3개월 이후에도 목을 가누지 못함 [국시 2016]
• 생후 8개월에 지지 없이는 스스로 앉지 못함
• 6개월경부터 한쪽 손을 선택적으로 사용한다거나, 편마비가 있는 영아는 비대칭적으로 기어 다님</td></tr>
<tr><td>먹기 장애</td><td colspan="2">• 뇌성마비 아동은 구강근육 조절 미숙으로 문제를 동반함
• 입을 다물기 어려움
• 침을 계속 흘리어 옷이 젖거나 입 주위 피부 자극이 있음
• 수유 시 지속적으로 구토를 하거나 역류함
• 음식물을 먹거나 삼키고 말하기 어려움
• 잘 빨지 못하고 혀를 지속적으로 밀어 내어 수유에 많은 어려움이 있음</td></tr>
<tr><td>언어장애</td><td colspan="2">언어장애로 억양과 발음이 분명하지 않음</td></tr>
<tr><td rowspan="3">지능장애</td><td>사회적 미소</td><td>• 생후 3개월에 사회적 미소가 없음
• 2개월: 주위의 자극에 반응하여 미소를 지음</td></tr>
<tr><td>정상</td><td>• 뇌성마비 아동의 70%는 지능이 정상 범위에 있음
• 무정위 운동성 뇌성마비와 운동실조성 뇌성마비 아동은 다른 유형에 비해 지능이 우수함</td></tr>
<tr><td>지적발달장애</td><td>• 30~50%에서 지적발달장애
• 대뇌피질이 위축 시 심각한 사지마비 유발과 지능이 낮음</td></tr>
<tr><td>발작</td><td colspan="2">강직성-간대성 발작은 전신적, 대칭적 긴장성 수축으로 전체 근육 경직과 근육이 율동적 경련</td></tr>
<tr><td>시각장애</td><td colspan="2">안구진탕증(눈의 율동적 진동)과 약시(두 눈의 교정 시력이 0.04~0.3) 사시</td></tr>
<tr><td>청력장애</td><td colspan="2">• 청력소실은 감각신경 이상으로 유발
• 오랜 동안 침상생활로 만성 중이염에 의한 전도성 청력장애</td></tr>
<tr><td>치료</td><td colspan="3">• 재활교육
• 안전한 환경조성
• 적당한 영양섭취 유지
• 휴식 제공
• 장기적 간호계획</td></tr>
</table>

(2) 강직성 마비

기전	대뇌피질 세포의 손상으로 상부 운동 뉴런이 과도하게 자극되어 비정상적으로 강한 긴장 유발	
증상	굴곡	팔꿈치, 손목, 손가락은 굴곡된 자세에서 팔꿈치를 구부리고 주먹을 쥐고 엄지손가락은 내전되어 있음
	강직	근육이 과도하게 긴장되어 근 긴장도 증가, 무릎강직
	마비	• 상지마비, 하지마비, 사지마비, 양측마비, 편마비 • 강직 사지마비 : 뇌성마비의 심한 형태로 심한 운동장애와 지적발달장애 및 간질이 동반됨
	경련성 움직임	• 작은 자극에도 경련성 움직임 • 간대성 경련 : 발목의 갑작스러운 배굴로 근육의 연축과 이완이 교대로 나타남
	운동 곤란	전체 운동, 미세운동 기술의 통합된 운동 조정 능력 곤란
	가위질 보행	다리는 가위모양으로 교차
	첨족보행	• 첨족보행으로 조이는 발뒤꿈치 건 때문에 발끝으로 보행 • 첨족보행 : 발꿈치가 병적으로 땅에 닿지 않는 보행
	간질	• 강직사지 마비에서 지적발달장애와 간질이 동반되는 경우가 많음 • 강직 편마비에서 1/3에서 경련 질환을 가짐
	반사지속	바빈스키, 긴장성 경반사, 모로반사지속, 심부건반사 항진

(3) 무정위 운동성 뇌성마비

기전	추체외로가 기저신경절을 지나가며 추체외로와 기저신경절 손상으로 비정상적 불수의적 운동을 함. 기저신경절계, 소뇌계 질병은 마비를 유발하지 않음	
증상	무정위 운동	• 안면과 사지의 비의도적, 불수의적, 조정할 수 없는 움직임 • 목적 없고 조절할 수 없는 불수의적 운동으로 손발을 끊임없이 천천히 뒤틀고 몸을 움직임 • 움직이려 하거나 스트레스가 있을 때 강도 증가, 수면 시 소실
	구음장애	• 구음장애는 발음장애가 있고 어눌하며 억양 조절이 안 되고 말이 느리며 침을 흘림 • 언어구사에 장애가 없고 읽고 쓸 수 있음
	정상	• 인지 능력은 다른 유형보다 양호하며 경축, 경련은 흔하지 않음 • 심부건 반사는 정상

기저신경절	기능	추체외로계는 일부가 기저신경절을 지나가므로 근육긴장 조절로 운동을 원활하게 함
	손상	• 근육 긴장도 변화 유발 • 자세, 보행장애 • 운동 완서라고 불리는 자발적, 자동적 움직임 결여 • 다양한 불수의적 움직임

(4) 운동실조성(무긴장증) 뇌성마비

기전	소뇌와 경로에 병변을 초래해 운동의 균형 감각, 평형 감각, 협응, 체위 조정, 조절기능의 운동실조가 있다.	
증상	의도성 떨림	상지 운동의 통합 장애로 빠르고 반복되는 움직임으로 물건을 잡으려 할 때 의도성 떨림이 있다.
	균형, 협응력 부족	몸통과 하지의 균형감각과 협응력 부족을 보인다.
	저긴장성	근육의 저긴장성으로 자세의 긴장이 떨어진다.
	걷기	신체 균형을 상실하여 다리를 벌리고 비틀거리며 걷는다. **소뇌성 운동실조** 걸음은 비틀거리고 휘청거리며 폭이 넓고 방향을 바꿀 때 이런 동작이 매우 커짐 눈을 감으나 뜨나 발을 모으고 서지 못한다.
	안구진탕	–
	언어장애	말을 잘 못하고, 조음이 불명확하고 말하는 속도가 느리다.

6 신경계 종양

(1) 신경아세포종

정의	• 신경아세포종은 '침묵(silent)'의 종양 • 부신수질과 교감신경계를 형성하는 원시신경관 세포에서 발생되는 악성종양(부신에 생기는 종양)
병태생리	교감신경절과 부신수질 안에서 발생되는 악성 종양으로 교감신경절과 부신수질이 되어야 할 원시 배아 신경관 세포가 비정상적으로 발달

<table>
<tr><td rowspan="6">증상</td><td>복부종양</td><td>• 중앙선을 넘어서는 불규칙적 복부종양촉진
• 상복부 덩어리 촉진(통증은 없음)
• 종양이 신장, 요로, 방광을 압박하므로 빈뇨. 잔뇨, 배뇨곤란
• 신혈관의 압박과 카테콜라민 상승에 의해 고혈압
• 복부, 골반의 큰 종양은 혈관을 압박하여 사지 부종 초래</td></tr>
<tr><td>척추 신경절 종양</td><td>척추 신경절 종양은 척추 신경절에 발생하여 사지 마비 초래 가능</td></tr>
<tr><td>골수전이</td><td>조혈작용 중지, 창백, 반상출혈</td></tr>
<tr><td>흉강전이</td><td>호흡기 폐색, 호흡곤란, 천명</td></tr>
<tr><td>구개내전이</td><td>불안정, 동통, 구토, 두개내압 상승, 안와주위 부종</td></tr>
<tr><td>간전이</td><td>간비대</td></tr>
<tr><td rowspan="5">단계</td><td>I 단계</td><td>기시부위에만 한정된 국소적 종양, 림프절은 침범되지 않음</td></tr>
<tr><td>II단계</td><td>일측성 종양으로 부분 절제술이 시행되며, 림프절은 침범되지 않은 상태</td></tr>
<tr><td>III단계</td><td>국소 림프절 부위가 침범되거나 침범되지 않은 중앙선을 넘어서 침윤된 종양, 국소적 침범이 있는 일측성 종양, 양쪽 림프절이 침범된 중앙선의 종양</td></tr>
<tr><td>IV단계</td><td>원거리의 림프절, 뼈, 골수, 간, 그리고 기타 기관으로 전이됨</td></tr>
<tr><td>IV-S단계</td><td>Ⅰ단계 혹은 간이나 피부, 그리고 뼈가 아닌 골수에 제한적인 전이가 있는 Ⅱ단계의 국소적 원발성 종양</td></tr>
<tr><td>치료</td><td colspan="2">• 수술은 가능한 많은 종양을 제거하고 생검하기 위해 시행
• 수술 후 방사선조사 및 화학요법 병행</td></tr>
</table>

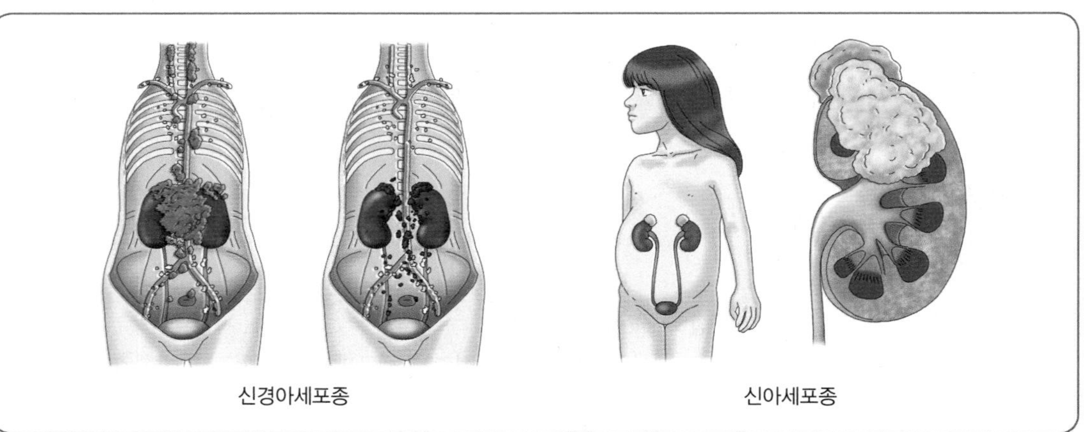
신경아세포종 신아세포종

(2) 신아세포종[nephroblastoma, 윌름스 종양(Wilms tumor)]

<table>
<tr><td>정의</td><td colspan="2">아동기에 가장 흔한 악성 신장 종양으로 크고 빠르게 성장하는 종양</td></tr>
<tr><td>특징</td><td colspan="2">신장실질에서 발전한 종양으로 일측성, 또는 양측성으로 발생, 80%가 5세 미만, 3~4세 남아 호발</td></tr>
<tr><td rowspan="3">병태생리</td><td>배아세포종양</td><td>신장에서 발생하며 미분화된 원시 배아 세포(발생 초기 미분화세포)에서 유래하는 배아 세포 종양</td></tr>
<tr><td>빠른 성장</td><td>윌름씨 종양은 성장이 빠름</td></tr>
<tr><td>전이</td><td>윌름씨 종양은 다른 쪽 신장, 간, 폐에 전이하며 폐가 가장 흔함</td></tr>
<tr><td rowspan="5">증상</td><td>복부 덩어리</td><td>• 복부 팽만(복부 중앙선을 넘지 않는 덩어리)
• 촉진 시 통증이 없음 [국시 2010]
• 복부의 크기 증대, 단단한 덩어리
• 복부의 한쪽으로 제한: 복부의 중앙선을 넘지 않음</td></tr>
<tr><td>복통</td><td>• 급속한 종양의 성장, 내출혈로 복통
• 50% 정도에서 복통</td></tr>
<tr><td>소화기</td><td>식욕부진, 오심, 구토, 권태감</td></tr>
<tr><td>혈뇨</td><td>육안적, 현미경적 혈뇨</td></tr>
<tr><td>고혈압</td><td>종양이 신동맥을 압박하여 혈류를 방해하여 renin의 과도한 분비로 고혈압</td></tr>
<tr><td>치료</td><td colspan="2">• 수술, 화학요법, 방사선치료
• 통상적으로 수술은 입원 후 1~2일 내에 계획됨</td></tr>
<tr><td rowspan="5">간호중재</td><td>복부촉진 금지</td><td>'복부를 만지지 마시오'라는 팻말을 침대에 걸어둠</td></tr>
<tr><td>근거(이유)</td><td>막으로 둘러싸인 확대된 덩어리, 막이 아주 얇고 쉽게 파열되므로 주의해야 함 → 복부촉진으로 암세포가 파열(암세포의 파종성 전이)될 수 있으므로 만지지 말도록 교육</td></tr>
<tr><td>신장외상 예방</td><td>• 신장에 외상을 초래하는 활동 제한
• 금기: 몸이 부딪치는 축구, 농구 같은 운동은 금함
• 가능: 상해 위험성이 높지 않은 수영, 걷기는 가능</td></tr>
<tr><td>근거(이유)</td><td>남아 있는 신장 기능을 최대한 보존, 유지</td></tr>
<tr><td colspan="2">요로감염 예방(남아 있는 신장 기능을 최대한 보존, 유지)</td></tr>
</table>

7 감염질환 [2012 기출]

기생충은 질병을 일으킬 수 있는 효모나 박테리아보다 큰 유기체이다. 그들은 숙주 몸속이나 위에서 산다. 기생충은 숙주에게 도움이 되지 않고, 숙주를 죽이지 않으면서 숙주로부터 영양분을 공급받는다. 아동에서는 주로 옴이나 머릿니를 볼 수 있다. 아동에서 볼 수 있는 장내 기생충 감염으로는 요충, 회충, 갈고리충이 있다. 아동은 미숙한 위생 습관 때문에 기생충이나 장내 기생충 감염의 위험이 높다. 예를 들어, 아동은 보통 손 씻기에 대해 부주의하고 물건을 입에 넣거나 장난감이나 물체를 다른 아동과 공유한다.

(1) 머릿니

구분	내용
전염	• 감염된 사람의 머리카락과 직접 접촉, 보통 빗, 모자, 감염된 물건과의 접촉 • 알에서부터 유충으로 부화하는 데 6~10일이 걸림 → 성충은 2~3주 후에 나타남
의학적 징후	• 심한 소양증이 흔한 증상 • 특히 귀 뒤쪽과 목 뒤에서 알(서캐)과 이가 보일 수 있음
진단/치료	• 알, 유충, 이의 육안적 확인으로 진단 가능함 → 성충은 거의 보이지 않음 • 치료 : 퍼메트린, 피레트린, 린덴, 말라티온 같은 이살충제로 머리를 감음 • 모든 제품을 사용할 때는 주의해서 사용하고 엄격하게 적용 지시를 따름. 사용된 치료에 따라 일반적으로 재치료가 권장됨 • 치료 24시간 후에 살아있는 이가 발견되면, 부적절한 사용, 다량의 기생충 침입, 재침입, 혹은 치료에 내성이 있다는 의미
격리/통제/조치/우려	• 접촉주의 • 치료 후에 모발을 확인하고, 재침입을 막기 위해 2~3일마다 머리카락 줄기를 빗질함 • 통제 조치 – 치료되었다면 집이나 가까운 다른 접촉지를 확인해야 한다. 침대를 함께 쓰는 사람도 예방적으로 치료해야 함 – 머릿니는 떨어져 나오면 오랫동안 살지 못하여 대부분 아동은 옷과 침대를 버리지 않고도 효과적으로 치료할 수 있음. 재감염을 피하기 위해 지난 2일 내에 사용한 옷, 베갯잇, 머리에 쓰는 것, 수건, 다른 개인 물품들을 소독하고 뜨거운 물로 세탁하고 말리는 것이 도움이 됨 – 씻을 수 없는 물건은 드라이클리닝하거나 플라스틱 가방에 10일간 담아두는 것이 효과적 – 이살충제, 샴푸나 뜨거운 물로 적신 빗으로 빗질 – 이 감염은 위생이 나쁘다는 것을 의미하지 않음. 모든 사회경제 집단이 감염될 수 있음

(2) 옴(sarcoptes scabiei)

전염	• 알에서 부화해서 유충까지 잠복기가 3~4일이 걸림 → 성충은 2~4주 후에 나타남 • 전염은 일반적으로 장기적, 가까운 사람 간의 개인적 접촉으로 발생 • 이전에 노출되지 않은 경우, 잠복기는 4~6주임. 일반적으로 이 기간 동안 증상은 없으나 다른 사람에게 전염 가능 • 이전에 감염되었던 사람은 1~4일 만에 증상이 나타날 수 있음
의학적 징후	• 홍반과 강한 소양증(특히 밤에), 구진발진과 찰과상이 나타남. 병변은 일반적으로 분산되어 있으나 종종 손이나 발, 신체 굴곡부위에 집중되어 나타남 • 머리와 목에서 발견될 수 있음 • 영아와 어린 아동과 면역이 억제된 사람에게서 소포, 농포, 결절을 포함한 발진이 나타남
진단/치료	• 가려움(특히 밤) 과거력, 발진, 가족들이나 성적 파트너의 가려움 증상으로 진단 내려질 수 있음 • 피부 표면 찰과의 현미경 검사상 진드기가 보이면 확진할 수 있음 • 치료 : 퍼메트린, 린덴 같은 옴벌레 살충제를 머리 아래의 온 몸에 적용할 수 있음. 영아와 어린 아동의 치료 시에는 머리, 목, 몸통이 포함되어야 함. 옴벌레 살충제 종류에 따라 크림은 특정 시간 동안(일반적으로 8~14시간) 유지되어야 함 • 모든 제품을 사용할 때는 주의해서 적절한 사용 지시를 하고 엄격하게 적용 지시를 따르도록 함 • 치료가 성공적으로 되더라도 가려움이 몇 주 동안 가라앉지 않을 수 있음
격리/통제/조치/우려	• 접촉주의 • 가족구성원과 성적 접촉자를 위한 예방적 치료를 함 • 감염된 사람이나 가족구성원, 성적 혹은 가까운 접촉자가 치료 전 4일 이내에 사용한 침구와 옷은 뜨거운 물로 세탁하고 말려야 함 → 진드기는 3~4일 이상 피부 접촉이 없을 시 살아남지 못함 • 감염된 사람이나 그 사람이 사용한 물건과 피부 대 피부의 직접접촉을 피함 • 특히 겉껍질이 있는 옴에 감염되었다면 감염된 사람이 사용한 방은 철저하게 치우고 진공 청소해야 함

(3) 회충(회충증)

Ascaris lumbricoides에 의함. 흔히 온대/열대 지역에서 발견됨

전염	• 대부분의 사람은 증상이 없으나, 성장과 체중 증가가 늦음 • 심각한 감염이 있을 때 식욕이 감소하고 오심, 구토와 복통이 나타날 수 있음. 미성숙 기생충이 폐를 통해 침범할 때 기침과 호흡곤란이 나타날 수 있음 • 심각한 감염 시 부분 혹은 전체적인 장 폐색이 발생할 수 있음. 기생충의 수가 많을수록 증상이 더 심함

의학적 징후	• 인간의 분변은 감염된 알의 주된 원천 • 손과 구강은 전염의 일반적인 경로. 깨끗하지 못한 손이나 오염된 음식 때문에 알이 삼켜지고 장으로 들어감 → 유충이 부화하고, 장벽에 침투하여 전신 순환계로 들어가 신체 각 조직으로 이동
진단/치료	• 진단: 기생충 암컷이 장내에 있으면, 대변의 현미경 검사에서 알이 보임 • 때때로 기생충이 구토물이나 대변 내에서 보이거나 토해질 수 있음 • 메벤다졸, 알벤다졸, 혹은 피란텔 파모에이트로 치료
격리/통제/조치/우려	• 표준주의로 충분 • 위생적인 대변 처리 • 적절한 손 위생

(4) 요충 [2012 기출]

Enterobius vermicularis로 인함. 온화한 기후에서 발견됨

전염	• 어떤 사람들에게는 증상이 나타나지 않는다. 특히 야간에 항문 가려움(항문소양증)을 유발할 수 있다. • 다른 의학적 징후로는 발작과 수면 중 이갈이, 체중 감소와 야뇨증이 있다.
의학적 징후	• 분변 – 경구 통로로 직접적 · 간접적, 혹은 손이나 장난감 공유, 침구, 옷, 화장실 변기에 의해 우연히 전파된다. • 잠복기는 1~2개월 혹은 그 이상
진단/치료	• 성충이 회음부에서 발견되었을 때 진단이 내려진다. → 기생충은 아동이 자고 있을 때 가장 잘 보임. 알은 대변에는 거의 잘 없어서 대변 검사는 권장하지 않는다. • 투명 테이프를 회음부에 붙여두고 현미경으로 관찰하면 알이 보일 수 있다. 아동이 아침에 처음 깼을 때 3번 연속 표본을 관찰하여 얻어진다. • 치료는 메벤다졸, 피란텔 파모에이트와 알벤다졸을 선택하여 일반적으로 2주 동안 단일 투여를 반복한다. • 사람 간 전염이 매우 잘 일어나므로 가족구성원 모두가 치료를 받아야 한다.
격리/통제/조치/우려	• 재감염이 쉽게 일어난다. • 감염된 사람은 알을 대량 제거하기 위해 아침에 목욕, 샤워하는 것이 선호된다. • 속옷과 침구를 자주 교체한다. • 손톱을 짧게 유지하고, 항문 주변 부위를 긁고 손톱 물어뜯는 것을 피하는 등 개인위생 방법을 지킨다. • 특히 화장실 이용 후나 식사 전에 손 위생을 실천하는 것이 가장 효과적인 예방법이다.

01

04 학령전기 아동의 건강장애

1 호흡기 질환

(1) 급성 인두염

(2) 만성 편도선염

2 혈관 이상에 의한 출혈성 질병 : Henoch-Schonlein 자반증 [2008 기출]

정의	• 아동의 경우 바이러스나 세균감염과 연관되어 발달하는 질환이다. 성인의 경우, 이 질환은 대개 약물이나 독소로 인하여 발생한다. 전형적인 소견은 면역글로불린 A(Ig A, 작은 혈관에 영향을 미치는 우세한 면역 침착들)와 함께 나타나는 혈관염이다. 이러한 작은 혈관은 주로 피부, 소화관, 신장에 위치한다. 대부분 아동에서 이 질환의 과정은 양성이며 예후는 좋다. 그러나 어느 정도의 아동에서는 신장의 손상으로 인한 지속적인 신증후군이 발생할 수 있으며, 이러한 아동은 고혈압을 가질 수 있다. 폐, 심장, 신경계 관련 합병증 또한 발생할 수 있다. • 대부분의 사례에서 치료 없이도 해결되기 때문에, 이를 위한 특별한 치료법이 존재하지는 않는다. 그러나 지속적인 증상을 가지는 아동을 위해서는 prednisone 같은 코르티코스테로이드 치료가 요구될 수 있다. 신장손상이 발생한다면, 아동에게 신기능 검사를 하고 고혈압에 대한 평가 시 고혈압이 존재하는 경우 그에 따른 치료가 요구될 수 있다. • 아나필락시스양 자반증은 아동기에 비교적 흔한 질병으로 비혈소판감소성 자반, 복부 통증, 관절염, 신장염을 특징으로 한다.
병태생리	표재성 모세혈관의 혈관염은 적혈구의 침윤을 야기해 피부의 점상출혈반을 만든다. 신장 침범이 예후에 가장 중요한 것으로 드물게 만성신질환과 신부전증으로 발전될 수 있다. 관절 증상은 영구적인 손상 없이 며칠 내에 회복된다.
임상증상 [2008 기출]	• 엉덩이와 하지에 나타나는 대칭성 자반으로 차츰 상지의 신전면으로 확산되며, 얼굴, 복부, 손바닥, 발바닥 등에는 거의 없다. 반상 · 구진상 발진과 두드러기, 홍반이 나타난다. • 관절 증상은 2/3에서 나타나는데, 단일 관절의 무증상 부종에서 여러 관절의 단단한 동통성 부종까지 다양하다. 무릎과 발목(고통스런 심한 종창)에 가장 흔하며, 후유증은 남기지 않고 수일 만에 사라진다. • 복부 증상은 배꼽 부근에 심한 산통이 반복적으로 나타나는 수가 많으며, 구토와 하혈을 동반하기도 한다. • 신장 증상은 육안적 혹은 현미경적 혈뇨, 단백뇨가 환자의 25~50%에서 나타난다. 가장 심각한 장기 합병증이 된다.
치료	• 부종, 발진, 권태감, 관절통은 비스테로이드계 항염증성 약품과 같은 적절한 진통제와 가벼운 진정제로 다스린다. • 중증의 부종, 관절통, 결장복부 통증 시에는 corticosteroid를 투여한다.

3 류마티스열 [2014 기출]

정의	• A군 연쇄상구균의 인두 감염으로 인한 후유증이다. 류마티스열은 보통 연쇄상구균 감염 2~3주 후에 주로 발생한다. 급성 류마티스열의 발생과정을 이해하기 위해서는 세균의 표면 단백질에 대한 아동의 항체 반응을 이해해야 한다. 항체는 심장 근육, 뉴런과 윤활 조직에 있는 항원과 교차반응을 하여 심장염, 관절염, 무도증(불수의적, 불규칙적인 갑자기 의미 없이 나타나는 운동)을 초래한다. 급성 류마티스열은 관절, 중추신경계, 피부, 피하조직에 영향을 미쳐 심장과 판막에 만성 진행성 손상을 일으킨다. 또한 대부분 6~12주 동안 지속된 후 해결이 되지만, 차후 연쇄상구균 감염으로 재발할 수 있다. • 심장, 관절, 피부, 중추신경계, 피하조직을 침범하는 그룹 A β-용혈성 연쇄상구균 감염과 관련된 염증성 질환이다.
증상	• 주증상 – 심염 – 이동성 다발성 관절염 – 시덴함 무도병(Sydenham's chorea, 얼굴 또는 상지의 운동장애) – 윤곽성 홍반 – 피하결절 • 부증상 – 임상증상 : 관절통, 발열 – 검사소견 : 적혈구 침상속도(ESR) 상승, C-반응 단백(CRP) 상승, PR 간격 지연 • 연쇄상구균 감염에 대한 증거 – 인후배양 혹은 급속 연쇄상구균 항원 검사 양성 – 연쇄상구균 항체가 상승
치료	• 그룹 A β-용혈성 연쇄상구균의 제거(일차 예방)를 도모한다. • 영구적인 심장의 손상 방지를 도모한다.
재발방지 (이차 예방)	류마티스열의 1차적 예방법은 연쇄상구균에 의한 상기도 감염을 적절하게 치료하는 것이다. 즉 연쇄상구균 감염 시 항생제를 사용하여 원인균을 제거함으로써 류마티스열을 예방하는 것이다. 2차적 예방법은 급성기 치료를 받은 아동에게 류마티스열이 재발하지 않도록 매달 한 번 benzathine penicillin G(120만 U)를 근육주사하거나 경구로 penicillin(20만 U)을 하루에 두 번, sulfadiazine(1g)을 하루에 한 번 투여한다.
간호	투약을 잘 따르도록 격려하고, 질병으로부터 회복을 촉진시키고, 정서적으로 지지하며, 재발을 방지한다.

4 가와사키 질환 [2012 · 2022 기출]

(1) 개요

정의 및 특성	• 원인불명의 급성 전신성 혈관염이다. • 심장 합병증이 발병한다. 관상동맥의 손상과 심근 자체의 손상이 발생한다. 가장 빈번한 후유증은 관상동맥이 확장되는 동맥류가 생기는 것이다.
병태생리	주로 관상동맥에 침범한다. 급성기에는 심염과 함께 세동맥, 세정맥, 모세혈관과 같은 작은 혈관에 진행성 염증이 일어난다. 관상동맥의 확장은 발병 후 7일째 진단될 수 있다. 시간이 경과하면서 염증은 서서히 가라앉고 결국 6~8주에 혈관은 정상적인 크기로 회복되기 시작한다.
진단기준 [2012 · 2022 기출]	다음의 6가지 중 열을 포함해서 5가지 증상이 나타나면 가와사키 질환으로 진단한다. ① 5일 이상 지속되는 38~40℃의 열 　− 항생제와 해열제에 반응하지 않는 갑작스러운 고열의 발병이 나타난다. ② 양쪽 눈의 결막 충혈 　− 눈은 보통 분비물(눈곱) 없이 충혈된다. ③ 구강점막의 변화 　− 입술의 건조증, 갈라짐, 딸기모향의 혀, 인두의 발적(인두점막에 광범위 출혈) ④ 손과 발의 변화 　− 손발의 부종, 손바닥과 발바닥의 홍반, 손과 발의 피부 낙설, 소양증이 있다. ⑤ 부정형(다형의) 홍반성 발진 　− 수포를 형성하지 않는 발진 몸통부터 시작하여 회음부에 두드러진다. ⑥ 경부 임파선 종창 　− 경결의 직경의 크기 > 1.5cm, 보통은 일측성
증상	• 급성기는 항생제와 해열제에 반응하지 않는 갑작스러운 고열의 발병과 함께 시작한다. 양쪽 안구의 결막은 충혈되고, 눈은 보통 분비물 없이 건조해진다. 입술은 빨갛게 갈라지고 특징적인 '딸기모양 혀'가 되면서 인두와 구강 점막에 염증이 발생된다. 손바닥과 발바닥에 홍반이 생긴다. • 아급성기는 해열과 함께 시작하며, 가와사키 질환의 모든 임상증상이 사라질 때까지 지속된다. 혈소판 증가와 응고 항진증은 관상동맥 혈전의 위험성을 높인다. 이 시기에 손가락과 발가락의 끝부위에 특징적인 탈락이 있다. • 회복기에 모든 임상징후가 사라진다. 염증이 사라지지 않아서 적혈구 침강 속도는 여전히 높고, 혈소판 증가증도 여전히 지속된다. 이 시기에 관절염이 지속되기도 하고 관상 동맥 합병증도 여전히 남아있는 경우도 있다. • 가장 심각한 합병증은 심근경색증으로, 일반적으로 관상동맥류의 혈전성 폐쇄에 의해 발생한다.

<table>
<tr><td rowspan="4">심각한 합병증</td><td colspan="2">가장 심각한 합병증은 관상동맥류에 의한 잠재적 심근경색증으로, 주로 관상동맥류의 혈전성 폐쇄에 의한 허혈현상이 일어난다. 아동에게 나타나는 급성심근경색증의 주요증상은 복통, 구토, 안절부절못함, 좀처럼 멈추지 않는 울음, 창백, 쇼크이다.</td></tr>
<tr><td>혈관염</td><td>급성기, 아급성기에 중간 크기 혈관을 침범하여 혈관 내피세포에 염증, 부종의 전신성 혈관염이 생긴다.</td></tr>
<tr><td>동맥류</td><td>발병 후 7일째 혈관은 벽이 약해져 늘어나며 관상동맥류(동맥벽이 탄력성을 잃어 부분적으로 약해지거나 늘어나서 영구적으로 확장된 상태)가 생긴다.</td></tr>
<tr><td>심근경색</td><td>관상동맥류에서 혈류의 흐름이 느려지고 혈소판 증가로 관상동맥 혈전증과 손상된 혈관의 내피세포에 염증, 섬유화로 혈관이 협착, 폐쇄로 심근경색이 생긴다.</td></tr>
</table>

(2) 치료

<table>
<tr><td>감마글로불린
(면역글로불린)
IVIG 투여</td><td colspan="2">• 발병 10일 이내 투여 시, 항염 효과로 염증에 의한 혈관 내피세포의 증식을 억제하여 관상동맥류 발생 빈도를 감소시킨다.
• 부작용(발진, 열, 오한)이 관찰되면 즉시 투여를 중단하고 의사에게 알린다.</td></tr>
<tr><td rowspan="3">아스피린</td><td>항염작용</td><td>초기에 prostaglandin의 생성을 억제하여 prostaglandin에 의한 염증 반응을 감소시키어 염증 증상, 열을 감소시킨다.</td></tr>
<tr><td>항혈소판
작용</td><td>• 항혈소판 제제로 관상동맥질환이 발생한 경우, 혈소판의 작용을 방해하여 혈소판 혈전에 의한 혈액 응고 작용을 감소시킨다.
• 혈소판 수치가 정상범위로 돌아올 때까지, 심장 초음파에 관상동맥 질환 소견이 없을 때까지 저용량으로 계속 투여한다.</td></tr>
<tr><td>주의</td><td>아스피린을 복용하고 있는 아동에게서 감기나 수두가 의심되면 약을 중단하고 라이증후군(Raye's 증후군)의 위험을 최소화한다.</td></tr>
<tr><td rowspan="2">warfarin
(coumadin)</td><td>적응증</td><td>• 거대한 동맥류
• 관상동맥혈전증과 폐색을 예방하기 위해 warfarin을 이용한 항응고 치료가 권장된다.</td></tr>
<tr><td>기전</td><td>• 비타민 K 길항제로, 경구용 항응고제이다.
• 비타민 K는 간에서 혈액 응고 인자 합성을 도우며 coumadin은 간에서 비타민 K 의존성 응고인자의 합성을 억제하여 혈전 형성을 예방한다.</td></tr>
</table>

05 학령기 아동의 건강장애

1 충수염

기본서 <성인(1)> P.2 「소화기계 건강문제와 간호」 참조

2 메켈게실(Meckel's diverticulum)

정의	• 태생기에 원시중장과 난황낭을 연결하는 제장관의 잔유물이 소실되지 않고 남아 있는 것이다. • 메켈게실의 위치는 다양하지만 대개는 회맹판의 40~50cm에서 발견된다.
병태생리	메켈게실의 합병증은 출혈, 폐색, 염증이다. 메켈게실에 위점막이 전위되어 위산과 펩신을 분비하는 것을 발견할 수 있다.
증상	염증, 출혈, 장폐색 등의 병태생리에 의해 여러 가지 임상증상이 나타난다. 가장 흔한 증상은 장출혈, 복통, 장폐색증 등이다. 출혈로 인한 저혈압 및 쇼크, 빈혈이 나타날 수 있다.
치료	염증치료 및 수술

3 라이 증후군(Reye's syndrome)

정의	라이 증후군은 뇌부종과 간의 지방변성과 같은 특징적 병리소견을 나타내며, 그 결과 급성 뇌증과 혼수를 동반하는 질환이다. 병리적으로 바이러스, 약물, 외인성 독소, 그리고 유전 요인으로 인해 미토콘드리아의 장애를 유발하며, 간생검으로 확진한다. 라이 증후군은 간 기능장애와 신경계징후(기면에서 혼수상태까지의 범위)에 근거하여 분류한다. 아스피린 섭취와 라이 증후군 발생 사이에 어떤 관련이 있다는 가능성이 있지만 확실하지는 않다. 그러나 이들의 잠재적 관련성으로 인해 수두나 인플루엔자가 예상되는 아동에게 아스피린과 비스테로이드성 항염제의 사용을 금하고 있다.
원인	• 바이러스 감염 : influenza, varicella • 약물 중독 : aflatoxin, salicylate, phenothiazine • 연령 : 학령 전기, 학령기 초기 호발
임상소견	• 급성 바이러스 감염 후 계속되는 구토, 기면, 경련, 혼수상태로 수일 내 사망하기도 한다. • 심호흡, 건반사 항진, 바빈스키징후 양성 • 뇌압상승 징후 • 검사소견 – 저혈당증 – SGOT, SGPT 상승, PT 연장, 고암모니아 혈증 – 빌리루빈치는 정상이거나 약간 상승 – CSF : 당이 약간 감소, 압력 상승 – 호흡성 알칼로시스, 대사성산증

증상진해	• 1단계: 24~48시간 지속되는 구토, 기면, 졸음, 간기능장애, 제1유형 EEG, 활발한 동공반응, 지시에 반응 등을 보인다. • 2단계: 지남력장애, 공격적임, 섬망, 과다호흡, 통증자극에 대한 반사, 간기능 장애, 제1유형 EEG, 동공반응 느림 • 3단계: 둔감, 혼수, 과다호흡, 제뇌강직, 느리긴 하나 대광반사·동공전정반사 나타남; 제2유형 EEG • 4단계: 깊은 혼수, 제뇌강직, 안뇌반사 소실, 동공확대 및 고정, 각막반사 소실, 약간의 간기능장애, 제3 또는 4유형 EEG, 간기능장애 증가 • 5단계: 경련, 심부건(deep tendon)반사 소실, 호흡정지, 이완, 제4유형 EEG, 간기능장애 증상 없음
치료간호	• 10% 포도당 정맥주사 • 관장, nemycin • 뇌부종: corticosteroid, mannitol • 교환수혈

4 소아당뇨병

기본서 <성인(2)> P.3 「소화기계 건강문제와 간호」 참조

| 당뇨병의 유형별 특징 |

유형	1형	2형
발병연령	20세 이하	30세 이상
발병유형	갑자기	점진적으로
체중	저체중	과체중
가족력	가끔	흔함
인슐린 투여	항상	20~30%
식이요법만으로 치료	비효과적	흔히 효과적
만성합병증	80% 이상	다양함
케톤산혈증	흔함	드묾
췌장 인슐린 분비량	0 – 소량	> 50%
도세포 항체 검출률	85%	< 5%
인슐린 내성	거의 없다	많다
일란성 쌍생아 일치율	25~50%	90~100%

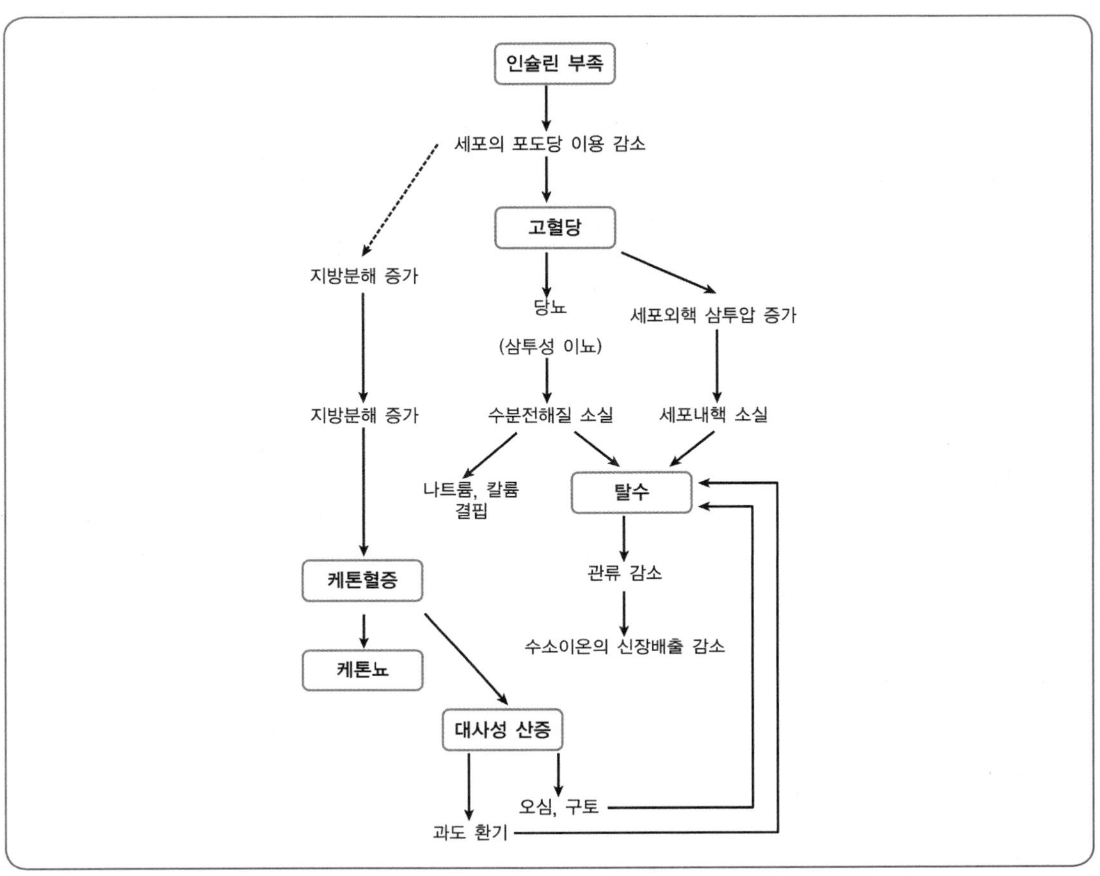

| 당뇨병 산증의 병태생리 |

(1) 임상증상

초기증상	• 야뇨증, 안절부절, 비정상적인 피로 등 • 고혈당증과 산혈증의 결과 체중 감소
3다(多)	3다증(다음, 다식, 다뇨)
복부 불편감	복부 불편감이 흔히 나타나며, 체중 감소는 서서히 나타나므로 가족들이 알아차리지 못할 수 있음. 복부불편감과 오심 때문에 아동은 실제적으로 음료와 음식을 거부하고 탈수와 영양 불균형이 심각해짐
기타	갈증, 피부건조, 시력장애, 서서히 진행하는 발꿈치의 궤양 등이 있음
산증	탈수와 상관없이 혈액과 소변에서 측정가능한 수의 케톤체가 발견되는 케톤산혈증 상태와 탈수와 전해질 불균형, 산증이 동반되는 당뇨병성 케톤산혈증 상태와 탈수와 전해질 불균형, 산증이 동반되는 당뇨병성 케톤산혈증(DKA)이 발생할 수 있음

(2) 진단

| 당뇨 진단 기준(다음 중 한 항목에 해당하면 당뇨병으로 진단) |

공복 혈장 혈당	≥ 126mg/dl
임의 혈장 혈당과 당뇨병의 전형적인 증상(다뇨, 다음, 설명되지 않는 체중 감소)	≥ 200mg/dl
75g 경구당부하검사 후 2시간 혈장 혈당	≥ 200mg/dl
당화혈색소	≥ 6.5%

(3) 인슐린 용량

구분	내용
속효성	속효성(regular)
중간형	중간형(NPH 혹은 Lente)
주입방법	속효성과 중간형 인슐린을 같은 주사기에 혼합하여 하루에 두 번 아침 식사 전과 저녁 식사 전에 주사한다. 아침에 투여하는 regular 인슐린의 양은 그 전날 늦은 오전과 점심 때의 혈당치에 따라 결정된다. regular 인슐린은 최소한 식사 30분 전에 주는 것이 가장 좋다.

(4) 영양

구분	내용
원칙	근본적으로 당뇨병 아동의 영양요구는 농축된 설탕을 금하는 것 외에는 건강한 아동의 영양요구와 같다.
시간	식사 시간을 인슐린의 작용시간에 맞추어 조절해야 한다. 식사와 간식은 인슐린의 최대 작용 시간에 하고 칼로리 총량과 기초 영양소의 비율은 매일 일관성 있게 유지해야 한다. 식간과 취침 전에 간식을 제공하지 않아도 아동이 저혈당에 빠지지 않도록 순환하는 인슐린 양을 일정하게 유지해야 한다.
균형식	• 음식 섭취는 6가지 기초식품군이 조화를 이룬 균형 잡힌 식이에 기초를 두고 다양한 방법으로 계획한다. • 당뇨병 아동은 동맥경화증의 위험이 증가하기 때문에 지방을 총 열량 요구량에서 30% 이하로 줄여야 한다. 식이섬유는 혈당 증가를 감소시키는 것으로 알려져 있다.

(5) 운동

구분	내용
인슐린요구량 감소	운동은 다른 문제가 없으면 제한하지 않고 격려해야 한다. 운동은 활동의 강도와 시간에 따라 혈당치를 낮추기 때문에, 운동은 당뇨병 관리의 한 부분으로 포함되어야 하며 아동의 흥미와 능력에 맞게 계획되어야 한다. 그러나 대부분 아동의 활동은 계획적이지 않기 때문에 만약 활동을 오랫동안 해야 된다면 간식을 제공하여 혈당 감소를 보충해 주어야 한다. 규칙적인 운동은 흔히 인슐린 요구를 줄인다.

저혈당주의	만약 다리 운동을 하는 경우, 인슐린은 운동을 하지 않는 팔이나 배에 주사한다. 운동으로 유발될 수 있는 저혈당은 음식을 좀 더 섭취하거나 인슐린 양을 줄임으로써 조절된다. 운동으로 인한 저혈당 위험은 당뇨병 관리가 잘 되지 않는 아동들에게 높으며, 케톤증을 일으키기 쉽다. 그러므로 혈당이 240mg/dl 이상이거나 케톤뇨증을 가진 아동은 적절한 식이와 인슐린 요법을 통해서 당뇨병 관리가 이루어질 때까지 운동을 제한해야 한다.

(6) 저혈당 시 응급처치

경한반응	• 아드레날린 증상이 나타난다. • 아동에게 고탄수화물 음식을 10~15g 정도 준다(가급적 액상으로, 오렌지 주스 3~6oz).
중간정도반응	◆ 뇌기능장애 증상 • 위와 같이 10~15g의 고탄수화물 음식을 준다. • 만약 증상이 계속된다면 10~15분 간격으로 반복한다. • 탄수화물과 단백질이 혼합된 간식을 준다. • 가까이에서 아동을 지켜본다.
심한반응	• 무반응, 의식불명, 그리고 발작이 일어난다. • 처방된 글루카곤을 투여한다. • 아동이 먹을 수 있게 되면, 일일 칼로리의 10%의 간식을 추가하거나 계획되었던 식사 또는 간단한 식사를 제공한다.
야간반응	• 아동에게 10~15g의 탄수화물을 준다. • 일일 총칼로리의 10% 정도의 간식을 준다.

| 저혈당증과 고혈당증의 증상 비교 |

내용	저혈당증	고혈당증
발병	급속(몇 분간)	점진적(며칠간)
기분	불안정, 초조, 신경과민, 슬픔	기면상태
정신상태	집중, 언어, 조정, 협응 등의 곤란	둔감한 감각, 혼미
내적감정	불안정한 감정, 공복감, 두통, 현기증	갈증, 허약, 오심, 구토, 복부통증
피부	창백, 발한	안면상기, 탈수증상
점막	정상	건조, 딱딱함
호흡	약함	Kussmaul 호흡
맥박	빈맥	느리고 약함
호흡 시 냄새	정상	과일 냄새, 아세톤 냄새
신경증상	• 진전 • 후기 : 과도굴곡, 동공확대, 경련	반사기능 감퇴, 지각 이상
위험한 증상	쇼크, 혼수	산혈증, 혼수

혈액	포도당	저하(60mg/dl)	상승(250mg/dl 이상)
	케톤	음성	높고 많음
	삼투성	정상	높음
	pH	정상	낮음(7.25 이하)
	Ht	정상	높음
	HCO_3	정상	20mEq/L 이하
소변	양	정상	• 다뇨(초기) • 핍뇨(후기)
	당	음성	높음
	케톤	음성/미약	높음

5 감염성 다발 신경염[길랑-바레 증후군(Guilliain-Barre Syndrome; GBS)]

특징	• 급성 감염(독감, 홍역, 볼거리, 라임병 등) 이후 말초 감각신경과 운동신경근에 염증성 탈수초화현상이 급속히 진행되는 것으로, 상행성 이완성 마비가 특징적으로 나타나는 다발성 신경질환이다. • 4~9세에 호발된다. • 림프구의 과민반응 → 림프구가 말초신경으로 이동 → 탈수초화, 염증부종, 수초파괴 → 신경전도 손상되어 침범신경의 지배를 받는 근육의 마비(상행성) • 초기 증상: 근육압통, 감각이상, 대칭적 근력저하 • 마비: 팔과 다리의 급성 상행성 운동마비, 운동감각장애 • 대증요법 및 물리치료
병태생리	염증과 부종에 의한 압박으로 척수신경과 뇌신경의 경막초 내부의 신경근에 급성 분절성 탈수초화의 소견을 보인다. 그 결과 신경전도 장애와 침범부위 신경이 지배하는 근육의 마비가 상행성으로 진행된다. • 열 • 피로 • 인후통 • 상기도감염 • 예방접종 • 약물 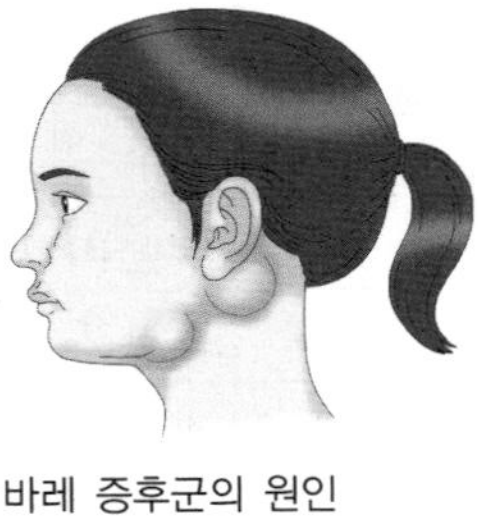 길랑-바레 증후군의 원인 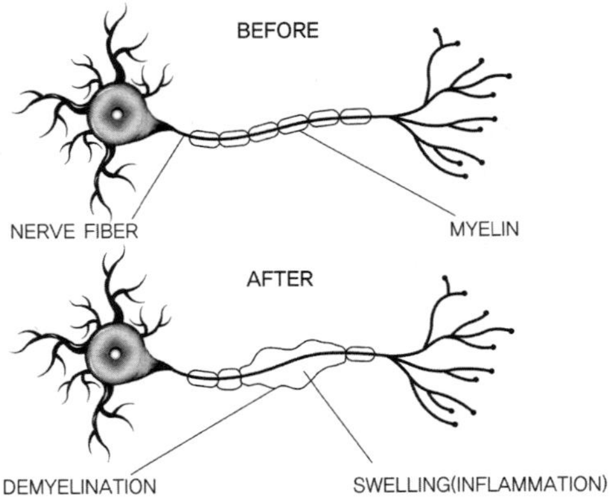 BEFORE NERVE FIBER MYELIN AFTER DEMYELINATION SWELLING(INFLAMMATION)

	• 감염성 다발 신경염은 경한 상기도 감염이나 인후통이 선행된 뒤 마비 증상이 나타난다. • 마비는 급속도로 진행되어 증상이 나타난 지 24시간 이내에 최고조에 달하기도 하고, 때로는 증상이 며칠 혹은 몇 주에 걸쳐 점진적으로 진행되기도 한다. • 신경 증상 – 일차적으로 감각이상이나 근육경련을 동반한 근육통이 나타나며, 마비가 진행됨에 따라 근위부에서 원위부로 근력 저하가 대칭적으로 진행된다. – 대부분의 환아에서 마비는 하지로부터 체간, 상지근육, 그리고 뇌신경의 지배를 받는 안면근육의 순으로 상행성으로 진행되는데, 특히 제7뇌신경(안면신경)이 자주 침범된다. – 뇌신경이 영향을 받으면 안면마비가 생기고, 음식을 삼키는 것이 곤란하다. – 눈에도 영향을 주어 물건이 겹쳐 보일 수도 있고, 눈 근육 마비로 인해 눈을 뜰 수 없는 지경에 이르러 기능적 실명 상태가 초래될 수 있다. • 심부건 반사가 소실되고 이완성 마비 증상을 나타낸다. 얼굴, 외안근, 입술, 혀, 인후두근 및 호흡근의 마비를 동반하는데, 연하곤란, 안면 근육마비, 호흡곤란, 불규칙한 호흡 등은 호흡근육의 마비가 임박함을 의미하는 징후들이다. • 교감신경과 부교감신경이 모두 영향을 받으면, 자리에서 일어났을 때 어지러움이 심할 수 있고, 혈압이 오르고, 땀 조절이 잘 되지 않으며 가슴이 두근거리고, 소변을 잘 볼 수 없게 된다. • 통증은 흔히 나타나는 증상으로 등과 종아리에 지속적이며 심한 통증이 있을 수 있고, 위치감각이 상실되기도 한다.
임상경과	감염성 다발 신경염 아동의 예후는 아동의 연령이 어릴수록, 호흡 보조장치를 사용하지 않고 질병의 진행이 느리며, 근전도 검사에서 말초 신경기능이 정상일 때, 또한 초기에 혈장교환 치료법을 실시한 경우 예후가 좋은 것으로 알려져 있다.
치료간호	• 호흡부전 시 기도 내관삽입 또는 기관절개술 : 분비물 자주 흡인, 감염예방 • 약물 : 대체로 투여하지 않지만 급성기 동안에는 steroid제제를 투여한다. • 급성기 동안에는 절대 안정시키고 회복기부터 수동적 ROM운동을 시킨다.

감염성 다발 신경염의 증상

① 초기 증상
- 근육의 압통
- 감각이상과 경련(가끔)
- 근위부 근육의 대칭성 근무력

② 마비 증상
- 하지로부터 상행함(상행성 마비)
- 체간근육, 상지근육, 뇌신경 지배를 받는 근육에 흔히 침범됨(특히 안면근육)
- 반사소실을 동반한 이완성 마비
- 안면근육, 외안근, 혀, 인후, 후두의 근육에 침범되기도 함
- 늑간과 횡격막 신경 침범 : 발성 시 호흡곤란, 얕고 불규칙한 호흡

③ 기타 증상
- 건반사의 감소 혹은 소실
- 다양한 정도의 감각장애
- 뇨실금이나 뇨정체 혹은 변비(자주 동반됨)

06 청소년기 건강장애

1 결핵

(1) 병태생리

| 결핵의 저항력에 영향을 미치는 요인 |

요인	내용
유전	유전적 요인에 대한 확실한 증거는 없으나, 감염에 대한 저항력이 유전된다는 증거는 있다.
성별	• 아동초기: 발생 빈도에 성별에 의한 차이는 없다. • 아동 후기와 청소년기: 남아보다 여아에서 이환율과 사망률이 높다.
연령	• 영아는 감염에 대한 저항력이 떨어져 있다. • 능동면역의 발달이 지연되어 있다. • 염증 과정에 대한 저항력이 감소되어 있다. • 청소년기에는 질병의 발생이 증가하는 경향이 있다. • 새로운 감염이 생긴다. • 접촉이 증가한다. • 대사의 변화나 급성장기 동안의 부적절한 식사에 의해 재감염이 촉진된다.
스트레스상태	• 일시적인 스트레스 환경(손상, 질병, 영양결핍, 정서적 스트레스 만성 피로)은 감염에 대한 감수성을 증가시킨다. • 부신의 steroid 분비 증가는 방어적으로 염증반응을 억제하고 감염이 퍼지도록 한다. • 치료제로 코르티코스테로이드를 투여(유사한 효과)한다.
영양	• 질병의 발생은 영양상태와 반비례한다. • 어린 아동이 질병에서 회복하기 위해서는 좋은 영양상태가 필수적이다.
반복 감염	• 전염성 질병(후천성 면역 결핍증, 홍역, 백일해)은 잠재적으로 결핵병소를 활성화시킨다. • 치료 불이행

(2) 임상증상

| 아동 결핵과 성인 결핵의 비교 |

구분	아동 결핵	성인 결핵
초기의 폐병변	폐하부	폐첨부 또는 쇄골 상부
국소 림프절	흔함	없음
치유 양상	석회화	섬유화
진행 양상	혈행성(속립성 결핵, 결핵성 뇌막염)	기관지성(건락성 괴사, 공동 초래)
감염 방법	초감염 결핵	재감염 결핵

(3) 진단

투베르쿨린 검사

2 척추측만증(scoliosis)

기본서 <성인(2)> 참조

3 골육종(Osteo Sarcoma)

구분	내용
특징	골육종이란 뼈에 발생하는 악성 종양으로서 전체 악성 종양 중 약 0.2%를 차지하는 드문 암으로 주로 장골(긴 뼈)의 말단부위에 생기는 경우가 많고, 무릎 주위에 발생하는 경우가 80%로 가장 흔하다.
증상	• 주증상은 뼈의 통증이다. • 초기에는 운동 시 뼈의 어깨나 무릎 등에 통증이 있다가 안정을 취하면 가라앉기 때문에 운동 시 생기는 통증으로 생각해 지나치는 경우가 많다. 그러다 통증이 심해지고 안정을 취해도 종양부위 연부조직이 부어오르면 이때는 골육종이 진행된 상태이다. 이렇게 진행된 상태가 되기까지는 3~6개월 정도가 걸린다. 따라서 뚜렷한 이유 없이 청소년기에 하지 장골 부위, 특히 무릎 주위에 통증을 호소하는 경우 X-ray 검사로 골육종이 있는지 검사하는 것이 바람직하다. 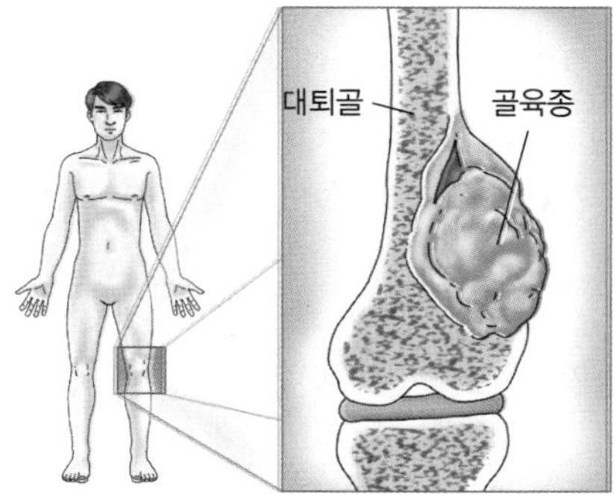 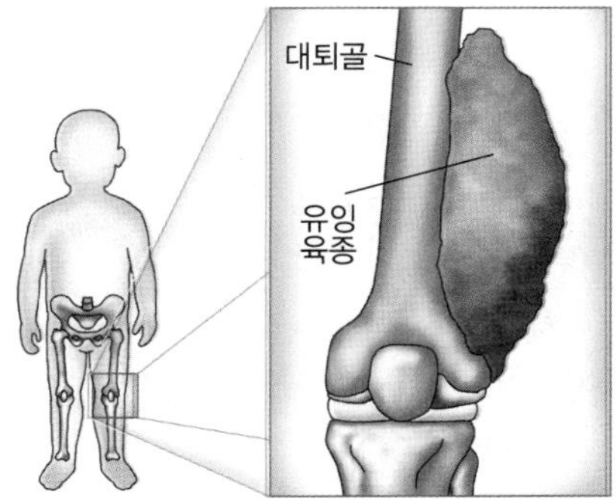 대퇴골 골육종 대퇴골 유잉 육종

4 유잉육종(Ewing 육종, Ewing's Sarcoma)

특징	유잉육종은 뼈 조직보다는 골수강에서 발병한다. 골육종과 마찬가지로 긴 뼈에서 가장 많이 발생하며 대퇴골이 가장 흔하며, 경골, 상박골, 비골 등에도 나타난다. 그러나 골육종과 다르게 긴 뼈의 양쪽 끝부분이 아닌 중간 부분에서 발생한다. 평평한 뼈에서는 골반에서 가장 많이 생기고, 늑골·척추 등에도 생긴다.

골육종과 감별

구분	골육종	유잉육종
호발 연령	10대	10대
종족	모든 인종	백인에 호발
성비(남 : 녀)	1.5 : 1	1.5 : 1
세포	뼈 성분(osteoid)을 생성하는 방추형 세포	미분화된 작은 원형 세포
호발 조건	망막 모세포종, Li-Fraumeni 증후군, Paget병, 방사선 치료	알려지지 않았음
호발 부위	긴 뼈의 끝(metaphysis)	긴 뼈의 중간(diaphysis), 평평한 뼈
증상	국소 동통, 종창	국소 동통, 종창, 발열
방사선 소견	• 경화성(sclerotic) 소견 • 햇살(sunburst) 모양	• 용해성(lytic) 소견 • 양파 껍질(onion skin) 모양
감별 진단	유잉육종, 골수염	골수염, 호산구성 육아종, 림프종, 신경모세포종, 횡문근육종
전이	폐·뼈	폐·뼈
치료	항암제·수술	항암제·방사선 치료나 수술
예후	• 전이가 없으면 70% 완치 • 전이가 있으면 20% 미만 생존	• 전이가 없으면 60% 완치 • 전이가 있으면 20~30% 생존

07 청소년기 성장장애

1 청소년의 성적 성숙

(1) 성징

일차성징 (primary sex character)	생식기능을 수행하는 내외부 기관을 의미. '아들이냐 딸이냐'가 결정되는 남녀의 성징
이차성징 (secondary sex character)	호르몬 변화의 결과로 신체전반에 일어나는 변화

(2) 급성장에 영향 주는 4가지 호르몬의 분비기전과 성장에 대한 생리적 영향(효과)

성장호르몬	분비기전	시상하부(성장호르몬 유리호르몬) → 뇌하수체 전엽(성장호르몬) → 신체의 크기와 사지의 성장
	생리적 영향	신체의 크기, 사지의 성장
갑상선호르몬	분비기전	시상하부(갑상선자극호르몬 유리 호르몬, TRH) → 뇌하수체전엽(갑상선자극호르몬, TSH) → 갑상선에서 T_3, thyroxine(T_4)를 분비
	생리적 영향	신체의 구조적 성장
테스토스테론(남)	분비기전	• (95%) 시상하부(성선자극호르몬 유리호르몬) → 뇌하수체 전엽(성선자극호르몬 LH, FSH) → 고환 성숙 → 테스토스테론 분비 • (5%) 시상하부(부신피질자극호르몬 유리 호르몬) → 뇌하수체 전엽(부신피질자극호르몬) → 부신피질(안드로겐) → 고환에서 테스토스테론으로 전환
	생리적 영향	신장, 체중 증가 → 18~20세에 장골의 골단 융합 자극 → 골단(성장판) 폐쇄 촉진
에스트로겐(여)	분비기전	시상하부(성선자극호르몬 유리 호르몬 분비) → 뇌하수체전엽(성선자극호르몬인 FSH, LH) → 난소의 난포에서 에스트로겐 분비
	생리적 영향	• 뇌하수체 전엽의 성장호르몬 억압 • 장골의 골단 융합 자극 → 성장판 닫힘 → 남성보다 일찍 성장이 중단 • 신장의 성장은 초경 후 2~2년 반인 16~17세에 멈춤 – P3: 키가 가장 많이 증가(PHV) – P4: 몸무게가 가장 많이 증가(PWV), 초경

(3) 남녀의 이차성징

구분	여자		남자
FSH	난소여포의 에스트로겐 생산을 자극		정자생성과 정세관 성숙
LH	배란, 황체형성 역할		고환성숙, 테스토스테론의 생성
성 호르몬	에스트로겐	프로게스테론	테스토스테론
	• 유방발달 • 색소침착: 유두, 음부, 겨드랑이 • 체모, 음모 발달 • 생식기관 성장: 질, 자궁, 난소	• 모성호르몬 • 황체에서 생성 • 태아 착상 → 임신 지속	• 남성호르몬 • 생식기계 성장과 발달 촉진 → 신장, 체중 증가 • 골단 성숙 자극 → 장골의 성장 억제 • 남성 고유의 체격 형성

	• 골단 성숙: 장골성장 억제 → 초경 후 2~3년 후 키 성장 멈춤		
안드로겐	액와의 체모 발달과 음모 발달		고환에서 테스토스테론으로 전환
	피지선 발달 → 여드름		

땀샘	에크린 한선	• 출생 시부터 존재한다. • 일차적으로 신체 열조절기전의 일부로서 기능하며 전해질 균형의 유지에도 어느 정도 기능한다. 에크린 한선은 투명하고 물기가 많은 액체(땀)를 생산하는데 이것은 소금, 암모니아, 요산, 요소 및 다른 배설물들로 구성되어 있다.
	아포크린 한선	• 출생 시부터 존재한다. • 주로 액와, 유두, 제와부위, 항문주위, 생식기 부위에 분포한다. 이의 활동은 일반적으로 정서적 스트레스에 기인한 교감신경 흥분유발자극의 결과로 나타난다. 영아기와 아동기에는 활동하지 않다가 사춘기 동안에 성숙하면서 기능하게 된다. 이들은 에크린 한선보다 훨씬 크며 모낭과 연결되어 있다. 아포크린선의 알칼리성은 그 부위의 pH를 변경시킨다. 세균이 아포크린선을 분해하면, 특히 액와부위에서 악취가 난다.

2 태너의 분류(Tanner classification) [2013 · 2018 기출]

정의	• '태너 척도(Tanner scale)' 또는 '태너 스테이지(Tanner stage)' • 아동, 사춘기, 성인의 발달을 보는 척도 • 겉으로 보이는 1차 성징과 2차 성징을 기반으로 해서 육체의 발달 정도를 가늠 • 유방, 성기, 음모의 크기나 발달 정도를 기준	
Tanner 사춘기 5단계 (Sexual Maturity Rating) [2013 · 2018 기출]	1단계	사춘기 전
	2단계	사춘기 초기
	3단계	남자의 사정(첫 몽정), 여자의 PHV(키 급성장)
	4단계	여자의 PWV(몸무게 급성장)와 초경 남자의 PHV(키 급성장), PWV(몸무게 급성장)
	5단계	어른 상태

3 소녀의 성적 성숙

(1) 사춘기 소녀의 육안적인 신체적 변화

구분	내용
유방	유두와 유륜의 변화 및 유방조직의 작은 봉우리 발달 – 가장 두드러지게 관찰 가능한 사춘기 변화
치모	• 치모의 발현 • 유방 발달 후 약 2~6개월이 지난 후가 됨 • 사춘기 중기 동안 유방이 커지며, 치모가 치구와 대음순을 덮을 정도로 발달
급성장	대부분의 여아는 사춘기 중기에 키와 체중의 성장속도가 최고에 이름
초경	• 사춘기 후기의 특징은 초경 • 초경은 유두 봉우리의 발현 2년 후, 키의 성장률이 최고조에 이른지 9개월, 체중의 증가율이 최고에 이른지 3개월 후에 발생 • 여아의 경우 10세 이전에 초경이 있고, 음모와 가슴의 발달이 6~7세 여아에 발생한다면 성조숙증을 고려할 수 있음

(2) 사춘기 소녀의 초경

구분		내용
기전	에스트로겐	난소의 난포막에서 에스트로겐이 나오면 에스트로겐으로 자궁 내막 분비선(샘조직)과 혈관 분포를 증가시켜 자궁내막이 두꺼워지며 탈락된 자궁내막의 기능층을 복구한다.
	프로게스테론	배란 후 난소의 황체에서 분비되는 프로게스테론은 자궁내막의 분비선과 혈액 발달로 자궁에 영양 물질을 공급한다.
	출혈	임신이 되지 않으면 황체는 퇴화되고 황체에서 분비되는 프로게스테론, 에스트로겐이 급격히 감소하여 자궁 내막 내 나선형 동맥의 수축과 경련으로 혈액 공급이 차단되어 자궁내막의 기능층에서 월경 출혈이 시작된다.
시기	• 처음 징후가 있은 지 2년 후 시작(P4)한다. • 초경은 유방 발달이 시작되고 나서 2년 후 급성장기가 최고에 도달한 후 일어난다. • 초경은 신체 지방 함유량 증가와 관련된다.	
초경기간	• 초경기간은 주로 불규칙적이고 무배란성이다. • 배란과 규칙적 월경기는 초경 후 6~12개월(1~2년) 후에 생긴다.	

(3) 사춘기 여학생의 성적 성숙 변화 단계(Tanner stage)별 특징

| 가슴(여성) |

1단계	샘 조직(glandular tissue) 없음, 유륜(areola)이 나머지 피부와 같이 편평함(사춘기 전) [일반적으로 10세 전]
2단계	유방 발달 시작 시기(thelarche). 가슴 몽우리(breast bud)가 생기며, 작게 주위에 샘 조직이 있음, 유륜이 넓어짐 [10~11.5세]
3단계	유방이 좀 더 봉긋해지고, 유륜의 경계 너머로 확장됨, 유륜은 더욱 커지나 편평함 [11.5~13세]
4단계	유방의 크기가 커지고 더 봉긋해짐, 유륜과 유두(papilla)가 2차적인 몽우리를 만듦 [13~15세]
5단계	유방이 성인의 크기와 같아짐, 유륜은 피부와 비슷한 편평도를 가지며, 중앙에 유두가 솟아있음 [15+세]

구분	유방발달	음모발달	초경	신체성장
1	사춘기 전기	음모발달은 없음	-	-
2	• 유방멍울과 유륜이 커짐 • 유방발육은 9~13세 반 정도에 발생	• 치모(+), 액와 체모(−) • 음순의 중간선을 따라 약간 흩어져 돋음 • 치모가 유방발달에 앞서기도 함	-	-
3	• 유방과 유륜 촉진 • 윤곽은 두드러지 않음	• 거칠며, 곱실거리는 검은 치모와 액와 체모의 증가	-	PHV(남자보다 2cm/년↓): 키가 가장 많이 증가
4	• 유방 크기 증가 • 유륜과 유두의 돌출 • 윤곽의 두드러짐	• 성인 치모: 성인보다 양이 적음 • 전형적인 여성의 삼각 형태	초경↓	PWV(PHV보다 6~9M 늦음): 몸무게 가장 많이 증가
5	• 성인 단계 • 유두 돌출, 유륜은 유방의 윤곽에 포함됨	• 성인 여성의 삼각형태 • 대퇴부까지 발달한 치모	• 10세 반~15세경 시작 • 사춘기가 지나고 2년~2.5년 사이에 키가 급성장 한 후 발생 • 규칙적 배란은 6~14개월 후 가능	

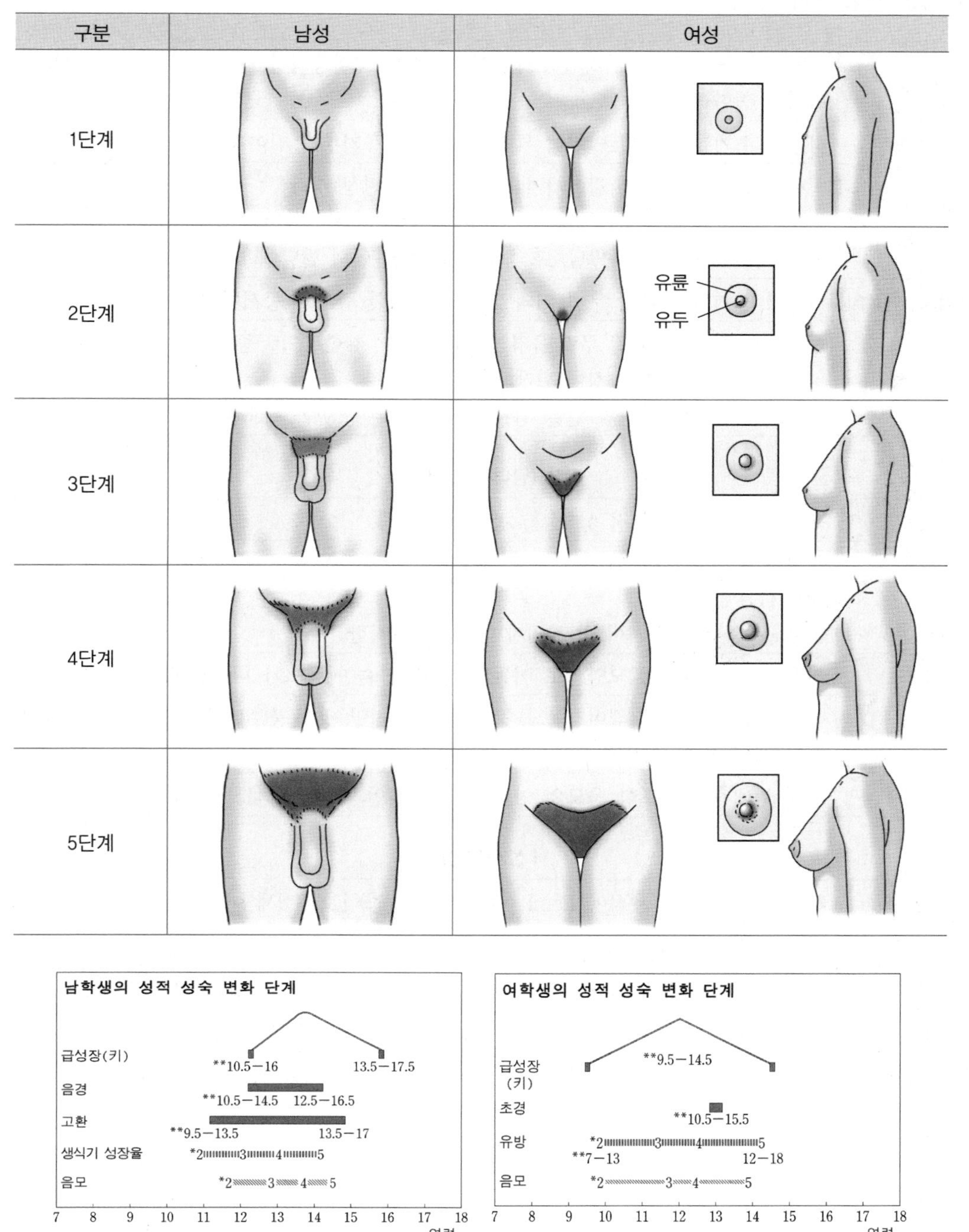

* 숫자는 Tanner의 발달 단계를 의미함

** 성장과 성적 성숙 변화가 나타나는 동안의 연령 범주임

※ 꼭짓점은 키 성장의 최고점을 나타냄

4 소년의 성적 성숙

고환증대	음낭이 가늘어지고 붉어지면서 느슨해지는 동안 고환용적이 커지기 시작(9.5~14세), 음경 길이는 변화 없음
치모	사춘기 초기는 치모의 발현이 특징적, 사춘기 중기부터 길어지고, 곱슬, 양이 증가
음경 발달, 목소리	• 사춘기 중기 음경이 길어지기 시작, 목소리 변성 시작 • 음경과 고환의 증대 및 치모의 성장은 사춘기 중기 까지 지속됨 • 이 시기 동안에 근육발달, 조기변성 및 얼굴 털의 발달이 나타남
급성장, 변성기	사춘기 중기가 끝나갈 무렵 키와 체중의 급격한 증가가 동시에 발생, 본격 변성기
사정	• 사춘기 중기가 끝나갈 무렵 음경의 길이와 폭이 제한적으로 증가하며, 고환이 지속적으로 증대하고 첫 번째 사정이 발생 • 겨드랑이 털의 발달과 얼굴 털은 턱의 앞부분을 덮을 정도로 발달

| 음모(남녀 구분 없이) |

1단계	음모가 없음(사춘기 전 상태) [보통 10세 이하]
2단계	음경과 음낭의 기저부(base) 또는 대음순에 색소 침착과 함께 약간의 길고 솜털 같은 털 [10~11.5세] 💡 stage2와 stage3 사이 치골 위에 나타나기 시작함
3단계	치골 전체에 삼각형 모양으로 어둡고, 굵고, 곱슬한 음모가 나타남 [11.5~13세]
4단계	음모가 성인에서처럼 짙어지고 곱슬하게 나타나지만, 양이 풍부하지 않고 치골 부위에 제한적임, 내측 허벅지엔 없음 [13~15세]
5단계	서혜부 내측에 분포한 음모의 양과 모양이 성인과 유사함 [15 + 세]

| 성기(남성) |

1단계	사춘기 전(고환의 용적이 1.5ml 이하, 작은 음경) [보통 9세 이하]
2단계	고환 용적 1.6~6ml, 음낭 피부는 얇고 붉으며 음경의 길이는 변함없음 [9~11세]
3단계	고환 용적 6~12ml, 고환이 더욱 커짐, 음경은 6cm 정도로 커짐 [11~12.5세]
4단계	고환 용적 12~20ml, 고환은 더욱 커지면 검어짐, 음경은 10cm 정도로 커짐 [12.5~14세]
5단계	고환 용적 20ml 이상, 성인의 고환, 음경은 15cm 정도로 커짐 [14 + 세]

| 남아: 2차 성징 전에 고환 부피가 커지는 것으로 시작 - 2~5년 소요 |

구분	고환/음낭/음경	음모	사정	신체성장
1	• 사춘기 이전 시기 • 고환: 2.5cm 이하	음모발달은 없음	-	2차 성징 전에 고환부피가 커지는 것으로 시작
2	• 고환 크기가 커지기 시작 • 음낭이 커짐, 착색, 느슨해짐 • 음경 약간 커짐	길고 검은 치모 몇 가닥 나타남	-	고환이 커진 후 6~8개월 후 성기의 크기가 커지고 음모 발달
3	• 고환: 3.3~4cm • 음경 길어지기 시작	• 색이 짙어지고 곱슬, 길어지기 시작 • 치모 양 증가 시작	-	• 근골격 발달과 일차적 목소리 변성 • 수염 증가 • 일시적 여성형 유방 (1/3 발생)
4	• 고환: 4.1~4.5cm • 음낭: 색이 어두워짐 • 음경: 길이와 폭 증가	• 성인과 유사하지만 양이 적음 • 겨드랑이 체모, 수염 길어짐	몽정	• PHV, PWV • 후두발달에 따른 이차적 목소리 변성
5	고환, 음경: 성인 수준 (4.5cm 이상)	성인 수준: 허벅지 안쪽까지	정자생성 완성	여성형 유방은 축소 or 사라짐

(1) 소녀, 소년의 성적 성숙단계

여아의 성적 성숙도 단계	• 유방발달(몽우리) → 음모 성장 → 키의 급성장 → 초경 → 겨드랑이 털 성장, 몸무게 증가 순 • 평균 초경연령은 12.0 ± 1.0세
남아의 성적 성숙 단계	• 고환크기 증가 → 음낭 성장 → 음성변화(첫변성기) → 성기길이 확대 → 몽정, 음모 성장 → 키의 급성장 → 안면 겨드랑이 털 성장 순 • 첫 몽정을 경험한 평균연령은 12.3 ± 1.8세

(2) 사춘기의 신체적 성장

사춘기 급성장	• 사춘기 동안 길이 성장의 20~25%가 이루어지고, 이상적인 성인 체중의 50%까지 도달한다. • 사춘기의 급속한 성장은 골격, 근육, 내부 장기 등 전반적인 성장의 증가와 관련되고, 여아에서는 12세, 남아에서는 14세에 성장률이 최고수준에 도달한다. • 일반적으로 여아는 남아보다 1.5~2년 정도 먼저 사춘기를 시작, 성숙하게 된다. • 성장률(키)는 사춘기 초기 동안 여아에게서 증가하기 시작하는 반면, 남아는 사춘기 중기까지 증가하지 않는다.
여아의 급성장	• 여아의 급성장은 빠르면 만 9.5세 정도에 시작하거나 늦어도 14.5세에 시작한다. • 최고 선형 성장률은 여아의 경우 초경 전 6~12개월 전후로, 12세에 나타난다. 최고 선형 성장률은 초경의 예측 요인으로 사용되기도 한다. • 여아의 키 성장은 일반적으로 초경 후 2~2.5년에서 멈춘다.
남아의 급성장	• 남아의 급성장은 빠르면 10.5세, 늦어도 16세 사춘기를 경험한다. • 남아는 음경과 고환의 성장 및 액와와 음모의 발현 후인 약 14세경에 최고 선형 성장률에 도달한다. • 대부분의 남아의 키 성장은 18세나 20세경에 멈춘다.

5 신체성장장애

구분	1차성 성장장애	2차성 성장장애
정의	• 골격계의 내인적 결함(선천성) • 유전적 소질	외부 환경인자에 의해 성장장애가 후천적으로 발생
원인	• 선천성 원인에 의한 저신장: 골형성장애, 염색체이상(터너증후군), 자궁 내 성장지연, 만성 자궁 내 감염, 알코올이나 페니토인 같은 약물복용, 심한 미숙아 • 유전성 저신장 등	• 영양결핍, 만성소모성 전신성 질환 예 만성 신부전증 • 정신사회적 저신장 • 내분비질환: 뇌하수체 기능저하증 • 성호르몬 감소&증가, 갑상선 저하증, ACTH 감소 • 생식선 발생장애 • 체질성 성장지연(속도는 느리지만 성인에서는 정상)

6 저신장증 [2014 기출]

(1) 정의와 원인

정의	• 같은 연령, 같은 성의 아동의 평균 신장보다 2표준편차 미만인 경우 또는 3백분위 미만인 경우이다. • 저신장증이란 키가 같은 연령 및 성별 어린이들의 표준 평균치에서 3백분위수 이하인 작은 키를 말한다. 즉 100명의 어린이들 중에서 가장 작은 3명 안에 들어갈 경우 저신장증이라고 말할 수 있다.		
	부모 키의 평균	남아	아버지 키(cm) + 어머니 키(cm) + 13/2
		여아	아버지 키(cm) + 어머니 키(cm) − 13/2
원인	가족적 저신장	• 부모가 왜소하다(키가 작고 체중이 적음). • 출생 시 체중이 작다. • 매년 4~5cm 성장속도를 가지고 있고, 사춘기 시작연령이 정상적이다. • 최종 성인키가 작다.	
	체질적 저신장	• 체질적으로 성장이 늦은 것(부모 중 한 분에게 물려받음, 부모의 키가 큰 경우에는 문제가 되지 않음)이다. • 나이에 비해 골연령이 2~3년 정도 지연된다. → 20살이 넘어도 자랄 수 있다. • 사춘기 시작연령도 2~3년 지연된다. • 최종 성인키는 정상이다.	
	성장호르몬 결핍증 저신장증	• 성장호르몬 결핍을 일으키는 원인은 특발성(원인을 알 수 없는 경우), 뇌의 병변, 뇌 수술, 유전 등의 원인이 있다. • 특발성 성장호르몬 결핍을 가지는 소아는 정상적인 골격의 비율을 가지며 신장에 비하여 다소 체중이 많이 나가고 복부의 피하 조직 내에 지방 침착이 많으며 남아에서는 출생 전에 발현 시 미소음경, 미소고환 및 미발달된 음낭 등을 보인다. • 소아 환아는 키가 3백분위수 이하이며 성장 속도가 1년에 4cm 이하이며, 지능은 정상이다. • 진단 : 뼈 나이가 실제 나이보다 어리고 성장호르몬 자극 검사를 시행하였을 때 성장호르몬이 정상 소아에서 보듯이 증가하지 않는다.	
	선천성 원인적 저신장증	염색체 이상에 의한 저신장증 중 가장 흔한 원인이다.	
	만성질환적 저신장증	만성 신부전증으로 인한 신장 기능의 감소가 성장 장애의 원인이 된다.	

저신장증의 비교	구분	유전성 저신장	체질성 성장지연 (성장지연형)	성장호르몬 결핍증 (성장속도 감소형)
	골/역연령	골연령 = 실제연령	골연령 < 실제연령	골연령 < 실제연령
	출생 시	일반적으로 키가 작음	키와 체중 정상	정상
	성장곡선	자신의 고유한 성장곡선에 따라 성장, 정상범위 바로 아래 수준에서 정상곡선에 따라 평행	• 영아 말 성장곡선 하향 • 표준성장곡선의 정상 범위 하단 • 사춘기에 성장곡선이 상향 이동	성장지연, 성장속도 저하
	호르몬	정상		결핍
	성장 속도	정상	정상	저하
	가족력	○(부모의 키가 작음)	○	-
	사춘기 발현	정상 or 빠름	늦음	늦음
	치료	성장호르몬 투여	-	성장호르몬 투여
	증상	성장지연, 최종 작은 성인 키, 정상 골연령	골연령이 실제 연령보다 감소(골연령 지연), 유치는 예상된 연령에 발생하나 영구치 지연, 털 미발육	

(2) 저신장증의 평가

구분	내용
백분위수	아동의 키가 몇 백분위수에 속하는지 관찰한다.
표준편차	키에 대한 표준편차 점수를 계산한다.
성장속도	• 과거 1년간의 성장 속도를 관찰한다. • 3세가 지난 사춘기 이전의 성장률은 1년에 4cm 이상이다. • 유전성 성장지연, 체질성 성장지연: 성장속도 정상 • 성장호르몬 결핍증(뇌하수체 기능저하증): 성장호르몬 결핍으로 성장속도 감소
골연령	• 골격연령을 결정하기 위해서 왼손과 손목을 방사선으로 사진촬영한다. • 골연령인 골 성숙의 방사선 촬영으로 판정한다. • 유전성 성장지연: 골연령 정상 • 체질성 성장지연: 골연령 감소 • 성장호르몬 결핍증(뇌하수체 기능저하증): 성장호르몬 결핍으로 골연령 감소

(3) 유전성 성장지연(가족성 저신장, m/c : most/common)

저신장	• 정상인의 역연령에 비해 신장이 작다. • 역연령 : 출생 후부터 경과한 연수이다.
정상	골연령이 정상이고 성장 속도가 정상이다.
정상 사춘기 발현	사춘기 발현이 정상이거나 약간 빠르다.
유전적	양친으로부터 작은 키의 유전적 소질을 받아서 생긴다.

(4) 체질성 성장지연

가족력	체질성 성장 지연의 가족력을 가진다.
골연령 감소	실제 연령에 비해 신장이 작고 골연령이 감소한다.
정상 성장 속도	• 4cm/year 이상으로 성장 속도는 신체연령에 비해 비교적 정상이다. • 성장 속도는 성장호르몬 수준과 관계가 있다.
늦은 사춘기 발현	성장호르몬 분비는 정상이나 사춘기 발현이 늦다.
정상 키와 체중	사춘기에 성장 곡선이 상향 이동하여 최종적으로 정상 키와 체중이 된다.

7 성장호르몬 결핍증(저신장증) [2014 기출]

(1) 개요

정의	성장호르몬의 분비저하로 성장 및 대사작용에 영향을 주어 왜소증을 유발하는 질병 (정상적인 신체 균형을 가진 병적 왜소증)	
원인	선천성 성장호르몬 결핍	대부분 출생전후의 손상으로 인한 뇌하수체나 시상하부 손상에 기인
	후천성 성장호르몬 결핍	• 종양, 감염, 방사선 조사, 화학요법에 의한 독성반응에 의하나 대부분은 뇌하수체와 시상하부에 발생하는 종양이 원인 • 영아기부터 점진적으로 키와 체중의 증가가 지연되는 것은 기질적인 뇌하수체 기능저하로 인한 것이고, 정상 성장곡선을 보이다가 갑자기 지연되는 것은 종양에 의한 경우가 흔함
	특발성 성장호르몬 결핍	원인을 알 수 없음, 성장호르몬 합성을 조절하는 유전자 결함으로 보고 있음

(2) 진단

구분			
정상적 신체 균형	• 정상적인 신체 균형을 가진 병적 왜소증이다. • 정상적인 상하절의 비율은 갑상샘 기능저하증과의 감별 포인트로, 갑상샘 기능저하증은 작은 키와 짧은 다리이다.		
골연령 감소	• 골연령(골성숙 정도)이 감소되어 있다. • 성장호르몬 결핍으로 골연령이 감소한다.		
비정상적 성장 속도	성장호르몬 감소로 성장 속도가 감소되어 역연령에 비하여 비정상적인 성장속도를 가진다(성장속도는 성장호르몬과 관계!). • 3세 이후 2백분위수 이하의 작은 키(3세 이상에서 1년에 4cm 미만의 성장속도) • 성장호르몬 결핍으로 인한 성장지연과 가족력과 관계있는 체질성 성장지연을 구별해야 하는데, 체질성 성장지연의 경우 성장속도는 정상이다.		
성장호르몬 결핍증의 진단소견	성장호르몬 유발검사 결과 7~10ng/mL 미만인 경우	성장호르몬 정상치	180 이상(급성장), 100 이상
		성장호르몬 반응치 [2014 기출]	10ng/mL 이상
	역연령에 비해 3백분위수 미만	–	
	골격발육지연	역연령에 비해 평균보다 2표준편차 이상 지연 시	
성장호르몬 결핍증 검사	IGFH의 혈중 농도 감소	• 성장호르몬 감소에 IGF-I의 혈중 농도가 감소한다. • IGF-I는 영양 상태, 전신 질환에 따라 혈중 농도의 변화가 심하여 성장호르몬 결핍증의 선별 진단적 가치가 낮다.	
	인슐린 성장인자(insulin-Like growth factors, 이하 IGFs)	• 인슐린양 성장인자(insulin-Like growth factors, 이하 IGFs)는 I형 인슐린양 성장인자(IGF-I)와 II형 인슐린양 성장인자(IGF-II)로 분류되며 각각 70, 67개의 아미노산으로 이루어진 펩티드로서 인슐린과 유사한 구조를 갖고 있다. • 이중에서도 IGF-I은 세포의 분화와 증식을 촉진하여 생후 성장에 필수적이다.	
	성장호르몬 자극 검사	• 운동 20분 후나 잠들고 난 45~90분 후 수치가 증가한 다음 측정, 또는 야간 소변 중의 성장호르몬 유발검사로 인슐린, 클로니딘 등의 약물을 주입한 후 성장호르몬 수치를 측정(일반적 방법)한다. • 자극 검사 모두에서 성장호르몬의 최고 반응치가 7~10ng/mL 미만의 경우 성장호르몬 결핍증으로 진단한다. • L-dopa 검사 • Argimine 검사 • 인슐린 유발 저혈당 검사 • Glucagon 검사 • Clonidine 검사 • GHRH 검사	

(3) 증상

작은 키	성장지연(성장곡선상에서 2% 미만), 성장속도 감소(성장속도가 1년에 4cm 미만)
골연령 지연	골연령 지연, 골단폐쇄 지연, 천문폐쇄 지연, 치아발육 지연
특징적인 외모	전두부 돌출, 둥근 얼굴, 복부비만, 손발이 작고 짧음, 조로현상 • 조로징후: 눈가나 입 주위의 주름 → 유아 얼굴을 동시에 볼 수 있는 특이한 얼굴과 성장지연도 특징적인 증상임
기타	비만(복부), 저혈당(인슐린 민감성 증가)

(4) 치료

원인 제거	기질적 병변은 종양에 대한 근본적인 치료로 수술이나 방사선 요법 실시	
호르몬요법	성장호르몬 보충	성장호르몬은 매일 투여하지만 방사선 사진상 골단 폐쇄가 나타나면 중단함 → 일주일 6회(1회/하루) 성장호르몬 투여, PM 10시~AM 2시에 분비 多(잠들기 전 투여)
	적응증	• 성장호르몬 결핍, 터너증후군, 자궁 내 성장지연에 의한 저신장 • 성인 키가 남아 160cm 이하, 여자 150cm 이하로 예측되는 저신장
	방법	• 주사 방법: 가루로 된 합성 성장호르몬을 희석하여 매일 피하주사(냉장 보관) • 주사 시기: 취침 시에 투여하면 효과가 가장 큼 • 방사선 촬영에서 성장판의 융합을 보일 때까지 계속 • 갑상선 기능 검사 필요: 갑상선 기능 저하가 올 수 있음
보존 지지요법	• 매일 피하주사로 성장호르몬을 투여해야 하므로 아동과 가족에게 교육을 지속해서 제공 • 아동은 작은 키 때문에 놀림을 당할 수 있고 소외감이나 우울감 등의 문제가 나타날 수 있으므로 아동의 신체상과 자존감 발달을 위해 협조하고 지지해주어야 함	

8 성조숙증 [2013 기출]

(1) 성조숙증의 이해

정의	성조숙증이란 사춘기 현상이 여아에서 8세 미만, 남아에서 9세 미만에 발생하는 경우를 말한다. 즉 여아에서는 만 8세 이전에 유방이 발달되고, 남아에서는 만 9세 이전에 고환이 커지면 성조숙증이라고 한다.

구분	여자아이	남자아이
기준	만 8세 이전 혹은 140cm 이전에 사춘기가 시작된다.	만 9세 이전 혹은 150cm 이전에 사춘기가 시작된다.
증후	• 키가 작지만 가슴에 멍울이 생기고 통증이 발생한다. • 음모와 겨드랑이 털이 발달한다.	• 고환이 커지거나 음경이 발달한다. • 몽정, 음모
공통 증후	• 치아발육이 빠르다. • 머리 냄새나 땀 냄새가 고약해진다. • 여드름이 증가한다. • 갑자기 키가 많이 크거나 체중이 증가한다. • 부쩍 예민해지고 짜증이 늘어난다. • 혼자 있고 싶어 한다. • 어른 일에 관심이 많아지고 성적 호기심이 늘어난다.	

(2) 원인 및 병태생리

원인	• 성조숙증은 여자 아이에게서 더 흔하고 원인은 대부분 알려져 있지 않다. • 다른 원인에는 양성 뇌하수체종양, 뇌 손상 혹은 방사선 치료, 감염성 뇌염, 뇌수막염, 선천성 부신비대증, 난소, 부신, 뇌하수체, 고환의 종양이 있을 수 있다.
병태생리	중심성 성조숙증은 가장 일반적인 유형이며, 성선 분비 자극호르몬(GnRH)을 분비하게 하는 시상하부－뇌하수체－생식샘 축의 조기 활성화이며, 이는 뇌하수체가 황체 형성 호르몬(LH)과 여포 자극 호르몬(FSH)을 분비하도록 자극한다. 그 결과, 이 호르몬들은 생식샘이 성호르몬(에스트로겐이나 테스토스테론)을 분비하도록 자극하여 아동은 이차 성징이 나타나게 된다.

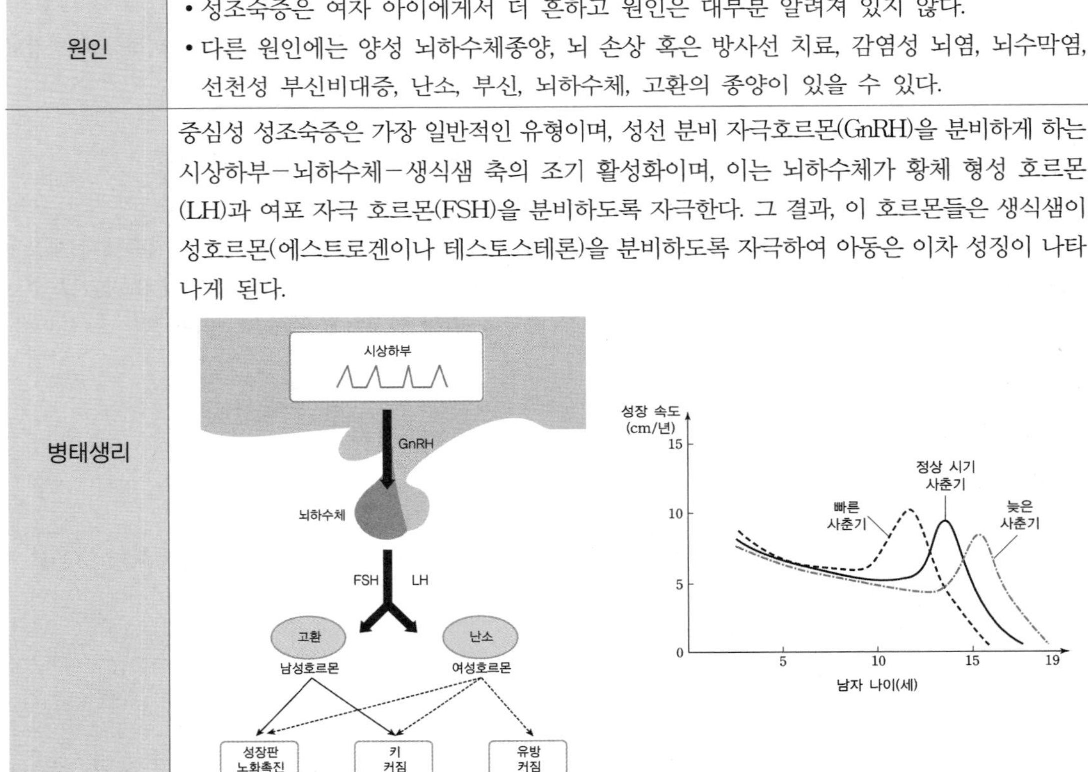

(3) 원인별 분류

구분		내용
진성 성조숙증		• 특발성 • 중추신경계 종양: 시상하부 과오종, 시신경교종, 성상세포종, 상의세포종 등 • 기타 중추신경계 이상: 선천성 이상, 거미막낭, 수두증, 감염, 혈관이상, 외상, 방사선 조사 • 선천성 부신피질 과증식증 치료 후기 또는 성호르몬의 장기 투여 후
불완전 동성 성조숙증	성선자극호르몬 유리호르몬 비의존성	
	남자	성선자극호르몬 분비 종양(중추신경계 – 배아종, 융모상피종, 기형종/중추신경계 외 – 간암, 기형종, choriocarcinoma), 부신이나 고환에서의 남성호르몬 분비 증가(부신피질 과증식증, 남성화 부신종양 Leydig세포 종양, 가족성 테스토스테론 중독증, 당질코르티코이드 저항증후군)
	여자	에스트로겐 분비 난소종양, 부신종양, 난소낭 등
	남녀 모두	McCune-Albright syndrome, 갑상선 기능저하증
이성 성조숙증	남성의 여성화	부신종양, 융모상피종, 고환종양, 부신 남성호르몬에서 여성호르몬으로의 전환 증가 등
	여성의 남성화	선천성 부신 과증식증, 남성화 부신종양 등

(4) 성조숙증 분류

구분	진성 성조숙증	가성 성조숙증
시상하부–뇌하수체 축기능의 의존도	의존적	비의존적
동성 또는 이성	• 항상 동성 • 시상하부–뇌하수체에 의한 동성의 호르몬 분비	• 동성 또는 이성 • 동성의 호르몬이 분비되면 동성이고 다른 성의 호르몬이 분비되면 이성
성장 형태(골연령, 성장 속도 등)	전형적으로 사춘기 때와 같음	비전형적
제2차성징 발달	완전	불완전
혈중 성선자극호르몬 농도	높음(사춘기 형태)	낮음(사춘기 전 형태)
GnRH 검사	사춘기 형태	사춘기 전 형태
배란, 정자 형성	+	–
성선 발육	완전	불완전

(5) 진단

GnRH (Gonadotropin-releasing hormone) 검사	• 시상하부와 황체화 호르몬 방출인자 자극 • 뇌하수체의 성선자극호르몬의 성숙도 평가 • 조기 성숙: 황체화호르몬(LH), 난포자극호르몬(FSH), 성호르몬 상승 • 특발성: LH 최고치 > FSH 최고치
골격계의 방사선 검사	• 골격의 성숙 평가 • 또래에 비해 골 성숙이 일찍 일어남 → 골 연령 > 실제 연령
초음파 · CT · MRI	• 발달된 골 연령, 비대한 자궁의 크기, 성조숙증의 진단과 연관된 난소의 발달을 확인 • 두개골 방사선 촬영으로 중추 신경계의 병소나 부, 골반, 고환의 농양이 있는지 확인할 수 있음 • 여아 골반 초음파: 난소와 자궁이 사춘기 때와 같음

(6) 치료

원인 질환의 치료	
특발성 (원인 질환이 없는) 성조숙증	• 모든 아이들을 치료하는 것이 아니라 성인 키가 작을 것으로 예상되는 경우, 빠르게 진행하는 경우, 심리적인 문제를 일으킬 것 같은 경우에 치료 • 치료는 성선자극 호르몬분비 호르몬 유사체를 28일 간격으로 피하 또는 근육에 주사 • 치료 후 신장 증가 속도가 감소. 또한 여아에서는 유방이 작아지고 월경이 사라질 수 있으며, 남아에서는 고환의 크기가 감소하고 음경 발기나 자위행위, 공격적인 행동이 줄어듦 • 부모 키가 큰 경우에는 꾸준히 치료를 받는 경우, 치료를 일찍 시작할수록 치료 전에 예측한 어른 키보다 더 커질 수 있음. 하지만 치료 중 신장 증가 속도가 너무 느려지면 치료로 인한 최종 성인 키의 증가가 뚜렷하지 않을 수 있어, 필요하면 성장호르몬을 함께 투여해야 함 • 일반적으로 같은 나이 또래의 아이들보다 체격은 크지만, 성호르몬이 뼈가 성장하는 데 꼭 필요한 성장판을 일찍 닫히게 만들어, 결국 부모로부터 물려받은 키에 비하여 성인 키가 작아짐. 또한 남들보다 신체가 빨리 발달하는 것 때문에 부끄러움을 많이 타거나 수영장에서 옷을 잘 벗으려고 하지 않는 등의 심리적인 문제가 발생하여 학교생활에 잘 적응을 하지 못하는 경우도 있음

9 진성 성조숙증

(1) 개요

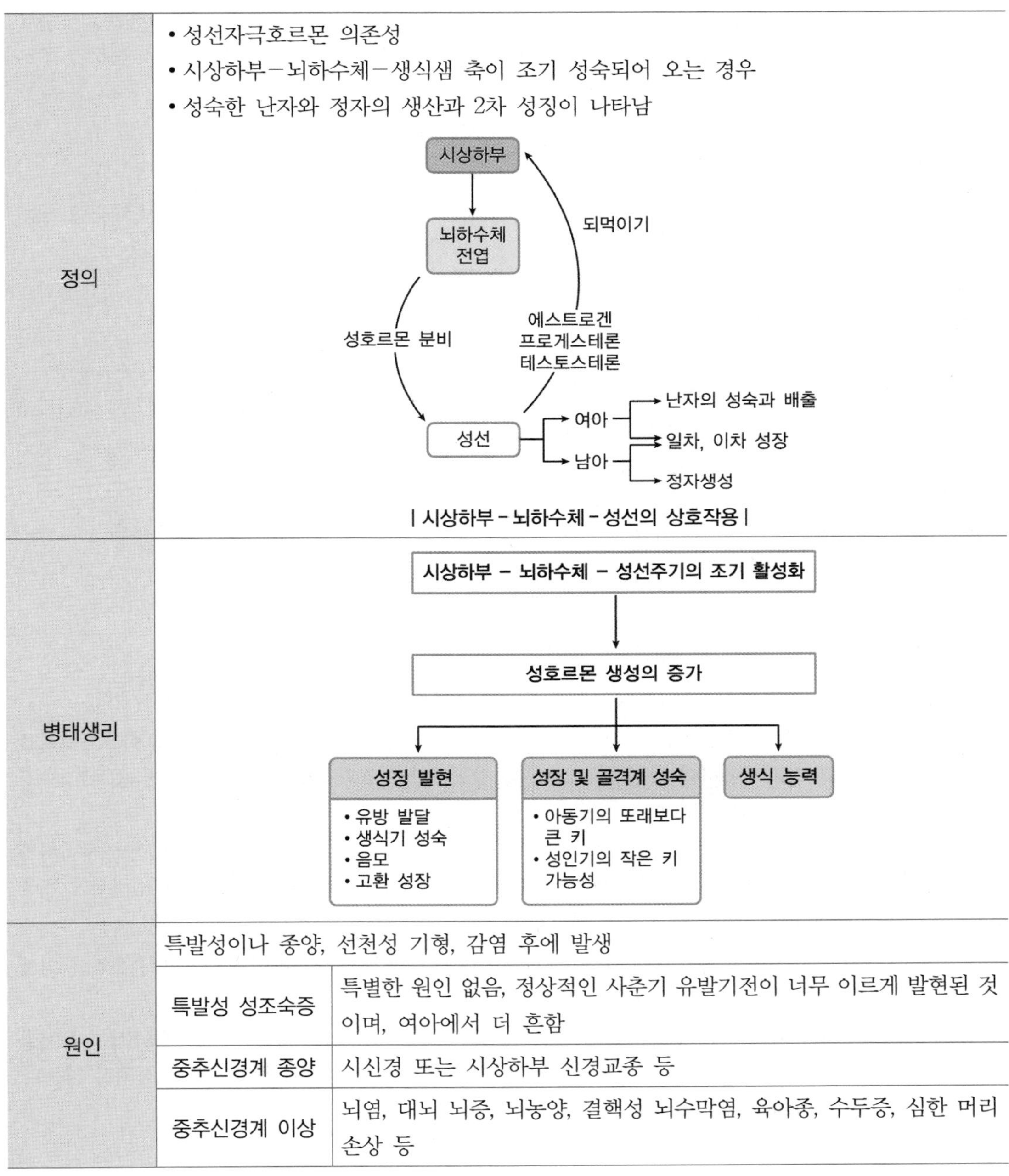

구분		
정의	• 성선자극호르몬 의존성 • 시상하부－뇌하수체－생식샘 축이 조기 성숙되어 오는 경우 • 성숙한 난자와 정자의 생산과 2차 성징이 나타남 시상하부 뇌하수체 전엽 되먹이기 성호르몬 분비 에스트로겐 프로게스테론 테스토스테론 성선 여아 남아 난자의 성숙과 배출 일차, 이차 성장 정자생성 | 시상하부 - 뇌하수체 - 성선의 상호작용 |	
병태생리	시상하부 – 뇌하수체 – 성선주기의 조기 활성화 성호르몬 생성의 증가 성징 발현 • 유방 발달 • 생식기 성숙 • 음모 • 고환 성장 성장 및 골격계 성숙 • 아동기의 또래보다 큰 키 • 성인기의 작은 키 가능성 생식 능력	
원인	특발성이나 종양, 선천성 기형, 감염 후에 발생	
	특발성 성조숙증	특별한 원인 없음, 정상적인 사춘기 유발기전이 너무 이르게 발현된 것이며, 여아에서 더 흔함
	중추신경계 종양	시신경 또는 시상하부 신경교종 등
	중추신경계 이상	뇌염, 대뇌 뇌증, 뇌농양, 결핵성 뇌수막염, 육아종, 수두증, 심한 머리 손상 등

(2) 검사

구분		내용
호르몬		FSH, LH, 성호르몬 증가
GnRH 반응 검사	방법	합성 성선자극호르몬 방출호르몬인 GnRH를 정맥 혹은 피하로 투여하여 뇌하수체 전엽에서 LH와 FSH의 방출을 자극하여 혈중 LH와 FSH 수치를 측정
	결과	• GnRH 투여 시 LH, FSH 상승 • 체질적(특발성) 성조숙증은 사춘기와 같은 양상
방사선 검사		• 전형적으로 사춘기 때와 같음 • 골연령이 실제 연령보다 증가로 골단의 융합 자극으로 성장판이 빨리 닫혀 왜소증 가능성이 있음

(3) 증상

구분	내용
공통	남아나 여아 모두 사춘기가 일찍 나타남
여아	• 에스트로겐: 유방 발달, 생식기의 성숙, 월경의 시작 • 안드로겐: 액모와 음모, 여드름이 나타남
남아	테스토스테론: 액모와 음모, 여드름

(4) 치료

구분	내용
적응증	중추(시상하부-뇌하수체)기관에서 기인한 성조숙증 치료이다.
약명	GnRH 유사체인 leuprolide acetate(Lupron Depot), zoladex를 4주마다 주사한다.
류프로렐린 (lupron)	• GnRH 유사체에 속하며, 뇌하수체의 GnRH 수용체에서 GnRH 작용제 및 항고나도트로핀으로 작용하여 성선자극호르몬을 감소시키고 결과적으로 테스토스테론 및 에스트라디올 분비를 줄인다. • 이 약물은 테스토스테론 또는 에스트로겐 의존적인 암세포에서 이들 호르몬을 부족하게 만들어 종양의 크기를 줄이거나 위축시키는 작용을 나타낸다. 주로 유방암, 전립선암, 자궁내막증, 자궁근종 치료에 사용한다.
기전	• GnRH 합성 유사체로 뇌하수체에서 GnRH 수용체를 점유하여 FSH와 LH 유리를 억제하여 에스트로겐을 감소시킨다. • 시상하부-뇌하수체-난소축의 내분비 체계를 억제하여 뇌하수체에서 GnRH 수용체를 하향 조절하여 저에스트로겐 현상을 유발하여 유방발달이 퇴행되고 진전되지 않는다. • 남아에게 androgen의 합성이 감소된다. • 성장은 정상 속도를 회복하고 예상 키에 도달한다. • 사춘기가 되면 이차성징이 나타나도록 약물을 중단한다.

10 가성 성조숙증(성선자극호르몬 비의존성 성조숙증, 말초성 성조숙증)

(1) 개요

구분		내용
정의		성선자극호르몬 비의존성으로 뇌하수체 전엽에서 성선자극호르몬(FSH, LH)의 조기분비가 없다는 점에서 진성 성조숙증과 다르며 성선과 2차 성징이 불완전 성숙한다.
원인		뇌, 고환, 난소, 성선 등에 종양이 생겨 성호르몬이 과잉분비되거나 스테로이드와 같은 호르몬제를 많이 사용한 경우 2차적으로 발생한다.
	여아	난소의 종양과 낭종, 부신의 종양, McCune-Albright증후군(어린 연령에서 가성 성조숙증을 보이고 생식샘자극호르몬 농도가 낮다)
	남아	선천성 부신 비후, 부신 종양, Leydig 세포 종양
	약물치료	에스트로겐과 합성 스테로이드 섭취 후 성조숙증 증세로 2차 성징이 야기된다.
맥쿤-알브라이트 증후군		담갈색 반점, 다골성 섬유성 이형성 및 성조숙증이 특징적인 질환으로 뇌하수체, 갑상선, 부신의 기능 이상도 나타난다. 대부분 여아에서 나타나며 난소의 과다 기능(난소에 여러 개의 낭종)으로 평균 3세경에 발생한다.
갑상샘저하증		• 갑상샘저하증을 치료하지 않은 소아의 50%에서 성조숙증이 발생한다. • 여아에서 주로 유방 발달과 질 출혈이 나타며, 남아에서는 고환이 커지나 음경이 크거나 음모가 생기지 않는다.
융모성 성선자극호르몬 분비 종양		남아에서는 융모성 성선자극호르몬(human chorionic gonadotropin, hCG)을 분비하는 종양에 의해서 고환이 커지는 증상이 나타날 수 있다.
안드로겐 과다 분비		선천성 부신피질 과형성증이 남아에서 가장 흔한 원인이다. 선천적으로 부신피질에서 분비되는 스트레스 호르몬이 분비되지 않고 대신 남성호르몬인 안드로겐이 과다 분비된다.
가족성 테스토스테론 중독증		가족성으로 남성호르몬 일종인 테스토스테론이 과다분비 되는 질환으로 증상 발현 시기는 출생 직후부터 시작한다. 음경 및 고환의 크기가 커지며, 급격한 성장, 골격 발달의 진행 등이 동반된다.
자율성 낭포낭		난소에 생긴 물혹으로 에스트로겐을 분비하는 난포낭이 있다. 이 난포낭은 자연적으로 나타나기도 하고 퇴화되기도 하며 반복되어 발생하는 경우도 있다. 난포낭이 반복되어 발생하는 경우 성조숙증이나 비주기적인 질 출혈이 반복하여 나타난다.
난소 종양		소아에서 과립성 세포종양이나 난포막 세포종양이 매우 드물게 발생한다.

(2) 검사

구분	내용
호르몬	estradiol 또는 estrogen 상승, 성선자극호르몬(FSH, LH)은 낮다.
GnRH 반응 검사	• GnRH에 대한 반응이 없다. • 뇌하수체 전엽에서 성선자극호르몬(FSH, LH)의 조기분비가 없다.
방사선 검사	골연령은 사춘기 때에 비해 비전형적이며 골연령이 증가하여 성장판이 조기에 닫힐 수 있다.

(3) 진성 성조숙증과 가성 성조숙증 비교

구분		가성 성조숙증	진성 성조숙증
차이점	시상하부－뇌하수체 축기능의 의존도	비의존적	의존적
	동성 또는 이성	동성 또는 이성	항상 동성
	성장형태 (골 연령, 성장속도 등)	비정형적 (2차 성징만 조기에 나타남)	• 전형적으로 사춘기 • 빠른 성장속도, 골성숙 → 조기 골단융합 → 성인기 저신장
	제2차 성징발달	불완전	완전
	혈중 생식샘 자극 호르몬 농도	낮음(사춘기 전 상태)	높음(사춘기 형태)
	배란, 정자형성	없음 － 무배란성 월경	있음
	생식샘 발육	불완전	완전 : 배란 형성 → 임신 가능
진단	GnRH 검사 (시상하부와 황체화 호르몬 방출인자 자극)	뇌하수체의 성선자극 호르몬의 성숙도 평가	• 조기성숙 : 황체화호르몬(LH), 난포자극호르몬(FSH), 성호르몬 상승 • 특발성 : LH 최고치 > FSH 최고치
	골격계의 방사선 검사	골격의 성숙 평가	또래에 비해 골 성숙이 일찍 일어남 → 골 연령 > 실제 연령
	초음파 · CT · MRI	발달된 골 연령, 비대한 자궁의 크기, 성조숙증의 진단과 연관된 난소의 발달을 확인. 두개골 방사선 촬영으로는 중추 신경계의 병소나 부, 골반, 고환의 농양이 있는지 확인할 수 있음	
		종양, 기형 여부 확인	여아 골반초음파 : 난소와 자궁이 사춘기 때와 같음
치료	원인 제거	기질적 원인이 존재하면 원인 제거	
	대증요법	진성 : 성호르몬 분비를 억제 시키는 약물(성선자극호르몬 유리호르몬)을 피하로 매일 혹은 매달 투여 → 치료를 끝내면 사춘기가 시작됨	
	지지요법	• 올바른 신체상을 확립할 수 있도록 심리적 지지를 제공 • 나이에 비해 외모가 성숙하여 우울 및 사회정서적 문제나 학습 관련 문제가 나타날 수 있음 → 가족에게 적절한 정보제공 및 상담 실시 － 성숙한 외모를 지녔다 할지라도 아동의 연령에 맞는 의복과 활동 제공할 것 － 진성 성조숙증의 경우 임신이 가능하므로 이와 관련된 성교육과 부모의 보호가 필요함을 교육	

11 사춘기 발달의 변이형태(불완전성 성조숙증)

<table>
<tr><td>유방조기 발육증</td><td colspan="2">• 특징: 3세 전후 여아에게 흔함, 보통은 양측성, 대부분 수개월에서 2년 이내 사라짐
→ 다른 이차성징의 증상은 없음
• 원인: 일시적 성선자극 호르몬의 상승 → 난소 에스트로겐 증가
• 치료: 필요 없음. 단, 성 성숙증의 감별을 위해 6개월마다 관찰 필요</td></tr>
<tr><td>성모조기 발생증</td><td colspan="2">• 특징: 남아 < 여아, 5~6세경 나타남, 단독이거나 액모출혈 동반
• 치료: 필요 없으나 완전 성조숙증으로의 위해 관찰 필요</td></tr>
<tr><td>초경조기 발생증</td><td colspan="2">단독 증상: 질 출혈</td></tr>
<tr><td rowspan="4">여성형 유방</td><td>정의</td><td>• 정상 남아의 70%에서 젖꼭지의 크기가 증가하는 여성형 유방을 보임
• 사춘기 동안 분비되는 여성호르몬과 안드로겐의 증가로 일시적으로 유방이 커짐</td></tr>
<tr><td>증상</td><td>• 일시적 유방확대 경험
• 유두가 커지고 유두 주위 검은 부분 확대
• 양측성, 일측성, 대칭, 비대칭으로 발생</td></tr>
<tr><td>원인</td><td>• 불균형한 호르몬 변화 → 유방이 커지고 통증
• 병적 경우: 클라인펠터증후군, Reifenstein 증후군, 고환암, 고환여성화증후군, Ketoconazole 복용 시, 간경변증</td></tr>
<tr><td>관리 방안</td><td>• 남성적 발달이 이루어지면서 없어지는 생리적 현상 → 걱정하지 않아도 됨
• 남아가 신체적 통합성과 남성다움에 걱정한다면 발달상 문제 확인
• 심한 당혹감을 느끼거나 성적 정체감에 대한 어려움이 있으면 성형 수술을 적용키도 함
• 테스토스테론 투여 금지</td></tr>
</table>

신희원

보건교사 길라잡이

❺ 아동·여성·정신

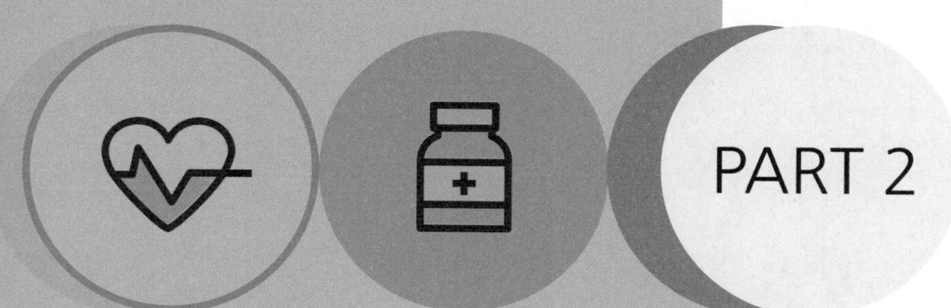

학교여성 간호학

출제경향 및 유형 (여성건강)

1992학년도	자궁근종
1993학년도	모닐리아 질염과 아구창
1994학년도	
1995학년도	유방암의 자가 검진, PID
1996학년도	
1997학년도	
1998학년도	
1999학년도	성교육 교사의 유의사항, 성폭력 직후 대처방법(지방)
후 1999학년도	월경곤란증(지방)
2000학년도	
2001학년도	
2002학년도	성폭력의 개념, 강간상해 증후군을 보이는 피해자의 심리적 반응 3단계의 명칭과 그 특성, 월경전 긴장증후군
2003학년도	
2004학년도	
2005학년도	
2006학년도	폐경기 여성 질 점막의 특성, 유방 자가 진단 시기, 유방 시진 시 취해야 하는 자세, 인공 유산 시 신체 회복과 생식기 2차 감염 예방 위한 교육 내용
2007학년도	'원발성 월경곤란증(월경통)'의 통증 발생의 원인
2008학년도	임신 중 임질에 감염된 경우 발생할 수 있는 주요 합병증
2009학년도	성폭력, 피임법, 임부와 산모 교육, 임신 중 신체 변화
2010학년도	성학대 예방교육, 성 전파성 질환의 진단방법, 갱년기 건강문제의 관련 요인, 월경곤란증의 간호중재
2011학년도	
2012학년도	원발성 월경곤란증, 클라미디아(Chlamydia) 감염, 경구 피임법
2013학년도	월경전 증후군, 유방암 항암요법, 피임법(월경주기조절법)
2014학년도	경구피임약부작용(혈전증), IUD, 자궁근종
2015학년도	
2016학년도	월경전 증후군기전, 워커(I. Walker)의 폭력 주기, 응급 피임약의 피임 원리 및 부작용
2017학년도	불임진단검사와 합병증, 배란기 점액양상
2018학년도	
2019학년도	월경주기
2020학년도	경구피임약기전, 배란시기 경관점액의 양상(견사성, 양치엽상)
2021학년도	점막하근종
2022학년도	피임(자궁내장치, 프로게스테론작용)
2023학년도	

Chapter 01 여성건강

01 여성 생식기 구조와 기능

1 여성 생식기

(1) 외생식기

대음순 [국시 2006]	• 치구(불두덩)에서 아래쪽과 뒤쪽으로 뻗어 있는 피부로 2개 주름의 지방조직 • 치구(불두덩): 치골결합의 전면에 피부	• 안쪽에 위치한 외음 조직 보호 • 남성의 음낭과 상동 기관
소음순 [국시 2002]	• 대음순을 열었을 때 보이는 2개의 붉은 주름으로 지방조직과 점막으로 치모는 없음 • 상단부에 음핵 포피가 있음 • 짙은 분홍색이고 축축함	성적 흥분 시 붉어지는 기관
질 전정	좌우 소음순 사이의 함몰 부위, 아몬드 모양	질 전정 안에 요도구, 스킨선, 질구, 바르톨린선 포함
스킨선	요도구 양 옆에 외요도구 외측에 있는 2개의 작은 분비샘	• 질의 윤활을 돕는 점액 분비 • 임균, 트리코모나스 질염: 요도, 스킨선, 질에 잘 감염
바르톨린선 [국시 2013]	바르톨린샘 질의 수축근 아래, 질구 뒤쪽에 위치	• 성적으로 흥분하면 질 입구의 윤활작용을 위한 맑은 점액 분비 • 임균의 좋은 은신처로 바르톨린선 농양 유발 장소
음핵	소음순의 분지 사이에 있고 외요도구에서 2.5cm 상방에 위치	• 작은 발기성 조직으로 흥분하면 길이가 2~3cm로 발기 • 남성의 음경에 해당하는 기관
처녀막	질구에 있으며, 얇은 점막의 지방지로 구멍은 원형, 초승달 모양으로 구멍의 크기는 1개, 2개의 손가락 크기	여성 생식기의 내부와 외부를 구별하는 곳으로 이 막은 첫 번의 성교, 기구, 탐폰의 사용에 의해 파열되며 분만으로 거의 없어짐

회음	음순후연합부에서 항문까지의 삼각으로 된 근육체를 의미함	
	항문올림근	치골미골근, 장골미골근, 치골항문근 → 골반저 형성 → 케겔운동으로 강화
	회음체	망울해면체, 회음표면횡근 및 항문외조임근

(2) 골반

골반구성	• 2 개의 골반 또는 관골(hip bones): 장골(ilium), 좌골(ischium), 치골(pubis) • 천골(sacrum) • 미골(coccyx)	
진골반	골반입구	• 전후경선, 진결합선: 치골결합 상연~천골갑까지 거리 평균 11cm • 산과적 결합선: 치골결합 내면 최돌출부~천골갑까지 거리 11cm~0.5cm = 10.5cm • 대각 결합선: 치골결합 하연~천골갑까지 거리 12.5~13cm
	골반강	• 전후경선: 11.5cm • 횡경: 양쪽 좌골극간 거리 10cm 이상이 되어야 함
	골반출구	• 전후경선: 치골결합 하연~천미관절 11.5cm • 횡경선: 10.5~11cm
	골반유형	• 정상여성형 골반(gynecological type) • 설성형 골반(android type) • 유인원형 골반(anthropoid type) • 편평형 골반(platypelloid type)

(3) 내생식기(Internal genitalia)

질 [국시 2012]	외음과 자궁을 연결	• 점막 내층으로 글리코겐이 많이 함유 • 추벽의 옆으로 주름 잡힌 형태로 편평 상피세포로 전후상하로 늘어남 • 월경 산물 배출과 성교, 분만 시 질의 확장 가능으로 산도(birth canal)의 역할을 함
후질원개 [국시 2004]	• 내진 시 후질원개의 얇은 막을 통하여 내생식기를 촉진할 수 있고 자궁내막에서 흐르는 분비물이나 세포가 탈락되어 고이는 내생식기 • pap smear 검사 부위, 맹낭천자 부위로 자궁외 임신 파열 시 출혈을 확인 – 맹낭: 직장과 자궁 후벽 사이의 공간	

구분			
자궁 [국시 2003]	저부(fundus)	자궁의 상부와 난관이 시작되는 곳의 사이로 상부에 둥글게 돌출된 가장 넓은 부분, 근육의 치밀도가 가장 높아 자궁 수축정도 측정	
	체부(corpus)	자궁 내구(internal)의 상부, 자궁내강을 둘러쌈	
	협부(inthmus)	체부와 경부가 연결되는 좁은 부분, 임신 중 자궁 하부 형성	
	경부(cervix)	자궁 내부(internal os)의 하부	
	전방은 방광, 후방은 직장 사이이며 안이 텅 빈 기관 전경, 전굴	월경	주기적 월경이 발생하는 장소
		착상	수정란을 받아들여 착상
		임신	임신 유지로 임신 동안 태아에게 영양 공급
		분만	불수의적 근육층으로 분만 시 태아를 밀어내는 역할
난관	원통모양, 길이는 8~14cm	수정 [국시 2002]	난관의 팽대부에서 난자는 정자에 의해 수정
		난자, 수정란 이동	난소와 자궁 사이에 난관의 섬모운동, 연동운동, 수축운동으로 난자와 수정란을 운반하여 이동
난소 [국시 2004]	난소는 복막에 싸이지 않고 복강내 존재	호르몬 생산	에스트로겐, 프로게스테론, 안드로겐의 호르몬 생산
		배란	난소에서 성숙한 난자 배출로 배란

(4) 인대

구분	내용
기인대 (cardinal ligament)	• 자궁내구 높이에서 양측 질원개를 지나 골반의 양측에 붙어 있음 • 원인대의 아래쪽에 위치 • 요관가까이 있어서 자궁절제술 시 손상받기 쉬움 • 역할 : 자궁의 탈수 방지
광인대 (broad ligament)	• 자궁체의 전후 양면과 경부 전체를 모두 덮고 있는 얇고 딱딱한 인대 • 역할 : 자궁, 난관, 난소를 정상위치에 놓이게 함, 자궁의 탈수 방지
원인대 (round ligament)	• 자궁 저부에서 대음순까지 연결 • 역할 : 자궁바닥을 양쪽으로 당겨 자궁의 전경을 도움 • 임신 시 자궁의 위치를 전방으로 보호하여 자궁이 뒤로 넘어가지 않도록 보호
자궁천골인대 (sacrouterine ligament)	• 자궁경관 바로 위의 후표면에 부착 • 자궁내구 위치에서 질원개를 지나 천골전면에 걸쳐 위치하고 있음 • 역할 : 자궁 탈수 방지, 자궁을 견인시켜 제 위치에 놓이게 함

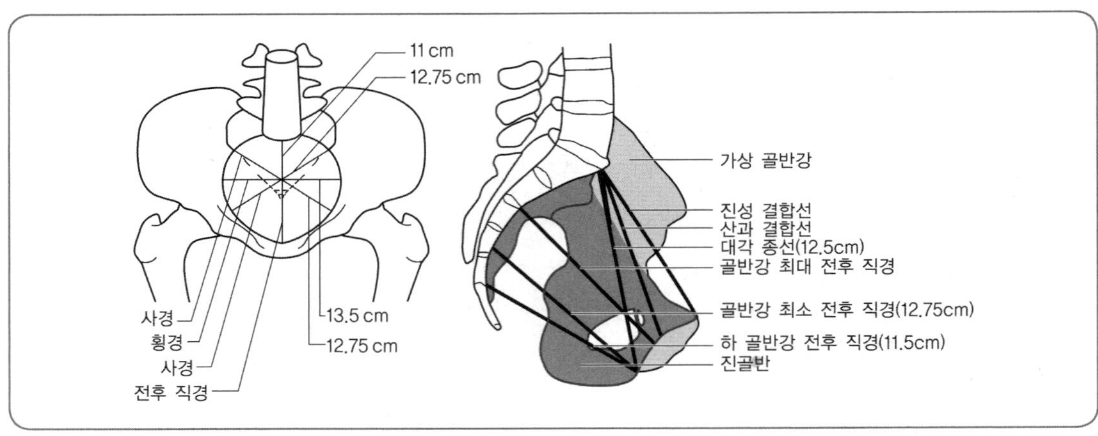

| 자궁 내 구조 |

2 여성 생식기 건강사정

(1) 건강력 사정

현재력	주호소, 질 분비물, 통증, 출혈, 무월경, 갱년기 증상 등	
과거력	월경력, 산과력, 성생활, 피임력, 여성생식기 질병력 등	
가족력	가족의 질병(심장병, 고혈압, 당뇨병 등), 가족기능 등	
건강생활양식	영양, 개인적 습관, 스트레스, 활동과 운동, 수면과 휴식 등	
생의 주기건강력	사춘기, 성인기, 임신기, 갱년기 별로 사정	
산과력	TPAL	정상분만수(만기분만) – 조산수 – 유산수 – 살아있는 아이 수(생존아) • T: Term birth(fullterm), P: Preterm birth, A: Abortion, L: Living children(alive)
	GPLDA	총 임신수 – 출산 – 생존 – 사망 – 유산 • G: Gravida, P: Para, L: Live, D: Death, A: Abortion

(2) 신체검진

외생식기 검진	시진	음모, 음핵, 음순의 비후 및 대칭성, 부종, 낭종, 궤양, 분비물 확인
	촉진	스킨샘, 바르톨린샘, 골반근육
내생식기 검진	시진	• 질경 삽입: 24시간 전 질세척 및 질정 사용 금지, 검사 전 방광 비우기 • 검사물 채취: Pap smear(자궁경부 내부, 편평원주상피세포접합부, 질후원개 등 3곳에서 분비물 채취), 검사 24시간 전 질세척 및 질정, 성교 금지
	촉진	양손촉진법(자궁의 위치, 크기, 경도, 종양, 압통 등을 확인)

3 유방검진 [2006 · 2011 · 2013 2023 기출]

(1) 유방검사 시기 [2006 · 2011 기출]

규칙적 월경	월경 후 2일~1주일 사이 → 호르몬의 영향을 적게 받으며 유방이 부어있지 않고 불쾌감과 통증이 적음
경구피임제 복용	복용을 새로이 시작하는 첫 날
폐경	매월 일정한 날짜 → 매월 첫째 날을 정하는 것이 편함
전문의 진찰	30~40대 여성은 2년에 한 번씩, 40대 이상은 1년에 한 번씩 병원 전문의 진찰

(2) 유방 시진 시 취해야 하는 자세

양팔을 내린 자세	양팔을 옆구리에 붙이고 내린 채 상반신을 보면서 피부의 색변화 및 보조개처럼 들어간 부위 등을 살핀다.
양팔을 올린 자세	• 양손에 깍지를 끼고 머리 뒤로 올리면서 팔꿈치를 거울 쪽으로 향하여 선다. • 양쪽 유방의 모양을 살펴보기 – 부드러운 곡선 유지되는지, 양쪽이 같은지/팔을 올리면 손상된 유방은 상승하지 않는다.
양 손을 허리에 놓은 자세	양손을 양쪽 대퇴 관절 뒷부분에 대게 하고, 흉근이 수축되도록 가슴을 앞으로 강하게 압박하여 쑥 들어가고 퇴축한 곳을 관찰한다.
허리 굽히고 양 팔을 앞으로 뻗은 자세	두 유방이 늘어지면서 생기는 변화 관찰. 흉근, 피하지방 밑 림프절, 종양 발견, 유방 모양 변화, 유방 크기, 대칭성을 관찰한다.

(3) 자가 진단 방법

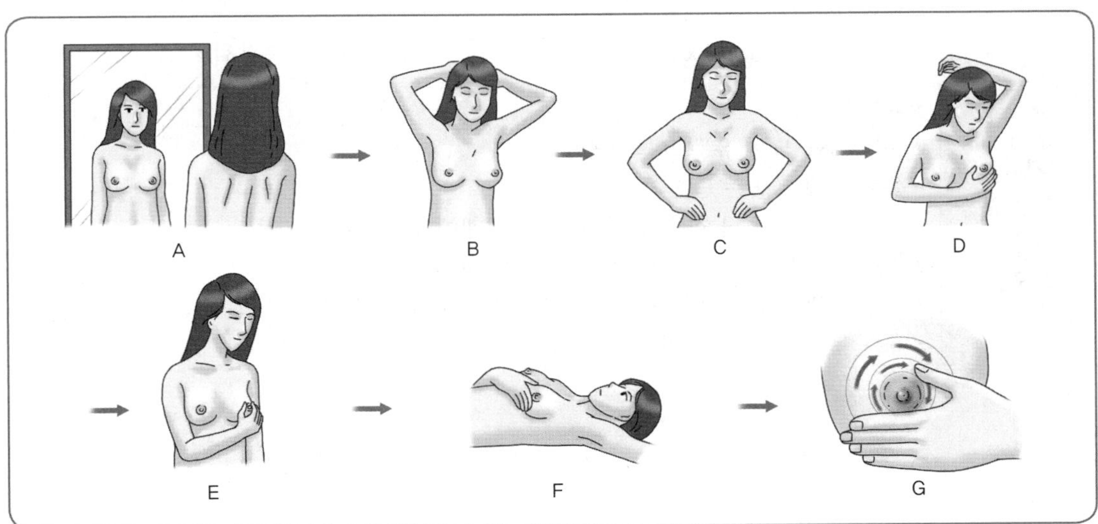

A	거울 앞에 서서 유방을 살펴본다. 유두에 분비물이 묻어 있는지 비대칭인지 살핀다.
B	거울 앞에 선 채로 손을 머리 뒤로 얹고 앞쪽으로 기울여 유방을 살핀다.
C	허리에 양손을 얹고 몸을 앞으로 기울여 유방을 자세히 살핀다.
D	왼쪽 팔을 올리고 오른쪽 손가락 끝으로 동심원을 그리듯 하며 시계 방향으로 겨드랑이부터 천천히 유방을 만진다. 원을 좁혀 유두까지 충분히 만져본다.
E	유두를 가볍게 짜내 분비물이 나오는지 살펴본다. 오른팔을 올리고 오른쪽 유방을 같은 방법으로 진찰한다.
F	타올이나 베개를 어깨에 받치고 누워 D, E 동작을 반복한다.
G	언제나 동심원을 그리듯 유방을 골고루 만진다.

⑷ 거울 앞에 서서 관찰 및 촉진하기

손은 머리 위로 올리고 나머지 다른 한 손으로 유방을 촉지	• 검사하고자 하는 부위 쪽의 손은 머리 위로 올리고 나머지 다른 한 손으로 유방을 촉지하며 3가지 촉진법을 각각의 유방에 적용 • 2, 3, 4번째 손가락으로 12와 6시 방향으로 촉진 • 시계방향으로 촉진 • 유두 부위로 모아서 모양 관찰
	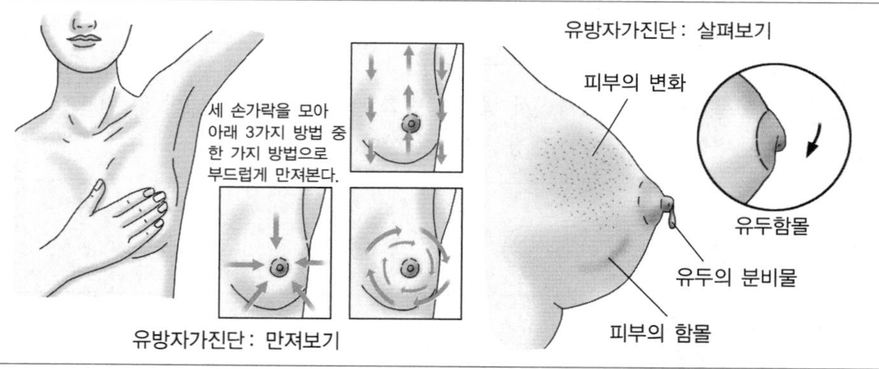
선 자세에서 시진 및 촉진 시 체크포인트	• 피부의 함몰 • 유두 함몰 또는 유두모양의 변화 • 유두의 궤양 또는 습진 • 유두 분비물, 특히 한쪽 유두 한 개의 유관에서 나오는 분비물 • 피부의 부스럼, 종기, 홍반(염증성 유방암에서 볼 수 있음) • 오렌지 껍질 같은 피부(진행성 유방암에서 보이는 현상) • 유륜 부위(유두 주위 피부)의 변화

누운 자세로 촉진하기	자세	• 유방조직이 넓게 펴지도록 누운 자세를 취함 • 검사하는 쪽의 어깨와 등 밑에 두툼한 수건이나 작은 베개를 받쳐 넣고 팔을 머리 위로 올림 → 검사하는 쪽 유방을 가슴 위쪽으로 잡아당겨 유방조직이 넓게 펴지게 하여 유방 깊은 곳의 변화를 쉽게 알아 볼 수 있음
	촉진	• 2, 3, 4번 손가락의 끝 손바닥 부분, 볼록한 부위로 유방의 상태를 느낌 • 검사하는 유방의 반대편 손은 손가락을 펴고 모은 상태로 손가락의 볼록한 부위로 감촉을 느껴야 정확한 소견을 얻을 수 있음 • 유방의 상부를 12시 방향, 하부를 6시 방향으로 정하고 시계방향 또는 시계반대방향으로 만져봄
누운자세 촉진 시 체크포인트	• 유방조직의 표면 상태(매끄러운지 또는 각이 져 있거나 거친지)를 느끼고 또한 힘을 주어 누르면서 조직의 단단한 정도를 확인 • 주변과 구별되는 특별한 몽우리가 느껴질 때는 그 곳을 중점적으로 느껴 봄 • 양성은 표면이 매끈하고 조직도 부드러운 반면, 암은 표면이 거칠고 각이 져 있으며 돌같이 단단한 것이 특징	

(5) 유방검진 절차 [2011 기출]

① 시진

자세	양팔을 내린 자세	-
	양팔을 올린 자세	팔을 올리면 손상된 유방은 상승하지 않는다.
	양 손을 허리에 놓은 자세	양손을 양쪽 대퇴 관절 뒷부분에 대게하고, 흉근이 수축되도록 가슴을 앞으로 강하게 압박하여 쑥 들어가고 퇴축한 곳을 관찰한다.
	허리 굽히고 양 팔을 앞으로 뻗은 자세	허리 굽히고 상체 앞으로 내밀어 팔 움직인다. 흉근, 피하지방 밑 림프절, 종양 발견, 유방 모양 변화, 유방 크기, 대칭성을 관찰한다.
	① 먼저 거울 앞에 서서 자신의 유방을 보며 유방의 모양을 관찰한다. ② 양손을 머리 뒤쪽으로 올려 깍지 낀 자세를 취한 후 팔에 힘을 주고 피부의 함몰 여부를 관찰한다. ③ 양손을 허리에 짚고 어깨와 팔꿈치를 앞으로 내밀어 가슴조직에 힘을 주고 앞으로 숙여 유방에 변화가 있는지 확인한다.	

선 자세	유방외형 윤곽	유방 모양 변화, 유방 양측 크기, 유방의 대칭성을 관찰한다.
	유방피부	피부 함몰부, 평평한 곳, 색깔, 두께, 부종, 정맥혈관을 관찰한다. 모공이 현저하게 확장된 것은 유방의 암을 의미한다.
	유두	크기, 모양, 유두 끝 방향, 유두 견축, 발적, 궤양, 분비물을 관찰한다. 양쪽 젖꼭지 방향이 비대칭적이면 암을 의미한다.
	유두함몰	유두 끝의 방향을 살피고, 발적이나 궤양 유무, 분비물 유무를 관찰한다.
양팔올림	• 양쪽 유방이 대칭적으로 올라가야 정상이다. • 유방의 내측 사분원 부위를 돌출 여부 시진한다. • 쇄골, 액와: 양쪽 겨드랑이에서 피부변색, 비정상적 색소침착, 발적, 부종, 퇴축병소를 관찰한다.	
양손허리	양손을 대퇴관절의 뒷부분에 대거나 양쪽 손바닥끼리 마주 대고 밀어보게 하여 대흉근을 수축하게 한다. → 피부퇴축(움푹 들어간 것), 주름이 잡히는 곳이 없는지 관찰한다.	

② 촉진

촉진자세	• 똑바로 누운 자세에서 검사하는 쪽 어깨 밑에 작은 베개를 집어넣고 팔을 머리 위에 올린다. → 유방조직을 흉벽 위에 평평하게 퍼지게 해 소결절들을 쉽게 촉진할 수 있기 때문이다. • 2, 3, 4번의 세 손가락을 모으고 첫째 마디 부분을 이용한다. 약간의 비눗물, 베이비파우더를 손에 묻혀서 촉진한다. • 부드럽게 동그라미를 그리면서 만져 보는 것과 유방을 느껴보는 방법을 사용하며 쥐어 보는 동작은 하지 않는다.
직선 방향 촉진	• 유방 내측 절반: 유방 상내측에서 하내측으로, 유두에서 흉골쪽으로, 쇄골 하부에서 유방 최하단부 방향으로 촉진한다. • 팔 올린 후 외측 절반: 상외부에서 하외부, 바깥쪽에서 안쪽으로 촉진한다. • 팔 내린 후 외측 절반: 아래에서 위로, 상외부 유방검사를 한다. 멍울이 잡히면 유방암 발생확률이 높다.
원 방향 촉진	• 세 손가락을 모아서 손가락 펴고 유방조직을 부드럽게, 흉벽을 향해 회전하는 동작으로 가볍게 눌러본다. • 유방 외측에서 유두를 향해 시계방향으로 한 바퀴를 촉진한다. 유두 향해 2.5cm씩 안쪽으로 손가락을 움직인다.
유두, 유륜 촉진	• 유두 탄력성: 유두를 만져보고 탄력성을 살핀다. • 유두 분비물: 유두를 엄지, 시지 사이에 넣고 꼭 짜 보아 분비물을 관찰한다. 분비물이 나오면 분비물의 특성을 살피며 유두로 나오는 젖샘관 개구부 중 어느 곳에 분비물이 나오는지 살펴본다.

액와 촉진	• 똑바로 누운 자세 또는 앉은 자세에서 검사하는 쪽 팔을 30° 정도 벌린다. • 팔, 어깨에 힘을 완전히 뺀 후 2, 3, 4번째 손가락 끝마디 바닥을 사용한다. • 바깥쪽에서 안쪽으로, 외측 대흉근 하부로 손을 넣고 흉벽을 따라 하부로 내려온다. • 쇄골하 림프절, 액와 림프절, 측부, 중앙 흉곽 림프절을 촉진한다. → 림프절 비대, 크기, 위치, 이동성, 압통 유무 사정 • 정상일 때 림프절은 촉진이 안 되고 작고 통증이 없으며 유동적이다. 악성 시 단단하며 고정되어 있다.

(6) 유방외과 전문의와 상담이 필요한 경우

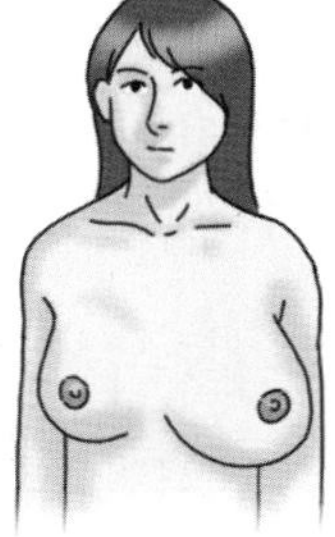

한쪽 유방의 크기가 평소보다 커졌다.

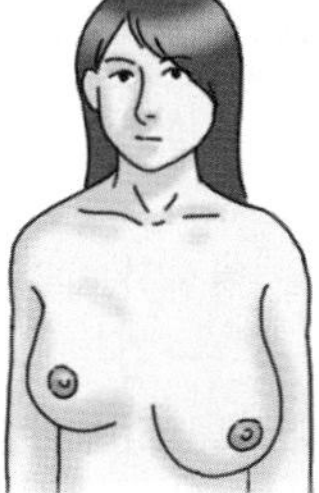

한쪽 유방이 평소보다 늘어졌다.

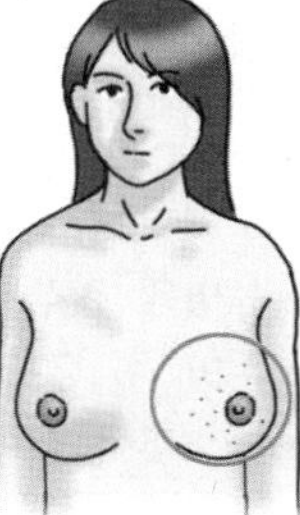

유두와 피부가 변했다.

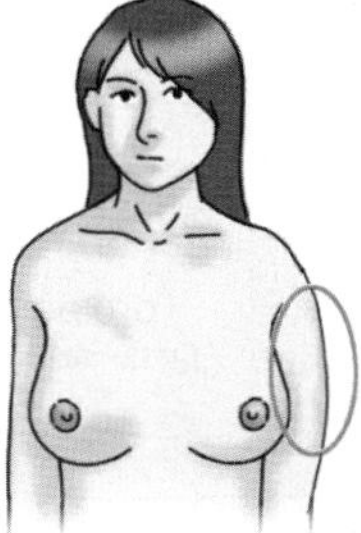

평소와 달리 위팔이 부어 있다.

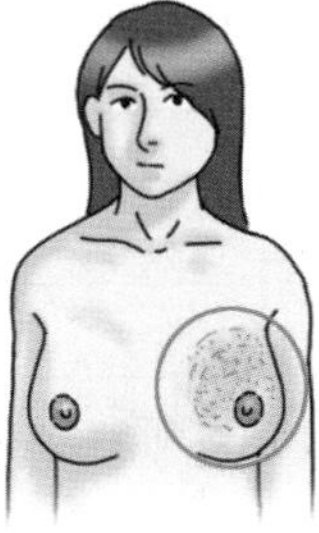

피부가 귤껍질 같다.

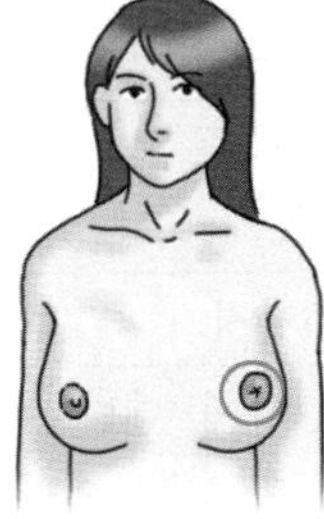

평소와 다르게 유두가 들어가 있다.

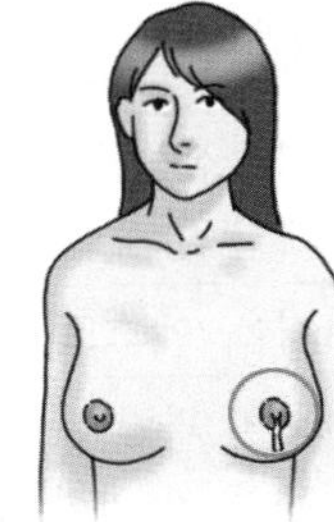

유두에서 분비물이 나온다.

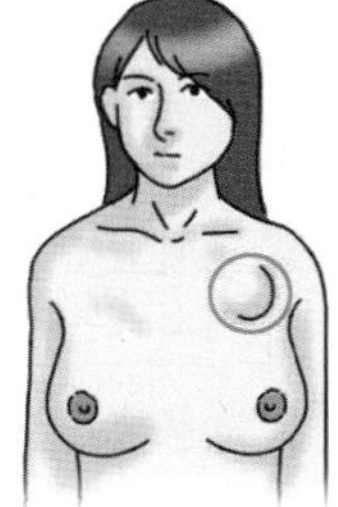

비정상적인 덩어리가 만져진다.

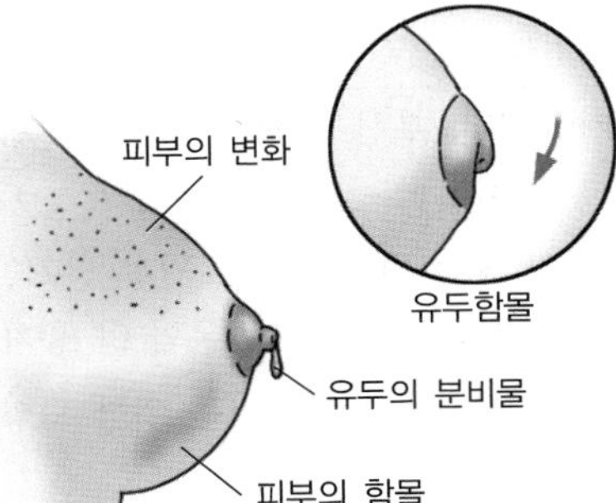

02 여성 호르몬

1 시상하부, 뇌하수체, 난소와의 관계

<table>
<tr><td>시상하부
(hypothalamus)</td><td>성선자극호르몬
(GnRH)</td><td>• 시상하부에서 분비
• 뇌하수체에서 FSH, LH 분비 자극</td></tr>
<tr><td rowspan="3">뇌하수체 전엽
호르몬</td><td>난포자극 호르몬
(FSH)</td><td>• 난소의 원시난포 성숙 유도
• 난포세포를 자극하여 에스트로겐 분비를 촉진
• 남성 고환속의 정세관을 자극/발달시켜 정자형성 촉진</td></tr>
<tr><td>황체화호르몬
(LH)</td><td>• 난포성숙의 마무리 과정과 배란 유도
• 배란된 난포를 황체로 변화시키고 프로게스테론 분비를 자극
• 남성에서는 테스토스테론 분비 촉진</td></tr>
<tr><td>유선자극호르몬
(prolactin)
[2015 · 2023 기출]</td><td>• 임신 5주부터 분비, 분만 시 최고수준 상태가 됨
• 수정란의 착상과 임신 유지
• 유방의 젖샘이 젖즙을 형성하도록 함
• 분만 후 유즙분비 촉진
• 난소주기 억제하여 배란을 억제시킴</td></tr>
<tr><td>뇌하수체 후엽
호르몬</td><td>옥시토신
[2015 · 2023 기출]</td><td>• 자궁수축과 유즙사출 작용
• 분만동안 태아의 배출 도움</td></tr>
<tr><td rowspan="3">성선 호르몬</td><td>에스트로겐</td><td>난포호르몬, 여성호르몬</td></tr>
<tr><td>프로게스테론</td><td>황체호르몬, 모성화호르몬, 임신유지 호르몬</td></tr>
<tr><td>릴락신</td><td>• 자궁경관을 유연하게 해줌
• 조산 방지</td></tr>
<tr><td rowspan="3">난포호르몬</td><td colspan="2">에스트론, 에스트라디올, 에스트리올의 3가지</td></tr>
<tr><td>생성</td><td>난소의 과립막, 난포막, 황체, 태반, 수신, 고환 등에서 생성
지용성 및 약한 수용성 호르몬</td></tr>
<tr><td>분비</td><td>• 정상적인 월경주기를 가진 여성은 증식기의 소변에서 검출
• 가장 많이 검출되는 시기는 월경주기의 13일째이고, 가장 적을 때는 3일째</td></tr>
<tr><td rowspan="3">황체호르몬</td><td>생성</td><td>황체, 태반, 부신, 고환에서 생성되며, 특히 배란 후 황체에서 분비</td></tr>
<tr><td>분비</td><td>• 정상적인 월경주기에서 황체호르몬이 가장 많이 분비될 때는 주기의 20일 또는 21일째이고, 월경 전 2일간은 완전히 저하
• 임신이 되면 황체호르몬의 양 증가</td></tr>
<tr><td>기능</td><td>태아의 착상과 임신유지를 위한 모성호르몬</td></tr>
</table>

2 난소호르몬 [2009 · 2010 · 2012 · 2020 기출]

estrogen, progesterone의 작용

(1) 난포호르몬[에스트로겐(estrogen)]의 기능 – 여성의 호르몬 [2009 · 2010 · 2012 · 2020 기출]

자궁	• 자궁내막을 비후시키고 자궁 근육을 증대, 혈액공급을 증가시키고, 경관의 상피세포에도 영향을 미쳐서 경관의 점액분비와 pH를 증가시킨다. → 점액의 점도가 묽어지고 견사성이 높아져서 정자가 통과하기 좋은 상태가 된다. • 현미경으로 점액을 보면 양치 엽상의 결정체를 이루고 있다.
질강	질강상피 각질화를 초래한다.
난관	• 난관의 성장에 자극을 주며 난관근육의 운동을 촉진시킨다. • 특히 배란기에 난관운동을 최대한으로 하여 난자를 운반하는 역할을 한다.
유방	유선을 자극하여 유선엽 폐포를 발달, 비후시킨다.
골격	개체가 아직 미숙할 때 뼈끝(epiphysis)을 완성해준다.
다른 내분비기	• 뇌하수체의 난포자극호르몬(FSH)의 분비를 억제시킨다. • 간질세포자극호르몬, 즉 황체화호르몬(LG)의 생성을 촉진한다.
난소	• 난소조직에 간접적으로 작용하여 원시난포의 발달을 촉진하고, 난포를 난소의 피질까지 이동시켜준다. • 간질세포와 내협막에 콜레스테롤을 축적시킨다. → 이 콜레스테롤은 황체호르몬인 프로게스테론을 위한 전구물질로 생각된다.
2차 성징	2차 성징의 발달 및 발현을 촉진한다. → 유방의 융기와 음모, 액와 털, 지방 축적, 유방의 관조직이 증가한다.
전신	• 뼈 형성을 촉진한다. • 혈액 내 단백질(안지오텐신, 알도스테론 결합 단백질, 응고인자, 섬유소원 등) 양을 증가시킨다. • HDL를 증가시키고 LDL를 감소시킨다. → 동맥경화성 심맥관계 발병 예방 • 혈액응고인자를 증가시킨다. → 혈전색전증 발병 가능 • 피부에서 안드로젠에 길항하여 기름샘이 퇴행하고 부드러워지며 피하지방이 침착된다.

(2) 황체호르몬[프로게스테론(progesterone)]의 기능 – 모성화 호르몬

[1995 · 2009 · 2010 · 2012 · 2013 · 2016 · 2019 · 2023 기출]

자궁내막	수정란의 착상과 임신 유지를 위한 준비가 주역할이다. 따라서 난포호르몬에 의해 증식된 자궁내막의 선이 프로게스테론에 의해 나선 모양으로 꼬이게 되고, 혈액공급과 선 분비가 증가된다.
임신 지속	프로게스테론의 영향하에 자궁내막에 글리코겐을 축적하여 수정란의 착상을 위한 적당한 영양상태를 만들어주며, 또한 난자의 보호 작용도 한다.

자궁의 운동성	자궁의 운동성과 뇌하수체호르몬인 옥시토신 분비를 억제하여 자궁을 이완시키며, 특히 자궁근층의 이완을 초래한다.
난관	• 난관의 점막 변화는 월경주기에 따라 달라진다. 황체기에 난관의 점막은 분비기가 되고, 난관근층의 활동도 이 프로게스테론의 영향을 받는다. • 율동적인 연동운동은 난포기에 가장 폭이 넓고 황체기에는 좁아진다. 이처럼 비교적 운동성이 적은 황체기에 자궁강 내로 수정란을 운반할 때 프로게스테론이 중요한 역할을 한다.
자궁경관	월경 전기에는 프로게스테론의 영향으로 자궁경관의 점액 점성도가 높아지고 양도 적어지며 백혈구가 많아져서 정자가 통과하기 어려워진다. 양치엽상의 결정체를 형성하지 않으며, 견사성도 감소한다.
배란	배란 후에 황체에서 프로게스테론이 분비되기 때문에 배란에는 아무런 영향을 미치지 않는다.
유방	프로게스테론은 월경주기 후반인 황체기에 젖을 준비하는 선방세포와 젖샘소엽의 발달에 영향을 주고, 에스트로겐은 주로 젖샘관에 영향을 준다.
체온 [1995 · 2019 기출]	프로게스테론은 체온을 약간 상승시키므로 이 점을 이용하여 기초체온을 측정함으로써 배란시기를 알 수 있다.
다른 내분비계통	뇌하수체에서 분비되는 간질세포자극호르몬의 분비를 억제하고, 난포자극호르몬 분비를 촉진한다.

3 월경 난소 주기 [2011 · 2013 · 2019 기출]

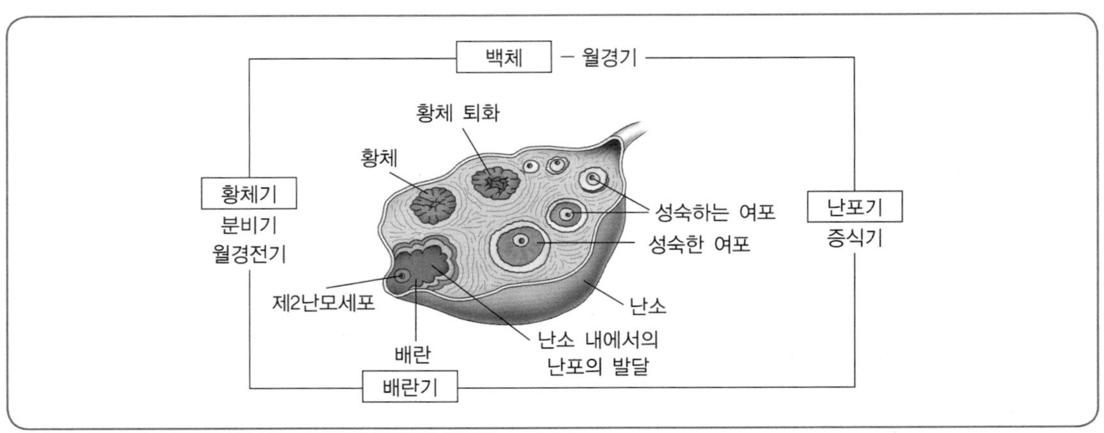

(1) 주기

<table>
<tr><td>난소 주기</td><td colspan="2">• 자궁내막의 주기는 정자와 난자가 결합해서 자라날 수 있도록 영양공급을 할 준비를 하며, 난소의 주기로 난자를 키워서 수정이 되도록 준비해 줌
• 소주기는 주로 난소호르몬을 분비하는 것으로 난소주기나 월경주기는 같이 쓰이며, 이는 월경 시작 첫날부터 다음 월경의 첫날까지를 1주기로 함</td></tr>
<tr><td>난포기
(배란전기)</td><td colspan="2">• 시상하부 성선자극 호르몬, 방출호르몬(GnRH) → 뇌하수체 전엽에서 난포자극호르몬(FSH)의 분비 → 난소의 크기 증가, 난포 성숙
• 성숙난포 → 에스트로겐을 분비 → 황체화호르몬(LH)의 분비 증가
• 시상하부(GnRH) → 뇌하수체 전엽(FSH) → 난소 → 난포성장 → 에스트로겐 → 뇌하수체 전엽(LH) → 난소 → 배란 → 황체 → 프로게스테론</td></tr>
<tr><td>배란기</td><td colspan="2">• 황체화호르몬의 수치가 증가하면 성숙난포가 파열되고 복강내로 난자가 방출됨. 난포 내 급격한 난포액의 증가로 인해 내압이 상승되고 난포는 표면으로 밀려나 밖으로 배출됨
• 배란은 다음 월경 전 14일경에 일어남
• 배란은 2개의 난소에서 반드시 교대로 이루어진다고 말할 수는 없음
• 배란징후로는 체온이 하강된 후 0.2~0.3℃(0.5~1°F) 기초체온의 상승이 있음
• 자궁경관의 점액: 맑고 깨끗, 양도 많아 계란 흰자위 같고 탄력있게 늘어나는 견사성의 변화
• 배란되는 순간 소량의 출혈이 복막을 자극하여 하복통을 유발함</td></tr>
<tr><td>황체기</td><td colspan="2">• 배란과 함께 시작한다(배란 직후~월경 시작까지의 기간)
• 배란 후에 남아있는 난포세포들이 성숙되어 황체 형성
• 황체에서는 에스트로겐과 프로게스테론 분비
• 임신이 되면 황체는 더욱 커지고 계속 프로게스트론을 분비하여 임신을 유지시킴
• 난자가 수정되지 않는다면 황체는 퇴화하고 에스트로겐과 프로게스테론의 분비는 감소
• 호르몬의 감소는 뇌하수체 전엽의 FSH, LH의 분비를 자극하고 음성되먹이기전에 의하여 새로운 생식주기가 시작됨

원시난포(사춘기에 각 난소에 3~4만 개 존재) → 성장난포(난포상피가 증식하여 과립막 형성) → 성숙난포(그라피안 난포: 난포가 커짐에 따라 난포액 형성되기 시작) → 배란(난포액의 팽창으로 인한 내압과 난포막의 괴사변성으로 난자를 복강내로 배출) → 황체(난포액과 난자의 배출로 쭈글쭈글해지며 밝은 황색을 띰) → 백체(퇴화된 황체로 회백색을 띰)</td></tr>
<tr><td rowspan="2">배란 후
난소의 변화</td><td>황체</td><td>난포액과 난자의 배출로 쭈글쭈글해지며 밝은 황색으로 착색됨. 이 황체는 월경이 시작되면 퇴화, 황체호르몬인 프로게스테론의 분비도 감소됨. 만일 임신이 되면 황체는 수정란의 착상을 도와주고 프로게스테론은 임신을 계속 유지시켜 줌</td></tr>
<tr><td>백체</td><td>퇴화되었던 황체 세포가 빨리 흡수되어 새로운 결합조직에 의해서 다시 채워지는데, 이때 퇴화된 황체를 백체라고 함</td></tr>
</table>

(2) 배란유무를 알기위한 간접검사 [2011 · 2020 · 2022 기출]

<table>
<tr><td>배란</td><td colspan="2">원시난포가 차차 발달해서 성숙난포가 되어 직경이 10~15mm로 커지면 난소의 표면에 도달하여 불쑥 융기하게 된다. 동시에 계속해서 난포의 액체인 난포액이 생성되어 내압이 형성되고 난포를 둘러싸고 있는 조직이 난포가 융기된 부위의 혈액순환장애로 괴사변성을 가져와 조직이 가장 얇아지고 투명해진다. 결국 그곳이 터져서 난자가 난포액에 싸여 복강내로 배출되게 되는데, 이 현상을 배란이라고 한다.</td></tr>
<tr><td>배란과정
[2012 · 2020 · 2023 기출]</td><td colspan="2">• 대뇌 밑의 뇌하수체 → 난포자극호르몬(FSH) 분비(FSH는 난소에 작용하여 난포 중의 하나를 성장시키는 역할) → 난포 성장 → 뇌하수체에서 황체형성호르몬(LH)이 급격하게 고농도로 분비 → 난자의 성숙 → 난자를 둘러싸는 난포의 막이 찢어지며, 난자가 배출되는 배란이 일어난다.
• 황체화호르몬의 수치가 증가하면 성숙난포가 파열되고 복강내로 난자가 방출된다.
– 난포 내 급격한 난포액의 증가로 인해 내압이 상승되고 난포는 표면으로 밀려나 밖으로 배출된다.
• 배란은 2개의 난소에서 반드시 교대로 이루어진다고 말할 수는 없다.</td></tr>
<tr><td>배란시기</td><td colspan="2">월경주기 28일형에서 보통 14일에 이루어지는데, 28일형이 아닌 경우는 다음 월경 예정일 14일 전에 이루어진다.
☼ 월경주기 짧아지는 이유는 난포기가 짧아지기 때문이다(배란~14일은 동일함).
☼ 월경이 불규칙한 이유 – 불규칙한 배란(여성 호르몬의 불균형을 의미함)</td></tr>
<tr><td>배란통
[2011 기출]</td><td colspan="2">복통은 배란되는 순간 소량의 출혈이 복막을 자극하여 느끼는 것으로 'mittelschmerz'라고 하며, 약 25%의 여성이 배란기에 복통을 느낀다고 한다.</td></tr>
<tr><td rowspan="4">기초체온
[2013 · 2015 · 2019 기출]</td><td>증식기 또는 난포기</td><td>저온</td></tr>
<tr><td>배란 후 분비기 또는 황체기</td><td>고온</td></tr>
<tr><td>배란기</td><td>저온에서 고온으로 옮겨갈 때</td></tr>
<tr><td colspan="2">기초체온 (37.4 ~ 36.0), 월경주기 (1~30, 1~15)
고온기 / 저온기 / 배란 / 임신이 되었을 때의 기초체온 변화 / 임신이 되지 않았을 때의 기초체온 변화
* 월경주기 짧아지는 이유 : 난포기가 짧아짐(배란~14일은 동일함)
* 월경이 불규칙한 이유 : 배란이 불규칙(여성 호르몬의 불균형을 의미함)</td></tr>
</table>

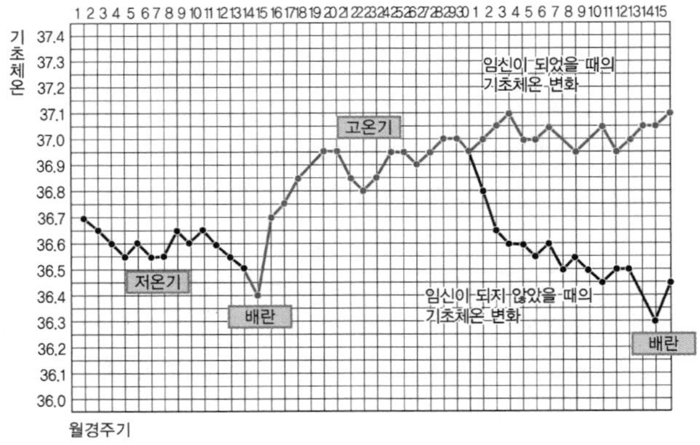

<table>
<tr><td>호르몬검사</td><td colspan="2">소변에 성선자극호르몬, 프레그난디올 및 에스트로겐 함량이 상승하였는가를 소변으로 검사한다.</td></tr>
<tr><td>자궁내막 생검</td><td colspan="2">자궁내막 생검을 하여 황체호르몬(프로게스테론)에 의해 수정란이 착상할 부위인 자궁내막의 수용력을 본다.</td></tr>
<tr><td rowspan="5">자궁경관점액 검사
[2011 · 2017 · 2020 기출]</td><td colspan="2">• 배란기에는 자궁경관 점액의 점성도가 변한다. 즉, 맑고 깨끗한 점액이 되며 양도 많아지고 늘여도 끊어지지 않을 정도의 탄력 있는 견사성(spinnbarkeit)을 보이며 정자가 이 점액을 타고 자궁으로 올라가게 된다.
• 또 배란기에는 에스트로겐이 가장 많이 분비되기 때문에 점액을 슬라이드에 발라 말린 후 현미경으로 보면 결정체를 볼 수 있다. 결정체는 분지 혹은 양치 모양을 하고 있다.</td></tr>
<tr><td>양</td><td>맑고 깨끗, 양도 많아 계란 흰자위 같다.</td></tr>
<tr><td>현미경 관찰: 양치모양</td><td>배란기에는 에스트로겐이 가장 많이 분비되기 때문에 점액을 슬라이드에 발라 말린 후 현미경으로 보면 결정체를 볼 수 있다. 결정체는 분지 혹은 양치 모양을 하고 있다.</td></tr>
<tr><td>견사성</td><td>• 점액이 손가락 사이에서 날달걀 흰자와 같이 길게 늘어나는지를 관찰한다.
• 점액이 손가락 사이에서 늘려도 끊어지지 않을 정도의 탄력이 있는 견사성(spinnbarkeit)을 보인다.</td></tr>
<tr><td colspan="2"> 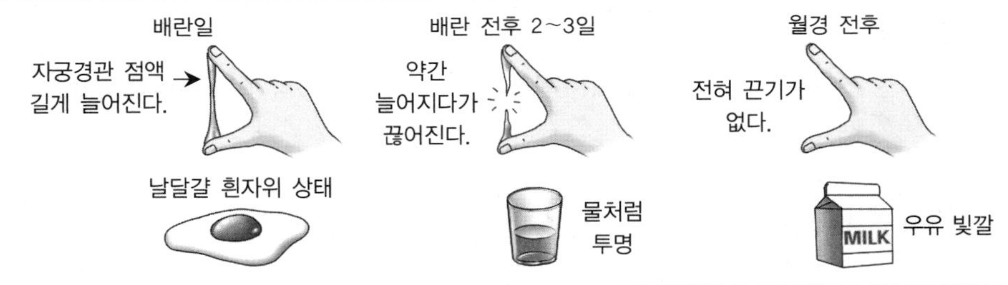배란일
자궁경관 점액 길게 늘어진다.
배란 전후 2~3일
약간 늘어지다가 끊어진다.
월경 전후
전혀 끈기가 없다.
날달걀 흰자위 상태
물처럼 투명
MILK
우유 빛깔</td></tr>
</table>

4 자궁내막의 주기 [2013 · 2019 기출]

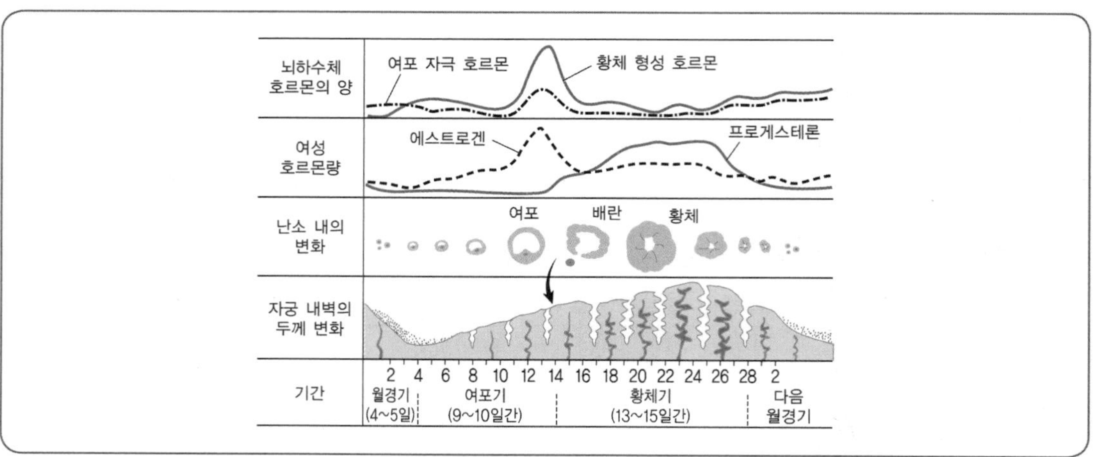

월경기	• 월경 제1일~5일(3~5일간 지속) • 수정이 이루어지지 않은 경우 불필요해진 기능층을 박리 소실시키기 위해 자궁내막의 기능층이 분해되고 탈락된 조직들이 혈액과 함께 배출되며 이때 기저층은 탈락되지 않음
증식기	• 월경 제5일~14일(약 10일 정도 지속) – 월경기가 끝나고 배란되기까지 • 자궁내막의 성장은 난소와 난포에 의하여 생성된 estrogen에 의하여 영향 받음 • 체온 약간 낮음 • 월경 12~13일 경에는 혈장내 에스트로젠이 올라가 LH분비를 증가시켜 난소에서 배란이 일어나도록 함
분비기	• 월경 제15~25일까지(약 10일간, 배란 후 다음 월경시작 1~2일 전까지) • 배란 후 난소에서 여포로부터 황체가 형성되는 시기 • 난소 내의 황체에서는 estrogen과 progesterone 분비. progesterone, glycogen의 양이 풍부해져 자궁내막을 수정란이 착상하기 쉽도록 하며 알맞은 영양상태 유지하여 임신을 도움 • LH와 FSH의 분비는 억제됨
월경전기	• 월경 제25일~28일까지(약 2~3일간) • 배란된 난자가 수정되지 않으면 황체는 퇴화됨 • 에스트로젠과 프로게스테론의 분비가 급감함으로써 증식된 자궁 내막이 탈락되어 분비기가 끝나고 다시 월경기가 시작됨

시상하부는 성선유리호르몬을 분비하여 뇌하수체 전엽세포를 자극 → 뇌하수체 전엽에서는 FSH와 LH를 분비 → FSH는 난소의 난포를 자극하여 성장시키며, 에스트로겐을 분비하게 함 → 에스트로겐의 혈중 농도가 급격히 상승되면 FSH 분비가 억제되고, LH가 분비됨 → 이 두 호르몬의 상호작용에 의해 난소에서 난자를 성숙시켜 배란이 일어나게 됨 → 배란 후에는 LH의 작용에 의해 과립세포가 황체화됨에 따라 프로게스테론을 분비 → 이때 수정이 이루어지지 않으면 황체는 퇴행하고 프로게스테론과 에스트로겐의 농도가 떨어져 월경이 일어나게 되며, 시상하부는 또 다시 성선유리호르몬의 분비를 자극함으로써 다시 주기가 시작됨

03 월경간호

1 월경

<table>
<tr><td>초경</td><td colspan="2">• 초경은 최초의 월경을 의미한다.
• 어린 소녀들은 지속적으로 적은 양의 에스트로겐을 분비하지만, 8~11세가 되면 에스트로겐 분비의 증가가 두드러진다.
• 적어도 초경 1년 전에 생식선 자극호르몬과 에스트로겐 분비의 증가가 주기적으로 발생한다.
• 초기에 월경은 불규칙하고 예상할 수 없으며, 통증이 없고, 무배란성(anovulatory)이다.
• 초경 후 1년 또는 그 이상이 지나면 시상하부 – 뇌하수체 주기가 발달하고 난소는 성숙한 난자를 만들기 위해 주기적으로 에스트로겐을 생산한다. 배란성 주기는 규칙적인 경향을 띠며 프로게스테론으로 감시된다.</td></tr>
<tr><td rowspan="9">월경의 임상적 양상</td><td>정의</td><td>태아의 착상을 위해 증식 분화되었던 자궁내막이 탈락됨으로써 일어나는 주기적 출혈현상이다.</td></tr>
<tr><td>특징</td><td>자궁내막으로부터 분비물과 조직들이 반복되어 떨어져 나오는 정상적 생리작용이다.</td></tr>
<tr><td>반복주기</td><td>28일을 중심으로 8일 간격을 보편적인 정상주기로 보며 개인차가 있다.</td></tr>
<tr><td>주기</td><td>월경 첫째 날에서 다음 달 첫째 월경 전날까지이다.</td></tr>
<tr><td>기간</td><td>평균 4~6일 동안이다(혹은 3~7일).</td></tr>
<tr><td>시기</td><td>초경에서부터 폐경까지의 기간이다.</td></tr>
<tr><td>월경량</td><td>100~300cc(혈액 50cc + 점막, 점액)로 개인차가 있고 월경 둘째 날이 가장 많다.</td></tr>
<tr><td>배란</td><td>월경주기는 배란과 밀접한 관계를 가지며 정신적, 신체적 상태에 의해 영향을 받는다(초기에는 미성숙 배란기가 많아 배란이 없어도 월경이 있을 수 있으며 아직은 생식기관이 미성숙한 상태라 월경주기가 불규칙한 편이다).</td></tr>
<tr><td>특징</td><td>• 검붉은색이고 냄새가 난다. → 혈구의 분해작용, 음부의 기름샘의 증가된 분비물
• 월경에는 혈구, 경관의 점액, 자궁내막의 괴사된 조직, 질 점액, 수많은 세균이 혼합되어 있다.
• 자궁강 내에서 섬유소용해성 효소에 의해 용해되므로 응고되지 않는다.</td></tr>
</table>

월경 기간 중 주의사항	• 질의 산도(질의 정상적인 산도는 외부 균의 침입을 막는 역할을 함)가 떨어져 감염의 우려가 있으므로 생리대는 화장실 갈 때마다 갈아주는 것이 좋다. • 월경 시에는 통목욕을 하지 않도록 한다. • 질 세척제나 비누 등으로 질 가까이 또는 깊숙이 씻어내지 않도록 한다. 이러한 것들은 질의 산도를 떨어뜨려 오히려 역효과를 낼 수도 있으므로 외음부만 미지근한 물로 깨끗이 씻어내는 것이 좋다. • 배변 후에는 반드시 앞에서 뒤로 닦도록 한다. • 월경 시에는 냄새나 악취가 나기 쉬우므로 청결하게 유지해야 한다. • 과로는 피하고 심한 운동을 피하고 몸을 움직이거나 가벼운 운동을 하는 것이 좋다.

2 정상 월경

정상 월경	• 정상적인 배란 후에 프로게스테론의 분비가 끊기면서 자궁내막 조직의 일부가 피와 함께 떨어져 나오는 것이다. • 정상 생리주기는 21~35일(24~38일), 정상 생리 기간은 2~7일, 정상 생리량은 20~80mL 이다.	
비정상 월경	무월경	생리가 없는 경우
	비정상출혈	정상적인 생리주기나 양에서 벗어난 비정상적인 출혈

04 월경장애

1 무월경(amenorrhea)

(1) 정의 및 원인

원발성	정의	2차 성징(유방의 발달, 액모 및 치모의 발달)의 발현이 없으면서 초경이 만 13세(← 14세)까지 없는 경우, 또는 정상적 2차 성징이 나타나면서 만 15세(← 16세)까지 초경이 없는 경우를 원발성 무월경이라고 함	
	원인	성선 이형성(gonadal dysgenesis), 즉 난소의 발달이 제대로 이루어지지 않은 경우가 가장 많아 약 45% 정도를 차지. 생리적인 사춘기가 지연되는 경우, 즉 집안 내력상 초경이 늦은 경우가 20% 정도, 여성 생식관 발육 부전 및 발육 이상이 20% 정도	
		시상하부의 기능부전	• 칼만(Kallmann) 증후군, 뇌종양에 의한 시상하부의 압박 • 사춘기 무렵의 극심한 체중 감소, 스트레스성 운동, 심리적 스트레스, 종양 등이 시상하부 기능장애의 원인으로 작용

<table>
<tr><td rowspan="3"></td><td rowspan="3"></td><td>뇌하수체의 이상</td><td colspan="2">뇌하수체의 종양, 종양의 괴사 등으로 인하여 뇌하수체 기능이 전반적으로 극도로 저하, 난포자극호르몬의 선천적 결핍(FSH deficiency) 등</td></tr>
<tr><td>난소 기능부전증</td><td colspan="2">• 염색체 이상으로 인해(X 염색체 하나의 부분적 결손 또는 전체 결손
• 터너증후군(Tuner's syndrome), 순수 난소발육부전증(pure gonadal dysgenesis)</td></tr>
<tr><td>생식관 기형 즉 자궁 및 질의 구조적 이상</td><td colspan="2">• 태생기 뮐러관에서 기원하여 발달하는 자궁, 난관, 그리고 질의 상부 2/3의 비정상적인 발달
※ 뮐러관 무형성증, MRK 증후군(Mayer-Rokitansky-Kuster syndrome)
• 유전적으로나 외관상 모두 여성이지만 자궁과 질의 상부가 없고, 난소, 유방, 및 외음부의 체모는 정상
• 처녀막이 완전히 막혀있는 선천적 기형인 무공처녀막(imperforate hymen)</td></tr>
<tr><td rowspan="9">속발성</td><td>정의</td><td colspan="3">월경이 있던 여성에게서 과거 월경 주기의 3배 이상 또는 6개월 이상 월경이 없는 증상</td></tr>
<tr><td rowspan="8">원인</td><td colspan="3">조기폐경과 만성 무배란 증후군, 종양, 뇌사수체 괴사, 약물복용, 영양실조, 급격한 체중 감소(무리한 다이어트), 심한 운동, 스트레스 → 뇌하수체-시상하부 기능 억압 → 기능성 무배란성 무월경 초래</td></tr>
<tr><td>시상하부 장애</td><td colspan="2">신경성 식욕 부진, 심한 운동, 심한 체중 감소, 과도한 스트레스, 만성 질환</td></tr>
<tr><td>뇌하수체 기능장애
[2020 기출]</td><td colspan="2">• 뇌하수체 기능저하증, 수술, 방사선 치료 등으로 인한 기능 손상
• 쉬한 증후군(Sheehan's syndrome): 분만 후 출혈과 쇼크로 뇌하수체의 급성 괴사가 일어나 야기되는 뇌하수체 기능저하증
• 고프로락틴혈증</td></tr>
<tr><td>난소의 기능저하</td><td colspan="2">수술, 방사선이나 화학 요법으로 인한 손상, 자가면역질환, 조기 폐경</td></tr>
<tr><td>자궁내막의 이상</td><td colspan="2">아셔만 증후군(Asherman's syndrome): 자궁내막 유착으로 인한 무월경</td></tr>
<tr><td rowspan="2">호르몬 분비성 난소 종양</td><td>다낭성 난소증후군</td><td>• 시상하부-뇌하수체-난소 축의 이상으로 호르몬 조절에 장애가 생겨 발생
• LH가 상승되어 안드로겐의 과다생산으로 난소표면이 두꺼워져 성숙 난포가 배란되지 못하여 낭종 형성</td></tr>
<tr><td>루테인 낭종</td><td>HCG의 과다한 자극으로 무월경 발생</td></tr>
</table>

		내분비이상	갑상샘 기능항진증	월경과소, 무월경, 월경과다
			갑상샘 기능저하증	월경 과다 후 무월경
			쿠싱증후군	과도한 androgen으로 불규칙적 월경, 무월경, 과소월경
			부신 질환 (안드로겐 분비 종양 등)	-
			말단비대증	프로락틴 증가로 성욕장애, 월경불순
			고프로락틴 혈증	prolactin↑ → GnRH 억제 → 월경불순, 무배란

구분	원발성 무월경	속발성 무월경
정의	• 이차성징의 발현 없이 14세까지 초경이 없는 경우 • 이차성징의 발현은 있으나 16세까지 초경이 없는 경우	• 월경 ○ but 정상 월경주기의 3배 이상 × • 월경 ○ but 6개월 이상 ×
원인	➲ 난소의 기능장애 • 에스트로겐, 프로게스테론의 부적절한 분비 • 해부학적 장애: 염색체 이상, 난소부전 • 난소부전증 – 성선자극호르몬 농도 상승: 터너증후군 – 성선자극호르몬 농도 저하: 칼만증후군 • 만성 무배란 증후군 • 시상하부-뇌하수체 기능장애: 영양실조, 체중 감소, 만성질환, 종양 등 – 기능성 무배란성 무월경: 난포기, 배란, 황체기, 월경 × → 계속적으로 에스트로겐만 배출 – 체중 감소: 극도의 현저한 체중 감소 → 피하지방의 심한 소실 야기	• 조기폐경과 만성 무배란 증후군: 평균 48~52세에 폐경 • 중추신경계와 시상하부 상호관계의 장애 • 시상하부-뇌하수체 단위의 결함 • 내분비 또는 대사장애 → 뇌하수체-시상하부 기능 억압 → 기능성 무배란성 무월경: 영양실조, 체중 감소, 부신질환, 갑상선질환, 스트레스, 프로락틴/성장호르몬 과다, 신경성 식욕부진 • 외상에 의한 자궁경부 협착, 자궁내막의 손상으로 인한 자궁강내 유착, 골반장기의 절제수술, 기후와 활동의 변화 및 신경성 충격

(2) 무월경 사정단계

<table>
<tr><td rowspan="4">1단계</td><td>임신 검사
[국시 2019]</td><td colspan="2">• 소변 β HCG(융모생식샘자극호르몬) 검사를 한다.
• 월경력이나 임신 가능성이 없더라도 임신으로 인한 무월경인지 확인한다.</td></tr>
<tr><td>TSH,
prolactin</td><td colspan="2">• 혈중 갑상샘자극호르몬(TSH)과 유즙호르몬(prolactin) 혈중농도를 측정한다.
• 갑상샘 기능저하증이 원인인 경우 치료가 간단하다.</td></tr>
<tr><td rowspan="2">프로게스테론
부하검사</td><td>방법</td><td>medroxyprogesterone acetate(provera)를 1일 10mg씩 5일간 경구 투여 후 2~7일 내에 출혈 유무로 판정한다.</td></tr>
<tr><td>결과</td><td>프로게스테론 투여 후 질 출혈이 있는 경우 무배란증에 의한 무월경으로 진단하며 월경 유출 경로는 정상으로 판단한다.</td></tr>
<tr><td rowspan="2">2단계</td><td rowspan="2">에스트로겐
부하검사</td><td>방법</td><td>• 무월경의 원인이 저에스트로겐에 의한 것인지 월경 유출에 의한 것인지 감별한다.
• 프로게스테론 투여 후에도 질 출혈이 없는 경우는 에스트로겐에 의한 자궁내막 증식이 일어나지 않는 경우이거나 월경 유출 경로가 정상적이지 않은 경우이다.
• conjugate estrogen 1.25mg 또는 estradiol 2mg을 21일 동안 경구 투여 후 1단계와 같이 프로게스테론을 경구 투여한다.</td></tr>
<tr><td>결과</td><td>• 쇠퇴성 출혈이 있다면 에스트로겐 자극으로 정상적인 월경이 이루어진 것이다.
• 쇠퇴성 출혈이 없다면 자궁 및 월경 유출 경로의 구조적 이상을 고려한다.</td></tr>
<tr><td>3단계</td><td>FSH, LH검사</td><td colspan="2">에스트로겐을 생성할 수 있는 난소자극 가능과 난포형성 기능을 평가하는 생식샘자극호르몬검사로 혈중 난포자극호르몬(FSH)과 황체화호르몬(LH)의 농도를 측정한다.</td></tr>
</table>

(3) 간호중재

배란유도	• 환자가 임신을 원하거나 또는 무월경이 정신과적 문제를 유발할 정도로 심각한 경우 적용한다. • 갑상샘과 부신질환 및 고프로락틴혈증 등은 그 질환을 치료하면 자연히 배란이 되므로 이 질환을 치료해도 배란이 안 되면 원인적 치료와 병행하여 배란유도를 하는 것이 바람직하다. • 특히 무월경 환자가 임신을 원하는 경우에는 불임검사를 모두 시행하여 이상이 없음을 확인한 후 배란유도를 시행한다. • 치료 약물로는 clomiphene citrate, HMG(Human Menopausal Gonadotropin), pure FSH, bromocriptine(parlodel), lisuride(dopergin) 등이 있다.
호르몬대체	• 호르몬 대체요법이 필요한 경우는 저에스트로겐증이며 배란유도 적응증이 아닌 환자, 성선부전증, 시상하부성 무월경, 난소부전증인 터너증후군, 조기 폐경 및 불감성 난소증후군, 성선제거술을 받은 환자 등이 대상자에 포함된다. • premarin을 하루에 1.25mg씩 제1일부터 제25일까지는 provera를 하루에 10mg씩 추가로 경구복용시킨다. 그 외에 estradiol valerate와 norgestrel이 함유된 상품인 cyclo-progynova를 투여하는 방법이 있다.
일반치료	• 이차성징이 동반된 비해부학적 원인에 의한 무월경의 치료는 원인에 따라 다양하므로 근원적 장애를 먼저 치료한다. • 감상샘 이상은 감상샘호르몬 치료를 실시하고 난소부전으로 무월경이 되었을 때는 호르몬요법을 실시한다. • 염색체 검사상 Y 염색체가 있는 환자는 약 25%에서 악성종양으로 이행되므로 원인을 확인하고 성선절제술을 시행한다. • 질이 존재하지 않거나 원위부만이 일부 존재하여 맹관을 형성하고 있다면 인공적으로 질을 만들어주는 수술적 요법을 한다. • 자궁경관이나 자궁협부의 경미한 유착은 자궁경관 확대로 유착을 박리시킨다.

2 비정상 자궁출혈

출혈의 빈도, 양, 기간 등이 불규칙한 모든 형태 포함

(1) 월경양상

	정상	비정상
간격	21일(3주)~35일(5주)	21일 미만, 42일 이상
월경기간	3~6일	2일 이하, 7일 이상
월경량	20~60mL/주기	80mL 이상: 월경 과다

(2) 비정상자궁출혈의 형태

월경과다 (menorrhagia)	• 정상배란주기/월경의 흐름과 양이 너무 많거나 월경이 아주 오랜 기간 동안 지속 • 월경이 7~8일 이상 지속되고, 80~100ml 이상의 다량실혈 • 자궁내막병소(자궁근종)/자궁내장치/경구피임약/비만 등
과소월경 (hypomenorrhea)	• 정상배란주기, 월경주기 규칙적 • 기간이 1~2일로 짧고 양이 적은 월경 • 경구피임약/내분비장애/자궁경부 협착/심한 체중 감소/영양결핍
희발월경 [2015 기출]	• 40일에서 몇 달에 한 번씩 • 뇌하수체종양/자궁내막증식증/스트레스, 과로/지나친 단식이나 운동/극단적 체중 감소
빈발월경 [2015 기출]	• 월경 주기가 짧아져 정상적인 월경 예정일보다 빨리 출혈 • 무배란성 빈발주기증, 배란성빈발주기증(황체기능부전증)
부정자궁출혈	• 월경기간이 아닌 때 점상 또는 다량의 비정상 자궁출혈 • 월경주기가 매우 불규칙하며 출혈량이 경미한 점적출혈에서 유출에 이르기까지 다양한 양상 • 월경기간도 단기간에서 수일간 지속되는 출혈로 광범위

(3) 비정상자궁출혈의 양상

	정의	간격	양	지속기간
희발월경 (oligomenorrhea) [2015 기출]	35일(5주) 이상으로 주기가 긺	불규칙 또는 규칙적	정상이나 적음	다양
다발월경(빈발월경, polymenorrhea) [2015 기출]	21일(3주) 미만으로 주기가 짧음	불규칙 또는 규칙적	정상	
과소월경	정상적인 월경주기에서 적은 출혈로 주기가 정상 또는 감소	규칙적	적음	정상 또는 단축
과다부정 자궁출혈 (불규칙과다월경, menometrorrhagia) [2013 기출 · 국시]	주기가 불규칙하고 양이 많고 기간이 긴 월경	불규칙	많음	연장
월경과다 (menorrhagia)	주기가 규칙적이면서 양이 많고 기간이 김	규칙적	많음	연장
부정자궁출혈 (metrorrhagia)	월경 기간이 아닌 때 불규칙적으로 나타나는 비정상적인 자궁출혈	불규칙	정상	연장

3 월경과다(menorrhagia)

정의	월경이 7~8일 이상 지속되고, 80~100ml 이상의 다량실혈을 말하며, 빈도는 건강한 여성의 15~20%에서 발생된다.
원인	• 가장 흔한 원인은 자궁내막에 대한 호르몬의 부적절한 자극과 기질적 병소가 있다. • 경구피임약 복용과 자궁 내 장치, 기질적 병소로는 자궁경관염, 자궁내막염, 골반감염, 자궁근종, 폴립이 있다. • 전신적인 질환으로 혈액질환, 간질환, 신장질환으로 월경과다가 드물게 발생한다. • 비만은 일차적으로 무배란을 초래하고 후에는 월경과다를 초래한다. • 항암 화학요법제나 항응고제, 스테로이드 제제, 신경이완제, 대부분의 신경안정제 복용 시 정상 월경주기를 방해하여 월경과다를 초래한다.
치료	• 젊은 여성의 경우 지나친 혈액 손실이 없으면 치료할 필요가 없으나 갱년기의 출혈은 암이나 다른 병적 상태를 의미하기 때문에 빨리 치료해야 한다. • 젊은 여성과 가임연령층의 치료방법은 다음과 같다. – 단백질, 칼슘, 비타민 및 철분을 충분히 섭취하도록 한다. – 음식물로는 우유, 치즈 등이 좋다. – 비타민 C 100mg/일을 2회, 비타민 K 1정/일, 철분 함유 식품섭취와 함께 황산철 정제를 복용한다. – 자궁출혈이 심한 경우 자궁수축제를 투여하여 출혈을 막는다. • 약물요법으로는 프로베라 또는 에스트로겐 – 프로게스틴 병용제(합성 프로게스테론)를 3~6개월 투여하는 방법이 있다. • 만약 자궁 내 장치가 원인인 경우에는 자궁 내 장치를 제거하고 경구 피임약으로 변경한다. • 소파수술은 필요할 때마다 반복 시행한다. • 자궁절제술은 환자의 생명에 위험을 초래할 만큼 심한 출혈이 있을 때에 한다. • 갱년기 여성인 경우는 위의 치료 외에 특별히 자궁 내막암 여부를 자궁내막 생검으로 사정한다.

4 과소월경

정의	• 과소월경은 월경주기는 규칙적인 간격이나 기간이 1~2일로 짧고 양이 적은 월경을 말한다. • 월경주기가 17~20일로 짧으면 무배란을 암시한다. 30세보다 젊은 여성이 무배란성 월경주기가 지속되면 불임과 자궁내막암의 위험이 증가한다.
원인	내분비기능장애가 원인이며 경구 피임약 복용, 자궁경부협착, 심한 체중 감소, 단백결핍, 약물복용 등이다.
치료	골반검사와 배란검사로 원인을 규명하여 치료한다. 만약 피임약 복용의 결과라면 복용을 중단한다. 경관 협착인 경우는 원인에 따라 경관확대를 한다. 체중 감소가 원인인 경우는 영양개선을 하면 좋아진다.

5 부정자궁출혈

구분		내용
정의	부정자궁출혈이란 월경기간이 아닌 때에 점상 또는 다량의 비정상적인 자궁출혈을 말하며 생리적으로 모든 여성의 25%는 배란시기에 약간의 출혈이 있다.	
원인	혈중 에스트로겐 농도 저하, 생식기의 기질적 병소, 즉 만성 경관염으로 자궁경부에 미란이 있을 때, 자궁 외 임신과 분만 후 태반 조각의 잔여 등이다.	
분류	기능성 자궁출혈 (75%)	• 기질적인 병변에 의한 출혈을 제외한 무배란성 자궁출혈/내분비장애에 의한 자궁내막주기의 변화로 발생되는 비정상 자궁출혈(주기도 불규칙, 양도 불규칙) • 시상하부 미숙(초경 시), 급격한 체중 감소(무리한 다이어트)나 증가, 심한 운동, 스트레스, 만성질환이나 약물 사용, 피임약 복용, 폐경기 여성호르몬요법, 임신 등
	기질성 자궁출혈	• 자궁근종, 자궁내막염, 자궁경부암, 난소이상 등 생식기 질병에 따른 부정출혈 • 그 외 자궁외 임신, 유산 • 피임약 복용 시 자궁내막이 점차 떨어져 나오면서 얇아져 발생하기도 한다(피임약 복용 첫 1~3개월간 발생, 출혈량은 점차 감소). • 치료가 필요하다(3개월 정도).
치료	점상출혈은 혈중 에스트로겐 저하로 일어나므로 배란 전 처음 며칠과 배란 후 며칠 동안 에스트로겐을 계속해서 투여함으로써 예방할 수 있다.	
	프로게스테론 (황체호르몬)	• 프로베라, 프로게스틴[medroxyprogesterone(provera)]을 경구 투여한다. • 경구 피임제를 사용할 수 없는 경우에 사용한다. • 자궁출혈이 무배란으로 부적절한 estrogen 자극이 원인일 때 progesterone agents가 효과적이다. 에스트로겐에 의한 자궁내막의 과도한 자극을 억제하고 정상 월경 양상을 되찾고 증식증도 없어진다.
	경구 피임제	에스트로겐 – 황체호르몬 복합제로 임신을 원하지 않을 경우 불규칙 출혈의 재발을 예방하고 불순이던 월경주기가 정상으로 되고 주기적인 월경 유도와 배란을 억제한다.
	클로미펜 (clomiphene)	무배란일 때 시상하부와 뇌하수체에 작용하여 GnRH와 gonadotropin(성선자극호르몬)의 분비를 증가시켜 난포발달과 성숙을 촉진시켜 배란 촉진과 규칙적 월경을 유도한다.
부정출혈예방	• 아랫배 따뜻하게 유지하기 • 호르몬분비에 영향을 주는 급격한 체중 감소 피하기 • 적정체중 유지하기 • 호르몬 불균형을 일으킬 수 있는 스트레스 줄이기 • 충분한 수면과 규칙적인 식사하기	

6 월경전증후군(premenstrual syndrome) [2002 · 2013 · 2016 · 2017 기출]

월경전증후군은 월경과 관련된 정서장애로, 일상생활에 지장을 줄 정도로 신체적, 정서적 또는 행동적으로 복합된 증후군이 월경 전 약 2~10일에 나타났다가 월경 시작 직전이나 월경 직후에 소실되는 것을 말한다. 증상발현은 대개 배란성 월경주기에서 일어나지만 무배란성 주기에서도 일어난다.

(1) 원인 [2017 기출]

내분비설	에스트로겐↑	황체기에 에스트로겐의 상대적 과잉분비로 호르몬 불균형이 야기
	프로게스테론↓	상대적 결핍으로 호르몬 불균형이 야기
	프로락틴↑	프로락틴 분비가 증가하면 유방의 팽대와 압통
	인슐린 수용체↑	난포기는 황체기보다 인슐린 수용체가 배로 증가 → 탄수화물 내성이 월경 전에 증가 → 단 음식을 찾는 증상
체액저류설	황체기에 프로게스테론의 나트륨 배설 증가작용 & 에스트로겐의 레닌 분비 증가작용 → 레닌, 안지오텐신, 알도스테론이 증가 → 염분 수분이 조직 내에 축적 → 부종이나 체중 증가를 야기	
내재성 엔돌핀설 (아편제제 펩타이드↑)	• 뇌하수체 문맥계에서 분비되는 아편제제 펩타이드의 혈중농도가 월경주기에 따라 주기적으로 변화한다는 설 • 아편제제 펩타이드의 농도가 후기 황체기에 절정을 이루고 월경기에는 거의 없어지는데, 이 현상이 월경전증후군이 후기 황체기에 가장 심하게 나타났다가 월경의 시작과 함께 완전히 소멸된다는 사실과 일치한다는 것	
영양소 결핍설 (비타민 B_6와 마그네슘↓)	비타민 B_6와 마그네슘의 부족 때문에 월경전증후군이 발생하는 것으로 추측된다는 학설	
심리적 측면	심리적 측면은 월경전기에 불안한 사람은 다른 시기에도 불안정한 경향이 있다. 원래부터 정서적으로 불안정하거나 우울증 성향이 있는 여성들은 그 증상이 월경 전후기에 더 악화되는 것으로 분석됨	
신체적 측면	자궁내 장치(출산력이 적고, 연령이 낮을수록 더 호발함)	
사회문화적 측면	무기력하게 만드는 증상, 귀찮은 것이라는 등의 월경에 대한 부정적인 태도	

(2) 월경전증후군의 증상

신체적 증상	• 유방통 – 유방이 커지고 단단하며 팽만감(prolactin), 압통, 통증 • 복부팽만감 – 배에 가스가 차거나 불편한 느낌이 있음 • 두통 – 특히 편두통 • 사지의 부종 – 손이나 발이 부음 • 체중 증가
정신적 (감정적) 증상	• 우울감 – 혼자 있고 싶어짐 • 집중력 장애, 정서적 불안정, 불안, 우울증, 기면, 식욕의 변화, 성욕감퇴 • 감정기복 – 화가 나고 신경이 날카로워짐(쉽게 흥분), 신경질 • 불안감, 긴장 – 그냥 혼란스럽고 초조함 • 심하면 공격적, 파괴적 충동, 자살 기도 등
행동적 증상	• 사회적 기피 – 주기적인 짜증으로 주위 친구들과 가족들이 불편해함. 사회적 관계에 위축감 • 식욕변화, 집중력 저하 • 꼼짝하기 싫거나 예민해지는 증상 • 수면과다 / 불면 • 문제행동 – 도벽, 소아학대, 공격적 범죄 등

(3) 불안, 우울, 탄수화물, 수분축적증후군 [2017 기출]

불안증후군	불안하고, 예민해지며, 기분의 동요가 있고 안절부절못하고 주의집중이 잘 안 되는 증상
우울증후군	마음이 혼란하고, 울고 싶으며, 잠이 안 오고, 우울하며, 자살을 생각하기도 하고, 무엇을 자주 잊어버리는 등의 증상
탄수화물 대사증후군	단 음식을 먹고 싶고, 식욕이 증가하며, 피곤하고, 현기증이나 두통 등의 증상
수분축적 증후군	유방이 커지고 단단하며 압통이 있고, 얼굴과 말초부위의 부종이 있으며, 복부팽만 등이 이는데, 부종과 같은 증상은 월경이 시작되거나 월경이 끝난 후에 현저한 다뇨증이 시작되면서 신속하게 사라짐

(4) 월경 전 긴장 증후군의 진단기준(DSM-5)

<table>
<tr><th colspan="2">대부분의 월경주기마다 월경이 시작되기 전 주에 아래 기준 1과 2 증상들 중 5가지 이상이 나타남.
월경이 시작된 후에는 며칠 안에 나아지기 시작하고, 월경이 끝난 후에는 증상이 최소화되거나 없어짐</th></tr>
<tr><td>기준 1:
다음 증상들 중 1가지 이상 존재</td><td>① 뚜렷한 정서적 불안정서: 기분동요, 갑자기 슬퍼지거나 눈물이 남, 거절에 대한 민감성 증가
② 뚜렷한 과민성이나 분조, 또는 인간관계의 갈등 증가
③ 뚜렷한 우울감, 절망감, 또는 자기비하적 사고
④ 뚜렷한 불안, 긴장, 또는 안절부절 못한 느낌</td></tr>
<tr><td>기준 2:
다음 증상들 중 1가지 이상 존재,
기준 2와 3을 합쳐 5개 이상의
증상이 나타나야 함</td><td>① 일상적 활동의 흥미 감소 예 일, 학교, 친구, 취미
② 주의집중의 곤란
③ 무기력감, 쉽게 피곤해짐, 또는 뚜렷한 에너지 부족
④ 식욕의 뚜렷한 변화(과식 또는 특정 음식 갈망)
⑤ 과다수면 또는 불면
⑥ 압도되거나 또는 통제력을 상실할 것만 같은 느낌
⑦ 신체적 증상: 유방압통이나 팽만감, 관절통 또는 근육통, 더부룩한 느낌, 체중 증가</td></tr>
<tr><td colspan="2">증상들이 일, 학교, 일상적 사회활동, 또는 다른 사람과의 관계에서 임상적으로 심각한 고통이나 방해 초래</td></tr>
<tr><td colspan="2">장해는 주요우울장애, 공황장애, 지속적 우울장애(기분부전장애), 성격장애와 같은 다른 장애의 증상들이 단지 악화된 것이 아니어야 함</td></tr>
<tr><td colspan="2">증상들이 물질이나 다른 의학적 질환의 생리적 효과들로 인한 것이 아니어야 함</td></tr>
</table>

(5) 간호중재 [2012 · 2013 기출]

<table>
<tr><td>질병 이해</td><td>월경전증후군의 이해 부족은 치료하는 데 장애요인이 될 수 있으므로 먼저 환자에게 월경전증후군에 대한 설명과 정보를 제공한다.
→ 가장 중요한 점은 환자와 상담자 간에 함께 이해하는 관계를 형성하는 것이다. 그리고 환자에게 월경전증후군은 원경주기에 따른 일시적인 증상이며, 적절히 치료하면 극복할 수 있다는 믿음을 주고 확신을 갖게 한다.</td></tr>
<tr><td>월경일지</td><td>• 월경주기에 따라 자신에게 나타나는 모든 증상을 표시하여 월경일지의 기록을 근거로 개별적 접근을 한다.
• 매일 체중과 증상은 가볍고 심한 것과 일상생활에 미치는 영향까지 자세히 기록한다.
→ 월경 일지를 통해 월경전증후군임을 인식한다.</td></tr>
<tr><td>지속적 상담</td><td>경한 증상은 지속적인 상담과 심리적 지지로 발생되는 문제들을 해결하고 생활양식의 변화로 스트레스를 줄이고 식이요법, 운동 등으로 증상을 완화시킨다.</td></tr>
<tr><td>스트레스 조절</td><td>• 스트레스가 월경전증후군의 유발에 영향을 주므로 월경 전에 스트레스를 줄이고, 조절하여야 한다.
• 이완요법은 불안과 스트레스 감소에 도움이 된다.</td></tr>
</table>

<table>
<tr><td>피로개선</td><td colspan="2">피로는 스트레스를 가중시키므로 충분한 수면을 취하게 한다. 낮잠이나 이완요법 등도 좋은 중재방법이 된다.</td></tr>
<tr><td>부종예방</td><td colspan="2">부종과 체중 증가를 예방하고 관리하기 위해 저염식을 섭취하게 하고 음식을 소량씩 자주 먹게 하며, 부종이나 체중 증가를 초래할 수 있는 짠 음식이나 농축된 단 음식, 육류나 튀김 음식의 섭취 등을 줄인다.</td></tr>
<tr><td rowspan="2">비타민 B 복합군을 섭취</td><td>비타민 B 복합군을 섭취</td><td>돼지고기, 곡식의 눈, 우유, 달걀노른자, 효소, 곡식의 열매, 콩류 등의 식품을 권장하고, 신선한 녹황색 야채나 과일 등의 섭취를 늘린다.</td></tr>
<tr><td>비타민 B_6 감소로 월경전증후군이 발생</td><td>비타민 B_6는 신경전달물질을 합성하여 피로, 긴장, 흥분, 우울 완화에 효과가 있다.</td></tr>
<tr><td>저혈당증</td><td colspan="2">• PMS에 인슐린 수용체가 배로 증가하여 월경 전에 저혈당증 때문에 악화되는 신경과민 감소에 효과가 있다.
• 복합 탄수화물을 소량씩 자주 섭취하여 장시간 작용하여 혈당을 안정하게 유지하여 저혈당 증상을 완화한다. – 정제되지 않은 곡물, 콩류, 종자류, 과일을 먹는다.
• 월경 전에 단 음식, 정제당을 먹지 않는다. – 단 음식, 정제당은 혈당을 빨리 높이고 낮추어 혈당을 불안정하게 만든다.</td></tr>
<tr><td>마그네슘</td><td colspan="2">• 마그네슘 감소로 월경전증후군이 발생하며 마그네슘은 근육 이완, 신경을 안정시킨다.
• 마그네슘 확보를 위해 전곡, 콩류, 견과류, 호두, 아몬드, 녹황색 채소 섭취를 권장한다.</td></tr>
<tr><td>자극음식 제거</td><td colspan="2">• 커피, 차, 탄산음료, 초콜릿의 카페인 식품은 신경흥분을 초래하므로 제한한다.
• 설탕, 소금, 초콜릿, 카페인을 삼가고 비타민이 풍부한 음식을 섭취하도록 한다.</td></tr>
<tr><td>규칙적 운동</td><td colspan="2">적절하고 규칙적인 운동은 엔돌핀 분비를 촉진하여 신경성 긴장, 특별히 월경 전 긴장성 두통을 예방하는 데 도움이 된다.</td></tr>
<tr><td>우울불안호전</td><td colspan="2">부종, 우울증, 불안 등의 증상을 호전시키기 위해 프로게스테론의 질정 삽입, 분말로 된 프로게스테론의 경구 투여 등이 있으나 아직 그 효과가 명백히 입증되지는 않았다.</td></tr>
<tr><td>정서장애</td><td colspan="2">정서장애는 정신과적 치료를 받게 하거나 우울증이나 두통을 완화하기 위한 약물을 투여를 하며, 그 외에 경구피임약, 다나졸, GnRH analogue 등의 호르몬 요법이 실시되고 있다. 유방 팽만감과 부종 및 전신적 체액저류는 브로모크립틴(bromocriptine)을 처방한다. 두통, 근육통에는 소염진통제로 증상완화를 도모한다.</td></tr>
</table>

(6) 약물요법

먹는 피임약	• 시상하부↓ GnRH 유사체로 GnRH 수용체를 점유하여 → 뇌하수체↓ FSH와 LH 유리를 억제 → 난소억제↓ 에스트로겐 감소 • 뇌하수체에서 GnRH 수용체를 하향 조절하여 시상하부－뇌하수체－난소축의 여성 생식 내분비체계를 억제하여 estrogen을 감소시킨다.

항우울제 세로토닌 재흡수 억제제 (SSRIs)	• 불안장애 치료제를 매일 또는 생리 전 14일간 복용하면 월경전증후군이 완화된다. – fluoxetine(Prozac, Sarafem), sertraline(Zoloft), piaroxetine(Paxil), citalopram(Celexa) • 선택적으로 시냅스 전에서 세로토닌 재흡수를 차단하여 시냅스 후 수용체에서 세로토닌 활성도를 증가시킨다. → 세로토닌 활성화로 우울이 감소된다.
NSAID 진통제	'아스피린'이나 '타이레놀', 또는 비스테로이드성 소염진통제와 같은 진통제는 월경전증후군 중 근육통이나 두통과 같은 신체적 증상을 완화하는 데 도움이 된다. 하지만 좀 더 심각한 신체적 증상이나 정신적 증상을 완화하는 효과를 기대할 수 없다는 것이 단점이다.
bromocriptine	프로락틴 분비 증가로 유방 팽만감, 통증 시 브로모크립틴은 프로락틴을 감소시켜 유방 팽만감, 통증이 감소한다.
이뇨제	PMS는 프로게스테론에 비해 에스트로겐 농도가 비정상적으로 높다. 에스트로겐은 레닌을 증가시키어 안지오텐신, 알도스테론의 증가로 염분, 수분이 조직 내 축적으로 부종, 체중 증가에 이뇨제를 사용한다.

| 월경전증후군과 월경곤란증 |

구분	월경전증후군	월경곤란증
발생시기	완만하게 나타남	급성으로 나타남
발생기간	월경 전 2~10일 사이에서 시작됨. 월경 시작과 함께 해소됨	골반통이 월경 전 24~48시간 또는 월경 시작과 함께 있음
증상정도	생리변화로 인식하는 경증에서 무력감이나 생활에 지장을 초래하는 심한 정도까지	월경이 끝나면 없어지거나 감소됨. 약한 무력감이나 심한 무력감을 24~48시간 동안 느낌
빈도	전체 여성의 5~95%	• 약간의 불편감: 전체 여성의 80% • 심한 통증이 있는 경우: 전체 여성의 10%

7 월경곤란증(dysmenorrhea) [2007 · 2010 · 2012 기출]

통증이 심한 월경을 의미하며, 증상이 급성으로 나타나고, 골반통이 월경 전 24~48시간, 또는 월경 시작과 함께 있다가 월경이 끝나면 없어지거나 감소된다.

(1) 분류 비교 [2007 기출]

원발성 월경곤란증	월경 전 프로게스테론의 감소는 자궁내막에서 아라키돈산의 분비와 사이클로옥시나아제의 활성을 증가시키는 유발요인이 되어 자궁내막에서 프로스타글란딘의 생성을 증가시킨다. 이는 자궁근의 수축과 혈류량을 감소시켜 허혈성 월경통의 주된 원인이 된다.
속발성 월경곤란증	기질적인 골반 내 질환, 선천성 기형, 경관협착, 자궁근종과 자궁내막 용종, 자궁내막증, 자궁내막유착, 자궁선근증, 자궁 내 피임장치, 만성 골반염증성 질환이나 난소낭종, 난소종양 등이 있을 때 골반 내 울혈이 초래되어 월경곤란증이 나타난다.

구분	원발성 월경곤란증	속발성 월경곤란증
정의	골반의 기질적 병변 없는 경우	기질적인 병변과 동반
발병시기	초경 시작 후 6~12개월 이내	초경 2년 후
원인 [2007 기출]	• 프로스타글란딘 과도한 합성: 평활근 수축 촉진(월경 전 프로게스테론의 감소는 자궁내막에서 아라키돈산의 분비와 사이클로옥시나아제의 활성을 증가시키는 유발요인) → 자궁근의 수축과 혈류량 감소(허혈성 월경통) • 자궁협부 긴장도 증가: 월경혈 유출 장애 • 자궁내막 동맥 경련: 자궁근 경련 • 정신적 인자: 불안증, 신경질적 소질	• 선천성 기형(월경유출 장애) • 경관협착 • 자궁근종 • 자궁내막증 • 자궁내 장치(IUD) • 만성 골반 염증성 질환
진단	• 주로 배란성 월경 주기 • 월경 직전 혹은 직후 증상이 생겨 72시간을 초과하지 않음 • 통증이 경련적이거나 지속적 통증의 양상을 띔 • 내진 소견은 정상	• 자궁내막 소파술, 복강경 검사 • 자궁난관 조영술 • 자궁경 검사 • 초음파 검사
증상	• 통증: 경련성, 발작적, 하복부와 치골상부에 국한(하복부 중압감) • 월경량이 많아지면서 통증은 소실되며 통증이 심할 때는 오심, 구토, 식욕부진, 설사, 두통, 어지럼증, 피로감, 신경과민을 동반 • 원발성은 월경이 시작되기 전이나 수 시간 내에 발생하며 기간은 1~2일간 지속되며 72시간 이상은 넘지 않음	
치료적 간호중재	• 월경생리에 대한 이해 • 진통제, 경구 피임약, 자궁수축 용해제, 프로스타글란딘 억제제 • 더운 물주머니 • 충분한 수면, 휴식 • 적당한 운동: 골반 흔들기 운동(혈관이완을 증가시켜 자궁허혈 감소) • 균형 잡힌 식사 • 마사지나 기분전환	원인 질환에 따라 치료

(2) 간호중재 [2010 · 2012 기출]

질병이해	월경생리에 대한 이해를 도와주고 식사의 개선과 적당한 운동을 권장하며 증상에 따른 대증요법을 적용한다.
식이 조절	월경 직전에 카페인과 소금 섭취의 제한과 함께 칼슘, 마그네슘, 칼륨, 비타민 B_1, E의 섭취를 권장하는 생활습관의 조절이 필요하다.
스트레스 조절	• 정신적 불안증, 신경질적 소질을 가질 때 월경곤란증이 발생한다. • 스트레스원을 확인하여 원인을 제거할 수 있는 완화방법을 찾는다.
온열요법	• 피부의 대섬유를 자극하여 척수의 통증관문을 닫는다. • 아랫배에 따뜻한 물주머니나 전기 팩을 대주어 통증을 경감시켜준다. → 국소 열요법, 더운물 목욕으로 근긴장도 감소, 혈액순환 증가, 긴장과 불안 감소로 월경통이 감소된다.
복부마사지	• 피부의 대섬유를 자극하여 척수의 통증관문을 닫는다. • 2차적 자극으로 통증역치 증가, 통증에 대한 주의 전환이 된다. → 근긴장도 감소, 혈액순환 증가, 긴장과 불안감소, 주의 전환으로 월경통이 감소한다.
충분한 수면과 휴식	• 누워서 안정을 취하게 한다. • 수면시간 증가, 휴식은 긴장 완화, 월경통 감소에 도움이 된다.
좋아하는 일하기	심리적인 압박감이나 자신이 싫어하는 일을 하고 있을 때 더욱 심해질 수 있음을 상기시켜 통증이 시작될 때에는 자기가 좋아하는 일을 하면서 기분전환을 시키도록 한다.
골반흔들기 운동	• 혈관이완을 증가시켜 자궁허혈을 감소시킨다. • 내인성 엔돌핀 같은 내인성 마약제 방출로 긴장 감소, 즐거움 등 감정을 돕는다. • 프로스타글란딘을 억제하여 프로스타글란딘에 의한 자궁수축, 허혈에 의한 월경통을 감소시킨다.
바른 자세	의자에 앉을 때도 바른 자세를 유지하는 것이 오히려 통증을 덜어줄 수 있는 방법을 도모한다.
약물 사용	비스테로이드 소염 진통제, 경구용 피임약을 사용하거나, 진통 · 진정제, 프로스타글란딘 억제제를 복용하게 한다. → 진통제는 마지막 수단으로 사용하도록 하여 진통제에 의지하는 일이 없도록 한다.

(3) 약물요법

① 프로스타글란딘 합성 억제제(NSAID)

약물	프로스타글란딘 합성 억제제(NSAID): indomethasin, 나프록센, 이부프로펜, 메페남산(pontal), 수프로펜, 타이레놀 → 생리시작 전이나 통증 시작 시 복용 시작: 자궁내막 탈락 전 → 매 6~8시간마다 복용
약리효과	• COX-2 억제제 → 프로스타글란딘 억제제(통증유발 물질 감소) • 프로스타글란딘: 배란 후 자궁 내막 분비기에 증가하여 자궁동맥의 혈관경련으로 자궁의 허혈과 주기적 하복부 근경련을 초래함
부작용	부작용: 위장장애(오심, 구토, 소화불량), 위궤양

② 피임약

약물	복합 경구 피임약, 에스트로겐(premarin), 프로게스테론(황체호르몬)
약리효과	• 피임약으로 시상하부와 뇌하수체 전엽의 활동을 억제하여 FSH, LH를 억제하여 배란성 주기를 무배란성으로 바꾸어 배란을 억제 → 배란 후 분비기에 발생하는 프로스타글란딘 수치를 감소시켜 통증을 제거(배란억제 → 프로스타글란딘억제 → 통증↓) • 월경곤란증이나 불규칙한 월경에 불순이던 월경주기가 정상으로 되고 월경통도 없어지고 피임 효과

③ 자궁수축억제제

약물	칼슘통로 차단제 – nifedipine(procardia)
약리효과	• 칼슘을 감소시켜 평활근을 이완시키고 자궁동맥혈관평활근을 이완시켜 자궁의 혈류량 증가 • β-agonist자궁수축억제제: β2수용체 작용 – 평활근이완으로 혈관과 자궁근육 이완

05 폐경과 노화 [2007 · 2010 기출]

1 갱년기와 폐경

갱년기	여성이 출산할 수 없는 시기로 전환되는 중년기, 40~60세 사이
폐경	• 난소의 기능이 상실되어 에스트로겐의 분비가 없어지고 임신할 수 없는 상태, 즉 노년기로 가는 과도기 • 월경이 자연적으로 정지되어 1년 이상 경과된 경우 • 생리적 폐경: 50세 전후에 발생하며 이 시기를 폐경기라고 하는데 폐경기와 갱년기, 중년기 등은 동의어로 사용됨 • 폐경으로 에스트로겐이 결핍되면 '폐경증후군'을 경험하며, 심맥관계 질환, 비만, 골다공증 등 신체생리적 및 사회심리적 불편감을 겪게 됨 • 기타 폐경: 조기폐경(40세 이전), 인공폐경(자궁적출)

2 폐경의 생리적 기전 [2007 · 2010 기출]

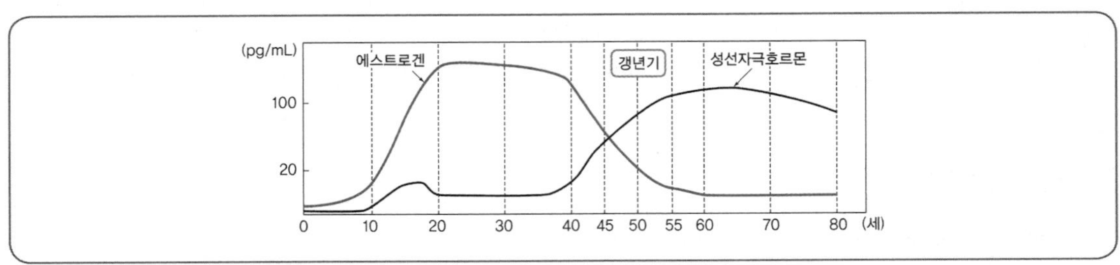

난소	• 난소의 기능 쇠퇴로 난소의 크기, 무게와 난포의 수 감소로 뇌하수체－난소－자궁 내막 축의 되먹이기 전에 장애가 생겨 월경이 사라진다. • 배란(에스트로겐 최대치, LH 증가)이 불규칙적이 되어 난포는 배란이 되거나, 배란이 되지 않기도 한다. • 무배란 발생: 난포는 FSH, LH에 대한 호르몬 자극에 덜 민감하여 난소의 난포에서 배란이 되지 않는다.
에스트로겐↓	• 난포 수 감소와 에스트로겐이 감소한다. • 폐경 후에도 에스트로겐이 존재하는 것은 부신피질에서 분비되는 안드로스테네디온이 지방조직에서 에스트론(E_1)으로 변환되기 때문이다.
FSH, LH↑	• 에스트로겐이 감소하면 뇌하수체에서 FSH가 상승한다. [국시 2018] • 에스트로겐을 생산할 난포를 자극하기 위한 노력과 인히빈(inhibin, FSH 분비를 억제하는 호르몬) 분비 저하로 난포자극호르몬(FSH)이 상승한다. • FSH 증가가 황체화호르몬(LH) 농도보다 일찍 나타난다.
프로게스테론↓	난자 배출이라는 배란 과정을 거치지 않으면 황체가 생성되지 못하여 프로게스테론이 감소한다.

3 폐경의 진단

폐경진단	폐경 이후	정상수치
난포자극 호르몬(FSH)	> 100IU/ml(★ 가장 의미)	5~10IU/ml
황체형성 호르몬(LH)	> 75IU/ml	5~20IU/ml
에스트리올	감소	-
폐경증상	안면홍조, 두근거림, 발한, 불면, 생리불순	

4 폐경의 이행과정

40세 전후로 난소기능의 쇠퇴가 시작되어 폐경으로 이행됨

초기 (폐경 전기)	난소의 크기와 무게, 난포수 감소, 에스트로겐과 인히빈 분비 저하 → 에스트로겐의 시상하부에 대한 음성되먹임기전 약화 → 뇌하수체의 FSH 분비 증가(200IU/ml 이상), LH 변화 없음 → 난포의 성숙촉진으로 월경주기 단축(23~25일형)
중기 (주폐경기)	• 비정상적인 난포성숙으로 배란성과 무배란성 월경 → FSH↑난포소실 가속화, LH의 상승파동 소실, 배란 중단 또는 불규칙, 월경주기 불규칙(21일 이하~45일 이상 / 빈발월경~희발월경) → 배란성/배란 완전중단, LH 감소 → 에스트로겐 과도자극 • 불규칙한 생식생리 상태로 임신될 가능성이 있음 • 증상 동반(안면홍조, 유방통)
	• 호르몬변화 가속화 • 불규칙한 생리(배란, 무배란성 월경 / 빈발 · 희발월경) • 폐경증상 동반(안면홍조, 유방통 등)
말기 (폐경 후기)	• 폐경 : 최종 월경 후 1년 동안 월경이 없으면 완전한 폐경 • 난소 에스트로겐 생성 정지 • 배란 완전 중단 • LH(황체화호르몬) 증가, FSH 증가(40mIU/ml 이상)

5 폐경의 사정

구분		내용
월경력		• 월경력의 최근 변화를 관찰한다. • 정상 월경주기가 짧아졌다가 길어지고, 2~3개월의 무월경 후 1~2년이 지나면 완전히 없어진다. • 월경할 시기가 아님에도 월경 중기 점상출혈이 있다.
폐경 증상	정신	안절부절, 기분의 변화
	혈관운동계	• 안면 홍조, 열감 • 야한, 불면 • 두통, 현기증 • 손발이 저리거나 쑤시는 증상
	생식기계	질건조감, 성교통, 질출혈, 외음소양증
		빈뇨, 요실금, 배뇨 시 작열감, 소양감
	골다공증	골밀도 검사
	심혈관계	• 혈중 콜레스테롤, 지질검사 • 심혈관계질환 발생 위험

(1) 혈관운동계 변화

구분	내용
정의	에스트로겐의 감소로 모세혈관이 불규칙하게 확장되어 상부 가슴과 목에 갑자기 뜨거운 기운이 느껴지고 피부가 빨갛게 달아오르면서 얼굴, 머리, 팔로 열이 퍼져나가며 곧이어 땀이 나는 현상
원인	말초혈관이 갑자기 확장되었다가 수축되는 자율신경계의 부조화
증상 [국시 2000 · 2002 · 2005 · 2007]	• 홍조, 발한과 야한, 무딘 감각과 얼얼하게 쑤심, 수족냉증, 심계항진, 두통, 현기증, 졸도 • 야한은 밤에 잘 때 홍조가 있으면서 발한이 일어나는 현상을 말하며, 이 증상으로 잠을 깬 후 불면을 경험하기도 함
생리기전 [국시 2019]	에스트로겐 감소에 의해 중추신경계의 도파민 분비가 감소하고 노에피네프린분비가 증가하는 현상이 발생하고, 성선자극호르몬분비호르몬(GnRH)분비가 증가하면 시상하부의 체온조절 중추가 자극을 받아서 시상하부의 체온조절 set point나 neutral zone이 감소되어 생리적으로 안면홍조가 발생. 시상하부 set point의 변화는 내적, 환경적 요인에 반응하여 강한 발열감을 증가시켜 혈관확장이나 땀과 열손실 반응을 활성화시킨다는 가설
유발요인	주위의 자극이나 변화로서 초인종, 전화벨소리, 더운 커피나 차, 자극적인 음식, 밀집된 환경과 더운 장소 등

(2) 골관절계 변화 [2010 기출]

에스트로겐 기능	에스트로겐의 골흡수 억제기능	
	직접	골아세포 자극 → 골성장, 골밀도 높임
	간접	칼시토닌의 혈중농도 조절(장내흡수) + vit D 농도 증가 + ca 배설 억제 • 칼시토닌의 혈중 농도를 상승시켜 파골세포에 의한 골흡수는 방해하여 골성장과 골밀도를 높임 • 혈중 내 활성비타민 D의 농도를 증가시켜 장내 칼슘 흡수를 촉진 • 신세뇨관에서 혈중 칼슘 배설 억제
에스트로겐 결핍	폐경 후 활성비타민 D_3의 생합성이 저조하여 장내 수준이 낮아지므로 칼슘 흡수의 장애	
	골다공증	• 폐경 후 에스트로겐 감소로 활성 비타민 D_3 감소로 장내 칼슘 흡수 감소와 신장의 세뇨관에서 칼슘 흡수의 장애로 칼슘 배설 증가로 혈중 칼슘 농도가 저하되어 뼈에서 칼슘 유출이 일어나서 골밀도 저하 • 에스트로겐 결핍이 골형성 억제와 골흡수 촉진으로 골소실 가속화
	골관절염	에스트로겐 결핍이 관절의 연골세포의 증식 감소와 분해가 증가. 관절의 연골세포의 증식과 분해의 균형이 깨져서 관절 연골의 손상으로 골관절염 초래

(3) 심혈관계 변화 [2010 기출]

에스트로겐 기능	• 관상동맥을 포함한 심장 보호와 항동맥경화 작용 및 혈관확장 작용으로 혈관 보호 • 에스트로겐은 동맥벽에 직접 작용하여 항동맥경화 작용과 혈관확장 작용 • 에스트로겐이 저밀도 지질단백(LDL-C) 농도를 낮추고 고밀도 지질단백(HDL-C) 농도를 높여 항동맥경화성 작용 • 폐경기 여성에게 에스트로겐을 사용한 연구 결과 심혈관계 질환, 특히 관상동맥질환이나 심근경색의 위험이 약 50% 감소되었으며, 동맥경화증이나 혈관질환의 빈도 및 사망 위험도를 낮췄음	
에스트로겐 결핍	심혈관성 고혈압 및 동맥경화성 질환의 발병률 증가, 폐경 전보다 2.4배	
	고혈압	에스트로겐의 결핍으로 혈관 벽에서 혈관 확장 작용을 하지 못하여 혈관의 말초 저항 증가로 고혈압의 발병
	동맥경화	에스트로겐 결핍으로 혈중지질과 지질단백의 변화, HDL은 감소하고 LDL은 증가

(4) 생식계 변화 [2006 기출]

구분	항목	세부	내용
성적 영향	기전 [국시 2002]		• 에스트로겐 결핍으로 질에 혈관 분포 감소 → 질 허혈 • 성적 흥분 시 질의 팽창력, 탄력성과 긴장도 저하, 질윤활액 감소로 질이 건조, 성교 시 통증, 성교 후 출혈
위축성 질염 [국시 2004]	기전 [국시 2004]	질위축 [기출 2006, 국시 2014]	• 에스트로겐 결핍으로 질에 혈관 분포 감소 → 질 허혈 • 질 점막 상피의 두께가 얇아지고 쇠퇴 → 질이 위축되고 질 추벽(쭈글쭈글한 주름) 사라짐 • 질 윤활액 감소로 질이 건조해짐
		Doderlein 간균↓	글리코겐 분비가 적어지고 Doderlein 간균의 수도 급격히 감소하여 질내 pH가 상승하고(알칼리성) 살균 작용을 못하므로 질염
	증상		• 질의 건조함 • 질의 가려움 • 장액성의 황갈색 분비물 • 출혈성 반점, 성교 후 출혈 • 성교 시 동통 • 질 상피가 얇아지면서 질벽 점막의 위축, 염증, 발적, 궤양
	치료		질정, 질크림의 에스트로겐 치료 [국시 2001 · 2004 · 2007]
질 출혈	기전		• 폐경기에 난소 기능 쇠퇴와 난포의 수 감소로 시상하부-뇌하수체-난소 축의 장애가 생겨 난포가 FSH, LH 호르몬 자극에 덜 민감하여 난소의 난포의 배란 횟수가 감소 • 무배란성이고 배란이 안 되어 프로게스테론의 분비가 없어 프로게스테론의 길항작용이 없는 상태에서 에스트로겐에 노출되어 과증식된 자궁내막의 출혈
			폐경 이후 난소에서 에스트로겐을 생성하지는 않으나, 부신에서 생산되는 안드로스테네디온은 말초조직인 지방조직에서 에스트로겐 형태인 estrone으로 전환되며 체지방이 많은 여성은 estrone이 높음. 무배란에 의해 프로게스테론 없이 지속적으로 에스트로겐에 노출되어 자궁내막이 과증식으로 자궁출혈이 발생
외음 소양증	기전		에스트로겐 분비 저하로 외음에 혈관 분포 감소로 외음이 쇠퇴, 외음 조직이 얇아짐
	증상		자극을 받기 쉽고, 염증성 반응

⑸ 요로계 변화 [2006 기출]

<table>
<tr><td rowspan="3">스트레스성 요실금</td><td rowspan="2">기전</td><td>요도점막</td><td colspan="2">폐경기가 되면 에스트로겐의 분비 저하로 편평상피세포의 퇴행이 일어남. 편평상피세포는 요도점막의 두께를 두껍게 하여 방광내압이 증가할 때 실금을 억제. 요도점막의 두께가 얇아지고 요도가 위축되어 요도 괄약근의 저항력 감소와 요도 이완으로 실금을 억제할 수 있는 기능이 저하되면 복압성 또는 절박성 요실금 초래</td></tr>
<tr><td>요도괄약근</td><td colspan="2">요도 괄약근은 에스트로겐에 민감한 조직으로 에스트로겐 감소로 요도 괄약근의 약화로 요도가 이완되어 저항력 감소로 요실금을 억제하는 기능 저하</td></tr>
<tr><td>증상</td><td colspan="3">요의 없이 운동, 기침, 재채기, 크게 웃을 때의 복부 내압이 갑자기 증가하여 방광을 압박하므로 실금</td></tr>
<tr><td rowspan="5">요도염</td><td rowspan="4">기전</td><td rowspan="3">요도점막</td><td>짧은 요도</td><td>에스트로겐 결핍으로 요도가 짧아지면서 자극원이 쉽게 비뇨기계에 접근</td></tr>
<tr><td>얇은 요도</td><td>요도점막이 얇아져서 상처 받기 쉬운 상태</td></tr>
<tr><td>신경 자극</td><td>소변이 얇아진 요도점막을 통해 요도의 감각 신경 자극</td></tr>
<tr><td>pH↑</td><td colspan="2">에스트로겐 감소로 글리코겐 분비가 적어지고 감염 방지 역할을 하는 되덜라인간균인 질 젖산균 수도 급격히 감소로 산의 배설 감소로 질의 pH가 상승하고 요도의 pH 증가</td></tr>
<tr><td>증상</td><td colspan="3">위축성 요도염, 배뇨 시 작열감, 소양증</td></tr>
</table>

⑹ 기타

<table>
<tr><td rowspan="2">피부와 체모</td><td>에스트로겐 기능</td><td>에스트로겐은 피부의 진피, 표피 및 피하지방층에 각각 영향을 미친다. 진피는 주로 교원질이나 탄력섬유로 구성되는 결체조직과 기질로 이루어지며, 에스트로겐은 진피와 hyaluronic acid 대사를 활성화하여 진피의 두께를 늘리고 피부의 수분 함량과 모세혈관의 수를 증가시킨다.</td></tr>
<tr><td>에스트로겐 결핍</td><td>피부의 대사활동이 감소하므로 교원질의 양이 줄고 진피와 표피가 위축되어 얇아진다. 한선과 피지선의 분비 저하로 땀의 분비가 감소되며 모낭의 변화로 탈모, 피부 감각의 둔화, 면역 기능 저하 등이 온다. 이러한 원인으로 인해 피부가 건조해지고, 탄력성이 소실되고 주름이 생긴다. 그 외 증상으로는 겨드랑이와 음모의 모발이 감소한다.</td></tr>
<tr><td>유방</td><td colspan="2">유방에는 에스트로겐 수용체가 있으므로 에스트로겐의 결핍에 민감한 변화를 보인다. 폐경 이행기에는 호르몬 불균형으로 월경주기의 황체기 때와 유사한 유방통을 경험한다. 유선의 위축으로 유방과 유두의 크기가 작아지고 근탄력성과 긴장도가 저하된다.</td></tr>
<tr><td>피로감</td><td colspan="2">피로감은 폐경 이행기에 있는 여성이 흔히 호소하는 증상이며, 피곤의 원인은 잘 알 수 없으나 호르몬 불균형과 관련이 있을 것으로 추측하고 있다.</td></tr>
</table>

사회심리적	• 두통, 기억력 감퇴, 집중력과 판단력의 저하, 신경과민, 무기력, 무의욕, 그리고 침체된 기분 등 • 가치체계 면에서 갱년기는 자아전념, 자아도취의 시기로서 자신의 생을 되돌아보고 평가하며 재창조하는 시기이다. • 가족체계와 역할의 변화가 초래되어 부부생활의 재적응기이다. • 월경의 불편감과 임신의 우려에서 벗어나 홀가분하며 성적 만족을 더 많이 느낄 수 있다.
성기능의 변화	폐경 후 여성의 성생활은 감소하지 않고 폐경으로 인해 오히려 성기능이 향상되기도 한다. 그러나 에스트로겐 결핍으로 질의 윤활성, 탄력성과 긴장도가 저하되며 성적 흥분 시 질 팽창의 저하, 질 주위 조직의 지지 저하, 오르가슴 시 자궁수축이 함께 되는 등의 신체변화가 있어 성반응에 영향을 준다.

6 갱년기 여성의 건강관리

<table>
<tr><td>운동</td><td colspan="3">• 심폐기능 및 근력 강화, 체중 조절, 혈액순환 촉진, 혈중 콜레스테롤 제거, 골다공증과 같은 퇴행성 변화를 지연시킴
• 규칙적인 운동, 체중부하가 있는 유산소 운동(걷기, 달리기, 댄스, 테니스, 골프), 수영 등을 권장
• 수영: 심폐기능 증진, 관절통 완화(체중부하 없어 골다공증 예방에 효과)
• 질회음근운동(케겔운동, Kegel's exercise): 긴장성 요실금, 자궁하수 예방</td></tr>
<tr><td rowspan="8">영양관리</td><td rowspan="3">식물성 에스트로겐</td><td colspan="2">리그난, 이소플라보노이드는 장내에서 박테리아에 의해 에스트로겐으로 전환함</td></tr>
<tr><td>리그난</td><td>해바라기씨, 씨앗류, 콩</td></tr>
<tr><td>이소플라본
[국시 2016]</td><td>• 콩, 과일
• 녹황색 야채: 당근, 고추, 가지, 상치, 오이, 호박, 토마토, 적채, 양배추, 브로콜리</td></tr>
<tr><td>붕소</td><td colspan="2">붕소(3mg)가 많이 든 음식(딸기, 자두, 복숭아, 양배추, 사과, 아스파라거스, 샐러리, 무화과) 하루 3mg 섭취 시 에스트로겐 현저히 증가</td></tr>
<tr><td>비타민 E</td><td colspan="2">항산화제가 풍부한 비타민 E 식품섭취 시 홍조, 발한, 질건조증, 피로 감소에 도움 예 옥수수기름, 콩기름, 해바라기 씨, 시금치 등</td></tr>
<tr><td>칼슘섭취</td><td colspan="2">우유 등의 유제품과 함께 칼슘이 많이 든 음식을 섭취
• 우유, 치즈, 멸치, 녹색 야채, 해조류</td></tr>
<tr><td>비타민 D</td><td colspan="2">비타민 D는 장에서 칼슘 흡수
• 지방이 많은 생선, 정어리 / 유제품, 버터, 마가린 / 달걀노른자, 간, 간유</td></tr>
<tr><td>체중조절식이</td><td colspan="2">나이가 들면 신체 대사율, 근육, 운동량 감소로 비만함</td></tr>
</table>

	홍조 지지요법 • 에스트로겐 • 이소플라본 콩제품, 비타민 E • 금연, 정상체중 유지 • 민들레뿌리, 인삼, 각종 비타민제
심리, 정서적 지지	• 폐경에 대한 오해와 편견을 제거해 주고 이를 건강하게 받아들여 대처하도록 도움 • 자신의 내적 · 외적 상황에서 오는 스트레스를 극복하기 위해 정력을 쏟을 새로운 대상을 찾도록 도움 • 새로운 인간관계를 형성하여 고독과 실의에서 벗어나도록 도움
약초 영양	인삼, 민들레뿌리, 해초, 각종 비타민제 등
생식기 위축 해결	케겔운동, 수용성 윤활제, 수분 섭취 장려 등

7 호르몬 대치요법

적응증	• 폐경: 홍조, 질위축, 요로증상 • 골다공증 위험요인: 가족력, 흡연자, 저체중 • 심혈관질환 위험요인: 심근경색 · 협심증 과거력, 고혈압, 흡연자, 가족력	
금기증	• 절대 금기증: 임신, 최근 발생한 심근경색, 최근 발생한 뇌졸중 또는 일과성 허혈성 발작, 중증 급성 간질환, 유방암, 자궁내막암, 확진되지 않은 질 출혈, 활동성 혈전성 정맥염, 현재 담낭질환, 간질환 • 보통 금기증: 유방암 과거력, 재발성 혈전성 정맥염 또는 혈전성 정맥염 과거력	
부작용	• 질출혈(가장 흔한 부작용), 자궁내막암, 유방암 • N/V, 우울감, 유방통, 복부팽만감	
에스트로겐 대체요법	에스트로겐만 복용	–
	피부 부착형 에스트로겐	• 몸, 상체 팔 어느 부위에서나 흡수 효과로 털이 없는 피부에 1주에 1회씩 부착하며 부위는 돌려가면서 사용 • 유방은 민감성 때문에 부착하지 않음 • 장점: 유방 압통, 수분 정체 같은 부작용이 없음
estrogen-progestin 병용	estrogen-progestin 병용으로 에스트로겐에 의한 불규칙적 질출혈, 자궁내막증식증, 자궁내막염 감소	

선택적 에스트로겐 수용체 조절제 (SERMs)	tamoxifen	기전	• 심혈관, 뼈, 자궁에 에스트로겐으로 작용 • 유방에 항에스트로겐으로 작용
		유방	• 유방에서 항에스트로겐으로 작용 • 정상적인 유방 성장은 에스트로겐에 의해 촉진되며 유방암은 에스트로겐 노출로 발생 • tamoxifen은 유방 조직의 에스트로겐 수용체에 결합하여 유방 조직에서 에스트로겐 길항제(유방암 치료제)
		자궁	자궁내막에도 에스트로겐으로 작용하여 자궁내막암의 위험
		심혈관	응고력 증가로 혈전증
		뼈	골밀도 증가로 골다공증의 예방효과
	raloxifen	기전	• 뼈, 심혈관에 에스트로겐으로 작용 • 유방과 자궁에서 항에스트로겐으로 작용
		유방	유방에는 항에스트로겐으로 작용하여 유방암 위험이 없음
		자궁	자궁에는 항에스트로겐으로 작용하여 자궁내막의 자극이 없어 자궁출혈, 자궁암 위험이 없음
		심혈관	응고력 증가로 혈전증
		뼈	골밀도 증가로 골다공증의 예방효과 cf) 골다공증 치료제: estrogen, raloxifen, 칼슘제, Vit D, 비스포스포네이트, calcitriol

06 생식기 감염질환

1 질염 [2011 기출]

(1) 트리코모나스 질염 [2011 기출]

원인균	트리코모나스 원충
관련요인	• 여성 질염 중 가장 흔함 • 알칼리성 환경에서 잘 자람 • 월경 직후에 흔히 발병 • 트리코모나스 원충은 증상이 완화되어도 균은 치료에 저항력 있음 → 여성의 질과 요도, 남성의 요도와 전립샘에 기생
전파	• 성교를 통해 전파 • 기타 수건, 기구 등으로도 감염될 수 있음
분비물 양상	다량의 녹황색 기포·악취가 나는 분비물

<table>
<tr><td rowspan="3">증상</td><td>질점막</td><td colspan="2">• 부종과 홍반
• 닿기만 해도 타는 듯한 작열감(심한 통증)
• 질점막 후원개에 과립상의 딸기 모양 같은 출혈반점</td></tr>
<tr><td>자궁경관</td><td colspan="2">작은 점상출혈을 일으키는 미란</td></tr>
<tr><td>요도나
외음질샘</td><td colspan="2">분비물의 자극으로 인해 2차적 감염</td></tr>
<tr><td>임신영향</td><td colspan="3">조기파막, 조산, 저체중아</td></tr>
<tr><td>진단검사</td><td colspan="3">• 질후벽에서 채취한 가검물을 생리적 식염수 튜브에 담아 몇 번 흔든 후 직접 슬라이드 유리에 도말 표본하여 현미경으로 움직이는 트리코모나스 원충을 확인
• 운동성이 있고 서양배 모양의 원생동물로 긴 편모를 가지고 움직이는 세포막을 가진 균이 트리코모나스 원충
• 환자 준비는 검사하는 날에 질세척을 하지 말고 병원에 오도록 함
• 질 내의 pH는 5~5.5 이상으로 알칼리성을 냄</td></tr>
<tr><td rowspan="7">치료간호</td><td colspan="3">재발률이 매우 높은 편</td></tr>
<tr><td rowspan="4">메트로니다졸
(metronidazole, flagyl)</td><td colspan="2">• 2g 단 1회 경구 투여 혹은 50mg을 1일 2회 일주일간 투여할 경우 95% 치료
• 동시에 배우자도 같이 치료</td></tr>
<tr><td>술과 같이 섭취 ×</td><td>복부경련, 오심, 구토, 두통 및 현기증</td></tr>
<tr><td>임신 3개월까지
금기</td><td>조기진통 유발하므로 clotrimazole 질크림 또는 질좌약 사용</td></tr>
<tr><td>수유부 수유
금지</td><td>수유부에게 투약할 때는 투약 후 24시간 동안은 수유를 금함</td></tr>
<tr><td>클로트리마졸
(clotrimazole)</td><td>질크림이나
질 좌약</td><td>메트로니다졸을 사용하지 못할 경우나 임부에게 증상 완화를 위하여 1주일 동안 하루에 한 번씩 밤에만 국소 치료</td></tr>
<tr><td colspan="3">• 국소 외음염이나 요로 감염으로 배뇨 곤란이 있을 때는 좌약이나 스테로이드 크림 도포
• 성교통이 있을 경우에는 치료가 될 때까지 2~3일 금욕</td></tr>
</table>

(2) 칸디다성 질염(candida vaginitis) [2011 기출]

<table>
<tr><td>원인균</td><td colspan="2">원인균은 칸디다 알비칸스(candida albicans)</td></tr>
<tr><td>특징</td><td colspan="2">• 모닐리아성 질염, 진균성 질염, 효모성 질염
• 칸디다성 질염은 질 분비물을 호소하는 비임산부 중 10%, 그리고 임산부의 약 1/3의 빈도를 차지하는 중요한 질환</td></tr>
<tr><td>관련요인</td><td>임신, 당뇨병, 폐경기
이후의 여성</td><td>가장 많은 빈도를 나타내며 현재 증상 없이도 질 내에 존재할 수 있음</td></tr>
</table>

	항생제를 장기간 사용	질내의 정상 균주와 질의 산성도 및 효소를 변화시켜 칸디다 감염이 증가함
	스테로이드 요법	감염빈도가 증가됨
	고단위 에스트로겐 제제 경구 피임약	정상균주의 변화로 감염빈도가 증가됨
	잦은 질세척, 향료, 분무약제, 비누, 합성제품 내의 등에 의한 자극	칸디다 질염에 대한 저항력을 약화시킴
	습한 부위	대변, 구강내, 대퇴부 내측, 남자 성기의 포피 및 피부, 외음의 포피와 음핵, 질 등의 습한 부위에 존재하고 있다가 앞에서와 같은 환경일 때 외음질염이 발생됨
전파	• 남자성기의 포피 및 음핵, 질 존재 • 내의, 손, 수건, 목욕 물 또는 기구에 의해 전염 • 분만 시 감염	
진단	"whiff" test(+) 박테리아질염	• 채취한 질 분비물과 10% 수산화칼륨(KOH)을 섞은 후 습식 도말 → 현미경으로 칸디다균의 균사와 포자를 신속하게 검출 • 식염수 습식 도말은 질상피세포가 정상으로 나올 수 있으며, 10~20% KOH 용액은 주위의 염증세포나 적혈구를 없애주기 때문에 다른 질염과 쉽게 구별할 수 있음. 이 검사의 민감도는 80~90%.
	질 내 pH는 4.5이하로 정상으로 나타남	
증상	분비물의 특성	진한 백색의 크림 타입의 냉대하증
	자궁경부와 질벽	노란 치즈 같은 반점이 달라붙어 있고 이것을 제거하면 출혈이 있을 수 있음
	질 분비물	질 분비물은 자극적이어서 외음부와 회음부에 소양증
	외음질점막	발적과 부종이 있고 작열감, 배뇨곤란, 빈뇨, 성교통이 있음
임신영향	• 분만 시 감염된 모체의 산도로부터 신생아에게 전파 – 신생아는 아구창 발생 • 질 내 pH는 4.5 이하로 정상으로 나타남	
치료	• 항진균제 • 아졸(azole) 제제 • 플루코나졸(fluconazole)	• 150mg을 1일 1회 경구 투여 • nystatin보다 효과적 • 재발성 혹은 심한 칸디다성 질염의 경우 150mg을 한 번 더 투여

	클로트리마졸 (clotrimazole)	• 야간에 질크림 질정 삽입 • 투약 효과를 높임
	니스타틴 (nystatin)	• 질정, 질크림 • 낮에는 미니패드를 사용하고, 탐폰사용은 하지 말 것 (∵ 약물 흡수)
	1% 하이드로코디손 연고	외음 가려움증과 자극증상시 항진균성 크림이나 스테로이드 크림을 국소 도포
	질세척 금지 등	질세척 금지, 성교는 치료기간 동안 피하거나 콘돔 사용
	재발된 경우	배우자도 검사하여 항진균제 투여(남성의 음경이나 회음에 존재할 가능성이 있으므로)
	면 제품은 헐렁하게	• 온기나 습기는 진균감염에 도움 • 합성섬유로 만든 내의를 입지 말고 면제품 내의를 헐렁하게 입는 것이 좋음 • 질 및 외음부를 습하지 않게 해줌으로써 칸디다성 질염을 예방

(3) 세균성 질염 [2011 기출]

원인	• 질의 정상 세균총의 파괴로 발생 • 혐기성 세균이 증가하고 lactobacillus종의 농도가 감소할 때 발생	
증상	질 분비물	• 질 분비물의 증가(묽으면서 회백색인 균질성 분비물) • 생선 비린내 같은 악취
	질염증	약간의 소양증과 성교통이 있거나 없을 수 있음. 외음과 질염증은 흔하지 않음
	감염 시	감염은 경미하지만 감염이 경관염, 골반 감염, 양수 내 감염, 산후 자궁내막염, 자궁절제술 후 질절단부 조직염, 조산 및 재발성 요로 감염 등의 위험한 결과를 가져올 수도 있음
진단	• 직접검경법으로 clue cell을 현미경으로 확인 • clue cell이란 세포막에 부착된 세균 덩어리를 가진 점상형의 질 상피세포	
치료	메트로니다졸 (metronidazole, flagyl)	• 500mg을 하루에 두 번, 1주일간 경구 투여 • 광범위한 항생제이므로 장기간 사용하면 질내 세균을 낮추어 모닐리아성 감염의 가능성이 증가함
	질크림, 질정	sulfonamide 같은 항생제 크림이나 teramycin 질정 또는 경구 복용약으로 투여
	임산부	clindamycin을 1일 500mg씩 2회 7일간 또는 300mg을 1일 2회 7일간 복용

(4) 질염의 특징 비교 [2011 기출]

	세균성 질염	칸디다 질염	트리코모나스 질염
가려움	있음(약함)	매우 심함	있음(자극, 가려움증)
냄새	생선 썩는 냄새	거의 없음	계란 썩는 냄새
냉(분비물) [2011 기출]	계란 흰자위 같은 점액 농성 질 분비물	• 치즈형태 분비물 • 우유 찌꺼기 같은 백색 질 분비물	거품이 있는 녹황색의 화농성 질 분비물
따가움, 성교통	약간	심함	심함
원인	• 잦은 성교나 질 세척 후 • 알칼리성화로 인한 정상질 세균군 변화	• 곰팡이균의 일종인 칸디다균의 과증식 • 당뇨병, 임신, 광범위 항생제, 경구피임약복용, 면역억제상태 등	성전파성 질환

종류	모닐리아 질염	트리코모나스 질염	노인성 질염
원인	• 진균성 질염 (candida albicans) • 당뇨병, 임신 • 장기간 항생제 복용 • 경구피임약 복용	• 원충성 질염 • 트리코모나스 • 성접촉으로 전파 • 공중목욕탕에서 전파	에스트로겐 농도 저하 • 질점막 위축으로 감염 없이도 성교 후 질염 발생
증상 [2011 기출]	• 희고 치즈 같은 분비물 [2011 기출] • 심한 소양증 • 배뇨곤란	• 녹황색 거품의 악취 나는 질 분비물 [2011 기출] • 딸기 모양 반점 • 배뇨곤란, 질작 열감, 성교곤란, 소양증, 통증	• 혈액 섞인 질 분비물 • 소양증 • 화끈거림 • 성교 시 통증
진단	• 습식도말 • 질배양검사 • Whiff test(KOH와 질 분비물 섞어 염색하면 원인균 발견)	습식도말(Wet smear)	폐경 이후 발생
관리	• 항진균제 사용 • 위생적 관리 – 면속옷 입기	• 메트로미다졸 • 성교 피하고, 콘돔 사용 • 배우자도 함께 치료	에스트로겐 투여(질정, 크림)

(5) 노인성 질염

원인	• 폐경 후 정상적으로 초래되는 질점막의 위축을 의미한다. • 흔히 작은 표피결절 및 궤양이 생기고 질의 착색을 볼 수 있다.
증상	• 질 분비물과 소양감, 타는 듯한 통증, 질의 궤양 등 • 분비물은 비교적 엷으며 혈액이 섞여 분비물이 나온다. • 후기에는 질강의 수축으로 성교통이 와서 성생활에 장애를 초래한다.
치료	• 에스트로겐 치료가 효과적이며, 꼭 경구 투여해야 할 경우가 아니면 국소적으로 치료를 하는 것이 좋다. 질정 스틸베스테롤 0.5mg이나 에스트로겐 질크림을 1주일에 2~3일 투여하면 대개 증상이 호전된다. • 재발을 예방하기 위해서는 지속적인 투여가 필요하며, 가능한 한 1주일 간격으로 투여하는 것이 좋다. 드물게는 국소적 에스트로겐 요법으로도 자궁출혈이 올 수 있다.

2 자궁경관염

종류	급성자궁경부염	만성자궁경부염
원인	임균 등 각종 세균	경부열상 후 임균, 연쇄상구균, 포도상구균 침입 후
증상	• 경관부종, 발적, 울혈 • 경관의 점액농성 대하 • 미열 • 배뇨곤란	• 점성도 높은 대하 • 성교곤란증, 성교 후 점적출혈 • 하복통 • 경관미란, 비대, 외번
진단	경관점액도말 → 균검사	초기 경부암과 감별진단 → 질세포 도말검사, 질확대경, 조직생검
관리	• 원인균에 따른 항생제 • 임균 : 페니실린 • 휴식 • 성교는 피함	• 한랭요법, 전기소작 • 원추조직절제술 • 만성 경부염 치료 안 되면 → 10년 후 경부암으로 발전

3 골반염증성 질환

종류	급성골반염증성 질환	만성골반염증성 질환
정의	자궁내 집락한 병원균이 자궁내막과 난관을 따라 상행해서 자궁, 난관, 난소에 침입된 경우	–
원인 [국시 2014]	• 임균(가장 많음), 클라미디아균, 마이코플라즈마, 화농성균 • 성병균 • 자궁내장치 • 산후감염	–
증상	• 골반압통, 복부통증 • 악취가 나는 농성 질 분비물, • 고열(38℃ 이상), 오한, 오심, 구토 • 백혈구 증가증, 권태감	• 극심한 하복부통증, 골반압박감, 불쾌감 • 월경 전/중에 악화 • 심한 월경곤란증 • 요통, 직장 불편감 • 대하, 임신 시 냄새 나는 오로의 증가 • 방광 자극 증상
진단	• 임상증상 간호력 • 질 분비물 도말 및 배양검사 • 골반부위촉진 → 압통, 농양 등 • 혈액검사(CBC, ESR, WBC) • 초음파 복강경검사	급성과 동일
종류	• 급성 자궁내막염 → 월경 후 자연히 해소됨 • 급성난관염 : 불임, 자궁외 임신 유발 • 급성 난관난소염	• 만성 자궁내막염 • 만성 난관염 • 난소염, 난소주위염, 난소수종 • 자궁주위염 • 복막염
간호 [국시 2015 · 2016 · 2017]	• 항생제 투여(분비물 배양검사 후 원인균 확인 후 사용) [국시 2016] • 농양 → 절개, 배농 • 적절한 수분공급 • 진통제 • 침상안정 • 반좌위 → 분비물 배설 촉진 [국시 2015 · 2017]	• 온찜질, 좌욕 → 통증완화, 치유촉진 • PID 위험요인과 재발 시 결과에 대한 설명 • 급성과 동일 • 안전한 성생활
합병증	난관-난소농양, 골반농양, 난관폐쇄, 불임	

07 성전파성 질환

1 임질(gonorrhea) [2008 기출]

<table>
<tr><td>원인균</td><td>임균
(neisseria gonorrhea)
• 여러 명의 성 파트너
• 질 분만 시 신생아 감염
• 인두감염</td><td>임균은 건조한 상태, 저농도의 살균액, 비눗물에서 짧은 시간 내에 사멸됨. 또한 온도 변화에 예민하여 대개 40~41℃에서는 15시간 내에 약 90%가 사멸하고 42℃에서는 5~15시간 내에 사멸하며, 습한 실내에서는 약 24시간, 젖은 수건에서는 10~24시간, 슬라이드 위에서 17시간까지 생존하는 특성을 갖고 있음</td></tr>
<tr><td>진단</td><td colspan="2">• 요도구, 자궁경부, 바르톨린샘에서 검사물을 채취하여 직접 도말 및 현미경 검사
• TM(Thayer-Martin) 배지에서 배양검사와 그람염색
• 양손으로 골반검진을 할 경우 골반압통, 자궁의 불편감을 확인</td></tr>
<tr><td>증상</td><td colspan="2">• 통증, 배뇨곤란, 배뇨 시 작열감
• ★다량의 녹황색의 대하 농성장액성 분비물(녹색이나 황색)
• 성기능이 감소
• 항문이나 직장에 염증, 임균성 인두염
• 전립선염, 임균성 부고환염, 임균성 관절염, 출혈성 농포, 불임증 등의 합병증</td></tr>
<tr><td>전신적 임질</td><td colspan="2">• 관절염, 심내막염, 심장근염, 뇌막염으로 나타나기도 함
• 난관을 침범하여 불임초래(임질균이 상행하면 난관으로 전파됨. 난관염을 치료하지 않으면 반흔이 형성되어 난관이 좁아져서 불임을 초래)</td></tr>
<tr><td>임신 시
임균합병증</td><td colspan="2">★융모망막염, 조산, 조기파막, 자궁내 성장지연</td></tr>
<tr><td>임신 시</td><td colspan="2">무증상이 많으므로 산전관리시 감염여부를 확인해야 함</td></tr>
<tr><td rowspan="3">분만 시</td><td>신생아 임균성 안염
(농루안)</td><td>• 임질 감염된 상태에서 질분만 시 가장 심각한 합병증은 ★임균성 안염(출생시 신생아 농루안을 일으켜 맹인이 될 수 있음)
• 그밖에 비인강, 질, 항문, 귀 등의 감염</td></tr>
<tr><td>신생아 임균성 안염
예방</td><td>• 분만시 1% 질산은을 한 두 방울 점적
• eythromycin, tetracycline 안약제제를 대신 사용할 수 있음</td></tr>
<tr><td>그 외</td><td>가장 흔한 것은 안구 감염이지만 비인강, 질, 항문, 귀 등에도 감염</td></tr>
<tr><td rowspan="2">약물요법</td><td colspan="2">cefixime 400mg 1회 경구 투여, ceftriaxone 500mg 1회 경구 투여</td></tr>
<tr><td>임신 중 임질 관리</td><td>• 단기간 내에 효과적인 항생제를 사용해야 하며 흔히 페니실린과 함께 probenecid를 사용하는데 이는 페니실린의 효과를 높이기 위함
• 페니실린을 다량 사용하면 2~9시간 내 임균이 죽기 시작하는데 tetracycline은 태아기형을 초래할 수 있으므로 피할 것</td></tr>
</table>

2 매독 [2010 기출]

매독은 성교 시 감염자의 삼출액에 의해 전염되는데 특히 개방성 상처 감염된 혈액에 의해 전파되며 태아의 경우 태반을 통해 전파되므로 선천성 매독이 된다. 매독은 전염성이 강하고 초기 단순궤양부터 시작하여 반점, 구진, 농포, 탈모증 등 다양한 피부증세를 보이다가 치료 없이 병변이 사라진 후 수년이 지나서 여러 형태의 병변이 다시 나타난다.

(1) 원인균

<table>
<tr><td>매독균</td><td>• 트레포네마 팔리듐균(treponema pallidum, 나선균) 스피로헤타(spirochete)과에 속하는 세균인 트레포네마 팔리듐균(treponema pallidum)에 의해 발생하는 성병
• 주로 피부의 상처로 성교 중 침입하는데, 인체 밖에서는 12시간 이상 살지 못하고 비누나 물에 닿으면 사멸. 잠복기는 10~90일 정도</td></tr>
</table>

(2) 선천성 매독(congenital syphilis in pregnancy)

<table>
<tr><td>원인</td><td colspan="2">• 매독에 걸린 임산부가 전염원으로 매독균이 태반을 통해 감염
• 감염위험도는 임산부의 임신 시기에 따라 다르나 대부분 임신후기에 감염됨
• 임신동안 매독을 초기에 치료하지 않을 경우 태아사망률 40%
• 초기 매독인 임부에게서 태어난 신생아는 매독균이 태반을 통과하여 선천성 매독아가 될 가능성 높음</td></tr>
<tr><td rowspan="3">분류</td><td colspan="2">발현시기에 따라 분류: 첫 감염 이후 5개월 이후 태반 통과, 유산/사산</td></tr>
<tr><td>초기 선천성 매독</td><td>• 비성호흡, 패혈증, 뇌막염, 입/코/항문의 점막부위에 반점상 구진 발생 + 비염, 피부 벗겨짐, 뼈의 파괴성 변화(정강이뼈의 변화)로 인한 통증으로 일시적 마비증세
• 생후 1~2주에 콧물이 심하게 흐르고 입 주위, 손발바닥에 홍반과 각질이 나타날 수 있음
• 성인의 2기 매독진들이 나타날 수도 있음
• 대부분 미숙아로 출산되고 빈혈이나 혈소판감소 소견</td></tr>
<tr><td>만기 선천성 매독 (2~16세 사이에 증상이 나타남)</td><td>허친슨 치아(영구치: 절흔이 있고, 좁게 되어 있는 영구절치와 정상치아보다 작고 깨무는 표면에 절흔 발생, 치아사이 간격이 넓음), 속귀성 난청, 실질성(간질성) 각막염, 코가 내려앉거나, 골이나 관절의 이상증상이 나타남</td></tr>
<tr><td>증상</td><td colspan="2">선천성 감염을 갖고 있는 영아의 60%는 출생 후 1주안에 증상이 없으나 즉시 치료하지 않으면 증상이 발전하게 됨, 초기증상은 2세에 나타남</td></tr>
</table>

(3) 허치슨 3증후군

후기 선천성 매독 3가지 (허치슨 3증후군)	① 간질성 각막염	각막의 불투명, 혼탁으로 실명
	② 허치슨 치아	• 정상치아보다 작음 • 깨무는 표면(저작면)에 절흔으로 얇아져 있음 • 치아사이 간격이 넓음 → 치아의 간격이 넓고 작고 못(톱니)모양의 치아 → 영구치 침범
	③ 8차신경장애	청신경장애로 난청

(4) 후천성 매독

후천성 매독은 1기, 2기, 잠복기 및 3기로 구분한다. 여러 합병증이 나타나는 3기 매독에는 외음에 매독성 고무종과 매독성 궤양이 나타난다. 육아종 등 파괴적 병소가 피부, 뼈, 신경, 심맥관계에 발생하며 균이 신경계에 침입하면 마비, 치매, 정신지체현상이 초래될 수도 있다.

1기 매독 : 경성하감 & 임파선 종창	시기	노출된 3~4주까지 병소 없음 → 발병 후 2~6주 후 자연 소실
	잠복기	10~90일
	경성하감	• 무통성 궤양, 단단하고 통증이 없는 결절 • 외음부 : 가장자리는 부풀고 경화, 중앙부위는 둥글고 난형 표재성 궤양, 표면은 검붉은색 • 구강이나 턱, 외음, 항문(표피 내면이나 성기), 대음순에 많음, 주위조직의 부종
	임파선종창	• 주위의 임파절이 증대되고, 두통, 전신권태, 체온이 약간 상승하기도 함. 이것은 여성보다 남성에게, 그리고 질이나 자궁경관보다 외음부에 흔히 발생하는데, 외음부가 스피로헤타의 침입을 쉽게 받기 때문 • 림프샘염도 발생. 매독 초기의 진단은 병소에서 스피로헤타균을 발견하는 것
	조기진단	스피로헤타균의 발견 – 암시야검사로 발견 / 혈청학적 검사(음성)
	빈도	남성 > 여성 / 외음부 > 질, 자궁경관
2기 매독 : 편평 콘딜로마 (condyloma lata)	시기	감염 후 6주~6개월 후 발현 증상 → 치료 없이도 2~6주 후 사라짐(1/3 자연치유, 1/3잠복, 1/3 고무종)
	다양한 형태로 전신의 피부나 점막에 나타나며 약진, 탈모증, 건선, 편평 콘딜로마 등과 유사한 증상으로 나타날 수 있으나, 대부분의 경우 반점, 구진 혹은 인설의 형태로 나타남	
	전신의 피부나 점막의 병소 (장미진)	작은 돌기의 붉은반점(장미진) 약진, 건선, 구진, 인설형태, 매독진, 탈모증

	편평콘딜로마	• 외음부에서 볼 수 있는 전형적인 제 2기 병소 • 둥글거나 난형의 병소로 가장자리는 약간 경화되어 있고, 표면은 습하며, 회색의 괴사성 삼출액으,로 덮여있다. 외음, 회음부, 대퇴내측, 둔부에 퍼짐
	전신증상	➲ 임파절 증대 • 식욕부진, N/V, 변비, 근육통/관절통, 미열, 두통, 전신권태, 인후통, 쉰 목소리 • 임파절 증대, 식욕부진, 오심, 변비, 근육통, 관절통, 미열, 두통, 전신권태, 인후통, 쉰 목소리가 나타나며 이러한 증상은 치료 없이도 2~6주 후에 사라짐
	진단	혈청학적 검사(+), 암시야검사(매독균 발견)
	치료	치료 시 5~7일 이상 페니실린을 투여하는데 과민반응이 있는 사람은 테라마이신이나 기타 항생제를 투여하고, 필수적으로 환부를 청결하게 유지하여야 함
잠복 매독	임상 소견이 없는 매독으로 감염 후 1년 이내는 조기 잠복 매독, 그 이후는 후기 잠복 매독이라 함. 매독의 2기가 2~6주간 지속된 이후의 상태로서 모든 증상이 사라진 상태	
3기 매독 : 고무종 혹은 매독성 궤양 신경매독	고무종 or 매독성 궤양	• 시기 : 감염 후 10~20년이 지난 후 피부, 뼈, 간 등에 과립성 병변 • 외음에 괴사성 궤양을 동반한 매독성 고무종 → 고무와 같고 눌러도 아프지 않음, 중앙부가 연해지면서 파괴되어 궤양 (심한 흉터 / 재발) • 고무종 주위에 경변과 부종 일으키고 질과 직장사이에 누공을 일으킴 • 육아종 등 파괴적 병소가 피부, 뼈, 신경, 심맥관계에 발생하며 균이 신경계에 침입하면 마비, 치매, 정신지체현상이 초래될 수도 있음
	신경매독	중추신경 퇴화 → 뇌신경 매독 시 아르킬로버트슨 동공(수축 함, 빛에 대한 반응 없음)

(5) 진단 및 검사

암시야 현미경검사	검체(1, 2차 병변조직)를 슬라이드에 고정 후, 암시야 현미경을 통해 살아있는 스피로헤타균 확인	
항체혈청검사	선별검사 VDRL	• 혈청질환은 질환 노출 6~8주경에 나타남 • 1기 매독초기에는 혈청검사 음성 • 2기 매독 시 양성 • 여러 가지 바이러스 감염증이나 임파종, 결핵, 결체조직 질환, 임신 등의 경우에서 위양성 결과가 나타날 수 있음

	확진검사	• FTA-ABS(Fluorescent Treponemal Antibody Absorption) 검사 • TPHA(Treponema pallidum Hemagglutination assay) 검사 　– 트레포네마 항원의 특수항체검사
뇌척수액 검사	3기 매독 시 뇌척수액 검사로 확진	

(6) 치료 및 간호

기본관리	환자가 사용했던 주사바늘이나 정맥주사의 도구관리를 철저히	
페니실린	치료 24개월 후에 추적검사 / 특히 신경 매독환자는 적어도 3년 이상 추적 관찰	
임신 시 관리	임신 16~18주 이전	• 태반이 방어역할 • 이후 균이 태반 통과 • 임신 18주(5개월) 이내에 적절한 치료를 하면 잠정적인 해로움이 없지만 치료 전에 발생된 조직의 파괴는 회복될 수 있음
	임신 시 치료	• 페니실린 • probenecid: 페니실린의 세뇨관분비차단하여 항생제 농도를 증가시킴, 페니실린과 병행함(요산배설촉진제로 요산의 신장제거 촉진) • 테트라사이클린 → 태아 기형 초래 • 클라미디아 동반 시 → erythromycin 투여

3 후천성면역결핍증(AIDS) [2009 · 2016 기출]

후천성면역결핍증은 retrovirus인 면역결핍성 바이러스(Human Immunodeficiency Virus, HIV)가 인체 내에 들어와 혈액 중의 T_4 조력 림프구를 선택적으로 공격 파괴함으로써, 처음 일정기간 동안 잠복한 후 급속히 복제되면서 T_4세포의 기능을 억제하여 면역기능을 저하시키는 질환이다. 치유가 어려워 가장 치명적인 성전파성 질환으로 보고 있다.

원인균	HIV(Human Immunodeficiency Virus) • HIV는 체액 내에서 생존하므로 체액을 통해 감염된다.	
전파경로 [2009 기출]	성적 접촉	• 정액이나 질 분비물, 혈액과 접촉하는 것으로 이루어진다. 특히 동성애 혹은 양성애 남자들 간에 많이 전파된다. • HIV는 정액에 많이 함유되어 있기 때문에 정액을 받는 쪽에 많이 전파된다. 특히 항문성교가 가장 위험한 전파경로이다.
	혈액 및 혈액 제제	혈액을 통한 감염은 약물 남용자, 혹은 HIV 감염혈액을 수혈 받는 사람에게서 일어난다. 이중 정맥 내 약물 남용자가 가장 많다.
	모체전파	–

<table>
<tr><td>병태생리
[2018 기출]</td><td colspan="3">• HIV는 체내에 들어와 T림프구 세포 표면에 존재하는 특수 수용체인 CD_4와 결합하면서 감염 과정을 시작한다.
• CD_4^+ 수용체 표면에 존재하는 T-림프구가 감염되면 역전사는 인체세포의 정상DNA대신에 바이러스의 RNA가 첨가된 DNA를 생산하게 하고, 이 DNA는 결국 바이러스를 계속 생산한다.
• HIV는 감염된 T-림프구에 의해 활발하게 복제가 일어나는데 하루에 2천만 개까지 바이러스가 합성되기도 한다. 반복 복제가 계속되면 면역계가 파괴된다.
• 그 외 뇌와 폐의 대식세포 및 단핵구 등에서도 발견되기 때문에 이들 조직 또한 AIDS의 표적이 된다.
• 각종 감염과 암에 쉽게 이환된다.</td></tr>
<tr><td rowspan="4">진단검사</td><td rowspan="3">선별검사
(ELISA)</td><td>항체검사
(ELISA)</td><td>➲ HIV의 혈청학적 진단방법 : ELISA(Enzyme Liked Immunosorbent Assay)
• HIV감염 후 6~12주 후 항체가 형성된다.
• 쉽고 경제적이나 위양성(false positive)의 가능성이 있다.</td></tr>
<tr><td>HIV 양성</td><td>• HIV에 감염된다 하더라도 반드시 에이즈임을 확정하지는 못한다. 즉, 차후에 질환으로 진행할지 예측할 수 없다는 것이다.
• 항체는 계속 존재한다.
• 다른 사람에게 전파가 가능하다.
• 에이즈 면역자가 아니다.
• 장기기증이 불가능하다.</td></tr>
<tr><td>HIV 음성</td><td>• 항체가 존재하지 않는다.
• HIV에 노출되지 않았음을 의미하는 것은 아니다.
• 지속적 예방이 중요하다.</td></tr>
<tr><td>확진검사</td><td colspan="2">• CD_4^+ 세포(보조T세포, T_4 helper cell)의 수가 200개/μl 미만
• 기회감염</td></tr>
<tr><td rowspan="2">증상
(기회감염)</td><td>급성감염기</td><td colspan="2">• HIV 감염 후 3~6주
• 발열, 권태, 림프절 병증, 발진, 인후통, 관절통, 설사, 때로 무균성 뇌막염 증세를 보이는 단핵세포증다증을 경험하기도 한다.
• 이러한 증상은 2~3주 지나면 완전히 소멸된다.</td></tr>
<tr><td>무증상감염기</td><td colspan="2">• 대개 5~10년 정도이다.
• 대체로 건강해 보이나, 림프조직 내 HIV는 계속 증식하고 있으며, 혈액 등으로 다른 사람을 전염시킬 수 있다.
• 7년 후 약 75%에서 임상증상이 나타나며 그중 약 36%는 AIDS로 진행된다.</td></tr>
</table>

	발병 (에이즈초기)	• 림프선의 부종 • 발열 • 체중 증가 • 원인모를 설사 • 1개월 이상 마른기침 • 현저한 전신피로
	AIDS 관련 복합증상 (카포시육종 등)	• HIV 질환 말기 시기이다. • 다발성 기회감염이나 악성종양(카포시육종, 자궁경부암 등), 골수 기능억제나 치료에 대한 내성과 독성 반응이 나타난다. • 진행된 AIDS 환자의 흔한 증상은 여러 형태의 통증이다. 통증은 말초 신경염, 근육통, 악성종양으로 인한 신체적 요인뿐만 아니라 심리적 요인으로 더욱 증가될 수 있다.
기회감염	카르니 폐렴 (PCP)	⊙ 뉴모시스티스 카르니 폐렴(Pneumocystis Carnii Pneumonia; PCP) 대부분 보조 T세포 감소 등 면역 억제가 나타난다. 호흡기 증상이 나타나기 수주나 수개월 전부터 발열, 피로, 체중 감소 등의 비특이성 증상이 관찰된다. 가장 흔한 증상은 비생산성 기침, 호흡곤란과 발열 반응이 나타난다.
	거대세포 바이러스	거대세포 바이러스는 herpes virus과의 하나로 매우 흔하게(90%) 보고된다. CMV 감염은 망막염, 폐렴, 구내염, 식도염, 대장염, 뇌염, 부신염, 간염 등의 원인이 된다.
	단순포진 바이러스	• 단순포진 바이러스는 구강, 식도, 생식기, 회음부 점막에 궤양성 병변을 초래하며 뇌염의 원인이 되기도 한다. • 초기 증상은 수포와 포진 주위에 화끈거림과 저린감이다. 극심한 통증은 드물지만 HSV 감염일 경우 식도의 통증과 연하곤란이 나타난다.
	톡소플라즈마증	원충의 일종인 toxplasma gondii가 원인균이며 두통, 경련, 편마비, 기면, 국소적 뇌염 등의 증상을 보인다.
	크립토스포리디움	원충 기생충에 의한 소화기에 감염을 일으키는 질환으로 설사, 권태, 오심, 복부경련 등을 일으킨다.
	복합 마이코박테리움 아비움	토양과 물에 존재하는 환경성 박테리아로 위장관과 호흡, 파종성 질환의 원인이 된다. 감염의 증상에는 설사, 발열, 체중 감소, 빈혈, 호중구감소증 등이 있다.
	결핵균	-
	아구창 칸디다	구강, 식도, 질 내 감염을 일으킨다. 칸디다증은 점막에 두꺼운 백색 치즈 형태의 삼출액을 보이며 경구개와 연구개에 붉은 반점의 위축이 일어난다. 연하곤란과 통증이 있을 수 있다. 치료제로 clotrimazole이나 nystatin을 사용한다.

<table>
<tr><td rowspan="3"></td><td>크립토코쿠스속 뇌막염</td><td>–</td></tr>
<tr><td>히스토플라스마증</td><td>진균감염의 일종으로 다른 면역억제 질환자보다 AIDS 환자에게서 심한 임상증상을 보인다. 증상은 발열과 지속적인 체중 감소이다.</td></tr>
<tr><td>콕시디오이데스증</td><td>진균감염을 일으킨다.</td></tr>
<tr><td>HIV 신경계 질환</td><td colspan="2">• 중추, 말초신경계를 침범한다.
• 초기 증상은 집중력과 기억력 감소로 사고 과정이 느려지고 대화에 어려움을 느끼게 된다. 인성변화, 안절부절못함, 무감동, 우울, 위축현상 등은 치매에서 흔히 나타난다.
• 말초 신경질환은 HIV 감염의 흔한 합병증으로 발, 다리, 손의 화끈거림이나 저릿함이 있다.</td></tr>
<tr><td>약물치료</td><td colspan="2">아직까지 에이즈를 완치시키는 치료제나 백신은 없다.
• 칵테일 요법
– 바이러스 증식 억제, 주로 'ARVs'라는 역전사 효소에 작용하는 약물을 두 가지 이상 섞어 투여하는 방법이다.
• 지도부딘(zidovudine; ZDV)
• 디나노신(didanosin): 지도부딘에 내성을 보이거나 계속적으로 질병이 악화될 경우 사용할 수 있는 대체약물이다.
• 그 외: 잘시타빈, 스타부딘
<table>
<tr><th>분류</th><th>약물</th><th>독성</th></tr>
<tr><td rowspan="3">뉴클레오시드 역전사 억제제(NRTI)</td><td>zidovudine(ZDV)</td><td>간지방증, 유산증, myopathy, 심장 근육병증, 빈혈(macrocytosis, neutropaenia), dyshaemopoiesis</td></tr>
<tr><td>didanosien(ddI), stavudine(d4T)</td><td>간지방증, 유산, acidosi, 췌장염, myopathy, 주변신경병, dyshaemopoiesis, gynaecomastia</td></tr>
<tr><td>lamivudine(3TC)</td><td>dyshaemopoiesis</td></tr>
<tr><td>비뉴클레오시드 역전사 억제제(NNRTI)</td><td>nevaripine, efavirenz</td><td>피부 발진, 스티븐스–존슨 증후군, 간염</td></tr>
<tr><td>프로테아제 억제제 (PI)</td><td>saquinavir, ritonavir indinavir, nefinavir</td><td>lipodystrophy, hyperglycaemia, hyperlipidaemia, 간염</td></tr>
<tr><td>ribonucleotide reductase 억제제(RNR)</td><td>hydroxyurea</td><td>골수 억제, 구강궤양, 간염</td></tr>
</table></td></tr>
<tr><td>외과적 중재</td><td colspan="2">악성종양의 제거나 생검을 시행한다.</td></tr>
</table>

간호사정	• 대상자가 HIV 감염 사실을 모르고 있을 때 간호사정의 초점은 HIV 감염의 위험요소에 두어야 한다. • 기본적인 질문 – 수혈을 받은 적이 있는가? 언제 받았는가? – 다른 사람과 주사를 나누어 사용한 적이 있는가? – 성 경험이 있는가? – 성병이 있는가?
간호수행	• 감염으로 에너지 요구가 증가되기 때문에 더 많은 영양공급이 이루어져야 한다. • 면역체계의 기능을 최상으로 유지하기 위해 단백질, 탄수화물, 지방, 비타민, 무기질 등을 충분히 공급한다. • 영양 증진에 대한 교육과 체중 감소에 대하여 중재한다. • 구강 내 병변/궤양, 장막염, 치주염, 연하곤란, 연하 시 통증, 오심, 구토 등의 상부 위장의 장애가 있는 환자에게 영양장애가 나타날 수 있다. 구강 및 치아 간호는 필수적이다. • 하부 위장관장애로 설사와 흡수 장애가 있으므로 적절한 치료로 증상 감소와 체중 증가를 시도한다. • 변비가 문제되므로 고섬유질 식이, 규칙적인 운동과 수분 섭취의 제한이 없으면 하루 6~8컵의 수분 섭취를 권한다. • HIV 환자들은 사회적으로 부도덕한 사람으로 간주되고 특히 바이러스 전파와 관련하여 사회적으로 회피대상이 되고 있다. • HIV 감염환자들이 자주 경험하는 문제는 불안, 공포, 설사, 우울, 말초신경 병변, 오심, 구토, 통증, 피로이다. • 지난 몇 년간 HIV 감염환자에게 새로운 대사성 질환이 발생되었다. 지방 분포의 변화, 고지혈증, 인슐린저항증, 고혈당, 골다공증, 젖산 산독증, 심혈관질환이다.

HIV 감염 예방 교육 내용

- 여성, 남성의 해부 생리
- HIV 전파 경로를 설명
- 일상적 관계로는 전파되지 않는다는 인식
- 절대 안전한 성생활은 금욕, 마사지, 상호수음
- 다수의 성 파트너나 익명의 성 파트너를 두지 않기
- 상처 나는 성관계를 피하기
- 성기 분비물, 헤르페스, 의심되는 병변이 있는 자와 성교를 피하기
- 구강성교 피하기
- 라텍스 콘돔 사용
- 간염보균자, HIV 항체 보균자와 성교 피하기
- 바늘이나 주사기를 타인과 함께 사용하지 않기
- 정맥용 마약 사용자는 치료받기
- 고위험군이면 주기적인 성병 검사받기
- 성적 주체성과 자율성을 행사
- 성관련 의사소통능력을 발휘하기

4 연성하감

원인	• 듀크레이 간균 • 외음의 어느 부위나 가능 • 대부분 성행위로 전파
증상	• 성하감은 2~4일의 짧은 잠복기 후에 궤양이 생기며, 임상적 특징으로는 특히 원발성 병소에 통증이 있고, 보통은 경화가 없음 • 음순/질전정/회음부 작은 구진 • 대음순 침윤 시 가끔 국소적 부종이 심하게 발생 • 궤양성 병소는 초기에 통증이 있음 • 원발성 병소에 통증 있음 / 보통 경화는 없음 • 서혜부 림프절 종창 드물게 화농성 경향을 보임 • 작은 피부유두나 소농포로 나타남 → 2~3일 후, 궤양으로 진행, 작은 경화 발생
진단	성하감은 궤양의 삼출물을 배양하여 도말표본검사로 듀크레이 간균을 발견함으로써 진단
치료	• 청결 유지 + 항생제 투여(세포트리악손, 에리스로마이신) • 국소적 방부제, 설파제, 진통제 사용 • 침상안정

5 서혜부 육아종

정의	• 만성경과를 취하는 궤양성 육아종성 질환 • 주로 서혜부, 치골부, 생식기 및 항문 주위에 특징적인 사행성 궤양 형성
원인균	• 원인균은 그람음성간균인 Donovania granulomatis(도노반봉입체)의 감염에 의한 성병 • 칼라마토박테리움 글라눌로마티스(calymmatobacterium granulomatis)에 의한 감염
증상	• 잠복기: 며칠에서 몇 달까지 다양 • 소음순이나 서혜부위에 작은 피부유두 병소(무통성 구진, 수포, 결절)로 나타나서 몇 주일 내에 특징적인 포행상 형태의 궤양 • 궤양의 표면은 불그스름한 과립모양, 장액농성의 삼출액 • 연성하감보다 통증 약함 • 한 개의 림프샘질환으로 나타남 + 화농이 동반되기도 함 • 외음이나 인접한 회음부에 발생하며 한 개 또는 다수의 작은 궤양이 있음 • 병변은 반흔을 남기면서 서서히 치유, 일부는 궤양을 형성, 세균의 2차 감염이 되기도 함 • 암성변화가 가끔 초래되기도 함 • 장기간 병변이 지속되면 반흔으로 림프관 폐쇄, 림프부종 및 가상피병 발생 • 원인균이 혈행 혹은 림프성으로 전파시: 내부장기, 눈, 안면, 입술, 후두, 흉곽 등도 침범

진단	• 라이트(Wright) 염색에서 병원균이 도노반 소체(Donovan body)라는 물질 형태로 나타나는 것을 증명 • 특징적 소견 : 과립상 서혜부위 병소의 특징적 소견으로 진단
치료	• 테트라사이클린 경구 투여 • 옥시사이클린, 미노사이클린

6 성병성 림프육아종

원인	• 클라미디아 트라코마티스 • 만성 세균성 성병
증상	• 초기병변 : 작고 통증 없는 물집이 잡히는 헤르페스성 구진이 질, 자궁경부 또는 외생식기에 발생 → 병소 급속히 치유 → 서혜부 림프선종, 림프염, 림프관 이상비대, 림프수종, 배농루 초래 • 질, 자궁경부, 외생식기 • 화농성서혜부위 샘염, 서혜부위샘종 → 림프관 이상비대성 변화, 림프수종 및 배농루
진단	• 직접형광항체검사(피부반응검사) – Frei 검사(바이러스) • PCR(종합효소연쇄반응) • 생검 : 악성종양과 감별
치료	• 테트라사이클린, 옥시사이클린, 에리스로마이신 • 결장창냉술, 외과적 제거

7 음부포진

정의	단순포진 바이러스 Ⅱ형에 의한 급성 염증성 질환으로 음부에 수포가 형성되고, 심한 통증이 수반됨. 또한 작열감과 배뇨곤란, 배뇨통, 성교통이 동반됨. 림프관이 증대하여 통증이 유발되고, 발열, 권태감, 근육통이 발생하게 되는데 이 증상은 조절될 수 있으나 질환 자체는 치료될 수 없음
원인	단순포진 바이러스
특징	• 성 접촉, 태반, 분만 시 산도감염 • 1형/2형 : 1형은 성 전파성이 아님 • 일단 피부나 점막을 통해 인체에 감염되면 균이 소실되지 않고 병변이 소실된 후에도 계속 후근신경절에 잠재하여 있다가 어떤 유발요인에 의해 재발
증상	• 통증성, 재발성 생식기 궤양 초래 : 자궁경부 질, 회음, 다리에 통증이 심한 수포 형성 • 수포가 형성되면 얼얼한 느낌의 전구증상과 서혜부의 임파관이 종창 • 급성 염증성 질환 – 발열, 오한, 권태감, 근육통 • 심한 배뇨통

임신	• 병변이 생식기에 있으므로 태아가 산도를 통과할 때 질병에 이환될 위험↑ • 신생아 포진: 치명적 • 생존아의 절반가량 눈과 중추신경계 손상 – 신생아 감염의 위험성이 약 50% 정도인데, 감염자 중 60%는 사망하고, 20%에서는 눈 또는 신경에 후유증이 있고, 20%는 후유증 없이 생존할 수 있음 • 태반을 통한 감염(드묾): 유산, 사산, 조산, 태아기형
진단	• 신체검진 – 서혜부와 전신성 림프부종여부 사정 – 체온상승여부 사정 – 수포 병변 확인 • Pap semear, Tzanck's 검사, 배양검사(확진) • 혈청, 직접 면역형광법 • 세포진에서 핵 내 봉입체, 다핵거대세포
치료	• 치료 방법은 없으나 증세에 따른 많은 대증요법이 시행 • 제왕절개 분만이 요구됨 • 전신성 항바이러스 약제(Acyclovir, Valacyclovir 등) • 병변부위를 생리식염수 세척 후 건조 – 넉넉한 크기의 옷 입기 • 베타딘 소독법과 좌욕, 건열요법
관리	• 성족접촉 전후 생식의 세척: 비누에 민감 • 콘돔사용

8 첨형 콘딜로마 [2014 기출]

원인	HPV(인유두종 바이러스, Human Papilloma Virus)
특징	• 성접촉 • 생식기 사마귀 또는 성병성 사마귀로 불림 • 재발률↑: 사마귀 조직 없어져도 바이러스가 근절되었다고 결론 내리지 못함 • 주로 요도구와 항문주위에 호발, 전염력 매우 강함(2~3M 잠복기)
증상	• 대개는 무통성, 갈색을 띠는 병변 • 콘딜로마는 넓은 부위에서 나타나며 양배추 같은 돌기형 덩어리(외음, 질, 경관, 항문, 음경) • 반돔형: 부드럽고 빨간색 움푹 들어간 중앙에 하얀 구진 • 작고 단단하기도 하고 넓게 분산 • 발생부위에 따른 성교통, 외음부 소양증, 배변 시 통증, 출혈
진단	• 신체시진을 통해 외음부, 회음, 질 경부까지 자세히 확인 • 생검, Pap-smear

02

<table>
<tr><td rowspan="3">임신영향</td><td colspan="2">병변이 자라는 속도가 빨라짐</td></tr>
<tr><td>임신 1기~3기까지 발생률 증가</td><td>• 병변이 커지면 배뇨, 배변, 태아하강에 영향을 미침
• 경관, 질, 외음부위의 크기가 커지므로 때로는 질 분만을 방해
• 분만 후 작아짐(임신 중 반드시 치료할 필요 없음)</td></tr>
<tr><td>주산기
(임신 29주에서 출산 후 1주까지의 기간)에 노출 시</td><td>2~4세에 후두유두종증(laryngeal papillomatosis)으로 발전되며 쉰 목소리와 위막성 후두염, 기침이 나타남</td></tr>
<tr><td rowspan="4">치료</td><td colspan="2">젊은 여성의 경우 치료하지 않아도 없어지기도 함</td></tr>
<tr><td>25% 포도필린
(podophyllin)
솔루션</td><td>생식기 사마귀와 주변 피부 전체에 바셀린 크림 바르기(원치 않는 피부 화상방지)
→ 25% 포도필린 용액을 면봉에 적시고 각 작은 생식기 사마귀에 도포
→ 4시간 동안 생식기 사마귀를 태운 용액을 유지한 다음 생식기 부위를 물로 세척</td></tr>
<tr><td>임신 시 금기</td><td>임신 시, 포도필린 적용 시 태아 기형유발</td></tr>
<tr><td>임신 시 병소가 큰 경우</td><td>냉동요법, 레이저 치료</td></tr>
<tr><td>관리</td><td colspan="2">• 배우자 검사치료, 완치 시까지 성관계 금지
• 근절시키는 치료는 없음, 사마귀 제거 및 증상완화 목표</td></tr>
</table>

9 클라미디아 [2012 기출]

원인균	클라미디아 트라코마티스(chlamydia trachomatis)
전파	성접촉에 의해 감염
특징	• 임질을 앓고 있는 부인 중 25~50%가 클라미디아를 갖고 있음 • 질환에 감염된 40%가 치료를 받지 않아 골반염으로 진행되고 골반염에 걸린 여성의 1/5이 불임증
비율	여성의 75%와 남성의 50%에서 증상 호소가 없으며 후에 경부염, 요도염, 난관염 같은 증상이 나타남
질삭분만	• 분만 시 산도를 통해 감염 → 클라미디아 결막염, 신생아 안염이 발생 • 감염된 신생아의 10~20%에서 폐렴
진단	클라미디아 조직 배양
치료	minocycline, doxycycline, erythromycin을 7일간 외음부에 바르고 안구 감염 시에는 안연고를 21일간 투여하고 성병성 림프육아종 시에는 tetracycline 500mg을 21일간 투여함
예방	예방을 위하여 남성도 검사를 받아야 함

10 출산 전 산모의 성관련 감염이 원인이 되어 올 수 있는 신생아 질환 및 영향

출산 전 산모의 성관련감염	신생아 질환 및 영향
임질	신생아 안염(농루안으로 인한 실명), 비염, 질염, 항문 및 귀 감염
condyloma (첨형 콘딜로마)	후두유두종증으로 발전되어 쉰 목소리와 위막성 후두염, 기침
매독	• 지속성 비염, 간질환, 폐렴, 골막염증, 수신증, 피부병변 • 자라면서 허치슨 3증후군 • 선천성 매독은 임신 16~18주 이전에는 태반이 방어역할을 하여 임신 18주(5개월) 이내에 적절한 치료는 해로움이 없음
candida 질염	아구창
단순포진	• 조산, 눈과 신경계 손상, 신생아 사망률이 50% • 단순포진은 임신 초에는 유산이 잘 되고 임신 20주 이후 감염 시 조산, 자궁내성장지연 제왕절개술을 받는 것이 바람직함

11 TORCH 감염

<table>
<tr><td>기전</td><td colspan="3">• 각 감염의 첫 글자[Toxoplasmosis, Other(syphilis, hepatitis B, HIV, varicella), Rubella, Cytomegalovirus, Herpes simplex]로 표시된 감염군이다.
• 모든 TORCH 감염은 태반을 통과한다.</td></tr>
<tr><td rowspan="8">톡소플라즈마증 (toxoplasmosis)</td><td>정의</td><td colspan="2">원충감염</td></tr>
<tr><td rowspan="3">감염원</td><td>고양이</td><td>Toxoplasmosis 기생충은 고양이 분변이나 털에서 발견된다.</td></tr>
<tr><td>날고기 요리 시</td><td>날고기나 불충분하게 요리된 고기를 먹을 때</td></tr>
<tr><td>야채</td><td>감염된 흙이 묻은 야채를 덜 씻어 먹을 때</td></tr>
<tr><td rowspan="2">영향</td><td>모체</td><td>영양불량, 림프절 병변, 근육통, 미열, 자연유산</td></tr>
<tr><td>태아, 신생아</td><td>수두증, 실명, 난청, 정신지체</td></tr>
<tr><td>예방</td><td colspan="2">• 설파제, clindamycin 투여
• 손을 잘 씻기
• 야채를 수차례 흐르는 물에 씻어 먹기
• 고기를 잘 익혀 먹기
• 고양이 배설물, 흙, 집 등을 다루거나 날고기를 다룰 때는 장갑 끼기</td></tr>
<tr><td colspan="3"></td></tr>
<tr><td rowspan="2">other</td><td>정의</td><td colspan="2">syphilis, HIV, Hepatitis B, Varicella</td></tr>
<tr><td>syphilis</td><td>감염원</td><td>• 선천성 매독은 태반 감염으로 초래한다.
• 모체가 임신 18주 이전(5개월)에 페니실린으로 성공적 치료를 하였다면 신생아는 매독을 예방할 수 있다.</td></tr>
</table>

		영향		• 자연유산, 신생아 감염, 사산, 조산 • 각막의 장애(간질성 각막염은 생후 2년이 지난 후 나타난다)
	hepatitis B	기전		재태 기간 중 감염률은 매우 낮고 분만 시 태반을 통해 넘어오거나 산도 감염으로 HBs Ag 양성인 양수, 혈액, 질 분비물을 신생아가 흡입하므로 전파의 위험이 있다.
	hepatitis B	예방		출산한 지 즉시 12~24시간 이내 유아에게 B형 간염 면역 글로불린과 B형 간염 백신을 투여한다.
	HIV	자궁내 감염		태반으로 인한 감염은 드물게 있다. 예 단순포진 바이러스 II형, 매독
	HIV	분만 시 감염	태반 통한 감염	-
	HIV	분만 시 감염	산도 감염	• 산도 감염으로 출생 시 모체의 체액, 혈액, 양수에 의해 신생아 전파 • 치료받지 않은 HIV 감염 산모로부터 신생아에게 전파는 25%이다.
	varicella (수두)	임신 1기		• 자궁내 태반 감염과 분만 시 감염 • 선천성 수두 증후군 • 사지 형성 이상, 소두증, 뇌피질 위축, 초자망막염, 백내장, 피부 반흔, 청신경 마비, 정신지연
	varicella (수두)	주산기		• 산모가 출산 전 5일, 출산 후 2일 사이 수두 발생 • 영아는 감염, 발열, 발진, 높은 사망률 • 수두 잠복기 : 2~3주
rubella (풍진)	정의	rubella virus는 임신 3개월 이내 태반을 통과한다.		
rubella (풍진)	영향	◆ 자궁내 성장지연 • 정신지체, 뇌수막염 • 선천성 백내장, 실명 • 사지 기형 • 선천성 심장결함		
rubella (풍진)	예방	• 결혼 전 모든 여성은 생균 풍진 예방접종을 한다. • 풍진 예방접종을 한 여성은 3개월 동안 임신을 해서는 안 되며, 임신 시 예방접종은 금기이다.		
cytomegalo virus	증상	피로, 증대된 림프절, 발열, 생식기 감염, 자궁경부 염증, 발적		
cytomegalo virus	영향	• 선천성 난청, 수두종, 소두증, 정신지체 • 출생 후 돌연사		
herpes simplex	기전	자궁내 감염	태반을 통과하나 태반을 통해서는 거의 감염되지 않는다.	
herpes simplex	기전	산도 감염	파막이 된 후 산도를 통해 직접 접촉 감염된다.	

08 자궁종양과 자궁내막질환

1 자궁내막증식증(endometrial hyperplasia)

구분		내용
정의		비정상적인 자궁출혈을 동반하는 자궁내막의 비상적인 증식 → 과도한 월경변화에서 상피내암까지 다양한 상태를 보임 정상 자궁내막증식증 ※ 모든 연령에서 발생
원인		• 에스트로겐의 대사이상 • 성 호르몬 결합 글로불린의 감소 → 에스트로겐의 순환과 자궁내막의 감수성 증가
	가임기	• 에스트로겐 대사이상 및 자궁내막의 감수성 증가 • 난포가 계속 성장하고 황체가 형성되지 않기 때문에 프로게스테론 길항작용 없이 에스트로겐만 분비되면 자궁내막이 과다 증식 • 난소에는 황체가 없고 하나 또는 여러 개의 활동성 난포가 발견
	폐경 후	• 에스트로겐에 지속적으로 자극되면 자궁내막이 증식하여 폐경기 출혈의 흔한 원인 • 에스트로겐의 생산은 난포가 아니라 부신피질이나 난소의 기질 세포에서 분비되는 남성호르몬이 말초조직에서 에스트론으로 전환되어 생긴 것. 특히 비만 여성에서는 이러한 현상이 두드러져서 폐경 후 출혈이 있는 여성은 출혈이 없는 여성에 비해 전환된 에스트로겐 혈중농도가 2~3배 정도 높음
증상		• 가임기: 월경과다와 부정자궁출혈, 지연월경 혹은 이들의 복합 증상 • 폐경 후: 불규칙적인 자궁출혈, 가끔 상당량의 출혈 • 출혈의 원인은 혈관 내의 투과성 증가와 작은 부위에서의 괴사 등. 폐경 후 출혈의 5~10%는 자궁내막증식증인 경우 • 하복통이 있을 수 있는데 이것은 자궁내막강에 혈액이 고여서 올 수 있으며, 혈괴를 제거하면 복통은 사라짐 • 비정형성 복잡성 자궁내막증: 자궁내막암으로 진행 가능
치료		• 가임기 여성: 보존적 치료 – 에스트로겐–프로게스테론 치료 – 배란유도 치료: 클로미펜 or 메노트로핀 • 폐경 후 여성: 자궁절제술 및 양측 난소 난관절제술

2 자궁내막증

<table>
<tr><td>정의</td><td colspan="2">• 성장증식 및 출혈과 같은 기능이 있는 자궁내막조직이 자궁 이외의 부위에 존재하는 것을 말함
• 자궁내막증은 초경 이전에는 발견되지 않고(자궁내막의 성장과 발달이 에스트로겐 자극의 영향) 첫 진단의 평균연령은 27세
– 만성 골반통이 있는 청소년층의 52%에서 진단, 복강경으로 확진될 수 있음</td></tr>
<tr><td>호발부위</td><td>골반장기 & 복막(특히 난소) / 드물게 팔, 대퇴, 흉막, 심외막강 등에서 발생됨</td><td> 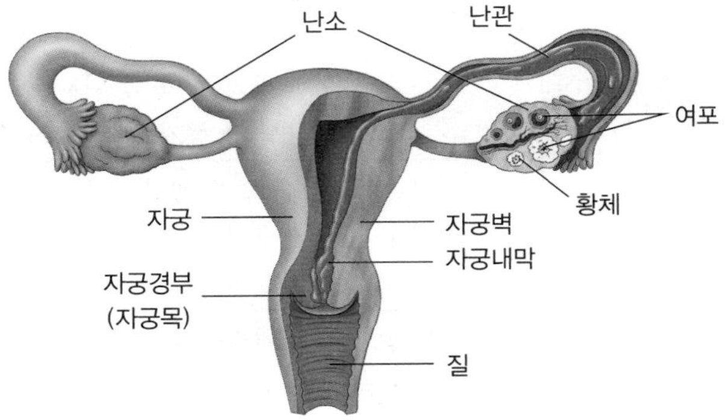</td></tr>
<tr><td rowspan="7">원인</td><td colspan="2">월경혈 역류설, 체강상피화생설, 유도설, 혈행석 파종성</td></tr>
<tr><td>유전적 요인</td><td>어머니, 자매가 자궁내막증인 경우 7배 증가</td></tr>
<tr><td>면역학적 요인</td><td>면역학적 감시기능은 여성마다 차이가 있는데 만약 면역기능의 결핍 또는 이상이 있을 때는 골반 내로 역류된 자궁내막 세포의 제거 능력이 감소되어 상대적으로 자궁내막증이 쉽게 발생하게 된다는 견해임</td></tr>
<tr><td>내분비학적 호르몬 요인</td><td>내분비학적 호르몬 요인은 자궁내막증의 병인에 중추적 역할</td></tr>
<tr><td>자궁내막 이식설</td><td>–</td></tr>
<tr><td>신체적, 환경적 요인</td><td>• 키가 크고 마른 여성
• 월경주기 길거나 짧은 경우
• 빠른 초경, 출산횟수 적은 경우</td></tr>
<tr><td colspan="2"></td></tr>
<tr><td rowspan="2">증상</td><td colspan="2">• 진행성 월경통, 성교통, 불임, 월경 전 출혈 및 배변통
• 나팔관의 움직임이 제약을 받는 경우 혹은 배란이 어려운 경우 불임의 가능성이 높아짐</td></tr>
<tr><td>통증</td><td>• 자궁내막증의 가장 흔한 증상이며, 주로 월경과 함께 또는 월경 직전에 초래되는 골반통
– 진행성 월경통/골반통/성교통/불임증/월경 전 출혈 및 배변통 등
• 생리기간 외 유착된 골반조직의 긴장이나 압박으로 성교 시 자극으로 인한 통증 발생 가능
• 대개 월경통은 월경이 시작되기 전에 발생하여 월경 기간 내내 지속되는 특성이 있음</td></tr>
</table>

		• 통증이 유발되는 기전은 유착, 반흔, 복막의 긴장, 골반 혈류의 변화, 골반 신경로의 침범 및 골반 프로스타글란딘 등으로 생각되며 그 정도는 개인별 차이가 심함
	불임증	• 자궁내막증 환자의 30~50%에서 불임증을 동반하는데 이 중 50~60%가 원발성 불임 • 접적인 원인은 알려져 있지 않지만 정자 이동의 변화, 성교통에 의한 성교 횟수의 감소, 황체화된 난포의 파열 불능, 기능적 황체기의 단축, 이입 자궁내막에 대한 난자의 주화성(chemotaxis), 만성 난관염에 의한 난관 분비의 변화 및 난관 주위의 유착, 프로스타글란딘 증가와 관련된 복강 내액의 증가, 난관 기능의 변화, 맹낭액의 증가 등
치료	약물요법	• 에스트로겐의 생성을 억제하여 자궁내막증의 병변의 위축유발 • 경구피임제, 프로게스틴, 제스트리논, 다나졸, 프로스타글란딘생성효소 억제제 등
	수술요법	자궁내막증의 병변과 자궁내막증에 의한 골반강 내 유착제거술 등 시행
진단검사	• 병력 : 월경통, 골반통, 성교통 및 월경이상의 유무확인 • 골반검진 : 젊은 여성의 골반진찰시 압통과 고정된 자궁후굴 및 자궁천골인대 부위의 소결절 촉지, 한쪽 또는 양쪽 자궁부속기의 비후나 소결절이 촉지 • 초음파 : 난소의 자궁내막증 등과 같은 골반내 종괴확인과 크기 추적검사에 용이 • MRI : 더 정확한 영상정보 제공 • 복강경 및 시험적 개복술 : 자궁내막증의 확진과 병소가 파악됨	

3 자궁선근증

(1) 정의 및 증상

정의	• 자궁내막선과 간질이 자궁근층 내에 존재하는 것으로 대개 자궁근의 비후가 동반된다. • 자궁선근증의 육안적 소견은 자궁의 크기가 약 60%에서 비대해진다. • 불규칙한 육주 모양의 근층 비후가 동반되므로 자궁근종과 감별하기 어렵다.
자궁선근증	자궁선근증으로 자궁내막과 근육층의 경계가 모호해지고 자궁이 비대해진 모습

<table>
<tr><td>증상</td><td colspan="2">• 월경과다와 속발성 월경통
• 내진 소견상 크고 통증이 있는 자궁이 촉지된다.
• 성교통, 만성 골반통 등도 나타나며 무증상인 경우도 35%나 된다.
• 과다월경은 커진 자궁강 내의 자궁내막의 양적 증가와 프로스타글란딘의 영향 및 고에스트로겐혈증과 관련이 있다.
• 월경통은 팽창된 자궁내막이 프로스타글란딘 방출에 의해 자궁근이 수축될 때 유발된다.
• 자궁선근증은 약 80%에서 자궁근종, 자궁내막증식증, 자궁내막증, 자궁내막암 등을 동반한다.</td></tr>
<tr><td>치료</td><td colspan="2">• 비스테로이드성 소염제, 다나졸, GnRH 활성제
• 수술 자궁적출술(증상이 심하거나 폐경까지 기간이 많이 남은 경우)</td></tr>
<tr><td rowspan="2">안드로겐 유도제 : 다나졸</td><td>작용</td><td>안드로겐합성작용을 하는 스테로이드인 다나졸은 난포자극호르몬과 황체형성호르몬의 분비를 억제하여 무배란과 저생식선 자극호르몬증을 유발한다. 그 결과 에스트로겐과 프로게스테론의 분비가 감소하고 자궁내막조직이 퇴행한다.</td></tr>
<tr><td>부작용</td><td>• 남성화 경향(목소리가 굵어짐, 쉰목소리, 다모증, 유방크기 감소, 피지분비 등)이 있다.
• 다나졸요법은 지질에 부정적인 영향을 미쳐 고밀도지단백농도가 감소하고 저밀도지단백농도가 증가된다.</td></tr>
</table>

(2) 치료

<table>
<tr><th colspan="2">안드로겐 유도제 - 다나졸</th></tr>
<tr><td>작용</td><td>안드로겐합성작용을 하는 스테로이드인 다나졸은 난포자극호르몬과 황체형성호르몬의 분비를 억제하여 무배란과 저생식선 자극호르몬증을 유발한다. 그 결과 에스트로겐과 프로게스테론의 분비가 감소하고 자궁내막조직이 퇴행한다.</td></tr>
<tr><td>부작용</td><td>• 남성화경향(목소리가 굵어짐, 쉰 목소리, 다모증, 유방크기 감소, 피지분비 등)이 있다.
• 다나졸요법은 지질에 부정적인 영향을 미쳐 고밀도지단백농도가 감소하고 저밀도지단백농도가 증가된다.</td></tr>
<tr><th colspan="2">생식선자극방출호르몬(GnRH)작용제 - 류프롤라이드(leuprolide, 루프론)의 작용</th></tr>
<tr><td>작용</td><td>에스트로겐 생성과 그로인한 자궁내막 병변성장의 억제
• 생식선자극방출호르몬(GnRH)작용제는 LH, FSH분비를 짧은 시간동안 증가시킨 후 뇌하수체 GnRH수용체를 하향조절하므로 시상하부-뇌하수체-난소축의 여성생식기 내분비체계를 억제하여 에스트로겐 의존성 자궁내막증 병변을 위축시킨다.</td></tr>
<tr><td>부작용</td><td>• 에스트로겐 감소는 거의 모든 여성에게 얼굴홍조를 유발한다.
• 흔한 부작용은 자연폐경부작용과 똑같은 안면홍조와 질건조증이다.</td></tr>
</table>

4 자궁근종 [2014 · 2022 기출]

<table>
<tr><td>정의</td><td colspan="2">자궁에서 발생하는 종양 중 가장 흔함(35세 이상 여성 중 20%)</td></tr>
<tr><td>특징</td><td colspan="2">• 자궁근종은 에스트로겐 수치의 감소 때문에 폐경 후에 크기가 감소
• 폐경 주변기에 있는 여성은 보존적 치료를 먼저 시행함으로써 수술을 피할 수 있음</td></tr>
<tr><td>원인</td><td colspan="2">• 에스트로겐에 의존하여 근종이 성장
• 난소의 기능이 왕성할 때 근종이 잘 자라고 초경 이전이나 폐경기 이후에는 발생이 드물며, 특히 폐경기 이후에는 근종의 크기가 감소</td></tr>
<tr><td rowspan="5">분류
[2014 · 2022 기출]</td><td colspan="2">자궁근종의 종류는 발생 위치에 따라 분류</td></tr>
<tr><td>점막하 근종
(5%)</td><td>합병증이 가장 많고 출혈이 많으며 괴사, 염증, 암으로 변할 위험이 가장 높음</td></tr>
<tr><td>근층내 근종
(80%)</td><td>현저한 증대, 결절이 뚜렷하고 견고</td></tr>
<tr><td>장막하 근종
(15%)</td><td>• 복막 바로 아래
• 임신 시 동반될 경우: 종양표면을 지나가는 혈관이 터져 다량의 복강내 출혈 발생</td></tr>
<tr><td colspan="2"> 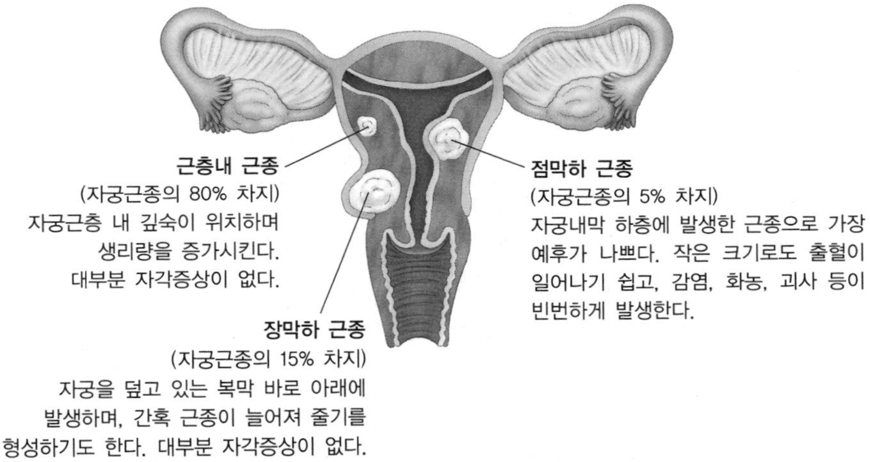근층내 근종
(자궁근종의 80% 차지)
자궁근층 내 깊숙이 위치하며
생리량을 증가시킨다.
대부분 자각증상이 없다.

점막하 근종
(자궁근종의 5% 차지)
자궁내막 하층에 발생한 근종으로 가장 예후가 나쁘다. 작은 크기로도 출혈이 일어나기 쉽고, 감염, 화농, 괴사 등이 빈번하게 발생한다.

장막하 근종
(자궁근종의 15% 차지)
자궁을 덮고 있는 복막 바로 아래에
발생하며, 간혹 근종이 늘어져 줄기를
형성하기도 한다. 대부분 자각증상이 없다.</td></tr>
<tr><td rowspan="4">2차성 병변
[2014 기출]</td><td>초자화</td><td>2차 변성 중 가장 흔하며 근종 자체의 혈액공급 장애로 발생된다. 절개된 단면은 근종의 소용돌이 형태 없이 조직이 균일하게 보임</td></tr>
<tr><td>낭포화</td><td>초자성 변성이 액화하여 투명액 또는 젤라틴 같은 물질이 들어 있는 낭포를 형성하는 것</td></tr>
<tr><td>석회화</td><td>근종이 혈액순환장애로 허혈성 괴사가 형성된 후 인산칼슘, 탄산칼슘 등이 근종에 침착하여 돌처럼 단단하게 변화되는 것</td></tr>
<tr><td>감염화농</td><td>근종이 자궁강 내로 돌출하면서 자궁내막이 얇아지거나 육경이 꼬여 괴사된 조직에 연쇄상구균 등이 화농성 병변을 일으킴. 점막하 근종에서 가장 많이 발생됨</td></tr>
</table>

	괴사	근종에 혈액공급 장애, 심한 감염 또는 육경성 근종의 염전으로 발생하며, 근종의 내부에서부터 검붉은 출혈성 색체를 띰
	지방화	진행된 초자화 변성에서 발생될 수 있으나 매우 드문 경우임
	육종화	근종이 갑자기 커지거나 특히 자궁근종을 가지고 있던 여성이 폐경기 이후에 자궁출혈을 동반하면 육종성 병변을 의심함. 자궁근종의 육종성 변성은 아주 드물다고 볼 수 있음
증상	증상이 25%에서 나타남. 또한 근종의 크기, 수, 위치에 따라 복합적 증상이 나타남	
	이물촉지	하복부에서 덩어리가 촉지 또는 하복부 팽만감
	이상 자궁출혈	월경과다, 부정자궁출혈, 부정과다출혈, 특히 점막하근종의 부정과다출혈
	만성 골반통	하복부 중압감, 월경곤란증 및 성교통
	압박감	• 방광 압박 시 빈뇨, 배뇨곤란 • 직장 압박 시 약간의 변비 증상, 배변통 • 하대정맥, 장골정맥 압박 시 하지의 부종과 정맥류 • 신경 간 압박 시 등이나 하지로 퍼지는 통증
	빈혈	기타 월경과다로 혈색소가 15~20% 정도 감소되어 빈혈 초래
근종과 임신	임신 1기	유산의 원인
	임신 2기	괴사성 변성의 일종인 적색변성을 일으킴
	임신 3기	분만 시 출혈, 자궁무력증, 드물게 산도의 기계적 폐쇄 초래
	분만 후	자궁이완으로 인한 산후출혈과 자궁내막염 유발
	근종이 클 때	아의 성장을 방해하여 성장지연과 분만 3기에 태반박리를 방해하여 산후출혈
간호중재	크기가 작고 증상이 없으면 6개월마다 정기검진을 받으면서 관찰	
	호르몬요법	저에스트로겐 현상을 유발하여 크기를 감소시킴. 단기 사용
	외과적 수술 적응증	➲ 수술을 서두르지 않을 것 • 처음 발견보다 크기가 클 때(자궁 크기가 임신 12주 이상) • 비정상적 출혈로 인한 빈혈 • 월경통이나 하복부 압박감 등의 만성 통증 • 근종의 육경성 염전으로 인한 급성 통증 • 폐경기 전근종의 급격한 증가 • 폐경 후 자궁의 크기 증가로 육종변성이 의심 시 • 자궁근종이 불임증의 원인 • 커진 자궁으로 압박증상이나 불편감이 심할 때

| 자궁근종과 자궁선근증의 비교 |

자궁근종	자궁선근증
• 가임 여성의 20% • 중년 여성의 40~50%	가임 여성의 13.4%
• 원인 불명 • 호르몬 영향, 유전	내막세포의 근육층 내로의 파급
만성골반통증, 생리통, 월경과다, 부정기출혈, 자연유산, 불임, 변비, 빈뇨증	만성골반통증, 생리통, 월경과다, 부정기출혈, 자연유산, 불임, 변비, 빈뇨증

5 자궁경부상피내 종양(Cervical Intraepithelial Neoplasia; CIN) [2023 기출]

(1) 발생과정

정의 및 특징	• 침윤성 자궁경부암의 전구질환으로서 비정상적 세포 증식이 상피세포에 국한 • 호발연령은 20~30대이고 최근 10대의 발병 빈도가 증가하는 추세 • 자궁경부상피내 종양은 정상 편평상피가 이형성 세포로 변이된 정도에 따라서 경증, 중등도, 중증으로 분류	
분류	CIN-I	경증 이형증으로 상피층 하부 1/3 변형
	CIN-II	중등도 이형증으로 상피층의 2/3까지 변형
	CIN-III	• 중증 이형증과 상피내암을 각각 포함 • 유사분열과 미성숙세포가 상피층의 상부 1/3 이상 또는 상피세포의 전체가 변형되었으나 표면에는 성숙세포가 존재하는 경우
	CIS	암과 형태학적으로 구별할 수 없는 미분화된 이상세포가 상피세포 전체에 대체되었으나 기저막을 통한 기질이나 임파선 침윤이 없는 경우

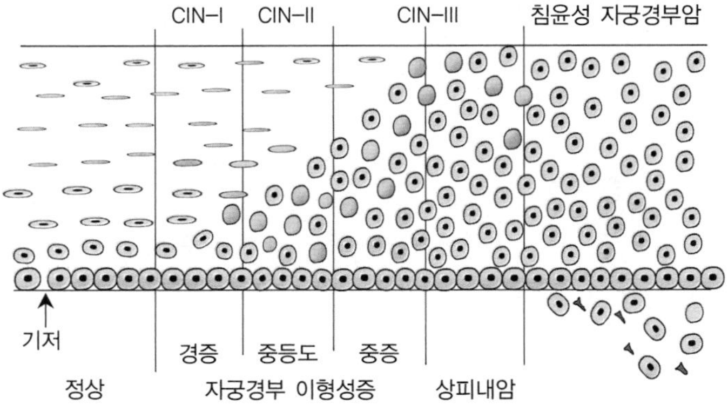

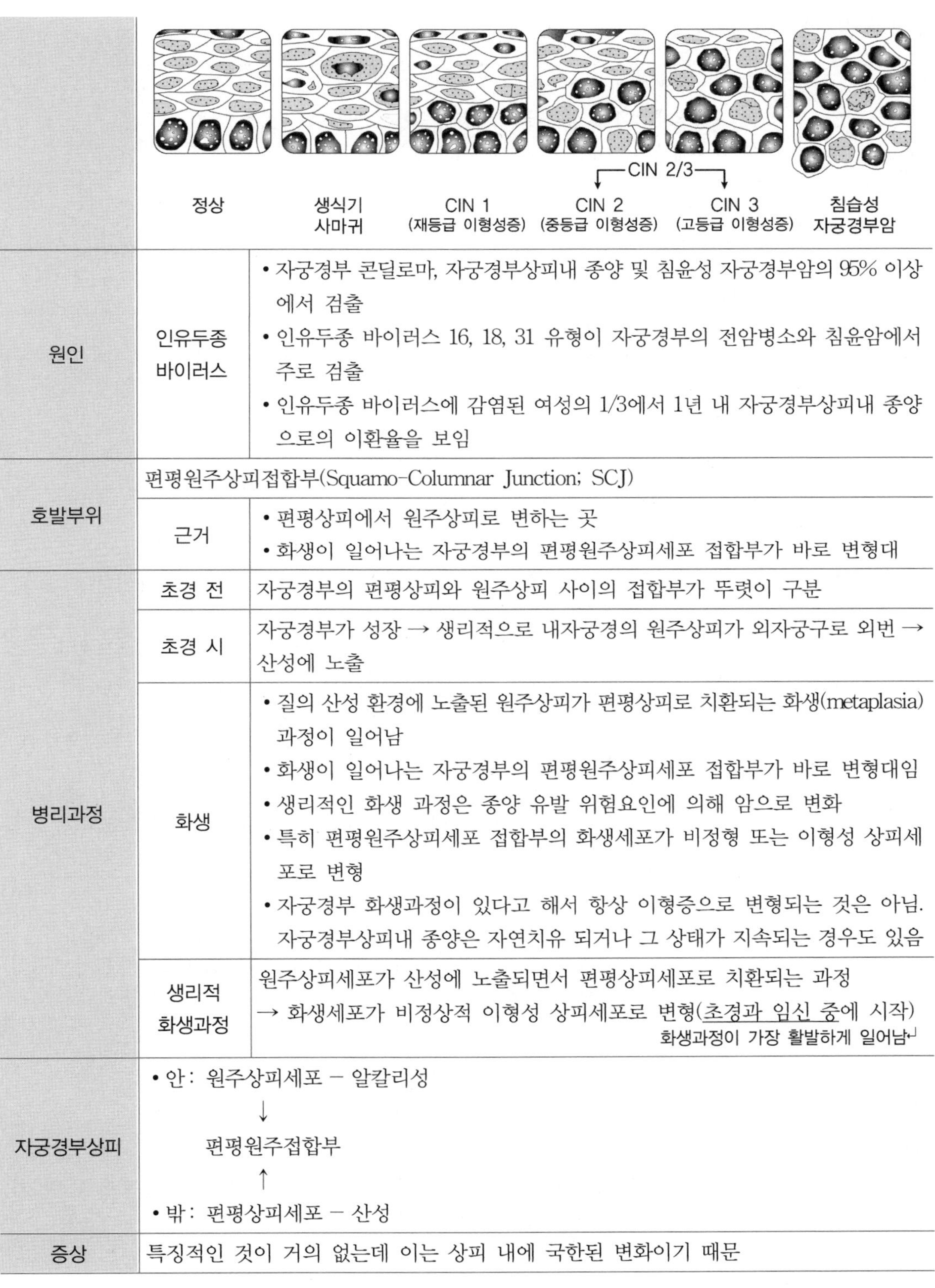

구분		내용
원인	인유두종 바이러스	• 자궁경부 콘딜로마, 자궁경부상피내 종양 및 침윤성 자궁경부암의 95% 이상에서 검출 • 인유두종 바이러스 16, 18, 31 유형이 자궁경부의 전암병소와 침윤암에서 주로 검출 • 인유두종 바이러스에 감염된 여성의 1/3에서 1년 내 자궁경부상피내 종양으로의 이환율을 보임
호발부위	편평원주상피접합부(Squamo-Columnar Junction; SCJ)	
	근거	• 편평상피에서 원주상피로 변하는 곳 • 화생이 일어나는 자궁경부의 편평원주상피세포 접합부가 바로 변형대
병리과정	초경 전	자궁경부의 편평상피와 원주상피 사이의 접합부가 뚜렷이 구분
	초경 시	자궁경부가 성장 → 생리적으로 내자궁경의 원주상피가 외자궁구로 외번 → 산성에 노출
	화생	• 질의 산성 환경에 노출된 원주상피가 편평상피로 치환되는 화생(metaplasia) 과정이 일어남 • 화생이 일어나는 자궁경부의 편평원주상피세포 접합부가 바로 변형대임 • 생리적인 화생 과정은 종양 유발 위험요인에 의해 암으로 변화 • 특히 편평원주상피세포 접합부의 화생세포가 비정형 또는 이형성 상피세포로 변형 • 자궁경부 화생과정이 있다고 해서 항상 이형증으로 변형되는 것은 아님. 자궁경부상피내 종양은 자연치유 되거나 그 상태가 지속되는 경우도 있음
	생리적 화생과정	원주상피세포가 산성에 노출되면서 편평상피세포로 치환되는 과정 → 화생세포가 비정상적 이형성 상피세포로 변형(초경과 임신 중에 시작) 화생과정이 가장 활발하게 일어남↵
자궁경부상피	• 안: 원주상피세포 – 알칼리성 ↓ 편평원주접합부 ↑ • 밖: 편평상피세포 – 산성	
증상	특징적인 것이 거의 없는데 이는 상피 내에 국한된 변화이기 때문	

(2) 자궁경부상피내 종양 진단법 [2023 기출]

<table>
<tr><td>세포진 검사
(cytology):
Pap 도말검사
(파파니콜레오
도말검사,
Papanicolau
smear test)
[2023 기출]</td><td colspan="2">• 침윤 전, 초기암의 조기 발견
• 검사 전 질세척이나 성교 금지, 생리 중에는 실시하지 않음
• 편평원주세포 접합부, 질후원개에서 세포 채취
• 면봉에 세포채취해서 형태검사
• 검사 결과
<table><tr><td>Class Ⅰ</td><td>정상세포</td></tr><tr><td>Class Ⅱ</td><td>염증으로 인한 이상 세포 출현(편평상피내병변 – 이형성증)</td></tr><tr><td>Class Ⅲ</td><td>• 비정상 유핵세포 변화
• 암 의심 세포(편평상피내 병변 – 이형성증과 상피내 종양)</td></tr><tr><td>Class Ⅳ</td><td>• 암을 생각할 수 있는 세포상의 출현
• 현재 암세포 진행단계</td></tr><tr><td>Class Ⅴ</td><td>침윤암을 시사할 만한 세포상 출현</td></tr></table></td></tr>
<tr><td rowspan="4">실러 검사
(Schiller test)</td><td colspan="2">• 세포진 검사에서 양성으로 조직생검이 필요할 때
• 암이 의심되는 병소 부위 결정
• 질확대경을 이용할 수 없을 때
• 자궁절제술 후 보조진단 목적으로 이용</td></tr>
<tr><td>검사방법</td><td>정상 자궁경부와 질의 상피세포는 글리코겐을 함유하고 있으므로 요오드 용액을 도포하면 글리코겐과 반응하여 염색되는 원리에 근거한 검사로, 자궁경부에 요오드 용액(실러씨 요오드 0.3% 용액) 도포</td></tr>
<tr><td>정상</td><td>• 실러음성 또는 요오드 양성
• 짙은 적갈색: 정상세포
• 자궁경부와 질의 상피세포는 글리코겐을 함유하므로 요오드 도포 시 짙은 적갈색으로 염색됨</td></tr>
<tr><td>암조직</td><td>• 실러양성 또는 요오드 음성
• 겨자빛 노란색: 암세포
• 이상상피증과 암조직은 글리코겐이 없거나 적어 착색이 되지 않아 겨자빛 노란색으로 변함</td></tr>
<tr><td rowspan="3">조직생검
원추절제술</td><td colspan="2">조직의 일부를 떼어내는 최종적 진단검사(확진)</td></tr>
<tr><td>원추절제술
(원추생검)</td><td>• 자궁경부 안팎의 조직을 원뿔형으로 절제
• 냉나이프, 레이저, 전기로 절제할 수 있음</td></tr>
<tr><td>원추절제술의
이점</td><td>• 진단에 이용될 수 있음
• 완치에 영향을 미칠 수 있음(상피내암이 진단되고 임신능력을 보존하기 원할 경우 원추절제술로 비정상 조직을 잘라냄)</td></tr>
</table>

	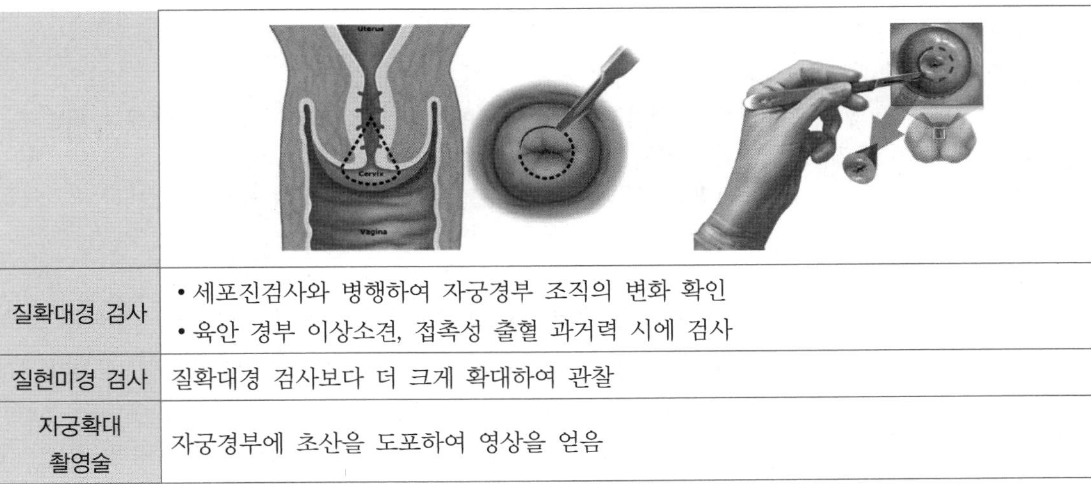
질확대경 검사	• 세포진검사와 병행하여 자궁경부 조직의 변화 확인 • 육안 경부 이상소견, 접촉성 출혈 과거력 시에 검사
질현미경 검사	질확대경 검사보다 더 크게 확대하여 관찰
자궁확대 촬영술	자궁경부에 초산을 도포하여 영상을 얻음

6 자궁경부암

분류	• 편평상피암(squamous cell carcinoma), 원주상피암(cylindric cell carcinoma), 선편평암(adenosqumous carcinoma) 등이 있으며 가장 호발하는 것은 편평상피암으로 전체의 90%를 차지함 • 악성의 정도는 선편평암이 순수한 편평암 또는 선암보다 예후가 더 나쁘고 선암은 편평암보다 예후가 좋지 않아서 더 악성으로 간주함
특징	• 특성상 침윤전암과 침윤암으로 뚜렷이 구분되며, 발병 과정도 다른 어떤 암보다 잘 규명되어 조기진단과 치료법이 잘 발달되어 있음 • 호발연령은 30세 이후부터 서서히 증가하여 50대에 정점에 도달한 후 급격히 감소하는 경향을 보임 • 상대적으로 자궁경부상피내 종양의 발생 빈도는 증가하고 있고, 발생 연령층은 낮아지고 있음
원인	• 조혼, 첫 성교 연령이 낮을수록, 성파트너가 많을수록 발병률이 증가 • 음경의 위생상태(할례를 받는 유태계 부인에게는 자궁경부암 발생률이 거의 없었음) • 성 전파성 감염(매독, 임질, 트리코모나스 감염과 폐렴마이코플라즈마에 대한 항체가 있는 경우 및 하부 생식기의 클라미디아 감염과 단순포진 바이러스 감염이 있는 여성에서 발병률이 높음) • 인유두종 바이러스(유형 16, 18) – 95% 이상에서 검출된다고 함, 바이러스 검출 대상자의 1/3에서 1년 내 자궁경부 상피내 종양으로 이행됨 • 만성자극(흡연 등, 정자의 DNA 이상, 구지, 트리코모나스, 클라미디아 및 콘딜로마에 노출된 경험) • 낮은 경제적 상태, 교육수준

호발부위	편평원주상피접합부, 즉 외자궁경부의 변형대	
증상	초기	• 초기증상 거의 없음 • 출혈: 경미한 출혈, 월경사이의 출혈이나 성교 후 또는 심한 운동, 대변 후 접촉출혈 • 비정상적인 질 분비물: 출혈 전 담홍색 또는 핏빛 띤 분비물 → 출혈, 질 분비물↑: 궤양, 악취
	진행	• 동통: 암이 상당히 진행되기 전까지 느끼지 못함 • 경부의 궤양, 월경과다, 식욕부진, 원인불명의 체중 감소, 빈혈
	말기	요추천골통, 편측성 임파샘 부종, 요관폐쇄증, 방광이나 직장의 누공, 요독증
	신체 검진상 소견	• 초기 침윤암: 과립상, 융기, 미세한 유두상 증식 → 약간의 접촉에도 출혈 • 진행된 암: 외향성 발육형 양배추 모양, 내향성 발육형 경결 • 상당히 진행된 암: 전이
치료	보존적 요법	루프환상 투열절제술, 이산화탄소 레이저 요법, 전기소작, 냉동요법, 원추절제술, 자궁경부 절단술
	수술 요법	전자궁절제술, 광범위 근치절제술
	방사선 요법	골반외부 조사, 자궁강내 조사
	항암 화학요법	신보조화학요법, 항암화학방사선요법, 보조화학요법, 대증요법
예방	인유두종 바이러스 예방접종	• 예방백신: 모든 자궁경부암이 아닌 HPV 16, 18형과 관련된 자궁경부암을 예방할 수 있음 → 약 70%를 예방할 수 있음 • 접종방법: HPV 백신은 3회 근육주사 – 만 9~13세 연령에서 6개월 간격으로 2회 접종 – 만 14~26세 이상 연령에서 첫 접종 시 0, 2, 6개월 간격으로 3회 접종 • 접종 대상: 권장 접종 연령은 9~26세이며, 가능하면 성생활이 시작되기 전에 접종하는 것이 가장 효과적(성경험이 있더라도 접종효과 기대 가능, 다만 이미 HPV 노출가능성이 있어 효과 떨어짐) • 부작용: 가장 흔한 이상반응은 실신, 주사부위의 통증, 전신 불쾌감, 발열 같은 경미한 부작용

7 다낭성 난소종양

정의	호르몬 불균형으로 말미암아 난소에 많은 작은 낭종이 생겨 커진 난소와 여러 가지 특별한 증상이 존재하는 증후군 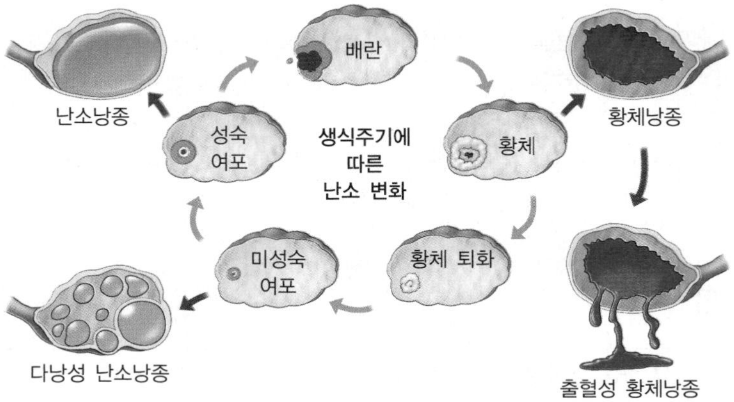 난소낭종 / 배란 / 황체낭종 / 성숙 여포 / 생식주기에 따른 난소 변화 / 황체 / 미성숙 여포 / 황체 퇴화 / 다낭성 난소낭종 / 출혈성 황체낭종 난소양성종양의 발생원인 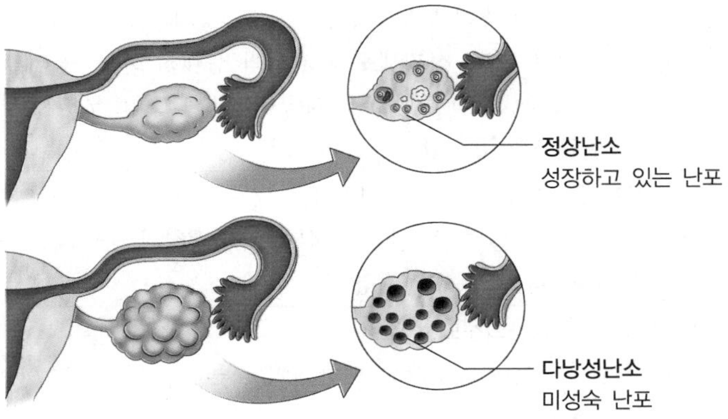 정상난소 성장하고 있는 난포 / 다낭성난소 미성숙 난포 다낭성난소증후군
증상	• 배란 장애 때문에 불임 및 희발월경, 무월경(50%), 생리 불순 혹은 과다 월경 소견(30%) → 불규칙한 생리 지속 시 자궁내막증식증이나 자궁내막암이 생길 수 있음 • 체중 증가 및 허리둘레 증가 • 남성 호르몬 증가로 말미암아 과다한 얼굴 체모, 탈모, 대머리 → 팔이나 다리, 배꼽주위, 등에도 생길 수 있음 • 그 외, 여드름, 높은 유산율, 인슐린 저항성, 내당능 장애, 고혈압, 고지혈증, 허혈성 심질환, 대사증후군의 위험성이 높음
진단	희발 또는 무배란, 고안드로젠혈증이나 관련 증상, 골반 초음파상 다낭성 난소 소견 중 2가지 이상 보이면 진단

치료	경구피임약, metformin(혈당강하제), 브로모크립틴(고프로락틴혈증), 코티손(부신증식증)
생활습관교정	• 식이(저탄수화물, 당내성이 낮은 음식) • 체중 조절(체중 감소만으로도 정상 난소 기능 회복 가능) • 운동
치료목표	• 남성호르몬(안드로겐)의 생성과 순환을 감소 • 여성호르몬에 과다 노출되는 자궁내막을 보호 • 정상 체중을 유지 • 고인슐린혈증 조절을 통해 심질환 및 당뇨 이환을 줄임 • 임신을 원하는 경우 배란 유도

8 난소암

특징	90%는 상피성으로, 여성 생식기 암 중 자궁암 다음으로 발생빈도가 높다. 폐경기 이후 발견되며, 평균 발병 연령은 64세
원인	독신, 낮은 출산력, 배란 및 난소피질의 표면상피 손상, 석면 과다노출, 배란횟수 증가
병태생리	• 난소의 납작한 중피세포로 구성된 표면 상피와 그 주위 기질에서 유래 → 상피세포의 형태, 악성화 정도, 상피세포의 기질의 상대적 분포, 상피세포의 표면증식 양상 • 장액성 난소암, 점액성 난소암, 자궁내막양 난소암, 투명세포암, 브레너 종양, 미분화 세포암, 비분류성 난소암
증상	• 위장장애 : 복부불쾌감, 소화장애, 고장증, 가벼운 식욕감퇴 • 내분비 장애 : 월경 전 긴장증, 심한 유방팽창과 동반되는 월경과다, 기능성 자궁출혈, 습관성 유산, 불임, 조기폐경
진단	**➲ 악성 난소암이 의심되는 소견** • 종양이 유착이나 고정으로 이동성이 적음 • 종양이 불규칙적임 • 견고성이 예견되거나 증가되어 있음 • 더글라스와 내에 종양 촉진 • 추적 관찰 중 종양의 크기가 커짐 • 복수, 간장비대, 망막종괴 등
치료	• 수술요법 : 시험적 개복술, 난소난관절제술 • 방사선 요법 • 화학요법

항암제		작용
알킬화 제제 (CNS)	모든 단계에 작용 → 세포를 죽이거나 효소체계 방해	
	CHF (cyclophosphamide)	• N/V: 투약 후 3~12시간에 발생하여 8~10시간 지속 • 식욕부진, 위장관 불편감, 일시적 탈모증 • 출혈성 방광염: 대사체 중의 하나인 acrolein이 배설되는 과정에서 방광 자극 → 2L 이상 수화, 배뇨, mesna 병용(독성예방) • 심독성: 60mg/kg 이상 투여 시 급성 심근괴사 • 신독성: 50mg/kg 이상 투여 시 SIADH 유발 • 호흡기계: 폐렴, 간질성 폐섬유증
	시스플라틴 (platino, CDDP)	N/V, 골수억제, 청력장애, 신독성, 말초신경병증
항 대상성제제 (CCS)	효소자체와 연합하거나 효소를 불활성화시켜 DNA 합성 방해	
	5-FU	• 소화기계: N/V, 점막염(구내염, 설사) • 조혈계: 골수기능 억제 • 심혈관계: 흉통, 호흡곤란, 부정맥, 심부전, 저혈압 • 신경계: hand-foot syndrome → B_6 투여로 경감 가능 • 과다색소침착, 피부발진, 피부염, 손톱변화, 탈모증, 결막자극, 광과민성, 흐릿한 시야
	메토트렉세이트 (MTX)	N/V, 구내염, 출혈성 장염, 설사, 골수억제, 탈모증, 피부발진, 색소과도침착
항암 항생제	세포주기의 DNA 합성 방해 → DNA 복제(S분기)의 연결 파괴	
	독소루비신 (adriamycin)	• N/V: 투약 1~3시간에 나타나고 24시간 지속 • 구내염, 500mg 이상에서 신독성 • 조혈계: 골수 기능억제, 재생불량성 빈혈 • 방사선 치료 증강작용: 방사선 치료와 병용 시 피부발적, 수포
	닥티노마이신 (actinomycin-D)	N/V 12시간 지속, 골수억제, 탈모증, 주사부위 피하 국소조직반응, 피부괴사, 점막궤양
	블레오마이신 (bleomycin)	폐섬유증, 고열, 피부반응, 아나필락시스
식물성 알카로이드	세포주기의 방추형성 방해, RNA 방해	
	빈크리스틴	중추신경독성, 복통, 변비, 마비성 장폐색증, 탈모증
	빈브라스틴	N/V, 골수억제, 신독성, 피부발적

9 불임(Infertility), 난임 [2018 기출]

(1) 정의

정의 [2018 기출]	• 남녀가 피임하지 않고 정상적인 성생활을 하면서 1년 이내 임신이 되지 않는 경우 • 세 번 연속적 임신에도 생존한 영아를 분만하지 않았음	
원인	무배란 불임	25%
	난관불임	25%, 과거 골반, 복강 감염, 수술로 상흔조직이 난관 폐쇄
	정자불임	25%, 정자 생성 장애
	여성불임	5%, 30~35세부터 난자의 수정률↓
	근종, 폴립으로 자궁문제, 자궁내막증, 면역학적 문제 10%	
	설명할 수 없는 불임 10%	

(2) 불임의 기초검사

검사	시기	근거
TSH, PRL	기초검사	이들 호르몬 수치 증가와 무배란 혹은 무월경 등과 관련
자궁난관조영술	월경 직후 난포기 초~중반	난포 초기, 중기: 수정된 난자를 방해하지 않음 난관폐쇄 유무, 난관 운동성 유무, 자궁내막 내 유착 유무
경관점액 사정	배란 시	• 경관점액의 점도는 낮고 견사성이 확인됨 • 정자가 자궁 속에서 이동하기 적당한 조건이 되는지 확인
hormone basal level 측정(FSH, LH)	MCD 3	-
LH surge	배란 직전	-
혈장 프로게스테론 혈청 분석검사	20~25 황체기 중반 (분비기 중반)	• 황체의 프로게스테론 생산 검사 • 자궁내막 발달의 진행 정도
기초체온표	전체	프로게스테론의 영향으로 체온 상승, 배란일을 기록
자궁내막 생검	21~27 황체기(분비기) 후반	프로게스테론과 황체기의 적합성 평가 자궁내막 발달의 진행 정도
성교 후 검사(PCT)	배란 전	• 증식기: 경관점액 내에서 정상의 활동성이 있는 정자를 찾음 • 정자가 난자의 침투 능력 평가 • 정자가 자궁 속으로 이동하기 적당한 조건이 되는지 확인

정액검사	–	• 2일간의 성관계를 금지한 후 • volume > 1.5mL • sperm conc. > 1,500만/mL
진단적 복강경	모든 검사가 끝난 후	골반 내의 병변 확인
배란 확인	LH, 프로게스테론, 기초체온검사, 경관점액검사	

(3) 남성 불임 검사

정액검사 [국시 2017 · 2019]	의의 [국시 2018]	남성 불임 검사로 가장 중요하며 최초로 하는 불임 검사	
	방법	• 정액 채취 전 2~3일간 사정행위를 금하고 수음(자위)으로 검사물을 받아 정액을 깨끗한 유리그릇에 담아 밀봉한 다음 사정 후 1~2시간 내 검사실로 보냄 • 정액은 채취 후 1시간 이 내에 분석을 실시	
	생식능력 정자	사정량	1.5mL 이상/1회
		정자 수	1,500만 이상/mL
		정자 전진운동성	32% 이상 활발한 운동성
		정상 모양 정자 형태비율	4% 이상
		백혈구	1,000,000 미만/mL
성교 후 검사 (Sims–Huhner test : postcoital test)	정의	불임부부의 성교 후 12시간 내 실시	
		• 경부점액을 흡인하여 그 속 정자의 운동성과 침투력 확인 • 경관점액, 정자의 적절성, 정자가 경관점액을 통과하는 정도를 알아볼 것	
	시기 [국시 2020]	부인의 배란시기에 맞추어 실시	
		MCD: 14일, 배란 직전, 난포기 후반	
	정상	• 경관점액은 성상이 투명하고 견사성이 8~10cm 정도, 양치엽 형태 • 점액 내 5~10개 이상의 활발한 전진운동을 하는 정자 관찰	
	재검사	비정상일 때 다음 월경주기의 배란 직전에 재검사	

(4) 여성 불임검사

호르몬 검사	FSH, LH	• MCD(Menstrual Cyclic Day) 3일 • 난소 기능이 부족할수록 FSH 증가	
	LH	배란	• 배란 직전 LH가 기저선보다 2~3배 상승 • 가장 정확하게 배란을 예측
		시기	MCD 14일, 배란 직전, 난포기 후반

<table>
<tr><td rowspan="2"></td><td rowspan="2">프로게스테론</td><td>방법</td><td>혈청 내 프로게스테론 측정</td></tr>
<tr><td>시기</td><td>MCD 21~23일, 황체기 중반</td></tr>
<tr><td rowspan="6">기초체온검사</td><td>목적</td><td colspan="2">배란 여부 확인</td></tr>
<tr><td>방법</td><td colspan="2">체온 측정은 3~4개월간 매일 기록</td></tr>
<tr><td rowspan="3">정상</td><td colspan="2">배란 전 체온↓(0.3℃)</td></tr>
<tr><td colspan="2">배란 후 24시간 내 프로게스테론 영향 → 체온 0.2~0.5℃(0.6~0.8°F)↑</td></tr>
<tr><td colspan="2">상승한 체온은 월경 1~2일 전까지 계속</td></tr>
<tr><td>비정상</td><td colspan="2">정상 기초체온이 보이지 않으면 배란에 문제가 있는 것</td></tr>
<tr><td rowspan="5">경관점액검사
[국시 2016]</td><td>시기</td><td colspan="2">배란기(배란 직전) 시행</td></tr>
<tr><td>점액검사 내용</td><td colspan="2">점액량, 점성도, 견사성, 양치엽상, 세포성분 평가</td></tr>
<tr><td rowspan="2">배란기(직전)</td><td colspan="2">• 배란기(직전) 에스트로겐이 최고 분비로 경관점액이 많고, 맑고 투명함
• 견사성이 커서 8~10cm 정도 늘어나고, 양치엽상</td></tr>
<tr><td colspan="2">세포 수가 거의 없어 정자가 점액의 투과성이 가장 높게 하는 점액 현상으로 수정이 가능하여 임신에 적합함</td></tr>
<tr><td>배란 후</td><td colspan="2">배란 후 분비기에 프로게스테론의 영향으로 점액의 양이 줄고 건조함</td></tr>
<tr><td rowspan="5">난관 통기성 검사
(루빈 검사, Rubin test)
[국시 2006]</td><td>정의</td><td colspan="2">난관 통기성 여부를 알기 위하여 Rubin관을 통해 CO_2가스를 경관에서 자궁과 난관으로 주입</td></tr>
<tr><td>목적</td><td colspan="2">난관 안팎 염증, 난관채 염증, PID로 난관 협착 검사</td></tr>
<tr><td>난관 통기성 ○</td><td colspan="2">• 탄산가스는 복강내에 배출하여 횡격막 신경 자극으로 견갑통경
• 혐은 난관의 통기성은 정상을 의미</td></tr>
<tr><td rowspan="2">양쪽 난관 통기성 ×</td><td colspan="2">CO_2 가스압력 150mmHg 이상 상승</td></tr>
<tr><td colspan="2">CO_2 가스가 난관을 통과하면서 꼬인 난관이 풀어지거나 난관이 깨끗해지면 불임치료</td></tr>
<tr><td rowspan="6">자궁난관 조영술</td><td rowspan="2">정의</td><td colspan="2">조영제(방사성 비투과성 염료)를 경관에 주입하면서 자궁과 난관의 해부학적 특징 촬영</td></tr>
<tr><td colspan="2">난관통기성, 난관강 상태, 난관 운동성 유무, 자궁내막 상태, 선천적 비정상 자궁, 자궁종양 확인, 조영제 흐름상태 관찰</td></tr>
<tr><td rowspan="2">시기</td><td colspan="2">MCD 6~11일, 난포기 초반~중반</td></tr>
<tr><td colspan="2">자궁 내 조영제 흐름이 원활하도록 월경 주기 6~11일에 실시
• 난자가 1차 감수분열 전(배란 직전)이므로 방사선의 영향을 적게 받고 자궁내막이 증식하기 전이므로 조영제 소통이 원활함</td></tr>
<tr><td>정상
[2017 기출]</td><td colspan="2">정상적일 경우 난관의 통기성으로 조영제 주입 후 10~15분 내에 복막강 전체로 조영제가 퍼지며 횡격막 신경 자극으로 견갑통을 느낄 수 있음</td></tr>
<tr><td>비정상</td><td colspan="2">한 쪽 또는 양쪽의 난관이 폐쇄된 경우 조영제의 흐름이 중단되므로 폐쇄 부위를 확인</td></tr>
</table>

구분	항목	내용
자궁내막 조직검사	시기 [국시 2018]	MCD: 24~28일, 황체기(분비기) 후반, 월경 1~3일 전
	목적	• 자궁내막이 수정란 착상에 적절한지 확인 검사로 자궁내막 염증 유무, 배란 유무와 배란 후 황체기 결함 확인 • 황체기의 황체호르몬 영향, 수정란이 착상할 부위의 자궁내막 수용력, 결핵의 염증 유무 검사 • 임신반응검사가 음성인 경우에만 시행
	방법	황체기 후반, 플라스틱 카테터를 경부를 통해 자궁 내에 넣은 후 자궁저부쪽 월경 전 자궁내막 조직을 떼어내어 관찰
	정상	정상적 황체기 반응
자궁경검사 (hysteroscopy)	방법	내시경검사로 자궁경관과 자궁강 내를 직접 관찰하여 이상 소견을 조사하는 방법
	목적	자궁내막용종, 점막하 자궁근종, 자궁내막 유착, 자궁 내의 선천성 기형 진단
복강경검사 [2018 기출]	정의	다른 검사를 선행 후 시행하는 최종 불임검사로 자궁난관 조영술에서 자궁 이상이 있을 때 즉시 시행
		검사 후 출혈, 감염, 장기손상의 합병증이 따름
	방법	• 전신마취 실시한 후 제와부 아래를 1cm 정도 절개하여 CO_2가스를 주입한 후 복벽이 상승되면 복강경을 삽입하여 골반과 장기를 시진 • 복강과 골반장기를 직접 시진하여 자궁, 난관, 난소의 비정상적 상태나 난관의 운동성, 복막으로 인한 불임 원인을 파악 • 자궁강, 난관강은 볼 수 없어 자궁난관 조영술과 함께 시행. 병소의 위치, 크기를 직접 관찰하므로 수술적 치료도 가능함
	간호	• 시행 후 24시간 동안 CO_2 가스는 횡격막 신경 자극과 늑간 신경 자극으로 견갑통이나 늑골 하부 불편감이 있을 수 있음 • 통증이 심할 경우 슬흉위 • 주입한 가스로 많이 움직일 것 • 1주일간 무거운 것을 들거나 심한 운동을 피할 것

(5) 불임치료

배란유도 약물	클로미펜 (clomiphene)	정의	선택적 에스트로겐 수용체 조절제: SERM
		기전	시상하부와 뇌하수체에 작용하여 GnRH와 gonadotropin(성선자극호르몬)의 분비를 증가시켜 난포발달과 성숙을 촉진시켜 배란 촉진 유도

		부작용	• 난소 비대 • 난소 과자극에 의해 복통, 복부 불편감, 오심, 구토 • 유방압통 • 홍조 • 두통
	gonadotropins	기전	무배란성 여성에게 gonadotropin(성선자극호르몬)의 분비를 증가시켜 난포발달과 성숙을 촉진시켜 배란 촉진 유도
	퍼고날, hMG (human Menopausal Gonadotropin)	기전	FSH, LH가 포함되어 난소의 난포성장과 성숙
	bromocriptine	적응증	prolactin이 상승되어 무배란을 초래할 때 사용하는 경구용 약물
		기전	• prolactin을 감소시킴 • 유즙분비 억제제
체외수종−배아이식 (시험관 임신)	정의	자궁 내 배아 이식	
	방법	1단계	배란유도
		2단계	난자 채취
		3단계	생식세포(난자와 정자)의 준비
		4단계	• 체외수정 • 채취된 난자는 배양기에서 추가 배양한 후 운동성이 우수한 정자와 수정시킴 • 수정 여부를 관찰하고 수정 확인 후 성숙용 배양접시로 옮겨서 배양 • 배아를 실험실에서 2~3일 배양하고 자궁 내에 배아를 이식
남성 검사	먼저 시행(시간적·경제적 낭비 방지를 위함)		
6가지 기초 검사	① 정액 검사: 정자의 적당한 생산여부 파악 ② 배란 검사: 배란 현상, 성숙된 난자 배출 여부 파악 ③ 경관점액 검사: 정자 운송, 저장에 적당한 경관점액 파악 ④ 난관 검사: 정자, 수정란 이동 가능한 난관 소통, 운동성 파악 ⑤ 자궁내막 검사: 수정란 착상하기에 적합한 황체기 발달 파악 ⑥ 복막강 검사: 임신 방해하는 물리적, 기계적 장애 파악		

| 생리주기에 따른 불임 기초 검사 |

검사	시기(월경주기/일)	근거
자궁난관조영술	7~10	난포후기, 초기 증식기: 수정된 난자를 방해하지 않음. 배란 전 난관을 개통시킬 수 있음
성교 후 검사	배란 전 1~2일 (14일)	증식기: 경관점액 내에서 정상 활동성이 있는 정자를 찾음
정자부동성(항원-항체 반응)	다양, 배란	정자와 경관점액의 상호작용에 대한 면역학적 검사
경관점액 사정	다양, 배란	경관점액의 점도는 낮고 견사성을 확인
황체 퇴화에 대한 초음파 검사	배란	배란 후 퇴화된 황체가 보임
혈장 프로게스테론 혈청분석검사	20~25	황체기 중반(분비기 중반): 황체의 프로게스테론 생산 검사
기초체온표	전체	프로게스테론 영향으로 체온상승, 배란일을 기록
자궁내막생검	21~27	황체기(분비기 후반): 프로게스테론과 황체기의 적합성 평가
정자투과검사	금욕 2일 후 (1주일 내)	정자가 난자를 투과하는 능력 평가

10 생식기계 수술 및 간호 - 인공임신중절 수술 [2002 기출]

(1) 종류: 재태기간에 따라 적용방법이 다름

월경 예정일이 지난 2주 이내	월경조절법 적용
임신 12주 전, 초기임신	진공흡인술, 경관확장소파술을 적용
임신 12주 이후, 임신중기 임신	경관개대, 태아치사와 자궁수축을 유발하는 방법 병행

(2) 임신 기간 별 임신 중절 수술방법

① 임신 1기

월경조절법	• 방법: 개대되지 않은 경관을 통한 강압적인 자궁내막 흡인법 • 실시시기: 월경예정일 후 14일 이내 실시 • 장점: 법적 처방불필요, 외래에서 처치 가능, 소요시간이 짧음(5~15분) • 단점: 경관외상 및 손상, 출혈 • 효과: 착상부위 적용 시 100%
진공흡인술	• 방법: 국소마취하에 경관확대 후 삽관 흡인 • 실시시기: 임신 12주 이내 실시 • 장점: 합병증 거의 없음, 출혈 및 불편감 최소, 외래처치 가능, 소요시간 짧음

	• 단점: 경관외상(시술 4~24시간 전 라미나리아 삽입으로 이완이 안 될 때), 자궁천공, 출혈, 감염 • 효과: 착상부위 적용 시 자궁기형만 없으면 100%
자궁경관 확장과 소파	• 방법: 헤가 개대기로 경관개대 후 큐렛으로 수정산물 긁어냄 • 실시시기: 임신 12주 이내 • 장점: 소요시간이 비교적 짧음(15분 소요) • 단점: 자궁천공, 감염, 출혈, 경관손상, 마취 후유증 • 효과: 착상부위 놓지지 않으면 100%

② 임신 2기

양수 내 식염수 또는 요소주입법	• 방법: 복부천자로 양수 추출 후 동량의 식염수(20%) 또는 요소(30%) 주입 • 실시시기: 임신 14~24주 사이에 실시 • 장점: 개복술 불필요(약물주입 후 24시간 내 분만시작) • 단점: 재태기간에 비례한 합병증 증가, 유도분만 가능성, 태반잔여로 소파가능성, 패혈증, 과나트륨혈증에 의한 부작용(이명, 빈맥, 두통, 부종, 핍뇨, 갈증)
양수 내 프로스타글란딘 주입법	• 장점: 분만시간이 식염수보다 짧음, 수분중독증, 과나트륨혈증 합병증 없음, 입원기간 없음 • 단점: 구토, 설사, 오심, 생존 태아분만가능성, 태반잔여로 소파술 가능성 • 효과: 100%

③ 임신 2~3기

자궁절개법	난관결찰술이나 자궁절제술 시 추천되는 방법
단점	수술 후 합병증(출혈, 감염), 생존 태아 분만 가능성, 윤리적, 도덕적, 종교적, 법적 문제
효과	100%

(3) 합병증

수술중	• 초기 합병증(전체 88% 차지): 자궁천공, 자궁경부 열상, 출혈 및 마취사고, 수혈을 요하는 출혈, 예기치 못했던 자궁절제술 등 • 그 외 합병증: 쇼크, 허탈, 사망, 불완전 유산, 자궁수축부전증, 재시술로 인한 자궁경관과 자궁벽의 상처와 출혈 및 자궁천공
수술후	골반염증성 질환, 정맥 내 혈전증, 폐색전증, Rh동종 면역출혈, 수혈, 자궁 및 자궁경부 손상과 발열
다음출산력에 영향	• 자궁경관무력증: 내자궁경부 손상으로 자궁경부 약화 • 골반염증성 질환, 자궁외임신, 태아부분 잔류

(4) 간호

임신중절술 시술 전 교육	• 인공임신중절술 선택 시 수술전후 처치 및 수술 후 자가간호에 대한 정보제공 • 수술 전, 수술 중, 수술 후 처치 및 지지적 간호실시, 퇴원 후 합병증 예방법 및 추후관리 등에 대한 교육제공 – 수술 후 질 내로 절대로 무엇을 넣어서는 안 됨 – 적어도 2주까지는 수영이나 통목욕, 질세척을 금하고 성관계 금할 것 – 회복을 돕기 위해 야채, 단백질, 과일 등을 충분히 섭취, 충분한 수면과 휴식, 무리하지 말 것, 다음 임신에 대한 교육 등 – 감염 징후: 체온 38도 이상, 하복부의 심한 경련이나 통증 또는 골반통, 악취 나는 질 분비물 → 병원에 방문
수술 후 대상자 관리	• 임신중절술 후 약 1주간은 월경 때와 유사한 출혈이 약간 있을 수 있음 • 중절술 후 며칠간은 하복부 경련이 자주 올 수 있으므로 의사가 처방한 진통제를 복용하고, 열요법을 적용 • 다음 월경은 대개 수술 후 4~6주 후 시작하며, 임신중절술을 받은 그날은 월경 시작 첫날로 생각하고 한 달 후 월경이 있을 것을 예상하면 됨 • 피임법을 선택하고 성관계를 시작하는 첫날부터 피임법 실천 • 유방통이 임신중절 후 2~3일 경에 발생 가능하다. 특히 임신중기 중절 시 발생빈도가 더 높음 • 필요시 얼음주머니를 대 주거나 아스피린 등 경한 진통제를 투여하고, 유즙억제제를 복용

09 가족계획(피임) [2009 · 2013 · 2016 · 2017 기출]

1 가족계획(피임)의 개념

피임	성교 동안 임신을 의도적으로 예방하는 것을 의미하며, 출산조절이란 임신의 위험을 줄이기 위한 피임기구와 실행을 의미	
가족계획	가임기 동안 언제 임신을 하고 언제 임신을 피할 것이냐에 대한 의식적인 결정	
이상적 피임조건	피임효과	피임법의 효과는 절대적이고 확실해야 함. 그리고 피임의 효과는 일시적이며 복원 가능할 것이어야 함
	인체에 무해(안전성)	피임법은 부부 중 어느 한쪽이라도 건강에 위험을 주어서는 안 되며 부작용이나 합병증이 적고 일시적이어야 함
	성교나 성감	아무리 좋은 방법이라도 사용하는 방법이 쉽지 않으면 그 활용성은 적음. 특히 사용자 자신이 사전에 조작하여 실행할 수 없는 방법은 실용적 가치가 적음
	사용 방법	아주 간편해야 함

	경제적 비용	여러 가지 조건이 모두 구비되었다 하더라도 고비용이 드는 방법은 한정된 인원만이 사용할 수 있음
	성병예방 효과	성접촉에 의한 성병과 HIV의 감염을 예방하는 효과도 피임 효과 못지않게 중요함

(1) 피임법의 원리

1단계	성세포의 생산 억제하는 방법: 고환이나 난소 제거
2단계	◐ 여성 측 배란 억제하는 방법 • 일시적 피임방법: 경구피임약, 주사, 피하이식법 • 영구적 피임방법: 정관절제술, 난관결찰술, 난관절제술
3단계	• 수정 저지 • 생리적 방법으로 성교중절법, 안전기 성교법(점액관찰법, 월경주기법, 기초체온법) • 기구나 약물을 이용한 방법으로 콘돔 또는 페서리, 캡, 살정제 등
4단계	• 수태(착상) 저지 – 성교 후 • 수정란이 자궁강 내에서 운반되어 자궁내막에 착상하는 과정을 방해하거나 만약 착상하더라도 조기에 자궁 탈락막을 박리시키는 방법: 인공임신중절법, 월경조절법, 응급복합피임약

(2) 각종 피임방법

일시적 방법 (일회성)	• 성교중절법(coitus interruptus), 질외사정법 • 질세척법(postcoital douche) • 페서리(pessary), 다이어프램(diaphragm), 캡(cap) • 살정제(spermicidal cream gels, suppositories) • 월경주기법(rhythm method), 기초체온법(B.B.T) • 경구용 피임제(oral pill) • 콘돔(condom): 남성형, 여성형
장기간 지속 방법 (주기적 시술)	• 자궁내 장치(IUD) • 누바링(nuvaring) • 피하이식술(norplant implant) • 임플라논(implanon) • 주사형 피임법(DMPA)
영구적 방법	• 정관절제술(vasectomy) • 난관절제술(salpingectomy), 난관결찰술(tubal ligation)
성교 후 방법	• 월경조절법(menstrual regulation) • 성교 후 응급피임법(emergency postcoital contraception)

2 먹는(경구) 피임약

(1) 먹는 피임약에 의한 피임법 기전

<table>
<tr><td>배란 단계</td><td colspan="2">• 피임약에 포함된 에스트로겐은 FSH의 분비를 억제하여 난포의 성장을 억제
• 프로게스테론은 LH의 분비를 억제하여 설령 난포가 성장하였다 하더라도 배란이 되지 않도록 함</td></tr>
<tr><td>수정 단계</td><td colspan="2">수정이 일어나기 위해서는 정자와 난자가 서로 만나야 한다. 여성의 질 내에 사정된 정자는 자궁입구인 자궁경부를 통과하여 나팔관으로 이동하여 난자와 만나게 되는데, 피임약의 프로게스토겐 성분은 이 자궁경부의 점액성분을 매우 끈끈하게 변화시켜 정자가 자궁내로 침투하지 못하게 만듦</td></tr>
<tr><td>착상 단계</td><td colspan="2">• 정자와 난자가 나팔관에서 만나 수정이 되었다 하더라도 이렇게 수정된 배아는 나팔관에서 자궁으로 다시 이동하여 자궁내막에 안정적으로 착상이 되어야 함
• 피임약의 프로게스토겐 성분은 이 자궁내막을 착상에 적합하지 않은 환경으로 변화시켜 착상이 제대로 이루어지지 않게 함</td></tr>
<tr><td rowspan="3">요약</td><td>배란억제</td><td>시상하부와 뇌하수체 전엽활동을 억제하여 FSH, LH를 억제하여 배란성 주기를 무배란성으로 바꾸어 배란을 억제함</td></tr>
<tr><td>경관점도의 변화</td><td>자궁경부를 막고 있는 점액의 점도를 끈끈하게 유지시켜 정자가 통과하기 어렵게 만듦</td></tr>
<tr><td>자궁내막위축</td><td>자궁내막에 증식이 충분히 일어나지 않게 위축(질과두께의 위축)시켜 수정란의 착상을 방지</td></tr>
</table>

(2) 복용 시기

<table>
<tr><td rowspan="2">분만 후</td><td>수유모</td><td>• 산후 6주에 시작
• 프로게스토겐 단독 피임사용으로 모유생산량을 감소시키지 않음</td></tr>
<tr><td>비수유모</td><td>• 산후 2~3주에 시작
• 분만 1개월 내에 복용 시 혈전생성 위험이 높음(뇌졸중, 심근경색, 폐색전, 심부혈전정맥염↑)</td></tr>
<tr><td rowspan="2">미혼여성</td><td>월경 첫날</td><td>• 월경이 시작되는 첫날부터 복용
• 월경 첫날에 시작하지 못했다면 월경 시작 5일 이내에(월경 시작 2~5일째) 복용을 시작</td></tr>
<tr><td>월경기간 외</td><td>월경 시작 5일 이후라면 다음 월경을 기다렸다가 복용을 시작하는 편이 좋음
→ 이 경우 경구 피임약 시작 첫 7일간(1주간) 임신의 위험을 피하기 위해 (피임 효과가 완전하지 않아서) 다른 차단 방법을 같이 사용</td></tr>
</table>

유산 후	• 임신 3개월 이내에 유산했을 경우에는 즉시 복용이 가능함 • 유산한 날로부터 5~7일 이내 • 더 늦게 시작할 경우 처음 7일간은 피임 효과가 완전하지 않아서 경구피임약과 함께 별도의 피임법을 병행해야 함

(3) 복용방법

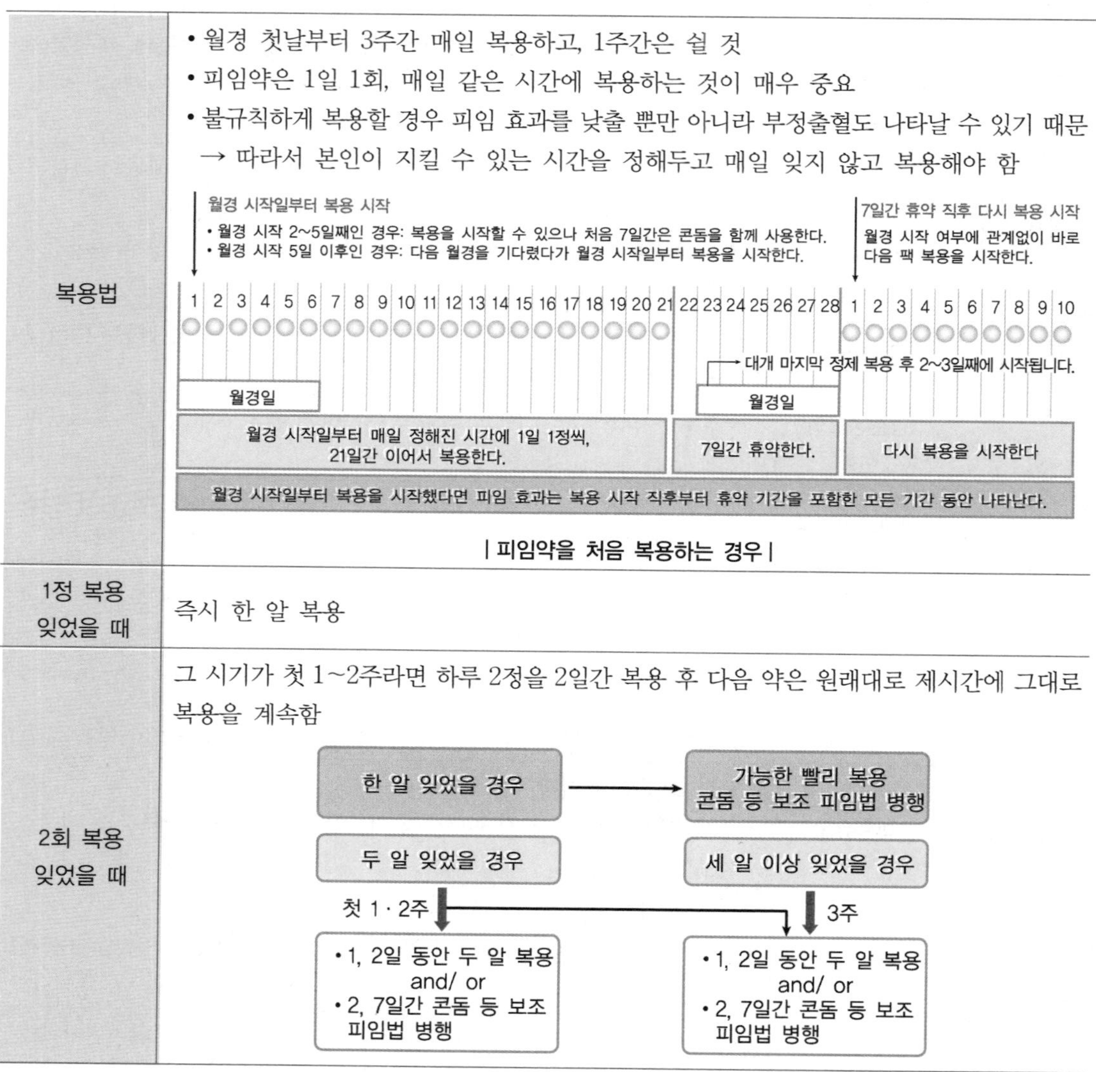

복용법	• 월경 첫날부터 3주간 매일 복용하고, 1주간은 쉴 것 • 피임약은 1일 1회, 매일 같은 시간에 복용하는 것이 매우 중요 • 불규칙하게 복용할 경우 피임 효과를 낮출 뿐만 아니라 부정출혈도 나타날 수 있기 때문 → 따라서 본인이 지킬 수 있는 시간을 정해두고 매일 잊지 않고 복용해야 함
1정 복용 잊었을 때	즉시 한 알 복용
2회 복용 잊었을 때	그 시기가 첫 1~2주라면 하루 2정을 2일간 복용 후 다음 약은 원래대로 제시간에 그대로 복용을 계속함

유의점	• 보통 여성호르몬을 복용해서 난포의 성장과 배란을 억제하기 위해서는 7일 정도 걸림. 따라서 한 번 복용을 잊었더라도 이전에 7일간 연속해서 약을 먹었는지가 중요함 • 가장 일반적인 21일 제제인 경우 복용을 잊은 시기가 21일 중에서 언제이냐에 따라서(1주 차, 2주 차, 3주 차) 3종류로 나눌 수 있음
경구피임약의 복용을 잊었을 때 인체에 미치는 영향	• 피임약은 에스트로겐과 프로게스테론을 복용해서 난포의 성숙과 배란을 막는 원리. 따라서 피임약을 복용하지 않는다면 난포가 다시 성숙하기 시작하고 난포가 충분히 성숙해지는 시점에는 배란도 일어날 수 있다. 즉, 임신 가능성이 생기는 것 • 따라서 일반적으로 복용을 잊은 약의 수가 많아지고, 복용을 잊은 기간이 길수록 피임의 효과가 떨어진다고 볼 수 있음

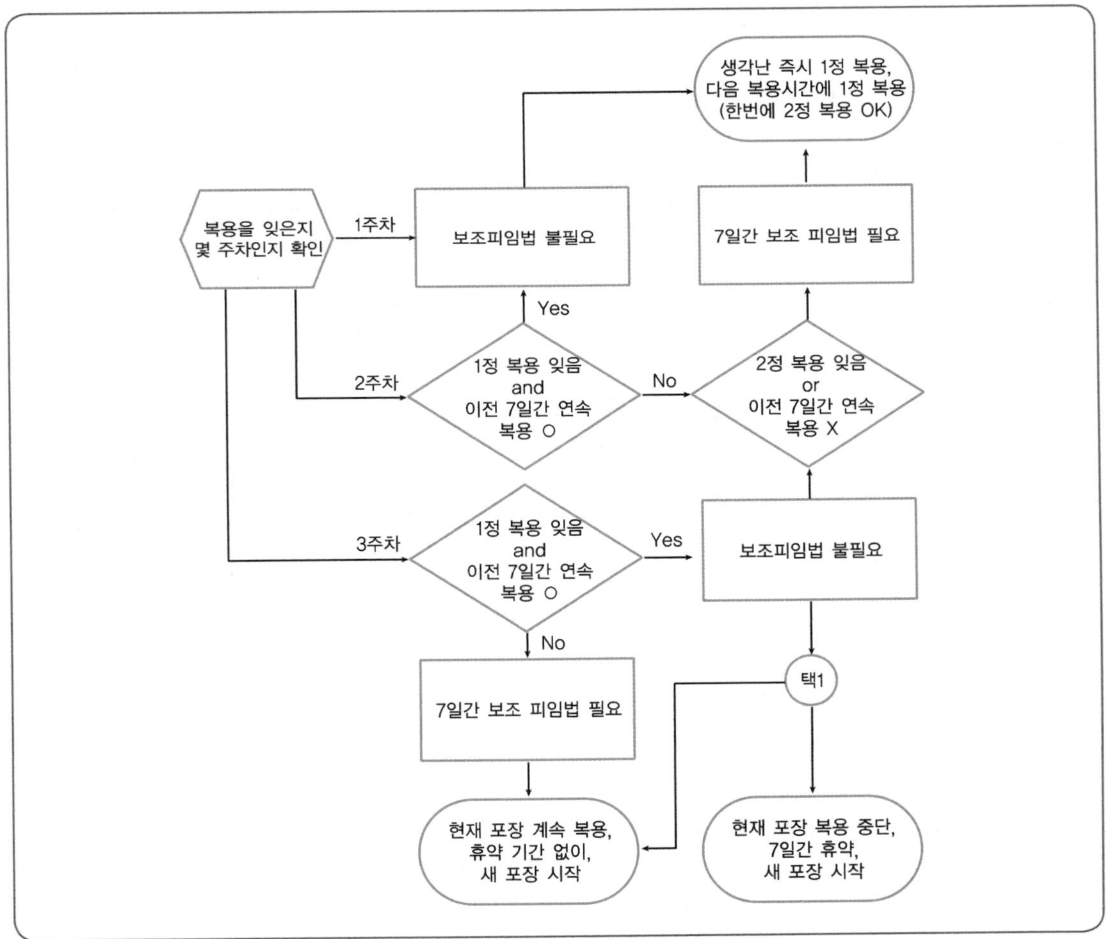

| 21일 제제 피임약 복용을 잊었을 때 |

(4) 28일 제제가 21일 제제보다 유리한 이점과 유의점

구분	내용
이점	휴약기에도 위약을 먹기 때문에 휴약기 이후의 약 복용을 잊을 위험이 훨씬 낮아지는 이점이 있음 • VS 21일 제제를 복용하는 사람들의 가장 흔한 실수 중 하나가 휴약기가 끝났을 때 다시 약을 먹기 시작해야 함을 잊어버리는 것
유의점	• 28일 제제는 위약도 포함되어 있기 때문에 꼭 순서대로 복용해야 함. 호르몬을 복용해야 하는 시기에 위약을 복용해서는 안 되기 때문 • 28일 제제는 28일 주기로 매일 복용 마지막 2일 또는 4일 치 알약은 호르몬이 들어있지 않은 위약이라서 흰색으로 색이 다르고 이 시기가 휴약기(두꺼워졌던 자궁 내막이 휴약기를 통해서 허물어지면서 월경 시작)

(5) 먹는 피임약의 일반적인 부작용

구분	항목	내용
부작용	혈전증	• 호르몬(에스트로겐) 변화로 인해 혈액이 끈적해져 혈전이 생성된다. → 심장·뇌로 가는 혈관을 막으면 뇌졸중이나 급성 심근경색, 폐색증, 심부정맥혈전 등을 겪을 위험(에스트로겐 함량이 높을수록 혈전이 생길 위험이 크다)이 있다. • 산후 모유수유 여성에게는 특히 에스트로겐이 함유된 경구피임약을 사용해서는 안 된다. • 모유수유를 하지 않는 경우에도 분만 후 1개월간은 혈전색전증의 위험이 매우 높으므로 복용하지 않는 것이 좋다.
	오심, 구토	에스트로겐에 의한 반응인데 1~2개월 복용하면 몸에 적응되어 대부분 중지된다.
	월경의 비정상 출혈	보통은 약을 쓰면 불순이던 월경주기가 정상이 되고 월경통도 없어지지만 때로는 비정상적인 출혈이 있고, 또한 약을 잘 복용하지 않으면 심한 출혈과 월경불순도 생길 수 있다.
	부종 및 체중 증가	에스트로겐으로 인해 수분과 염분의 조절이 달라져서 월경 전 부종 및 체중 증가가 있다.
	비타민 B군의 결핍	• 에스트로겐이 위·장 등 소화기관에 영향을 미쳐, 비타민 B군이 체내로 흡수되는 것을 방해한다. • 비타민 B군이 부족하면 세포활동이 잘 안 되고 혈액 속 헤모글로빈이 부족해진다. → 빈혈·면역력 저하·수면장애·우울증 등의 부작용이 있다. → 장기간 복용한 사람이 임신을 하면, 기형아를 출산할 위험이 증가한다.

<table>
<tr><td rowspan="2"></td><td></td><td>• 부작용 완화를 위한 중재
– 흡연자나 고혈압 등 만성질환을 앓는 사람은 의사 · 약사와 충분히 상담한 뒤 피임약을 복용한다.
– 비타민 B군이 든 영양제를 먹어 이를 보충한다.</td></tr>
<tr><td>기타</td><td>• 두통, 식욕 부진, 우울증, 기미 등이 올 수 있는데 대부분의 경우 차고 견디면 2~3개월 내 그 증세가 경감된다. 또 일단 복용을 중단하면 원래 상태로 깨끗하게 복구된다.
• 대하증: 에스트로겐으로 인하여 대하의 양이 증가되는데 염증이 없으면 걱정할 필요 없다.
• 유방암과 자궁경부암의 위험성이 높아지므로 꾸준히 복용하는 경우 정기적인 건강검진을 받아보도록 한다.</td></tr>
<tr><td rowspan="17">금기증</td><td colspan="2">먹는 피임약은 전신에 작용하고 매일 복용하게 되므로 다음과 같은 경우에는 절대적으로 피한다.</td></tr>
<tr><td>흡연</td><td>35세 이상의 흡연자, 30세 이상에서 하루 15개비 이상 흡연 시</td></tr>
<tr><td>혈전색전증</td><td>• 혈전색전증, 혈전성 정맥염
• 에스트로겐이 섬유소원, 응고인자 증가와 섬유소 용해 감소를 시킨다.</td></tr>
<tr><td>편두통</td><td>–</td></tr>
<tr><td>고혈압</td><td>에스트로겐은 레닌 증가 작용으로 안지오텐신, 알도스테론의 증가로 염분, 수분이 조직 내 축적으로 부종, 체중 증가 등의 우려가 있다.</td></tr>
<tr><td>뇌혈관질환</td><td>–</td></tr>
<tr><td>심혈관질환</td><td>–</td></tr>
<tr><td>간기능 장애</td><td>간염 같은 간질환</td></tr>
<tr><td>당뇨병</td><td>프로게스테론이 인슐린 길항(insulin antagonism) 효과로 당뇨병이 초래된다.</td></tr>
<tr><td>유방암</td><td>유방암 과거력, 현재 유방암, 유방 악성종양 의심 유방암은 에스트로겐, 프로게스테론의 영향을 받는다.</td></tr>
<tr><td>자궁경부암</td><td>경구 피임약의 상습적 복용으로 자궁경부암이 발생한다.</td></tr>
<tr><td>자궁내막암</td><td>• 에스트로겐에 의존하는 자궁내막암
• 에스트로겐만 사용하는 호르몬 치료는 자궁내막암을 유발한다.</td></tr>
<tr><td>자궁근종</td><td>에스트로겐만 함유 경구 피임제 자궁근종은 에스트로겐 의존성으로 성장할 수 있다.</td></tr>
<tr><td>생식기출혈</td><td>확진되지 않은 비정상적 생식기 출혈이 초래된다.</td></tr>
<tr><td>임신</td><td>임신이나 임신 의심</td></tr>
</table>

(6) 복합 경구 피임제 효과

피임효과	정확히 사용할 경우 높은 피임효과	
생리주기	불규칙적 생리주기를 규칙적으로 만들 수 있음	
월경통↓	배란을 억제하며 프로스타글란딘 수치를 감소시켜 월경통을 감소시킴	
철분결핍성 빈혈↓	월경량↓, 월경기간↓, 월경과다(규칙적이면서 80mL 이상, 양이 많고 기간이 김)로 인한 철분 결핍성 빈혈 감소	
예방효과	골반의 염증성 질환(난관염)예방, 자궁외 임신 예방 효과	
자궁내막암↓	난소암↓	• 경구피임약을 장기간 복용하여 배란 횟수가 적음 • 무배란 기간이 난소암에 '보호기간'으로 작용함
	자궁내막암↓	에스트로겐 의존성 암으로 progestin을 포함한 에스트로겐 요법으로 감소됨
	자궁암↑, 유방암↑	-

(7) 프로게스테론

성분	소량의 프로게스테론 단일 성분만 함유 에스트로겐은 포함되지 않음	
기전	배란을 억제하고 자궁경부 점액의 점도가 증가되어 정자의 자궁과 난소로 이동이 억제되어 피임 효과를 가짐	
적응증	모유수유 여성	• 모유수유 여성에게 가장 좋은 경구용 피임약으로 모유 생산량을 감소시키지 않음 • 에스트로겐은 유즙 분비를 감소시키므로 금지
	비수유부 여성	사용
방법	매일 복용	쉬는 날 없이 복용
	같은 시간	• 매일 같은 시간 복용했을 때 효과가 높음 • 24시간 동안만 자궁경부 점액을 변화시키므로 매일 잊지 말고 같은 시간에 복용
	4시간	• 복용 시간이 4시간 늦게 되었다면 48시간 동안은 콘돔 등 다른 피임법을 사용 • 프로게스테론은 빨리 대사
금기증	복합피임제와 동일	

부작용	• 불규칙적 질출혈, 약간의 점적출혈, 월경기간 사이에 출혈 • 우울, 기분변화 • 유방 동통 과민 • 심혈관장애, 뇌졸중, 고혈압: 프로게스테론의 안드로겐 효과로 LDL 증가, HDL 감소 • 두통 • 간세포성 선종 • 식욕변화, 오심 • 부종, 체중 증가(소수 여성 체중 감소): cortisone으로 전환이 많아 수분 정체를 일으킴 • 프로게스테론이 insulin 길항(antagonism) 효과로 당뇨 • 자궁외 임신으로 임신 가능성이 높음(복합경구피임약 – 자궁 외 임신 예방) • 여드름, 피부발진, 다모증 • 합성 프로게스틴은 testosterone과 유사한 화학구조로 일부 androgen작용

3 배란억제 시술법

구분	원리 & 방법	장점	단점
누바링	• 부드러운 링을 삽입 → 에스트로겐과 프로게스테론을 방출 → 배란억제, 경관점성도 증가 • 월경주기 첫날 삽입 • 한 달에 한 번 질 내 깊숙이 삽입	• 피임성공률은 경구피임약과 동일 수준 • 질 상피세포를 통하여 국소적 흡수: 부작용이 경구피임약보다 경함 • 적은 양으로도 효과를 볼 수 있음 • 한 번 삽입 후 3주간 지속, 부작용 적음	• 1주간 휴약기를 가진 다음 재삽입 • 여성 스스로 삽입, 제거해야 하므로 사전 충분한 교육과 훈련 필요 • 질염, 질내피부자극, 질분비물 증가, 두통, 체중 증가, 오심
피하이식술 (norplant)	• 프로게스틴 유형 • 작은 성냥개비 크기 캡슐 6개 상박의 피부 밑 설치	5년 동안 피임효과	–
임플라논	• 길이 4cm, 외경 2mm인 임플란트를 상박안 피하에 이식 → 프로게스테론이 3년 정도 분비 → 배란억제, 자궁경부점성도 증가	• 한 번 시술로 비교적 긴 기간 피임 효과 • 경구피임약에 비해 적은 양으로 효과 • 에스트로겐 함유하고 있지 않아 이로 인한 부작용 ×	• 침습적 시술 • 삽입 시기: 생리 시작 1일~5일 사이

주사형	• 프로게스테론 투여 → 배란 정지, 경관점액 끈끈 • 마지막 월경 후 성교를 하지 않고 임신이 아닌 것이 확실하면 언제라도 주사 가능 • IM 주사 후 마사지 × • 주사 전 임신검사 실시	• 3개월간 지속(두 번째 14일 이내 주사) • 비밀보장, 높은 효과 • 매일 복용 ×, 성감 저하 × • 모유수유의 양과 질에 무해 • 에스트로겐 부작용 없음	• 월경혈의 변화: 선홍색 출혈이나 점적출혈 • 월경량 다량, 사용 1년 이후 무월경 • 성병/HIV 예방효과 없음, 수정력 회복 지연 • 두통, 유방과민, 우울감, 오심, 탈모, 성욕감퇴, 여드름
정관결찰 절단술	• 수술로 정관을 결찰 · 절단 • 정자가 정액에 섞여 사정관에 들어가지 못하도록 함	• 수술 소요시간 15~20분, 수술 후 24~48시간이면 정상 활동 • 영구적, 피임효과 100% • 성생활 아무 지장 없음	• 정관복원술해도 회복되지 않는 경우가 있음 • 정자의 수명 90일: 수술 후 약 2~3개월간은 다른 피임 방법 사용(2번 이상 정액검사 후)
난관결찰 절단술	• 수술로 난관을 결찰 · 절단 • 정자가 난관 통과 ×	• 영구적, 피임효과 100% • 일상생활 곧 재개 가능 • 성생활 지장 ×	• 복강경 수술에 따른 감염가능성 • 난관복원술해도 회복되지 않는 경우 有 • 자궁외 임신 가능성 있음

4 수정저지법

(1) 성교 중절법(질외 사정법)

(2) 질 세척법

질 세척법은 물 또는 식초산(acetic acid)을 혼합하여 성교 후 질을 세척하는 방법으로 가장 효과가 적은 피임법이며 부작용으로는 질 내 정상 세균총의 변화와 질점막의 손상을 줄 수 있다.

(3) 다이어프램, 캡

원리	경관을 덮고 살정제용 젤리나 크림과 함께 사용한다. 성관계 전에 질 내에 깊숙이 넣어 자궁구를 완전히 덮어야 한다. 대개 살정제와 같이 사용하면 효과를 높일 수 있다.
사용법	성교할 때마다 약 1시간 전에 삽입하고 성교 후 6~8시간 전에 빼지 말아야 한다. 다이어프램은 24시간 이상, 캡은 48시간 이상 장착 시 세균이 성장한다.

(4) 살정제

원리	사정된 정자가 경관으로 들어가는 것을 방해하는 물리적・화학적 차단방법이다. 살정제는 성관계 5~10분 전에 질 안에 깊이 넣는다.
장점	질 윤활작용을 증가시킨다. 성관계를 방해받지 않으려면 한 시간 전에 삽입하며, 살정제를 사용한 경우 성교 후 6시간 이내에 질 세척을 하지 않는다.
단점	자극하여 알레르기 반응이 일어날 수 있고, 피임효과가 떨어진다.
주의점	여성은 성교 후 배뇨를 하여 비뇨기 감염을 예방하도록 한다.

(5) 월경 주기법(생리적 피임법)

월경주기법	• 난자가 배란된 후 12~24시간 수정이 가능하므로 이 시기에 성교를 피하는 방법이다. • 월경주기마다 1회의 배란이 일어나며, 이 배란일을 예측하여 금욕을 하거나 피임법을 사용하면 임신을 쉽게 조절할 수 있다는 원리이다. • 이 원리를 이용한 피임법은 월경력법, 기초체온법, 점액관찰법 등 세 가지가 있다.
월경력법 (오기노씨법)	• 월경주기는 매월 일정한 것이 아니고 불규칙할 수 있다. 그러나 '배란일은 월경주기의 장단에 관계없이 항상 다음 월경이 시작될 전날부터 계산하여 12~16일 5일간 일어난다.'는 것이 월경주기법(오기노식)이다. • 월경이 시작된 첫날을 제1일로 한다. • 5일간의 배란기에 정자가 생존할 수 있는 3일간, 즉 다음 월경 전날부터 12~19일간의 8일간을 임신가능기간이라고 간주한다. • 이 기간 동안 금욕을 하거나 다른 피임방법을 쓰도록 하는 것이다. • 이 피임방법은 실제로 다음 월경일을 정확하게 알 수 없으며 월경주기가 보통 1~2일정도 차이가 있기 때문에 정확한 계산이 불가능하다. 적어도 6개월 내지 1년 동안의 자신의 월경주기 기록이 있어야 적용할 수 있다. • 1년 동안 기록된 월경주기를 참고로 가장 짧은 주기에서 18일을 빼고 가장 긴 주기에서 11일을 빼면 그 사이가 임신 가능한 기간이다. 예 짧을 때 25일, 제일 길 때 31일이라면 25 − 18 = 7, 31 − 11 = 20이므로 월경주기 7일째~20일까지 임신 가능기간이므로 피해야 한다. • 하지만 우리의 신체는 변화한다는 것에 주의해야 한다. 배란예정일 / 14일 / 월경시작 / 정자생존 5일 / 난자생존 2일 / 다음 월경예정일 / 금욕기간
기초체온법 [1995 · 2013 · 2015 · 2019 기출]	• 우리 몸의 체온을 변화시킬 수 있는 모든 요인을 제외하였을 때 측정한 체온을 기초체온이라고 하는데 여성은 배란주기에 따라 체온이 변한다. • 월경이 있으면서부터 배란이 일어나기 전까지 저온상태를 유지하다가 배란기 무렵 약 0.3℃ 정도 급하강하였다가 약 3일이 지나면 상승(고온기)하여 다음 월경 전까지 유지한다. 즉, 배란기를 중심으로 체온이 0.2~0.5℃ 상승한다.

	• 따라서 낮은 체온에서 높은 체온으로 이행되는 기간에 배란이 일어나게 되는데 그 이유는 배란이 되면 난포가 황체로 변화되어 황체호르몬이 분비되며, 황체호르몬인 프로게스테론의 체온 상승작용으로 체온이 높아진다. 따라서 체온이 높아진다는 것은 배란이 끝났음을 의미한다. • 이 방법은 매일 체온을 재서 전날과 비교하는 것이므로 체온이 측정 시간과 운동량에 따라 달라진다. 그러므로 항상 일정한 상태에서 측정해야 한다. • 낮은 체온이 계속되는 기간은 배란위험이 있으므로 다른 피임법을 사용하고, 높은 체온이 되었다 하더라고 다른 원인에 의해 그렇게 되어있을 수 있으므로 3~4일 정도 높은 체온이 계속되어야 비로소 배란이 끝난 것으로 간주한다. 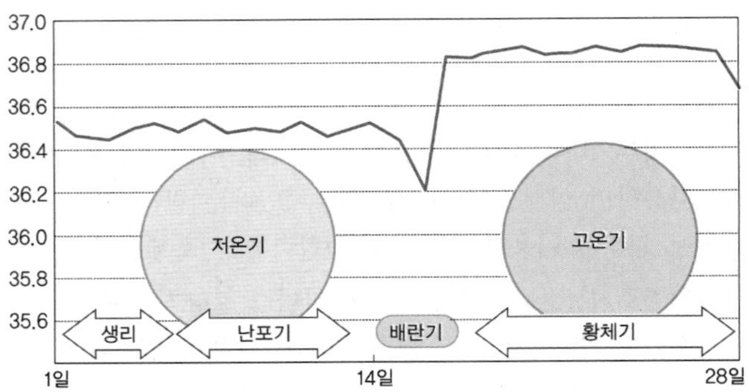
자궁경관 점액관찰법 [2011 · 2017 · 2020 기출]	• 점액관찰법이란 혈액 내에 에스트로겐과 프로게스테론의 양이 증가할 때 경관점액 분비물의 양과 성질이 달라지는 현상을 매일 관찰하여 배란시기를 피하는 방법이다. • 월경이 끝난 후 2~3일 동안은 건조기로 분비물이 거의 없고 3~4일후부터 점액분비가 시작된다. • 에스트로겐이 가장 많은 배란 직전에는 그 특성이 맑고 미끄러우며 날달걀 흰자위와 같은 점액이 다량으로 배출된다는 것이다. – 점액의 양이 증가한다. – 견사성이 증가한다. 이는 경관점액이 잘늘어나는 정도를 나타내는 것이다. – 점액이 투명해지고 양치엽모양을 나타내며 점성도는 감소된다. 이러한 변화로 정자이동을 증가시키게 되어 임신이 되도록 한다. • 배란 후에는 양이 차츰 감소되고 특성도 흰빛을 띠며, 끈적끈적해지다가 배란 14일 후에 월경이 시작된다. 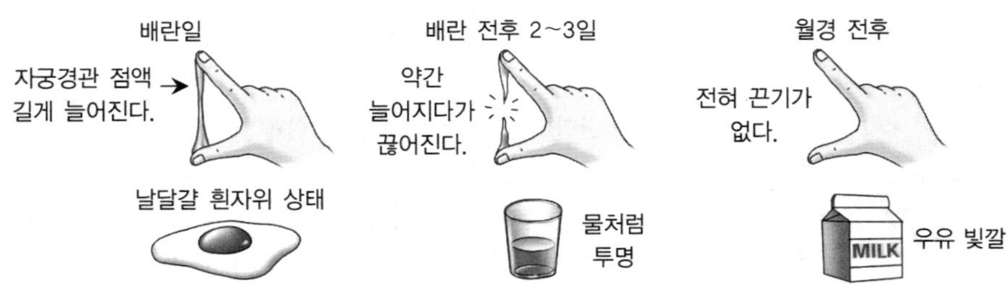

⑹ 콘돔과 페미돔 [2023 기출]

① 콘돔

원리	남성의 음경에 씌워 정자가 질 내로 들어가는 것을 방지하는 방법
효과	지시된 대로 주의해서 사용하면 거의 완전한 효과가 있음. 실패하는 이유는 콘돔이 파손된 경우
장점	• 피임 및 성병 예방에 효과적이며 부작용이 없고 비용이 싸며 간편하게 사용할 수 있음 • 10대 임신의 예방을 위해 권장할 만한 방법은 콘돔과 경구용 피임제
단점	성교에 미숙한 경우 바람직하지 않음. 피임 실패율도 다른 피임법에 비해 높음. 매회 새로운 콘돔을 사용해야 함. 성기에 너무 꽉 끼는 경우에는 사정 시 콘돔이 파열될 수 있는 빈도가 높으니 성기 끝에서 1~2cm 여유 있는 것을 사용할 것
주의점	음경이 발기된 후 착용하고 질에서 뺄 때는 손으로 음경 주위를 잡고 정액이 흐르지 않도록 한다. 특히 주의할 점은 성기가 발기된 상태에서 빼야 한다는 것

② 페미돔: 페미돔은 여성이 성병, HIV/AIDS로부터 보호받기 위해서뿐만 아니라 임신방지라는 목적으로도 사용한다. [2023 기출]

원리	부드러운 플라스틱 제품으로 얇고 투명하게 만들어져 질 내에 넣어 질벽을 덮을 수 있게 되어있다. 여성이 성교 전에 질 내에 씌우는 것이다. 성교 동안 남성의 음경은 페미돔 내로 삽입되어 정자가 경부로 들어갈 수 없다.
효과	콘돔 및 다른 질 내 적용법과 유사하다. 1년간 페미돔을 사용한 여성 100명 중 상식선에서 사용한 경우 21명꼴로, 교육을 받고 교정을 받으며 지속적으로 사용한 경우는 5명꼴로 임신이 된 것으로 나타났다. 페미돔은 1회용으로, 성병으로부터 보호받기 위해 다른 가족 계획방법과 같이 사용할 수 있다.
장점	여성이 사용할 수 있으며, 성병과 임신예방 목적을 모두 만족할 수 있다. 명백한 부작용이 없으며 알레르기 반응이 없다.
단점	콘돔에 비해 비싸다. 교육을 받지 않고 상식선에서 사용하면 효과가 높지 않다. 성 파트너가 좋다고 했을 때 사용하도록 한다. 질 내 삽입을 직접 손으로 해야 한다. 1회용이다. 성교에 미숙한 10대 여성에게는 접합하지 못하다.
사용법	성교 전에 막힌 쪽을 질 내로 깊숙이 넣는다. 막힌 끝은 유동적이므로 삽입 시 움직임이 있다. 크고 탄력 있는 열린 끝의 둥근 링은 질 밖으로 씌워진다.

5 자궁내 장치(Intrauterine Device; IUD) [2009 · 2014 기출]

(1) 원리

원리	자궁내장치의 표면과 접촉하는 자궁내막에 가벼운 변화를 일으킴으로써 정자와 난자의 수정을 방해하고, 만약 수정이 되었다면 수정란이 자궁내막에 착상하지 못하도록 하거나 나중에는 성장하지 못하게 하는 방법이다. 자녀가 없는 여성, 골반염이나 자궁외임신 병력이 있는 여성, 자궁기형, 면역결핍증, 혈액응고질환이 있는 여성은 사용할 수 없다. 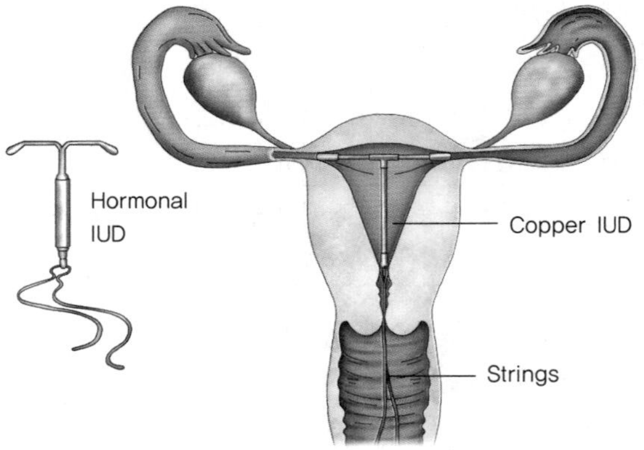 Hormonal IUD Copper IUD Strings
단점(부작용)	경련, 요통, 점적 출혈, 장치의 자연배출, 월경의 양과 기간이 증가한다.

(2) 구리 루프(Copper IUD)

기전	정자 방해	자궁내 장치가 자리를 잡고 자궁과 난관 내에서 정자가 정상적으로 운동하는 것을 방해로 정자가 통과하지 못하게 하여 정자와 난자의 수정을 방해
	자궁내막 염증	구리는 자궁내 장치(IUD)의 표면과 접촉하는 자궁내막에 가벼운 변화로 metal을 조금씩 내보내서 자궁내막에 약한 염증반응의 자궁내막 염증을 일으켜 수정이 되었다면 수정란이 자궁내막에 착상하지 못하게 함
기간	장기간	
영향	자궁내막염증으로 월경통, 출혈	
삽입시기	• 임신이 아니라고 확신할 수 있는 시기 • 생리가 끝난 직후에 시술하며 자궁경관이 부드럽고 약간 개대되어 삽입하기 쉬움 • 자연 분만 6주 후 • 제왕절개술 후 8~10주	
	확인	삽입 후 자궁 내 장치가 제자리에 있는지 확인으로 두 줄이 자궁경부에 달려 있는데, 자궁 내 장치가 제대로 자리 잡았음을 의미
적응증	터울조절	출산과 관련된 터울조절을 원할 때
	모유수유	모유수유 중일 때 예 모유수유 여성: 프로게스틴 단독 피임인 Minipill은 모유 생산량을 감소시키지 않음

<table>
<tr><td rowspan="2"></td><td>다른 피임방법</td><td colspan="2">다른 피임방법으로 피임을 하기 어려울 때</td></tr>
<tr><td>안정적성관계</td><td colspan="2">• 성교 시 매번 번거로운 동작을 원치 않을 때
• 성 전파성 감염을 예방하지 못하여 한 파트너와 안정적인 성관계를 갖는 여성에게 추천</td></tr>
<tr><td rowspan="6">장점</td><td>여성의 의지</td><td colspan="2">여성의 의지에 의한 피임법</td></tr>
<tr><td>효과 반영구</td><td colspan="2">한 번 삽입하면 오랫동안 피임효과로 반영구적인 피임방법</td></tr>
<tr><td>성교 시 조작 불필요</td><td colspan="2">성교 전, 후로 조작할 필요가 없음
예 피임약, 자연피임법, IUD</td></tr>
<tr><td>복원성</td><td colspan="2">끝에 실을 잡아 제거하면 다시 임신이 가능</td></tr>
<tr><td>간편성</td><td colspan="2">사용의 간편성</td></tr>
<tr><td>경제성</td><td colspan="2">적은 비용 부담</td></tr>
<tr><td rowspan="8">금기증</td><td>임신</td><td colspan="2">이미 임신 또는 임신이 의심되는 경우</td></tr>
<tr><td>골반염증</td><td colspan="2">최근에 골반염증, 자주 재발하는 골반염증</td></tr>
<tr><td>성병</td><td colspan="2">성병에 감염, 감염될 우려</td></tr>
<tr><td>자궁 외 임신력</td><td colspan="2">과거 자궁 외 임신력</td></tr>
<tr><td>자궁 이상</td><td colspan="2">자궁강 형태 이상, 자궁경관 협착증</td></tr>
<tr><td>질출혈</td><td colspan="2">진단되지 않은 비정상적 생식기 출혈, 비정상적 질 분비물</td></tr>
<tr><td>빈혈</td><td colspan="2">불규칙적 출혈 발생으로 빈혈 발생</td></tr>
<tr><td>혈액응고 질환</td><td colspan="2">혈액 응고 질환이 있는 여성</td></tr>
<tr><td rowspan="7">부작용</td><td>P</td><td>Period</td><td>• 월경기 사이 불규칙적 출혈, 반상출혈, 지연되고, 비정상적 점상출혈
• 삽입 시 3~4개월까지 월경량과 질 분비물 증가</td></tr>
<tr><td>A</td><td>Abdominal Pain</td><td>복통, 요통, 성교 시 통증, 간헐적 월경통</td></tr>
<tr><td>I</td><td>Infection</td><td>자궁내 장치가 자궁에 염증성 반응을 일으켜 골반 염증성 질환</td></tr>
<tr><td>N</td><td>Not feeling well</td><td>기분이 좋지 않음 발열, 오한</td></tr>
<tr><td>S</td><td>String missing</td><td>• 실이 없어짐: 짧아지거나 길어짐
• 자궁내 장치 삽입 초기에 IUD 자연 배출, 위치 이동으로 피임의 효과 감소</td></tr>
<tr><td colspan="3">자궁천공, 자궁과 자궁경부 파열</td></tr>
<tr><td colspan="3">자궁외 임신</td></tr>
</table>

(3) 미레나(Hormonal IUD) [2020 기출]

<table>
<tr><td>미레나</td><td colspan="2">황체호르몬이 있어 매일 일정량의 황체호르몬을 자궁 내에 분비하므로 특별한 전신적인 부작용이 없이 우수한 피임효과를 나타낸다.</td><td>자궁 안에서 정상적인 정자의 운동 억제
자궁내막의 성장(증식) 감소
자궁경부의 점액을 끈끈하게 함</td></tr>
<tr><td rowspan="7">기전</td><td colspan="3">황체호르몬에 의해 자궁경부점액이 끈끈하게 되어 정자가 난자에 접근해서 수정하기 어렵게 되고, 자궁과 난관에 정자의 정상적인 운동을 방해한다.</td></tr>
<tr><td>자궁내막 위축</td><td colspan="2">프로게스테론 방출로 자궁내에만 작용하기 때문에 자궁내막이 얇아져 수정란이 착상하는 것을 막고 더불어 생리 양이 줄고 생리기간도 짧아지며 생리통이 경감된다.</td></tr>
<tr><td>경관 점액 끈끈</td><td colspan="2">프로게스테론 방출로 자궁경부점액을 끈끈하게 하여 정자가 난자에 접근해서 수정하는 것을 어렵게 한다.</td></tr>
<tr><td>배란 억제</td><td colspan="2">프로게스테론 방출로 시상하부, 뇌하수체 전엽 활동 억제 → FSH, LH 억제 → 난포는 성숙하지 못하고 배란 억제</td></tr>
<tr><td>정자 방해</td><td colspan="2">자궁내 장치가 자리를 잡고 자궁벽에 자극을 주어 자궁과 난관 내에서 정자가 정상적으로 운동하는 것을 방해한다.</td></tr>
<tr><td>약간의 출혈 경험</td><td colspan="2">시술 후 첫 3~6개월 동안 많은 여성에서 정상적인 생리기간 외에 불규칙적인 약간의 출혈을 경험한다.</td></tr>
<tr><td>생리 없음</td><td colspan="2">미레나로부터 방출될 황체호르몬의 작용으로 자궁내막층이 얇아져 생리기간에 나올 혈액이 없기 때문에, 이때 난소는 이전과 마찬가지로 정상적인 기능을 하므로 폐경기를 맞은 것은 아니다.</td></tr>
<tr><td>미레나에 적합한 여성</td><td colspan="3">• 미레나는 자궁경부를 통과해서 시술되기 때문에 출산을 경험한 여성이 사용하는 것이 좋다.
• 장기간의 확실한 피임을 원하는 여성(5년간)
• 피임과 함께 생리량과 생리기간 감소를 원하는 여성
• 월경 과다 또는 월경통의 치료를 원하는 여성
• 철결핍성 빈혈이 있으면서 피임이 필요한 여성
• 부작용 때문에 기존 가중내장지가 잘 맞지 않았던 여성
• 수유중인 여성</td></tr>
<tr><td>미레나가 적용될 수 있는 시기</td><td colspan="3">• 생리중이거나 생리 시작일로부터 7일 이내
• 인공유산 후 즉시
• 자궁내 장치 제거 후 즉시
• 피임약 복용 시에 마지막 정제 복용 후
• 분만 후 4~6주부터</td></tr>
</table>

6 착상저지

(1) 월경 조절법

원리	• 이미 착상된 수정란을 조기에 파괴시켜서 제거하는 방법으로 월경 조절법이란 최종 월경일에서 다음 예정 월경일이 지난 2주 이내 자궁내막을 진공 흡인하는 일종의 조기유산술이다. • 종래의 인공유산술과 다른 점은 인공유산은 월경을 거른지 3~4주 이후에 시술하며, 시술 시에 쓰는 질경이나 시술용 집게가 쇠붙이로 되어 있으나, 월경 조절법에 쓰이는 기구는 유연한 플라스틱으로 되어 있으며 자궁경관 확대를 크게 하지 않는다는 것이다.
장점	• 시술이 간단하고 안전하며, 전신마취나 입원이 필요 없으며 합병증이나 부작용이 적다. 시술에 소요되는 시간이 수 분이면 되고, 시술 도구가 간단하여 의사 이외에 훈련된 의료인도 시술이 가능하다. • 임신 여부가 확실하지 않을 때 시술을 하므로 종교적, 윤리적으로 마음의 부담을 덜 수 있다는 장점이 있다.
단점	• 임신 여부를 확실히 모르고 시술을 받는다면 임신이 아닌 경우 불필요한 시술을 받는 것이므로 부작용이나 합병증이 경미하다 할지라도 몸에 손상을 입는 결과를 초래할 수 있다. • 이 방법이 피임 대용으로 이용될 수 있을까 하는 점이다. 피임 대신 매월 1회씩 반복 시술을 받았을 경우 올 수 있는 합병증이나 후유증에 대해서는 아직 알려진 바가 없다. • 월경 조절법으로 올 수 있는 합병증이나 후유증은 대체로 경미한 것이지만 때로는 다음과 같은 합병증이 올 수 있다. 즉 시술 2시간 이내에 즉각 나타나는 것으로는 현기증, 구토, 자궁경관외상, 심한 자궁경련, 자궁천공 등이 있으며, 시술 후 24시간 이후부터 6주 이내에는 감염, 자궁출혈, 심한 자궁경련, 수태사물의 자궁 내 잔류, 계속 임신 등이 있다.

(2) 성교 후 응급피임법 [2009 기출]

① 응급복합피임약

적용목적	성교 후 응급피임법은 계획되지 않은 성교, 피임의 실패, 불확실한 피임법 사용, 성폭력 등 불시의 성행위 후 임신을 방지하기 위한 것	
성분	• 여성 호르몬인 에티닐에스트라디올[ethinyl estradiol(E2)], 황체호르몬인 노르게스트렐 norgestrel의 복합제 • 에스트로겐 복용 금기 여성은 프로게스틴만을 응급피임으로 사용	
작용기전 [2016 기출]	배란 억제	단기간에 강력한, 폭발적 호르몬 노출로 배란을 지연, 억제
	난관통과 방해	정자나 난자의 난관통과를 방해하여 수정 억제
	자궁내막 변형	자궁내막을 변형시켜 착상을 억제하여 임신 예방

<table>
<tr><td rowspan="4">복용법</td><td>성교 후
72시간</td><td>• 성교 후 72시간(3일) 내 1회(2정, 4정) 복용, 그 후 12시간 후 1회(2정, 4정) 복용 [국시 2013]
• 수정란이 자궁내 착상 이전 시기에 사용하여 임신을 예방하며 이미 임신(착상 = 임신) 상태의 유산은 아니므로 착상된 이후, 임신이 성립된 이후에 효과가 없음
• 배란 전에 복용하면 난포 발달을 억제해서 배란을 억제함
• 배란 후 시간이 지나면서 복용하면 난소호르몬 생산이나 자궁내막 변화에는 효과가 없음 [2016 기출]</td></tr>
<tr><td>2회만 복용</td><td>• 두 번째 약을 복용한 후 추가로 피임약을 더 복용하지 않음
• 임신 예방에 도움이 되지 않고 오심, 구토만 심해짐
• 응급용 미니필은 1회만 복용</td></tr>
<tr><td>구토</td><td>• 응급피임약에 따른 부작용은 고용량의 에스트로겐과 프로게스테론 때문에 오심, 구토 [2016 기출]
• 약을 복용한 지 2시간 이내에 구토로 응급 피임의 효과를 저해하여 다시 복용할 것을 권함
• 진토제(dramamine)를 복용 30분~1시간 전이나 필요시 4~6시간 간격으로 복용
• dimenhydrinate(dramamine) : 항히스타민제로 연수의 구토 중추를 활성화시키는 뇌의 화학수용체와 전정기관의 경로에서 히스타민과 무스카린 수용체를 차단하여 오심, 구토 감소</td></tr>
<tr><td>임신 검사</td><td>응급피임약제 복용 후 2~3주 이내 월경이 시작되지 않으면 임신 검사</td></tr>
<tr><td>안전성</td><td colspan="2">태아 기형을 야기하지 않는 것으로 알려져 있음. 특히 응급복합경구피임약은 실제 총용량이 적고, 단기간 사용하며, 배란 직후 또는 늦어도 임신 초기에 사용하므로 만약 피임에 실패하여 임신이 지속되더라도 태아는 문제가 없음</td></tr>
<tr><td>피임효과</td><td colspan="2">응급복합피임약의 피임 성공률은 55.3%에서 94.2%까지 다양하며, 평균 75%의 피임효과를 볼 수 있음. 다시 말하면 월경을 시작하여 둘째 주 또는 셋째 주에 피임을 하지 않고 성교를 한 여성 중 약 8명에서 임신이 될 가능성이 있는데, 이들이 성교 후 응급피임법을 쓴다면 그중 2명만이 임신이 된다고 할 수 있음</td></tr>
<tr><td>금기증</td><td colspan="2">• 복용 전 임신을 확인하여야 함
• 유방암, 생식기암, 뇌졸중, 다리와 폐에 혈전이 있을 때, 고혈압, 심장질환, 당뇨병, 간질환, 신장질환, 심한 편두통이 있을 때는 신중하게 투여
• 금기가 되는 경우 Copper IUD나 황체호르몬 단일 제제를 사용한 피임방법을 쓰는 것이 바람직함</td></tr>
<tr><td>주의사항</td><td colspan="2">응급복합피임제 복용 후 즉시 의사의 진찰을 받아야 하는 위험증상은 다리(장딴지, 넓적다리)의 심한 통증, 심한 복부통증, 흉통, 기침, 호흡곤란, 심한 두통, 오심, 구토, 어지러움, 쇠약, 마비, 시력 불선명, 시력소실, 언어곤란, 황달 등</td></tr>
</table>

② 응급용 미니필

성분	• 황체호르몬(프로게스테론)만 포함되어 있기 때문에 '미니필(minipill)'이라고 한다. • 성교 후 72시간 이내에 1회 복용 또는 48시간이나 12시간 이내 1회 복용 후 12시간 후 같은 용량을 한 번 더 복용한다.
장점	• 응급복합피임약보다 부작용이 훨씬 적고 임신 이외 금기증이 거의 없다. • 레보노르게스트렐 1.5mg을 성교 후 최대한 빨리(12시간 이내 권장) 복용하면 효과가 높고, 늦어도 72시간(3일) 이내에 처방되어 성교 후 1회 복용으로도 피임효과를 기대할 수 있다.
부작용	• 오심, 구토, 두통, 현기증, 하복부통증, 피로, 월경과다, 설사 등이 나타나나 대개 복용 후 48시간 이내에 사라지며 피임약 복용 후 3시간 이내에 구토를 할 경우 즉시 다른 1정을 추가 복용한다. • 응급피임약 복용 실패로 임신, 자궁외 임신 가능성이 있다.

③ Copper IUD(구리 자궁내 장치) [2009 기출]

원리효과	Copper IUD는 복합경구피임약이나 미니필에 비하여 훨씬 효과적으로 임신을 예방할 수 있어서 99% 이상의 피임효과를 나타낸다. 배란 후 6일, 즉 월경주기가 28일인 경우 월경 시작일로부터 20일째가 되기 전은 아직 착상 이전이므로 '피임'의 의미가 있으며, 그 후 착상된 이후를 임신이라고 하며 '유산'의 의미가 성립된다. 즉, 착상을 방지하는 것이 피임이다.
삽입시기	성교 후 5일 이내에 또는 배란 예상일로부터 5일 이내에 Copper IUD를 자궁 내에 삽입한다. Copper IUD는 일시적인 응급피임효과뿐만 아니라 지속적인 피임효과를 얻을 수 있다.
적응증	• 성교 후 72시간이 경과하였으나 5일은 되지 않았을 때 • 응급 피임 후에도 계속 피임을 오랫동안 원할 때 • 응급복합피임약 사용의 절대적 금기증이 있을 때 • 응급복합피임약을 2회 복용하는 동안 어느 한 번이라도 2시간 내에 토하고 임신가능성이 높을 때
주의점	임신의 경험이 없는 여성은 부적합하다. 생식기의 감염이 있는 경우에는 항생제를 투여하면서 선별적으로 사용할 수 있다. 삽입 후에 통증, 출혈, 감염이 생길 수 있다. 계속 피임을 원하지 않는 경우에는 다음 월경이 정상적으로 나오면 제거한다.

④ 다나졸

다나졸	약한 안드로겐으로, 1일 800~1200mg을 5일간 사용하여 약 2% 전후의 실패율을 보였다고 한다. methotrexate(50mg/m^2 체표면적)를 투여하면서 동시에 misoprostol(싸이토텍정) 800mg을 1~2회 질정으로 사용한 경우 좋은 결과를 보고하였다.

출제경향 및 유형 (임신출산기 여성건강)

1992학년도	
1993학년도	임신 시 요통 감소 운동, Progesterone의 작용
1994학년도	
1995학년도	산과력조사, Progesterone의 작용
1996학년도	어린 임부의 산과적 합병증, 산모의 성병으로 인한 신생아질환
1997학년도	
1998학년도	
1999학년도	
후 1999학년도	
2000학년도	
2001학년도	
2002학년도	
2003학년도	
2004학년도	
2005학년도	
2006학년도	인공 유산 시 신체 회복과 생식기 2차 감염 예방 위한 교육 내용
2007학년도	
2008학년도	임신 중 임질에 감염된 경우 발생할 수 있는 주요 합병증
2009학년도	
2010학년도	임신의 가정적 징후, 임신기간 모체의 생리적 변화, 산욕기의 생리적 변화
2011학년도	다태임신 산전교육내용, 정상분만간호
2012학년도	임신 및 분만 중 당 대사 변화, 원발성 월경곤란증, 산전관리내용(철분제, 엽산, 부종, 유방관리), 분만 후 간호, 임신 시 태아의 건강사정법, 임부의 요통관리, 자간전증
2013학년도	조기분만, 자간전증 약물요법
2014학년도	임신중 생리적 빈혈, 양막파수, 산전관리
2015학년도	모유수유반사(프로락틴, 옥시토신)
2016학년도	정상 분만의 전구 증상
2017학년도	배란기 점액양상, 자궁외 임신진단검사, 자간증응급처치, $MgSO_4$(황산마그네슘) 투여되는 임부를 위한 간호중재
2018학년도	자궁목 무력증(Incompetent cervix)의 검사소견
2019학년도	월경주기, 임신과정, 생리, 태반조기박리
2020학년도	배란시기 경관점액의 양상(견사성, 양치엽상), 태아신경결손검사(산전혈액검사), 당뇨임부의 거대아와 호흡곤란증후군
2021학년도	자간전증(HELLP증후군)
2022학년도	자궁탈출증, 자궁내번증, 모유수유 호르몬(프로락틴, FSH, LH), 산전관리(4자리체계, 양수지수, 무자극검사NST)
2023학년도	

02 임신출산기 여성건강

01 임신준비 및 산전관리

1 산전간호

(1) 임부 산전관리의 목적

임부를 위한 산전관리 목적	• 임신 전, 임신 중 및 분만 이후 임부의 안녕유지, 자아 및 자기간호를 증진한다. • 모성사망율과 이환율, 태아상실과 같은 불필요한 임신소모가 감소한다. • 다음 임신 및 가임연령 이후의 건강위험요인이 감소한다. • 부모가 되기 위한 마음가짐 및 기술을 교육한다.
태아를 위한 산전관리 목적	• 태아의 안녕을 유지 증진한다. • 조산, 자궁 내 성장지연, 선천성 기형 및 사망이 감소한다. • 신경발달장애와 기타 질병이환율이 감소한다. • 정상성장발달, 예방접종, 건강관리를 증진한다. • 출생 후 어린이 학대, 손상, 예방 가능한 급만성 질환 및 출생 후 입원치료의 가능성이 감소한다.
가족을 위한 산전관리의 목적	• 원치 않는 임신이 감소한다. • 자녀 양육에 대한 태만과 가정 폭력을 일으킬 수 있는 가족의 행동장애가 감소한다. • 가족 발달과 부모 자녀간의 상호작용이 증진한다.

(2) 임부사정 [2020 기출]

임신단계	임신 1기	1~3개월
	임신 2기	4~7개월
	임신 3기	8~10개월
산전 방문 [국시 2018]	임신~28주(7개월)	1회/4주
	29주~36주(8~9개월)까지	1회/2주
	37주(9개월)~분만	1회/1주

<table>
<tr><td rowspan="5">건강력</td><td>일반적 사항</td><td>성명, 연령, 결혼여부, 직업, 교육수준 등</td></tr>
<tr><td>산과력
[2020 기출]</td><td>• 월경력: 초경, 월경 양상 등
• 분만예정일(EDC): 임신기간[LMP(임신 전 최종월경이 시작된 첫날)에서 280일], 네겔레 법칙(LMP의 일에다 +7, 달에다 −3 또는 +9)
• 산과력(4자리 숫자): 총만삭분만수 − 조산수 − 유산수 − 현존한 아이수</td></tr>
<tr><td>현 임신력</td><td>• 주호소: 병원에 오게 된 이유
• 현재의 임신상태, 임신합병증 확인
• 피임여부, 부작용 등</td></tr>
<tr><td>과거력</td><td>질병력, 입원 및 수술 경험, 사고경험, 약물, 흡연, 알코올 등</td></tr>
<tr><td>가족력</td><td>부모 형제의 질병, 사망여부 확인</td></tr>
</table>

(3) 신체검진

<table>
<tr><td>활력징후</td><td>–</td></tr>
<tr><td>신장체중</td><td>–</td></tr>
<tr><td>유방시진 촉진</td><td>–</td></tr>
<tr><td rowspan="2">복부시진:
레오폴드
촉진법</td><td>• 준비: 복부검진의 목적 설명, 방광비우기, 똑바로 누워 무릎을 구부리고 복부이완
• 1단계: 산모의 머리 쪽을 보고 양손으로 자궁저부 촉진(태위, 머리와 엉덩이 확인)
• 2단계: 산모의 머리 쪽을 보고 양손으로 복부 양쪽(자궁 좌우) 촉진(등과 팔다리 확인)
• 3단계: 산모의 머리 쪽을 본 상태로 치골결합 상부 촉진(태위, 태향, 선진부와 하강정도, 골반진입 여부 확인)
• 4단계: 산모의 다리 쪽을 보고 서서 치골 상부 깊숙이 촉진(태아머리의 신전과 굴곡, 선진부 확인) 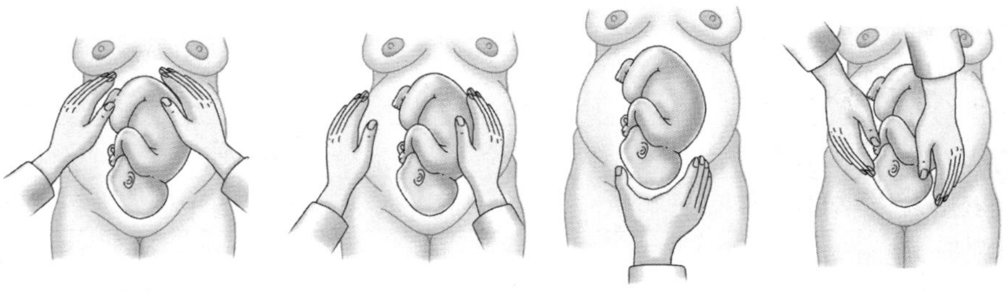</td></tr>
<tr><td>1단계 2단계 3단계 4단계</td></tr>
<tr><td>골반검사</td><td>질경, 양손촉진법</td></tr>
</table>

(4) 추후방문

<table>
<tr><td>면담</td><td colspan="5">–</td></tr>
<tr><td>신체사정</td><td colspan="5">–</td></tr>
<tr><td rowspan="9">검사실 검사</td><td rowspan="7">임신 15~21주</td><td rowspan="3">알파피토프로테인
[2021 기출]</td><td colspan="3">태아간에서 생성, 소변과 양수로 분비되므로 양수와 모체 혈청을 통해 검사</td></tr>
<tr><td>상승</td><td colspan="2">신경관 결함(이분척추, 무뇌아) [2021 기출]</td></tr>
<tr><td>저하</td><td colspan="2">다운증후군</td></tr>
<tr><td rowspan="4">triple-screen</td><td colspan="3">알파페토프로테인, hCG, estriol을 검사</td></tr>
<tr><td rowspan="3">다운증후군</td><td rowspan="2">감소</td><td>알파페토프로테인</td></tr>
<tr><td>에스트리올</td></tr>
<tr><td>증가</td><td>hCG</td></tr>
<tr><td>임신 16~26주</td><td colspan="4">초음파로 재태연령 확인</td></tr>
<tr><td>임신 24~28주</td><td colspan="4">필요시 당뇨검사</td></tr>
</table>

(5) 임신 중 진단적 검사

초음파	–
알파피토프로테인	• 태아혈청 단백질의 양을 측정하는 검사로, 임신 15~18주 사이에 모체의 혈액으로 검사함 • 수치가 상승되면 신경관개방 및 복부결손 • 수치가 하강될 경우 다운증후군을 판별
태아 섬유결합소 검사	• 영양배층과 태아의 조직에서 생산되는 당단백 • 융모막 탈락막 경계면에 분열이 오면 섬유결합소가 혈관 밖으로 흘러나와 자궁경부와 질 분비물로 흘러들어감 • 임신 20~34주경 질경부에서 발견 • 조기진통 또는 조기파막으로 인해 발생되는 조산을 예측
태동수 [2012 기출]	정상적으로 임신 16~20주 사이 첫 태동 느낌
양수천자	• 임신 13~14주 이후에 양수를 흡인하는 검사 • 임신전반기(14~20주) 검사 시: 유전적 결함, 선천적 결함을 조사하기 위함 • 임신 말기 검사 시: 태아의 폐 성숙도, 양막염 진단을 하기 위함
융모성선 자극호르몬 [2012 기출]	• 양막에서 생산되어 모체혈장에 존재하는 호르몬으로, 임신 10주에 최고 농도, 임신 2~3기에 감소 • 48시간 동안 β-hCG 수준이 증가하면 태아가 살아 있음 • 임신 1기 비정상적으로 낮은 수치: 절박유산, 자궁외 임신 의심 • 임신 2기의 비정상적으로 높은 수치: 포상기태(H-mole)를 나타냄. 임신 100일 이후에도 계속 증가 시 의심

에스트리올 [2012 기출]	• 태아부신에서 생산되는 스테로이드 전구물질로 임부의 소변으로 배출됨 [2012 기출] • 태아, 태반 안녕상태를 평가하는 검사로 시행 • 임신 20주 이후에 검사 가능, 32주에 가장 신뢰성이 높음 • 수치가 현저히 낮은 경우: 임신의 종결, 무뇌증, 성숙부전, 임신성 고혈압, 당뇨병, 태반의 부분박리를 의심
Nitrazine test [2014 기출]	• 목적: 질 분비물 안에 양수의 포함 여부를 알아내기 위해 실시 • 방법: 질 분비물의 산도는 pH 4.5~5.6이고, 양수의 산도는 pH 7.0~7.5임. 노란색의 Nitrazine strip이 알칼리 용액에서는 파란색으로 변하는 성질을 이용하여 양수의 유출을 알아내는 검사법 • 결과해석: 대상자는 쇄석위 → 질 안의 분비물을 묻힘 → 노란색 테이프가 청록색 내지 파란색으로 변하는 것은 양막의 파열을 의미
무자극검사 (NST) [2022 기출]	• 목적: 태동 움직임에 대한 태아 심박동의 변화 양상으로 태아의 안녕 평가 • 검사절차 – 태아 외부에 전자 모니터 부착, 초음파변환기를 임부의 복부에, 자궁수축 변환기를 자궁바닥에 부착 – 처음 혈압을 5~10분 간격으로 기록 • 결과 해석 – 반응: 태아심음이 기준선보다 15박동(bpm) 이상으로 상승하여 15초 이상 지속하는 것이 20분 동안 2회 이상 나타나는 경우 – 무반응: 20분 동안 태아심음이 기준선보다 15박동 이상 상승하지 않거나 15초 이상 지속되지 않는 경우
자궁수축 자극검사	–

(6) 개인위생과 일상생활

① 개인위생

② 치아관리

③ 비뇨기계 감염예방: 증상여부 상관없이 모체, 태아 위험초래

④ 질회음부 운동: 케겔운동

⑤ 수면과 휴식: 오전, 오후에 약 30분 정도 휴식 또는 낮잠 필요

⑥ 운동: 골반흔들기, 어깨돌리기, 나비운동

(7) 물질남용

흡연: 니코틴	• 카테콜라민 분비로 모세혈관 수축, 산소효율성 저하 • 비타민과 미네랄 대사 방해: 태반기능장애 • 수유 시 유즙분비 감소 • 태아: 태반순환 감소로 발달장애
음주	• 태아알코올증후군: 신생아 성장부진, 발달지연, 소뇌증 등 • 모체: 알코올중독, 영양장애, 자연유산, 태반조기박리, 전치태반 등

(8) 유방간호

유두 준비	• 16주부터 전초유가 분비되므로 매일 씻어주어 유관 막힘을 방지 • 비누 사용 금지(유두를 보호하는 지방성분을 비누로 씻어 버리면 유두의 유연성이 없어짐) • 유두는 공기나 햇볕에 노출시켜 건조하게 유지(유두의 습기는 피부에 손상을 유발)
에스트로겐과 프로게스테론	• 에스트로겐과 프로게스테론 증가로 유방 확대, 민감도 증가, 유방 압통, 유방 촉진 시 결절이 만져짐 • 프로게스테론은 젖샘 소엽 안 선방세포 발달로 유방 발달 자극 • 에스트로겐은 유방에 지방조직의 침착과 혈관의 분포 증가, 젖샘 소엽, 유관의 발달로 유방 발달 자극
전초유 [국시 2000]	• 임신 3~4개월(16주)에 프로락틴 효과로 유즙생산 세포인 유선엽의 선방세포에서 전초유로 맑은 노르스름한 점액성 분비물이 소량씩 나타남 • 에스트로겐과 프로게스테론 영향으로 임신 동안 유즙 분비는 억제되었다가 출산으로 에스트로겐과 프로게스테론이 감소하면 유즙 분비 시작
몽고메리샘 [국시 2014]	• 몽고메리샘(유륜의 피지샘) 비대로 모유수유 시 유두 보호를 위한 윤활유 분비로 유두를 매끄럽게 하는 유연성 기능 • 유두를 보호하는 지방성분을 비누로 씻어 버리면 유두의 유연성이 없어짐
함몰유두 검사	• 함몰유두: 임신 마지막 2개월 전부터 시작 • 함몰유두 교정을 위해 특수하게 고안된 유두덮개(유두보호기, 도넛 모양의 플라스틱)를 하루 1시간 적용, 유두가 모유수유하기에 충분히 돌출될 때까지 착용 • 유두굴리기, 당기기, 마사지를 매일 부드럽게 해줌 • 조산위험이 있는 임부는 유방자극 금지

(9) 임신 중 예방접종

생백신(이하선염, 풍진, 홍역, 황열, 수두, 소아마비 등)은 피해야 함

(10) 건강 위험 요인

<table>
<tr><th></th><th>위험요인</th><th>가능한 원인</th></tr>
<tr><td rowspan="3">조산징후</td><td>갑작스런 질로부터의 혈액 유출</td><td>조기양막파열</td></tr>
<tr><td>질출혈</td><td>태반조기박리, 전치태반, 혈성이슬</td></tr>
<tr><td>하복부 통증</td><td>조기진통, 태반조기박리</td></tr>
<tr><td rowspan="5">자간전증</td><td>심와부 통증</td><td>자간전증, 복부 대혈관의 허혈</td></tr>
<tr><td>손·다리·얼굴 부종</td><td>자간전증</td></tr>
<tr><td>두통</td><td>자간전증, 고혈압</td></tr>
<tr><td>현기증, 시력장애(흐릿한 시야, 복시, 암점)</td><td>자간전증, 고혈압</td></tr>
<tr><td>근육경련, 경련</td><td>자간전증, 자간증</td></tr>
<tr><td rowspan="4">기타</td><td>감염</td><td>오한/발열, 배뇨시 작열감, 설사</td></tr>
<tr><td>지속적인 구토</td><td>임신오조증</td></tr>
<tr><td>태아움직임 부재/감소</td><td>태아사망</td></tr>
<tr><td>핍뇨</td><td>신부전증</td></tr>
</table>

(11) 임부의 영양

<table>
<tr><td>필요열량</td><td colspan="2">임신 2기와 3기에 임신 전보다 300kcal 증가</td></tr>
<tr><td>단백질</td><td colspan="2">비임부(50g), 임신부(60g), 수유부(65g)</td></tr>
<tr><td rowspan="5">철분
[2012 · 2013 기출]</td><td colspan="2">비임부(15mg), 임신부(30mg), 임신부는 흡수 촉진 위해 비타민 C를 병용</td></tr>
<tr><td>복용 시기</td><td>• 공복에 복용, 식사와 식사 중간에 / 식간에 복통 있으면 취침 전
• 복용 잊었을 경우 복용했어야 할 13시간 이내면 가능한 한 빨리 복용
– 단, 다음 복용 시간의 2배로 복용하지 않음</td></tr>
<tr><td>식이조절</td><td>• 권장 음식: 비타민 C, 육류 → 철분의 흡수 증진
• 제한 음식: 커피, 차, 우유, 수산염, 달걀노른자</td></tr>
<tr><td>부작용</td><td>• 변 색깔: 검은색, 녹색
• 변비 흔함: 섬유질, 적절한 수분 섭취 필요</td></tr>
<tr><td>주의점</td><td>어린이가 열지 못하는 용기에 철분보충제를 두고 어린아이 손에 닿지 않는 곳에 보관</td></tr>
<tr><td>칼슘</td><td colspan="2">• 임신기에 필요한 칼슘의 대부분은 태아에게 이용됨
• 혈장 칼슘의 감소 또는 인의 증가 시 하지경련
• 임신 중 칼슘 권장량은 매일 1,200mg으로 비임신부보다 400mg 이상 증가 [국시 2004]
• 우유섭취가 임신기에 필수적으로 우유 1L에 칼슘이 1,200mg 함유</td></tr>
</table>

비타민	지용성	임신 중 비타민 A의 과도한 복용은 신생아 기형을 초래	
	엽산 [2012 · 2019 기출]	기능	• 세포분열과 단백질 합성에 필요한 DNA 생성에 필수적 • 임신 초기 3개월까지 필수적 • 임신 초기 태아의 발육에 중요하여 임신 초기 태아의 기형을 예방 • 백혈구와 적혈구 생성, 아미노산의 대사에 관여
		부족 시	신경관 결손(척추이분증, 무뇌증 등 중추신경기형 발생 50~70%)과 관련된
		권장량	• 임부의 엽산 권장량은 600mg(정상성인은 200μg 정도) • 시금치, 깻잎, 아스파라거스 등의 푸른 채소와 검정콩, 땅콩, 키위, 토마토, 오렌지, 동물의 간 등에 풍부하지만 체내 흡수율이 낮아 일상생활에서 먹는 음식을 통해서는 충분한 양을 섭취하기 힘들기 때문에 필요한 경우 엽산제를 별도로 복용하는 것이 좋음
임신 중 체중 증가 [2012 기출]	임신 1기	1~2kg/주	
	임신 2, 3기	0.4kg/주	
	임부 총 체중 증가	11.5~16kg	

2 임부 불편감

(1) 임부의 불편감과 생리적 근거

임부의 불편감	생리적 근거	중재
오심과 구토	HCG호르몬 상승, 탄수화물 대사 증가	기상 시 마른 크래커, 저지방식이를 소량씩 자주 섭취, 위의 공복상태, 과식 금지
긴급뇨와 빈뇨 (임신 1기, 3기에 주로 발생)	➲ 프로게스테론과 커진 자궁이 방광에 압력 • 요관: 프로게스테론의 평활근 이완작용으로 늘어나고 커진 자궁압박으로 → 요관 붓고 늘어나 수뇨증과 요정체 동반 • 방광: 프로게스테론, 커진 자궁의 방광압박으로 방광용적 증가(약 1500ml), 점막울혈, 소변 정체 → 감염가능성 증가 → 빈뇨, 핍뇨, 야뇨 발생	취침 전 수분 섭취 제한, 2~3시간마다 규칙적 배뇨
정맥류 (임신 2기, 3기에 발생) [2012 기출]	정맥벽 평활근 이완으로 정맥울혈, 판막 약화	규칙적인 운동, 다리와 둔부를 올리고 누워서 휴식, 지지하는 스타킹 사용, 다리 꼬는 것, 장기간 서 있거나 앉아있는 것, 조이는 의복 피하고 변비 예방하는 것이 좋음

변비 (임신 2기, 3기)	프로게스테론의 영향으로 장운동 감소, 증대된 자궁이 장을 압박, 철분제	섬유소가 많은 음식 섭취, 충분한 양의 수분 섭취(1일 2000cc 정도), 규칙적인 운동
호흡곤란 (임신 2기, 3기)	증대된 자궁에 의한 횡격막 확장제한 하강감 발생 후 다소 완화	과로를 피함, 좋은 자세를 유지
요추만곡 (요통)	자궁증대로 인한 척추주위 인대와 근육의 압박, 체중중심의 변화(몸의 무게중심이 앞으로)로 나타난 척추만곡증으로 요통이 발생	골반흔들기 운동으로 근이완 혈액순환 증진, 복대 등으로 지지
복직근 이개	• 임신 3기 자궁증대로 복부근육에 압박을 주어 복부근육이 늘어나고, 긴장력, 탄력성 감소로 복직근이 분리됨 • 복직근이 복부의 정중선에서 분리되어 양옆으로 밀려나감	-
가슴앓이	프로게스테론의 영향으로 연동 운동 저하, 증대된 자궁에 의한 복부팽만, 장으로 전이된 복압 때문에 위가 비워지는 시간의 지연, 역연동으로 음식물이 역류되면서 위산에 노출되어 나타남	-
혈관종	과에스트로겐 상태에 의해 피하지방의 혈류증가와 확장된 혈관으로 모세혈관 확장증으로 혈관종(거미상 혈관종, 모반)이 생김	-
충치나 치은염	에스트로겐의 영향으로 발생	치아주위막에 병변이 발생하게 되며 치육염과 결석이 나타나기도 하므로 임신 중 치아위생을 철저하게 하도록 함
소양증	담즙내로 분비되는 콜레스테롤의 양은 증가하는 반면 프로게스테론의 영향으로 담낭수축은 저하되어 임신 중 담석이 발생하기도 하며 임신 말기에 담즙분비가 억제되어 소양증이 초래되는 경우도 있음	-

(2) 임부의 불편감에 따른 간호중재 [2012 기출]

	임부불편감	간호중재
임신 1기	입덧 (임신 5주~12주) [2012 기출]	➲ 좋은 자세: 등 세워서 유지 • 기상 전, 마른 탄수화물 식이 • 냄새나는 것, 자극적인 것, 기름기, 가스형성 음식 삼가 • 하루에 5~6회씩 조금씩 자주 먹기

유방 변화	임부용 브래지어 착용, 따뜻한 물로 씻고 잘 말림
긴급요의와 빈뇨	규칙적으로 방광 비우기, 질회음부 근육운동, 취침전 수분 섭취 제한 등
무력감과 권태, 피로	필요시 휴식을 취하고, 균형 잡힌 식사
타액분비 과다	안위증진 위해 수렴성 구강세척제 사용, 껌을 씹거나 단단한 사탕을 먹도록 함
치은염과 치은종	적절한 단백질과 신선한 과일 및 채소와 함께 균형 잡힌 식사, 부드러운 칫솔로 양치하고 구강검진, 감염을 피함
코막힘과 코피	가습기 사용, 손상 방지
백대하	예방법 없으며, 임신기간 내 지속됨. 질 세척하지 말고 회음부 패드 사용 등

	임부 불편감	간호중재
임신 2기	체위성 저혈압, 서맥	앙와위 취할 때 상대정맥에 가해지는 자궁압력에 의해 발생하므로 측위 또는 반좌위를 취한다.
	정맥류	• 비만, 장시간 서있기, 조이는 의복, 변비, valsalva maneuver 제한 • 적당한 운동 • 하지, 둔부 부분 높이고 휴식 • 탄력 양말 일어나기 전 착용 • 온수 좌욕
	진해지는 피부착색과 여드름 등	예방할 수 없으나 산욕기에 대부분 해소된다고 설명해준다.
	심계항진, 실신	적절한 활동과 휴식, 갑작스러운 체위변경을 피하고, 혼잡하고 더운 환경을 피한다.
	가슴앓이	가스를 만들거나 기름진 음식, 과식하는 것을 제한하고, 좋은 자세를 유지한다. 일시적 완화를 위해 소량의 우유섭취, 식간에 처방된 제산제 투여 등이 가능하다.
	변비	하루 6잔 이상의 수분 섭취, 적절한 운동, 규칙적인 생활, 이완 기술과 심호흡법을 사용한다.
	요통 및 원인대 통증 (압통) [2012 기출]	좋은 자세와 신체역학유지, 골반 흔들기 운동, 국소적 냉이나 온요법 적용, 휴식을 취한다.

	임부불편감	간호중재
임신 3기	호흡곤란	임부 60%에서 발생, 좋은 자세 유지하고 과식하지 않는다.
	불면증	안심시키고, 의식적 이완법 교육, 베개로 신체부위지지, 따뜻한 우유 섭취나 따뜻한 물로 간단한 샤워 등을 실시한다.
	빈뇨와 긴박뇨	-
	회음부 불편감과 압박감	휴식, 의식적 이완, 좋은 자세유지 등
	자궁수축	안심시키고, 휴식을 취하게 한다.

(3) 자궁증대에 따른 앙와위성 저혈

앙와위성 저혈압 [2013 기출]	생리적 근거	자궁에 의해 하대정맥이 압박되면 하지로부터 오는 정맥혈의 귀환을 저하시켜 우심방으로 돌아오는 혈량 감소로 심박출량 저하를 초래한다.
	조치사항	산부를 옆으로 눕도록 하면 증상이 완화된다. • 하대정맥에 가하는 압박을 감소시키고 정맥귀환을 증진하기 위해 산부를 옆으로 눕힌다. • 머리를 낮추고 다리를 올려 주어 정맥압을 감소시키고 말초순환을 증진시켜 준다. • 수액의 정맥주입속도를 증가시켜 순환계의 수액량을 증진시킨다. • 체위변경으로도 저혈압이 교정되지 않으면 산소공급한다.

(4) 임부에게 권장하는 운동과 그 효과

골반흔들기 [2012 기출]	효과	• 자세를 바르게 하고, 요통을 감소시키며 배곧음근을 튼튼히 함 • 운동을 반복하면 태아를 앞으로 하는 데 도움이 됨 • 태아의 혈액순환을 도움
	방법	• 누운 자세: 등을 바닥에 대고 똑바로 누워서 무릎 세우기 → 흡기 시 복부와 골반근육 수축 → 호기 시 허리의 굴곡부위를 바닥에 누르듯이 하면서 숨 내뱉기 • 엎드린 자세: 팔과 다리가 몸에 직각이 되게 하고, 몸무게가 손과 무릎에 균등하게 함 → 팔꿈치를 똑바로 펴고 다리를 약간 벌리면서 등으로 똑바로 유지 → 흡기 시 복부와 골반근육을 끌어당기듯 등을 C자로 둥글게 함 → 고개를 뒤로 젖히면서 등을 곧게 함 → 호기 시 이완

케겔운동	효과	• 실금 예방: 긴박뇨, 복압성 요실금 예방 • 분만 속도 조정 가능 • 치골미골근 + 회음체(구해면체근, 회음표면횡근, 항문외조임근) 강화
	방법	➲ 회음부 강하게, 요도 · 질강 · 항문주위 긴장과 이완 반복 소변을 보다가 잠시 중단할 때 느낌으로 운동 → 회음부위를 수축시킬 때 회음부가 지하실에 있다고 상상하고 엘리베이터 1층, 2층, 3층으로 올라가는 것과 같이 회음부를 수축시킴 → 다시 3층, 2층, 1층으로 내려온다고 생각하고 한꺼번에 이완하지 말고 서서히 1층까지만 이완함
어깨돌리기	효과	등의 상층근육을 강화 → 상부배통, 손과 팔의 저림 완화: 손목굴근증후군 완화
	방법	팔을 옆으로 내리고 어깨를 귀 방향으로 올림 → 어깨를 등으로 돌리고 쉰 다음 내려뜨리기를 반복
나비운동	효과	가슴앓이, 호흡곤란 약화
	방법	책상다리로 앉되 운동 중 허리는 반듯하게 세울 것 → 팔꿈치를 곧게 펴고 손바닥은 모두 앞으로 향하게 하여 팔을 머리 위로 올릴 것 → 손바닥을 위로 향하게 하고 팔을 곧게 뻗은 채 허리 아래까지 내렸다가 다시 어깨까지 올릴 것 → 5회 반복
촛불끄기식의 호흡	방법	옆으로 눕거나 앉거나 설 때 손을 배에 얹고 코로 흡기 → 강하게 입술로 불을 끄듯이 내뱉기(복부근육이 긴장되도록 호흡하기)
팔 흔들며 몸통돌리기	효과	척추의 유연성 증가 / 가슴 넓힘, 측부직근 강화 / 혈액순환
	방법	호기 시 오른쪽 팔을 왼쪽 어깨 뒤쪽 견갑골 밑에 대고 위로 천장을 향함 → 몸통을 틀어서 오른쪽 어깨나 팔을 향하여 위로 향함 → 오른쪽 운동을 10번 되풀이하고 잠깐 쉰 다음, 왼쪽 팔로 같은 방법으로 다시 10번 되풀이함
종아리 펴기	효과	종아리 경련 예방
	방법	발가락을 발등 쪽으로 잡아당기는 방법으로 종아리 근육늘리기 또는 다른 사람이 다른 한쪽 손으로 발바닥을 잡고 발등 쪽으로 밀어주는 방법도 가능함
흉곽 들어올리기	효과	임신 후기 갈비뼈 압력 저하, 호흡 증진
	방법	왼쪽 팔을 머리 위로 올리고 오른쪽으로 할 수 있는 데까지 구부림 → 팔을 교대
다리 곧게 들기	효과	• 복부와 다리의 근육을 강하게 하고, 등 하부 쪽의 유연성 높임 • 혈액순환에 도움이 됨

02 임신 중 태아의 발달과 건강사정

1 태아의 발달

(1) 태아의 발달과정

<table>
<tr><td rowspan="4">수정란
[국시 2000 · 2005 · 2008]</td><td>정의</td><td colspan="2">수정에서 2주까지</td></tr>
<tr><td>접합자</td><td colspan="2">난관을 따라 내려가면서 빠르게 분열한 접합자가 형성된다.</td></tr>
<tr><td>상실배(체)</td><td colspan="2">3일에는 분할과정을 거쳐 상실배(체)가 되며 자궁강 내에 떠 있다.</td></tr>
<tr><td>배포</td><td colspan="2">• 배포의 바깥층은 태반이 될 영양막이 되고 안쪽은 배아가 될 내층 세포가 되어 수정 후 6~10일경에 자궁내막에 착상한다.
• 영양막은 배아에 영향을 공급하고 나중에 태반이 된다.</td></tr>
<tr><td rowspan="5">배아기와 태아기
[국시 2003]</td><td>배아기
[2014 기출]</td><td colspan="2">• 태생 3~8주까지의 기간
• 배아의 외층 세포 덩어리는 영양막 세포층으로 내층의 세포 영양막과 외층의 합포 영양막이 된다.
• 내층 세포 덩어리와 영양막 사이에 양막강이 형성된다.
• 모든 주요기관 형성시기, 기형초래 가능성이 높다.
• 배아기는 중요 장기가 형성되므로 기관발달과 외형 형성에 결정적 시기로 급속도의 세포 분할로 환경적 기형 발생인자에 가장 취약하여 중요 장기의 기형이 유발되는 결정적 시기이다.</td></tr>
<tr><td rowspan="3">배아</td><td>내배엽</td><td>소화관, 갑상선, 호흡기계</td></tr>
<tr><td>중배엽</td><td>심장, 혈관, 근육, 뼈, 신장</td></tr>
<tr><td>외배엽</td><td>감각기관, 뇌, 말초신경계, 피부</td></tr>
<tr><td>태아기</td><td colspan="2">• 9주~임신 말기
• 주요 기관이 성숙한다.
• 성장과 발육에 장애를 가질 수 있는 시기이다. 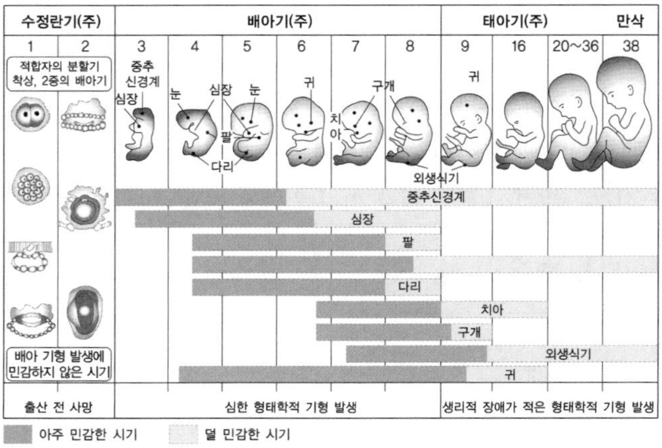

| 태아 발달에 따른 기형 발생의 위험기간 |</td></tr>
</table>

(2) 세포 형성과정

난자(22X)의 형성과정	1개의 난원세포에서 1개의 난자로 분화(3개의 극체는 퇴화)
정자(22X 또는 22Y) 형성과정	1개의 정원세포가 4개의 정자로 분화

(3) 수정

난자와 정자의 핵이 융합	정자(22X 또는 22Y) + 난자(22X) → 44XX 또는 44XY
난자의 이동	• 나팔관의 연동운동, 섬모운동, 호르몬에 의한 난관수축운동에 의해 난관팽대부로 이동 • 난자의 수명 : 24시간
정자의 이동	• 정자의 수명 : 24~48시간 • 정자의 운동력에 의한 이동 : 사정 후 4~6시간에 나팔관 도달
수정	• 난관팽대부에서 수정되어 접합자 형성(44XX 또는 44XY) : 수정 후 내막으로 쌓이며 다른 정자 진입 × • 수정란의 자궁강 이동 : 난관의 섬모운동 + 연동운동 + 수축운동

(4) 착상

접합자 (zygote)	⮊ 난자와 정자가 수정된 최초 인간 세포 • 접합자 형성 직후 세포분열 시작 • 난관의 섬모운동과 연동운동에 의해 자궁강으로 이동
상실체 (morula)	• 세포분열 시작 : 수정 후 3~4일 이내(수정란의 난관 통과 시간) • 수정란이 16~32개 분할구 형성, 뽕나무 열매 모양
배포기 (blastocyst)	⮊ 배포강을 형성하여 내세포와 외세포로 구분 • 수정 후 7일까지 • 세포 덩어리 안에 핵체가 고여 배포강을 형성하여 내세포와 외세포로 구분 • 내세포 : 안쪽의 내세포 덩어리는 배아로 발달 • 외세포 : 외층의 세포는 영양배엽으로 발달
착상	⮊ 수정란이 자궁내막으로 매몰되는 것 • 수정 후 7~10일 • 영양배엽세포들이 착상 부위 자궁내막 세포에 효소를 분비하여 침식하면서 배포 전체가 자궁내막에 덮일 정도로 파고 들어가는 것 • 착상출혈을 경험 • 영양배엽에서 융모(원시융모 → 융모막 융모→ 변생융모) 발달 → 모체와의 물질 교환 • 융모에서 hCG 생성 → 황체에서 에스트로겐과 프로게스테론의 분비를 촉진하여 배란, 월경을 막고 착상하기 좋은 상태로 자궁벽 상태를 유지하며 융모막을 형성

(5) 배아의 발달

<table>
<tr><td>난황낭</td><td colspan="2">• 배아 발달에 중요 기능
• 자궁태반 간 순환이 이루어질 때까지 2~3주간 배아에서 영양 공급
• 간에서 조혈작용이 이루어질 때까지 6주간 초기 혈액세포 공급
• 원시적 소화기능</td></tr>
<tr><td>초기배엽</td><td colspan="2">➲ 수정 3주째부터
• 외배엽: 피부, 손톱, 머리털, 중추 및 말초신경계, 눈의 렌즈, 치아의 에나멜층 등
• 중배엽: 뼈, 근육, 골수, 결체조직, 심근, 혈관, 림프조직, 신장, 성선, 자궁 등
• 내배엽: 호흡계, 위, 간, 췌장을 포함한 위장계 상피, 방광의 상피 등</td></tr>
<tr><td rowspan="3">4주(1개월)</td><td>눈, 코, 귀</td><td>원시적 눈, 코 귀</td></tr>
<tr><td>심장
[국시 2019]</td><td>심장이 보이며 박동이 시작</td></tr>
<tr><td>위장</td><td>식도, 위, 간이 있고 내장이 짧은 관처럼 보임</td></tr>
<tr><td rowspan="2">8주(2개월)</td><td>팔, 다리</td><td>• 팔, 다리 발달
• 3cm로 사람 모습과 비슷</td></tr>
<tr><td>외생식기</td><td>• 외생식기는 나타나지만 단순한 관찰에 의해 성은 구별 ×
• 배아기 말에 고환에서 테스토스테론이 분비되어 남아 생식기가 형성됨</td></tr>
<tr><td rowspan="6">12주(3개월)
[국시 2012]</td><td>태반 완성</td><td>• 12주 이후 태반이 완성되어 태아순환 완성
• 12주에 신장 8cm, 체중 20~45g</td></tr>
<tr><td>호흡, 연하운동</td><td>호흡운동, 연하운동 시작</td></tr>
<tr><td>소변 생성</td><td>신장에서 소변 생성이 가능하나 양수에서 소변이 검출되지 않음</td></tr>
<tr><td>외생식기
[국시 2004 · 2019]</td><td>• 성별을 알 수 있어 내생식기와 외생식기 감별
• 고환이 앞 골반 부위에 도달</td></tr>
<tr><td>솜털
[국시 2019]</td><td>12주에 매우 부드러운 솜털은 눈썹과 윗입술에 나타남</td></tr>
<tr><td>손톱, 발톱</td><td>손가락과 발가락 끝에 손톱과 발톱 형성</td></tr>
<tr><td rowspan="3">16주(4개월)</td><td>머리카락</td><td>• 머리카락이 나타남
• 신장 11.5~13.5cm, 체중 100g</td></tr>
<tr><td>호흡, 연하운동</td><td>• 양수를 삼키고 연하운동
• 위장 기능을 가짐
• 호흡기를 통해 양수 흡입, 배출할 수 있을 정도로 호흡운동 가능</td></tr>
<tr><td>소변</td><td>소변이 양수로 배설되어 양수량 증가</td></tr>
<tr><td>20주(5개월)
[국시 2002, 2012 기출]</td><td>태동
[국시 2019]</td><td>• 신장 16~18.5cm, 체중 300g [국시 2019]
• 태아 움직임이 임부에게 강하게 느껴짐
• 첫 태동(18~20주)으로 태아 애착 형성
• 경산부에서 빠름</td></tr>
</table>

	솜털	솜털이 온 몸을 덮음
	손톱, 발톱	손톱, 발톱이 있음
	태지 형성	양수에서 피부 보호를 위해 태지가 나타남
24주(6개월) [국시 2012]	소리 반응	• 신장 23cm, 체중 600g • 들을 수 있음
	빛 반응	안검이 열리고 동공이 빛에 반응
	폐계면활성제	• 폐포에서 계면활성제 생산 시작 • 레시틴이 양수 내 나타나(26~27주)며 레시틴이 상승하면 폐의 계면활성제의 생산이 증가
28주(7개월)	신장 등	신장 27~30cm, 체중 1,110g
	망막 완성	• 볼 수 있으며 망막층의 완성으로 모체 복벽을 통해 밝은 빛을 쏘이면 태아가 움직임 • 미숙아 간호 시 망막 혈관이 고농도의 산소로 손상 가능 [국시 2008] • 미숙아 망막증 원인: 과산소증
	폐포 성숙	• 폐포가 성숙되기 시작하나 가스 교환의 호흡 작용이 일어나지 않기 때문에 특별 순환 통로인 난원공, 정맥관, 동맥관이 존재 • 난원공: 우심방과 좌심방 사이 • 정맥관: 산소 포화도가 높은 제대정맥은 정맥관을 통해 간을 우회하여 하대정맥에 옴 • 동맥관: 대동맥과 폐동맥 사이
	고환 하강 [국시 2004]	고환이 음낭으로 하강하기 시작하며 고환이 내측 서혜륜에 이름
	피하지방	피하지방 침착
32주(8개월)	피하지방	• 신장 31cm, 체중 1,800~2,100g • 피하지방이 축적 예 미숙아: 피하조직이 적음
	음낭 하강	고환이 음낭에 완전 하강
36주(9개월)	L/S율	• 신장 35cm, 체중 2,200~2,900g • L/S율 ≥ 2 : 1 정상적 폐성숙
	한두 개 지문	발바닥에 한두 개의 지문이 나타남
	솜털↓	솜털이 사라지기 시작
40주(10개월)	외생식기	• 신장 40cm, 체중 3,200g 이상 • 고환이 음낭 안에 있고 대음순이 잘 발달됨
	머리털 [국시 2019]	머리털이 풍성해짐
	지문 [국시 2019]	발다닥의 지문이 표면 2/3를 차지

	손톱	손톱이 손끝까지 자람
	솜털 감소 [국시 2019]	솜털은 사라짐 예 미숙아: 솜털이 많음
	태지	태지가 완전히 형성

2 태아 부속물

<table>
<tr><td rowspan="3">난막</td><td colspan="3">태아와 양수를 둘러싼 2개의 막</td></tr>
<tr><td>양막
(amnion)
[국시 2005]</td><td colspan="2">• 난막 중 안쪽의 투명한 막으로 양수를 둘러쌈
• 내부에 태아와 양수가 있음
• 임신 2주에 생성
• 인지질을 생산하여 자궁수축을 야기하는 프로스타글란딘 형성</td></tr>
<tr><td>융모막
(chorion)</td><td colspan="2">• 난막의 융모막은 난막의 외측으로 영양막(영양배엽)에서 발달하여 표면에 융모막 융모를 가짐
• 물질이동과 대사활동 → 임신 3개월 이후 태아가 성장하면서 양막과 융모막이 접하게 됨[양막융모막(amnionchorion)]</td></tr>
<tr><td rowspan="4">태반</td><td>발생 및 구조</td><td colspan="2">• 영양배엽의 번생융모막과 모체 기저탈락막이 합쳐 형성됨
• 임신 12주 완성
• 태아: 태반 = 6 : 1</td></tr>
<tr><td rowspan="3">기능</td><td>신진대사</td><td>호흡, 영양, 배설, 저장</td></tr>
<tr><td>면역과 보호</td><td>• 모체 면역체인 IgG를 임신 마지막 4주 동안 태반을 통해서 태아에게 전달
• 태반은 반투과성 물질로 태아에게 해로운 물질이 통과되지 못하도록 방어
• 주의: 바이러스, 약물, 카페인, 알코올, 니코틴 등 태반을 통과</td></tr>
<tr><td>내분비</td><td>• 융모성선자극호르몬: 에스트로겐과 프로게스테론 분비를 도움, 임신 초기(수정 8~10일 후) 모체혈액과 소변에서 검출되어 임신여부 확인
• 태반락토젠: 모체 신진대사 촉진, 태아성장에 필요한 영양공급(인슐린저항성에 문제 시 임신성당뇨병 생김), 유방발달
• 에스트로겐: 에스트리올 측정으로 태반기능과 태아상태 파악
• 프로게스테론: 자궁내막 유지, 자궁수축을 억제하여 임신 유지</td></tr>
</table>

양수	생성	최초 모체혈액에서 생성, 임신이 진행되면서 태아 소변에서 생성
	성상	• 투명하고 신선한 냄새가 나는 노르스름한 색의 맑은 액체 • pH : 7.0~7.25(중성, 약알칼리성) → Nitrazine test시 청회색으로 변함 • 정상 양 : 800~1,200ml • 구성성분 중 인지질은 계면활성제 성분임
	기능	• 외부 충격을 완화시켜 태아 보호 • 태아의 자유로운 운동으로 근골격계 발달 • 균형 잡힌 성장과 발육 도모 • 태아의 체온을 일정하게 유지 • 노폐물의 저장고 • 구강액의 근원
	양수천자	양수성분을 조사하여 염색체 이상, 성별, 건강상태, 기형유무 등 파악
제대	기능	태아와 태반 연결
	구조	2개의 동맥(CO_2가 많은 혈액을 태반전달), 1개의 정맥(O_2가 많은 혈액을 태반전달) 모체 → 제대정맥 → 태아 정맥관 → 하대정맥 → 폐 심장(우 → 좌) → 대동맥 → 제대동맥 → 모체
	교양조직	➲ 교양조직(Wharton's jelly) • 완충 역할을 하는 점액질 조직으로 제대혈관 압박 장지 • 분만 후 건조되어 제대위축을 도움, 프로스타글란딘 분비

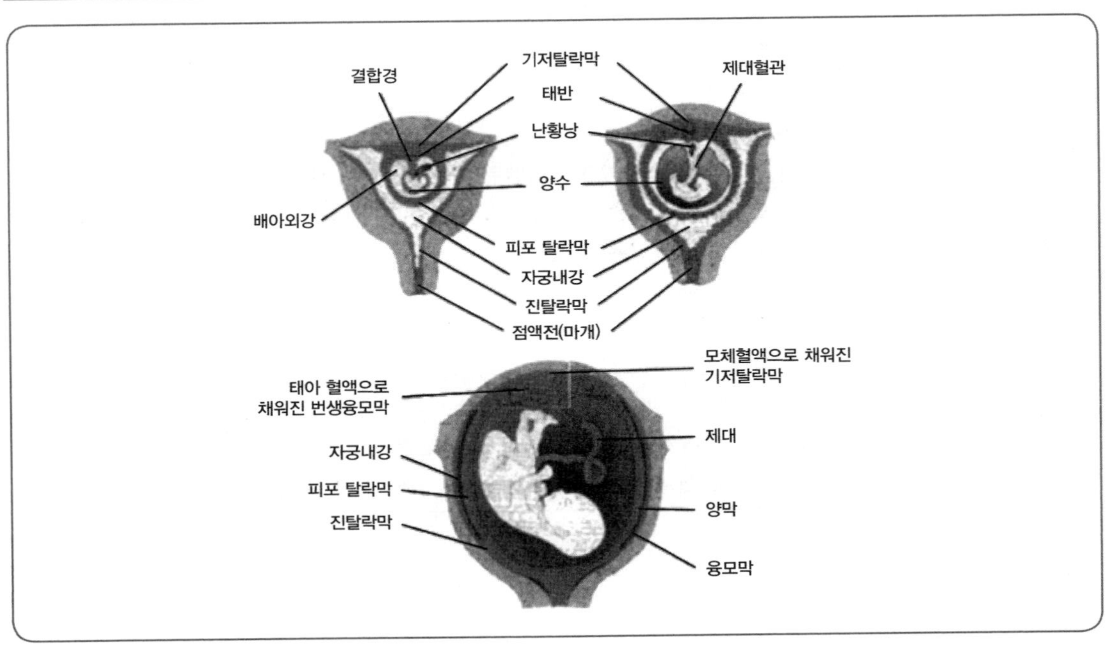

3 태아기관의 발달과 성숙과정

(1) 태아

수정 후 9주부터 출생 시까지의 시기

(2) 태아생존력

태아가 자궁 밖에서 생존할 수 있는 능력으로 수정 후 28주경으로 추정되고 신경계의 기능과 폐의 산화능력에 기초함

(3) 태아의 성장발달

심맥관계	• 태아기 가장 먼저 발달하는 기관 • 3주 말: 난황낭에서 혈관과 혈구 생성, 심장박동 시작 • 4~5주: 심장은 4개의 방으로 발달하여 배아기 말에 완벽하게 발달 • 신생아의 동맥관, 난원공 닫힘 → 태반 순환정지: 동맥관, 정맥관, 제대혈관 수축 인대로 변함 − 동맥관 폐쇄: 첫 호흡 시 폐혈관 저항 감소 → 폐혈액이 증가 → 산소의 압력차 − 난원공 폐쇄: 폐혈액 증가 → 좌심방 내 압력 > 우심방 압력 • 태아의 헤모글로빈 특징: 성인에 비해 낮은 산소포화도, 높은 산소친화력, 농축되어 있음
조혈계	• 3~6주 난황낭에서 혈액 생성 • 6주 이후 간에서 조혈: 혈액형 구별하는 항원 적혈구에 존재 → Rh(−)여성 동종면역 위험 • 11주 이후: 비장, 골수, 흉선, 림프절에서 조혈
호흡계	• 임신 7주경부터 형성 시작, 26주 무렵 구조 거의 완성 • 폐는 배아기에 발달하여 출생 후에야 기능 • 24주 이후부터 폐포, 모세혈관 형성 시작 • 폐성숙도 검사(양수천자) ① L/S의 비율: 레시틴 : 스핑고마이엘린 = 2 : 1일 때 폐 성숙으로 간주(35주) − 폐의 계면활성제의 일종인 레시틴 24주(28주)부터 양수 내 증가하다가 35주에 최고 − 스핑고마이엘린의 양은 일정 ② 쉐이크 테스트(Shake test): 양수의 희석액을 시험관에 넣고 격렬하게 흔든 뒤 포말의 유무를 확인하여 포말이 많으면 폐성숙 확인 ③ 마이크로버블테스트: 피펫으로 양수를 흡입, 배출을 반복한 뒤 현미경으로 포말 수를 세어 포말이 많으면 폐성숙 확인 • 호흡시작의 기전: 압력 차이, 주위온도 저하, 잡음과 빛 등의 출산과정과 관련된 반사작용 + 대동맥 화학수용기와 경동맥체의 이산화탄소 증가 & pH 감소에 따른 신경적 반사작용

신장계	• 5주에 형성, 소변은 3개월에 생성 → 임신 말 500ml 소변 배설 🚨 양수과소 : 신장기능부전의 지표 • Henle's loop 출생 때까지 완전 분화되지 않음 → 신생아 : 사구체여과율, 소변농축 능력 부족
위장계	• 9주 글리코겐 합성 • 5개월 양수흡입 시작, 장의 연동운동 시작 • 26~30주에 갈색지방 저장 : 자궁 외 추위에 대비 → 36주에 완성 • 소화효소 아밀라아제, 리파아제 출생 후 3개월까지 완성 × → 전분, 지방의 소화 어려움 • 임신 말기 : 태변이 장에 축척(16주 초 장에서 형성), 출생 후 48시간 내 태변 배설 🚨 태변 배설 × : 소화기계의 폐색, 폐쇄항문, 장폐색의 지표
간장계	• 4주 : 간과 담도형성, 6주 조혈 시작 • 9~10주 : 글리코겐 저장, 담즙 분비, 철분 저장(생후 5개월까지 사용 가능한 양) • 비타민 K 합성 × → 혈액응고인자 합성 ×
내분비계	• 4주 : 갑상샘 발달, 티록신 합성 → 8주에 갑상샘 H 분비(모체의 갑상샘 H 태반 통과 ×) • 6주 : 부신피질 형성, 8~9주 부신피질 H 생성 • 5~8주 : 췌장 형성 • 20주(12주) : 인슐린 생성 → 모체의 인슐린 태반 통과 ×
생식기계	• 12주 : 외생식기 성별 구별 가능(8주 고환과 난소 구분 외생식기 구분 ×) • 16주 : 난자 발생 과정 시작 • 28주~31주 : 고환이 음낭으로 하강
면역계	• IgG : 임신 마지막 4주 동안 태반 통해 태아에게 발달 → 생후 9개월 이후 감소 • IgA : 모유수유 시 초유를 통해 획득 • IgM : 임신 초기 말에 태아 스스로 생성
근골격계	• 4주 : 뼈, 근육이 중배엽에서 만들어짐 • 12주 : 화골세포 생기기 시작 • 16~20주 : 첫 태동
피부계	• 4주 : 외배엽으로부터 단층세포인 표피가 발생 • 12주 : 손 · 발톱 / 16주 : 지문 • 16주 : 머리카락 발생 / 24주 : 태지 / 28주 : 두피모발이 길어짐 • 32주 : 피하지방 축척으로 피부주름 감소
신경계	• 수정 18일 : 외배엽에서 발생 • 4주 : 신경관 형성 후 뇌, 척수, 중추신경계로 분화 → 말초신경계 • 16~20주 : 태동인식 가능 → 애착형성에 중요 • 5개월 : 양수 삼키고, 단맛, 온도변화에 반응(딸꾹질) • 7개월 : 빛에 반응 • 뇌 발달 : 생후 1년간 빠른 증식, 5~6세까지 성장 지속

4 임신 중 태아의 건강사정

(1) 초음파검사 [2022 기출]

<table>
<tr><td>임신 확인</td><td colspan="2">• 4~5주: 태아주머니(태낭, gestational sac) 확인
• 5주: 배아(embryo)
• 6주: 질식 초음파로 심박동 확인
• 7~8주: 복식 초음파로 심박동 확인
• 9주: 태아 신체 구분
• 11주: 자궁 내 임신 진단</td></tr>
<tr><td>태낭 (gestational sac)</td><td colspan="2">GA 6주(질식초음파: GA 5주)
가장 먼저 관찰되는 소견임</td></tr>
<tr><td>심장 운동 관찰</td><td colspan="2">GA 7주(질식초음파: GA 6주)</td></tr>
<tr><td>목덜미투명대 (nuchal translucency) [2022 기출]</td><td colspan="2">• GA 11~14주
• 초음파를 이용하여 fetal skin부터 spine까지의 거리로 태아의 목 뒤에 있는 피하의 용액 축적물로 생기는 투명대의 증가를 판별
• 목덜미 투명대의 3~4mm 이상 증가는 삼염색체와 같은 염색체 기형, 다운증후군과 무뇌아를 확인과 관련되어 있음
• 염색체 기형아는 콜라겐과 축적물을 유도하는 결체조직 등을 많이 지니는 경향이 있음</td></tr>
<tr><td>태아신체 측정</td><td colspan="2">• CRL(Crown-rump length)
• 태아 머리~엉덩이 길이(5~12주 정확)</td></tr>
<tr><td>태아 연령, 태아 성장의 사정</td><td colspan="2">-</td></tr>
<tr><td>선천성 기형의 발견</td><td colspan="2">-</td></tr>
<tr><td rowspan="2">태아 환경 사정 [2022 기출]</td><td>양수 [2022 기출]</td><td>양수지수(Amniotic Fluid Index; AFI): 모체 복부를 배꼽과 임신선을 중심으로 4등분 후 각기 등분한 부분에서 가장 큰 양수포켓의 수직선을 확인, 측정하며 각 등분의 길이를 합친 숫자
• AFI ≤ 5cm: 양수과소증(요로폐쇄증, 태아질식, 성장지연)
• AFI ≥ 24cm: 양수과다증(식도폐쇄증, 무뇌아)</td></tr>
<tr><td>태반</td><td>• 태반의 위치, 크기, 성숙도 판단
- 태반크기 증가: 신생아 용혈성 질환, 당뇨
- 태반크기 감소: 임신중독증
• 전치태반, 태반조기박리 진단</td></tr>
<tr><td>다태임신 진단</td><td colspan="2">태반, 양막 사정</td></tr>
<tr><td>자궁 이상여부</td><td colspan="2">-</td></tr>
</table>

(2) 임부의 혈청 생화학적 검사 [2012 · 2020 기출]

알파 피토프로테인 (α-fetoprotein) [2020 기출]	• 목적: 신경관 결함의 위험이 있는 태아 확인 • 상승 – 신경관 결합: 이분척추, 무뇌아 – 식도폐쇄, 태아 용혈성 질환, 선천성 신증 • 하강: 다운증후군, 태아 사망
hCG [2012 기출]	• 태아 안녕상태 평가 • 합포체영양막에서 생산되어 모체 혈장에 존재 • 임신 10주에 최고치, 임신 2~3기에는 상대적으로 감소 • 비정상적 수치 – 임신초기에 비정상적으로 낮은 수치: 절박유산, 자궁외 임신 – 임신 100일 이후에 비정상적으로 높은 수치: 포상기태
에스트로겐 [2012 기출]	• 에스트리올은 태아 부신에서 생산되는 스테로이드전구물질로 태반에서 합성. 태아–태반 안녕상태 확인 • 모체의 혈청 or 소변 내 에스트리올(E3) 측정 → 태아–태반 안녕상태 – 상승: 다태임신 – 저하: 임신종결, 무뇌증, 태아사망, 태반박리

(3) 침습적 검사: 양수천자(Amniocentesis)와 양수검사

① 목적

㉠ 임신 14~20주: 산전진단

㉡ 임신말기: 태아의 폐 성숙도 평가, 양막염 진단

② 검사 방법

㉠ 임신 2기 초기 이후 시행: 양수량 적당, 태아 skin cell 충분

㉡ 10~20cc의 양수 채취

인지질	• 태아의 폐 성숙 사정 – L/S 비율 분석: 스핑고마이엘린의 농도는 상대적으로 일정하지만, 레시틴의 상승으로 L/S 비율이 증가하면 → 계면활성제 생산 증가 의미 – L : S = 2 : 1 이상 시 적절한 폐성숙을 의미 • 쉐이크 검사 – 에틸알코올 1cc와 양수 1cc를 혼합하여 흔든 후 표면에 거품이 생기는 것으로 평가하는 방법 – L/S ≥ 2.0이면 거품 발생

빌리루빈	• 동종면역 임신사정 • 빌리루빈의 농도는 임신 후반기부터 양수 내에서 감소하기 시작하여 태아가 성숙상태가 되면 존재하지 않음 • 모체 빌리루빈 level에 따라 변동 • 태아의 용혈성 질환에 따라 증가

⑷ 생물리학 계수(biophysical profile, 태아의 신체 프로필)

정의	초음파 촬영술과 외부 전자감시 장치를 사용하면서 태아와 태아의 환경 사정 태아의 사망 위험을 인지하는 데 정확한 평가
측정항목	• 태아 호흡운동, 태동, 태아 긴장력, 심박동 반응성, 양수량의 측정 • 초음파로 30분 관찰
점수	태아의 심박수 상승, 태아호흡운동(호흡운동 시작 12주), 태동, 태아긴장력, 양수량 각 변수가 정상일 때 2점, 비정상일 때 0점으로 평가
지표	(아래 표)

생물리학적 요인	정상(2점)	비정상(0점)
태아호흡운동 (FBM, Fetal Beating Movement)	30분 관찰하는 동안 30초 이상 지속되는 율동성 호흡운동이 1회 이상 있을 때	호흡운동이 30초 미만
태아신체운동 (FM, Fetal Movement)	30분 관찰하는 동안 태아 움직임이 3회 이상일 때	태아의 움직임이 2회 이하
태아긴장도 (FT, Fetal Tone)	30분 관찰하는 동안 태아의 몸, 사지, 손을 1회 이상 신전, 굴곡하는 움직임이 있을 때	굴곡, 신전, 움직임이 없을 때
반응성 태아심음 (NST 검사, Reactive FHR)	30분 내 태아 움직임과 함께 심음이 15bpm 이상 상승, 15초 이상 지속하는 경우가 2회 이상일 때	30분 내에 심음의 15bpm 이상, 상승이 1회 이하일 때
정량적 양수량 (Qualitative AFV, amniotic fluid)	2개의 수직면 내 2cm 초과(> 2cm) 되는 양수 pocket이 적어도 1개 이상일 때	2 perpendicular plane 내 2cm 이하(< 2cm)인 양수 pocket이 1개

결과	8~10점	• 정상 • 태아가사의 위험이 거의 없음
	6 점	애매모호하고, 24시간 이내 반복 측정
	4, 2, 0	태아가사의 위험이 매우 높고 태아분만 고려

(5) 무자극(Nst) 검사 = 비수축검사 [2022 기출]

Non Stress Test(비스트레스 검사, 무자극 검사, 태아운동 검사) / 임신 중기(5개월 후)

<table>
<tr><td>정의</td><td colspan="2">태동에 대한 반응으로 태아심박수가 증가하는지 검사하는 것이다.</td></tr>
<tr><td>기전</td><td colspan="2">• 정상적 태아는 태아의 움직임에 심박동 증가를 나타낸다.
• 건강한 태아는 움직이면 심박동이 상승하나 태아가 저산소증, 산독증, 약물복용(진통제, 진정제, beta-차단제), 태아수면상태, 선천성 기형일 때는 그렇지 않다.</td></tr>
<tr><td>절차</td><td colspan="2">• 대상자가 산전 검사실로 간다.
• 절차와 소요 시간을 설명한다. 보통 검사는 30분이 걸린다.
• 가운으로 갈아입도록 한다.
• 30~45도 정도의 반좌위(Semi-Fowler's)체위를 취하게 하고 임부의 왼쪽 복부를 약간 낮추어 복부를 경사지게 한다.
• 대상자에게 태아 외부전자 모니터를 부착한다. 태아심음을 기록하는 것은 초음파변환기(ultrasound transducer)를 태아 심음이 잘 들리는 임부의 복부에 부착시키고, 자궁수축 측정은 자궁수축 변환기(tocodynamometer)를 자궁저부에 부착한다.
• 처음에는 혈압을 5~10분 간격으로 기록한다.
• 검사 용지는 최고 40분 동안 기록한다.
→ 모체가 태동을 느낄 때 버튼을 누르게 한다.</td></tr>
<tr><td rowspan="2">결과해석</td><td>reactive
(반응 정상)</td><td>태아심음이 기준선 보다 15박동 이상으로 상승하여 15초 이상 지속하는 것이 10분 동안 2회 이상 나타나는 경우이다.
→ "반응한다, 건강하다"</td></tr>
<tr><td>nonreactive
(무반응)</td><td>10분 동안 태아심음이 기준선보다 15박동(bmp) 이상 상승하지 않거나 15초 이상 지속되지 않는 경우이다. 즉 "반응"의 조건이 아닌 경우이다.
→ "건강하지 않다"</td></tr>
<tr><td>적응증</td><td colspan="2">• 청진상 태아 심음의 이상이 있을 때
• 조기분만이 의심스러울 때
• 다태임신
• 자궁내 태아사망의 기왕력이 있을 때
• 자궁 내 태아발육지연이 의심될 때
• 임신성 고혈압성 질환군이나 만성고혈압성 질환
• 분만예정일 초과임신
• 자궁출혈이 있을 때
• 양수 과다증
• 양수 천자에 의해 태변의 착색이 있을 때
• 임상적으로나 생화학적 검사상 태반기능 부전이 의심스러울 때
• 기타 산전 진찰 중 고위험 임신이라고 생각되는 경우</td></tr>
</table>

(6) 전자 태아감시기 [국시 2019]

목적	• 태아 산소공급 상태를 사정한다. • 자궁수축과 태아 심박동을 동시에 감지한다.
초음파 변환기	고주파수 음파가 태아심박동을 반영한다.
자궁수축 변환기	모체 복부에 압력 감지 기구를 부착시켜 자궁수축의 빈도, 기간을 측정한다.
방법	• 태아 심박동은 태아 심박동 변환기에 의해 기록되고 자궁수축 변환기에 의해 자궁 수축이 감지된다. • 초음파변환기를 태아심음이 잘 들리는 임부의 복부에 부착 자궁수축 변환기를 자궁저부에 부착한다.

(7) 태아 심장박동(태아심음 청진)

확인 시기 [국시 2004 · 2014]	자궁수축 전후, 수축 시, 양막파열 직후 • 태아 산소공급장애 파악
정상 [국시 2020]	110~160회/m
증가	• 태동 • 태아의 움직임이 있으면 심박동수도 증가
감소	• 임신 주수가 증가함에 따라 태아가 성장함에 따라 부교감신경인 미주신경 성숙으로 감소 • 태아 질식

(8) 산전 태아심박동 모니터링

- 임신 3기에 정기적인 태아 심박동 모니터링: 태아의 건강평가의 일반적 방법
- 160회/분 이상, 10분 이상 지속
- 도플러심음청진, 무자극검사(NST), 자궁수축검사(CST)

① 태아 심박동 3대 변화 양상

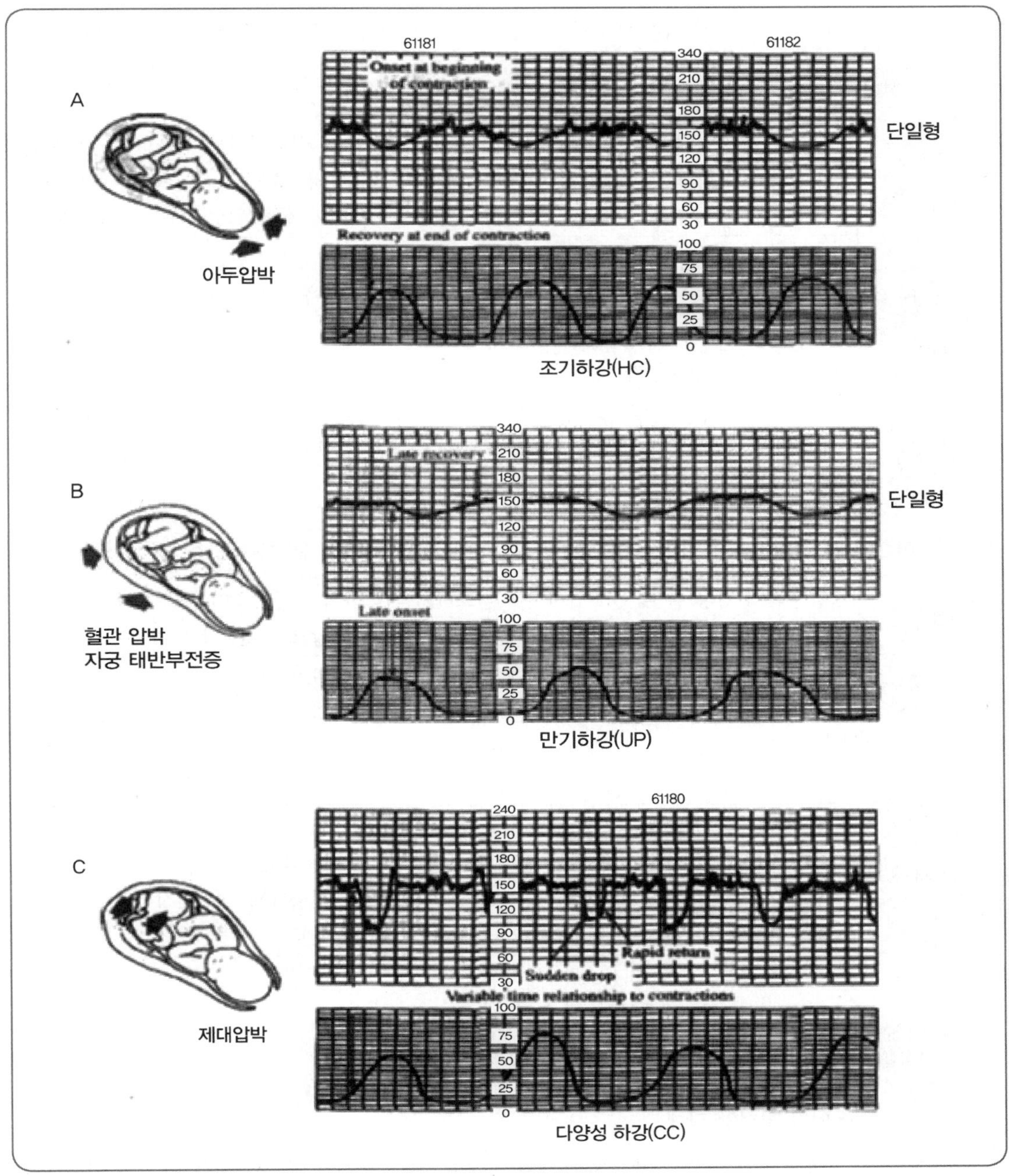

| 태아 심박동수 변화의 3대 양상 |

② 조기 하강(조기 감퇴, Early deceleration) : 조기 태아 심박동 감소

구분		
정의	자궁수축이 시작할 때 HR이 감소하기 시작하여 자궁수축이 가장 클 때 HR이 가장 감소하며 태아 질식과는 관계 없다.	
양상	• 태아 심박동 하강이 자궁수축 시 자궁내압의 상승과 일치한다. • FHR은 자궁수축과 함께 서서히 시작해서 자궁수축이 끝나면 기본선으로 되돌아온다. • 자궁수축과 함께 태아 심박동이 감소하여 태아 심박동의 최하점이 자궁수축의 최정점과 일치하며 자궁수축이 사라지면 서서히 정상 기초 태아 심박동의 수준으로 회복된다.	
기전	• 자궁수축으로 아두의 압박인 정상 반응이 일어난다. • ICP 상승으로 미주신경인 부교감신경 자극하면 FHR을 감소시킨다.	
원인	• 분만 시 산부가 힘줄 때 • 자궁수축, 자궁저부가 압박될 때	
간호 [국시 2013]	좌측위	• 아두의 압박과 관련되며, 태아 질식과 관련이 없으므로 중재가 필요 없다. • 조기 감퇴는 산부에게 투여된 산소와 자세변경에 반응하지 않는다. • 산모의 좌측위 자세와 관찰

③ 후기 하강(만기 하강, 후기 감퇴, Late deceleration) : 만기 태아 심박동 감소 [2023 기출]

구분		
정의	자궁수축이 가장 클 때 HR이 서서히 감소하기 시작하여 자궁수축이 끝날 때 HR의 가장 낮은 지점이 되고 자궁수축이 끝났을 때에도 HR이 정상으로 돌아오지 못한다.	
양상	• 하강은 자궁수축 이후에 시작했다가 수축이 끝난 이완기에도 지속된다. • 자궁수축의 시작보다 늦게 태아 심박동의 감소가 시작되어 자궁수축의 최정점보다 늦게 태아 심박동의 최하점(30bpm 이상 하강)이 나타났다가 자궁수축이 사라진 뒤 기초 태아 심박동의 정상 수준으로 서서히 회복된다.	
기전	• 자궁과 태반의 혈액순환 부적절 • 태반에 전달된 산소가 충분히 전달되지 못할 때 심박동을 감퇴시킨다. • 후기감퇴를 일으키는 저산소증은 산소가 자궁으로 적게 전달될 때, 비정상적으로 강한 자궁수축이 일어날 때, 태반순환이 불충분할 때 발생한다.	
원인 [국시 2010]	• 태반 관류부족으로 저산소증, 대사성 산증 • 산부 저산소증, 저혈압 • 비정상적 강한 자궁수축 • 자궁 내부 성장 지연 • 임신 고혈압 장애	
중재	좌측위 자세 [2023 기출]	후기 감퇴를 확인 후 체위를 왼쪽 옆으로 눕는 자세로 변경시킨다. 자세 변경은 대동맥과 대정맥의 압력을 이완시킨다.
	oxytocin 주입 중단	oxytocin으로 자궁의 과다 수축을 중단한다.
	O_2 공급	산소 마스크 통한 O_2 10L/분 공급

	수액 공급	수액 공급: 모체의 저혈압
	C-sec	• 위 방법으로 교정이 안되면 즉시 C-sec • 의료조치에 반응이 없는 후기 감퇴는 태아 질식, 저산소증, 산증이다.

④ 가변성 감퇴(가변성 하강, 다양성 하강, 다변성 감퇴, Variable deceleration): 다양성 태아 심박동 감소 [2023 기출, 국시 2007]

정의	• HR의 감소가 자궁의 수축과 무관하게 시작되어 모양이 제각각 • **가변성 감퇴는 V, W, U자 모양**

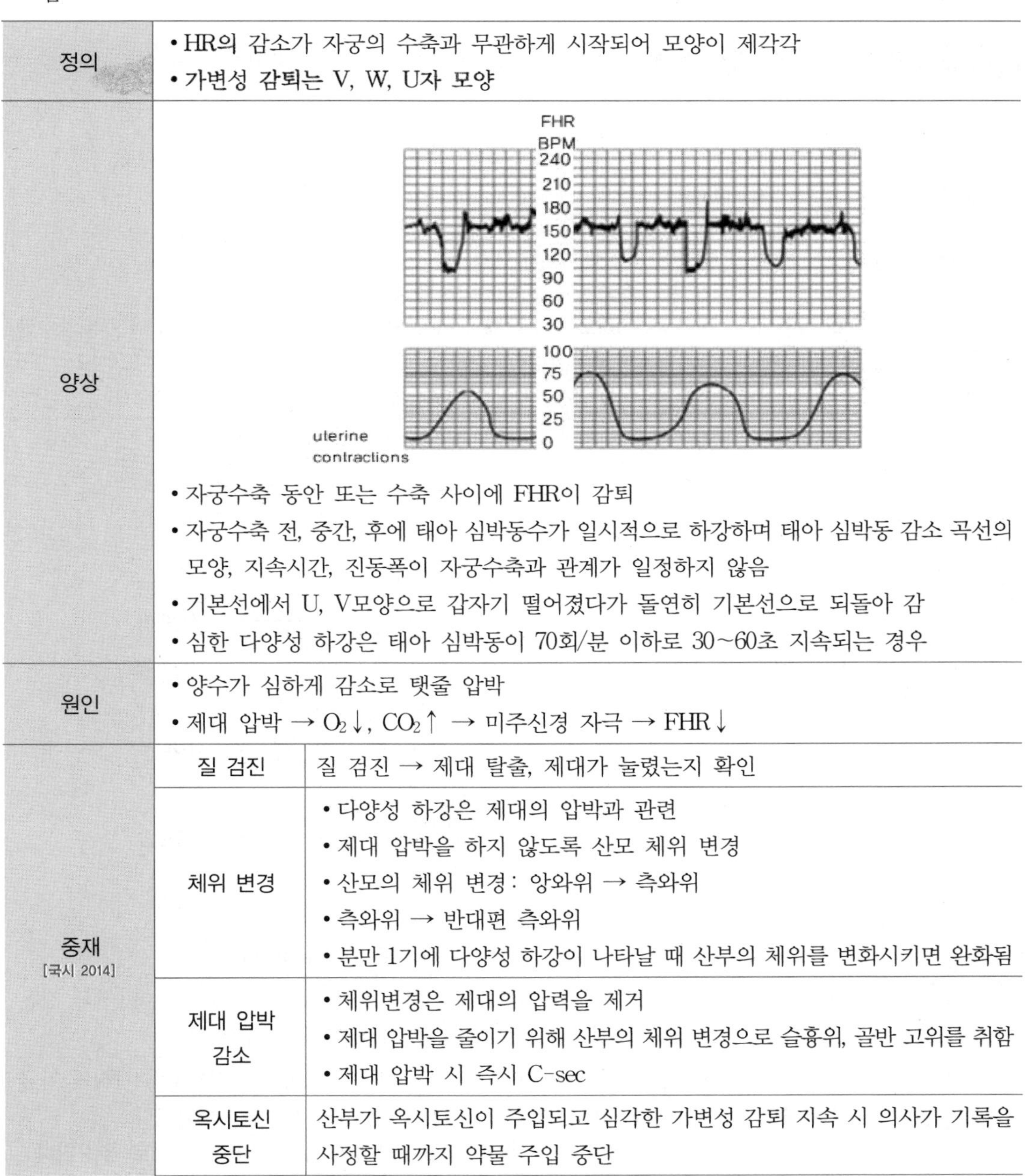

양상	• 자궁수축 동안 또는 수축 사이에 FHR이 감퇴 • 자궁수축 전, 중간, 후에 태아 심박동수가 일시적으로 하강하며 태아 심박동 감소 곡선의 모양, 지속시간, 진동폭이 자궁수축과 관계가 일정하지 않음 • 기본선에서 U, V모양으로 갑자기 떨어졌다가 돌연히 기본선으로 되돌아 감 • 심한 다양성 하강은 태아 심박동이 70회/분 이하로 30~60초 지속되는 경우
원인	• 양수가 심하게 감소로 탯줄 압박 • 제대 압박 → O_2↓, CO_2↑ → 미주신경 자극 → FHR↓

중재 [국시 2014]	질 검진	질 검진 → 제대 탈출, 제대가 눌렸는지 확인
	체위 변경	• 다양성 하강은 제대의 압박과 관련 • 제대 압박을 하지 않도록 산모 체위 변경 • 산모의 체위 변경: 앙와위 → 측와위 • 측와위 → 반대편 측와위 • 분만 1기에 다양성 하강이 나타날 때 산부의 체위를 변화시키면 완화됨
	제대 압박 감소	• 체위변경은 제대의 압력을 제거 • 제대 압박을 줄이기 위해 산부의 체위 변경으로 슬흉위, 골반 고위를 취함 • 제대 압박 시 즉시 C-sec
	옥시토신 중단	산부가 옥시토신이 주입되고 심각한 가변성 감퇴 지속 시 의사가 기록을 사정할 때까지 약물 주입 중단

	산소	산소를 10L/분 투여
	양수과소증	• 양수과소증인 경우 양수 수액법으로 치료 • 자궁 내 도관을 삽입하여 생리식염수를 주입함으로 제대 주위에 수액을 보충시켜 압박을 예방

03 임신 시기에 따른 변화

1 임신 시의 변화

(1) 생식계 변화

자궁	비대/증대	**태아를 수용하도록 팽창** • 길이 28cm, 넓이 24cm, 두께 21cm로 증가한다. • 용적은 10ml에서 5000ml 이상 증가(태아, 태반 및 1000ml 이상의 양수를 수용할 정도)한다. • 무게는 비 임신 시 약 50g에서 임신 말기에는 1000g 이상으로 증가한다.
	모양, 위치 변화 [2012 기출]	자궁저부의 위치로 임신 주수를 예측할 수 있다. 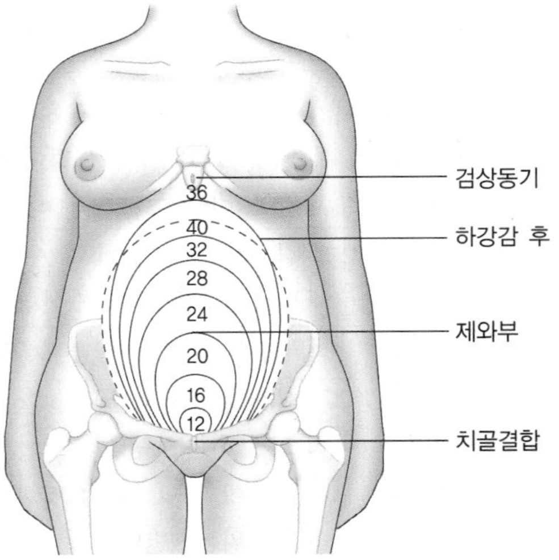 **ǀ 임신주수에 따른 자궁저부의 위치 ǀ**
	앙와위 [2013 기출]	척추 위에 자궁이 위치하게 되어 주위에 있는 하대정맥과 대동맥과 같은 큰 혈관을 압박하므로 혈액 순환에 영향을 줄 수 있다.
	혈액공급	• 임신 기간 동안 자궁으로 공급되는 혈액이 점차적으로 증가하여 자궁 동맥과 정맥이 팽창하고 길어지고 구불구불하게 변화한다. • 임신 말기에는 자궁 태반 혈류의 양이 분당 450~650ml로 유지된다.

경관 [2010 · 2012 · 2015 기출]	Goodell's sign	혈관 증가, 부종 및 자궁 경부선의 비대와 비후로 인하여 연하된다. 장력이 현저하게 감소되어 임신 전은 코 끝, 임신 초기와 중기는 귓불, 임신 말기는 입술을 촉지하는 것과 같이 부드러워진다.
	Chadwick's sign	자궁경관이 푸르스름한 보라색을 띤다.
	점액 분비 변화	• 자궁 경관의 점액 분비 세포는 에스트로겐과 프로게스테론의 영향으로 현저하게 증식하여 끈적끈적한 점액이 가득 찬 벌집과 같은 모양으로 '점액마개'를 형성한다. • 액성 분비물은 마치 마개와 같이 경관을 차단하여 임신 중 질로부터 세균 감염을 예방하는 역할을 한다. 진통이 시작되면 경관개대와 함께 이슬(show)로 배출된다. 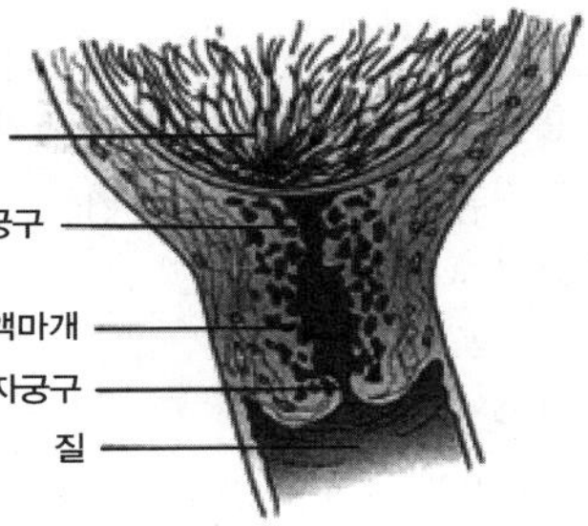 아두 내자궁구 점액마개 외자궁구 질 **| 경관 내 점액마개 |**
	경관의 자궁구도 넓어진다.	
질	Chadwick's sign	임신 시 질은 혈관의 증가와 혈액의 충혈로 인하여 푸르스름한 보라색이다.
	성적 감각 증가	질의 혈관 증가로 인하여 성적 감각이 증가하며 특히 임신 2기에 고도의 성적 흥분을 경험한다.
	백대하 (leukorrhea)	에스트로겐의 영향으로 탈락된 상피세포를 많이 포함하여 대하의 색은 희고 농도가 짙다.
	질의 산도 변화	신 기간의 질의 산도는 pH 3.5~6 수준을 유지한다. 비임신 시부터 존재하고 있던 유산 간균의 작용으로 질상피의 당원이 젖산으로 변화하기 때문이다. 질 내 병원균의 증식을 억제하는 작용을 하지만 임신 동안에는 질상피의 글리코겐이 풍부해지므로 곰팡이균의 감염이 호발하게 된다.
난소와 난관	• 임신을 하면 많은 난포가 일시적으로 성숙되더라도 배란될 만큼 성숙되지 않는다. • 임신 중에는 일반적으로 한 개의 황체만이 존재하며 임신 6~7주 동안 최대 기능을 유지하다가 그 이후에는 프로게스테론 생성에 대한 기여도가 거의 소실된다. • 난관에서는 근조직의 비대가 거의 나타나지 않으며 점막의 상피는 편평해진다.	

유방	• 임신 시 유방은 2개월 이후에 더 민감해지게 되고 커지게 된다. • 유두와 젖무리는 좀 더 색깔이 짙어지고 유두는 직립하게 된다. • 몽고메리결절: 임신 초기에는 유두 주위 젖무리에 분포한 피지선이 비대된다. • 임신 말기로 갈수록 유방의 크기가 커지며 임신선(striae gravidarum)이 나타나게 된다. • 유즙 분비는 태아만출 후 에스트로겐 혈중 농도가 하강할 때까지 억제되며, 임신 12주에 유두를 짜면 항체가 풍부한 노란색의 초유가 나온다.

(2) 호흡기계 변화

에스트로겐	에스트로겐 영향으로 비강 점막의 충혈, 부종, 코피가 발생
성대출혈	성대에서 출혈이 발생하여 음성에 약간의 변화
횡격막 상승	자궁증대로 인해 횡격막이 약 4cm 상승
호흡양상	• 호흡수: 변화 없거나 약간 증가 • 1회 호흡량: 30~40% 증가 • 폐활량: 변화 없음 • 흡기량: 증가 • 환기량: 감소 • 총 환기량: 변화 없거나 약간 감소 • 산소 소모량: 15~20%

(3) 심혈관계 변화 [2010 · 2014 기출]

<table>
<tr><td>심첨부 위치</td><td colspan="2">자궁증대로 횡격막이 상승하여 심장은 좌측 상방으로 전위</td></tr>
<tr><td>좌심실비대</td><td colspan="2">모체 및 태반 순환을 위한 혈액량 증가로 심장 부담이 증가</td></tr>
<tr><td>심박출량 증가</td><td colspan="2">동맥압과 혈관 저항의 감소, 혈액량의 증가, 체중 및 기초 대사량의 증가로 인한 것이며 체위에 따라 변한다. 심박출량은 임신 초기부터 계속 증가하여, 임신 초기에 30~50% 증가하였다가 이후 감소하여 임신 40주까지 안정</td></tr>
<tr><td rowspan="3">혈압</td><td colspan="2">임신 중기에 가장 낮아졌다가 임신 말기에 임신 이전 수준으로 회복</td></tr>
<tr><td>기전</td><td>• 혈관 확장 작용이 있는 에스트로겐과 프로스타글란딘이 증가하고 혈관 저항력이 변하여 말초 혈관의 확장으로 임신 중 혈액량이 증가함에도 정상 혈압 유지
• 임신 중 혈관 수축에 작용하는 renin, angiotensin Ⅱ는 증가하지만 angiotensin Ⅱ에 대한 혈관벽의 민감도 감소</td></tr>
<tr><td>임신 1기</td><td>임신 전 수준</td></tr>
</table>

	임신 2기	• 약간 감소(임신 20주~24주 가장 낮음) • 5~10mmHg 하강(호르몬 변화로 말초혈관 확장 때문) • 임신 20주 이후 혈압상승은 임신성 고혈압(PIH) 의심
	임신 3기	임신 전 수준
앙와위성 저혈압 [2013 기출]	체위성 저혈압	• 앙와위로 오래 누워있거나 검사 시 자궁무게로 상행성 대정맥 압박 • 좌측위가 도움이 됨
	기전	바로 누운 자세에서 증대한 자궁이 대동맥과 하대정맥을 압박하여 정맥혈이 심장으로 돌아오는 것을 방해. 심박출량의 감소에 의해 수축기 혈압 감소로 앙와위성 저혈압
	증상	바로 누운 자세에서 앙와위성 저혈압, 어지러움을 호소
	중재	바로 누워 있을 때보다 좌측와위(측와위) 자세에서 증대된 자궁에 의해 하대정맥이 압박을 받지 않기 때문에, 심장으로 귀환되는 혈액량이 증가하고 심장박출량도 증가하여 신혈류량이 증가하여 소변 배설 증가, 부종이 감소 [국시 1998]
혈액량	• 크게 증가하여 임신 말기에는 비임신 시의 40~45% 정도인 1500ml가 늘어남 • 혈액 증가 속도는 임신 1기로부터 서서히 증가하기 시작하여 임신 2기에 가장 빨라졌다가 임신 3기에는 증가 속도가 느려져 임신 말기에는 평형을 유지 • 임신 기간 중 혈액량의 증가에도 정상적인 혈압이 유지되는 것은 말초 혈관 확장 때문	
	혈액량 증가 이유	• 자궁 증대로 혈액요구량 충족 • 태아 및 모체의 조직에 충분한 수분 공급 • 분만 시 혈액손실 대비, 혈관장애로 심장으로 돌아오는 혈액량의 감소로 인한 보상기전 때문
생리적 빈혈 [2010 · 2012 · 2014 기출]	• 적혈구 생산 양도 증가하지만 혈장의 증가 정도에 비하여 증가된 양이 상대적으로 적으므로, 혈액소치, 적혈구 농도, 헤마토크리트가 감소하여 가성 빈혈이 나타남 • 철분이 충분히 공급된 경우 적혈구는 450ml 정도 증가되지만 철분이 충분하게 공급되지 않은 경우에는 증가량이 단지 17%이므로 가성 빈혈에서 병리적 빈혈로 진행되기도 함. 백혈구 수도 약간 상승하는데 주로 호중구와 골수구가 증가	
혈액응고물질 증가	• 에스트로겐에 의해 응고인자(Factor VII, VIII, IX, X), 섬유소원(fibrinogen) 증가, 응고된 혈액을 용해하는 섬유소 용해 작용 저하로 혈액이 응고 경향이 있음 • 섬유소원이 임신 말기에 평균 450mg/dl로, 비임신기의 300mg/dl에 비해 50% 가량 늘어나 혈액응고 경향이 높아짐 • 임신 중과 산욕기에 출혈을 감소시키는 보호 역할 • 산욕기에는 섬유소원 용해작용의 저하로 인하여 혈전증이 나타나기 쉬움	
하지부종 [2012 기출]	자궁 증대 [국시 2014]	자궁이 하대정맥을 누름으로 정맥귀환이 감소하여 하지의 정맥압 상승으로 혈관에서 조직으로 체액이 빠져 나가 부종이 생김
	교질 삼투압 감소	혈장 알부민 감소로 혈장 교질 삼투압 감소로 세포 외 부종이 생김

정맥압 상승, 정맥류	자궁 증대 [국시 2014]	자궁이 하대정맥을 누름으로 정맥귀환이 감소하여 하지의 정맥압 상승
	프로게스테론	프로게스테론에 의해 혈관 탄력성 감소
	혈액량증가	임신으로 혈액량 증가
	치질	항문 주위 정맥류

오임신 중 심혈관계와 조혈계 변화

- 심박동수: 10~15회/분 증가
- 혈압: 임신 1기에는 임신 전 수준 유지, 임신 2기에 가장 감소, 감소하다가 임신 3기에 임신 전 수준으로 회복
- 심박출량: 30~50% 증가
- 혈액량: 1500ml 증가, 비임신기의 40~45% 증가
- 혈구 변화: 적혈구 17% 증가, 헤모글로빈 감소, 헤마토크리트 감소, 백혈구수 임신 2기와 3기에 증가
- 혈액응고 인자: 섬유소원 증가

(4) 소화기계 변화 [2010 기출]

입덧	융모성선자극호르몬의 영향으로 발생한다. 임신 초기 말에 대개 증상이 사라지며, 감소되었던 식욕이 증가하게 된다. 임신 중에는 이미증이라 하여 이상한 음식 등에 대한 갈망을 경험하기도 한다.
치육비대	에스트로겐의 영향으로 발생한다. 치아주위막에 병변이 발생하게 되며 치육염과 결석이 나타나기도 하므로 임신 중 치아위생을 철저하게 하도록 한다.
가슴앓이	프로게스테론의 증가로 인하여 연동 운동이 감소되고 긴장도가 저하되므로 위에서 음식물이 배출되는 시간과 장의 음식물 통과시간이 지연된다. 식도하부괄약근의 긴장도 감소, 식도 내의 낮은 압력과 위내의 높은 압력, 식도의 연동운동 감소 등으로 산도가 높은 위 내용물이 식도로 역류되면 가슴앓이 증상이 나타난다. 프로게스테론의 영향으로 연동 운동 저하, 음식물의 부적절한 선택, 수분 섭취 부족, 증대된 자궁에 의한 복부팽만, 장으로 전이된 복압 때문에 나타난다.
총 혈장단백	임신 시 총 혈장 단백의 농도는 혈장의 증가에 따른 희석효과로 인하여 비임신 시에 비해 20% 정도 감소하며, 혈장알부민은 감소하고 혈장글로불린은 약간 증가하며 알부민과 글로불린의 비율은 현저하게 감소한다.
담석 [2010 기출]	담즙 내로 분비되는 콜레스테롤의 양은 증가하는 반면 프로게스테론의 영향으로 담낭수축은 저하되어 임신 중 담석이 발생하기도 하며 임신 말기에 담즙분비가 억제되어 소양증이 초래되는 경우도 있다.

(5) 비뇨기계 변화 [2010 · 2013 기출]

요관 및 방광	요관	프로게스테론의 평활근 이완작용으로 늘어나고 커진 자궁압박으로 요관이 붓고 늘어나 수뇨증과 요정체 동반
	방광	프로게스테론, 커진 자궁의 방광압박으로 방광용적 증가(약 1500ml), 점막 울혈, 소변정체 → 감염가능성 증가 → 빈뇨, 핍뇨, 야뇨 발생
신기능	신혈류량	임신 1기와 임신 2기에 약 25% 정도 증가하였다가 임신 3기 동안에 임신 전 상태로 회복
	사구체여과율 [2010 기출]	임신 2기 초반까지 50% 정도 증가하여 임신 말기까지 유지
	좌측위 [2013 기출]	신장의 혈류량 증가에 도움(앙와위는 자궁이 하대정맥을 압박하여 순환장애)이 되며 심장으로 귀환하는 혈류량이 증가되고, 심장 박출량도 22%(1,100ml) 정도 늘어나므로 신혈류량이 증가하게 됨
	당뇨(흔함), 단백뇨, 혈뇨 (비정상)	당뇨는 흔한 현상이지만 단백뇨나 혈뇨가 나타나는 것은 비정상적 소견으로 간주
	혈중 요소와 질소 [2010 기출]	• 신장기능 평가 지표 • 신장기능 증가(사구체여과율 증가)로 혈중 요소와 질소 감소

(6) 피부와 모발 변화 [2010 기출]

착색	착색	• 에스트로겐에 의한 멜라닌세포 자극호르몬에 의해 유두와 유륜에 착색, 흑선, 갈색반(기미)이 볼, 코, 피부에 갈색 과색소 침착 • 유두와 유륜 주위 착색, 흑선이 나타남
	흑선	피부 색소침착의 증가로 생긴 복부 중앙에 갈색이나 검은 색의 선
	갈색반	뺨, 이마, 코 등의 얼굴 부위에 생기며 '기미'라 불림. 태양에 노출될 경우 특히 심해지지만, 출산 후 옅어지거나 사라짐
	검은선	유두, 유륜, 액와, 외음부의 색까지 검은 선으로 변화
임신선 [2010 기출]	• 임신 후반기에 복부, 유방, 대퇴부 등 주로 체중 증가가 많은 부위에서 나타나며 약간의 함몰된 붉은색을 띰 • 탄력섬유의 파열로 생긴 임신선은 분만 후 완전히 없어지지 않고 위축되어 은백색 반흔으로 색이 엷어짐	
혈관종	과에스트로겐에 의하여 피하 지방의 혈류 증가와 확장된 혈관으로 모세혈관 확장증으로 혈관종(거미상 혈관종, 모반), 손바닥홍반증이 생김	

(7) 근골격계 변화

<table>
<tr><td>릴락신</td><td colspan="3">릴락신의 영향으로 관절 주위구조가 다소 이완하게 된다.</td></tr>
<tr><td rowspan="6">요통
[2012 기출]</td><td colspan="3">임신 중 자궁이 전면으로 점점 증대됨에 따라 임부는 평형을 유지하려고 가슴을 뒤로 젖혀 몸의 중심을 하지상부의 뒤쪽으로 이동시키는 자세를 취한다. 뒤뚱거리는 걸음걸이로 걷게 되고 점차 척추 전만이 발생하며 등 아래쪽의 불편감이나 요통을 경험하게 된다.</td></tr>
<tr><td>관절이완</td><td colspan="2">난소의 황체나 태반에서 분비되는 릴락신과 에스트로겐이 관절과 관절주위 구조의 이완 증가로 모체의 자세를 변하게 하고 요통을 유발한다.</td></tr>
<tr><td rowspan="4">자궁증대</td><td>무게 중심</td><td>과다한 복부 신전으로 임부 몸의 무게 중심이 앞으로 옮겨져 균형을 유지하기 위해 임부의 자세를 변형시켜 척추 만곡이 심해져 요통을 호소한다.
cf) 유아기 볼록배: 복부 근육이 발달되지 않고 미숙으로 인한 요추 전만 현상과 복부가 돌출한다.</td></tr>
<tr><td>근육 압박</td><td>과다한 복부 신전으로 근육의 압박으로 요통을 호소한다.</td></tr>
<tr><td>인대 압박</td><td>과다한 복부 신전으로 척추 인대를 압박한다.</td></tr>
<tr><td>신경 압박</td><td>과다한 복부 신전으로 신경 견인, 신경 압박을 초래하여 통증을 유발한다.
💡 견인: 끌어서 당김</td></tr>
<tr><td rowspan="3">복직근 이개
[국시 2006]</td><td colspan="3">자궁증대로 복직근이 복부의 정중선에서 분리되어 양 옆으로 밀려나가게 된다.
A. 비임부의 정상적인 위치 B. 임부의 복직근 이개
| 임신 중 복직근의 변화 |</td></tr>
<tr><td>임신 3기</td><td colspan="2">임신 3기에 자궁증대로 복부근육에 압박을 주어 복부근육이 늘어나고 긴장력, 탄력성 감소로 복직근이 분리된다.</td></tr>
<tr><td>출산 후
[국시 2010]</td><td colspan="2">출산 후 복직근의 긴장력은 회복되지만 근육분리(복직근 이개)는 지속될 수 있다.</td></tr>
</table>

(8) 눈 변화

안압 감소	유리체의 유출 증가로 인해 안압이 감소됨
각막비후	• 수분정체로 인해 각막이 비후 • 즉시 지각할 수는 없지만, 평소 착용에 문제가 없었던 콘택트렌즈 사용에 어려움을 경험함 • 각막의 변화는 일반적으로 산욕 6주경에 회복됨

02

(9) 중추신경계 변화

기억력↓	임신 직후부터 임부는 주의력, 집중력과 기억력 감소를 흔히 호소하지만 이런 기억력 저하는 출산 후 곧바로 사라짐

(10) 대사 변화

<table>
<tr><td rowspan="4">체중 증가
[2013 기출]</td><td colspan="2">• 임신 중 체중 증가는 임신 전 정상체중이었던 여성의 경우 11.5~16kg 정도가 바람직함
• 체중 증가는 대부분 자궁과 부속물의 증대, 유방의 증대, 혈액량 증가 때문
<table>
<tr><th>내용</th><th>Kg</th></tr>
<tr><td>• 모체측</td><td></td></tr>
<tr><td>– 자궁 성장</td><td>1.0</td></tr>
<tr><td>– 유방 증가</td><td>0.6</td></tr>
<tr><td>– 증가된 혈액량</td><td>1.6</td></tr>
<tr><td>– 조직의 수분 축적</td><td>2.0</td></tr>
<tr><td>– 기타 조직</td><td>0.8</td></tr>
<tr><td>• 태아측</td><td></td></tr>
<tr><td>– 태아</td><td>3.4</td></tr>
<tr><td>– 태반</td><td>0.6</td></tr>
<tr><td>– 양수</td><td>0.6</td></tr>
<tr><td>계</td><td>11.0</td></tr>
</table>
</td></tr>
<tr><td>임신 1기</td><td>약 1.6kg~2.4kg</td></tr>
<tr><td>2기와 3기</td><td>각각 5.5~6.8kg 정도 증가됨</td></tr>
<tr><td colspan="2">임신 시에는 열량이 높은 음식보다는 영양이 풍부한 식사를 하는 것이 바람직함</td></tr>
<tr><td>수분대사</td><td colspan="2">• 나트륨과 수준 축적에 영향을 주는 스테로이드 성호르몬의 증가
• 모세혈관압과 투과성을 증가시키는 혈청단백질의 저하 등의 영향으로 수분이 축적됨</td></tr>
<tr><td>단백대사</td><td colspan="2">• 단백 대사률은 저하: 섭취된 질소의 양보다 배설된 질소의 양이 훨씬 적기 때문
• 임신 동안 일일 단백질 섭취 요구량 증가
→ albumin 감소로 A/G ratio 감소(정상: 1.5~2.5/1)
• 일일 단백질 섭취요구량은 점점 증가하므로 단백질 식품의 섭취 증가뿐만 아니라 에너지원으로 탄수화물이나 지방을 섭취하도록 함</td></tr>
</table>

탄수화물대사	• 임신은 잠재적인 당뇨병성 인자이며 임신 동안 당뇨병이 악화되거나 임신 중에만 임상적으로 당뇨병이 나타나기도 함 • 혈중 인슐린의 농도가 증가하여 공복 시 혈당이 약간 저하 • 당에 대한 신장의 요역치는 저하되고 사구체여과작용은 증가 • 비임신기에는 혈당치가 160mg/dl에 이르러야 소변으로 당이 배출되지만 임신 시에는 혈당이 120mg/dl일 때도 당이 배출될 수 있으므로 약 10%의 임부에서 임신성 당뇨가 나타남 • 태아에게 지속적으로 당을 공급하기 이하여 태반락토겐, 에스트로겐, 프로게스테론과 같은 호르몬이 증가함에 따라 말초조직에서의 인슐린 저항이 야기 • 이로 인하여 혈중 유리지방산이 증가하고, 인슐린의 조직 저항이 증가하게 되어 태아 쪽으로 당이 공급 • 임부가 금식이나 무리한 다이어트를 지속하면 에너지원이 당에서 지방으로 변화하여 케톤혈증이 심각하게 나타날 수 있음
지방대사	• 임신 중 혈중 지질, 지단백 콜레스테롤의 농도는 점차적으로 증가 • 임신 초기와 중기에는 지방의 체내 축적이 증가하며 말기에는 태아의 영양 요구량이 증가하므로 오히려 저장된 지방을 사용하는 경우도 있음 • 프로게스테론은 serum triglycerides, cholesterol, 유리 지방산(free fatty acids), 지질량이 증가하여 임부, 태아 요구를 위한 에너지 이용이 가능함 • 프로게스테론에 의해 담낭이 비워지는 시간이 지연되어 혈청 콜레스테롤이 상승함
전해질수분 대사	• 임신 중에는 체내에 나트륨과 칼륨이 다량 축적됨에도 불구하고 혈중 나트륨과 칼륨 농도는 저하 • 임신 중 나트륨이 축적되어 일어나는 수분 정체는 생리적 현상이지만 임신성 고혈압의 경우에는 부종까지 유발 • 임신 기간 중 정체되는 수분의 양은 6.5L임. 많은 임부에게 임신 말기로 갈수록 오후나 저녁에 하지의 함요부종(pitting edema)이 나타남
기아상태	• 임신 동안 금식, 무리한 다이어트로 당이 부족하여 지방이 불완전 산화하여 케톤혈증이 태아를 위협함 • 산독증, 케톤뇨(아세톤뇨)가 발생함

(11) 내분비계 변화

갑상샘	• 갑상샘은 임신 시 선조직이 증대되고 혈관분포가 늘어나 약간 비대되는 경향이 있어 종종 촉진되기도 한다. • 기초대사율(BMR)은 임신 동안 20~25% 증가된다. 갑상샘호르몬의 증가에 따른 변화에 의한 것이 아닌, 태아 대사 작용에 의한 산소 소비의 증가로 인한 것이다.
부갑상샘	• 혈장 내 부갑상샘호르몬의 농도는 임신 1기 동안 혈장 증가, 신사구체여과율의 증가, 태아로의 칼슘 이동으로 인해 감소하지만 그 후 계속 증가한다. • 임신과 수유 시 상승된 칼시토닌이 부갑상샘호르몬과 비타민 D의 역할을 억제하는 것으로 알려져 있다.
뇌하수체	• 뇌하수체는 임신 동안 크기가 약간 증대되지만 출산 후에는 정상크기로 회복된다. • 뇌하수체 전엽은 매 임신마다 무게가 증가되지만 후엽은 변화가 없다. • 임신기간 동안 자궁내막 분비기를 유지해야 하므로 난소의 황체기를 연장하도록 뇌하수체를 자극한다. • 뇌하수체 호르몬 중 갑상샘자극호르몬과 부신피질자극호르몬은 임신 유지를 위해 모체의 대사를 변화시킨다. • 뇌하수체 전엽에서 분비되는 프로락틴은 초기 유즙 분비를 담당한다. • 프로락틴 수치는 임신 말기 시 10배 증가하지만 출산 후에는 모유수유를 하는 경우에도 급격히 감소한다. 출산 후의 유즙 분비는 시생아가 유두를 빠는 자극으로 지속된다. • 뇌하수체 후엽에서는 자궁 수축, 혈관 수축과 항이뇨 작용을 하는 옥시토신과 바소프레신을 분비한다.
부신	• 총 코르티솔의 농도는 임신 1기부터 증가하여 임신 말기 이후에는 비임신 시의 3배가 된다. • 유리코르티솔은 임신이 진행되면서 증가하는데 탄수화물과 단백질 대사를 조절하는 역할을 한다. • 알도스테론은 임신 2기 초부터 분비가 증가된다. 신장에서 나트륨 배설을 억제하는 효과를 나타내기 때문에 염분을 제한하는 임부의 경우 알도스테론의 분비가 더욱 증가된다. • 정상임신에서 알도스테론의 증가는 프로게스테론의 영향으로 인한 나트륨 배설 증가에 대한 신체의 보호반응이다.
췌장	임부는 인슐린 요구량이 증가된다. 랑게르한스섬은 증가된 요구량을 충족시키기 위해 자극을 받게 되고, 임신성 당뇨의 증상으로 임신 중에 잠재적인 결핍이 나타날 수도 있다.

(12) 태반호르몬 [2010 · 2012 · 2023 기출]

임신 유지에는 여러 호르몬들이 필요하다. 임신 초기에는 황체에서 그 기능을 담당하지만, 그 이후에는 태반에서 분비된다.

| 임신 중 호르몬과 작용 | [2010 · 2023 기출]

호르몬 및 근원	근원적 작용	임상적 중요성
[태아-태반 구성단원] • 에스트로겐 – 임신 초에는 난소와 부신 피질에서 생산됨. 그러나 근원은 태반 – 태아간과 부신으로부터 합성 – 4주말에 E_3(estriol)치가 상승	estriol 순환치는 임신 중 상승되므로 소변과 양수에서 증가	• 임신 말에 estriol의 30~40mg/24시간의 소변 내 분비는 태아의 안녕을 뜻함. 저하되는 것은 태아질식(또는 사망)을 뜻함 • 과량의 증가는 다태임신, 태아적아구증을 뜻함
	자궁증대: 근육 비대, 자궁내막 증식, 혈액공급 증가	임신의 가정적 징후
	유방증대: 선조직관, 포상, 유두의 성장	유방압통(tenderness)
	지방침전	–
	생식기 증대	질의 성장은 태아의 통과 용이
	결합조직의 탄력성 증가(치골결합과 골반인대의 이완): 경관증대와 부드러움	결합조직의 부드러움: 요통, 치골 부위 압통, 옆구리 통증
	HCl, pepsin 분비 저하	소화장애, 메스꺼움, 지방흡수 저하
	갑상샘기능에 영향: thyroxine 생산 증가, 엽산대사 방해	자궁, 태아 태반의 성장과 함께 증가된 산소소비의 결과로 처음엔 BMR이 상승
	• 총 체단백(total body protein) 증가 • 신장세관에 의한 염분과 수분의 정체	양성적 nitrogen 균형: 태아성장을 위한 단백질 이용 가능
	–	증가된 혈장량과 간질액 → 부종, 수분 함유
	혈액변화: 혈액의 과응고, 섬유용해 작용의 저하, 침전율(ESR) 증가	• 안전기전 대 출혈 • 혈전증 경향(다리) • ESR 검사를 하여 임상적 진단에 이용(진단적 가치는 없음)
	혈관변화: 모세관 확장증, 손바닥의 홍반증	임상적 중요성은 없음. 분만 후 보통 사라지는 변화임
	멜라닌 자극호르몬 생산 자극	과착색(기미, 흑선, 젖무리, 생식기)

• 프로게스테론 [2023 기출] – 수정 후 황체에서 2달 동안 분비, 그 후 태반에서 분비 – 임신 동안 꾸준히 상승	자궁내막의 탈락막(분비)세포의 발달	글리코겐 침전은 배아에 영양 공급
	임신 시 자궁 수축 억제	자연유산을 일으키는 자궁수축을 방지
	엽-포상조직의 분비 증진	수유를 위한 유방을 준비
	영양적 효과: 임부의 지방침전에 유리함	임부와 태아요구를 위한 에너지 이용가능
	위장운동을 감소시키며, 조임근을 이완시킴	식도도출(속쓰림): 소량씩, 자주 음식을 줌
	염분배설 증가	저나트륨혈증이 발생될 수 있음
	CO_2에 대한 호흡중추의 민감성이 증가	호흡률이 증가: 폐포와 arterial, PCO_2 저하(호흡이 없는 느낌)
	평활근의 탄력성 저하	장운동이 저하(변비)
	–	방광과 수뇨관의 탄력성 저하(팽만, 뇨정체, 비뇨기감염)
	–	혈관탄력성 저하(정맥확대: 하지에 부종, 정맥류)
	–	담낭의 탄력성 저하: 운동력 감소, 담낭질환의 빈도 증가
	체온이 0.5℃ 상승	다한
• 융모성선자극호르몬 [Human Chorionic Gonadotropin(hCG)] – syncytotrophoblast에서 분비 – 임신 60~70일에 최고치, 4개월 후에 저하 – 산후 2주에 사라짐	임신 초기에 황체를 유지	황체기능은 첫 몇 주 동안만 필요함 → 태반이 충분한 호르몬을 생산
	간질세포가 남자태아의 고환에 영향을 미침	남자태아일 경우 testosterone치가 상승
	면역적 성질을 지닐 수 있음	이물질 단백에 반응하는 lymphocyte를 억제하게 함
	알레르기 반응을 일으킬 수 있음	임신오조증을 일으킬 수 있음
	–	진단적 가치: 포도상기태, 자연유산 후나 융모상피암 후 hCG 유지, 임신에 대한 호르몬 검사의 기본, 절박유산 시 저하, 다태임신 시 상승

• 태반락토겐 [2023 기출] [Human Placental Lactogen (hPL) 혹은 Chorionic Growth Hormone(CGH)] – human chorionic somatomammotropic hormone(hCS)라고도 함 – syncytotrophoblast에서 분비 – 임신 5주나 6주에 검출되며 지속적으로 상승 – 분만 후 2주에 소실됨	뇌하수체 성장호르몬 작용과 비슷	–
	당대사: 에너지 이용이 가능한 지방산(fatty acid)을 만드는 liypolysis 증가로 임부를 위한 에너지로서의 당 사용이 저하(탄수화물은 여분으로 둠)	당은 태아 에너지로 이용 가능
	글리코겐 침전이 증가되고, 세포는 포화(saturated)되어(당신생 억제) 혈당치를 상승하게 하는 원인이 됨	임부에서 당뇨병을 유발시킬 수 있음(혈당치의 상승은 langerhan's cell을 자극하여 더 많은 인슐린 생산)
	탄수화물과 인슐린은 호르몬 작용을 요구	태아췌장은 12주 후에 인슐린을 분비. 임부인슐린은 태반을 통과하지 않음. 만약 지속적 고혈당이 나타난다면 태아췌장은 과량분비됨. 출산 시 신생아는 저혈당이 되며 뇌성장에 위험을 가져옴
	단백질 대사: 단백질 합성 증가, 에너지를 위한 단백질의 이용이 저하(유리지방산을 동원 → 과량 시 ketosis 유발)	단백질대사: 단백질은 태아나 임부 성장요구에 이용 가능함
	hydrocortisone과 인슐린의 공동작용으로 유방의 포상을 발달시키는 작용을 함(수유적 영양)	수유를 위한 유방 준비
	분비되는 양은 태반크기에 의함	정상임신의 지표
[신체 여러 기관] • prostaglandins – 인체에 널리 분포되어 있음 – 정맥, 뇌, 신경, 내분비계, 자궁내막, 탈락막, 양수에 포함되어 있음	생식기계: 발기, 사정, 배란, 항체형성, 자궁운동성, 출산, 유즙사출 역할을 함	임신 2기 유산의 원인. 말기에 분만유도 시 사용
	심맥관계: 혈소판 집합, 혈압상승 시키는 역할	–
[난소] • 릴락신	경관 연화증진	–
[뇌하수체] • 뇌하수체 성장호르몬 – 뇌하수체 전엽에서 분비 • 난포자극호르몬(FSH) – 뇌하수체 전엽에서 분비	임신 중 뚜렷하게 저하되며 분만 후 6~8주에 임신 전 상태로 서서히 상승	분만 후 인슐린요구가 저하된 이유(태반만출로 hPL↓)임
	임신 중 뚜렷하게 저하: 분만 후 10~12일 동안 낮은 상태	임신 중 배란은 중지됨
	분만 후 3주에 난포기가 농축된 다음 증가	시상하부–뇌하수체–난소

• prolactin(PRL) – 뇌하수체 전엽에서 분비	수유: 태반만출 후 유선세포에 의한 지방, lactose, casein분비 자극	estrogen 고농도가 유선을 억제하기 때문에 산전에는 유즙분비작용이 일어나지 않음
	폐성숙, 임신유지의 역할	–
• Melanocytestimulating hormone – 뇌하수체 전엽에서 분비	외피와 모반을 검게 만듦. 기미, 흑선, 유두, 유륜, 외음부의 검은색	착색변화는 임신의 객관적, 추정적 징후임. 보통 분만 후 사라짐
• β-endorphins와 enkephalins – 뇌하수체 중간엽에서 분비 • oxytocin – 뇌하수체 후엽에서 분비	진통적 효과	불편감이 줄어들거나 내성이 생김
	자궁수축을 일으킴	분만을 유도할 때 사용
	progesterone에 의해 작용이 억제됨	분만 시작 즉시 자궁근을 수축시키기 위해 방출됨
	유즙을 사출시키기 위해 유선에서 평활근상피세포를 자극시킴	유두에서 감각적 수용은 반사로를 통해 oxytocin 방출을 자극함. 수유 중 oxytocin은 유즙을 사출하기 위해 유선에 있는 평활근세포를 자극함
[갑상샘] • thyroxine – 뇌하수체 전엽자극으로 갑상선에서 분비	• 갑상샘 증대로 기능이 20% 증가됨 • BMR이 말기에 25% 증가. BMR은 분만 후 1주 내에 임신 전 상태로 됨. 출산 후 6주 안에 정상적인 크기로 회복	임부는 심계항진, 빈맥, 정서적 불안정, 열에 대한 내성이 없어지고 피로, 땀이 많이 남

2 임부의 혈청 생화학적 검사 [2013 · 2020 기출]

모체혈청 삼중 검사 (triple screen)	• 임신 15~20주(16~18)주 혈액 검사 시행 • AFP, estriol, HCG	
모체혈청 사중 검사	• 임신 15~22주(16~18)주 혈액 검사 시행 • 임신 중 태아의 상태를 보다 정확하게 파악하기 위해 • 모체혈청 AFP, estriol, HCG검사, 인히빈(inhibin) A 검사	
다운증후군	상승	HCG와 inhibin A 상승
	감소	AFP과 estriol 감소

(1) β-hCG 검사 [2012 기출, 국시 2005]

<table>
<tr><td>생산</td><td colspan="2">합포체 영양막 또는 태반에서 생산되어 모체 혈청에 존재</td></tr>
<tr><td>역할</td><td colspan="2">• 임신상태나 태반의 건강상태를 정확하게 나타냄
• 임신진단에 유용</td></tr>
<tr><td>분비</td><td colspan="2">β-hCG는 수정 후 8일 된 임신 여성의 5%에서 혈청검사에서 발견되기 시작하여 11일쯤 되면 거의 모든 임부에게서 검출됨. 임신 후 첫 10일까지는 그 농도가 2일마다 두 배로 증가되며, 수정 후 임신 60~90일 경에는 최고조에 달하고, 2~3기에 상대적으로 낮은 수준으로 떨어짐 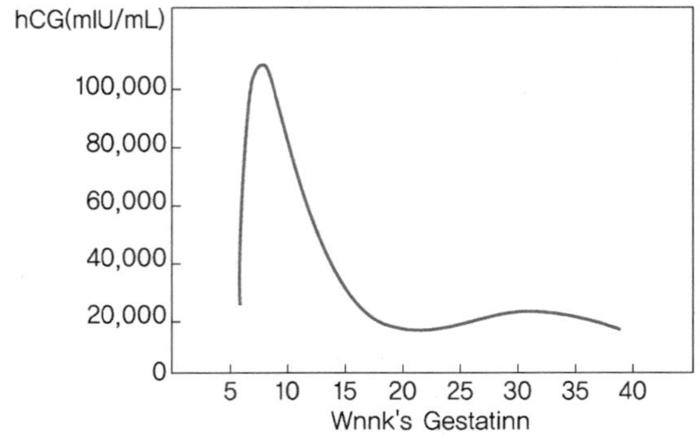
hCG(mIU/mL) 100,000 80,000 60,000 40,000 20,000 0 / 5 10 15 20 25 30 35 40 / Wnnk's Gestatinn
| 임신 주수에 따른 임신부 혈청 내 hCG의 변화 |</td></tr>
<tr><td rowspan="4">기능</td><td colspan="2">• 임신 초기 동안 황체기능을 유지 → 임신 유지에 필요한 에스트로겐, 프로게스테론 분비 도움
• 임신 초기, 48시간 동안 β-hCG 수준이 증가하면 태아가 살아 있음을 의미
• 임신오조증을 일으킬 수 있음
• 모체의 면역 억제 역할로 이물질 단백에 반응하는 림프구를 억제하여 태반조직에 거부 반응이 없도록 함
• 임신 중기의 융모생식샘자극호르몬 수준은 모체 연령과 혈청 내의 알파피토프로테인, 에스트리올 수준과 관련시켜 다운증후군을 예측할 수 있음</td></tr>
<tr><td>임신 초기에 비정상적으로 낮은 수치</td><td>절박유산, 자궁외 임신</td></tr>
<tr><td>• 임신 15~20주
• β-hCG 증가& AFP와 에스트리올 감소</td><td>다운증후군</td></tr>
<tr><td>임신 100일 이후에도 계속 증가</td><td>포상기태</td></tr>
</table>

(2) 에스트로겐 [2009 · 2010 기출]

혈청 또는 소변 내 에스트리올 수준	• 태반기능 혹은 태아안녕상태를 측정 • 에스트로겐 수치는 정상임신 과정 동안 서서히 올라감 • 당뇨, 과숙 임신, 고혈압, 임신성 고혈압, 자궁 내 성장지연 등 고위험 임신에서 태아상태를 평가하기 위해 널리 사용	
분비	• 태아의 부신피질에서 생산되는 스테로이드 전구물질 • 에스트리올로의 전환은 태반에서 이루어짐	
기능	자궁 증대	태아발달에 따라 자궁 증대
	자궁 탄력	자궁의 탄력성, 수축성 유지
	자궁 혈류	자궁 혈류 증진으로 혈관 분포 증가로 자궁태반 혈액순환 자극
	혈관 확장	혈관 확장으로 모세혈관 확장증, 손바닥 홍반증
	유방 발달	에스트로겐은 유방에 지방조직의 침착과 혈관의 분포 증가, 젖샘 소엽과 유관의 발달로 유방 발달 자극
	유즙 분비 억제	에스트로겐은 유즙 분비를 억제하여 분만 후 태반의 만출과 동시에 에스트로겐 감소로 뇌하수체 전엽의 prolalctin 분비로 유즙분비
	소화기 장애	염산과 펩신 분비 감소로 소화성 궤양은 감소하나 오심, 구토, 소화기 장애 유발 펩신의 기능: 염산은 pepsinogen을 pepsin으로 활성화시킴 • 유미즙: 음식을 반유동식의 유미즙으로 분해 • 단백 분해: 펩신은 강산에서 활성화하여 단백분해효소작용
	RAA	에스트로겐 분비로 레닌-안지오텐신 II, 알도스테론 분비 증가로 신장의 세뇨관과 집합관에서 나트륨과 수분의 정체로 체내에 수분을 축적시킴 cf) 프로게스테론 분비: 알도스테론 효과를 막아 경한 Na^+ 감소
	멜라닌세포자극 호르몬	에스트로겐이 멜라닌세포자극호르몬의 자극으로 기미, 젖무리, 생식기 과착색, 흑선
	thyroxin	갑상선 기능 작용에 영향으로 thyroxin 생산 증가
	응고	• 응고인자, 섬유소원 증가, 섬유소 용해 작용 저하로 혈액의 응고 경향 에스트로겐에 의해 응고인자(Factor VII, VM, IX, X), 섬유소원(fibrinogen) 증가로 혈액이 응고 경향 • 응고된 혈액을 용해하는 섬유소 용해작용 저하
	지방 침전	-
	근골격 이완	관절과 골반, 인대 이완
상승	다태임신	
저하	• 주산기가 건강하지 못할 것으로 예측 • 임신종결, 무뇌증, 태아사망, 태반박리	

(3) 프로게스테론 [2009 · 2010 · 2023 기출]

구분	항목	내용
생산분비	소변배출	요에 배출되는 프레그난에디올(pregnanediol)
	임신 초	황체에서 분비
	임신 12~13주	태반에서 분비되어 32주에 분비량이 최고수준
기능	• 태아 전구물질을 요구하지 않기 때문에 태아안녕평가에서는 거의 가치가 없음 • 자궁내막에 글리코겐 축적 → 수정란 작상을 위한 적당한 영양상태 • 자궁평활근을 이완하여 자궁수축을 억제시켜 임신초기 자연유산 방지, 임신 지속 • 유방의 포상조직 발달과 모체의 신진대사를 촉진함	
	자궁 이완	• 뇌하수체 후엽호르몬인 옥시토신 분비를 억제하여 자궁 평활근에서 옥시토신의 자궁수축 작용에 민감도 감소로 자궁수축을 억제시켜 자궁의 운동성 억제와 자궁 이완으로 수정란의 탈락을 방지하여 자연유산을 막고 임신을 유지 • 옥시토신: 자궁수축, 모유사출
	자궁내막 증진	자궁내막의 선과 혈액공급의 증가와 나선 모양으로 꼬여지고 자궁내막에 글리코겐을 축적하여 수정란의 착상을 위한 영양 상태를 만들어 주고 수정란의 보호 작용과 임신유지 준비를 줌
	염주 모양	자궁 경부의 점액분비로 구슬(염주) 모양
	유방 발달	젖샘 소엽 안 선방세포 발달로 유방 발달 자극
	지방 저장	임신 시 지방을 대량 저장하여 지질, 지단백, 콜레스테롤을 증가시켜 임부, 태아 요구를 위한 에너지 이용 가능
	과다호흡	프로게스테론이 CO_2에 대한 중추성 호흡 중추를 자극하여 과다 호흡
	체온 증가	모체의 신진대사 촉진으로 체온 증가로 덥고 땀이 많이 남
	신장계	• 방광의 탄력성 감소로 방광이 팽만되어 요정체로 비뇨기 감염 위험 • aldosterone과 경쟁적으로 작용하여 신장에서 Na^+ 배설을 증가
	위장관	위장관의 평활근을 이완시키고 장의 운동을 저하시켜 영양분의 흡수 시간을 길게 함
	혈관 탄력성 감소	정맥 혈관 탄력성 감소로 정맥확대로 하지부종, 정맥류
낮은 프로게스테론 수치	자연유산이나 자궁외임신과 관련	

(4) 모체혈청 알파피토프로테인검사[AFP(Maternal Serum a Fetoprotein; MSAFP)] [2020 기출]

목적	신경관 결함의 위험이 있는 태아 확인
분비	임신 13주에서 20주 사이에 태아의 간에서 생성되는 물질
검사시기	임신 15~20주(16~18주, 4개월)
검사목적	단백질의 일부가 태아막을 건너 모체순환으로 들어가게 되므로 모체의 혈액검사를 통해 태아의 상태를 간접적으로 확인할 수 있음
AFP 상승	• 신경관 결함: 이분척추, 무뇌아 • 식도폐쇄, 태아 용혈성 질환, 선천성 산증, 제대탈장, 양수로의 태아출혈, 양수과소증, 저체중과 • 다태임신
하강	• 다운증후군, 임신성 영양막성 질환(포상기태) • 태아사망

(5) 태아 섬유결합소 검사(fTN)

목적	• 임산부의 조기분만 위험성을 평가한다. • 임신 20~24주에서 35주일 때 조기진통 or 조기파막으로 인한 조산을 예측한다.
당단백	영양배충과 태아의 조직에서 생산되는 당단백
기전	융모막, 탈락막 경계면에 분열이 오면 섬유결합소가 혈관 밖으로 흘러나와 자궁경부와 질 분비물로 흘러들어가게 된다.
방법	자궁경부나 질의 체액 검체
정상결과	태아 섬유결합소는 초기 임신기간 동안 자궁경부질 체액에서 정상적으로 검출되고 정상적인 임신에서는 24주 이후에 검출되지 않는다. 그러나 36주 이후에 다시 나타나서 검출된다.
기능	임신 20~34주경 질경부에서 발견되는 태아 섬유결합소는 조기진통 또는 조기파막으로 인해 발생되는 조산을 예측하는 데 사용된다.

3 임신의 징후 [2010 · 2015 기출]

(1) 임신의 징후와 증상

임신 여부를 확인하기 위한 임상적 진단은 시기에 따라 그 결과가 달리 나타날 수 있기 때문에 정확성을 기해야 한다. 정확한 진단을 위해서는 월경주기 중 마지막 월경 시작일(LMP), 성교 날짜, 기초체온 기록 등의 자료가 매우 중요하며, 확진을 위해 2~4주 내에 재검사를 실시한다. 임신의 징후와 증상은 대상자에 따라 매우 다양하게 경험하며 추정적, 가정적, 확정적 징후로 분류한다.

① 추정적 증후와 증상

<table>
<tr><td>무월경</td><td>예정일보다 10일 이상, 또는 월경을 2번 거르게 되면 의심
(vs 정서적 긴장, 내분비 이상, 중추신경계 이상, 난소 부전증, 종양, 자궁질병 시)</td></tr>
<tr><td>입덧과 구토</td><td>임신 6주~12주
(vs 알레르기, 정신적 긴장, 감염, 폐색증, 중추신경계질병, 바이러스 혈증)</td></tr>
<tr><td>빈뇨</td><td>임신 초 증대된 자궁이 방광 압박하여 발생, 에스트로겐과 프로게스테론 분비 증가로 방광을 포함한 골반 내 장기의 순환증가 때문
(vs 자궁 내 종양 시)</td></tr>
<tr><td>유방의 민감성 증가
[2010 기출]</td><td>임신 초 에스트로겐과 프로게스테론의 증가로 자극
(vs 호르몬 요법 시, 무배란성 월경주기나 난소종양과 관련된 에스트로겐 과다로 유선통, 젖샘 신생물이나 중추신경계 질환 시)</td></tr>
<tr><td>첫 태동
(quickening)</td><td>임신 18~20주(다임부는 16주 초)
(vs 장내 가스 움직임)</td></tr>
<tr><td>피로와 권태</td><td>-</td></tr>
</table>

② 가정적 증후(probable sign) [2010 · 2012 · 2015 기출]

<table>
<tr><td>복부증대</td><td colspan="2">임신 12주 치골결합 바로 위 촉지, 20주 제와부 촉지, 36주 검상돌기 촉지
(vs 태아위치, 양수량 및 쌍태아 임신 등의 여러 변인 / 신생물이나 근종 시)</td></tr>
<tr><td>자궁수축
[2010 기출, 국시 2003]
(braxton hicks contractions)</td><td colspan="2">• 임신 초부터 불규칙적 무통성 자궁수축, 마사지 시 수축이 더 강함
• 임신 28주 이후 임부가 확실히 느낌
(vs 자궁혈종이나 자궁근종 시, 장 연동운동 및 복부맥박전달과 구분)</td></tr>
<tr><td rowspan="3">임신 초기의 자궁변화</td><td colspan="2">혈관울혈로 유발된 골반 장기의 변화는 임신 첫 3개월 내에 신체증상으로 나타나며 골반검사로 이런 변화들을 확인할 수 있음</td></tr>
<tr><td>채드윅 징후
(Chadwick's sign)</td><td>자궁경부는 아주 부드럽고, 골반 내 혈액공급의 증가로 인한 울혈로 경관, 질과 외음의 점막이 푸른색이나 보라색을 띤 자청색을 띰</td></tr>
<tr><td>구델 징후
(Goodell sign)
[2010 · 2015 기출]</td><td>• 임신 6주에 자궁경부의 부드러움
• 결체조직에 혈관이 증가하고 세포의 증대로 발생</td></tr>
</table>

	헤가 징후 [2015 기출] (Hegar's sign)	임신 6~8주, 자궁협부가 부드러워진 것. 양손검진으로 확인
	라딘 징후 (Ladin's sign)	자궁체부와 경부 접합부 근처의 중앙부 앞면에 부드러운 반점이 나타나는 것
	브라운본펀왈드 징후 (Braun von Fernwald's sign)	임신 약 15주, 착상 부위의 불규칙한 부드러움과 크기의 증가
	피스카섹 징후 (Piskacek's sign)	종양처럼 보이기도 하는 비대칭성 증대
	맥도날드 징후 (McDonald's sign)	경부 반대쪽으로 자궁체부가 조금 기울어진 것
	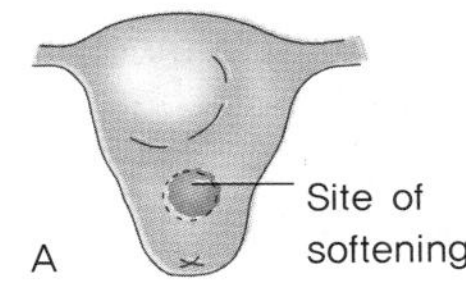 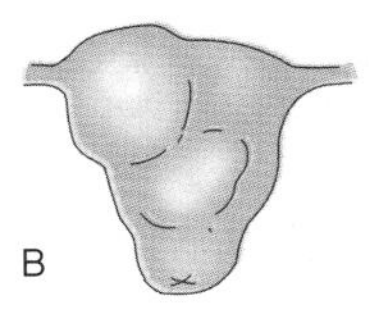 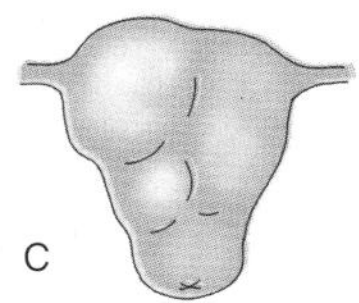 A. 라딘 징후(Ladin's sign) B. 브라운본펀왈드 징후(Braun von Fernwald's sign) C. 피스카섹 징후(Piskacek's sign) **| 임신 초기의 자궁변화 |**	
피부의 변화	착색	• 에스트로겐에 의한 멜라닌세포 자극호르몬에 의해 유두와 유륜에 착색, 흑선, 갈색반(기미)이 볼, 코, 피부에 갈색 과색소 침착 • 유두와 유륜 주위 착색, 흑선이 나타남
	임신선	에스트로겐에 의한 멜라닌세포 자극호르몬에 의해 유두와 유륜에 착색, 흑선, 갈색반(기미)이 볼, 코, 피부에 갈색 과색소 침착
	유륜의 몽고메리결절이 더 커짐	
태아외형의 촉지	임신 24주 후 태아외형 촉지 가능	
부구감 [2010 기출]	손가락 2개를 이용해 자궁경부의 반대방향으로 복부를 밀어 올리면 부유물을 떠오르게 하고, 다시 태아가 가라앉는 부드러운 움직임을 손가락으로 느끼는 것 **| 부구감(18주) |**	

<table>
<tr><td rowspan="5">임상임신검사 :
hCG
[2012 기출]</td><td>정의</td><td colspan="2">• 혈액 소변을 이용하여 임신여부를 판정하는 화학적 검사
• 수정란의 자궁 착상 즈음 모체의 혈중에 인체 융모성선자극호르몬농도(β-hCG)의 상승</td></tr>
<tr><td rowspan="4">hCG</td><td colspan="2">• 태반의 영양막세포에서 만들어내는 호르몬
• 황체의 퇴화를 막아주고 성호르몬을 생산분비하도록 하여 임신이 지속되도록 함</td></tr>
<tr><td>검출시기</td><td>• 착상시기, 배란 6~12일 후 검출
• 소변에서는 혈액보다 늦은 2~3일 후 검출 가능
• 72시간이 지날 때마다 hCG 2~3배씩 증가
• hCG 임신 1기에 급격히 증가 10주에 최고점(10주 이후의 계속적 상승은 영양막 종양 의심)
• 가정에서는 생리예정일 이후 아침소변에서 검출(5mIU/ml 이하에는 음성, 25mIU/ml 이상 시 양성 – 두 줄 판단)</td></tr>
<tr><td>자궁외임신</td><td>농도는 증사하나 태낭(Gestation Sac; GS)이 보이지 않음</td></tr>
<tr><td>유산</td><td>hCG 농도가 적절하게 증가하지 않음</td></tr>
<tr><td>자가임신검사</td><td colspan="3">• 효소면역학적 검사방법으로 소변 내에 아주 적은 양의 융모생식샘자극호르몬이라도 판별할 수 있음
• 생리예정일 이후 아침소변에서 검출됨(5mIU/ml 이하에는 음성, 25mIU/ml 이상 시 양성 – 두 줄 판단)</td></tr>
</table>

③ 확정적 증후(positive sign) [2012 기출]

<table>
<tr><td>태아심음</td><td colspan="3">임신 17~20주경부터 청진기로 청취 가능하다. 도플러 원리를 이용한 초음파 기구는 임신 10~12주경에 태아심박동수 측정 가능하다.</td></tr>
<tr><td rowspan="3">태아 움직임</td><td colspan="3">임신 20주 이후 태아의 활발한 움직임을 임부뿐만 아니라 진찰자도 알 수 있다.</td></tr>
<tr><td>첫 태동</td><td>추정적 징후</td><td>임부 자신이 느끼는 것이다.</td></tr>
<tr><td>태아 외형 촉진</td><td>가정적 징후</td><td>임신 후반기에 태아의 외형을 모체의 복벽을 통하여 촉진하는 것이다.</td></tr>
<tr><td>태아 확인</td><td colspan="3">• 초음파 촬영술을 이용하여 태아를 보면서 임신을 확진하는 것이다.
• 재태낭은 임신 4~5주 후에(착상 2~3주 후) 관찰하는 것이 가능하다(질식 초음파를 통해 착상 후 10일 이내에도 재태낭 확인 가능).
• 마지막 월경일로부터 8주가 되면 태아의 신체부분과 심박동을 관찰하는 것이 가능하다.</td></tr>
</table>

| 임신의 징후와 증상 | [2010 · 2015 기출]

추정적 징후	가정적 징후	확정적 징후
• 무월경 • 입덧(오심 구토) • 피로감 • 유방의 민감성 증가 • 빈뇨 • 첫 태동	• 골반 내 장기의 변화 – 헤가 징후 (Hegar's sign) – 맥도날드 징후 (McDonald's sign) – 굿델 징후(Goodell's sign) – 채드윅 징후 (Chadwick's sign) – 라딘 징후(Ladin's sign) – 브라운본펀왈드 징후 (Braun von Fernwald's sign) – 피스카섹 징후 (Piskacek's sign) • 복부증대 • 자궁수축 • 피부의 변화 • 태아외형의 촉지 • 임상 임신검사 • 자가 임신검사	• 태아심음 • 태아 움직임 • 태아 확인

(2) 분만 예정일과 태아주수의 추정

① 네겔 법칙(Nagele's rule) [2019 기출]

분만예정일 (EDC)	LMP + 7일 − 3개월 + 1년 • 마지막 월경일을 기준으로 −3개월 또는 +9개월/+7일
예	마지막 월경이 2023년 3월 27에서 3월 31일까지였던 여성의 분만예정일은? → 마지막 월경 시작일(LMP) 2023년 3월 27일이므로 → −3개월(또는 +9개월) = 12월, 27일 + 7일은 1개월 3일이므로 2024년 1월 3일
주의	• 마지막 월경일을 정확히 기억하는 28일형 월경주기라면 네겔 법칙은 분만 예정일을 정확히 계산하는 방법 • 35일 월경주기나 40일 월경주기 또는 불규칙한 월경주기라면 배란시기가 7일 정도 늦춰질 수 있음 • 보통 배란주기는 이전 월경주기 14일 이후가 아니라 다음 월경주기 14일 전이 배란시기임 • 월경주기가 불규칙한 경우라면, 자궁저부 높이, 태동 시작시기, 초음파를 이용한 검사, 태아심음 청진 등을 이용하여 추정할 수 있음

② 자궁저부의 높이로 계산하는 방법 [2012 기출]

자궁저부	검상동기, 하강감 후, 제와부, 치골결합 (36, 40, 32, 28, 24, 20, 16, 12)	
	10~12주 (3개월) [국시 2020]	• 자궁저부는 치골결합 위로 올라옴 • 치골결합 위에서 자궁이 만져지지 않으면 임신 12주 이하
	16주(4개월)	제와부위와 치골결합의 중간지점
	20~22주 (5개월)	제와부 자궁저부 촉지
	36주(9개월) [국시 2012 · 2018]	검상돌기 촉지, 가장 높음 이후 내려감
	38주 이후	태아가 골반으로 하강 진입
맥도날드 법칙	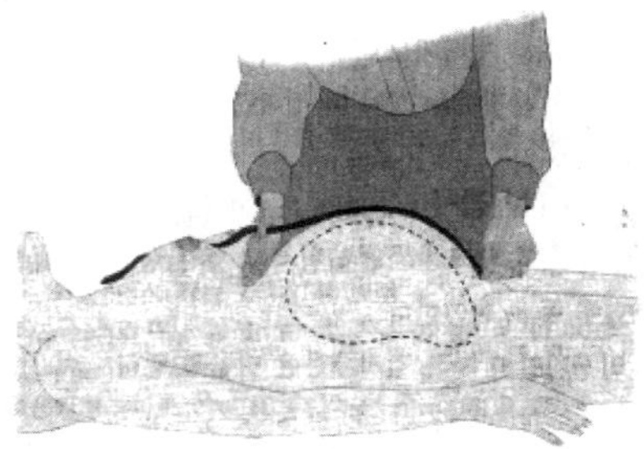 | 자궁저부 높이 측정 | **맥도날드 법칙(McDonald's rule)** 자궁저부 높이는 자궁의 크기를 사정하는 지표이므로 매 방문 시마다 측정한다. 측정방법은 줄자를 이용하여 치골결합 상부에서 복부 중앙선을 따라 복부의 모양대로 둥글게 하여 자궁저부까지의 길이를 잰다. 자궁저부 높이 측정은 22주에서 34주 사이에는 자궁의 크기를 측정하는 정확한 방법이다. 정확한 검사를 위해 같은 시기에 같은 줄자를 이용하여 검사 전 방광을 비우고 상체는 약간 올리고 무릎을 굽힌 자세로 자궁저부 높이를 측정한다.	

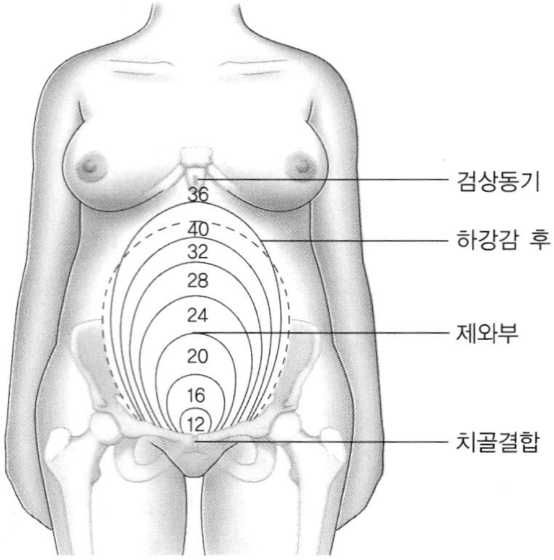

	임신월수	자궁저부의 높이(cm) × 2/7
	임신주수	자궁저부의 높이(cm) × 8/7
	임신영향	양수과다, 다태임신, 큰태아, 모체비만 고려
헤쎄 법칙 (Hasse's rule)	• 임신 5개월까지: 임신월수를 제곱(4개월 × 4 = 16cm) • 임신 6개월 이후~만삭까지: 임신월수에 5를 곱함(6개월 × 5 = 30cm)	
초음파 촬영	태낭크기, 심장박동, 태동, 두둔길이, 대퇴골길이 및 아두 대횡경 등을 이용	

③ 산과력 방식

임신력과 출산력	신생아의 생존력과 관계없이 임신과 출산의 횟수를 요약해서 쓰는 '임신력/출산력'을 사용	
	임신력	현재 자궁 내 상태를 포함한 임신 경험
	출산력	신생아의 생존력에 상관없이 분만 경험
	예	'1/0'은 처음 임신한 여성으로 아이를 한 번도 분만해보지 않은 경우인 미산부를 뜻함
숫자체계	• G(gravida): 출산과 관계없이 현재 임신을 포함한 총 임신수 • T(term birth): 37주 이후 만삭분만(term birth)의 수 • P(preterm birth): 20주 이후에서 37주 사이의 조산(preterm birth)의 수 • A(abortion): 자연유산 또는 치료적 유산에 상관없이 유산(abortion)의 수 • L(living child): 현재 살아있는 아이(living child)의 수	
	4자리	총 만삭분만수 – 조산수 – 유산수 – 현재 살아있는 아이의 수
	5자리	총 임신횟수 – 총 만삭분만수 – 조산수 – 유산수 – 현재 살아있는 아이의 수

1. '만삭분만 – 조산 – 유산 – 현재 아기' 방식
   한 여성이 조산을 한 번하고 유산경험이 없으며 딸이 한 명 있는 임부의 표기방식은? (1–1–0–1)
2. gravida는 임신횟수, para는 출산경력
   쌍둥이를 분만했고 1회 유산한 경험이 있으며 현재 임신 8주인 임부의 산과력은 gravida 3, para 1이다.
3. Naegel's rule
   ① 마지막 월경일을 기준으로 –3개월 또는 +9개월 / +7일
   ② 마지막 월경이 2007년 3월 27일에서 3월 31일까지였던 여성의 분만예정일은?
   → 마지막 월경 시작일(LMP) 2007년 3월 27일이므로
   → –3개월(또는 +9개월) = 12월, 27일 + 7일은 1개월 3일이므로 2008년 1월 3일

04 고위험 임부간호

1 다태임신 [2011 기출]

(1) 분류

<table>
<tr><td rowspan="5">일란성</td><td>정의</td><td>한 개의 수정란에서 발생하며 하나의 수정란이 발달 초기에 2개의 배아 형태로 분할되어 성숙</td></tr>
<tr><td>성</td><td>동성</td></tr>
<tr><td>구조특징</td><td>• 융모막(태반) 1개, 양막 2개(2/3)
• 융모막(태반) 2개, 양막 2개(1/3)
• 융모막(태반) 1개, 양막 1개</td></tr>
<tr><td>혈액형</td><td>• 동일
• 동성 유전성 형질이 같고 혈액형과 신체적 모양이 비슷함</td></tr>
<tr><td colspan="2">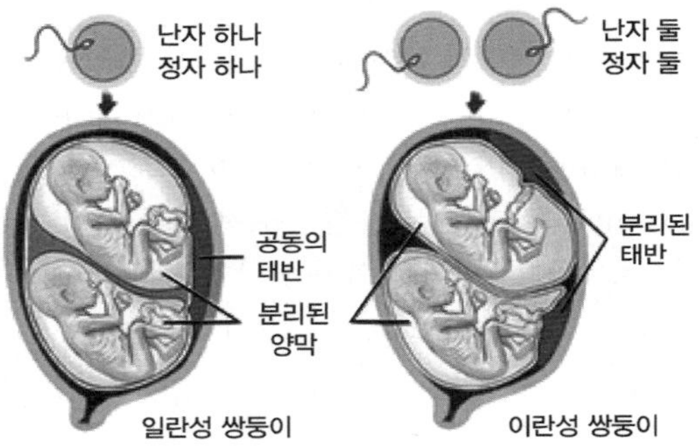
</td></tr>
<tr><td rowspan="4">이란성</td><td>정의</td><td>• 두 개의 수정란에서 발생하며 두 개의 난자에 각각 수정되어 성장 발육
• 전체 쌍둥이의 약 2/3 차지
• 인종, 유전적 요인, 모체 연령, 출산력과 관련</td></tr>
<tr><td>성</td><td>동성이 아닐 수 있음</td></tr>
<tr><td>구조특징</td><td>융모막(태반) 2개, 양막 2개</td></tr>
<tr><td>혈액형</td><td>• 다를 수 있음
• 유전 형질도 다르고 외모도 다름</td></tr>
</table>

(2) 다태임신의 문제점 [2011 기출]

<table>
<tr><td rowspan="4">모체 측</td><td>빈혈</td><td>모체 혈액량의 증가와 태아의 철분 요구량 증가로 빈혈</td></tr>
<tr><td>자궁증대</td><td>분만 중에는 과도한 자궁증대로 자궁기능부전에 빠질 위험 증가</td></tr>
<tr><td>전치태반</td><td>태반 부착 부위가 넓은 다태임신에서 전치태반 발생</td></tr>
<tr><td>태반조기박리
[2011 기출]</td><td>–</td></tr>
</table>

	양수과다증	–
	자간전증	임신성 고혈압은 태아의 수와 태반의 크기와 연관됨
	산후출혈	자궁의 과다 증대로 자궁이완으로 산후출혈
태아 측	저체중, 조산	태아위치 이상, 조산, 신생아 호흡곤란증
	태아 위치 이상	• 태아가 둘 다 두정위로 있는 경우가 과반수 [국시 2003] • 나머지는 두정위–둔위, 두정위–횡위, 둔위–둔위
	수혈 증후군	가장 심각한 것은 융모막이 하나인 태반에서 동맥과 동맥 간 문합이 일어나는 경우로, 하나는 크고 과다혈량증이나 다혈구증을 나타내며 분만 24시간 내 선천성 심장기능부전을, 다른 하나는 작고 창백하며 혈액량 감소증을 보이고 내 성장지연을 나타냄
	선천성 기형	• 선천성 기형 발생률 • 일란성: 단태아보다 선천성 기형이 2배 높음 • 이란성: 단태아와 차이가 없음

자궁기능부전

- 고 긴장성 자궁기능부전: 중등도 이상의 강한 자궁수축으로 산부가 통증을 매우 심하게 느끼며 자궁경관개대도 효과적이지 못하다. 태아는 저산소증이 올 수 있다.
- 저 긴장성 자궁기능부전: 다태임신이나 양수과다증과 같은 자궁의 과도신전으로 자궁의 수축 시에도 자궁이 부드러운 것을 말한다. 자궁경관개대를 시킬 수가 없어 태아질식 시에는 제왕절개분만을 해야 하고 일반적인 경우 인공파막을 하거나 옥시토신을 주입하여 선진부하강을 촉진시킨다.

옥시토신 금기

태위이상, 아두골반 불균형, 산도의 기형과 같은 태아 하강이 안 되는 경우와 고 긴장성 자궁기능부전, 태아질식, 자궁의 과도신전, 네 번 이상의 다산부, 질분만이 불가능한 전치태반, 질의 헤르페스 감염 등과 같은 경우

다태임신 진단에 고려할 사항

- 가족력에서 모체 측 직계의 이란성 쌍태아 분만력
- 배란촉진제 사용 경험
- 식이나 부종과 관계없이 비정상적으로 과다한 체중 증가
- 양수과다
- 복부촉진 시 많은 수의 태아 소부분들이 만져짐
- 비동시적인 태아심음의 청취
- 초음파 촬영 시 하나 이상의 태낭 확인

(3) 다태임신 문제점과 중재

문제점	설명	간호중재
미숙아	• 태반에서의 영양공급이 적절하지 못하므로 태아가 느린 속도로 성장 • 쌍태아의 15% 이상이 체중 2500g 이하이고, 대부분 조산아이다. 양수과다는 단태임신보다 10배 높게 나타남	활동제한
자간전증	쌍태아의 20%(단태아의 4배)	더 자주, 세밀한 건강사정
압박증상	• 자궁이 크다. • 양수과다가 10배 높음	• 압박감소를 위해 체위변경 • 음식은 적은 양으로 자주 섭취 • 휴식 시 베개나 방석으로 자궁 지지
1차적 빈혈	태아의 철분 및 엽산의 요구량 증가로 단백질, 철분, 비타민, 엽산의 섭취 증가	출혈의 세밀한 사정
전치태반	단태임신보다 2배 증가	혈액준비, 분만 2~3기에 정맥으로 수액공급, 둘째 태아의 만출을 15~20분 이상 넘기지 않음
산후출혈	자궁의 과다확장이 자궁이완의 소인	공포를 덜어줄 수 있는 기회 제공
정신사회적 문제	양육문제	예측되는 일에 대한 안내

(4) 중재

체중조절	다태임신 시 체중조절은 정상임부보다 50% 정도(18kg) 더 증가하는 범위에 있도록
칼로리 보충	정상 임부 요구량에 300칼로리를 더 증가
자궁과다증대로 오는 요통예방	몸에 잘 맞는 거들을 착용하고, 탄력스타킹이나 임부용 타이즈를 착용하여 하지 정맥류를 예방
좌측위	자궁 및 신장의 혈액순환을 증진시키기 위하여 옆으로 누운 자세에서 침상휴식을 취하도록 함
빈혈	단백질, 철분, 비타민 보충 필요
조산예방	자궁경관의 조기개대나 출혈의 위험이 나타나면 조산의 가능성이 많으므로 임신 말기에 부부관계를 삼가 조산을 막아야 함

2 출혈과 연관된 문제

(1) 저섬유소원 혈증

정의	혈장 섬유소원이 감소되어 초래
기전	태반조기박리 시 트롬보플라스틴이 말초혈관 내 작은 피브린을 형성함으로써 피브리노겐 수치가 혈액 내 감소됨에 따라 응고 기전이 손상됨

(2) 파종성 혈액응고 장애

정의	prothrombin과 혈소판, 응고인자들이 증가되어 소혈관에 혈전을 형성하고 이것이 결국 응고인자들을 다 소모시켜 심한 출혈이 야기되는 것
원인	태반조기박리, 자궁 내 태아 사망, 패혈증, 양수전색증, 자간전증, 자간증
증상	• 혈소판감소, 섬유소원 감소, Prothrombin Time 지연 • 주사 부위나 잇몸 출혈, 혈뇨, 피부출혈반응(점상출혈) • Prothrombin Time(PT), Partial Thromboplastin Time(PTT)이 증가되나, 혈소판과 섬유소원 수치는 감소 • 태아와 신생아는 저산소증
치료	• 유발인자 제거, 응고요소와 혈소판의 보충, 항응고제 투여와 잔여 섬유소 용해 억제 • 양수전색증을 제외하고 자궁의 내용물을 제거 • 산모의 상태가 좋다면 질 분만 • 출혈징후(점상출혈, 혈뇨)에 주의 • 신부전 • DIC의 심각한 합병증이므로 유치도뇨관을 삽입하여 소변량이 30~50cc/hr 정도로 유지되는지 모니터 • 대상자가 임신 중이라면 자궁의 혈류량을 증진하기 위해 좌측위를 유지하고 산소공급

3 임신 중 고혈압성 장애

임신성 고혈압	임신 중 혈압이 140/90mmHg 이상으로 증가하거나 또는 6시간 간격으로 두 번 혈압을 측정하였을 때 평상 시 혈압보다 수축기 혈압이 30mmHg 이상, 이완기 혈압이 15mmHg 이상 상승한 경우로 단백뇨를 동반하지 않은 경우를 말한다.
자간전증	임신 중 임신 20주 이후에 혈압이 140/90mmHg 이상으로 증가하고 단백뇨 혹은 부종을 동반하는 경우를 말한다.
자간증	자간전증에서 경련을 동반한 경우를 말한다.
만성 고혈압	임신 전부터 혹은 임신 20주 이전에 혈압이 140/90mmHg 이상으로 고혈압으로 진단받은 경우를 말한다. 일반적으로 산후에도 고혈압이 지속된다.

임신 악화성 고혈압	임신 전부터 혹은 임신 20주 이전에 혈압이 140/90mmHg 이상으로 고혈압으로 진단받은 임부가 임신 후 단백뇨가 새롭게 나타나거나 심해지거나 혹은 혈압이 증가하는 경우를 말한다.

(1) 임신성 고혈압

| 임신의 고혈압성 합병증의 분류 |

분류	정의	발생시기	빈도	주석
자간전증	고혈압과 단백뇨, 부종이 함께 나타나거나 단백뇨, 부종 중의 하나가 병합되어 나타나는 것	임신 20주 이후 산욕 48시간 이내	임신부의 6~7%(원칙적으로 초임부이며, 미국통계, 우리나라는 정확하지는 않으나 약 20%)	영양막 장애가 있을 때(포도상 기태)는 임신 20주 이전에도 발생됨
자간	자간전증의 부인이 뇌의 다음 질환에 기인되지 않는 경련이 1회 또는 그 이상 발생되는 것	임신 20주 이후 산욕 48시간 이내	1 : 2,000	-
만성고혈압성 혈관질환	어떤 원인으로부터 고혈압이 지속되는 것	임신 전부터, 임신 20주 전부터 분만 42일 후에도 계속됨		흑인이 백인보다 3배로 발생빈도가 높음
부가되어진 자간전증이나 자간	만성고혈압성 혈관 질환이 있는 부인이 단백뇨와 부종이 있고, 혈압의 수축압 30mmHg과 이완압 15mmHg 이상 상승된 경우	20주 이후	-	-

(2) 자간전증 [2009 · 2013 · 2017 · 2022 기출]

원인	unknown • 20세 이하인 초임부 • 만성고혈압을 가지고 있는 여성 • 35세 이상의 여성 • 쌍태아에서의 자간증 위험은 단일아보다 2~3배 • 임신 20주 후에 발생, 임신말기에 특징적으로 나타남

임신성 고혈압의 위험요인	임신 전	임신 중
	• 미산부 • 20세 이하 혹은 35세 이상 • 과소체중, 비만 • 영양결핍 • 고혈압성 질환의 가족력 • 임신성 고혈압 기왕력 • 당뇨, 신장질환	• 초임부 • 사구체염 • 다태임부 • 양수과다증 • 큰 태아 • 포상기태 • 태아수종

(3) 병태생리와 관련된 3대 증상

증상	병리생리적 기초	사정을 위한 기준
부종	체액이 혈관 내에서 조직강 내로 이동	• 침상휴식 12시간 후에 pitting edema 있음 • 1주에 체중 증가 0.5kg 이상 또는 1.5kg/월 이상
고혈압	말초 혈관의 저항력 증가, 혈액점성도 증가, 심장부담의 증가	혈압의 상승, 수축기/이완기압 30/15mmHg 이상 또는 140/90mmHg 이상. 혈압치는 6시간 간격으로 적어도 2번 이상 측정한 값
단백뇨	감소된 혈액량으로 신사구체 통제기능이 저하되고 단백조각의 배출	단백뇨가 1+ 또는 2+이상. 6시간 간격으로 2번 측정하거나 24시간 뇨 검사물에서 단백이 300mg/L 이상일 때

(4) 진단

산전진찰	체중, 혈압, 소변검사(단백뇨)
Roll over test	• 임신 28주~32주 시행 • 측와위와 앙와위에서 혈압측정시 이완압차이가 20mmHg 이상 날 때 임신성고혈압 가능성이 있다고 봄
평균혈압 측정법	[수축기압 + (2 × 이완기압)]을 평균혈압으로 계산하여 20mmHg 이상 증가 시 임신성 고혈압 예측

(5) 임신성 고혈압의 병태생리

임신 시 혈량 증가
→ 레닌 안지오텐신의 민감성 증가
→ 세동맥 혈관 수축 : 동맥순환의 방해
→ 혈관경련으로 혈액 공급 감소 : 혈관의 손상을 가져옴 / 혈소판, 섬유소 등과 다른 혈액 성분들이 내피세포 사이로 유출
→ 혈액공급감소로 혈관손상 : 단백질 투과력 증가시켜 혈관 내에서 혈관 외로 수분의 이동, 부종(dry PIH)

모든 기관에 혈류 감소	신장 혈액흐름 및 여과율 감소	단백뇨, 혈청크레아티닌, 요산 증가
	간에 혈액공급 저하	간비대, 심와부 통증, 간효소 증가(SGOT, SGPT, LDH), 간파열로 출혈성 괴사
	망막세동맥 수축	흐린 시야, 암점
	태반 내 혈액 공급량 감소	자궁 수축력 증가, 자궁 내 태아 성장 지연, 태반 경색과 박리
혈관에서 세포강으로 체액 이동	뇌의 부종과 중추신경계의 흥분	두통, 과반사, 오심구토, 경련
	혈관 내 혈액량 감소	헤마토크릿 농축
	폐에 간질액 증가	호흡곤란 및 폐부종
혈관 내 혈소판과 섬유소 농축	혈소판감소, 혈액응고시간 지연	

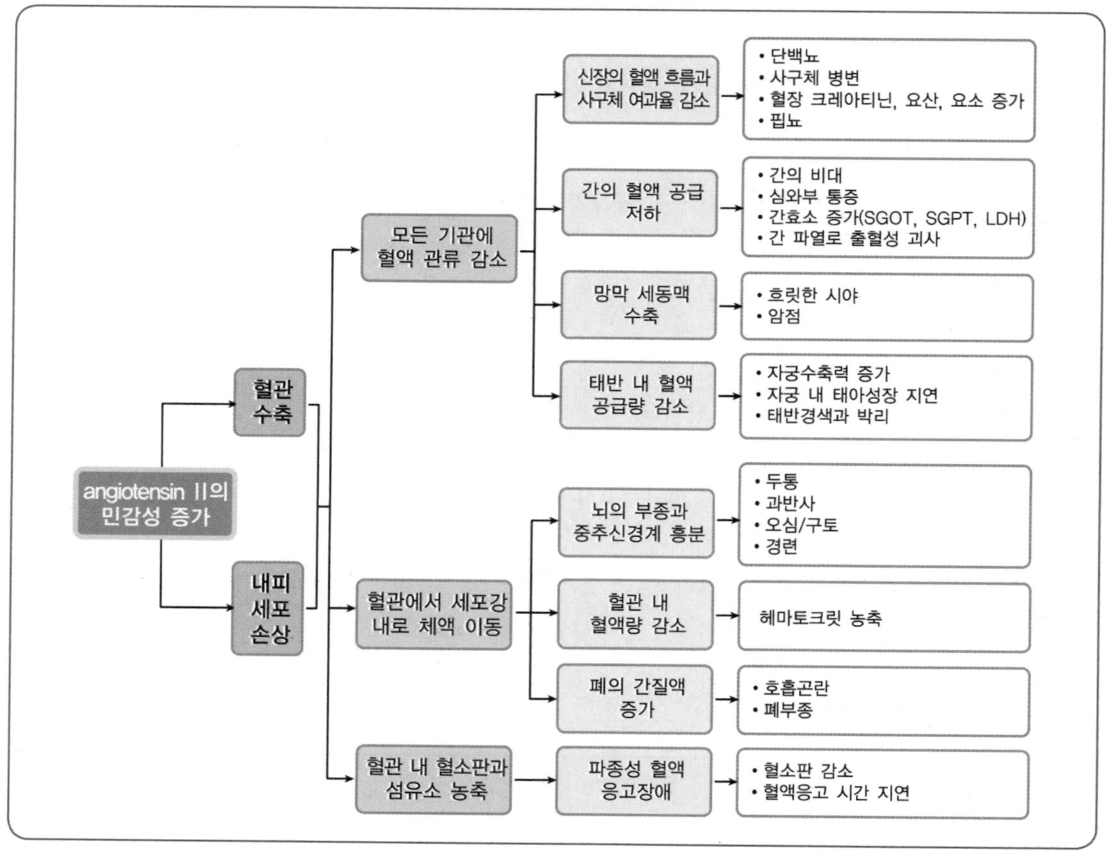

| 임신성 고혈압의 병태생리 |

endothelin	기전	• 태반관류 감소로 태반에서 혈관 내피세포에 해로운 물질인 엔도텔린(endothelin)을 생산한다. • 엔도텔린은 혈관 경련과 혈관 내피세포 손상으로 혈관 내에서 세포간강으로 체액이 이동한다. 모든 기관에 혈액관류 감소로 순환이 잘되지 않아 망막, 간, 신장, 태반과 같은 기관의 기능이 감소한다.	
angiotensin II	기전	혈관을 수축시키는 angiotensin II에 대한 민감성이 증가한다.	
혈압 상승	기전	태반에서 엔도텔린(endothelin) 생산으로 혈관경련과 angiotensin II에 대한 민감성 증가로 혈관을 수축시켜 혈압을 높인다.	
부종, 체중 증가	기전	내피세포 손상	태반에서 endothelin 생산으로 혈관 내피세포에 해로운 물질인 혈관 내피세포 손상으로 모세혈관 투과성을 증가한다. 혈관 내에서 세포간강으로 수분이동으로 부종을 증가시킨다.
		알부민 감소	단백뇨로 알부민은 소변으로 유실되어 혈청 알부민이 감소한다. 혈액 내 교질삼투압 감소로 혈관 내 액체량은 혈관 구획에서 세포간 수분이동으로 부종, 요흔성 부종, 체중이 증가한다.
뇌	기전	혈관 내피세포 손상으로 모세혈관 투과성을 증가시키고 혈관 내에서 세포간 수분이동으로 뇌부종과 중추신경계에서 흥분이 일어난다.	
	증상	두통, 오심구토, 과반사, 발목의 양성 간대성 경련, 발작	
망막	기전	망막의 세동맥 수축과 경련과 망막의 순환 감소	
	증상	흐린 시야와 암점 같은 시각적 징후	
폐	기전	혈관 내피세포 손상으로 모세혈관 투과성을 증가시키고 혈관 내에서 세포간강으로 수분이동으로 폐의 간질액 증가로 폐부종을 일으킨다.	
	증상	폐부종, 호흡곤란	
간	기전	간의 혈액순환 감소로 간 기능 손상이 초래된다.	
	증상	• 간의 비대 • 우상복부 통증 호소 • 간효소 증가(SGOT, SGPT, LDH)	
신장	기전	신장관류 감소로 신장의 혈액 흐름 감소로 사구체여과율 감소, 사구체 손상	
	증상	• 단백뇨 • 사구체여과율 감소로 소디움, 물 보유, 핍뇨 • 요산청소율 감소로 혈청요산 증가 • 혈청요소질소(BUN 정상 6~20mg/dL), 혈청 크레아티닌(0.6~1.5mg/dL) 증가 cf) 임신 시 사구체여과율 상승	
혈액 농축	기전	혈관 내 액체량은 혈관 구획에서 액체가 세포간으로 수분이동으로 혈액량 감소로 혈액 농축으로 헤마토크릿 증가, 혈액점도 증가	

DIC	기전	전신성 혈관 내 응고장애(DIC)로 혈관 내 응고작용 활성화로 혈소판 응집과 섬유소 축적 후 혈소판감소, 혈액 응고 시간 지연
용혈	기전	적혈구 손상에 의한 용혈 현상으로 용혈성 빈혈로 헤모글로빈 감소, 모체의 과빌리루빈 혈증
태반 [국시 2003]	기전	모체의 혈관경련과 저혈량증으로 태반 내 혈액 공급량이 감소한다. 태반관류의 감소로 태반 경색, 태반의 조기 변성, 태반조기박리
	증상	• 자궁의 혈액 공급 감소로 자궁수축력 증가, 조산아, 태아의 저산소증, 영양 결핍 초래로 자궁 내 성장이 지연된다. • 자궁 내 사망의 위험이 높아진다.

(6) 임상적 증상

경한 자간전증	혈압	수축기/이완기압 30/15mmHg 이상, 140/90mmHg 이상
	부종	• 갑작스런 체중 증가 • 보이지 않는 곳에서의 부종으로 시작하여 얼굴 손가락 부종, 1달에 체중 증가 1.5kg 이상(임신 2기까지), 3기에는 일주일에 0.5kg 증가하는 것이 정상
	단백뇨	24시간 요 검사물에서 단백이 300mg/L(1+, dipstick)~1g/L(2+)
중증 자간전증	혈압	침상 안정상태에서 6시간 간격으로 적어도 2번 이상 측정한 혈압이 160/110 mmHg 이상
	단백뇨	24시간 소변검사에서 단백뇨 5g/L 이상 혹은 4시간 간격 소변검사에서 두 번 이상 3+, 4+ 이상
	핍뇨	24시간 동안 소변이 500ml 이하
	뇌 · 시각장애	의식의 변화, 두통, 흐릿한 시야
	폐부종	폐부종 혹은 청색증
	심와부통증	심와부 혹은 우측상복부 통증
	간손상	간기능 손상
	혈소판감소증	손상된 혈관 내피 부위에 콜라겐이 드러나고 그 부위에 혈소판이 침착
	자궁 내 성장 지연과 양수과소증	제대동맥의 도플러 초음파의 비정상적 결과와 함께 나타남
질병의 심각성	• 질병의 심각성이 고혈압의 정도와 항상 일치하는 것은 아님 • 3+ 이상의 단백뇨와 경련을 가진 임부가 혈압은 단지 140/85mmHg일 수 있으므로 전체적인 산전관리가 필요함	
진행 시	초기에 고혈압, 체중 증가, 단백뇨는 인식하지 못하는 것이 대부분이라 정기적 산전관리가 중요하고 두통, 희미해진 시야, 눈꺼풀이나 손가락의 부종이 나타나면 질병이 많이 진전된 상태	

구분	경증	중증
혈압	140/90 이상, 160/110 미만	160/110 이상
수축압	30/60 미만 상승	60 이상 상승
이완압	15~30 미만 상승	30 이상 상승
단백뇨	0.3~4gm/l/24시간 1+~2+	5gm/l/24시간 3+~4+
요량	30ml/시간 이상	20ml/시간 이하
부종	발목, 하지부종	손과 얼굴의 부종
시력장애	없음	있음
두통	없음	있음
심와부통증	없음	있음

(7) 자간증 [2021 기출]

<table>
<tr><td>발작
[2021 기출]</td><td colspan="2">• 심한 자간전증과 발작과 경련
• 자간증은 갑자기 시작되고 60~75초간 지속</td></tr>
<tr><td>심하고 지속적 두통 혼수</td><td colspan="2">두통이 선행되며, 흥분이나 과민반응, 혼수</td></tr>
<tr><td>시각장애</td><td colspan="2">희미한 시야, 일시적인 실명</td></tr>
<tr><td>소변량 감소</td><td colspan="2">핍뇨, 무뇨, 심한 단백뇨, 폐부종이 발생</td></tr>
<tr><td>기타</td><td colspan="2">심와부 통증, 혈액농축, 맥박 빨라짐, 체온 상승</td></tr>
<tr><td rowspan="4">단계</td><td>침습기</td><td>경련 시작, 안면근육경련, 눈동자 한곳 응시고정</td></tr>
<tr><td>수축기</td><td>전신근육의 수축, 경직, 얼굴은 뒤틀리고 안구 돌출 및 충혈, 주먹 꽉 움켜지고 다리 뒤틀림</td></tr>
<tr><td>경련기</td><td>• 턱이 갑자기 열렸다 닫혔다 하며 눈꺼풀도 같은 현상
• 안면근육과 신체근육이 이완과 수축을 격렬하게 반복
• 혀를 보호해 주지 않으면 깨물어 피 섞인 거품</td></tr>
<tr><td>혼수기</td><td>호흡이 몇 초간 정지 후 혼수 및 반혼수, 경련 전후를 전혀 기억 못함</td></tr>
<tr><td rowspan="3">특징</td><td>단백뇨와 고혈압과 일치하지 않음</td><td>자간증의 임부의 20%는 혈압이 140/90mmHg 이하이고, 단백뇨도 나타나지 않는 것으로 보고</td></tr>
<tr><td>예방 가능</td><td>자간증은 예방가능하며 원인요인은 고혈압성 뇌질환, 혈관경련, 출혈, 허혈증, 뇌부종 등이 있음</td></tr>
<tr><td>경련</td><td>가벼운 자간증은 경련이 1~2회 발생하지만 심각한 경우 100회까지 나타남</td></tr>
</table>

	발생 시기	분만 전, 분만 동안, 산후 48시간 이내 언제라도 시작될 수 있음. 주로 산후 24시간에 많음
	사망률	14% 모성사망률과 14~27%의 주산기 사망률을 가지고 있음

(8) HELLP 증후군 [2022 기출]

중증자간전증의 합병증	36주 이전에 증상이 출현
용혈(hemolysis)	적혈구용혈로 빈혈
간효소 증가(elevated liver enzyme)	SGOT, SGPT 등의 간효소 증가
저혈소판증(low platelet)	저혈소판증으로 출혈 위험성 증가
확진시 분만 진행	• 임신 주수에 상관없이 분만을 진행 • 30주 이상이면 옥시토신 주입으로 유도분만 • 30주 이전이면 제왕절개 분만

(9) 치료 및 간호

- 경한 자간전증 시
  - 침상 안정 및 무자극검사(NST)
  - 진통시작 시 수액제한하고 경련예방 위해 $MgSO_4$(황산마그네슘) 투여하고 조용한 환경 제공
- 이완기 혈압이 110mmHg 이상이면 혈압하강제 투여
- 중증 자간전증이나 자간증 시 임신기간과 관계없이 즉각적인 분만 진행

① 경한 자간전증

침상안정	통원치료
계속적 관찰	• 혈압, 체중, 단백뇨, 태아상태를 관찰한다. • 3주~4주 간격으로 초음파 촬영, 태아 폐성숙 확인 위한 양수천자를 시행한다. • 매일 체중 측정 및 부종, 시각장애 혹은 심와부 통증 등의 진행 정도 확인한다. → 심와부통증이나 두통과 같은 증상은 증상이 심해지고 있다는 것이고 경련을 일으키는 자간증으로 진전될 가능성이 많기 때문에 병원방문을 해 보아야 한다.
진통 시	수액제한
식이	• 균형 있는 식이섭취, 단백질 섭취 증가, 염분 적량섭취, 단 하루 6g을 넘지 않도록 → 특별히 짠 음식섭취는 제한하지만 무염식이나 이뇨제 사용은 치료에 권장하지 않는다. • 혈압이 높고 부종이 있어 부종을 감소시키기 위해 저염식이를 할수도 있는데 저염식이는 임산부에게 티록신 합성을 저하시켜 오히려 해로우므로 적당한 염분을 섭취할 수 있도록 한다(적량의 염분 섭취, 짠 음식은 제한하나 무염식은 권장하지 않음).

<table>
<tr><td>좌측위</td><td>왼쪽 옆으로 눕도록 하여 대정맥이 눌리지 않도록 하여 정맥환류량, 순환혈액량, 태반이나 신장 혈액량 등을 증가시킨다.</td></tr>
<tr><td>경련예방 간호</td><td>• 방을 어둡고 조용한 환경
• 자극이 적은 환경
• 방문객 제한
• 좌측위, 침대난간올려 낙상예방</td></tr>
</table>

② 중증 자간전증

<table>
<tr><td>절대 침상안정</td><td colspan="3">–</td></tr>
<tr><td>분만</td><td colspan="3">태아의 성장 성숙에 해롭다 판단되면 태아가 미성숙상태라도 분만</td></tr>
<tr><td>식이</td><td colspan="3">고단백식이와 적절한 염분 함유식</td></tr>
<tr><td rowspan="7">약물</td><td>항경련제</td><td colspan="2">정맥 내로 $MgSO_4$(황산마그네슘) → 중추신경계억제로 경련 감소</td></tr>
<tr><td rowspan="3">항고혈압제</td><td colspan="2">이완기압 110mmHg 이상 시 혈압하강제 투여</td></tr>
<tr><td>칼슘 통로 차단제</td><td>nifedipine(procardia): 말초 세동맥 확장</td></tr>
<tr><td>하이드랄라진 (hydralazine) [국시 2016]</td><td>혈관확장제로 동맥의 평활근을 이완시켜 말초 혈관 저항을 감소시켜 혈압을 감소</td></tr>
<tr><td>진정제</td><td colspan="2">• diazepam(valium), phenobarbital
• 태아에 부정적 효과</td></tr>
<tr><td>스테로이드</td><td colspan="2">• betametasone, dexametasone
• 24~32주 미만 태아의 폐 성숙 증진</td></tr>
<tr><td>알부민</td><td colspan="2">염분이 적은 알부민(25~50mL)을 혈청 정맥 내 주입</td></tr>
</table>

③ 자간증

<table>
<tr><td>경련 전</td><td>• 경련 전 심부건 반사 증가
• 자간전증의 자간증 진전 시 증상: 시야에 검은 반점이나 불빛 같은 것이 번쩍이거나, 시야가 흐려지며, 심와부 동통, 구토, 지속적이며 심한 전두엽 부위의 두통, 신경학적 과민 반응, 폐부종 혹은 청색증</td></tr>
<tr><td>경련 시</td><td>• 기도개방 유지, 흡인 방지 위해 머리를 옆으로 돌려줌
• 필요시 흡인(suction)
• 설압자 사용 시 구토반응 자극되므로 목 안쪽으로 깊숙이 넣지 않도록 함
• 신체 손상 예방 위해 침대 난간 올려주기
• 약물: Magnesium sulfate, diazepam이 투여될 수 있고, 계속적인 경련 예방 위해 dilantine 투여
• 태반조기박리가 나타날 수 있으므로 질출혈 정도 확인, 복부 촉진하여 자궁의 긴장성 확인</td></tr>
</table>

경련이 멈추면	기도유지(airway), 비강인후 분비물 흡인, 산소공급
경련 후	• 폐부종이나 흡인의 위험성을 사정하기 위해 폐음 청진 • 폐부종 치료를 위한 이뇨제, 순환장애 치료를 위한 강심제 투여 • 밝은 조명이나 소음은 줄여줌
합병증 및 예후	• 자간증, 폐부종, 뇌출혈, 울혈성 심부전증, 부정맥, 심근경색증, 파종성 혈액응고 장애, HELLP증후군, 호흡곤란증후군, 혈관내 내피손상 • 자간 시 경련은 사망의 원인, 즉 두개 내 출혈 및 울혈성 심부전으로 인한 것 • 경련 시 혀와 입술을 깨물어 손상, 늑골이나 척추골절, 때로는 망막박리 • 적절한 치료 시 24~48시간 내 상태 호전

⑽ $MgSO_4$(황산마그네슘) 투여 임부를 위한 간호중재 [2014 · 2017 기출]

<table>
<tr><td>항경련제
[2014 · 2017 기출]</td><td colspan="2">중추신경을 억제하여 경련을 감소, 평활근 이완효과
→ 말초동맥과 소동맥을 확장으로 혈압을 감소
→ 세동맥 경련의 이완으로 체액은 간질강에서 혈관 내로 이동하며 부종이 감소되고 혈액량 증가로 신장관류가 증진되어 소변량이 증가
→ 심한 자간전증, 자간증에 효과</td></tr>
<tr><td>중독증상</td><td colspan="2">• 슬개근반사소실
• 호흡수 감소(12~14회/분 이하)
• 소변량 감소(30ml/h 이하)
• 맥박, 혈압하강
• 기면, 운동실조, 부정확한 발음</td></tr>
<tr><td rowspan="4">마그네슘
독성 모니터:
독성 시 중단</td><td>활력징후</td><td>호흡수 12~14회/분 이하, 맥박 · 혈압이 떨어지면 투여 중단</td></tr>
<tr><td>심부건 반사 확인</td><td>반사감소 시 투여 중단</td></tr>
<tr><td>중추신경계
반응 사정</td><td>불안으로 시작, 졸림 · 기면 · 부정확한 발음 · 운동실조증, 그리고 똑바로 서 있지 못하고 옆으로 넘어지려는 경향 → 투여 중단</td></tr>
<tr><td>시간당 섭취량과
배설량 측정</td><td>• 핍뇨가 독성 증상 유발
• 시간당 25ml 혹은 4시간 100ml 이하인 경우 독성반응 → 투여 중단
• 황산마그네슘은 신장으로 배설되므로 신장 이상자는 약물의 독성이 빠르게 나타남</td></tr>
<tr><td>중독중화제
[2017 기출]</td><td colspan="2">• 10% calcium gluconate를 침상 옆에 준비
• 황산마그네슘 독성반응으로 호흡이나 심정지 시 중화제(정맥투여)</td></tr>
<tr><td>치료적
혈중농도</td><td colspan="2">4.0~7.5mEq/L(정상 1.5~2.5mEq/L)</td></tr>
<tr><td>태아영향</td><td colspan="2">산부의 경련을 예방하는 황산마그네슘의 용량이 태아에게 안전하나 신생아 독성 농도는 출생 시 호흡저하, 반사저하의 원인</td></tr>
</table>

황산마그네슘의 독성반응

초기 증상	후기 증상
열감	중추신경계 기능 억제
발한	호흡부전
갈증	저칼슘혈증
반사감소	부정맥
저혈압	순환장애
무기력	태아서맥

05 임신과 관련된 질환과 간호

1 임신오조증(hyperemesis gravidarum)

정의	경한 구토증은 임신 5~12주에 일어나는 흔한 증상이며 탈수, 전해질불균형, 영양결핍, 체중저하 등이 초래되어 심한 경우를 임신오조증이라 한다.
원인	• hCG의 작용이라 여겨지고 있다. • 그 외 위장관의 전위, 뇌하수체전엽과 부신피질의 기능저하, 비정상적인 황체, 헬리코박터 파일로리균의 감염 및 정서적 요소
병리적 기전	• 탈수로 시작되어 체액의 전해질 불균형과 알칼리증으로 야기된다. • 구토가 지속되면 알칼리성의 장액과 산성이 감소하게 된다. • 탈수로 인한 저혈량증은 저혈압과 헤마토크릿치의 증가, BUN의 증가, 소변배출량의 감소와 함께 저혈압과 심박동수의 증가를 가져온다. • 심각한 칼륨의 손실(hypokalemia)은 소변을 농축하는 신장의 기능을 방해하고 심장기능을 붕괴시킨다. • 음식을 섭취하지 않으면 근육이 소비되고 심각한 단백질 및 비타민의 결핍이 발생하며 황달, 고열증 및 말초신경염의 가능성이 높아질 수 있다. 만약 적절한 치료가 이루어지지 않으면 임부는 wernicke 뇌질환, 식도파열과 같은 합병증으로 사망할 수도 있다.
치료목표	통제 가능한 구토, 적절한 탈수교정, 전해질의 균형, 적절한 영양유지(Vit B_6)
가정치료	통제 불가능한 구토를 하는 임부인 경우 다당류 음식을 소량 자주 섭취할 것이 아니라 임시적인 항오조증 약물을 사용하고 외래에서 정맥주사용 수액을 처방받는다. 증상개선이 없으면 입원치료한다.

병원치료	• 임부의 안정을 유지한다. • 음식냄새, 불쾌한 냄새를 피한다. • 조용한 환경이 될 수 있도록 한다. • 포상기태의 가능성을 제외하기 위해 초음파검사를 한다. • 정맥수액요법으로 탈수를 관리한다. • 저칼륨혈증을 예방하기 위해 potassium chloride가 일반적으로 정맥주입된다. • Vit B_1(thiamine)과 Vit B_6(pyridoxine)의 투여는 비타민 결핍의 교정과 말초신경질환의 예방에 중요하다. • 코르티코스테로이드: 구토 증상 개선에 증명된 중요한 치료방법이다. • 구강섭취가 시작되면 선호하는 음식을 제공한다. • 구강위생은 매우 중요하다. 입이 건조하면 구토를 자극하기 쉽기 때문이다. • 체중 증가나 감소를 규칙적으로 관찰한다.
보완요법	• 생강은 오조에 효과가 있고, 생강시럽은 오심의 제거에 많은 도움을 준다. • 호전되면 여섯 번의 맑은 유동식 섭취, 또는 한 컵의 물을 매 시간마다 마시고, 영양이 풍부한 유동식을 섭취하다가, 호전되면 부드러운 저지방식이와 규칙적인 식사를 하게 된다.
가정에서 전략	• 탄수화물 음식을 소량 섭취, 고단백스낵 섭취, 지방이 포함된 음식은 피하고, 다리와 머리를 높인 상태로 휴식하고, 또는 메스꺼울 때 탄산음료를 천천히 한 번씩 소량 마신다. • 스피어민트, 페퍼민트, 라즈베리, 카모마일과 같은 허브차 또는 생강뿌리가 도움 될 것이다. • 만약 오심구토가 점점 악화된다면 억지로 구강섭취하지 말고, 탈수교정을 위한 의학적 중재가 필요하다.

2 당뇨병 [2012 기출]

(1) 임신이 당뇨병에 미치는 영향

태반호르몬↑	임부의 내분비 활동을 촉진시켜 인슐린 분비가 증가되나 태반에서 에스트로겐, 프로게스테론, 코르티솔, 태반 락토겐 등이 인슐린 길항작용
고혈당	부신피질에서 코르티솔과 뇌하수체전엽에서 성장호르몬 분비 증가
인슐린 요구↑	임부의 체내에서 2~3배의 인슐린이 요구되고 이 요구를 임부가 감당 못하면 당뇨병 유발
태반 만출 후	• 태반락토겐, 에스트로겐, 프로게스테론, 태반 인슐린 분해효소 등의 급격한 감소 • 진통 시 지나친 근육의 피로와 당 섭취 부족으로 인슐린 요구량은 극적으로 떨어짐. 분만 후 저혈당증을 예방해야 함
임신이 당뇨병에 미치는 영향	혈관질환의 진행을 가속시켜 신장병증, 망막병증

(2) 임신 각 기와 당뇨병의 관계 [2012 기출]

구분	인슐린 요구	혈당변화	합병요인
임신 1기	뇌하수체 전엽호르몬 억제로 감소, 배아 발달로 당 소모, 임부의 칼로리 섭취 감소	혈당수준이 자꾸 떨어지므로 혈당과소증이 증가하고 기아, 케토시스, 케톤혈증이 증가한다.	식욕 감퇴, 오심, 구토가 임신 초반기에 흔하다. 혈액 산성화로부터의 회복은 인슐린 길항 물질 때문에 더욱 어렵다.
임신 2기	태반호르몬의 항인슐린 성질로 증가한다.	혈당과다증은 케톤혈증, 아미노산혈증을 초래한다.	혈액 흐름의 증가로 신장역치가 감소된다. 체내에서 유당 등이 증가한다.
임신 3기	태반호르몬 증가로 인슐린 요구량 현저히 증가한다.	혈당과다증은 케톤혈증을 가져온다.	임신 2기와 동일하다.
분만	분만 시 어려움과 신진대사 증가로 요구량 감소한다.	혈당과소증, 산혈증 발생	임박한 제왕절개분만으로 보통 금식을 한다.
분만 후	태반호르몬 감소로 인슐린 요구량 현저히 감소한다.	혈당과소증	-

(3) 진단검사 : 임신 24~28주에 시행

| 포도당 100g, 75g의 경구투여에 의한 임신성 당뇨병의 진단기준(mg/dl) |

구분	100g(확진)	75g(확진)	50g(선별)	정상임부
공복 시 혈당	95	92	-	80
1시간 혈당	180	180	140	120
2시간 혈당	155	153	-	105
3시간 혈당	140	-	-	90

(4) 당뇨병이 임부에 미치는 영향, 모체의 위험과 합병증 [국시 2001 · 2004 · 2012]

비뇨기 감염	• 모닐리아성 질염 • 고혈당은 세균 or 곰팡이 성장에 좋은 환경 제공
감염↑	고혈당증으로 호중구와 대식세포의 식균작용 감소와 호중구의 화학주성기능이 감소. 감염에 저항력 감소로 세균 침입이 쉽고, 상처 치유가 늦어짐
양수과다	• 과혈당이 양막강으로 이동하여 양수 내 포도당 농도의 증가와 태아의 고혈당에 의한 다뇨증으로 양수과다증 • 유산, 조산, 비정상태위, 산후출혈가능성이 높음
임신성고혈압	• 혈관 변화가 진행된 당뇨 여성은 자간전증, 자간증 • 정상보다 4배↑

<table>
<tr><td>태아의 과도한 성장</td><td colspan="2">거구증: 난산으로 산도 손상, 제왕절개 빈도 증가</td></tr>
<tr><td rowspan="3">케톤산증으로 생명 위협</td><td colspan="2">• 임신 중에는 200mg/dL만 초과해도 케톤산증 발생(비임신 시: 250mg/dL 이상)
• 심한 고혈당(350), 케톤뇨, 기관장애
• 모체가 케톤산증이 있는 경우 지능장애, 태아 사망률은 10%에 이름</td></tr>
<tr><td>인슐린 저항 증가</td><td>임신의 당뇨 유발 효과가 가장 큰 임신 2·3기에 케톤산증 발생 가능</td></tr>
<tr><td>인슐린 투여 부족</td><td>인슐린 투여가 적절하지 못하여 포도당이 에너지원으로 사용하지 못하여 DKA가 나타남</td></tr>
<tr><td>산후출혈의 빈도 증가</td><td colspan="2">–</td></tr>
<tr><td>유산</td><td colspan="2">수정 시기나 임신 초기에 혈당 조절이 잘 되지 않을 때 자연유산확률 증가</td></tr>
</table>

(5) 당뇨병이 태아와 신생아에 미치는 영향 [2020 기출]

<table>
<tr><td>고인슐린혈증
[2020 기출]</td><td colspan="2">모체의 인슐린은 태반을 통과하지 않으므로 태아는 모체의 고혈당에 지속적 노출로 태아의 췌장에서 혈당 농도를 낮추기 위해 많은 양의 인슐린을 분비한다.</td></tr>
<tr><td>거구증
[2020 기출]</td><td colspan="2">• 엄마의 고혈당 → 태아의 인슐린 방출요구↑ → 세포 내로 다량의 포도당 이동 → 태아의 과성장과 지방 축적, 거구증(얼굴이 둥글고 토실토실)
인슐린: 포도당 분해 억제, 지방 합성 촉진, 단백 합성 촉진
• 간, 비장, 내장, 심장 비대, 피하지방층이 많다.
• 아두골반불균형으로 난산과 출산 시 손상↑ → 질분만, 제왕절개술 결정할 것</td></tr>
<tr><td>저혈당증</td><td colspan="2">• 모체로부터 혈당의 공급이 갑자기 중단 → 저혈당증 → 뇌손상 가능성↑
• 분만 후 모체로부터 태아로 혈당공급의 갑작스런 차단과 태아에 인슐린의 계속적 생산인 과인슐린 혈증으로 혈액 내 순환하는 포도당 고갈로 혈당의 갑작스런 저하로 저혈당증은 신경계 손상과 죽음을 초래한다.</td></tr>
<tr><td rowspan="3">저칼슘혈증</td><td colspan="2">저칼슘혈증은 당뇨임부의 신생아에 나타난다. 분만 후 24~36hr 사이 발생하며 저칼슘혈증은 적절한 간호로 예방이 가능하다.</td></tr>
<tr><td>칼시토닌</td><td>출생 시 질식에 칼시토닌의 과도한 분비로 칼시토닌은 혈청에서 칼슘을 뼈로 이동시켜 혈청 칼슘을 낮춘다.</td></tr>
<tr><td>부갑상샘 저하증</td><td>일과성 부갑상샘 저하증으로 혈청 내 칼슘량이 낮다.</td></tr>
<tr><td>조산, 태아성장장애</td><td colspan="2">임부의 혈관계 변화로 저산소증이 되어 조산이 되고, 태아 성장 지연이 오며, 간의 대사가 미숙하므로 고빌리루빈혈증이 올 수 있다.</td></tr>
<tr><td>호흡장애증후군
RDS
[2020 기출]</td><td colspan="2">• 태아 혈청 내 인슐린 농도↑ → 계면활성제 합성 지연 → 폐성숙 저하
• 태아의 폐성숙도를 확인하여 L/S(레시틴/스핑고마이엘린) 정상비율이 2.0 이상이라도 신생아의 RDS(호흡곤란 증후군) 가능</td></tr>
</table>

선천성 기형	• 인슐린은 탄수화물, 단백질, 지방 대사에 관여하여 심장, 간, 골격근, 지방조직에 영향을 주어 기형 발생 빈도가 증가한다. • 선천성 기형의 발생 3~4배 높다: HbA1c가 9.5% 이상일 때 기형 발생↑, 신경관 결함, 심장 결함, 위장계통 결함, 신장 기형

(6) 간호중재

영양	• 칼로리: 35cal/kg, 2000~2500cal 권장(비만 시 1500~1800cal) → 탄수화물 40~50%, 지방 30~35%, 단백질 20~25% • 단백식이↑ • 저녁 간식은 복합탄수화물과 단백질 잘 조화 → 밤 동안 저혈당 예방 • 체중저하 추천 × → 불충분한 탄수화물 섭취는 산증과 케톤혈증 위험
혈당치 측정 [국시 2018]	• 아침, 점심, 저녁의 매 식사 전, 취침 전에 측정 • 혈당유지 – 공복 시 혈당수준: 80~100mg/100ml – 식후 2시간 혈당수준: 150~160mg/100ml
소변검사	• 하루 4회 • 당수준이 4+일 경우 의사에게 보고
인슐린 치료	• 식이요법과 운동요법으로 공복 시 혈당이 95mg/dL 이상 또는 식후 1시간 혈당이 140mg/dL 이상 또는 식후 2시간 혈당이 120mg/dL 이상일 때 인슐린 요법을 실시 • 경구용 혈당제제는 태아기형위험이 있으므로 사용 ×
운동	• 규칙적인 운동 • 고혈압성 합병증이 있으면 중단

3 갑상샘 기능장애

(1) 갑상샘 기능항진증

원인	그레이브씨 병, 갑상선염, 갑상선종, 영양막성 질환
증상	• 신진대사 항진으로 빈맥, 심계항진, 안구돌출, 체중 증가가 안 되고 전신허약으로 태아의 성장발달이 어려움. 유산, 조산, 임신성고혈압, 산후출혈의 합병증 • 무배란, 무월경, 조산, 사산, 임신오조증 • 태아: 적은체중, 갑상선중독증, 중추신경계 발달장애
진단	T_3, T_4측정
치료	항갑상샘 제제 과량투여할 경우 태아의 갑상샘 억제로 태아의 갑상샘종, 크레아틴 발생
간호	• 갑상선 약물이 태반을 통과하므로 태아에게 갑상선 기능저하증과 갑상선종 유발 • 수유모: 갑상선항진증 치료제가 모유를 통해 신생아에게 전달되므로 모유수유를 금함

(2) 갑상샘 기능저하증

원인	질병, 수술이나 방사선에 의한 갑상선 절제, 항갑상선 약물
증상	• 신진대사율 감소: 자연유산, 태반조기박리, 사산, 체중저하 등 • 기면, 허약감, 식욕부진, 체중 증가, 정신장애, 변비, 두통 등 • 임부: 자연유산의 높은 위험, 사산, 자간전증, 태반조기박리, 빈혈, 산후출혈의 빈도가 높음 • 신생아: 저체중아 혹은 건강
치료	갑상선 호르몬제 투약

4 심장질환(heart disease)

(1) 임신과 심장질환

임신이 심장 질환에 미치는 영향	• 임신 중 심박출량 증가 • 분만 후 현저히 증가: 임신 중 모체의 조직 내 축적된 수분이 순환계로 돌아오기 때문 • 분만 후 첫날 갑작스런 심장의 부담으로 울혈성 심부전의 위험이 있음 • 분만 3~4일 간 현저한 이뇨작용으로 위험 감소
심장 질환이 임신에 미치는 영향	• 혈액량 증가로 인한 울혈성 심부전증 • 태아순환이 적어져 저체중아와 조산아의 위험 증가 • 승모판질환과 같이 심박출량이 감소하는 합병증을 가진 임부는 자궁 내 태아성장지연의 위험, 자연유산, 조산, 사산의 빈도 증가 → 주산기 이환율, 사망률 증가 • 모성사망의 원인 4~5위 • 심장의 대사기능부전을 가진 임부의 태아사망률 50%

(2) 임신 중 심장 질환의 기능적 분류

분류	기준	가능한 활동
I	일상 신체 활동에서 불편감이 없는 경우	일상적인 신체적 활동에 제약을 받지 않음
II	안정 시는 증상이 없지만 일상의 활동으로 피로, 심계항진, 호흡곤란, 흉통(angina pain)을 일시적으로 가질 수 있는 경우	신체적 활동에 약간 제한을 받음
III	안정 시는 증상이 없지만 약간의 활동으로도 피로, 심계항진, 호흡곤란, 흉통을 수반하는 경우	활동에 현저한 제한을 받음. 만약에 대상기능 부전증의 증후로 발전되면 입원함
IV	아주 경한 활동에도 반드시 불쾌 증상을 수반하며, 안정 시에도 증상이 나타나는 경우	절대 안정한다. 모성 사망률, 주산기 사망률이 높음. 산욕기에 특히 위험함

02

(3) 간호중재

산전간호	• 스트레스, 휴식과 활동 • 영양 – 염분은 첨가하지 않고 합병증 있다면 1g~5g/일까지 줄일 것 – 빈혈예방 위한 철분 – 카페인 제한 – 혈전증으로 헤파린 투여 시 비타민 K가 들어있는 녹색야채를 날로 먹는 것은 피함 • 체중유지 : 심한 체중 증가는 심장에 부담 • 투약 – 임신 전 강심제 처방 시 임신 중에도 계속 복용, 임신 시 부정맥이 생기면 퀴니딘(quinidine) 투여 – 이뇨제 : Ⅲ, Ⅳ단계 임부는 흔히 티아지드(thiazide) 처방, 이때 칼륨 부족과 체위성 저혈압 관찰 • 감염예방 : 기도감염에 주의
분만 시 간호	• 불편감, 통증 감소시켜 심장의 부담 감소 • 분만 시 경막외 마취로 분만 2기 단축, 복압감소를 위한 회음절개 • 분만 시 아래로 힘을 주는 것은 심실이완을 가져오고 좌심실의 혈류를 막기 때문에 피하는 것이 좋음
분만 후 간호	• 분만 직후 24시간 내 급격한 심박출량의 증가와 분만 순간의 복압상실로 정맥압이 없어지면서 내장혈관의 울혈과 심장에 혈액 유입량 증가 → 복압의 갑작스런 변화를 줄이기 위해 복대나 사지 압박대를 참 • 심맥관계의 완전회복까지 활동 제한하고 충분한 휴식과 식이 제공, 필요시 진정제나 진통제 투여, 변비예방을 위한 완화제도 줄 수 있음 • 모유수유는 class Ⅰ, Ⅱ는 가능하지만 class Ⅲ, Ⅳ에서는 피하는 것이 좋음

5 철분결핍성 빈혈

(1) 철분결핍성빈혈 기전

생리적 빈혈 [국시 2000, 2014 기출]	혈장량의 증가(30~50%)가 적혈구 생산량의 증가(20%)보다 많기 때문에 혈액이 희석 상태가 되어 헤모글로빈(12~16g/dL), 헤마토크릿(37~47%) 감소	
철분결핍성 빈혈	태아 저장 [국시 2005]	임신 중반기 이후 모체조직의 철분이 태아에게 운반되어 철분이 태아의 간에 저장되어 철분 요구량이 급격히 증가
	철분공급 부족	모체가 충분한 철분을 섭취하지 못하여 모체-태반-태아 단위의 요구에 충족되지 않으면 태아의 철분 비축은 손해를 보지 않지만 모체의 철분 저장분은 고갈됨. 모체 헤모글로빈의 농도는 감소하여 임신 중 철분결핍성 빈혈이 초래됨

(2) 임신 시 빈혈 기준 [국시 2002]

	성인 빈혈 기준	임신 초기	임신 중기	임신 말기
혈색소	12g/dL 미만	11g/dL 미만	10.5g/dL	10g/dL
헤마토크릿	36% 미만	37% 미만	35%	33%

(3) 임신과 철분결핍성 빈혈 [2010 기출]

구분		내용
임신이 철분결핍성 빈혈에 미치는 영향		• 임신 시 생리적 변화로 전체적인 혈장은 늘어나지만 적혈구와 헤모글로빈은 그렇게 증가하지 않는다. • 혈색소의 농도는 떨어지며 또한 임신 중 태아의 철분 요구량이 급격히 증가된다. • 임신 전 대부분이 철분의 저장이 적고 임신 시 철분의 요구량이 늘어나게 되면 저장된 철분의 소모는 더욱 심해져 빈혈성 경향으로 발전한다. • 태아에게 철분공급량이 충분해야 하는 이유는 임신 중반기 이후에는 철분이 태아의 간에 저장되기 때문이며 그 외 요인은 영양불량, 잦은 임신, 쌍태아임신, 다량의 산후출혈 등을 들 수 있다.
철분결핍성 빈혈이 임신에 미치는 영향		• 피로감이 증가되며, 운동능력이 저하된다. • 감염의 빈도가 증가된다. • 산후출혈의 위험 증가한다. • 심한 빈혈(Hb 8g/dL 이하)은 심장기능부전증으로 발전된다. • 유산, 조산할 위험이 있으나 임부의 철분 결핍이 태아의 철분 부족으로 연결되지는 않는다.
간호중재	복용시기 [국시 2020]	• 철분 투여 시 임신성 구토 악화로 철분 제제는 임신 1기에 투여하지 않는다. • 임신 4개월부터 분만 후 2개월까지 투여한다.
	식이	• 철분이 많이 든 식이 권장: 곡류, 간, 비트, 건포도, 녹색야채, 살코기, 계란 등 • 비타민 C는 철분흡수를 위해 필수적, 감귤류 및 녹황색 야채 권장
	철분제	• 우유 속의 인과 차(tea) 등은 철분흡수를 방해하며, 제산제는 철분 흡수를 차단하므로 금한다. • 임신 후반기 5개월 동안은 3~7mg의 철분을 구강으로 복용하는 것이 좋다. 철분제제는 위장의 부담을 줄이기 위하여 식후에 복용한다. • 철분의 주사요법은 특별한 경우를 제외하고는 투여하지 않는다. • 철분 투여 시 위장장애가 있으며 변비가 있을 수 있으므로 섬유질 섭취와 물의 섭취를 늘리도록 한다. • 철분이 대변 내 배설되므로 대변색이 녹색이나 검은 색으로 변한다는 것을 알려 준다.

6 엽산 결핍성 빈혈 [2010 · 2012 기출]

증상	• 비타민 B_{12} 결핍과 함께 임신 중 거대적아구성 빈혈을 유발한다. – 미숙한 거대 RBC가 보이는 것이 특징이고 쌍태임신에서 많다. – 백혈구와 혈소판이 감소되고 혈구수는 증가한다. • 설염, 궤양형성, 식욕부진이 동반된다. • 엽산 결핍으로 올 수 있는 위험은 초기유산, 태반조기박리 등이다.
간호중재	• 엽산 경구투여 • 엽산이 풍부한 음식 섭취 : 푸른잎 채소 중 아스파라거스, 브로콜리, 시금치, 콩, 상추에 많고 과일 중에는 바나나, 멜론, 땅콩 등이며, 붉은 살코기, 생선, 닭, 오리고기 등에 많다.

7 양수과다증 [2010 기출]

<table>
<tr><td rowspan="2">정의</td><td colspan="2">• 양수의 양이 지나치게 많은 상태
• 양수가 2,000mL 이상인 경우(정상 – 임신 20주 400mL, 38주 1000mL)
• 초음파검사에서 양수지수가 24cm를 넘을 때</td></tr>
<tr><td>양수지수</td><td>양수지수(Amniotic Fluid Index; AFI) : 모체 제와 주위를 4등분 한 뒤 초음파 감지기로 가장 깊은 곳의 수직 깊이의 각등분점의 수를 합함)</td></tr>
<tr><td></td><td colspan="2">양수량의 감소
❶ 양수를 삼킴 750cc
❷ 태반의 혈관 통과 400cc
양수량의 증가
❸ 폐에서 분비 350cc
❹ 소변의 배출 1000cc</td></tr>
<tr><td>양수의 근원</td><td colspan="2">• 임신초기 – 양수는 양막과 모체 혈청에서 생성
• 임신 4개월 이후 – 태아 소변</td></tr>
<tr><td>양수기능
[국시 2002 · 2005 · 2008]</td><td colspan="2">• 태아 경구수액의 근원
• 분비되는 물질이 집합되는 장소로 노폐물의 저장소
• 일정한 체온 유지
• 외부 공격으로부터 완화, 분산으로 태아가 외상을 받지 않도록 완충제 역할
• 자유로운 운동 가능으로 근골격계 발달
• 양수는 태아가 난막과 엉키지 않게 하며 태아가 난막과 엉키는 경우 사지 절단의 기형 가능</td></tr>
</table>

분만 시 양수기능	• 진통 시 가해지는 강한 압력을 방지 • 태반의 조기박리를 방지 • 자궁 개대 • 산도 통과를 원활히 함
원인 [국시 2007]	• 쌍태아 수혈 증후군 • 태아의 기형과 유전성 질환(태아 무뇌증이거나 식도폐쇄) • 모성 당뇨(과혈당이 양막강 이동) • 태아의 적혈구에 대해 임신부가 항체를 갖고 있는 경우 • 태아 감염이 있는 경우 • 자간전증(혈관 내 세포의 손상으로 혈관 내에서 세포간강으로 채액 이동) • 중추 신경에 결함(노출된 태아의 뇌막을 통해 액체가 흘러나와 양수 과다의 원인이 되며, 뇌가 보호막을 상실한 탓에 항이뇨 호르몬이 결핍되어 태아가 오줌을 지나치게 많이 누게 됨)
증상 [국시 2007]	• 호흡곤란, 청색증 • 심한 복통, 오심, 구토증 • 하지, 음순, 하복부 부종 • 피부가 팽팽하고 윤이 나며, 임신선이 심하고 정맥선이 뚜렷함 • 물이 흐르는 감이 있음 • 태아 촉진이 잘 안 됨 • 청진기로 잘 안 들림
합병증 [국시 2012]	• 비정상적 태위 [국시 2006] • 파수 시 태반이 조기박리, 제대탈출 가능 • 높은 주산기 사망률 • 분만 시 양수색전의 위험 • 저긴장성 자궁수축 • 산후에 자궁 근육이 너무 늘어나서 이완성 산후출혈

8 양수과소증 [2022 기출]

정의	• 양수의 양이 비정상적으로 적은 상태 • 양수가 500mL 미만 • 초음파검사에서 양수지수(AFI)가 5cm 미만	정상 자궁 크기 양수 감소 작은 폐 수신증 방광 비대 ❙ 양수과소증 ❙

<table>
<tr><td>위험성</td><td colspan="2">• 탯줄 압박이나 태아가사가 더 증가
• 임신주수가 빠를수록 예후가 좋지 않고, 임신 37주 이전에 진단되었을 때 조산이 3배 증가</td></tr>
<tr><td>원인</td><td colspan="2">• 거의 대부분 태아의 요로 폐색이나 신 형성부전이 원인(부신증, 요관 요도 폐쇄증, 무신장증, 태아의 소변 형성 장애로 태아의 요로 폐쇄, 신장결손증)
• 태아의 염색체이상, 발육부전
• 지연임신, 양막 조기 파열
• 태반 조기 박리, 임신성 고혈압, 전자간증, 임신성 당뇨
• 프로스타글란딘 합성 억제제(Prostaglandin synthase inhibitors), 안지오텐신 전환 효소 억제제(Angiotensis-converting enzyme inhibitors)와 같은 약물 섭취 등으로 태아의 신체 일부분이 절단될 위험도 증가하고, 태아의 신체 변형, 예를 들면 내반족(clubfoot)도 더 증가. 또한 양수과소증으로 인한 태아 도 동반될 수 있음</td></tr>
<tr><td>증상</td><td colspan="2">• 임신 주수에 비해 자궁의 크기가 작음
• 태아 부분을 복벽에서 쉽게 만질 수 있음</td></tr>
<tr><td rowspan="3">합병증</td><td>제대압박</td><td>제대압박의 위험에 따른 태아 질식이 증가
→ 저산소증, 태아사망 예방 위해 조기분만 시도</td></tr>
<tr><td>태아 양막 증후군 (Amniotic band syndrome)</td><td>• 양수가 적으면 자궁벽이 액체에 의해 팽창되지 않기 때문에 자궁 내 공간이 감소되고 자유로운 운동을 하지 못함
• 태아는 굴곡되고 밀착
• 신체 일부분이 절단될 위험도 증가하고, 태아의 신체 변형, 예를 들면 내반족(clubfoot)도 더 증가</td></tr>
<tr><td>폐형성 저하</td><td>태아가 양수를 삼키면 양수는 태아의 폐를 드나드나 양수과소증으로 폐형성 부전증</td></tr>
</table>

06 임신 초반기 출혈성 합병증

1 유산(spontaneous abortion)

원인	조기유산	임신 12주 이내에 유산된 경우이다. • 수정란의 결함, 유전적 요인이다. • 내분비 이상(황체기 이상, 인슐린 의존성 당뇨병), 면역학적 요인(항 인지질 항체), 감염(세균뇨, 클라미디아균 감염), 전신성 질환(홍반성 낭창)
	후기유산	임신 12~20주 사이 유산된 경우이다. • 태아보다는 임부측 요인에 의해 영향을 받는다(유전결함은 피하기 어려우나 모체문제는 교정, 예방할 수 있는 경우 있음). • 임부의 나이(고령임신), 산과력(분만 후 3개월 이내에 재임신 시), 만성 감염, 자궁경관 무력증 및 생식기계이상(경관기능부전, 자궁기형, 자궁의 발육이 미숙할 때), 만성 소모성 질환, 극심한 영양결핍, 약물복용 및 환경요인 등 모체측 원인이다.
종류	절박유산	• 질 분비물이나 점상출혈(spotting), 경관의 개대와 소실은 없다. • 안정을 취하고 적절한 치료를 받으면 임신을 유지할 수 있다.
	진행유산, 불가피유산	• 출혈이 많고 통증이 심하며 경관은 개대와 소실이 있다. • 임신을 지속시킬 수 없으며 출혈이 심하고 계속되면 소파술을 시행하여야 한다.
	불완전유산	• 태반의 일부 또는 전부가 자궁 내 잔류할 경우 자궁경련과 출혈이 심하다. • 자궁경부는 개대되어 있고, 자궁크기는 임신기간에 비해 작다. • 출혈과 감염방지를 위해 속히 소파수술을 시행한다. • 고열환자는 항생제 사용하면서 소파수술 시행한다(발열이 소파술의 금기증 아님).
	완전유산	• 수태산물이 모두 배출, 통증과 출혈이 없음, 자궁경관은 닫혀 있다. • 자궁수축제 투여, 철분공급하면서 수일 휴식 후 정상활동을 한다. • 성생활은 3~4주 금하고 3~4개월 후 다시 임신을 시도하도록 한다.
	계류유산	• 태아가 사망한 후 자궁 내 남아있는 경우, 태아 사망 후 질출혈이 나타나 절박유산과 비슷한 증상을 보이나 자궁경관은 닫혀있고, 임신반응은 음성이다. • 죽은 태아가 장기간 머무르면 심한 응고장애(DIC)가 올 수 있다. • 대부분 자연배출되나 유도분만(피토신이나 프로스타글란딘질정 투여하여) 또는 소파수술을 하기도 한다. • 파종성 혈액응고장애로 저섬유소원혈증이 속발되어 자궁내용물을 제거할 때 많은 출혈이 발생한다.

	습관성 유산	• 계속해서 3회 또는 그 이상 계속되는 자연유산이다. • 면역학적 이상, 내분비 또는 해부학적 이상, 염색체 이상 등과 관련된다.
	무배아란	태아는 없고 재태낭만 보인다.
간호	• 침상 안정, 균형 잡힌 식사, 진정제 투여, 성관계는 2주까지 피해야 한다. • 출혈 시 – 완전유산이면 옥시토신 주입하고, 소파수술하여 자궁을 완전히 비우도록 한다. – 수술 시 옥시토신을 정맥주입하여 자궁근육을 수축시킨다. – ergot제제는 경관을 수축시키므로 자궁강이 비어있지 않을 경우 사용해서는 안 된다. – 산모가 정상이라면 ergot제제를 경구나 근육주사한다. • 태아나 태반조직이 남으면 자궁퇴축, 출혈, 산후 감염의 원인이 된다. • 필요시 항생제 투여, 임부가 Rh-이고 동종면역되지 않았다면 유산 후 72시간 내 Rh면역글로블린을 근육주사 한다.	

| 자연유산의 사정 |

유산의 종류	출혈량	자궁경련	조직의 배출	질내 유산조각편	내자궁구	자궁의 크기
절박유산	약간	경함	없음	없음	닫힘	정상임신 기간과 동일
진행유산	중정도	중정도	없음	없음	개대	정상임신 기간과 동일
불완전 유산	다량	심함	있음	있을 수 있음	개대경관에 유산조각편 있음	수정물 배출로 정상크기보다 작음
완전유산	약간	경함	있음	있을 수 있음	닫힘	작음
패혈유산	변형됨 : 악취가 나고 발열이 있음	변형됨 : 발열 있음	변형됨 : 발열 있음	발열 있음	대개 개대됨, 발열 있음	자궁이 커져 있고 민감함, 크기 다양
계류유산	약간	없음	없음	없음	닫힘	정상임신 기간보다 작음

절박유산	태반부착	자궁경부닫힘	Mild pain
불가피유산	태반박리	자궁경부열림	Severe pain

2 유산의 종류와 처치

유산의 종류	처치
절박유산	• 침상 안정, 진정제 투여, 스트레스와 성관계를 피한다. • 유산 진행정도에 따라 치료한다.
진행 및 불완전 유산	임신의 종결이 되도록 유도하기 위해 소파수술을 시행한다.
완전유산	자궁 수축이 잘되어 출혈이 예방되고, 감염이 없으면 특별한 처치가 필요 없다.
계류유산	• 자궁 내에서 태아가 사망한 후 1개월 내에 자연 배출이 되지 않으면 적절한 방법에 의해 유산을 유도한다. • 자궁이 완전히 비워질 때까지 혈액응고 요소를 확인한다. 파종성 혈관 내 응고 결함(Disseminated Intravascular Coagulation; DIC)과 출혈 조절이 안 되는 혈액의 응고 결함은 12주 이후의 태아가 자궁 내에서 죽은 후 배출되지 않은 채 5주 이상 머물러 있는 경우에 올 수 있다.
패혈성 유산	• 적절한 방법으로 즉시 자궁 내용물을 배출시킨다(임신종결). • 경관 분비물 배양과 민감성 검사를 하면서, 우선은 광범위 항생제를 먼저 투여한다. • 패혈성 쇼크에 대한 치료를 먼저 실시한다.

3 자궁목 무력증 [2022 기출]

정의	자궁목의 구조적 기능적 장애로, 임신 2기에 진통이나 자궁의 수축 없이 무통성으로 자궁목이 개대(열림)되어 태아와 그 부속물이 배출되는 임신 전반기 출혈성 합병증	
원인	외상성	과거 분만 시 받은 자궁목 열상, 소파술, 원추조직절제술 등
	선천성	길이가 짧은 자궁목, 자궁기형
증상	임신 2기에 갑자기 자궁목의 무통성 개대, 이슬, 양막 파열과 함께 태아가 질 밖으로 만출	
진단	임상병력	맑은 냉이 많이 나오며 출혈이 조금 섞여 나오는 증상이 있는 환자에서 배가 아프지 않으면서도 자궁 문이 2~3cm 이상 열려 있거나 열려진 자궁 입구를 통하여 양막의 일부가 풍선처럼 볼록하게 밖으로 나와 있음
	질경 검사	-
	질식 초음파 소견	• 자궁목의 길이가 짧아짐(25mm 미만) • 자궁목이 넓어져 깔대기 모양(자궁목의 확장) (vs 자궁목 무력증의 진단 시 경관의 확장과 소실을 사정해야 함) → 25 mm 미만: 18%의 조산 위험 → 20 mm 미만: 25%의 조산 위험 → 15 mm 미만: 50%의 조산 위험

수술	자궁경 원형 결찰술	경관이 개대되기 전 자궁 내경부를 봉합하여 자궁 경부를 원형으로 돌려 묶는 방법
	쉬로드카술 (shirodkar technique)	• 태아측, 경부 전방봉합 • 질점막을 들어 올리고 mersilene으로 내구 주위를 묶어준 다음 질점막을 제자리로 돌려놓고 봉합함
	맥도날드술 (McDonald technique)	• 모체측, 경부 후방봉합 • 비흡수성 실인 mersilene을 자궁목을 묶어 자궁목 내구를 좁힘
	수술적응증	난막이 그대로 있으면서 경관이 3cm 이내로 개대되고 50% 이상 소실되지 않았을 때 가능
수술 후 합병증	조기파막	난막이 파열되면 감염의 위험을 막기 위해 즉시 끈을 제거하고 수정물의 완전 배출을 도모
	자궁수축	자궁수축만 있을 때 침상 안정을 취하고 자궁수축억제제를 주어 자궁을 이완시킴
	감염	융모 양막염, 자궁 내 감염
약물치료 (자궁이완)	프로게스테론	프로게스테론제제로 자궁을 이완
	자궁수축 억제제	ritodrine(yutopar)-β_1, β_2 항진제, β_2가 평활근 이완
수술 후 자가간호	• 자궁수축을 확인하고 절대 안정 • 수술 1주일 전~수술 후 1주일에 성교를 금지 • 장시간 서 있는 것은 피함 • 무거운 물건 들기를 삼갈 것 • 회음부 압박감이 있으며 힘이 주어지면 위험 증상임을 알림	

4 자궁외 임신(ectopic pregnancy) [2017 기출]

(1) 자궁외 임신

정의	• 수정란이 자궁강 밖에 착상하는 것으로 월경을 거른 후 복부 통증, 약간의 질출혈이 있으면 자궁외 임신을 의심 • 불임, 임신 1기 모성 사망의 주된 원인
원인	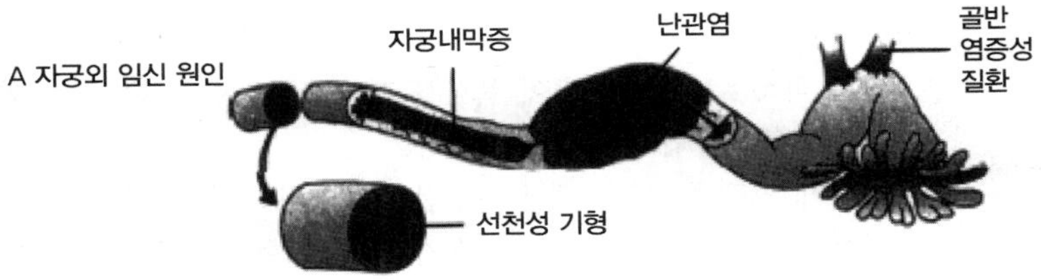 A 자궁외 임신 원인 자궁내막증 난관염 골반 염증성 질환 선천성 기형

	• 선천성 난관 기형 • 난관 주위 종양이나 유착 • 성병이나 골반염의 과거력 • 난관수술의 과거력 • 골반수술이나 복강수술 후 유착 • 피임 목적으로 프로게스테론이 함유된 자궁 내 장치(미레나)사용 • 불임치료 clomiphen(선택적 에스트로겐 수용체 조절제)에 의한 호르몬 변화가 난관 착상 증가 • 자궁내막증(자궁내막 조직이 자궁 밖에 있는 것으로 자궁내막증이 난관, 난소 운동을 막아 수태 능력 저하로 불임)
기전	• 난관이 좁아져서 작은 정자는 통과하나 큰 수정란은 통과하지 못하여 발생 • 자궁외 임신의 95%가 난관 팽대부에 위치 • 복강(3~4%), 난소(1%), 자궁경부(1%) 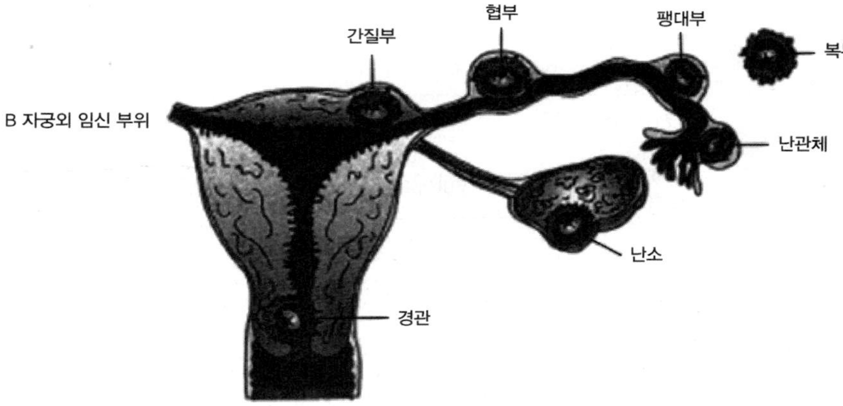 ㅣ자궁의 임신 원인과 부위ㅣ

(2) 증상

파열	마지막 월경(LMP) 6~7주 정도에 파열
파열전	골반부 팽만감과 민감성, 아무런 증상이 없음
초기파열	질에서의 점적 출혈, 골반부에서 mass 촉지
만성파열	약간 검은 질출혈, 골반의 압박감과 팽만감, 약간의 발열, 백혈구의 증가, 혈색소와 혈소판 감소
급성파열	• 심한 하복부 통증: 출혈이 복막을 자극함으로써 편측이나 심와부에서 복강내 전체로 퍼지며 갑작스럽고 날카로운 통증 • 출혈이 횡격막까지 이르면 미주신경을 압박하여 견갑통, 목 어깨 통증 호소 • 심한 출혈로 혈색소·혈소판 수치 저하, 백혈구 상승, 미열, 저혈량성 쇼크

(3) 진단

초음파 검사	자궁 내에서 재태낭이 확인되지 않음
혈청 β-hCG 연속적 검사 [2017 기출]	β-hCG 정체, 감소
복강경 검사	자궁외 임신 진단과 자궁외 임신의 위치와 골반 내 상태를 정확하게 확인
프로게스테론	단일 혈청 프로게스테론으로 자궁외 임신을 진단할 수 없지만 불완전 유산이나 자궁외 임신을 예상하는 데 도움이 됨
수정란의 파열로 복강내 출혈	• 출혈은 맹낭에 고여 맹낭 팽만감을 유발 • 맹낭천자(후질원개)로 자궁외 임신 파열 시 응고되지 않은 혈액 확인

(4) 치료 및 간호 [2017 기출]

<table>
<tr><td>복강경수술</td><td colspan="3">• 수술은 자궁외 임신으로 인해 손상된 조직을 제거하기 위해 하게 됨
• 혈역동학적으로 안정되어 있으면 자궁외임신의 위치와 현재의 골반 내 상태를 확인하기 위해 복강경을 이용
• 난관절제술, 자궁적출술, 난관절개술, 난소절제술</td></tr>
<tr><td rowspan="6">methotrexate (MTX) [2017 기출]</td><td colspan="3">환자의 상태에 따라서 methotrexate(MTX)라는 약물만으로도 관리가 가능</td></tr>
<tr><td>잔류조직 제거</td><td colspan="2">• 수술 후에도 착상된 난관의 근층을 완전히 제거할 수 없으므로 MTX를 투여하여 남아 있는 잔류조직을 제거
• 자궁외 임신이 파열되지 않고 덩어리가 4cm 미만, 임신 6주 이내 투여하여 수술 후 남아 있는 잔류 조직 제거</td></tr>
<tr><td rowspan="2">엽산길항제</td><td colspan="2">MTX는 엽산길항제로 융모막질환에서 빠른 속도로 분열하는 세포를 파괴하는 데 사용</td></tr>
<tr><td>주의</td><td>• MTX 투여 동안 엽산을 복용하지 않음
• 알코올을 마시거나 엽산이 함유된 비타민이나 비스테로이드성 진통제(NSAID)를 복용하면 부작용에 노출될 위험과 자궁외 임신이 터질 위험이 더 증가되므로 주의</td></tr>
<tr><td>hCG 검사</td><td colspan="2">hCG 수치가 음성으로 나올 때까지 모니터 → 적어도 2~8주 동안 매주 β-hCG 검사를 받아야 하며, 투여 후 4~7일째에도 약 15%의 환자는 hCG의 감소가 나타나지 않는데, 이 경우에는 2회째 투여를 하고, hCG 수치가 음성으로 나올 때까지 모니터하여야 함</td></tr>
<tr><td>피임</td><td colspan="2">• 치료 후 2개월간 피임
• 유산 약물로 임신 중에는 절대로 사용해서는 안 됨</td></tr>
</table>

	감광성	감광성으로 태양에 노출을 피함
	감염주의	골수 억제로 감염 위험성으로 이 기간 동안 질내에 아무것도 삽입하지 않음(세척, 성교, 탐폰)

(5) 포상기태(hydatidiform mole)

정의	융모막 융모가 어떤 원인으로 수포성 변성을 일으켜 작은 낭포를 형성하는 임신성 영양막 질환으로 50~60%에서 융모상피암으로 악성화하므로 임상적으로 중요하다.
빈도	• 10대 초반과 40대 이상의 여성에서 발병율이 높다. • 배란촉진제인 clomiphene을 투여한 여성에서 발생빈도가 높다. • 다산부, 다태임신, 반복성 포상기태, 유전인자, 식사습관, 즉 단백질과 엽산이 부족한 식이와도 관련 있다. • 포상기태를 치료한 후 정상임신이 1회 이상 되는 경우 재발 빈도가 감소한다.

종류	완전기태	부분기태
	B. 포상기태의 파열 자궁의 파열로 복강으로의 기태배출 자궁 경관(자궁목) 기태배출	-
역학	90%	10%
기전	• 핵이 없는 난자에 한 개의 정자와 수정되어 발생하며 난자가 유전적 성질이 없어 정자로 복제된다. • 이배수체(46, XX)로 하나의 정자가 자체적으로 배가 되거나 23, 표나 23, Y의 두 개의 정자가 들어가 46, XY, 46, XX가 된다. • 기태는 흰 포도송이 모양의 수액이 찬 수포가 빠르게 성장하며 태아, 태반, 양수, 양막을 포함하지 않는다.	• 핵이 있는 정상적인 난자(23, X)에 두 개의 정자(23, 표와 23, Y)가 수정된 69, XXX, 69, XYY, 69, XXY가 수정된다. • 삼배수체(69, XXY)의 특징인 성장지연, 선천적 기형이 동반될 수 있다. 정상 융모와 함께 수포를 가진 융모, 태아 물질, 양막이 혼합되어 있다. 전형적 증상은 드물고 계류유산 증상이 흔하다.
암으로 진전 [국시 2014]	20%에서 융모상피암으로 진전된다.	융모상피암으로 전이 가능성은 6% 이하이다.

① 진단

β-hCG수치 [국시 2018]	• 융모막(합포체 영양막)에서 신고의 분비 증가로 임신 1기를 지나서도 나타난다. • 정상적으로 감소하는 시기(70~100일) 이후에도 정상적 수치보다 증가된 상태 유지된다.	
	정상 임신	8~12주(임신 1기, 60~70일째 최고치)
	자궁외 임신, 자연유산	β-hCG 감소
초음파 검사	태아골격이 확인되지 않고 '벌집' 모양이나 '눈보라'가 내리는 모양을 확인할 수 있다.	

② 증상

심한 구토	• HCG의 분비증가로 임신오조증이 임신 1기를 지났음에도 심하다. • 융모막(합포체 영양막)에서 신고의 분비 증가로 임신 1기를 지나서도 나타난다. • 정상적으로 감소하는 시기(70~100일) 이후에도 정상적 수치보다 증가된 상태가 유지된다.
고혈압	9~12주 정도에 자간전증의 증상인 단백뇨, 부종, 고혈압이 나타난다. 약 20~24주 이전에 임신성 고혈압의 증상이 나타나면 포상기태를 의심할 수 있다.
암적색 질출혈	• 간헐적 혹은 지속적 암적색 질출혈 • 모체의 혈액을 받아주는 태반이 없어 출혈이 자궁강 내, 질출혈 • 간헐적으로 암갈색(자두주스), 선홍색 질출혈 • 출혈로 인한 빈혈 • 태반은 번생 융모막과 기저 탈락막으로 구성된다.
포도모양의 배출	포도 모양의 소낭포 배출
태아심음(−)	태아의 움직임과 심음, 태아 부분은 촉진할 수 없다.
자궁증대	• 자궁의 급격한 증대 • 약 50%에서 자궁의 크기가 임신 주수에 비해 크다.
혈액검사	혈소판 감소, 적혈구 수 감소, Hct 하강, Hb 감소, ESR 상승, WBC 증가
루테인 낭종	• 포상기태에서 흔히 동반되는 난소종양으로 난소가 HCG의 과다한 자극을 받아 루테인 낭종이 발생한다. • 기태 제거 후 2~4개월 내 소실되며 악성화는 거의 없다.

③ 합병증

DIC	산재성 혈관 내 응고증 예 PIH, 계류유산, 포상기태	
폐색전증	• 영양막(융모막) 세포에 의한 폐색전증 • 심한 호흡곤란, 저산소증, 흉통, 기침, 객혈 • 심전도: 뚜렷한 폐혈관의 저항으로 S2 증가(제2심음)	
융모상피암 [국시 2014]	전이	뇌, 폐(80% [국시 2005]), 간, 골반(20%), 질(30%)로 전이 상태
철분결핍성 빈혈	혈액소실로 철분결핍성 빈혈	

④ 치료 [국시 1998 · 2002 · 2006]

흡입 소파술 [국시 2005]	흡입 소파술은 포상기태를 제거하는 안전하고 빠른 방법
chemotherapy [국시 2003]	• 융모상피암으로 진행될 위험도가 높은 경우만 포상기태 제거 전, 제거 중 Methotrexate (치료 후 2개월간 피임), Actinomycin 사용 • MTX는 엽산 길항제로 융모막 질환으로 빠른 속도로 분열하는 세포를 파괴하여 남아 있는 잔류조직 제거

(6) 포상기태 발견 시 치료 및 간호중재 [국시 2008]

소파술	• 12주 이하이면 소파술 후 옥시토신 투여 • 자궁절제술은 포상기태로 인한 자궁파열 시 실시	
1년간 피임	• IUD를 제외한 피임방법을 선택하도록 하는데, 경구 피임약이나 콘돔을 권함 • 임신 시 hCG 상승과 감별이 필요(임신증상과 혼돈을 피함)	
	IUD 금지	포상기태 후 자궁 천공 위험
hCG 측정 [국시 2005]	• HCG가 음성이 될 때까지 매주 측정 후 2주간 더하여 음성 확인 다음 2~3개월 동안 격주로 측정 후 1년 동안 매달 측정 • 1년 동안 음성이 유지되면 임신을 다시 하여도 됨 • 수치가 증가되거나 자궁의 증대가 보이면 융모암을 의심하여 화학요법을 시작하여야 함 (융모상피암은 기태 제거 후에도 β-hCG 수치 상승)	
흉부 X-선 촬영	융모 상피암이 전이가 가장 잘되는 곳은 폐이므로 기태 제거 후 흉부 X선을 4주 간격으로 촬영(hCG 수치가 음성으로 될 때까지 검사)	
	2주 간격 촬영	• 조직 소견상 융모상피암(지속성 임신성 융모상피종) • 기태 제거 후 추적검사에서 hCG 수치가 다시 상승
자궁크기 확인	• 골반검진을 포함한 신체검진을 2주마다 실시 • 융모상피암은 자궁의 크기 증대	

(7) 포도상 기태의 간호

사정 / 분석	계획 / 수행
증상의 관찰: 심한 구토, 고혈압, 지속적인 혹은 간헐적인 점적 질출혈, 또는 포도 모양의 소낭포 배출과 자궁의 급격한 증대	환자의 상태를 즉시 의사에게 의뢰한다.
유산 유도에 따른 환자 반응의 관찰: 활력 증후, 통증 등	진단 활동을 위한 환자의 준비: 초음파 검사, 혈청 HCG검사, 인공유산(가능하면 소파수술 또는 자궁적 출술)
	인공유산이나 다른 처치 시에 의사를 보조한다.
환자와 가족에게 나타나는 비애 증후를 관찰: 환자의 지지체계를 사정한다.	환자와 가족을 사정된 자료에 따라 격려한다. • 울게 하거나 다른 방법으로 슬픔을 표현하게 한다. • 이 질환으로 죄의식이나 부적절한 감정을 갖고 있는지 탐색하고 확인한다. 이것은 치료를 지연시키는 요인이 될 수 있다. • 앞으로의 출산에 대한 공포나 수술에 대해서 암으로 인한 죽음 등에 대해 대화한다.
	원인, 치료의 과정, 앞으로 일어날 수 있는 문제 및 1년간의 추후 간호와 1년 동안의 피임법에 대해 설명해 준다.

07 임신 후반기 출혈성 합병증

1 전치태반

정의	태반이 자궁경부의 내구를 전체 또는 부분적으로 덮고 있는 것	
전치태반	정상태반 부분 전치태반 완전 전치태반	
분류	완전 전치태반	자궁내구가 태반에 의해 완전히 덮여 있는 경우
	부분 전치태반	자궁내구가 태반에 의해 부분적으로 덮여 있는 경우
	변연 전치태반	태반의 변연부위만 자궁 내구에 도달되어 있을 때
	하부 전치태반	태반이 자궁하부에 위치하나 자궁 내구에 닿지 않고 근접해 있는 경우

(1) 증상

질출혈	• 선홍색 혈액 관찰(검붉은 색은 태반 조기 박리일 때) • 실혈량 파악, 병원 오기 전에 실혈량을 문진으로 대략 측정
무통성 질출혈	• 실혈량 파악, 병원 오기 전에 실혈량을 문진으로 대략 측정 • 분만이나 태반 조기 박리가 합병되면 통증
자궁긴장력	자궁은 부드럽고 이완되며 정상적 긴장력을 가지고 압통은 없음: 태반 박리가 합병되지 않으면 자궁 수축 사이에 완전 이완됨
태위사정	비정상 태반착상으로 둔위, 횡위 또는 사위가 흔함
자궁저부 상승	선진부의 진입 방해로 자궁저부의 높이가 정상보다 높게 위치
금식 유지	태반의 위치와 출혈의 양에 따라 처치 내용이 결정됨
질검진 등 금지	질검진이나 항문검진, 관장 등을 금지함
Semi-Fowler 체위	상체를 20~30° 올려 주는 Semi-Fowler 체위를 취하게 하고 침상안정(하기 위해)

(2) 산모 · 태아 · 신생아에게 미치는 영향 [국시 2012]

<table>
<tr><td>사망률↑</td><td colspan="2">모성이환율 5%, 사망률 1%</td></tr>
<tr><td>산후출혈위험↑</td><td colspan="2">• 출혈로 인한 저혈량 쇼크 25%
• 자궁하부에 있는 혈관이 자궁저부에 비해 효과적으로 수축하지 못하기 때문에 자궁저부가 매우 단단한데도 불구하고 산후출혈이 많을 수 있음</td></tr>
<tr><td rowspan="4">산모위험↑</td><td>조기진통</td><td>-</td></tr>
<tr><td>출혈</td><td>출혈이 심한 제왕절개수술, 자궁수축부전으로 산후출혈↑</td></tr>
<tr><td>감염</td><td>혈관들이 자궁구 쪽으로 노출로 감염 위험 증가: 활력징후, 출혈, 자궁수축상태(크기, 윤곽, 민감성, 이완), 복부통증이나 긴장감, 태아심음과 태동, 의식수준 확인</td></tr>
<tr><td>2차 흡인성폐렴</td><td>전신마취로 인한 2차적 흡인성 폐렴</td></tr>
<tr><td rowspan="3">태아위험↑</td><td>조산</td><td>조산은 전치태반과 관련된 태아사망의 60%를 차지 → 태반이 찢어지면서 태아의 혈관을 손상시켜 자궁 내 질식을 야기</td></tr>
<tr><td>자궁내 성장지연</td><td>전치태반으로 불량한 태반 혈액순환과 모체의 출혈과 빈혈에 기인한 저혈량증으로 재태 연령에 비해 작은 아기</td></tr>
<tr><td>이상태반부착</td><td>태반부착이상으로 유착 태반</td></tr>
</table>

(3) 분만 및 수술

제왕절개수술	• 태아의 성숙이 완성되는 임신 37(36)주 이후 항상 제왕절개수술 • 심한 출혈에는 태아의 성숙도에 관계없이 즉시 제왕절개수술 • 태아가 사망해도 제왕절개수술
질식분만	만약 자궁 경관이 개대되고 태반 착상이 하부에 있고, 출혈이 아주 적을 때
자궁적출술	태반이 이전 절개부위인 전방에 착상될 경우 유착태반이 될 가능성이 높은 경우

(4) 분만 전 간호

임신지연	출혈과 조산이 있을 경우 임신을 지연시키기 위해 $MgSO_4$, terbutaline, ritodrine 등이 사용됨 → 37주 이후 수술을 계획
폐성숙 촉진	임신 34주 미만일 경우 폐 성숙을 촉진시키기 위해 스테로이드 처방, 36주 이상이면 분만계획, 이때 제왕절개분만이 최선
침상 안정	• 임신기간이 36주 미만이거나 출혈이 소량이면 임부는 화장실에 가는 것만 허락하고 침상안정을 하며 활동 제한 • 침상 안정에 의해 출혈이 조절되고 태아가 자궁내 성숙 시간을 주도록 휴식
질 검진 금지 [국시 2007 · 2013]	• 질 검진이나 항문검진, 관장 등을 금지 • 검사자의 손가락, 질경이 경부 개대를 자극시켜 태반을 분리시킴으로 다량의 출혈 야기
Semi-Fowler 체위	태아선진부의 하강으로 출혈을 막아 주고 파수 후 제대 탈출을 방지

| 전치태반의 간호 |

사정 / 분석	계획 / 수행
출산 전	
외출혈의 관찰과 사정 : 실혈량 파악, 병원 오기 전에 실혈량을 문진으로 대략 측정, 선홍색의 혈액 관찰(검붉은 색은 태반 조기 박리일 때)	금식 유지 ※ 태반의 위치와 출혈의 양에 따라 처치 내용이 결정된다.
현존하고 있는 통증의 유무 사정 : 전치태반 자체는 무통성이지만, 분만이나 태반 조기 박리가 합병되면 통증 있다. 무통의 질출혈	질검진이나 항문검진, 관장 등을 금지한다.
자궁수축의 평가 : 태반 박리가 합병되지 않으면 자궁수축 사이에 완전 이완된다.	상체를 20~30° 올려 주는 Semi-Fowler 체위를 취하게 하고 침상안정(태아선진부의 하강으로 출혈을 막아 주고 파수 후 제대 탈출을 방지하기 위해)시킨다.
Cardiotocograph 혹은 Corometric monitor에 의해 태아 심음을 청취한다.	정맥주입 시작(5% 포도당보다 Ringer's 용액을 늘린다), 주입속도 조절

활력 증후를 측정한다.	질병 상태와 경과에 대해 설명: 처치 과정 및 환자나 가족의 질문에 관심을 가지고 답해 주어 신뢰를 갖게 한다.
태위 사정: 둔위, 횡위 또는 사위가 흔하다. 선진부의 진입 방해로 자궁저부의 높이가 정상보다 높게 위치한다.	만약 자궁 경관이 개대되고 태반 착상이 하부에 있고, 출혈이 아주 적을 때는 질분만을 유도, 이것이 불가능할 때는 제왕절개 수술을 준비한다.
분만 예정일, Rh요소, 현재 임신 병력의 사정(점적 출혈이 일찍부터 있었는가?)	이중 처치를 위해 환자 준비: 수술을 위한 삭모, 도뇨관 삽입, 정맥주입, 수술 동의서 등
검사 소견 평가: 혈색소, 혈소판, Rh요소, 소변 검사 등	분만을 위해 소아과 의사와 신생아실 간호원을 대기시킨다.
출산 후 또는 수술 후	
자궁 저부의 높이, 자궁 수축 및 출혈 양을 관찰 및 사정한다.	질 분만 후: 정상 산후 간호에 수혈 조절, 항생제 투여, 자궁 수축제와 진통제를 투여한다.
감염 증상의 관찰: 자궁 하부는 수축이 잘 안되어 회복이 느리므로 감염률이 증가되며 출혈은 감염의 소인이 된다.	제왕절개술 후: 수술 후 간호제공
-	만약 아기가 죽었거나 상태가 나쁘다면 심리적인 지지를 제공한다.
-	• 질문에 답해 주고 설명함으로써 격려해 준다. • 질병의 원인, 처치, 기대되는 회복에 대한 의사의 설명을 재인식 시켜준다.

2 태반조기박리(abruptio placenta) [2019 기출]

정의	정상적으로 착상된 태반의 일부 또는 전체가 태아가 만출 이전에 자궁에서 부분적 또는 완전히 박리되어 떨어지는 것 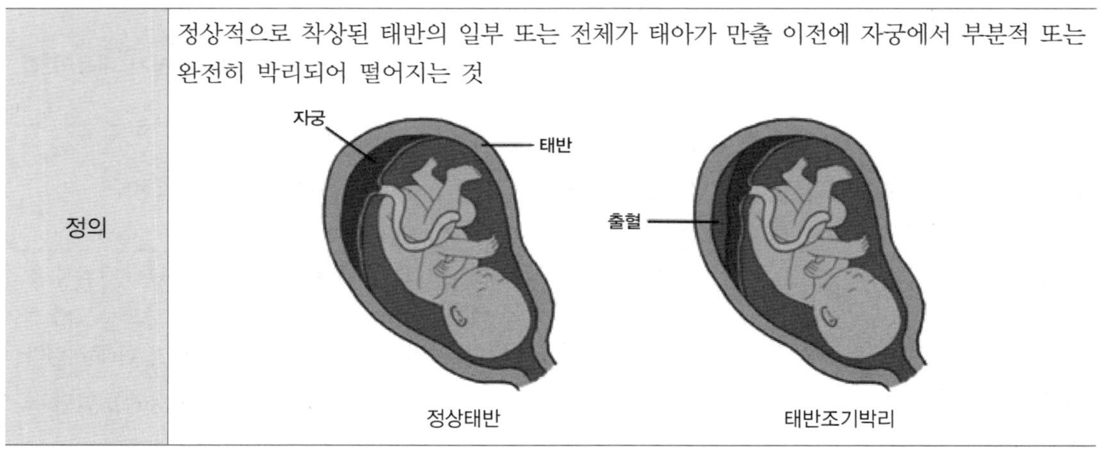 정상태반 태반조기박리

특징	• 전치태반보다 흔하고, 120~150명 출산 중 1명에서 나타나고, 임신 3기 출혈 환자 중 30%에서 나타남 • 태반조기박리 임부의 1/3에서 조산과 자궁내 저산소증으로 신생아 사망을 경험	
원인	나선동맥의 변성	자궁내막과 태반에 혈액공급을 하는 자궁의 나선동맥의 변성으로 기저 탈락막의 괴사를 초래하여 태반이 박리되어 출혈
	코카인복용, 흡연	코카인(중추신경자극제)복용이 고혈압으로 발전
	자간전증 고혈압 [국시 2004]	• 임부의 고혈압 • 자간전증, 자간증 임부
	복부외상	외부로부터의 복부손상, 신체적인 외상, 사고
	양수과다	양수과다증 시 조기 파수 시 자궁 크기가 갑자기 줄어들 때
	임부력	쌍태분만, 다산부,자궁근종에서 빈도가 높음

(1) 분류

외출혈	출혈이 경관으로 배출
은닉출혈	출혈이 외부로 배출되지 않고 태반과 자궁벽에 고이는 은닉출혈
	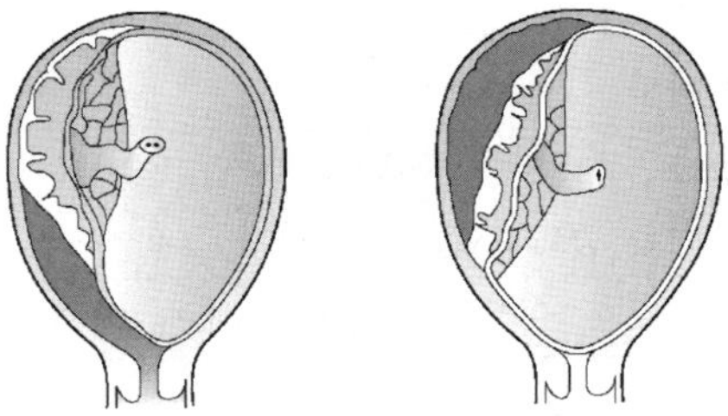 외출혈 은닉출혈
단계	• Grade 0 : 태반의 변연부가 조금 박리, 출혈 100cc 미만, 동통 및 응고장애 없음 • Grade Ⅰ : 태반의 약 10~20% 박리, 출혈 100~500cc, 자궁 압통 및 경한 경직 • Grade Ⅱ : 태반의 약 50% 박리, 출혈 500cc, 외부출혈은 없을 수도 있으나 저혈량 상태, 자궁강직의 증가로 압통이 심해지고 비정상적 응고장애가 일어나기도 한다. 태아는 질식으로 사망할 수도 있음 • Grade Ⅲ : 태반의 50% 이상 박리, 출혈 500cc 이상, 저혈량 상태, 자궁강직이 심하고 사망할 수 있으며 태아도 보통 질식되어 사망

(2) 진단

초음파	초음파 검사 시 태반의 혈괴, 두꺼움, 태반박리 확인 등을 실시한다.
양수 APT검사	• 질출혈 시 모체측 또는 태아측 혈액구분: 4.5cc의 증류수에 0.5cc의 혈액을 섞어서 흔든다. 여기에 0.25% NaOH 1cc를 섞은 후 색의 변화를 평가한다. 태아와 탯줄 혈액인 경우 1~2분 후에 분홍빛을 띠고, 모체측 혈액인 경우 30초 이내에 갈색을 띤다. • 출혈량이 증가되어 압력을 형성하면 양막이 파열되어 혈액이 양수 내로 들어가므로 양수는 붉은 포도주 색깔이 된다.
응고장애	Hb과 Hct는 떨어지고 응고인자도 줄어들어 대상자의 10~30%에서 응고장애가 초래된다.

(3) 증상

지속복통 [2019 기출]	• 태반조기박리가 발생한 산부는 처음에는 갑자기 날카로운 심한 자궁통증을 호소하고 후에 둔한 통증으로 변화한다. • 침범된 자궁 부위에 국한되거나 자궁과 복부에 광범위한 부위로 확대되고 하부요통도 경험한다.
복부강직 [2019 기출]	자궁수축과 수축 사이에 이완이 없이 자궁의 긴장력이 증가하여 강직상태가 된다. → 임부는 '자궁이 판자처럼 느껴진다.'라고 표현한다.
암적색출혈	• 질 출혈은 태반조기박리 대상자의 70~80%에서 나타나고 암적색이다. • 증상은 은닉출혈로 출혈량은 증상에 비례하지 않고 외부로 배출된 실혈량보다 쇼크 증상이 심하다.
자궁증대	복부검진으로 증대된 자궁을 볼 수 있고, 반복 검사에서 증대가 더 심해지면 태반 뒤에 혈액이 축적된 증거로 볼 수 있다.
저혈량쇼크	저혈량으로 쇼크, 요량감소, 무뇨증 초래, 혈색소와 혈소판의 저하
자궁태반졸중 (Couvelaire uterus)	과다한 자궁근막 출혈로 자궁근육의 손상 → 분리된 태반과 자궁벽 사이에 혈액이 고이면 자궁태반졸중이 나타나 자궁은 붉거나 푸른색을 보이며 수축력을 잃게 된다.
혈액응고장애	태아 생존 가능성은 희박하다.

(4) 산모와 태아, 신생아에게 미치는 영향 [2019 기출, 국시 2001 · 2007]

사망률	• 모체 사망률의 약 0.5~5% • 조기 박리가 50~80%인 경우 주산기 사망률이 50% 이상 된다. 이 경우 신생아가 생존한다 하더라도 저산소증과 분만외상, 조산으로 이환률이 높아진다. • 즉시 진단 치료가 이루어진다면 모체의 사망률과 이환률이 감소된다.
조기진통, 조산	–

<table>
<tr><td>완전태반박리</td><td colspan="2">코카인을 흡입한 임부에서 갑작스런 다량의 출혈로 완전 태반박리가 나타나기도 한다.</td></tr>
<tr><td rowspan="3">허혈성 괴사</td><td colspan="2">출혈성 쇼크, 파종성 혈액응고장애(DIC), 저혈량성 쇼크에 따라 2차적으로 뇌나 신장, 뇌하수체 등의 허혈성 괴사를 초래한다.</td></tr>
<tr><td>신부전</td><td>-</td></tr>
<tr><td>시한 증후군
(Sheehan' syndrome)
[2019 기출]</td><td>• 산후출혈에 의한 뇌하수체의 허혈성 괴사를 의미한다.
• 뇌하수체 기능저하증의 원인이다.</td></tr>
<tr><td>자궁 일혈
(자궁태반졸증)</td><td colspan="2">• 출혈이 자궁근층 내로 스며 들어 자궁이 멍이 든 것처럼 푸르스름하게 보인다.
• 분리된 태반과 자궁벽 사이(자궁근층내로 스며듦)에 혈액이 고이면 자궁태반졸증(Couvelaire uterus)이 나타나 자궁은 푸른색을 보이며 수축력을 잃게 된다.
• 신생아와 태반이 만출된 후에도 제대로 자궁수축이 되지 않아 자궁절제술을 하여야 될 때도 있다.</td></tr>
<tr><td>태아 곤란증</td><td colspan="2">태아절박가사, 태아질식</td></tr>
<tr><td>저혈량성 쇼크</td><td colspan="2">과다 출혈로 저혈량성 쇼크, 빈혈</td></tr>
<tr><td>파종성 혈관내 응고, DIC
[국시 2003]</td><td colspan="2">• 산재성 혈관 내 응고증으로 혈소판감소증, 응고인자 감소, 저섬유소원혈증으로 혈액 응고장애로 출혈 등이 초래된다.
• 태반의 중앙에서 박리되어 천천히 출혈이 증가하는 경우 태아가 사망하거나 DIC가 나타나기까지 잘 모르다가, 중요장기의 괴사와 사망이 일어난다.</td></tr>
</table>

(5) 치료 및 간호관리

결정 기준	박리된 정도와 출혈의 정도에 따라 결정
Grade 0	임신 37주 이전에는 안정하고 자궁근 이완제를 쓰면서 증상에 따른 관리
Grade Ⅰ	출혈이 심하지 않고 경관개대가 계속 진행되고 태아 하강이 진행되면 질분만을 시도
Grade Ⅱ, Ⅲ	• 저혈량성 쇼크에 대비해 수액과 혈액보충을 시작 • DIC일 때는 전혈과 혈소판 수혈을 하고, 저섬유소원증이 나타나면 냉동침강물이나 신선동결혈장(Fresh Frozen Plasma; FFP)을 수혈하고 응급수술 준비
질식분만	• 질식분만은 출혈이 심하지 않고 경관 개대가 진행되고 태아 하강이 진행되면 질식분만 • 태아가 이미 사망한 경우, 질식분만
제왕절개 분만	태아가 살아있고 태아 질식이나 심한 출혈과 응고 장애가 있고 분만 진행이 안되면 제왕절개 분만

| 태반 조기 박리의 간호 |

사정 / 분석	계획 / 수행
출생 전	
병에 걸리기 쉬운 요소를 모두 가진 부인의 사정: 고혈압, 다산부, 대정맥증후, 당뇨병, 짧은 제대, 경산부, 나이 많은 임부	대정맥에 압력이 가는 것을 막기 위해 분만 동안 측위를 취한다.
태반박리의 증상 관찰(분만 동안에 나타날지도 모르는) • 질출혈 또는 붉은 포도주빛의 양주 • 쇼크: 혈압(BP)하강, 맥박의 증가, 호흡곤란, 창백, 기절 등. 이런 증상은 출혈량에 비례해서 자주 나타난다. • 통증: 심하며 갑작스럽거나(retroplacenta일 경우에) 무통증일 수도 있다(박리는 질을 통해 출혈되고 가장자리로 된다). • 자궁수축: 분만 동안 수축은 균등하지 않거나 수축 사이에 이완되지 않는다. • 복부: 경직될 수도 있고, 그렇지 않을 수도 있다(만약 출혈이 멈추면 자궁은 경직하지 않는다). 자궁근층은 판자와 같다(couvelaire). • 통증의 시작과 함께 태아의 과잉활동이 있고 뒤이어 태아 심음이 없어진다. 도움이 된다면 전기 모니터로 태아 심음 청취한다.	만약 증상이 있으면 아래와 같이 조치를 한다. • 의사를 부른다. • 환자의 얼굴을 옆으로 돌리고, 마스크를 통하여 O_2를 공급, 정맥으로 수액 공급을 시작하거나 수액 공급량을 늘린다. • 혼자 남겨 두지 않는다. • 검사물을 검사한다. 혈액형, 교차시험, 혈소판, prothrombin time, partial thromboplastin time • 복부 수술의 준비(제왕절개 또는 자궁적출술), 만약 경관이 개대되고 선진부가 낮으면 질 분만을 준비한다.
합병증의 관찰: 쇼크, 혈전성 정맥류, 저섬유소혈증, 산욕기 감염, 출혈, couvelaire 자궁, 급성 신부전증	분만이 진행되는 동안 소아과 전문의를 부른다. 신생아는 조산, 가사, 출생 시 외상의 주의를 요한다.
-	환자에게 모든 처치를 설명한다.
출생 후	
다음을 확인한다. • 자궁적출술을 시행할 것인지 • 태아가 사망했는지 • 신생아가 생존한다면 상태는 어떤지	제왕절개나 질 분만 후 간호를 한다.
생리적 반응의 평가: 출혈의 양, 활력증후, 소화기계 기능, 신장의 기능, 만약 자궁이 남아 있다면 자궁저부의 높이와 수축정도 검사, 출혈과 함께 강직성 자궁수축의 관찰(Couvelaire uterus)	의사의 처방에 따라 불편감, 감염, 빈혈, 자궁 이완에 대한 투약을 하며, 수액요법을 실시한다.
환자와 가족의 반응을 평가한다.	핍뇨, 혈뇨 및 단백뇨는 보고한다.
-	비탄에 빠진 환자와 가족을 도와준다.
-	질병의 원인, 처치와 예후에 대해 재보강 설명해 준다.

(6) 태반 조기 박리와 전치태반의 비교 요약

| 태반 조기 박리와 전치태반의 비교 |

증상 및 증후	태반 조기 박리			전치태반
	변연 박리	중정도 박리	심한 박리(66% 이상)	
출혈 (외출혈, 질출혈)	소량	없거나 중정도	없거나 중정도	소량에서 심하면 생명을 위험할 정도까지
혈액의 색깔	암적색	암적색	암적색	선홍색
쇼크	없음	자주 있음	갑자기, 자주 잘 발생됨	가끔 나타남
혈액응고장애	드물게	가끔	자주	드물게
자궁 강직성	정상	증가한 부분에 국한되어 있거나 자궁 전체에 강직성이 나타나고 강직수축만 있고 이완은 없음	강직성 자궁 수축으로 자궁이 나무판자와 같음	정상
자궁 민감성	보통 없음. 만약 있다면 국한됨	증가됨. 자궁 전체에 민감성 나타남	지속적으로 고통스러운 자궁 통증이 있음	없음
초음파 검사소견 (태반부위)	정상 자궁상부	정상 자궁상부	정상 자궁상부	비정상 자궁하부
선진부의 하강	진입됨	진입됨	진입됨	높이 있음. 진입 안 됨
태향	정상	정상	정상	자주 횡위, 둔위 또는 사위
고혈압의 동반	정상범위	자주 동반됨	자주 동반됨	정상범위

출제경향 및 유형 (분만과 산욕기 여성건강)

1992학년도	
1993학년도	
1994학년도	
1995학년도	
1996학년도	
1997학년도	
1998학년도	
1999학년도	
후 1999학년도	
2000학년도	
2001학년도	
2002학년도	
2003학년도	
2004학년도	
2005학년도	
2006학년도	
2007학년도	
2008학년도	
2009학년도	
2010학년도	산욕기의 생리적 변화
2011학년도	
2012학년도	분만 후 간호
2013학년도	조기분만
2014학년도	양막파수
2015학년도	
2016학년도	정상 분만의 전구 증상
2017학년도	
2018학년도	자궁목 무력증(Incompetent cervix)의 검사소견
2019학년도	
2020학년도	
2021학년도	
2022학년도	자궁탈출증, 자궁내번증, 모유수유 호르몬(프로락틴, FSH, LH), 산전관리(4자리체계, 양수지수, 무자극검사NST)
2023학년도	

Chapter

03 분만과 산욕기 여성건강

01 분만생리

1 분만의 요소

만출물(passenger)	태아와 부속물(태반, 양막, 양수 등)
산도(passageway)	–
만출력(power)	• 1차 만출력은 불수의적 자궁수축력 • 2차 만출력은 수의적 자궁수축력
산모의 자세(position)	직립자세, 앉기, 쭈그리고 앉기, 무릎 꿇기, 측위 등은 도움 앙와위는 대동맥과 상대정맥을 압박하여 기립성 저혈압을 초래하므로 도움이 되지 않음
산모의 심리상태 (psychologic response)	산부 스스로 아기를 분만하려는 심리적 반응

2 태아

<table>
<tr><td rowspan="3">태위
(fetal lie)
[국시 1998 · 2002]</td><td>정의</td><td colspan="2">모체의 장축(척추)과 태아의 장축(척추)의 상호 관계</td></tr>
<tr><td>종위</td><td colspan="2">태아의 장축이 모체의 축과 평행선</td></tr>
<tr><td>횡위</td><td colspan="2">태아의 장축이 모체의 축과 직각</td></tr>
<tr><td rowspan="2">태세
(attitude)
[국시 2005]</td><td>정의</td><td colspan="2">태아가 임신 후반기에 취하는 자세로 몸통과 신체의 각 부분인 사지의 상호관계</td></tr>
<tr><td>예</td><td colspan="2">굴곡, 완전굴곡으로 태아의 머리는 가슴에 밀착 척추는 굴곡 대퇴는 복벽에 밀착 팔, 다리는 흉부에 교차</td></tr>
<tr><td rowspan="4">태향
(fetal position)
[국시 2003 · 2007]</td><td>정의
[국시 1998]</td><td colspan="2">선진부 준거지표인 후두, 턱, 천골과 모체골반의 전후 좌우면과의 관계로 산모를 기준으로 함</td></tr>
<tr><td>첫 번째 글자</td><td colspan="2">선진부의 위치로 모체 골반의 오른쪽(R), 왼쪽(L)</td></tr>
<tr><td rowspan="2">중간글자</td><td>준거지표
[국시 2001 · 2002]</td><td>태아의 특수한 선진부분으로 후두(O : Occiput), 턱(M : Mentum), 천골(S : Sacrum)</td></tr>
<tr><td>두정위
[국시 2002 · 2017]</td><td>후두골(occiput : O)</td></tr>
</table>

		안면위 [국시 2020]	턱(mentum : M)
		둔위 [국시 2006]	천골(sacrum : S)
		견갑위	견갑골 돌출부(acromion : A)
	마지막 글자	모체 골반의 전(A), 후(P), 횡(T)	
	LOA [국시 2002]	분만 중 가장 흔한 태향	
	ROA [국시 2016 · 2019]	선진부가 후두(O)이고 후두가 모체골반의 오른쪽 앞 위치	
	LSP	천골(S)이 선진부이고 모체의 왼쪽 뒤 위치	
선진부	정의	골반입구에 머저 들어간 태아의 부분으로 두부, 둔부, 어깨	

3 산도 : 골반입구

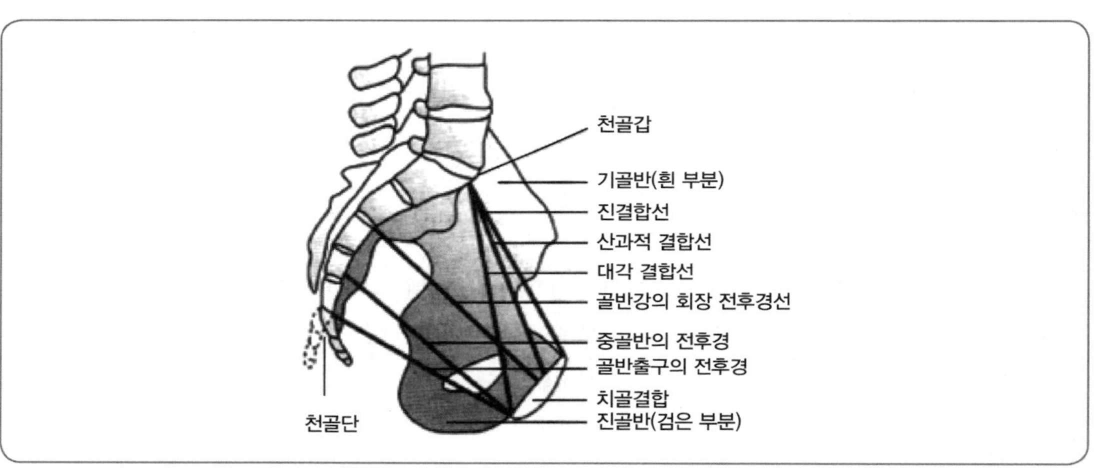

골반입구 [국시 2005]	골반 입구에 의해 가골반과 진골반으로 구분	
	가골반	골반연의 상부로 분만과정과 관계 없음
	진골반	분만에 관여
대각결합선 [국시 1998 · 2004]	• 대각결합선은 임상적으로 중요한 경선으로 내진에 의해 직접 측정 가능하며 치골결합 하연에서 천골갑까지 길이 • 협골반은 11.5cm 미만	
진결합선 [국시 2006]	• 치골결합 상연에서 천골갑까지의 거리 • 골반 입구 전후경선의 지표로 골반입구의 짧은 경선 • 천골갑 : 제5요추, 제1천추와의 접합부 돌출부위 [국시 0208] • 대각결합선 : 1.5~2cm	

산과적 결합선 [국시 2003]	• 치골결합 상연 내면 최돌출부에서 천골갑까지의 가장 짧은 거리 • 태아가 반드시 통과하여야 하는 가장 짧은 거리(임상적으로 중요) • 정상치 : 10cm 이상 • 진결합선 : 0.5cm	
정상 분만 가능성에 중요 요소 [국시 2004]	산과적 결합선	–
	좌골극간 경선	골반 강에서 가장 짧은 경선으로 10cm 이상이어야 함

4 만출력 : 자궁수축

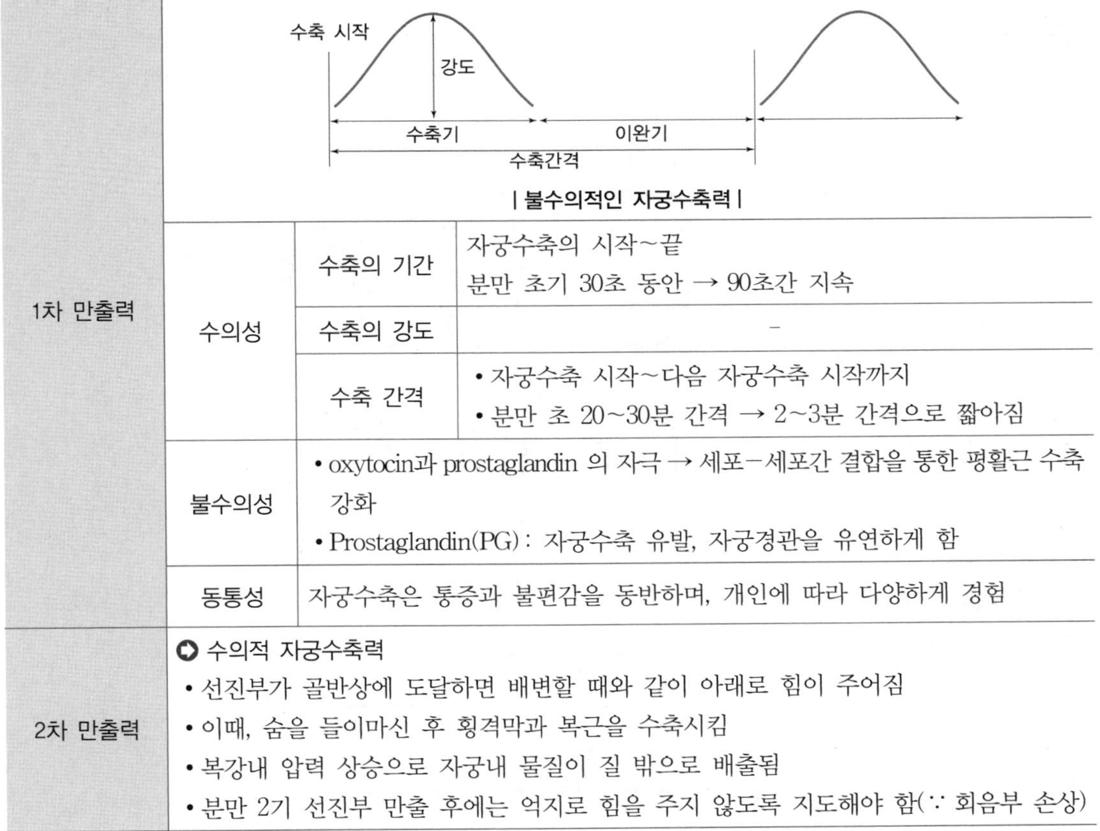

| 불수의적인 자궁수축력 |

구분			내용
1차 만출력	수의성	수축의 기간	자궁수축의 시작~끝 분만 초기 30초 동안 → 90초간 지속
		수축의 강도	–
		수축 간격	• 자궁수축 시작~다음 자궁수축 시작까지 • 분만 초 20~30분 간격 → 2~3분 간격으로 짧아짐
	불수의성		• oxytocin과 prostaglandin 의 자극 → 세포-세포간 결합을 통한 평활근 수축 강화 • Prostaglandin(PG) : 자궁수축 유발, 자궁경관을 유연하게 함
	동통성		자궁수축은 통증과 불편감을 동반하며, 개인에 따라 다양하게 경험
2차 만출력	➲ 수의적 자궁수축력 • 선진부가 골반상에 도달하면 배변할 때와 같이 아래로 힘이 주어짐 • 이때, 숨을 들이마신 후 횡격막과 복근을 수축시킴 • 복강내 압력 상승으로 자궁내 물질이 질 밖으로 배출됨 • 분만 2기 선진부 만출 후에는 억지로 힘을 주지 않도록 지도해야 함(∵ 회음부 손상)		

5 자궁수축으로 인한 변화

(1) 생리적 견축륜 [국시 2004]

생리적 견축륜	정의	자궁상부와 하부 간에 구분되는 경계선
	자궁상부 (저부)	활동적으로 수축이 진행되면서 근육이 짧아지고 두꺼워지면서 하부를 끌어당김 → 능동적으로 활발히 수축이 일어남
	협부	생리적 견축륜이 형성
	자궁하부	늘어나고 얇아짐 → 태아 만출이 용이
병리적 견축륜 (함몰된 수축륜)	난산이나 자궁수축부전 시 자궁하부가 극도로 얇아지고 융기선이 위로 상승하여 치골결합과 제와부 사이에 융기선이 생기는 상태 → 병리적 견축륜이 심해지면 심한 통증과 자궁 파열이 오고 태아는 심한 산소결핍, 뇌손상을 받음 → 자궁파열의 위험징후로 모르핀을 근육주사하고 즉시 제왕절개(C-sec)함 → 자궁수축제 투여나 관장은 절대 금함	
생리적 견축륜, 병리적 견축륜 (Brandl's ring)	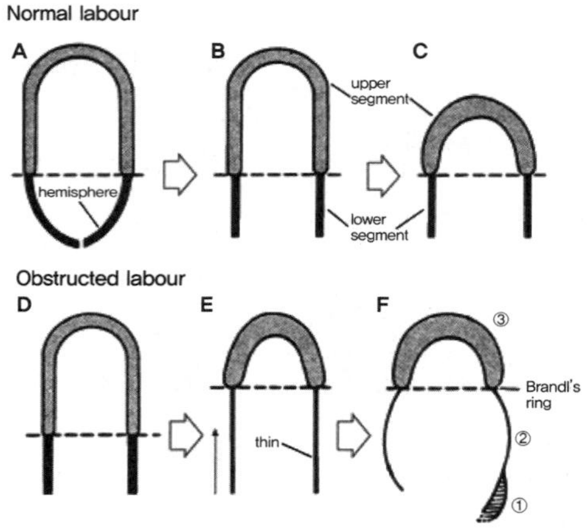 Normal labour A B C hemisphere upper segment lower segment Obstructed labour D E F thin ③ Brandl's ring ② ① 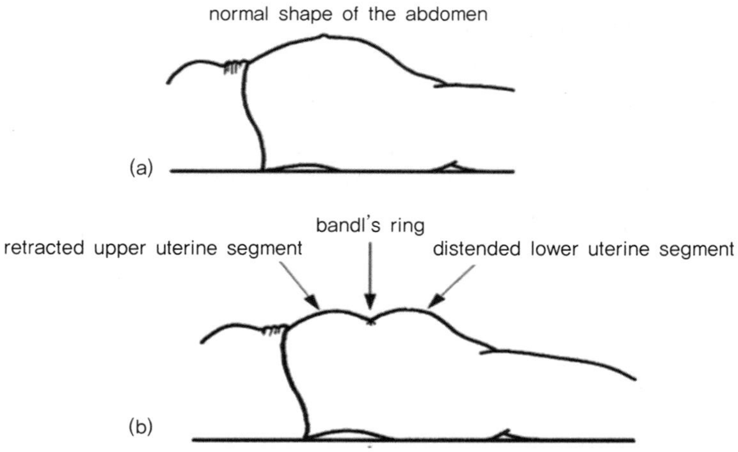 normal shape of the abdomen (a) bandl's ring retracted upper uterine segment distended lower uterine segment (b)	

(2) 자궁내압의 증가

분만 1기 자궁내압	30~50mmHg
분만 2기 자궁내압	80~100mmHg
이완 시	12mmHg 정도로 감소됨
결과	25mmHg 이상이면 통증을 느끼고, 30mmHg 이상이면 경부가 개대되기 시작함

(3) 자궁 이완기가 분만에 미치는 영향 [2018 기출]

자궁 이완이 모체에게 미치는 영향	• 자궁수축 사이에 이완이 제대로 되지 않으면 자궁근육세포의 산소결핍으로 통증을 심하게 느낀다. • 자궁경관이 쉽게 개대되어 분만 소요시간이 짧아진다. • 모체는 휴식을 취하면서 피로를 경감하고 힘주기를 위한 에너지를 비축한다.
태아에게 미치는 영향	• 태아건강에 필수적으로 이완 없이 수축만 지속된다면 자궁태반 혈류가 감소되어 태아 저산소증을 유발한다. • 자궁이완 시 자궁태반 혈류 확장으로 태아의 저산소증을 예방할 수 있다. • 태반으로의 순환증진으로 태아의 산소와 영양소, 노폐물의 교환이 이루어진다.

(4) 자궁경부의 거상과 개대

자궁수축의 결과	• 경관 개대, 소실 [국시 2008 · 2017] • 자궁수축과 양수의 압력과 양막의 파막으로 선진부의 압력이 자궁하부 쪽과 경관에 영향을 미쳐 경관의 개대와 소실
거상(소실) (effacement)	• 분만 1기 자궁경관의 두께가 얇아지는 상태 • 자궁수축 시 자궁저부의 근육들은 점차 짧아지고 두꺼워지면서 자궁하부와 경관의 조직을 잡아당겨 올리는 역할을 해서 거상과 개대가 일어남 • 분만 1기동안에 자궁경부의 길이가 짧아지고, 두께가 얇아져 소실되는 것을 의미 • 거상의 정도는 %로 표시(~100%) • 완전히 소실되면 내진시 경관의 가장자리만 만져짐
개대 (dilatation)	거상이 진행되면서 자궁경관 개대
하강	규칙적 자궁수축은 자궁에서 자궁내 태아, 태반, 부속물들을 아래로 내려 보내어 만출

6 산모의 자세 및 심리적 상태

산모의 자세가 분만에 미치는 영향	• 산부의 피로감 감소 • 자궁수축력 강화로 분만시간 단축 • 산부의 혈액순환 촉진
선 자세 (upright position)의 이점	• 분만시간 단축: 아두의 하강 촉진, 자궁수축 강화, 개대와 소실 촉진 • 제대 압박 방지 • 산부의 혈액순환 및 태아에게 공급되는 혈류 증진
진통 중 자세	걸어 다니기, 앉은 자세 취하기, 책상다리하기, 반좌위하기, 서있기, 무릎꿇기, 손 짚고 무릎 꿇기
힘주기를 위한 자세	쇄석위(lithotomy position), 반좌위 또는 측위 취하기, 쪼그리고 앉기
산모의 불안감이 분만에 미치는 영향	• cathecholamines 분비증가로 인한 변화 • 자궁수축 과다 자극 • 자궁-태반간 순환 방해 • 분만과정 지연

02 분만

1 정상 분만의 전구증상 [2016 기출]

태아 하강감 (lightening)	• 분만 2~4주전에 아두가 골반 내로 들어가는 것으로 특히 초임부에게 나타남 • 빈뇨, 하지경련, 질 분비물 • 아두가 골반강내로 들어가게 됨으로써 복부팽만과 횡격막압박이 경감되는 증상 • 아두가 하강하면 자궁저부가 낮아지므로 횡격막의 압박이 줄어들고 호흡이 평안해지며 위장의 부담감과 복부의 팽만감이 완화됨. 그러나 아래로 인한 압력 때문에 다음과 같은 증상을 경험함 - 신경압박으로 인한 하지경련 또는 하지통증 - 골반이 받는 압력 증가 - 정맥흐름의 정체증가로 인한 하지부종 - 빈뇨 증가 - 질점막의 울혈로 인한 질 분비물 증가

가진통 (Braxton Hick contraction)	• 임신 12주부터 임신 전 기간에 일어나는 무통성, 불규칙한 수축 • 자궁수축이 반복되면서 심한 불편감이 나타나는 것 • 자궁수축이 불규칙하고 이슬이 없고 자궁경관의 개대가 없으며 분만이 진행되지 않음 (vs 진진통의 특징은 통증이 허리에서 복부로 전파되고, 규칙적이고 시간이 지남에 따라 통증의 강도, 기간, 빈도가 증가. 수축이 진행됨에 따라 혈성이슬의 증가와 자궁경부의 개대와 거상이 발생. 걸으면 통증이 더욱 심해짐)
요통 [2016 기출]	아두가 골반강내로 하강하면서 골반과 척추를 압박하며 요통 발생. 임신중 릴랙신 호르몬에 의해 관절 이동성 증가, 프로게스테론에 의한 평활근의 이완으로 척추 지지 되지 못하며, 자궁증대로 인한 비정상적 체위는 요통 더욱 악화
이슬	• 선진부가 하강하면서 자궁경관의 미세혈관들이 압박으로 파열되고 임신 중에 자궁경부를 막고 있던 점액마개와 섞여져 나오는 혈성 점액질 • 분만개시의 의미 : 분만 며칠 전, 몇 시간 전, 혹은 없을 수도 있음 – 만삭에서 이슬이 나오면 분만이 시작, 몇시간~며칠 내에 분만 시작
양막파열	양수를 싸고 있는 막이 파열되는 것으로 분만이 시작된다는 신호 • 선진부 하강으로 태아와 양수를 싸고 있던 막이 분만 전 또는 분만 시 자연파열 • 파막 후 24시간 이내 분만하지 않을 경우 자궁내 감염이나 제대탈출 위험 초래
체중 감소 [2016 기출]	임신을 유지하던 호르몬 변화 때문에 전해질의 변화로 수분의 소실이 일어나 체중이 약 1kg 정도 감소됨
자궁경부 연화	태아가 통과 되도록 자궁경부가 부드러워지고 부분적으로 소실(거상)되며 1~2cm 개대되는 것
에너지 분출 (둥지틀기본능)	• 에피네프린 방출 증가로 신체활동이 증가되는 것 • 집안 청소, 정리

| 진진통과 가진통의 비교 |

특성	진진통	가진통
규칙성	규칙적	불규칙적
간격	점점 짧아짐	변화가 없음
강도	• 점점 강해짐 • 걸으면 더욱 심해짐	• 변화 없음 • 걸으면 완화됨
부위	등과 복부	하복부에 국한됨
이슬	대개 보임	안 보임
진정제 효과	없음	있음
태아하강	진행	없음

2 분만의 기전

진입 (engagement)	• 아두의 대횡경선이 골반입구를 통과 • 진입시기: 초산부(분만 시작 2주전), 경산부(분만 시작과 함께) • 태아의 시상봉합이 횡경 또는 사경으로 진입됨
하강	• 선진부가 골반출구를 향해 내려가는 과정 • 기전: 양수압력, 자궁저부가 태아를 누르는 압력, 모체 복근의 수축 등 • 하강: 초산부(활동기 후반에 빠르게 진행), 경산부(진입과 하강이 동시 발생)
굴곡	선진부가 하강하면서 골반저항으로 굴곡되고 턱은 가슴쪽으로 바짝 붙어 소사경선이 골반 출구에 놓임
내회전	아두가 골반입구에서는 횡경선으로 진입하지만, 골반강과 골반출구는 전후경선이 길어 아두가 만출을 위해 이곳을 통과하기 위해 내회전으로 회전함
신전	• 내회전하여 완전굴곡된 태아의 머리가 회음부에 이르면 아두가 고개를 들면서 만출되는 것 • 후두, 전정, 눈, 코, 입 순으로 만출
복구 및 외회전	아두 만출 후 태아의 넓은 견폭이 출구 전후경선에 일치하여 태아 몸 전체가 만출하기 위해 골반입구 진입 시 위치로 다시 회전하는 것
만출 (expulsion)	• 앞 어깨 → 뒤쪽 어깨 → 몸 • 태아가 완전히 만출될 때 분만이 완성되고 분만 2기 종결

3 분만의 단계

분만 1기	개대기, 규칙적인 자궁수축~자궁경관완전개대(10cm)까지
분만 2기	태아 만출기, 자궁경관완전개대~태아만출까지
분만 3기	태반기, 태아만출~태반 및 태아부속물 만출시까지
분만 4기	태반만출 후 약 2시간까지, 임신전 상태로 적응(생리적 심리적 변화가 극적)

(1) 분만 1기(개대기) [2018 기출]

정의	규칙적 자궁수축 시작~자궁경관 완전 개대까지
특징	• 초산부는 12~14시간, 경산부는 7~8시간 소요 • 경부 소실: 자궁경부가 점차 짧아지고 얇아지는 과정이 나타남 • 경부 개대: 장궁경부가 증대되고 확장 • 태포 형성: 태포 내 양수를 전양수, 아두 상방에 있는 것을 후양수라 하고 자궁경부 완전 개대 후 태포는 파막 • 카테콜라민 영향: 분만 진행되면서 스트레스, 통증 또는 분만 합병증에 대한 반응으로 카테콜라민 점차 증가, 정상분만 시 에너지 소비와 행도에 대한 준비 가능

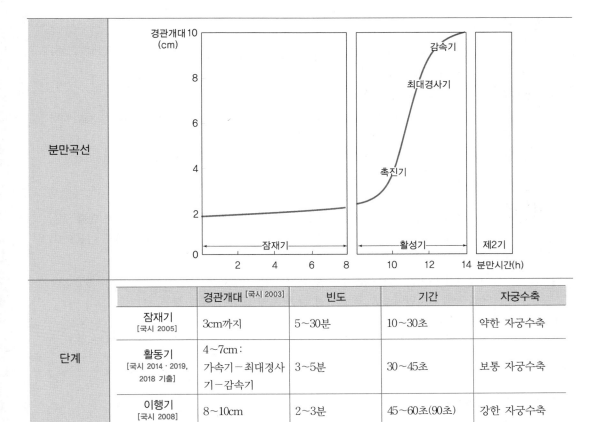

<table>
<tr><td>분만곡선</td><td>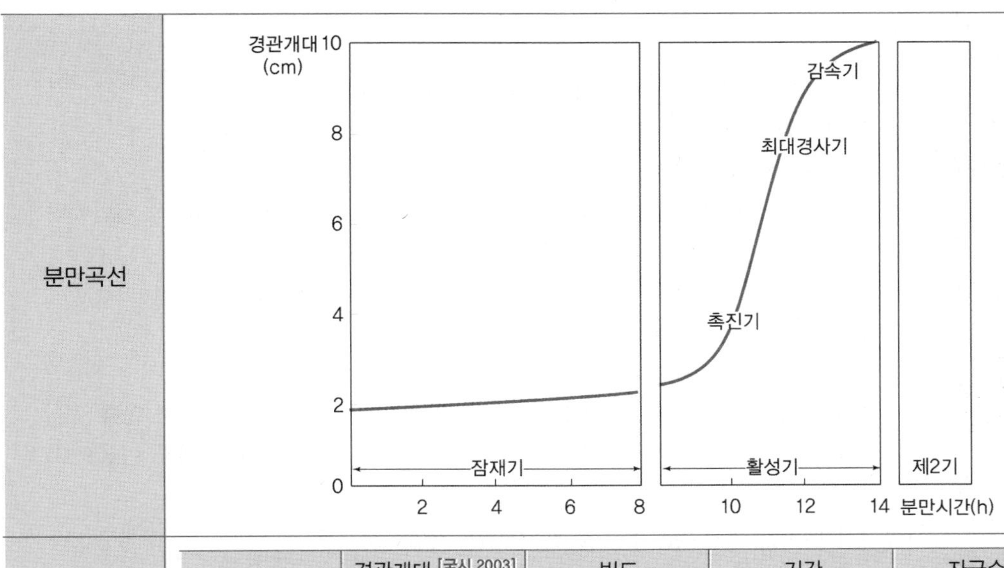
</td></tr>
<tr><td>단계</td><td>

	경관개대 [국시 2003]	빈도	기간	자궁수축
잠재기 [국시 2005]	3cm까지	5~30분	10~30초	약한 자궁수축
활동기 [국시 2014 · 2019, 2018 기출]	4~7cm: 가속기-최대경사기-감속기	3~5분	30~45초	보통 자궁수축
이행기 [국시 2008]	8~10cm	2~3분	45~60초(90초)	강한 자궁수축

</td></tr>
</table>

(2) 분만 2기

분만 2기	• 경관 전 개대부터 태아가 만출되는 시기(초산부 50분~1시간 / 경산부 15~30분) • 자궁수축은 2~3분 간격으로 빈도와 강도가 증가하고 기간도 50~70초로 길어짐 • 1차적인 힘: 불수의적인 자궁수축 2차적인 힘: 산모의 수의적인 복부내 압력 • 복부근육을 사용하는 것이 경부개대를 시키는 것은 아니지만 태아 만출을 도움
팽륜 (bulging)	• 선진부의 회음부 압박으로 회음부가 불룩해지는 것 • 항문올림근과 회음부 층이 얇게 늘어나면서 항문이 벌어져 2~2.5cm까지 되며 항문 전벽이 밖으로 보임
배림 (appearing)	아두가 양 음순 사이로 보이고 수축이 멎으면 안 보이는 현상
발로 (crowining)	자궁수축 시 밀려 나온 아두가 수축이 없어져도 안으로 들어가지 않고 양 음순 사이로 노출된 것 • 발로 후 한두 번의 수축 후 아두가 만출되고 어깨, 등, 몸체의 순으로 만출

(3) 분만 3기

분만 3기	• 태아 만출부터 태반 만출까지태아 만출부터 태반 만출까지 • 초산부는 30분~1시간, 경산부는 5~30분 소요 – 태반과 탈락막의 분리 및 기타 부속물의 배출 시기 – 태아만출 직후 양수 → 출혈 → 자궁수축 잠시 멎음 → 다시 수축 → 태반박리 • 태반 만출부터 산후 1~4시간까지
태반 박리징후	• 태아 만출되면 자궁은 비임신시의 크기로 되려고 퇴축하기 시작 – 태반이 박리되는 징후 • 질로부터 소량의 혈액이 배출 • 질구에서 제대가 늘어지고 치골결합 상부를 약간 눌러도 당겨 올라가지 않음 • 자궁이 모양이 원반에서 공모양으로 변화(자궁저부가 일시적으로 제와부 이상으로 올라감
태반 만출기	• 박리된 태반은 자궁수축이 있을 때 산모의 복압으로 만출 • 질구에 태아면이 보이고 태반이 나온 후에 출혈이 있는 경우 – Schultze 기전(약 80%) • 태반의 박리가 가장자리로부터 박리되어 출혈 후 질구에 모체면이 보이는 경우 – Duncan 기전

(4) 분만 제4기 : 회복기

<table>
<tr><td>정의</td><td colspan="2">태반 만출부터 산후 1~4시간까지</td></tr>
<tr><td>특징</td><td colspan="2">• 모체의 생리적 재적응이 시작되는 시기
• 자궁은 수축된 상태로 복부의 중앙에 위치하며 자궁저부는 대개 치골결합과 제와부의 중간부위에 위치</td></tr>
<tr><td rowspan="4">간호내용</td><td rowspan="2">안정과 격려</td><td>• 2시간 정도 침상안정
– 복압의 급격한 감소로 장으로 가는 혈관들이 확대되고(내장혈관), 내장에 혈액이 차게됨으로써 산모가 똑바로 설 때 어지럼증을 느낌
• 출산 초기 심한 오한 동반
– 따뜻한 음료수 제공</td></tr>
<tr><td>기립성저혈압 주의</td></tr>
<tr><td rowspan="2">출혈예방</td><td>• 분만 후 계속해서 자궁을 마사지 하는 것은 필요하지 않고 바람직하지도 않음
• 그러나 자궁이 이완되는 것 같으면 자궁이 수축될 때까지 부드럽게 원형으로 마사지</td></tr>
<tr><td>자궁이완 시 수축을 위한 마사지</td></tr>
</table>

	배뇨간호	팽만된 방광은 자궁수축을 어렵게 하고 산후출혈을 초래. 방광팽만은 방광벽의 이완도 초래하여 소변정체를 가져오고 감염의 좋은 조건이 되므로 가능한 자연배뇨를 할 수 있도록 도와주고, 못하는 경우 인공도뇨를 시행
		자궁수축의 어려움으로 인한 산후출혈과 소변정체로 인한 감염예방
	안위간호	12시간 정도 산후통을 호소 • 방광을 비우도록 도와주고 산모의 복부에 따뜻한 담요를 덮어주며 의사의 처방에 따른 진통제를 투여해 주며 이완 및 호흡운동을 하도록 격려함으로써 안위 도모
		회음부간호, 산후통의 불편감 완화(따뜻)

4 분만간호

(1) 분만 1기 호흡법

심호흡	방법	• 자궁수축의 시작과 끝에 심호흡을 한다. • 천천히 코로 들이마시고 입을 약간 벌려 천천히 내쉬는 심호흡으로 폐에 공기가 들어간다.
	근거	• 얕은 흉식호흡에 앞서 모성과 태아에게 충분한 산소를 확보한다. • 자궁수축 시기에 산소를 충분히 공급한다. • 숨을 내쉼으로 호흡근과 수의근이 이완된다. • 통증에 집중된 관심을 호흡으로 전환시킨다.
잠재기	느린 흉식호흡	자궁수축이 시작될 때 온몸의 힘을 빼고 초점을 한 군데로 맞추고 정신을 집중시킨 다음 천천히 코로 들이마시고 천천히 입으로 내쉰다. cf) 복식호흡: 횡격막 호흡으로 한 손은 흉과 바로 아래 복부에 놓고 다른 손은 가슴 위에 놓는다. 천천히 깊게 복부 근육을 깊게 호흡할 때 복부에 있는 손이 올라가는 것을 관찰한다.
활동기	규칙적인 빠른 흉식호흡 (히-히-히)	• 수축이 오기 시작하면 온몸을 이완하고, 시선을 한군데로 고정한 상태에서 정신 집중시킨 다음 숨을 약간 빠르게 코로 들이마시고 입을 벌려 내쉬는 호흡인 히-히-히를 계속한다. • 최대속도는 평상시 호흡의 2배 정도이다.
이행기	수정된 빠른 흉식호흡: 히-히-히-히, 후 (히-히-히, 후)	• 수축이 오기 시작하면 온몸을 이완하고, 시선을 한군데로 고정한 상태에서 정신을 집중시킨 다음 숨을 약간 빠르게 코로 들이마시고 입을 약간 벌려 내쉬는 호흡인 히-히-히를 3회 하고 내쉬거나 히-히-히-히를 4회 하고 '후'하고 내쉰다. • 수축 동안 이 호흡을 반복한다.

(2) 분만 2기 호흡법

<table>
<tr><td>시기</td><td colspan="4">자궁경부의 완전 개대에서 신생아를 출산하는 시기이다.</td></tr>
<tr><td>심호흡</td><td colspan="4">• 자궁수축의 시작과 끝에 심호흡을 한다.
• 천천히 코로 들이마시고 입을 약간 벌려 천천히 내쉬는 심호흡을 시켜 폐에 다시 공기가 들어가도록 한다.
• 모성과 태아에게 충분한 산소를 확보한다.</td></tr>
<tr><td rowspan="6">힘주기
[국시 2001 · 2005]</td><td>시기</td><td colspan="3">• 자궁수축 시 산부가 복압을 느껴 변의를 호소하면 자연히 힘을 준다.
• 선진부가 회음을 누르기 전 억지로 힘을 주어서는 안 된다.</td></tr>
<tr><td>자세</td><td colspan="3">• 수직 자세나 앉아서 앞으로 기울인 자세, 측위, 쪼그리고 앉는 자세를 취한다.
• 산도와 태아를 골반의 축과 일치하게 한다.
• 태아의 머리가 골반 입구를 향하는 중력을 이용하여 하강을 돕는다.</td></tr>
<tr><td rowspan="4">Valsalva maneuver</td><td rowspan="3">방법
[국시 2004]</td><td>힘주기
[국시 2020]</td><td>아래로 힘이 주어질 때 힘을 준다. 온 힘을 모아서 밑으로 길게 내려미는 동작을 하면서 성문을 연채로 힘을 준다.</td></tr>
<tr><td>5초 이내</td><td>1회에 5초 이내로 하며 6~8초 이상 호흡을 참거나 억제하지 않는다.</td></tr>
<tr><td>내쉬는 호흡</td><td>산부가 힘을 주는 동안 성문이 열리도록 숨을 내쉬거나 소리를 내도록 한다.</td></tr>
<tr><td>근거</td><td colspan="2">• 6~8초 이상 지속된 Valsalva maneuver의 힘주는 법으로 산부가 힘줄 때 호흡을 오랫동안 참으면 성문을 폐쇄하고 흉곽 내와 심혈관계 압력을 증가시켜서 태반혈류를 감소시키고 모체, 태아의 산화작용을 변화시킨다.
• 산부의 피로를 최소화한다.
• 태반의 혈액량 감소로 태반으로 산소공급이 감소되어 산소분압이 감소되고 이산화탄소분압이 상승되어 태아에게 저산소증과 태아 심박동 양상의 변화와 산모가 쉽게 피곤을 초래한다.</td></tr>
<tr><td rowspan="2">헐떡거리거나 내쉬는 흉식호흡
[국시 2008]</td><td>방법</td><td colspan="3">• 발로 시 수축이 있는 동안 헐떡거리는 호흡을 하거나 입술을 오므린 상태에서 숨을 내쉬는 흉식호흡이나 '핫핫핫' 호흡을 한다.
• 발로 [국시 2019] : 자궁수축 시에 밀려 나온 아두가 수축이 없어져도 안에 들어가지 않고 양음순 사이로 노출되어 회음절개술이 필요하다.</td></tr>
<tr><td>효과</td><td colspan="3">아두가 발로되면 자궁수축이 과다하여 아두 하강이 너무 급속히 진행되어 회음부 열상 방지 위해 아두가 천천히 분만되도록 한다.</td></tr>
</table>

(3) 선 자세

방법	산부가 일어서거나, 걷거나, 앉거나, 쭈그리기 등의 선 자세(upright position)를 취한다.
근거	• 선 자세는 중력에 의해서 아두의 하강을 촉진한다. • 산부의 하대정맥이나 하대동맥을 누르지 않게 되므로 산부의 혈액순환에도 도움이 된다. 혈액의 공급과 태반으로 가는 혈액도 증가시켜 태아의 상태가 좋아지게 한다. • 제대의 눌림도 방지한다.

5 레오폴드 복부 촉진법

준비	방광 비우기	방광을 비운다.
	무릎 굽힌 앙와위	머리 밑에 베개를 대 주고 무릎을 약간 굽힌 앙와위로 복근을 이완하게 한다. cf) 복통 사정: 무릎을 구부려 복근을 이완시켜 복압을 감소시킨다.
	엉덩이 밑 타월	• 엉덩이 밑에 작게 만 타월을 넣어 좌측와위를 취해준다. • 자궁이 주요 혈관에 미치는 압력 감소로 앙와위성 저혈압을 예방할 수 있다.
	오른쪽	오른손잡이라면 여성을 마주 보고 오른쪽에 선다.
단계	1단계	자궁저부에 태아의 어느 부분이 있는지 알아보는 단계로 머리 혹은 엉덩이가 만져진다.
	2단계	태아의 등이 임부의 좌, 우측 어느 부위에 있는지 파악하는 단계로 태아의 등과 손이 만져진다.
	3단계	선진부의 하강 정도를 파악할 수 있게 한다.
	4단계	태아의 선진부, 등과 small part 등의 위치를 파악하게 한다.

구분	방향	촉진부위	목적
1단계	산모 머리쪽을 보며	자궁저부	• 태위(종위, 횡위) • 선진부(머리와 엉덩이)
2단계		복부양쪽(자궁좌우)	• 태위 • 등과 팔
3단계		치골결합 상부	• 태세, 태향 • 골반진입 • 선진부 & 하강
4단계	산모 다리쪽을 보며	치골상부 깊숙이	• 하강정도 • 아두상태(신전/굴곡)

1단계 2단계

3단계 4단계

6 파막검사 [2014 기출]

(1) nitrazine paper

목적	양수파막 여부 진단
파막 전	• 황색, 노란색(약산성) • 질 분비물 pH: 4.5
파막 후	• 청록색(pH 6.5), 청회색(pH 7.0), 담청색(pH 7.5) → 알칼리성 양수(pH 6.5~7.5)가 감지되면 파랗게 변화됨 • 자궁경부 분비물에서 양수는 높은 수준의 에스트로겐으로 약알칼리성 → 양수pH: 7.0~7.5

(2) 퍼닝(ferning) 검사

목적	양수파막 여부 진단
파막 전	• 양수 파막 전 질내 분비물은 프로게스테론 영향으로 염주 모양 • 질 분비물 pH: 4.5
파막 후	• 소량의 양수를 슬라이드 위에 올려놓아 형태를 보는 것 → 고사리 잎 모양의 특징적인 양상이 현미경으로 관찰됨(양치 모양의 잎 관찰) • 자궁경부 분비물에서 양수는 높은 수준의 에스트로겐으로 양치엽을 형성

(3) 양막파열이 중요한 이유

① 태아 선진부가 골반 내 고정되어 있지 않으면 제대탈출이 되어 제대가 압박될 수 있다.

② 임신이 만삭이거나 만삭에 가까우면 분만이 곧 일어나게 된다.

③ 파막 후 태아가 24시간 이상 자궁강 내 머물 경우 자궁내 감염 가능성이 증가한다.

03 분만 시 모체의 적응

1 심혈관계 변화

<table>
<tr><td rowspan="4">분만 시
혈액손실</td><td colspan="3">분만 시 정상적으로 200~300ml 정도 혈액이 손실된다. 이는 과도한 혈액 손실에 산모를 보호하는 생리학적 변화로 정상적 혈액소실로 저혈량성 쇼크가 일어나지 않는다.</td></tr>
<tr><td>임부혈량 증가</td><td colspan="2">임신 중 임부 혈량이 30~50% 증가하므로 분만 시 출혈을 견딜 수 있다.</td></tr>
<tr><td>혈관외액
→ 혈관내액</td><td colspan="2">• 임신 중 저장된 혈관 외액이 혈관 내로 이동하여 혈액량이 증가한다.
• 자궁에 의한 압박이 없어지고 정맥압 감소로 혈관외액이 혈관 내로 집합되어 혈액량이 많아져 정맥귀환이 증가한다.</td></tr>
<tr><td>혈관확장
감소</td><td colspan="2">태반에서 혈관을 확장하는 호르몬(프로게스테론, 에스트로겐)이 분비되지 않으므로 혈관 확장이 사라지고 혈관의 탄력성이 회복하여 산모의 혈관의 크기가 10~15% 감소한다.</td></tr>
<tr><td rowspan="4">심박출량</td><td rowspan="3">분만
48시간 내
증가</td><td colspan="2">분만 직후 심박출량, 순환 혈액량은 일시적으로 60~80% 증가</td></tr>
<tr><td>자궁압박
감소</td><td>자궁에 의한 압박이 없어지고 정맥압 감소로 혈관외액이 혈관 내로 집합되어 혈액량이 많아져 정맥귀환이 증가한다.</td></tr>
<tr><td>태반순환상실</td><td>태반순환의 상실로 자궁과 태반의 혈액이 체순환으로 돌아온다.</td></tr>
<tr><td>분만
3~4일 후
감소</td><td>에스트로겐
감소</td><td>분만 후 이뇨 효과는 에스트로겐 감소로 임신 동안 축적되었던 과다한 세포외액이 배출되며 혈액량이 서서히 감소한다.</td></tr>
<tr><td>분만 1기
혈압사정</td><td colspan="3">• 혈압은 자궁수축 시 5~10mmHg 정도 증가되다가 이완기에 회복된다.
• 분만 중 진통제나 마취제 투여 후, 자궁수축제 투여 시나 자궁수축이 더 강하게 자주 올 때 특히 저혈압 증세에 주의해야 한다.</td></tr>
<tr><td rowspan="2">기립성
(체위성)
저혈압</td><td>증상</td><td colspan="2">내장의 울혈로 분만 후 48시간 기립성 저혈압으로 누워 있다가 앉았을 때 일어날 때 20mmHg 이상 혈압이 저하된다.</td></tr>
<tr><td>생리적 근거</td><td colspan="2">• 내장울혈로 분만 후 48시간 정도까지는 기립성 저혈압이 나타난다.
• 분만 후 12~48시간 동안 심박출량은 증가된 상태를 유지한다.
– 분만직후 분만 전 수준보다 40~50% 정도, 임신 전 수준보다 80~100% 일시적 증가한다.
• 분만직후 24~48시간 내 급격한 심박출량의 증가와 분만순간의 복압의 급격한 감소로 장으로 가는 혈관들이 확대되고(내장울혈), 이로 인해 내장에 혈액이 차게 됨으로써 산모가 똑바로 설 때 어지럼증을 느낀다.
• 커진 자궁에 의해 상행성 하대정맥과 대동맥압박으로 정맥귀환이 저하되어 혈량이 감소되고, 그로 인해 심박출량이 저하되는 상태이다.</td></tr>
</table>

	간호조치	복압의 갑작스런 변화를 줄이기 위해 복대나 사지 압박대를 착용한다. • 앙와위 시 심함 → 좌측위가 좋음
분만 1기 혈압사정	• 혈압은 자궁수축 시 5~10mmHg 정도 증가되다가 이완기에 회복된다. • 분만 중 진통제나 마취제 투여 후, 자궁수축제 투여 시나 자궁수축이 더 강하게 자주 올 때 특히 저혈압 증세에 주의해야 한다.	
맥박	• 분만 후 40~70회 • 심적 · 물리적 서맥이 1주일간(7~10일간) 지속된다.	
	생리적 근거	• 심박출량 증가에 보상으로 서맥이 발생한다. • 분만 동안 증가된 교감신경계 활동에 대한 미주신경의 반사작용에 의해 서맥이 발생한다.

2 분만 시 각 기관의 변화

심맥관	분만 동안 심박출량, 혈압, 맥박이 증가됨	
	심박출량	• 자궁수축 동안 카테콜라민의 영향으로 심박출량 증가 • 분만 2기: 분만 전보다 40~50% 증가(분만 시 최고조에 달함) • 일시적 빈맥: 불안, 근육활동에 따른 대사량 증가(80~100회/분)
	혈압	• 자궁수축으로 인한 말초저항, 불안, 통증으로 혈압 상승 • valsalva 사용 시 일시적 혈압 상승 → 태아저산소증 가능성 커짐 • 체위성 저혈압 • 커진 자궁에 의해 상행성 하대정맥과 대동맥 압박으로 정맥의 귀환이 저하되어 혈량감소로 심박출량이 저하되는 상태 • 앙와위 시 심함 → 좌측위가 좋음 • 불안, 통증, 진통제, 마취제 → 저혈압 초래
	백혈구	• 25,000~30,000/mm^{3}까지 증가(이것보다 상승 시 감염 위험) • 신체, 정서적 스트레스 및 조직 외상으로 발생
	혈액량	• 정상 출혈량: 200~300mL • 임신 시 과혈량 상태가 분만과정 동안 • 급속히 감소되는 혈액손실을 대비함
	혈액응고	혈장 섬유소원의 증가로 혈액응고 시간 감소됨 → 산후출혈의 위험 감소
조혈계	• 헤모글로빈 1.2gm/dl 증가 • 혈액응고 시간 감소: 혈장섬유소원(fibrinogen) 증가 • 분만 중에 혈당치가 떨어짐. 특히 지연분만 및 난산 시 현저히 감소 • 백혈구의 현저한 증가: 증가된 근육활동에 대한 반응이라고 봄. 경관 완전개대 시 15,000/mm^{3}까지 증가하여 산부의 백혈구수가 25,000~30,000/mm^{3}까지 이름	

호흡계	• 신체활동 증가, 불안, 통증, 출산으로 인한 노동 등으로 산소 소모 증가 → 저산소증 유발 가능성 • 과다호흡으로 인한 호흡성 알칼리증 발생 – 증상: 어지러움, 오심, 구토, 손발의 저림 등의 감각이상 – 대처: 봉지나 손을 모아 호기공기를 다시 마심, 산소 공급
요로계	• 사구체여과율 증가, 심박출량 증가 → 다뇨증 • 선진부의 압박, 방광팽만 → 소변정체, 방광점막 외상, 빈뇨, 긴장성 요실금, 비뇨기 감염 유발 • 신진대사 증가, 근조직의 분해 현상 → 소변 비중 증가, BUN, 케톤뇨, 약간의 단백뇨(+1) → 방광팽만은 선진부 하강을 방해하고 자궁수축을 저해하여 분만지연을 초래하고 산욕 감염을 유발 → 2시간마다 배뇨하도록 격려 필요
소화계	• 분만 중 위운동, 위액 분비, 흡수 저하로 소화시간이 길어짐 → 당분을 첨가한 유동식 • 구강 건조 및 갈증 호소(탈수, 금식, 구강호흡, 정서적 스트레스 등으로 인해) • 오심, 구토 있을 수 있음
대사	• 분만 중 1~2°F 이내의 체온상승은 있을 수 있고 분만 직후 최고에 이름 • 분만 지연 시 체온상승은 탈수 증세를 의심할 수 있고 2°F 이상 체온상승이나 조기파수 시 체온상승은 감염의 징후가 될 수 있음
근골격계 변화	분만 시 릴랙신(relaxin) 분비의 연골 연화작용 및 근육활동 증가 → 골반크기가 2cm 정도 증가 → 요통, 치골부위의 통증, 관절통 초래
신경계의 변화	• 자궁수축과 경관개대로 인한 불편감 • 내인성 엔돌핀의 통증 역치 상승으로 진정효과 • 선진부 압력에 의한 회음부의 생리적 마취 현상 → 통증지각 감소 • 감정적 변화: 분만 초기 행복감 → 심각성 → 망각증 → 피로, 의기양양
내분비계의 변화	• 분만시작과 함께 프로게스테론 하강 • 에스트로겐, 프로스타글란딘 및 옥시토신 수치 상승 • 대사작용이 증가 → 혈당 감소
피부계의 변화	• 분만 시 질구의 과다팽창으로 질 입구의 피부는 확연하게 확장 • 질입구 주위의 피부에 미세한 열상이나 강한 외상 등

3 분만 4기 간호

(1) 안정과 격려

2시간 침상안정	복압의 급격한 감소로 장으로 가는 혈관들이 확대되고(내장혈관), 내장에 혈액이 차게 됨으로써 산모가 똑바로 설 때 어지럼증을 느낀다.	
출산초기 심한 오한동반	따뜻한 음료수를 제공한다.	
안위간호	12시간 정도 산후통을 호소하는데, 방광을 비우도록 도와주고 산모의 복부에 따뜻한 담요를 덮어주며 의사의 처방에 따른 진통제를 투여해 주며 이완 및 호흡운동을 하도록 격려함으로써 안위를 도모한다.	
기립성저혈압	증상	내장의 울혈로 분만 후 48시간 기립성 저혈압으로 누워 있다가 앉았을 때 일어날 때 20mmHg 이상 혈압이 저하된다.
	생리적 근거	내장울혈로 분만 후 48시간 정도까지는 기립성 저혈압이 나타난다. • 분만 후 12~48시간 동안 심박출량은 증가된 상태를 유지한다. – 분만직후 분만 전 수준보다 40~50% 정도, 임신 전 수준보다 80~100% 일시적 증가한다. • 분만 직후 24~48시간 내 급격한 심박출량의 증가와 분만순간의 복압의 급격한 감소로 장으로 가는 혈관들이 확대되고(내장울혈), 이로 인해 내장에 혈액이 차게 됨으로써 산모가 똑바로 설 때 어지럼증을 느낀다.
	간호조치	복압의 갑작스런 변화를 줄이기 위해 복대나 사지 압박대를 사용토록 한다.

(2) 출혈 예방

자궁마사지	• 분만 후 계속해서 자궁을 마사지 하는 것은 필요하지 않고 바람직하지도 않다. • 그러나 자궁이 이완되는 것 같으면 자궁이 수축될 때까지 부드럽게 원형으로 마사지한다.

(3) 배뇨 간호(방광팽만)

방광팽만 이유	• 분만 중에는 모체의 레닌과 안지오텐시노겐이 증가 • 사구체여과율과 신장혈장 유출량 증가 및 심박출량 증가로 다뇨증 • 프로게스테론의 영향으로 방광근육긴장도가 저하됨 • 아두하강으로 선진부에 의한 방광의 압박증가로 방광의 긴장도나 방광팽만 인지능력이 저하됨

분만에 미치는 영향	• 팽만된 방광이 자궁을 차지하여 선진부의 하강을 방해함 • 팽만된 방광이 효과적인 자궁수축을 저해하여 지연분만을 초래함 • 팽만된 방광으로 요정체가 진행되어 분만 시 방광손상의 위험이 증가하고 방광손상은 분만 후 배뇨곤란의 주요요인이 됨 • 분만 후 요정체는 자궁근의 이완을 초래하여 산후출혈의 위험이 증가함 • 분만 후 요정체는 감염의 좋은 조건이 되어 감염의 위험 증가
자연배뇨사정 이유 [2010 국시]	• 잔뇨로 인한 감염 예방(방광팽만은 방광벽의 이완도 초래하여 소변정체를 가져오고 감염의 좋은 조건) • 방광팽만으로 자궁수축지연 예방 • 자궁이완으로 산후출혈 예방
자연배뇨 및 인공도뇨	• 방광팽창이 되지 않도록 지속적으로 방광상태를 사정하고, 2시간마다 배뇨를 격려함 • 방광의 팽창을 자주 관찰함 • 산모가 화장실에 가도록 도와주고, 필요시 침대위에 변기를 제공해줌 • 배뇨를 자극하는 방법으로 흐르는 물소리를 들려주거나 물에 손가락을 담그는 것, 회음부에 더운물을 흘려주는 것이 있는데, 회음부에 흘려준 물의 양을 제외한 배뇨량을 기록함 • 심한 회음부 통증이나 산후통을 호소하면 배뇨하기 15~30분 전에 진통제를 제공함. 이는 산모에게 배뇨를 자극하고 편안함을 제공해 줌 • 분만 후 4~6기간까지는 배뇨하도록 하고 여러 번 배뇨가 어려워지면 유치도뇨관을 통한 인공배뇨가 필요함

(4) 감염 예방

패드교환	• 필요시 패드교환, 교환 시마다 깨끗이 닦아줌 • 앞에서 뒤로 닦기, 패드 교환 시 앞에서 뒤로 빼냄
산후통	분만 후 12시간 동안 느끼는 불편감, 경산부가 특히 심함 → 방광자주 비우기, 복부에 따뜻한 담요와 진통제, 이완 및 호흡운동
회음절개봉합 부위	• 회음절개봉합부 냉적용 • 압력이 가해지지 않게 측와위

04 고위험 분만간호(분만의 합병증)

1 난산

난산	분만의 다섯 요소(5P)인 만출력, 태아, 산도, 산부의 심리적 문제 및 자세이상으로 인해 분만진행에 어려움이 있는 것

2 조기분만

진단기준	• 임신 20~37주 전에 진통이 시작(조기진통), 분만 • 자궁수축으로 경관의 개대(1cm 이상)와 소실(80% 이상)을 일으킴	
증상	자궁수축	-
	태아하강감	32주 이전 태아 하강감
	자연파막	양막 파열로 나이트라진 페이퍼를 가지고 양수 확인 위한 질 분비물 검사
	질출혈	질 분비물 증가
	자궁경부변화	-
	요통, 복통	골반압박
검사	자궁경부와 질 검사	• 조기진통을 야기하는 원인균 파악 위해 자궁경부와 질 분비물의 세균배양검사를 함 • 조기진통: 매독, 세균성 질염
	초음파	재태연령을 파악하기 위해 시행
	shake test	태아 폐성숙 확인으로 양수에서 폐계면활성제의 존재를 확인
산모에게 영향	자궁근이완제 요법으로 인한 합병증으로 심폐합병증, 침상안정으로 인한 혈전증, 골의 칼슘상실 및 변비	
태아에게 영향	폐의 미성숙(호흡부전증, 신생아 초자양막질환), 신생아 괴사성 장염 등	
예방	• 조산징후 있을 때 가정에서 절대안정 • 조산에 민감한 임부는 부부관계 피함	

(1) 치료

비약물치료	• 좌측위로 안정: 자궁근육 이완을 도움 • 태아감시기로 계속 자궁수축상태와 태아심박동 사정 • 하루 2500ml 수분 공급 • N/S 수액요법: 자궁혈액 증가 유도 • 소디움 포함된 수액요법으로 혈장 증가시켜 맥관수축 감소시켜 옥시토신 분비 감소시킴

약물치료	진통억제제(분만억제제, 자궁근이완제)투여 – 정맥투여, 구강투여 • yutopar(retodrine), $MgSO_4$(황산마그네슘), 아토시반	
	리토드린 (ritodrine)	• 진통억제제 전제조건에 부합하면 리토드린 투여하여 유리세포 감소시켜 자궁수축억제 • 진통억제제 전제조건 : 양수파막이 되지 않았고, 경관개대 4cm이하, 경관소실 50% 이하이며, 자궁수축이 20분에 3~4회로 강하지 않을 때(경관개대2cm, 경관소실50%, 자궁수축간격 10~15분이므로 전제조건에 부합됨)

(2) 진통억제제 투여

종류	리토드린, 황산마그네슘, 아토시반	
투여전제 조건	• 양수파막이 되지 않았고, 경관개대 4cm 이하(full 10cm), 경관거상 50% 이하(full 2cm) • 자궁수축이 20분에 3~4회 정도로 강하지 않을 때 • 태아가 생존력이 있을 때 & 태아질식의 증세가 없을 때 • 내과적/산과적으로 임상검사에서 임신을 지속할 수 없는 이상이 발견되지 않았을 때 • 임부가 지시를 잘 이행할 수 있을 때	
약리작용	• 리토드린(ritodrine)은 세포 내 유리칼슘 감소시켜 자궁수축력 감소시킴 • 황산마그네슘은 칼슘길항제로 작용해 자궁수축 감소 • 아시토반은 옥시토신 길항제로 자궁이완	
yutopar (ritodrine, 리토드린)	약리작용	• β 교감신경 항진제 • 평활근을 자극하는 β2 교감신경계 수용기 자극으로 자궁의 평활근 이완으로 자궁의 수축력이 감소
	부작용	• 모체의 저혈압, 부정맥 태아빈맥 → 약물을 중단/용량 줄임 • 그 외의 부작용으로 불안, 가슴통증, 오심, 구토 • 구토 시 길항제인 프로프라놀롤 투여
	금기	응급분만이 요구되는 산전출혈이 있을 때, 자간증이나 중증 자간전증, 자궁내 태아사망, 심맥관계질환, 고혈압 등
nifedipine (니페디핀, procardia)	약리작용	• Ca 채널 차단제(calcium channel blocker) • 칼슘을 감소시켜 자궁 근육의 평활근을 이완시키고 자궁수축력 감소
황산 마그네슘	약리작용	• 근육세포의 수축작용을 유발하는 칼슘이온과 경쟁적으로 작용하여 근육 이완작용을 나타냄. 자궁근육 세포 외의 다른 근육세포에도 작용할 수 있음 • 평활근 이완제로 자궁수축력을 감소시키는 칼슘 길항제 • 평활근 수축 시 세포 내 칼슘 농도를 낮추어 자궁 수축을 억제
	부작용	마그네슘 독소는 근 자극에 무반응, 호흡이 분당 10회 이하로 내려감

indomethacin	약리작용	• 프로스타글란딘 합성 억제제(prostaglandin synthetase inhibitors) • 자궁수축에 관여하는 프로스타글란딘의 생성을 억제
스테로이드	약명	베타메타존(betamethasone), IM
	기전	폐의 계면활성제 분비 유도로 태아의 폐 성숙을 도와 호흡곤란증후군을 감소시킴
	투여 시기	• 임신 24~33주 이전에 투여 • 적어도 분만 24시 간 전 투여 – 스테로이드 첫 복용 후 약의 효과가 24시간 후 나타나 태아의 폐성숙이 증가됨 • 다태임신, 고혈압, 결핵은 스테로이드 금기 • 빈맥(110회/분)이거나 저혈압(90/60)시 의사보고
아토시반 (트랙토실)	• 옥시토신 길항제로 자궁이완 • 자궁수축과 관련된 호르몬인 옥시토신의 작용을 억제하여 자궁근육의 수축을 감소 • 자궁근육 수축을 억제하는 정도는 베타 교감신경 작용제와 비슷하지만 자궁근육에만 선택적으로 작용하기 때문에 부작용은 상대적으로 적은 편임	

3 급속 분만(precipitate labor)

정의	• 급속도로 진행되는 분만으로 보통 3시간 이내에 진행되는 분만 • 빈번하고도 강력한 자궁수축, 복강내압이 증가하면서 동시에 자궁경관, 질벽, 회음부 등 연부산도의 저항이 결여되었을 때 일어나므로 예측하기 어려우며 또한 드물게 진통 없이도 급속분만이 일어날 수 있음	
급속분만의 위험성	모체	• 자궁파열 • 산도열상 • 분만 후 이완성 자궁출혈 • 자궁경관, 질, 회음부 등의 광범위한 열상으로 인한 양수색전증의 발생
	신생아	• 자궁수축이 강하게 지속적으로 나타나서 자궁의 혈류를 막아 저산소증으로 주산기 사망률 및 주산기 이환률이 증가함 • 태아가 급속히 하강하면서 산도에 대한 아두의 충격으로 인해 뇌손상을 당할 수 있음 • 미처 예기치 못한 급한 상황에서 분만이 일어나므로 신생아가 바닥에 추락하여 상해를 입거나 즉시 신생아소생술을 시행하지 못해 위험할 수 있음

4 조기파막 [2014 · 2018 기출]

원인	경관무력증, 선진부의 진입지연, 양수과다증과 다태임신으로 자궁 내 압력이 높은 경우, 산부의 연령, 흡연, 조산	
진단	• 파막이 의심될 시 Nitrazine paper로 검사하면 청록색, 청회색 • 질 분비물을 현미경으로 검사 – 양치모양 확인	
Nitrazine test [2014 기출]	목적	질 분비물 안에 양수의 포함여부를 알아내기 위해 실시
	방법	• 질 분비물의 산도는 pH 4.5~5.6이고, 양수의 산도는 pH 6.5~7.5 • 대상자는 쇄석위 → 질안의 분비물을 묻힘 → 색깔 확인 • 노란색의 Nitrazine strip이 알카리 용액에서는 파란색으로 변하는 성질을 이용하여 양수의 유출을 알아내는 검사법
	결과해석	대상자는 쇄석위 → 질안의 분비물을 묻힘 → 노란색 테이프가 청록색 내지 파란색으로 변하는 것은 양막의 파열을 의미
양치검사	목적	질 분비물 안에 양수의 포함여부를 알아내기 위해 실시
	방법	질 분비물을 현미경으로 검사
	결과해석	양수에는 염화나트륨 성분이 있기 때문에 파막된 경우에는 양치모양이 나타남
선진부 진입 전 양막파열의 위험성 [2018 기출]	• 태아선진부가 골반 내에 고정되어 있지 않으면 제대탈출이 되어 제대압박 및 질식을 일으킬 수 있음 • 양막 파열 후 태아가 24시간 이상 자궁 내에 머물러 있게 되면 병원균의 자궁 내 침입을 최소화하지 못하여 심각한 자궁내 감염을 일으킬 수 있음	
양수파막 의심 시	• 병원진료 – 무균적인 질경을 삽입하여 자궁경부를 눈으로 확인하여 탯줄이 경부를 통해 탈출되지는 않았는지 확인 • 규칙적인 진통이 발생했는지 확인 • 34주 이전 양막 파수인 경우는 항생제를 투여하고 탯줄 압박, 태아 상태 악화, 조기 진통에 대한 감시 • 34주 이후 양막 파수인 경우는 진통이 시작되지 않으면 유도 분만을 하기도 함	
간호	• 진통이 없거나 감염이나 태아곤란증이 없다면 재태기간을 계속 지속시킴 • 침상안정 시키며 감염확인을 위하여 모체의 활력징후를 2~4시간마다 측정 • 태아심음, 초음파를 하여 태아상태를 관찰 • 모체의 체온상승이 있기 전에 태아의 빈맥이 나타난다면 이는 융모양막염일 수 있음 • 임부에게 태동을 관찰함. 태동의 감소는 위험전구증상일 수 있음 • 감염을 최소화하기 위해 질검사와 내진은 자주 하지 않으며 엄격한 무균술을 지켜야 함 • 매일 침상목욕 및 회음부 관리로 상행성 질감염 기회를 줄임 • 항생제가 포함된 생리식염수를 양막 내 주입하여 양수의 양을 증가시켜 제대순환을 촉진하고 임신기간을 연장할 수도 있음 • 진통 중인 임부, 태아 폐성숙이 확인된 경우, 태아가 기형인 경우, 태아질식증이 있는 경우, 융모양막염이 있는 경우, 임부가 감염위험성이 높은 경우는 즉각 분만해야 함	

만삭 전 조기파막 여성의 가정간호	감염 징후	• 체온 상승, 냄새가 역겨운 질 분비물, 산모와 태아 빈맥은 보고 • 감염 징후를 인지함 • 양수가 탁하고 냄새가 남 • 양수의 색이 변함
	감염 예방	• 통목욕을 하지 않고 샤워만 함 • 배뇨나 배변 후 앞에서 뒤로 닦음 • 회음부를 깨끗하게 유지 • 질내에 아무것도 삽입하지 않음 • 성 관계를 하지 않음
	자궁수축	• 자궁수축을 사정 [국시 2019] • 조기 양막 파수에 진통이 발생할 수 있음
	태동	• 매일 태동을 계산 • 태아의 안녕을 사정
	침상안정	침상안정을 유지

5 고긴장성 자궁기능부전(hypertonic labor)

정의	• 극심하고 잦은 통증성 자궁수축을 수반하면서 분만이 진행되지 않음 • 분만 1기 잠재기에서 발생 • 불안, 공포심 많은 초산부에게 흔함	
원인	아두골반 불균형과 이상 태향과 관련되지만 원인은 알려지지 않았음	
기전	자궁저부의 수축보다 자궁체부 중간부의 수축이 더 강하거나 각 자궁각(자궁저부의 난관 접합부)에서 기인된 전기적 수축 흥분이 완전히 일치되지 않아 발생	
증상	• 중등도 이상의 강한 수축이 자주 일어남 • 자궁수축사이에 이완이 제대로 되지 않아서 자궁근육세포의 산소결핍으로 산부가 매우 심한 통증을 느낌 • 자궁경관 개대도 효과적이지 못함	
산부, 태아, 신생아에게 미치는 영향	산부 [국시 2018]	• 자궁의 수축과 수축 사이 이완이 제대로 되지 않아서 자궁근육세포 산소결핍의 무산소 상태로 심한 통증으로 자궁경관 개대도 효과적이지 못함 • 자궁수축 지연은 심한 피로, 탈수, 불안 증가 • 이완기: 자궁 이완이 모체에게 미치는 영향은 자궁수축 사이에 이완이 제대로 되지 않으면 자궁근육세포의 산소결핍으로 통증을 매우 심하게 느낌. 태아에게 미치는 영향은 이완기는 태아건강에 필수적으로 이완 없이 수축만 지속된다면 자궁태반 혈류가 감소되어 태아저산소증을 유발
	태아	• 자궁의 과도 긴장으로 혈액의 태반관류 감소로 저산소증 • 자궁긴장도 증가로 강한 압력은 태반조기박리, 이두의 주형, 산류, 두혈종

		• 파막 후 분만지연이 계속되면 자궁 내 감염 • 주형: 분만 시 압작으로 머리의 모양이 변형 • 산류: 두개 연조직의 부종, 봉합선에 한정되지 않고 더 감 • 두혈종: 두개골과 골막 사이에 파열된 혈관에서 혈액이 고인 상태로 봉합선을 넘지 않음
간호	휴식과 수분공급	• 휴식과 수분공급 • 단기성 진정제 – 휴식 증진 • 정맥 내 수액공급(수분과 전해질 균형유지)
	통증완화	모르핀 5~10mg 주사 – 비정상적인 자궁수축이 멈춤
	자궁수축억제	리토트린(Ritodrine = Yutopar = Lavopa) 같은 진통용해제(자궁평활근 수축억제)투여 시 효과가 있음
	옥시토신금기	옥시토신투여는 절대 금기
	제왕절개	이상의 치료로도 호전되지 않고 태아질식징후가 나타나면 제왕절개분만
합병증	태아질식	자궁근육 긴장도 증가로 태아저산소증, 태아질식징후
	자궁파열	자궁 파열 위험을 증가시키는 경련성 수축, 병리적 퇴축륜 파악
	자궁내감염	파막 후 분만지연이 계속되면 자궁 내 감염이 유발

6 리토트린(ritodrine)

전제조건	• 양수파막이 되지 않았고, 경관개대 4cm 이하, 경관소실(거상) 50% 이하이며, 자궁수축이 20분에 3~4회 정도로 강하지 않을 때 • 태아가 생존력이 있을 때 • 태야의 질식의 증상이 없을 때 • 임상검사에서 내과나 산과적으로 임신을 지속할 수 없는 이상이 발견되지 않을 때 • 임부가 지시를 이행할 수 있을 때
약리작용	• 자궁의 평활근과 혈관, 기관지 평활근에 위치한 β2 아드레날린 수용기에 선택적으로 영향을 받는다. • β2수용기의 활성화는 세포 내 유리칼슘을 감소시켜 자궁의 수축력을 감소시키기 때문에 적당히 사용하면 수축을 멈추게 할 수 있다.
부작용	• 심장과 소장에 위치한 β1수용기도 동시에 자극하기 때문에 저혈압과 빈맥이 되는 부작용이 있다. • 칼륨이 세포로 이동하여 저칼륨혈증이 나타날 수 있다. 이에 따라 혈당 및 혈장인슐린 상승이 동반된다. • 폐부종이 일어날 수 있고, 뇌혈관확대로 두통이 있을 수 있다. • 그러나 두통, 오심, 구토 등의 흔한 부작용으로는 리토드린을 중단하지는 않는다.

부작용 시 처치	• 모체의 저혈압(60 이하), 빈맥(110회/분), 부정맥이 나타나면 약물을 중단하거나 용량을 줄인다. • 그 외 불안, 가슴의 통증, 두통, 진전, 오심, 구토, 신경과민, 호흡곤란 등에 주의해야 하며, 필요시에는 길항제인 프로프라노롤(propranolol, 인데랄)을 투여한다.
투여방법	• 정맥투여 • 자궁수축이 소실될 때까지 10분마다 투여량을 증가시킨다. 자궁수축이 소실된 뒤에도 12~24시간 정도 정맥투여한다. • 경구투여 • 2시간마다 24시간 투여하고 그 후 2~4시간 간격으로 투여한다.
금기사항	• 응급분만이 요구되는 산전출혈이 있을 때 • 자간증이나 중증의 자간전증 • 자궁 내 태아사망 • 융모양막염 • 심맥관계질환, 고혈압 • 갑상샘기능항진증, 당뇨병 및 이상체질

7 긴장성 자궁기능부전(hypertonic labor)

정의	• 분만이 시작된 후 자궁수축의 강도, 긴장도가 감소로 자궁목 개대와 태아하강에 필요한 강도와 빈도가 불충분한 수축 • 정상적으로 자궁수축이 이완기일 때 적당한 자궁근긴장도는 8~12mmHg, 자궁수축 극기에서 자궁내압은 50~60mmHg까지 도달 • 정상수축기압에 미달되므로 경관개대되기에 불충분하고 태아하강도 잘 안됨	
원인	• 다태임신, 양수과다증 같은 자궁의 과도신전 • 아두골반 불균형, 이상 태위 • 진정제, 경막외 마취 투여 • 융모양막염 : 수축은 미약하고 지연분만 초래	
증상	• 자궁수축의 빈도와 강도가 감소하거나 불규칙해져서 최고도의 자궁수축 시에도 자궁저부가 부드러움 • 자궁수축이 경관을 충분히 개대시킬 수 있는 강도에 미치지 못함	
치료	• 저긴장성 자궁기능부전을 진단하기 위해서 내진을 자주 함 • 만약 현저한 아두골반 불균형이나 교정할 수 없는 이상태향, 태아질식이 현저할 때는 제왕절개분만이 가장 효과적 • 이상이 없으면 : 분만촉진 간호	
	분만촉진	인공파막, 옥시토신 투여, 관장
	인공파막	아두가 진입되었으나 파악이 되지 않았을 때 할 수 있으며, 단순히 인공파막을 하는 것만으로도 자궁수축을 효과적으로 자극할 수 있음

	옥시토신	• 자궁구가 5cm 개대된 경우 사용 • 정맥주입하면 강하고 규칙적으로 자궁수축이 되어 자궁경관의 소실(거상)과 개대가 진행되며 선진부 하강을 촉진하게 됨 • CPD, 전치태반, 태반조기박리가 원인일 경우 : 자궁수축제 투여 금기	
	관장	직장 관장으로 직장을 비워서 자궁수축을 자극시킴	
		관장금지	• 급속 분만, 분만 진행이 빨리 될 때 • 질출혈, 전치태반, 태반조기박리 • 진입되지 않은 두정위, 횡위, 조산
간호	배뇨	배뇨하도록 하며 소변 배설로 자궁경관 개대 속도가 빨라지고 아두하강이 재개됨	
	측와위	앙와위보다 자궁수축을 돕기 위해 측와위를 취함	
	걷기	병실 내에서 걸으면 효과적 자궁수축을 되찾음	
합병증	저긴장성 자궁기능부전이 치료되지 않았을 때는 산부에게 탈진, 탈수, 자궁 내 감염의 위험이 있음		

8 옥시토신

목적	유도분만을 위한 경우와 분만 진행중에 자궁수축을 촉진하기 위한 경우가 있다. 자궁수축이 약하거나 비효율적일 때 진통을 유도하거나 촉진시킬 목적으로 투여된다. 그 외에 산후출혈을 예방하기 위해서나 산후 자궁수축을 돕기 위하여 투여되기도 한다.
선행조건	• 2차 분만 지연이 확실할 때 시작한다. • 경부개대나 소실(거상)이 진행된 상태로 경부가 3~4cm 정도 개대될 때만 투여한다. • 모체의 골반이나 태아가 분만에 적합하다고 판단되어야 한다. • 태아의 체중이 4kg 이상으로 임부의 복부가 지나치게 팽만되어있는 경우 피한다. • 자녀를 5명 이상 분만한 임부인 경우, 35세 이상의 고령산부인 경우 자궁파열의 위험 때문에 옥시토신은 피한다. • 태아의 상태가 좋다는 확신을 가질 때만 이용한다. • 옥시토신 투여 후 경련성 수축 시에는 투약을 중단한다.
유의점	• 주입 시 용량과 투여속도에 유의해야 한다. 정맥으로 투여 시 수액펌프를 사용하여 정확한 용량이 투여되도록 하는 것이 효과적이다. • 대체로 2분 간격으로 45~60초 동안 수축이 오도록 조절한다. • 옥시토신의 항이뇨작용을 염두에 두고 섭취량과 배설량을 정확히 기록하고 소변량이 감소되면 의사에게 보고한다.
금기증	태위이상, 아두골반 불균형, 산도의 기형으로 태아하강이 안 되는 경우, 고긴장성 자궁기능부전, 태아 질식, 자궁의 과도신전, 네 번 이상의 다산부, 질분만이 불가능한 전치태반, 질의 헤르페스 감염

<table>
<tr><td>합병증</td><td>태아질식, 과도수축으로 인한 태반조기박리, 자궁파열, 두통을 동반한 고혈압, 항이뇨효과 등이 있으므로 옥시토신을 투여하는 동안에는 자궁수축의 기간과 강도를 감시하고, 태아 질식징후를 관찰해야 하며, 무엇보다도 정확한 용량의 투여에 주의하고 희석 시 포도당 용액보다는 전해질 용액을 사용하면 더 효과적이다.</td></tr>
</table>

9 제대탈출

<table>
<tr><td>정의</td><td colspan="4">아두만출 전 제대가 선진부 앞부분으로 밀려 내려온 것으로 제대가 태아와 산도에서 압박받아 태아태반관류는 방해</td></tr>
<tr><td rowspan="4">원인</td><td>조기파수</td><td colspan="3">태아 선진부가 골반에 진입되지 않은 상태에서 파막될 경우 자궁내압으로 제대가 밀려나옴</td></tr>
<tr><td>아두골반 불균형</td><td colspan="3">두정위 이외 선진부, 아두골반 불균형</td></tr>
<tr><td>양수과다증</td><td colspan="3">양수과다증에서 조기 파수 시 제대탈출 가능</td></tr>
<tr><td>자궁 내 종양</td><td colspan="3">선진부 진입을 방해하는 자궁 내 종양</td></tr>
<tr><td rowspan="4">증상</td><td>제대 촉지</td><td colspan="3">질강으로 제대가 보이고 질, 경부에서 제대 촉지</td></tr>
<tr><td rowspan="3">태아심박동 감소</td><td colspan="3">• 제대탈출이 발생했을 때 산부는 증상을 느끼지 못함
• 파막되면서 제대 압박으로 태아가 질식되어 심박동 변화</td></tr>
<tr><td rowspan="2">태아전자 감시기</td><td>가변성감퇴</td><td>자궁수축과 무관하게 심박동 감소가 V, W, U자 모양</td></tr>
<tr><td>지연감퇴</td><td>태아심박동 감소가 2분 이상에서 10분 이내 FHR 감소</td></tr>
<tr><td rowspan="3">종류</td><td>은닉탈출</td><td colspan="3">제대가 선진부의 옆에 있으며 제대가 내진 시 촉진되지 않음</td></tr>
<tr><td>전방탈출</td><td colspan="3">제대가 선진부 앞에 있으며 내진 시 제대 촉진</td></tr>
<tr><td>완전탈출</td><td colspan="3">제대가 경부를 통해 질로 내려오며 제대는 내진 시 촉진</td></tr>
<tr><td rowspan="2">산부, 태아 영향</td><td>산부</td><td colspan="3">• 신속한 기계분만 사용으로 산도 외상, 자궁무력증
• 수술로 심한 실혈, 감염</td></tr>
<tr><td>태아</td><td colspan="3">• 태아 사망
• 생존한 신생아는 분만외상, 태변흡인, 저산소증</td></tr>
<tr><td>간호중재
[국시 1999 · 2002 · 2005]</td><td>응급분만</td><td colspan="3">• 제대탈출 시 태아 생명 보호 위해 신속히 제왕절개술, 기계 사용한 응급 분만 시도
• 태아생존의 중요한 요인은 분만시간으로 15~30분 이내 분만 완료: 태아 생존율 70~75%
• 1시간 이상 지연: 태아 사망 50% 이상</td></tr>
</table>

	골반 고위	골반 고위(씸스 체위), 좌측위, 슬흉위 [국시 2018], 베개를 이용하여 허리를 높여줌(제대가 눌리는 것을 막음) 씸스 체위(Sims position): 측위와 복와위 중간 형태로 반복와위, 옆으로 눕게 하여 머리를 옆으로 돌리고 작은 베개를 머리 밑에 대어줌
	제대 노출	• 제대가 외부에 노출된 경우 질강 쪽으로 밀어 넣어서는 안 됨 • 제대가 건조되지 않도록 소독된 따뜻한 생리식염수에 적신 거즈로 덮어 줌 • 제대를 자주 만지면 순환장애를 가져오므로 주의
	태아 선진부 상승	• 소독적으로 손을 질 속으로 삽입하여 아두를 뒤로 밀어 제대를 압박하지 않도록 함 • 제대 압박을 막기 위해 태아 선진부를 상승시킴
	방광 생리식염수	도뇨관을 방광에 삽입하고 1L의 생리식염수를 빨리 주입하여 아두를 들어올리고 제대 압박 완화
	산소 [국시 2018]	• 산소 8~12L/min 공급 • 태아에게 높은 산소포화도의 산소를 줌

05 정상 산욕

1 정상 산욕 [2010 기출]

산욕기 (postpartum period)	분만 직후부터 임신으로 변화되었던 생식기관이 임신 이전의 상태로 회복되기까지의 기간, 대개 분만 후 6주간을 일컫는다.

2 자궁의 퇴축

(1) 자궁퇴축으로 인한 자궁저부의 적응

자궁퇴축	• 분만 후 2일까지 크기에 별다른 변화가 없지만 그 후에는 '퇴축'(involution)의 과정을 통해 줄어든다. • 태반이 부착되었던 자궁내막의 기저층 혈관들은 수축과 폐색과정이 일어난다. • 자궁은 분만 후에 커지고 늘어져 있으며 무게는 약 1,000gm 정도 되고, 완전 회복에는 6주가 소요된다. • 산욕기 동안 자궁의 크기가 줄어들고 무게는 60gm으로 된다.

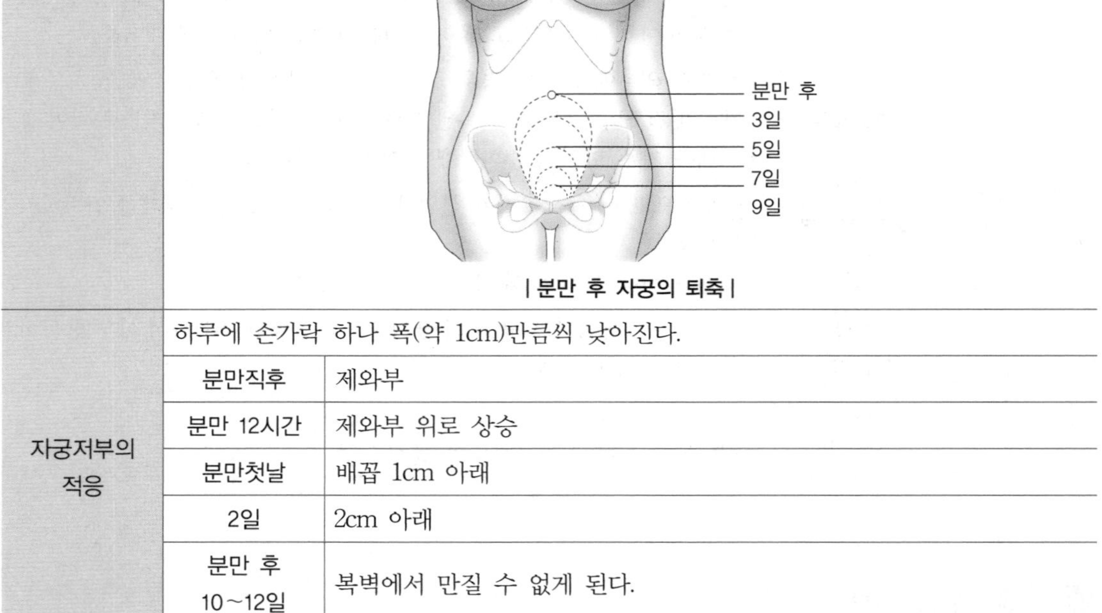

| 분만 후 자궁의 퇴축 |

구분		
자궁저부의 적응	하루에 손가락 하나 폭(약 1cm)만큼씩 낮아진다.	
	분만직후	제와부
	분만 12시간	제와부 위로 상승
	분만첫날	배꼽 1cm 아래
	2일	2cm 아래
	분만 후 10~12일	복벽에서 만질 수 없게 된다.

(2) 자궁의 퇴축성 변화 3가지 중요한 과정

구분		
자궁근섬유의 수축과 견축	• 태반이 부착된 혈관의 수축으로 출혈 • 분만직후 자궁의 무게는 약 1kg~500gm, 6주 후 40~60gm • 분만 직후 자궁저부는 제와부 아래에 위치,만 12시간 후 제와부 위로 상승 • 분만 후 첫날 제와부 1cm 아래서 촉지, 2일(2cm) 10~12일(복벽에서 촉지 안 됨)	
	자궁수축	분만 후 아기가 유두를 자극하면 뇌하수체 후엽에서 옥시토신분비, 자궁수축 → 자궁 내 잔여물질 배출 → 태반부탁혈관압박으로 혈관수축 지혈로 산후출혈예방
	자궁퇴축, 견축	• 분만 후 아기가 유두를 자극하면 뇌하수체 후엽에서 옥시토신분비, 자궁수축 • 태반 만출 후 자궁을 증대시키는 에스트로겐 분비가 저하되어 자궁의 용량이 현저하게 감소 • 자궁근육세포의 크기 축소 • 자궁벽 세포의 단백물질이 자가분해
	자궁복구	• 자궁저부의 높이 감소, 자궁저부 강도 증가(부드러우면 자궁이완) • 오로의 양과 성질의 변화

<table>
<tr><td rowspan="3"></td><td>초산부</td><td colspan="2">초산부는 자궁근 섬유들이 탄력성이 높아 자궁근육의 수축성이 매우 좋음</td></tr>
<tr><td>수유부</td><td colspan="2">수유가 자궁퇴축을 촉진 – 모유를 먹이는 동안 뇌하수체 후엽에서 분비되는 옥시토신 호르몬의 분비가 자궁수축을 유발</td></tr>
<tr><td>거대아</td><td colspan="2">거대아 · 쌍태아 · 양수과다로 자궁근이 과다하게 신장된 경우 자궁이 비임신 상태로 완전히 퇴축되지 못하여 복구가 지연</td></tr>
<tr><td rowspan="3">자궁벽세포의 단백물질들의 자가분해와 용해</td><td colspan="3">• 자가분해 과정은 자궁세포들의 단백물질 내에서 일어나며, 단순 요소들은 환원되어 혈중 내에 흡수되고 잔여물이 뇨중에 배출
• 요중 질소 함량이 증가되는 것은 단백분해효소들은 배출 때문</td></tr>
<tr><td>BUN 증가
[국시 2005]</td><td colspan="2">분만 후 며칠 동안에 자궁근육의 자가분해 작용으로 단백분해 산물들은 혈중 내 흡수로 BUN 증가(정상: 6~20mg/dL)</td></tr>
<tr><td>단백뇨</td><td colspan="2">뇨 중에 단백분해 산물 배출로 단백뇨</td></tr>
<tr><td rowspan="4">자궁내막의 재생</td><td colspan="3">• 분만시 탈락막의 스폰지층에 태반과 난막이 자궁으로부터 분리되어 박리되고 자궁내막에는 탈락막의 기저부분이 남게 되고, 태반 부착부위는 자궁내막의 다른 부위보다 개방된 상처가 깊고 커서 세균 감염을 일으키는 소인이 됨
• 자궁내막의 재생은 3주면 완치되지만 태반부착 부위의 치유는 7주가 되어야 완전히 이루어짐</td></tr>
<tr><td>괴사</td><td colspan="2">• 자궁내막 기능층의 혈액공급차단으로 괴사
• 상처치유과정에 반흔이 없어 다음 임신 시 수정란착상, 태반형성이 가능함</td></tr>
<tr><td rowspan="2">재생</td><td>태반부착부위</td><td>• 자궁내막 기저층은 자궁내막재생근원
• 자궁내막 기저층(기저탈락막, 태반부착부위)은 상처가 크고 혈액이 나와 세균감염소인
• 태반부착부위 6~7주면 완치
• 지연 시 후기 산후출혈로 소파술 필요</td></tr>
<tr><td>태반부착부위 제외</td><td>태반부착 부위를 제외한 부분의 자궁내막의 재생은 분만 후 3주면 완치</td></tr>
</table>

(3) 자궁수축을 위한 약물투여

적응증	• 과거 자궁무력증 • 분만 1, 2기 지연 시 • 자궁수축제를 이용하여 유도분만한 경우 • 고령의 다산부 • 양수과다, 다태임신, 거태아 등으로 자궁과다팽창이 있던 경우 • 임신 중 고혈압의 문제 • 분만을 위해 과다하게 진통제나 마취제를 사용한 경우

메덜진 (Methergine ergonovine)	• Methergine, ergonovine • 지속적 자궁수축자극 → 자궁퇴축을 증진 • 태반 분만 직후(3~5일 동안)에 사용 • 부작용: 혈압상승, 흉통, 심계항진, 호흡곤란 등 • 금기: 고혈압환자 금기 [국시 2019]
옥시토신	• 지속적 자궁수축자극 • 임신말기, 분만 직후에 희석해서 사용(정맥 주사로 반드시 희석시켜 주입) • 부작용: 항이뇨효과, 저혈압, 빈맥

(4) 자궁퇴축 지연요인

요인	이론적 이유
지연분만	분만 동안 수축시간이 지연되어 근육이 이완된다.
마취	근육의 이완으로 자궁이 느슨해진다.
난산	자궁이 과도하게 조작되어 피로감을 유발한다.
다산	임신과 분만중 자궁이 반복적으로 팽창하면 근육이 늘어나고, 근긴장도가 감소하며, 근육 이완이 유발된다.
방광팽만	자궁이 대개 오른쪽으로 밀려 나며 자궁을 압박하여 자궁수축이 방해받는다.
감염	감염은 자궁근육의 효과적인 수축능력을 방해한다.
자궁의 과잉팽창	다산으로인한 자궁근육의 과도한 팽창, 양수과다증 또는 매우 큰 아기의 분만일 경우 자궁수축속도가 느려질 수 있다.

3 오로(lochia) [2010 · 2011 기출]

① 적색오로(lochia rubra)

② 갈색오로(lochia serosa)

③ 백색오로(lochia alba)

| 오로의 종류 |

형태	특성	내용물	기간
적색오로	혈액성분(bloody)	주로 혈액성분으로 태반부착 부위로부터 탈락된 세포조각, 양수, 솜털, 태지, 소량의 점액	분만 후 3~4일
갈색오로	짙은 적갈색에서 불그스름한 분홍색	혈액성분이 적고 혈장성분이 대부분이며, 백혈구와 유기체가 섞여 있음	분만 후 4~10일
백색오로	크림성	백혈구, 유기체, 경관점액들	분만 후 10~20일(3주)

4 심혈관계

<table>
<tr><td rowspan="4">분만 시 혈액손실</td><td colspan="3">분만 시 정상적으로 200~300ml 혈액손실되나 과도한 혈액 손실에 산모를 보호하는 생리학적 변화로 정상적 혈액소실로 저혈량성 쇼크가 일어나지 않는다.</td></tr>
<tr><td>임부혈량 증가</td><td colspan="2">임신 중 임부 혈량이 30~50% 증가하므로 분만 시 출혈을 견딜 수 있다.</td></tr>
<tr><td>혈관외액 → 혈관내액</td><td colspan="2">• 임신 중 저장된 혈관 외액이 혈관 내로 이동하여 혈액량이 증가한다.
• 자궁에 의한 압박이 없어지고 정맥압 감소로 혈관외액이 혈관 내로 집합되어 혈액량이 많아져 정맥귀환이 증가한다.</td></tr>
<tr><td>혈관확장 감소</td><td colspan="2">태반에서 혈관을 확장하는 호르몬(프로게스테론, 에스트로겐)이 분비되지 않으므로 혈관 확장이 사라지고 혈관의 탄력성이 회복하여 산모의 혈관의 크기가 10~15% 감소한다.</td></tr>
<tr><td rowspan="4">심박출량</td><td rowspan="3">분만 48시간 내 증가</td><td colspan="2">분만 직후 심박출량, 순환 혈액량은 일시적으로 60~80% 증가한다.</td></tr>
<tr><td>자궁압박 감소</td><td>자궁에 의한 압박이 없어지고 정맥압 감소로 혈관외액이 혈관 내로 집합되어 혈액량이 많아져 정맥귀환이 증가한다.</td></tr>
<tr><td>태반순환 상실</td><td>태반순환의 상실로 자궁과 태반의 혈액이 체순환으로 돌아온다.</td></tr>
<tr><td>분만 3~4일 후 감소</td><td>에스트로겐 감소</td><td>분만 후 이뇨 효과는 에스트로겐 감소로 임신 동안 축적되었던 과다한 세포외액이 배출되며 혈액량이 서서히 감소한다.</td></tr>
<tr><td>분만 1기 혈압사정</td><td colspan="3">• 혈압은 자궁수축 시 5~10mmHg 정도 증가되다가 이완기에 회복된다.
• 분만 중 진통제나 마취제 투여 후, 자궁수축제 투여 시나 자궁수축이 더 강하게 자주 올 때 특히 저혈압 증세에 주의해야 한다.</td></tr>
<tr><td rowspan="3">기립성 (체위성) 저혈압</td><td>증상</td><td colspan="2">내장의 울혈로 분만 후 48시간 기립성 저혈압으로 누워 있다가 앉았을 때 일어날 때 20mmHg 이상 혈압이 저하된다.</td></tr>
<tr><td>생리적 근거</td><td colspan="2">• 내장울혈로 분만 후 48시간 정도까지는 기립성 저혈압이 나타난다.
• 분만 후 12~48시간 동안 심박출량은 증가된 상태를 유지한다. – 분만직후 분만 전 수준보다 40~50% 정도, 임신 전 수준보다 80~100% 일시적 증가한다.
• 분만 직후 24~48시간 내 급격한 심박출량의 증가와 분만순간의 복압의 급격한 감소로 장으로 가는 혈관들이 확대되고(내장울혈), 이로 인해 내장에 혈액이 차게 됨으로써 산모가 똑바로 설 때 어지럼증을 느낀다.
• 커진 자궁에 의해 상행성 하대정맥과 대동맥압박으로 정맥귀환이 저하되어 혈량 감소로 심박출량이 저하되는 상태이다.</td></tr>
<tr><td>간호조치</td><td colspan="2">복압의 갑작스런 변화를 줄이기 위해 복대나 사지 압박대를 한다.
• 앙와위시 심하고 좌측위가 좋다.</td></tr>
</table>

<table>
<tr><td>분만 1기
혈압사정</td><td colspan="2">• 혈압은 자궁수축 시 5~10mmHg 정도 증가되다가 이완기에 회복된다.
• 분만 중 진통제나 마취제 투여 후, 자궁수축제 투여 시나 자궁수축이 더 강하게 자주 올 때 특히 저혈압 증세에 주의해야 한다.</td></tr>
<tr><td rowspan="2">맥박</td><td colspan="2">• 분만 후 40~70회
• 시적 물리적 서맥이 1주일간(7~10일간) 지속된다.</td></tr>
<tr><td>생리적 근거</td><td>• 심박출량 증가에 보상으로 서맥이 발생한다.
• 분만 동안 증가된 교감신경계 활동에 대한 미주신경의 반사작용에 의해 서맥이 발생한다.</td></tr>
</table>

5 산후 조혈계의 변화

혈액농축	혈장액이 이뇨작용으로 배설, 적혈구 증가, 헤마토크릿치 상승
백혈구증가증	림프구 감소, 중성구와 호산구 증가
ESR	적혈구 침강계수(ESR) 증가
응고인자 활성화	분만 후 응고인자 활성화, 섬유소원과 트롬보플라스틴 산후 3주까지 증가 & 에스트로겐은 단백질과 지방합성에 영향을 미쳐 지방산, 콜레스테롤, 중성지방, 지방단백 증가 → 산후 혈전성 색전증 위험성 증가

6 산후 비뇨계의 변화 : 이뇨작용

여과율 상승	신사구체여과율의 상승 상태가 산후 1주일간 계속되므로 산후 4~5일까지 하루 3000ml 정도의 이뇨작용이 나타난다.
체중 감소	체액 균형의 변화로 산욕기 동안 10ℓ 이상의 체액이 손실된다. → 산욕기 동안 4kg 정도의 체중 감소

7 정상분만을 한 후 3일째 되는 산모

분만 후 대부분의 여성이 분만 시의 수분손실 및 이뇨에 관계된 순환 간질공간 사이에서의 수분 이동으로 인해 2~3일 내에 심한 갈증을 호소한다. 또한 임신으로 인해 장이 이완되고 복근이 팽창되어 배설을 잘 돕지 못하고, 분만을 위한 금식과 분만 전 관장, 분만 시 투여된 약물 등이 이러한 상태를 더 악화시키기도 한다.

기관	변화와 경과기간
자궁	하루에 손가락 하나 넓이만큼씩 퇴축한다. 9~10일 안에 복벽에서 만져지지 않고 골반내로 들어간다.
경부	1주에 1cm 씩 닫힌다. 부종은 3~4개월까지 남아있다.
질과 질구	추벽은 3주 후에 나타난다. 정상 에스트로겐 수준과 윤활작용은 6~10주 후에 돌아온다.
배란과 월경	개인에 따라 다르나 모유수유 여부에 따라 영향을 받는다. 수유하지 않는 산모는 보통 10~12주 후에 첫 배란이 되고, 수유하는 산모는 보통 12~36주 후에 배란된다.
유방	초유를 분비한다. 산후 3~4일에 유즙분비가 되고 일시적으로 울유가 온다.
심장	분만 후 일시적으로 혈액량이 증가되었다가 3일 후에 떨어진다. 4주 후에 비임신 상태의 수준이 된다. 분만 후 심박출량과 일회박출량이 증가되었다가 48시간이 지나면 50% 수준으로 떨어졌다가 3주 후에 정상으로 돌아온다.
혈액	혈액농도가 낮아졌다가 3~7일 후에 헤마토크릿이 증가되고 4~5주 후에 정상이 된다. 10~12일 후에 백혈구가 증가되었다가 2주 후에 정상이 된다. 분만 시 섬유소원과 응고요인이 증가되었다가 3주 후에 정상이 된다.
호흡기	잔기용적, 안정호흡과 산소소모는 증가하고, 흡기용량, 폐활량, 최대호흡량은 감소한다. 6개월 후에는 이 모든 호흡기능이 비임신 상태로 돌아온다.
비뇨기	분만 후 12시간 안에 이뇨작용이 있으며, 4~5일 동안 1일 3000ml의 소변이 나온다.
위장	변비가 2~3일 동안 있다가 1주 안에 회복된다.
신경근육	대퇴, 손가락 또는 손의 무감각상태가 며칠 내로 없어진다. 요통은 6~8주 안으로 호전된다.

06 모유수유

1 모유수유

아기에게 권고되는 영양 (WHO)		• 산후 첫 6개월 동안 어떤 다른 보충식도 주지 않고 모유만을 주는 완전모유수유를 하고 6개월 이후부터는 적절한 보충식을 추가로 제공한다. • 적어도 12개월간 지속해서 모유를 수유할 것을 권고한다. • 모유수유 중단 시 철분이 강화된 조제유를 제공한다.
모유수유의 이점	영아	• 인지 발달을 높여준다. • 빠는 반사를 계속하여 하악 발달을 돕는다. • 위장계 성숙을 증진한다. • 알레르기 질환, 급성 영아돌연사, 임파종, 인슐린 당뇨로부터 보호해 준다. • 면역체를 포함하고 있어 설사, 장염, 크론병, 소아지방병증에 걸릴 가능성을 낮춘다. 면역요소를 아이한테 전해주어 중이염이나 호흡기계 질환을 예방해 준다.

<table>
<tr><td rowspan="2"></td><td>수유모</td><td>• 옥시토신 분비로 자궁 퇴축을 증진시킨다.
• 산후출혈을 감소시킨다.
• 임신 전 체중으로 빠르게 회복된다.
• 난소, 자궁 및 유방암에 걸릴 위험률을 낮춘다.
• 모유수유를 한 여성은 중년기 이후 골다공증 발생 위험률이 줄어든다.</td></tr>
<tr><td>기타</td><td>• 수유 기구를 소독할 필요가 없다.
• 아이의 요구에 따라 언제든지 수유할 수 있다.
• 인공분유와 비교하여 경제적 부담이 적다.
• 세균감염으로부터 안전하다.</td></tr>
</table>

2 수유 과정

<table>
<tr><td>유방모양</td><td colspan="2">• 임신 동안 유방의 발달은 태반에서 분비되는 에스트로겐, 프로게스테론과 태반락토겐에 의해 촉진된다.
• 젖샘의 성장과 유관조직의 분지화, 지방의 축적, 유방소엽의 성장과 유방의 포상조직이 발생, 포상조직에서는 유즙생산세포로 분비기능을 지닌 선방세포들이 발달된다.
• 그 결과 임신 말기 임부의 유방은 실제적인 유즙의 분비와 초유를 위해 충분히 발달되어 있으며, 묽고 노르스름한 유즙전조물이 소량씩 분비된다. 그러나 실제적인 유즙생산은 아기가 출생하기 전까지는 이루어지지 않는다.</td></tr>
<tr><td rowspan="3">유즙분비기전
[2015 · 2023 기출]</td><td colspan="2">유선 발달 → 유즙 생성 → 유즙 분비 → 사출 반사</td></tr>
<tr><td>임신 중</td><td>프로게스테론 · 에스트로겐의 혈중농도 증가, 프로락틴 분비와 젖 분비 억제</td></tr>
<tr><td>태반만출 후</td><td>프로게스테론 · 에스트로겐의 혈중농도 급격히 낮아짐, 프로락틴 분비와 젖 분비가 시작</td></tr>
<tr><td>유선발달
(mammogenesis)</td><td colspan="2">• 프로게스테론의 영향으로 유선 소엽이 발달한다.
• 임신 시 프로락틴과 성장호르몬에 의해 더욱 발달한다. 이 과정에 부신피질자극호르몬과 갑상샘 자극호르몬도 관련된다.

• 유관 생성을 위한 상피세포 발달(프로게스테론)
• 유선이 풍부(프로게스테론과 에스트로겐 통합)
• 세분화된 유선소엽을 완성(프로락틴)
• 유선 증식에 관여(성장호르몬과 인슐린)</td></tr>
<tr><td rowspan="2">유즙생성
(lactogenesis)</td><td>1단계</td><td>임신 후기에 시작, 프로게스테론이 유즙생성을 억제한다.</td></tr>
<tr><td>2단계</td><td>태반만출 후 프로게스테론, 에스트로겐, 태반락토겐이 현저히 저하된 뒤 프로락틴의 상승으로 유즙 생성이 자극되면서 시작된다.</td></tr>
</table>

유즙 분비 (galactopoiesis)	유즙이 적절히 배출되면 유즙 분비는 왕성해진다. 그러나 규칙적으로 배출되지 않으면 유즙 분비 과정은 지장을 받는다. 따라서 유방을 규칙적으로 완전히 비우는 것과 자주 비우는 것은 지속적으로 젖을 생산하기 위하여 반드시 필요하다.
사출반사 (let-down reflex)	• 유선 발달, 유즙 생성, 유즙 분비과정이 연결선상에서 일어난 이후에 뒤따른다. • 접촉적 자극(젖을 빨 때) → 시상하부 전달 → 뇌하수체의 전엽과 후엽 자극 • 전엽 – 프로락틴 분비 → 선방세포 내 젖 분비활동 자극 • 후엽 – 옥시토신 분비 → 선방세포와 근 상피세포 수축 → 유관을 따라 젖이 배출 • 유관동 내로 유즙이 수월하게 분출된다.
수유시작	태반만출 후 프로게스테론이 급속하게 하강하여 유즙 분비가 개시된다. 출산 후 약 30시간 이내까지 초유가 나온다.

유즙 분비의 기전: 유선발달 → 유즙생성 → 유즙분비 → 사출반사			
유선발달	유즙생성	유즙분비	사출반사
• 유관 생성을 위한 상피세포 발달(프로게스테론) • 유선이 풍부(프로게스테론과 에스트로겐 통합) • 세분화된 유선소엽을 완성(프로락틴) • 유선 증식에 관여(성장호르몬과 인슐린)	• 1단계 – 임신 후기 프로게스테론이 유즙생성 억제 • 2단계 – 태반만출 후 프로게스테론, 에스트로겐, 태반락토젠이 현저히 저하된 뒤 프로락틴의 상승으로 유즙 생성 자극		• 접촉적 자극(젖을 빨 때) → 시상하부 전달 → 뇌하수체 전엽과 후엽 자극 • 전엽 – 프로락틴 분비 → 선방세포 내 젖 분비활동 자극 • 후엽 – 옥시토신 분비 → 선방세포와 근 상피세포 수축 → 유관을 따라 젖이 배출

3 모유분비 기전 [2015 · 2023 기출]

모유생성 [국시 2005]

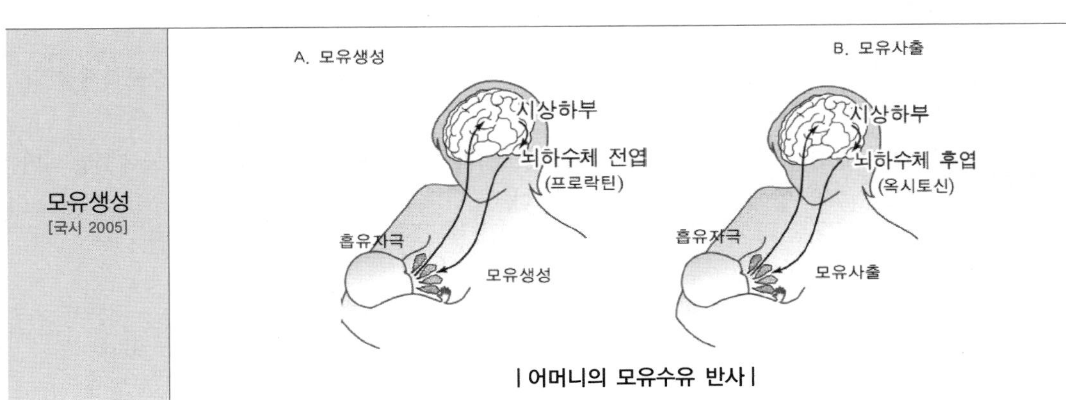

| 어머니의 모유수유 반사 |

	태반이 만출되어 유즙생성을 억제하는 에스트로겐, 프로게스테론이 저하된다. 아기가 젖을 빠는 접촉적 자극은 구심성 신경을 타고 올라가 시상하부에 전달되고 뇌하수체 전엽을 자극하여 프로락틴이 분비되어 선방세포 내 젖 분비 활동이 자극된다. • 구심성 신경: 말초신경에서 얻은 신호를 중추신경계에 전하는 신경
모유사출	근상피세포 수축부분 젖샘관 | 젖샘과 젖샘관 | 아기가 젖을 빠는 접촉적 자극은 뇌하수체 후엽에서 옥시토신이 분비되어 유관을 따라 젖이 배출되어 유즙이 사출된다.

4 모유의 영양성분

모유의 영양	아기의 성장 시기에 따라 가장 적당한 양의 당질, 수분, 지방, 단백질과 각종 필수아미노산, 비타민, 무기질 등을 공급한다.
모유의 이점	• 소화 흡수가 잘 된다. • 소화기능, 두뇌발달, 성장에 유익하다. • 콜레스테롤 대사능력을 증가시켜, 콜레스테롤 관련 성인병 발생률을 감소시킨다.
모유의 특수성분	항세균성 요인, 항바이러스성 요인, 구충성 요인으로 분비되는 IgA가 있다. 그 외에 lactoferrin, bifidus factor, oligosaccharides, milk lipids, milk leukocytes가 있다.

5 수유모의 간호

수유모의 영양	• 평상시 균형잡힌 식사에 부족하기 쉬운 비타민, 무기질, 단백질 섭취를 충분하게 한다. • 수유모는 320kcal를 더 섭취면 좋다.
체중 감소	단기간에 심한 체중 감소는 모유 양을 감소시키므로 피해야 한다. 그러나 한 달에 2kg 미만 감소는 모유 양에 영향을 미치지 않는다.

6 모유수유와 피임, 임신 [2022 기출]

피임	• 모유수유는 배란과 월경회복을 지연시켜 일정기간 피임을 보장한다. 그러나 완전한 피임은 아니다. 따라서 분만 후 첫 월경이 시작되기 전 배란이 될 수 있다는 것에 유의해야 한다. • 수유 중 무월경은 대개 6개월 정도이며 월경 회복은 개인마다 다르다. • 모유수유를 통해 월경과 임신능력 회복을 지연시키는 방법은 밤낮으로 규칙적으로 젖을 먹이는 것이다. • 수유기간 동안 피임약 복용 – 에스트로겐을 함유한 피임약은 피하는 것이 좋다. – 프로게스테론만 함유한 피임약은 모유공급에 거의 영향을 미치지 않는 것으로 보고된다.
모유 수유 시 피임의 호르몬조절 [2022 기출]	태아의 유두흡인자극 → 뇌하수체 전엽 → 프로락틴(prolactin) 방출 → 시상하부 성선자극호르몬 분비인자(GnRH)분비 억제 → 뇌하수체 FSH, LH분비 억제 → 난소의 배란 억제
임신	수유하는 동안 어머니가 임신을 할 경우 조산의 위험이 없으면 모유수유는 가능하다. 새로 태어난 신생아에게 수유를 먼저 하고 큰 아이는 그 다음에 먹인다.

7 약물과 모유수유

의료인과 상의	반드시 의료인과 상의하고 복용하여야 한다.
수유모가 피해야 할 약물	• 항암제, 항히스타민제, 갑상샘치료와 관련된 약물 • 유즙 분비 억제제, 자궁수축제, 항응고제 • chloramphenicol, tetracycline, 코카인, 헤로인, marijuana
알코올	알코올은 섭취 30분 후면 유즙에서 발견되는데 하루 두 잔 이하는 아이에게 무해하다고 본다. 그러나 과다한 섭취는 어머니의 옥시토신 분비에 영향을 미쳐 사출 반사를 방해한다. 지속적인 과음은 아기에게도 영향을 미쳐 아기를 무기력하게 하고 젖을 잘 빨지 않아 적절한 체중 증가가 이루어지지 않게 된다.
카페인	하루 커피 5잔 이하의 카페인 섭취는 어머니와 아기의 건강에 영향을 미치지 않는다. 그러나 그 이상의 섭취는 카페인이 아기 몸에 축적되어 잠을 자지 않고 심하게 보채는 등 카페인 과민반응을 보인다. 아기가 이러한 과민반응을 보이면 다른 이유에서도 나타날 수 있으므로 일단 어머니가 카페인을 끊고 아기의 반응을 살펴보도록 한다. 카페인은 커피 외 콜라, 차, 초콜릿 등에도 포함되어 있다.
니코틴	수유모의 흡연은 어머니와 아기 모두에게 해롭다. 니코틴은 프로락틴 분비를 감소시켜 모유생산을 저해한다. 흡연에 노출된 아이는 자라면서 호흡기 질환 등 여러 가지 질병에 걸릴 위험이 높다. 수유모가 담배를 끊을 수 없다면 흡연량을 줄이고 아기가 있는 방에서는 담배를 피우지 않아야 한다.

8 어머니의 질병과 모유수유

Herpes simplex Ⅰ, Ⅱ	• 상처를 통해 전달된다. • herpes균은 3주까지 신생아에게 치명적이다. • 산모가 herpes를 앓고 있다면 아기가 상처를 만지지 않도록 한다. • 상처 위에 깨끗한 덮개를 씌워 둔다. • 입 근처에 궤양이 있을 때 아기에게 입맞춤 하는 것을 피한다. • 유방에 궤양이 있다면 잘 덮어 아기가 만질 수 없게 한다. • 양쪽 유방에 궤양이 있다면 완전히 치유될 때까지 수유를 중단한다.
B형 간염	임신한 여성이 검사에서 B형 간염 항원에 양성반응이 나오면 모체혈액, 양수, 질 분비물, 모유수유를 통해서 아이에게 감염될 수 있다. 이때 아기를 보호하기 위해 출산 후 12시간 내에 아기에게 즉시 감마글로불린(HBIG)을 주사하고 이어서 백신을 총 3회 접종한다. 이러한 예방적 처치를 적절히 하면 B형 간염 보균자인 경우도 아기에게 모유수유가 가능하다.
당뇨	• 당뇨병이 있는 어머니는 모유수유가 항 당뇨성 효과를 가지므로 특별히 추천된다. 모유수유 시 나오는 호르몬과 모유 생산 시 사용되는 에너지는 혈중 글루코스 수준과 인슐린 요구량을 감소시킨다. • 인슐린은 분자량이 커서 모유를 통과하지 않으므로 아이에게 전달되지 않는다. • 어떤 경우에는 모닐리아 감염에 의해서 유두균열이 생길 가능성이 커지고 유방염에 걸릴 확률이 증가될 수 있다.

9 모유수유에 따르는 문제들

함몰유두	• 출산 전에 준비가 필요하다. • 유두 굴리기, 유두 당기기 운동과 보호기 착용이 도움된다.	
유방울유	유방은 단단하고 열감이 있으며, 촉감에 예민해진다. 간혹 번들거리고 긴장되어 보일 수도 있다. 통증은 겨드랑이까지 느껴질 수 있다.	
	예방 간호	• 수유를 자주(낮에 최소 2~3시간마다, 밤에 4~5시간마다) 한다. • 최소한 한 쪽 유방이 부드러워질 때까지 빨도록 한다. • 수유하기 전 더운 찜질이나 열선을 쬐어주어 유방 주위 근육을 이완시켜 유즙 생산을 촉진시킨다. 부드럽게 마사지한다. • 소염진통제를 투여한다. 종창을 감소시키기 위해 수유 사이에 15~20분 정도 얼음을 대준다.
유두균열	수유를 시작한 후 처음 며칠간 가벼운 유두의 통증이 있는 것은 정상적인 증상이다. 그러나 유두 표면이 벗겨졌거나 출혈이 있다면 비정상적 증상이다.	
	예방	아기의 코, 뺨, 턱이 유방에 닿도록 아이를 안쪽으로 당겨서 어머니의 가슴에 밀착시켜 안는다.

	간호	• 통증이 지속되면 수유를 중단하고 아이를 다시 안아서 유두에 통증이 사라지면서 힘껏 당기는 느낌이 있을 때까지 수유자세를 반복해서 교정한다. • 유두를 공기 중에 자주 노출시킨다. • 수유를 시작하기 전에 2~3분간 얼음을 유두에 얹는다.
유선염	아기의 입에 있는 포도상구균에 의해 초래되는 흔한 감염이다.	
	간호	• 필요시 10일 간 항생제 치료를 한다. • 휴식, 수분 섭취 증가, 필요하다면 의사 처방 없이 쓸 수 있는 진통제, 해열제를 투여할 수 있다. • 모유수유를 좀 더 자주하고, 수유 전에 유방에 온찜질을 한다. • 모유수유 시 통증이 심하면 전 자동 유축기를 사용한다.
황달	• 생리적 황달은 출생 후 24시간에 시작하여 3일 이내에 가장 심하다. 정상 신생아는 1주일 후, 미숙아는 3~4주 후면 저절로 없어진다. 따라서 특별한 치료가 필요 없다. • late-onset jaundice는 병리적 원인이 없으면서 출생 후 2주경에 발생한다. 12시간 내지 24시간 일시적으로 모유수유를 중단하면, 빌리루빈 수치가 저하된다. 이 시기에 어머니의 모유를 짜내고 아기에게는 분유를 먹인다.	

07 고위험 산후 관리

1 산후출혈

산후출혈	질식 분만 후 산도를 통하여 500ml 이상의 출혈이 있는 경우나 제왕절개 분만 후 1,000ml 이상의 출혈이 있는 경우	
조기 산후출혈	정의	출산 후 24시간 동안에 500cc 이상의 출혈. 직접적 원인은 대부분 자궁 수축 부전으로 생기는 이완성 자궁 출혈
	원인	• 자궁이완(거대아, 다태임신, 급속분만 또는 지연분만, 다산부, 분만촉진제, 자간전증, 전치태반, 저긴장성 자궁수축, 자궁이완증 등) • 열상(미산부, 경막외마취, 급속분만, 거대아분만, 흡입분만, 옥시토신사용, 산도의 선천이상, 감염 수술등의 반흔, 제왕절개분만후 손상, 회음절개 등) • 태반조각의 잔여 • 혈종(자간전증, 음부마취제 사용, 초산, 급속분만, 거대아분만, 겸자분만, 외음정맥류의 과거력) • 자궁파열 • 태반부착부위 이상 • 응고장애

후기 산후출혈	정의	• 출산 후 24시간 후부터 6주 안에 500cc 이상의 출혈 • 잔류 태반이 주원인이며 자궁 수축 부전이 분만 하루를 지난 후에 올 수도 있음 • 자궁 수축 부전은 출산 후 하루 이틀 사이에는 많은 출혈이 되나 며칠 이상 지난 후의 자궁 수축 부전이나 잔류 태반에서는 심하지 않은 출혈이 불규칙적으로 발생
	원인	• 퇴축부전 • 태반조직잔여
간호중재	• 자궁저부마사지 • 약물: 옥시토신, 엘고트, 프로스타글란딘 • 수액요법 및 혈액보충	

2 조기 산후출혈

정의	분만 후 24시간 이내에 발생되는 출혈
3대 원인	자궁이완, 산도열상(회음부, 질, 경관), 태반조직의 잔여
그 외 원인	혈액응고장애, 자궁종양, 감염, 유착태반 등

(1) 조기산후출혈의 3대원인

자궁이완	특징	• 산후 자궁퇴축부전과 지연은 자궁이완의 원인이다. • 수분 내 다량의 출혈이 초래된다. • 복부촉진 시 부드럽고 물렁물렁한 자궁이 만져지며 질 출혈이 나타난다.
	자궁이완소인	• 거대아, 쌍태임신, 양수과다 등으로 자궁이 과다팽만된 경우 • 옥시토신으로 분만을 촉진한 경우 • 양막염 • halothan을 사용한 전신마취 • 황산마그네슘을 장기간 사용한 경우 • 분만 시 격렬한 자궁수축이나 저 긴장성 수축으로 자궁근육에 피로가 왔을 때 • 4회 이상 분만 경험이 있는 다산부 • 과거 산후출혈 경험이 있는 산모
열상	• 경관열상이 의심되면 경관을 시계바늘 방향으로 시진하면서, 출혈부위를 찾아 열상을 복구한다. • 음순과 음핵 위의 많은 혈관분포는 열상 발생 시 과다출혈을 초래하여 혈종이 발생할 수도 있다. • 열상 중 가장 흔한 회음열상은 자궁과 방광 및 직장을 지지하는 힘을 약화시킨다. 열상 회음을 복구하지 않으면 몇 년이 지난 후 자궁탈수, 방광류, 직장류의 원인이 될 수 있다.	

	산도열상소인	• 거대아 분만 시, 중위감자나 회전감자의 사용 등 기계분만으로 자궁 내 조작을 했을 때 • 급속분만이나 모체 연산도의 선천적 이상 • 감염이나 수술 등으로 인한 반응이 있을 때 • 제왕절개 분만 후 손상을 받았을 때
태반조직잔여	–	

(2) 증상

① 출혈과 쇼크

② 혈압저하

(3) 간호

양손 자궁압박법	자궁전벽에 손가락이 닿을 때 까지 장갑 낀 손을 질내 삽입하여 주먹을 쥔 다음 전질원개에 놓고 자궁전벽을 향해 밀고 다른 손은 산모의 복벽에 올려놓고 손바닥으로 자궁의 후벽을 마사지 한다. 옥시토신 투여 이전에 사용할 수 있으며 자궁저부마사지보다 2배로 자극을 줄 수 있다.
약물	• 옥시토신이나 프로스타글란딘의 약물을 주사한다. • 고혈압이나 심혈관질환자에게는 앨코트나 메덜진은 금기다.
외과적 중재	자궁절제술 하기 전의 마지막 수단으로 자궁동맥이나 하복부 동맥결찰을 실시한다.
정맥주입 및 수혈	–
자궁저부 마사지	• 산모의 치골결합 약간 상부를 손끝으로 지지하고, 저부가 수축될 때까지 다른 한 손으로 마사지한다. 자궁은 컵 모양 같은 두 손 사이에서 지지되고 마사지 된다. 마사지는 자궁이 나무처럼 단단해질 때까지 한다. 마사지를 중지하면 바로 이완되므로 출혈이 없어질 때까지 자궁저부에 손을 얹고 지속적으로 마사지 한다. 자궁이 잘 수축되면 마사지를 멈춘다. • 과다한 마사지는 자궁근의 피로를 조장하여 자궁이완을 촉진시키고 과다한 출혈을 초래하므로 피한다. • 간호사가 기억해야 할 사항은 자궁이완은 분만 2시간 이후에 발생한다는 것이다. • 방광팽만은 자궁의 위치변화와 이완을 일으키기 때문에 자궁마사지시 팽만된 방광을 확인한다.
자세	하지를 높여준다.
불안완화	–

3 후기 산후출혈

원인	• 태반조각의 잔류 때문이다. • 태반부착부위 자궁의 복구부전과 감염 때문이다.
증상	• 출혈성 오로가 많다. 오로의 색이 백색에서 갑자기 적색으로 변하고 악취가 나는 경우도 많다. • 자궁크기가 분만 후보다 클 수 있고 촉진 시 자궁의 통증이 있을 수 있으며, 경관입구가 2~3cm 열려있다.
간호	• 태반조각의 잔류가 대부분이므로 소파수술, 자궁수축제를 투여한다. • 출혈이 조절되지 않으면 자궁적출술: 산후출혈은 갑작스레 한꺼번에 다량의 질출혈이 있어 산모의 둔부 아래가 푹 젖게 되어 알게 된다. 자궁이 단단하게 수축된 상태에서 지속적으로 질출혈이 있으면 경관이나 질의 열상으로 인한 출혈이다.

4 기타 산후출혈 요인

(1) 태반유착(placenta accreta, increta, and percreta) [2022 기출]

정의	태반이 자궁에 견고하게 부착되어 자연적으로 분리되지 않는 상태	
임상적 의의	• 비정상적인 태반유착은 드물게 나타나지만 심한 출혈, 자궁천공, 감염 등으로 인해서 생기는 이환율과 사망률 때문에 임상적으로 매우 중요 • 최근 제왕절개술의 빈도 증가로 태반유착의 빈도도 증가	
태반 융모의 자궁 벽 침범 정도에 따른 분류 [2022 기출]	유착태반 (placenta accreta)	태반이 기저탈락막까지 통과
	감입태반 (placenta increta)	태반융모가 자궁근층까지 침투
	천입태반 (placenta percreta)	태반이 자궁근층을 통과하여 장막까지 도달
원인	• 유착태반의 1/3에서 전치태반이 동반됨 • 1/4의 환자들이 이전에 제왕절개분만의 경험이 있음 – 1/4의 환자들에서는 전에 소파수술을 받은 경험이 있음 – 1/4의 환자들이 6회 이상의 출산 경험이 있음	
증상	• 임신 중에는 증상이 거의 없음 • 전치태반을 동반한 경우 산전 출혈이 있음 • 태반 만출 시도 시 출혈	

치료	➲ 유착부위가 작으면 용수박리 실시 → 그러나 대부분 완전 유착 태반인 감입 태반과 점입태반은 자궁절제술을 실시함 • 유착 부위가 클수록 태반만출을 시도할 때에 출혈이 더욱 심해지며 즉시 수혈을 시행하여야 하고 즉각적인 자궁적출술이 필요한 경우도 많음 • 유착태반 때는 손으로 직접 태반을 박리하기 전에는 거의 출혈이 없는데 가끔 탯줄을 견인하다가 자궁을 내번시킬 수 있음. 뿐만 아니라 손을 이용한 태반 박리도 성공적으로 시행될 수 없기 때문에 안전한 치료법은 즉시 자궁적출술을 시행하는 것이지만 경우에 따라 박리되지 않은 일부 태반은 자궁 안에 두거나 자궁 동맥 색전술을 시행하기도 함

(2) 자궁내번증(inversion of the uterus) [2022 기출]

정의	자궁이 뒤집혀 자궁저부가 자궁강으로 내려온 것	
원인	• 태반박리 전 제대를 잡아당김 • 태반박리와 만출을 위해 과도하게 자궁저부를 압박하는 경우 • 태반의 용수박리 • 유착태반 • 다태임부의 급속분만 • 분만 후 아래로 힘을 주는 것	
증상	• 질 내 무엇인가 꽉 찬 느낌(충만감) • 심한 통증 • 출혈, 자궁내번이 되면 치명적인 출혈이 즉시 시작되며 적절한 치료를 신속히 시행하지 못하면 심한 저혈량성 쇼크로 사망	
치료	• 자궁내번 의심 시 → 옥시토신 중단 • 자궁을 제위치로 복원하기 위해 자궁이완제나 마취제를 투여하고 수술 준비 • 자궁이 원상복귀 시 자궁수축제 투여	
	터부탈린(terbutaline) [2022 기출]	베타-2 작용제(beta2-agonist)로 자궁근을 이완시켜서 정상위치로 복귀
	옥시토신(oxytocin) [2022 기출]	자궁이 제 위치로 복귀된 뒤에 자궁이완제 투여를 중단하고, 자궁을 정상위치로 유지하면서 옥시토신과 같은 자궁수축제를 투여
	자궁절제술(hysterectomy)	-

5 산후 감염 [2009 기출]

(1) 산후 감염 예방간호

임신 중 처치	• 정기적 산전진찰을 받으면서 균형 잡힌 영양 섭취하여 빈혈 예방, 면역력 증가를 도모한다. • 파막 후 통목욕을 금하고, 성교를 피하며, 질세척은 5개월 이후부터 피한다. • 상기도감염에 걸리지 않도록 주의한다. • 분만예정 이전에 양막파열되면 만삭인 경우 24시간 내 분만을 끝내도록 한다.
분만 중 처치	• 멸균법을 철저히 지킴으로써 외인성균의 감염을 방지한다. • 내진은 꼭 필요한 경우에만 하며, 멸균장갑을 사용한다. • 각 산부물품은 따로 두어 교차감염이 되지 않도록 한다.
분만 후 처치	• 회음패드는 멸균된 것을 자주 교환한다. • 회음부를 깨끗이 하고 좌욕을 해 준다. 이 때 세척용액이 질 내로 들어가지 않도록 주의한다. • 성교와 질 세척은 산욕기 동안(3~4주) 절대 금기이다. • 방문객을 제한한다. • 분만 후 이상이 없는 산모는 조기이상(분만 후 24시간 내)을 함으로써 혈액순환을 촉진한다.

(2) 산후감염의 종류

외음염	원인	회음절개 및 열상부위의 균침입
	증상	산욕초기, 38.4℃ 이상의 발열, 국소 동통, 부종, 발적, 장액성 농성 분비물
	치료간호	항생제 투여, 봉합사 제거, 배액 증진, 좌욕, 회음 등 조사, 진통제 투여
자궁내막염 [2009 기출, 국시 2016 · 2018]	원인	태반상, 자궁내막에 세균감염
	증상	산후 2~3일, 38℃ 이상의 고열, 오한, 빈맥, 권태, 두통, 요통, 식욕부진, 자궁이완과 악취 있는 오로, 암적색의 농성오로
	치료간호	• 항생제, 자궁수축제 • 체위배액 : 반좌위(파울러 체위) • 침상안정, 수분공급 • 고단백, 고비타민, 고열량식이
골반봉와직염	원인	경관열상이나 자궁내막염이 혈관과 림프관을 따라 골반까지 파급
	증상	39.5~40℃ 고열, 오한, 하복부통증, 자궁이완과 민감성, 골반농양 형성
	치료간호	항생제 투여, 안정 유지, 수분 공급, 진통제 투여, 배농 절개
대퇴 혈전성 정맥염	증상	산후 10~20일 발열, 오한, 권태, 침범하지경직, 동통, 부종
	치료간호	안정, 하지상승, 냉 또는 온찜질, 항응고제, 항생제, 진통제 투여
골반 혈전성 정맥염	증상	산후 2주 후, 심하고 반복되는 오한, 급격한 체온상승, 고열, 빈맥, 색전형성 우려
	치료간호	항응고제, 항생제 투여, 진통제 투여, 침상 안정

08 산욕기 산모의 간호관리

<table>
<tr><td rowspan="4">산후출혈</td><td>정의</td><td>분만직후 24시간 내에 500ml 이상의 혈액손실</td></tr>
<tr><td>원인</td><td>자궁이완(90% 이상), 비뇨생식기 열상, 수태산물 잔류</td></tr>
<tr><td>출혈사정</td><td>오로의 냄새, 양, 기간 관찰, 회음패드 확인(15분 이내 젖거나 둔부에 혈액이 고이는지 확인), 저혈량 쇼크 증상(호흡곤란, 맥박증가, 차고 축축한 피부, 불안 등) 확인</td></tr>
<tr><td>자궁복구간호</td><td>자궁저부 마사지, 방광팽만 예방, 모유수유격려</td></tr>
<tr><td>배뇨간호</td><td colspan="2">• 산후 6~8시간 내 자연배뇨 확인
• 목적 : 산후출혈예방, 방광기능 확인, 자궁압박완화, 산후감염예방
• 간호 : 산후 6~8시간 내 자연배뇨여부 확인 후 실패 시 인공도뇨, 산후 배뇨량 사정, 자연배뇨 격려(물 흐르는 소리 듣게 하고, 화장실에 가서 보게 함)</td></tr>
<tr><td>배변간호</td><td colspan="2">적당한 운동, 고섬유질 식이, 적절한 수분 섭취, 회음부 불편감 완화, 심할 경우 완화제 투여</td></tr>
<tr><td rowspan="3">산후통간호</td><td>정의</td><td>분만 후 자궁근의 주기적인 이완과 수축으로 일어난 불편감</td></tr>
<tr><td>특징</td><td>• 경산부, 양수과다, 거대아, 쌍태분만인 경우 심함, 모유수유 또는 자궁수축제 투여 시 심함
• 48시간 이후 소실됨</td></tr>
<tr><td>간호</td><td>보온, 엎드린 자세, 방광 비우기, 자궁저부 마사지, 모유수유 격려, 심호흡, 상상하기, 치료적 접촉, 이완요법 등</td></tr>
<tr><td>조기이상 격려
[2014 기출]</td><td colspan="2">• 순환을 돕고 혈전 정맥염의 위험을 감소시킴
• 방광과 장 기능도 증진되기 때문에 도뇨관 삽입의 필요성 또는 복부 팽만, 변비 등이 감소하는 효과가 있음
• 기분전환 및 건강한 느낌을 느낄 수 있음</td></tr>
<tr><td>회음부 간호</td><td colspan="2">• 목적 : 안위, 감염예방
• 간호 : 냉요법, 좌욕, 건열요법, 회음부 청결</td></tr>
<tr><td>성생활</td><td colspan="2">월경 재개 전에도 배란이 되어 임신 가능하므로 임신 원치 않을 때는 피임, 산욕기에는 경구피임약을 삼갈 것</td></tr>
</table>

출제경향 및 유형 (사회문화적 여성건강)

1992학년도	
1993학년도	
1994학년도	
1995학년도	유방암의 자가 검진, PID
1996학년도	
1997학년도	
1998학년도	
1999학년도	성교육 교사의 유의사항, 성폭력 직후 대처방법(지방)
후 1999학년도	
2000학년도	
2001학년도	
2002학년도	성폭력의 개념, 강간상해 증후군을 보이는 피해자의 심리적 반응 3단계의 명칭과 그 특성.
2003학년도	
2004학년도	
2005학년도	
2006학년도	인공중절
2007학년도	
2008학년도	
2009학년도	성폭력
2010학년도	성학대 예방교육
2011학년도	
2012학년도	
2013학년도	
2014학년도	
2015학년도	
2016학년도	응급 피임약의 피임 원리 및 부작용
2017학년도	탐폰 사용 시 독성쇼크증후군
2018학년도	
2019학년도	
2020학년도	
2021학년도	
2022학년도	
2023학년도	

사회문화적 여성건강

01 성교육

1 학교 성교육

성에 대한 과학적인 지식과 바람직한 태도에 근거한 책임 있는 성행동

신체 및 심리발달

1. 신체 발달
   (1) 신체의 구조와 변화
   (2) 사춘기의 신체 및 성적 발달
   (3) 인간의 신체구조와 생식
   (4) 사춘기의 성적 발달과 위생
2. 성심리의 발달
   (1) 발달 단계적 특성
   (2) 청소년기의 고민과 갈등
3. 성건강
   (1) 임신과 피임
   - 임신과 출산
   - 피임
   - 인공임신중절

   (2) 성관련 질병
   - 성병의 종류와 증상과 예방
   - 에이즈의 원인 증상, 예방

   (3) 이상 성행동
   - 이상 성행동의 유형별 특징
   - 이상 성행동의 예방

인간관계 이해

1. 이성과 사랑
   (1) 이성교제
   - 이성교제의 의미
   - 이성교제의 예절

   (2) 사랑
   - 교우관계
   - 남녀의 우정과 사랑
   - 사랑의 유형 및 구성요소
   - 사랑의 표현과 책임
2. 성적 자기결정과 선택
   (1) 사랑과 성적 행동
   - 사랑과 성의 관계

   (2) 성행동과 성적 의사결정
   - 성적 자기결정권과 책임
   - 효과적인 의사소통
   - 자기주장 기술
3. 결혼과 가정
   (1) 결혼
   (2) 가정과 자녀수

성문화 및 성윤리

1. 사회적 환경
   (1) 성폭력
   - 성폭력의 개념
   - 성폭력의 유형
   - 성폭력의 원인
   - 성폭력의 대처방법
   - 피해자 지원

   (2) 성과 대중매체
   - 포르노
   - 대중매체에 의한 성정보의 대처
   - 성상품화 : 청소년 매매춘
2. 성차 및 성역할
   (1) 성차 : 남성·여성의 같음과 다름
   (2) 성역할 및 성역할 정체감
   (3) 사회에서의 성역할
3. 양성평등적 사회
   (1) 성정형화의 영향
   (2) 양성평등적 학교 및 사회

2 성교육전략

성교육의 전략	• 성에 대한 호기심이 극치에 달해 있는 청소년들에게 올바른 성의식과 태도를 교육함으로써 음란물을 비판적으로 볼 수 있도록 한다. • 폐쇄적인 이성관이나 순결만을 강조하기보다는 남녀별 성의 심리적 차이를 이해시켜 바람직한 인간간계에 바탕을 둔 이성교제를 하도록 한다. • 남자 청소년인 경우, 성충동을 억제해야 하는 이유를 이해시키고, 여자 청소년인 경우, 신체적 접촉요구나 성폭행에 대한 대응책을 터득하게 해 준다. • 청소년들이 실질적으로 쉽게 접근 및 사용할 수 있는 피임방법을 교육한다. • 성교와 임신, 분만의 과정에 관한 교육을 통해 자신과 상대에 대한 책임감 및 생명의 소중함을 느끼도록 도와준다. • 성적 비행으로 인해 발생하는 성병, 임질, 매독, 에이즈에 대한 이해를 통해 부도덕한 육체적 성욕을 자제할 수 있도록 한다.
효과적인 성교육을 위한 지도 전략	• 기본적인 규칙 세우기 : 기본규칙은 교사가 학생으로부터 의도하지 않았거나 기대치 못했던 질문이나 언급에 대해 당황하거나 긴장하지 않는 편안한 환경을 조성하기 위한 것이다. – 개인적인 문제에 대답할 필요는 없다. – 토론 참여를 강요받아서는 안 된다. – 신체의 명칭은 정확한 용어만 사용한다. – 단어의 뜻은 명확하고 사실적인 방향으로 설명한다. • 교사와 학생 간의 일정한 간격 유지하기 – 일반적 토론 → 당황스러움 피하고, 사생활 보호 • 학생의 예상치 못한 질문에 대응하기 – 질문이 지나치게 개인적 → 기본적인 규칙 상기 → 적절한 대상 제시(학교상담자, 보건교사, 상담기관, 외부기관) – 질문에 대한 답을 모르면 → 인정/후에 그 문제 조사 – 노골적 또는 전체 부적절 → 이후 개별적으로 문제 다룸 → 존중감/불필요한 부적절한 정보를 듣지 않음 – 성폭력이나 성적 학대의 위험 → 학교의 학생보호조치 • 재고하도록 하기 – 배운 것을 확고히/새로운 기술, 태도를 형성 • 다양한 지도방법과 적절한 자료 활용하기 – 다양한 학습활동으로 스스로 생각하고 체험
성교육에 임하는 교사의 지도상의 유의점(자세 및 태도 포함) [1999 기출]	• 지도내용과 방법의 선정에 신중을 기한다. • 관련교과와 연계하여 지도한다. • 개인차를 고려한 개별화 교육에 중점을 둔다. • 대상자의 발달단계를 고려한다. • 아동의 사소한 질문에도 핀잔을 주거나 질책하지 말고 진지한 자세로 임한다.

02 신체 및 심리 발달

영역	소영역	주제	내용
신체발달	**신체의 구조와 변화**	사춘기의 신체 및 성적 발달	• 사춘기의 신체 및 성적 발달 • 성적 발달과 성호르몬 • 성적 발달의 순서 • 신체변화의 심리적 효과와 개인차
		인간의 신체구조와 생식	• 남성 생식기의 구조와 기능, 생리현상 • 여성 생식기의 구조와 기능, 생리현상 • 초경과 몽정에 대한 심리적 반응과 개인차
		사춘기의 성적 발달과 위생	• 남자 생식기 위생과 방법(생식기 위생과 포경수술, 포경수술의 시기 등) • 여자 생식기 위생과 방법(외음부 질염의 원인과 예방, 생리 중 건강과 위생)
성심리의 발달	발달단계적 특성	이성애 발달	Hurlock의 이성애 발달 과정
		대인관계 욕구 발달	Sullivan의 대인관계 욕구발달 과정
	청소년기의 고민과 갈등	성욕구와 성반응	• 성욕구의 이해 • 성욕구의 조절중추 • 성욕구의 남녀차이 • 성반응의 주기(성반응의 남녀 차이)
		성충동과 자위행위	• 성충동과 자위행위 • 성충동의 해소방안

1 여성생식기 위생

여성 생식기 위생 (질염 예방법)	• 대변을 닦을 때는 항상 앞에서 뒤쪽으로 닦는 습관을 하도록 한다. 왜냐하면 항문의 세균이나 이물질들이 질에 전달될 경우 질염을 일으키기 때문이다. • 가급적 면 팬티를 입는 것이 좋다. 나일론이나 합성 섬유 팬티는 열과 습기를 조절하지 못해서 박테리아 생존에 좋은 환경을 만들기 때문이다. 팬티스타킹이나 꼭 붙는 바지는 가급적 오랜 시간 입지 않는 것이 좋다. • 너무 자주 질 세정제 등을 사용하여 질 내부를 세척하는 것을 피한다. 질은 정상적으로 많은 종류의 세균총을 가지고 있는데, 잦은 질 세척으로 인해 항상 자연적으로 존재해야 하는 세균총을 씻어내는 결과를 가져올 수 있다. • 항생제를 필요 없이 과용하지 말아야 한다. 정상적으로는 몸에 이로운 균이 질 속에 존재하면서 병원성 균이 질 속에 급속히 늘어나는 것을 방지해주고 있다. 그러나 항생제의 남용은 세균총의 균형을 깨뜨릴 수 있다.

	• 질에 불쾌감을 주거나 통증을 유발하는 형태의 성행위는 피하는 것이 좋다. • 항문성교 후에 바로 질 성교하는 것을 피하라. 이것은 항문의 박테리아를 질에 감염시키는 위험한 행동이다.
생리 중 건강과 위생 (월경 시 몸가짐)	• 속옷 자주 갈아입기 • 몸을 청결히 하기 : 공중 목욕탕이나 수영장 이용을 피하고, 가정에서 가벼운 목욕이나 샤워를 하여 몸의 청결을 유지한다. • 성기 주위를 항상 깨끗이 : 생리대는 자주 갈아주고 갈 때마다 외음부를 씻는 것이 좋다. 단, 손가락이나 물을 질 속에 넣지 않도록 한다. • 무리한 운동을 피하고, 적당한 운동을 한다. • 몸에 꼭 붙는 옷은 피한다. • 균형 있게 영양을 섭취한다. 물을 많이 마시고, 신선한 과일을 많이 먹도록 한다. • 생리대를 버릴 때는 휴지에 싸서 버린다.
남성 생식기 위생	• 손부터 세제로 깨끗이 씻는다. • 귀찮아도 속옷이나 천으로 닦지 않는다. 천에서 나온 찌꺼기가 더 비위생적이다. • 비누를 많이 사용해서 따뜻한 물로 지방층을 우선 제거한다. • 향내가 나는 비누는 더 많은 세균을 유발할 수 있으므로 사용을 금한다. • 처음에 성기 부분부터 깨끗이 닦고, 다음에 주변을 닦아준다. • 성기의 외피를 완전히 젖혀서 귀두 부분을 철저히 닦아준다. • 특별히 귀두와 귀두 아래 부분을 잘 씻어낸다. • 물을 충분히 사용하여 여러 차례 가셔낸다. • 성관계하기 전은 물론, 관계 직후에도 상기의 방법으로 청결을 유지한다.

2 탐폰 사용 시 독성쇼크증후군 [2017 기출]

특성	• 탐폰 사용으로 나타나는 희귀한 박테리아성 질병이다. 독성쇼크증후군을 일으키는 박테리아는 이미 몸속에 있다. 하지만 탐폰의 섬유 때문에 이 박테리아가 더욱더 빨리 번식하게 되는 것이다. • 젊은 여성에게 산발적으로 예기치 않게 발생하며, 가끔 치사를 일으키는 증후군이다. 이 증후군은 용적, 저항성 쇼크, 미만성 반점상 발진, 결막염, 인후통과 심한 배탈을 특징으로 한다. 신장 및 폐부전이 빠르게 진행하면 사망한다. 환자의 95%는 16~25세의 월경을 하는 여성으로, 월경을 시작한 지 5일 이내에 발생한다. 1년에 1만 명당 2명의 빈도로 발생하는 것으로 알려져 있다. • 이것은 대부분 월경 중에 탐폰을 사용했을 때 나타나는데 흡수력이 좋은 탐폰일수록 장시간 사용하게 되므로 위험성이 커진다. 원인이 되는 독소의 특징은 알려져 있지 않지만, 탐폰을 사용했을 때 독특한 독소가 나오는 포도상구균에 의한 것으로 알려져 있다. 소아의 경우에도 포도상구균에 의한 피부감염이 있을 때 이와 비슷한 증세가 나타난다.

증상	• 독성쇼크증후군의 증상은 알아채기 힘들 수 있다. 독감과 비슷하기 때문이다. • 그 증세로 갑작스런 심한 고열, 어지러움, 저혈압, 구토, 복통, 설사 및 햇볕에 탄 것 같은 홍반성 발진이 나타난다. 증세가 급속하게 진행되므로 혈압이 떨어져 쇼크 상태에 빠진다. 이 증후군은 그람음성의 내독소혈증이나 렙토스피라병과 같은 다른 원인균에 의한 급성 감염과 혼동하기 쉽다. • 자궁경부의 분비물이나 피부의 배양이 그 진단과 적절한 항생제의 선택에 도움을 준다. 회복기에는 팔과 다리 피부의 인설이 흔하게 나타난다. • 월경한 지 얼마 되지 않은 경우, 피임약이 아닌 피임기구를 이용한 경우, 출산한 지 얼마 되지 않은 경우, 최근에 수술을 한 병력이 있는 경우, 포도상구균에 의한 감염이 있는 경우에는 주의해야 한다.
독성쇼크증후군 (toxic shock syndrome) 예방을 위해 탐폰 사용 시 유의사항 [2017 기출]	• 탐폰을 자주 갈아준다(4~8시간마다). 탐폰을 8시간 넘게 차고 있지 않도록 한다. • 필요보다 흡수성이 큰 탐폰을 피하라. 흡수성이 작을수록 위험도 적다. • 순면으로 만들어진 탐폰을 이용하라. 그것은 합성섬유인 레이온으로 만든 것보다 위험이 적다. • 가능할 때마다 탐폰 대신 면으로 만든 생리대를 사용하라. • 독성쇼크증후군의 증상을 알고 있어라. • 탐폰의 어플리케이터에 수용성의 윤활제를 발라라(지용성은 안 됨). • 생리하지 않을 때 질의 분비물을 처리하기 위해 탐폰을 사용하지 말라. • 탐폰을 깨끗하고 건조한 곳에 보관한다. • 탐폰을 넣기 전과 후, 탐폰을 빼내고 난 후에는 손을 비누로 깨끗이 씻는다. • 탐폰이 자극을 주거나 빼내기가 힘들다면 흡수성이 낮은 탐폰으로 바꿔라.

03 성건강

영역	소영역	주제	내용
성건강	임신과 피임	임신과 출산	• 임신의 성립 및 신체적, 심리적 변화 • 태아의 성장과 발육 • 출산 : 출산의 준비, 과정 및 산후관리
		피임	• 피임의 필요성과 목적, 종류, 원리, 장단점, 방법 • 피임을 하지 않거나 실패하는 원인 • 피임방법의 선택과 책임
		인공임신중절	• 인공임신중절의 방법 • 인공임신중절의 위험과 유의사항 • 10대 인공임신중절이 갖는 문제점과 위험성 • 인공임신중절에서 오는 문제들과 대책 • 인공임신중절에 대한 찬반 논쟁

성관련 질병	성병의 종류와 증상과 예방	• 성병이란? • 성병의 종류와 증상, 원인과 예방
	에이즈의 원인과 증상, 예방	• 에이즈의 원인, 감염 경로, 진행과정과 증상 • 에이즈에 대한 허와 실 • 에이즈의 예방
이상 성행동	이상 성행동의 유형별 특징 및 예방	• 이상 성행동이란? • 이상 성행동의 유형별 특징 및 원인과 예방

1 10대 임신

| 10대 임신의 문제점 |

신체에 미치는 영향	• 산전관리 소홀과 영양부족 및 영양관리의 어려움(자신과 태아의 성장), 호르몬의 변화로 인한 성장억제, 빈혈 • 흡연, 음주, 약물남용 가능성 증가 • 신체적 미성숙으로 인한 합병증 유발가능성 증가 → 임신중독증의 위험이 높고, 성숙하지 않은 자궁경의 과도자극으로 손상은 물론, 자궁경부암 발생빈도 증가 • 임신초기 흡연, 음주 등으로 태아에 해를 줌 → 저체중아, 유산이나 사산, 신체적, 정신적 장애 • 임신중절술로 인한 패혈증과 출혈의 가능성
사회 정서적 문제	• 사춘기 과업을 성취함과 동시에 임신에 대해 결정해야 하는 부담감 • 가난과 영양 부족, 건강지식 부족 • 신체상의 변화와 기미, 임신오조 및 구토, 변비, 빈뇨, 수면장애 등이 10대 임부의 자기 존중감, 동료그룹과의 교제, 가족으로부터의 독립 등에 심각한 영향
10대 임신예방을 위한 신체, 정서, 사회적 간호중재	• 청소년을 대상으로 성행위의 결과가 임신이라는 사실과 성행위는 책임감 있게 이루어져야 함을 강조 • 성행위의 시작시기를 늦추도록 권할 것(아기를 가지면 양육의 책임이 생기므로 학업을 마치고 적절한 직장을 가져 부양할 능력이 있을 때까지) • 10대 청소년이 성적 관심을 다른 곳으로 돌리도록 다양한 운동과 활동에 접하도록 권유 • 10대 여성이 이미 임신한 경우에는 적절한 산전간호를 받아 건강한 신생아를 분만하도록 지도

2 인공중절 [2006 기출]

2001년 전국의 산부인과 의사 369명을 상대로 조사한 '임상의사가 현장에서 인지하는 10대 임신 현황' 보고서에 따르면 임신모 100명 중 8명가량이 10대 청소년이며 주로 16~18세 임신이 많은 것으로 조사되었다. 10대 임신모는 대체로 임신초기와 중기에 병원을 찾고, 그중 95%는 출산보다는 임신중절을 택하는 것으로 나타났으며, 출산의 대부분은 임신중절 시기를 놓쳤기 때문으로 나타났다.

10대 인공임신중절 시술이 갖는 문제점	• 자궁확대의 어려움: 확장기라는 기계를 사용하여 자궁입구를 확대시킬 경우, 아이를 낳아 본 적이 없는 사람은 자궁을 확대시키는 일이 어렵다. 특히 중, 고등학생일 경우 아직 몸이 충분히 성장하지 않았기 때문에 충분하게 자궁입구를 열기가 어렵다. • 자궁입구의 외상의 위험성: 무리하게 열려고 할 경우 자궁입구가 찢어지거나 심하면 구멍이 나기도 한다. • 수술 사후관리의 소홀: 미혼모의 경우 인공임신중절 시 개인병원에서 몰래 수술을 받고 그대로 학교에 출석하는 등 수술 후에 사후관리를 안 하는 경우가 대부분이다. • 사후관리 부족과 관련된 감염, 출혈 가능성의 증가: 이것은 위험천만한 일로 수술 후에도 자궁 속에 병균이 침입하지 않도록 안정을 취하고 곧바로 활동해서는 안 된다.
임신중절에 따른 건강문제	• 감염 • 불완전한 낙태: 출혈, 감염 위험성 증가 • 출혈: 출혈성 질병, 불완전한 낙태, 자궁경 또는 자궁의 손상, 자궁수축의 불완전 • 약물에 대한 거부 반응 • 자궁외상: 자궁경 및 자궁 손상, 기타 골반기관의 손상, 자궁 천공
임신중절의 위험과 유의사항	• 육안으로 보지 않고 하는 수술이므로 반드시 산부인과 전문의와 상의한다. • 시술 전에 자궁 경부염, 질염 등이 발견되면 치료와 함께 세균 배양검사를 받도록 한다. • 마취 시 구토로 인한 기도의 폐쇄로 질식 → 충분한 금식 및 전문의의 지시를 잘 따라야 한다. • 수술 후에는 다음과 같은 지시에 따른다. – 2차 감염에 따른 심각한 후유증 방지: 충분한 안정과 적절한 치료를 받도록 한다. – 출혈 방지: 자궁수축이 원만하지 못한 경우에는 의사의 지시에 따라 치료를 받도록 한다. – 병원을 재방문하여 후유증의 발생여부를 확인한다.

3 임신중절 대상자의 신체적, 정서적 간호중재 [2006 기출]

- 수일 동안 격렬한 운동이나 동작은 삼가도록 한다.
- 출혈량이 월경 2일째보다 많으면 병원에 방문한다.
- 다음의 월경은 약 4~6주 후에 있다. 8주까지 나타나지 않으면 병원에서 검사받도록 한다.
- 감염 예방 위해 탐폰보다 위생패드 이용, 질세척 피할 것, 성교는 첫 2주 동안은 피하도록 한다.
- 발열이 있으면 병원에 방문토록 한다.
- 심한 동통, 출혈, 유방압통이나 입덧 증상이 계속된다면 병원에 방문한다.
- 정상적인 외래검진은 2주 후에 한다.

신체 회복을 위한 간호	• 수일 동안 격렬한 운동이나 동작은 삼가고, 안정, 휴식, 충분한 수면을 취한다. 피로는 피하고 가볍게 몸을 움직이는 정도로 한다. • 고단백, 고칼로리, 고비타민의 영양섭취를 충분히 하여 신체회복을 돕는다. • 월경이 8주까지(다음 월경은 약 4주~6주 후) 나타나지 않으면 병원 검사받도록 한다. 또한 유방압통 및 입덧 같은 증상이 유산 후에도 계속된다면 병원을 방문토록 한다.
2차 감염 예방을 위한 간호	• 출혈과 복통은 유산 후 첫 2주 동안은 있을 수 있으나 출혈량이 월경 2일째보다 많으면 병원에 방문하도록 한다. • 감염을 예방하기 위해 탐폰보다는 위생패드를 이용하여야 하고 질 세척 등은 피해야 하며 적어도 성교는 첫 2주 동안은 피하도록 한다. • 발열이 있으면 병원에 방문토록 한다. 정상적인 외래검진은 2주 후 정도에 한다(처방된 항생제 복용 등).

4 미혼모(unmarried mother)

정의	법적으로 혼인관계가 아닌 남자와의 사이에서 임신을 하였거나 아이를 출산한 여성을 말하며, 한국여성개발원은 혼전 임신 및 출산을 한 경우, 임신은 했으나 낳기 전에 임신 중절한 경우, 또한 결혼하지 않은 사실혼의 경우에서 생겨난 자녀를 갖는 여성을 의미한다.	
미혼모와 관련된 문제	신체	개인적으로 적절한 위생적인 관리와 불편감에 대한 관리 및 적당한 영양분 섭취 등의 가장 기초적인 자가 간호를 수행하지 못하는 경우가 많다.
	사회경제	• 경제적, 사회적 문제로 산전관리를 제대로 받지 못하는 경우가 많아 신체적인 임신 합병증의 가능성이 높다. • 정서적으로도 우울이나 자존감 저하와 같은 정서적 불안정 상태이다. • 사회적으로 사회에서 위축되고 소외된다. • 미숙아, 기형아 출산 가능성이 증가한다. • 미혼모는 죄책감, 상실감 등 후유증으로 결혼에 실패한다. • 사회 부적응 발생 가능성이 높다. • 가족, 친지, 사회적 냉대와 멸시, 미혼부의 무책임 등 부도덕성을 경험한다.

신체, 정서, 사회적 간호중재	• 산전관리를 제대로 받지 못한 경우가 많기 때문에 임신에 의해 나타날 수 있는 합병증에 대해 평가하고 적절한 산전관리를 받아 건강한 신생아를 분만하도록 지지한다. • 특히 미혼모의 연령이 어린 경우에 나타날 수 있는 임신성 고혈압이나 분만 시 문제점 등의 가능성을 고려하여 집중적인 관리를 하며 적절한 영양관리를 하도록 한다. • 많은 경우 미혼부는 결혼을 거부하기 때문에 미혼모는 혼란을 경험하곤 한다. 이러한 경우 정서적으로 나타날 수 있는 우울이나 자존감 저하나 열등감의 문제에 대해 평가하며 자신의 감정을 표현하도록 한다. • 어려움을 겪는 미혼모에게 적절한 가족의 지지가 없으면 사회적으로 도움을 주는 기관을 찾아 그곳에서 상담을 받도록 한다. 더 나아가 태어나는 신생아 문제에 대해서도 미혼모와 함께 가장 적절한 해결방법을 도출하도록 한다.

04 성문화 및 성윤리

영역	소영역	주제	내용
성과 사회적 환경	성폭력의 개념 및 유형	성폭력의 개념 및 올바른 인식	• 성폭력이란? • 성폭력의 유형 : 행위에 따른 분류 • 강간–성폭력의 유형 : 대상에 따른 분류 • 성폭력에 관한 인식의 허와 실
	성폭력의 원인 및 피해자 지원	성폭력의 사회적 원인 및 대책	• 성폭력의 원인 • 성각본과 성폭력 • 성역할과 남성의 공격성 • 성폭력 피해자에 대한 지원 • 성폭력 피해 후 대처방안
	대중매체와 성 : 포르노	성상품화와 포르노	• 성상품화와 포르노 • 예술 vs 외설 • 포르노 영화의 이모저모 • 청소년들의 포르노 이용실태 • 포르노의 영향
	성상품화 : 청소년 매매춘	청소년 매매춘 및 원조교제	• 청소년 매매춘의 정의 • 청소년 매매춘의 실태 • 최근 청소년 매매춘의 특징 • 청소년 매매춘의 원인 • 원조교제

성차 및 성역할	성차: 남성과 여성의 같음과 다름	성차	• 성차: 인지적 능력의 성차, 사회적 행동의 성차 • 성차의 원인
	성역할 및 성역할 정체감	성역할 및 성역할 정체감	• 성역할과 성역할 정체감의 의미 • 성역할 및 성역할 고정관념 • 성역할 정체감의 발달
	성역할 사회화	성역할(정체감)의 형성과정	• 성역할 사회화 • 가정에서의 성역할 사회화 • 학교에서의 성역할 사회화 • 대중매체를 통한 성역할 사회화

1 성폭력

(1) 성폭력의 정의 [2002 기출]

Chapter 04 「아동학대」 참조

(2) 성폭력의 구체적 유형

분류	유형
강간	• 가해자가 자신의 성기를 피해자의 생식기에 강제로 삽입하는 행위 • 처녀막의 손상이나 사정의 흔적이 없더라도 가해자의 성기가 소음순까지 닿는 경우도 강간으로 취급함. 아내강간, 구강성교, 항문성교, 다른 물질을 성기에 삽입하는 행위를 모두 포함함
성추행	성욕의 자극, 흥분 또는 만족을 목적으로 상대방에게 성적 수치감이나 혐오감을 느끼게 하는 모든 행위를 말함. 성추행은 성희롱보다 더 심한 정도를 말함. 성교는 하지 않고 가슴, 엉덩이, 성기부위를 접촉하거나 문지르기, 키스, 음란한 행위, 피해자나 가해자의 성기를 노출시키는 행위
성희롱	• 상대방의 몸을 힐끔힐끔 쳐다보는 것에서부터 분명히 원하지 않는다는 것을 알면서 상대방의 동의 없이 몸을 만지거나 성과 관련된 야한 농담을 하면서 강제로 끌어안거나 키스하는 행위 등 • 육체적 행위: 원치 않는 육체적 접촉을 행하는 행위 – 입맞춤, 포옹, 뒤에서 껴안기, 가슴 엉덩이 등 특정 신체 부위를 만지는 행위, 안마나 애무를 강요하는 행위 • 언어적 행위: 언어로 상대방에게 불쾌감이나 수치감을 주는 행위–음란한 농담, 음담패설, 외모에 대한 성적인 비유나 평가, 음란전화, 성적 관계를 강요하거나 회유, 회식자리에서 술 따르게 하는 행위 • 시각적 행위: 혐오감이 드는 시각적 자극을 전달하는 행위 – 외설적 사진 그림, 낙서, 음란출판물을 게시하거나 보여줌, 직접 또는 팩스나 컴퓨터로 음란한 편지, 사진 그림을 보내는 행위, 성과 관련된 특정 신체 부위를 고의로 노출하거나 만지는 행위

2 성폭력 후유증

구분	내용
신체적	질의 파열, 성병, 감염, 타박상, 임신, 낙태, 불임, 불구, 사망 등의 신체상해 등을 가져온다.
심리적	• 두려움과 공포, 불안이나 불면증, 우울증, 좌절과 죄의식, 수치심, 가해자에 대한 혐오감에 시달린다. • 적개심, 복수심, 배신감으로 정신병에 시달리다 자살에 이른다. • 그릇된 인식('성폭력은 당할만한 사람이 당한다'거나 '자기가 부주의해서 그런 일을 당했다'는 식)으로 이중 피해를 받는다. • 무기력감과 손상감(순결 상실감)으로 자포자기하여 매춘의 세계에 빠지기도 한다. • 결혼생활에 어려움을 가질 수도 있다. • 인간관계에 지장을 받는다(대인기피증 등).
사회적	가족관계 손상, 매춘문제 야기, 여성의 행동 제약과 사고의 위축, 남녀관계 불신, 대인관계의 어려움, 사회생활의 부적응, 등교거부, 무단결석, 가출
경제적	경제적, 사회적 불이익과 장애현상들
성적	나이에 맞지 않는 성적 행동을 보이기도 한다(다른 사람과 성관계를 갖거나 공공연한 자위행위, 과도한 성적 호기심, 빈번한 성기노출, 혹은 또래들과 성폭행에 가담하기도 함).

3 Burgess & Holmstrom(1979)의 강간 피해 증후군(rape-trauma syndrome) = 성폭력 피해자의 심리적 3단계 [2002 기출]

강간에 대한 대상자의 반응은 강간상해증후군이라 하여 생명을 위협하는 상황에 대한 급성 스트레스성 반응으로 볼 수 있다.

| 강간 피해 증후군의 3단계 |

단계	내용
① 급성기 (혼란기)	• 성폭력 직후 정신적 쇼크, 긴장의 연속상태, 통증과 심한 불안상태 등이 나타난다. 대개 정상적인 리듬이 깨지고 극심한 혼돈상태에 있게 되며, 보통 수 주에서 수 개월까지 계속된다. – 폭력 그 자체는 며칠에서 3주 이상 지속된다. – 급성기의 시작을 나타낸다. – 심한 두려움을 느끼며 충격, 부정, 불신과 같은 반응을 보인다. – 수치심, 자기비하, 두려움, 분노, 복수하려 하고 자신을 비난한다. – 자신을 불결하다 느껴 증거가 없어지더라도 목욕과 세척을 원한다. – 울음에서부터 진정 상태로 정서가 빠르게 변화하고 조절된다. – 마음속에 반복해서 피해 장면이 떠오르고, '했어야 했을 것'에 대해 생각한다. – 수시로 강간을 당하던 상황이 떠올라 불면증이나 악몽을 겪기도 하며 밤에 울음을 터뜨리는 등의 수면양상에 변화를 경험한다. – 근골격계 통증이나 긴장감, 한숨, 과호흡, 홍조 혹은 너무 덥거나 찬 느낌을 경험한다.

	• 급성 혼란기는 표현기와 조절기로 나눈다. – 표현기(expressed state) : 쇼크, 의심, 공포, 죄의식, 수치심, 분노의 등의 감정 표출 – 조절기(controlled state) : 감정을 숨기고 침착하게 보인다.
② 외부 적응기 (부인단계)	• 외부 적응기 동안 생존자는 위기 상황이 해결된 것으로 보여 직장, 가정으로 돌아감 → but : 변화된 감정들이 진정되더라도 실제로 이것은 부정과 억압에 의한 적응이다. • 이 기간은 일생을 조절하는 데 영향을 주는 중요한 회복기간(삶의 조절력을 키움)이다. • 직업을 바꾸거나 주거지를 옮기거나 문 잠금 장치를 바꾸거나 전화번호를 바꿔서 보안을 강화한다. • 이러한 활동 양상은 마음의 상처를 치유하지 못하며 단지 상해의 상처를 잠재의식 속으로 밀어 넣는 결과를 초래할 뿐이다. • 이러한 현상은 주변 사람들로 하여금 강간 피해자가 현실에 잘 적응하고 있다고 오판하게 하여 다른 사람들의 보호를 받지 못하는 결과를 가져온다.
③ 재조정기 (phase of reorganization)	• 성폭력이라는 경험을 심리적으로 극복하는 단계 – 재조정기에 이르면 억압감, 불안감과 강간에 대해 얘기하고 싶은 강한 충동을 갖는다. 자아개념이 변하며 강간에 대한 감정이 해소되기도 한다. • 강간 경험은 부정과 억압상태로 오랫동안 지속된다. 만일 이러한 반응이 계속된다면 적응기전은 황폐화된다. 이 단계에서 강간 피해자는 상당한 어려움을 경험한다. – 강간 피해자는 여러 사람과 있을 때 혹은 혼자 있을 때 공포를 느끼며 바깥이나 뒤에서 공격받을 두려움도 갖는다. – 이러한 두려움으로 생활양상이 변화하고 여러 사람이 모이는 것을 두려워하거나 빈 집이나 어둠 속에 있는 것을 피하기도 한다. – 신체적 현상으로는 월경 지연이나 성기능장애를 나타내어 질의 윤활액이 감소하거나 홍분장애나 오르가슴 불능 등의 성기능장애가 있을 수 있으며, 성생활을 거부하기도 한다. – 정신적인 문제로는 우울증이나 자살 미수, 소외감을 느끼고 외상 후 스트레스장애 등을 경험한다. – 수면장애도 있으며, 꿈에서 강간당하는 장면이 되살아나거나 강간범의 시도가 좌절되는 반복적인 꿈을 꾼다. – 강간 경험에 어느 정도 타협이 될 때까지 강간 피해자의 고통이 되풀이된다. • 사건을 전체적인 시각에서 조명하는 시기로 사람에 따라서는 완전히 회복하지 못하고 만성 스트레스성 질환이나 공포증을 갖게 된다. 이 단계는 개인의 인지구조의 양상과 어느 만큼 건강한 심리적 방어기제를 쓰고 있느냐에 따라 달라지며 주위로부터의 지지 정도에 따라 회복에 영향을 미친다.
④ 통합과 회복기	• 피해자는 해결책을 찾게 되는데 강간의 원인이 자신의 죄가 아니라 가해자에게 있고 이에 따른 비난이 가해자를 향하고 있다는 것을 인지하게 된다. • 이 시기에 타인에 대한 신뢰를 다시 회복하기 시작하고 일상생활에서 안정을 찾기 시작한다. • 피해자는 강간 피해자에 대한 의로움으로 스스로를 일깨우며 다른 피해자를 위한 지지자가 된다.

⑤ 침묵 반응	• 강간을 은폐한 여성은 지지체계를 활용하지 못하고 강간상해증후군의 시기를 보낸다. 이러한 여성들은 사회적 수치심이나 비난, 보복 등이 두려워 침묵을 지키게 된다. • 일부 여성들은 신체적 증상이 나타나도 강간 상해임을 숨기고 의료지원을 받으려 한다.

* 보통 악몽과 식이장애가 마지막 두 시기에 나타남

4 성폭력 시 조치 [2009 기출]

일차적 조치	• 신고 • 육체적 손상 시 치료 • 성병과 임신의 예방 • 위기중재의 치료(정신과적 중재) • 법의학적 증거물과 자료의 수집
신고	-
신체적 손상 사정 및 조치	• 외상의 손상정도를 사정하고 필요시 치료받도록 함 • 성병 예방 → 성병 검진 일정을 잡은 후 검진함 • 가임 여성의 경우 예방법을 실시함 → 사후 피임약 복용, 조기낙태 등
법적인 문제 처리	• 즉시 씻지 않고 병원에 가서 진단받고, 신체변화 점검, 속옷도 그대로 보관함 • 정액을 채취해서 고소 시 증거를 남김 • 증거 채취 후에 질 세척하고, 입안 헹구고, 깨끗한 옷 입게 함
비밀 보장 및 정서적 지지 제공	• 피해자의 비밀을 보장하고 정서적 지지를 제공함 • 병원 갈 때, 집에 돌아갈 때 혼자 보내지 않으며, 의미 있는 사람과 동행하도록 함
추후관리	• 병원 내원 및 상담 받도록 함 • 가능한 한 이전상태로 돌아가도록 격려하고 도움
성폭력 직후 대처방법 [1999 · 2009 기출]	• 즉시 안전한 장소를 찾도록 함 • 숨기거나 혼자 고민하지 말고 믿을만한 사람(경찰이나 전문 상담기관 포함)에게 알림 • 현장을 그대로 보존하고, 가해자의 신장, 행동, 특성, 인상특성을 기억해 둠 • 반드시 경찰에 신고한 후 병원을 찾아가 검진 받도록 함 – 사건 직후 가능한 한 24시간 이내에 산부인과 치료 및 증거채취 및 보존 – 임신방지(72시간 내에 임신방지 가능) – 적절한 치료(외상치료, 성병 검사 및 치료) – 증거 보존(48시간 내에 정액채취 가능) • 전문상담기관이나 전문가의 도움을 받도록 함 • 극복을 위한 적극적 의지와 노력이 필요함

성폭력 직후 필요한 전문적 · 의학적 조치	• 여성인 경우 산부인과 병원으로, 남성인 경우 비뇨기과로 감 • 성폭력 피해자라는 사실을 알림 • 증거채취, 임신예방, 성병감시 등을 실시함 • 경우에 따라서는 임신이 되는 수도 있으므로 추후관찰이 필요함. 단 한 번의 성교로 피해자가 임신될 가능성은 2~4%로 추정됨. 또한, 피해자의 임균 감염률은 3~5%이며, 이때에는 항생제를 투여하여 예방함 • 필요한 의학적 조치를 함 • 성폭력을 당한 후 시간이 지남에 나타나는 증상에 대한 검사와 처치를 함 예 임신, 성병 등, 전문적인 증거 채취, 심리적 조치, 법률적 조치
성폭력 상담 시 유의사항	• 자신의 성인식 점검 – 개방적이고, 성평등적인 관점 – 성을 부정적으로 인식하거나 순결 이데올로기를 강조하는 것은 아닌지 – 성에 대해 편안히 이야기할 수 있는지 • 성폭력에 대한 통념 버리기 • 성적인 전력이나 평소의 태도 등을 문제 삼지 않기 – 정확한 상황 파악하기 : 구체적 – 도움을 받을 곳 알아두기 : 전문기관 도움 여부의 차이

5 성폭력 예방 [2010 기출]

성폭력 피해 줄이기 위한 대책 및 일반적인 예방법	• 내 몸의 주인은 자신이다(자존감을 높인다). • 평소 자기 주장을 분명히 하는 태도를 갖도록 한다. '안 돼요, 싫어요' 등 의사표현을 분명히 한다. • 규칙적인 운동과 체력단련을 통해 힘과 자신감을 기른다. • 성에 대한 가치관, 행동범위의 한계에 대해 분명한 결정선을 가지고 있어야 한다. • 불쾌한 성적인 접촉이나 상황에 직면했을 때는 분명한 거부의사를 표시한다. • 평소 성폭력에 대한 충분한 예비지식과 대처방법을 숙지한다(위험감지 시 근처 가게나 인근 집의 벨을 누르고 자기 집인 척하기, 유리창 깨기, 호루라기 불기, 불이야 소리지르기 등). • 음담패설을 삼간다. • 자신이 가는 곳을 주변에 명확히 알린다. • 숙박업소는 어떤 구실로든 따라가지 않는 것이 좋다. 부득이한 경우 구조 요청을 할 수 있는지, 비상구가 있는지 살펴둔다. • 평소 자신의 주량을 파악하고, 술은 자신이 조절 가능한 만큼 마신다. • 어디서든 혼자 택시를 타고 집에 올 수 있도록 비상금을 소지하고, 콜택시의 전화번호를 가지고 다닌다. 택시를 탈 경우는 차번호와 회사명을 알아둔다. • 자신과 이성의 성 정서를 이해하고 성폭력에 대한 입장을 정리해둔다.

어린이 성폭력 예방법 [2010 기출]	• 평상시에 누군가가 원치 않거나 불쾌하게 느껴지는 접촉을 할 때 단호하게 "싫어요!"라고 말하라고 훈련시킨다. • 평소에 아이들과 성폭행 예방에 대한 이야기를 해야 한다. • 낯선 사람의 차를 타지 않으며, 차를 세우고 물어보는 사람이 있으면 가까이 가지 않고 대답하도록 한다. • 아무도 없는 곳에서 놀지 않도록 하고 뒷골목, 어두운 거리, 숲, 공공화장실 근처에 가지 않는다. • 어디 갈 때에는 부모님이나 보호자에게 누구와 함께 어디를 가는지 꼭 알리도록 한다. • 낯선 사람이 친구를 끌고 가거나 이상한 행동을 하면 즉시 주변에 있는 사람에게 알리도록 한다. • 낯선 사람이 돈이나 선물 등을 주며 심부름 시키거나, 어디를 함께 가자고 하면 따라가지 않도록 한다. • 집에 혼자 있을 때 함부로 문을 열어주지 않는다. • 친척오빠나 아저씨라고 해서 믿고 한 방에서 재우지 않는다. • 외진 화장실이나 엘리베이터를 탈 때는 친구나 어른하고 함께 타도록 한다.
양육자가 성적 학대로부터 아동을 보호하는 방법	• 생식기와 같은 민감한 신체 부위의 명칭을 제대로 언급할 수 있도록 가르친다. • 아동들에게 적절하거나 안전한 접촉(껴안기, 뺨에 키스하기)과 신체의 은밀한 부분을 만지는 것과 같은 부적절한 접촉을 구분하도록 가르친다. • 다른 사람과 악수를 함으로써 좀 더 안전감을 느끼도록 교육한다. • 누군가 아동 자신을 부적절하게 만진 경우 즉시 부모나 교사에게 말하도록 가르친다. • 아동에게 좋은 비밀(생일파티)과 나쁜 비밀(어떤 사람이 자신을 만지고 다른 사람에게 비밀로 하라고 요구하는 것)에 대해 가르친다. • 아동에게 4가지 기본적 감정상태(슬픔, 화남, 격노, 두려움)에 대해 가르치고, 감정을 공유하는 방법을 가르친다. • 아동이 개인적 공간을 유지할 수 있도록 하고, 낯선 사람이 접근하지 못하도록 하며 어른의 무릎에 앉지 않도록 하고, 어떤 아동이나 성인이 기분이 언짢다고 느껴지는 방법으로 자신의 몸을 만졌을 때의 감정을 말할 수 있도록 한다. • 특히 연령이 다른 아동이 있을 때는 노는 모습을 살펴보면서 둘이서만 놀도록 허용하지 말고 침실에서는 문을 닫지 않도록 한다. • 아동이 친구나 가족을 만나고 돌아왔을 때 감정이나 행동의 작은 변화에도 주의해야 한다. • 학교활동에 여럿이 함께 참여하고 개인 호신술을 가르치는 프로그램에 참여시킨다.

6 양성 평등교육

양성 평등교육	• 양성 중 어느 특정 성에 대하여 부정적인 감정이나 고정관념, 차별적인 태도를 갖지 않는 것이다. • 생물학적 차이를 사회 문화적 차이로 직결시키지 않는다. • 남녀 모두에게 잠재되어 있는 특성을 충분히 발휘하여 자신의 의지로 삶을 계획하고 세상을 볼 수 있도록 촉진하는 교육을 말한다.
성차별	성차별이란 의도적이거나 비의도적인 차별, 남성에 비해 여성을 다르게, 그리고 여성에게 불리한 영향을 초래하는 대우까지를 모두 포함하는 것이다. 성차별은 감정적인 측면과 인지적 측면, 행동적인 측면의 세 가지로 나타난다. ① 감정적인 측면으로는 특정 성에 대한 부정적인 정서를 나타내는 편견 예 '왠지 여자가 나서는 것은 싫다'라든지 '여자와 일하기 싫다'는 감정 ② 인지적인 측면으로는 특정 성에 대한 부정확한 지식과 왜곡된 인식을 나타내는 고정관념 예 '여자는 감정적이다'라든지 '남자는 논리적이다'라는 생각 ③ 행동적인 측면으로는, 특정 성에 대한 부정적인 행동 경향을 나타내는 차별 예 '학급 회장으로 여자보다는 남자를 우선 뽑는다'든지 하는 행동
성 차이	남성과 여성은 태어나면서부터 생물학적으로 다르다. 생물학적으로 여성은 임신을 할 수 있고 젖을 먹일 수 있는 능력이 있는 반면, 남성은 정자를 생산해내는 능력을 가졌다는 것은 남녀 간의 역할에 차이가 있는 중요한 이유이다. 남성과 여성은 생물학적인 면에서뿐만 아니라 심리적인 면에서도 다소 차이가 있는 점들을 들 수 있다.
양성 평등적 사회	성에 대한 편견이나 고정관념에서 벗어나 개개인의 개성과 능력, 관심에 따라 자아를 발견할 수 있도록 일체의 사회활동이 조직되고 운영되는 사회를 말한다.
양성 평등교육 활동을 위한 교사의 기본전략	• 교수학습 자료 선정 시 교재의 내용 및 구성 등에 성고정관념이나 편견이 없도록 한다. • 남녀 학생의 협력을 격려하는 교실활동 등을 조직하고 남녀 모두에게 지도력 개발의 기회를 제공한다. • 교과 활동 중 성별로 분리하여 조를 짜는 것을 가능한 한 피하며 부득이한 경우 후속 활동으로 혼성 집단 수업을 실시하여 남녀 학생의 동등한 참여를 이끌어내도록 한다. • 교사 자신이 성고정관념에 따른 기대를 가지고 언어를 사용하거나 이에 따른 교수활동을 하고 있는지 수시로 점검한다. 예 남자가…, 여자가… • 동료교원, 학부모, 지역사회 인사 등에게도 양성평등교육의 취지를 이해시키고 협력을 구한다.

05 가정폭력 [2016 기출]

1 외상 후 스트레스 증후군, 매맞는 여성 증후군, 강간피해 증후군의 특성 비교

외상 후 스트레스 증후군	매맞는 여성 증후군	강간피해 증후군
자신 또는 타인의 신체적 통합성에 대한 위협 또는 심각한 손상, 죽음과 연루되었거나 죽음을 협박당한 사건을 경험했다.	친밀한 파트너의 지배하에서 고의적이고 반복적인 신체적 · 성적 폭력을 경험한다.	동의 없이 타인이나 아는 사람이 여성에게 가하는 강제적이고 공격적인 성적 폭력이다.
강한 두려움, 무기력 혹은 공포를 포함한 반응을 보인다.	여성은 위협, 덫에 걸리고 무기력하게 반응한다.	여성은 충격, 공포, 창피함을 보인다.
고통스러운 회상이나 꿈같이 지속적으로 사건을 재경험한다.	여성이 관계를 유지하려 한다면 반복적 경험은 철회되기보다는 현실이 된다.	여성은 장면을 뚜렷하게 그릴 수 있고 그녀가 '해야만 했을' 것을 생각한다. 정서적 혼란을 경험하고 죄책감을 느낄 수 있다.
사건의 내외적 상징적 단서에 노출되었을 때 심리적 재반응이 일어난다.	여성은 불안과 고립감(혹은 외로움)을 느끼고 가해자를 달래는 시도나 움츠리는 행동으로 분노나 위협의 어떤 표현에 반응한다.	근육긴장, 과도한 호흡, 홍조와 같은 신체증상은 강간의 재경험에 대한 재반응 혹은 남성, 특히 낯선 사람이 접근했을 때 발생할 수 있다.
외상과 관련된 자극을 지속적으로 회피한다. 반응은 무감각해진다.	여성은 학대자의 분노 발생을 피하려 시도하고 그를 즐겁게 하려고 노력한다. 그녀는 학대를 피하기 위한 상황을 조절하기 위해 전력을 다한다.	여성은 위험하다고 느끼는 상황을 회피한다. 만약 친밀한 관계라면 성관계를 회피할 수 있다.
수면장애, 과도한 경계심, 과장된 놀람과 같은 증가된 흥분이 지속적으로 나타난다.	긴장감이 고조되는 시기에 여성은 학대자의 긴장감이 증가하는 징조를 알고 있다. 그녀는 상호작용에서 위축된다.	여성은 혼자 혹은 군중 속에서, 그리고 뒤에서 공격받는 것을 두려워한다. 외출할 때 강한 경계심을 갖고 의심이 많다.

2 가정폭력의 역동 [2016 기출]

Walker의 폭력의 주기이론은 세 단계로 구성되는데 학대 받는 여성이 어떠한 과정으로 희생자가 되고, 무기력한 행동을 하게 되는지 그리고 그러한 상황에서 왜 벗어나려는 시도를 하지 않는지를 설명하고 있다. 가정폭력주기는 반복되면서 스트레스, 부부갈등, 분노가 증가된다.

| 가족폭력의 주기(순환단계) |

첫 번째 단계: 긴장형성 (고조)기	• 사소한 일에 남편이 흥분하기 시작하고 물건을 던지는 등 아내가 느끼는 긴장이 고조되는 시기 • 이때 여자는 더욱 수동적이 되고 유순해지며, 남편의 기분을 거스르지 않기 위해 고분고분해진다. • 아내는 또한 이에 대해 자신도 약간의 책임이 있다고 생각하여 남편의 사랑을 받기 위해 과도하게 신경 쓰며, 이러한 분위기가 남에게 노출되는 것이 싫어서 이웃·친구 등 타인과의 관계를 멀리하고 사회적으로 고립된다. • 남편은 자신의 이러한 행동 때문에 부인이 자신을 떠날까봐 부인에게 더 압력을 가하고, 아내가 자신의 소유라는 강압적 행동을 하게 된다.
두 번째 단계: 급성폭력 발생기 (격렬한 폭력적 구타)	• 남편의 분노가 사소한 일로 촉발되어 폭력이 발생한다(남편의 긴장이 격하게 분출). • 시간은 2~24시간 지속되며 남편이 정서적·신체적으로 힘이 빠져 더 이상 폭력을 가할 수 없을 때 종결된다(가족이 말려도 멈추지 않을 정도로 폭력을 휘두름). • 이때 아내는 자신을 보호하려는 시도나 안전한 장소로 도망가려는 시도를 할 수 없다. 특히 어린 아동이 있을 때는 더욱 그러하다. 아내의 자존감은 극도로 떨어지고 더욱 무기력해지는 순간이다. • 아내는 자신과 타인에게 손상의 심각성을 부인하며, 의학적 도움이 필요한 상황에서도 도움을 청하지 않는다. • 손상의 정도는 의료기관에 가야만 확인된다.
세 번째 단계: 사랑을 주고받는 후회, 친절	남편이 아내에게 용서를 구하고 선물을 주면서 다시는 폭력을 행사하지 않겠다는 맹세를 하며 관계를 유지하기 위해 노력하는 사과단계로 이 시기는 매우 짧다. 이 단계가 지나면 다시 1단계로 돌아가게 된다.

3 가정폭력 피해여성 간호

치료	• 치료를 받을 때 어느 곳에서나 신체적 안전과 상해나 문제에 대해 안심하고 상담받을 수 있도록 한다. • 남성과 같이 방문했을 때에는 여성을 검사하는 동안 남성을 대기실에서 기다리도록 한다.
통제능력을 재구축	폭력을 당한 여성에게 통제감을 주기 위해서는 간단한 일에서도 동의를 구하고, 가능한 선택권을 모두 부여하는 것이 도움이 될 수 있다.
지지적 상담	• 서두르지 말고 스스로 자신의 과거와 문제점을 다루도록 한다. • 가해자와의 사랑－증오관계에 대한 대상자의 양가감정을 고려한다. • 폭력을 당한 여성의 변화 및 성숙 가능성을 존중한다. • 특정 문제를 규명하도록 도와주고 이를 해결하기 위한 현실적 상황을 지지해준다. • 폭력을 당한 여성이 가진 자기비난이나 죄책감을 파악한 후에 잘못된 인식을 바꾸도록 정보를 제공해준다. • 자신의 상황에 대해 이야기하는 여성을 인정하고 지지한다. 학대를 보고하는 것은 위험을 각오하는 것이다. • 여성이 자신의 이야기, 문제, 상황을 자신의 속도에 맞추어서 이야기하도록 한다. • 여성에게 자신이 신뢰를 받고 있으며 자신의 감정들은 논리적이며 정상적이라는 것을 알게 한다. • 가해자와 애증관계에 있는 여성의 양면성을 예상한다. 예전에 폭력의 순환을 경험했다면, 그 여성은 배우자가 자신을 사랑하고 사건 후에 사죄할 것을 알고 있을 것이다. • 준비되었을 때 변하고 성장하는 여성의 능력을 존중한다. • 구체적인 문제점들을 확인하는 데 도움을 주고 그 문제점들을 경감시키거나 없애기 위한 현실적인 생각을 지지한다. • 여성의 믿음과 미신에 대해 명백하게 설명하며 잘못된 믿음을 바꿀 수 있는 정보를 제공한다. • 아무도 학대받아선 안 되며 학대가 여성의 잘못이 아니라는 것을 강조한다.

4 가정폭력의 예방

- 1차 예방 : 대중교육을 목표로 한다.
- 2차 예방 : 초기단계의 대상자를 찾고 중재하는 것에 초점을 둔다.
- 3차 예방 : 가정폭력에 따른 재활에 중점을 둔다.

1차 예방	여성의 태도, 성역할 고정관념, 그리고 폭력이 수용되는 사회의 규범을 변화시키는 것이다. 폭력의 주기를 포함해 가정폭력의 역동을 대중들에게 교육할 필요가 있다. 여성의 경제적, 사회적, 심리적 의존성은 여성의 무기력함을 심화시킨다는 사실과 여성에게 자기주장과 남녀 동등성을 가르치는 것은 가정폭력을 경감시키기 위한 장기적 방법이 된다. 또한 자녀에 대한 가혹한 체벌이나 대중매체 속의 폭력도 사회의 규범에서 폭력을 영속시키는 데 영향을 미치므로 조절되어야 한다.
2차 예방	초기단계의 대상자를 찾고 중재하는 것을 의미하며 여성 자신이 상황을 해결하도록 돕는 것을 목표로 한다. 이를 위해서는 가정폭력을 당한 여성에게서 나타나는 증상이나 징후를 서비스 제공자가 신속히 파악하여 필요한 도움을 중재해야 한다. 상담, 법적 서비스, 보호소 또는 의료서비스를 제공하는 지역사회기관 등은 중요한 자원이 된다.
3차 예방	성폭력을 당한 여성의 재활을 포함한다. 이를 위해 여성은 무력감, 절망감, 나약감을 키우는 가정환경으로부터 떠날 필요가 있는데, 이들이 안전한 환경에 있지 못하거나 자아와 자존감을 획득하지 못한다면 스스로 결정을 내리거나 행동으로 옮기기 어렵기 때문이다. 따라서 병원 입원이나 안전한 지지환경 내에서 정서적 마비를 극복해줄 심리치료가 필요하고 여성의 대인관계능력의 평가와 교육이 제공되어야 한다.

5 가정폭력 발생 시 대처요령

신고	폭력 발생 시 일단 그 상황을 피하고 112에 신고하여 경찰의 도움을 받는다.
가해자와 격리	• 피해자는 가정보호사건이나 형사사건으로 처벌을 요구할 수 있으며 가해자와의 격리를 요구할 수 있다. • 여성폭력 긴급전화는 전국 어디서나 국번 없이 1366으로 도움을 요청할 수 있다. 가해자와의 격리 요구 시 가정폭력 피해여성보호시설을 이용할 수 있으며 상담을 받을 수 있다.
증거자료	맞은 상처는 병원치료를 받아 진단서를 끊어두고 날짜가 나오도록 사진을 찍어둔다. 집안의 집기가 부서진 상태라면 그대로 두고 날짜가 나오도록 사진을 찍어둔다. 이는 가정폭력으로 고소할 경우나 폭력을 사유로 이혼할 경우 증거자료로 필요하다.
폭력상황 시 조치	• 평소 폭력이 자주 발생하고 있었다면 주민등록증, 운전 면허증, 비상금, 비상열쇠, 의료보험증, 진단서나 치료확인서, 옷가지 등을 미리 준비해두거나 가까운 친구, 친척집에 맡겨두어 폭력상황을 피해 집을 나올 때 갖고 나올 수 있도록 조치한다. • 상담소나 경찰서, 쉼터 등의 전화번호를 항상 메모해둔다.

MEMO

신희원

보건교사 길라잡이

❺ 아동·여성·정신

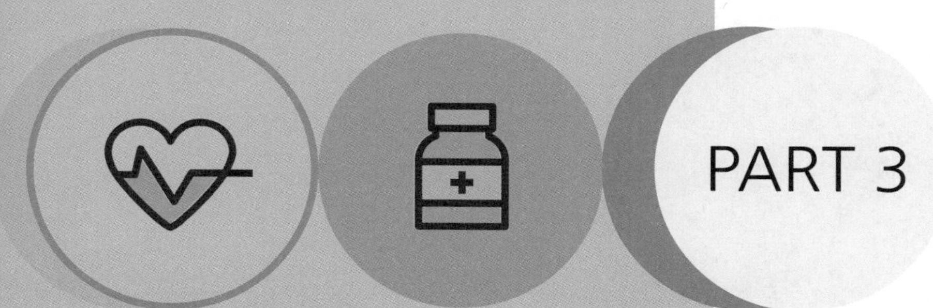

학교정신 간호학

출제경향 및 유형 (인간과 간호)

1992학년도	
1993학년도	
1994학년도	
1995학년도	
1996학년도	
1997학년도	
1998학년도	
1999학년도	
후 1999학년도	중학생(12~15세)의 Freud · Erikson · Piaget의 발달단계
2000학년도	
2001학년도	청소년기 발달과업 5가지, 발달과업 성취를 위한 중재내용 3가지
2002학년도	
2003학년도	
2004학년도	
2005학년도	
2006학년도	청년 초기의 자기중심적 사고 – 상상적 청중과 개인적 우화
2007학년도	Maslow의 욕구, PTSD 중재
2008학년도	
2009학년도	마리 야호다 정신 건강 평가 기준
2010학년도	신경인지장애(작화증 등)
2011학년도	방어기제, 지역사회정신건강서비스활동(정신보건사업), 페플라우의 대인관계모델
2012학년도	약물 중독 단계
2013학년도	
2014학년도	환각과 착각, 콜버그의 도덕발달단계
2015학년도	
2016학년도	배변훈련과 성격형성장애, 유아의 방어기제(퇴행), 사고내용의 장애(피해망상)
2017학년도	방어기제(부정)
2018학년도	방어기제의 특징과 분류(합리화)
2019학년도	
2020학년도	사고내용장애(망상), 치료적 의사소통(반영)
2021학년도	정신분석모형, 성격구조(쾌락원칙, 현실원칙)
2022학년도	정신질환자 복지서비스 지원에 관한 법(자의입원)
2023학년도	

Chapter 01

인간과 간호

01 정신건강 간호의 이해

1 정신건강

정의	• 개인이 자기 자신의 능력을 알고 일상적인 스트레스 상황에서도 사회에 기여할 수 있는 안녕상태 • 정신기능의 성공적인 수행, 생산적인 활동, 성공적인 인간관계, 변화에 적응, 역경 대처 능력 포함
특성	• 긍정적 자아개념 • 합리적 사고를 통한 옳은 판단 • 상황에 맞는 적절한 태도로 감정을 표현 • 학습을 통한 생산적인 활동 • 행동을 선택하고 결과에 대한 책임 • 자신에게 맞는 스트레스 관리 및 회복력

2 마리 야호다(Marie Jahoda)의 정신건강평가기준 [2009 기출]

자신에 대한 긍정적 태도	자기 자신을 하나의 인간으로 수용하고 자기의 욕구와 행동을 알며 자신에 관해 어느 정도 객관적으로 나이에 맞게 인식할 수 있는 것을 말한다. 나이가 들면서 필연적으로 변하여 현실 수준에 들어맞는 포부를 가져야 하고 주체성, 총체감, 소속감, 안전감과 인생의 의의를 느낄 수 있어야 한다. → 자기수용
성장, 발달, 자기실현	자기의 잠재력을 개발하여 실현하고 새로운 성장과 발달, 도전을 할 수 있어야 함을 말한다. Maslow와 Rogers는 인간의 잠재력 개발과 실현에 대한 광범위한 이론을 전개하였다. Maslow는 자기의 잠재력을 최고도로 개발하여 성취하는, 즉 자기실현을 한 사람들에게 나타나는 열다섯 가지의 기본 성격특성을 지적했고, Rogers는 자기 성장과 성취를 이루어서 완전히 기능을 하는 사람의 일곱 가지 필수적 성격특성을 제시하였다. → 잠재력 개발 및 성장, 발달, 도전
통합력	개인의 내외적 갈등 및 욕구와 기분 및 정서의 조절 간에 균형을 이루는지 겉으로 표현되는 것과 내적으로 억압되는 것 간에 균형을 이루는지를 말한다. → id, ego, superego의 조화
자율성	결정과 행동을 스스로 조절하는 개인의 능력을 말한다.

자기결정	의존과 독립의 조화, 자기행동결과의 수용 등을 포함한다. 자기의 결정, 행동, 사고, 감정 등을 포함하여 개인 스스로가 책임지는 것을 말한다.
현실지각	주위를 어떻게 파악하고 그에 대해 어떻게 움직이는가 하는 것이다. 외부세계에 대한 추측을 경험행위로써 검증해보는 능력을 말하고 공감능력, 사회적 민감성, 타인의 감정과 태도를 존중하는 것 등이 현실지각에 포함된다. → 현실과 이상을 구별
환경의 지배	건강한 사회에서 인정하는 역할에 성공적으로 기능을 하고 세상에 효율적으로 대처하며 인생문제를 잘 해결하고 삶에 만족을 얻는다. 공격성, 고독, 좌절 등에 잘 대응하는 자질이 있으며 남을 사랑하고 남들로부터 사랑을 받으며 호혜적 관계를 가진다. 새로운 사람과 우정 관계를 이루고 만족스런 집단생활을 하는 것 등으로 자기의 주변 환경을 지배한다.

3 정신질환

정신질환의 개념	• 디스트레스(distress)나 기능손상에 의해 사고, 기분, 행동의 변화로 나타나는 임상적으로 의미 있는 행동적 심리적 증후군을 의미한다. • 생각, 감정, 행동이 환경에 잘 적응하지 못하고 자신뿐만 아니라 타인에게 해로운 영향을 주는 상태이다. • (정신건강복지법 2020. 3) "정신질환자"란 망상, 환각, 사고(思考)나 기분의 장애 등으로 인하여 독립적으로 일상생활을 영위하는 데 중대한 제약이 있는 사람을 말한다.
DSM-5분류	정신질환진단에 대한 역학적 통계 수집을 위한 도구, 임상실무를 위한 표준으로 활용된다. • 신경발달장애 • 조현병 스펙트럼 및 기타 정신병적 장애 • 양극성 및 관련 장애 • 우울장애 • 불안장애 • 강박 및 관련 장애 • 외상 및 스트레스 관련 장애 • 해리장애 • 약물치료로 유발된 운동장애 및 약물치료의 기타부작용 • 신체증상 및 관련 장애 • 임상적 주의의 초점이 될 수 있는 기타의 상태 • 급식 및 섭식장애 • 배설장애 • 성기능부전 • 성별불쾌감 • 파괴적, 충동조절 및 품행장애 • 물질관련 및 중독장애 • 신경인지장애 • 성격장애 • 변태성욕장애 • 기타정신질환 • 성격장애에 대한 DSM-5 대안모델 • 수면-각성장애

03

| 정신질환에 대한 잘못된 통념 |

NO	YES
정신질환은 흔하지 않은 병이다.	누구나 걸릴 수 있다(유병률 25.4%).
정신질환은 유전병이다.	유전적 소인이 있다.
정신질환은 마음의 충격이나 스트레스 때문에 발생한다.	마음의 충격이나 스트레스는 촉진요인이다.
정신질환은 가난하면 걸린다.	가난이 정신질환의 직접적인 원인이라 볼 수 없다.
정신질환은 불치병이다.	조기발견으로 적절한 치료를 받으면 완치될 수 있다.
정신질환자는 항상 제정신이 아니다.	정신질환자의 증상은 24시간 지속되는 것은 아니며 모든 정신기능이 와해되는 것은 아니다.
정신질환자는 난폭하고 위험하다.	증상으로 인하여 불안하고 위축되어 있으며, 소심하고 수동적이다.
정신질환 치료는 위험하고 중독성이 있다.	정신질환 치료제는 부작용이 있다.
정신질환자는 회복되더라도 사회적 기능을 할 수 없다.	지속적인 치료로 사회적응이 가능하다.

02 신경 생물학적 이해

1 뇌의 구조와 기능

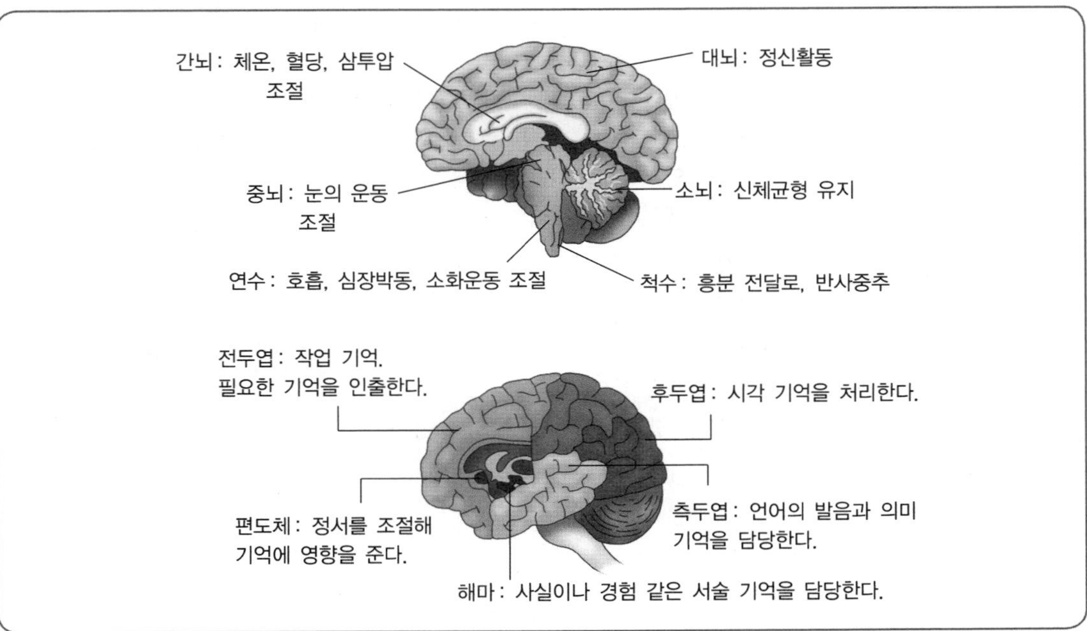

<table>
<tr><th colspan="2">뇌의 구조</th><th>기능</th></tr>
<tr><td rowspan="5">대뇌
(cerebrum)</td><td colspan="2">• 의식, 지각, 사고, 운동 기능 담당
• 근육협력 및 기계적인 움직임 학습 담당
– 우세반구: 대부분 왼쪽이 우세함, 언어의 생산과 이해, 수학적 능력, 추상능력, 논리적 문제해결, 순차적 인식 담당
– 비우세반구: 대부분 오른쪽이 비우세함, 비언어적 인식, 통합적 인식, 음악·미술 등 예술적 기능, 표정의 인지, 공간적 관계 담당</td></tr>
<tr><td>전두엽</td><td>• 대뇌의 40%
• 인간 고유의 정신 기능, 동기·이성적 사고·의사결정·사회적 판단·도덕적 행동·통찰, 즉 인격기능과 언어생성(좌측), 신체적 표현(우측), 수의운동(의도적 움직임)

➲ 전두엽 증후군(전두엽 손상 시)
• 원래 인지기능은 보존된 채로 인격변화가 발생됨. 의지, 추상력, 창조적 문제해결능력, 계획능력, 사회적 판단 및 결정 능력 등에 장애가 옴
• 행동적으로 의식의 둔화, 감각무시, 주의산만, 눈으로 찾기나 시선 통제의 장애, 과잉운동 또는 운동감퇴, 언어 구성 능력의 장애, 기억장애 등이 나타남. 특히 부적절한 행동, 어리석은 행동이 나타남. 손상 위치에 따라 감정적 흥분이나 무감동 등이 나타남
• 양심이나 자제력이 없어 성적 문란과 노출증을 보이기도하고 폭력도 행사함
• 우울증과 비슷하게 무감동과 의욕상실을 보이기도 하고, 자발성, 유연성 등의 행동도 감퇴되고, 위생적으로도 지저분해짐</td></tr>
<tr><td>두정엽</td><td>• 기관에 운동명령을 내리는 운동중추가 있음
• 공간, 감각기능, 신체 각 부위의 체감각(촉각, 압각, 통증 등) 정보를 받아들임(시각, 청각, 후각 제외)
• 장소에 대한 지남력</td></tr>
<tr><td>후두엽</td><td>• 인지·시각적 이미지 및 시각중추
• 시각정보에 대한 수용과 통합</td></tr>
<tr><td>측두엽</td><td>• 인지·언어이해: 언어의 이해(좌측), 감각언어(우측), 얼굴재인식
• 기억저장
• 후각, 청각에 대한 정보의 수용과 평가</td></tr>
</table>

<table>
<tr><td></td><td></td><td colspan="2">

측두엽 간질

- '정신운동발작'이라 하며 유전요인이 있고 사춘기에 많음
- 발작 전 증상으로 복부팽만감, 홍조, 호흡변화 등 자율신경계 장애, 기시현상, 미시현상, 강박사고, 몽롱상태, 공포, 공황, 우울, 다행감 등 정신증상이 나타나기도 함
- 발작 시에는 발작 전 증상과 입맛 다심 등이 있고 짧은 와해된 비억제적 행동, 폭력행동 등이 나오며, 발작 후에 착란이 있음, 후에 이 증상들을 기억 못하고 측두엽에서 뇌파 이상이 나타남

</td></tr>
<tr><td rowspan="9">뇌간
(brain stem)</td><td rowspan="6">변연계</td><td colspan="2">• 희로애락 및 공격성 등 감정의 중심지로 행동에 중요한 역할을 함
• 정신장애와 감정적 행동과 관련된 부위</td></tr>
<tr><td>시상</td><td>감각과 감정을 조절하는 중계중추 – 감각여과 역할</td></tr>
<tr><td>시상 하부</td><td>• 체온 · 성적 충동 · 식욕 조절, 내분비 기능 조절
• 흥분, 충동적 행동과 관련</td></tr>
<tr><td>해마</td><td>• 전두엽과 상호작용하여 새 기억을 형성
• 외과적 절제 : 사실과 사건의 새로운 기억을 형성할 수 없음. 비슷한 기억장애로 지능은 보존되나 새로운 기억을 형성할 수 없는 코사코프 증후군이 있음. 전형적으로 만성 알코올 중독에 의해 해마와 주위 구조물이 손상되었을 때 발생하며 전형적으로 작화증이 보임. 또한 알츠하이머병에서도 작화증을 보임(치매에서 기억상실은 더 심하고, 광범위한 세포성 변성이 해마에서 발견됨)</td></tr>
<tr><td>편도체</td><td>• 사고와 지각으로부터 감정(불안, 공포)을 만듦
• 많은 마약성 수용체를 포함함
• 동물실험에서 편도체에 전기적 자극을 투입하면 공격성 증가, 인간에게 공포와 관련된 자율신경적 반응을 보임(동공산대, 심박수 증가, 아드레날린 분비), 반대로 편도체의 양측성 파괴는 공격성의 심한 저하를 유발하여 동물은 온순해지고 평온해짐</td></tr>
<tr></tr>
<tr><td>중뇌</td><td colspan="2">• 시각피질 중추
• 동공반사와 안구운동</td></tr>
<tr><td>망상체
(Reticular Activating System; RAS)</td><td colspan="2">• 뇌간의 핵심중추
• 수면각성주기와 같은 주기적인 활동을 조절함
• RAS손상은 혼수상태를 유발함. 전신마취제는 RAS를 억제함. 많은 신경안정제가 여기에 작용함</td></tr>
<tr><td>연수</td><td colspan="2">심박동, 호흡, 연하, 구토, 기침, 재채기 등 중요반사의 중추</td></tr>
</table>

소뇌 (cerebellum)	• 몸의 균형 유지 • 평형감각, 근육긴장도, 자세조절, 수의적 운동의 조화와 관련됨 • 간뇌, 중뇌, 척수와 연결하여 운동기능 조절 • 소뇌의 이상으로 운동실조, 언어장애(말을 느리고 분명하지 않게 발음), 안구진탕 등의 초래 • 만성 알코올 중독 후의 영양결핍은 소뇌피질의 변성을 유발하여 소뇌전엽증후군을 일으킴, 이는 주로 다리에 영향을 끼쳐 비틀거리는 보행과 다리 운동의 일반적인 부조화(보행실조)가 나타남

① 브로카(Broca) 영역의 손상에 의한 실어증
- '표현 실어증', '운동성 실어증'이라고도 함
- 언어를 이해하는 데는 문제가 없으나, 글을 쓰거나 말을 표현하는 데는 어려움을 느낌

② 베르니케(Wernike) 영역의 손상에 의한 실어증
- '감각성 지각성 실어증', '수용성 실어증'이라고도 함
- 언어의 조직화를 위한 메커니즘을 포함하는 영역의 손상
- 단어는 표현되나 내용이 없는 단어의 연결이 특징
- 부분실어증(단어 대체), 신조어(새로우나 의미 없는 단어의 삽입), 횡설수설(유창하나 이해하기 어려운 연설) 등 언어의 이해와 관련된 장애를 발생시킴

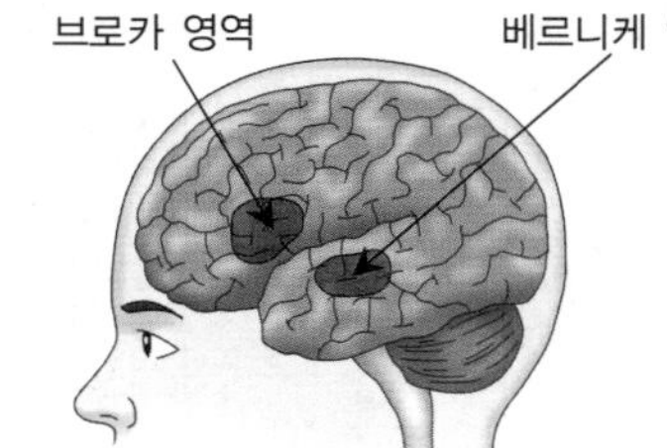

| 실어증 |

2 신경전달물질

(1) amines

타이로신, 트립토판, 히스티딘과 같은 아미노산 분자로부터 생성되는 신경전달물질이다. 뇌의 여러 부위에서 발견되는 아민계는 학습, 감정, 운동 조절 등에 영향을 미친다.

| Monoamine |

norepinephrine (NE)	• 아미노산인 tyrosine으로부터 생성된다. • 흥분성과 억제성 모두 관여한다. • 감정, 주의, 각성상태와 관련된다. • 특히 nordpinephrine 수치의 증가는 불안, 각성 등 정신질환의 주요 증상과 관련이 있다. • 감정 장애, 불안장애에 중요역할을 한다. • TCA는 NE가 시냅스에서 시냅스 전 세포로 재흡수되는 것을 차단한다.

dopamine (DA)	• 아미노산인 tyrosine으로부터 생성된다. • 주로 뇌간의 흑질에 존재한다. • 주로 흥분(짜릿한 기분 좋음과 달리 은은한 기분 좋음 혹은 만족감, 웰빙)에 영향을 준다. • 운동기능, 동기부여, 인지능력, 정서적 반응 조절에 관여하고 내분비 기능과 소화, 체온 조절 등에도 영향을 준다. • 코카인이나 암페타민 같은 약은 도파민을 방출시킨다(도파민은 쾌락에 중요 역할). • 도파민의 과활성은 환청, 망상 등의 정신병적 증상을 유발하고, 수용체의 차단은 파킨슨 증후군이나 추체외로 증상을 유발한다. • 항정신병약물은 주로 D_2 수용체에 작용하여 도파민 차단효과를 나타낸다.
serotonin (5-HT)	• 아미노산인 tryptophan으로부터 생성된다. • 주로 억제 및 진정에 영향을 준다. • 수면과 각성상태에 따라 수치가 달라지고(특히 잠에서 깨어나는 것에 중요한 역할), 기분, 공격성, 각성, 수면, 불안, 강박장애, 조현병의 음성 증상과 그 외 체온조절과 신체의 통증조절 체계와 관련이 있다. • 세로토닌의 저활성은 우울증, 공격성, 충동성 및 자살과 관련이 있다. • 항우울제(SSRI)는 세로토닌이 시냅스 전 세포로 재흡수(reuptake)되는 것을 차단함으로써 시냅스에서 세로토닌 농도를 증가시킨다.
hstamine	TCA의 진정작용과 체중 증가, 저혈압 등의 부작용과 관련이 있다.
melatonin	• 계절성 정서장애와 수면각성주기에 영향을 끼친다. • 24시간 주기에 작용하고, 피부세포의 색소를 선명하게 하고, 동물에서는 생식을 조절한다.

| acetylcholine |

acetylcholine	• choline으로부터 합성된다. • 척수의 가장 일반적인 신경전달물질이며, 운동뉴런에서 근육수축(근육이 활동을 하도록 신호를 보내는 역할)을 일으킨다. • 흥분 또는 억제 • 기억 수면, 꿈과 관련된 역할을 한다. • 아세틸콜린 분비 신경세포 감소는 알츠하이머병과 관련이 있고, 수용체 감소는 중증근무력증과 관련이 있다. • 니코틴은 아세틸콜린의 agonist이다. • 전형적인 항정신성 약물은 항콜린 작용이 있는 반면, 이들 약물에 의해 발생한 추체외로 증상은 항콜린성 약물에 의해 완화된다. • 무스카린의 효과는 타액분비, 축동, 호흡곤란, 복통, 설사, 현기증, 의식혼탁 등이 있다. 정형 항정신병 약물은 항콜린 작용이 있어 시야혼탁, 구갈, 변비, 배뇨곤란, 의식혼탁, 섬망 등을 유발할 수 있다.

| Amino Acids |

Glutamate	• 구조적, 기능적인 단백질의 합성을 위해 사용되는 신체의 모든 세포에서 발견된다. 대뇌와 소뇌 피질, 해마에 가장 많이 있고 시상하부에도 있다. 시냅스세포에 저장된다. • 가장 흔한 신경전달물질이다. • 효과: 흥분 • 과도한 글루타메이트는 과흥분을 일으키며, 편두통, 발작을 유발할 수 있다. • 글루타메이트의 과잉노출은 뉴런에 유독할 수 있고 뇌졸중에 의해서 뇌손상을 입을 수 있으며 헌팅턴병과 같은 퇴행성질환을 가져올 수 있다. 글루타메이트를 차단하는 약물은 간질을 방지하고 과잉 흥분으로부터의 신경계 퇴행을 방지할 수 있다.
Gamma Aminobutyric acid (GABA)	• glutamate 유도체 • 뇌의 대표적인 억제성 신경전달물질 • GABA의 결핍은 불수의적 근수축을 유발하여 떨림(tremor)이나 발작(seizure)을 일으킬 수 있으며, GABA가 부족하면 불안해지므로 GABA agonist는 항불안제이자 항경련제로 사용된다. • 미다졸람, 디아제팜, 졸피뎀 등이 대표적 항불안제이자 항경련제이다. → 간에 부담↑, 주기적 간기능검사가 필요하다. • Benzodiazepine은 GABA 기능을 향상시키는 약물로 불안을 치료하고 수면을 유도하기 위해 사용된다.

(2) peptides

neuropeptides는 중추신경계에 있으며 신경전달물질, 신경조절자 및 신경호르몬으로서 중요한 역할을 한다.

| endorphins와 enkephalins |

endorphins, enkephalins	• 아편성 신경펩티드 • 억제 • 스트레스에 대한 저항과 통증조절 및 기분조절(희열)에 관여하고, 도파민 방출에 영향을 미친다. • 격렬한 운동, 오르가슴, 매운 음식 섭취 이후에 분비된다. • 천연진통제로서 아편, 모르핀, 헤로인 등에서도 발견된다. • 아편계 약물인 모르핀과 헤로인은 시냅스 전 신경세포에서 수용체와 결합하여 신경전달물질의 유리를 차단하여 통증을 감소시킨다.

03 정신 심리적 이해

1 정신역동(psychodynamics)의 개념

<table>
<tr><td>정의</td><td colspan="2">인간의 내부에 있는 정신적인 힘(psychic energy)이 상호작용한 결과와 현상을 설명하는 것이다. 정신적인 힘은 감정 및 정서와 같은 것이며 어떤 식의 행동을 추진한다. 이러한 힘은 행동을 구속하며, 아울러 이런 힘이 작용한 결과 조화를 이루는 행동을 할 수도 있고 무력한 행동을 할 수도 있다. 그렇게 행동을 하게 된 동기가 무엇이며, 그렇게 느낀 이유가 무엇인가를 밝혀내는 것이 바로 정신역동의 주 초점이다.</td></tr>
<tr><td>정신역동적 간호의 전제</td><td colspan="2">첫째, 모든 행동은 의미가 있고 이해할 수 있다.
둘째, 모든 행동은 자신의 행동이나 행동에 대한 이유를 항상 인식하지는 못한다.
셋째, 모든 행동은 변화될 수 있다.
넷째, 개인은 변화하느냐 또는 변화하지 않느냐를 선택할 권리가 있으며, 자신이 선택하는 대로 건강을 향할 수도 있고 질병을 향할 수도 있다.
다섯째, 인간은 건강을 지향하고 질병을 멀리하려는 경향이 있다.</td></tr>
<tr><td rowspan="5">정신에너지</td><td colspan="2">• 정신기능을 하기 위해 필요한 힘 혹은 추진력, 일반적으로 감정이나 정서를 의미한다.
• 정신에너지는 이드에서 자아로, 자아에서 초자아의 형태로 전환된다.
• 세 가지 인격구성요소 내에서 자아가 가장 잘 유지되고 이드의 충동적 행위와 초자아의 이상적 행동 간에 형평을 유지하도록 분포되어 있다. 이는 고정된 것이 아니라 어느 영역이 강해지면 다른 것은 약해져 인간의 행동과 인격에 영향을 미치게 된다.</td></tr>
<tr><td>카덱시스
(cathexis)</td><td>만족에 이르기 위하여 대상에 에너지를 투여하는 과정이다.</td></tr>
<tr><td>안티카덱시스
(anticathexis)</td><td>이드의 충동을 억제하기 위하여 자아와 초자아가 정신적 에너지를 사용하는 것이다.</td></tr>
<tr><td>예시</td><td>• 자아는 “나는 술을 너무 많이 마셨기 때문에 이미 궤양이 생겼어. 난 지지를 받기 위해 금주 동우회 상담자를 찾아 갈거야.”와 같은 합리적 사고로 알코올 사용을 통제하려 한다.
• 초자아는 “나는 술을 마시면 안 돼. 내가 술을 마시면 가족들이 속상하고 화날 거야.”라는 것으로 통제하려고 노력하는 것이다.</td></tr>
<tr><td>갈등</td><td>프로이드는 카덱시스와 안티카덱시스 간의 불균형에 의해 내적 갈등이 일어나고, 개인 내부에서는 긴장과 불안이 일어난다고 믿었다.</td></tr>
</table>

2 의식의 수준(Level of awareness)

사고, 충동, 생각들은 모두가 마음 또는 정신에서 나오게 되는데 그 정신에는 다음과 같은 의식의 정도가 있다.

<table>
<tr><td rowspan="4">의식
(consciousness)</td><td colspan="2">대부분의 자아와 일부 초자아로 구성</td></tr>
<tr><td>작은 부분</td><td>의식의 구조 중 가장 작은 부분</td></tr>
<tr><td>현재 지각</td><td>• 노력 없이도 쉽게 알아차릴 수 있는 모든 활동과 정신생활부분, 노력 없이 자신과 주위 환경을 인식할 수 있는 상태
• 주로 깨어있을 때 작용, 사고, 감정, 감각지각과 관계 있음</td></tr>
<tr><td>현실 원칙</td><td>현실적이고 합리적이며, 논리적이고 체계적인 사고와 계획을 수반하고 인과법칙이 존재하는 2차 사고과정을 사용</td></tr>
<tr><td rowspan="4">전의식
(preconsciousness)</td><td colspan="2">• 잠재의식이라고도 하며, 의식과 조금 가까운 마음의 영역
• 자아 + 초자아로 구성</td></tr>
<tr><td>주의집중
[국시 2000 · 2006]</td><td>• 주의집중하면 의식화될 수 있는 내용
• 개인이 주의를 집중하는 강렬한 정신에너지가 투여되면 접근할 수 있는 기억과 재료가 저장된 곳</td></tr>
<tr><td>내용</td><td>전의식의 내용은 개인의 경험, 사고, 감정 혹은 욕망</td></tr>
<tr><td>기능</td><td>• 자주 사용하지 않고 필요하지도 않은 많은 사건이 의식에 남아 부담이 가는 것을 방지
• 수용할 수 없는 혼란한 무의식적 기억이 의식으로 표출되려할 때 의식에 도달하지 못하게 함
• 방파제, 보호막 역할로 수용할 수 없는 혼란한 무의식적 기억이 의식으로 표출될 때 의식에 도달하지 못하도록 함</td></tr>
<tr><td rowspan="3">무의식
(unconsciousness)</td><td colspan="2">대부분 이드 + 초자아 + 자아</td></tr>
<tr><td>빙산의 대부분</td><td>• 마음의 가장 큰 부분
• 전 생애 경험한 모든 기억, 감정, 경험이 저장되어 있는 영역
• 프로이드가 가장 중요한 개념의 하나로 취급한 마음의 일부분(빙산에 비유, 마음의 9/10)</td></tr>
<tr><td>회상불가</td><td>• 과거의 어떤 경험을 결코 망각하는 것이 아니나 의도적으로 회상하는 것은 불가능하며, 꿈이나 부지중의 행동, 농담 등을 통하여 나타날 수는 있음
• 무의식에 있는 내용이 의식화되기 위해서는 전의식을 거치고, 전의식에 도달한 내용이 의식에 도달하려면 강렬한 정신에너지가 필요함</td></tr>
</table>

	본능	• 본능적인 충동(식욕, 성욕)을 포함한 모든 행동과 감정에 대한 중요한 동기 • 어떠한 행동도 우연히 일어나는 경우는 없으며 모든 행동은 인간이 의식하지 못하고 있는 감정이나 요구를 반영하여 표현해 줌
	억압, 갈등	수용할 수 없는 억압된 생각과 기억, 감정 그리고 생의 초기 경험 가운데 미해결된 갈등을 포함하는 영역
	1차 사고과정	• 무의식은 이드와 초자아로 구성되며 1차 사고과정이 이용됨 • 비논리적이며, 모순된 사고나 느낌을 내포하며 시간개념이 없음 – 예를 들면 미움과 사랑이 동시에 있을 수 있고 비합리적 개념을 믿으며 몇 년 전에 일어났던 사건을 금방 일어난 사건처럼 느낄 수도 있음
	기능	의식의 불쾌하고 중요하지 않고 필요하지 않고 수용하기 어려운 생각, 기억, 사건, 감정을 억압 무의식의 내용이 의식 밖으로 나오려 하여 심리적 갈등, 긴장, 불안이 일어나고 다양한 방어기제를 사용하여 이를 막기 위해 노력함

<table>
<tr><th>의식구조</th><th colspan="2">성격구조</th><th>정신역동</th></tr>
<tr><td>의식</td><td rowspan="2">자아</td><td rowspan="3">초자아</td><td>–</td></tr>
<tr><td>전의식</td><td>–</td></tr>
<tr><td>무의식</td><td>이드</td><td>본능, 정신에너지</td></tr>
</table>

3 성격 구조(Personality structure) [2021 기출]

본능 (id)	• 이드는 인간의 본능을 말하며 성적 본능, 공격적 본능, 자기보존의 본능 등으로 이루어져 있고 쾌락을 충족시키려는 '쾌락원칙(pleasure principle)'의 지배를 받는다. • 태어날 때부터 존재하며 무의식적이고, 어린 영아의 사고나 정신병자의 환각, 환상, 꿈 등은 이드로 이루어져 있다. • 비언어적 · 비논리적 · 비체계적 · 비현실적 • 에너지의 원천, 자아 · 초자아를 발달시키는 원천이다.
자아(ego): 자기 자신, 즉 주체성	• 자아는 환경과 상호작용하면서 생겨나며 '현실원리(reality principle)'에 따라 움직인다. 본능의 욕구와 초자아의 억압 사이에서 조정자 역할을 하며 가장 개성 있는 인격의 집행자라고 볼 수 있다. • 대부분 의식에 있지만 전의식과 무의식에도 위치하며 방어기전은 무의식에 해당되는 부분이 관장한다. • 자아는 생후 4~6개월에 발달하기 시작하여 2~3세경에 형성되며 논리적이고 언어적이며 욕구를 참고 지연시키는 2차 사고과정(secondary process thinking)에 의해 움직인다.

초자아 (superego)	• 초자아는 자아에서 분화되며 부모, 사회와의 상호작용을 통해 발달하는 도덕적 표준이나 사회적 이상(ideal)으로 무엇이 옳고 그른가를 판단하는 성격의 일부분으로 '사회적 원리(social principle)'에 따라 작동한다. • 이상을 추구하며 쾌락보다는 완성을 위해 투쟁하고 옳고 그름을 판단하는 재판관 같은 역할을 한다. • 초자아는 자아와 같이 이드에서부터 비롯되며, 의식의 세 부분에 걸쳐 영향을 주고받는다. • 부모와 윗사람들과의 동일시 과정을 통해 발달한다. • 3세에서 6세에 발달(1세 전후에 약간 생겨나며 주로 5~6세에 시작)하는 초자아는 일차적인 양육자에 의해 시작된 가치와 도덕들을 내면화한다. 9~11세에 완성된다. • 초자아는 양심(consciene)과 자아이상(ego ideal)의 두 가지 요소로 구성된다. • 양심(consciene)은 부모로부터 '하지 말아야 할 것들'로 부모나 양육자가 아동의 언행에 비난이나 벌을 주었던 일들이 토대가 되며, 그들이 금지했던 어떤 행동을 하거나 생각을 할 때 자신에 대한 비판적 평가, 도덕적 금지, 죄책감 등의 형태로 나타난다. • 자아이상(ego ideal)은 부모로부터 내재화된 '해야만 하는 것들'로 아동이 부모나 다른 사람에게서 칭찬을 받았던 일들이 토대가 되며, 자아이상을 따르거나 만족시키면 행복감과 자존감을 느낀다. • 이드는 쾌락을 추구하고 자아가 현실을 검증하는 반면, 초자아는 완벽을 추구한다. 초자아는 이드의 충동을 억제하고, 자아가 현실적 목표 대신 도덕적 목표와 완전을 추구하도록 하므로 개인의 사회화에서 중요한 역할을 한다. • 초자아가 이드의 충동을 심하게 억제하면 죄의식, 불안을 느껴 신경증적인 성격이 되며 초자아가 나약하여 이드의 충동을 조절 못하면 반사회적인 성격이 되기 쉽다. • 프로이드는 성숙하고 적응적인 성격은 이드, 자아, 초자아가 균형을 유지하고 있는 상태라고 가정하였다. 왜냐하면 건강하게 적응하려면 이드가 끊임없이 충동의 즉각적인 만족을 추구하는 반면, 초자아는 도덕이나 양심에 비추어 이를 제지하려는 힘을 발휘하는 가운데서 자아가 현실적 조건을 고려하여 이들을 모두 만족시킬 수 있어야 하기 때문이라고 설명하였다.

본능(이드, id)	자아(ego)	초자아(superego)
무의식에 위치 [국시 2003]	대부분 의식 + 전의식 + 무의식	대부분 무의식 + 전의식 + 의식
태어날 때부터 존재하며 자아발달(4~6개월부터 시작)과 초자아 발달(남근기)로 약화됨. 청소년기에 생물학적 변화(2차 성징)로 일시적 증가	➲ 생후 4~6개월 발달 [국시 2008] 동일시로 부모 닮음에 의해 형성되며 자아의 건전한 발달은 성숙 한 인격의 필수 요소	남근기에 부모와의 동일시로 부모의 가치관과 사회적인 규칙으로 도덕, 양심이 형성 양심: 초자아의 처벌적 측면으로 잘못된 행동에 처벌을 통해 형성
➲ 쾌락원리 [국시 2003] 인간 본능 = 성적 본능 + 자기 보존 본능 + 공격적 본능	➲ 현실원리 [국시 2004] 현실과 상호작용하면서 발생하며 이드와 초자아 사이에서 갈등을 조정	• 사회적 원리(완벽주의 원리) 도덕적 기준과 양심, 자아이상에 따라 행동하며 초자아는 이드의 충동 통제로 개인의 사회화에 중요 • 자아이상: 초자아의 보상적 측면 으로 잘한 행동에 칭찬을 통하여 형성
-	➲ 집행자 [국시 2004] 현실 사이에서 본능의 욕구와 초자아의 통제 사이에 조정자 역할의 인격의 집행자	➲ 재판관 [국시 2008] • 이상을 추구하고 완성을 위해 투쟁하며 옳고 그름을 판단하여 자아의 행동에 감독자, 검열자로서 기능 • 초자아가 지나치게 강력한 경우 자아는 위축되고 죄책감에 시달림
➲ 1차적 사고과정 무의식적 사고과정으로 불쾌감을 피하고 욕구를 만족시키는 방향으로 생각과 행동이 하나로 취급됨. 현실을 무시하고 시공간 개념이 없고 비언어적, 비과학적, 비합리적, 비현실적	➲ 2차적 사고과정 욕구를 참고 지연시키고 감정보다 이성에 의해 행동이 결정되고 논리적	-

| 성격의 구조에 근거한 행동의 예 |

본능(id)	자아(ego)	초자아(superego)
"내가 이 지갑을 찾았어. 내가 돈을 가질 거야."	"나는 이미 돈이 있어. 이 돈은 내 것이 아니야. 아마 이 지갑을 소유한 사람은 돈이 없을 거야."	"너에게 속하지 않은 어떤 것을 취하는 것은 절대 옳지 않아."
"엄마와 아빠가 가셨다. 파티를 하자!"	"엄마와 아빠가 안 계실 때 친구는 안 된다고 하셨어. 너무 위험해."	"부모에게 순종하지 않으면 절대 안 된다."
"나는 내가 만족하는 사람과 내가 기쁠 때 섹스를 할 것이다."	"성적 문란함은 매우 위험할 수 있어."	"결혼 이외의 섹스는 언제나 옳지 않아."

4 방어기제 [1995 · 2011 · 2012 · 2016 · 2017 · 2018 기출]

분류	설명	사례
억제 [2011 기출]	불안하게 하는 상황이나 느낌을 의식적으로 통제, 조절을 의미한다.	어두운 밤길을 노래 부르면서 간다.
승화	원래의 형태로는 의식적으로 허용하기 힘들거나 사회적으로 용인도지 않는 충동이나 행위를 의식적 사회적으로 수락할 수 있는 건설적인 활동으로 대체하는 것. 여기에 포함되는 충동은 대부분 성에 관한 것이거나 공격적인 것이 포함된다.	• 공격적 욕구가 강한 사람이 격투기 선수가 됨 • 매년 경쟁적이고 공격적인 충동을 가진 십대 소년이 고등학교 팀에서 스타 미식축구 선수가 되는 경우 • 대변으로 장난하고 싶은 욕망이 조각가나 기생충 학자가 되거나, 다양한 취미와 예술 작품, 시, 음악, 춤으로 나타날 수 있는 경우
유머	자신과 타인에게 불쾌한 감정을 느끼지 않게 하면서 자기 느낌이나 생각을 공개적으로 우스꽝스럽게 표현하는 것으로 웃음을 유발하는 과정을 통하여 만족감을 공유하는 것이다. 일상생활이나 당황스러운 상황에서도 웃음을 유발하여 심리적 갈등이나 부담을 감소시킨다.	면접에 들어가던 중 발이 미끄러지자 "제 발이 여러분께 먼저 인사합니다."라고 말해 모두에게 웃음을 준다.
합일화	동일시의 원시적 형태, '자기와 '자기 아닌 것'을 구별하지 못한다.	신생아 → 엄마가 웃으면 자기가 웃는다고 여긴다.
동일시	다른 사람의 속성이나 태도, 행동을 자신의 성격의 일부로 만드는 것. 자아와 초자아의 성장에 가장 큰 역할을 하며 성격발달에 매우 중요한 기전이다.	어린 남자아이가 아버지의 굵은 목소리를 흉내 낸다.
합입 [2011 기출]	• 남에게 향했던 모든 감정을 자신에게 향하게 하는 기전, 자기탓(우울장애의 주요방어기제), 동일화보다 미숙하고 원시적 형태이다. • 사랑하는 사람의 죽음으로 심각한 우울증이 발생될 수 있는데 우울한 사람은 고인의 특성을 받아들이고 고인처럼 행동한다.	• "이 일이 잘못된 것은 모두 내탓이야." • 최근 남편을 잃은 부인이 남편이 생전에 다른 사람들에게 너그럽게 대했던 방식대로 사람들을 대하고 남편이 하던 행동을 하고 있는 경우
전환 [2011 · 2012 · 2017 기출]	심리적 갈등이 신체감각 기관과 수의근계의 증상으로 표출되는 것이다.	고부간의 갈등이 있는 며느리가 시댁에만 가면 팔이 마비된다.
신체화	심리적 갈등이 감각기관, 수의근계를 제외한 신체부위증상으로 표출되는 것(신체증상 장애의 주요 방어기제)이다.	집안에 큰일이 다가오면 편두통이 심해진다.

퇴행 [2007 · 2016 · 2022 기출]	현재와 같은 갈등이 없었던 초기발달 시기로 되돌아가는 것(질병불안장애의 주요 방어기제)	대소변을 잘 가리던 아이가 동생이 태어나자 아무데나 오줌을 싸는 행위(정상적 퇴행)
고착	어떤 시기에 심한 좌절을 받았거나 반대로 너무 만족한 경우 무의식적으로 집착되어 머물러 있는 경우(물질관련 장애의 주요 방어기제)	• 과도한 흡연, 음주, 손톱 물어뜯기 • 성인여성이 스트레스상황에서 손가락을 입에 무는 행동을 하여 손가락이 기형이 발생한다.
투사 [2011 기출]	감정적으로 받아들여질 수 없는 자신의 충동, 행동이나 생각의 책임을 외부 대상이나 다른 사람 혹은 상황 탓으로 돌린다(조현병의 주요 방어기제 – 자아능력이 아주 약해졌을 때 투사기제는 환각, 망상으로 작용 / 편집증환자나 물질관련장애 대상자에게 두드러짐)	• 부도덕한 성적 충동이 있는 남자가 아내가 바람피운다고 의심하는 경우 • 들리는 소리나 생각이 자기를 비난하거나 힐책하는 것처럼 들린다. 자신의 잘못으로 시험을 못 본 아이가 엄마 때문이라고 하는 경우 등이다.
억압	용납할 수 없는 생각이나 욕구 등을 무의식 영역에 묻어버리는 방어기제, 가장 보편적이고 1차적인 자아 방어기제	어린 시절 강간당한 사실을 기억하지 못한다.
부정 [2011 · 2015 기출]	• 의식적으로 용납(감당)할 수 없는 생각, 감정, 욕구, 충동 등을 무의식적으로 회피한다. • 심각한 질병이나 사랑하는 사람의 죽음과 관련하여 겪는 가장 일반적 방어기제로 외상사건의 충격으로부터 일시적 안정에 도움이 될 수도 있다.	• 알코올 중독환자들이 자신의 질병을 인정하지 않는다. • 암으로 죽어가면서도 자신은 암이 아니고 의사의 오진이라고 주장한다.
반동형성	받아들일 수 없는 감정, 태도, 행동을 반대로 표현함으로써 의식화를 막는 것이다.	미운아이 떡 하나 더 주기
취소	용납될 수 없는 자신의 생각이나 행동에 대한 책임을 면제받고자 어떤 행위를 하는 것(강박관련장애의 주요 방어기제)이다.	언니의 실수를 아버지께 고자질 후 강박적으로 손을 씻는 것이다.
전치 [1995 기출]	특정한 사람, 대상 또는 상황과 관련된 감정을 보다 덜 위협적인 사람, 대상, 상황으로 돌리는 것이다.	종로에서 뺨 맞고 한강에서 화풀이
상징화	어떤 대상, 생각이나 행위가 일반적인 다른 형태를 통하여 표출되는 것이다(공포장애의 주요 방어기제).	• 아이를 낳고 싶은 여인이 꿈에 달걀을 본다. • 자라 보고 놀란 가슴 솥뚜껑 보고 놀란다.

해리	• 마음을 편하지 않게 하는 근원인 성격의 일부가 그 사람의 의식적 지배를 벗어나 마치 하나의 다른 독립된 성격인 것처럼 행동하는 것(해리장애의 주요 방어기제)이다. • 정서적인 갈등이나 내외적 스트레스 요인들을 피하기 위해 개인의 성격이나 정체감을 일시적으로 변경한다.	• 다중인격, 해리성 기억장애, 잠꼬대, 몽유증 • '지킬박사와 하이드', '이브의 세 얼굴'
합리화 [2018 기출]	• 개인이 사회적으로 용납될 수 없는 감정, 사고, 행동에 대해 이유나 변명으로 개인의 행동을 사회적으로 용납될 수 있는 이유를 붙여 정당화시키는 것이다. • 의식하지 못하고 무의식적인 동기에서 나온 행동을 지적 논리적으로 그럴 듯하게 설명하는 것이며, 고의적인(의식적인) 거짓말이나 변명과는 다르다. • 신포도(sour grapes) 기제: 얻지 못한 것을 깎아내리는 것이다. – 포도 넝쿨이 높아 포도를 못 따먹게 된 여우가 실패를 변명한 이야기에서 유래되었다. – 자신의 약점을 감추려는 무의식중의 변명으로 거짓말과는 다른 일종의 호신책이다. • 달콤한 레몬(sweet lemon) 기제: 바라지 않은 일을 바라던 일인 것처럼 생각하는 것이다. – 자신의 현 상태를 과대시 하는 일이다. – 욕구대로 되지 않는 자신의 현재 상황이 바로 자신이 원하던 것이라고 생각하는 것이 여기에 해당한다. • 망상(delusion) – 망상이란 합리화 기제의 극단적 방법으로, 실패할 경우 전혀 근거 없는 허구의 신념을 가지게 될 정도로 합리화하는 것이다.	• B학점 받고 건강한 것이 A학점 받고 빨리 죽는 것보다 낫다고 하는 것이다. • 신포도: 키가 작아서 딸 수 없는 포도를 신 포도라고 합리화한다. • 회사에서 파면당한 한 남자가 그 직업은 자신에게 그리 중요하지 않았다고 말하는 경우이다.

주지화	정서나 감정을 지적영역으로 이동시켜서 느낌보다는 사고로 정서적 불편을 제거하려고 하는 것. 상당히 궤변적인 것으로 주로 지능이 높거나 교육정도가 높은 사람에게서 발견된다.	• 자신을 괴롭히는 상사가 있을 때 그 원인이 무엇인지 그 상사에 관한 주변 모든 상황과 자료를 수집해서 분석하는 것이다. • 스키를 타다가 골반이 부러진 한 소년은 "목보다 엉덩이가 부러진 것이 더 낫다"고 말하는 경우이다.
보상 [1995 기출]	바람직하지 못한 특성으로 행긴 열등감을 감소시키기 위해 바람직한 특성을 강조한 경우	작은 고추가 매움
저항	억압된 자료들이 의식으로 나오는 것을 막는 기전. 의식화되면 너무 고통스러우므로 대개 기억이 없다고 말한다.	• 정신치료도중 환자가 의자가 불편하다고 트집 잡는 경우 • 대상자와 면담 시 대상자가 침묵하거나 기억이 없다고 하거나 면담시간에 지각하여 오지 않는 경우
상환	배상행위를 통해 무의식에 있는 죄책감으로 인한 부담을 줄이는 것이다.	• 다이너마이트를 만든 노벨이 노벨평화상을 받았다. • 자신의 죄책감을 줄이기 위해 계속 자선행위를 한다.
대리형성 (대리만족) [1995 기출]	목적하던 것을 갖지 못할 때 무의식적으로 비슷한 것을 취해 만족을 얻는 것이다.	• 꿩 대신 닭 • 오빠를 좋아하는 여동생이 오빠와 닮은 청년과 결혼하는 경우 • 어머니를 잃은 여아가 이모를 따른다.
이타주의	다른 사람들의 요구를 충족시켜서 자신의 갈등과 스트레스 요인을 해결하는 것으로 자기희생적인 행동과는 다르게 대리만족을 얻거나 다른 사람들의 반응에서 만족감을 얻는 것이다.	6개월 전에 차 사고로 남편을 잃은 부인이 주 1회 시행하는 사별상담봉사를 통해 슬픔에 잠겨있는 사람들을 돕는 일에 도움을 주고 그들의 고통에서 이겨내도록 도와줌으로 만족감과 기쁨을 얻는다.
행동화	감정적 갈등이나 스트레스 요인을 감정이 아닌 행동으로 발산하는 것. 자신의 무력감을 말이나 행동으로 표현하여 일시적으로 무력감, 취약성을 덜 느낀다.	승진에서 밀려난 사람이 자신의 책상위 서류를 모두 찢어버리는 것이다.
평가절하	• 갈등이나 스트레스요인이 부정적 자질이 자신이나 타인에게 있다고 생각할 때 발생한다. • 다른 사람을 평가절하할 때 자신은 더 나은 사람으로 보인다고 생각할 수 있다.	직장동료가 상을 받게 되자 "아, 그래요 그녀가 상을 받았죠. 그 상은 아무런 의미가 없는데, 그녀가 그 상을 받기 위해 무엇을 했는지가 궁금하네요."라고 말한다.

이상화	다른 사람들을 과장되게 긍정적인 방향으로 대함으로써 갈등이나 스트레스요인을 해결하는 것이다.	자신이 사랑하는 사람을 다른 사람이 보는 것보다 훨씬 더 과대평가하는 경우이다.
분열	• 자신이나 타인의 긍정적인 자질과 부정적인 자질을 결합력 있는 이미지로 통합하지 못하는 것을 말한다. • 자신과 다른 사람의 여러 측면들이 정반대, 극과 극 사이에서 엇갈린다(주로 경계성 성격장애에서 흔함).	경계성 성격장애로 정신과에 입원한 한 환자가 의사는 무조건 나쁜 사람이고 간호사는 무조건 좋은 사람이라고 말하는 경우이다.
공상	• 실제로는 이루어질 수 없는 욕구나 소원을 마음속으로 만족시키기 위하여 상상된 사건이나 정신이미지 속에 비현실적인 것을 상상하는 방어기제로 백일몽이 해당한다. • 공상은 일시적 만족감은 주나 현실요구는 수행이 불가능하거나 문제해결을 방해한다.	재정위기에 직면한 직장여성이 세계적으로 유명한 값비싼 휴양지에서 휴가를 즐기는 상상하는 것으로 현실상황을 일시적으로 도피하는 경우이다.
격리	과거나 현재의 경험에 있어 실제 사실은 의식에 남아있으면서도 그 사실과 관련된 고통스런 감정이나 충동은 그 사실과 분리시켜 무의식에 남게 된다.	너무 억울한 일을 당한 사람이 일정 기간이 지나 그 사건에 대해 감정을 섞지 않고 사실을 이야기하는 경우나 강박신경증에서 감정표현 없이 논리에 매달리는 경우이다.

5 혼동하기 쉬운 방어기제

방어기제	구별
억압과 억제	• 억압: 무의식적 과정(억누른다는 것도 모르면서 원인 모를 불편 호소) • 억제: 의식적 과정(욕망이나 갈등을 알고서 자제하므로 불편하지 않음)
퇴행과 행동화	• 퇴행: 나이나 상황에 맞지 않게 이전 발달단계로 되돌아간다는 점에 주목 • 행동화: 욕망이 통제되지 않고 분출되는 점에 주목
취소와 반동형성, 이타주의	• 취소: 불편한 욕구나 기억을 지우거나 중화하는 상징적 행동 • 반동형성: 욕구와 정반대로 행동, 공포의 대상에 오히려 몰두함 • 이타주의: 갈등을 유발하지 않으며 만족감을 주는 발전된 형태의 반동형성
신체화와 전환	• 신체화: 상징적 의미가 뚜렷하지 않은(주로 자율신경계) 증상 예 두통, 복통 등 • 전환: 상징적 의미가 있는(주로 가성신경학적) 증상 예 마비, 경련 등
전치와 상징화	• 전치: 특정 대상에 가지는 불편한 감정을 덜 불편한 대상에 옮겨 표현 • 상징화: 특정 대상에 대한 불편한 감정을 대상과 연관된 상징적 의미를 지닌 사물에 옮겨 표현하는 전치의 일종

합일화와 함입, 동일시	• 합일화: 자신과 외부의 구별이 없는 시기에 발생하는 가장 원시적 동일시 • 함입: 발달과정에서 타인의(주로 부정적) 특성을 받아들여 자기의 것으로 함(공격자와의 동일시는 함입의 일종) • 동일시: 타인의 특성을 받아들여 자기 것으로 함. 포괄적 혹은 긍정적 의미
합리화와 지식화	• 합리화: 자신의 행동에 대한 일종의 자기변명 또는 핑계 • 지식화: 일반적, 추상적인 지식에 몰두하여 자신의 구체적, 개인적 갈등을 회피
고립과 해리	• 고립: 사고, 기억에서 감정을 분리 • 해리: 인격의 일부와 나머지 부분을 분리

6 정신심리 발달차원의 이해

1) 프로이드의 정신성적 발달(Psychosexual Development) 이론 [1999 · 2011 · 2015 기출]

PART 01. 「아동청소년간호학」 참조

2) 에릭슨(E. Erikson)의 정신사회적 발달(Psychosocial Development) 이론 [1999 · 2010 · 2011 기출]

PART 01. 「아동청소년간호학」 참조

3) 피아제(J. Piaget)의 인지발달(Cognitive Development) 이론

PART 01. 「아동청소년간호학」 참조

4) 설리반(H. S. Sullivan)의 대인관계 발달(Interpersonal Development) 이론

PART 01. 「아동청소년간호학」 참조

5) 말러(M. Mahler)의 분리개별화(Separation–Individualization) 이론 [2015 기출]

시기	개월 수
정상자폐기 (phase of normal autism)	0~1개월
공생기(Symbiotic Phase)	1~5개월
분리개별화 시기(Separation Individualization Phase)	5~36개월

| 분리개별화 시기(제1~4분기) |

제1분기	분화분기(differentiation subphase, 5~10개월)
제2분기	실제분기(practicing subphase, 10~16개월)
제3분기	화해접근분기(rapprochement subphase, 16~24개월)
제4분기	통합(대상항상성수립)기(consolidationsubphase, 24~36개월) • 영아가 '정신적으로 출생'하는 시기라 부른다. • 어머니로부터의 분리이며 신체적 정신적 면에서 개인적인 구별감을 획득한다. • 자아영역이 독립되면서 신체적, 정신적으로 분리되어 개별화가 이루어진다. • 자아가 강해지고, 자아감을 수용하고, 자아영역이 독립될 때 개별화가 이루어진다.

6) 콜버그(Kohlberg)의 도덕성 발달이론 [2014 기출]

(1) 도덕 발달수준 : 전 인습적 수준

도덕 발달 단계	사회적 관점
1단계 : 2~3세 타율 도덕성, 벌과 복종 지향	• 타율적 단계(처벌과 복종) • 타인의 보상/처벌에 따라 도덕적 행위 결정
2단계 : 4~7세 개인, 도구 도덕성, 수단적인 목적	• 자신의 관심과 흥미에 따라 도덕적 행위 결정 • 순수한 도구(현실적 도구) → 자신의 필요한 욕망을 만족시키는 것을 극대화 • 옳은 것을 상대적으로 이해 → 내가 좋으면 옳은 것

(2) 도덕 발달수준 : 인습적 수준

도덕 발달 단계	사회적 관점
3단계 : 7~12세(학령기) 개인간 규준적 도덕성, 상호관계도덕	• 타인으로부터 인정받는 것에 도덕적 행위 결정 • 인간 상호간의 동조성 중심, 또는 '착한아이' 경향 • 착한 소년 소녀 지향적 도덕(권위적 인물의 승인) • 사회규율이나 관습에 맞는 행동
4단계 : 10~12세 사회 체계 도덕성 권위와 사회적 질서 유지	• 정의, 주어진 책임, 지역사회 규칙이 도덕행위를 결정 • 사회체계의 지향적 도덕 • 규율은 법칙이며 개인적인 소망이나 좋은 의도, 단체의 신념에 우선하기 때문에 지켜져야 한다고 믿음 – 체벌을 받을까 두려워서가 아니라 사회질서를 유지하기를 원하기 때문에 사회적 기대를 따름 → 법에 따른 행동

(3) 도덕 발달수준 : 후 인습적 수준 [2014 기출]

도덕 발달 단계	사회적 관점
5단계 : 12세 이상 사회계약/법률중심 단계	• 사회적 존경과 멸시에 기초하여 도덕적 행위 결정 • 개인 권리와 사회 복지 도덕성 • 절대적 기준과 상황적 요소를 비추어 판단 • 도덕 사회를 건설하는 데 누구라도 선택할 보편화된 가치와 권리를 인식하는 이성적 도덕 주체의 관점
6단계 : 보편적, 윤리, 원칙의 도덕성	• 모든 사람의 존엄성을 존중하는 도덕적 행위 결정 • 모든 사람에게 동등하게 적용 • 자유롭고 자율적 개인으로서 서로에게 가져야할 모든 인간 존재의 이상적인 관점

03

7) 매슬로우(A. H. Maslow)의 기본욕구 체계 [2007 기출]

매슬로우는 개인의 욕구(needs)와 동기(motivations)에 대해 연구했다. 그는 피라미드의 가장 아래에 있는 기본욕구가 개인의 행동을 지배한다고 보고 이것이 충족된 후에야 그 다음 단계의 욕구가 우세해진다고 보았다. 예를 들어 음식과 주거에 대한 욕구가 충족되지 않으면 사람은 자신의 삶에서 이 욕구가 최우선이 된다는 것이다.

생리적 욕구 (physiological Needs)	인간의 기초적인 기능을 영위하는 데 필요 불가결한 욕구로서, 타고난 본능이라 말할 수 있다. 생리적 욕구에는 음식, 산소, 수분, 수면, 주거, 성, 고통으로부터 자유롭고자 하는 욕구가 포함된다. 다른 모든 욕구와 마찬가지로 생리적 욕구에 있어서도 그것이 충족되었느냐 그렇지 못했느냐 혹은 그것이 어떻게 충족되었느냐 하는 것은 다만 생리적으로 신체의 발달에만 영향을 주는 것이 아니라 인격의 발달, 특히 정서의 발달에도 중요한 영향을 미치게 된다. 즉 음식을 충분히 먹었을 때의 상태는 다만 생리적인 만족만 줄 뿐 아니라, 정서적 긴장의 해소를 가져온다.
안전의 욕구 (safety Needs)	안전의 욕구는 안정, 의존, 일정한 상태의 유지, 보호 등에 대한 욕구, 공포, 불안, 혼동으로부터 벗어나고자 하는 욕구, 질서가 유지되는 조직과 안전한 한계가 이루어지기를 바라는 욕구 등이 포함된다. 이러한 욕구는 특히 위험에 대한 반응이 명백하고, 억제하는 힘이 약한 어린이에게서 현저하며, 노인에게서도 역시 비슷한 현상이 일어나는데, 노인들은 그들이 친숙한 환경하에서는 좀 더 편안하고 안정감을 갖는 경향이 있다. 안전의 욕구가 만족되지 못할 경우 사람들은 신체적, 심리적으로 불안감을 경험하게 된다.

사랑과 소속의 욕구 (love and belonging needs)	• 지속적인 친밀감, 우정, 수용 등의 욕구로 사회적, 인격적 욕구 중 가장 기본이 되는 욕구라고 할 수 있다. 특히 어려서 부모로부터 건전한 사랑을 받으며 자랐느냐 그렇지 못했느냐 하는 것은 그 사람의 인격형성에 중대한 영향을 가져온다. 따뜻한 사랑을 받으며 자란 사람은 안정된 마음으로 자신을 발전시킬 수 있는 기초를 갖게 될 뿐 아니라, 웬만한 좌절이나 어려움을 당하게 될지라도 극복해 낼 수 있고, 다른 사람과의 관계에 있어서도 신뢰감을 갖고 원만한 사랑으로 대할 수 있게 된다. 그러나 그렇지 못할 경우, 성격은 비뚤어지고 소위 문제아가 될 가능성이 많아지게 되는데, 실제로 사랑할 수 있는 능력이라는 것은 사랑을 받는 가운데에서 키워지는 것이기 때문에 사랑한다는 행위는 상대방을 사랑함과 동시에 상대방으로 하여금 사랑할 수 있는 능력을 갖도록 키워주는 행위라고도 말할 수 있다. • 이렇게 사랑을 주고받는 것 자체도 혼자서는 이루어지지 못하는 것이지만 인간은 외톨이가 되는 데 큰 불안을 갖는다. 사람은 다른 사람들과 떨어져서는 못 살며, 남들과 잘 어울려 지냄으로써 고독의 불안을 해소하려는 욕구를 충족시킬 수 있는 것이다.
존중의 욕구 (esteem needs)	타인으로부터의 자기존경 및 존중의 욕구이다. 인간은 다른 사람과 함께 참여한다는 데에서 만족을 얻는 동시에 또한 그들로부터 사랑받고 한 멤버로서 승인되어 인정받기를 원한다. 자신의 신념이나 가치관이 받아들여졌을 때에 사람들은 자신이 존경받고 있다는 느낌을 갖게 되며, 다른 사람들이 자신을 원한다고 생각할 때에, 그리고 자신이 쓸모 있고 존경받는 인간이라고 느낄 수 있을 때에 자존심은 유지되는 것이다. 주위사람들로부터 그 가치를 인정받지 못하고 있다고 생각될 때 인간은 열등감에 빠지며 심하면 의욕조차도 잃게 되는 경우가 있다.
자기실현의 욕구 (self-actualization needs)	가장 높은 수준으로 아름다움, 신뢰감, 정의에 대한 욕구이다. 자기실현의 욕구는 어떠한 생산적인 활동과 기여를 통해서 자기가 뜻하는 목적을 달성하고자 하는 욕구로서, 자신의 가장 높은 차원의 잠재적인 능력을 실현함으로써 만족을 얻게 되는 것이다. 반대로 이러한 욕구가 좌절되면, 즉 목적을 달성시키지 못하게 되면 패배감과 불만을 느끼게 되며 이러한 경험이 반복되면 자신을 잃게 되고 더욱 심해지면 스스로를 혐오하고 자포자기하게 된다. 이러한 인간의 욕구 가운데에서도 가장 고차원적인 것은 탐미적 욕구로 그것은 질서정연하고, 조화를 이루며 아름답고 진실된 것을 찾고자 하는 욕구이다. 자기실현에 도달하는 사람의 성격 특성으로는 현실에 대한 적절한 지각, 자발성, 고도의 자율성과 독립성, 만족스러운 대인관계 능력, 유머감각, 강한 윤리감, 창조성 등을 들 수 있다.

04 정신 간호의 원리

1 치료적 인간관계

정의	대상자가 두려움이나 어려움 없이 성장하도록 지지해주는 목적지향적인 조력관계
목적	• 자기수용, 자기실현, 자존감의 강화 • 명백한 인간 정체감과 통합성의 증진 • 사랑을 주고받는 상호의존적인 대인관계를 형성 • 욕구만족과 현실적인 목표성취 향상과 능력증진

(1) 치료적 인간관계에서의 간호사의 자질

핵심적 요소	특징
자기인식	자기 자신을 치료적 도구로 이용 🚨 조하리 창: 자기노출과 피드백의 개념을 토대로 대인관계 유형 연구
가치관 확립	인간 · 환경 · 건강 · 간호에 대한 가치관 확립
온화함	상대방을 비판하거나 평가하는 것이 아니라 수용할 수 있는 따뜻한 온정
이타주의	타인을 돕고자 하는 자신의 동기를 확인하고 인내와 헌신
윤리감 · 책임감	인간의 존엄성을 바탕으로 한 전문적 지식과 기술
치료적 의사소통기술	의사소통의 주요성 인식과 의사소통 기술 향상을 위해 노력
전이와 역전이 이해	• 전이(transference): 대상자가 아동기에 중요한 인물에게 나타냈던 행동양상이나 정서적 반응을 무의식적으로 치료자에게 옮겨오는 것 • 역전이(counter-transference): 치료자의 과거 갈등 경험이 무의식적으로 대상자에게 옮겨져 치료자가 대상자에게 부적절하고 왜곡된 반응을 보이는 현상

(2) 조하리의 창

개방영역의 공간이 확장되어야 치료적 인간관계를 편안하게 맺을 수 있으며 자기인식의 수준도 향상된다. 개방영역을 넓히기 위한 방법으로는 자신의 감정이나 경험을 타인과 스스럼없이 공유할 수 있어야 한다. 이 영역이 확장되면 인간의 다양성을 수용할 수 있는 능력 및 인간을 존중하는 마음도 같이 향상된다. 조하리의 창(Johari Window)은 자신을 이해하는 유용한 도구로 자기인식 정도를 4개 영역으로 나눠 그림으로 보여주고 있다. 이 네 개의 창은 자기인식정도에 따다 그 크기가 달라진다.

① 조하리의 4개의 창

자기 공개 정도		피드백(feedback) 정도	
		내가 알고 있는 정보	내가 모르고 있는 정보
	타인이 아는 정보	개방영역(개방형) 나도 알고 남도 안다	맹인영역(자기주장형) 나는 모르는데 남은 안다
	타인이 모르는 정보	은폐영역(신중형) 나는 아는데 남은 모른다	미지영역(고립형) 나도 모르고 남도 모른다

	자신이 아는 부분	자신이 모르는 부분
타인에게 알려진 부분	1 자신과 남에게 알려진 나	2 남에게만 알려진 나
타인에게 알려지지 않은 부분	3 자기 자신에게만 알려진 나	4 자기자신과 남에게 알려지지 않은 나

② 각 영역에 위치한 자기가 어떻게 기능하는가

영역의 영향	어느 한 영역에서의 '나'의 변화는 나머지 모든 영역에서의 '나'에게 영향을 미친다.
1영역의 나 감소	• 의사소통은 감소한다. • 대인관계에서 이루어지는 학습은 어떤 변화가 일어난다는 뜻이므로 1영역의 '나'가 커질수록 나머지 영역의 '나'는 작아진다.
2영역의 나 감소	남의 말을 경청하고 타인으로부터 학습한다.
3영역의 나 감소	• 자신의 중요한 측면을 남에게 나타내 보인다. • 남들이 모르는 나의 부분을 솔직하게 개방한다(자기노출).

③ 자기인식을 증진시키기 위한 전략 3가지

경청	• 자신을 경청하는 것으로부터 시작된다. • 이것은 자신의 생각, 감정, 기억, 충동 등에 귀를 기울이고 탐구하는 것을 포함한다. • 즉, 자신의 참된 감정을 경험하고 인간적 욕구를 확인하고 받아들여 자유롭고 즐거우며 자발적인 방향으로 움직여 가는 것을 의미한다.
남의 말 경청	• 남의 말을 경청하고 타인으로부터 학습함으로써 2의 영역의 크기를 감소한다. • 자신에 대한 인식은 자기 혼자서는 안 된다. 우리는 다른사람과 관계를 맺으면서 자신에 대한 지각을 확장시키며, 그러한 학습은 적극적인 경청과 타인의 피드백에 대한 열린 마음을 요구한다.
자기노출	• 자신의 중요한 측면을 남에게 나타내 보임으로써 3영역의 크기를 감소시킨다. • 남들이 모르는 나의 부분을 솔직하게 개방한다. • 자기노출은 건강한 인격을 가지게 하는 방법이다.

(3) 치료적 인간관계 형성단계

상호작용 전 단계	• 간호사 자신을 탐구하는 단계 → 자기분석 • 대상자에 대한 자료수집
오리엔테이션 단계 (초기 단계)	• 수용적, 개방적 의사소통으로 협력관계 형성(신뢰감 형성) • 자기소개, 역할에 관한 설명 • 수용적, 개방적 의사소통으로 대상자의 문제 확인 • 종결에 대해 미리 예고 • 탐색하기 : 대상자도 간호사의 의도 탐색
활동단계	• 치료적 관계가 활발 • 대상자의 의미 있는 스트레스 요인 탐색 • 대상자의 행동 · 사고 · 감정을 연결하여 통찰력 발달 • 새로운 행동변화를 삶에 통합 • 건설적인 적응기전을 향상 • 실제적 행동변화가 이 단계의 초점
종결단계	• 치료적 관계의 목적 달성 여부 평가 • 대상자와의 만남 횟수를 줄이고 새로운 지지체계 확보 • 이별에 대한 감정(거부감, 상실감, 분노) 표현 격려 • 종결반응 : 이별에 대한 두려움으로 퇴행반응을 보일 수 있음을 이해

(4) 치료적 인간관계의 장애요인

치료자 요인	사랑과 관심 결여, 직업적 동기이해 부족, 공감과 통찰력 결여, 전이 역전이의 이해 부족, 의사소통기술의 부족
대상자 요인	치료 및 치료자에 대한 불신감, 자존감 손상, 선입견이나 편견, 심리적 미성숙
환경적 요인	생소한 병원 환경, 가정환경(불안, 무관심, 과보호), 경제적 환경

2 치료적 의사소통 [2011 · 2021 · 2023 기출]

(1) 의사소통의 과정

송신자	생각, 감정, 정보 등의 메시지를 전달하는 사람
메시지	송신자의 목적이 언어적(구어적 · 문자적), 비언어적(얼굴표정, 제스처, 자세, 외모, 음성의 고저, 크기, 속도, 질, 억양)으로 표현되는 내용
전달매체	메시지를 전달하는 수단
수용자	메시지를 전달받는 사람
피드백	수용자의 반응

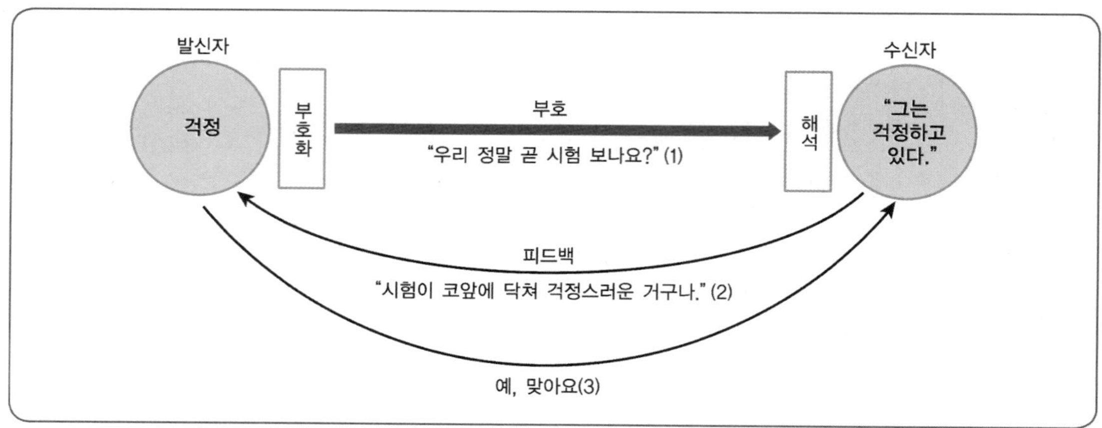

(2) 치료적 의사소통 기법 [2011 기출]

① 비언어적

<table>
<tr><td>함께 있어주기 또는 관심 기울이기</td><td colspan="3">• 타인을 향해 정면으로 마주 바라보기
• 개방적인 자세 취하기
• 타인을 향해 몸을 기울이기
• 시선 접촉하기
• 편안한 자세 취하기
• 사생활을 보장할 수 있는 환경 조성하기</td></tr>
<tr><td rowspan="6">경청</td><td colspan="3">따뜻한 시선 접촉, 편안한 자세, 상냥한 얼굴 표정, 고개 끄덕임 등 수용함을 전달하는 표현이어야 한다.</td></tr>
<tr><td>소극적 청취</td><td colspan="2">내담자의 말에 상담자가 듣고 있음을 전달하는 방법
예 고개를 끄덕, 으흠, 아. 저런, 예~등</td></tr>
<tr><td rowspan="4">적극적 청취
[2002 기출]</td><td colspan="2">상담자는 소극적인 반응을 넘어서서 보다 적극적으로 자신이 청취하고 있음을 전달하여 내담자가 자기 탐색을 보다 촉진하도록 할 수 있다.</td></tr>
<tr><td>바꾸어 말하기
(재언급)</td><td>내담자가 말한 내용을 상담자가 자신의 표현방식으로 바꾸어 말해주는 방식이다.</td></tr>
<tr><td>반영하기</td><td>상담자가 내담자의 경험 세계를 이해하는 것이고 '내가 느끼고 보는 방식대로 너의 세계를 정확히 파악할 수 있다'는 것을 상대에게 전달해 주는 것으로, 숨겨진 감정을 파악하고 반영하는 것이다.</td></tr>
<tr><td>요약하기</td><td>사건의 내용과 내담자의 감정을 종합해서 간결하게 전달하는 것이다. 요약은 내담자의 탐색을 촉진하고 상담자가 제대로 지각하고 있는지를 점검하게 한다.
예 눈을 맞추고 고개를 끄덕이며 '음~그랬군요.'로 반응하며 경청함</td></tr>
</table>

침묵	• 대상자에게 사고 · 느낌 · 결정 등을 심사숙고할 수 있는 시간을 줌으로써 충분히 고려하여 이야기하도록 격려하는 기술이다. • 침묵은 대상자가 그것을 어떻게 지각하는가에 따라 다양한 효과를 가진다. 말을 많이 하는 대상자에게 간호사의 침묵은 대상자의 말을 경청하고 있다는 것을 알리는 의미가 있다. 대상자가 말하기를 멈추었을 때는 간호사가 자신의 말에 반응하기를 기대하고 있다는 것을 뜻한다. 이 때 간호사가 반응을 하지 않는다면 대상자는 거절이나 적대감 혹은 무관심한 것으로 지각할 수 있다. • 우울하거나 위축된 대상자에게는 간호사의 침묵이 지지, 이해, 수용을 하고 있다는 의미를 전할 수 있다. • 내향적인 대상자에게는 침묵의 순간에 편안하게 자신이 조용히 있을 수 있으며 누군가 자신을 좋아하고 있다는 것을 발견하도록 하는 의미가 있다. 또한 침묵은 생각할 시간을 주며 대상자가 통찰력을 다시 얻도록 도와줄 수 있다. 그러나 침묵이 흐르는 동안 대상자의 반응을 살필 수 있는 예민함이 요구되며, 침묵이 대상자와 간호사 간의 대항이 되어서는 안 된다. • 침묵이 항상 치료적인 것은 아니다. 잦은 침묵사용은 면담을 방해하며, 냉랭한 침묵은 분노와 적대감의 표현이 될 수 있고 때로는 무시 받았다는 느낌과 모욕으로 인식되어 상처를 받을 수 있으므로 시기적절하게 사용하도록 한다.

② 언어적 소통반응

다른 말로 표현하기, 바꿔 말하기 (paraphrasing)	• 대상자의 메시지를 다른 단어나 문장으로 표현하는 것이다. • 메시지와 전혀 관련 없는 다른 단어를 사용해서는 안 되고, 간단 정확하고, 문화적으로 관련 있는 비슷한 용어를 사용해야 한다. 예 대상자: 저는 어제 잠을 못 잤어요. 소변이 나오려 하는데 화장실 가면 안 나와요. 자꾸 화가 나고 짜증나고 약 때문에 그러는지 잠들었는데 새벽 네 시쯤……. 간호사: 어제 불면증이 있으셨군요. 약물 부작용으로 배뇨에 어려움이 있다고 느끼시는군요.
재진술(반복) [2011 기출]	• 대상자가 표현한 주요 생각을 다시 반복하는 것을 말한다. • 대상자의 외적 · 내적 메시지를 반영하여 감정 및 대화의 내용을 확인한다. • 재진술은 간호사가 대상자의 말을 경청하고 있음을 알린다. 때로는 대상자가 진술한 내용에서 일부분만 반복할 수도 있는데, 이 기법은 강화물로서 역할을 하며, 지나쳐 버릴 수 있는 중요한 사항에 주의를 집중하게 한다. • 대상자의 메시지에서 동일한 핵심단어를 반복하는 점에서 다른 말로 표현하기와 다르다. 예 대상자: 3살 때부터 어머니와 떨어져 살았어요. 어머니는 교통사고로 돌아가셨지요. 간호사: 3살 때 어머니와 헤어져 살았다고요? 교통사고로 어머니가 돌아가셨다고요?
반영하기 [2011 · 2020 기출]	• 대상자의 생각과 경험, 느낌을 치료자가 공감한 대로 진술하는 것이다. • 질문의 형식이나 민감한 문제를 이야기할 때 간호사가 관찰한 내용을 전달하는 방식이다. • 관찰한 바를 표현하고 공유할 때 대상자는 온전한 관심과 수용을 받았음을 알게 된다.

느낌(감정) 반영	대상자의 느낌을 자신의 견해를 섞지 않고 표현해주는 것이다. • 감정의 반영은 간호사가 대상자의 감정을 인식하고 있음을 알도록 해주며, 간호사와 대상자 간의 관여의 수준을 증진시킨다. • 감정의 반영은 대상자가 모호하게 표현한 감정을 명확한 의식의 수준으로 끌어올리기 위한 것으로 내용보다는 감정에 초점을 둔다. 이렇게 감정을 의식의 수준으로 끌어올림으로서 대상자는 자신의 감정을 수용하고 인정하는 데 도움이 된다. 감정의 반영 단계는 다음과 같다. • 대상자가 표현하고 있는 감정이 무엇인지 파악한다. • 감정들을 명확하게 묘사한다. • 감정의 반영이 옳은지 대상자의 반응으로 판단한다.
내용 반영	대상자의 근본적인 생각을 간결하고도 분명하게 다시 말해주는 것이다. • 내용의 반영은 대상자가 가지고 있는 주요 생각을 좀 더 새롭고 간략한 언어로 반복하는 것이며, 바꾸어 말하기와도 흡사하다. 때로는 내용의 반영은 대상자가 진술한 내용 중 주요 내용에 초점을 두면서 대상자의 진술을 반복하는 것을 도와주기도 한다. 내용의 반영은 대상자에게 간호사가 자신의 말을 지금 듣고 있다는 것과 내용을 이해하고 있음을 알도록 한다.
경험 반영	객관적으로 관찰한 것을 피드백하는 것으로, 비언어적 메시지에 대한 느낌을 반영하는 것이다. 예 대상자: 입원 후 남편이 면회를 안 오는 걸 보니 나에 대해 실망했나 봐요.
긍정적 예시	예 간호사: 입원 후 남편이 면회를 오지 않았군요. (내용의 반영) 남편이 당신에게 실망했다고 생각하는군요. (생각 반영) 많이 속상하신 것 같군요. (감정 반영) 예 대상자가 고개를 숙이고 있고 식사도 하지 않는다. 간호사: 슬퍼 보입니다. (경험 반영) 예 내용의 반영 대상자: 제가 시험을 보기 위해 교실로 들어갔을 때 숨이 탁 막혔어요. 그동안 해야 할 일이 많았었고…. 저는 시험을 볼 준비가 되어있지 않았어요. 간호사: ××× 씨는 자신이 시험을 볼 준비가 되었다고 생각을 하였는데 막상 시험 장소에 갔을 때는 자신이 너무 서둘러 시험을 보려고 했다는 것을 깨닫게 되었군요. 예 감정의 반영 대상자: 그것이 내가 직업을 바꾸는 것을 꺼려하는 이유는 아닙니다. 바로 나를 위해… 나를 믿고 일을 한 사람을 실망시킬 것 같아서입니다. 간호사: ××× 씨는 직원들에게 책임감을 느끼고 있군요. 그리고 직장에서 일어난 일에 대해서 슬픔과 죄책감을 느끼고 있군요. 대상자: 맞아요. 나는 슬프고… 죄책감을 느끼고… 상당히 화가 나 있어요.

	반영기법의 실수	• 상투적인 반응: "당신은 …게 생각하고 있네요." 혹은 "당신은 …하게 느끼고 있네요."와 같은 반복적이고 단조로운 방식으로 반영기법을 사용할 수 있다. • 적절하지 못한 시기: 대상자가 표현하는 모든 것에 대해 반영을 하는 것은 분노나 좌절감을 야기할 수 있다. 이런 경우 간호사가 진실하게 여겨지지 않을 수 있으며 치료적이지도 않다. • 길게 독점적으로 이야기를 하는 대상자를 중단시키지 못하는 경우: 대상자가 지나치게 장황하게 자신의 말을 하는 경우 감정을 포착하는 것이 어려울 뿐 아니라 간호사가 대상자와의 관계에 있어서 책임감 있고 적극적인 파트너가 되지 못한다. 이런 경우 적절하게 대상자의 말을 중단할 수 있어야 한다. • 감정의 부적절한 깊이: 대상자의 감정을 사정하는 데 있어서 지나치게 표면적이거나 지나치게 깊게 분석함으로써 치료적이지 않을 수 있다. – 대상자의 사회 문화적인 경험과 교육수준에 적절하지 않은 언어의 사용: 효과적인 언어란 자연스러우면서도 대상자가 이해할 수 있는 언어이어야 한다.

03

③ 소통의 명확화

개방형 질문	서술 형태로 대답할 수 있는 질문 형태로 대상자의 생각, 경험, 지각, 상황에 대한 것을 표현하도록 한다. (정보공유) 예 • 지금 무슨 생각을 하고 계십니까? 그 문제에 대해 좀 더 얘기해 주세요. • 지금 많은 스트레스 중 한 가지는 무엇입니까? • 부인과 사이는 어떠합니까?
폐쇄형 질문	• 대부분 개방형 질문이 치료적이나 때로는 폐쇄형 질문이 치료적으로 사용될 때가 있다. • 우울증이 심해 자살을 시도한 환자, 수술 후 통증이나 암으로 통증이 극심한 환자 등 방어적이고 저항이 높은 환자들에게 적용 시 효과적이다. 예 • 자살시도 후 치료를 다시 받고 싶으신가요? • 많이 아프신가요?
명료화 [2011 · 2023 기출]	• 대상자가 말한 모호한 내용의 말을 명백히 할 것을 요구하는 것이다. • 대상자의 말에서 명확하게 표현하지 않은 모호한 생각을 확인하거나 언어화하려고 할 때 사용한다. • 정서나 감정적인 것은 언어로 표현하기보다는 은유적으로나 함축적으로 표현하는 경향이 많기 때문에 명료화 기법을 사용하는 것이 치료적이다. • 대상자의 말을 잘 듣지 못했거나 이해하지 못한 경우에도 명료화 기법을 사용해서 대상자가 전달하고자 하는 바를 명확히 인식해야 한다. 예 대상자: 이제 곧 편안해질 거예요. 간호사: 편안해진다는 말은 죽음을 의미하는 것인가요? 예 "당신이 무엇을 의미하는지 확실히 알지 못합니다. ○○에 대해서 이야기하고 있는 것입니까?" 혹은 "그것에 대해서 다시 한 번 말씀해 주시겠어요?"

초점 맞추기 [2011 기출]	• 대상자가 여러 가지 복합적인 이야기를 하여 대화의 주제가 모호해질 때 대화의 초점이 한 가지에 집중되도록 하는 기술이다. • 초점 맞추기는 대상자가 중요한 의미를 함축하고 있는 주제에 초점을 맞추도록 하여 그 주제에 대해 구체적으로 표현하도록 하는 것이다. 초점 맞추기는 추상화나 일반화를 피하게 하며 대상자가 문제에 직면하고 문제를 상세하게 분석하도록 도와준다. • 대상자가 산만하거나 한 주제에서 다른 주제로 빠르게 넘어가는 경우에 적합하며, 불안 수준이 높은 대상자에게 적용하지 않아야 한다. 예 대상자: 여자는 항상 무시를 당하고 있지요. 우리는 아무 가치가 없는 사람입니다. 간호사: 많은 것을 언급하셨는데 먼저 말씀하셨던 여자로서 어떻게 느끼는지 다시 얘기해 봅시다.

④ 기타 치료적 의사소통

정보 제공	규칙, 식사시간, 투약, 검사를 위한 지시사항, 질병에 대한 정보 등에 대해 알려주는 것 예 대상자: 나는 메스껍고 설사를 합니다. 이렇게 아픈 이유가 무엇일까요? 간호사: ○○님이 복용하고 있는 Lithium의 부작용일 수 있습니다. 최근 ○○님의 Lithium의 농도를 확인해 보겠습니다.
현실감 제공	망상이나 환각과 같이 현실에 왜곡된 인지를 하는 경우 실제 일어나고 있는 현실에 대해 사실대로 이야기하는 것 예 대상자: 저 봐요. 나를 죽인다는 소리가 들리잖아요. 간호사: 저에게는 문 밖에서 나는 바람소리 외에는 아무 소리도 들리지 않아요.
직면	의문을 제기함으로써 말과 행동이 불일치하거나 모순되는 점을 인식시키는 것 예 대상자: 밤마다 남편이 와서 내 다리에 주사를 놓고 갑니다. 간호사: 이상하군요. 밤에는 치료자 외에는 어느 누구도 병실을 출입할 수가 없는 폐쇄병동인데 남편이 들어와 주사를 놓고 간다니 납득이 되지 않습니다.
유머	• 유머는 인격의 기본적인 부분이면서, 치료적 관계의 한 부분을 차지한다. 치료적 관계의 한 부분으로써 유머는 건설적인 대처 행위이며, 유머를 표현하는 것을 학습함으로써 대상자는 자신의 감정을 표현하는 것을 학습할 수 있다. 간호수행의 계획된 접근으로서, 유머는 억압된 것들을 의식화함으로써 통찰력을 향상시킬 수 있다. • 유머는 대상자와의 관계에 있어서 많은 기능을 가지며, 부정적인 기능과 긍정적인 기능이 있다. 유머를 어떻게, 언제, 어디에서 사용해야 하는지 규칙은 없으며 관계의 본질과 특성, 주제에 대한 대상자의 수용성, 유머의 적절성 등을 고려해야 한다. • 유머의 사용이 치료적인 가치를 지니게 되는 경우를 나열하면 다음과 같다. – 약한 수준이나 중등도의 불안을 경험하고 있는 대상자에게 유머로써 긴장을 완화시켜준 경우이다. 반면에 공황수준의 불안을 경험하고 있는 경우에는 유머의 사용은 부적절하다. – 유머로써 대상자가 효율적으로 대처하도록 도움을 줄 때, 혹은 학습을 촉진시킬 때, 삶을 바라보는 관점을 변화시켰거나 사회적인 거리감을 줄인 경우이다. – 유머가 대상자의 사회적 가치 및 문화적 가치와 일치할 때, 유머로 인해 자신이 놓인 상황이나 사람간의 상황, 특정한 스트레스원에 편안해진 경우이다.

지각 공유	• 지각의 공유는 대상자가 생각하고 느끼고 있는 것을 간호사가 이해하고 있음을 대상자에게 확인시키는 것이다. • 지각공유는 대상자가 말한 것이나 행동한 것을 바꾸어 말하기와 간호사가 이해한 사항을 대상자가 확인하도록 하는 것, 필요하다면 간호사가 지각한 바를 대상자가 정정하도록 하는 것으로 이루어진다. 예 대상자 : 내 딸은 참 좋은 아이였어요…. 그리고 다른 사람들을 잘 보살펴주었죠, 그 아이에게 무슨 일이 일어났는지 저는 모르겠어요…. 내가 무엇을 다르게 했었어야 했는지 잘 모르겠어요…. 간호사 : ××× 씨는 딸에게 매우 실망한 것 같군요. 아마 당신 자신에게도… 제가 지금 올바르게 보고 있는 것인가요?
암시	• 암시는 대안적인 아이디어를 내놓는 것을 말한다. 치료적 관계의 활동단계에서 대상자가 자신의 문제를 분석하고 있을 때나 대처방안을 모색하고 있을 때 암시는 유용하다. 이 단계에서의 암시는 대상자가 여러 가지 선택사항에 대한 지각력을 증진시킨다. • 그러나 암시의 제공이 비치료적으로 쓰일 수 있기 때문에 주의해야 한다. 즉, 도움을 구하는 대상자들은 치료팀으로부터 자신이 무엇을 해야 하는지에 대한 의견을 듣기를 기대하는데, 이러한 경우 간호사에게 그 책임감이 전가되며 대상자에게는 의존심을 강화하게 된다. 그리고 대상자는 간호사가 암시해준 바대로 취했는데 실제로 효과가 없는 경우가 생길 수 있는데 이런 경우 실패를 간호사의 탓으로 돌린다. 또한 대상자가 자신의 갈등을 분석하기 전에 암시를 지나치게 자주 사용한 경우 대상자와의 관계에서의 상호성을 무시하게 되며, 대상자가 자신의 생각과 행동에 대한 책임을 짊어지는 것을 약화시킬 수 있다. • 암시 기법을 치료적으로 사용하려면 대상자의 우유부단, 의존심, 두려움 등의 감정을 우선 다루어준다. 또한 대상자에게 잠재적으로 있을 수 있는 자원에 대해서 탐색할 수 있도록 격려해야 한다. 그런 다음에는 간호사는 융통성 있는 대안책을 제공하며 각 대안책의 장점 및 단점, 의미와 적용에 대해서 대상자가 탐색할 수 있도록 도와주어 간호사가 제시한 대안책에서 스스로 선택하도록 격려해야 한다.

치료적 의사소통의 구체적 예시

"전 특별히 잘 하는 게 없으니까 아이들이 자꾸 절 우습게 보고 놀리는 것 같아요. 애들이 내가 무슨 말을 하면 엉뚱하고 바보 같은 사람으로 보는 것 같아서 대화에 집중을 할 수 없어요. 애들도 이젠 제가 이런 문제가 있다는 것을 다 알아버렸어요. 수업시간에도 이런 것이 신경 쓰이니까 공부에 집중도 잘 안돼요."

(1) "잘 하는 것이 없으니까 친구들이 놀리는 것 같고, 그래서 위축되다 보니까 친구도 없고, 공부도 제대로 못하고……."

① 기법 : 요약하기

② 설명 : 상담자가 내담자가 한 이야기를 듣고 나서 그 사건의 내용과 내담자의 감정을 종합해서 간결하게 전달하는 것이다. 상대방이 말하는 내용의 초점을 압축해서 주제를 명확하게 하도록 도와주는 것으로, 요약은 내담자의 탐색을 촉진하고 상담자가 제대로 지각하고 있는지를 점검하게 한다.

(2) "진수가 뭘 하나라도 잘 하면 아이들이 무시하지 않을 거란 말이구나."
① 기법: 바꾸어 말하기
② 설명: 혼돈되는 내용을 명료화시켜주며, 여러 가지로 언급된 이야기를 하나로 묶어주며, 가장 중요한 대목을 요약해 주는 데 효과적이다. 이야기 주제를 부각시키고 내가 이해한 것이 정확한지 검토한다.
(3) "그것이 내가 못나서 그런 것 같은데, 그런 생각 때문에 공부도 제대로 할 수 없으니 참 답답하겠구나."
① 기법: 반영하기
② 설명: 말한 그대로를 반복함으로써 그의 말을 제대로 이해했는지 확인하는 것

(3) 비치료적 의사소통 기법 [2011 · 2023 기출]

정의	치료적 의사소통 기법이 대상자를 있는 그대로 받아들이면서 비지시적, 비판단적, 개방적인 대화를 하는 것이라면, 비치료적 의사소통은 대상자를 있는 그대로 받아들이지 않으면서 지시적, 판단적, 폐쇄적인 대화를 하는 것이다.
일시적 안심 [2011 · 2023 기출]	실제로 문제가 있는 데도 불구하고 일시적으로 대상자를 안심시키기 위해서 "모든 것이 잘 될 거예요.", "당신은 잘 해 나가고 있어요.", "곧 나아지실 거예요." 등과 같이 반응하는 경우이다. 안심시킴은 대상자에게 실제로 존재하고 있는 문제를 최소화 하거나 무시 혹은 경시하는 태도로 받아들여질 수 있다. 그러한 안심은 대상자에게 잠시 동안 좋은 감정을 느끼게 하지만 결국은 무의미하게 들리게 되며, 대상자보다는 치료자를 안심시키는 결과가 될 수 있다.
칭찬	"그거 참 좋습니다.", "아주 잘하셨어요." 등과 같이 대상자의 생각이나 행동에 칭찬하는 반응은 판단하는 권리가 대상자보다는 간호사에게 있다는 의미를 전달한다. 또한 대상자가 솔직하게 생각한 바를 말하고 행동할 수 있는 자유를 제한할 수 있으며, 대상자가 간호사의 칭찬을 받으려는 방향으로만 말하고 행동하려고 유도할 수 있기 때문에 비치료적이다.
비난	대상자의 행동이나 생각을 비난하는 것으로 "그건 좋지 않아요.", "나는 오히려 당신이… 하지 않는 편이 좋다고 생각해요."라고 반응하는 경우이다. 비난은 간호사가 대상자의 생각과 행동에 대하여 판단할 수 있는 권리를 갖고 있다는 것을 내포하게 되며, 비난 역시 간호사의 칭찬을 받으려는 방향으로만 말하고 행동하려고 유도할 수 있기 때문에 비치료적이다.
거절 [2011 기출]	• "…은 논의하지 맙시다.", "나는 …에 대해서 듣고 싶지 않아요."라고 말하면서 대상자의 생각이나 행동에 대해 숙고하지 않거나 거부하는 경우이다. 이러한 경우 대상자는 자신의 대화가 거절당했다고 지각하게 되어 치료적 관계가 지속되기 어렵게 되며, 대상자는 대화를 거절당했음과 더불어 자신이 거절당한 느낌을 갖게 된다. 또한 치료자는 자신의 약점이 노출되는 것을 막기 위해 혹은 자신의 불안으로부터 방어하기 위해서 자신에게 부담스러운 주제에 대하여 대화하기를 거절할 수 있다. • 동의: "나도 그렇게 생각합니다.", "옳다고 생각합니다." 등과 같이 대상자의 판단 기준보다는 간호사의 판단을 우위에 둔 경우이다. 동의는 단지 대상자의 의견이 간호사의 의견과 같기 때문에 '그가 옳다'라는 인상을 대상자에게 줄 수 있기 때문에 대상자는 자신의 의견을 주장하기보다는 간호사의 의견에 따르려는 경향이 강해질 수 있다.

이견 [2011 기출]	"그것은 틀려요.", "나는 절대로 …에 동의하지 않아요." 등과 같이 대상자의 의견에 반대하는 경우이다. 이것도 동의와 마찬가지로 대상자의 판단기준보다는 간호사의 판단을 우위에 두게 된다. 이견의 반응은 대상자가 틀렸다는 것을 내포하기 때문에 대상자는 불안을 경험할 수 있으며 자신을 방어하려고 할 수 있다.
충고	"나는 당신이 …해야 한다고 생각해요.", "당신은 왜 …하지 않아요?"라고 말하면서 충고하는 것은 간호사가 대상자보다 높은 위치에 있음을 암시하게 된다. 이는 간호사는 무엇이 최선이라는 것을 알고 있으며, 대상자는 자신의 소신대로 행동을 결정하고 따를 수 있는 상태가 아니라는 것을 암시할 수 있다. 그리고 대상자가 자기 문제에 적극적으로 맞서거나 최선을 다해 골똘히 생각하는 것을 막는 결과를 초래할 수 있다. 또한 충고는 대상자가 살아오면서 가족이나 친구들로부터 받아 왔기 때문에 실질적으로 도움이 되기 어렵다. 충고의 한계점은 간호사가 제시한 충고를 대상자가 따르지 않는다는 것이다. 외관상으로는 간절히 충고를 구하는 것처럼 보이나 사실상 그들은 이미 결정을 내리고 있으며 다만 자신의 생각에 대한 확인을 들으려고 하는 경우가 많기 때문이다. 이러한 경우 효과적인 방법은 그 문제 상황에 대해 대상자가 느끼는 감정을 다루어 주는 것이다. 또한 충고는 간호사에 대한 의존심을 조장할 수 있다. 이것은 간호사가 무의식적으로 대상자의 문제를 자신의 것처럼 인식하게 되면서 일어나게 되는데, 즉 간호사는 대상자에게 충고를 하면서 바로 자신의 이야기를 하게 된다. 따라서 이러한 경우 충고는 대상자에게 도움이 되지 못하며 결과적으로 대상자는 간호사에게 책임을 돌리게 된다.
탐지	"무슨 후회를 하셨단 말입니까?", "죄는 무슨 죄란 말입니까?" 등과 같이 대상자에게 심문하듯이 캐묻는 것을 말한다. 또한 간호사의 개인적인 호기심을 가지고 탐지의 질문을 하게 되면 대상자는 자신을 보호하기 위해 방어반응을 보이거나 화를 낼 수 있다.
도전	"병이 없다면 왜 퇴원이 안 될까요?", "그런데 당신이 어떻게 신의 계시를 받았다고 믿을 수 있죠?" 등과 같이 대상자의 비현실적인 생각과 지각을 증명하도록 답변을 요구하는 경우를 말한다. 이러한 경우 대상자는 자신의 병적인 생각이나 비현실적인 생각에 대한 도전이나 위협으로 받아들여 더욱 방어적인 태도를 보일 수 있다.
시험	"아직도 망상을 가지고 계세요?", "아직도 부모님이 미우세요?", "아직 그런 생각을 하십니까?"와 같이 대상자의 병식 정도를 시험하는 경우이다. "아직도 그러한 생각을 하고 있나요?"라고 묻는 것보다 "무슨 생각을 하면서 지내는지 나에게 말씀해 주십시오."라고 말하는 것이 치료적이다.
방어	언어적인 공격으로부터 보호하려는 반응으로 "이 병원은 평판이 좋습니다.", "○○○ 씨 담당의사와 간호사는 매우 유능한 선생님입니다." 등으로 대상자가 불평이나 비평하는 것에 대해 방어하고 자신의 입장을 변호하는 것을 말한다. 이것은 대상자가 느낀 감정이나 의견을 표현할 권리가 없다는 것을 암시하는 것이 된다.
표현된 감정의 경시	"뭐 그런 것 가지고 그렇게 심각하게 고민하세요.", "그것은 하나도 걱정하실 것이 되지 않는데요." 등과 같이 대상자가 표현한 느낌에 대해 가볍게 넘기는 것이다. 이러한 반응은 대상자의 느낌이 일시적이거나 잘못된 것이며 그다지 중요하지 않다는 것을 함축한다. 간호사는 자기의 관점에서가 아니라 대상자의 관점에서 대상자가 무엇을 느끼고 경험하는지 파악하는 것이 중요하다.

상투어	"날씨가 좋군요.", "용기를 잃지 마세요.", "병원에서 하라는 대로만 하면 곧 집에 가시게 될 거예요." 등과 같이 의미가 없는 상투적 문구나 틀에 박힌 반응을 하는 경우로 대상자의 개별성을 무시하게 된다.
문자적 반응	대상자가 말하는 내용이 담긴 의미에 대해서는 생각하지 않고 말 그대로 받아들여 대답하는 것이다. 이러한 문자적 반응에 대해 대상자는 간호사가 자기의 감정을 이해하지 못한다고 생각을 하게 되어 치료적 관계의 진행이 어렵게 된다.
관계없는 주제	대상자가 말하고 싶은 주제를 피하거나 주제를 바꾸는 것을 말한다. 때로 간호사는 자신이 원하는 주제를 이야기하기 위해서 혹은 다루고 싶지 않은 주제를 벗어나기 위해 주제를 바꿀 수 있다. 주제를 일방적으로 돌리는 것은 대상자의 발언권을 빼앗는 것이 되므로 치료적 관계의 진행을 방해한다. 간호사는 대상자의 요구에 따라 대화를 진행해야 하지만 심리적으로 부담감이나 불안을 주는 주제에 대해서는 대화를 중단하는 것이 좋다.

비치료적 의사소통의 구체적 예시

고등학교 1학년 딸이 미장원에서 머리를 자르고 들어오면서 볼멘소리로 말한다.
순지 : 엄마! 머리를 너무 짧게 잘라서 엉망이야! 창피해서 학교도 못 가겠어.

- 엄마 1 : 괜찮아. 산뜻해서 보기 좋은데. (칭찬, 찬성)
- 엄마 2 : 이왕 자른 머리, 투덜대지 마라. (명령, 강요)
- 엄마 3 : 네가 어떻게 잘라주라고 설명을 해야지. 속상할 것 없어. 내가 다시 손봐줄게. (충고, 해결방법 제시)
- 엄마 4 : 걱정 마라, 며칠이면 금방 자랄 테니. (동정, 위로)
- 엄마 5 : 그 비싼 미장원에서 자르고 투덜대면 다음엔 집에서 내가 자를 거야. (경고, 위협)
- 엄마 6 : 그런 일로 시간 낭비할 여유가 어디 있니? 넌 고등학교 1학년이다. 그런 걱정 말고 열심히 공부나 해. (훈계, 설득)
- 엄마 7 : 다른 사람들은 네 머리가 긴지 짧은지 관심이 없어. 네가 다른 사람의 머리에 관심이 없는 것처럼 말이야. (논리적 설득, 논쟁)
- 엄마 8 : 그런 일로 투덜대는 사람은 속이 좁은 사람이야. (비난, 비판)
- 엄마 9 : 공부에 그만큼 신경 쓸 일이지. 외모에만 관심 있는 너는 허영으로 가득해서 속이 텅 비었어! (욕설, 헐뜯기)
- 엄마 10 : 네가 짧다고 느끼는 건 늘 긴 머리만 했기 때문이야. (분석, 진단)
- 엄마 11 : 누구한테 창피해? 네가 관심 있는 남학생이라도 있어? 뭐 때문에 엉망이라는 거야? (캐묻기, 심문)
- 엄마 12 : 그런 일에 맘 쓰지 말자. 피곤할 테니 씻고 잠이나 자. 그리고 내일 다시 봐. (회피, 빈정거림, 돌려묻기)

| 비교 | 치료적 소통의 예

엄마 : 어머나 어쩌나~우리 딸이 너무 속상하겠네~
순지 : 할 수 없지 뭐. 모자 찾아 쓰고 가야겠어.

MEMO

출제경향 및 유형 (정신 장애의 간호)

학년도	출제경향 및 유형
1992학년도	
1993학년도	
1994학년도	
1995학년도	
1996학년도	
1997학년도	
1998학년도	
1999학년도	
후 1999학년도	
2000학년도	
2001학년도	
2002학년도	
2003학년도	
2004학년도	
2005학년도	
2006학년도	
2007학년도	
2008학년도	
2009학년도	공황장애
2010학년도	불안수준의 간호, 양극성 장애, 구조적 가족치료, 신경인지장애(작화증 등)
2011학년도	범불안장애, 환청치료, 인지행동치료, 섭식장애(신경성 식욕부진증), 조현병약물 중 콜린성약물 [(Bethanechol(Urecholine)]투여 시 요정체완화
2012학년도	전환장애(Conversion disorder), PTSD 증상, 조현병의 양성/음성증상, 성격장애분류, 약물중독단계, 항우울제, 항우울제(MAO억제제)투여 시 티라민식이제한(고혈압위기)
2013학년도	
2014학년도	강박장애(발모광), 환각과 착각, 보웬(M. Bowen)의 다세대가족치료(가족체계치료)
2015학년도	강박사고의 개념 및 중재, 인지행동치료법-체계적 둔감법, 사고중지법
2016학년도	인지적 왜곡(과잉일반화, 개인화), PTSD 양상, 워커(I. Walker)의 가정폭력의 주기
2017학년도	인지행동치료-인지적 왜곡, 합리적 행동치료 ABCDE 모형, 주요우울장애증상, 조현병의 음성증상, 양성증상과 망상치료시 주의점, 항우울제(MAO억제제)투여 시 티라민식이제한(고혈압위기)
2018학년도	인지행동치료-인지적 왜곡, 공황장애, 알프라졸람의 금단증상, 구조적 가족치료의 경계선 유형, 사티어(V. Satir)의 경험적 가족치료의 역기능적 의사소통 유형
2019학년도	인지행동치료(자기감시법), 자살유형 및 위험요인
2020학년도	인지행동치료(자기감시법, 형성법), 섭식장애, 신체 관련 장애간호, 사고내용장애(망상), 우울증의 치료약물 플루옥세틴 약물기전, 강박사고와 강박행동
2021학년도	사회불안장애 양극성장애, 라모트라진약물
2022학년도	적대적 반항장애 인지행동치료(모델링, 자기주장훈련), 메만틴약물[NMDA(N—methyl—d—asparate) 수용체 길항제]
2023학년도	

02 정신 장애의 간호

01 이상행동의 이해

1 이상행동의 증상

양성 증상	• 건강한 사람에게는 없는 괴이한 생각·말 행동 등을 말하며, 가장 대표적인 것이 환각, 망상, 와해된 언어, 기이한 행동을 포함한다. • 이런 양성 증상은 일반적으로 뇌의 신경전달물질의 변화로 유발된다는 견해가 지배적이며, 주로 약물치료에 의해 호전될 수 있다.
음성 증상	• 건강한 사람에게 정상적으로 나타나야 되는 기능이 소실되거나 결핍되어 있는 무쾌감증, 무의욕증, 감정의 둔마, 현저한 언어 빈약, 자발성 감소, 사회적 철회, 주의력 결핍을 말한다. • 가장 흔한 증상은 얼굴표정의 변화 없음, 직장이나 학교, 사회생활에 적극적으로 참여하지 않음, 말을 잘 하지 않거나 말을 해도 내용이 빈곤하거나 무표정하게 억양 없이 말함, 자신의 감정 표현을 잘 못함, 일에 대한 의욕이 없음, 일을 끈기 있게 해내지 못하는 것 등이 있다. • 약물치료만으로 잘 회복되지 않으므로 다양한 활동치료와 재활치료 등도 필요하다.

2 이상행동의 분류

(1) 행동장애

자동증 (automatisms)	불안의 표현으로 나타나며, 목적 없이 반복되는 행동, 예를 들어 손가락을 두드리는 것, 머리카락을 뭉쳐서 꼬는 것, 발바닥을 치는 것 등
정신운동지체 (psychomotor retardation)	전반적으로 행동이 느린 것
납굴증 (waxy Flexibility)	자세나 위치가 어색하거나 부자연스러운데도 계속 지속되는 것

(2) 정동장애

기분 (mood)	우울 (depression)	“아무것도 하고 싶지 않아요. 아무도 날 돌봐주지 않아서 우울해요.”
	들뜬 기분 (elevated Mood)	“(밝게 웃으며) 오늘은 무슨 일을 해도 다 잘 될 것 같아요. 기분이 너무 좋아요.”
	불안정한 기분변화 (labile Mood)	“(밝은 표정으로) 제가 쓴 이 글이 상을 받을 것 같아요. (화를 내며) 내가 못할 것 같아요? (울면서) 저는 정말 잘할 수 있어요.”
정동	둔마된 정동 (blunted Affect)	얼굴 표정이 거의 없거나 천천히 반응하는 것처럼 보이는 것
	광범위한 정동 (broad Affect)	다양한 내용의 감정 표현
	단조로운 정동 (flat Affect)	자극에 대해 주관적인 느낌이 없어 보이고 얼굴 표정이 없이 감정 표현의 강도가 많이 감소된 무딘 감정 상태
	부적절한 정동 (inappropriate Affect)	상황에 적절하지 않은 감정을 보이며 부적절하게 감정을 표현함. 종종 어리석고 주변 상황에 무관심
	제한된 정동 (restricted Affect)	표현의 한 가지 형태로 나타남, 일반적으로 심각하거나 침울
	무감동 (apathy)	주관적 느낌도 없고 객관적인 반응조차도 없어진 상태

(3) 사고과정과 내용(Thought Process and Content)장애 [2015 · 2019 · 2020 기출]

① 사고 형태의 장애

자폐적 사고	• 외부 현실은 무시하고 외부와의 적절한 관련성 없이 자신의 내적 세계에 집착하고 자신만의 논리 속에 빠져 일반상식이나 논리와 동떨어진 비현실적 사고 • 백일몽 · 환상 · 망상 등에 몰입하는 경우이며, 조현병 환자에게 많음
마술적 사고	• 특수한 생각 · 말 · 연상 · 몸짓 · 태도 등이 초자연적인 방법에 의해 그대로 성취될 수 있다거나 악을 쫓을 수도 있다고 믿는 것 • 사고가 기묘(odd)하고, 특이(peculiar)하며, 기괴(eccentric)한 특성이 있으며 강박적인 경향이 있음
1차 사고과정	• 사고가 무의식적 경향의 작용으로 질서나 논리성이 결여되고 비조직적이며 비현실적이고 마술적 • 정신병적 사고의 대부분이 이에 속하나 정상인의 꿈에서 보이는 사고도 해당됨

② 사고과정의 장애(thought process)

신어조작증 (neologism)	자기만 뜻을 아는 독특한 새로운 말을 조합하거나 만들어 내는 현상. 두 가지 말을 합쳐서 하나의 말로 압축시킨 경우가 많음
우회적 사고 (circumstantial thinking)	사고나 언어가 주어진 질문에 대한 답변과 관련이 있지만 지나치게 세밀하고 부수적임. 많은 불필요한 세부설명을 한 후에야 말하고자 하는 목적에 결국 도달함. 조현병, 기질성 정신장애, 정신지체 등에서 흔히 볼 수 있음
사고의 비약 (flight of idea)	한 생각에서 다른 생각으로 계속 연상이 빨리 진행되는 것
연상의 해이 (loose associations)	연상이완이라고도 하며 사고 진행이 와해되어 논리적 연결이 없이 하나의 생각에서 다른 생각으로 바뀌는 경우이며, 심한 경우 언어에 지리멸렬이 있음
사고의 이탈 (tangential thinking)	한 생각에서 다른 생각으로 연상이 진행되며 목적에 도달하지 못하는 것으로, 우회적 사고와 유사하지만 중심주제로 돌아오지 못한다는 점과 원래의 질문에 대한 답을 하지 못한다는 점이 다름. 가속적인 내적 욕구과 주의산만 때문이며 조증에서 흔히 관찰됨
말비빔 (word salad)	단어와 문구를 이해할 수 없게 지리멸렬하게 뒤섞는 것으로, 듣는 사람에게 아무 의미가 없는 말을 함
지리멸렬 (incoherence)	사고나 말에 있어서 논리나 문법적으로 앞뒤가 서로 연결되지 않아 줄거리가 없고 일반적으로 이해할 수 없는 상태
동문서답 (irrelevant answer)	질문에 맞지 않는 대답을 하는 경우
음연상 (clang association)	말의 의미보다는 단순히 소리의 음향에 따라 새로운 사고가 끊임없이 연결되는 연상의 장애
보속증 (perseveration)	새로운 자극이 주어져도 사고가 더 이상 진행되지 못하고 이전 자극에 머물러 한 관념이 지속적으로 반복 표현되어 다른 질문에도 같은 대답을 함
음송증 (verbigeration)	말이 토막토막 끊어져 완전히 낱말들만 되풀이하는 경우
반향언어 (ecolalia)	다른 사람의 단어나 문구를 병리적으로 반복하는 것
사고의 차단 (thought blocking)	연상의 진행이 갑자기 중단되는 것으로 강한 감정으로 인해 나타나기도 함

③ 사고내용(thought content) [2015 · 2017 · 2019 · 2020 기출]

관계사고 (idea of Reference)	인과적인 사건이나 외부사건들을 자신과 직접적인 관련이 있는 것으로 잘못 해석하는 것. 예를 들어 뉴스를 듣고, 개인적인 의미가 있는 메시지로 믿음
사고의 전파 (thought broadcasting)	다른 사람이 대상자가 생각하는 것을 듣고 있거나 알고 있다고 여기는 망상적 믿음
사고의 투입 (thought Insertion)	다른 사람이 대상자의 머릿속에 어떤 관념이나 생각을 집어넣는다는 망상적 믿음
망상 (delusion)	현실에 맞지 않는 잘못된 생각을 말하며 현실 상황에서 사실과 맞지 않으며, 논리적인 설명에도 불구하고 시정되지 않으며, 그 사람의 교육정도나 문화적인 환경에 걸맞지 않는 잘못된 믿음 또는 생각을 의미함
괴이한 망상 (bizarre)	망상 내용이 매우 괴이하고 엉뚱한 경우
허무망상 (nihilistic)	자신은 죽었다, 뇌가 없다는 등의 망상
빈곤망상 (poverty)	자신은 가진 것이 없다 또는 망했다는 망상
신체망상 (somatic)	에이즈나 암에 걸렸다고 비현실적으로 믿는 경우나 자신의 얼굴이 비뚤어졌다고 여기는 망상
편집망상 (paranoid)	누군가 자신을 해치려 한다는 망상으로 보통 자신의 증오와 공격성이 투사된 결과. 피해망상, 과대망상, 관계망상이 이에 속함
피해망상 (persecution) [2015 · 2017 기출]	주변환경이나 사람이 자신을 괴롭히거나 감시, 독살, 미행, 추적 등 해치려 한다고 믿는 망상, 잘못된 신념이나 믿음을 나타내는 것으로 투사기전이 작용하여 나타나는 것으로 타인이 자신에게 피해를 준다고 믿는 것
과대망상 (grandeur)	자신이 신, 대통령, 중요인물, 특수인, 도사, 지도자, 초능력 보유자 등 특별하고 신비한 힘, 능력이나 신분에 있는 것으로 믿는 망상
관계망상 (reference) [2019 기출]	주위에서 일어나는 일상적인 일이나 객관적인 사실이 모두 자신과 관련되어 일어난다고 믿는 망상. 실제로는 관계가 없는 상황을 자신과 연관되어 있다고 믿음, 다른 사람의 행동, 말투에 지나치게 의미를 부여함
자책망상 (self-accusation) [2020 기출]	초자아가 심하게 비판적, 자기의 징벌과 죄의식, 자신이 큰 죄를 지었고 존재할 가치가 없으며 살아갈 의미가 없다고 믿는 망상. 그럴만한 일이 아닌데도 심한 양심의 가책이나 죄책감을 느낌
조종망상 (control)	자신이 타인에 의해 또는 미지의 존재에 의해 조종당한다는 망상

부정망상 (infidelity)	사랑하는 사람이나 배우자를 믿지 않고 병리적으로 질투하는 망상
색정망상 (erotomania)	누군가 자기를 몹시 사랑하고 있다고 믿는 것

(4) 지각(perceptions)장애 [2014 · 2020 기출]

환청 (auditory hallucination)	실제 외부의 청각 자극이 없는데도 실제처럼 들리는 것. 예를 들면, 친근하거나 낯선 사람의 목소리, 신과 악마의 목소리 등이 들리고 편안하거나 즐거운 소리이거나 과거와 현재의 죄를 호되게 꾸짖거나 비난하는 목소리가 들림
환시 (visual H)	실제 외부의 시각 자극이 없는데도 실제처럼 보이는 것. 예를 들면, 빛이나 죽은 사람, 동물 등 현재 존재하지 않는 것의 형상이 보임. 위협적이고 놀라운 괴물이나 광경이 보이기도 함
환후 (olfactory H)	실제 외부 후각 자극이 없는데도 실제처럼 냄새를 맡게 되는 것. 예를 들면, 냄새나 악취가 나는 것처럼 느껴 코를 쥐고 냄새 맡는 것처럼 킁킁거림
환미 (gustatory H)	실제 외부의 미각 자극이 없는데도 실제처럼 맛을 느끼게 되는 것. 예를 들면, 쓴 맛, 독특한 맛을 느낀다고 표현하거나 음식이나 음료를 거절하고 뱉어내며 식사를 거부하는 증상으로 이어짐
환촉 (tactile or Haptic H)	실제 외부의 자극이 없는데도 실제처럼 자신의 피부와 접촉하거나 누르거나 압박하는 등의 촉감을 경험하는 것. 예를 들면, 몸에 전기가 흐르고 있는 느낌, 피부에 벌레가 기어가고 있는 것 같은 느낌
입면 시 환각 (hypnagogic H)	잠이 들 때 나타나는 환각
왜소환각 (lilliputian H)	물체가 실제보다 작게 보이는 것
신체환각 (somatic H)	느낄 수 없는 장기 기능을 느끼는 것. 예를 들면, 소변이 만들어지는 느낌이나 충동이 뇌를 통해 전해지는 느낌을 호소
운동환각 (kinesthetic H)	환자가 움직이지 않으나 신체 움직임을 느끼는 것. 예를 들면, 바닥에서 떠오르는 것 같은 비정상적 신체 움직임을 경험
실인증 (agnosia)	어떤 자극의 중요성이나 의미를 파악하고 이해하는 능력을 상실하여 사물을 정확하게 인지하지 못하는 상태
이인증 (depersonalization)	자기 자신이나 평소 익숙하던 주변 상황이 처음 접하는 것처럼 갑자기 생소하게 느껴지는 상태

⑸ 감각과 인지과정 : 기억력(memory) [2010 기출]

기억과다 (hypermnesia)	기억의 회상 능력이 항진되는 현상. 특정기간에 일어난 일에 대해 자세한 것까지 지나치게 많이 기억
기억상실 (amnesia)	기질적, 심인성으로 인하여 부분 또는 전체를 기억할 수 없는 상태로, 사고시점 이후 특히 최근의 기억을 상실하는 전진성(anterograde)과 사고 시점 이전의 기억을 상실하는 후진성(retrograde) 기억상실이 있음
기억착오 (paramnesia)	전에 없었던 일을 있었던 것처럼 기억하는 회상의 왜곡
기시감 (deja vu)	낯선 상황이나 사람이 친숙하게 느껴지는 것
미시감 (jamais vu)	실제 경험한 친숙한 일이 낯설게 느껴지는 현상
작화증 (confabulation)	자신이 기억하지 못하는 부분을 조작적으로 메우는 현상

⑹ 정신상태사정의 예

① 일반적인 기술(general description)

외모 (appearance)	47세 여자로 나이보다 어려 보이고, 마른 체구임. 창백한 얼굴에 머리는 감지 않아 기름지고 쉰 냄새가 나며, 빗질하지 않은 헝클어진 검은색 긴 머리임. 계절에 적절한 원피스를 입었으며, 옷은 깨끗하나 다리지 않아 구김이 많음. 구부정하게 어깨를 늘어뜨리고 있으며, 눈 맞춤을 하지 않으며 무표정함
언어 (speech)	느리고 부드러운 말투로 작게 이야기하며 말수가 적음
운동 활동 (motor activity)	신체적인 움직임이 느림. 떨림이나 경련은 없음
면담 시 상호작용 (interaction during interview)	소극적인 태도를 보이며, 반응은 느리나 협조적임

② 이상행동 사정

정서상태	기분 (mood)	•"나는 누구에게도 사랑받지 못하는 존재라서 우울해요." [우울감(depression)] •"혼자 남겨질까 봐 너무 불안해요." [불안감(anxiety)]
	정동 (affect)	대화 시 얼굴표정이 거의 없으며, 천천히 반응하는 것 보임. 둔마된 정동(blunted affect)
지각 (perception)	환각이나 착각은 없음	
사고 (thinking)	사고내용 (thinking content)	혼자 남겨지는 것에 대한 두려움과 무력하고 절망적인 생각 표현. "아직 자살계획은 없지만, 차라리 죽는 것이 더 나을 것 같아요." 계획 없는 자살 생각 가지고 있음. 망상 없음
	사고과정 (thinking process)	사고과정은 논리적이고 체계적으로 사고과정의 장애는 없음(logical thinking)
의식수준	의식상태 (consciousness)	명료함(alert)
	지남력 (orientation)	사람, 시간, 장소 구분하여 정확히 이야기함
기억력 (memory)	과거 기억력 (past Memory)	아이들 출생 당시를 자세히 기억함
	최근의 기억력 (recent Memory)	지난주에 있었던 일을 시간 순으로 나열하여 정확히 이야기함
	즉각적인 기억력 (immediate Memory)	간호사의 이름을 기억함
집중력과 계산 능력 (concentration and calculation)	집중력	자극에 쉽게 산만해져, 주의집중 지속 시간이 짧음. 전반적인 집중력 떨어짐
	계산 능력	이상 없음
추상적 사고와 지적 능력 (intelligence)	대학 수준의 어휘 사용하며, 속담의 뜻을 이야기하는 데 문제 없음. 사랑과 신의에 대한 추상적인 사고 가능함	
판단력 (judgement)	사건 발생 시, 전문가에게 도움을 요청하고, 도움을 받아야 한다고 알고 있음	
통찰력 (insight)	이혼에 당면한 문제를 인지하지만 결별로 이끈 요인에 대한 설명은 불가능함	

02 조현병 스펙트럼 장애 간호 [2011 · 2012 · 2015 · 2017 기출]

1 정신분열 스펙트럼장애

정신분열 스펙트럼장애는 망상, 환각, 와해된 사고와 언어, 혼란스런 행동 및 긴장성 행동, 음성 증상 5가지 영역에서의 이상반응을 특징으로 하는 질환으로 조현병, 망상장애, 단기정신병적 장애, 정신분열형 장애, 분열정동장애 등을 포함하는 질병군이다.

| DSM-5의 정신분열 스펙트럼장애의 진단분류와 그 정의 |

정신분열형 인격장애	대인관계의 문제가 있다. 경직되고 제한된 감정표현과 부적절한 사회성, 타인의 의도를 이해하지 못하고 불신감이 증가하는 등 이로 인한 부적절한 대인관계를 특징으로 한다. 타인의 행동을 통제할 수 있는 마술적 의식이나 신념을 가지고 있다고 믿고 주제에서 벗어난 대화와 지리멸렬한 대화내용으로 의사소통에 문제를 야기하며 환청과 망상과 같은 정신병적 증상을 동반하기도 한다.
망상장애	조현병의 기준에는 부합하지 않으나 기괴하지 않은 망상적 사고가 지속되는 경우로 사회적 행동이 망상에 영향을 받지 않는 상태의 질환이다.
단기정신병적 장애	망상, 환각, 두서없는 언어, 긴장성 행동 등의 증상 중 최소 1가지 증상이 1개월 이하로 지속되는 질환이다.
조현병	신경생물학적 부적응 반응의 심각한 형태로서 사고, 정서, 지각, 행동 등을 포함한 인격의 여러 측면의 장애를 초래하는 뇌기능장애를 의미한다.
정신분열형 장애	조현병의 증상을 나타내나 그 지속기간이 6개월 미만인 경우에 해당된다.
분열정동장애	주요 우울증의 삽화와 조증의 삽화가 조현병과 함께 나타나는 경우를 의미한다.
그 외	• 물질 및 약물로 인한 정신병적 장애 • 다른 의학적 상태와 관련된 정신병적 장애 혹은 긴장증 • 특정 원인 지정이 안 된 정신병 혹은 긴장증

DSM-5의 정신분열 스펙트럼장애의 진단분류

정신분열형 인격장애
- 망상장애
- 단기정신병적 장애
- 조현병
- 물질 및 약물로 인한 정신병적 장애
- 다른 의학적 상태와 관련된 정신병적 장애 혹은 긴장증
- 정신분열형 장애
- 분열정동장애
- 특정 원인 지정이 안 된 정신병 혹은 긴장증

(1) 망상장애(delusional disorder)

구분	내용
정의	조현병의 기준에는 부합하지 않으나 기괴하지 않은 망상적 사고가 지속되는 경우로 사회적 행동이 망상에 영향을 받지 않는 상태의 질환
진단	• 1가지 이상의 망상이 적어도 1개월 이상 지속될 때 • 감정이나 행동은 망상체계의 내용에 부합되어 나타나고, 성격의 황폐화는 드묾 • 명백히 현실이 아니고 이해되기 어려우며 평범한 인생경험에서 발생하기 어려운 기괴한 망상
색정형 (erotomanic type)	높은 지위에 있거나 또는 유명한 누군가가 자신을 사랑한다고 믿는 것. 어떤 환자는 망상을 숨기기도 하지만 상대를 따라다니고 접촉하려고 노력하는 행동을 보이는 경우도 있음
과대형 (grandiose type)	자신의 가치나 재능, 지식, 권력 등에 대해 비합리적으로 자신을 과대하게 생각하는 것. 유명인과 특별한 관계에 있다고 생각하기도 함
질투형 (jealous type)	자신의 파트너가 성적으로 부정한 행위를 한다고 생각하는 것으로 의처증, 의부증으로 불림. 정당한 근거 없이 비합리적으로 이 생각을 믿고 자신의 믿음을 증명하고자 노력하고 파트너나 망상 속 그의 연인을 공격하기도 함
피해형 (persecutory type)	가장 흔한 유형. 누군가가 의도적이고 악의적으로 자신을 해치려 한다고 믿는 것. 흔히 나타나는 망상의 내용은 음모, 속임, 사취, 미행, 감시, 독극물 등과 관련되고, 법률 기관에 반복적으로 고소하거나, 망상대상에게 폭력을 행하기도 함
신체형 (somatic type)	자신의 신체기능이나 감각과 관련된 망상
혼합형 (mixed type)	단일 주제가 아닌 다양한 주제의 망상을 가짐

(2) 단기정신병적 장애(brief psychotic disorder)

구분	내용
정의	망상, 환각, 두서없는 언어, 긴장성 행동 등의 증상 중 최소 1가지 증상이 1개월 이하로 지속되는 질환
증상	정신증적 증상이 갑자기 발생하는 것으로, 정신증적 증상은 최소한 1일 이상 지속되고, 1개월 내 사라져 병적 기능을 완전히 회복
행동특성	감정적 불안정, 압도되는 당혹감과 혼돈, 현실 검증력 손상, 지리멸렬, 망상, 환각, 기이한 행동, 지남력 상실 등
원인	심각한 정신적 스트레스원이 있을 때 발생하는 경우가 많고, 히스테리성, 자기애성, 편집형, 조현형, 경계성 인격장애를 가진 환자의 경우 이 장애가 나타날 가능성이 높음

(3) 조현양상장애(schizophreniform disorder)

정의	핵심 증상은 조현병과 유사하지만 발병기간이 전구기, 활성기, 잔류기를 포함해 최소 1개월 이상에서 6개월 이하인 경우에 이 진단이 내려지고, 증상이 6개월 이상 지속되는 경우 조현병으로 진단명이 변경된다.
예후	둔마나 편평 정서가 나타나지 않는 경우, 병전 기능이 좋았던 경우, 정신증적 증상이 뚜렷하고 빠르게 발생한 경우 예후가 좋다.

(4) 조현정동장애(schizoaffective disorder)

정의	기분장애 증상이 조현병과 함께 나타나는 경우
진단	뚜렷한 기분장애의 증상이 대부분의 정신병력 기간 동안 나타나고 주요 기분 삽화가 부재한 상태에서 적어도 2주 이상 환각과 망상이 나타난 적이 있을 때 조현정동장애로 진단 내려짐
증상	• 정신운동성 지체, 자살사고 등의 우울한 상태를 보일 수 있음 • 다행감, 과대성, 활동과다 등의 증상을 보일 수도 있음
예후	다른 조현병 스펙트럼 장애보다 좋지만 기분장애보다는 좋지 않음

(5) 물질/약물로 유발된 정신병적 장애(substance/medication-induced psychotic disorder)

정의	뚜렷한 환각이나 망상 증상이 물질 중독, 물질 금단, 약물이나 독성물질에의 노출 중 또는 직후에 나타남
진단	정신증을 초래할 수 있는 물질/약물로 인해 나타나며, 일반적인 중독이나 금단증상으로 나타나는 것보다 과다하고 심각한 증상이 나타날 때 진단이 내려질 수 있음

(6) 의학적 상태로 인한 정신병적 장애(psychotic disorder due to another medical condition)

정의	의학적 상태에서 기인한 뚜렷한 환각과 망상, 단 섬망이 진행되는 동안에 증상이 나타나는 경우는 해당되지 않는다.
관련상태	정신증적 증상을 유발할 수 있는 의학적 상태는 뇌혈관질환, 중추신경계 감염 또는 외상, 수분 전해질 불균형, 간성질환, 헤르페스 뇌염, 무도병, 부신피질저하증, 부갑성선 기능저하 또는 항진, 갑상선 기능저하 또는 항진, 대사성 질환, 종양, 신장질환, 측두엽 간질, 비타민 결핍, 윌슨병 등이 있다.
주요 특성	의학적 상태에 기인한 뚜렷한 환각과 망상이다.

(7) 정신장애와 관련된 긴장증(catatonia associated with another mental disorder)

정의	신경발달적 장애, 정신병적 장애, 양극성 장애, 우울장애 등과 같은 정신 장애의 경과 동안에 긴장증의 진단기준(3가지 이상)에 부합되는 증상이 나타날 때
긴장증 진단기준	혼미, 강경증, 납굴증, 함구증, 거부증, 중력에 반하는 자세, 매너리즘, 상동증, 초조, 얼굴 찡그림, 반향언어, 반향행동
	다음 중 3가지(또는 그 이상)가 있어야 한다. 1. 혼미(정신운동성 활동 부재 – 외부 환경에 대한 반응 없음) 2. 강경증(중력에 반하는 자세를 수동적으로 취함) 3. 납굴증(검사자에 의해 취해진 자세를 유지함) 4. 함구증(실어증이 아닌 상태에서 언어반응이 거의 없음) 5. 거부증(지시나 외부자극에 대한 거부 또는 무반응) 6. 자세(중력에 반하는 자세를 자발적, 적극적으로 유지) 7. 매너리즘(개인의 특성과 연관된 것 같은 행동을 일반적이지 않은 형태로 취함) 8. 상동증(비정상적으로 반복적이고 목적이 없는 행동) 9. 초조(외부 자극에 영향받지 않음) 10. 얼굴 찡그림 11. 반향언어 12. 반향행동

(8) 의학적 상태로 인한 긴장증적 장애

정의	증상이 의학적 상태의 병리적 결과에 의한 것이라는 증거가 있을 때 사용되며, 긴장증적 장애의 증상은 표에 제시되어 있다. 의학적 상태는 간성 뇌증, 갑상선 기능저하 또는 항진, 부신 기능 저하 또는 항진, 비타민 B_{12} 결핍과 같은 대사성 장애, 뇌전증(간질), 종양, 뇌혈관성 장애, 두부 외상, 뇌염과 같은 신경학적 상태 등이 있다.

2 조현병

(1) 조현병의 발달단계

Phase Ⅰ 발병 전기 (premorbid phase), 분열성 인격장애	사회적 관계의 무관심	정서적 경험과 표현의 범위가 매우 제한적이다. → 발병 전기에는 사회적 부적응 또는 위축, 과민, 모순된 사고와 행동, 조용하고 수동적이며 내성적인 모습이 흔하다.
	'외톨이'가 되고자 하고, 냉담함	아동의 경우 학교생활이나 사회적 활동을 잘 해내지 못하거나 친구가 거의 없고, 비정상적 운동발달을 보이기도 한다. 청소년기에는 가까운 친구나 이성관계가 없으며, 팀 스포츠와 같은 사회적 활동을 회피하고 주로 혼자 하는 활동을 한다.
Phase Ⅱ 전구증상기 (prodromal phase)	사회적 철회	사회적 철회, 역할기능의 손상, 특이하고 이상한 행동, 개인위생과 몸치장에 대한 무관심, 정서의 둔마와 부적절한 정서, 의사소통의 장애, 괴이한 사고, 특이한 지각경험, 동기, 흥미와 에너지 결여의 특징을 보인다.
	불안 우울	수면장애, 불안, 초조, 우울, 주의집중의 어려움, 피로 등의 다양한 증상이 나타난다.
	침습적 사고	사고의 탈선으로 생각을 일관적으로 유지하는 것이 어렵고, 학업이나 직장에서 기능와해가 나타난다.
	관계망상, 지각이상	전구증상기의 후반에는 지각 이상, 관계망상, 의심, 사고의 왜곡 등의 양성증상이 나타나며, 이는 정신증의 발병이 임박했음을 알리는 신호이다.
Phase Ⅲ 정신증 활성기 (active psychotic phase)	정신증적 증상	정신증 활성기에는 정신증적 증상이 주로 나타난다. 한 가지 이상의 정신증적 증상, 즉 환각, 망상, 혼란된 언어, 전반적으로 혼란스러운 긴장성 행동, 음성 증상(무언증, 정서둔마 등) 중 최소 2개 이상의 증상이 있어야 하고, 1개월 중 상당한 기간 동안 나타나야 한다.
	사회/직업 어려움	아동의 경우 중요한 발달과정이 심각하게 손상되고, 성인의 경우 가족, 사회, 직업 등에서 극도의 어려움을 겪거나 기능을 수행하지 못하게 되며, 개인위생이나 영양과 같은 기본욕구를 무시하기도 한다.
	6개월 이상	질병의 징후가 6개월 이상이어야 한다.
Phase Ⅳ 잔류기 (residual phase)	만성재발	잔류기는 대개 급성기 이후에 나타나며, 이때 급성기의 증상은 없거나 현저하지 않지만 편평 정서와 기능손상이 흔하다. 증상이 감소되거나 잘 드러나지 않는 시기와 악화되는 경과가 반복적으로 나타나는 것이 전형적이다. 활성기 정신증 삽화가 많아질수록 손상정도는 증가된다. 재발 없이 단발성으로 나타나는 경우도 있으나 조현병은 대부분 만성적으로 재발되는 질환이므로 지속적인 관리가 필요하다.

(2) 조현병의 진단기준(DSM-5)

A	다음 증상 가운데 두 가지 이상이 1개월 중 상당기간 동안 존재하며(단, 성공적으로 치료된 경우는 기간이 짧을 수 있음), 최소한 한가지의 증상은 1번, 2번 혹은 3번에 해당함 1. 망상 2. 환각 3. 와해된 언어 예 빈번한 사고의 탈선과 지리멸렬 4. 심하게 와해된 행동이나 긴장증적 행동 5. 음성 증상, 즉 정서적 둔마, 무논리증 또는 무욕증
B	발병 후 상당 부분의 시간 동안 일, 대인관계, 자기관리 같은 주요 영역의 한 가지 이상에서의 기능 수준이 발병 전 수준 이하로 현저하게 저하됨(아동, 청소년기 발병 시 기대 수준의 대인관계적, 학문적, 직업적 기능을 성취하지 못함)
C	장애의 지속적 징후가 최소 6개월 동안 계속되며, 이러한 6개월의 기간은 진단기준 A에 해당하는 증상이 있는 최소 1개월을 포함해야 함
D	조현정동장애와 정신병적 양상을 동반한 우울 또는 양극성 장애는 배제됨
E	물질(예 남용 약물, 치료 약물)의 생리적 효과나 다른 의학적 상태로 인한 것이 아님
F	자폐스펙트럼장애나 소아기 발병 의사소통장애의 병력이 있는 경우 조현병의 추가 진단은 조현병의 다른 증상에 더하여 뚜렷한 망상이나 환각이 최소 1개월 동안 있을 때만 내려짐

(3) 조현병의 핵심 증상군(Moller, 2009) [2012 · 2017 기출]

양성 증상	음성 증상	정서적 증상	인지적 증상	개인의 변화
• 망상, 환각, 사고장애, 해체된(와해된)언어, 괴이한 행동, 부적절한 정서 • 정상적 기능이 과장되었거나 왜곡된 것을 말하고 모든 항정신병 약물에 대개는 반응한다.	• 정서둔마 • 사고빈곤(무논리증) • 무의욕증/무감동 • 무쾌감증/비사교성 • 주의력 결함 • 운동성 실어증 • 정상적 기능이 감소되었거나 상실된 것을 말하며 정형 항정신병 약물에 반응하지 않고 비정형 항정신병 약물에 더 잘 반응한다.	• 불행감 • 자살감정 • 절망감	• 주의력: 집중력 부족, 주의산만, 선택적 주의집중 장애 • 기억력: 기억회생장애, 장 · 단기 기억장애, 집행 기능장애, 문제해결력 손상, 의사결정 장애	• 직업/활동장애 • 대인관계장애 • 자기관리장애

(4) Bleuler의 4As(정신분열증과 관련된 행동의 기본적 증후군)

연상 (Associations) 장애	사고장애로 사고 간의 연상이 이완되어 있으므로 앞뒤가 맞지 않고 논리성이 결여되어 있다. 그러므로 대화에서 갑자기 주제가 전혀 관련이 없는 다른 주제로 변화된다.
정서(Affect) 장애	상황에 대한 부적절한 정서로서 기쁨, 슬픔, 분노 등과 같은 정서 표현장애를 나타내고 있다. 둔마된 정서(blunted affect)는 정서표현이 제한된 것이며, 무감동(flat affect)은 정서표현이 결여된 것이며, 부적절한 정서(inappropriate affect)는 자신이 느낀 정서와 일치되지 않는 것으로 심각한 문제나 슬픈 이야기를 할 때 킬킬거리고 웃는 것을 볼 수 있다. 또한 불안한 정서(labile affect)는 정서표현이 빨리 변화하는 것이다.
자폐적 사고 (Autistic thinking)	자신의 내적 자극인 내면적 경험의 사적인 공상세계에 빠져 있으므로 실제 현실세계에 대한 사건이나 사람에 대한 비정상적 반응이 나타난다.
양가감정 (Ambivalence)	사람, 대상 또는 상황에 동시에 정반대되는 두 가지의 태도, 정소, 사고 및 감정을 지니고 있는 것이다. 그러므로 선택과 결정의 어려움이 있고, 정서 및 관계의 문제, 즉 이것 또는 저것, 행복과 슬픔, 사랑과 미움 등이 동시에 발생하게 된다.

(5) 사고의 장애

사고 흐름의 장애	원래의 흐름에서 탈선, 뒤죽박죽(혼합), 흐름이 갑자기 멈추었다 다시 시작 등
사고 형태의 장애	비논리적, 지리멸렬, 중심사고가 없어 주위의 사소한 자극도 모두 동등한 가치를 갖기 때문에 중심사고와 주변사고가 서로 어울려 농축, 전치, 상징화 등이 비논리적 과정을 거쳐 사고형태가 점차 모호해짐
사고 통제의 장애	자신의 생각이 자신의 것이 아니라 무언가에 조정 당한다고 생각하는 것이 특징. 어떤 생각이 자신의 의사와 관계없이 끼어든다는 사고주입, 자신이 어떤 생각을 하자마자 남들이 알게 되는 사고전파가 있음
사고 내용의 장애	망상은 정신분열병의 흔한 증상의 하나. '사실과 다른 굳은 신념'

| 정신병적 장애와 관련된 언어의 형태와 구성 |

연상의 해이	간호사: 저 초콜릿 바를 살만한 돈이 있나요? 환　자: 나는 초콜릿을 살 진짜 돈이 있어요. 일본사람들은 모두 엔화를 가지고 있고, 우리의 돈을 모두 뺏어다가 그 (엔) 표시를 해 놨어요. 있잖아요, 당신은 마르크스주의자들을 조심해야 해요. 그들은 스위스 사람들과 시간들을 빼앗아 갔다는 뜻이죠. 스위스 치즈에 대해서 가장 나쁜 것은 그것이 온통 구멍 투성이라는 겁니다. 사람들은 그 구멍들 속으로 빠지는 것을 조심해야 해요.

	간호사: 돈에 대해서 걱정하는 것 같군요. 환　자: 그래요. 나는 여기 내 지갑 속에 돈을 가지고 있어요. 간호사는 그것을 가질 수 없고 은행도 그것을 가질 수 없어요.
지리멸렬	간호사: 크리스마스에 당신의 가족은 무엇을 합니까? 환　자: 나는 그들이 러시아로부터 크리스마스를 가져와서 모든 차들을 바다에 넣어서 젤리를 만든다고 믿어요.
빗나가는 사고	간호사: 나는 당신이 그린 풍경화에서 무엇을 표현했는지에 대해 관심이 있어요. 환　자: 예술에 대한 나의 관심은 강원도의 농장에 살았던 나의 부모님에게로 거슬러 올라갑니다. 그들은 설악산에서 그랬던 것처럼 많은 건초더미들을 가지고 있었지만, 당신도 알다시피 건초는 군마다 색깔이 달라요. 그것이 내게 그렇게 다른 노란색들을 그리게 하는 능력을 주었어요. 몇몇 사람들은 밝은 노란색 건초를 정말로 좋아하지 않지만, 나는 좋아합니다. 만약 내가 건초를 정말로 밝은 노란색으로 만든다면, 그러면 나는 헛간은 칙칙한 빨간색으로 만들어요. 왜냐하면 헛간들은 정말로 밝은 빨간색으로 그려져서는 안 되거든요. 밝은 빨간색은 소방차, 소화전, 멈춤 신호등을 위해서 절약되어야 해요.
산만한 언어	간호사: 나는 정신분열병에 대한 당신의 이해에 대해서 당신과 이야기를 나누고 싶어요. 환　자: 나는 그것이 나의 뇌와 관계가 있다는 것을 알아요. 당신은 무슨 향수를 뿌렸죠? 그것은 틀림없이 프랑스제군요. 저것은 저 사진이 찍힌 곳인가요? 당신의 머리카락은 저 사진이 찍힌 때보다 다르군요. 그것은 약 4년 전인가요?
비논리적 언어	간호사: 당신은 당신의 약이 생각을 맑게 하는 데 도움이 되고 있다고 생각합니까? 환　자: 전에는 나의 약이 나에게 생각하는 데 도움을 준다고 생각했었지요. 그러나, 그 약을 먹는 것은 나이고, 그래서 내가 생각하는 것을 도와주는 것은 약이 아니라는 것을 깨달았어요. 약은 생각할 수 없지요. 당신은 그것을 깨닫지 못하나요? 아마도 당신은 더 잘 생각할 수 있도록 도와줄 약을 먹어야 하겠어요. 그러나 당신이 먹겠다면, 나는 그것을 당신에게 주겠어요. 왜냐하면 나의 생각이 더 나아진 것은 내 자신이 그것을 먹었다는 사실이거든요. 그래서, 아니오, 그 약이 내가 더 생각을 잘 하도록 도와주고 있다고 생각하지 않아요.
음 연상	간호사: 당신은 어제 친구 영자 씨에 관한 이야기를 했는데 영자 씨에 대해 이야기를 좀 더 해주시겠어요. 환　자: 아! 영자요, 좋은 친구죠. 경자, 명자, 숙자, 미자, 정자, 화자, 진자, 향자...
언어내용의 빈곤	간호사: 당신은 식료품점에 가기를 원하세요? 환　자: 예, 어, 저, 그 위에 저곳에 있는 물것을 가지고, 에, 내가 무엇을 하죠? 그들은 저, 그, 당신도 알다시피, 마루에 있는 바퀴 달린 것을 가지고 있어요?

(6) 인지 장애

구분		내용
인지장애		정보처리가 가속화되거나, 지연, 혹은 차단되어 있기 때문에 가끔 복잡한 논리적 사고를 할 수 없고 조리 있는 문장들을 표현할 수 없다.
기억		정신분열병과 관련된 기억의 문제에는 건망증, 무관심, 그리고 복종의 장애가 포함된다.
의사결정		어느 커피 잔을 사용할 것인가와 같은 간단한 결정을 하는 것조차도 어렵다.
	시간 관리의 어려움	정신분열병 환자들은 행사나 약속에 늦거나 완전히 잊어버리기도 한다. 일부 환자들은 알람이 부착된 시계를 이용하거나 텔레비전 프로그램을 모니터 하기 위해 시간을 결정하는 자기만의 방법을 개발하여 유용하게 적용하기도 한다.
	돈 관리의 어려움	지폐나 동전의 개념을 이해하는 능력을 상실하고 종종 다른 사람들에게 착취당한다. 환자는 지갑 속의 돈이 적음에도 비싼 물건을 사려고 한다. 가게에서 산 물건 값을 지불할 생각을 하지 못하거나 음식값을 지불하지 않고 식당을 나올 수도 있다.
사고의 내용 [2015 · 2017 · 2019 · 2020 기출]	망상	피해망상, 과대망상, 종교망상, 허무망상, 관계망상, 그리고 신체적 망상, 사고(방송, 주입, 조정) 망상 등을 초래한다.
	사고방송망상	자신의 사고내용이 남들에게 다 방송된다는 그릇된 믿음
	사고주입망상	자신의 사고내용은 남들이 다 주입시켰다는 그릇된 믿음
	사고조정망상	자신의 사고가 남들에 의해 조정 당하고 있다는 그릇된 믿음

| 인지기능 장애 |

구분	내용	
기억	• 저장된 기억 검색 및 사용 장애 • 건망증, 무관심 복종의 장애 포함	• 단기/장기 기억장애
주의력	• 주의력유지장애 • 주의산만	• 집중곤란 • 선택적 주의력 이용장애
언어의 형태와 조직 (형식적 사고장애)	• 연상의 해이 • 지리멸렬/말비빔/신조어조작증 • 우회증 • 언어빈곤	• 빗나가는 사고 • 비논리성 • 강압적/산만한 언어
의사결정	• 추상적 사고의 결여 • 병식부족 • 판단장애 • 계획과 문제해결 기술 부족	• 우유부단 • 개념형성장애 • 비논리적 사고 • 과업 착수 불능
사고 내용	• 망상: 피해, 과대, 종교, 신체, 허무, 사고(방송, 주입, 조정) 망상 등 • 사고방송망상: 자신의 사고내용이 남들에게 다 방송된다는 그릇된 믿음 • 사고주입망상: 자신의 사고내용은 남들이 다 주입시켰다는 그릇된 믿음 • 사고조정망상: 자신의 사고가 남들에 의해 조정 당하고 있다는 그릇된 믿음	

(7) 지각 장애 [2014 · 2019 기출]

환각	실제적인 내 · 외적 자극이 없는데도 자극이 있는 것처럼 현실로 지각하는 것이다.
환청	사실이 아닌 잡음이나 소리를 듣는 것. 목소리의 형태가 가장 흔함. 단순한 잡음이나 목소리에서부터, 환자에 관하여 말하는 소리, 환각을 일으키고 있는 사람들이 나누는 대화 또는 유사한 소리. 가끔 해롭거나 위험한 어떤 일을 하도록 환자에게 명령하는 소리들을 환자가 듣게 되는 청각적인 사고이다.
환시	번갯불, 기하학적 도형, 만화의 인물들, 혹은 정교하고 복잡한 장면이나 환영들의 형태로 나타나는 시각적인 자극들. 환영들은 유쾌할 수도 있고, 괴물을 보았을 때와 같이 무시무시할 수도 있다.
환후	피, 소변, 혹은 대변과 같은 불쾌하고, 악취가 나며, 역겨운 냄새, 가끔은 그 냄새들이 유쾌한 것일 수 있다. 후각적 환각은 전형적으로 뇌졸중, 종양, 간질, 치매와 연관된다.
환미	피, 소변, 혹은 대변과 같은 불쾌하고, 악취가 나며, 역겨운 맛 등을 느낀다.
환촉	분명한 자극 없이 통증이나 불쾌감을 경험하는 것, 땅, 생명이 없는 물체, 혹은 다른 사람들로부터 오는 전기적 감각을 느낀다.
기능환각	동맥이나 정맥을 통해서 흐르는 피, 소화되는 음식, 또는 소변의 형성과 같은 신체의 기능을 느낀다.
운동환각	움직이지 않고 가만히 있는데도 서있는 동안 움직이고 있거나 물속에서 둥둥 떠 있는 것 같은 느낌이 든다.
착각	–
연성 신경학적 징후	전두엽과 두정엽의 뇌외상과 일치되어 나타나며 손으로 만져보거나 접촉해 봄으로써 대상을 인식하는 능력에 결함이 있는 것이다. • 입체지각장애 : 백 원짜리와 십 원짜리를 구별하지 못하는 것처럼 만져봄으로써 대상물을 인식하지 못한다. • 글자 : 숫자인식장애, 피부에 써주는 글자나 숫자를 촉감으로 인식하지 못한다. • 균형장애 • 가벼운 근육연축, 무도병적, 유사 틱운동, 찡그림 • 섬세운동기능장애와 비정상적 운동 • 빨라진 눈 깜빡임 속도, 장시간 노려보거나 시선회피 • 원활추종안구운동장애, 대상추적운동장애 • 위치지각장애
기타	통증인식장애, 좌우인식장애, 얼굴 지각과 얼굴인식장애 등

(8) 감정장애

감정은 기분과 정동에 관련된 정신적 · 신체적 · 행동적 요소들이다. 대개 정신분열병에서 보여지는 감정의 장애로는 감정표현 상실증, 무감동, 쾌감상실증, 그리고 친밀감과 가까움을 느끼는 능력 감소 등이 포함된다.

기분이상	우울증, 불안증 등을 경험 → 갑작스런 환청의 내용의 변화 등에 의해 불안의 엄습을 경험한다.
정서표현장애 (정동장애)	• 감정표현상실증: 감정을 명명하고 묘사하는 데 어려움을 느낀다. • 무감동: 느낌, 감성, 흥미, 관심의 결핍으로 간섭이나 관여하지 않고, 외부 환경에 무관심으로 감정표현이 둔마된 상태이다. • 쾌감상실증: 즐거움, 기쁨, 친밀함, 친근감을 경험할 능력이 없거나 감소된다. • 정서반응의 감소, 부적절성, 완고함 → 다른 사람이 공감하지 못하는 특징이 있다. 어딘가 한물간 것 같은 느낌을 관찰자가 받게 된다. 예 "나는 3년 동안이나 미소 지으려고 노력했으나 내 얼굴이 말을 듣지 않습니다." • 둔화된 감정, 단조로운 감정, 부적절한 감정은 이상 증상으로 간주한다.

(9) 행동 및 정신운동성 장애

얼굴 표정	• 꾸민 듯한 찡그린 얼굴 표정 • 비정상적인 눈 운동은 움직이는 목표물을 따르기 어려움, 시선접촉의 부재 혹은 회피, 느리거나 빠른 눈 깜박임, 그리고 잦은 멍한 응시 등
과잉행동	• 스스로 행동을 조절하지 못하고 목적 없는 운동성 활동을 보임 • 비목적적이고 비정상적 행동이나 몸짓의 과잉행동
상동증	• 의미 없어 보이는 행동을 계속 반복 • 왔다 갔다 하거나, 반복적으로 손을 비벼대는 경우 예 공황: 세부적인 일을 반복하고 자동적인 완화행동이 많이 사용, 왔다 갔다 함
기행증	상동증과 유사하지만 상동증보다 덜 지속적이고 덜 단조로우며, 그 사람의 성격과 어울리는 특유의 습관적, 불수의적 반복 행동 예 말할 때 눈을 찡긋거리거나 괴상한 몸짓을 되풀이하거나 괴상한 걸음걸이
강경증	중력에 반하여 심한 부동 상태인 강직증으로, 하나의 자세에서 다른 자세로 바꾸지 못하고 계속 유지하는 것으로 자연스럽지 못한 이상한 자세를 지속적으로 취함
납굴증	긴장증의 형태로 수동적으로 만들어진 자세 고수로 타동적으로 취해진 자세를 유지하려는 경향 때문에 밀랍과 같은 것
무운동증	신체적 운동의 결핍 상태인 무운동증이 나타남

긴장성 혼미	• 운동능력을 상실하고 외부자극에 거의 반응하지 않음 • 극심한 정신운동 지연, 자발적 동작 감소 예 혼미 : 환자 스스로의 움직임은 없으나 아주 강하고 지속적인 큰소리, 통증, 밝은 빛의 반복적 자극에 의해서만 겨우 반응
긴장성 흥분	–
초조 [국시 2018]	극도의 정신 운동 초조가 동반되어 가만히 앉아 있지 못하거나 다른 사람들의 말을 주의 깊게 듣지 못하는 상태
거부증 [국시 2005]	• 적개심, 증오, 공포의 표현으로 상대방에게 불안을 야기시키려는 목적 • 타당한 이유도 없이 간단한 요구도 거절하며 저항적 표시로 반응을 하지 않는 경우로 질문에 대답하지 않고 음식을 거부함
함구증	정신운동지체로 말을 할 수 있는데도 말을 하지 않는 거부증 현상으로 아무 말도 하지 않음
반향언어	주어진 말을 따라 하는 반향언어
반향동작 (반향행동)	보여진 행동을 따르는 반향동작으로 다른 사람의 동작이나 몸짓을 자신도 모르게 무의식적으로 따라 하는 것
부적응적 행동	황폐화된 외모, 직장이나 학교에서의 집중력 결핍, 의욕저하, 반복적이거나 판에 박은 듯한 행동, 공격성과 초조, 그리고 거절증 등
황폐화된 외모	머리가 헝클어지고 더러우며, 지저분하고 덥수룩한 머리 모양 등에 단정치 못한 옷차림, 그리고 개인위생의 불결함

긴장증 진단기준

다음 중 3가지(또는 그 이상)가 있어야 한다.

1. 혼미(정신운동성 활동 부재 – 외부 환경에 대한 반응 없음)
2. 강경증(중력에 반하는 자세를 수동적으로 취함)
3. 납굴증(검사자에 의해 취해진 자세를 유지함)
4. 함구증(실어증이 아닌 상태에서 언어반응이 거의 없음)
5. 거부증(지시나 외부자극에 대한 거부 또는 무반응)
6. 자세(중력에 반하는 자세를 자발적, 적극적으로 유지)
7. 매너리즘(개인의 특성과 연관된 것 같은 행동을 일반적이지 않은 형태로 취함)
8. 상동증(비정상적으로 반복적이고 목적이 없는 행동)
9. 초조(외부 자극에 영향받지 않음)
10. 얼굴 찡그림
11. 반향언어
12. 반향행동

⑽ 대인관계(사회화)장애

사회적 부적응은 인지기능 결핍과 직접적으로 관련되며 갑자기 대중 앞에서 큰 소리로 전도사 같이 기도를 시작하거나, 대중 앞에서 방뇨하기, 교통정리 한다고 길 가운데 서 있기, 이상하게 옷 입기, 그리고 낯선 사람과 친밀한 대화하기 등과 같은 행동들을 초래한다. 또한 공공장소에서 자위행위를 하는 것, 옷 벗고 거리 달리기, 부적절한 성적 유혹행위 등과 같은 기괴한 성적 행동을 수반한다.

⑾ 양성 증상과 음성 증상 [2012 · 2017 기출]

① **양성 증상**: 망상, 환각, 와해된 언어, 기이한 행동

② **음성 증상**: 무논리증, 감정적 둔마, 무쾌감증, 무의욕증을 포함

| 양성 및 음성 증상 |

양성 증상	• 정상적 기능이 지나치거나 왜곡됨. 일반적으로 항정신성 약물에 반응함 • 사고 장애: 망상(피해망상, 신체적 망상, 과대망상, 종교적 망상, 허무망상, 관계망상, 우울망상 등) • 지각 장애: 환각(청각, 시각, 촉각, 미각, 후각) • 언어 장애: 형식적 사고 장애(지리멸렬, 말비빔, 탈선, 비논리성, 연상의 장애, 빗나가는 사고, 우회증, 언어의 산만 및 언어의 빈곤) • 행동 장애: 괴이한 행동(긴장증, 운동장애, 사회적 행동의 황폐화)
음성 증상	• 정상기능의 감소 혹은 상실, 일반적으로 항정신성약물에 잘 반응하지 않으며, 비전형적인 항성진성약물에 반응함 • 정서 장애: 무미건조 → 정서적 표현을 하는 데 범위나 강도가 제한됨 • 운동성 실어증: 한정된 사고와 언어행위 • 의욕상실/무감동: 목적 지향적인 행동 개시의 결핍 • 쾌감상실증/사회화상실: 즐거움을 경험하거나 사회적 접촉을 유지하는 능력 없음 • 주의력 결핍: 정신적으로 초점을 맞추어 주의를 기울이는 능력이 결여됨

⑿ 조현병 환자의 행동특성과 간호진단

구분	행동	간호진단
양성 증상	망상적 사고, 집중력 장애, 의지의 손상, 문제해결 또는 추상적 사고의 어려움, 타인에 대한 불신, 환경에 대한 잘못된 해석	사고과정 장애
	부적절한 반응, 급변하는 기분, 지남력 손상, 소리를 듣는 듯 고개를 들어 올리는 행동	감각지각 장애: 청각/시각
	공격적 행동 단서, 공격적 언어, 긴장증적 흥분, 명령환청, 분노, 폭력의 과거력, 고의적 기물 파손, 자해 행동	자신/타인에 대한 폭력의 위험
	연상의 이완, 신어조작증, 분열언어, 음연상, 반향언어, 눈맞춤 결여, 의사표현 결여	언어적 의사소통 장애

음성 증상	위축, 슬프고 멍한 표정, 자신만의 생각에 몰두, 거부당함 또는 외로움의 표현, 혼자 있으려고 함	사회적 고립
	자신을 '나쁜 사람', '선량하지 않은 사람'으로 표현	만성적 자존감 저하
	자신의 '나쁜 생각'에 대한 죄책감, 주변에 대한 과도한 민감성 또는 멸시당하는 것으로 인식	자신에 대한 폭력의 위험
	개인위생, 의복, 몸단장, 섭식, 대소변 관리 등의 어려움, 동기부족, 사회적 접촉을 시도하지 못함	자기돌봄 결핍
기타	환자의 기본 욕구 충족에 대한 무시, 질환에 대한 극단적인 부정 또는 관심 과다, 우울, 적대감, 공격성, 돌봄제공자의 혼란 또는 압도됨, 질병과 치료에 대한 지식부족, 환자에 대한 대응에 무력함	• 손상된 가족대처 • 돌봄제공자의 역할 긴장 • 지식부족
	질병인식 결여, 약물부작용과 비용, 치료자에 대한 불신 등으로 인한 약물복용 중단, 치료 중단, 치료이행에 대한 돌봄제공자의 지지 부재	불이행

03

(13) 치료적 관계형성

치료적 환경과 안전의 제공	활동참여와 공동체 경험, 공격성 관리
치료적 의사소통	• 간호사가 자신의 이름을 말한 뒤 환자의 이름을 부르는 것은 현실적인 지각을 갖게 할 뿐 아니라 신뢰감 형성에도 도움이 된다. 환자의 이름을 부르고 날짜와 시간에 대해 알려주며 주변 환경에 대해 이야기하는 것은 현실감에 문제가 있거나 언어적 의사소통에 문제가 있는 환자와의 접촉을 지속할 수 있는 좋은 방법이다. • 환자를 오랜 시간 혼자 두면 정신증적 증상이 더 심해지므로, 환자가 간호사의 존재에 대해 안심을 못하는 경우에라도 자주 접촉하고 시간을 함께 보내는 것이 중요하다. • 불신감이 있는 환자의 경우 장시간의 접촉이 불편하고 이를 견뎌내기가 힘들 수 있으므로 짧고 빈번하게 상호작용하는 것이 환자에게 자극이 적고 견디기가 나을 것이다. 타인을 신뢰하는 데 어려움이 있는 환자에게는 한두 명의 간호사가 일관성 있게 지속적으로 만나는 것이 좋다. • 환각, 망상, 현실로부터의 위축, 와해된 언어 등을 보이거나 말을 거의 하지 않는 힘든 상황에서도 간호사는 그들이 무슨 말을 하는지 이해하려고 노력해야 한다.

(14) 환각증상에 대한 중재전략

현실 반응 유도	환각에 사로잡힌 환자의 이름을 부르고, 이해할 수 있는 말로 간략하고 명확하게 말하며, 비위협적이고 지지적인 방법으로 눈맞춤을 유지하면서 환자의 관심을 간호사와의 대화에 맞추도록 격려하면서 실제로 존재하는 것에 초점을 맞추고 현실에 대해 반응하도록 도와주어야 한다.
환각의 단서 경청과 관찰	• 환각의 단서가 될 수 있는 행동을 관찰해야 한다. 아무도 없는 상황에서 뭔가를 듣는 것처럼 보이거나 말을 하거나 웃거나 웅얼거리는 것, 누군가의 지시에 따르는 것처럼 어떤 행동을 갑자기 멈추거나 시작하는 것과 같은 행동은 환각의 단서가 될 수 있다. • 명령환청은 명령하는 소리뿐 아니라, 종종 자신이나 누군가를 해치라는 소리를 듣기도 하는데, 이는 환자에게 두려움을 일으키고 위험한 행동을 하게 할 수 있다.
환각 묘사	• 환각의 내용을 묘사하도록 하고, 환자를 일대일로 관찰하며, 환자를 포함하여 폭력의 피해 대상이 될 가능성이 있는 사람의 안전을 보장하는 것이 매우 중요하다. • 환각에 대해 이야기를 나눌 사람이 없다는 것 때문에 이들의 상황이 더 힘들어질 수 있다. • 자신의 환각에 대해 이야기를 나눌 수 있다는 것은 환자에게 큰 위안이 되며, 이러한 대화는 편안한 분위기에서 더 잘 이루어진다.
환각에 대해 현실제시	환각을 경험하는 사람에게 환각은 실재이다. 환자가 소리를 듣고 있을 때 “나는 아무 소리도 못 들었어요. 당신에게는 무슨 소리가 들리나요?”라고 반응하거나, 환자가 귀신이나 괴물의 이미지를 봤다고 할 때 간호사가 “나에게는 아무것도 보이는 것이 없지만 당신은 놀란 것 같군요. 이곳은 당신에게 안전할 거예요.”라고 반응함으로써 환자에게 현실을 제시하고 명료화하는 것은 환자의 감정을 해석하고 완화시키는 데 도움이 된다.
환각 중재전략	환각을 중재하는 전략의 예로 카드게임, 작업요법, 음악 듣기와 같은 현실에 기반한 활동에 참여시키는 것이 있다.
	만성적으로 환청을 경험하는 환자가 큰 소리의 음악을 듣거나 자신의 목소리를 더 크게 내어 환청이 안 들리게 하려는 시도는 실제로 효과가 있어 중재 방법으로 권장된다. 목소리가 들릴 때 이완하는 학습, 부정적인 자기대화의 교정, 사회적 상호작용을 하거나 또는 피하기 등도 활용될 수 있다. 공공장소에서 환청을 경험할 때는 휴대전화를 사용하는 전략이 도움이 될 수 있다. 길을 가다가 환청을 듣는다면 휴대전화로 일상적인 통화를 하는 것처럼 들리는 목소리와 대화하거나 소리치는 것이다.

(15) 환각 환자 간호 중재 [2011 기출]

신뢰적이고 인간적인 관계를 확립한다.	• 간호사가 불안해하거나 무서워 할 경우, 환자도 불안해하거나 무서워한다. • 인내, 수용, 적극적인 경청 기술을 사용한다.
지속, 강도, 그리고 빈도를 포함하여, 환각의 증상들을 사정한다.	• 환각의 존재를 나타내는 행동적 단서들을 관찰한다. • 환자가 매일 경험하는 환각의 수를 기록하도록 돕는다.
증상에 초점을 두고 환자에게 일어나고 있는 일을 묘사하도록 요청한다.	환자가 환각에 대한 통제력을 찾도록 돕고, 도움이 되는 기분전환 거리를 찾고, 강도를 최소화한다.
환각에 관한 질문을 받을 경우, 같은 자극을 경험하지 않는다고 간단히 지적한다.	• 환경 속에서 실제로 일어나고 있는 일을 환자에게 알도록 반응한다. • 지각의 차이에 대해서 환자와 논쟁하지 않는다. • 환각이 있는 환자는 혼자 내버려두지 않는다.
증상관리 기법으로써, 대인 관계의 활용을 제안하고 강화시켜준다.	환자에게 지지적이고 교정적인 피드백을 주는 신뢰성 있는 사람과 이야기를 나누도록 격려한다.
현재와 과거의 환각을 묘사하고 비교하도록 돕는다.	• 환자의 환각 양상 유무를 결정한다. • 환자에게 처음 환각이 시작되었을 때를 기억하도록 격려한다.

환각에 대한 간호수행

- 인내, 수용, 적극적인 경청을 통한 신뢰관계를 확립한다.
- 환각의 지속시간, 환각의 강도 및 환각의 빈도를 사정한다.
- 마약이나 알코올을 사용해 왔는지 확인한다.
- 환자에게 일어나고 있는 일을 직접적으로 묘사하도록 한다. 예 무엇을 듣고 있나요?
- 환각이 실재임을 인정하는 듯한 언급을 피한다.
- 환각의 경험을 부정하지 않고 간호사 자신의 지각경험과 감정이입을 전달한다.
- 현실에 근거한 '지금 여기'의 활동에 집중하도록 격려한다.
- 환각이 증가하고 있다는 증거가 될 수 있는 불안 상승의 신호에 주의한다.
- 주변에서 실제로 일어나고 있는 일을 환자가 지각하도록 반응한다.
- 환각이 있는 환자를 혼자 내버려두지 않는다.
- 환자에게 지지적이고 교정적인 피드백을 주는 사람과 이야기를 나누도록 격려한다.
- 환각의 내용에 반영되어 있을 욕구들을 환자가 확인하도록 돕는다.
- 환자의 증상이 일상생활에 미치는 영향을 확인한다.
- 환자가 환각에 대처하는 전략을 탐색하고 효과적인 방법을 격려한다.

| 환청이나 망상에 대한 대응 전략 |

대응적 청각 자극 사용	스스로 말하기
• 음악 듣기 • 큰 소리로 글 읽기 • 100부터 거꾸로 세기 • 다른 사람과 대화하기	• 목소리나 생각에 대해 떠나라고 말하기 • 목소리나 생각이 증상이며, 현실이 아님을 스스로에게 말하기 • 무엇을 듣든 간에 그 목소리는 안전하게 무시될 수 있다고 스스로에게 말하기
현실감 증진	**타인과 접촉하기**
• 당신이 듣는 것을 다른 사람도 듣고 있는지 살펴보기 • 당신이 경험하는 것을 다른 사람도 경험하는지 물어보기 • 위의 경우가 아니라면 목소리를 무시하기	• 친한 친구나 친척과 대화하기 • 전화 상담이나 가까운 치료센터 방문하기 • 좋아하고 편안한 대중적 장소 방문하기
활동 참여	**신체상태 조정하기**
• 걷기 • 집 청소하기 • 목욕하며 이완하기 • 노래, 악기 연주, 음악 듣기 • 좋아하는 상점 가기	• 필요한 경우 약물 처방받기 • 산책이나 운동하기 • 호흡운동이나 이완 요법 사용하기

⒃ 망상 증상에 대한 중재전략 [2017 기출]

신뢰관계 형성	망상은 자신의 혼란스럽고 왜곡된 경험을 이해하기 위한 환자 스스로의 시도이다. 망상이 있는 환자는 환경에 대한 지각이 예민하기 때문에 간호사는 침착하고, 공감적이며, 부드러운 시선접촉으로 환자의 상호작용해야 하는데 기본적으로 신뢰감을 필요로 한다.
직접적 진술	일단 신뢰가 형성되면, 간호사는 분명하고 직접적이며 간단한 진술을 사용하는 것이 좋다. 예를 들면, "나는 거기에 대한 증거를 본 적이 없어요."와 같이 단순하게 현실을 제시하고 유지하게 해주는 것이 도움이 된다. 환 자: 당신들은 모두 다 똑같아요. 전부 나를 망가뜨리려는 정보국 음모에 가담하고 있지요. 간호사: 나는 당신을 해치기를 원하지 않아요. 김○○ 씨, 사람들이 당신을 망가뜨리려고 한다는 생각 때문에 무척 두렵겠군요. → 환자의 경험을 인정해주고, 환자의 두려움에 대한 감정이입을 전달한다. 망상의 내용에 대한 질문을 하지 않았고, 환자의 감정 상태를 언급하여 그것이 다루어질 수 있도록 하고 있다.

<table>
<tr><td rowspan="9">논쟁 동조 금지
[2017 기출]</td><td colspan="4">현실검증능력이 향상되기 전까지는 망상에 대한 논쟁이나 동조 또는 망상으로부터 빠져 나오도록 환자를 설득하려는 시도는 유용하지 않다. 이것은 오히려 환자의 비합리적인 신념을 강화시키고 환자는 간호사가 자신을 거부하거나 위협하고 있다고 인지하게 된다.

환　자: 의사가 여기 있다는 것을 알아요. 그는 나를 죽이고 싶어 해요.
간호사: 의사가 당신과 만나기를 원하는 것은 사실이에요. 그러나 그는 당신의 치료에 대해 말하고 싶어 합니다. 의사의 사무실보다 병동의 면담실에서 대화한다면 더 편안하겠는지요?</td></tr>
<tr><td>동조</td><td colspan="3">• 같은 환각(망상)을 경험하고 있다고 하면 더욱 강화한다.
• 망상을 악화시키고 집착하게 한다(비현실적 사고 집착).
• 비현실적인 것으로 수용하면 환각(망상)이 제거된다.</td></tr>
<tr><td rowspan="4">논쟁,
도전</td><td>방법</td><td colspan="2">• 논쟁, 토론, 증명해보이는 것이다.
• 대상자가 표현하는 망상에 직면 시 현실이 아니라고 말해주는 것(논리적 사고), 또는 비현실적인 생각이나 지각을 증명해보라고 도전하는 것(증명)이다.</td></tr>
<tr><td rowspan="3">도전
제한하는
이유</td><td>자존감 저하</td><td>자신이 거부 받고 있다고 느끼게 하기 때문이다.</td></tr>
<tr><td>관계 저하</td><td>자신을 믿지 않는 중재자와 신뢰관계를 방해, 의사소통 차단, 라포 형성에 방해가 된다.</td></tr>
<tr><td>비현실적
사고집착</td><td>도전을 받으면 위협을 느껴 더 비현실적 사고에 집착하고 망상은 계속된다.</td></tr>
<tr><td>대안</td><td colspan="3">• 망상에 직면할 때 현실이 아니라고 말해주거나 확신시키려 들지 말고 논리적 설명, 논쟁, 토론, 증명, 부정을 시도하지 않는다.
• 대상자의 증상을 수용하고 현실감을 제공해주어 신뢰를 형성해야 한다.</td></tr>
<tr><td rowspan="2">현실감
제공</td><td>방법</td><td colspan="2">• “당신이 목소리를 실제로 듣고 있는 것을 알지만, 나에게는 어떤 소리도 들리지 않는다.”
• 지금－여기의 기법으로 실제시간과 사람에 대하여 이야기하여 현실을 강화시키고, 현실에 초점을 둔다.
• 비현실적인 것을 비판하지 않고 공유하지 않는다는 것을 대상자가 알도록 하면, 어느 것이 진짜 현실인지 생각해 보게 한다.</td></tr>
<tr><td>망상
제거에
도움</td><td colspan="2">• 중재자가 그 신념을 현실로 보지 않는다는 것을 이해하여 망상을 비현실적인 것으로 수용하면 망상이 제거된다.
• 비합리적 사고에 몰두하지 못하도록 한다.
• 현실에 환자의 능력을 증신시켜 현실감을 심어준다.</td></tr>
</table>

03

신중히 망상사정	방법	조사당한다는 느낌을 갖지 않도록 하면서 망상의 내용을 신중하게 사정하고 망상적 경험에 대한 상황적·환경적 유발요인을 사정하는 것이 중요하다.	
	사정효과	통찰력	망상의 목적과 망상에 의해 표출된 행동이 무엇인지 확인하며 질환, 증상에 통찰력을 얻는 순간 환자는 현실에 기반한 경험과 망상에 의한 경험간의 차이를 구별한다.
		위험예방	• 망상으로 인한 환자 자신이나 타인에 대한 위험유무를 사정한다. • 명령환각 시 환각이 가능한 행동의 실마리를 제공하여 공격적 반응(타인의 상해)을 예방한다.

⒄ 망상 환자 간호 중재

사고내용장애 관찰	사고 장애의 증상들을 확인하기 위해서 언어행위를 관찰한다.
	원인과 결과 추론 능력이 있는지 관찰한다.
망상 (그릇된 믿음) 확인	경험에 대한 설명과 상황적 사실을 구별한다.
	• 실제적 상황에 관한 잘못된 믿음을 확인한다. • 현실 테스트에 대한 환자의 능력을 증진시킨다. • 환자가 환각 상태에 있는지 확인한다.
망상에 관한 대화	그들이 제시하는 것에 따른 사실들과 그 의미들을 신중히 물어본다.
	• 가끔 망상에 관하여 환자와 이야기하는 것은 그가 그것이 사실이 아니라는 것을 알도록 하는데 도움이 될 것이다. • 전 단계들이 완결되기 전에 다음 단계를 취한다면, 망상이 강화될 수 있다.
망상결과에 대한 토론	환자가 준비가 되어있을 때, 망상의 결과들에 관하여 토론한다.
	• 망상의 강도가 줄어들었을 때, 망상에 관하여 토론하라. • 망상의 결과들에 대하여 토론하라. • 환자에게 그의 행동, 일상활동들, 그리고 결정하기에 대해서 책임을 갖도록 허용하라. • 환자의 건강과 회복에 대하여 환자 자신이 책임감을 갖고 참여하도록 격려한다.

⑱ 음성 증상 시 간호중재

흥미자극	목적	흥미와 참여를 자극한다.
	기분전환	• 친구와 이야기 • 기도/명상 • 일하기 • 글쓰기 • 음악을 듣거나 춤추기 • tv보기 • 산책이나 자전거 타기
	반격 가하기	• 긍정적 자기대화 • 긍정적 사고 • 큰소리로 고함치기 • 어떤 사고에 집중하지 않기 • 증상을 악화시키는 상황을 피하기
	도움을 요청하기	• 병원이나 정신건강센터에 가기 • 건강전문가와 이야기하기 • 가족에게 도움 청하기
	보다 좋은 감정을 느끼도록 시도하기	• 좋아하는 음식 먹기 • 목욕이나 샤워하기 • 푹신한 베개나 애완동물을 껴안기 • 약물복용/이완훈련
	격리	• 잠자기 • 집에 있기
환자접촉	환자와 자주 접촉하여 혼자 두지 않도록 한다.	
개방질문	개방적 질문을 할 수 있으며 환자가 반응할 수 있는 기회를 주기위해 잠시 침묵을 유지한다. 전혀 말을 하지 않는 환자들은 신체적 움직임이나 자세 등 비언어적으로 의사를 표현하므로 간호사는 환자의 비언어적 의사소통에 관심을 기울여야 한다.	
신체적 간호로 관심 전달	필요하다면 식사를 돕고, 잡지책 읽기, 오락과 게임, 산책 등으로 환자와 자연스럽게 관계를 맺도록 한다.	
감정표현기회 제공	감정을 표현할 수 있는 능력과 타인과 상호작용할 수 있는 기회를 제공한다. 미술요법, 무용요법, 야외활동 등을 제공한다.	
짧은 상호작용	사회적으로 고립된 철회된 환자와의 상호작용은 짧게, 자주 만나며 강요적인 상호작용이어서는 안 된다.	
활동계획	규칙적인 일과 활동을 설정하고 1 : 1의 단순한 활동을 계획한다.	
외모관리	기괴한 행동에 대해 지적하지 않고 있는 그대로 받아들이며 매일 몸치장을 돕는다.	

(19) 연상의 이완 시 중재전략

연상의 이완	연상의 이완은 환자의 특이하고 혼란된 사고를 보여주는 것이며, 불안이나 압도되는 내적, 외적 자극에 따라 심해지는 경우가 흔하다.
적극적 경청	혼란되고 의미 없는 말을 하는 환자와 의사소통하는 데 있어 적극적 경청은 중요하다. 초점 없이 빗나간 말을 할 때는 이전의 주제로 돌아올 수 있도록 환자의 이야기를 중단시킬 수도 있다
의미파악	환자의 이해하기 어려운 불분명한 말들을 무시하지 말고 그가 전달하고자 하는 의미를 파악하려고 노력해야 한다.
동조반응 피하기	환자의 불분명한 말의 의미를 이해하는 척하거나 동조하는 반응을 보이는 것은 환자와의 신뢰를 해칠 수 있다.

혼란된 환자와의 의사소통 전략

- 환자의 반응을 이해하지 못했을 때 이해한 것 같은 반응을 보이지 말고, 이해하지 못했음을 지지적으로 언급하라.
- 이해하는 것에 어려움이 있음을 환자가 아닌 간호사의 입장에서 표현하라. 즉 "당신의 말이 이해되지 않는군요."라는 반응보다는 "나는 당신이 말하고 있는 것을 따라가기가 어렵습니다."와 같이 반응하라.
- 간호사가 반복해서 말하는 내용의 소재나 주제를 찾고, 이를 사건이나 시간에 따라 연결 지어 보라. 예를 들면 "당신은 가족들의 방문이 있은 후 여러 차례 오빠와의 갈등을 언급해 왔습니다. 당신의 오빠에 대해서 또는 그와 대화하는 것에 대해 좀 더 얘기해 주시겠습니까?" 등이다.
- 명확한 의사소통의 역할모델을 제공하고 간호사가 이해하지 못한 것은 환자가 수정할 수 있도록 환자와의 대화 내용을 요약하거나 설명해 주어라.
- 환자 주변의 자극을 감소시키고, 간결하고 명확하며 구체적으로 짧은 문장으로 말하라.

(20) 유지단계의 간호중재

재발단계	1단계 : 과확장기 (overextension)	• 이 단계에서 환자는 극도의 중압감을 호소하고, 불안의 증상이 더욱 고조되고 불안증상을 극복하기 위해 많은 에너지를 사용한다. • 환자는 과도한 불안과 중압감을 호소하고, 과제에 집중하거나 끝마칠 수 없으며, 문장의 중간 부분에서 낱말을 잊어버리는 경향이 있다. • 평상시 활동을 수행하는 데 더욱 많은 정신적 노력이 요구되며 업무 수행의 효율성이 감소되고 쉽게 주의가 산만해진다.
	2단계 : 제한된 의식 (restricted consciousness)	• 불안증상이 우울증상과 병합된다. • 평소 기분변화보다 더욱 우울감의 강도가 높다. • 권태감, 무욕감, 강박사고와 공포감이 추가되며 신체화도 나타날 수 있다. • 환자는 조절상실을 방어하기 위한 방법으로 일상사건을 회피하고 외적인 자극을 제한하는 경향이 있다.

	3단계: 억제 능력의 상실 (disinhibition)	• 정신병적 증상이 출현된다. • 경조증의 증상과 비슷할 수 있으며 보통 조절할 수 없는 환각과 망상이 포함된다. • 이전에 성공적이었던 방어기전이 차단될 수 있다.
	4단계: 정신병적 혼란 (psychotic disorganization)	• 뚜렷한 정신병적 증상이 나타난다. • 환각과 망상이 더욱 강화되고 조정능력이 상실된다. • 세 가지 특징 ① 더 이상 친숙한 환경이나 사람을 인식할 수 없다. 예 사기꾼으로 가족을 고소한다. ② 극도의 초조감이 있을 수 있다. → 외적세계의 파멸 ③ 개인의 주체성을 상실하며 자신을 3인칭으로 언급한다. → 자아의 파멸
	5단계: 정신병적 해결 (psychotic resolution)	• 병원에서 로봇 같은 태도를 취하거나 멍청해 보인다. • 치료지시에 순응하고 순종적이다.
재발의 가능성을 관리하기 위한 환자의 지침	• 도움이 필요하다면 도움을 줄 수 있는 사람과 함께 안전한 환경으로 이동한다. 재발의 경고증상을 인식하고 악화될 수 있는 행동을 관찰할 수 있어야 한다. • 스트레스나 요구를 감소시킨다. 이것은 자극 감소가 포함된다. 어떤 환자들은 혼자 있을 수 있는 조용한 방에서 조용한 음악을 듣는다. 이완 기법과 전환 기법이 도움이 될 수 있다. 이는 신뢰할 수 있는 사람과 이야기할 수 있는 조용한 장소가 도움이 될 수 있다. • 약물을 복용한다. 약물 복용은 재발 감소에 유용할 수 있다. 약물 복용은 안전하고 조용한 환경 및 스트레스 감소와 함께 사용될 때 도움이 될 수 있다. 어떤 소리가 들리거나 자신이 생각한 것에 대해 이야기하는 소리가 들릴 때 신뢰하는 사람에게 이야기하도록 한다. • 미쳤다고 이야기하거나 부정적인 말을 하지 못하도록 중단시키는 부정적 사람들을 피하도록 한다.	

3 정신약물 중재

(1) 항정신성 약물의 중재

<table>
<tr><td rowspan="2">항정신성
약물의 작용</td><td>• 다양한 신경전달물질들과 상호작용하여 신경연접부의 특정 수용체 결합을 조절함으로써 궁극적인 효과를 나타냄
• 항정신병 약물은 도파민 수용체를 차단하는 작용을 함
• 대부분의 항우울제는 특히 세로토닌과 노르에피네프린의 재흡수를 차단함으로써 작용한다고 추정됨</td></tr>
<tr><td>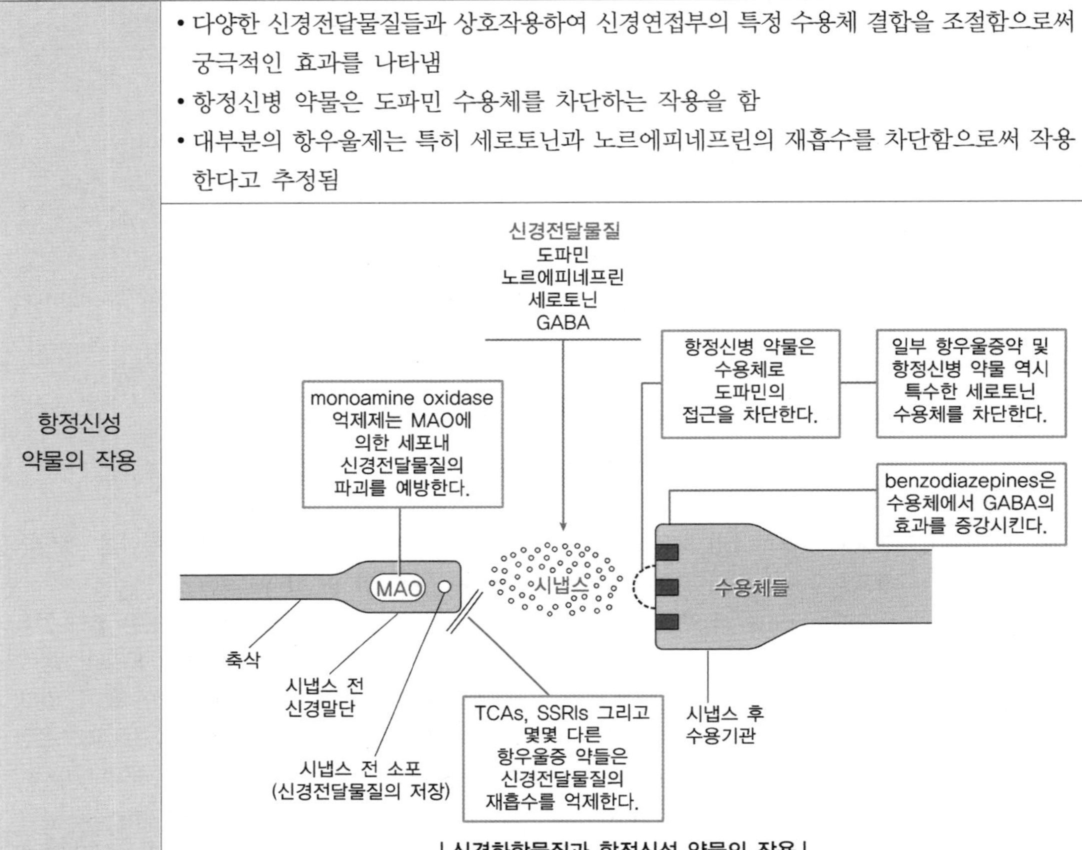

| 신경화학물질과 항정신성 약물의 작용 |</td></tr>
</table>

(2) 정형적 항정신병 약물(1세대)

개요	• 망상, 환각 등의 양성 증상 완화에 비교적 효과가 있지만 잘 듣지 않는 경우도 있고 부작용이 심하다. • 뇌의 특정 부위에서 도파민의 작용이 과도하여 양성 증상을 유발하고, 뇌의 또 다른 부위에서는 도파민의 작용이 부족하여 음성 증상을 유발한다. 도파민 수용체를 차단하면 과도한 도파민의 작용을 억제시켜 양성 증상에 효과를 나타내며, 세로토닌 수용체를 차단하는 경우에는 도파민 부족 부위에서 도파민 분비를 증가시켜 음성 증상에도 효과를 나타낸다.

약물	haloperidol	약리효과	양성 증상치료(망상, 환각, 편집증)
		기전	도파민 경로 차단 • 중변연계경로에서 D2수용체를 차단
		고강도	• 높은 EPS • 낮은 항콜린성 부작용 • 낮은 진정효과
	클로르프로마진 (chlorpromazine)	약리효과	양성 증상치료(망상, 환각, 편집증)
		기전	a1, serotonin, D2수용체를 차단
		저강도	• 낮은 EPS • 높은 항콜린성 부작용 • 높은 진정효과
부작용	• 내분비대사계: 체중 증가, 고프로락틴혈증, 체온조절 이상(체온상승, 저온증) • 순환기계: 기립성 저혈압, 빈맥(빠른 맥박) • 자율신경계: 구갈(입마름), 변비, 시야몽롱, 소변저류 • 신경계: 기억력저하, 추체외로증상, 지발성 운동장애, 졸음, 신경이완제 악성증후군 • 근골격계: 근육강직(심한 골격근 통증, 호흡 근육 강직에 의한 호흡 정지)		

(3) 1세대 약물의 부작용: 추체외로 증상 등

추체외로계 증상	기전	• 흑질선조체 경로 • 시냅스 후 도파민 수용체의 하위그룹인 D2수용체를 차단 • 도파민 체계의 중변연계 경로에서 D2 수용체를 차단은 망상, 환각, 편집증 등의 양성 증상 치료에 효과적 • 그러나 도파민과 아세틸콜린의 균형 파괴(Ach↑)	운동회로(파킨슨) 전두엽 선조체 흑색질 중격측좌핵 복측피개영역 해마 감정회로(기쁨 · 보상) **| 두뇌도파민 경로 |**

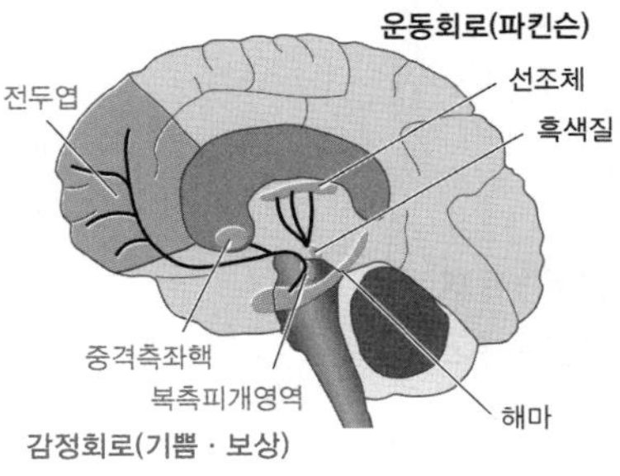

	시기	기전	임상양상	치료
파킨슨 증후군	3~6주 (10주 이내)	도파민 차단작용	• 진전(tremor) – 수면 시와 활동 시 소실, 휴식 시 악화 • 근육강직(rigidity) • 안면 무표정 • 침흘림 • 가속보행	• 약물중단 • 항콜린제 • 도파민 증가

	정좌불능증 (akathiasia)	투여 후 수시간~수일 내	-	불수의적인 좌불안석 상태, 지독한 불안과 초조감(계속 움직여야만 될 것 같은 안절부절 못함)	• 약물중단 • 감량 • propranolol • benzodiazepine
	급성 운동이상증 = 근긴장 이상증 (dystonia)	투여 후 수시간~수일 내	-	목과 어깨가 갑자기 뒤틀리는 사경, 안구운동발작, 턱 근육 경직, 호흡곤란, 연하곤란	• benzodiazepine • 항콜린제 • 항히스타민

	시기	기전	임상양상	치료
만발성 운동장애 지연성 운동장애 (tardive dyskinesia)	1년 이상 장기투여 시	도파민수용체 감수성항진	비정상적 비가역적 불수의적 운동, 이상한 얼굴 찡그림, 입술 소리내는 것, 목이나 머리를 끄덕거리는 것으로 나타나는 얼굴, 혀나 턱의 불수의적 운동(혀를 벌레처럼 움직임, 혀를 전후방좌우로, 입술오므림, 껌 씹는듯한 행동 등), 손가락의 굴곡, 척수의 경련성 운동	• 치료법 없음 • 용량 감소 • 약물중단 • 2세대 약물로 변경

	시기	기전	임상양상	치료
신경이완제 악성증후군 (neuroleptic malignant)	투여 초기	-	• 고열(흔히 40℃ 이상), 심한 근육강직 • 혼돈, 초조 또는 혼수 − 자율신경의 불안정의(빈맥, 발한, 높거나 가변적인(불안정한) 혈압) − 미오글로빈뇨증: 손상 근육은 소변으로 배출되고 소변을 갈색으로 만드는 단백질 미오글로빈 방출. 이 증세는 급성 신장 손상이나 신부전을 야기하여 신속한 치료를 하더라도, 약 10~20%가 사망	• 즉시 약물 중단 • 열 조절 • 집중적 지지요법 제공 • 근이완제 • 도파민 효현제 − 브로모크립틴 (bromocriptine)

부작용 대책	치료제는 없으나 diazepam, 고용량의 lecithin, lithium, valproate 등으로 증상완화 시도

(4) 1세대 약물의 부작용 : 항콜린성 증상

효과 및 부작용	치명적인 항콜린성 효과, 기립성저혈압, 광과민성, 발작가능성
구강건조	치료하지 않아도 1~2주 후 완화
시력장애	시야조정력 감소로 시야 흐림, 동공산대, 녹내장 악화, 갈색시야 → 치료하지 않아도 1~2주 후 완화
소변장애 (요정체)	–
연동작용 감소	변비, 마비성 장폐색, 위액 감소
알파2 아드레날린성 수용체 차단효과	★ 기립성 저혈압, 서맥, 기초대사율 저하, 심계항진 → 체위변경 시 서서히 움직이도록
아트로핀 정신증	목적 없는 과잉행동, 혼돈, 초조, 지남력상실, 건조하고 상기된 피부, 빈맥, 이완된 동공, 방광운동 감소, 발성곤란, 기억력 손상 → 항정신병 약물, 항콜린성 약물투여 정지
비충혈	→ 치료하지 않아도 1~2주 후 완화

(5) 2세대 약물 : 비정형약물(clozapine, olanzapine, resperidone)

비정형성 2세대 약물		
	도파민 D2 수용체와 세로토닌 5-HT2 수용체에 대한 길항 작용을 통해서 항정신병 작용을 나타내는 조현병 치료제로, 도파민 및 세로토닌 수용체에 대한 높은 친화성을 가지고 있음	
	효과	• 조현병의 양성증가 + 음성 증상(정서적 둔마, 사회적 위축, 무감동 등) 효과 • 양극성 장애 I 형의 조증삽화 치료 • 양극성 장애 I 형과 관련된 우울삽화의 급성치료
	부작용	• 식욕증가 및 체중 증가 • 대사장애(혈당상승, 고지혈증) • 면역장애(호산구증가증 및 과민반응) • 혈구장애(호중구감소증, 빈혈, 혈소판감소증)

	기전	부작용
clozapine	D2수용체 차단은 약하고(추체외로증상↓), D1수용체, 5-HT2수용체를 강하게 차단하는 세로토닌, 도파민길항제	• 발열 / 타액 과분비(야간수면동안 특히 심함) / 빈맥(120회/분 이상) / 무과립구증 • 무과립혈구증의 발현빈도가 매우 높아 복용 시 주기적인 혈액검사가 필요함 • 골수기능을 억제하는 다른 약들과 함께 투여하지 않음

Resperidone	• 세로토닌-도파민길항제로, D2수용체에 높은 친화력을 갖고 있어 양성 증상 조절 • 5-HT2수용체 차단에 효과적이므로 음성 증상을 개선	추체외로증상이나 프로락틴분비가 정형약물보다는 적고 클로자핀보다는 많음
Olanzapine	조현병, 조울증에 사용되는 비정형적 항정신병제제	체중 증가

(6) 항정신병성 약물치료의 투약중단에 대한 간호

조현병 대상자는 괴로운 부작용과 낙인을 두려워하므로 증상이 호전되면 약물투여가 필요 없다고 느끼고 중단하는 경우가 많으나 투약이 중단되면 곧 재발한다. 그러므로 투약교육을 지속적으로 반복하여야 하고, 보호자가 함께 교육을 받음으로써 대상자가 투약을 중단하는 경우 보호자가 투약을 계속하도록 권유하여 지속투약이 될 수 있도록 하는 것이 중요하다. 투약 중단은 치료 시작 후 첫해에 가장 흔하다. 투약을 중단한 대상자는 60~70%가 재발하고 투약을 계속한 대상자는 재발률이 40%이며, 투약과 함께 집단교육 및 지지치료를 병행하면 재발률이 15.7%로 감소한다고 한다. 약물을 충실하게 복용하더라도 커피나 콜라 등 카페인 함유 음료를 섭취하면 항정신병 약물의 작용이 억제된다. 때문에 카페인은 1일 250mg 이하를 섭취하도록 권장하고 담배는 1일 10개피 이하를 피우도록 하여야 한다.

03 우울장애 간호 [2010 기출]

DSM-5의 기분장애 진단분류 - 우울장애(Depressive Disorders)

- 주요 우울장애(Major Depressive Disorder)
- 지속성 우울장애[Persistent Depressive Disorder, 기분저하장애(Dysthymia)]
- 파괴적 기분조절 곤란장애(Disruptive Mood Dysregulation Disorder)
- 월경 전 불쾌장애(Premenstrual Dysphoric Disorder)
- 물질 또는 약물로 유발된 우울장애(Substance/Medication-Induced Depressive Disorder)
- 기타 의학적 상태와 관련된 우울장애(Depressive Disorder due to another Medical condition)
- 달리 분류되지 않는 우울장애(Other Specified Depressive Disorder)
- 기타 우울장애(Unspecified Depressive Disorder)

1 주요 질환

(1) 주요 우울장애(Major Depressive Disorder) [2016 기출]

<table>
<tr><td>5가지,
2주 지속,
우울한 기분,
즐거움 상실</td><td>A. 다음 증상 가운데 다섯 가지(또는 그 이상) 증상이 연속 2주 기간 동안 지속되며, 이러한 상태가 이전 기능으로부터의 변화를 나타내는 경우, 위의 증상 가운데 적어도 하나는 우울 기분이거나, 흥미나 즐거움의 상실이어야 한다.
주의: 분명히 다른 의학적 상태에 기인한 증상들은 포함하지 않는다.

① 하루의 대부분, 그리고 거의 매일 지속되는 우울한 기분이 주관적인 보고(예 슬프거나 공허하게 느낀다)나 객관적인 관찰(예 울 것처럼 보인다)에서 드러난다.
주의: 소아와 청소년의 경우는 초조하거나 과민한 기분으로 나타나기도 한다.
② 모든 또는 거의 모든 일상 활동에 대한 흥미나 즐거움이 하루의 대부분 또는 거의 매일같이 뚜렷하게 저하되어 있을 경우(주관적인 설명이나 타인에 의한 관찰에서 드러남)
③ 체중 조절을 하고 있지 않은 상태(예 1개월 동안 체중 5% 이상의 변화)에서 의미 있는 체중 감소나 체중 증가, 거의 매일 나타나는 식욕 감소나 증가가 있을 때
주의: 소아의 경우 체중 증가가 기대치에 미달되는 경우 주의할 것
④ 거의 매일 나타나는 불면이나 과다 수면
⑤ 거의 매일 나타나는 정신 운동성 초조나 지체(주관적인 좌불안석 또는 처진 느낌이 타인에 의해서도 관찰 가능함)
⑥ 거의 매일 피로나 활력 상실
⑦ 거의 매일 무가치감 또는 과도하거나 부적절한 죄책감을 느낌(망상적일 수도 있으며, 단순히 병이 있다는 데 대한 자책이나 죄책감이 아님)
⑧ 거의 매일 나타나는 사고력이나 집중력의 감소, 또는 우유부단함(주관적인 호소나 관찰에서)
⑨ 반복되는 죽음에 대한 생각(단지 죽음에 대한 두려움뿐만 아니라), 특정한 계획 없이 반복되는 자살 생각 또는 자살 기도나 자살 수행에 대한 특정 계획</td></tr>
<tr><td>사회적,
직업적
손상</td><td>B. 이러한 증상들이 사회적, 직업적 및 다른 중요한 기능 영역에서 임상적으로 심각한 고통이나 손상을 초래한다.
C. 우울증 삽화가 어떤 약물이나 다른 의학적 상태의 생리적 효과에 기인하지 않는다.
주의: 진단기준 A~C가 주요 우울증 삽화를 나타낸다.
주의: 중대한 상실(예 가족의 사망, 재정적 파산, 자연재해, 심각한 질병이나 장애)에 대한 반응은 우울 삽화의 진단기준 A에 기술된 강렬한 슬픔, 상실에 대한 반추증, 불면증, 식욕부진, 체중 감소 등을 포함한다. 이러한 증상들을 보이는 것을 이해할 수 있고 상실에 대해 적절하다고 간주되지만, 중대한 상실에 대한 이러한 증상들과 주요 우울증 삽화가 동시에 존재할 경우에 주의를 요한다. 이 경우에 개인사와 상실에 대한 고통의 표현에 대한 문화적 규준에 근거하여 임상적인 판단을 내려야 한다.</td></tr>
</table>

03

	D. 주요 우울증 삽화는 분열정동장애(schizoaffective disorder), 정신분열증(schizophrenia), 정신분열형 장애(schizophreniform disorder), 망상장애, 또는 다른 정신분열 스펙트럼과 정신장애에 의해 더 잘 설명되지 않는다.
	E. 조증 삽화나 경조증 삽화가 없었다. 🚨 주의: 만약 조증이나 경조증 같은 삽화 모두가 약물이나 다른 의학적 상태의 생리적 효과에 기인한 경우는 제외한다.

(2) 지속성 우울장애[Persistent Depressive Disorder, 기분저하장애(Dysthymia)]

개요	우울한 기분이 하루에 대부분, 거의 매일 주관적으로 다른 사람들에 의해 관찰되고, 적어도 2년 이상 지속되며, 다음 중 2가지 이상의 증상이 관찰된다.
증상	• 식욕부진 또는 과식 • 불면 또는 과수면 • 에너지 감소 또는 피로 • 낮은 자존감 • 집중력 부족 또는 결정 내리기가 어려움 • 절망감

(3) 파괴적 기분조절 곤란장애(disruptive mood dysregulation disorder)

개요	1년 이상 지속되고, 적어도 세 가지 상황(예 집, 학교, 친구) 중 두 가지에서 관찰되며, 초진 시 연령이 6세 이전과 18세 이상인 경우는 제외한다.
증상	• 심한 감정폭발이 반복적으로 말이나 행동으로 나타나는데, 자극의 강도나 기간이 상황이나 유발 인자에 비해 지나치게 나타난다. • 감정폭발이 발달단계수준과 부합되지 않는다. • 감정폭발은 평균 일주일에 3회 이상 나타난다. • 감정폭발 사이의 감정은 계속 예민하거나 분노상태에 있고 거의 매일 타인(예 부모, 선생님, 친구들)에 의하여 관찰된다. • 위의 증상이 12개월 이상 나타나되, 증상이 없는 기간이 연속 3개월을 넘지 않는다. • 위의 증상이 3가지 상황(예 집, 학교, 친구) 중 적어도 2가지 이상의 상황에서 나타난다. • 진단은 6세 이전 혹은 18세 이상은 제외한다. 위의 증상이 병력상 혹은 관찰상 10세 이전에 나타난다.

(4) 월경 전 불쾌장애(premenstrual dysphoric disorder)

개요	월경 전 불쾌장애는 생리주기의 대부분에서, 다음과 같은 증상이 나타났다가 생리가 시작되면 며칠 내에 증상이 최소화되거나 사라진다. 적어도 5가지 이상 나타나는 경우 월경 전 불쾌장애로 진단 내린다.
증상	• 뚜렷한 정서적인 불안정서 예 mood swings(갑작스러운 슬픔 또는 눈물, 거부반응의 증가)를 보인다. • 뚜렷한 과민성 또는 화를 내거나 대인관계 갈등이 증가한다. • 뚜렷한 우울한 감정, 절망감 또는 자기비하적인 생각을 한다. • 뚜렷한 불안, 긴장하거나 흥분하여 안절부절못하는 상태이다. • 주요활동(예 직업, 학교, 친구, 취미)에서의 흥미가 감소한다. • 집중하는 데 주관적으로 어려움 느낀다. • 무기력, 피로하기 쉽거나 에너지가 뚜렷하게 감소한다. • 뚜렷한 식욕의 변화(과식 또는 특정한 음식에 대한 갈망)를 보인다. • 과수면 또는 불면을 보인다. • 압도되거나 제어 통제 불능감이 있다. • 유방 압통 또는 울혈과 같은 신체적 증상, 근육통, 복부팽창의 감각 또는 체중이 증가하는 양상을 보인다.

월경 전 긴장 증후군의 진단기준(DSM-5)

(1) 대부분의 월경주기마다 월경이 시작되기 전 주에 아래 기준 2와 3의 증상들 중 5가지 이상이 나타난다. 월경이 시작된 후에는 며칠 안에 나아지기 시작하고, 월경이 끝난 후에는 증상이 최소화되거나 없어진다.
(2) 다음 증상들 중 1가지 이상 존재
  ① 뚜렷한 정서적 불안정서 : 기분동요, 갑자기 슬퍼지거나 눈물이 남, 거절에 대한 민감성 증가
  ② 뚜렷한 과민성이나 분노, 또는 인간관계의 갈등증가
  ③ 뚜렷한 우울기분, 절망감, 또는 자기비하적 사고
  ④ 뚜렷한 불안, 긴장, 또는 안절부절못한 느낌
(3) 다음 증상들 중 1가지 이상 존재, 기준 2와 3을 합쳐 5개 이상의 증상이 나타나야 함
  ① 일상적 활동(예 일, 학교, 친구, 취미)의 흥미 감소
  ② 주의집중의 곤란
  ③ 무기력감, 쉽게 피곤해짐, 또는 뚜렷한 에너지 부족
  ④ 식욕의 뚜렷한 변화(과식 또는 특정 음식 갈망)
  ⑤ 과다수면 또는 불면
  ⑥ 압도되거나 또는 통제력을 상실할 것만 같은 느낌
  ⑦ 신체적 증상 : 유방압통이나 팽만감, 관절통 또는 근육통, 더부룩한 느낌, 체중 증가
(4) 증상들이 일, 학교, 일상적 사회활동, 또는 다른 사람과의 관계에서 임상적으로 심각한 고통이나 방해 초래
(5) 장애는 주요우울장애, 공황장애, 지속적 우울장애(기분부전장애), 성격장애와 같은 다른 장애의 증상들이 단지 악화된 것이 아니어야 함
(6) 증상들이 물질이나 다른 의학적 질환의 생리적 효과들로 인한 것이 아니어야 함

2 간호과정

치료적 환경 제공	자살가능성을 평가한다. • 처해 있는 환경이 위험하거나, 위협적이거나, 개인적 자원이 부족한 경우에 환경조성이 필요하며 환경의 지지체계가 없을 경우 입원이 필요하다. 간호사는 먼저 잠재적 자살 가능성 여부를 사정해야 한다. 가장 위험한 시기는 대상자들이 우울증으로부터 벗어나기 시작하는 회복시기이며 이때는 자살을 시도할 수 있는 에너지가 생기는 시기로 퇴원 후 미래에 대한 확실한 지지체계가 없거나 삶에 대한 희망이 없을 경우에는 자살을 시도할 가능성이 높아진다. 또한 소음, 지나친 광선, 강렬한 색채 등 스트레스를 줄 수 있는 자극적인 환경을 피하고 안정된 환경을 제공한다.
치료적 관계 형성	• 간호를 거부하고 홀로 지내며 무가치한 존재로 생각한다. → 따뜻하며 수용적 태도로 솔직함, 감정이입, 관심을 보여주어야 한다. • 우울한 대상자에게 과격하거나 경솔한 태도를 취하지 말아야 한다. • "기운 내세요. 모든 것이 좋아질 거예요."(×) • "그렇게 우울해 하지 마세요."(×) → 이는 감정이해나 존중하지 못하는 대화로 관계형성을 저해한다. 동정이나 지나친 동의는 대상자가 절망과 무력감을 경험하게 되므로 치료에 도움이 되지 않는다. • 함께 있어주고 시간을 보낼 때 라포 형성이 가장 잘 이루어진다. 옆에 있어주는 것만으로도 자신이 소중한 사람이라는 믿음을 가지게 해 준다. • 대상자 수준에 맞추어 천천히 말하고 대답할 수 있는 시간 여유를 충분히 주어야 한다.
신체적 활동	• 외모에 소홀하다. → 목욕이나 옷 입기를 도와준다. • 식욕이 없다. → 식사하는 동안 함께 있어준다. • 수면장애. → 신체활동을 계획한다. 낮잠 자기는 수면활동을 더욱 악화시킨다. • 재촉하거나 간호사가 대신해주지 않도록 한다.
약물치료	• 삼환계 항우울제 복용한다. • 선택적 세로토닌 재흡수억제제 복용한다. • 망상을 비롯한 정신병적 상태에서는 항정신병 약물 복용한다. • 삼환계 약물은 고용량에서 치명적이기 때문에 자살의도가 있는 대상자에게는 특히 위험할 수 있으므로 약물관리를 잘 해야 한다.
감정 표현하기	• 회복에 대한 희망을 갖도록 하고 반복적인 확신을 주는 것이 필요하다. 치료과정에 시간이 걸리지만 결국 좋아질 것이다. • 무조건 미숙하게 안심시키는 것은 도움 되지 않는다. → "걱정하지 마세요. 모든 것이 잘될 거예요."(×) • 현재의 고통 때문에 감정을 억압한다. 낙담과 무가치함에 압도당하면 문제해결에 도움이 되지 않는다는 사실을 깨닫게 해준다. • 고통스러운 감정을 표현하면 대상자는 긴장이 해소되고, 생동감과 자신감을 얻게 된다. 회복에 대한 희망을 갖도록 하고 반복적인 확신을 주는 것이 필요하다.

인지치료	• 사고의 변화: 부정적 생각을 확인하고 이를 멈추거나 희망적인 다른 생각으로 대치한다. • 긍정적 사고 증가: 개인의 강점과 장점, 성과, 기회들을 검토한다. ➲ 세 가지의 목표 ① 목표와 행동에 대한 조절감을 증가시킨다. ② 자아존중감을 높인다. ③ 역기능적 사고를 바꾼다.
행동변화	현실적, 목표지향적 방법으로 동기를 부여한다.
사회기술	• 직업, 문화, 종교 및 개인적인 관심을 파악한다. • 지역사회모임이나 공공기관, 클럽 등을 통해서 관심을 추구하는 방법을 확인하여 도와준다. • 여성모임, 편부모 모임, 조깅모임, 교회모임, 이웃모임 등을 모두 활용한다.

03

3 가족치료

가족구성원들이 책임을 공유해야 한다.

대상자와 가족교육

- 주요우울장애의 증상을 확인하는 방법을 교육한다.
- 자살 생각의 확인방법과 자살을 사정하는 방법에 대해 가족을 교육한다(퇴원 전에 도움 요청 계획을 세웠는지 확인).
- 자살 경향성이 있는 대상자를 혼자 두지 말도록 가족에게 가르치고 입원이 필요할 수도 있으므로 의사, 병원 또는 자살예방센터에 즉시 전화하도록 교육한다.
- 항우울제로 인해 변비가 생길 수 있으므로 고섬유식과 충분한 수분 섭취로 변비를 예방할 수 있다고 알려준다.
- 항우울제가 혈압을 낮출 수 있기 때문에 정기적으로 혈압을 측정하도록 대상자/가족에게 알려주고 이는 시간이 지나면 사라질 수 있음을 교육한다.
- 대상자의 특정 행동에 대해 교육한다.
  - 수면장애가 있는 대상자들은 수면제가 필요할 수 있다.
  - 우울증 대상자들은 자살 생각을 할 수 있다.
  - 주요우울장애 대상자들은 수면-각성주기가 방해를 받아 아침 일찍 우울한 기분으로 일어나며 이는 하루를 지나면서 나아질 수 있다.
  - 지속성우울장애 대상자의 경우 기분 좋게 일어나지만 하루 일과 동안의 스트레스 때문에 시간이 갈수록 우울해진다.
- 대상자가 임신했거나 이전에 산후우울증을 경험한 경우 산후우울증의 특성과 재발에 대해 교육한다.
- 대상자가 무능력하다고 느낄 수 있으므로 퇴원 후 모든 면에서 대상자를 도우려고 하지 않도록 가족을 교육한다.
- 대상자가 자존감을 높일 수 있도록 대상자가 감당할 수 있는 범위 내에서 집안일을 맡기도록 한다.
- 항불안제, 항정신병 약물과 벤조디아제핀과 같이 처방된 다른 약물의 위험성과 효과에 대해 설명한다.
- 대상자와 가족에게 전기경련요법의 효과와 부작용, 절차에 대해 교육한다.
- 대상자의 전반적인 건강유지를 위해 균형 있는 영양과 운동의 중요함을 설명한다.
- 대상자가 우울증을 앓고 있거나 회복하는 단계일 때는 생활의 변화를 주지 않는다.

- 우울증 회복단계에서 부부치료나 가족상담이 효과적이라고 알려준다.
- 우울한 사람은 오랜 시간 혼자 두지 않도록 강조한다. 퇴원 후 계획은 사교활동과 개인 시간이 균형을 이뤄야 한다.
- 성급하게 활동을 시작하는 것은 재발의 위험성이 높기 때문에 대상자는 서서히 정상 활동으로 복귀하는 것이 좋다고 설명한다.
- 필요 시 도움을 주고 안전한 환경을 제공하기 위해 가정폭력이나 신체적 폭력에 대한 대처방법을 교육한다.
- 지역사회 자원과 지지그룹을 이용하는 방법을 알려준다.
- 인터넷의 최근 교육자료 이용 방법을 알려준다.

4 약물치료

| 항우울제의 작용기전 및 부작용 |

<table>
<tr><td rowspan="8">MAOI
(Monoamine oxidase inhibitor, 단가아민산화 효소억제제)</td><td rowspan="8">작용기전</td><td>패널진
(phenelzine)</td><td colspan="2">• MAO-A, B형을 모두 억제하는 약물로서 항우울 효과를 나타낸다.
• 주로 시냅스에서 두 가지 신경전달물질. 즉 NE, Serotonin을 화학적으로 분해하는 효소(MAO-A)를 비가역적으로 억제함으로써 NE, serotonin의 활성도를 증가시킨다.</td></tr>
<tr><td>모클로베미드
(moclo bemide)</td><td colspan="2">• MAO-A억제하는 약물로서 항우울효과를 나타낸다.
• 주로 시냅스에서 두 가지 신경전달물질 즉 NE, Serotonin을 화학적으로 분해하는 효소를 가역적으로 억제함으로써 NE, serotonin의 활성도를 증가시킨다.</td></tr>
<tr><td rowspan="6">부작용</td><td colspan="2">투약을 중단한 후에도 MAO의 본래 농도로 회복하기까지는 2주의 시간이 필요하다.</td></tr>
<tr><td colspan="2">a-아드레날린성수용체 차단효과가 강해 기립성저혈압이 나타날 수 있다.</td></tr>
<tr><td colspan="2">가장 심각한 부작용은 고혈압성위기로 tyramine함유 음식(건포도, 오래된 치즈, 적포도주 등)을 복용하면 나타날 수 있으며, 혈압조절을 위한 즉각적인 처치를 하지 않을 경우 두개내출혈과 사망으로까지 발전한다. 때문에 정상적인 식사를 하려거든, 이들 약물을 사용 중단한 후 2주 후부터 사용한다.</td></tr>
<tr><td rowspan="3">고혈압성 위기 시 사용가능 약물</td><td>a-아드레날린성차단제
(phentolamine)</td></tr>
<tr><td>항정신병약물(clopromazine)</td></tr>
<tr><td>혈관확장제 설하용(nifedipine)</td></tr>
</table>

분류	약물	구분	내용	
SSRI (Selective Serotonin Reuptake Inhibitor, 선택적 세로토닌 재흡수 차단제)	fluoxetine (prozac), sertraline (zoloft), paroxetine (seroxat), fluvoxamine, citalopram	작용기전	약물의 화학구조는 모두 다르지만 전부 선택적으로 세로토닌 재흡수를 차단한다.	
			시냅스전신경세포에서 세로토닌의 재흡수를 선택적으로 차단하여 뇌에서 세로토닌의 신경전달물질을 증가시킨다.	
			이들 약물은 단가아민수용체에 매우 낮은 친화력을 보이고, 히스타민, 무스카린, a-아드레날린성수용체와 거의 결합하지 않는다. 이로 인해 TCA에비해 부작용이 더 적다.	
		부작용	위장관계부작용	오심, 구토, 설사, 복통, 식욕감퇴
			중추신경부작용	두통, 불명, 불안, 초조
			세로토닌증후군	• 설사, 좌불안석, 경직 등 심하면 혼수, 사망 등을 초래한다. • 예방을 위해 MAOI와 SSRI를 동시에 투여하지 않는다. • 약물변경 시 에도 최소 2주 이상 기간을 둔다.
			임산부, 수유부에게 사용하지 않는다.	
TCA (Tricyclic antidepressant, 삼환계항우울제)	amitriptyline clomipramine imipramine	작용기전	시냅스에서 NE, EP 등 아민신경전달물질이 시냅스전 신경말단으로 재흡수되는 것을 차단시켜서 시냅스에서 유용성을 증가시킨다.	
			아세틸콜린 수용체를 차단	항콜린작용
			히스타민 수용체 차단	항히스타민작용(진정, 식욕 증가)
		부작용	항콜린작용(가장 먼저 옴)	구강건조, 변비, 요정체
			심혈관계	a-아드레날린성 차단으로 심계항진, 기립성저혈압, 심전도상의변화(ST분절하강, T파의 평탄화, QRS 연장) → 과량복용 시 심기능 감시, EKG 검사

04 양극성 장애 간호 [2010 기출]

양극성 장애는 조증 삽화와 우울 삽화를 모두 나타내거나 조증 삽화만을 나타내는 정신장애를 말한다. 고양되고 과대하거나 과민한 기분을 경험하는 것을 조증 삽화라고 한다. 조증 삽화 초기에 대상자들은 대부분 기분이 너무 좋고 힘이 넘치고 자신감에 충만하여 행복감에 도취되었다가 질환이 진행되면서 과민한 기분으로 변화되고 심각한 사회적, 직업적 문제가 발생하게 된다. 양극성 장애의 경우 우울 삽화 기간이 조증 삽화 기간보다 길고, 단극성 우울증에 비해 우울증상이 심하고 자살시도도 많이 하는 것으로 알려져 있다.

1 주요 질환

조증 삽화(manic episode)는 기분장애 기간 동안 다음의 증상 중 3가지 이상(기분이 과민한 상태이면 네 가지 이상)이 지속되며 심각한 정도로 나타난다.

- 팽창된 자존심 혹은 과대성
- 수면욕구 감소(3시간만 자도 충분하다고 느낌)
- 평소보다 말이 많거나 말을 계속 하고 싶은 욕구
- 사고의 비약 또는 생각이 줄달음치는 주관적인 경험
- 주의산만(중요치 않거나 관계없는 외부 자극에 너무 쉽게 주의가 이끌림)
- 목적지향적 활동의 증가 또는 정신운동성 초조
- 고통스러운 결과를 초래할 가능성이 높은 활동에 지나치게 몰두(무절제한 물건구입, 성적 무분별, 어리석은 사업추진)

(1) 제 I 형 양극성 장애 [2010 기출]

구분		
제 I 형 양극성 장애 [2010 기출]	적어도 1회 주요우울 삽화를 경험해야 한다는 진단기준이 포함되지 않지만, 조증 삽화를 경험하는 대다수의 대상자들은 평생 다수의 주요우울 삽화를 경험한다.	
	조증삽화	• 행복감에 차 있고, 평소와 달리 기분이 좋으며 즐겁고 고양된 상태에 있다. • 이들의 행복한 기분은 통제 불능상태까지 도달해 개인이나 가족, 치료자 또는 사회에까지 상당한 어려움을 준다. • 통찰력과 판단력이 형편없기 때문에 다음과 같은 행동특성을 보일 수 있다.
	행동특성	• 입원 전에 도박, 흥청망청 사들이기, 무분별한 성행위, 한밤중에 파티하자고 친구 또는 가족에게 전화하기, 또는 개인이 감당할 수 없는 실패로 끝날 게 뻔한 사업의 도전 등과 같은 과도한 행동을 했을 가능성이 있다. • 입원 시 대상자는 복도를 뛰어다니거나, 다른 사람의 활동을 방해하거나, 잠을 적게 자고, 적게 먹거나, 하루에도 몇 번씩 옷을 갈아입는 등 과잉활동을 보일 수 있다.

		• 옷, 보석, 화장이 눈에 띄게 화려하거나 과도할 수 있다. • 급성기 대상자는 말이 많아지고 빨라지며 목소리가 커지고, 아무에게나 지속적으로 빠르게 말한다. 대상자는 주의가 산만하고 사고의 비약으로 인해 빠르게 주제를 바꾼다. • 망상(75%) : 과대망상, 종교망상, 성적망상 등 • 대상자는 병동의 규칙이나 경계를 시험하며 자기 방식을 고집하고 사람을 조종하는 능력이 뛰어나며 욕구가 좌절될 경우 폭발하여 폭력적으로 된다. • 다른 대상자나 치료자의 약점을 찾아 서로 분열시키고 관리에 문제를 일으키기도 한다. 대상자는 유혹적이며 관능미를 과시하며 대상자나 치료자에게 성행위를 요구하기도 한다. 이들은 상스럽거나 성적으로 노골적인 언어를 다른 대상자나 치료자에게 한다.
	간호	급성기 대상자의 과도한 행동을 감시하여 그들의 안전을 보장하고, 상태가 호전되었을 때 수치감을 느끼지 않도록 보호해야 한다.

	생리적 반응	정서적 반응	인지적 반응	행동적 반응
조증과 관련된 행동	• 탈수 • 부적절한 영양 • 수면욕구 결여 • 체중 감소	• 의기양양 • 다행증 • 심한 기분의 동요 • 자신감이 넘침 • 수치심과 죄악심 결여 • 좌절감을 견기지 못함	• 현실적인 위험부정 • 야심에 가득 참 • 과대망상, 피해망상 • 사고의 비약 • 주의집중 능력 결여 • 주의산만 • 판단력 결여 • 쉽게 사고가 탈선	• 과다행동 • 충동적, 공격적 행동 • 조작적이고 독선적 행위 • 충동억제 능력 결여 • 비판적이고 호전적 행동 • 개인위생과 몸치장 소홀 • 수다스러움 • 과소비 • 성활동 증가 • 고위험 행위(무분별한 운전, 물질남용, 무분별한 성행위)

PLUS

제Ⅰ형 양극성 장애 진단(DSM-5)

제Ⅰ형 양극성 장애를 진단하기 위해서는 조증 삽화에 대한 다음의 진단기준을 만족시켜야 한다. 조증 삽화는 경조증이나 주요 우울 삽화에 선행하거나 뒤따를 수 있다.

1. 조증 삽화

A. 비정상적으로 들뜨거나, 의기양양하거나, 과민한 기분, 그리고 목표 지향적 활동과 에너지의 증가가 적어도 일주일간(만약 입원이 필요한 정도라면 기간과 상관없이) 거의 매일, 하루 중 대부분 지속되는 분명한 기간이 있다.

B. 기분 장애 및 증가된 에너지와 활동을 보이는 기간 중 다음 증상 가운데 세 가지(또는 그 이상)를 보이며(기분이 단지 과민하기만 하다면 네 가지) 평소 모습에 비해 변화가 뚜렷하고 심각한 정도로 나타난다.

① 자존감의 증가 또는 과대감
② 수면에 대한 욕구 감소 예 단 3시간의 수면으로도 충분하다고 느낌
③ 평소보다 말이 많아지거나 끊기 어려울 정도로 계속 말을 함
④ 사고의 비약 또는 사고가 질주하듯 빠른 속도로 꼬리를 무는 듯한 주관적인 경험
⑤ 주관적으로 보고하거나 객관적으로 관찰되는 주의산만
예 중요하지 않거나 관계없는 외적 자극에 너무 쉽게 주의가 분산됨
⑥ 목표 지향적 활동의 증가(직장이나 학교에서의 사회적 활동 또는 성적 활동) 또는 정신운동 초조
예 목적이나 목표 없이 부산하게 움직임
⑦ 고통스러운 결과를 초래할 가능성이 높은 활동에의 지나친 몰두
예 과도한 쇼핑 등 과소비, 무분별한 성행위, 어리석은 사업 투자 등

C. 기분 장애가 사회적·직업적 기능의 현저한 손상을 초래할 정도로 충분히 심각하거나 자해나 타해를 예방하기 위해 입원이 필요, 또는 정신병적 양상이 동반된다.

D. 삽화가 물질(예 남용약물, 치료약물, 기타 치료)의 생리적 효과나 다른 의학적 상태로 인한 것이 아니다.

2. 경조증 삽화

A. 비정상적으로 들뜨거나, 의기양양하거나 과민한 기분, 그리고 활동과 에너지의 증가가 적어도 4일 연속으로 거의 매일, 하루 중 대부분 지속되는 분명한 기간이 있다.

B. 기분 장애 및 증가된 에너지와 활동을 보이는 기간 중 다음 증상 가운데 세 가지(또는 그 이상)를 보이며 (기분이 단지 과민하기만 하다면 네 가지) 평소 모습에 비해 변화가 뚜렷하고 심각한 정도로 나타난다.

① 자존감의 증가 또는 과대감
② 수면에 대한 욕구 감소 예 단 3시간의 수면으로도 충분하다고 느낌
③ 평소보다 말이 많아지거나 끊기 어려울 정도로 계속 말을 함
④ 사고의 비약 또는 사고가 질주하듯 빠른 속도로 꼬리를 무는 듯한 주관적인 경험
⑤ 주관적으로 보고하거나 객관적으로 관찰할 수 있는 주의산만
예 중요하지 않거나 관계없는 외적 자극에 너무 쉽게 주의 분산됨
⑥ 목표 지향적 활동의 증가(직장이나 학교에서의 사회적 활동 또는 성적 활동) 또는 정신운동 초조
예 목적이나 목표 없이 부산하게 움직임
⑦ 고통스러운 결과를 초래할 가능성이 높은 활동에의 지나친 몰두
예 과도한 쇼핑 등 과소비, 무분별한 성행위, 어리석은 사업 투자 등

C. 삽화는 증상이 없을 때의 개인의 특성과는 명백히 다른 기능의 변화를 동반한다.
D. 기분의 장애와 기능의 변화가 객관적으로 관찰될 수 있다.
E. 삽화가 사회적, 직업적 기능의 현저한 손상을 일으키거나 입원이 필요할 정도로 심각하지는 않다. 만약 정신병적 양상이 있다면 이는 정의상 조증 삽화다.
F. 삽화가 물질(예 남용약물, 치료약물, 기타 치료)의 생리적 효과로 인한 것이 아니다.

3. 주요우울 삽화

A. 다음의 증상 가운데 다섯 가지(또는 그 이상)의 증상이 2주 연속으로 지속되며 이전의 기능 상태와 비교할 때 변화를 보이는 경우, 증상 가운데 적어도 하나는 (1) 우울 기분이거나 (2) 흥미나 즐거움의 상실이어야 한다.

🚨 주의점 : 명백한 다른 의학적 상태로 인한 증상은 포함되지 않아야 한다.

① 하루 중 대부분, 그리고 거의 매일 지속되는 우울 기분이 주관적인 보고(예 슬픔, 공허감 또는 절망감)나 객관적인 관찰(예 울 것 같은 표정)에서 드러남

🚨 주의점 : 아동 · 청소년의 경우는 과민한 기분으로 나타나기도 함

② 거의 매일, 하루 중 대부분, 거의 또는 모든 일상 활동에 대해 흥미나 즐거움이 뚜렷하게 저하됨
③ 체중 조절을 하고 있지 않은 상태에서의 의미 있는 체중의 감소(예 1개월 동안 5% 이상의 체중 변화)나 체중의 증가, 거의 매일 나타나는 식욕의 감소나 증가가 있음

🚨 주의점 : 아동에서는 체중 증가가 기대치에 미달되는 경우

④ 거의 매일 나타나는 불면이나 과다수면
⑤ 거의 매일 나타나는 정신운동 초조나 지연(객관적으로 관찰 가능함. 단지 주관적인 좌불안석 또는 처지는 느낌뿐만이 아님)
⑥ 거의 매일 나타나는 피로나 활력의 상실
⑦ 거의 매일 무가치감 또는 과도하거나 부적절한 죄책감(망상적일 수도 있는)을 느낌(단순히 병이 있다는 데 대한 자책이나 죄책감이 아님)
⑧ 거의 매일 나타나는 사고력이나 집중력의 감소 또는 우유부단함(주관적으로 호소하거나 객관적으로 관찰 가능함)
⑨ 반복적인 죽음에 대한 생각(단지 죽음에 대한 두려움이 아닌), 구체적인 계획 없이 반복되는 자살사고, 또는 자살시도나 자살 수행에 대한 구체적인 계획

B. 증상이 사회적, 직업적, 또는 다른 중요한 기능 영역에서 임상적으로 현저한 고통이나 손상을 초래한다.
C. 삽화가 물질의 생리적 효과나 다른 의학적 상태로 인한 것이 아니다.

| 주의점 |

- 진단기준 A부터 C까지는 주요우울 삽화를 구성한다. 주요우울 삽화는 제 I 형 양극성장애에서 흔히 나타나지만 제 I 형 양극성장애를 진단하는 필수 조건이 아니다.
- 중요한 상실(예 사별, 재정적 파탄, 자연재해로 인한 상실, 심각한 질병이나 장애)에 대한 반응으로 극도의 슬픔, 상실에 대한 반추, 불면, 식욕 저하, 그리고 진단기준 A에 기술된 체중의 감소가 나타날 수 있고 이는 우울 삽화와 유사하다. 비록 그러한 증상이 이해될 만하고 상실에 대한 적절한 반응으로 판단된다고 할지라도 정상적인 상실 반응 동안에도 주요우울 삽화가 존재한다면 이는 주의 깊게 다루어져야 한다. 이에 대한 감별을 위해서는 개인의 과거력과 상실에 대한 고통을 표현하는 문화적 특징을 근거로 한 임상적인 판단이 필요하다.

제Ⅰ형 양극성 장애
A. 적어도 1회의 조증 삽화를 만족한다('조증 삽화'의 진단기준 A부터 D까지).
B. 조증 및 주요우울 삽화는 조현정동장애, 조현병, 조현양상장애, 망상장애, 달리 명시된, 또는 명시되지 않는 조현병 스펙트럼 및 기타 정신병적 장애로 더 잘 설명되지 않는다.

제Ⅱ형 양극성 장애
A. 적어도 1회의 경조증 삽화(앞의 '경조증 삽화'의 진단기준 A~F)와 적어도 1회의 주요우울 삽화(앞의 '주요우울 삽화'의 진단기준 A~C)의 진단기준을 만족시킨다.
B. 조증 삽화는 1회도 없어야 한다.
C. 경조증 삽화와 주요우울 삽화의 발생이 조현정동장애, 조현병, 조현양상장애, 망상장애, 달리 명시된, 또는 명시되지 않는 조현병 스펙트럼 및 기타 정신병적 장애로 더 잘 설명되지 않는다.
D. 우울증의 증상 또는 우울증과 경조증의 잦은 순환으로 인한 예측 불가능성이 사회적, 직업적, 또는 다른 중요한 기능 영역에서 임상적으로 현저한 고통이나 손상을 초래한다.

*조증과 우울증이 교대로 또는 조증이 반복적으로 나타나는 장애로 일생 동안 반드시 최소한 한 번의 조증 삽화가 있어야 양극성 장애가 진단된다. 한 번 이상의 조증 삽화가 있으면 우울증 삽화와 무관하게 제Ⅰ형 양극성 장애로 진단된다.

(2) 제Ⅱ형 양극성 장애

제Ⅱ형 양극성 장애 [2021 기출]	조증정도가 경조증	조증의 정도가 경조증 정도로 심하지 않으며, 제Ⅱ형 양극성 장애는 제Ⅰ형 양극성 장애보다 젊은 나이에 발생하고 남성보다 여성에게 더 흔하며 특히 출산 직후 삽화를 경험할 위험이 높다.
	한 번 이상의 경조증 삽화, 우울증 삽화	이전이나 최근의 적어도 한 번 이상의 경조증 삽화와 한 번 이상의 주요우울증 삽화가 확인되는 경우 진단된다.
	가장 심각한 위험	우울증상으로 인한 자살이 가장 심각한 위험으로 약 10~15%에서 발생한다.
	동반	무단결석, 학업 수행의 실패, 직업 실패, 이혼, 물질남용 등이 더 많이 동반되는 것으로 알려진다.
순환성 장애 (cyclothymic disorder)	최소 2년 이상(소아와 청소년의 경우에는 1년 이상) 지속되는 만성 기분장애로 경우울증과 경조증이 수차례 나타나지만 주요우울증이나 조증같이 증상이 심하지 않다. 제Ⅰ형 양극성 장애보다는 주기가 짧고 불규칙적이며 급격한 기분변화를 보이고, 알코올이나 약물남용 병력이 있는 경우가 많다.	

순환기분장애의 DSM-5 진단기준

- 최소한 2년 이상(아동과 청소년은 1년) 경조증 삽화 기준을 만족하지 않는 다수의 경조증과 주요 우울증 삽화 기준을 만족하지 않는 다수의 우울증상이 있음
- 위의 2년 동안(아동과 청소년은 1년) 경조증과 우울증 기간이 최소한 1년간 있었으며, 한 번에 2개월 증상이 없었던 적이 없음
- 주요우울증, 조증, 경조증 삽화 기준이 충족된 적이 없음
- 증상이 조현정동장애, 조현병, 조현양상장애, 망상장애, 달리 분류되지 않는 조현병 스펙트럼, 기타 정신병적 장애로 더 잘 설명되지 않음
- 증상이 물질(약물남용, 투약)이나 다른 의학적 상태(갑상선기능항진증)의 직접적인 생리적 효과에 의한 것이 아님
- 증상이 사회적, 직업적, 기타 중요한 영역에서 임상적으로 심각한 고통이나 장애를 일으킴

03

2 간호수행

(1) 일반적 간호

- 치료적 환경 조성: 비도전적이고 비자극적인 편안한 분위기 조성(분위기, 사람, 환경 – 벽지 바닥 물건)
- 간호사–대상자 관계: 비협조적인 대상자 – 이해하는 간호사 / 행동에 대한 구조적 제한설정
- 감정표현 조절: 분노표현 → 의사소통기술 사용 → 감정 상태를 말로 표현하도록 → 비판 없이 수용
- 신체적 간호: 휴식과 적절한 영양(빵, 샌드위치, 김밥), 수면(따뜻한 우유, 부드러운 음악, 따뜻한 목욕), 신체적 안정
- 신체 활동 관리: 과다행동 통로로 청소나 사소한 활동과 비경쟁적인 신체운동에 참여하도록 격려 / 과대망상적 사고에 현실을 인지하도록 하며 실제를 강화

치료적 환경 조성	조증 대상자는 판단력과 주의력이 부족하여 현실적 위험과 행동의 결과에 대한 평가가 부족하고 환경의 자극에 대단히 예민하여 공격적이고 분노표현을 잘 하는 경향이 있다. 그러므로 비도전적이고 비자극적인 편안한 분위기를 조성하고 시끄러운 신체적 활동을 하는 사람들 집단으로부터 멀리 떨어져 있도록 하는 것이 중요하다. 병실의 벽지와 바닥은 편안한 느낌을 주는 색상을 선택하고 깨지기 쉽거나 파손되기 쉬운 물건은 제거하며 파괴적이고 충동적인 행위를 할 때는 격리시키는 것이 필요하다.
간호사–대상자 관계	조증 대상자는 병동을 혼란스럽게 하며 치료에 비협조적이다. 말을 많이 하고 직원이나 대상자를 조종하며 집단모임이나 치료면담을 지배하려 한다. 다른 사람의 취약한 부분이나 집단의 갈등 영역을 알아내서 악용하기도 하며 이러한 행동특성들 때문에 치료진들은 분노를 나타내거나 방어적이 된다. 하지만 간호사가 화를 내면 치료적인 관계를 유지하기 어려우므로 조증 대상자가 다른 사람을 조종하는 이유와 방법을 확인하고 이해하는 것이 필요하다. 조증 대상자의 자기조절능력을 증진시키기 위한 방법으로 행동에 대한 구조적인 제한 설정은 치료계획에 필수적이다.

<table>
<tr><td>감정표현 조절</td><td colspan="2">조증 대상자의 분노 표현은 매사를 자신의 탓이 아닌 남의 탓으로 돌리기 때문이며, 다른 사람은 자신보다 권력, 지배력, 우월성이 있다고 생각하기 때문이다. 분노에 의한 공격적 행동은 파괴적이고 대인관계를 고립시킨다. 간호사는 감정이입 기술, 느낌의 반영, 감정표현을 유도하는 질문, 확인, 직면 등의 다양한 의사소통기술을 사용하여 대상자의 감정 상태를 말로 표현할 수 있도록 돕는다. 대상자와 의사소통하기 위해서는 사실보다 느낌에 초점을 맞추어 대화를 진행해야 한다. 말을 많이 하기 때문에 표현 정도를 조절할 필요가 있다. 이때 대상자가 표현한 감정을 비판하거나 부정하지 않도록 주의해야 하며, 천천히 말하고 생각이 한 방향으로 흐를 수 있도록 도와준다. 모델링과 강화, 제한설정, 방향 제시, 집중하도록 돕는 것 등이 일상생활에서 제공될 수 있는 간호활동들이다. 대상자들이 표현한 분노, 절망, 불안 등을 비판 없이 수용해 줄 때 그들은 감정을 표현하는 것이 파괴적이거나 나약한 것이 아니라는 사실을 알게 된다. 그러므로 자기주장훈련을 통해 분노를 적절하게 표현할 수 있도록 하는 것이 필요하다.</td></tr>
<tr><td>신체적 간호</td><td colspan="2">조증 대상자는 휴식과 적절한 영양, 수면, 신체적 안정이 필요하다. 대부분은 자가간호가 잘 이루어지지 않으며 너무 바빠서 먹지도 못하고 자신을 돌보지 못한다. 활동이 과다하여 차분히 앉아서 식사를 할 수 없으므로 빵, 샌드위치, 김밥 등 들고 다니면서 먹을 수 있는 음식을 제공한다. 또한 과도한 활동으로 인해 수면이 박탈되므로 따뜻한 우유, 부드러운 음악, 따뜻한 목욕 등을 통해 수면을 촉진한다. 개인위생을 유지하도록 도움을 준다. 제한설정과 단호한 접근법이 신체적 간호를 수행하는 데 있어 효과를 높일 수 있다.</td></tr>
<tr><td rowspan="2">약물치료</td><td>1차 선택 약물</td><td>lithium, valproate와 carbamazepine</td></tr>
<tr><td>조증 삽화 예방</td><td>• lithium
• 치료범위가 좁기 때문에 자주 혈중치를 검사하고 부작용 여부를 신중하게 관찰</td></tr>
<tr><td>인지치료</td><td colspan="2">대상자가 적응적이며 목표 지향적인 행동에 참여할 수 있도록 생각과 행동을 통제할 필요가 있다. 초점 맞추기, 직면, 명료화 등의 의사소통기술은 대상자가 자기 표현을 수정하는 데 도움이 된다. 대상자는 흔히 과장, 과대평가, 비현실적인 목표추구 등의 문제를 갖고 있으며, 인지치료에서는 이와 같은 사고의 문제점을 평가하고 보다 현실적이고 자아 지지적인 목표를 갖도록 도와준다. 조증 대상자의 행동과 정서 변화의 의미와 본질을 아는 것도 중요하다.</td></tr>
<tr><td rowspan="3">행동치료</td><td colspan="2">의기양양한 대상자들은 집중시간이 짧고 들떠 있기 때문에 복잡한 상황에 대처하지 못한다. 단순하고 빨리 끝나는 일이 필요하며 돌아다닐 수 있는 공간과 위험하지 않은 가구배치가 필요하다. 공격적인 행동을 보일 가능성이 있는 대상자에 대해서는 다음과 같은 행동관리 원칙을 적용한다.</td></tr>
<tr><td>제한설정</td><td>수용될 수 있는 행동과 수용될 수 없는 행동에 대해 미리 알려준다. 제한은 명확하고 확고하며 비징벌적으로 적용되어야 한다.</td></tr>
<tr><td>행동계약</td><td>자기 통제력을 증진시키기 위해 행동계약을 만드는 데 대상자도 동참하도록 하는 것이 치료적 동맹의 상호관계를 증가시키고 공격행동의 가능성을 감소시킨다.</td></tr>
</table>

<table>
<tr><td></td><td>일시적 중단</td><td>대상자를 지나친 자극상황에서 단시간 벗어나게 함으로써 부적절한 행동을 감소시킬 수 있는 행동기법이다. 이 방법은 대상자가 점점 흥분될 때 대개 조용한 장소에서 흥분이 가라앉을 때까지 2~3분간 그 장소에 머무르게 하는 것이다.</td></tr>
<tr><td>사회기술훈련</td><td colspan="2">조증 대상자는 집단치료에 참여하게 되면 우월감으로 타인을 지배, 조종하고자 하므로 대상자 자신의 의견을 주장하기보다는 타인의 의견을 경청하도록 하는 것이 필요하다. 역할극을 통해 대상자 자신이 먼저 타인을 존중하면 타인도 역시 대상자를 존중한다는 것을 알게 해 주는 것도 도움이 된다.</td></tr>
</table>

(2) 약물치료

| 기분안정제의 작용기전 및 부작용 |

<table>
<tr><td rowspan="14">기분안정제</td><td rowspan="14">lithium</td><td rowspan="3">작용기전</td><td colspan="2">• 뇌에서 신경전달물질의 활성도를 변화시키거나 안정화시킨다.
• 특히 NE, serotonin, dopamine의 시냅스 전달을 정상화하거나 안정화시킨다.</td></tr>
<tr><td colspan="2">5-HT의 효과 증가, NE,DA 전환 증가, 수용체에 대한 민감성 감소, 콜린재흡수 증가</td></tr>
<tr><td colspan="2">갑상선호르몬과 테스토스테론의 분비를 억제하고 교란된 일주기 리듬을 다시 평형에 이루도록 한다.</td></tr>
<tr><td rowspan="4">적응증</td><td colspan="2">양극성장애의 조증삽화와 우울증삽화 모두 치료와 예방효과가 있다.</td></tr>
<tr><td colspan="2">심한 순환성장애에도 효과가 있다.</td></tr>
<tr><td colspan="2">그 외에도 분열정동장애, 반복성 우울증, 항우울제의 단독치료에 반응하지 않는 우울증에 치료효과가 있다.</td></tr>
<tr><td colspan="2">조현병에서 항정신병약물과의 병용투여 시 공격적 행동위조절이 가능하다.</td></tr>
<tr><td rowspan="2">사용지침</td><td colspan="2">치료시작 전 신체검사, 특히 신장기능(BUN, Cr농도) 등을 파악하고, 신장의 배설기능은 반복확인한다.</td></tr>
<tr><td colspan="2">리튬은 하루에 여러 번 식사와 함께 분복하여 투여하는 것이 부작용을 완화시킬 수 있다.</td></tr>
<tr><td rowspan="3">혈중 리튬 농도</td><td>치료농도</td><td>0.5~1.2mEq</td></tr>
<tr><td>독성농도</td><td>1.5mEq 이상 시 나타나며, 약물중단 해야 한다.</td></tr>
<tr><td>차명적 농도</td><td>2.5mEq 이상 시 치명적이다.</td></tr>
</table>

<table>
<tr><td rowspan="8"></td><td rowspan="8"></td><td></td><td colspan="2">보편적으로 0.8~1.2mEq농도로 조증삽화를 완화시킬 수 있으며 안정화되고 유지되면 0.6~0.8mEq 또는 그 이하 낮게 유지되어도 충분히 안정상태를 나타낸다.</td></tr>
<tr><td rowspan="3">부작용
(혈중농도가 적정농도보다 높을 때)</td><td colspan="2">치료용량에 의한 부작용으로 50%에서 다뇨증, 다갈증이 나타난다.</td></tr>
<tr><td colspan="2">장기투여 시 신장에 비가역적간질성신장염이 초래할 수 있다.</td></tr>
<tr><td colspan="2">갑상선호르몬합성과정을 방해하여 가역적인 기능저하나 갑상선종을 유발한다.</td></tr>
<tr><td rowspan="3">부작용 시 간호</td><td colspan="2">• V/S check, lithium농도 측정 후 리튬투여를 중지한다.
• 위세척, 수액 공급, 전해질을 유지한다.</td></tr>
<tr><td>aminophyline</td><td>리튬배설을 증가시키고, 소변을 알칼리화한다.</td></tr>
<tr><td colspan="2">중추신경의 억제가 심할 경우 혈액투석이나 복막투석을 해야 한다.</td></tr>
<tr><td>금기증</td><td colspan="2">ARF에서는 금기이다. 만성신부전에서는 신중하게 사용한다.</td></tr>
<tr><td rowspan="6">항경련제</td><td rowspan="4">valporic acid</td><td rowspan="2">작용기전</td><td colspan="2">Ca_2^+채널과 연관이 깊은 것으로 알려졌다. GABA 파괴를 억제하여 GABA의 농도를 증가시키거나, GABA의 기능을 항진시키는 복합적인 작용기전으로 효과가 있을 것이라고 추정한다.</td></tr>
<tr><td colspan="2">뇌의 다른 부분에서 경련예방에 사용할 때의 작용기전과 동일한 방법으로 기분을 안정시킨다. 즉, 뇌의 세포막의 전기화학적 균형을 변화시켜 전기자극이 쉽게 퍼져나가지 못하게 함으로써 뇌의 세포막을 안정시킨다.</td></tr>
<tr><td>적응증</td><td colspan="2">리튬에 효과적인 반응을 보이지 않거나, 리튬을 감내하지 못하는 대상자들을 위해 리튬대체약으로 많이 사용된다. 양극성장애의 조증과 우울증치료에 모두 유효하다.</td></tr>
<tr><td>부작용</td><td colspan="2">위장관계부작용, 오심, 구토, 설사 등이며 드물지만 가장심각한 부작용은 간독성이다(간기능검사).</td></tr>
<tr><td rowspan="2">carbamazepine</td><td>작용기전</td><td colspan="2">phenyltoin과 비슷하며, Na^+채널을 차단하여 반복적으로 발생되는 탈분극을 억제하여 발작성흥분전도가 퍼지는 것을 감소한다.</td></tr>
<tr><td>부작용</td><td colspan="2">피부발진, 오심, 구토, 현기증 등이며 가장 심각한 부작용으로는 골수억제로 치명적 상태가 될 수 있으니 주의 깊게 사용한다.</td></tr>
</table>

	lamotrigine [2021 기출]	작용기전	글루타메이트 방출을 억제하며, 나트륨채널을 차단한다. phenyltoin보다 광범위하게 사용된다. phenyltoin은 소발작에서는 사용을 하지 못하지만, lamotrigine은 소발작에서도 사용한다.
		적응증	부분발작, 전신간대성발작, 강직성발작, 조증 후에 오는 울증을 예방한다.
		기출용어	저조한 기분 시 사용하며, 정기적인 혈중농도 확인이 필요하지 않고, 일차 선택약으로 사용된다.
	topramate	작용기전	phenlytoin과 유사하며 그보단 부작용이 적다. Na^+, Ca_2^+ 채널을 차단하며 GABA의 기능을 항진하는 약물이다.
		적응증	전신간대성, 강직성발작, 부분발작, 전신성발작, 소발작, 영아연축, 편두통
		금기	가임기여성에서 사용하면 기형아 확률이 높아진다.
	phenyltoin	작용기전	Na^+ 채널차단으로 반복적인 활동전압발생을 억제하며, 모든 신경세포막을 안정화시킨다.
	gabapentin 프레가발린	작용기전	GABA유사체로 GABA합성전구체의 농도를 증가시킨다.

05 불안 강박 관련 장애 간호 [2009 · 2010 · 2011 · 2015 기출]

1 불안의 수준 [2010 기출]

경증 불안	가벼운 긴장상태로, 신체적 증후 없고, 감각 · 지각력이 민감하여 학습이 동기화되는 유용한 상태이다.
중등도 불안	좀 더 긴장이 큰 상태로, 지각영역이 좁아져 선택적 부주의, 약간의 신체적 증후(발한, 근육긴장, 호흡변화)가 있으나 병적상태는 아니다. → 짧고, 단순하고, 이해하기 쉬운 문장으로 말하는 것이 효과적이다.
중증 불안	• 지각영역이 현저하게 축소된다. • 맥박과 혈압, 호흡이 증가하고 몸을 떨게 되고 동공확대, 심한 발한, 설사, 변비, 심리적으로 매우 고통스럽다. • 위협을 주는 대상에 집중할 수 없고, 별로 위협적이지 않은 다른 대상에 집중한다. • 불안을 조절하기 위해 수많은 방어기전을 이용한다.

	• 심한 불안이 근육계통에까지 영향을 미쳐서 안절부절못할 때 이를 초조라고 한다. 또 불안과 관련되어 나타나는 것으로 긴장이 있는데, 긴장상태의 환자는 감정과 근육에 팽팽함을 느낀다. 따라서 기분은 불안정하고 두려우며 얼굴 표정은 굳어져 있고 손은 떨리며 동작이 급작스럽다. 또 집중을 못하며 머리의 긴장감이나 다른 이상한 느낌을 호소하는 특징이 있다. → 간호의 목표: 불안의 정도를 경증이나 중등도로 낮추는 것이다. • 낮고 조용하게 부드러운 목소리로 환자와 이야기하는 것이 도움이 된다. • 만약 환자가 앉아있기 힘들다면 말하면서 함께 걷는 것도 효과적이다. • 깊게 숨을 쉬도록 돕는 것 또한 불안을 낮추는 간호가 된다.
공황(panic) 수준	• 극심한 불안상태 • 지시가 있어도 뭔가를 할 수가 없다. 병리적 상태로서 오래 견딜 수 없다. 이때는 자신의 행동을 조절하지 못하여 무력감을 느끼고 순간적으로 정신증적 상태가 될 수 있다. • 행동은 기괴하고 난폭하여 자신이나 타인에게 신체적으로 해를 입힐 수 있으며 조절하지 않으면 사망할 수도 있다. • 이 단계에서는 합리적인 사고는 할 수 없다. → 즉각적인 중재 • 환자의 말이 조리가 없더라도 간호사는 존중하는 태도로 환자를 대하여야 한다. • 자극적이지 않은 조용한 환경은 환자의 불안 감소에 도움이 된다. • "지금 느끼는 것이 불안이고, 이 불안은 지나갈 것이며 이곳은 안전한 장소입니다."라고 안심시킬 수 있다. • 환자의 불안이 감소될 때까지 환자와 함께 있어야 한다. 공황수준의 불안은 5~30분 정도 지속된다. • 불안한 사람을 간호할 때 간호사는 자신의 불안의 수준을 인식하고자 노력해야 한다. 불안한 환자를 간호할 때 간호사는 불안이 증가되기 쉽기 때문이다. • 단기간의 불안은 벤조디아제핀(benzodiazepine)과 같은 항불안제로 치료된다. • 벤조디아제핀은 남용과 중독의 가능성이 높다. 따라서 짧은 기간 사용하고 4~6주 이상은 사용하지 않도록 한다.

| 불안과 관련된 신체 질환 |

심혈관계/ 호흡기계	• 천식 • 심부전증 • 베타-아드레날린성 과다활동상태 • 과호흡증상	• 심장부정맥 • 관상동맥기능 부전증 • 저산소증, 색전자, 감염	• 만성 폐쇄성 폐질환 • 고혈압
내분비계	• 카사노이드 • 쿠싱증후군 • 부갑상선기능 저하증	• 갑상선기능 항진증 • 갑상선기능 저하증 • 월경 전 증후군	• 저혈당증 • 폐경 • 호크롬성 세포종
신경계	• 혈관 교원병 • 다발성 경화증 • 윌슨병	• 간질 • 기질성 뇌증후군	• 헌팅턴 무도병 • 전정기능 곤란증

관련물질	중독	• 항콜린성 약물 • 코카인 • 교감신경 자극제	• 아스피린 • 환각제 • 마리화나	• 카페인 • 스테로이드
	금단증상	• 알코올	• 진정제	• 수면제

| 불안의 생리적, 행동적, 인지적, 정서적 반응 |

생리적 반응	심혈관계	• 심계항진 • 실제로 어지러움(☆)	• 혈압상승 • 혈압하강(☆)	• 어지러운 느낌(☆) • 맥박감소(☆)
	호흡기계	• 숨가쁨 • 얕은 숨 • 질식할 것 같음	• 짧은 숨 • 목에 덩어리가 걸린 느낌 • 숨이 참	• 가슴을 누르는 느낌
	위장계	• 식욕부진 • 복부동통 • 설사	• 음식 혐오감 • 오심(☆)	• 복부 불편감 • 속쓰림(☆)
	요로계	• 요다급성(☆)	• 빈뇨(☆)	
	신경 근육계	• 반사작용의 증가 • 불면증 • 안절부절못함 • 전신허약	• 놀람반응 • 진전 • 왔다갔다 함 • 불안정한 걸음	• 눈꺼풀이 떨림 • 경직 • 굳은 얼굴 • 둔한 움직임
	피부계	• 안면홍조 • 뜨겁거나 찬 것이 치밀어 오름 • 전신발한	• 국소발한(손바닥)	• 가려움 • 창백한 얼굴
행동적 반응	• 안절부절 • 지나치게 조심함 • 사고가 잘 생김 • 도주	• 신체적 긴장 • 빠른 말투 • 대인관계 위축 • 회피	• 진전 · 놀람 반응 • 협응부족 • 억제 • 과다호흡	
인지적 반응	• 주의집중 곤란 • 몰두 · 사고의 단절 • 생산성 저하 • 객관성 상실 • 두려운 시각적 영상 • 악몽	• 기억력 저하 • 지각영역의 축소 • 혼동 • 자제력 상실에 대한 두려움 • 상해나 죽음에 대한 두려움 • 과거 회상 장면으로의 전환	• 판단력 결핍 • 창조력 저하 • 자기의식	
정서적 반응	• 벼랑 끝에 선 느낌 • 긴장 · 신경이 날카로움 • 공포 • 감각마비	• 인내심 부족 • 두려움 • 신경과민 • 죄책감	• 불편감 • 놀람 • 변덕스러움 • 부끄러움	

(☆): 부교감 신경반응

2 불안장애

불안장애의 진단기준(DSM-5)

- 공황장애
- 광장공포증*
- 특정공포증*
- 사회적 불안 장애(사회공포증)*
- 범불안장애
- 달리 세분되는 불안장애
- 물질/약물로 유발된 불안장애
- 달리 세분되지 않는 불안장애
- 다른 의학적 상태로 인한 불안장애
- 분리불안장애
- 선택적 함구증

* 광장공포증: 집 밖에 혼자 외출하게 되거나, 군중 속에 있거나, 줄을 서 있거나, 다리 위에 있거나, 버스, 기차, 자동차를 타고 여행을 하는 것 등과 같은 상황에서 지속적으로 나타난다.
* 특정공포증: 특정 대상이나 상황이 존재하거나 혹은 예견되는 것에 과도하고 비합리적인 두려움을 지속적으로 갖는다.
* 사회공포증: 친숙하지 않은 사람들과 만나거나, 다른 사람들에게 주목받게 되는 사회적 상황에 대해 두려움을 갖는다. 창피를 당하거나 당황하게 되는 행동에 대한 두려움을 느끼며, 두려운 상황에 노출되면 언제나 불안해진다.

1) 공황장애 [2009 · 2018 기출]

임상경과	• 심계항진, 심장이 두근거림, 맥박상승, 떨림, 목에 뭔가 걸린 느낌, 오심이나 복부동통, 현실감이나 이인증, 죽음에 대한 두려움, 한기 또는 달아오름, 발한, 숨이 짧아짐, 흉통이나 가슴의 불편감, 어지러움증, 자제력 결여에 대한 두려움, 지각이상 등이다. 공황발작은 위의 증상 중 적어도 4가지가 갑자기 생기고 10분 내에 절정에 달하는 심한 두려움이나 불편감이 불연속적으로 나타난다. • 한 번 발작이 일어나면 3주 이내에 최소한 3회 이상의 공황발작이 연속적으로 나타난다. • 유아 때 분리불안 경험이 있는 사람에게 많이 발생한다. • 발작이 일어날 것에 대한 지속적인 불안과 걱정이 있다.	
사정	일반적인 모습과 행동	말의 속도나 억양, 소리 증가, 자동증(손가락 두드리기, 열쇠 달그락, 머리 흔들기)이 있다.
	정서와 감정	불안, 긴장, 우울, 심각함, 슬픔, 눈물, 분노, 이인증이나 비현실감을 느낀다.
	사고과정과 내용	공황발작 동안 압도되며 죽어가고, 통제되지 않고 해이해지며, "미쳐가고 있다"고 믿는다. 비조직화된 사고로 합리적 생각을 할 수 없고 다음 공황발작에 대한 걱정을 한다.
	감각과 지적과정	공황발작 동안 지남력 혼돈이 있다.
	판단과 병식	공황발작 동안 판단이 정지된다.
	자아개념	종종 자기를 비난한다. "내가 이렇게 나약하다니 믿어지지가 않아. 스스로 어찌할 수가 없네…."

	역할과 관계	사람이나 장소, 전에 공황발작과 관련된 사건을 피한다. 대상을 피하더라도 불안발작은 멈추지 않고 대상자의 어떻게 할 수 없을 것만 같은 느낌은 더 크다.
	신체 및 자기간호 이해	수면과 섭식문제가 있다.
치료	• 인지 행동적 기술훈련과 심호흡, 이완법 • 약물 : 벤조다이아제핀, SSRI(항불안제), 삼환계 항우울제, 항고혈압제제(clonidine, propranolol)	
간호	• 안전과 안위 증진 : 덜 자극적인 장소, 안심과 평온한 태도로 임한다. • 치료적 의사소통 : 관계형성, 짧고 안정감 있게 대화, 불안이 가라앉으면 불안에 대한 대화를 한다. • 불안관리 : 이완기술, 심호흡, 심상유도, 근육이완 • 환자와 가족 교육 　– 심리치료와 약물치료를 겸하는 것이 효과적이라는 것을 교육한다. 　– 치료와 약물은 장애를 근본적으로 치료하는 것이 아니고 증상을 관리통제하는 것임을 이해시킨다.	

2) 공포장애(특정공포증)

(1) 개요

임상경과	• 아동기, 청소년기에 발생한다. • 특정공포증의 89%가 평생 지속된다. • 실제 위험이 없는 것을 명백히 알고 있는데도 불구하고 특정 대상이나 상황에 대해 두려움과 공황상태에 이르기도 하며 두려운 대상을 만날까 봐 집을 떠나지 못한다. • 이런 공포를 일으키는 특정상황에 노출되면 어지럼증, 피로감, 심계항진, 발한, 메스껍고 떨리는 증상이 온다. • 공포대상물을 피하기만 하면 이런 증상들은 소실된다. • 그러나 공포 대상물에 대한 회피는 불안을 감소시키기보다 더 많은 공포대상을 일반화하므로 많은 행동의 제한을 받게 된다. • 자신의 공포를 통해 주위사람에게 영향을 줌으로써 이차적 이득을 획득하고자 한다. 공포로부터 피할 수 있다는 결과를 내세워 자신이 원하는 무의식적 욕구를 충족하려고 하는 것이 이차적 이득이다. 이런 이차적 이득의 충족은 공포를 영구화시킨다. • 공포반응들은 무의식적 근거에서 일어나는 불안에 대한 방어이다. 즉 원래의 무의식적인 두려움을 그것을 상징하는 다른 대상, 생각, 상황으로 옮기는 전치(displacement)의 방어기전을 사용함으로써 불안을 방어하는 것이다. 이때 공포의 대상은 상징화(symbolization)된 것이다.

흔히 나타나는 공포대상과 공포장애	• 동물형: 동물이나 곤충에 대한 공포 예 뱀, 거미, 지네, 바퀴벌레 등 • 혈액-주사-상처형: 혈액, 주사 및 수혈, 상처, 기타 의학적 치료에 대한 공포 • 자연환경형: 터널, 다리, 엘리베이터, 대중교통, 비행기 등 밀폐장소, 운전 등에 대한 폐쇄 공포 • 기타: 질식, 구토, 질병에 걸리는 것 등

(2) 치료

신뢰관계 확립	비합리적으로 보여도 관심을 갖고 경청해야 한다.
환자 보호	공포상황에 노출되지 않도록 하고 외출강경거부 등의 경우에 강요하지 않는다.
공포반응에 대한 인식 증진	• 불안상태에 있지 않는다고 사정되면 공포대상, 상황, 신체반응을 설명한다. • 두려운 사물과 두렵지 않은 사물을 구별하는 것은 공포의 무능력감을 줄이는 데 도움이 된다. • 공포반응을 일으키는 요소(소음, 피로, 카페인, 니코틴 등)를 조절하도록 격려한다.
대처 능력 강화	• 과거 불안 조절 방법에 대해 대화한다. • 일상적인 대처기전이 실패한 이유를 확인한다. • 지나치게 비합리적 두려움이 생길 경우 회피보다 대처기술을 번갈아 사용하면서 대처방법을 찾아내도록 한다(이완요법, 심호흡, 시각적 심상법, 인지기술 등). • 새로 학습한 기술과 과거의 성공적인 대처방법을 활용하면 통제력이 증진된다.
공포상황 직면 격려	• 계획을 성공적으로 수행한 환자에게 의지와 능력이 있다면 안전한 상태에서 공포에 맞서도록 도와주어야 한다(노출요법). • 친숙한 상황에서 공포와 직면시키기, 체계적 둔감법 이용하기 등을 실시한다. • 체계적 둔감법(systemic desensitization): 역조건화를 이용한 행동요법으로 두렵거나 불안을 유발하는 상황의 위계를 만든다. → 이완방법을 훈련한 후 이완상태에서 점차적으로 높은 불안을 유발하는 위계상황을 상상하거나 대면하게 하여 불안이나 공포증상을 제거하는 방법이다. • 홍수법(flooding): 한 번에 매우 강한 자극에 노출시켜 공포반응이 소실될 때까지 지속하는 기법이다. 최근에는 가상현실을 이용한 가상 노출기법이 시도되고 있다.
약물	벤조디아제핀이나 베타-아드레날린성 수용체 길항제가 효과적이다.

3) 광장공포증(agoraphobia)

(1) 개요

임상경과	• 광장이나 공공장소, 특히 급히 빠져나갈 수 없는 상황에 도움 없이 혼자 있게 되는 것에 대한 공포이다. • 아동기의 분리불안 경험은 성인이 되어서도 공공장소에 혼자 남겨지게 되었을 때 부모에게 버림받을 지도 모른다는 불안을 무의식적으로 초래할 수 있다. 광장공포증 환자들은 소심하고 남의 시선을 의식하며, 위축되고 열등감이 많은 사람에게 흔한 편이다. 주요 방어기전은 회피, 전치, 상징화이다. • 광장공포증 환자는 사람이 많은 곳, 열린 공간(시장, 다리)이나 밀폐된 공간(영화관, 터널, 엘리베이터) 또는 도중에 내리기 어려운 운송수단(지하철, 버스, 기차, 배, 비행기)에 낯선 사람들과만 있게 되면 혹시 곤경에 처하게 되었을 때 누구의 도움도 받지 못하게 될까 봐 그런 상황을 두려워하고 피한다. 그러므로 이들은 외출 시 누군가를 동반하려 하며, 심한 경우에는 아예 집 밖으로 나가려 하지 않는다. • 공포상황에 노출될 때 불안으로 인한 여러 자율신경계통의 신체 변화와 감각도 느끼게 되어 불안은 더욱 악화되며, 오로지 그 자리에서 탈출할 생각밖에 못한다. 스스로 공포상황을 극복한다는 것은 엄두가 나지 않고, 오로지 남의 도움을 즉시 받아 그 장소에서 빠져나가야만 살 것 같은 느낌이 든다. 빠져나가는 것이 어렵다고 느끼면 불안은 더욱 악화된다. • 광장공포를 가진 사람들의 행동패턴은 1, 2차적인 이득이 있다고 본다. 1차적 이득은 집을 떠나면 불안해질 것 같아 안전한 장소인 집에 머무름으로 인해 불안이 완화되는 것이다. 예를 들어 광장공포가 있는 사람들은 가족 구성원들로부터 관심과 돌봄을 받는다. 또한 일이나 장보기 등 가정 밖에서의 일상생활을 하지 않아도 가족들로부터 이해를 받을 수 있다.

광장공포증 진단기준(DSM-5)

A. 다음 다섯 가지의 상황 중 두 가지 이상에 대한 심한 공포와 불안이 있다.
  1. 공공운송수단의 이용 예 자동차, 버스, 기차, 배, 비행기
  2. 공개된 공간에 있는 것 예 자동차 주차장, 시장, 다리
  3. 폐쇄된 장소에 있는 것 예 상점, 극장, 영화관
  4. 줄을 서거나 군중 속에 있는 것
  5. 혼자 집 밖에 있는 것

B. 개인은 이러한 상황을 공황과 같은 증상들이나 다른 견딜 수 없는 또는 당황스러운 증상들이 생겨날 경우 탈출이 어렵거나 도움을 받을 수 없다는 생각에 두려워하고 피하고자 한다.

C. 광장공포적 상황은 거의 항상 공포나 불안을 야기한다.

D. 공포상황을 능동적으로 회피하며, 동반자의 존재를 요구하거나 강한 공포와 불안으로 견딘다.

E. 그런 공포와 불안은 광장공포적 상황이 주는 실제위협이나 사회문화적 문맥에 비해 정도를 벗어난다.

F. 공포, 불안 또는 회피가 지속적이며 전형적으로 6개월 이상 지속된다.

G. 공포, 불안 또는 회피가 임상적으로 유의한 고통이나 사회적 직업적 또는 기타 중요영역들에서 장애를 야기한다.
H. 다른 의학적 상태가 있으면 공포, 불안 또는 회피가 명백히 과도하다.
I. 공포, 불안 또는 회피가 다른 정신질환으로 더 잘 설명되지 않는다. 즉 예를 들면, 공포, 불안, 또는 회피가 특정 공포증 상황형, 사회적 상황, 강박사고, 외모에서의 자각된 결함이나 흠, 외상적 사건의 기억, 또는 이별의 공포 등에만 관련되는 것이 아니다. 광장공포증은 공황장애의 존재와 상관없이 진단된다. 만일 한 개인이 나타내는 바가 공황장애와 광장공포증의 진단에 다 맞으면 두 진단이 내려져야 한다.

(2) 치료

항우울제	항우울제인 SSRIs, 항불안제인 벤조디아제핀
인지치료	인지치료의 두 가지 중요한 요소는 그릇된 믿음과 광장과 같은 장소에 대한 잘못된 정보이다. 따라서 환자가 특정 장소에서 나타나는 가벼운 신체 감각을 공황발작, 죽음과 같은 파국적인 상황으로 잘못 인식하는 것을 교정해야 하며 동시에 불안반응은 일시적이며 치명적인 것이 아니라는 정확한 정보를 주는 것이다.
행동요법	상상노출, 실제노출 등 다양한 노출기법이 적용된다. 그중에 실제 노출은 공황장애의 행동치료에 기본이 된다. 노출기법은 환자들이 두려워하는 상황에 대하여 점진적으로 노출시켜 자극에 대하여 탈감작되도록 하는 것이다.

4) 사회불안장애(사회공포증) [2021 기출]

(1) 개요

임상경과	• 다른 사람들 앞에서 당황하거나 바보스러워 보일 것 같은 사회 불안을 경험하며 다양한 사회적 상황을 회피하게 되고 이로 인해 사회적 기능이 저하되는 정신과적 질환이다. • 다양한 사회적 상황에서 창피를 당하거나 난처해지는 것에 대한 과도한 두려움을 가지는데, 예를 들면 많은 사람 앞에서 이야기할 때, 대중 화장실에서 소변을 볼 때, 이성에게 만남을 신청할 때 심한 불안감을 경험하게 된다. • 불안감을 일으키는 상황을 피하고자 끊임없는 노력을 하게 되고 이것이 사회적 기능에 저하를 일으킨다. • 1/3 정도가 우울증을 가진다. 알코올 남용 같은 물질남용도 흔하다. • 10대 후반에서 가장 많이 발병하며 생활스트레스와 요구정도에 따라 심각한 장애 증상으로 변화하게 된다. • 정신과적 우울장애와 감별해야 한다. 우울장애의 경우 사회적 회피 외에 다양한 우울증상이 동시에 존재한다.

사회불안장애 진단기준(DSM-5)

A. 개인이 타인의 가능한 세밀한 관찰에 노출되는 한 가지 이상의 사회적 상황에 대한 뚜렷한 공포 또는 불안, 예를 들어 사회적 상호작용(예 대화하기, 친숙하지 않은 사람 만나기), 관찰되는 것(예 먹기, 마시기) 및 타인 앞에서 행동하기(예 연설)

주의점: 어린이의 경우 불안은 친구들이 있는 상황에서 나타나는 것이어야 하며, 성인들과 상호작용하는 동안에는 아니다.

B. 개인은 그 또는 그녀가 부정적으로 평가될 방식으로 행동하거나 불안증상을 보일까 봐 두려워한다.

예 모욕하거나 당황하게 할, 배척받게 되거나 타인을 화나게 하는 행동

C. 사회적 상황은 거의 항상 공포와 불안을 자극한다.

주의점: 어린이에서는 공포와 불안은 울기, 분노발작, 얼어붙기, 매달리기, 위축되기 또는 사회적 상황에서 말하기에 실패하기 등으로 표현 될 수 있다.

D. 사회적 상황은 회피되거나 강한 공포와 불안으로 견뎌진다.

E. 공포와 불안은 사회적 상황에 의해 주어진 실제적 위험과 사회문화적 문맥에 대한 비례를 벗어난다.

F. 공포, 불안 또는 회피는 지속적이며, 전형적으로 6개월 이상 지속된다.

G. 공포, 불안 또는 회피가 임상적으로 유의한 고통이나 사회적 직업적 또는 기타 중요영역들에서 장애를 야기한다.

H. 공포, 불안 또는 회피는 다른 정신장애, 즉 공황장애, 신체추형장애 또는 자폐스펙트럼장애 등의 증상으로 더 잘 설명되지 않는다.

I. 공포, 불안 또는 회피는 물질의 생리적 효과 때문이 아니다. 예 약물남용, 처방약물

J. 다른 의학적 상태(예 파킨슨병, 비만, 화상이나 외상으로 인한 외모변형)가 있다면, 공포, 불안 또는 회피는 명백히 관련이 없고 과도하다.

| 특정형 |

- 수행단독: 공포가 대중 앞에서 말하거나 수행하는 데 국한될 때

(2) 치료

항우울제	SSRI[파록세틴(paroxetine)], SNRI[벤라팍신(venlafaxine)]으로 6~12개월간 치료 → 복용 6주부터 효과가 나타나 12~16주에 최대효과에 도달한다.
인지행동요법	• 심리교육, 인지 재구성 훈련, 상황노출연습, 집단치료 등 • 인지 재구성 훈련은 부정적이고 비합리적인 믿음과 자동적 사고를 인지하고, 불안한 감정과 자동적 사고 간의 연관성을 관찰하며, 논리의 오류를 인식하도록 한다. • 자신의 비합리적인 믿음체계와 사고에 대해 좀 더 합리적인 대안을 구성해보는 것들로 이루어져 있다.

5) 범불안장애 [2011 기출]

(1) 특징

구분	내용
과다불안 6개월	여러 사건(일이나 학업수행 같은)이나 활동에 대한 과다한 불안이나 걱정(염려되는 예상)이 적어도 6개월 이상 지속되고, 걱정을 조절하기가 힘들다.
부유불안	거의 모든 것에 불안을 느끼는 근거를 찾기 어려운 부유(浮遊)불안(부동성불안, freefloating anxiety) 및 자율신경과민증상이 특징이다.
불안 특징	불안과 특징은 다음 여섯 가지 증상 중 세 가지 이상과 연관이 있다. 1. 안절부절못함이나 긴장 또는 벼랑에 선 느낌이 든다. 2. 쉽게 피곤해진다. 3. 집중이 어렵거나 마음이 빈 것 같다. 4. 쉽게 짜증난다. 5. 근육이 긴장되어 있다. 6. 수면장애(잠들기 어렵거나 잠을 유지하기 힘듦. 또는 끝없는 수면에 대한 만족감 부족)가 있다.
사회직업적 장애	불안과 걱정 또는 신체증상들이 사회적, 직업적 혹은 다른 중요한 기능의 영역에서 임상적으로 유의한 고통이나 장애를 야기한다.
잘못된 사정	장애가 물질(예 카페인 중독)이나 다른 의학적 상태(예 갑상선 기능항진) 때문에 생기는 것은 아니다.
20세 이후	소아청소년기에 시작할 수 있으나, 20세 이후에 흔히 발병한다. 우울증상이 흔하고, 수많은 신체증상이 임상양상의 한 부분이다.
만성적	만성적인 경향이 있으며 질병경과에서 빈번하게 스트레스 관련하여 증상의 악화와 변동을 동반한다.
자율신경활동	만성적인 자율신경계의 활동 증가로 일어난다.

범불안장애 진단기준(DSM-5)

A. 최소한 6개월 이상 몇 개의 사건이나 활동에 대해 과도하게 불안해하며 걱정한다. 예 학교 수행평가
B. 자신이 걱정하는 것을 통제할 수 없다.
C. 불안이나 걱정은 다음 여섯 가지 중 세 가지(아동의 경우 한 가지) 이상이 최소한 6개월 동안 나타난다.
① 안절부절못하거나 벼랑 끝에 서 있는 느낌이 든다.
② 쉽게 피곤해진다.
③ 집중하기 어렵다.
④ 과민하다.
⑤ 근육이 긴장되어 있다.
⑥ 수면장애가 있다.

D. 불안, 걱정 또는 신체적 증상들이 사회적, 학업적, 직업적 및 다른 중요한 기능 영역에 임상적으로 중요한 손상 또는 결함을 초래한다.
E. 이 증상들은 약물이나 다른 의학적 상태의 생리적인 효과에 기인한 것이 아니다.
F. 이 증상들은 공황장애의 공황발작에 대한 불안과 염려, 사회적 불안장애의 부정적 평가, 강박-충동장애의 강박, 분리불안장애의 애착대상으로부터의 분리, 외상후 스트레스 장애의 외상성 사건의 회상, 거식증의 체중 증가에 대한 염려, 신체증상장애의 신체적 고통 호소, 신체변형장애의 자각된 외모결함, 질병 불안장애의 심각한 질병에 대한 걱정, 또는 정신분열증이나 망상장애의 망상적 신념 등 다른 정신장애로 더 잘 설명되지 않는다.

(2) 증상

운동성 긴장	안절부절, 근육통, 만성적 긴장이 나타난다. 근육의 경련, 긴장, 피로 그리고 긴장 때문에 오는 근육병이 있고 이들 긴장은 스스로 이완시킬 수가 없다. 근육의 긴장으로 안검경련, 양미간에 홈이 파지고 얼굴은 긴장되고 몸은 안절부절못하고 초긴장 상태에 있게 된다. 그 결과 한숨도 자주 쉬게 된다.
자율신경 긴장	짧은 호흡, 심계항진, 어지러움, 구토, 빈뇨, 발한과다, 설사, 불면증 증상이 나타난다. 이런 신체증상 때문에 환자 자신은 신체에 큰 병이 걸리지 않았나 걱정하며 내과 진찰을 받는 사람이 태반이고 만일 병이 없다고 하면 그 의사의 말을 믿지 못하고 다른 여러 의사를 배회하면서 종합 진찰을 받기도 한다.
부유(예기)불안 (지나친 근심)	늘 걱정하고 만사에 불행한 일이 생기지 않을까 해서 불안해하고 긴장되어 있고, 매사를 심사숙고하고 조심하지만 우유부단해서 결정을 못 내린다. 그 근심의 대상은 한 가지만이 아니어서 이것저것 닥치는 대로 불안한 부유불안을 나타내는데 쓰러지지 않을까, 무서운 병에 걸리지 않을까, 교통사고가 나지 않을까 등 그 걱정의 대상은 다양하다. 불안증상이 없는 순간에는 불안해지면 어떻게 하나 하는 불안, 즉 예기불안이 있어서 불안의 대상이 있든 없든 항상 불안하다. 그들은 자신이 불안하고 긴장되고 공포를 잘 느낀다고 스스로 시인하고 있다.
지나친 조심성	항상 살피고 조심하는 보초병 같은 행동을 하게 되고 칼날 위에 선 것처럼 날카롭게 보인다. 참을성도 없어지고 차분하지 못하고 쉽게 흥분한다. 정신집중이 잘 안 되고 일에 전념하지 못해서 항상 전전긍긍한다. 언제나 경계하고 조심하는 까닭에 불면증이 잘 오는데 잠들기가 힘들고 들었다 해도 쉽게 깨고 악몽에 시달리고 낮에는 늘 피로해 한다.
기타	그 밖에 이 범불안장애에는 경한 우울장애와 각종 공포장애의 증상들이 겹쳐 있기도 하다. 발병 시기는 보통 사춘기나 젊은 성인기에 흔하다.

(3) 치료

약물치료	벤조디아제핀, 부스피론(buspirone) 계열 약물, 최근에는 SSRI, SNRI 계열 약물도 널리 쓰인다.
인지행동치료	범불안장애에 효과적이다. 걱정과 관련된 인지적 요인들을 이해시키고 걱정이라는 내면적인 사고과정을 지각할 수 있도록 돕는다. 이 밖에도 다양한 이완법을 통해 불안을 조절하도록 도울 수 있다.

| 불안과 우울증의 차이점 |

불안	우울증
• 과도한 두려움이나 염려 • 잠들기 어려움 • 빠른 맥박과 정신운동 항진 • 호흡곤란 • 진전과 심계항진 • 발한 • 어지러움증 • 이인증 • 비현실감	• 주간변동(아침에 기분이 저조) • 말과 생각이 느려짐 • 지체된 반응 • 정신운동 지체 • 일상활동에서의 흥미 감소 • 모든 것을 부정적으로 평가

6) 불안 장애 간호과정 [2010 기출]

(1) 간호사정

① 스필버거의 상태 – 특성 불안척도(State–Trait Anxiety Inventory; STAI)

분류	상태형(State form)과 기질(특성)형(trait form)
상태불안 (state anxiety)	유발상황에 대한 반응으로서, 지금 불안한 성질을 말하는 것이다.
기질불안 (trait anxiety)	개인이 지닌 고유의 불안성향이며 비교적 변화가 없는 것을 말한다.

② 증상

자동증	• 자동적으로 무의식적인 반복행동을 한다. • 손가락으로 책상을 두드린다든가, 열쇠를 딸그락거린다든가, 머리를 흔드는 것 등 • 이는 불안을 완화하기 위한 것으로 환자의 불안수준이 증가함에 따라 빈도와 강도가 증가된다. • 환자는 불안, 걱정, 긴장, 우울, 심각함, 슬픔 등을 나타낼 수 있다.

공황발작	• 공황발작 동안 이인증이나 비현실감 등을 느낄 수 있다. • 공황발작 동안 불안에 압도되어 죽어가고, 통제되지 않고, 해이해지며, 미쳐가고 있다고 믿는다. 자살도 생각할 수 있다. 비조직화된 사고로 합리적인 생각을 할 수 없게 된다. • 공활박작이 재발되는 것과 '그렇게 되면 어떻게 하지?'라며 걱정을 하게 된다. • 지남력이 혼돈스럽다. • 환경적인 단서에 적절한 반응을 할 수 없다. • 이들 반응은 공황발작에서 회복한 후 정상으로 돌아올 수 있다. • 판단은 공황발작 동안 정지된다. • 도망가려고 하는 환자는 빌딩 밖으로 몸을 내놓기도 하고, 달리는 자동차에 뛰어들 수도 있다. 병식은 교육을 받은 후 생길 수 있다.
공황장애 환자	• 자아개념을 사정하는 것이 중요하다. 이들 환자는 종종 자기를 비난하는 말을 한다. "내가 이렇게 나약하다니 믿겨지지가 않고 스스로를 어찌할 수 없다. 나는 행복했었고 잘 적응해 왔는데…." 이들은 자신의 생활측면을 부정적으로 평가한다. • 곧 발작이 닥칠 것이라는 걱정을 하며, 공황발작이 있기 전까지 해왔던 많은 것을 할 수 없게 된다. 사회적, 직업적 변화가 있으며, 가족의 생활도 변화된다. • 특히 사람이나 장소, 공황발작과 관련된 사건들을 피한다. 더 이상 버스를 타지 않는 등의 행동이 나타난다. • 비록 대상물을 피하더라도 공황발작은 멈추지 않고 환자의 어떻게 할 수 없을 것만 같은 느낌은 더 크게 될 것이다. 집에 남아있거나 일을 중지하는 것과 같은 회피가 많아진다. • 수면과 섭식문제를 호소한다. 야기되는 공황발작에 대한 두려움과 관련된 불안으로 적당하게 수면을 취하지 못하며, 식욕부진과 불안을 없애기 위해 계속 먹을 수도 있다.

중증 불안	중등도 불안
• 지각영역의 현저한 축소 • 교감신경계의 활성화(호흡맥박 증가, 혈관 수축, 체온 상승), 몸의 떨림, 과도한 몸의 움직임, 동공 확대, 심한 설사 및 변비 • 심리적으로 매우 고통스러움 • 과도한 근육계통의 영향 – 초조(agitation), 긴장(tension) • 손은 떨리며 동작이 급작스러움 • 집중을 못하며 긴장감이나 이상한 느낌을 호소 → 수많은 방어기전을 이용함 → 목표는 불안을 낮추는 것 → 환자와 함께 앉아있는 것이 기본. 낮고 조용하게 부드러운 목소리로 이야기하는 것이 도움이 되고 말하면서 함께 걷는 것도 효과적. 깊게 숨을 쉬도록 돕는 것도 불안을 낮추는 간호가 됨	• 선택적 부주의, 집중력 저하 • 약간의 발한, 근육긴장, 불평 → 오랜 시간 집중하는 것에 어려움이 있으므로 대화는 짧고, 단순하고, 이해하기 쉬운 문장으로 말하는 것이 효과적임

(2) 간호진단

| 불안 관련 행동에 따른 간호진단의 예 |

행동	간호진단
심계항진, 떨림, 발한, 흉통, 가쁜 숨, 미칠 것 같은 두려움, 죽을 것 같은 공포(공황장애), 지나친 걱정, 주의집중의 어려움, 수면장애(범불안장애)	불안(공황)
자신이 처한 상황을 통제할 수 없다고 말로 표현하거나 자신을 돌보는 것과 관련된 의사결정에 참여하지 않거나 역할 수행을 제대로 하지 못하겠다고 말을 함(공황장애, 범불안장애)	무력감
공포스러운 대상 또는 상황을 피하려는 행동(공포장애)	공포
혼자 집에 있으려 함, 혼자 밖에 나가는 것을 두려워함(광장공포증)	사회적 고립
의식적 행동, 강박적 사고, 기본 욕구충족이 불가능함, 중증의 불안(강박장애)	개인의 비효율적 대처
의식적 행동을 수행하느라 일상적인 책임을 완수하지 못함	역할수행장애

| 질병별 간호진단과 기대되는 결과의 예 |

구분	공황장애	강박장애
간호진단	• 상해 고위험성 • 불안(중증) • 자존감 저하 • 비효율적 개인대처 • 역할수행장애 • 수면양상의 변화	• 불안 • 비효과적인 개인대처 • 피로 • 자존감 저하 • 피부손상의 고위험성
기대되는 결과	• 환자는 상해로부터 안전할 것이다. • 환자는 감정을 말로 표현할 것이다. • 효과적인 대처기전을 간호사에게 설명할 것이다. • 불안관리 및 효과적인 사용방법을 설명할 것이다. • 환자는 개인적인 통제감을 말로 표현할 것이다. • 환자는 매일 밤 적어도 6시간의 잠을 잘 것이다.	• 환자는 의식적인 행동 내에서 일상적인 활동을 완전하게 수행할 것이다. • 환자는 이완기술의 효과적인 사용에 대해 적절하게 설명할 것이다. • 환자는 다른 사람과 느낌을 이야기할 것이다. • 환자는 행동치료기술의 효과적인 사용을 설명할 것이다. • 환자는 의식적인 행위시간이 감소될 것이다.

(3) 간호계획과 수행

<table>
<tr><td rowspan="3">간호목표</td><td colspan="2">불안한 환자의 간호목표는 환자가 불안에서 완전히 벗어나게 하는 것이 아니라, 불안에 견디는 능력을 키워주는 것이다. 강하고 융통성 있는 가치관을 가지고 불안과 맞서는 것이 더 많은 것을 얻을 수 있다는 확신을 환자가 가진다면 불안과의 대면은 용이하게 된다.</td></tr>
<tr><td>장기목표</td><td>스트레스에 대처하는 적응적인 방법을 보일 것이다.</td></tr>
<tr><td>단기목표</td><td>• 불안의 정도를 낮춘다.
• 불안의 원인이나 스트레스에 대한 병식을 증진시킨다.
• 불안에 대한 이완반응을 증진한다.</td></tr>
</table>

(4) 불안수준에 따른 간호중재

① 중등도 불안 감소

불안의 인식	• 자신의 불안을 인정하게 한다. • 대상자가 자신의 불안이 유발되는 조건, 상태를 파악하여 표현하게 한다.
불안에 대한 통찰력	불안의 원인이 되는 위협적인 일이 얼마나 불안의 정도를 높이는지 인식하게 한다.
건설적인 대처방법 증진	• 자신의 능력과 자원을 인식하게 한다. • 불안에 대처할 기전을 파악하여 사용하게 한다(스트레스 재평가, 친한 사람과 공포 나누기, 새로운 방법 모색). • 환자의 불안이 중등도 상태로 낮아지면 스트레스에 대처할 수 있는 문제해결의 방법을 통해 환자를 돕는다.
이완요법	–

| 중등도 불안반응의 간호 |

단기목적	중재	논리적 근거
대상자는 불안을 확인하고 서술할 것이다.	• 대상자가 밑에 깔린 감정을 확인하고 서술하도록 돕는다. • 대상자의 행동을 이러한 감정과 연결한다. • 대상자와 모두 추론과 가정을 확인한다. • 비갈등적인 주제로부터 갈등의 문제로 옮기도록 개방적인 질문을 사용한다. • 시간이 지나면서 지지적인 직면이 현명하게 사용될 수 있다.	새로운 대응반응을 채택하기 위해 대상자는 먼저 감정을 인식하는 것이 필요하고 의식적, 무의식적 부정과 저항을 극복할 필요가 있다.
대상자는 불안의 선행사건을 확인할 것이다.	• 대상자가 불안에 선행하는 상황과 상호작용을 서술하도록 돕는다. • 스트레스원에 대한 대상자의 평가를 검토하고 위협받는 가치와 갈등이 나타난 방식을 검토한다. • 대상자의 현재의 경험을 관련된 과거 경험과 관련시킨다.	일단 불안이 인식되면 촉진 스트레스원과 스트레스원의 평가, 그리고 유용한 자원을 포함하여 불안 발생을 이해하는 것이 필요하다.

대상자는 적응적이고 부적응적인 대응반응을 서술할 것이다.	• 대상자가 과거에 어떻게 불안을 감소시켰으며 어떤 종류의 활동이 불안을 완화했는지 탐색한다. • 현재 대응반응의 부적응적이고 파괴적인 영향을 지적한다. • 과거에 효과적이었던 적응적 대응반응을 사용하도록 격려한다. • 대상자에게 변화에 대한 책임을 지게 한다. • 적절한 한계 안에서 불안을 유지하면서 원인-결과 관계를 관련시키도록 돕는다. • 적절할 때에 대상자가 스트레스원의 가치, 본질, 의미를 다시 평가하도록 돕는다.	새로운 적응적인 대응반응은 과거에 사용한 대응기전을 분석, 스트레스원을 재평가하고, 유용한 자원을 사용하며 변화에 대한 책임을 받아들임으로써 학습될 수 있다.
대상자는 불안에 대응하는 적응반응 두 가지를 수행할 것이다.	• 대상자가 사고를 재구조화하고 행동을 수정하여 자원을 이용하고 새로운 대응반응을 시험해 보는 방법을 확인하도록 돕는다. • 에너지를 방출하는 신체적 활동을 격려한다. • 대상자가 새로운 대응반응을 배우도록 도울 때 자원과 사회적 지지로서 의미 있는 타인을 포함시킨다. • 통제와 자립을 증가시키고 스트레스를 감소시키기 위해 이완연습을 가르친다.	스트레스 관리기법의 사용을 통해 스트레스에 동반하는 정서적 고통을 조절함으로써 스트레스에 대처할 수 있다.

② 중증 및 공황수준의 불안

신뢰관계의 확립	심한 공황수준의 불안을 가진 대상자는 입원치료나 부분 입원치료가 필요하다. 대상자의 불안수준을 감소시키기 위한 대부분의 간호활동은 지지적이고 보호적이다. • 개방적이고 신뢰하는 관계를 수립한다. • 적극적으로 경청한다. • 그들 자신의 감정인 불안, 적개심, 죄책감, 좌절을 표현하도록 격려한다. • 대상자의 질문에 직접적으로 대답하고 무조건적인 수용한다. • 언어적 · 비언어적 의사소통을 통해 대상자의 감정에 대한 인식과 수용을 전달한다. • 간호사는 대상자의 개인공간을 존중하여 1.8m↑의 거리를 둔다. → 두려움의 대상, 불안↑
자기인식	• "지금 느끼는 것이 불안이고, 이 불안은 지나갈 것이며 이곳은 안전한 장소입니다." (공황수준의 불안은 무한이 계속되는 것이 아니고 5~30분 정도 지속될 수 있다) • 간호사가 자신의 불안정도에 대해 잘 알면, 그것으로부터 배울 수 있고 더 나아가 치료적으로 이용할 수 있다. • 간호사는 자기내부의 불안에 민감해야 하고, 불안을 받아들이고 원인을 찾아내야 한다. • 간호사는 자신의 감정과 역할을 끊임없이 명료화하여 호혜적인 불안 없이 환자의 불안을 수용할 수 있도록 노력해야 한다.

환자 보호	환자가 스스로 조절할 수 있는 스트레스의 정도를 정하도록 허용하는 것이다.
치료적 환경의 조성	불안을 감소시키는 시도를 한다.
활동 격려	사회적으로 건설적인 행동을 강화하고 지지를 제공하기 위해 환자와 함께 활동에 참여한다면 매우 효과적이다.
투약 관리	중증 불안환자에게 투여, 벤조다이아제핀계 항불안제가 가장 많이 쓰인다.

03

| 중증과 공황 불안 반응에 대한 간호 계획 |

- 간호진단: 중증/공황 수준의 불안
- 기대되는 결과: 환자는 불안을 중등도 수준이나 경증 수준으로 감소

단기 목표	간호중재	이론적 근거
대상자는 위험으로부터 보호받을 것이다.	• 제일 처음 대상자의 방어를 공격하기보다는 대상자의 방어를 받아들이도록 지지한다. • 현재 대상자의 대처기전과 관련된 고통의 실체를 인식하고 공포증상, 의식적 행위 신체적 고통 자체에 초점을 두지 않는다. • 신체적 건강은 정서적 건강과 관련이 있다는 것을 강조하고 이러한 영역의 욕구를 탐색한다.	중증이나 공황 수준의 불안에서는 문제해결 과정에 참여할 수 없으므로 제일 처음 대상자에게 허용적이고 지지적이어야 한다. 만일 대상자가 불안을 감소시킬 수 없다면 공황수준으로 더욱 불안이 증가되고 조절 능력이 상실될 것이다. 이때 대상자는 불안을 감소시킬 수 있는 대처기전이 없는 것이다.
대상자는 불안을 일으키는 환경적 자극이 적은 상황에 있게 될 것이다.	• 침착한 태도로 대상자와 함께 있는다. • 환경적 자극을 감소시킨다. • 불안의 접촉성 전염을 최소화하기 위해 타 대상자와의 상호작용을 제한한다. • 대상자에게 불안을 일으킨 상황을 확인하고 조정한다. • 온수 목욕이나 마사지와 같은 지지적인 물리적 방법을 수행한다.	대상자의 환경을 변화시킴으로써 대상자의 행동이 변화될 수 있다.
대상자는 일상적 활동계획에 참여할 것이다.	• 제일 처음에는 지지를 제공하고 사회적으로 건설적인 활동을 강화하기 위해 대상자와 함께 활동을 수행한다. • 신체적 운동을 할 수 있도록 한다. • 매일 수행할 수 있는 활동목록을 계획한다. • 가능한 한 가족이나 타 지지체제를 많이 포함시킨다.	외부활동을 지지함으로써 간호사는 비건설적인 대처기전을 이용할 수 있는 시간을 제한하고 즐거운 생활에 참여할 수 있는 시간을 늘린다.
중증의 불안 증상이 감소될 것이다.	• 대상자의 불쾌감을 감소시키는 데에 도움이 되는 약물을 투여한다. • 약물의 부작용을 관찰하고 관련된 건강교육을 실시한다.	고통스런 증상을 약물로 조절할 수 있다면 치료적 관계를 형성할 수 있고 기본적인 활동에 관심을 갖도록 할 수 있다.

불안을 인식할 때 생기는 저항

- 증상 가리기: 환자는 불안과 갈등영역을 인지하지 않으려고 사소한 신체적인 증상에 초점을 맞춘다.
- 우위에 서기: 환자는 간호사의 능력에 관하여 질문을 하거나 자신의 지식과 경험의 우월성을 강조함으로써 면담을 조정하려 한다.
- 정서적으로 유혹하기: 환자는 간호사를 조정하거나 동정심을 유발시키려는 시도를 한다.
- 피상적으로 대하기: 환자는 피상적으로 대하며, 저변에 깔려있는 감정을 조사하거나 문제를 분석하려 하면 저항한다.
- 둘러대기: 환자는 질문에 대답하는 것처럼 보이나, 실제로는 질문을 회피하기 위해 주제의 언저리만 맴돈다.
- 잊기: 사건을 조사하거나 직면시키는 것을 피하려고 의도적으로 잊는다.
- 부정하기: 환자는 중요한 주제에 대해 논의할 때만 이 방법을 사용할 수도 있고, 때로는 자신을 포함한 모든 주제에 대해 부정을 일반화할 수도 있다. 부정의 목적은 수치감을 피하는 것이다.
- 합리화하기: 이 방법을 사용하는 환자는 대개 심리학이나 의학에 대한 약간의 지식이 있다. 적절한 병식을 표현할 수 있으나, 묘사하는 문제에 관련되어 있는 부분에 대하여 분석하는 것은 부족하다. 문제해결 과정에 적극적으로 참여하지 않는다.
- 적개심: 환자는 공격이 최대의 방어라고 믿으며 이에 따라서 공격적이고 도전적인 방법으로 다른 사람들을 대한다. 이때 최대의 위험은 간호사가 이런 행동을 개인적으로 받아들이고 화를 내는 것이다. 이렇게 되면 환자는 자신의 불안을 회피하는 것을 강화하게 된다.
- 위축: 환자가 모호하고 불분명한 방법을 취함으로써 저항할 수 있다.

③ 공황장애 [2018 기출]

안전과 안위증진	○○님, 주위를 보세요. 안전하지요. 나와 당신은 함께 여기 있고, 아무 일도 일어나지 않을 거예요. 깊게 숨을 쉬어보세요." → 안심과 평온한 태도는 불안을 감소시킬 수 있다.
신뢰형성 및 치료적 의사소통	• 긴 내용에 집중할 수 없으므로 짧고 안정감 있게 대화한다. 앉아있기도 힘든 환자는 함께 걸으면서 이야기를 나눌 수 있다. • 불안이 가라앉을 때 "불안이 좀 가라앉은 것 같으세요? 그런가요?", "방금 전의 상황을 저와 함께 이야기해 볼까요?"라고 환자와 대화할 수 있다. 이를 통해 자신의 감정적 반응과 행동을 함께 이야기하고 통제감을 다시 얻을 수 있도록 노력한다.
불안관리	이완기술을 교육한다. 심상유도나 근육이완술은 긴장된 근육을 이완시킨다.
환자와 가족교육	• 스트레스를 불러일으키는 상황 또는 스트레스 반응에 대한 대처나 관리방법을 배우는 것이 중요하다. • 심리치료는 약물치료와 병행되어야 효과적이며, 처방된 약물에 대한 이해를 도와야 한다. 이는 근본적으로 완치가 아니고 증상을 관리하고 통제하는 것이라는 것을 이해시켜야 한다. • 정규적으로 운동하도록 용기를 준다. 규칙적인 운동은 아드레날린 대사를 돕고 통증반응을 감소시키고 엔돌핀 생산을 증가시켜 건강한 느낌을 증가시킨다.

④ 공포증(Agoraphobia)의 간호중재: 인지치료(비합리적인 사고를 합리적 사고로)와 노출요법(상상으로 부딪히고 실제상황에 부딪혀보면서 단계적으로 불안을 극복하기)

신뢰관계 확립	비합리적으로 보여도 관심을 갖고 경청한다.
환자보호	공포상황에 노출되지 않도록 하고 외출강경거부 등의 경우에 강요하지 않는다.
공포반응에 대한 인식증진	• 불안상태에 있지 않다고 사정되면 공포대상, 상황, 신체반응을 설명한다. • 두려운 사물과 두렵지 않은 사물을 구별하는 것은 공포의 무능력감을 줄이는 데 도움이 된다. • 공포반응을 증가시키거나 감소시키는 요인을 환자 스스로 파악할 수 있도록 도와준다. • 예를 들면 "이 상황에서 무엇이 당신을 괴롭힙니까?" 등과 같은 질문을 통해 공포반응을 갑자기 일으키게 하는 요소들을 환자가 확인하게 도와준다. – 공포반응을 일으키는 요소를 조절하도록 격려한다(소음, 피로, 카페인, 니코틴 등).
대처능력 강화	• 과거 불안조절방법에 대한 대화를 살펴보도록 한다. – "과거에 불안반응을 조절할 수 있었던 방법은 무엇이며, 현재 당신이 이 방법들을 사용하기 위해 우리가 도울 수 있는 일은 무엇일까요?" • 일상적인 대처기전이 실패한 이유를 확인한다. • 지나치게 비합리적 두려움이 생길 경우 회피보다 대처기술을 번갈아 사용하면서 대처방법을 찾아내도록 한다(이완요법, 심호흡, 시각적 심상법, 인지기술 등). • 새로 학습한 기술과 과거의 성공적인 대처방법을 활용하면 통제력이 증진된다.
공포상황직면 격려	• 계획을 성공적으로 수행한 환자에게 의지와 능력이 있다면 안전한 상태에서 공포에 맞서도록 도와주어야 한다. • 친숙한 상황에서 공포에 직면하는 것은 공포반응과 예기불안을 감소시킨다. • 친숙한 상황에서 공포와 직면시키기, 체계적 둔감법 이용하기 체계적 둔감법이란 역조건화를 이용한 행동요법으로서 두렵거나 불안을 유발하는 상황의 위계를 만들어 단계별로 이완하는 방법을 훈련한 후 환자로 하여금 이완상태에서 점차적으로 높은 불안 반응을 유발시키는 위계상황을 상상하거나 대면하게 함으로써 불안이나 공포증상을 제거하는 방법이다. 예를 들어 여러 사람과 저녁 먹는 것에 공포를 느낀다면 전 단계에서는 간호사와 단둘이 저녁을 먹는다. 다음 단계로 한 명 또는 두 명의 친한 사람을 추가하고, 다음 단계로는 차단된 곳이나 조용한 곳에서 여러 사람과 식사하고, 공포반응이 좀 더 줄어들면 복잡한 식당에 앉아서 먹을 수 있다. 환자를 서서히 점진적으로 최저에서 최고로 분류된 불안 유발상황에 노출시키면 마침내 두려움을 주는 자극에 둔감해진다.
약물	항우울제 SSRIs, phenelzin

3 강박관련장애 [2014 · 2015 기출]

- 강박 – 충동 장애
- 신체변형장애(신체추형장애)
- 저장강박증(저장장애, 수집광)
- 발모광(머리카락 뽑기 장애) [2014 기출]과 찰과증(피부 뜯기 장애)

| 강박관련장애의 유형 및 특성 | [2014 기출]

강박관련장애 유형	특성
강박장애 (Obsessive-Compulsive Disorder)	자신의 의지와는 상관없이 반복적인 사고와 반복적인 행동을 되풀이함
신체이형장애 (Body Dysmorphic Disorder)	정상적인 외형적 모습을 가지고 있음에도 불구하고 신체외모에 대한 결함을 상상하거나 과장되게 생각하고 집착함
저장장애 (Hoarding Disorder)	언젠가는 필요할지 모른다는 생각에 버려야 할 물건(쓸모없거나 낡고 가치없는 물건)들을 쌓아둠
모발뽑기장애(발모광) (Hair Pulling Disorder, Trichotillomania)	반복적인 발모행동(뚜렷한 모발의 상실을 동반함). 발모 전에는 긴장감을, 발모 후에는 다행감, 만족감, 해소감 느낌
피부 뜯기(벗기기) 장애 (Skin Picking Disorder, Dermatillomania)	반복적(습관적)이고 충동적으로 자신의 피부에 손상(출혈, 감염, 영구적 변형 등)이 일어날 때까지 잡아 뜯음. 피부 잡아 뜯기로 통증보다는 쾌감을 느낌

(1) 강박장애

<table>
<tr><td>항문기 퇴행
[국시 2012 · 2015, 2015 기출]</td><td>• 오이디푸스 전단계인 항문기로 퇴행되는 것이다.
• 항문기는 양가감정이 있으며 가학적(남을 학대), 분노에 사로잡혀 있어 공격충동, 청결에 강박사고가 자주 일어난다.</td></tr>
<tr><td>유아기 초자아
[국시 2004]</td><td>• 항문기 발달단계의 공격충동과 관련된 과도한 죄의식이다.
• 거칠고, 강요적, 징벌적인 유아기 초자아가 현재 정신 병리적 부분으로 다시 나타난다.
• 초자아가 지나치게 강력한 경우 자아는 위축되고 죄책감에 시달린다.

| 초자아 |<table><tr><td>시기</td><td>5~6세에 칭찬, 잠복기~청년기까지 형성(도덕관 내재화)</td></tr><tr><td>기능</td><td>사회주의(완벽주의) 원리로 자아 이상과 양심으로 구성 보상과 처벌에서 유래</td></tr></table></td></tr>
<tr><td>약한 자아</td><td>불만족스러운 부모–자식 간 관계로 자아(4~6개월에 발달 시작)가 약하고 미발달하다. 약한 자아는 본능과 초자아의 내적인 심리적 갈등의 대처능력 부족으로 병적이고 저항할 수 없는 충동, 강제적, 반복적인 사고과정장애, 과도한 불안을 가진다.</td></tr>
</table>

① 임상경과

<table>
<tr><td>강박사고</td><td colspan="2">• 자신의 의지와는 상관없이 반복적인 사고(obsession)와 반복적인 행동(compulsion)을 되풀이 하는 것이다.
• 병적이고 저항할 수 없는 충동인 반복적인 사고와 반복적인 행동으로 인해 일상생활에 어려움이 있다.</td></tr>
<tr><td rowspan="2">반복적인 사고
(obsession)
[2015 기출]</td><td>불안이나 고통
[국시 2017]</td><td>생각, 충동 또는 영상을 지속적으로 반복하여 불안이나 고통을 일으킨다.</td></tr>
<tr><td>중화</td><td>본인 스스로 강박적인 생각, 충동 또는 영상을 무시하거나 억누르려고 하거나 다른 생각이나 행동으로 중화시키려고 시도한다.</td></tr>
<tr><td rowspan="2">반복적인 행동
(compulsion)
[2015 기출]</td><td>반복적 행동
[국시 2016]</td><td>강박사고로 인해 생기는 불안에 대한 반응으로 의식적이고 반복적인 행동을 나타낸다.
예 하루에 청소 여러 번 하기, 밤새도록 문과 창문 점검하기, 여러 번 옷 입고 벗기, 손 빨개지고 피가 날 때까지 계속 씻기 등</td></tr>
<tr><td>불안 감소
[국시 2020]</td><td>자신이 비합리적이고 병적이라고 생각하고 그것을 피하거나 무시하고 싶은 의식적인 희망에도 불구하고 계속 그 생각이 되풀이되는데 대부분의 경우 강박적 행동을 함으로써 일시적이나마 없앨 수 있다.</td></tr>
<tr><td>강박적 반추
(obsessive rumination)</td><td colspan="2">다만 어떤 한 가지 생각에만 집착된 상태이다.</td></tr>
<tr><td rowspan="5">자주 사용하는 방어기제</td><td>취소
(undoing)
[국시 2008]</td><td>사고, 충동의 결과를 없었던 것으로 하기 위해 행해지는 행동이며 정신에너지를 신체활동으로 돌리는 의식 행동을 반복적으로 행하는 취소 기제를 사용함으로 자신을 보호한다. 이미 일어난 행동, 경험, 어떤 대상을 향해 품고 있는 욕구로 상대가 입었다고 상상하는 피해를 상징적으로 무효, 취소하여 수치심, 죄책감을 없앤다.</td></tr>
<tr><td>전치</td><td>하나의 대상에서 느끼는 무의식적 충동, 감정, 관념이 실제 대상과 다른 덜 위협적, 중립적인 다른 대상으로 옮기는 것으로 정서의 근원은 언급되거나 해결되지 않고 부적절하게 표출된 곳에서 문제가 발생되는 것이다.</td></tr>
<tr><td>격리
(고립)</td><td>• 사고, 기억과 관련된 느낌, 감정으로부터 사고와 감정을 분리시킴으로 고통스러웠던 사실은 기억하지만 감정은 억압한다.
• 감정과 사고의 분리로 허용할 수 없는 대상에게 적대감을 느낄 경우 무의식적으로 그 대상을 적대감으로부터 고립시킨다.</td></tr>
<tr><td rowspan="2">반동형성</td><td>근본적 충동과 반대되는 행동과 의식적 태도로 겉으로 나타나는 태도, 언행이 그 사람의 억압된 충동과 반대로 나타나는 것이다.</td></tr>
<tr><td>• 근본적 억압된 충동 ↔ 반대되는 행동, 태도
• 항문기 더럽다 ↔ 청결의 손 씻기</td></tr>
</table>

강박장애의 특징	자각적인 강박감과 그에 대한 저항 그리고 병식이 있다.
강박사고와 강박행동 간의 심리적 기전 [2015 기출]	강박사고와 강박행동 간의 심리적 기전은 강박사고로 불안을 경험한다. 불안을 일으키는 강박사고에 대한 반응으로 강박행동이 생기며 강박행동이 불안을 감소시킨다.
강박지연행동 시간소모	양치질에 30분 소요, 목욕하는 데 2시간이 넘게 걸리는 등과 같이 강박장애 환자는 반복적인 행위에 몰두하는 데 시간을 소모한다.
정리정돈	물건이 바로 그 자리에 있지 않으면 어떤 일이 일어날 것 같은 생각, 물건을 반듯하게 두거나, 사물을 제대로 맞춰 놓아야 한다는 완벽주의적 성향, 대칭에 대한 욕구(대칭이 맞아야만 안심)와 같이 강박장애 환자는 물건이 제대로 정렬되지 않으면 나쁜 일이 일어날 것 같은 두려움을 갖는다.
비합리적 난폭성에 대한 회상	의심, 폭력, 오염에 관한 이야기와 상상을 자동적으로 반복한다.
저항감 없음	대부분의 경우 강박지연행동을 보이는 사람들은 자신의 강박적이고 지나치게 꼼꼼한 수행에 대해 저항감을 느끼지 않는다.

강박장애 진단기준(DSM-5)

A. 강박사고나 강박행동 혹은 둘 다 존재하며, 강박사고는 (1) 또는 (2)로 정의된다.

(1) 반복적이고 지속적인 생각, 충동 또는 심상이 장애 시간의 일부에서는 침투적이고 원치 않는 방식으로 경험되며 대부분 현저한 불안이나 괴로움을 유발함

(2) 이러한 생각, 충동 및 심상을 경험하는 사람은 이를 무시하거나 억압하려고 시도하며, 또는 다른 생각이나 행동을 통해 이를 중화시키려고 노력함(즉, 강박행동을 함으로써)

강박행동은 (1)과 (2)로 정의된다.

(1) 예를 들어, 손 씻기나 정리정돈하기, 확인하기와 같은 반복적 행동과 기도하기, 숫자 세기, 속으로 단어 반복하기 등과 같은 심리 내적인 행위를 개인이 경험하는 강박사고에 대한 반응으로 수행하게 되거나 엄격한 규칙에 따라 수행함

(2) 행동이나 심리 내적인 행위들은 불안감이나 괴로움을 예방하거나 감소시키고, 또는 두려운 사건이나 상황의 발생을 방지하려는 목적으로 수행됨. 그러나 이러한 행동이나 행위들은 그 행위의 대상과 현실적인 방식으로 연결되지 않거나 명백하게 과도한 것임

주의점: 어린 아동의 경우 이런 행동이나 심리 내적인 행위들에 대해 인식하지 못할 수도 있다.

B. 강박사고나 강박행동은 시간을 소모하게 만들어(예 하루에 1시간 이상), 사회적, 직업적, 또는 다른 중요한 기능 영역에서 임상적으로 현저한 고통이나 손상을 초래한다.

C. 강박 증상은 물질(예 남용약물, 치료약물)의 생리적 효과나 다른 의학적 상태로 인한 것이 아니다.

D. 장애가 다른 정신질환으로 더 잘 설명되지 않는다.
예 범불안장애에서의 과도한 걱정, 신체이형장애에서의 외모에 대한 집착, 수집광에서의 소지품 버리기 어려움, 발모광에서의 털뽑기, 피부뜯기장애에서의 피부뜯기, 상동증적 운동장애에서의 상동증, 섭식장애에서의 의례적인 섭식 행동, 물질관련 및 중독 장애에서의 물질이나 도박에의 집착, 질병불안에서의 질병에 대한 과도한 몰두, 변태성욕장애에서의 성적인 충동이나 환상, 파괴적, 충동조절 및 품행 장애에서의 충동, 주요우울장애에서의 죄책감을 되새김, 조현병 스펙트럼 및 기타 정신병적 장애에서의 사고 주입 혹은 망상적 몰입, 자폐스펙트럼장애에서의 반복적 행동 패턴

② 강박사고의 종류와 강박행동

| 강박사고의 종류와 강박행동 – 일반적인 강박적 사고와 강박행동 |

강박사고의 종류	예시	동반되는 강박행동
조절력 상실과 종교적 걱정	한 중년 남성이 교회에 가서 '음란한 말이 튀어나오면 어쩌나'하는 걱정을 함	2년간 교회에 가고 싶으면서도 참석하지 못함
해로움, 피해	9세 여아가 자신이 학교에 있는 동안 전등을 끄지 않아 방에 불이 나고, 엄마가 죽을 것 같다고 걱정함	학교 가기 전에 4번씩 자기 방에 돌아와 전등을 껐는지 확인하고 스위치 주변의 네 방향을 두들김
원치 않는 성적 생각	젊은 남성이 몽유병으로 매춘부에게 가서 성병을 옮아오면 어떡하나 걱정함	의식적으로 밤마다 지갑을 숨겨놓고 집 문을 열쇠로 잠가 놓음
완벽주의	"내 일에 절대 차선은 없어."	일찍 일하러 가고, 늦게까지 일하고, 철저히 책상이 정리되어 있고, 항상 일을 마무리함
폭력	금발머리 여자를 보면 반복적으로 죽이고 싶다는 생각이 드는 남자	금발머리 여자가 있으면 갑자기 머리를 돌리고, 그녀를 보지 않으려 눈을 감음
오염	"모든 것이 세균덩어리"라고 계속 생각하는 여성	물건 만지는 것을 피함. 물건을 만지게 되면 손을 심하게 씻음
미신	"모든 목록은 짝수로 끝나야 해."	시험, 의제, 다른 수적인 항목을 짝수에 맞추기 위해 더하거나 제외함

③ 사정

일반 모습과 행동	긴장감, 불안감, 걱정
정서	압도된 느낌 호소, 양가감정, 우유부단함, 슬퍼 보이거나 불안해 보임
사고과정	정상 활동 중간에 생기고, 생각을 멈추려 해도 자꾸 떠오름
판단력과 병식	비합리적 사고를 한다는 것을 알고 있으나 멈출 수 없음
자아개념	행동을 통제할 수 없다는 느낌은 자존감 저하를 가져옴
관계, 역할	대인관계와 정상적인 하루일과 수행이 어려움
신체	수면장애와 식욕부진, 몸무게 감소, 개인위생 소홀

④ 치료 및 간호중재 [2015 기출]

강박행동을 허용적인 방법으로 수용	의식행위를 못하게 하면 불안을 조절할 수 없어 공황상태의 불안으로 압도된다. 예 자꾸 손을 닦으면 자신의 더러운 옷을 빨거나 그릇 씻는 일을 하게 한다.
적당한 시간 허락	의식적 행동은 어떤 강압감이나 비판 없이 적당한 시간을 허락해주어야 한다.
논리적 설명	논리적으로 그의 행동에 대해 설명해 주는 것은 증상을 악화시킬 수 있다. → 죄책감을 느낀다.
신뢰관계 형성	모순된 행동이라도 강박적 주제를 적극적으로 경청하고 환자의 반복적 행동에 초점을 맞추지 않으면 덜 불안해지며 강박적 행동에 대한 욕구도 감소된다.
환자 보호	• 지나치게 손을 씻는 경우 피부보호를 위해 손 씻기 전에 바셀린 등을 바른다. • 5분 → 15분에 한 번 손 씻기 등을 제안한다.
문제해결능력 증진	• 신뢰감이 형성되었다면 일과표를 작성한다. • 세밀하게 짜인 활동과 의식적인 행동 사이에 휴식시간을 계획한다. • 칭찬과 긍정적 강화를 제공한다.
투약	반복적 사고와 행동을 감소하는 데 도움이 된다. • 벤조디아제핀: 알프라졸람[자낙스(xanax)], 클로나제팜 • 비벤조디아제핀 항불안제: 부스피론[buspirone, 부스파(Buspar)] • 삼환계 항우울제: 클로미프라민[아나프라닐(anafranil)] • SSRIs 등의 항우울제: 플루옥세틴[프로작(prozac)], 플루복사민, 설트랄린[졸로푸트(zoloft)]
행동치료	• 노출과 반응을 예방한다. • 노출: 두려움의 대상을 직접 경험하게 한다. • 반응예방(반응방지법): 강박행동을 참게 한다. • 노출과 반응예방은 두려워하는 상황, 또는 자극에 노출하도록 하고, 그 자극에 동반되어 나타나는 강박행동을 하지 못하게 하는 행동요법이다.

| 강박 장애와 정신분열병의 차이점 |

구분	강박 장애	정신분열병
강박적 반추	심하고 긴장이 많다.	적고, 긴장도 적다.
비합리성의 인식	병식이 있다.	병식이 없고, 외부의 원인으로 투사한다.
현실검증	±	−

(2) 신체변형장애(Body Dysmorphic Disorder)

특징	• 정상적인 외형적 모습을 가지고 있음에도 불구하고 자신의 코가 너무 크다든지 치아가 구부러지고 매력적이지 못하다고 생각하는 등 신체외모에 대한 결함을 상상하거나 과장되게 생각하고 집착하는 장애이다. • 가장 흔한 주 호소는 코, 귀, 얼굴 등 안면부에 결함이 있다고 믿거나 이마의 모양, 머리, 손, 발, 가슴, 유방, 성기 등 신체부위의 모양에 문제나 결함이 있다고 생각하는 것이다. • 다른 사람들이 놀린다고 생각하여 밖에 나가기를 꺼려하기도 한다. 따라서 사회적 또는 직업적 관계에 상당한 지장을 초래한다. 환자는 자신이 상상하는 결함을 가리기 위해 남몰래 노력을 많이 하며 피부과나 성형외과를 찾아다니며 불필요한 수술 또는 치료를 하며, 결손감으로 생긴 불안 때문에 사회적 상황이나 직업을 회피하는 경향이 크다. • 15~20세의 사춘기에 많이 발생하고 여자와 미혼자에게서 많이 발생한다. • 이차적 우울, 불안, 불면이 있을 수 있고, 강박성 또는 조현성 내지 자기애적 인격장애가 흔히 동반된다. • 경과는 서서히 경감과 악화가 번갈아 가며 만성으로 진행된다.
신체변형장애 진단기준 (DSM-5)	• 외모에 대한 상상적 결함이 있다는 집착이다. 만약 신체적인 기형이 약간 있더라도 대상자의 집착 정도가 과도하다. • 외모에 대한 관심에 대한 반응으로 반복적인 행동(거울을 봄, 과도한 치장, 피부 뜯기, 안심시키는 행위 추구), 혹은 반복적인 정신적인 활동(자신의 외모를 타인과 비교)을 한다. • 집착은 사회적 직업적 또는 다른 중요한 분야의 기능에 임상적으로 유의한 고통과 손상을 일으킨다. • 이 장애는 섭식장애의 진단기준을 만족하는 증상을 보이는 개인에서 나타나는 체지방이나 체중에 대한 관심으로 더 잘 설명되지 않는다.

(3) 수집장애, 저장장애(Hoarding Disorder)

특징	• 강박적인 수집행동으로 쓸모없거나 낡고 가치 없는 물건들에 대해 집착을 보인다. • 수집장애를 보이는 사람들은 자신의 수집물을 타인이 만지거나 다른 장소로 치우는 것에 대해 과도한 불안감을 느끼기도 한다. 언젠가 필요할 것 같아서 버리지 못하고 모아두는 경우도 수집행동의 특징이라 할 수 있다.
저장장애 진단기준 (DSM-5)	• 실제 가치와 상관없이 지속적으로 소유물을 버리거나 혹은 나누는 데 어려움이 있다. • 이러한 어려움은 물건을 보존하려는 욕구와 동시에 물건을 버리는 것과 관련된 고통에서 기인한다. • 소유물을 버리는 데 어려움을 겪는 것은 실생활공간에 소유물을 혼잡하게 쌓아두고 축적시키게 되며 유의하게 소유물의 사용의도를 저해한다. 만약 실생활공간에 물건을 쌓아두지 않았다면, 그것은 단지 제3자(가족, 청소부, 기관)의 개입에 의한 것이다. • 저장은 현저한 고통을 주고 개인의 사회적 · 직업적 기능 혹은 다른 중요한 영역의 기능(자신과 타인에게 안전한 환경을 제공하는 것을 포함)에 명백한 장애를 준다. • 저장은 다른 의학적 상태에 의한 것이 아니다. 예 뇌손상, 뇌혈관질환

	• 저장은 다른 정신질환의 증상에 의해 더 잘 설명되지 않는다. 예 강박장애에서의 강박증, 주요우울증에서의 에너지 저하, 조현병, 다른 정신병에서의 망상, 주요 신경인지장애에서의 인지결함, 자폐스펙트럼장애에서의 제한된 관심

(4) 발모광(모발 뽑기 장애) [2014 기출]

특징	발모광이나 피부 뜯기 장애는 둘 다 불안을 다루는 수단이며, 그러한 행위로 불안을 완화하게 된다.
증상	• 체모를 지속적으로 뽑아 없앤다. • 하루 중 잠깐 동안 조금씩 반복하거나 몇 시간씩 지속되기도 한다. • 행동하기 직전과 이 충동을 누르려 할 때 긴장이 갑자기 증가한다. • 발모 동안에는 만족, 쾌락, 안도감을 느낀다. • 다른 정신장애로는 설명되지 않는다.
치료	법적 문제나 가족의 압력이 없으면 스스로 치료를 받으러 오지 않는 경우가 많고 곧잘 재발한다. 동반된 심리적 문제에 따라 약물치료, 인지행동치료, 분석적 정신치료를 한다.
발모광 진단기준 (DSM-5)	• 반복적으로 자신의 털을 뽑아 현격한 털의 상실을 초래하고, 털을 뽑으려는 행동을 줄이거나 멈추려는 반복적인 시도가 있다. • 털을 뽑으려는 행동 직전이나 이를 참으려고 할 때 긴장감이 증가한다. • 임상적으로 심한 고통이나 사회적 직업적 또는 다른 중요한 기능 수행분야에 장애를 초래한다. • 다른 의학적 상태(예 피부상태)에 의한 것이 아니며, 다른 정신질환의 증상(예 신체변형장애에서 나타나는 외모에 대해 느끼는 결함이나 단점을 향상시키려는 노력)에 의해 더 잘 설명되지 않는다.

(5) 강박관련장애 간호중재

① 간호사정

불안에 압도	• 긴장감, 불안감, 걱정, 안달하는 것처럼 보인다. • 당황스러워 증상을 설명하기 힘들 수 있다. 그들의 전체적인 모습은 평범하게 보인다. • 대부분 불안에 압도된 느낌을 호소하며, 양가감정, 우유부단함이 있고, 슬퍼 보이거나 불안해 보인다.
강박사고 반복	강박사고가 정상적인 활동 중간에 생기고, 생각을 멈추려고 해도 자꾸 떠오른다. 강제적이고 반복적인 사고과정 장애가 있다.
비합리적 사고	비합리적인 사고를 한다는 것을 알고 있으나 멈출 수가 없다. 예로 자신이 자꾸 문이 잠겼는지를 확인하는 것이 지나치다는 것을 알지만 멈출 수가 없다.
지적 기능	지적 기능은 정상이고, 강박사고가 심할 때는 주의집중이 어렵다. 기억력이나 감각기능의 손상은 없다.

통제 불가능	강박사고 및 행동을 통제할 수 없다("미쳐가고 있다"고 호소)는 느낌은 자존감을 저하시킨다.
일상장애	• 대부분의 시간을 강박적, 충동적 행동을 하는 데 보내므로 대인관계와 정상적인 하루일과 수행에 어려움이 있다. • 수면장애와 식욕부진 그리고 몸무게 감소를 나타낸다. 개인위생도 소홀해진다.

② 간호중재

치료적 환경 조성	• 환자의 강박 증상에 대해 벌을 주거나 강압적으로 금지하지 않는다. • 강박행동은 허용적인 방법으로 수용한다. 즉 환자가 자꾸 손을 닦는다면 자신의 더러운 옷을 빨거나 그릇 씻는 일을 하게 한다. 또한 자신의 소지품을 보관하도록 돕고 병동의 물건을 정리하는 일을 하도록 하여 인정과 칭찬을 받을 수 있는 대체물을 만들어준다. 하지만 강요해서는 안 된다. • 의식적 행동은 시간소모적인 것이지만 환자에게 강압감이나 비판 없이 적당한 시간을 허락해주어야 한다. 만일 서둘러서 의식행위를 끝내도록 하면 더 불안해서 완전히 수행하지 못해 그 행위를 더욱 반복하도록 만들 뿐이다. • 논리적으로 설명해주는 것은 증상을 악화시킨다. 지적인 설명을 하는 것은 오히려 환자에게 잘 적응하지 못한다는 감정을 느끼게 하며 또한 자신에게 부여된 행동기준에 맞추지 못한 것에 대해 죄책감을 느끼게 하여 불안은 더욱 가중된다.
신뢰관계 형성 및 치료적 대화	• 불합리하게 보일지라도 적극적으로 경청한다. 경청은 환자에 대한 존중을 나타내며 환자가 느끼는 죄의식, 무력감, 비합리적 난폭성에 대한 감정을 이끌어내는 데 도움을 준다. • 자동적인 생각과 습관적 행동이 환자에게 미치는 영향에 대해 감정이입법을 사용한다(예 "그런 생각과 행동이 괴롭다는 것을 압니다. 치료진도 이것이 통제하기 어렵다는 데에 주목하고 있습니다."). 감정이입은 습관적 행동의 강도를 감소시키고 치료계획의 수행에 필요한 치료자에 대한 신뢰를 증진시킬 수 있다. 치료진에게 거부당하거나 짜증나게 한다고 느끼게 되면 신뢰형성이 어렵고 불안이 증가된다. • 걱정된 얼굴로 손을 꽉 쥐고 복도를 걸어 다니는 환자에게 "당신은 어떤 행동을 하려는데 당황한 것 같군요. 같이 걸으면서 무엇이 당신을 괴롭히는지 얘기해봅시다."라고 말할 수 있다.
환자 보호	피부상태와 질이 위협받을 만큼 지나치게 손을 씻는 환자는 의식적 행동이 조절될 때까지 타협해본다. 손을 씻기 전에 바셀린을 바르고, 5분에 한 번 씻기보다 15분에 한 번 씻도록 하며, 30초 대신 10초 동안 손을 씻는 것을 제안한다.
문제해결능력 증진	• 신뢰감이 형성된 환자에게 일과표를 작성한다. 안심할 수 있는 활동을 계획하여 강박적 생각과 충동적 행동의 기회를 감소시킨다. • 세밀하게 짜인 활동과 의식적인 행동 사이에 휴식시간을 계획한다. 휴식시간은 불안이 감소되고, 의식적 행동을 줄여가는 방법을 학습함에 따라 점차적으로 증가시킨다. 휴식시간은 위생, 몸치장, 사회생활 등과 같은 일상생활을 할 수 있는 에너지와 힘을 보존하기 때문이다.

건강 교육	• 학습을 수용할 수 있는 환자와 가족에게 강박장애에 대해 교육한다. • 퇴원준비환자와 가족에게 행위(자동적 생각, 충동, 상상으로부터 생겨난 불안을 감소하기 위한 행위)가 발생할 때의 스트레스원(실직, 재정손실, 친한 사람의 죽음 등)에 대한 설명을 한다. 질병을 통제하고 관리할 수 있다는 자신감을 갖도록 한다.	
인지행동치료	모델링	공포를 느끼는 상황에서 치료자나 다른 인물이 적절한 행동을 하는 것을 보여줌으로써 도움이 된다. 예로 폐쇄공포증이 있는 대상자와 함께 엘리베이터를 타서 역할모델로 보여주는 것이다.
	홍수법	자극에 노출시켜 불안 반응을 감소시키는 것이다. 예로 페이퍼타올을 가지고 물건을 만지는 강박장애 대상자에게 맨손으로 1시간 동안 물건을 만지도록 하는 것이다.
	사고중지	부정적 사고와 강박사고를 중단하는 것이다. 대상자는 "그만"이라고 소리를 지르거나 고무줄을 손목에 끼운 후 고무줄을 잡아당겨 손목을 치는 것이다.

③ 약물치료

| 항불안제의 작용기전 및 부작용 |

벤조디아제핀 (benzodiazepine)	diazepam(저), chlodiazepoxide, lorazepam(고), alprazolam	작용기전	벤조디아제핀계의 작용은 억제성신경전달물질인 GABA를 강화시킨다. 즉 벤조디아제핀수용체와 결합하여 GABA의 중추신경억제기능을 강화하여 항불안, 항경련, 근육이완, 진정수면효과를 나타낸다.	
			불안이 심한 경우	diazepam, chlordiazepoxide
			일시적 불안인 경우	lorazepam, alprazolam
		부작용	노인에게서는 대사속도가 느려 축적효과가 우려되므로 반감기가 짧고 활성대사물이 없으며 신장으로 배설되는 약물이 좋다(고역가약물).	
			신체적, 심리적 의존이 있을 수 있으므로 처방에 신중을 기하여야 하며 약물 중단 시에는 용량을 서서히 감소한다.	
			CNS억제	가장 흔한 부작용은 졸음이 오는 것으로, 위험한 기계 조작, 운전 등은 피한다.
			알코올 등과 다른 진정제를 같이 사용할 경우 호흡 억제, 혼수, 발작, 사망과 같은 부작용을 초래할 수 있다.	
			담배는 효과를 감소시키며, estrogen은 효과를 강화한다.	

비벤조디아제핀	부스피론 (buspirone)	작용기전	작용기전은 명확하지 않으나, 약간의 세로토닌과 도파민을 차단하는 것으로 알려져 있다.
		부작용	중추신경계 억제제도 아니며 진정작용이나 다행증을 유발하지도 않는다. 또한 내성이나 신체적 의존, 금단증상을 유발하지 않는다. 다른 항불안제와 교차내성이 없고 알코올도 상호작용하지 않는다.
			항불안 효과가 나타나기까지 1~2주 이상 시간이 걸리므로 실제적인 유용성은 떨어진다.
바비츄레이트	• 과거 많이 사용하였으나 부작용이 많으므로 잘 사용하지 않는다. • 페노바비탈		

06 외상 및 스트레스 관련 장애, 해리 장애 간호

1 외상 및 스트레스 관련 장애

(1) PTSD의 전형적인 세 가지 범주의 증상 [2007 · 2012 · 2016 · 2023 기출]

① 외상사건의 재경험, ② 외상사건의 회피 및 감정의 둔화, ③ 과도 각성 등의 증상이 있을 때 PTSD를 진단할 수 있다.

| PTSD의 주요 행동 특성 |

주요 행동 특성	세부 내용
재경험 (reexperience)	• 사건과 관련하여 원치 않는 회상 • 사건과 관련한 악몽 • 사건을 생생하게 다시 겪고 있는 듯한 느낌(flashback) • 사건을 떠오르게 하는 단서에 노출되었을 때의 심리적 고통 • 사건을 떠오르게 하는 단서에 노출되었을 때의 생리적 반응
회피 (avoidance)	• 사건과 관련되어 떠오르는 생각, 느낌, 대화를 회피 • 사건과 관련된 장소, 행동 사람을 회피
부정적 인지와 감정상태(둔화) (negative cognition and a mood)	• 사건 관련 기억상실 • 자신, 타인, 세계에 대한 부정적 인식 • 외상 사건의 원인과 결과에 대한 왜곡된 인지 • 지속적으로 부정적인 감정 • 흥미 저하 • 남들과 동떨어진 느낌 • 긍정적인 감정 경험의 어려움

각성(arousal)과 반응(reactivity)의 변화	• 예민, 분노폭발 • 난폭함 또는 자기 파괴적 행동 • 경계적 태도(hypervigilance) • 경악반응(startle response) • 집중력 저하 • 불면

외상 후 스트레스 장애의 DSM-5 진단기준

주의 : 다음 기준은 성인, 청소년, 6세 이상의 아동에게 적용된다. 6세 미만의 아동에 대해서는 다음 별도의 진단기준을 적용하시오.

A. 실제적이거나 위협적인 죽음이나 심각한 상해 또는 성범죄에 다음 가운데 한 가지 이상의 방식으로 노출된다.
  (1) 외상성 사건을 직접 경험하기
  (2) 타인에게 발생한 사건을 목격하기
  (3) 가까운 가족이나 친구에게 외상성 사건이 발생한 것을 알게 되기
  (4) 외상성 사건의 혐오스러운 세부사항에 대해 반복적이고 극단적으로 노출되기
  예 사체를 수습하는 응급요원

B. 외상성 사건이 발생한 후 외상성 사건과 연관된 침입적인 증상이 다음 가운데 한 가지(또는 그 이상)가 나타난다.
  (1) 외상성 사건에 대해 반복적이고 비자발적이고 집요하게 떠오르는 고통스러운 기억
  (2) 꿈의 내용 또는 정서가 외상성 사건과 관련되는 반복적이고 괴로운 꿈
  (3) 외상성 사건이 마치 재발하고 있는 듯한 느낌이나 행동으로 나타나는 해리성 반응 예 플래시백
  (4) 외상성 사건과 유사하거나 외상성 사건을 상징하는 내적 또는 외적 단서에 노출되었을 때 나타나는 심하거나 지속되는 심리적 고통
  (5) 외상성 사건과 유사하거나 외상성 사건을 상징하는 내적 또는 외적 단서에 노출되었을 때 나타나는 뚜렷한 생리반응

C. 외상성 사건이 발생한 후 외상과 연관되는 자극에 대한 지속적인 회피가 시작되는데, 다음 가운데 한 가지 이상 나타난다.
  (1) 외상성 사건이나 외상성 사건과 밀접하게 연관되는 고통스러운 기억, 생각, 느낌을 회피하거나 피하려고 노력한다.
  (2) 외상성 사건이나 외상성 사건과 밀접하게 연관되는 고통스러운 기억, 생각, 느낌을 떠오르게 하는 외적 회상물(사람, 장소, 대화, 활동, 물건, 상황)을 회피하거나 피하려고 노력한다.

D. 외상성 사건이 발생한 후 외상성 사건과 연관되어 인지 또는 기분의 부정적 변화가 시작되거나 악화되는데, 다음 가운데 두 가지(또는 그 이상)로 나타난다.
  (1) 외상성 사건의 중요한 부분을 기억할 수 없다.
  (2) 자신, 타인, 세상에 대한 지속적이고 과장된 부정적인 신념이나 기대가 있다.
  예 나는 나쁘다. 아무것도 믿을 수 없다.
  (3) 외상성 사건의 원인이나 결과에 대해 자기 스스로나 타인을 비난하도록 만드는 인지왜곡이 지속된다.
  (4) 부정적 감정상태가 지속된다.
  (5) 중요한 활동에 흥미나 참여가 매우 저조되어 있다.
  (6) 타인에게서 소원해지거나 분리되는 느낌이 있다.
  (7) 긍정적인 감정을 경험할 수 없는 상태가 지속된다.

E. 외상성 사건이 발생한 후 외상성 사건과 연관되어 각성수준이나 재반응의 뚜렷한 변화가 시작되거나 악화되는데, 다음 가운데 두 가지(또는 그 이상)로 나타난다.
  (1) (자극이 거의 없거나 전혀 없어도) 사람이나 사물을 향한 언어 혹은 신체적 공격성으로 표현되는 과민성이나 분노폭발
  (2) 무모하거나 자기파괴적 행위
  (3) 지나친 경계
  (4) 놀람 반응의 증가
  (5) 집중의 어려움
  (6) 수면장해 예 잠들기 어렵거나 계속 잠자기가 어려움 또는 불안정한 수면
F. 장애(진단기준B, C, D, E)의 기간이 1개월 이상이다.
G. 증상이 임상적으로 심각한 고통이나 사회적, 직업적, 혹은 다른 중요한 기능 영역에서 장애를 초래한다.
H. 장애는 물질(예 약물, 알코올)이나 다른 의학적 상태의 생리적인 효과로 인한 것이 아니다.

(2) 치료적 관계 형성 및 대처기술증진

치료적 관계형성	• 외상사건에 대한 반추와 세부사항에 대해 적극적으로 경청하되 조사하지 않도록 한다. 이는 신뢰를 형성하고, 감정을 발산하며, 대상자로 하여금 고립감을 감소시키고, 문제영역을 파악할 수 있도록 이끌어 준다. • 대상자에게 가장 고통을 주는 무력감, 통제 상실, 외상사건의 특정영역을 대상자가 확인하도록 격려한다. • 대상자의 기본적인 욕구인 위생, 옷차림, 휴식 및 영양을 돕는다. • 자살기도에 대한 사정을 한다. • 대상자의 불안 정도를 사정한다. 대상자의 불안을 관찰하는 것은 초기 중재를 통해 증상 확대를 예방한다. • 대상자의 환경 내에서 의사소통하고 상호작용하도록 격려함으로써 사람들로부터 고립과 분리감을 막고, 사회화를 높이고, 외상사건에 대한 고통스런 회상을 감소시킨다. • 어떻게 느끼고 생각하고, 행동해야 하는지를 대상자에게 지시하는 진술을 피한다. 대상자의 행동과 결정은 대상자의 욕구와 바라는 것, 생활방식에 주로 영향을 받고 다른 사람들의 의견에 의해 영향 받지 않는다. 대상자에게 설교하는 것은 저항을 불러오며, 치료과정을 지연시킬 것이다. • 환자가 사고의 회상에 대해 이야기할 때 적극적으로 들어주고 환자에게 지시하는 진술은 피하도록 한다. 적극적인 경청으로 신뢰를 형성하고 환자의 기분이 환기되며 고립감이 감소한다. • 외상적 사고 중 가장 무력감을 느끼거나 자기억제가 힘든 특정상황을 알아내고 묘사하도록 권장하고 새로운 견해나 관점을 제공하여 사고에 대한 객관적인 지각을 변화시킨다. • 휴식, 영양, 배설과 같은 기본적인 욕구를 충족시키기 위해 건강과 안녕을 증진시키고, 과거회상으로 인한 고통스러운 기회를 줄인다. • 자살의 위험성을 사정하고 불안을 사정하며 증상의 단계적 확대를 예방한다. 환자가 견딜 수 있는 정도에 따라 상호작용할 수 있도록 대화를 권장한다. • 함께 식사하며, 오락 활동에 참여하도록 하고, 단체모임에 참여하도록 한다.

<table>
<tr><td>대처기술증진</td><td colspan="2">• 외상사건의 회상을 동반하는 정서적·신체적 반응의 증상을 관리하기 위해 대상자에게 적응적인 인지 행동 치료전략을 가르친다. 느리고 깊은 호흡기법, 이완훈련, 인지치료, 탈감작, 주장행동 등이 있다.
• 대상자에게 새로운 관점을 제공하여 외상사건을 객관적으로 지각할 수 있도록 돕는다. 객관성은 사건에서 대상자의 실제적/인지된 역할을 더 폭넓게 이해하고 자기 비난과 죄책감을 완화시킨다.
• 약간의 통제가 가능한 영역/통제할 수 없는 영역에 대해 대상자와 함께 문제를 해결한다. 문제해결은 대상자가 해결하기 불가능한 여러 면(죽음, 상실, 부상)에서 벗어나도록 돕고 조절될 수 있는 영역(태도, 대처방법)에 집중한다.
• 대상자를 간호와 치료결정에 참여시킨다. 이러한 참여는 외적 영향에 대한 무기력한 희생자의 느낌보다는 대상자의 임파워먼트, 조절, 신뢰의 느낌을 촉진하는 데 도움을 줄 수 있다.
• 외상 후 스트레스장애를 가진 다른 대상자(대상자가 집단치료에 대해 준비가 되어 있을 때)와 함께 집단 치료모임에 참여시킨다.
• 외상사건과 유사한 경험에 대한 회피를 대상자가 더 잘 인식하도록 한다. 인식은 대상자에게 과거의 외상사건을 공포나 초조 없이 현재와 미래의 삶의 경험에 통합하는 기회를 준다.
• 대상자가 불안을 관리하고 외상 후 스트레스 반응을 감소하기 위해 학습된 전략을 사용하려고 시도할 때마다 현실적인 피드백과 칭찬을 제공한다.
• 대상자와 가족이 현실적인 삶의 목표(예 학교, 직장, 지역사회, 여가활동 등)를 설정하도록 돕는다. → 대상자와 가족은 외상 후 스트레스 반응을 경감시키게 될 희망찬 미래를 더 잘 준비할 것이다.</td></tr>
<tr><td>이완요법</td><td colspan="2">과거 회상 시 나타나는 감정, 심리적 반응을 조절하는 이완행동연습을 통해 대처 전략을 마련한다. → 이완 요법을 적용하면 외상 상황에 대한 강박적 반추를 조절하는 데 도움이 된다.</td></tr>
<tr><td rowspan="3">인지행동요법</td><td colspan="2">인지 행동요법으로 자신의 불안과 무력감을 이겨내도록 도와준다. 환자의 비논리적인 사고, 믿음을 현실적으로 대치해주고 실제역할을 인식할 수 있도록 하며, 자기비난, 죄책감을 극복하도록 해 준다.</td></tr>
<tr><td>체계적 둔감법</td><td>비슷한 유형의 상황이나 경험에 점진적으로 노출시켜 결과적으로 환자를 특정자극에 둔감하게 해주고 고통을 일으키는 요소를 감소시킨다.</td></tr>
<tr><td colspan="2">안구운동민감소실 재처리법(Eye Movement Descsensitization and Reprocessing; EMDR)</td></tr>
<tr><td>단호한 행동처리</td><td colspan="2">고통스러운 과거회상에 조정당하지 않고 적용 가능한 전략을 사용하여 과거회상에 대처함으로써 분노와 자기의심을 관리할 수 있다.</td></tr>
<tr><td>현실감 반응</td><td colspan="2">환자가 학습전략을 시도할 때 현실적인 반응이나 칭찬을 해준다. 칭찬은 자존감을 증진시키고 여러 치료계획에 순응행동을 높인다.</td></tr>
<tr><td>그룹치료</td><td colspan="2">유사한 경험을 가진 환자들과 그룹치료를 받도록 한다. 집단치료로써 부가적인 지지를 얻고 연대감을 느낀다.</td></tr>
</table>

(3) 치료

약물치료	항우울제	• 외상 후 스트레스 장애의 치료에 가장 효과적이다. 특히 동반되는 우울증, 수면장애, 침습적 증상 및 과각성 증상에 효과를 보인다. • 삼환계 항우울제, 모노아민 산화억제제, 선택적 세로토닌 재흡수 억제제 등 약물 간 전반적인 효과의 차이는 없는 것으로 보이나, 삼환계 항우울제 및 모노아민 산화억제제는 심한 전쟁 관련 외상 후 스트레스 장애 환자에 효과적이며, 선택적 세로토닌 재흡수 억제제는 회피/무감각 증상에 보다 효과적이다. • 투약의 용이성과 부작용 성상을 고려할 때 파록세틴, 설트랄린 등의 선택적 세로토닌 재흡수 억제제가 첫 번째로 고려되는 약물이다.
	기분안정제	특히 충동성, 자극성, 불안정한 기분에 효과가 있다. 벤조디아제핀은 외상 후 스트레스 장애의 수면장애, 공황증상, 불안증상에 임상적으로 흔히 사용되고 있다.
인지행동치료	대상자의 문제해결을 위한 인지행동 치료기법으로 느리고 깊은 호흡기법, 이완훈련, 인지치료, 탈감작, 주장 행동, 안구운동 민감 소실 및 재처리 요법 등이 있다.	
체계적 둔감법	• 체계적 둔감법이란 역조건화를 이용한 행동요법으로서 두렵거나 불안을 유발하는 상황의 위계를 만들어 단계별로 이완하는 방법을 훈련한 후 환자로 하여금 이완상태에서 점차적으로 높은 불안 반응을 유발시키는 위계상황을 상상하거나 대면하게 함으로써 불안이나 공포증상을 제거하는 방법이다. • 예를 들어 여러 사람과 저녁 먹는 것에 공포를 느낀다면 첫 단계에서는 간호사와 단둘이 저녁을 먹는다. 다음 단계로 한명 또는 두 명의 친한 사람을 추가하고, 다음 단계로는 차단된 곳이나 조용한 곳에서 여러 사람과 식사하고, 공포반응이 좀 더 줄어들면 복잡한 식당에 앉아서 먹을 수 있다. 환자를 서서히 점진적으로 최저에서 최고로 분류된 불안 유발상황에 노출시키면 마침내 두려움을 주는 자극에 둔감해진다.	
안구운동 민감소실 재처리법 (Eye Movement Descsensitization and Reprocessing; EMDR)	• 사건이나 충격적인 경험은 우리 뇌의 정보처리 시스템을 교란시키고 마비시켜, 처리되지 않은 고통스러운 기억들은 그 당시의 장면, 소리, 냄새, 생각 느낌, 신체감각 등의 단편적인 형태로 남아 그대로 신경계에 갇혀버리게 된다. EMDR은 이러한 치유되지 않은 마음의 상처, 처리되지 않은 충격적인 경험의 기억을 직접 처리함으로써 고통스러운 증상을 없애고, 보다 적응적으로 현재에 대처하도록 돕는 심리치료이다. 고통스러운 기억의 단편을 떠올림으로써 이러한 기억이 저장되어 있는 신경계에 자물쇠를 열고 들어간 뒤, 안구운동과 같은 양측성 자극을 주고 뇌의 정보처리 시스템을 활성화시켜 얼어붙어 있는 외상 기억의 처리가 다시 일어나도록 하는 것이다. • 불안한 상황을 생각하거나 상상할 때 눈을 빨리 움직이면 불안이 감소하거나 긍정적 사고가 가능해지는 것을 보고한 연구결과에 의거하여 불안장애 중재에 사용된다(특히, PTSD와 공포증에 사용된다).	

	네 가지 주요 요소로 구성된다.	
	첫째	외상과 관련한 목표기억과 이미지, 신념을 확인한다.
	둘째	민감소실과 재처리로 이는 치료자가 대상자에게 가르쳐준 안구운동을 하는 동안 정신이미지에 초점을 둔다.
	셋째	긍정적인 사고와 이미지를 설정하면, 한때 부정적이었던 이미지는 더 이상 고통스럽지 않게 된다.
	넷째	신체 스캔으로 긴장이나 색다른 감각에 초점을 맞춘다.
	이 치료법은 통상 4~12회 실시하는데, 8회가 가장 많다.	

(4) 급성 스트레스 장애

매우 위협적인 사건이나 상황을 경험했거나 목격한 후 증상이 나타나며, 2일 이상 4주 이내로 증상이 지속된 경우를 말한다.

| 급성 스트레스 장애의 주요 행동 특성 |

주요 행동 특성	세부내용
재경험	• 사건과 관련하여 원치 않는 회상 • 사건과 관련한 악몽 • 마치 사건을 생생하게 다시 겪고 있는 듯한 느낌(flashback) • 사건을 떠오르게 하는 단서에 노출되었을 때 심리적 고통이나 생리적 반응
부정적인 감정	• 긍정적인 감정 경험의 어려움
해리증상	• 주변에 대한 현실감의 변화(비현실감, 이인증) • 사건 관련 기억상실(해리성 기억상실)
회피	• 사건과 관련되어 떠오르는 생각, 느낌, 대화를 회피 • 사건과 관련된 장소 행동, 사람을 회피
(사건 전에는 없었던) 과도한 각성	• 불면 • 예민한 행동이나 분노폭발 • 경계적인 태도, 난폭함 또는 자기 파괴적 행동 • 집중력 저하 • 경악반응(startle response)

급성 스트레스성 장애의 진단기준(DSM-5)

A. B. PTSD진단기준의 A(1~4), B의 침습증상(1~4), 부정적 기분[긍정적 감정(행복, 만족, 사랑)을 지속적으로 경험하지 못함], 해리증상(자신이나 자신을 둘러싼 환경에 대한 현실을 다르게 인지함, 외상성 사건의 중요한 측면을 기억하지 못함), 회피증상(외상과 관련되는 고통스러운 기억, 생각, 느낌을 피하려는 노력, 외상과 관련되는 고통스런 기억, 생각, 느낌을 각성시키는 사람, 장소, 대화, 활동, 사물, 상황 등을 피하려는 노력), 각성증상(수면장애, 과민한 행도 또는 분노의 폭발, 지나친 경계, 집중의 어려움, 과장된 놀람반응) 등이 나타난다.

C. 장애의 기간은 외상 노출 후 3일에서 1개월까지이다.

D. 장애가 사회적 직업적 또는 다른 중요한 기능영역에서 임상적으로 현저한 고통이나 손상을 초래한다.

E. 장애가 물질(예 치료약물이나 알코올)의 생리적 효과나 다른 의학적 상태(예 경도외상성 뇌손상)로 인한 것이 아니며, 단기 정신병적 장애로 더 잘 설명되지 않아야 한다.

03

(5) 적응장애(adjustment disorder)

<table>
<tr><td>정의</td><td>• 외상 후 스트레스 장애에서의 극심한 스트레스 요인과 달리, 부부싸움이나 이사, 전학과 같은 누구나 일상생활에서 겪을 만한 스트레스 요인과 연관되어 나타나는 일시적인 반응이 개인에게 고통이나 생활의 지장을 초래할 때 진단 내려진다.
• 어린 시절의 외상이 의존성을 증가시키고 자아발전을 지연시켜 스트레스에 대한 대응이 부적응으로 되어 발생한다고 본다.</td></tr>
<tr><td>증상</td><td>적응장애는 인식 가능한 정신사회적인 스트레스나 개인적 재난을 겪은 후 일정기간 이내(3개월 내 발행하여, 스트레스 요인이 사라지면 그 증상이 6개월 이상 지속되지 않아야 함)에 일어나는 임상적으로 의미 있는 감정적, 행동적 장애나 부적응 반응을 말하며, 환자뿐 아니라 일반인에게도 나타날 수 있다.</td></tr>
<tr><td>분류</td><td>
<table>
<tr><th>적응장애의 분류</th><th>주요 부적정인 반응</th></tr>
<tr><td>우울감을 동반한 적응장애</td><td>우울한 기분, 절망감으로 인한 눈물 흘림</td></tr>
<tr><td>불안감을 동반한 적응장애</td><td>신경과민, 걱정, 초조</td></tr>
<tr><td>우울감 및 불안감을 동반한 적응장애</td><td>우울한 기분과 불안 증상이 동반됨</td></tr>
<tr><td>행동문제를 동반한 적응장애</td><td>사회적 규범이나 다른 사람의 권리를 위반하는 행위(무단결석, 파괴행위, 난폭 운전, 싸움, 법적 책임 불이행)</td></tr>
<tr><td>감정과 행동 문제를 함께 동반한 적응장애</td><td>정서적 증상(불안, 우울)과 행동장애(무단결석, 파괴, 싸움 등)가 지배적임</td></tr>
<tr><td>기타 적응장애</td><td>특정 세부 유형 중 하나로 분류되지 않는 부적응 반응을 보임(개인의 불만이 인관관계를 불편하게 하고, 직장생활이나 학업에 장애를 보이지만, 감정이나 행동에 큰 방해를 주진 않음). 지나친 부정을 보이거나 치료에 비협조적임</td></tr>
</table>
</td></tr>
</table>

(6) 반응성 애착장애

심각한 손상	대부분의 상황에서 심하게 손상된다.
시기	발달적으로 부적절한 사회적 관계형성이 5세 이전에 시작된다.
사회관계	지속적으로 사회적 관계를 시작하지 못하고, 발달적으로 적절하지 못한 방식으로 반응한다.
억제, 경계	지나치게 억제적이고, 경계적이고, 심하게 양가적이고 상반된 반응을 보였다.
애착대상	• 소아는 양육자에 대한 접근, 회피가 혼합된 태도로 반응하고, 안락감에 저항하고 냉정하게 경계한다. • 낯선 사람에 대한 지나친 친근감을 보이고 애착대상을 선택하지 못한다.
욕구저해	안락함, 자극, 애정 등 소아의 기본적인 감정적 욕구 및 신체적 욕구를 지속적으로 방치하거나, 돌보는 사람이 반복적으로 바뀜으로써 안정된 애착형성을 저해하는 요인이 적어도 1개 항목에서 드러난다.

반응성 애착장애 진단기준(DSM-5)

A. 성인 보호자에 대한 억제되고 감정적으로 위축된 행동의 일관된 양식이 다음의 두 가지 모두로 나타난다.
   1. 아동은 정신적 고통을 받을 때 거의 안락을 찾지 않거나 최소한의 정도로만 안락을 찾음
   2. 아동은 정신적 고통을 받을 때 거의 안락에 대한 반응이 없거나 최소한의 정도로만 안락에 대해 반응함

B. 지속적인 사회적·감정적 장애가 다음 중 최소 두 가지 이상으로 나타난다.
   1. 타인에 대한 최소한의 사회적·감정적 반응성
   2. 제한된 긍정적 정동
   3. 성인 보호자와 비위협적인 상호작용을 하는 동안에도 설명되지 않는 과민성, 슬픔 또는 무서움의 삽화

C. 아동이 불충분한 양육의 극단적인 양식을 경험했다는 것이 다음 중 최소 한 가지 이상에서 분명하게 드러난다.
   1. 성인 보호자에 의해 충족되는 안락과 자극, 애정 등의 기본적인 감정적 요구에 대한 지속적인 결핍이 사회적 방임 또는 박탈의 형태로 나타남
   2. 안정된 애착을 형성하는 기회를 제한하는 주 보호자의 반복적인 교체
      예 위탁 보육에서의 잦은 교체
   3. 선택적 애착을 형성하는 기회를 고도로(심각하게) 제한하는 독특한 구조의 양육
      예 아동이 많고 보호자가 적은 기관

D. 진단기준 C의 양육이 진단기준 A의 장애 행동에 대한 원인이 되는 것으로 추정된다.

E. 진단기준이 자폐스펙트럼장애를 만족하지 않는다.

F. 장애가 5세 이전에 시작된 것이 명백하다.

G. 아동의 발달 연령이 최소 9개월 이상이어야 한다.

(7) 간호과정

치료적인 관계형성	적극적으로 경청하여 신뢰감을 형성한다. 환자는 자신을 표현함으로써 기분이 환기되고 고립감이 감소된다.
대처기술 증진	• 호흡법과 이완요법, 인지치료, 체계적 둔감법 및 행동요법 등을 제공할 수 있다. 이는 생리적, 감정적 긴장을 감소시키는 데 도움이 되어 과거회상으로 인한 불안과 위협을 감소시킨다. • 체계적 둔감법: 공포 상황과 비슷한 상황이나 경험에 점진적으로 노출시켜 특정자극에 둔감하게 하며 고통을 일으키는 요소를 감소시킨다. 또한 외상사건에 대해 새로운 관점을 갖도록 하여 좀 더 객관적인 지각을 가지도록 돕는다.
기타요법	• 지속적 노출치료 • 집단 및 가족치료 • 안구운동 탈감작 및 재처리요법 • 자조그룹 • 위기개입 • 정신약물치료

03

2 해리장애(Dissociative Disorder)

DSM-5의 분류
- 해리정체성 장애(dissociative identity disorder)
- 해리성 기억상실(dissociative amnesia)
- 이인증/비현실감 장애(depersonalization/derealization disorder)
- 기타 특정 해리장애 및 비특정 해리장애

(1) 해리성 정체성 장애(dissociative identity disorder)

정의	한 사람이 둘 혹은 그 이상의 인격을 가지고 있다가 어떤 계기로 인격의 변화가 와서 평소와 또 다른 인격이 그 사람의 행동을 지배하는 경우이다. 사춘기 이후에는 여자에게 잘 발병하고 청소년기와 20대에 호발하고 소아의 경우는 남자에게 많다. 어린 시절 성적 남용, 정신적 외상이나 신체적 폭행을 당한 경험은 해리성 정체성 장애 발병과 밀접한 관련이 있다. 원래의 인격과 새로 나타난 인격이 교대로 나타나는 경우를 이중인격이라 하고 두 종류의 변화된 인격이 교대되는 경우는 삼중인격이라 하며 그 이상의 인격이 나타나면 다중인격이라 부른다. 이 장애가 생기면 환자의 인격 상태는 다른 이름, 다른 과거력, 자아상, 정체성을 가지고 있는 것처럼 경험하게 된다. 원래의 주된 인격은 수동적, 의존적이고 죄책감이 많고 우울한 경우가 많고 바뀐 인격은 반대로 대조적인 성격일 수도 있다. 이런 장애는 급격히 나타나고 극적이고 때로 바뀐 인격이 환청이나 환시를 경험할 수도 있어 간혹 조현병으로 오인을 받기도 한다.

특징	• 종전의 다중 인격 장애 • 매우 상반되는 두 가지 이상의 인격이 공존 • 예: 영화 <텔 미 썸딩>의 채수연, 소설 <지킬박사와 하이드>, 영화 <사이빌(Sybill)>

해리성 정체성 장애의 진단기준(DSM-5)

A. 둘 또는 그 이상의 각기 구별되는 정체성이나 인경상태가 존재한다(각 정체감은 환경 및 자신을 지각하고 관계하고 생각하는, 상대적으로 지속적인 독특한 방식을 지니고 있다). 어떤 문화권에서는 빙의 경험으로 설명된다. 정체성의 와해는 자아감과 주체감의 현저한 심각한 단절을 포함하고 관련된 변화가 정서, 행동, 의식, 기억, 지각, 인지 그리고/또는 감각운동기능의 변화를 동반한다.
B. 적어도 둘 이상의 정체감이나 인격상태가 반복적으로 개인의 행동을 통제한다.
C. 일상적인 망각으로 설명하기에는 너무 광범위한, 중요한 개인적 정보를 회상하지 못한다.
D. 증상이 사회적, 직업적, 기타 중요 기능영역에서 임상적으로 심각한 고통이나 장애를 일으킨다.
E. 장애는 널리 받아들여지는 문화나 종료적 관례의 정상적인 요소가 아니다.
주의: 아동에서 이 증상은 상상적인 놀이친구 또는 기타 환상적인 놀이에서 연유되는 것이 아니다.

(2) 해리성 기억상실(dissociative amnesia)

정의 및 특징	• 해리 장애 중 가장 흔하며 과거 '심인성 기억상실'이라고 불리던 장애이다. • 기억이 억압(repression)된 것이다. • 어떤 특정 사건, 특정 시간과 관련되어 심적 자극을 준 부분을 선택적 또는 전체적으로 기억하지 못한 광범위한 기억상실이 특징이다. • 새로운 정보 학습 능력은 남아 있다. • 기질적 뇌장애는 없다. • 지남력 장애가 있다. • 대상자는 기억상실을 알고 그 현상에 놀라기도 하나 개의치 않는다. → 일차적, 이차적 이득이 있다.

해리성 기억상실의 진단기준(DSM-5)

A. 외상적 또는 스트레스와 관련된 중요한 개인적 정보를 회상하지 못한다. 이는 아주 흔히 특정사건이나 사건에 대한 국소적 기억상실(국한된 기간), 선택적 기억상실(국한된 기간에서 일부분을 기억하지 못함), 전반적 기억상실(자신의 생활사에 대한 기억전부를 잃는 것), 체계화된 기억상실(정보의 특정범주에 대한 기억상실, 자신의 가족, 특정인물, 아동기 성적 학대 관련 기억), 지속성기억상실(각각의 새로운 사건이 생기는 대로 잊음)로 구성되기도 한다.
B. 증상이 사회적, 직업적 기타 중요기능영역에서 임상적으로 고통이나 장애를 초래한다.
C. 장애는 물질의 생리적 효과나 신경학적 상태 또는 기타 의학적 상태로 인한 것이 아니다.
D. 장애는 해리성 정체성장애, 외상 후 스트레스장애, 급성스트레스 장애, 또는 신체증상장애의 기간 동안에만 일어나지 않아야 하며, 물질(예 약물남용, 투약)이나 신경학적 상태 또는 경도 신경인지장애로 더 잘 설명되지 않는다.

(3) 이인증/비현실감 장애(depersonalization/derealization disorder)

정의 및 특징	• 자기 자신이 변화했다는(이인증) 또는 외부세계가 달라졌다는 비현실감을 호소하는 등 지속적이고 반복적인 지각의 변화로서 현실감각이 일시적으로 상실되는 장애이다. • dissociative trance disorder : 신이 내린 무당, 신비주의 경험, 환각제 중독, 학대 당한 어린이 등에서 볼 수 있다. • 기시현상(deja vu) : 처음 경험하는 일을 마치 과거에 경험을 한 것같이 느끼는 현상이다. • 미시현상(jamais vu) : 과거에 경험했던 일들을 마치 처음 경험하는 것같이 느끼는 현상이다. • 외계지각장애로 늘 대하던 사람이나 사물이 달라졌거나 낯설다는 느낌이 들고 외부세계가 모두 변하여 외계인이나 로봇처럼 움직인다고 보는 비현실감도 있다. • 현실검증능력은 정상이다.

03

(4) 기타 해리장애

해리성 증상을 보이나 다른 특정 해리성 장애의 진단기준에 맞지 않는 경우에 해당되는 것으로, 달리 명시된 해리장애는 다섯 가지 예가 있다. 해리성 정체성 장애의 진단기준에 유사하지만 전체 진단기준에 맞지 않는 만성적이거나 반복적인 혼합된 해리 증상들, 세뇌나 사고 교정에 이차적인 해리 상태, 급성 발현된 1개월 이하의 기간 동안의 2개의 혼합된 해리 증상들로 그 중 하나는 정신병적 증상의 존재가 현저한 것, 그리고 3개의 개별증상의 해리 발현, 즉 해리성 황홀경, 해리성 혼미 또는 혼수, 그리고 갠서증후군(근접하지만 모호한 대답을 하는 것)이다.

갠서증후군	교도소의 죄수나 재판 중에 있는 사람들에게서 흔히 볼 수 있다. 성별로는 남자에게 많이 나타나고 대체로 성격장애가 원인으로 생각되고 있다. 이 장애의 특징은 어떤 사물에 대한 질문에 비슷한 대답을 하는 것이다. 즉 가위를 보여주고 무엇이냐고 물어보면 칼이라고 대답한다. 6 곱하기 7을 물으면 41이라고 대답하기도 한다. 이런 근접 답변 외에도 의식혼탁, 신체증상, 전환증상, 환각 등의 특징적인 증상도 함께 보이는 경우가 많다. 꾀병과 감별하기 힘들고 갑자기 회복된다. 환자는 당시 상황에 대해 기억이 없다고 대답한다.
해리성 몽환상태	의식 상태가 변화되어 주위 환경에 대한 지각이 좁아지는 경험, 자기통제를 벗어난 상동증적 행동이나 동작을 반복한다. 이 장애는 '해리성 몽환'과 '빙의 몽환'으로 나눌 수 있다. 해리성 몽환은 의식상태가 변화되거나 정체성이 상실되어 환경에 대한 자각이 제한되거나 특정 자극에만 집중한 채로 통제할 수 없는 움직임이나 상동증적 행동을 보이는 상태를 말하고, 빙의 몽환은 의식상태가 변화되어 기존의 정체성이 새로운 정체성으로 바뀌기 때문에 환자는 다른 인격, 영혼, 신 또는 어떤 힘에 사로잡힌 듯이 행동하는 것이다. 우리나라의 영매나 무당의 신내림 상태가 여기에 해당된다.
해리성 혼미	신체적 원인이 없이 대인관계나 사회적 문제 등으로 심한 스트레스를 느낀 후에 잘 오는 장애로, 수의적 운동이 없어지고 빛, 소리, 감각 등의 외부자극에 반응이 없어진 상태를 말한다. 환자는 장시간 꼼짝없이 누워 있거나 앉아 있는 상태를 유지한다. 그러나 생물학적 반응은 정상적이다.

해리성 황홀경	환경적 자극에 대한 심중한 무반응성이나 무감각증으로 나타나는 인접한 주변 환경에 대한 급성의 인식 축소나 인식 상실을 특징으로 한다. 무반응성은 일시적 마비나 의식의 상실뿐만 아니라 가벼운 상동적 행동(예 손가락 움직임)을 동반할 수 있는데, 그 개인은 인식하지 못하거나 통제할 수 없다. 해리성 황홀경은 널리 받아들여지는 집단적의 문화적 또는 종교적 관례의 정상적인 부분이 아니다.

(5) 해리장애 환자에 대한 간호중재

비효율적 개인 대응에 대한 간호	• 해리상태의 행동에 대해 비난받지 않을 것이라는 사실을 확신시킨다. • 압도적 불안, 해리 시기 동안 환자와 함께 있을 거라는 사실을 확인시킨다. → 신뢰감, 안정감 증진 • 해리, 이인증 등의 변화시기 동안 효과적 대처를 돕기 위해 치료자가 개입한다는 사실을 알린다. • 긴장스런 상황을 이야기하고 그 상황과 관련된 감정을 탐색하는 것이 중요하다는 것을 알린다. • 환자가 노출하는 경험을 무엇이든 모두 수용함을 알린다. • 고통스런 경험에 노출하는 동안 혼돈, 공포, 불균형이 일어나는 것은 정상이며 통합이 일어나고 적응적 대응방법이 회복될 때 이런 문제가 해결됨을 이해시킨다. • 시끄러운 소음, 밝은 빛과 같은 자극을 감소하기 위해 환경을 구조화한다. • 해리삽화 동안 손상 받지 않도록 보호한다. • 과거의 긴장된 상황에서 사용했던 효과적인 대응방법을 확인하도록 돕고 새로운 대안적 대응 방법을 이용하도록 돕는다. • 효과적인 대응전략사용에 대해 칭찬하고, 물질사용가능성을 사정한다. • 우울, 자살사고에 대해 사정한다. • 회복과정에 대해 환자를 교육시킨다. 환자는 드러나지 않은 고통스러운 감정과 기억들이 회복되기 시작하는 것을 알 필요가 있다. • 선행일지를 쓰거나 감정을 조절할 수 있는 계획을 세우도록 한다. • 필요시 도움을 받을 수 있도록 연락이 가능한 사람들의 명단을 가지고 있도록 한다. 명단은 환자가 쉽게 볼 수 있는 곳에 부착되어야 하고, 환자가 이것을 볼 때마다 자신의 선택권을 상기하며 통제력을 얻을 수 있게 한다. 스스로 스트레스를 느낄 때, 안전한 장소를 확인하고 환자를 위로하는 것은 환자가 지속적으로 자아 책임감과 통제력을 얻도록 도와줄 수 있다.

자기 또는 타인에 대한 폭력 위험성에 대한 간호	• 해리삽화 동안 손상당하지 않도록 한다. • 파괴적 행동에 대한 단서를 파악한다. 예 목소리가 조용하고 수동적인 것에서 높고 거친 것으로 변한다. • 폭력이 임박할 때 즉각적 행동을 취한다. – 필요하다면 구속이나 억제를 한다. – 원래의 성격에 명령하여 잠정적으로 폭력적 성격의 행동을 감독하고 통제한다. 예 폭력 가능성이 있는 성격이 조용해질 때까지 "그만둬"라고 말한다. • 환자에 대해 판단내리는 것을 삼간다. 환자를 비난에서 해방시켜주고, 죄책감과 수치심을 감소시켜주고 자존감을 형성하기 위함이다. • 외적 자극을 줄이기 위해 환경을 조성한다. • 우울 정도를 사정하고 자살을 예방한다. • 공격이나 폭력에 대한 대안을 환자가 확인하도록 돕는다. → 안전한 환경에서 느낌을 표현하고 신체적 활동에 참여하며 일기장에 사고와 느낌을 적음으로써 압도적 분노의 충동과 적개심을 건설적인 행동으로 전환한다. • 분노를 통제하고자 하는 시도와 참여에 대해 칭찬한다. 긍정적 강화가 필요하다.

03

07 신체증상 관련 장애 간호 [2012 · 2017 · 2020 기출]

• 신체증상장애
• 전환장애
• 정신생리장애
• 질병불안장애
• 허위성장애

1 행동 특성

정의 및 특징	신체형 장애에서 관찰된 기본적인 행동들은 심리학 요인으로 인해 나타나는 신체적 증상인데 사람들은 신체적 문제가 심리적 요인과 연관될 수도 있다는 것을 믿지 않으려 한다. 왜냐하면 현실적으로 신체적으로 아픈 것이 심리적 문제들을 갖는 것보다 사회적으로 더 수용되기 때문이다. 이와 같은 심리적 요소의 부정으로 환자는 질병에 대한 기질적 원인을 찾아 줄 사람을 찾는다. 이들 증상으로 인하여 신체형 장애자는 많은 병원을 찾아다닌다. 이러한 증상을 '의사쇼핑(doctor shopping)' 또는 '병원쇼핑(hospital shopping)'이라 한다. 신체형 장애는 남자보다 여자에게 월등하게 많고 연령적으로 어린이부터 노년층에 이르기까지 광범위한 분포를 보이며, 특히 사회활동이 가장 왕성한 20~40대 사이에서 매우 높은 빈도를 보인다.

증상	• 대부분 기질적 손상의 증거가 없는 신체적 증상을 호소한다. • 한 가지 특정한 증상만을 호소하는 것이 아니라, 여러 가지 다양한 조직체계에 관련된 복합적인 신체증상을 호소한다. • 증상의 호소가 매우 유동적이며 모호하다. • 신체적 기능 상실, 마비나 경련 등 감각 운동기능의 장애가 일어난다. • 자신이 질병을 가지고 있다는 두려움 또는 믿음을 가지고 있다. • 심박동, 발한, 연동운동이나 경한 기침, 인후통 같은 신체기능에 지나친 관심을 갖는다. • 일반적인 의학적 치료에 의해 잘 호전되지 않는다. • 건강한 모습을 하고 있으면서도 신체적 결함을 갖고 있다고 우려한다. • 정신사회적 스트레스 원인과의 관련성이 확인되는 경우가 많다. • 대상자는 이러한 신체증상이 심인성이라는 것을 쉽사리 납득하지 못한다. • 대부분 우울, 불안 혹은 불면 등의 여러 가지 신경증적 증상을 수반한다. • 설명할 수 있는 신체적 질병이 없는 상태에서 지속적 통증을 호소한다. • 대부분 통증은 심리적 상처에 대한 반사적인 생물학적 반응이다. • 치료를 위해 약국, 병원, 혹은 종교적 집회 등을 장기간 전전한다.

2 주요 질환

(1) 신체증상 장애(Somatic Symptom Disorder)

정의	신체증상 장애는 신체적 원인이 명백히 드러나지 않는 많은 신체적 증상들이 지속적으로 나타나는 복합증상 장애를 말한다. 다른 신체형 장애와 달리 신체화 장애는 신체의 여러 기관에 걸쳐 장기간 다양한 신체적 증상을 되풀이하여 호소한다. 발병연령은 주로 10대 후반이며 보통 일생에 걸쳐 만성적으로 경과를 가진다. 남성보다 여성에서 5~20배 호발한다.
진단	• DSM-5에서는 각 증상군에서 4개 이상의 증상이 있어야 하는 이전의 진단기준을 삭제하고 신체적 증상이 일상생활에 현저하게 어려움을 주거나 일상생활을 망가뜨리는 과도한 생각, 느낌, 행동이 동반되는 경우에 진단을 내린다. 이는 진단에서 의학적 원인을 배제하기보다는 양성 증상의 존재 자체를 강조하는 것으로 해석된다. • DSM-5에서는 다른 의학적 상태 유무에 관계없이 모든 신체증상을 포함한다.
특징적 증상	임상양상으로는 모든 장기에 미치는 다양한 증상을 보이나, 특히 신경계 증상, 위장과 심폐 및 여성생식기계의 기능장애 그리고 전신증상 등을 호소한다. 가장 흔한 증상들은 두통, 어지러움, 졸도감, 구역질, 구토, 복통, 소화 장애, 설사, 변비, 호흡곤란, 빈맥, 성기능 장애, 월경불순, 근골격계 통증 및 월경 장애 등이다. → 증상 호소가 극적이고 애매하고 과장됐다.

신체증상 장애 증상	• 통증: 두통, 복통, 관절통, 요통, 흉통, 배뇨통, 직장통, 성교통, 생리통 • 소화기계 증상: 오심, 구토, 설사, 팽만감, 음식에 대한 거부감 • 성적 증상: 성적 무관심, 발기 또는 사정 불능, 생리불순, 과다 생리 출혈, 임신 전 기간 동안 입덧 • 가성 신경계적 증상: (조정불능, 균형불능, 마비 또는 국소적 허약과 같은) 전환증상, 연하곤란, 식도 이물감, 실성증, 요정체, 환청, 촉각 또는 통증 감각의 상실, 복시, 귀머거리, 장님, 경련, 기억상실 또는 기절과는 다른 의식상실과 같은 해리증상

신체증상 장애의 진단기준(DSM-5)

A. 한 가지 이상의 신체증상을 호소하며, 이 증상으로 인해 고통스러우며 일상생활에서 심각한 와해가 있다.
B. 신체증상과 관련한 지나친 생각, 감정 또는 행동이 다음 세 가지 중 한 가지로 나타난다.
  (1) 증상의 심한 정도와 관련된 생각이 불균형적이고 지속적이다.
  (2) 건강이나 증상에 관한 불안이 지속적으로 높다.
  (3) 이러한 증상이나 건강염려에 관해 과도한 시간과 에너지를 사용한다.
C. 한 가지 신체증상이 계속해서 존재하지 않더라도 증상이 지속되어야 한다(전형적으로 6개월 이상).

(2) 질병불안 장애(Illness Anxiety Disorder) [2020 기출]

정의	건강에 대한 과도한 걱정이 있으나 뚜렷한 신체적 증상이 없는 경우 DSM-5에서는 질병불안장애(Illness Anxiety Disorder)라고 한다. 즉, DSM-Ⅳ에서 건강염려증으로 불렸던 질병불안장애는 자신이 심각한 질병에 걸렸다거나(질병확신) 걸릴 것이라는 공포(질병공포)에 집착하는 것이다. 즉, 질병불안장애는 자신의 신체에 대한 심한 병적인 집착과 끊임없는 실제적 호소 및 환경에 대한 흥미의 결여를 특징으로 하는 장애이다. 이 장애는 심한 질환이나 아픈 것으로 믿거나 걱정하는 데 몰두하는 증상을 말한다.
질병불안 장애의 진단기준 (DSM-5)	A. 심각한 질병을 가졌거나 얻었다고 과도하게 집착한다. B. 신체증상이 존재하지 않거나 존재하더라도 매우 미약하게 존재한다. 다른 의학적 문제가 존재하거나 그것이 고위험군의 의학적 질병일 경우라 하더라도 집착이 명백하게 지나치거나 부적절하다. C. 건강에 관한 불안수준이 높으며, 지신의 건강상태에 관련하여 지나치게 예민하다. D. 집착으로 인해 과다한 건강관련행동(예 질병의 증거를 찾기 위한 반복적인 검사)이나 부적응적 회피행동(예 의사와의 면담약속 회피함)을 보인다. E. 집착기간은 적어도 6개월이나 두려워하는 질병은 그 기간 너머로 변화될 수 있다. F. 질병 관련 집착은 신체증상장애, 공황장애, 범불안장애, 강박장애, 신체형 망상장애 등 다른 정신장애로 설명되지 않는다.

(3) 전환 장애(Conversion disorder) [2012 · 2017 기출]

DSM-5에서는 하나 또는 그 이상의 수의적 운동이나 감각기능의 변화뿐 아니라 환자의 증상과 신경학적, 의학적 소견이 잘 맞지 않는 경우로 정의를 내리고 있다. 즉 진단기준에서 증상이나 결함이 심리적 요인과 연관되어 있다는 판단을 배제하고 신경학적 검사의 중요성을 강조하였다.

<table>
<tr><td>정의</td><td colspan="2">전환 장애는 불안이 감각운동 신경계통의 지배를 받고 있는 장기나 신체부분의 기능장애로 전환되어 병리적인 이유 없이 신체기능이 상실되거나 변화를 가져오는 장애이다. 일명 '히스테리신경증 전환형'이라고도 한다.</td></tr>
<tr><td>전환장애 의심</td><td colspan="2">첫째, 의도적인 운동 기능이나 감각 기능의 변화를 나타내는 한 가지 이상의 증상이 있어야 한다.
둘째, 이러한 증상과 확인된 신경학적 또는 의학적 상태 간의 불일치를 보여주는 임상적 증거가 있어야 한다.
셋째, 이러한 증상이 다른 신체적 질병이나 정신장애로 더 잘 설명되지 안아야 한다. 이러한 증상이나 손상으로 인해서 현저한 고통을 겪거나 일상생활의 중요한 기능에서 현저한 장해가 나타날 경우에 전환장애로 진단된다.</td></tr>
<tr><td rowspan="6">주증상</td><td>가장 많은 것</td><td>감각마비(특히 귀머거리, 실명), 운동마비</td></tr>
<tr><td>피부감각기능의 이상</td><td>• 실명, 청력상실
• 흔히 장갑이나 양말을 착용하는 손이나 발의 부위에만 감각을 느끼지 못하는 경우가 있다. 그러나 신경 구조상 이러한 양상이 나타날 수 없으며 이는 환자의 지식이나 생각이 감각 장애의 분포 양상에 영향을 미치기 때문에 나타난다.</td></tr>
<tr><td>운동기능의 증상</td><td>• 마비, 떨림, 무언증
• 신체적 균형이나 협응 기능의 손상, 신체 일부의 마비나 기능저하, 목소리가 나오지 않는 불성증, 소변을 보지 못하고, 소리를 듣지 못하거나 환각 등이 나타나기도 한다.</td></tr>
<tr><td>갑작스러운 신체적 경련이나 발작</td><td>갑자기 손발이 뒤틀리거나 경련을 일으키고 감각마비나 특이한 신체감각을 느끼는 경우로서 흔히 이러한 증상이 일시적으로 나타났다가 사라지는 현상이 반복된다.</td></tr>
<tr><td>기타</td><td>요정체, 두통, 호흡곤란</td></tr>
<tr><td colspan="2">전환장애 환자는 자신이 지닌 증상의 심각성에 비해 그다지 걱정하지 않는 무관심한 태도를 특징적으로 나타내기도 한다.</td></tr>
<tr><td>신체검사</td><td colspan="2">• 신체검사 1회 실시한다.
• 대상자 자신은 적어도 증상이 있을 때는 그것이 심리적 원인 때문임을 모르고 있다.</td></tr>
</table>

<table>
<tr><td rowspan="2">극적 증상이 주는 심리적 이득</td><td>1차적 이득 (primary gain)</td><td>환자가 자신의 충동을 수행할 수 없기 때문에 팔과 손의 마비로 불안이 해소되는 것이다.</td></tr>
<tr><td>2차적 이득 (secondary gain)</td><td>정서적으로 배려 받고, 다른 사람들을 조종할 수 있고, 불쾌한 상황이나 책임으로부터의 해방, 금전적 혜택, 불리한 상황을 피하는 계기 등의 형태로 경험하게 된다.
→ 간호사는 이 같은 환자는 환자의 증상에 관심을 갖지 않는 것이 치료적이다. 관심은 대상자의 2차적 이득을 강화시키는 효과가 있다.</td></tr>
<tr><td>만족스런 무관심 (La belle indifference) [2012 · 2017 기출]</td><td colspan="2">실제 나타나는 고통스런 증상이 있는데도 자신의 증상에 대해서 걱정하지 않고 무관심한 태도를 나타내는 것이다.</td></tr>
<tr><td>주 사용 방어 기제</td><td colspan="2">동일시, 투사, 전환</td></tr>
<tr><td>전환 장애 진단기준 (DSM-5)</td><td colspan="2">A. 변화된 수의운동 또는 감각기능 한 가지 혹은 그 이상의 증상이 있어야 한다.
B. 임상적으로 증상과 신경학적 또는 의학적 상태가 일치되지 않는 근거가 있을 때
C. 증상이 다른 의학적 또는 정신과적 질환으로 더 잘 설명되지 않을 때
D. 증상이 사회적, 직업적 또는 기능의 중요한 영역에서 임상적으로 심각한 고통이나 손상을 초래하거나 현저한 장애가 나타난다.</td></tr>
</table>

(4) 허위성 장애(Factitious disorders)

<table>
<tr><td>특징</td><td>꾀병과 허위성 장애는 증상을 의도적으로 통제할 수 있는 반면, 신체증상관련 장애 환자는 자신의 신체적 증상을 의도적으로 통제할 수 없다.</td></tr>
<tr><td rowspan="2">DSM-5 신체증상관련 장애의 하위진단</td><td>허위성 장애는 오로지 관심을 받을 목적으로 신체적, 정신적 증상을 의도적으로 만들어낼 때 발생한다. 허위성 장애를 갖는 사람들은 관심을 받기 위하여 자신에게 상처를 입힐 수도 있다. 허위성 장애로 잘 알려진 용어는 뮌하우젠 증후군(Munchausen syndrome)이다.</td></tr>
<tr><td>가장성 장애
• 아픈 사람의 역할을 하려고 행동의 외적인 유인 자극이 없는데도 신체적이거나 심리적인 징후나 증상을 의도적으로 만들어내는 것을 말한다.
• 꾀병은 특정한 환경에서 적응이라고 간주할 수 있는 반면, 허위성 장애는 정신병리를 함축하고 있다.</td></tr>
<tr><td>vs꾀병 (malingering)</td><td>의도적으로 거짓된 신체적, 정신적 증상을 만들어 내거나 과장하는 것을 말한다. 그 결과로 일을 회피하거나 범죄 기소를 피하기 위해 또는 약물을 얻거나 재정적인 보상을 얻는 등의 외적인 보상을 얻기 위함이다.</td></tr>
</table>

허위성 장애의 진단기준 (DSM-5)	자발적 허위성 장애	A. 신체적 또는 정신적 징후나 증상을 의도적으로 만들거나 가장한다. B. 타인에게 아프거나 부상당한 것으로 보이려고 한다. C. 이러한 가장하는 행동이 외적 보상이 없는 경우에도 발생한다. D. 이러한 가장 행동이 망상장애나 다른 정신질환으로 더 잘 설명되지 않는다. 특정형으로 일회성 삽화, 반복성삽화 등이 있다.
	타인에 의한 허위성 장애	A. 타인에게 신체적 또는 정신적 징후나 증상을 가장 또는 병을 만들거나 상처내기와 같은 속임수를 쓴다. B. 타인에 의하여 병들거나 부상당한 것으로 보이게끔 만든다. C. 이러한 가장하는 행동이 외적 보상이 없는 경우에도 발생한다. D. 이러한 가장 행동이 망상장애나 다른 정신질환으로 더 잘 설명되지 않는다.
정신적 증상	정신병을 암시하는 증상을 인위적으로 나타내어 자신의 내적 갈등을 발산하거나 타인과의 관계를 조절하려는 심리적 목적이 강하다.	
신체적 증상	• 뮌하우젠 증후군 • 여러 가지 다양한 신체증상을 호소한다.	

(5) 정신생리 장애(Psychological Factors Affecting Medical Condition)

특징	정신생리 장애는 억압된 정서적 갈등의 문제들이 신체적 기능상의 장애, 더 나아가 신체기관에 조직학적 변화를 일으키는 것이다. 이는 신체화 증상이 자율신경계의 지배를 받는 기관이나 기관계에서 나타나는 경우를 의미하는 것으로, 심리적 요소가 신체적 조건에 영향을 미쳐 신체질환을 일으킨다는 의미이다.
증상	• 소화기계 장애 : 소화성 궤양(peptic ulcer), 궤양성 대장염(ulcerative colitis), 신경성 식욕부진증(anorexia nervosa), 비만(obesity) 등 • 호흡기 장애 : 과호흡(hyperventilation)과 천식(asthma) • 순환기계 장애 – 관상동맥성 심장병(Coronary Heart Disease) : 대개 스트레스 때문에 발병한다고 알려져 있다. 최근 연구에서 가족력, 당뇨병, 흡연 습성, 고혈압, 높은 지질의 혈중치 등과 소위 A형 성격이 관상동맥성 심장질환을 증가시키는 것으로 추정되고 있다. – 고혈압(Hypertension) : 내적 긴장이 고혈압을 일으킨다고 본다. • 내분비계 장애 – 갑상선 기능항진증(Hyperthyroidism) : 이 질환은 특정한 유전적 소인이 있는 사람에게 심한 감정적인 충격 또는 장기간의 스트레스에 의한 자율신경계의 과잉 활동성으로 초래될 수 있다. – 당뇨병(Diabetes Mellitus) : 가정파탄, 열심히 일한 후의 좌절과 고립감을 느낄 때 발병하는 것을 흔히 본다. • 피부계 장애 : 소양증, 다한증, 적면증(rosacea), 두드러기, 아토피성 피부염, 원형탈모 등이 있다.

	• 근골격계 장애: 류마티스성 관절염(Rheumatoid Arthritis), 요통 • 정신신경계 장애: 신체상 장애(Body image Disorder) • 두통: 편두통(Migraine), 긴장성 두통(Tension Headache) • 면역계 장애: 감염(infection), 알레르기 장애(Allergy Disorder), 장기이식(Organ implantation), 암(Cancer) • 비뇨생식계 장애: 비특이성 요도염, 월경 전 증후군, 월경불순, 무월경, 폐경, 유산, 피임 및 불임 등

(6) 간호중재 [2020 기출]

① 신체증상관련 장애 환자 간호 시 주의사항

환자의 신체적 호소를 신중히 사정하라	환자의 신체호소를 간과하거나 신체적 호소가 정신적인 문제일 거라고 가정해서는 안 된다. 실제 의학적 문제가 있을 수 있다.
환자가 치료에 참여하는 동안 환자의 감정을 인정하라	"지금 당신이 기분이 좋지 않다는 것을 알겠어요. 하지만 매일 운동은 아주 중요합니다."
신체적 증상은 환자가 의식적으로 통제할 수 있는 것이 아님을 명심하라	대인관계 및 대처기술이 증진될 때 신체호소는 줄어들 것이다.

② 신체적 증상에 대한 대처

의학적 사정 [국시 2016, 2020 기출]	방법	• 신체사정, 검사 결과, 자료를 모니터한다. • 초기에 철저한 검사를 하나 환자 요구대로 반복은 하지 않는다. • 검사를 위해 병원 방문을 권하여 가족과 아동에게 임상 검사, 신체검진 결과, 검사 결과가 기질적 병리적 현상이 아님을 확인한다.
	효과	• 대상자가 객관적으로 사건을 판단하도록 돕는다(보다 증상이 줄고 자가간호의 향상된 기능을 기대할 수 있다). • 대상자의 신체적 증상과 관련되지 않은 쪽으로 관심을 갖도록 전환시킬 수 있다(자가간호향상). • 대상자가 '환자역할'을 함으로써 관심을 얻으려는 욕구를 줄일 수 있다. • 대상자에게 대상자의 건강을 위해 의료진이 함께 일한다는 것을 확신시켜준다. • 대상자의 무기력함을 감소시키는 것에 도움이 되고 독립적인 자가간호를 증진시킨다. • 주위가 믿을 만하며 항상 도움이 된다고 인식하면서 독립에 대한 불안이 감소되고 자신의 건강과 기능수준을 유지 향상시킬 수 있다. • 신체 상태의 객관적 정보로 강한 부정적 방어를 깨뜨리는 데 도움이 된다.

<table>
<tr><td rowspan="4">일기 기록</td><td>방법</td><td colspan="2">스트레스가 되는 상황과 신체증상의 출현, 기간, 강도에 대한 일기를 기록한다.</td></tr>
<tr><td rowspan="3">근거</td><td>연관관계 확인</td><td>• 일기 기록을 비교하여 신체증상이 스트레스와 관계를 나타내는 객관적 자료를 제시한다. 스트레스와 관련된 우울, 불안의 감정과 신체적 증상을 확인하여 스트레스를 인식한다. 감정과 증상 사이의 연관관계를 인식하여 신체증상이 스트레스로 발생했다는 것을 인식한다. 자기개방과 감정의 탐색은 미해결된 문제에 직면한다.
• 전환장애 대상자는 질병의 심리적 의미를 인식하지 못한다.
• 장애가 주는 의미에 대하여 신체증상이 극심한 스트레스 시 사용하는 방어기전임을 인식하도록 돕는다.</td></tr>
<tr><td>스트레스 원인 확인</td><td>정신 내적 갈등을 다룰 능력이 없을 때 스트레스, 불안, 신체적 증상을 초래하여 신체적 증상을 둘러싼 스트레스 요인, 가족문제를 확인한다.</td></tr>
<tr></tr>
<tr><td rowspan="2">일차적, 이차적 이득 인식 → 일차적, 이차적 이득 제한하기</td><td>방법</td><td colspan="2">• 신체증상을 통해 대상자가 얻는 일차적, 이차적 이득을 확인한다.
• 자신의 증상을 통해 주위 사람에게 영향을 줌으로 무의식적 이차적 이득의 욕구 충족은 증상을 영구화한다.
• 이차 이득을 직접 직면시키기보다 자료를 통해 환자 역할을 통해 충족시킬 수 있는 욕구(2차 이득)를 확인한다.
• 신체증상으로 대상자가 얻는 이득인 문제로부터 전환, 의존성, 관심을 확인한다.</td></tr>
<tr><td>효과</td><td colspan="2">이면의 동기에 대한 인식으로 문제해결을 한다. 예 증가된 의존심, 관심
※ 일차적 이득: 신체증상으로 내적 갈등, 고통스런 사건을 인식하지 않도록 하여 불안 감소</td></tr>
</table>

③ 신체증상관련 장애 환자를 위한 대상자 및 가족 대안 전략

<table>
<tr><td>대상자 및 가족교육</td><td colspan="2">• 매일 매일의 정기적인 건강습관 형성: 충분한 휴식, 운동, 영양
• 스트레스와 신체적 증상, 마음과 신체와의 관계에 대한 교육
• 적절한 영양, 휴식, 운동에 대한 교육
• 이완기술, 점진적 이완, 심호흡, 심상요법, 음악이나 기타 활동을 통한 전환기법 교육
• 사회적 상황과 상호작용에 대한 역할 바꾸기 교육(역할극)
• 가족에게 환자가 보다 덜 신체적 증상을 호소할 때 격려하고 많은 관심을 제공하도록 교육
• 환자가 아픈 역할을 할 때 특별한 관심을 보이지 않도록 격려</td></tr>
<tr><td rowspan="3">대상자 간호중재</td><td>규칙적 일과</td><td>긍정적 피드백 주기</td></tr>
<tr><td>정서적 감정표현</td><td>• 스트레스/대처와 신체증상과의 관계인식
• 일기쓰기
• 신체적 호소에 소요되는 시간 제한하기
• 일차적, 이차적 이득 제한하기</td></tr>
<tr><td>대처전략</td><td>• 이완기법, 심호흡, 심상, 기분전환 등 정서 중심 대처전략
• 문제해결전략과 역할극과 같은 문제 중심 대처전략</td></tr>
</table>

④ 대상자 감정표현 및 대처전략의 구체적 제안

호소 수용	방법	• 기질적 원인이 확인되지 않았지만 신체적 호소가 환자에게 실제한다는 것을 인식하고 수용한다. • 문제가 전적으로 심리적인 것이라고 확신시키려고 노력하지 않는다. • 환자도 증상을 통해 그의 삶을 통제하려는 태도는 치료적이지 않다.
	근거	• 대상자의 신체적 호소의 부정은 신뢰관계 형성을 방해하여 비치료적이다. • 신체적 감각이 환자에게는 실제적이라는 것을 이해한다. 간호사는 고통을 인정하고 환자가 고통을 다루도록 돕는다. 기질적 원인이 확인되지 않지만 신체적 호소가 환자에게 실제한다는 것을 인식하고 수용한다.
단계적 관심 철회	방법	• 처음에 의존적 욕구를 무시하면 불안, 부적응 행동이 증가한다. 초기에 대상자의 의존 욕구를 충족시키지만, 단계적으로 신체적 증상에 대한 관심 철회로 신체적 호소에 반응하는 시간이 감소한다. • 계속해서 신체적 제한에 초점을 둘 경우 관심을 철회한다.
	근거	제한 설정에 일관성이 없으면 변화 행동이 일어날 수 없다. 신체적 증상에 긍정적 강화의 단계적 철회로 부적응 행동을 반복할 수 없다.
새로운 호소 관심 철회	방법	• 새로운 신체적 호소에 의사에게 의뢰하게 될 것과 신체적 호소의 반추 시작에 관심을 철회할 것을 설명한다. • 환자가 아픈 역할을 할 때 특별한 관심을 보이지 않도록 격려한다.
	근거	• 기질적 병리 가능성을 고려하며 그렇지 않으면 대상자의 안전이 위태로워진다. • 신체적 호소에 대한 관심을 주는 이차적 이득의 만족을 차단한다.
이차적 이득 제거	방법	이차적 이득을 제거한다.
	근거	• 장애에 긍정적 강화는 의존심과 같은 이차적 이득의 부적응적 반응을 지속하도록 조장한다. • 강화를 제공하지 않는 것은 부적응적 반응을 소거하는 것이다. 소거: 행동의 결과로 강화물을 보류하여 행동을 무시하거나 보상을 하지 않음으로 행동의 빈도를 감소한다.
감정 표현	방법	• 두려움, 불안의 감정을 직접적 말로 표현한다. • 신체적 증상보다는 느낌을 표현하도록 초점을 맞춘다(대처증진).
	효과	대상자를 한 인간으로서 관심을 갖고 대하는 것이며, 이는 신체증상호소를 통해 관심 받으려고 하는 욕구를 감소시킬 수 있다.

장점인식	방법	환자와 시간을 함께 보내고 환자의 긍정적 자질, 장점을 인정한다.	
	효과	욕구충족	• 신체적 호소에 의지하지 않도록 한다. • 다른 사람으로부터 인정과 관심을 받는 방법을 확인하여 부적응 행동인 증상에 의한 관심을 받고자 하는 욕구가 감소한다.
		자존감↑	자존감 증진을 위해 노력한다.

독립적 활동, 과제참여하기 [국시 2019, 2020 기출]	방법	• 가능한 독립적으로 활동하도록 격려한다. • 참여할 수 있는 일을 찾도록 돕는다. 작은 것부터 한 번에 한 과제씩 참여(역할 강화)
	효과	활동과 과제가 충분히 할 수 있는 정도여서 수행시 성취를 경험할 수 있고, 독립에 대한 불안을 최소화할 수 있다.
	사례	월 20일 대상자는 느낌에 대해 표현하고, 신체증상을 덜 강조하면서 적응적 행동을 사용하는 능력을 보이기 시작한다. 그녀는 비뇨기 증상이 감소했다고 말로 표현한다. 그녀는 옷을 개고, 편지를 분류하고, 장보기목록을 만드는 일을 할 수 있다고 말한다.
대처기전	방법	• 적응적 대처기전을 갖도록 한다. – 사회적 상황과 상호작용에 대한 역할 바꾸기 교육(역할극)을 한다. – 이완기술, 점진적 이완, 심호흡, 심상요법, 음악이나 기타 활동을 통한 전환 기법 교육을 한다. • 규칙적인 일과를 형성한다.
	근거	신체장애를 이용해 현실에서 벗어나기보다 스트레스에 직면했을 때 사용하는 적응적 대처기전 확인으로 심한 불안 시 문제해결을 위한 도움이 된다.
긍정적 강화	방법	• 적응적 대처기전을 할 경우 긍정적 강화를 제공한다. • 가족에게 환자가 보다 덜 신체적 증상을 호소할 때 격려하고 많은 관심을 제공하도록 교육한다.
	근거	긍정적 강화는 바람직한 행동을 반복하도록 격려하고 자존감을 증진시킨다.

08 성격장애 간호 [2012 기출]

1 주요 질환 [2012 기출]

A부류 성격장애	• 상식적인 범위에서 벗어나거나 이상하게 행동하는 성격장애군이다(편집성, 분열성, 분열형 인격장애). • 사교적 상황에서 홀로 떨어져 있음, 분노, 정상적인 범위에서 벗어남, 타인을 의심함, 고립, 과민 등을 보인다.
B부류 성격장애	• 변덕스럽고 히스테리적이며 정서적 행동특성이 들어있다(반사회적, 경계성, 히스테리성, 자기애적 인격장애). • 만성적 불안정, 빈번한 자살사고, 좌절을 못 견딤, 사회적으로 위축되거나 지나친 간섭, 타인을 조종함, 충동, 사랑하는 사람과의 분리, 불안, 다양한 직업력, 행동을 통제하려 함, 비판에 과민함 등을 보인다.

	• B부류 성격장애자는 간호하기 어렵고 독특함. 예를 들어 자신을 여러 차례 자해하는 경계성 환자는 정신과 치료를 받아야 하며 자살 가능성도 높고 주요우울증의 병리가 있다. 따라서 이들을 간호사정하고 수행하는 것이 매우 중요함. B부류 성격장애자의 부적응 반응에는 타인의 조종, 자기도취, 충동성이 포함되어 있다.
C부류 성격장애	• 근심과 두려움에 대한 행동 특성군(회피성, 의존성, 강박성 인격장애)이다. • 고립, 위축, 강박적으로 일하는 습관, 일에 몰입, 여가를 즐길 틈이 없음, 타인에 대한 지나친 비판, 불안, 자기행동에 대한 무책임을 보인다.

일반적 성격장애(DSM-5) 진단기준

A. 내적 경험과 행동의 지속적인 유형이 개인이 속한 문화에서 기대되는 바로부터 현저하게 편향되어 있다. 이러한 형태를 다음 중 두 가지(또는 그 이상)에서 나타낸다.
   1. 인지(즉, 자신과 다른 사람 및 사건을 지각하는 방법)
   2. 정동(즉, 감정 반응의 범위, 불안정성, 적절성)
   3. 대인관계 기능
   4. 충동조절

B. 지속적인 유형이 개인의 사회 상황의 전 범위에서 경직되어 있고 전반적으로 나타난다.

C. 지속적인 유형이 사회적, 직업적, 또는 다른 중요한 기능 영역에서 임상적으로 현저한 고통이나 손상을 초래한다.

D. 유형은 안정적이고 오랜 기간 동안 있어 왔으며 최소한 청년기 혹은 성인기 초기부터 시작된다.

E. 지속적인 유형이 다른 정신질환의 현상이나 결과로 더 잘 설명되지 않는다.

F. 지속적인 유형이 물질(예 남용약물, 치료약물)의 생리적 효과나 다른 의학적 상태(예 두부 손상)로 인한 것이 아니다.

PLUS

DSM-5에서 정의한 열 가지 특정 성격장애 각각의 진단기준

① 편집성 성격장애

A. 다른 사람의 동기를 악의가 있는 것으로 해석하는 등 타인에 대한 전반적인 불신과 의심이 있으며, 이는 성인기 초기에 시작되며 여러 상황에서 나타나고 다음 중 네 가지(또는 그 이상)로 나타남
   1. 충분한 근거 없이 다른 사람이 자신을 관찰하고 해를 끼치고 기만한다고 의심함
   2. 친구들이나 동료들의 충정이나 신뢰에 대한 근거 없는 의심이 사로잡혀 있음
   3. 어떠한 정보가 자신에게 나쁘게 이용될 것이라는 잘못된 두려움 때문에 다른 사람에게 비밀을 털어놓기를 꺼림
   4. 보통 악의 없는 말이나 사건에 대해 자신의 품위를 손상하는 또는 위협적 의미가 있는 것으로 해석함
   5. 지속적으로 원한을 품음. 즉, 모욕이나 상처줌 혹은 경멸을 용서하지 못함
   6. 다른 사람에겐 분명하지 않은 말을 자신의 성격이나 평판에 대한 공격으로 지각하고 곧 화를 내고 반격함
   7. 정당한 이유 없이 애인이나 배우자의 정절에 대해 반복적으로 의심함

B. 조현병, 정신병적 양상을 동반한 양극성장애 또는 우울장애, 다른 정신병적 장애의 경과 중 발생한 것은 여기에 포함시키지 않으며, 다른 의학적 상태의 생리적 효과로 인한 것이 아님

주의점: 진단기준이 조현병의 발병에 앞서 만족했다면 "병전"을 추가해야 함. 즉, "편집성 성격장애(병전)"

② 조현성 성격장애

A. 다양한 형태의 사회적 유대로부터 반복적으로 유리되고, 대인관계에서 제한된 범위의 감정표현이 전반적으로 나타나며, 이러한 양상이 성인기 초기에 시작되며 여러 상황에서 나타나고 다음 중 네 가지 이상에 해당될 때 조현성 성격장애로 진단함

1. 가족과의 관계를 포함해서 친밀한 관계를 바라지 않고 즐기지도 않음
2. 항상 혼자서 하는 행위를 함
3. 다른 사람과의 성적 경험에 대한 관심이 거의 없음
4. 거의 모든 분야에서 즐거움을 취하려 하지 않음
5. 일차 친족 이외에 친한 친구가 없음
6. 다른 사람의 칭찬이나 비난에 무관심함
7. 감정적 냉담, 유리 혹은 단조로운 정동의 표현을 보임

B. 단, 조현병, 정신병적 양상을 동반한 양극성장애 또는 우울장애, 다른 정신병적 장애 혹은 자폐스펙트럼장애의 경과 중 발생한 것은 조현성 성격장애로 진단하지 않으며, 다른 의학적 상태의 생리적 효과로 인한 것이 아님

주의점: 진단기준이 조현병의 발병에 앞서 만족했다면 "병전"을 추가해야 한다.

③ 조현형 성격장애

A. 친분 관계를 급작스럽게 불편해하고 그럴 능력의 감퇴 및 인지 및 지각의 왜곡, 행동의 괴이성으로 구별되는 사회적 및 대인관계의 광범위한 형태로, 이는 성인기 초기에 시작되며 여러 상황에서 나타나고 다음 중 다섯 가지(또는 그 이상)로 나타난다.

1. 관계사고(심한 망상적인 관계망상은 제외)
2. 행동에 영향을 주며, 소문화권의 기준에 맞지 않는 이상한 믿음이나 마술적인 사고를 갖고 있음
   예 미신, 천리안, 텔레파시 또는 육감 등에 대한 믿음, 다른 사람들이 내 느낌을 알 수 있다고 함, 아동이나 청소년에서는 기이한 공상이나 생각에 몰두하는 것
3. 신체적 착각을 포함한 이상한 지각 경험
4. 이상한 생각이나 말을 함
   예 모호하고 우회적, 은유적, 과장적으로 수식된, 또는 상동적인
5. 의심하거나 편집성 사고
6. 부적절하고 제한된 정동
7. 기이하거나 편향되거나 괴이한 행동이나 외모
8. 일차 친족 이외에 친한 친구나 측근이 없음
9. 친하다고 해서 불안이 감소되지 않으며 자신에 대한 부정적인 판단보다도 편집증적인 공포와 관계되어 있는 과도한 불안

B. 조현병, 정신병적 양상을 동반한 양극성장애 또는 우울장애, 다른 정신병적 장애 혹은 자폐스펙트럼장애의 경과 중 발생한 것은 여기에 포함시키지 않는다.

주의점: 진단기준이 조현병의 발병에 앞서 만족했다면 "병전"을 추가해야 한다. 즉, "조현형 성격장애(병전)"

④ **반사회성 성격장애**

A. 15세 이후에 시작되고 다음과 같은 사람의 권리를 무시하는 행동 양상이 있고 다음 중 세 가지(또는 그 이상)를 충족한다.

1. 체포의 이유가 되는 행위를 반복하는 것과 같은 법적 행동에 관련된 사회적 규범에 맞추지 못함
2. 반복적으로 거짓말을 함. 가짜 이름 사용, 자신의 이익이나 쾌락을 위해 타인을 속이는 사기성이 있음
3. 충동적이거나 미리 계획을 세우지 못함
4. 신체적 싸움이나 폭력 등이 반복됨으로써 나타나는 불안정성 및 공격성
5. 자신이나 타인의 안전을 무시하는 무모성
6. 일정한 직업을 갖지 못하거나 혹은 당연히 해야 할 재정적 의무를 책임감 있게 다하지 못하는 것 등의 지속적인 무책임성
7. 다른 사람을 해하거나 학대하거나 다른 사람 것을 훔치는 것에 대해 아무렇지도 않게 느끼거나 이를 합리화하는 등 양심의 가책이 결여됨

B. 최소 18세 이상이어야 한다.

C. 15세 이전에 품행장애가 시작된 증거가 있다.

D. 반사회적 행동은 조현병이나 양극성장애의 경과 중에만 발생되지는 않는다.

⑤ **경계성 성격장애**

대인관계, 자아상 및 정동의 불안정성과 현저한 충동성의 광범위한 형태로 성인기 초기에 시작되며 여러 상황에서 나타나고, 다음 중 다섯 가지(또는 그 이상)를 충족한다.

1. 실제 혹은 상상 속에서 버림받지 않기 위해서 미친 듯이 노력함
   - 주의점 : 5번 진단기준에 있는 자살 행동이나 자해 행동은 포함하지 않음
2. 과대이상화와 과소평가의 극단 사이를 반복하는 것을 특징으로 하는 불안정하고 격렬한 대인관계의 양상
3. 정체성 장애 : 자기 이미지 또는 자신에 대한 느낌의 현저하고 지속적인 불안정성
4. 자신을 손상할 가능성이 있는 최소한 두 가지 이상의 경우에서의 충동성
   - 예 소비, 물질 남용, 좀도둑질, 부주의한 운전, 과식 등
   - 주의점 : 5번 진단기준에 있는 자살 행동이나 자해 행동은 포함하지 않음
5. 반복적 자살 행동, 제스처, 위협 혹은 자해 행동
6. 현저한 기분의 반응성으로 인한 정동의 불안정
   - 예 강렬한 삽화적 불쾌감, 과민성 또는 불안이 보통 수 시간 동안 지속되며 아주 드물게 수일간 지속됨
7. 만성적인 공허감
8. 부적절하고 심하게 화를 내거나 화를 조절하지 못함
   - 예 자주 울화통을 터뜨리거나 늘 화를 내거나, 자주 신체적 싸움을 함
9. 일시적이고 스트레스와 연관된 피해적 사고 혹은 심한 해리 증상
   - 주요 방어는 분열, 이상화와 평가절하(경멸)의 반복
   - 혼자 있는 것을 견딜 수 없어 하며, 자신과 타인의 실패에 대한 지속적 순환이 큰 내적 절망 → 무감각, 공황, 격분의 감정
   - 자해(자살의도가 없는 고의적인 신체조직의 파괴)와 자살(8~10%)
   - 자해는 치명적이지 않음, 피부절단, 머리 때리고 화상 입히고, 할퀴고, 눈동자를 압박하고, 주먹으로 치는 등 산발적이며 반복적

- 충동적으로 자기파괴적 행동을 일으킴
  예 돈을 무책임하게 소비, 도박, 물질사용, 위험한 성관계, 무모한 운전, 폭식 → 이는 분리의 위협과 거절, 과다한 책임을 떠맡아야 할 때 촉발됨
- 기분부전, 자극과민, 불안이 강렬하고, 만성적인 우울이 흔함
- 만족감이나 안녕감보다는 극도의 분노를 경험하므로 분노중재
- 타인을 계속 비꼬고, 빈정대며, 갑자기 화를 버럭 내는 행동
- 갑자기 인간관계 단절, 직장 그만둠, 졸업 전에 학교를 떠남

⑥ 연극성 성격장애

과도한 감정성과 주의를 끄는 광범위한 형태로 이는 성인기 초기에 시작되며 여러 상황에서 나타나고 다음 중 다섯 가지(또는 그 이상)로 나타난다.

1. 자신이 관심의 중심에 있지 않는 상황을 불편해함
2. 다른 사람과의 관계 행동이 자주 외모나 행동에서 부적절하게 성적, 유혹적 내지 자극적인 것으로 특징지어짐
3. 감정이 빠른 속도로 변화하고 피상적으로 표현됨
4. 자신에게 관심을 집중시키기 위해 지속적으로 외모를 사용함
5. 지나치게 인상적이고 세밀함이 결여된 형태의 언어 사용
6. 자기극화, 연극성 그리고 과장된 감정의 표현을 보임
7. 피암시적임. 즉, 다른 사람이나 상황에 의해 쉽게 영향을 받음
8. 실제보다도 더 가까운 관계로 생각함

⑦ 자기애성 성격장애

과대성(공상 또는 행동성), 숭배에의 요구, 감정이입의 부족이 광범위한 양상으로 있고 이는 청소년기에 시작되며 여러 상황에서 나타나고, 다음 중 다섯 가지(또는 그 이상)로 나타난다.

1. 자기의 중요성에 대한 과대한 느낌을 가짐
   예 성취와 능력에 대해서 과장한다. 적절한 성취 없이 특별대우 받기를 기대한다.
2. 무한한 성공, 권력, 명석함, 아름다움, 이상적인 사랑과 같은 공상에 몰두함
3. 자신의 문제는 특별하고 특이해서 다른 특별한 높은 지위의 사람(또는 기관)만이 그것을 이해할 수 있고 또는 관련해야 한다고 믿음
4. 과도한 숭배를 요구함
5. 특별한 자격이 있는 것 같은 느낌을 가짐(즉, 특별히 호의적인 대우를 받기를, 자신의 기대에 대해 자동적으로 순응하기를 불합리하게 기대함)
6. 대인관계 착취적임(즉, 자신의 목적을 달성하기 위해서 타인을 이용함)
7. 감정이입의 결여 : 타인의 느낌이나 요구를 인식하거나 확인하려 하지 않음
8. 다른 사람을 자주 부러워하거나 다른 사람이 자신을 시기하고 있다고 믿음
9. 오만하고 건방진 행동이나 태도

⑧ 회피성 성격장애

사회관계의 억제, 부적절감, 그리고 부정적 평가에 대한 예민함이 광범위한 양상으로 나타나고 있고 청년기에 시작되며 여러 상황에서 나타나고, 다음 중 네 가지(또는 그 이상)로 나타난다.

1. 비판이나 거절, 인정받지 못함 등 때문에 의미 있는 대인 접촉이 관련되는 직업적 활동을 기피함
2. 자신을 좋아한다는 확신 없이는 사람들과 관계하는 것을 피함

3. 수치를 당하거나 놀림 받음에 대한 두려움 때문에 친근한 대인관계 이내로 자신을 제한함
4. 사회적 상황에서 비판의 대상이 되거나 거절되는 것에 대해 집착함
5. 부적절감으로 인해 새로운 대인관계 상황에서 제한됨
6. 자신을 사회적으로 부적절하게 개인적으로 매력이 없는 다른 사람에 비해 열등한 사람으로 바라봄
7. 당황스러움으로 드러날까 염려하여 어떤 새로운 일에 관여하는 것, 혹은 개인적인 위험을 감수하는 것을 드물게 마지못해서 함

⑨ 의존성 성격장애

돌봄을 받고자 하는 광범위하고 지나친 욕구가 복종적이고 매달리는 행동과 이별 공포를 초래하며, 이는 청년기에 시작되며 여러 상황에서 나타나고 다음 중 다섯 가지(또는 그 이상)로 나타난다.

1. 타인으로부터의 과도히 많은 충고 또는 확신 없이는 일상의 판단을 하는 데 어려움을 겪음
2. 자신의 생활 중 가장 중요한 부분에 대해 타인이 책임질 것을 요구함
3. 지지와 칭찬을 잃는 것에 대한 공포 때문에 타인과의 의견 불일치를 표현하는 데 어려움을 나타냄
   주의점: 보복에 대한 현실적인 공포는 포함하지 않는다.
4. 계획을 시작하기 어렵거나 스스로 일을 하기가 힘듦(동기가 에너지의 결핍이라기보다는 판단이나 능력에 있어 자신감의 결여 때문임)
5. 타인의 돌봄과 지지를 지속하기 위해 불쾌한 일이라도 자원해야 함
6. 혼자서는 자신을 돌볼 수 없다는 심한 공포 때문에 불편함과 절망감을 느낌
7. 친밀한 관계가 끝나면 자신을 돌봐주고 지지해 줄 근원으로 다른 관계를 시급히 찾음
8. 자신을 돌보기 위해 혼자 남는 데 대한 공포에 비현실적으로 집착함

⑩ 강박성 성격장애

융통성, 개방성, 효율성을 희생시키더라도 정돈, 완벽, 정신적 통제 및 대인관계의 통제에 지나치게 집착하는 광범위한 망상으로 이는 청년기에 시작되며 여러 상황에서 나타나고 다음 중 네 가지(또는 그 이상)로 나타난다.

1. 내용의 세부, 규칙, 목록, 순서, 조직 혹은 스케줄에 집착되어 있어 활동의 중요한 부분을 놓침
2. 완벽함을 보이나 이것이 일의 완수를 방해함
   예 자신의 완벽한 기준을 만족하지 못해 계획을 완수할 수 없다.
3. 여가 활동이나 친구교제를 마다하고 일이나 성과에 지나치게 열중함(경제적으로 필요한 것이 명백히 아님)
4. 지나치게 양심적임. 소심함 그리고 도덕 윤리 또는 가치관에 관하여 융통성이 없음(문화적 혹은 종교적 정체성으로 설명되지 않음)
5. 감정적인 가치가 없는데도 낡고 가치 없는 물건을 버리지 못함
6. 자신의 일하는 방법에 대해 정확하게 복종적이지 않으면 일을 위임하거나 함께 일하지 않으려 함
7. 자신과 타인에 대해 돈 쓰는 데 인색함. 돈을 미래의 재난에 대해 대비하는 것으로 인식함
8. 경직되고 완강함을 보임

| 성격장애의 분류 | [2012 기출]

장애유형		특징
A부류 : 괴상함, 별남	편집형	• 타인에 대한 지속적 불신, 질투와 경계증상 • 과민, 오해 • 감정적 제한, 유연성 결핍, 유머감각 없음
	조현성	• 사회적 관계형성능력 결여, 타인에게 따뜻함과 부드러움 결여 • 칭찬이나 비판 혹은 타인의 느낌에 무관심 • 사회적 참여에 대한 욕망 결여, 친한 친구 없음 • 일반적으로 서먹함, 위축, 은둔적, 혼자 하는 일이나 취미를 좋아함 • 정서적으로 멍하거나 평이함, 차가워 보이고 혼자 떨어져 있음
	조현형	• 사고, 지각, 언어, 행동상의 다양한 이상증상 • 마술적 사고, 관계망상, 편집적 사고, 착각, 이인증 • 이상한 단어선택, 사회적 고립, 부적정서
B부류 : 연극적임, 변덕스러움, 충동적임	반사회적	• 타인의 권리와 감정 무시 • 반사회적 행동의 과거력 • 학업이나 직장에서 성취정도 빈약함 • 가까운 사람 특히 성적 대상과의 관계유지 어려움 • 피상적으로 얌전함, 속임수와 유혹
	경계성	• 대인관계의 강렬하고도 불안정한 관계형성 • 충동적이고 예측 불가능한 행동 • 정서변화가 심하고 부적절함 • 자아상과 성적인 기회 혹은 가치가 불명료하며 주체성이 빈약함
	히스테리성	• 연극적, 시선집중을 구하는 행동 • 불안발작이나 분노 폭발 • 요구가 많고 자아중심적이며 생각 없는 행동 • 속임수와 분열조장 • 유혹, 피상적인 대인접촉
	자기애적	• 자신이 중요인물이라는 과장된 생각, 극단적인 자기중심성 • 권력, 성공, 부, 아름다움, 사랑에 대한 환상에 몰두 • 공감능력의 결핍 • 속임수
C부류 : 걱정, 두려움	회피성	• 걱정과 두려움 • 낮은 자존감, 창피나 거절에 과민 • 가까운 관계형성 갈망을 동반하는 사회적 위축
	의존성	부적당감과 무력감

강박성	• 감정표현 무능 • 지나치게 차갑고 경직된 태도 • 규칙이나 사소한 일 혹은 타인의 의견에 부합하고자 노력함 • 우월한 태도, 지배욕 • 완전하고 가치 있는 일을 지향하는 경향

| 부적응적 사회반응과 관련된 행동 |

행동	특징
조종행동 (manipulation)	• 타인을 사물로 간주함 • 관계형성이 핵심문제임 • 타인중심이기보다 자기중심, 목표중심적임
자기애 (narcissism)	• 약한 자존감 • 지속적으로 타인의 칭찬과 감동을 구함 • 자아중심적 태도 • 남을 부러워함 • 지지해 주지 않는 타인에게 분노함
충동행동	• 계획능력이 없음 • 경험으로부터 학습되지 않음 • 빈약한 판단력 • 신뢰성의 결여

| 부적응적 사회반응과 관련된 간호진단 |

DSM-5 관련진단	기본양상
편집성 인격장애	• 타인의 동기를 악의적으로 해석하는 등 광범위한 불신과 의심 • 초기 성인기에 나타나기 시작하여 다양한 상황에서 드러남
조현성 인격장애	• 사회적 관계형성이 어렵고 대인관계에서 감정표현이 제한되어 있음 • 초기 성인기에 시작되며 다양한 상황에서 드러남
조현형 인격장애	가까운 관계형성에서 급격한 불편감을 느껴 사회적 대인관계가 결여되어 있고 대인관계 능력이 저하됨, 인지적 · 감각적 왜곡, 자기중심적 행동, 초기 성인기에 시작되며 다양한 상황에서 드러남
반사회적 인격장애	타인의 권리를 무시하고 침해하는 양상으로 15세 이후에 발생함
경계성 인격장애	대인관계형성, 자아상, 정서의 불안정성, 현저한 충동성, 초기 성인기에 다양한 상황에서 드러남

히스테리성 인격장애	과도한 감정적 경향과 주목받고자 하는 양상, 초기 성인기에 시작하며 다양한 상황에서 드러남
자기애적 인격장애	자신에 대한 과대평가, 주위사람의 관심과 선망의 대상이 되고자 하는 자기노출, 공감능력 결여, 사소한 일에 분노나 모욕감을 느낌, 성공이나 권력, 미모, 이상적 사랑 등에 집착함
회피성 인격장애	타인이 자신을 거부할 것을 지나치게 염려하여 대인관계 회피, 낮은 자존심과 자기비하, 여성에 흔함
의존성 인격장애	자신감이 없고 자기노력 없이 타인에게 의지하고 살고자 함. 친밀한 관계 중에 일어나는 고통, 불편, 불쾌를 잘 참아 냄, 여성에 흔함
강박성 인격장애	인정이 없고 조직의 질서, 규칙, 효율성, 정확성, 완벽함, 세밀함에 집착, 우유부단, 전체적 양상을 보는 능력의 결여, 자신의 완벽성에 비해 다른 사람이 완벽하지 않은 경우 경멸과 분노를 느낌

2 간호과정

(1) 간호진단

- 개인적응력 장애
- 불안
- 비효율적 개인대처
- 비효율적 가족대처
- 가족과정 손상
- 자아 정체성 장애
- 역할 수행장애
- 상황적 자긍심 저하
- 자해 위험성
- 사회적 상호작용의 장애
- 사회적 고립
- 사고과정 장애
- 타인에 대한 폭력 위험성
- 자기에 대한 폭력 위험성

(2) 중재

① 일반적 간호중재

치료관계 수립	• 관심을 표명하고 공감적이어야 한다. • 환자는 항상 의심, 논쟁적, 빈정거림, 불평, 은밀하게 적대적이고 냉담하므로 중립적, 사무적, 존경으로 대해야 한다. • 문제행동을 중립적이고 사무적 태도로 지적해야 하며 현재문제에 초점을 두도록 하기 위해 직면(confrontation)을 사용한다(특히 반사회적 인격장애자). • 회피성 인격장애자에게는 더 많은 지지와 안심을 제공한다. • 비위협적인 상황에서 인간관계를 수립하고, 자신의 강점을 탐색할 수 있도록 도와준다.

<table>
<tr><td>환경치료에서 간호사의 역할</td><td colspan="2">경계성 인격장애자는 자기파괴적이거나 반사회적이어서 구조화된 환경제한이 필요하다.
• 구조화된 환경을 제공한다.
• 정서표현을 들어주는 역할을 수행한다.
• 갈등을 명확히 하고 진단한다.</td></tr>
<tr><td>B부류 성격장애자의 환경치료 원칙</td><td colspan="2">• 참여를 회피할 대안의 여지가 없도록 통제한다.
• 경험이 풍부하고 일관성 있는 직원을 배치한다.
• 확고하고 일관성 있게 시행규칙을 적용하되 엄격한 단계를 거친다.
• 대상자가 고통스런 감정을 겪어내는 동안 지지한다.</td></tr>
<tr><td>환경과 구조 제한</td><td colspan="2">• 엄격한 환경제한은 자기탐색이나 치료적 변화에 방해가 될 수 있다.
• 효율적 치료방법은 투약치료의 필요성을 강조하면서 통제해야 한다.
• 대상자에게 자기 자신에 대한 책임감을 느끼게 한다. 남을 속이고 조종하는 대상자는 책임전가에 능숙하다.
• 대개 규칙에 저항하므로 치료팀과 가족은 명확하게 한계를 설정하고 서로 협조해야 한다.
• 자주 거짓말을 하므로 의식적인 거짓말을 하는 행동에는 바로 직면시킨다.
• 경계성 인격장애자는 구조화된 규율을 정해두고 주의 깊게 관찰해야 한다. 대상자가 건전한 행동기준을 따를 것으로 기대하면서 현실적인 기대에 부합하지 않는 경우 즉시 직면시킨다.</td></tr>
<tr><td>자해로부터 보호</td><td colspan="2">대상자를 지속적으로 관찰해야 한다.</td></tr>
<tr><td>강점 강조</td><td colspan="2">부적응적인 사회반응 대상자는 지도자 역할을 잘 해낸다. 이런 강점을 활용하면 병동 내에서 다른 대상자를 돕는다.</td></tr>
<tr><td rowspan="2">행동전략</td><td colspan="2">• 만족감을 지연시키는 데 필요한 인내심이 없고 정신적 보상보다는 물질적 보상을 원하므로 행동수정프로그램에서 사용되는 강화책은 구체적이고 손쉽게 이용할 수 있는 것이어야 한다.
• 행동계약은 경계성 인격장애자의 치료에 적용된다.</td></tr>
<tr><td>행동계약의 장점</td><td>• 대상자의 능동적인 협조 필요성을 강조한다.
• 퇴행가능성을 줄인다.
• 의료진의 역전이 감정과 분리를 빠른 시간 내 파악한다.
• 예정된 퇴원 날짜를 결정함으로써 비현실적인 시간 감각에 대처할 수 있다.</td></tr>
</table>

② 치료

• 약물 : lithium과 같은 항조증제와 benzodiazepine 계통의 약물이 공격성 치료를 위해 사용된다.

• 인지행동치료

09 섭식장애 간호 [2005 · 2006 · 2011 · 2017 · 2020 기출]

1 섭식장애 원인

질환	생물학적 요인	발달적 요인	가족 요인	사회문화적 요인
신경성 식욕부진증	비만, 어렸을 때 다이어트를 시행하는 것	자율성 발달과 자신 및 환경에 대한 통제능력의 문제, 정체감 발달, 불만족스러운 신체상	가족의 정서적 지지 부족, 부모의 학대, 갈등을 제대로 다루지 못함	마른 몸매를 이상화하는 문화적 분위기, 아름다움, 마른 몸매 등을 강조하는 대중매체, 이상적인 몸매를 이루기 위한 집착
신경성 폭식증	비만, 어린 시절의 다이어트, 세로토닌과 노르에피네프린 장애, 염색체 1번 취약성	자신에 대해 뚱뚱하고 매력 없으며 보잘것 없다고 느낌, 불만족스러운 신체상	애매한 경계선으로 혼란된 가족, 신체적, 성적 학대를 포함한 부모의 학대	위와 동일함. 체중과 관련된 과도한 걱정

2 신경성 식욕부진증(Anorexia Nervosa) [2005 · 2006 · 2011 · 2017 · 2020 기출]

신경성 식욕부진증은 생명을 위협하는 섭식장애이며, 최소한의 체중을 유지하는 것조차 거부하고, 체중이 늘거나 살찌는 것에 대한 강한 공포를 가지고 있으며, 자신의 체형과 체중을 인식하는 데 현저한 장애를 보임에도 불구하고 이러한 문제의 심각성을 전혀 깨닫지 못하는 것을 특징으로 한다.

(1) 신경성 식욕부진증의 원인

구분		내용
생화학적 이론		세로토닌 저하로 충동적이다.
과잉보호부모(가족이론)		• 어머니가 딸에 과잉 보호적이다. • 미누친은 신경성 식욕부진증을 나타내는 아동의 가족에서 혼돈된 가족경계, 과잉보호, 경직성, 갈등해결의 결여 등 네 가지 특성을 설명한다.
심리적 원인	자아정체성 상실	정체성과 역할과의 갈등으로 의사결정의 어려움, 책임회피를 위해 무의식적으로 굶는 행동을 통해 어린아이와 같은 외모와 행동이 되도록 노력하며 성인이 되는 것을 회피한다. 예 경계성 인격장애, 조현병
	왜곡된 신체상	신체는 자신의 가치를 결정하는 수단으로 과대평가 되어 신체 불만족과 왜곡된 신체상 형성으로 자존감 저하, 무능, 무력감, 우울 등의 증세를 보인다. 심리적 갈등을 해결하기 위해 다이어트, 폭식, 제거 행동과 관련이 있다.

	성 공포/혐오	• 정신분석이론은 사춘기 여학생에게 처음 나타난 것을 근거로 성적 관심에 대한 무의식적 혐오와 관련해 설명하였다. • 성 공포는 정신성적 발달 지연을 일으키고, 성 공포의 반응으로 굶는다. 남자 친구와 교제에서 성 공포는 폭식을 촉발한다.
	완벽성	• 어린 소녀들은 어떤 모습으로 보여야 하고, 어떤 역할을 수행해야 하며, 어떤 일을 성취해야 하는가에 '모두' 성취해야 한다고 생각한다. • 모든 것을 성취하고 싶은 젊은 여성들은 이런 기대에 타인을 기쁘게 하려고 노력한다.
	감정 표현 어려움	불안, 강박감, 갈등, 회피, 우울, 분노, 죄책감의 감정 표현의 어려움이 있다. 예 감정 표현 어려움: 신체 증상 관련 장애

03

(2) 주요 증상과 진단기준 [2011 · 2017 · 2020 기출]

| 신경성 식욕부진(Anorexia nervosa) |

임상증상	진단기준
• 현저한 체중 감소 • 대사활동의 변화로 인한 징후 • 이차적 무월경, 일차적 무월경, 서맥, 체온의 저하 • 혈압의 하강, 추위에 대한 내구성 감소, 피부가 건조하고 손톱이 갈라짐, 머리카락이 솜털같이 보임 • 악액질, 변비	A. 필요량보다 에너지 섭취를 제한함으로써 연령, 성별, 궤도의 맥락에서 심각한 저체중이 유발됨, 저체중은 최소한의 정상 수준 또는 최소한의 기대수치 이하의 체중을 말함 B. 심각한 수준의 저체중임에도 불구하고 체중 증가나 살이 찌는 것에 대한 극심한 공포 또는 체중을 증가시키지 않으려는 지속적인 행동 C. 체형, 체중에 의해 지나치게 영향받는 자기 평가, 지속적으로 저체중의 심각성을 인지하지 못함

(3) 신경성 식욕부진증의 증상이해

심각한 체중 감소	탄수화물 부족, 단백질 부족으로 심각한 체중 감소		
	현재의 중증도 (심각도)	정의	• 성인의 경우, 심각도의 최저 수준은 현재의 체질량 지수를 기준으로 함 • 아동/청소년의 경우, BMI 백분위수를 기준으로 함 • 심각도의 수준은 임상 증상, 기능적 장애 정도, 그리고 관리의 필요성을 반영하여 증가될 수도 있음
		경도	BMI $\geq$ 17kg/m^2
		중등도	BMI 16~16.99kg/m^2
		고도	BMI 15~15.99kg/m^2
		극도	BMI $<$ 15kg/m^2

체중 증가 두려움	체중 증가, 비만에 극단적 두려움
	저체중임에도 불구하고 체중을 끊임없이 감소시키려고 함
무월경	속발성 무월경(초경이 이미 있는 경우), 원발성 무월경(초경이 아직 없는 경우)
활력징후	저체온, 서맥, 혈압 강하(저혈압)
	추위를 견디지 못함
변비, 복통	규칙적 식사는 장의 연동 운동을 증진시킴
피부	• 피부 건조, 창백하고 쇠약해 보임 • 부서지기 쉬운 손톱 • 피부에 솜털 같은 체모
모발	푸석푸석한 머리카락, 모발손상 ⚠ 탄수화물과 단백질 부족: 머리카락이 윤기 없이 건조하고 가늘고 탈모
음식	• 음식에 대한 생각에 집착 • 공공장소에서 식사 거부 • 요리법이나 타인을 위한 요리에의 몰두 • 음식을 숨기거나 버림 • 소량의 음식을 오랜 기간 동안 먹음

(4) 신경성 식욕부진증 대상자의 유형

제한형 (억제형)	• 일관적인 폭식행동 없음 • 다이어트와 단식, 또는 과도한 운동을 통해 살을 빼려는 유형
폭식/배설형 (하제 사용형)	• 통상 2시간 동안 보통 사람들이 한 번에 먹을 수 있는 양 보다 현저히 많은 양의 음식을 먹는 폭식행동이 나타나고, 폭식 후 음식을 체내에서 제거할 목적으로 스스로 구토를 하거나 하제, 관장, 이뇨제 등을 남용하는 행동을 보임 • 일부 신경성 식욕부진증 환자들은 폭식은 하지 않고 소량의 음식을 먹은 후에 음식 제거 행동, 즉 구토, 하제, 이뇨제 사용행동만 하기도 함

(5) 신경성 식욕부진증대상자의 '체중을 줄이기 위한 다양한 노력'

음식량을 줄이거나 음식을 먹지 않는다.	• 먹는 음식의 양과 칼로리에 예민해져서 칼로리 높은 음식을 피하거나 채식을 하거나 또는 극히 소량의 음식만을 먹게 된다. 음식을 몰래 버리기도 하는데, 이런 행동으로 인해 가족과 갈등이 생기고 따라서 음식과 관련된 불안이 증가하여 같이 먹기를 회피하게 된다. • 체중을 줄여 마르고자 하는 목표에 완전히 몰두한다. 신경성 식욕부진증이란 용어는 사실 잘못된 표현이다. 그들은 식욕을 잃은 것이 아니기 때문이다. **그들은 배고픔을 느끼지만** 배고픔과 기운이 없고 피곤한 신체적인 징후들을 무시하는 것뿐이다. 이들은 다른 사람들과 함께 있을 때 먹는 것을 거절하거나 음식을 잘게 썰어 먹는 등의 비정상적이고 의식화된 행동을 보인다.
많이 활동하거나 운동을 한다.	• 이들은 "설 수 있거든 앉지 말고, 걸을 수 있거든 서 있지 말고, 뛸 수 있거든 걷지 마라"는 지침을 지키기 위해 일부러 계단을 오르내리거나 정거장에서 일찍 내려서 걸어가는 등의 과잉활동을 하거나 에어로빅, 조깅, 수영 같은 운동을 심하게 하기도 하는데 대개 혼자 하는 경향이 있다. • 과도한 운동을 할 수도 있으며, 하루 5~6시간 동안 지속되기도 한다.
먹은 음식을 토해 내거나 설사제, 이뇨제, 하제 등을 사용한다.	이 장애를 지닌 사람들은 음식을 절제하다가 종종 과식을 하는 경향이 있는데 이때 먹은 음식을 배출하기 위해 토하거나 약물을 복용하기도 한다.
비정상적이고 의식화된 행동 노력의 근거	이러한 행동들은 그들로 하여금 자기조절감을 높여주기 때문이다.

(6) 신경성 식욕부진증 대상자의 발병 및 임상양상

호발연령	신경성 식욕부진증의 호발연령은 14~18세이다.
질병초기	대상자들은 대부분 자신의 외모에 대한 부정적인 신체상이나 불안을 부인한다. 그들은 체중을 잘 조절할 수 있는 자신의 능력에 대해 만족스러워하며 이를 주변 사람들에게 표현한다.
치료초기	대상자들은 학교나 직장에서의 생활사건과 가족, 친구들과 대인관계에서 느끼는 감정을 제대로 알지 못하며 설명하지도 못한다. 이들은 보통 내면의 깊은 공허함을 경험한다.
질병진행	• 우울, 불안정한 정서가 점차 분명해지고, 다이어트와 충동적인 행동이 심해질수록 스스로를 고립시키며 점차 타인을 불신하고 의심한다. • 친구들이 자신의 체중 감소를 질투한다고 생각하며, 가족과 치료자들이 자기를 '뚱뚱하고 못생긴' 모습으로 만들려 한다고 생각한다.
예후	• 30%는 건강 회복, 30%는 부분적으로 호전, 30%는 만성적인 질병으로 이환, 나머지 10%는 사망한다. • 심한 저체중과 장기간의 유병기간을 갖는 환자들은 자주 재발하고, 치료에도 효과가 없다.

(7) 섭식장애의 의학적 합병증

① '체중을 줄이기 위한 다양한 노력'중 신체적 문제점(합병증) : 이런 행동은 건강에 매우 해로울 뿐만 아니라 다양한 질병을 유발할 수 있다. 신경성 식욕부진증은 이러한 경력이 있는 폭식 – 하제 사용형과 그러한 경력이 없는 제한형으로 나뉜다.

현저한 체중 감소	과도하게 체중을 감량하게 되면 여러 우선 현저한 체중 감소가 나타나는데, 연령과 신장에 의해 기대되는 최저의 정상체중보다 적어도 15%이상의 체중 감소가 나타나는 경우에 신경성 식욕부진증으로 평가한다. 체중평가의 주요한 지표인 체중중량지수는 몸무게(kg)를 키(m)의 제곱으로 나누어 계산하는데, 이 지수가 20~25이면 정상체중으로 간주되는 반면, 17 이하면 저체중으로 평가된다.
다양하고 심각한 신체적 문제	무월경, 변비, 복통, 추위에 대한 내성 저하, 무기력감, 과도한 에너지, 심각한 저혈압, 저체온, 서맥, 피부건조증 등이 발생하며 몸통에 가느다란 솜털 같은 체모가 생기는 사람도 있다.
토해 내거나 설사제, 이뇨제 등을 사용	• 의도적인 구토를 자주 하는 경우, 위산으로 인해 치아의 법랑질이 부식되며 구토유도를 위해 손을 사용할 경우 손등과 이빨이 맞닿아 손등에 흉터가 형성되기도 한다. • 장기적 기아상태와 하제를 사용한 경우는 심각한 신체적 문제가 초래될 수 있는데, 이에는 빈혈증, 신장 기능장애, 심장혈관장애(심한 저혈압, 부정맥), 치아문제, 골다공증 등이 있다. 이 장애는 때로 치명적인 결과를 초래할 수 있는데, 대학병원에 입원하는 경우 장기 사망률은 10%이상이며, 사망은 대부분 기아, 자살, 전해질 불균형 등에 의해 일어난다.

② 체중 감소와 관련된 문제점(합병증, 증상)

체중 감소 관련	• 저혈압, 서맥, 빈맥, 부정맥, 저혈당 • 피부건조, 수족냉증, 모발손상 • 탈수, 변비, 빈혈 • 무월경, 골다공증, 골절 • 갑상선 기능 저하

신체의 기관	증상
근골격계	근육 소실, 지방 소실, 골다공증, 병적인 골절
대사성	갑상선 기능저하(에너지 부족, 허약 상태, 추위를 견디지 못함, 서맥), 저혈당증, 인슐린 과민성
심혈관계	서맥, 저혈압, 심장근육 소실, 심장크기 축소, 부정맥(심장 동맥, 정맥의 조기수축, QT 간격 지연, 빈맥), 갑작스런 사망
소화기계	위장 공복 상태 지연, 위장 팽창, 변비, 복통, 가스, 설사
생식기계	무월경, 황체 및 여포 자극 호르몬 수치 저하
피부계	탈수로 인한 건조한 피부, 솜털(아기처럼 온몸에 솜털), 부종, 말단청색증(손발이 파랗게 변함)
혈액계	백혈구 감소증, 빈혈, 혈소판감소증, 고콜레스테롤 혈증, 고카로틴 혈증
신경정신과	비정상적인 미각, 무감동의 우울, 경한 기질적 정신장애 증상, 수면장애

③ 지속적인 음식 제거 행동(구토와 하제 사용)과 관련된 문제점(합병증, 증상)

음식 제거 행동 (구토와 하제) 관련	• 구토, 위산으로 충치발생, 치아 에나멜 부식, 위, 식도 출혈 • 완화제 남용으로 복부 불편감, 장 문제 초래 • 구토, 이뇨제, 완화제 남용으로 전해질불균형, 저칼륨혈증 • 체액과 전해질 불균형으로 심장 상태 악화, 부정맥, 근육 약화

신체의 기관	증상
대사성	전해질 불균형, 특히 저칼륨혈증, 저염소성 알칼리증, 저마그네슘혈증, BUN 수치 상승
소화기계	혈중 아밀라제 농도 증가에 따른 침샘과 췌장 염증 및 비대, 식도 및 위장의 염증 및 열상, 장기능 저하, 망막의 상내측동맥 증후군
치과	치아의 에나멜질 손상(치근 주위변성), 특히 앞니 부분
신경정신과	간질발작(다량의 체액변경과 전해질 불균형으로 인함), 경한 신경장애, 피로감, 신경허약, 경한 기질적 정신장애 증상

(8) 신경성식욕부진증 환아의 간호전략

영양회복	천천히 체중을 증가시키기 위해 영양을 공급한다.
구조화되고 지지적인 환경의 조성	일정한 일과활동을 확실히 정해주고 매일 같은 시간에 식사하도록 한다.
행동수정 프로그램	• 식사 후 구토 여부확인을 위해 적어도 2시간 동안 환자를 관찰하고 욕실사용도 관찰한다. • 체중 증가에 대한 보상과 체중 감소를 벌하지 않도록 행동수정프로그램을 고안한다.
필요시 투약이나 전기충격요법	항우울제, 항정신성 약물, 항불안 약물을 복용한다.
환자 지지요법	• 대상자가 음식에 대해 열중하는 것에 관심을 두거나 반응하지 말아야 한다. • 대상자의 힘과 능력에 초점을 맞춘다 – 자기확신이나 성공에 대한 희망을 제공한다. • 다른 대상자들과 함께 식사하도록 하여 정상적인 사회적 상호작용을 증진시키고 음식을 숨기거나 저장하는 것을 예방한다. • 적당한 양의 음식을 준비하고 다양한 음식중에서 대상자가 선택할 수 있게 하여 자신의 치료 프로그램에 영향력을 가질 수 있도록 한다.

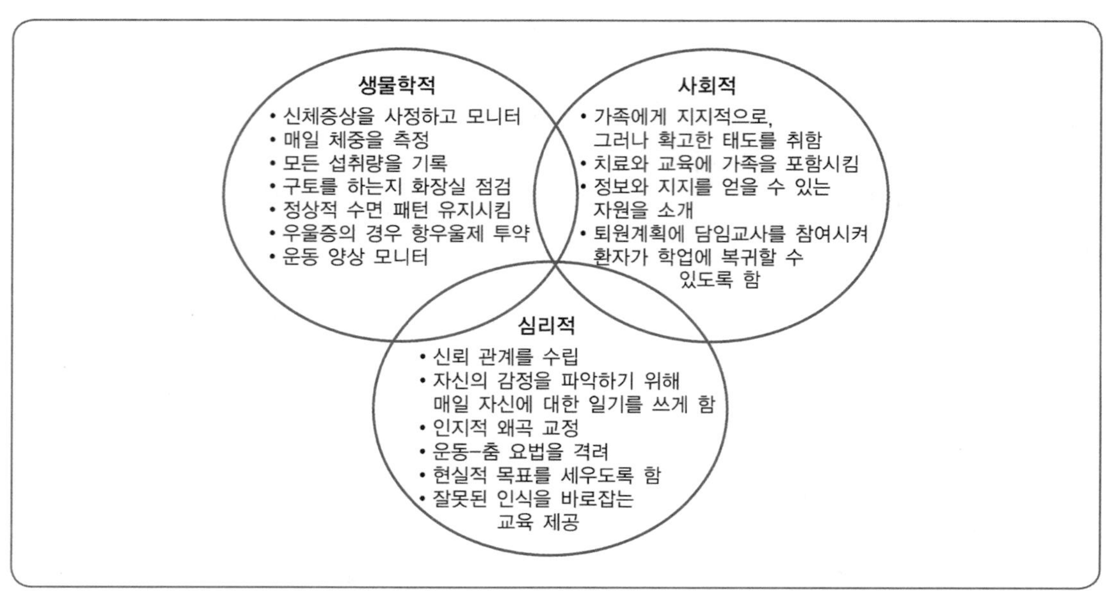
생물학적
• 신체증상을 사정하고 모니터
• 매일 체중을 측정
• 모든 섭취량을 기록
• 구토를 하는지 화장실 점검
• 정상적 수면 패턴 유지시킴
• 우울증의 경우 항우울제 투약
• 운동 양상 모니터
사회적
• 가족에게 지지적으로, 그러나 확고한 태도를 취함
• 치료와 교육에 가족을 포함시킴
• 정보와 지지를 얻을 수 있는 자원을 소개
• 퇴원계획에 담임교사를 참여시켜 환자가 학업에 복귀할 수 있도록 함
심리적
• 신뢰 관계를 수립
• 자신의 감정을 파악하기 위해 매일 자신에 대한 일기를 쓰게 함
• 인지적 왜곡 교정
• 운동-춤 요법을 격려
• 현실적 목표를 세우도록 함
• 잘못된 인식을 바로잡는 교육 제공

| 신경성 식욕부진증 환자의 생물 · 심리 · 사회적 중재 |

(9) 신경성 식욕부진환아 영양상태 회복을 위한 간호중재전략

<table>
<tr><td rowspan="2">신체 사정</td><td>방법</td><td colspan="2">• 매일 같은 체중계로 체중을 측정한다.
• 섭취량, 배설량을 엄격하게 기록한다.
• 초경, 월경, 피부 긴장도(복부 피부를 집어 올렸다 놓으면 원상태로 회복), 피부 통합성을 정기적으로 사정한다.</td></tr>
<tr><td>근거</td><td colspan="2">• 영양 부족에 의한 신체 사정으로 합병증으로 진전되지 않도록 한다.
• 초경을 이미 한 여아는 월경의 재개를 생리적 건강 복구의 객관적 지표로 삼는다.</td></tr>
<tr><td rowspan="5">영양교육</td><td rowspan="2">방법</td><td colspan="2">6군의 영양소가 함유된 음식을 포함하여 적절한 영양에 대한 지식교육으로 영양 있는 식사의 중요성 영양부족이 미치는 신체적 영향을 말함 폭식과 제거행동으로 야기되는 신체증상에 알고 있어야 한다.</td></tr>
<tr><td colspan="2">신경성 식욕부진증 환자가 음식과 칼로리에 잘 알고 있다 하더라도 잘못 알고 있는 지식도 많기 때문에 잘못된 지식을 바로 잡아준다.</td></tr>
<tr><td rowspan="3">근거</td><td>탄수화물 부족</td><td>탄수화물 부족으로 체력저하, 피로, 근육약화, 머리카락이 윤기 없이 건조하고 가늘다.</td></tr>
<tr><td>단백질 부족</td><td>단백질 부족으로 탈모, 피부 색소 감소, 상처 치유 지연, 근육 소모, 감염성 질환 이환, 빈혈, 부종 등이 있다.</td></tr>
<tr><td>지방부족</td><td>• 지방부족으로 체력 저하, 피부염이 있다.
• '지방'의 역할인 에너지원, 피부 건강을 도모한다.</td></tr>
</table>

<table>
<tr><td rowspan="4"></td><td rowspan="4"></td><td rowspan="2">수분섭취
제한</td><td colspan="2">수분 감소에 탈수, 비뇨기 문제가 초래된다. 예 신장전 신부전</td></tr>
<tr><td>수분</td><td>• 대사를 위해 충분한 양의 수분이 필요하다.
• 노폐물을 수송하여 신장을 통해 배설된다.</td></tr>
<tr><td>전해질
불균형</td><td colspan="2">전해질 불균형과 칼륨고갈로 부정맥, 근육 약화가 있다.</td></tr>
<tr><td>활력징후
변화</td><td colspan="2">• 대사가 감소되어 맥박은 불규칙, 서맥, 저체온으로 심장정지를 초래한다.
• 부적응적 섭식 행동을 통해 이뤄지는 체중 조절이 생명을 위협할 수 있는 것임을 인식한다.</td></tr>
<tr><td rowspan="2">단계적 음식물
[2017 기출]</td><td>방법</td><td colspan="3">한 단계씩 서서히 음식물을 공급한다.</td></tr>
<tr><td>근거</td><td colspan="3">영양공급을 갑자기 시도하였을 때 합병증으로 심맥관계, 혈액계, 신경계 문제가 생기지 않도록 주의한다.</td></tr>
<tr><td rowspan="2">서서히
체중 증가
[2017 기출]</td><td>방법</td><td colspan="3">적절한 영양소, 실제적 체중 증가를 위해 필요한 칼로리를 계산하여 주당 1~1.5kg 체중을 증가시키는 만큼 칼로리가 필요하다.</td></tr>
<tr><td>근거</td><td colspan="3">• 체중이 서서히 증가해야 덜 불안하다.
• 강제적으로 급속한 체중 증가가 있은 후 자살 시도의 위험이 있다.
cf) 고혈압에서 체중 저하 : 일주일에 0.5kg 이하</td></tr>
<tr><td rowspan="4">규칙적 식사</td><td rowspan="3">방법</td><td colspan="3">환자에게 폭식 – 제거행동의 순환주기를 강화시키는 경직된 규칙에 이해시킨다.
cf) 스트레스 간호</td></tr>
<tr><td rowspan="2">규칙적 식이</td><td>방법</td><td>규칙적 식사를 한다.</td></tr>
<tr><td>근거</td><td>식사를 걸러서 저혈당으로 스트레스 반응을 유발한다.</td></tr>
<tr><td>근거</td><td colspan="3">건강한 규칙적인 식사로 배고픔과 폭식의 가능성을 줄인다.</td></tr>
<tr><td rowspan="2">선택권
[국시 2019]</td><td>방법</td><td colspan="3">식사 & 음식 선택을 환자 스스로 하도록 권장한다.</td></tr>
<tr><td>근거</td><td colspan="3">스스로 음식을 선택하도록 하여 조절감을 경험시킨다.
cf) 우울증 선택권 : 대상자로 자신의 간호에 대한 목표설정, 의사결정에 참여에 선택하게 하여 대상자에게 참여하여 선택권을 주는 것이 통제감을 증진한다.
cf) 강박 장애 선택권 : 습관적 행동을 하는데 요구되는 시간의 양, 빈도를 환자가 선택하도록 허락하여 자신이 치료적 기술을 선택함으로 강박적 사고, 충동적 행동에 통제력을 갖는다.</td></tr>
<tr><td rowspan="2">지지적 환경</td><td>방법</td><td colspan="3">낮 동안 식사시간을 구조화, 지지적 환경으로 서두르지 말고 무비판적, 비권위적 접근을 시도한다. 식사하는 동안 환자와 같이 조용히 앉아 있다가 음식을 치운다.</td></tr>
<tr><td>근거</td><td colspan="3">• 음식을 먹을 때 느끼는 죄의식을 최소화시킨다.
• 대상자가 식사 후 구토 유발로 식후 최소 2시간은 환자의 욕실 사용을 관찰한다.</td></tr>
</table>

특권과 제한	방법	체중 증가를 위한 특권과 제한이 가해진다는 설명으로 체중 감소가 있을 경우 제한으로 영양상태가 악화되어 튜브 영양법을 실시한다는 점을 대상자가 알아야 한다.
	근거	• 이러한 중재는 실제적이고 비차별적 방식으로 이루어진다. 대상자와 힘겨루기 없이 치료에 응하도록 일관성 있게 제한한다. 어떤 행동이 받아들여지지 않으며, 치료에 응하지 않으면 어떤 특권에 제재가 가해지는지 말한다. • 치료에 저항하는 대상자와 논쟁, 협상하지 않는다.
음식집중 제한	방법	음식, 식사에 집중하지 않는다.
	근거	실질적 문제는 음식, 식사 패턴에 있는 것이 아니다. 행동을 유발시키는 문제를 조절하는 데 초점을 두도록 한다. cf) 강박장애: 대화할 때 환자의 반복행동에 초점을 맞추지 않는다. 환자의 반복적 행동에 초점을 두지 않음으로 강박적 행동에 대한 욕구와 불안이 감소한다.
정맥주사	방법	영양불량 상태가 심각하다면 ★위관영양 주입, 정맥주사요법을 한다.
	근거	체력 소모, 탈수, 전해질 불균형의 합병증으로 죽음에 이를 수 있다.
심리적 수행	방법	영양상태가 회복된 이후 심리적 수행이 필요하다.
	근거	pt의 근본적 갈등에 치료는 영양상태가 좋아져 위험에서 벗어날 때부터 시작한다.
평가		• 대상자는 체중의 80%를 회복하고 영양결핍, 탈수에서 벗어날 것이다. [국시 2004] – 매일 2, 220kcal를 섭취하여 영양 균형을 맞춘다. • 환자의 영양상태를 회복하는 것이다. – 대상자는 영양과 균형적 식사를 위한 일주일 식단표를 개발할 것이다.

(10) '체중 증가에 대한 두려움'을 표현하는 '신체상 장애' 간호중재전략

• 왜곡된 신체상, 우울한 기분, 자기 비하감이 있다.
• 표준 체중의 유지를 원하지 않는다. 모델과 같은 마른 몸매를 원한다. 마른 체격인데도 살이 쪘다고 불평한다.
• 자신이 너무 말랐다는 사실을 믿지 않고 자신이 뚱뚱하다고 생각한다.

감정 표현 [국시 2018]	방법	불안, 두려움, 분노 같은 부정적 감정을 표현한다. 가족 내에서 독립과 의존과 관련된 문제, 성취에 대한 강한 욕구, 성욕과 연관된 감정을 말로 표현한다.
	근거	• 견딜 수 없을 만큼의 죄책감, 무감동, 우울증, 불안의 감정도 동반된다. – 불안을 경험하면서도 그것이 불안의 감정인지 모를 수 있다. • 신경성 식욕부진증 환자는 자신의 감정, 느낌이 어떤 것인지 알지 못하고 부정적 감정, 분노를 잘 표현하지 못한다. 감정을 이해한다. • 환자가 갈등을 피하지 않고 이런 감정에 효과적 대처전략을 수립하는 첫걸음이다.

일기쓰기	방법	• 환자에게 일기를 쓰도록 한다. • 이런 신체에 대한 '뚱뚱한 느낌'을 기록하게 하고, 이런 신체상 왜곡 이면에 있는 감정, 갈등을 옆에 적어본다. cf) 일기 쓰기: 편두통, PMS, 신체증상 관련장애
	근거	"배가 빵빵한 것 같아요", "난 뚱뚱해요."라고 말하는데, 신체상 왜곡은 죄책감, 분노의 부정적 감정의 표현이다.
신체상 파악 [2017 기출]	방법	• 무비판적으로 접근하여 환자의 신체에 대한 생각과 느낌을 파악한다. • 이상적인 신체에 대한 환자의 생각을 파악한다. • 단순히 환자가 너무 말랐다고 지적하여 왜곡된 신체상을 변화시키려 하지 말아야 한다.
	근거	• 사회가 비현실적으로 깡마른 여성 체형을 이상화하고 있다. 환자가 긍정적 신체상을 갖도록 먼저 환자의 생각을 이해해야 한다. • 자신에 대한 통제감을 느끼기 위해 자기 손상적 행동으로 표출되는 환자의 왜곡된 신체상이 무능, 무력감과 관련된다. • 왜곡된 신체상 증상은 자신의 심리적 갈등을 해결하기 위해 최후의 수단이므로, 환자가 자신의 실제 신체상을 보기까지 수년이 걸릴 수 있다. • 신체상: 자기 신체에 대한 생각, 태도, 자존감이다. • 신체상 왜곡: 환자의 실제 신체치수와 인지하는 신체치수 간 불일치를 의미한다. • 신체상 왜곡 원인: 사회가 추구하는 체형과 자신의 체형이 다르다는 인식이다. • 신체상 불만족: 신체치수에 관련지어 지각하는 불행의 정도이다.
불완전한 자아 인정	방법	불완전한 자아를 인정한다.
	근거	• 완전함은 불가능한 것임을 깨닫고, 완벽한 인간은 아니라는 점을 이해한다. • 긍정적인 자신의 특성을 확인하고 불완전한 인격을 수용하면 비현실적 성취욕구가 사라진다.
신체 측정법	방법	신체상과 관련된 현실 인식으로 구체적 신체측정법을 알려 준다. 대상자가 알고 있는 계산법과 차이점 구별로 실제 신체 크기와 대상자가 인식하는 신체 크기 간에 큰 차이가 있다.
	근거	• 체중과 몸매에 대한 자기 평가가 비현실적이며 특히 체중, 몸매에 대한 시각을 재구성하도록 도움을 준다. • 대상자는 신체상에 대한 인식이 잘못된 것임을 인식한다. 잘못된 인지는 비효과적 대처기전으로 이어진다.
신체활동	방법	• 체중 증가단계 동안 댄스는 에너지 소모 우려가 있어 운동은 체중 증가단계에 허락되지 않는다. • 영양학적, 의학적 안정과 치료에 반응할 경우 운동을 점차적으로 증가한다. • 입원 기간 운동은 하지 않는다. • 체중이 어느 정도 회복될 때까지 침상 휴식을 자주 취한다. 처음에 적은 양의 운동으로 시작해서 시간이 지남에 따라 점차적으로 증가한다. • 신체경험을 즐겁게 고안하여 운동과 댄스요법을 한다. 보상적 행위를 예방하기 위해 면밀히 환자를 관찰한다.

<table>
<tr><td></td><td>근거</td><td>• 자신의 몸을 통해 즐거움을 경험하고 신체와 정신을 통합하도록 신체에 대한 부정적 감정을 완화하고 자아를 발견한다.
• 신체에 대한 현실적인 지각을 증진시킨다.
• 식사양이 증가할 경우 보상적 욕구가 강해져 운동이 증가한다.</td></tr>
<tr><td rowspan="2">집단치료
(자조그룹)</td><td>방법</td><td>환자가 음식에 집중하는데 관심을 두지 말고 그룹 활동, 다른 치료 문제에 참여한다.</td></tr>
<tr><td>근거</td><td>의례적 반복 행동, 음식과 체중에 대한 과도한 집착과 무력감 때문에 사회생활은 줄어들고, 환자는 고립된다. 집단구성원들이 서로 감정 표현, 격려와 지지 동료와 의사소통으로 현실검증이 필요하다.</td></tr>
<tr><td>평가</td><td colspan="2">• 몸의 변화와 몸무게와 관련된 느낌을 말로 표현한다.
• 대상자는 자신의 신체치수를 정확하게 표현할 것이다.
• 자신이 가진 신체의 장점과 정상적인 기능에 대해 이해한다.</td></tr>
</table>

(11) 음식, 체중, 신체상에 대한 왜곡된 인지 장애인 "사고과정의 장애"에 대한 인지행동적 전략

- 왜곡된 인지장애를 가지고 있다.
- 음식, 체중, 신체상에 대한 왜곡된 인지를 가지고 있다
- 즉 자신, 환경에 부정적 지각을 조장하는 인지 장애인 '사고과정에 대한 장애'가 있다.

<table>
<tr><td rowspan="2">인지적 왜곡
[국시 2019]</td><td>방법</td><td colspan="2">• 행동을 변화시키기 위해 왜곡된 사고를 인지한다. 섭식장애 환자는 신체상, 체중, 음식에 대한 왜곡된 인지, 감정을 가진다.
• 왜곡된 인지, 부적응적 반응으로 초래되는 식이행동이 초래한 긍정적 · 부정적 결과를 파악한다.</td></tr>
<tr><td>근거</td><td colspan="2">사고, 감정, 식이조절 반응 간 연계로 문제해결, 판단에 도움이 필요하다.</td></tr>
<tr><td rowspan="3">증거탐문
(소크라테스식
질문)</td><td>방법</td><td colspan="2">• 왜곡된 사고를 지닌 대상자는 왜곡된 생각을 뒷받침하는 정보를 제외한 모든 정보를 무시한다.
• 특정한 믿음과 자동사고가 무엇에 근거하는지 뒷받침하기 위해 사용되는 특정한 믿음을 지지, 논박하는 증거를 질문하여 잘못된 생각, 느낌, 가정을 논의한다.
• "그 정보의 출처는 어디입니까?"
• "그 생각에 어떤 증거를 가지고 있습니까?"</td></tr>
<tr><td rowspan="2">근거</td><td>인지적 왜곡</td><td>치료자가 제시하는 분석적 질문을 통해 찬성이나 반대 증거에 의해 사고의 타당성에 부조화를 일으켜 잘못된 정보임을 명확히 하여 자동적 인지적 왜곡이 조사되고 검증된다.</td></tr>
<tr><td>현실적 해석</td><td>증거에 현실적, 적절한 해석을 하여 비논리적 사고, 믿음을 현실적인 것으로 대치하여 자기 비난, 죄책감 극복 등이 필요하다.</td></tr>
</table>

<table>
<tr><td rowspan="9">사고, 감정 감시법 (역기능적 사고 형식의 기록)</td><td rowspan="8">방법</td><td>상황(단서)</td><td>• 불쾌한 생각을 일으키는 실제 사건, 요인들은 왜곡된 인지 유발, 부적응적 식이행동을 가져다준다.
• 문제시 되는 식이행동을 유발하는 자극(단서) 부적응적 폭식 행동을 자극하는 위험상황을 적으라고 한다.
• 부적응적 식이행동을 유발시키는 단서는 사회적, 상황적, 생리적, 심리적 요인을 관찰한다.</td></tr>
<tr><td>사회적 요인</td><td>외로움, 인간관계 갈등, 쑥스러움</td></tr>
<tr><td>황적 요인</td><td>다이어트 광고, 음식점이 많은 주위 환경</td></tr>
<tr><td>생리적 요인</td><td>배고픔, 피로</td></tr>
<tr><td>심리적 요인</td><td>기억, 이미지</td></tr>
<tr><td>감정, 행동</td><td>부적응적 감정과 행동 열거 체중, 몸매, 음식에 관련된 감정, 느낌 기록으로 위험상황은 특별한 날, 시간, 계절, 사람, 집단, 사건에 분노나 좌절 같은 감정 먹는 행위, 먹고 토하는 행동, 음식, 외모, 체중에 관한 느낌에 대해 식사, 폭식, 구토 행위를 기록한다.</td></tr>
<tr><td>자동적 사고</td><td>감정, 행동에 선행된 자동 사고를 기록한다.</td></tr>
<tr><td>합리적 반응</td><td>자동 사고에 합리적 반응을 기록한다.</td></tr>
<tr><td>결과</td><td>감정, 행동, 사고 재평가</td></tr>
<tr><td>근거</td><td colspan="2">• 상황을 인식하고 사고, 감정, 행동과 관계를 파악하며 부적응적 행동을 인지한다.
• 부적응적 인지와 감정, 행동 변화를 관찰한다.</td></tr>
<tr><td rowspan="2">셀프 모니터링 (자기감시)</td><td>방법</td><td colspan="2">신경성 폭식증 환자를 돕는 인지활동적 치료기법이다. 행동에 대해 매일 식사일기에 먹은 음식의 종류와 양, 폭식 여부, 음식제거(구토 및 하제 사용) 삽화가 일어나는 동안 느낀 감정과 생각, 상황을 적도록 한다.</td></tr>
<tr><td>근거</td><td colspan="2">환자가 감정과 상황과 식행동이 연결되어 있음을 인식하기 한다. 자신의 행동패턴을 스스로 인식하도록 도와주어 자기 조절감을 찾아 폭식을 피하거나 다른 방법으로 대체하도록 도와준다.</td></tr>
<tr><td>평가</td><td colspan="3">대상자는 음식, 체중, 신체상에 대한 왜곡된 인지를 파악할 것이다. 문제행동과 왜곡된 사고를 변화시킨다.</td></tr>
</table>

(12) 부적응적 섭식행동에 대한 간호중재

신경성 식욕부진증 대상자는 식이문제에 대한 비효율적 대처를 보여주고 있다. 즉 부적응적 섭식행동이 생활의 패턴에 미치는 영향을 인정하지 못함으로 여러 문제를 가져온다.

내부자극 수용성 인식	방법	• 내부자극 수용성을 인식한다. • 신경성 식욕부진증 환자는 자신의 위장의 신호(배고픔)에 혼란스러워하므로 자신의 느낌을 깨닫지 못한다.
	근거	• 어떤 것이 배고픔 같은 위장관의 신호인지를 알지 못한다. 신경성 식욕부진증 환자는 감각에 혼란스러워하므로, 신체 신호에 반응도 부정확하고 부적절하다. • 배고픔 같은 위장관 신호에 인식하여 식이를 하는데 심각한 정도의 내부자극 수용성 인식 결여로 신경성 식욕부진증이 발병된다.
독립적 의사 결정	방법	삶의 문제 영역을 통제하도록 식이요법, 체중감량 이외 다른 방법 수행으로 자기 삶을 조절한다.
	근거	독립적 의사결정 과정에 참여로 삶의 주요 문제를 조절하고 있다고 느낄 때, 부적응적 섭식행동을 통한 조절 욕구가 사라진다.
대처 기전	방법	• 적응적 대처반응, 부적응적 대처반응을 구별하고 위험상황에 대처하는 방법을 제공한다. • 신호나 자극에 역기능적이고 건강에 좋지 않은 반응으로 나타나면, 그러한 반응은 제거하고, 다른 건강한 반응으로 대체하여 시도하고, 강화해 준다. • 자기주장 훈련, 역할모델링이 도움된다.
	근거	환자가 느끼는 신호는 다른 건강한 반응을 이끌어 내는 신호로 바꾼다. 폭식과 그에 따른 제거행동의 지연은 폭식 – 제거행동 사이클을 끊는 기술로 효과적이다.
심상, 이완요법	방법	• 이완요법, 심상을 갖는다. • 환자에게 이완요법, 음악 듣기 등을 통해 불안과 같은 감정을 조절한다.
	근거	긴장된 근육이 이완되면 불안을 감소시킨다. 이완요법, 심상은 신체적, 정신적 행복감이 증가한다.
긍정적 강화	방법	• 감정과 환경적 상황(단서)이 확인되면 대처방안을 강구하여 대처방안을 시도하면 강화해 준다. • 바람직한 행동의 변화를 한 직후 물질적 보상, 칭찬을 한다. 체중 증가에 대해서 보상을 하지만 체중 감소에 대해서 벌하지 않는다. 체중 증가에 따라 원하는 특권을 얻도록 환자와 함께 행동계약을 계획한다. 예 500g↑에 대한 반응으로 완화제를 사용하지 않고 보상한다.
	근거	행동변화의 가능성을 증가시키는 긍정적 강화, 보상을 사용한다.
평가		• 입원기간 중 운동을 하지 않는다. 1주 동안 일부러 구토를 하지 않는다. • 1kg~1.5kg 체중을 늘린다. • 비효과적 대응 영역을 파악한다. • 새로운 대응기술을 배우고 연습한다.

⒀ 긍정적 가족의 상호작용증진과 가족의 효율적 대응전략

신경성 식욕부진증 대상자는 자아발달지연과 역기능적 가족체계를 가진 경우가 많음. 이들의 긍정적가족의 상호작용증진과 가족의 효율적 대응을 돕도록 함

가족 참여	방법	가족들은 치료시작부터 동참하여 가족체제에 대한 정보 수집과 가족치료 계획에 참여
	근거	가족 내에서 부적응적 식이반응이 어떻게 나타나는지 파악
가족의 죄책감 사정	방법	가족의 죄책감을 사정하여 다룸
	근거	가족구성원들이 질병 발생에 기여했다는 죄책감을 인식한 경우 이러한 감정을 다루는 지지 필요
분리와 개별화	방법	환자의 영양상태가 회복된 후 가족치료 시행 가족내 환자의 분리와 개별화에 초점을 가짐. 자녀들에 대한 양육 방법을 개선시켜 주는 것을 중점으로 다룸. 자신이 자율성이 있는 한 개인임을 인식하여 가족을 벗어 나서 일을 수행할 수 있음
	근거	어머니는 과잉보호적으로 딸의 독립에 준비되지 않은 부모가 딸의 독립을 방해할 수 있음
역기능적 가족기능개선	방법	가족의 역기능 원인을 파악하여 가족 내 역기능적 과정에 역점을 둔 치료로 가족의 강점을 활용하여 가족 간에 서로 변화하도록 도와줌 cf) 신체 증상 관련 장애의 가족역동이론: 아이가 아프면 솔직하게 직면하기 힘든 문제를 미해결된 채로 두고 아이의 질병에 초점이 됨. 아이의 신체화로 가족은 안정, 조화와 아이의 안녕이 공통 관심사로 아이는 질병에 의해 긍정적으로 강화됨
	근거	• 식사장애가 가족기능장애로 발병하기 때문에, 가족이 인식하지 못하는 가족문제가 있음 • 환자는 자신의 병을 가족이 분열되고, 부모가 헤어지고 서로 헐뜯는 상태를 해결하는 데 이용할 수 있어 식사장애는 이런 상황에 반응으로 나타날 수 있음 • 역기능적 가족역동이 갈등을 회피하면 환자의 바람직하지 못한 역할을 통해 평형 유지
지지집단	방법	섭식장애 대상자 가족의 지지집단 모임을 가짐
	근거	섭식장애 대상자의 가족에게 일어나는 다양한 문제를 사람들과 상호작용을 통해 문제를 해결하여 가족이 성장
평가	건강한 가족의 경계설정을 교육하며, 분리 – 개별화 문제를 해결	

⑭ 병원치료

<table>
<tr><td>치료의 어려움</td><td colspan="2">신경성 식욕부진증 환자들은 흔히 억제되어 있고 냉담해보이며, 자신의 문제를 부정하므로 치료하기 매우 어렵다.</td></tr>
<tr><td>입원치료</td><td colspan="2">• 심한 탈수와 전해질 불균형, 대사 불균형, 그리고 심혈관계 합병증과 기아로 인한 극심한 체중 감소, 자살 위험 등 생명을 위협할 정도로 합병증이 심한 경우이다.
• 체중 증가가 필요한 대상자에게 단기간의 입원치료를 통해 빠르게 체중을 증가시킨다.
• 서서히 체중을 증가시키고 부가적인 체중 증가가 생기지 않도록 억제해야 하는 대상자에게는 보다 장기간의 입원치료가 필요하다.</td></tr>
<tr><td>외래치료</td><td colspan="2">만약 유병기간이 6개월 미만이고 폭식과 구토 증상이 없으며, 가족들이 치료에 협조적인 경우 시행한다.</td></tr>
<tr><td>낮병원 프로그램</td><td colspan="2">의학적인 치료와 영양요법, 작업치료와 직업상담, 가족치료, 개인정신치료, 집단치료 등을 시행한다.</td></tr>
<tr><td>의학적인 관리</td><td colspan="2">가장 중요한 것은 체중회복과 충분한 음식섭취이다.
• 체중 및 영양상태 회복과 수분공급, 전해질 불균형을 위한 치료에 초점을 둔다.
• 영양적으로 균형잡힌 식사와 간식을 제공받아 신체사이즈, 연령, 활동에 맞도록 칼로리 섭취를 점차 늘려간다.
• 심각한 영양실조 환자는 튜브영양을 포함한 모든 비경구적인 방법을 통하여 충분한 영양분을 공급한다.
• 대상자가 보다 많은 음식을 먹기 시작할 때 구토하는 것을 방지하기 위해 욕실 출입을 감독한다.</td></tr>
<tr><td>약물치료</td><td colspan="2">임상적인 성공을 거둔 약은 거의 없다.
• 삼환계 항우울제인 아미트립틸린과 항히스타민제인 사이프로헵타딘을 고용량(28mg/day)으로 사용할 때 신경성 식욕부진증 입원환자의 체중 증가에 효과를 보였다.
• 올란자핀도 체중 증가에 효과가 있으며, 특히 기이한 신체상 왜곡을 보일 때 항정신성 효과를 나타낸다.
• 플루옥세틴은 체중이 회복된 환자의 재발을 예방하는 데 효과가 있으나 체중을 감소시키는 부작용이 있을 수 있으므로 면밀한 관찰이 필요하다.</td></tr>
<tr><td rowspan="3">정신치료</td><td>가족치료</td><td>• 가족치료는 특히 18세 미만의 환자를 치료할 때 도움이 된다.
• 그물처럼 얽혀있는 밀착관계의 가족이거나 구성원들 간의 경계선이 분명하지 않으며 감정이나 갈등을 다루기 힘들어하는 가족일 때 실시한다.</td></tr>
<tr><td>개인치료</td><td>가족들이 치료에 참석하기 어렵거나, 환자가 이미 원 가족으로부터 독립할 만큼 나이가 많거나, 환자 개인의 문제를 다루어야 할 때 실시한다.</td></tr>
<tr><td>인지행동치료</td><td>-</td></tr>
</table>

3 신경성 폭식증(Bulimia Nervosa) [2006 · 2011 · 2020 기출]

(1) 정의 및 진단

정의 및 특징	• 신경성 폭식증은 짧은 시간 내에 많은 양을 먹는 폭식행동과 이로 인한 체중 증가를 막기 위해 구토 등의 보상행동이 반복되는 경우를 말한다. 이러한 장애를 지닌 사람들은 보통 사람들이 먹는 것보다 훨씬 많은 양의 음식을 단기간에 먹어 치우는 폭식행동을 나타내며 이런 경우에는 음식섭취를 스스로 조절할 수 없게 된다. • 폭식삽화 이후 체중 증가에 대한 두려움으로 인해 심한 자책을 하게 되며 저칼로리 음식을 먹거나 단식한다. • 또한 스스로 구토를 하거나 이뇨제, 설사제, 관장약 등을 사용하여 체중을 감소시키기 위한 보상행동을 하게 된다. • 폭식행동이나 구토, 하제 사용 행동은 강렬한 감정에 의해 촉발되며, 폭식 후에는 죄책감, 후회, 수치심, 모욕감 등을 느낀다. • 폭식증 환자들의 체중은 일부 과체중이나 저체중을 보이는 경우도 있으나, 대체로 정상 범위에 있다.
폭식 양상	첫째, 반복적인 폭식행동이 나타나야 한다. 이러한 폭식행동은 일정한 시간 동안(예 2시간 이내) 대부분의 사람이 유사한 상황에서 동일한 시간 동안 먹는 것보다 분명하게 많은 양의 음식을 먹는다. 또한 폭식행위 동안 먹는 것에 대한 조절 능력의 상실감(예 먹는 것을 멈출 수 없으며, 무엇을 또는 얼마나 많이 먹어야 할 것인지를 조절할 수 없다는 느낌)을 느낀다. 둘째, 스스로 유도한 구토 또는 설사제, 이뇨제, 관장약, 기타 약물의 남용 또는 금식이나 과도한 운동과 같은 체중 증가를 억제하기 위한 반복적이고 부적절한 보상행동이 나타난다. 셋째, 폭식행동과 부적절한 보상행동 모두 평균적으로 적어도 1주일에 1회 이상 3개월 동안 일어나야 한다. 넷째, 체형과 체중이 자기 평가에 과도한 영향을 미쳐야 한다. 마지막으로, 이러한 장해가 신경성 식욕부진증 상태에서만 나타나는 것이 아니어야 한다. 이러한 5가지 진단조건을 충족시키면 신경성 폭식증으로 진단된다.
신경성 폭식증 진단기준 (DSM-5)	A. 재발하는 폭식 삽화이다. 폭식 삽화는 다음의 특징이 있다. • 일정 시간(보통 2시간 이내) 동안 일반인들이 그 시간과 그 상황에서 먹는 것보다 훨씬 많은 양을 먹는다. • 삽화 동안 식사 조절감이 상실된다. B. 체중 증가를 막기 위한 부적절한 보상행동(자기 유발 구토, 설사제나 이뇨제의 오용, 금식, 과도한 운동)이 재발한다. C. 폭식과 부적절한 보상행동 모두 3개월 동안 최소한 일주일에 1회 이상 발생한다. D. 체형, 체중에 의해 지나치게 영향받는 자기 평가 경향이 있다. E. 신경성 식욕부진증의 경과 중에 발생하지 않아야 한다.

(2) 증상 및 발병양상

신경성 폭식증의 증상	• 반복적인 폭식 삽화 • 자발성 구토, 하제, 이뇨제, 관장 및 기타 약물남용, 또는 과도한 운동 등의 보상행동 • 자신에 대한 평가를 할 때 체중에 의해 과대한 영향을 받음 • 보통 정상 체중범위, 저체중 또는 과체중일 가능성도 있음 • 폭식 삽화 사이에는 살찔 염려가 있는 음식이나 폭식을 유발하는 음식을 피하기 위해 저칼로리의 음식을 선택함 • 우울 및 불안 증상 • 알코올 또는 중추신경 흥분제를 남용할 가능성 • 치아의 에나멜질 손상 • 치아가 빠지거나 부서지거나 울퉁불퉁한 모양 • 충치가 많아짐 • 불규칙한 월경 • 하제에 의존성을 보임 • 식도열상 • 체액 및 전해질 불균형 • 대사성 알칼리증(구토할 때) 또는 대사성 산증(설사할 때) • 혈청 아밀라제 수치 상승
발병 및 임상양상	• 신경성 폭식증은 주로 후기 청소년기나 초기 성인기에 시작되며, 호발연령은 18~19세 • 폭식은 다이어트를 하는 도중이나 다이어트 직후에 흔히 일어남. 폭식과 구토 삽화 사이에 대상자가 먹는 것을 절제하며 샐러드나 저칼로리 음식을 선택. 이렇게 식사를 절제하는 것은 폭식과 구토 삽화를 불러일으키며 악순환을 거듭하게 됨 • 신경성 폭식증 환자는 자신의 식행동이 병적이라고 인식하고 있어 다른 사람들에게 철저히 숨기려 함 • 폭식과 구토 행동을 전혀 조절하지 못하거나 신체적 합병증이 있을 때에만 입원치료 • 신경성 폭식증 환자들은 체중이 정상범위 안에 있으므로 심한 영양실조에 대한 염려는 없음
예후	• 38%~47%는 완전히 회복이 된 반면, 30%는 폭식과 구토 행동을 반복 • 완전히 회복된 환자들의 1/3 정도가 재발한다고 할 수 있음 • 인격장애가 동반되어 있는 경우에는 그렇지 않은 경우보다 치료 효과가 현저히 떨어짐 • 신경성 폭식증의 사망률은 3% 미만으로 보고되고 있음

(3) 치료와 간호중재

영양관리	구토나 역류를 막기 위해 식후 2시간동안 대상자를 관찰한다. 이것이 치료적인 과정의 일부임을 미리 설명해야 한다. 좌약관장 이뇨제 사용의 유혹을 막기 위해 수분과 고섬유질 식이를 자주 먹게 한다. 대상자가 구토하기 쉬운 달고 부드러운 음식을 선택하는지 잘 관찰하고, 균형 잡힌 영양소를 섭취할 수 있도록 한다.
운동	적당한 시간대에 매일 운동하도록 한다. – 운동은 신진대사를 증가시키고 체중을 감소시키며 기분 조절에도 효과가 있다.
인지행동수정	• 환자에게 먹고 설사하는 것이 파괴적인 행동이며 생명을 저해하는 시도일 수 있음을 인식시킨다. • 행동수정계획, 식사를 포함한 사회적 활동에 참여 격려, 인지적 치료, 자존감 형성 특히 식욕증진 문제 이후의 죄책감과 자기비판을 줄이도록 한다. 자조모임에 참여격려, 대상자의 개선 노력에 긍정적 피드백을 제공한다.
인지행동치료	• 다이어트, 폭식, 구토의 악순환을 깨뜨리기 위해 대상자의 생각과 행동을 변화시키는데 초점을 두며, 음식, 체중, 신체상, 자아개념에 대한 역기능적인 사고와 신념체계를 변화시키도록 구성되어 있다. • 인지행동치료는 주장훈련과 자존감 증진에 긍정적인 효과가 있다는 보고가 있다.
약물치료 – 항우울제	• 데시프라민, 이미프라민, 아미트립틸린, 노르트립틸린, 페널진, 플루옥세틴을 복용한다. • 사용 후 기분 호전, 체중과 체형에 대한 집착도 감소의 효과가 있다. • 그러나 이러한 긍정적인 효과들이 대부분 단기적이며, 환자 중 1/3가량은 2년 내에 재발한다.

4 폭식장애(Binge Eating Disorder)

정의	• DSM-5에서 추가된 진단명으로 반복적인 폭식 삽화를 보이며 먹는 것에 대한 조절력을 상실한다는 점에서 신경성 폭식증과 유사하지만, 체중과 체형에 대한 집착이 없으며, 폭식 후 구토, 하제 남용 등의 보상행동이 나타나지 않는다. • 심한 심리적 스트레스를 겪고 있으며, 주로 혼자서 은밀하게 폭식하는 경향, 폭식 후 수치감, 혐오감, 죄책감을 느끼는 것은 신경성 폭식증과 유사하다. • 폭식증상이 일주일에 1회 이상 나타나고 3개월 이상 지속될 때 폭식장애로 진단을 내리며, 35세 이상의 연령에서 자주 발병하고 여성 대 남성 비율은 3 : 2 정도이다. • 대부분 과체중이거나 비만이며, 어렸을 때부터 과체중으로 놀림을 받은 경험을 가지고 있다. • 폭식행동이 나타나기 전후로 다이어트를 한 경험이 흔히 보고되고 있으며, 엄격한 다이어트와 폭식행동의 악순환에 빠져 있는 경우가 많다.

폭식장애의 증상	• 다이어트를 하고 있다. • 충동적인 폭식이 있다. • 폭식 동안 조절력을 상실한다. • 매우 빠르게 먹거나 배가 불러서 불편할 때까지 먹는다. • 배가 고프지 않은 상태에서도 폭식을 한다. • 수치심 때문에 주로 혼자 먹는다. • 폭식 후 혐오감, 죄의식, 우울감을 동반한다. • 주로 비만인 경우가 많고, 주위에서는 다이어트를 하는 줄 알고 있다. • 자기 체형에 대해 불만족을 느끼지만, 신체상의 왜곡은 없다. • 대개 사춘기나 20대 초반에서 시작하며, 대부분 다이어트를 하면서 체중 감소 직후에 발생한다.
폭식장애 진단기준 (DSM-5)	A. 재발하는 폭식 삽화. 폭식 삽화는 다음의 특징이 있다. • 일정 시간(보통 2시간 이내) 동안 일반인들이 그 시간과 그 상황에서 먹는 것보다 훨씬 많은 양을 먹는다. • 삽화 동안 식사 조절감의 상실이 있다. B. 폭식 삽화는 다음 중 3가지 이상과 관련돼있다. • 정상보다 매우 빠른 속도로 먹는다. • 불쾌할 정도로 배가 부를 때까지 먹는다. • 배가 고프지 않은데도 많은 양의 음식을 먹는다. • 많은 양을 먹는 것에 대해 타인이 당황해하므로 창피해서 혼자 먹는다. • 폭식 후 혐오감과 우울, 자책감에 빠진다. C. 폭식과 관련된 현저한 고통이 있다. D. 폭식 삽화가 3개월 동안 일주일에 최소한 1회 이상 이어진다. E. 폭식 삽화에 부적절한 보상행동은 없으며, 신경성 폭식증이나 신경성 식욕부진증의 경과 중에 발생하지 않아야 한다.

5 급식장애(Feeding Disorders)

이식증 (Pica)	유아기가 지난 연령에서 페인트나 머리카락, 옷, 낙엽, 모래, 진흙 등 음식이 아닌 물질을 지속적으로 섭취하는 것을 말한다. 장폐색이나 감염, 납 중독 등의 독성 상태와 같은 의학적 부작용이 있을 수 있다.
반추장애 (Rumination Disorder)	의학적 문제가 없는데도 반복적으로 음식을 토해내거나 음식을 역류시켜 다시 씹고 삼키는 반추행동을 보이는 장애를 말한다. 안절부절못하고 배고픔을 느끼며, 부모의 무관심이나 부모-아동 갈등, 정서적 자극의 결핍 등이 원인이다. 남아에게 많이 나타나고 영양실조 상태이기 때문에 약 25%가 사망할 수 있다.

회피성/제한성 음식섭취장애 (Avoidant/ Restrictive Food Intake Disorder)	적절하게 먹지 못하는 것이 지속되면서 결과적으로 심각한 체중저하를 보인다. 신경성 식욕부진증과 달리 신체상 왜곡은 보이지 않으며, 식사시간에 아이를 돌보는 데 있어 부모의 지지와 교육의 부족이 원인인 경우가 많으므로 부모교육이 매우 중요하다.

6 섭식장애 대상자 간호사정

과거력	• 신경성 식욕부진증 환자: 완벽주의이고, 지능이 높으며, 성취에 집착하고, 신뢰할 수 있으며, 상대방을 기쁘게 하려고 애쓰고, 인정을 받으려고 노력하는 사람, 발병하기 전까지는 '착하고 말썽을 일으키지 않는 아이'였던 경향이 있다. • 신경성 폭식증 환자: 불안장애, 우울장애, 인격장애 뿐 아니라 물질남용, 도벽과 같은 충동적인 행동을 한 과거력이 있다.
전반적인 외모 및 행동	• 신경성 식욕부진증 환자: 행동이 전반적으로 느리고 기운이 없으며 피로에 지쳐 있다. 날씨에 상관없이 여러 겹의 옷을 껴입는 편인데, 이는 마른 것을 숨기고 추위를 많이 타므로 보온을 유지하기 위해서이다. 상대방과 눈을 잘 마주치지 못하며, 자기 문제를 이야기하거나 치료에 개입되는 것을 피하려 한다. • 신경성 폭식증 환자: 대체로 정상체중의 범위. 외모의 특이한 점이 없으며, 개방적인 태도를 보이고 자신의 이야기를 기꺼이 하는 편이다.
기분과 정서	• 대체로 불안정하며, 식사나 다이어트 행동에 따라 변한다. • 이들은 폭식과 구토를 하였을 때 불안, 우울, 조절감 상실을 느끼는 반면 자신이 정한 '나쁜 음식'이나 기름진 음식을 먹지 않고 잘 참음으로써 자신의 신체를 잘 통제했다는 성취감을 느낀다. • 신경성 식욕부진증 환자들은 잘 웃지 않고 즐길 줄 모르며 거의 항상 우울하고 진지한 모습이다. • 신경성 폭식증 환자들은 마치 아무 일도 없는 것처럼 기쁘고 즐거워 보인다. 하지만 폭식과 구토에 대한 이야기를 시작하면 밝은 모습은 사라지고 강한 죄책감과 수치심, 당혹스러움을 보인다. • 자해나 자살생각이 있다. • 질문하기 – 흔히 손목을 긋는 자해행동을 보인다. 특히 성적 학대적 경향을 보인다.
사고과정과 내용	• 대부분의 시간을 다이어트, 음식, 음식관련 행동에 대한 생각을 하며 보낸다. • 그들은 먹는 것, 특히 자기들이 정한 '나쁜 음식'을 먹지 않으려고 필사적인 노력을 한다. • 음식과 체중에 대한 생각을 하지 않는 모습을 스스로 상상할 수 없을 정도이다. • 이들의 신체상 장애는 거의 망상에 가까운 수준이다. • 심한 저체중 상태임에도 불구하고 엉덩이나 허벅지가 여전히 뚱뚱하다고 생각하며 계속 다이어트를 하려고 한다.

	• 심하게 저체중인 신경성 식욕부진증 환자들의 편집증적 사고가 있다. • 가족들과 치료자가 자기를 먹게 해서 뚱뚱하게 만들려 한다고 지적하고 '적'으로 생각한다.
감각 및 인지과정	• 대부분 의식이 명료하고 지남력이 있으며 지적 기능도 정상이다. • 심한 저체중과 기아 상태에는 의식이 약간 혼미해지고 정신활동이 느려지며 집중이 어렵다.
판단력과 통찰력	• 신경성 식욕부진 − 자기 건강상태에 대한 통찰력과 판단력이 저하된 상태이다. − 자신에게 문제가 있다고 생각하지 않으며, 오히려 체중을 줄이고 매력적인 몸매를 갖으려는 자신의 노력을 다른 사람들이 방해한다고 믿는다. − 계속해서 음식섭취를 제한하고 건강에 부정적인 영향을 미침에도 불구하고 구토나 하제를 남용한다. • 신경성 폭식증 − 폭식과 구토를 하는 것에 대해 수치심을 가지고 있다. 이러한 행동이 비정상적이라고 생각하고 철저히 숨기려 한다. − 이들은 자신의 행동이 병적이라고 인식하지만 스스로 행동을 통제하지 못하고 변화시키지도 못한다.
자아개념	• 섭식장애 환자들은 낮은 자존감을 특징적으로 보인다. • 이들은 체중과 음식섭취를 통제할 수 있는 능력에 따라서만 자신을 평가하려고 한다. • 자신이 특정 음식을 먹었거나 체중조절에 실패했을 때 '나쁜 사람'으로 인식하고 스스로를 매우 평가절하 하는 경향을 보인다. • 마른 몸매 이외에 다른 성격적인 장점이나 성공은 무시해 버리므로 스스로를 무기력하고 쓸모없는 존재로 여긴다. • 자신과 주변의 환경을 통제하지 못했다고 느끼는 무력감은 체중을 통제하려는 욕구를 더욱 강화시킨다.
역할과 대인관계	• 신경성 식욕부진증 환자 − 자기 역할에 충실하고 만족스러운 대인관계를 맺는 것을 방해한다. − 이전에 우수한 학업성적을 보이던 신경성 식욕부진증 환자가 낙제를 하기도 한다. − 친구 만나기를 꺼리고 우정을 유지하는 데에도 관심이 없다. − 다른 사람들이 자신을 이해하지 못할 것이라고 믿으며 다른 사람들과 함께 있을 때 자신이 먹는 것을 조절하지 못할까봐 두려워한다. • 신경성 폭식증 환자: 폭식과 구토 행동에 대한 수치심을 느끼므로 가족들과 친구들 몰래 은밀하게 폭식하고 구토한다. 음식을 사고 먹는 것에 대부분의 시간을 할애하므로 가정이나 직장, 학교에서의 역할을 지속하기 힘들어진다.
신체적인 양상과 자가간호	• 섭식장애 환자의 건강상태는 심한 음식절제와 구토행동에 의해 직접적인 영향을 받는다. • 지쳐 쓰러질 때까지 심하게 운동을 하며 체중을 조절하려고 노력한다. • 많은 환자들은 불면증이나 수면 부족, 아침에 일찍 깨는 등의 수면장애를 경험한다. • 구토를 자주 하는 환자들은 치아의 에나멜질이 상실되어 치아가 부서지거나 검게 변하고 충치가 생기기 쉽다.

7 섭식장애자의 간호중재

간호진단	• 영양상태의 불균형: 신체요구량에 비해 부족 또는 과잉상태 • 비효율적인 대처 • 신체상 장애 • 만성적인 자아존중감 저하
간호목표	• 대상자는 적절한 영양식이 패턴을 보임 • 대상자는 과도한 운동, 하제, 이뇨제 사용 등의 보상행동을 더 이상 하지 않을 것 • 대상자는 비효율적인 대처행동, 즉 폭식행동이나 극심한 음식절제행동을 보이지 않을 것 • 대상자는 죄책감, 불안, 또는 과도한 통제욕구 등의 감정을 말로 표현할 것 • 대상자는 적절한 체중에 대한 신체상을 받아들일 수 있다고 말할 것

간호중재	➲ 영양회복과 식이패턴의 정상화
	• 입원치료
	  – 심한 영양실조 상태에 있는 신경성 식욕부진증 환자
	  – 폭식행동 및 구토, 하제사용에 대한 통제력을 잃은 신경성 폭식증 환자
	  – 대상자의 면역 건강상태가 심각하게 위태로울 때에는 처음에 완전 비경구적 영양법이나 튜브를 이용한 위장관 영양법을 처방
	• 환자가 음식을 먹기 시작하면 하루에 1,200~1,500칼로리의 식사를 처방하기 시작하며, 신장, 활동량, 성장에 필요한 영양 등을 고려하여 음식섭취량을 점차 늘려나갈 것
	• 간호감독
	  – 식사할 때 함께 앉아서 식사와 간식을 제대로 먹는지 확인
	  – 음식을 잘게 썰어 먹거나 비정상적으로 음식을 섞어먹는 의식도 행하지 못하도록 규제
	• 음식을 숨기거나 버리는지 감독
	• 매 식사와 간식시간 후 1~2시간 동안 구토를 하지 않도록 확인
	• 대부분의 치료 프로그램에서는 대체로 환자가 화장실에 다녀온 후, 하루에 한 번만 체중을 재도록 허락함. 체중을 잴 때 환자복만 입도록 함. 때로 의복 안에 물건을 넣어서 살이 찐 것처럼 보이게 하려고 함
	• 신경성 폭식증: 가족이나 친구들과 함께 식사하도록 격려하며, 항상 식탁이나 주방과 같이 정해진 장소에 앉아서 식사 하도록 교육

10 물질 관련 및 중독장애 간호 [2012 · 2018 기출]

1 물질사용장애

DSM-5에서는 물질관련장애를 물질남용과 물질의존으로 구분하지 않고 물질사용장애(addiction)와 물질로 유발된 장애로 구분하였다. 물질로 유발된 장애에는 중독, 금단, 물질로 유발된 정신장애, 정신증, 양극성장애, 우울장애, 불안장애, 수면장애, 성기능장애, 섬망, 신경인지장애가 있다.

(1) 물질사용장애

중독	• 뇌의 보상시스템, 동기부여, 기억 및 이와 관련한 전기회로에서 발생하는 만성질환이다. • 물질에 대한 강력한 갈망이 있으며 물질을 사용하거나 물질의 효과로부터 회복되는 데 많은 시간을 사용한다. • 물질사용으로 대인관계에 어려움을 겪으며 사회적으로 고립된다. • 위험한 행동에 참여하기도 하고 지속적 물질 사용이 신체적 심리적 문제를 일으킬 것을 알면서도 계속 사용한다.
내성	물질에 대한 감수성이 비정상적으로 저하돼 정상상태에서는 일정작용을 일으킬 수 있는 용량을 사용해도 반응이 저하되거나 나타나지 않아 용량을 증가해야만 효과가 나타나는 현상이다.
물질사용장애	임상적으로 심각한 장애나 고통을 일으키는 부적응적인 물질사용 양상이 열거한 항목으로 지난 12개월 동안 나타난다. → 2~3개 약한 정도, 4~5개 중간 정도, 6개 이상 심한 정도 ① 원래 의도했던 것 보다 훨씬 많은 양이나 훨씬 오랫동안 물질을 사용한다. ② 물질사용을 중단하거나 조절하려고 계속 노력하지만 뜻대로 안 된다. ③ 물질을 구하거나 물질을 사용하거나 또는 물질의 효과에서 벗어나기 위해 많은 시간을 보낸다. ④ 물질사용에 대한 강한 욕구와 사용하고 싶은 충동으로 물질사용을 갈망한다. ⑤ 반복적인 물질사용으로 직장, 학교, 가정에서의 중요한 임무를 수행하지 못한다. ⑥ 물질의 효과로 인해 사회적 문제나 대인관계 문제가 지속적으로 또는 반복적으로 야기되거나 악화됨에도 불구하고 계속 물질을 사용한다. ⑦ 물질사용으로 중요한 사회적, 직업적 활동 및 여가활동을 포기하거나 줄인다. ⑧ 신체적으로 해를 주는 상황에서 반복적으로 물질을 사용한다. ⑨ 물질사용으로 인해 지속적이고 반복적으로 신체적, 정신적 문제가 생긴다는 것을 알면서도 계속 물질을 사용한다. ⑩ 내성: 원하는 효과를 얻기 위해서 점점 많은 양의 물질을 사용한다. ⑪ 금단: 사용하던 물질의 중단이나 감소로 인해 불면증, 초조, 손 떨림 등의 금단현상을 경험한다.

물질유도장애	물질중독	• 최근의 물질섭취로 인한 가역적이고, 물질 특이적 증후군이 발생한다. 주의: 다른 종류의 물질로 유사하거나 동일한 증후군을 나타낼 수 있다. • 물질이 중추신경계의 작용한 결과로서 생긴 일, 임상적으로 심각한 부적응적 행동변화나 심리적 변화가 물질 사용 중이나 직후에 나타난다. 예 호전성, 기분의 동요, 인지손상, 판단력 손상이 있다. • 증상이 일반적인 의학적 상태로 인한 것이 아니며, 다른 정신장애로 잘 설명되지 않는다.
	물질금단	• 장기간 과도하게 사용하던 물질의 중단 또는 감소로 인한 물질 특유의 증후군이 발생한다. • 물질 특유의 증후군이 사회적, 직업적 및 다른 중요한 기능영역에서 임상적으로 심각한 고통이나 손상을 초래한다. • 증상이 일반적인 의학적 상태로 인한 것이 아니고, 다른 정신장애로 잘 설명되지 않는다.

(2) 물질유발장애

물질남용	주기적, 계속적으로 약물사용으로 신체, 심리, 직업, 사회적 문제가 있음에도 약물을 중단하지 않는 것 • 복합물질남용: 물질사용에서 금단증상을 줄이거나 중독의 성질을 변화시키려고 동시에 또는 결과적으로 두 개 이상의 물질을 함께 사용하는 것 예 헤로인 남용자가 알코올이나 마리화나를 함께 사용하는 경우
물질오용	의학적 목적으로 사용하기는 하나 처방에 따르지 않고 임으로 사용하거나 처방된 약을 제대로 또는 지시대로 사용하지 않는 것
물질중독, 물질의존	• 강박적이거나 지속적인 물질에 대한 요구를 말하는 것으로 충족되지 않으면 신체적 또는 심리적 고통을 유발시킬 만큼 강한 필요를 말함 → 금단증상, 내성, 신체적 의존이 나타나고 사회적, 직업적 문제가 야기되며 병적으로 심각한 상태 • 신체적 의존: 신경 화학적 변화의 결과로서 신체적으로 형성된 금단증상 등을 피하기 위하여 사용자가 물질을 계속해서 취하도록 신체가 강박적으로 요구하는 것, 사용 중단 시 금단증상 발생 • 심리적 의존: 자각적인 즐거움뿐만 아니라 사용자에게 사용을 지속하게 하는 정성적인 강박적 충동, 정상적인 기능을 유지하기 위해서는 약물이 필요하다고 느끼는 주관적 경험
물질 급성중독	물질의 과다사용으로 인해 신체적, 정신적으로 심각한 변화와 부적응적인 행동을 보이는 가역적이고 물질특이적인 증후군이 발생하는 것

물질중독	• 물질을 과도하게 사용하는 동안이나 직후에 발생되는 가역적 증상으로 물질 특이 증후군이 발생 • 물질이 중추신경계에 직접적인 영향을 미쳐 중독에 동반된 심각한 문제행동의 변화 및 심리적 변화가 생김 • 판단이 흐려짐, 부적절하고 부적응적 행동, 사회직업적 기능의 손상 • 증상이 일반적인 의학적 상태로 인한 것이 아니며, 다른 정신장애로 잘 설명되지 않음
내성	약물을 주기적으로 계속 사용한 결과 이전과 같은 용량으로 동일한 효과가 나타나지 않고, 약물의 효과가 감소하기 때문에 약물의 용량을 점차 증가해 가는 것
교차내성	특정약물에 내성이 생긴 경우 비슷한 종류의 다른 약물에도 내성이 생기는 것 예 알코올 내성이 생긴 경우 다른 진정수면제에도 내성이 생김
금단증상 (물질금단)	• 지속적으로 과다하게 물질을 사용해 온 개인에게 약물 사용을 중단, 감량할 경우 나타나는 현상으로 생리적, 정신적 장애를 동반하는 부적응적 행동변화 • 물질 특유의 증후군이 사회적, 직업적 및 다른 중요한 기능영역에서 임상적으로 심각한 고통이나 손상을 초래
공존장애	2가지 이상 독립적인 의학장애가 동시에 존재하는 것으로 최근 이 용어는 물질관련장애와 정신질환이 동시에 발생한 경우를 말하며, 물질 관련장애와 기분장애, 불안장애, 반사회적 인격장애가 동시에 나타날 수 있음
공존장애 이중진단	물질관련 장애와 함께 다른 정신장애 진단이 동시에 내려지는 경우
공동의존	• 원가족 내에 한 개인의 역기능적 행태가 지속적으로 노출되는 결과로 나타나는 정서, 심리, 대처행동을 의미 • 이로 인해 물질사용장애자를 역기능적으로 도와줌으로써 오히려 물질사용장애를 조장하는 결과를 낳음 • 물질관련 중독자와 함께 장기간 생활해 온 가족구성원이 대상자에 대한 생각과 행동에만 초점을 두고 관여함으로 인해 자신의 삶과 감정에 대해서 돌보지 않게 되면서 나타나는 역기능적 행동
플래시백 (flashback)	• 환각제 사용 중단 후 환각제 중독 때 경험한 지각증상, 즉 기하학적 환각, 주변시야에서의 움직임에 대한 잘못된 지각, 색채의 섬광, 강렬한 색깔, 양성적인 잔상, 대상 주위의 후광, 거시증, 미시증 같은 것을 경험하는 것 • 불안과 미쳐버릴 것 같은 두려움을 느낌 • 암페타민과 코카인 남용자에게서 나타남

(3) 남용약물 법률관련 용어정의

마약	• 앵속, 아편 및 코카잎과 그에서 추출되는 알칼로이드, 합성품과 그것을 함유하는 약물 • 헤로인, 아편, 코카인, 모르핀
마약류	마약, 항정신의약품 및 대마를 통틀어 칭함
항정신의약품	• 중추신경계에 작용하는 것으로 이를 오용하거나 남용하는 경우 인체에 현저한 위해 • 신경안정제 · 각성제로 필로폰, 환각제LSD
대마	대마초와 그 수지와 그것의 원료로 제조한 제품
유해화학물질	톨루엔, 초산메틸, 메틸알코올을 함유하는 시너, 접착제 및 도료, 본드, 부탄가스, 시너 포함

2 알코올 관련 장애

(1) 진단기준

알코올 관련장애(알코올 사용장애) 진단기준(DSM-5)

임상적으로 현저한 손상이나 고통을 일으키는 문제적 알코올 사용 양상이 지난 12개월 사이에 다음의 항목 중 최소한 2개 이상으로 나타난다.

1. 알코올을 종종 의도했던 것보다 많은 양, 혹은 오랜 기간 사용함
2. 알코올 사용을 줄이거나 조절하려는 지속적인 욕구가 있음. 혹은 사용을 줄이거나 조절하려고 노력했지만 실패한 경험이 있음
3. 알코올을 구하거나, 사용하거나 그 효과에서 벗어나기 위한 활동에 많은 시간을 보냄
4. 알코올에 대한 갈망감, 혹은 강한 바람, 혹은 욕구
5. 반복적인 알코올 사용으로 인해 직장, 학교, 혹은 가정에서의 주요한 역할 책임 수행에 실패함
6. 알코올의 영향으로 지속적으로 혹은 반복적으로 사회적 혹은 대인관계 문제가 발생하거나 악화됨에도 불구하고 알코올 사용을 지속함
7. 알코올 사용으로 인해 중요한 사회적, 직업적, 혹은 여가 활동을 포기하거나 줄임
8. 신체적으로 해가 되는 상황에서도 반복적으로 알코올을 사용함
9. 알코올 사용으로 인해 지속적으로 혹은 반복적으로 신체적 · 심리적 문제가 유발되거나 악화될 가능성이 높다는 것을 알면서도 계속 알코올을 사용함
10. 내성, 다음 중 하나로 정의됨
    a. 중독이나 원하는 효과를 얻기 위해 알코올 사용량의 뚜렷한 증가가 필요
    b. 동일한 용량의 알코올을 계속 사용할 경우 효과가 현저히 감소
11. 금단, 다음 중 하나로 나타남
    a. 알코올의 특징적인 금단 증후군
    b. 금단 증상을 완화하거나 피하기 위해 알코올을 사용

(2) 알코올 대사 및 신체영향

<table>
<tr><td>알코올 대사</td><td>

• 흡수된 알코올은 간에 있는 알코올탈수소효소(Alcohol Dehydrogenase, ADH)에 의해 아세트알데히드(Acetaldehyde)로 산화 → 아세트알데히드탈수소효소(Acetaldehyde Dehydrogenase, ADLH)에 의해 아세트산(Acetic Acid)으로 산화된다.
• 아세트알데히드는 신체에 해롭지만 아세트산은 무해하다.
• 음주는 혈중 아세트알데히드 농도를 높여 혈관을 확장시키고 그에 따라 안면홍조, 심계항진 및 저혈압 등 고통스러운 독성반응이 초래된다(불안발작이 유발된다).

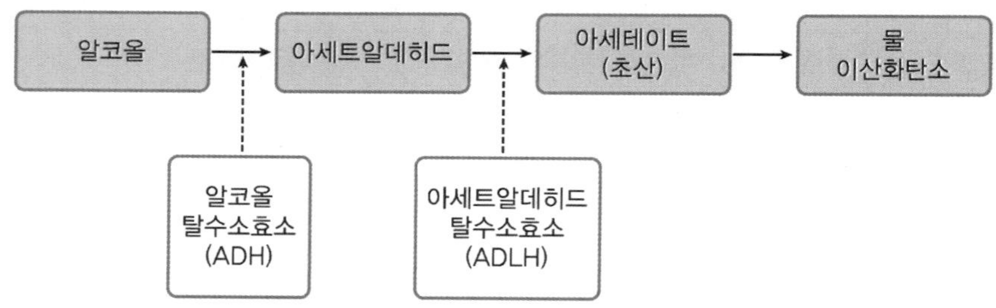

</td></tr>
<tr><td>알코올이 신체에 미치는 영향</td><td>

• 소량을 섭취했을 때 중추신경계에서 충분작용을 하나 대체로 비특이성 억제제이다.
• 복합적 기능을 가진 망상계나 대뇌피질을 특히 예민하게 억제하여 기억, 인지, 판단, 주의, 정보처리 등 사고기능과 반응시간, 운동조화, 언어 등에 장애를 야기한다. 중추신경계의 통제기능을 억제해 정동의 장애를 일으킨다.
• 사망 원인은 호흡과 심장기능에 대한 대뇌기관의 억제 때문이다.
• REM 수면과 4기 수면이 감소해 수면구조에 악영향을 끼친다. 진정제, 수면제, 항우울제, 항정신병 약물, 아편제제 등 중추신경억제제와 병용할 경우 상승작용으로 위험해질 수 있다.
• 알코올성 심근염, 베르니케 증후군, 코르사코프 증후군, 말초신경염, 췌장염, 식도염, 간염, 간경화, 복수, 백혈구 감소증, 혈소판감소증 등

</td></tr>
<tr><td>혈중 알코올 농도에 따른 행동의 장애</td><td>

<table>
<tr><th>혈중 알코올 수준
(mg/dL)</th><th>행동의 장애</th></tr>
<tr><td>50~150</td><td>인지장애(집중력 감소, 판단력장애), 다행감, 불안정한 감정</td></tr>
<tr><td>150~250</td><td>말이 분명치 못함, 비틀거리는 걸음, 복시, 졸음, 폭발적이고 불안정한 감정</td></tr>
<tr><td>300</td><td>무감각, 공격적인 행동, 지리멸렬, 호흡하기 어려움, 구토</td></tr>
<tr><td>400</td><td>혼수</td></tr>
<tr><td>500</td><td>호흡곤란, 사망</td></tr>
</table>

</td></tr>
</table>

(3) 알코올로 유발된 장애

<table>
<tr><td>알코올 중독증</td><td>신경학적 · 심리적 증상과 부적응적 행동이 최근의 음주결과로 나타남
• 초기에는 주정 및 흥분상태를 나타남
• 100~200mg/dl – 급성 알코올 중독
• 지속적인 과음: 마취 또는 혼수(400mg/dl), 사망(500mg/dl)
<table>
<tr><th>혈중 알코올</th><th>행동의 장애</th></tr>
<tr><td>0.05~0.15%</td><td>인지장애(집중력감소, 판단력 장애), 다행감, 불안정한 감정</td></tr>
<tr><td>0.15~0.25%</td><td>말이 분명하지 못함, 비틀거리는 걸음, 복시, 졸음, 폭발적이고 불안정한 감정</td></tr>
<tr><td>0.3%</td><td>무감각, 공격적 행동, 지리멸렬, 호흡하기 어려움, 구토</td></tr>
<tr><td>0.4%</td><td>혼수</td></tr>
<tr><td>0.5%</td><td>호흡곤란, 사망</td></tr>
</table></td></tr>
<tr><td>알코올 금단</td><td>만성 알코올 의존자가 알코올 섭추를 갑자기 중단하거나 감량한 후 나타나는 증상
→ 중단 후 4~12 이내 시작, 단주 후 2일 가장 극심, 5일 경과 시 소멸됨
• 손, 혀, 눈꺼풀의 심한 진전
• 오심, 구토, 발한, 혈압상승, 자율신경계 항진증, 직립성 혈압하강
• 불안, 우울, 수면장애, 불면, 악몽
• 심할 경우 환각, 간질발작 같은 전신경련, 금단섬망으로 발전</td></tr>
<tr><td>알코올 환각</td><td>알코올 의존자가 술을 끊거나 감량한 후 생생하고 지속적인 환청이나 환시를 동반하는 기질적 환각이 48시간 이내 일시적으로 나타나는 경우
• 진전섬망과의 차이: 의식장애가 없음, 협박하는 환청이 있음
– 지남력은 건전, 회복 후에도 정신병적 사건이나 감정에 대한 기억이 생생함
– 다른 신체적, 정신적 장애는 없음</td></tr>
<tr><td>알코올 금단 섬망</td><td>진전섬망, 금단 증상 중 가장 심각한 상태로 복합적인 금단증상들이 진행된 것
• 오랜 기간 동안 술을 지속적으로 많이 마신 뒤에 발생하는 급성 정신증적 상태
– 마지막 음주 후 48~72시간 후, 보통 3~10일 정도 계속 → 치료하지 않으면 사망 가능
– 호발연령: 30~40세, 5~15년의 음주력을 가진 사람에게 주로 나타남
– 정신증적 증상: 안절부절, 주의산만, 식욕부진, 떨림, 악몽, 착각, 환시(거미, 뱀) 시간과 장소에 대한 지남력 상실을 수반한 혼돈, 현저한 운동 활동 장애
– 신체적 증상: 얼굴과 결막의 충혈, 불빛 반사에 대한 동공확대, 격렬한 경련, 혀와 입술/얼굴의 떨림, 맥박은 빠르고 불규칙, 체온 상승, 피부 축축, 발한, 간질 발작과 같은 경련</td></tr>
<tr><td>알코올성 치매</td><td>오랜 기간의 과음으로 치매 증상이 나타나는데 술을 중단한 후 증상이 적어도 3주 이상 지속되고 다른 원인에 의한 치매를 제외했을 경우를 말함
• 알코올로 인한 이차적인 비타민 결핍이 원인
• 치매증상: 사고의 빈곤, 주의력 및 분별력의 저하, 판단력/기억력 및 지능의 저하</td></tr>
</table>

베르니케 증후군	티아민 결핍 → 시신경 마비 & 졸림 & 의식의 혼탁, 운동실조 • 발병시기가 분명치 않고 섬망으로 시작되면서 점자 악화되어 혼수상태에 빠짐 • 증상: 복시, 착란, 섬망, 과다행동, 운동실조, 보행실조 • 치료: 티아민 투여로 드라마틱하게 치료
코르사코프 증후군	진전섬망 및 베르니케 증후의 잔재로 오는 만성적 장애 • 원인: 티아민과 나아이산의 결핍 → 대뇌와 말초신경의 퇴행변화 • 증상 – 혼란, 심한 단기기억상실, 작화증, 지적황폐, 병식의 결여, 어색하게 명랑하게 보임 – 말초신경장애로 감각/운동결여, 사지의 다발성 신경염(심한 발과 다리의 통증 → 발가락을 땅에 닿지 않게 하려고 발뒤꿈치로 걷는 것을 볼 수 있음) • 경과: 6~8주 지속, 기억의 완전회복은 어려움, 수개월 증상 지속 or 영구적 • 치료: 1주 이상의 비타민 공급, 영양섭취, 발다리의 마비 예방 위해 수동·능동적 운동
태아알코올 증후군	임신 중의 음주로 인해 알코올에 노출된 태아가 출생 후에 선천적 결함이나 신경발달적 장애, 신체적·정신적 기능부전과 행동 및 학습장애 등을 나타내는 것 • 외견상 특성: 좁은 미간, 낮은 코, 얇은 윗 입술, 인중이 없음, 덜 발달된 상악, 작은 눈(단추구멍), 소두증, 작고 왜소한 체격, • 행동특성: 불안정, 주의집중 못함, 행동과다, 충동적 행동, 주의산만, 조정능력저하 • 인지/사고 특성: 기억력 손상, 학습장애, 언어습득 지연, 논리력과 판단력 저하 • 감각기관: 유아기의 수면과 빨기 반사 저하, 시력과 청력의 문제, 심장과 신장 질환

(4) Jellinek의 알코올 중독 대상자의 중독진행과정 4단계

중독 전 단계	• 생활 스트레스와 긴장을 완화하기 위해 알코올을 사용하는 단계 • 기대효과를 위해 음주량을 계속 증가해 내성이 생김
초기 중독단계	• 음주 동안이나 그 이후의 행동에 대한 일시적 단기간 기억상실이 시작되는 단계 • 더 이상 알코올이 기분상승, 긴장완화를 위한 수단이 아님 • 몰래 숨어서 마시거나 재빨리 들이켜는 음주행동을 보이고 술을 구할 생각에 몰두하는 양상을 보임 • 자신의 음주행동에 대한 심한 죄책감과 과도한 부정 및 합리화가 나타남
고위험 중독단계	• 음주에 대한 통제력을 완전히 상실하고, 생리학적 중독이 명백한 단계 • 수 시간으로부터 수 주 동안의 과도한 폭음으로 신체적 질병을 얻게 되고, 가족과 친구, 직장 등 자신의 모든 것을 잃는 경험을 하기도 함 • 분노와 공격성을 나타냄
만성 중독단계	• 만성적 음주로 인해 신체적, 정서적으로 붕괴된 단계 • 대부분의 시간을 알코올에 취해 지냄, 심각한 무력감과 자기연민에 빠짐 • 현실검증력의 장애로 정신증이나 생명을 위협할 수도 있는 신체적 질환이 나타날 수 있음

(5) 알코올 급성증상의 중재

급성증상 중재	경련안정	• Chlordiazepoxide(Librium)이나 Diazepam(Valium)을 투여한다. • 용량은 25~50mg을 3~4회 정도 투여하다가 차차 감량시킨다.
	해독 탈수방지	알코올의 해독과 전해질 균형유지, 탈수를 예방하기 위해 5% 포도당으로 수액을 공급한다.
	비타민 결핍보충	비타민 B 복합체와 비타민 C를 충분히 투여하고 식욕을 돋우기 위해 소량의 인슐린을 쓰기도 하며 구강섭취는 권장한다.
약물요법	• Naltrexone은 아편제재 길항제로 알코올섭취량을 줄이고 열망과 재발률을 줄이는 효과가 있다. 이는 알코올이 투여되면 뇌의 엔돌핀 농도가 증가되는 것을 차단시키는 효과가 있기 때문이다. • Acamprosate는 신경흥분 전달제인 glutamate에 대한 수용기 활동을 낮춤으로써 알코올 중독 재발을 방지하게 하는 약물이다.	
혐오요법	Disulfiram	• 이 약을 먹은 사람이 알코올을 마시면 괴로움이 커진다. • 알코올신진대사 중 중간 생성물인 아세트알데히드의 배설에 방해를 받기 때문에 생긴다. • 알코올 섭취 12시간 전에 0.5~1gm의 Disulfiram을 먹었을 때 대상자는 5~15분 내에 기관지 수축으로 목의 압박감, 기침, 호흡곤란이 있고, 안면 홍조 등의 괴로운 증상을 나타낸다. • 간 질환이 심하거나 관상동맥질환, 고혈압과 동맥경화증, 당뇨병이 있는 사람은 금기이며 특히 심장질환이 심한 경우는 좋지 않다. • 효과가 좋은 사람은 나이가 많고 오랜 기간 동안 심하게 술을 마신 사람, 진전섬망이 있었던 사람, 지적, 경제적, 교육적 수준이 높고 치료를 받으려는 자발적인 의사가 있고 정신치료를 같이 받은 사람이다.
	Calcium carbimide (temposil)	Disulfiram과 비슷한 작용을 하며 더 안전하고 빨리 배설되어 효력기간은 짧다. 알코올을 섭취할 때 저혈압과 EKG 변화가 더 적게 발생하고 부작용이 적어 대상자들이 더 많이 받아들인다.
	혐오조건화	조건반사기제와 관련된 행동치료의 하나로 알코올의 냄새, 맛, 경한 전기 충격과 같은 불쾌한 상황을 연관시켜 음주를 하지 못하도록 한다. 치료의 원칙은 알코올과 구토를 연결시키는 반사작용을 이용하여 알코올에 대한 불쾌감을 야기하는 것으로, 구토를 일으키는 약물에는 Emetin과 Apomorphine 등이 있다. 예를 들면, Emetin을 주사하고 음주를 시켜서 구토를 일으키게 한다. 이런 조작을 되풀이하여 조건반사가 성립되면 그 다음에는 약물을 사용하지 않아도 술 냄새를 맡으면 구토 작용이 일어난다. 조건화 시간은 30~60분간 지속되며 약물을 사용하고 구토가 일어나기 전에 알코올을 섭취시키고 이것을 1일에 1회씩 4~6일간 계속한다. 최근에는 잘 사용되지 않는다.

3 진정제, 수면제, 항불안제 관련 장애 [2018 기출]

(1) 진정수면제

중추신경 억제제, 바비튜레이트가 가장 흔히 남용되는 약물

(2) 중추신경억제제의 특성

물질/일반명	알코올	Ethyl Alcohol(맥주, 소주, 진, 럼, 보드카, 위스키, 와인, 브론디)
	바비튜레이트	Pentobarbital(Nembutal), Secobarbital(Seconal), Amobarbital(Amytal) Phenobarbital, Butabarbital
	벤조다이아제핀	Diazepam(Valium), Lorazepam(Ativan), Chlordiazepoxide(Librium), Clonazepam(Klonopin), Alprazolam(Xanax)
증상과 증후	• 감각, 지각, 집중, 통찰력, 혼수, 기억, 정동 그리고 감정적 인간관계 형성 같은 주요 뇌기능의 억제 • 억제정도는 복용량과 의존정도에 따라 기면에서 마취상태나 죽음까지 초래 • 정신운동 장애, 반응 시간 증가, 조정력 손상, 운동실조증, 안구진탕증, REM 수면기 감소	
과용량 증상과 증후	무의식, 혼수, 호흡억제, 사망	
금단증상과 증후	• 일반적인 억제 금단증상: 진전, 초조, 불안, 발한, 맥박, 혈압증가, 수면장애, 환각, 간질, 망상, DT's • 급성 후 금단증상: 불안정한 감정, 수면의 어려움, 인지기능 손상, 스트레스에 대한 과다행동	
고려점/사용결과	• 만성알코올 사용은 여러 기관에 심각한 파괴를 가져옴 예 영양부족, 탈수, 비타민 결핍, 간염 및 간경화를 포함하는 간기능 손상, 식도염, 위염, 췌장염, 골다공증, 빈혈, 말초장애, 폐기능 이상, 심리병리, 근병리, 면역체계 파괴, 뇌손상 • 다른 의존에 매우 민감 • 바비튜레이트와 벤조다이아제핀 의존은 잠행성으로 발달됨. 남용자들은 여러 처방과 남용에 대한 죄의식 때문에 실제 사용량에 대해 거짓 보고를 함	

(3) 중추신경억제제의 신체영향

중추신경억제제의 특성	알코올이나 다른 물질을 병용하면 억제효과가 강화되어 치명적 결과를 초래해 사망할 수 있다.
진정수면제나 항불안제가 신체에 미치는 영향	진정수면제를 장기간 사용하다가 갑자기 줄이면 오히려 불면을 초래하며, 꿈이 증가하고 선명할 수 있다. 바비튜레이트계 약물은 뇌간의 망상조직 활성체계를 억제함으로써 호흡을 억제하며, 과량 사용 시 저혈압, 심박출량 감소, 뇌혈류 감소, 심근수축력의 직접손상을 일으킬 수 있다.

진정수면제, 항불안제로 유발된 장애	급성중독	언어가 명확하지 않고 느리며, 보행이 불안정하고, 기분이 불안정하며, 조정능력을 잃고, 주의력과 기억도 손상되고, 부적절한 성행동이나 공격행동을 보이며, 혼미나 혼수에 이르기도 한다.
	금단 [2022 기출]	자율신경계의 항진, 손 떨림, 불면, 불안, 오심, 정신운동성 초조가 포함되고, 벤조다이아제핀에서는 드물게 경련과 환각이 나타날 수 있다.

	바비튜레이트	벤조디아제핀
약물	pentobarbita, phenobarbital	디아제팜, 로라제팜, clonazepam
인체영향	• 억제정도는 복용량과 의존정도에 따라 다름 • 마취상태나 죽음도 가능 • 치료용량에서조차 과도한 진정, 졸림 – 저혈압, 심박출량 감소, 뇌혈류 감소, 심근수축력의 직접 손상 – 마취용량: 신장기능 억제	• 정신운동장애, 반응시간 증가, 조정력 손상, 안구 진탕증, REM수면 감소 • 다행감, 기억력/주의력/판단력 장애 • 호흡수, 호흡깊이 감소 • 과용량시 진정, 졸림
금단증상	• 내성이 빠르게 증가, 신체적/심리적 의존 높음 • 간기능의 저하, 황달	• 로라제팜 – 12~24시간 금단증상 시작, 24~72시간 최고조, 5~10일내 사라짐 • 디아제팜 – 24~72시간 금단증상 시작, 5~8일경 최고조, 10~16일이내 사라짐 • 자율신경계의 항진, 손 떨림, 불면, 불안, 오심, 정신운동성 초조, 드물게 경련, 환각

4 중추신경자극제 관련 장애

| 중추신경자극제의 특성 |

물질/일반명	암페타민	Amphetamine, Dextroamphetamine(Dexedrine), Methamphetamine, Methylphenidate(Ritalin), Methylene-Dioxy-Methamphetamine(Ecstasy)
	코카인	Cocaine hydrochloride(Cocaine, Crack)
증상과 증후	• 갑작스런 다행감 및 각성, 증가된 에너지, 말이 많고, 고양, 초조, 과활동, 예민성, 과대망상, 강한 말투, 발한, 식욕부진, 체중 감소, 불면증, 체온상승, 혈압과 맥박 상승, 심계항진, 전위의 심장박동, 흉통, 요정체, 변비, 구강건조 • 고용량: 분명치 못한 발음, 빠른 말, 지리멸렬, 상동증, 실조성 걸음, 이갈기, 비논리적인 사고 과정, 두통, 오심, 구토 • 독성정신증: 지각의 편집망상, 환청, 환시, 환촉, 매우 불안정한 감정, 이유 없는 폭력	
과용량 증상과 증후	간질, 심장부정맥, 관상동맥경련, 심근 경색증은 혈압과 체온 상승으로 심장 혈관쇼크 및 사망을 초래할 수 있음	

금단증상과 증후	• 우울, 초조, 불안 그리고 피로, 우울, 약물갈망의 소실, 불면에 따른 강한 약물 갈망, 극도의 허기짐, 새로운 약에 대한 갈망, anergia, anhedonia에 따른 수면욕구. 이런 증상이 1~4일간 증가 • 환자들 간의 다양한 양상: 불안, 우울, 안절부절, 피로가 몇 주 지속됨, 갈망하게 됨, 재발 위험성 • 때로 중독자는 내성을 감소시키고 약물용량을 감소시키기 위해 자극제를 중지함
고려점/사용결과	• 때로 암페타민은 주의력 결핍인 과활동 어린이에게 처방됨. 억제제의 대체제로 사용될 수도 있음 • 코카인은 여러 신체적 문제를 동반함 예 비중격 파괴, 간질, 뇌혈관장애, 일시적인 빈혈 삽화, 호흡정지와 심근경색과 관련된 갑작스런 죽음 • 자극제의 정맥주입 사용은 심각한 신체적 결과를 초래함

	암페타민	코카인
적응증	• 비만, 과다활동장애, 기면증 치료 • ADHD, 억제제의 대체제로 사용 가능	D1, D2 수용체 활성화, NE/세로토닌 재흡수 차단 → 뇌혈류량 감소
증상	• 갑작스런 다행감 및 각성, 증가된 에너지 • 말이 많고 고양됨, 초조, 과활동, 예민성 • 과대망상, 강한 말투, 발한 • 식욕부진, 체중 감소, 불면증, 체온상승, • 혈압/맥박 상승 → 부정맥, 흉통, 심계항진, 위장관운동 저하, 변비, 배뇨곤란(방광괄약근 수축)	• 다행감, 고양된 느낌, 인지기능개선, 자신감 • cocaine rush: 자기확신, 통제력, 사교성↑ • 심한 혈관수축 → 빈맥, 고혈압, 호흡기능저하, 돌연사 • 흡입제: 비중격 천공, 만성기관지염, 폐렴
과용량	• 분명치 못한 발음, 빠른말, 지리멸렬 • 비논리적 사고과정, 판단장애, 불안, 긴장 • 상동증, 실조성 걸음, 이갈기 • 두통, 오심, 구토, 초췌한 외모 • 동공산대, 혈압의 증가나 감소, 발한/오한 • 정신운동 초조나 지연, 근력감퇴, 호흡억제, 혼돈과 경련, 혼수 • 독성 정신증: 지각의 편집증상, 환청, 환시, 환촉, 매우 불안정한 감정, 이유 없는 폭력	• 감정이 둔해지고 생각이 빨라짐 • 대인관계에 예민, 긴장, 불안, 분노, 수다 • 상동증, 공격성, 사회적 기능장애 • 판단장애, 위험한 성행위와 도덕적 퇴폐 • 섬망, 동공확대, 발한, 오한, 오심, 구토 • 심장박동 증가, 혈압상승, 체온상승, 불면 • 창백, 진전

금단증상	• 심리적 의존, 신체적 의존, 내성 多 • 불쾌한 기분, 피로감, 불면 or 과다수면 • 생생하면서도 기분 나쁜 꿈, 정신운동성 초조나 지연, 자살동반한 우울, 불안, 무기력 • 식욕증가, 극도의 허기심, 체중 증가 • 새로운 약에 대한 갈망	• 신체적 의존/ 금단증상에 비해 심리적 의존이 큼: 단 1회 복용으로도 심리적 의존 발생 → 코카인 붕괴: 우울이 심하면 자살시도 가능 • 갈망/우울, 불쾌, 과민성, 꿈과 수면 증가, 불안 • 약물 중단 후 2~4일에 최고조 • 간질, 뇌혈관장애, 일시적 빈혈삽화, 호흡정지, 심근경색 등 갑작스런 죽음 발생 가능

| 중추신경자극제가 신체에 미치는 영향 |

구분		내용
중추신경 자극제의 신체영향		사용하면 각성, 주관적 다행감, 기분고조가 나타나고, 진전, 안절부절, 초조, 근육운동의 증가, 식욕부진, 불면, 편집증과 환각을 보일 수도 있다. 암페타민은 심박동수와 혈압을 증가시켜 부정맥을 유발하며, 위장관 운동 저하와 방광괄약근 수축으로 변비와 배뇨곤란을 초래하기도 한다. 코카인은 심한 혈관수축으로 빈맥, 고혈압, 호흡기능 저하, 돌연사를 일으킬 수 있고, 특히 흡입 형태의 코카인은 비중격의 천공, 만성 기관지염, 폐렴의 원인이 될 수 있다.
중추신경 자극제로 유발되는 장애	중독	• 암페타민을 다량 투여하면 몹시 흥분하고 과다행동을 보인다. 이런 현상은 이후 극심한 피로와 우울감을 가져오기 때문에 다시 양을 증가시켜 안정을 찾으려고 하는 악순환을 초래한다. • 코카인은 남미에서 자라는 관목에서 추출되는 알칼로이드로 습관성과 중독성이 매우 강하고 남용이 심해 매우 위험한 자극제이다. 코카인은 도파민 재흡수를 차단시켜 D1, D2 수용체를 활성화시키고, 노르에피네프린과 세로토닌 재흡수를 차단해 뇌혈류량을 감소시킨다. 효과는 다행감으로 매우 강력하며 1회 복용으로도 심리적 의존이 생긴다. 정맥주사나 코로 흡입했을 때 즉시 효과가 나타나 30분~1시간 정도 지속된다.
	금단	암페타민과 코카인의 금단증상은 불쾌한 기분, 피로감, 생생하면서도 기분 나쁜 꿈, 불면이나 과다수면, 식욕 증가, 정신운동성 초조나 지연 등이다. 과도한 용량을 사용하는 일명 ‘스피드런’ 삽화를 경험한 사람에게는 심한 금단증상이 나타나며, 매우 불쾌한 권태감과 우울증이 나타나는데, 회복하려면 며칠간 휴식해야 한다. 코카인의 경우 신체적 의존과 금단증상이 그리 급하지 않지만, 심리적 의존이 강해서 약물에 대한 갈망과 우울, 불쾌, 과민성, 꿈과 수면의 증가, 불안 등을 보인다.

5 대마계 관련 장애

마리화나는 가장 흔한 대마의 꽃, 잎, 씨, 줄기에서 추출한 천연제제이며 마리화나 성분은 tetrahydrocannabinol(THC)이다. 주로 담배의 형태나 봉(마리화나용 파이프)으로 연기를 흡입하고 구강투여도 한다.

대마계의 신체영향	• 흡입 후 1분 이내 효과, 대개 20~30분에 최고조에 도달해 2~3시간 동안 지속된다. • 신체적 증상 – 진전, 근육 강직, 결막 충혈, 구강 건조, 저혈압, 빈맥, 일반적인 독성 효과로는 공황반응이 있다. – 관련 질환 및 행동특성: 마리화나는 대체로 긴장완화와 가벼운 다행감을 수반하며 의식변화를 일으키지만, 그 결과는 약물의 효능, 사용자의 이용환경과 경험에 따라 달라진다. 그 농도는 THC 1%에서 30%까지 광범위하게 변할 수 있다. 장기간 사용 시 무감각해지고, 체력이 약해지며, 일이나 생산적인 일에 대한 욕구를 상실하게 되며, 집중력이 감소하고, 개인 위생상태가 나빠지고 마리화나에 몰두하게 된다. 이런 증후군을 무욕증후군이라 한다. 다량 복용하면 독성 정신증을 일으킬 수 있는데, 이 증상은 몸에서 약물이 완전히 배설됨에 따라 사라진다. 마리화나는 조현병 대상자가 사용하면 정신증상을 촉진시킬 수 있으므로 이때에는 항정신병 약물로 증상을 조절해야 한다. 반면 조현병이 없는 사람이 마리화나를 사용했을 때는 정신증을 나타내지는 않는다. 마리화나가 인체생리에 미치는 주요 영향은 적은 편이나 약물에 대한 내성은 약물과다 사용자에게서 나타난다. 최근 마리화나는 녹내장과 오심, 암 치료에 이용하는 화학요법에 따른 구토를 경감시키는 약물로서의 이점이 있는 것으로 보고되고 있다.
대마제제의 중독 및 금단	마리화나는 내성이 거의 없고, 심리적 의존만 있고 신체적 의존이나 금단 증상이 거의 나타나지 않는다.

| 마리화나의 특성 |

물질	마리화나
일반명	• 천연아편: Opium, Morphine, Codeine, Heroin • 아편유도체: Meperidine(Demerol), Hydromorphone(Dilaudid), Hydrocodone(Vicodin) • 합성아편물질: Methadone(Dolophine), Pentazocine(Talwin), Propoxyphene(Darvon), Fentanyl(Actiq, Duragesic)
증상과 증후	인식의 변화, 이완, 가벼운 다행감, 억제감소, 충혈된 눈, 구강건조, 식욕부진, 맥박증가, 반사작용 감소, 공황반응
과용량 증상과 증후	독성 정신증
금단증상과 증후	없음
고려점/사용결과	폐 문제, 생산적인 호르몬의 억제, 태아기형 등을 일으킬 수 있음

6 아편류 관련 장애

아편은 진통제, 마취제, 지사제, 해소제로 사용되고, 천연 아편류, 반합성 아편류, 합성 아편류가 있다. 메페리딘, 모르핀, 코데인은 종종 진통제로 사용되고, 메사돈은 작용시간이 길고 다행감이 적어 다른 아편류의 금단증상을 치료하는 데 이용된다.

아편류의 신체영향	마취제나 진통제로 분류되며, 중추신경계, 눈, 그리고 위장관에 주로 영향을 미친다. 상습적인 사용이나 급성중독에서는 진정효과와 만성변비, 호흡억제, 동공의 축소 등이 뚜렷하게 나타난다.
아편류의 중독 및 금단	경미한 중독에서는 초기에 다행감, 따뜻한 느낌, 사지의 무거운 느낌, 구갈, 홍조, 가려움의 느낌이 든다. 용량이 증가함에 따라 주의력 장애와 기억장애 등을 보인다. 중독의 주요 증상으로 동공 축소, 불분명한 발음, 졸림, 집중력과 기억력 장애, 판단력 장애, 혈압 하강, 체온 하강, 서맥 등을 들 수 있다.

| 아편류의 특성 |

물질	헤로인, 모르핀, 메페리딘, 코데인, 아편, 메사돈
일반명	Tetrahydrocannabinol(Marijuana, Hashish)
증상과 증후	다행감, 이완, 진통, 무감동, 현실감 결여, 단단장애, 졸림, 동공 축소, 오심, 변비, 불분명한 발음, 호흡감소
과용량 증상과 증후	무의식, 혼수, 호흡감소, 순환감소, 호흡마비, 심장마비, 사망
금단증상과 증후	• 금단 후 6~12시간 : 약에 대해 갈망하는 눈물, 콧물, 하품, 땀 • 금단 후 12~72시간 : 수면장애, 산동, 식욕부진, 안절부절, 진전, 허약, 오심, 구토, 설사, 오한, 열, 근경련, 얼굴 붉어짐, 자연적 사정, 복부통증, 고혈압, 호흡 깊이와 수 증가 • 금단증상은 28~72시간에 최고조에 달함 • 금단 3일 후 감소하여 7~10일 정도 계속됨
고려점/사용결과	• 혈관주입은 혈액자체의 병인(HIV, B형간염)에 의한 감염위험성이 있음. 그 이외의 감염들이 무균결핍 및 감염된 물질로 인해 발생됨(피부농양, 정맥염, 봉와직염, 폐경색, 폐농양, 급성세균성심내막염) • 장기간 사용은 신체적 안녕감 결여를 가져옴. 영양부족, 탈수를 가져옴. 범죄적 행동이 약물을 얻기 위한 자금 마련 수단으로 자행됨

	대마계 제제 (마리화나, 해시시)	아편류 (헤로인, 모르핀, 메페리딘, 코데인, 아편, 메시돈)
적응증	• 강력한 정신활성제 • 방부제, 항경련제, 안압감소, 통증조절 기능 → 천식치료, 식욕증진, 항암화학요법 중 다른 약물로 해결되지 않는 N/V • 만성통증, 녹내장, 다발성 경화증, ADIS로 인한 체중 감소와 식욕부진	• 진통제, 마취제, 지사제, 해소제: 신체적, 심리적 통증 경감, 다행감 느낌 • 치료목적으로 처방받아 시작했다가 증상 치료를 핑계로 사용횟수와 양을 늘림 • 메레리딘, 모르핀, 코데인은 진통제로 • 메사돈은 아편류의 금단증상을 치료함
증상	• 흡입 후 1분 이내 효과가 나타남 – 20~30분에 최고조, 2~3시간 지속 • 인식의 변화, 이완, 가벼운 다행감, 억제감소, 충혈된 눈, 구강건조, 식욕 부진, 저혈압, 맥박증가, 반사작용감소, 공황반응 • 마리화나: 담배보다 많은 타르 생성 – 만성기침, 기관지염, 폐기종, 폐이형성증, 테스토르테론 분비 저하, 배란중단, 유즙 분비저하, 유산 위험성 증가 • 폐 문제, 생산적인 호르몬의 억제, 태아기형 등을 일으킬 수 있음	중추신경계, 눈, 위장관에 주로 영향을 줌 • 중추신경계: 다행감, 기분변화, 흐릿한 정신 상태, 졸리움, 통증감소, 호흡억제, 동공수축, 동기부족 기침억제효과, 구토와 오심 • 위장관: 위장의 연동운동 감소, 배뇨곤란 → 심한 변비초래, 설사에 효과적 • 심혈관계–치료용량: 심근경색 통증, 폐부종에 효과 – 다량: 저혈압초래 • 성기능/성욕 감소: 발기부전, 불임, 오르가즘 방해
과용량	• 기분 고조, 부적절한 웃음이나 기면, 단기기억장애, 복잡한 정신기능 수행장애, 판단력 장애, 시간이 느리게 가는 느낌 • 독성 정신증: 섬망, 급성 정신장애 • 다량 장기사용: 무동기 증후군(무감동, 무기력, 의욕상실, 무관심, 집중력감소)	• 경미: 다행감, 따뜻한 느낌, 사지의 무거운 느낌, 구갈, 홍조, 가려운 느낌 • 주의력, 기억력 장애, 언어장애, 정신운동지연, 판단 장애, 기능장애, 망상, 환각, 조증, 우울 • 동공축소, 불분명한 발음, 만성변비, 체온하강, 서맥 • 무의식, 혼수, 호흡감소, 순환감소, 호흡마비, 심장미비, 진전, 경련, 섬망, 사망
금단증상	• 내성이 생기면 신체적 의존 발생 • 마리화나: 내성 거의 없음, 심리적 의존만 약간, 신체적 의존, 금단 없음 • 불안정, 분노, 공격성, 신경과민, 불안, 수면장애, 식욕감소와 체중저하, 무기력, 우울, 복통, 진전, 발한, 발열, 요한, 두통	• 금단 후 6~12시간(신체적/심리적 의존, 내성 ○): 약에 대한 갈망, 눈/콧물, 하품, 땀 • 12~72시간: 수면장애, 산동, 식욕부진, 안절부절, 열, 근경련, 진전, 허약, 오심, 구토, 설사, 오한, 얼굴 붉어짐, 자연적 사정, 복부통증, 고혈압, 호흡깊이와 수 증가 • 28~72시간에 최고조 • 금단 3일 후 감소하여 7~10일 정도 지속됨

7 환각제 관련 장애

환각제는 인지와 지각을 현저하게 왜곡시키는데 남용자들은 그 효과를 탐닉할 수 있는 시간을 미리 조절하려고 간헐적으로 사용한다. 현실 검증력을 왜곡시켜 환시를 일으키고, 이인증이나 종교적 감정, '지옥여행'이라 불리는 강한 공포, 죽음과 정신이상에 대한 두려움을 경험하게 한다. Phencyclidine(PCP)이 최근에 가장 흔하게 사용되는 환각제이며 많은 사고와 사망을 초래한다. Lysergic Acid Diethylamide(LSD)는 만성 알코올 중독의 치료와 만성 질환의 통증 감소에 치료적으로 이용되기도 한다.

환각제의 신체영향	일반적으로 오심, 구토, 오한, 빈맥, 심계항진, 진전, 시력저하, 불면, 발한, 동공산대 같은 신체적 영향과 시간과 공간에 대한 왜곡, 착각, 환각과 망상을 보인다.
환각제의 중독 및 금단	LSD는 호밀이 부패해서 생긴 균류인 맥각에서 생성되는데, 무색무취의 액체 형태의 약물을 각설탕, 껌, 과자 등에 넣어 사용한다. 중독 시 지각의 왜곡이 발생하며, 지각의 강화, 이인증, 비현실감, 착각, 환각, 신체상의 왜곡, 공감각, 황홀경 등이 나타난다. 환각이 끝난 직후 불안, 공포, 공황, 무서운 환각과 더불어 자살, 폭행, 살인충동 등이 나타나는데, 이를 '지옥여행'이라고 부른다.

| 환각제의 특성 |

일반명	• 천연환각제 : Mescaline(선인장 추출물), Psilocybin(버섯 추출물) • 합성환각제 : Lysergic Acid Diethylamide(LSD), Phencyclidine(PCP), Dimethyltryptamine(DMT), Diethyltryptamine(DET), Methoxy-Amphetamine(MDA)
증상과 증후	지각의 왜곡된 환각, 시공간의 왜곡, 착각, 이인증, 신비주의적 경험, 과장된 지각, 극도의 불안정한 감정, 진전, 어지러움, 안구충혈, 지각이상, 오심, 구토, 온도 · 맥박 · 혈압 · 침 증가, 공황반응 'bad trip'
과용량 증상과 증후	(LSD에는 드묾) 경련, 저체온, 사망
금단증상과 증후	없음
고려점/사용결과	Flashback이 여러 달 지속됨. 영구적인 정신증이 발생할 수 있음

| 흡입제의 특성 |

일반명	부탄가스, 접착제, 페인트, 수정액, 아산화질소
증상과 증후	• 정신적: 호전성, 공격성, 무감동, 판단장애 • 신체적: 현기증, 안구진탕, 조정력이상, 불분명한 발음, 불안정한 걸음, 억제반사, 진전, 흐릿한 시야, 다행감, 식욕부진
과용량 증상과 증후	기면, 혼미/혼수, 호흡정지, 심장 부정맥
금단증상과 증후	두통, 오한, 복부경련, 섬망, 진전(일반적이지 않음)
고려점/사용결과	심장마비로 인한 갑작스러운 사망, 판단력 장애로 인한 자살, 상해, 화상이나 동상, 영구적인 인지장애

8 흡입제 관련 장애

흡입제 중독 진단기준(DSM-5)

A. 의도적이든 의도적이지 않든 최근에 단기간, 고용량의 톨루엔이나 휘발유와 같은 휘발성 탄화수소를 포함하는 흡입제 물질에 노출된다.

B. 흡입제에 노출되는 동안, 또는 그 직후에 임상적으로 심각한 문제적 행동 변화 및 심리적 변화가 발생한다.

C. 흡입제에 노출되는 동안 또는 그 직후에 다음 징후 혹은 증상 중 두 가지(또는 그 이상)가 나타난다.

1. 현기증 2. 안구진탕 3. 운동실조 4. 불분명한 언어 5. 불안정한 보행
6. 졸음 7. 반사감소 8. 정신운동 지연 9. 떨림 10. 전반적인 근육약화

D. 징후 및 증상은 다른 의학적 상태로 인한 것이 아니며, 다른 물질 중독을 포함한 다른 정신질환으로 더 잘 설명되지 않는다.

	흡입제: 부탄가스, 접착제, 페인트, 수정액, 이산화질소
적응증	주로 즉각적이고 빠른 쾌감을 얻으려는 사람들이 흡입제를 사용 • 값이 저렴, 합법적, 쉽게 구할 수 있음, 빠른 효과를 느낄 수 있음 • 하류층 서민, 아동, 청소년 많이 사용(시작 9~12세, 12~25세 多, 35세 이후 드묾)
증상	• 폐로 흡수되어 중추신경계에 빠르게 도달하여 억제 기능 ; 흡입 후 5분 이내 효과 / 60~90분 지속 • 흡입제는 중추신경계와 말초신경계에 영구적 손상과 전신쇠약, 말초신경염을 가져옴 • 중추신경계: 중추/말초신경계의 영구손상, 전신쇠약, 말초신경염 • 현기증, 안구진탕, 조정력 이상, 불불명한 발음, 불안정한 걸음, 억제반사, 진전, 흐릿한 시야 • 정신적: 호전성, 공격성, 무감동, 판단장애, 다행감, 식욕부진 • 호흡기계: 기침, 부비동 분비, 호흡곤란, 흉통, 수포음, 건성수포음, 폐렴, 청색증

	• 기관지 경련, 상/하기도의 자극증세 • 위장관: 복통, 오심, 구토, 코와 입주위의 발적, 숨쉴 때 사용물질의 냄새 • 신장: 만성신부전, 간신장증후군, 근위세뇨관 산증 • 사망: 갑작스런 죽음 – 심장마비, 판단력 장애로 자살, 상해, 화상이나 동상, 영구적 인지 장애
과용량	기면, 혼미, 혼수, 호흡정지, 심장부정맥
중독	흡입제 중독은 임상적으로 심각한 부적응적 행동이나 심리적 변화를 보이는데, 다행감, 현기증, 안구진탕증, 운동조절 곤란, 불분명한 언어 구사, 불안정한 보행, 기면, 반사반응 감소, 정신운동성 지연, 진전, 근육 약화, 시야 혼탁이나 복시, 혼미나 혼수 중에서 2개 이상의 증상을 보임
금단증상	두통, 오한, 복부경련, 섬망, 진전

| 중독과 금단에 관련된 증상 |

약물	중독	금단	비고
알코올	공격성, 판단력장애, 다행감, 우울, 정서불안정, 집중력 손상, 불분명한 말투, 운동조절장애, 불안정한 보행, 안구진탕	진전, 대발작, 오심, 구토, 발한, 빈맥, 두통, 환각, 불면, 불안, 우울	금단은 마지막 음주 후 4~6시간 내에 시작, 진전섬망은 2~3일 경과 후 시작, 대체요법으로 Librium, Serax 사용
진정제, 수면제, 항불안제	부적절한 성적, 공격적 행동, 불안정한 기분, 판단력 장애, 불명료한 발음, 운동조정곤란, 불안정한 보행, 주의력 장애, 기억력 장애, 혼미	오심, 구토, 허약감, 빈맥, 발한, 불안, 과민성 진전, 불면, 경련	일주일 이내에 섬망 가능, 대체 치료제는 장기작용의 Barbiturates 또는 Benzodiazepines
암페타민 관련제제	분노, 과대적 사고, 지나친 각성, 정신운동성 초조, 판단력 장애, 빈맥, 동공산대, 혈압상승, 발한, 오한, 오심, 구토	불안, 우울, 불안정, 갈망, 피로, 불면, 수면과다, 정신운동성 초조, 자살사고	금단증상은 2~4일 후에 절정, 우울감과 불쾌감은 몇 달간 지속될 수 있음. 항우울제 사용
코카인	기분고조, 분노, 과대사고, 지나친 경각심, 정신운동성 초조, 판단력 손상, 빈맥, 혈압상승, 동공 산대, 오한 또는 발한, 오심, 구토, 환각, 섬망	우울, 불안, 불안정, 피로, 불면, 수면과다, 정신운동성 초조, 피해사고, 자살사고, 무감동, 사회적 위축	과다복용 시 경련, 심근경색, 호흡정지로 사망 가능
대마제제	기분고조, 불안, 의심, 시간이 느리게 지나가는 느낌, 판단력 손상, 사회적 위축, 빈맥, 결막 충혈, 식욕증가, 환각	안절부절못함, 불안정, 불면, 식욕저하	중독은 즉각적으로 발생, 3시간 정도 지속, 경구복용 시 서서히 흡수되어 다소 길어짐

아편제제	초기다행감, 무감동, 불쾌감, 무감각, 졸음, 동공축소, 불분명한 발음, 변비, 오심, 호흡저하, 혈압저하	갈망, 오심, 구토, 근육통, 눈물, 콧물흘림, 동공산대, 입모, 발한, 오한, 설사, 하품, 불면	금단증상은 6~8시간 후 시작, 2~3일째 정점, 7~10일 후 사라짐. Meperidine이 짧고 Methadone은 긴 편
흡입제	호전성, 공격성, 정서적 둔마, 판단력 장애, 현기증, 안구진탕증, 불분명한 언어, 불안정한 보행, 기면, 반사의 감소, 진전, 시야혼탁, 혼미, 혼수	-	흡입 후 5분 이내에 증상이 발생하여 60~90분간 지속됨
펜사이클리딘	호전성, 공격성, 충동성, 정신운동성 초조, 판단력 장애, 안구진탕, 고혈압, 빈맥, 통증에 대한 반응감소, 근육경직, 혼수, 섬망	-	섬망은 24시간 이내에 나타나고 회복에 1주일 정도 소요

9 치료

(1) 약물치료

| 물질남용의 치료 약물 |

학명(상품명)	용도	용량	주의사항
Lorazepam (Ativan)	알코올 금단증상 치료	2~4mg/2~4hr(필요시)	기초 활력증후 측정과 어지러움, 졸림 증상을 확인한다.
Chlordiazepoxide (Librium)		50~100mg/2~4hr (필요시 반복 사용하나 1일 총 300mg 넘지 않는다)	
Disulfiram (Antabuse)	알코올 중단 유지	500mg/day(2주간) 2주 후 250mg/day 유지	알코올이 함유된 제품이나 음주가 유발하는 혐오증상에 대해 사전 교육한다.
Methadone (Dolophine)	헤로인 중단 유지	120mg/day까지 유지	오심, 구토증상을 확인한다.
Levomethadyl (Orlaam)	아편류 중단 유지	60~90mg, 3회/week	연속적으로 투약해서는 안 된다.
Naltrexone (ReVia, Trexan)	아편류 효과 차단	350mg/week 3회 분할투여	음식이나 우유와 함께 복용한다. 두통, 무기력, 불안정감을 확인한다.
	알코올 갈망 감소	50mg/day 12주까지 투여 가능	

Clonidine (Catapres)	아편류 금단증상 억제	0.1mg/6hr(필요시)	투약 전 혈압을 측정하고, 저혈압 시에는 보류한다.
Acamprosate (Campral)	알코올 갈망 감소	666mg, 3회/day	설사, 구토, 소양감, 복부팽만감을 관찰한다.
Thiamine (Vitamin B_1)	베르니케-코르사코프 증후의 예방과 치료	100mg/day	적절한 영양에 대해 교육한다.
Folic Acid (Folate)	영양결핍 치료	1~2mg/day	적절한 영양의 중요성과 소변의 색이 진해질 수 있음을 교육한다.
Cyanocobalamin (Vitamin B_{12})	영양결핍 치료	25~250mcg/day	적절한 영양에 대해 교육한다.

디설피람	• 알코올 중독의 항주제인 디설피람(Disulfiram)은 알코올의 신진대사를 차단해 중간 대사물질인 아세트알데히드를 축적시켜 독성수준에 이르게 한다. 5~10분 이내에 매우 불편한 신체적 반응을 일으키므로 알코올을 혐오하게 하는 작용이다. • 음주 12시간 이내에는 사용해서 안 되며, 철저한 신체 검진과 대상자의 서면 동의가 반드시 필요하고, 약을 먹는 동안 음주를 했을 때 나타날 수 있는 결과에 대해 상세히 설명해야 한다. • 디설피람 복용 중을 알리는 카드를 소지할 필요가 있다.
날트렉손	아편 길항제, 알코올 중독과 헤로인 및 기타 아편제제 중독의 치료제로 사용한다. 알코올 중독의 재발과 갈망, 음주량 감소에 효과가 있다.
아캄프로세이트	아캄프로세이트는 GABA와 구조 유사체인 Homotaurine의 합성유도체로서, 신경생화학적인 알코올 의존성 인자에 작용하며 GABA 효능약으로 작용해 알코올에 대한 욕구 감소 및 알코올 소비량의 자발적인 감소를 나타낸다.
메사돈	아편류 약물, 금단증상 치료를 위해 대체 투여되는 합법적인 약물이다.

(2) 심리적 치료

치료자는 따뜻하고, 친절하고, 무비판적이면서도 확실한 한계를 설정해야 한다.

① 동기강화상담(5가지 기본원리)
- 첫 만남에서 감정이입을 표현하라.
- 환자의 현재 행동과 도달해야 할 목표를 구분하라.
- 부정적인 함정의 시작이 될 수 있으므로 논쟁을 피하라.
- 저항에서 물러나라. 환자의 문제라기보다 치료자의 문제로 보라.
- 자기효능을 지지하라. 특히 환자가 자기 행동을 변화시킬 수 있다는 점을 강조하라.

② 해결중심치료

③ 인지행동치료

④ 가족상담

(3) 사회적 치료

① 자조집단

② 지역사회 치료 프로그램

(4) 물질관련 장애 환자의 간호진단과 계획

① 간호진단: 비효과적인 부정
② 관련요인: 약하고 미성숙한 자아
③ 근거: 물질사용으로 인한 문제가 없다고 진술
④ 기대결과: 대상자는 물질사용이 자신의 문제와 연관이 있음을 인정하고 자신의 행동에 대해 책임감을 보일 것이다.

간호중재	이론적 근거
1. 수용적 태도로 신뢰를 형성한다. 수용하지 못하는 것은 사람이 아니고 행동임을 대상자가 이해할 수 있도록 한다. 2. "난 술 문제가 없다. 내가 원하면 언제든지 끊을 수 있다"와 같은 사고를 교정한다. 무비판적인 태도로 사실만을 다룬다. 3. 최근 발생한 부적절한 상황이나 행동을 확인하고 물질사용이 어떻게 관여되었는지 토론한다. 4. 물질사용과 관련된 행동에 대해 다른 사람 탓으로 돌리거나 합리화하지 않도록 한다.	1. 무조건적인 수용은 한 개인이 물질로 얻으려고 했던 존엄성, 자기가치감, 자존감을 증진시킨다. 2. 이러한 중재는 자신의 상태를 도움이 필요한 질문으로 바라볼 수 있도록 대상자를 돕는다. 3. 부정하지 않는 첫 단계는 자신의 문제와 물질사용 간의 상관관계를 보는 것이다. 자존심을 지킬 수 있도록 지지적으로 이러한 점을 직면시킨다. 4. 합리화, 남의 탓은 부정을 지속시킨다.

① 간호진단: 비효과적인 대처
② 관련요인: 약한 자아와 부적절한 대처 기술
③ 근거: 대처방법으로 물질 사용
④ 기대결과: 대상자는 스트레스에 대한 반응으로 물질남용 대신 사용가능한 적응적 대처 방법을 말할 수 있을 것이다.

간호중재	이론적 근거
1. 조종행동에 대한 한계를 설정한다. 한계 위반에 따른 결과를 명확히 한다. 물질 사용 유무를 확인하기 위해 정기적으로 소변검사를 한다. 2. 물질에 의지하기보다는 스트레스에 대처할 수 있는 방법을 탐색하고 연습한다. 3. 만족을 지연하고 적응적 스트레스 대응 전략을 사용할 때 긍정적 강화를 한다.	1. 약하고 미성숙한 자아로 인해 대상자는 자신의 한계 설정이나 만족지연이 어렵다. 환자는 치료 중에도 다양한 경로로 물질을 구하려고 할 것이다. 2. 만족이 구강욕구와 밀접히 묶여있어서 좀 더 적응적인 대응전략을 인식하기가 쉽지 않다. 3. 약한 자아로 인해 대상자는 자존감 강화와 자아발달을 위해서 많은 긍정적 피드백이 필요하다.

10 카페인 관련 장애 [2023 기출]

DSM-5에서는 카페인 관련 장애를 카페인 중독, 카페인 금단, 기타 카페인으로 유발된 장애로 구분하였다.

	카페인
중독	250mg 초과하여 사용할 경우 중독 진행: 무기력, 오심, 흥분, 불면, 얼굴홍조, 이뇨, 소화기 불편감, 근유꼬임, 산만한 사고와 언어, 심박수 증가, 심부정맥, 정신운동초조
금단	섭취를 중단한 24시간 이내 발현: 두통, 피로감, 졸림, 불쾌감, 불안정, 집중력 저하, 감기 유사 증상, 오심, 구토, 근육통, 근육강직(니코틴 금단증상: 불쾌감, 우울, 불면, 불안정, 좌절, 분노, 불안, 집중력 저하, 무력감, 심박수 감소, 식욕 및 체중 증가)

03

카페인 관련장애 진단기준(DSM-5)

1. 카페인 중독
   A. 최근의 카페인 섭취(보통 250mg 이상을 초과하는 고용량)
   B. 카페인을 사용하는 동안, 또는 그 직후에 다음 징후 혹은 증상 중 다섯 가지(혹은 그 이상)가 나타난다.
   1. 안절부절 못함 2. 신경과민 3. 흥분 4. 불면 5. 안면홍조
   6. 이뇨 7. 위장관장애 8. 근육연축 9. 사고와 언어의 두서없는 흐름
   10. 빈맥 혹은 심부정맥 11. 지칠 줄 모르는 기간 12. 정신운동 초조
   C. 진단기준 B의 징후나 증상이 사회적, 직업적, 또는 다른 중요한 기능 영역에서 임상적으로 현저한 고통이나 손상을 초래한다.
   D. 징후 및 증상은 다른 의학적 상태로 인한 것이 아니며, 다른 물질 중독을 포함한 다른 정신질환으로 더 잘 설명되지 않는다.

2. 카페인 금단
   A. 지속적으로 매일 카페인을 사용한다.
   B. 카페인 사용을 갑자기 끊거나 줄인 뒤 24시간 이내에 다음의 징후나 증상 중 세 가지, 혹은 그 이상이 나타난다.
   1. 두통 2. 현저한 피로나 졸음 3. 불쾌 기분, 우울 기분, 과민성
   4. 집중력 저하 5. 독감 유사 증상(오심, 구토 혹은 근육의 통증이나 뻣뻣함)
   C. 진단기준 B의 징후 및 증상이 사회적, 직업적, 또는 다른 중요한 기능 영역에서 임상적으로 현저한 고통이나 손상을 초래한다.
   D. 징후 및 증상은 다른 의학적 상태(예 편두통, 바이러스 감염성 질환)의 생리적 효과로 인한 것이 아니고, 다른 물질 중독 및 금단을 포함한 다른 정신질환으로 더 잘 설명되지 않는다.

11 비물질관련장애(도박장애)

개정된 DSM-5에서는 충동조절장애 범주에 속해 있던 병적 도박을 도박장애로 수정하여 비물질관련 및 중독장애 범주로 재분류하였다. 도박장애는 지속적이고 반복적인 문제성 도박행동으로 인해 심각한 임상적 문제와 기능저하를 가져오는 장애로 정의된다.

비물질관련장애(도박장애) 진단기준

다음 중 4개 또는 그 이상의 항목에 해당하는 도박행동이 지속적이고 반복적으로 지난 12개월 동안에 나타난 경우(4~5개 : 약한 정도, 6~7개 : 중간 정도, 8~9개 : 심한 정도)

1. 원하는 흥분감을 달성하기 위해 도박에 점점 더 많은 돈이 필요하다.
2. 도박을 줄이거나 중단하고자 하면 무력감이 생기고 불안정해진다.
3. 도박을 조절하거나 포기하거나 중단하고자 하는 노력에 반복적으로 실패하였다.
4. 도박에 자주 몰두하게 된다.
   예 도박경험이 지속적으로 떠오르거나 다음 도박을 계획하거나 도박에 사용할 돈을 구할 생각 등
5. 심리적으로 고통스러울 때 자주 도박을 한다. 예 무기력, 죄책감, 불안, 우울 등
6. 도박에서 돈을 탕진한 후 상황을 만회하기 위해 다시 자주 도박장을 찾는다.
7. 도박에 얼마나 빠져 있는지 숨기기 위해 거짓말을 한다.
8. 도박으로 인해 의미 있는 관계와 직장에서 위기에 빠지거나 교육이나 경력에 관한 기회를 잃었다.
9. 도박으로 인한 극단적인 재정 상황을 해결하기 위해 다른 사람에게 의지한다.

11 신경인지장애 간호 [1995 · 1996 · 2010 기출]

신경인지장애는 뇌의 구조적, 기능적, 신경학적 변화에 의해 인지장애나 행동장애가 야기되는 임상증후군이다. DSM-5에서는 원인에 따라 섬망, 주요신경인지장애, 경도신경인지장애로 분류하여 설명하고 있다.

1 원인과 역동

신경생물학적 요인	• 감염물질설 : 섬유성단백질 프라이온(prion)은 광우병과 관련, HIV바이러스감염자 • 신경유독물질설 : 알루미늄 유독성 • 신경전달물질과 수용체결핍설 : 아세틸콜린의 합성효소인 콜린아세틸 전이효소의 활동의 저하 • 혈관병리와 뇌내 혈청유입설 : 결절상의 혈관과 미세 신경세포의 상실로 인해 생기는 신경손상이 혈청의 뇌내유입을 방지할 수 없어 혈관벽과 모세혈관에 아밀로이드 침전이 발생 • 이상단백질설 : 혈소판과 뇌혈관 등에 아밀로이드 원섬유 침전물 발견

기질적 요인	• 노화: 뇌조직의 퇴화, 변성 • 유전적 요인: 헌팅턴 무도병 • 저산소증 • 대사장애: 중증의 갑상선저하(점액수종) • 구조적 변화: 종양으로 인한 조직증식이나 변위 • 감염: 뇌막염, 뇌염, 매독, AIDS • 신경계 장애: 헌팅턴 무도병, 다발성경화증, 파킨슨병
알츠하이머형 치매의 뇌손상이론	비정상적 베타 단백질 전구물질(β-protein precursor, β-pp)이 혈액과 함께 순환하다가 아밀로이드 원섬유를 형성하며 이들이 혈액-뇌-장벽을 파괴해 뇌조직에 침투. 뇌조직 속에서 아밀로이드 원섬유는 신경세포의 정상적인 신진대사에 필요한 수용체를 가로막아 한 쌍의 나선형사상체, 즉 농축제(tangels)를 형성해 신경세포를 파괴. β-pp는 뇌 내 다른 영역에도 침투해 축적되며 노인반(senile plaque)을 형성

2 주요 및 경도 신경인지장애

DSM-5에서는 치매가 주요 및 경도 신경인지장애로 명명이 바뀌었다.

(1) 신경인지장애(Neurocognitive Disorders; NCD)의 원인 분류(DSM-5)

| 주요신경인지장애 |

섬망	• 물질중독섬망 • 물질금단섬망 • 약물치료로 유발된 섬망 • 다른 의학적 상태로 인한 섬망 • 다중 병인으로 인한 섬망(급성, 지속성, 과활동성, 저활동성, 혼합성 활동 수준) • 달리 명시된 섬망 • 명시되지 않은 섬망
주요 및 경도 신경인지장애	• 알츠하이머병으로 인한 주요 또는 경도 신경인지장애 • 전두측두엽 주요 또는 경도 신경인지장애 • 루이소체 주요 또는 경도 신경인지장애 • 혈관성 주요 또는 경도 신경인지장애 • 외상뇌손상으로 인한 주요 또는 경도 신경인지장애 • 물질/약물치료로 유발된 주요 또는 경도 신경인지장애 • HIV 감염으로 인한 주요 또는 경도 신경인지장애 • 프라이온병으로 인한 주요 또는 경도 신경인지장애 • 파킨슨병으로 인한 주요 또는 경도 신경인지장애 • 헌팅턴병으로 인한 주요 또는 경도 신경인지장애

	• 기타 의학적 상태로 인한 주요 또는 경도 신경인지장애 • 다중 병인으로 인한 주요 또는 경도 신경인지장애 • 명시되지 않은 신경인지장애

(2) 경도신경인지장애

① 복합적 주의력, 실행기능, 학습 및 기억, 언어, 지각운동 또는 사회적 인지 중 하나 이상의 인지기능에 어려움을 나타내는 질환으로, 기억장애가 주증상이다.

② 경도신경인지장애와 알츠하이머로 인한 경도치매는 구별된다.

③ 일상생활을 독립적으로 수행하는 데 제한을 받지 않는다.

④ 경도신경인지장애 증상으로 병원을 방문한 사람들의 50%는 3~4년 후 치매로 발전할 가능성이 있다.

경도신경인지장애(DSM-5)

A. 하나 또는 그 이상의 인지 영역(복합적 주의, 집행 기능, 학습과 기억, 언어, 지각−운동 또는 사회 인지)에서 인지 저하가 이전의 수행 수준에 비해 경미하게 있다는 증거는 다음에 근거한다.
  1. 대상자, 대상자를 잘 아는 정보 제공자 또는 임상의가 경도 인지 기능 저하를 걱정한다.
  2. 인지 수행의 경미한 손상이 가급적이면 표준화된 신경심리 검사에 의해, 또는 없다면 다른 정량적 임상 평가에 의해 입증된다.

B. 인지 결손은 일상 활동에서 독립적 능력을 방해받지 않는다.
  예 계산서 지불이나 치료약물 관리와 같은 일상생활의 복잡한 도구적 활동은 보존되지만 더 많은 노력, 보상 전략 및 조정이 필요할 수 있다.

C. 인지 결손은 오직 섬망이 있는 상황에서만 발생하는 것이 아니다.

D. 인지 결손은 다른 정신질환(예 주요우울장애, 조현병)으로 더 잘 설명되지 않는다.

→ 다음의 경우 명시할 것
- 행동 장애를 동반하지 않는 경우: 인지장애가 임상적으로 현저한 어떤 행동 장애도 동반하지 않는 경우
- 행동 장애를 동반하는 경우(장애를 명시한다): 인지 장애가 임상적으로 현저한 행동 장애(예 정신병적 증상들, 기분 장애, 초조, 무감동 또는 다른 행동 증상들)를 동반하는 경우

(3) 주요신경인지장애, 치매

① 복합적 주의력, 실행기능, 학습 및 기억, 언어, 지각운동 또는 사회적 인지 등 인지기능 수준이 이전보다 현저하게 저하되는 질환이다.

② 의식 손상 없이 기억력의 손상을 포함한 다중인지기능저하가 특징이다.

③ 인지기능 저하로 인하여 일상생활을 독립적으로 수행하는 데 제한을 받는다.

④ 80% 이상이 비가역성이다.

주요신경인지장애(DSM-5)

A. 하나 또는 그 이상의 인지 영역(복합적 주의, 집행 기능, 학습과 기억, 언어, 지각-운동 또는 사회 인지)에서 인지 저하가 이전의 수행 수준에 비해 현저하다는 증거는 다음에 근거한다.
  1. 대상자, 대상자를 잘 아는 정보 제공자 또는 임상의가 현저한 인기 기능 저하를 걱정한다.
  2. 인지 수행의 현저한 손상이 가급적이면 표준화된 신경심리 검사에 의해, 또는 그것이 없다면 다른 정량적 임상 평가에 의해 입증된다.

B. 인지 결손은 일상 활동에서 독립성을 방해한다(즉, 최소한 계산서 지불이나 치료약물 관리와 같은 일상생활의 복잡한 도구적 활동에서 도움을 필요로 함).

C. 인지 결손은 오직 섬망이 있는 상황에서만 발생하는 것이 아니다.

D. 인지 결손은 다른 정신질환(예 주요우울장애, 조현병)으로 더 잘 설명되지 않는다.

→ 다음의 경우 명시할 것

- 행동 장애를 동반하지 않는 경우: 인지 장애가 임상적으로 현저한 어떤 행동 장애도 동반하지 않는 경우
- 행동 장애를 동반하는 경우(장애를 명시한다): 인지 장애가 임상적으로 현저한 행동 장애(예 정신병적 증상들, 기분 장애, 초조, 무감동 또는 다른 행동 증상들)를 동반하는 경우

→ 현재의 심각도를 명시할 것

- 경도: 일상생활의 도구적 활동의 어려움(예 집안일, 돈 관리)이 있다.
- 중등도: 일상생활의 기본적 활동의 어려움(예 음식 섭취, 옷 입기)이 있다.
- 고도: 완전히 의존적인 상태다.

(4) 신경인지장애 알츠하이머병의 7단계

stage1: 증상 없음	기억감퇴 없음
stage2: 건망증	• 기억장애 발생(물건을 잃어버리거나 사람의 이름을 기억 못함) • 수치심과 불안, 우울경험 이런 감정은 증상을 악화 • 구조화된 물건과 일상유지
stage3: 경도의 인지 감퇴	• 작업수행에 어려움 • 운전할 때 길을 잃거나 집중에 어려움을 느낌 • 이름이나 단어회상이 어려움
stage4: 경도에서 중증도의 인지 감퇴	• 자녀생일, 개인사를 잊기도 함 • 쇼핑, 개인금융관리능력에 장애 경험 • 작화증으로 기억상실을 은폐하려 함 • 우울과 사회적 위축
stage5: 중등도의 인지 감퇴	• 개인위생, 옷 입고 치장하는 등의 일상생활 능력을 독립적으로 수행할 능력 상실 • 가까운 친지의 주소, 전화번호 및 이름을 잊음 • 장소와 시간의 지남력장애가 발생되지만 지식적인 측면은 유지 • 좌절, 위축, 자기몰두

stage 6 : 중등도에서 심각한 인지 감퇴 [2022 기출]	• 최근의 주요한 삶의 사건을 기억 못함 • 배우자 이름조차 기억 못함 • 지남력장애가 일반적으로 나타나며, 요일, 계절, 연도를 기억하지 못함 • 도움 없이 일상생활을 유지할 수 없음 • 신체증상(요실금, 변실금, 수면문제), 정신운동증상(배회하기, 강박증, 초조, 공격성) 出 → 일몰증후군(오후나 저녁에 더 심해짐) • 언어구사능력의 소실로 의사소통의 장애 발생
stage7 : 심각한 인지 감퇴	• 말을 하지 못하고 누구도 알아볼 수 없이 침상생활 • 욕창이나 경축 등의 부동의 문제

3 섬망(Delirium) [2023 기출]

(1) 섬망의 진단기준(DSM-5)

섬망	DSM-5의 진단기준에는 시공간 능력의 장애가 새롭게 추가되었다. 최근까지만 해도 섬망은 급성이거나 가역적인 뇌증후군으로, 치매는 만성이거나 비가역적인 뇌증후군으로 언급되어 왔다. • 섬망은 인지변화에 의해 수반되는 의식의 장애(혼탁)와 관련된 증후군이다. • 대개 단기간에 진행되며 하루 동안에도 변동이 심하다. • 섬망 환자는 집중을 잘 못하고 산만하며 지남력 상실을 보이고 착각이나 환각을 동반한다. • 섬망을 일으킬 수 있는 위험요인에는 중증 신체질환, 고령, 인지적 손상 등이 포함된다. → 급성기 노인환자의 30~50%가 입원하고 있는 동안 섬망을 경험한다. • 섬망은 수 시간에서 며칠이 걸릴 수 있고, 하루 주기로 증상의 기복이 있을 수 있다. 환자는 초조하거나 위축될 수 있고, 눈물을 흘리거나 슬퍼하는 우울증상이 나타난다. 섬망은 단기간에 발생하는 의식 및 전반적인 인지기능저하를 가져온다.

섬망의 진단기준(DSM-5)

A. 주의의 장애(즉, 주의를 기울이고 집중, 유지 및 전환하는 능력 감소)와 의식의 장애(환경에 대한 지남력 감소)

B. 장애는 단기간에 걸쳐 발생하고(대개 몇 시간이나 며칠), 기저 상태의 주의와 의식으로부터 변화를 보이며, 하루 경과 중 심각도가 변동하는 경향이 있다.

C. 부가적 인지장애 예 기억 결손, 지남력장애, 언어, 시공간 능력 또는 지각

D. 진단기준 A와 C의 장애는 이미 존재하거나, 확진되었거나, 진행 중인 다른 신경인지장애로 더 잘 설명되지 않고, 혼수와 같이 각성 수준이 심하게 저하된 상황에서는 일어나지 않는다.

E. 병력, 신체 검진 또는 검사 소견에서 장애가 다른 의학적 상태, 물질 중독이나 금단(즉, 남용약물 또는 치료약물로 인한), 독소 노출로 인한 직접적·생리적 결과이거나, 또는 다중 병인 때문이라는 증거가 있다.

→ 다음 중 하나를 명시할 것

- 물질 중독 섬망: 이 진단은 진단기준 A와 C의 증상이 임상 양상에서 두드러지고 임상적 주목을 보증할 정도로 충분히 심할 때에만 물질 중독의 진단 대신에 내려져야 한다.
- 물질 금단 섬망: 이 진단은 진단기준 A와 C의 증상들이 임상 양상에서 두드러지고 임상적 주목을 보증할 정도로 충분히 심할 때에만 물질 금단의 진단 대신에 내려져야 한다.
- 약물치료로 유발된 섬망: 이 진단은 진단기준 A와 C의 증상들이 처방받아 복용 중인 치료약물의 부작용으로서 발생할 때에 적용된다.

→ 다음의 경우 명시할 것

- 급성: 몇 시간이나 며칠 지속하는 경우
- 지속성: 몇 주나 몇 개월 지속하는 경우

→ 다음의 경우 명시할 것

- 과활동성: 정신운동 활동 수준이 과잉되어 기분 가변성, 초조 그리고/또는 의학적 치료에 대한 협조 거부를 동반할 수 있다.
- 저활동성: 정신운동 활동 수준이 저조하여 혼미에 가깝게 축 늘어지거나 무기력을 동반할 수 있다.
- 혼합성 활동 수준: 비록 주의와 의식의 장애가 있지만 정신운동 활동은 보통 수준이다. 또한 활동 수준이 빠르게 변동하는 경우도 포함된다.

(2) 섬망 사정

일반적 외모 및 행동	• 정신운동성 행동의 장애로 안절부절못하고 과다행동 혹은 정신운동 활동지연을 보인다. • 손과 손가락을 더듬는 행동이 항진되면서 기진맥진해질 수 있고, 기괴한 행동이나 긴장성 혼미 행동같이 정신운동의 지연을 보이기도 한다.
기분이나 정서	• 공포, 불안, 초조, 우울, 분노, 무감동 등이 나타나며 감정의 변화가 매우 빠르고 갑자기 예기치 않게 나타난다. • 대상자가 두려움이나 위협에 처해있다고 느낄 경우 방어하려고 매우 공격적으로 될 수 있다. • 착각이나 환각 상황에서도 반응적인 행동으로 갑자기 흥분상태로 변하는 경우가 많다.
사고과정과 내용	사고과정은 지리멸렬하고, 조직적이지 못하며 단편적이라서, 언어가 논리적이지 못하고 이해하기가 어렵다. 망상이 나타나기도 한다.
감각 및 의식의 변화	• 섬망의 주증상은 의식의 혼탁이다. 이로 인해 주의력, 집중력, 그리고 지각에 장애가 생겨 착각, 환각, 해석의 착오를 보이고 기억, 지남력의 장애와 각성 감퇴, 불면, 감각장애를 나타낸다. 지남력 중 시간에 대한 장애가 있으며, 기억력 중에는 최근 기억의 장애 특히 즉각적인 회상에 결함을 보인다. • 이런 장애들이 주간보다 야간에 더 심하게 악화된다. • 하지만 의식수준에 변화가 일어나더라도 깨어있거나 일반적으로 질문에 대답할 수 있는 각성상태에 있다.

	• 정도는 경미한 착란이 있는 섬망부터 혼미나 혼수에 이르는 심한 상태까지 다양하게 나타난다. 이런 양상의 발병은 빠르고 보통 몇 시간에서 며칠까지 나타나며 증상이 최초로 시작하는 것은 밤이다. • 섬망 상태로 들어가기 전 전조증상이 나타나는데 초조, 불안, 청각 자극에 보이는 과민함, 불면증, 야간에 꾸는 생생한 꿈이나 일시적이면서 선명한 환시 등이 있다. 그러다가 밤이 되면서 완연한 섬망 상태에 이른다. • 대부분의 섬망 대상자는 밤에 초조하며 잠을 못 자고, 낮에는 조는 등 수면양상의 주야간 변화를 보인다.
판단 및 통찰력	정보를 받아들이고 처리하고, 저장하고 또 상기해 내는 능력 등 현실 판단 능력에 장애를 보인다.
자아개념	• 섬망 대상자가 두려움이나 위협을 느낄 때 절망하고 무력감을 경험하게 된다. • 특히 알코올이나 약물 복용, 처방된 약을 과잉 복용해 섬망을 경험하게 되었다면 "나는 나쁜 사람이다."라며 죄책감, 수치심, 굴욕감을 느끼고 장기간 자아개념의 문제로 이어질 수 있다.

(3) 섬망의 치료 및 간호중재

안전간호	• 안정제는 혼돈을 더 악화시키고 낙상 위험을 증가시키기 때문에 약물 복용에 대해 신중하게 고려한다. • 대상자에게 침대에서 내려갈 때나 화장실에 갈 때 도움을 청하라고 교육한다. • 대상자를 수시로 체크하고 혼자서 안전하지 않은 활동을 하지 않도록 주의 깊게 살핀다.
신체간호	• 생명을 유지하는 간호를 가장 먼저 시행해야 한다. • 고열량의 음식과 비타민의 섭취가 필요하며 충분한 영양이 보충되어야 하므로 대상자에게 맞는 적당한 음식을 제공한다. • 수면 부족은 이미 존재하는 인지적 기능장애 문제를 더 악화시킬 수 있으므로 중재가 필요하다. • 진정제를 투여하면 섬망의 유발 요인을 밝혀내는 데 방해가 될 수 있으므로 가급적 제한하고 등 마사지, 따뜻한 우유 한 잔, 그리고 부드러운 대화 등의 간호로 대상자를 덜 초조하게 하고 이완시키며 잠들도록 도울 수 있다.
영양과 수분균형	정맥주입으로 유지하되, 환자가 불안초조하다면 억제대를 이용할 수도 있다.
수면장애	• 수면장애(부족)는 인지장애를 더욱 악화시킬 수 있다. – 진정제는 스트레스 요인을 파악하기 어렵게 하므로 처방에 주의한다. – 등 마사지, 따뜻한 우유, 편안한 대화 등으로 이완시켜 수면에 도움을 준다. • 가족구성원과 함께 지내게 해서 환자를 편하게 돕는다. • 환자가 혼란스러움을 겪는 경우 밝은 방이 필요한데, 그림자는 환자가 잘못 이해할 수 있고, 공포를 가중시킬 수 있기 때문이다. 그리고 방 안의 사물들은 환자와 장소와 사람에 대한 지남력을 제공한다.

혼란 상태의 관리		• 밝은 방에 있도록 한다. 어두운 방에서 그림자를 보고 착각하거나 더 두려워 할 수도 있다. • 환각 시 자신을 해치거나 남을 해치지 못하도록 한다. • 실제적으로 환각은 내재되어 있는 유발요인이 제거될 때까지 계속된다. 그러므로 더 바람직한 반응은 대상자에게 현실에 대한 인식을 계속 제공하는 대화, 즉 '질병에 걸려서 입원해 있다.'는 사실을 알려주는 것이다. 또한 대상자 곁에 치료진이 같이 있어줌으로써 대상자를 안심시킬 수 있다.
	환각 시 치료적 조치	환시는 매우 위협적이어서 도망가려 하고 심지어 창문에서 뛰어내리려고 할 수 있다. 대상자의 방에는 안전 스크린이 필요하고 다칠 위험이 있는 물건이나 가구를 최소로 두어야 한다.
	환각 시 비치료적 조치	환시로 두려워하는 대상자에게 환각의 물체를 제거하며 도와주려고 할 수 있다. 예를 들어 대상자가 침대 시트에 있는 벌레들을 치워달라고 할 때 같이 벌레를 치워주는 척할 수 있다. 그러나 비언어적으로나마 그 환촉이 진짜라는 의미를 주게 되어 치료적이지 않고 이것은 환자를 더욱더 두렵게 만들 수 있다.
치료적 환경 유지		• 과도한 자극을 감소시킨다. – 병실을 조용하게 유지한다. – 방문객 등 낯선 사람을 제한한다. – 안정감을 주기 위해 낯익은 사람이 돌보도록 한다. – 여러 사람이 교대로 간호하는 것보다 가능하다면 가족이 간호하면서 일관되게 관찰 • 모든 간호 절차를 설명해 협조를 얻은 후 적극적인 태도를 수행한다. – 섬망 대상자는 쉽게 놀라고 갑자기 접근하거나 알지 못하는 일이 진행되면 두려움을 보이기 때문에 환자를 과도하게 다루거나 움직이게 하는 것은 피한다. – 가능한 한 모든 처치와 치료를 한 번에 신속히 제공한다(자극감소). • 글자가 분명한 시계와 달력을 걸어 지남력과 기억력의 왜곡을 감소시킨다. • 환각 시 타인과 실제적인 상호작용이나 간단한 활동을 하도록 해 현실 적응을 시도한다. • 회복될 때 제한된 사람과 접촉하도록 하다가 급성기가 지난 후 점차 집단 활동에 참여하도록 격려하고 대인관계를 넓혀준다.
섬망 대상자와의 대화법		• 섬망 대상자의 의식의 혼탁으로 인한 지남력이나 기억력의 장애를 완화시키기 위해 확고하고 긍정적인 태도로 안정 상태를 유지시키는 것이 중요하다. • 같은 말을 반복 사용하며 될 수 있는 대로 명료하게 직접적이고 구체적인 용어로 대화를 한다. • 선택의 기회를 최소로 주고, 단순하고 구체적인 용어를 사용하고, 직접적이며 사실적인 대화를 한다. • 대상자와 만날 때는 항상 이름을 불러 타인을 인식하고 자기 자신을 인식하게 한다.
환자교육		회복기 동안 환자는 자신에게 무슨 일이 일어났는지 관심을 보인다. 손상된 기능에 대해 환자와 가족에게 설명해주고 자신의 감정에 대처하고 정보를 이해하기 위한 교육을 반복한다.

구분	섬망	신경인지장애
원인	• 진전섬망(알코올 금단증상) • 요독증, 급성 간기능 부전, 급성 뇌혈관염 • 아트로핀 중독, 치매(Dementia)	• 가역성: Vit B_{12} 결핍증, 갑상선 질환 • 비가역성: 알츠하이머병, 혈관성 치매(뇌혈관 경색), 두부외상으로 인한 치매
임상적 특징	• 발병: 급성 • 경과: 짧은 시기에 발전하고 하루 중 기복이 심함. 밤에 더 나빠짐 • 지속기간: 몇 시간에서 몇 주 • 수면: 항상 수면장애 • 일반 내과적 질환 혹은 약물중독과의 관련성: 한 가지 혹은 모두 있음	• 발병: 잠행성 • 경과: 서서히 진행 • 지속기간: 몇 달에서 몇 년 • 수면: 단편적인 수면 • 일반 내과적 질환 혹은 약물중독과의 관련성: 없는 경우도 있음
정신상태	• 의식수준: 혼란, 주위환경을 인식하기 어려움 • 행동: 활동 감소(졸림) 또는 증가(흥분, 고도의 각성) • 언어: 머뭇거리며 느리거나 빠르고 앞뒤가 맞지 않음 • 기분: 공포 또는 신경과민에서 정상 또는 우울에 이르기까지 기복이 심하고 불안정 • 사고과정: 비조직적이며 일관성이 없음 • 사고내용: 망상이 흔히 나타남 • 지각: 착각과 환각이 흔히 나타남(특히 환시) • 판단력: 정도의 차이를 보이며 손상됨 • 지남력: 시간과 장소에 대한 지남력 상실 • 주의력: 산만하며 주의집중을 못하고 쉽게 흐트러짐 • 기억력: 최근 기억이 손상됨	• 의식수준: 말기로 진행되기 전까지는 보통 정상 • 행동: 퇴조를 보임 • 언어: 단어선택에 어려움이 있고 실어증이 나타남 • 기분: 보통 단조로우며 우울함 • 사고과정: 사고가 메말라가며 말을 거의 알아들을 수 없음 • 사고내용: 망상이 나타날 수 있음 • 지각: 환각이 나타날 수 있음 • 판단력: 정도의 따라 점차 손상됨 • 지남력: 비교적 잘 보존되나 말기로 진행됨에 따라 점차 손상됨 • 주의력: 말기로 진행되기 전까지는 보통 정상 • 기억력: 최근 기억과 새로운 것에 대한 학습능력이 손상됨

4 주요신경인지장애(치매)

(1) 주요신경인지장애의 행동특성

DSM-5의 주요신경인지장애	복합적 주의, 집행 기능, 학습과 기억, 언어, 지각-운동, 사회인지 등의 6개 영역 중 한 가지 이상이 이전에 비해 현저하게 저하되어 있는 경우 주요신경인지장애로 정의하고 있다.
DSM-5의 주요신경인지장애	• 알츠하이머병, 전두 측두엽 신경인지장애, 루이소체, 혈관성, 외상성 뇌손상, 헌팅턴병 등의 원인별로 분류 • 주요신경인지장애는 만성적이고 대부분 비가역적이며, 광범위한 인지기능장애, 즉 기억력, 지남력, 판단력, 실행능력, 언어능력 등에 장애를 보이며 이에 따른 사회 및 직업적 기능장애를 가져온다. 추상적 사고의 장애로 특정 단어의 동의어나 반의어를 알지 못하고 속담풀이를 하지 못하고, 고차적 피질기능의 장애로 실어증, 실행증, 실인증 등의 증상이 나타나기도 한다.
실어증	치매에서는 점차적으로 의미 있는 대화를 할 수 있는 능력이 손상된다. • 익숙한 물건이나 사람의 이름을 말하지 못한다. • 계속 한 가지 생각이 나기 때문에 대화가 반복적이다. • 불분명하게 발음하다가 결국 언어기능을 모두 잃는다(실어증). • 익숙한 물건이나 친한 사람의 이름을 잊어버린다. • '그것, 저것' 등 애매한 단어나 대명사를 많이 쓰는 식으로 진행한다. • 반향어나 말 되풀이증을 보이기도 한다.
실행증 [2010 기출]	• 운동 능력이 있더라고 옷을 입는다든지, 머리를 빗는다든지 등의 익숙한 행동을 못한다. • 다른 사람이 시범을 보여도 제대로 따라하지 못하고 중증 단계에 이르면 걸음조차 뗄 수 없게 되어 안전에 위협을 받을 수 있다.
실인증 [2010 기출]	• 사람이나 잘 알고 있던 물건도 알아보지 못하는 실인증이 있다. • 빤히 보면서도 사물의 이름을 인식하지 못한다.
기억력 장애	즉각적 회상과 최근의 기억이 일반적으로 가장 심각하게 영향을 받게 된다. 먼 과거의 기억은 상태가 악화되어 황폐화가 일어나더라도 그다지 침해를 받지 않는다. 기억력 장애와 관련된 다른 행동장애는 작화증인데, 이것은 혼란상태에 있는 사람이 답을 기억할 수 없을 때 질문에 대한 반응을 지어내는 것이다. 이는 거짓말을 지어내거나 속이려고 하는 것이 아니고 오히려 혼돈된 환경에 직면했을 때 적응하기 위한 방법이다.
최근기억장애	어휘력과 일반적인 정보는 장애를 적게 받고 그간의 학습된 양에 의해서 영향을 받는데, 인생의 초기에 배운 사실은 잘 재현되고, 최근에 학습된 내용은 빠르게 잊혀지는 것으로 나타난다.
작화증 [1995 · 1996 · 2010 기출]	경증이나 중등도 치매 대상자들은 기억하지 못하는 부분을 메우려고 내용을 만들어낸다. 작화증은 거짓말을 하거나 속이려는 의도보다 당황스러운 상황에서 헤어나오려는 노력의 하나이다.

지남력 장애	지남력 장애는 대개 시간 감각이 먼저 영향을 받고 그 다음으로 장소, 그리고 사람에 대한 지남력 상실이 나타난다.
합리적 사고와 판단장애	개인위생을 소홀히 하고 물건을 훔치거나 교통법규를 무시하는 행동으로 나타나기도 하고, 충동조절의 결여는 이성에 대해 부적절한 성적행동의 갑작스런 표현으로 나타날 수도 있다.
지적 능력을 상실	기억의 장해는 초기부터 일어나는데 처음에는 최근 기억이나 즉각적인 기억의 문제가 있지만 점차 가까운 가족이나 자신조차도 알아보지 못하게 된다.

(2) 기타 인지장애

과도한 초조	• 과도한 초조는 밤에 잘 나타나며 이는 여러 가지 자극과 피로감이 원인이 될 수 있다. 공포와 초조의 결과로 지남력 상실이 나타난다. 초조한 행동은 어떤 일을 하는 데 이해를 못하거나 혹은 단순히 일하기 싫어 압박을 받을 때 발생하며 이는 자신의 생활에 대해 조절하고자 하는 노력의 반영이다. 스트레스 상황에서 심한 초조반응이 일어날 수 있는데, 이를 파국반응이라고 한다. 파국반응과 관련된 촉발요인으로는 정보를 조직화하고 해석하는 것의 어려움으로 인한 인지상태의 변화와 약물 부작용, 익숙하지 않은 자극과 같이 기억해야 하는 요구들로 인한 심리사회적 요인과 환경, 소음 등의 환경적 요인을 들 수 있다. • 안절부절, 불안으로 인한 배회는 또 다른 이상행동이다.
파국반응 [2022 기출]	• 환경변화, 사소한 자극 시 감정파국이 나타난다. • 생각이 나지 않는 상황이 지속되어 심리적으로 불안하여 사소한 자극에도 분노가 폭발된다. • '갑작스러운 분노의 폭발'이며, 언어적 공격인 '소리치며, 욕하기', 혹은 신체적 공격인 '때리기, 발로 차기, 깨물기' 등의 격렬한 행동이 갑자기 나타나는 상태이다. • 사소한 자극(기침소리, 뭐가 없어졌다는 소리 등)에도 예민해질 때 나타나는 증상으로, 심리적 불안감 때문에 이런 반응이 나타난다(= 파국반응으로 언어적 · 신체적 공격, 야간 배회, 초조, 통제할 수 없는 행동 등을 보이는 것 – 갑자기 울고 소리 지르는 등). • 대처 – '아 그랬어?' '그랬구나' – '아유, 엄마 진짜 화났겠다'라고 엄마의 감정을 인정해주면 감정이 누그러진다. 그러나, 함께 놀라고 당황한 나머지 '그게 아닌거 알잖아!' '왜 별것도 아닌걸로 화를 내고 그래?'라고 반응을 한다면 상황이 더욱 악화될 수 있다.
일몰증후군 (sundown syndrome) [2022 기출]	• 밤이 되면 극단적인 불안정감이 나타나는 현상이다. • 낮엔 평온히 지내다가도 해가 지면 안절부절 주체하지 못하고 화를 내거나 난폭해지는 행동 등을 보이는 것을 말한다. • 안절부절못함과 불안정감은 치매에서 나타나는데, 특히 밤에 발생하는 극단적인 불안정감을 말한다.

	• 대처 – 일몰증후군 증상을 예방하기 위해서는 먼저 생리적인 문제를 평소에 '그때그때' 해결해줘야 한다. 예를 들면 배가 고프지 않게 제때 식사와 간식을 챙기고, 배변 욕구가 해소되도록 하며, 너무 덥거나 춥지 않게 조치하는 것 등을 말한다. – 저녁이 될수록 실내 공간이 너무 어둡지 않게 불을 밝게 켜두고, 밤에 '수면등'을 켜 두는 것도 좋은 방법이다. 실내에서 너무 단조로운 생활에 젖어있지 않도록 규칙적인 식사 후에는 20~30분 정도 산책을 하거나 기상 후 이불 정리하기, 화초 키우기, 수건 접기 등 단순하면서도 어렵지 않은 일상생활에 참여할 수 있도록 돕는다.

(3) 기분과 정서, 사고과정 장애

기분정서	불안	기억의 문제가 생기는 초기나 인지기능이 점차적으로 저하될 때 불안과 두려움을 경험하는데 그 감정을 표현할 수 없다.
	감정폭발	시간이 갈수록 기분이 불안정해지고 뚜렷한 이유 없이 갑자기 변해 감정적 폭발을 자주 보이고 곧 괜찮아지고 때로 분노와 적대감을 표현한다.
	파국정서	치매 대상자는 환경에 익숙하지 않거나 잘 적응하지 못할 때 파국적인 정서 반응, 즉 언어적 신체적 공격, 야간배회, 초조, 통제할 수 없는 행동들을 보인다.
사고과정과 내용	• 초기에는 정상적인 사고를 하나 갈수록 모호하고 주저하지 않고 떠들며 우스꽝스러운 농담이 나타나기도 한다. • 초기에 추상적인 사고 능력이 떨어지면서 계획을 세우지 못하고, 순서대로 하지 못해 복잡한 행위를 시작하거나 마무리 짓지 못한다. • 문제해결 능력이 떨어지고 새로운 상황에 어떤 행동을 해야 할지 알 수 없게 된다. • 어떤 상황의 유사점이나 차이점을 인식할 수 없기 때문에 다른 상황으로 지식을 통합적으로 연결하지 못한다. 따라서 직장에서 일을 계속 할 수 없게 된다. 활동이나 예산을 계획적으로 하는 것은 물론 식사 준비 같은 것도 할 수 없게 된다.	
감각이나 인지과정	• 시각 공간적 개념이 떨어진다 : 단순한 것을 그리거나 쓰는 능력도 감퇴하게 된다. • 주의 집중 시간이나 능력이 떨어진다.	
판단력과 병식	• 자기 능력을 과대평가하거나 과소평가 : 인지적 손상으로 인해 판단력이 떨어지기 때문에 신체적인 손상 위험을 야기할 수 있다. • 위험한 상황을 판단 못한다 : 한 겨울에 잠옷을 입은 채 거리를 방황할 수 있으며, 이 자체를 위험하게 생각하지 못한다. • 병식도 제한 : 초기에는 기억이나 인지 문제를 인식하고 '기억력이 떨어졌어.'라고 걱정하지만 점차 자신에게 문제가 있다는 것 자체에 관심이 없어지고 오히려 타인에게 물건을 훔쳤다는 등 책망하게 된다.	
자아개념	• 초기에는 중요한 물건을 잃어버리거나 중요한 일을 잊어버리면 분노하거나 좌절하기 때문에 나이가 들어가는 것에 대해 또는 기능 상실에 대해 슬픔을 호소하기도 한다. • 점차 자신에 대해서도 인식하지 못하게 되어 거울 앞에 있는 자신도 모른다.	

역할 및 관계	• 자신의 역할과 관계에도 영향: 배우자나 부모 역할 등 자기 역할을 할 수 없게 되고 일상적인 업무조차 할 수 없게 되면서 결국 기본 욕구조차 수행할 수 없다. • 의미 있는 대화나 사회생활에도 참여할 수 없어 대인관계가 어려워지면서 점차 집에만 있게 된다. • 치매 노인의 경우 부모나 조부모로서의 역할에서 돌봄을 받는 역할로 바뀐다.
생리적 변화 및 자가 간호 변화	• 수면변화: 수면 양상이 바뀌어 낮에는 잠을 자고 밤에는 배회한다. • 배고픔, 갈증을 인지하지 못한다: 중증단계의 경우에는 음식이나 음료를 섭취하는 데도 어려움을 겪는다. • 요실금이나 변실금, 배설 후에 처리에 어려움을 겪는다. • 일상생활 수행능력이 떨어짐: 옷 입기, 개인위생, 목욕 등에 도움을 필요로 한다. • 집을 떠나 익숙한 길도 못 찾아와서 주위의 보호를 필요로 한다. • 판에 박힌 반응만을 하며 무위도식하는 행태를 보인다. • 연속적인 행동도 거의 불가능해 복잡한 운동을 하지 못하고 심해지면 옷이나 수저도 혼자 사용하지 못한다.

(4) 주요신경인지장애 대상자의 간호중재

안전간호	• 대상자의 안전을 위해 손상 받지 않도록 보호하고, 생리적 요구를 충족시켜주며 망상이나 환각과 같은 자극을 포함하는 환경에 노출되는 위험을 관리해야 하는데 대상자는 환경이나 능력을 정확하게 평가할 수 없다. 예를 들어 집에서 가스레인지에 음식을 만들고 있었던 것을 잊어버릴 수 있다. 이 때 가족들은 "불이 날 수 있기 때문에 어머니 혼자서 음식을 만들 수 없어요."라고 말하는 대신에 "어머니께서 음식을 만드는 동안 제가 부엌에 같이 있으면서 이야기 할게요."라고 말하는 게 바람직하다. 이런 방법으로 간호사나 돌보는 사람이 대상자의 손상을 보호하면서 어떤 일에 참여하는 능력이나 욕구를 지지해 주어야 한다. • 특히 야간에 노인들이 흔히 보이는 졸음, 혼동, 보행장애, 실수로 넘어짐 등의 증상들을 석양(일몰)증후군이라고 부른다. 이는 벤조디아제핀계 약물 복용 등으로 지나치게 진정되었을 때나 향정신성 약물을 복용했을 때 또는 어둡거나 옆에 사람이 없어 외부자극이 부족할 때 잘 나타난다.
지남력 유지 및 증진	• 방문에 이름 적기: 방문에 크고 선명하게 이름을 적어놓는 것도 효과적이어서 자기 이름을 잊어버린 사람에게 이름을 상기시켜주기도 한다. • 큰 시계 걸기: 시간에 대한 지남력을 돕는다. 하루하루 날짜가 큰 글씨로 쓰인 일력도 시간에 대한 지남력을 위해 유용하다. • 신문: 지남력을 위한 자극을 제공하고 최근의 사건에 흥미를 갖는 데 도움이 된다. • 일정시간에 그룹 만나기: 현실에 대한 지남력을 갖는 데 도움이 된다. • 현재 가능한 대상자의 기능 측면을 파악해 규칙적인 일상생활의 한계를 정하고 일과를 계획한다. 정확하고 간단하게 일을 시행하되 고정적인 일을 주도록 한다. 계획을 세밀하게 작성해주며 새로운 경험에는 서서히 직면하도록 조성하고 사려 깊게 보호한다.

치매 대상자와의 대화법	• 대상자와 만날 때 자기소개를 먼저 하고 공감, 온정, 돌봄의 자세로 다가가는데 조건 없는 긍정적 태도가 필요하다. • 대상자가 과거에 어떤 사람이었는지 이해할 필요가 있는데 이에 대한 정보는 대상자의 과거 회상을 격려해 들을 수도 있고 가족들과 이야기하면서 얻을 수 있다. • 기억력을 상실하고 정서적으로 불안정한 치매 대상자와 상호작용을 할 때는 대상자와 자주 짧게 만나는 것이 좋다. • 낮고 분명한 음성으로 말하되, 대상자는 사소한 일에 쉽게 흥분하는 경향이 있으므로 너무 작은 소리로 말하지 않도록 한다. • 한 번에 한 가지 질문을 간단명료하게 하고 대명사를 사용하지 않는다. 한 번에 너무 많은 단어를 말하지 않아야 혼돈을 감소시키고 집중하게 할 수 있다. • 추상적인 단어나 속어보다는 구체적인 언어를 사용하며, 구체적인 생각이나 설명을 하도록 한다. • 복잡한 선택이나 의사결정을 요구하기보다는 가능한 한 '예, 아니요'로 답할 수 있는 폐쇄적 질문을 한다. • 개인별로 대상자에 맞게 한 번에 한 가지씩 수행하도록 하며 안심할 수 있는 태도로 공감과 수용적 접근을 한다. • 기억나지 않는 사건에 대해 계속 이야기하게 되면 대상자가 좌절하므로 가능한 한 대화의 초점은 대상자가 시작하는 주제에 맞추도록 한다. • 대부분의 대상자는 예전의 추억을 이야기하면서 편안하다고 느끼며 과거 경험을 이야기하면서 즐거움을 추구한다. 남아 있는 과거 기억을 이용해 이야기를 나누면서 현실감을 가지도록 하지만 대상자의 자존심이나 불안정한 감정을 자극하지 않아야 한다. • 그림이나 음악이 대상자의 과거 경험을 기억해 내는 데 도움을 줄 수 있다. 대상자가 초조해 할 때 자극을 줄이고 오락과 기분전환에도 사용할 수 있다.
의사소통 간호	최근 기억상실은 자주 당면하는 행동장애이다. 잃어버린 기억에 대해 근거를 제시하는 것은 대상자로 하여금 좌절감을 느끼게 할 것이다. 대화의 요점은 대상자가 시작한 주제를 향해 나가야 한다. 대부분의 대상자는 과거에 대한 이야기나 과거의 경험을 토론하면 즐거움을 느낄 것이며 보다 편안함을 느낄 수 있을 것이다. 최근 기억상실은 부드럽고 재치 있게 다루어져야 한다.
배회관리	• 배회하는 상황을 파악하기 위해서는 주의 깊게 관찰해야 한다. 어떤 경우에서는 약물 복용으로 인해 초조해지고 불안정해져서 그런 경우도 있고, 치매환자는 신체적 또는 정신사회적 스트레스에 약하므로 주위 환경에서 느끼는 극도의 스트레스와 긴장 때문일 수도 있으며, 도망치려는 시도일 수도 있다. 목욕이나 약물 복용처럼 싫어하는 활동을 해야 한다고 인식하면 피하려고 하는 것과 비슷하다. • 대상자가 자유롭게 돌아다닐 수 있는 장소를 마련해주는 게 좋은데, 가능하다면 야외 공간도 포함해 안전하게 돌아다니게 해준다.

집단활동	• 신체적 운동요법, 감각훈련, 현실감훈련, 모든 감각의 재자극요법, 일상생활 활동지도, 작업요법, 문학요법, 레크리에이션, 종교활동 등을 포함한다. • 시설노인들의 사회적 고립과 감각박탈에 지속적인 사회적 상호작용과 간호를 제공함으로써 새로운 흥미를 자극할 수 있다.
재자극	대상자의 과거를 되찾아서 현재에 그것을 적용시키기 위해 재자극은 필수적이다.

(5) 인지기능개선제의 작용기전 및 부작용

<table>
<tr><td rowspan="6">아세틸콜린
에스테라제</td><td rowspan="6">donepezil
(aricept)</td><td rowspan="3">작용기전</td><td>아세틸콜린을 분해하는 콜린에스테라제의 작용을 억제하여 콜린성 신경말단에서 아세틸콜린의 농도를 증가시켜 콜린성 신경흥분효과를 증가시키고 지속시킴. 아세틸콜린이 메시지를 전달하기 위한 시간을 벌어주는 것</td></tr>
<tr><td>기억의호전과 행동개선효과가 있음</td></tr>
<tr><td>간에대한 독성이 거의 없다는 장점이 있음</td></tr>
<tr><td>적응증</td><td>초기 및 중기 알츠하이머 대상자</td></tr>
<tr><td>복용방법</td><td>1일1회 취침 전에 복용</td></tr>
<tr><td>부작용</td><td>오심, 구토, 설사, 체중 감소 그러나 심하지 않고 곧 사라짐</td></tr>
<tr><td rowspan="3">memantine
(namenda)
[2022 기출]</td><td>작용기전</td><td colspan="2">• 흥분성 신경전달물질인 글루타메이트의 수용체 중에 NMDA(N-methyl-d-asparate) 수용체 길항제로 글루타메이트의 분비를 억제하여 보통에서 중증에 해당하는 신경인지장애 환자의 인지기능과 일상생활능력을 향상시킴
• 아세틸콜린 분해효소억제제를 사용해도 뚜렷한 증상의 개선이 없는 경우, 또는 중등도 이상의 알츠하이머병에서 단독으로 투여하거나 아세틸콜린 분해효소억제제와 병용하여 사용
• 치매에서 신경원의 퇴화를 가져오는 영구적인 세포 내 칼슘농도를 증가시키는 글루타메이트의 만성적인 방출이 있다고 가정하고 있음</td></tr>
<tr><td>적응증</td><td colspan="2">중증알츠하이머 대상자에게 효과적</td></tr>
<tr><td>부작용</td><td colspan="2">두통, 어지럼증, 변비이며 심한 심장질환자에게는 금기</td></tr>
<tr><td rowspan="3">기타</td><td>항정신병 약물</td><td colspan="2">정신증, 흥분, 공격적 행동을 감소시키는 데 효과적. 정신적인 증상, 즉 망상, 환각, 초조 및 공격성이 있을 경우에 Haloperidol, Olanzapine, Risperidone 등의 항정신병 약물을 복용하도록 함</td></tr>
<tr><td>항우울제와
기분안정제</td><td colspan="2">저용량의 SSRI 사용. 항우울제가 우울 증상을 완화하는 데 효과적이기는 하지만 섬망을 일으킬 수 있기 때문이며, 가능한 한 부작용이 적은 SSRI 항우울제를 복용하도록 함</td></tr>
<tr><td>항불안제
(진정최면제)</td><td colspan="2">노인 대상자에게 단기간 사용해야 함. Benzodiazepine계 약물은 섬망을 일으킬 수 있고 인지손상을 악화시킬 수 있기 때문에 약 복용에 유의해야 함</td></tr>
</table>

12 성 관련 장애 간호

1 용어 정리

유전적 정체성 (Genetic indentity)	생물학적 성
성 정체성 (Gender indentity)	자신을 여성으로 남성으로 자각하는 것. 남성다움이나 여성다움과 관계된 행동의 사회적이고도 심리적인 측면을 말하는 것으로 2~3세쯤 되어야 "나는 남자다", "나는 여자다"라는 확신을 지니게 됨
성 정체감 (Sexual role)	생물학적인 성의 특징에 따라 남성인지, 여성인지 아는 것
성 역할 (Gender role)	개인의 성과 관련하여 기대되는 행동, 인지, 직업, 가치 및 정서적 반응과 같이 성과 관련된 문화적 역할 특성
성 지남력 (Sexual orientation)	성 충동의 대상이 누구인가 하는 것으로, 이성적, 동성적, 양성적일 수 있음
이성애	이성애는 반대의 성을 지닌 사람에게 성적 매력을 느끼는 것. 대부분의 사람들이 여기에 속함. 성파트너로서의 남녀가 커플을 이루는 것은 모두 합법적이며 종교적인 승인을 받고 있고, 현대인의 문화, 가치 및 규범 등에 영향을 미침.
동성애	동성애는 같은 성을 지닌 사람에게 성적 매력을 느끼는 것. 남녀 동성애자를 흔히 '게이(gay)'라고 부르지만, 어떤 이는 남성 동성애자를 부를 때 쓰며, 여성 동성애자는 '레즈비언(lesbian)'이라 부름

2 성도착장애

정의	• 성행위 대상이나 성행위 방식에서 비정상성을 나타내는 장애로 인간의 정상적인 성행위의 범주를 벗어나는 행동을 의미함 • 남성은 18세 이전 발생, 15~25세에 호발됨
진단기준	• 인간이 아닌 대상, 개인 자신이나 상대방의 고통이나 굴욕감, 소아나 동의하지 않는 사람들을 대상으로 하여 반복적이고 강력한 성적 환상, 성충동 및 성행동이 적어도 6개월 이상 지속되어야 함 • 일부 개인들에게 있어서 성도착증적인 환상이나 자극이 성적 흥분을 일으키는 데 반드시 필요하며, 성행위를 할 때 항상 동반됨. 다른 경우에는 성도착증이 간헐적으로만 나타나며 성도착증적 공상이나 자극 없이도 성적으로 기능할 수 있음 • 이러한 성적 행동이나 성충동, 환상이 임상적으로 심각한 고통이나 사회적 · 직업적 또는 기타 중요한 영역에서 장애를 일으키는 경우이어야 함

<table>
<tr><td rowspan="6">분류</td><td>관음장애</td><td>• 18세 이상에서 다른 사람의 성기나 성행위를 동의 없이 몰래 훔쳐봄으로써 성적 흥분과 만족을 얻는 것, 대상과 직접적인 성관계는 시도하지 않음
• 20대 초반의 젊은 남성들에게 많음</td></tr>
<tr><td>노출장애</td><td>• 경계하지 않고 낯선 사람에게 자신의 성기를 노출하고 싶은 충동이나 노출함으로써 성적 흥분을 하거나 노출 후 자위를 하며 만족을 얻는 장애
• 상대방이 놀라거나 당황하는 데서 성적 흥분과 극치감을 경험
• 상대방의 무관심과 대수롭지 않게 여김에 좌절함
• 남성 > 여성, 여성은 음부가 아닌 전신을 드러내는 경향
• 사춘기 이전에 발병, 청년전기부터 중년기에 절정에 이름
• 자신의 성기를 노출시킴으로써 자신의 남성다움을 증명하며 거세공포를 완화시킴</td></tr>
<tr><td>접촉마찰장애</td><td>• 동의하지 않는 사람에게 접촉하거나 자신의 성기를 문지르는 행위나 공상을 하면서 성적인 쾌감을 느끼는 것
• 청소년기에 시작, 15~20세 사이 가장 높은 빈도로 발병</td></tr>
<tr><td>성적피학장애</td><td>• 상대방에게 잔인하게 학대나 고통을 당함으로써 성적흥분과 만족을 느끼는 장애
• 질식기호증(자기애적 질식증) → 남성 多, 뇌로 가는 산소공급을 감소시켜 성적흥분을 극대화시킴
• 여성 多, 성인초기 시작, 만성적 경과를 보임</td></tr>
<tr><td>성적가학장애</td><td>• 3가지 양상으로 나타남
– 동의하지 않은 상대방에게 성적 흥분을 얻기 위해 심리적, 신체적 고통을 준 적이 있음
– 성적 흥분을 위하여 동의한 상대방에게 가벼운 상처를 주고 괴롭히면서 고통을 주는 것이 애용됨
– 성적 흥분에 도달하기 위해 동의한 상대방에게 치명적일 수도 있는 신체적 상해를 가는 경우(강간, 난폭한 성행동, 성적 살인)
• 성인 초기 나타남, 남자, 성적 대상을 통제 지배함으로써 무능감 극복
• 성적 살인자 : 해리성 정체감 장애나 정신장애를 동반하기도 함</td></tr>
<tr><td>소아기호장애</td><td>• 13세 이하 아동을 대상으로 한 성도착증
• 환자의 나이가 성적 대상이 되는 아동보다 적어도 5세 이상의 연상으로 16세 이상일 때 진단
• 사춘기 이전 아동과의 성적 접촉을 선호하거나 상상하는 것에서 성적 흥분
• 남성(드물게 여성), 청소년기 시작되고 노년기에도 계속될 수 있음
• 80%에서 어린 시절 성추행을 당한 적이 있음
• 치료 : 남성호르몬 수치 저하 시키는 약물요법, 전자팔찌감시법, 인지행동치료, 격리</td></tr>
</table>

	성애물장애	• 상대의 전인격이 아닌 신체의 일부나 혹은 브래지어, 팬티, 스타킹 등과 같은 특정 사물에서 성적흥분을 느끼는 것 • 성적 만족을 위해 물체나 신체부위 이외의 다른 것은 배제한 경우에만 해당 • 성적 욕구를 위해 구두, 스타킹 등 여성의 물건에 의존 • 남성, 사춘기에 시작하여 만성화 경향 보임
	의상전환장애	• 성적 흥분을 위해 여성의 옷을 입고 자위행위로 성적 오르가슴에 도달하거나, 파트너와의 성행위 시 이성의 옷을 입음으로써 흥분을 일으켜 만족을 증대시키고자 함 • 의복류를 실제로 착용함, 성정체감은 분명, 성전환 원치 않음
	기타	전화외설증, 시체기호증, 동물기호증, 분변기호증, 관장기호증, 소변기호증

03

13 수면 관련 장애 [2023 기출]

1 수면 단계

수면 단계는 수면 시간 내내 주기적으로 출현하며 뇌파상으로도 뚜렷이 구분된다. 각성 시 뇌파는 12~18Hz의 베타파를 보이며, 조용한 무념상태에서는 8~12Hz의 알파파가 점차 증가하는 것으로 보인다. 잠이 들려고 하면 알파파가 소실되면서 1단계 수면에 들어간다. 수면은 크게 급속안구운동 수면(REM)과 비급속안구운동 수면(NREM)이 있고 비급속안구운동 수면은 다시 1단계 수면에서 4단계 수면까지로 이루어진다.

구분		NREM	REM
특징	뇌파	1단계 세타파, 3~4단계 델타파	베타파 : 톱니모양의 활동성 뇌파
	안구운동	없거나 느리게 움직임	빠른 움직임
	음경발기	드묾	자주 발생
	사고정신활동	논리적, 개념적, 꿈 드묾	• 비논리적, 지각적, 꿈 多 • 가성상태로 쉽게 깨울 수 있음
	자율 신경계	생리적 기능 감소, 체온 저하, 맥박, 혈압, 호흡수 저하, 뇌 온도, 뇌혈류, 뇌대사 저하	• 자율신경계 운동 항진, 체온조절기능은 상실 • 맥박, 혈압, 호흡수 증가 • 뇌 산소소모량 증가, 뇌온도 상승
	기타	• 골격근 이완, 신체에너지 보존 • 총 4단계로 구성됨	• REM 반동현상, 근긴장도 최저 • 전체수면의 20~25% 차지

기능	신체, 근육기능 회복: 골격근 이완으로 신체 에너지 보존	• 뇌의 소모된 기능 회복 • 인지적 기능, 감정조절 기능
관련 장애	수면곤란증, 일차성 과다수면증, 야경증/몽유병(4단계), 유뇨증	• 비정상: 악몽장애, 기면병 • 증가: 우울 / 감소: 노인, 알코올

(1) 비급속안구운동 수면(Non-Rapid Eye Movement Sleep; NREM)

1단계 수면	입면에서부터 수초 내지 수분 간 1단계 수면이 지속되는데, 가장 얕은 수면상태이다. 뇌파는 느려져서 알파 뇌파가 소실되고 3~7Hz의 세타 뇌파가 규칙적으로 나타나기 시작한다. 이때 소위 입면 시 환각이 나타날 수도 있다.
2단계 수면	가벼운 수면상태로 전체 수면의 50%를 차지한다. 뇌파에서는 서파와 더불어 수면뇌파 방추사가 특징적으로 나타난다. 간혹 나타나는 톱니 같은 파장과 더불어 K 복합체를 형성하기도 한다.
3단계 수면	깊은 수면상태로서 뇌파는 점점 불규칙해지면서 비교적 높은 전압의 서파로 변한다. 0.5~2Hz의 델타파와 3~6Hz의 세타파가 나타나는데, 이를 서파수면 또는 깊은 수면이라고 한다.
4단계 수면	가장 깊은 수면상태로서 느리고 큰 파장의 델타파가 주종을 이룬다.

(2) 급속안구운동 수면(Rapid Eye Movement Sleep; REM)

안구운동	1단계 수면과 유사하며 안구가 아주 빠르게 움직이는 급속 안구운동이 나타나며 쉽게 깨울 수 있고, 성인의 20~25%가 경험한다.
꿈	REM 수면 때 자는 사람을 깨우면 대개 꿈을 꾸고 있었다고 말한다. 이때 뇌파는 각성 시와 같은 양상을 보이므로 '역설 수면' 또는 '꿈 수면'이라고 한다.
자율신경항진	REM 수면 시에는 자율신경계의 변화가 일어나 호흡이 불규칙해지고 심장박동이 빨라지며 혈압이 오르고 피부의 전기저항이 감소하며 근육은 이완되고 음경은 발기된다.
전체 20%	REM 수면은 90~110분간 나타나며 전체 수면의 약 20%를 차지하고 있다. 나이가 어릴수록 REM 수면시간이 길어져 신생아에서는 수면의 50% 이상을 차지하나 노인이 될수록 감소한다.

(3) 수면주기

특성	• 수면주기는 1단계 수면에서 REM 수면까지 이루어지는데, 이 주기는 약 90분마다 반복되며 전체 수면 동안 3~5회 주기가 반복된다. • 수면 초기에는 3, 4단계의 깊은 잠이 많으나 새벽으로 갈수록 REM 수면이 길어지고 꿈이 많아진다. • 수면 중 어떤 단계에서 깨더라도 다시 1단계부터 시작되므로 자주 깨게 되면 3, 4단계 수면과 REM 수면이 부족하게 된다.

	• 3, 4단계 수면과 REM 수면이 가장 중요한 신체적, 정신적 회복기능을 하기 때문에 수면 중 자주 깨게 되면 수면의 질이 저하된다. 정상적인 수면주기가 유지되고 3, 4단계 수면이 충분할 때 건강한 수면이라고 할 수 있다. • 8시간 동안 NREM과 REM 수면주기는 3~5회 반복된다.
전반부	• 수면이 깊지만 후반부로 갈수록 적어진다(NREM 짧아짐). • 서파 수면은 주기 초기에 우세하나 밤이 깊어질수록 감소한다.
후반부	첫 주기 동안 REM 수면이 짧으나 후반부로 갈수록 길어진다.

2 수면의 기능

신체회복 기능	• 낮 동안 소모되고 손상된 부분, 특히 중추신경계가 회복된다. → NREM: 주로 신체 및 근육 회복 / REM: 단백질 합성 증가 → 뇌기능이 회복된다. • 생체에너지를 효율적으로 관리 및 저장한다. → NREM: 뇌온도와 뇌혈류량 감소 / REM: 체온조절기능 상실
발생학적 기능	• REM 수면은 특히 성장이 활발한 신생아에게 더욱 활발하다(성인은 25%, 신생아는 50% 차지). • 연령이 증가함에 따라 REM 수면과 NREM 3, 4단계 수면이 감소한다.
행동학적 기능	낮 동안의 생존기능과 본능적 보존기능을 잘 발휘할 수 있게 준비시킨다.
인지적 기능 (REM 수면)	• 낮 동안 학습된 정보를 정리하여 불필요한 것은 버리고 유용한 것은 재학습시키거나 기억하도록 하는 기능을 한다. • 단백질 합성이 증가되어 학습된 정보를 기억으로 저장시키는 과정이다.
감정조절 기능 (REM 수면)	불쾌하고 불안한 감정들이 꿈과 정보처리 과정을 통해 정화된다.

3 수면 관련 장애

(1) 불면증

수면장애	정의	• 일차적 불면증(가장 흔한 수면장애) • 뚜렷한 신체적, 정신과적 원인 없이 수면의 시작과 유지가 어려워져 사회적 · 직업적으로 심각한 고통과 장애
	진단특징	• 수면시간이나 수면의 질이 충분하지 않고 주간 활동에 지장이 생김 • 잠들기가 어렵거나(초기 불면증), 자주 깨거나 깬 다음 다시 잠들기 어렵거나(중기 불면증), 새벽에 일찍 깨어 다시 잠들기 어려운(후기 불면증) 증상 중에 하나 이상

		• 1주에 3일 이상, 최소 3개월 이상 지속되며 잠을 잘 수 있는데도 잠들기 어려워하는 상태
	진단기준	• 입면의 어려움, 수면 유지의 어려움, 이른 오전에 깨어 다시 잠들기 어려운 경우 중 한 가지 이상의 수면의 양이나 질과 관련된 불만족 증상 • 불면 또는 연관된 주간피로에 의해 현저한 기능장애나 고통이 있음 • 적어도 3개월 이상 평균 1주일 3회 이상 나타나는 경우
만성적인 불면증	낮 동안의 기분을 악화시키고 주의력, 활력, 집중력을 감소시키며 피로감과 권태감을 증가시킴. 이들은 수면에 대한 과도한 염려, 안절부절못하는 상태, 주의력 결핍과 집중력 저하로 대인관계와 사회적, 직업적으로 문제가 초래될 수 있음. 한편 불면증은 수면에 대한 부정적 조건화와 야간에 증가하는 생리적, 심리적 각성과 관련이 있음. 수면에 대한 심한 집착과 불면으로 인한 고통은 악순환이 되어 자려고 노력하면 할수록 좌절과 고통이 커지고 잠들 수 없게 함. 잠들지 못한 채 침상에 누워 있으면 조건화된 각성이 더욱 유발되므로, 오히려 수면을 취하려고 지나치게 노력하는 것 자체가 더욱 수면을 방해할 수 있음	
약물치료	최근에는 벤조디아제핀 약물이 많이 사용됨. 수면제는 종류에 따라 수면유도, 수면유지, 기상 후 각성상태, 내성 및 의존성이 각기 다르므로 대상자의 상태에 따라 적당한 수면제를 선택해야 함. 수면제를 장기간 사용하면 수면의 3, 4단계가 감소하고 1, 2단계가 증가하며 3~4주 이상 연속적으로 복용하면 대부분 의존성이 생기므로 유의해야 함	

불면장애 진단기준(DSM-5)

A. 수면의 양이나 질의 현저한 불만족감으로 다음 중 한 가지 이상의 증상과 연관된다.
   1. 수면 개시의 어려움(아동의 경우 보호자의 중재 없이는 수면 개시가 어려움으로 나타나기도 한다)
   2. 수면 유지의 어려움으로 자주 깨거나 깬 뒤에 다시 잠들기 어려운 양상으로 나타남(아동의 경우 보호자의 중재 없이는 다시 잠들기 어려운 것으로 나타나기도 한다)
   3. 이른 아침 각성하여 다시 잠들기 어려움

B. 수면 교란이 사회적, 직업적, 교육적, 학업적, 행동적 또는 다른 중요한 기능 영역에서 임상적으로 현저한 고통이나 손상을 초래한다.

C. 수면 문제가 적어도 일주일에 3회 이상 발생한다.

D. 수면 문제가 적어도 3개월 이상 지속된다.

E. 수면 문제는 적절한 수면의 기회가 주어졌음에도 불구하고 발생한다.

F. 불면증이 다른 수면-각성장애(예 기면증, 호흡관련 수면장애, 일주기리듬 수면-각성장애, 사건수면)로 더 잘 설명되지 않으며, 이러한 장애들의 경과 중에만 발생되지는 않는다.

G. 불면증은 물질(예 남용약물, 치료약물)의 생리적 효과로 인한 것이 아니다.

H. 공존하는 정신질환과 의학적 상태가 현저한 불면증 호소를 충분히 설명할 수 없다.

(2) 과다수면장애(특발성 과다수면장애)

진단기준	세 가지 증상, 즉 최소 7시간 이상 수면을 취했는데도 같은 날 또다시 잠에 빠져드는 것, 수면의 과다, 깨어 있기 힘들고 비몽사몽 상태를 경험하는 것 중에서 최소 한 가지가 주 3회 이상, 최소 3개월 지속될 때이며, 과도한 졸림에 의해 현저한 기능장애와 고통을 가져오며 배제진단으로는 기면병과 같은 다른 수면 각성장애, 물질에 의한 수면장애와 다른 정신장애, 의학적 상태로 주로 설명될 경우이다.
증상	과다수면장애 환자들은 빠르게 그리고 깊이 잠에 빠져든다. 지나친 졸음 때문에 사회적으로나 직업적으로 심각한 문제를 보이는데 자동차 운전이나 기계를 조작하다가 위험에 빠질 수 있고, 작업 효율도 떨어지며, 집중력이나 기억력도 저하된다. 흔히 졸음을 게으름이나 지루함으로 오해하기 때문에 대인관계도 손상된다.
역학	남녀 발병 비율은 비슷하며, 유병률은 성인의 약 1% 정도로 보고되는데 낮 시간의 졸음 때문에 병원을 찾는 대상자의 약 5~10%가 이에 해당된다.
검사	밤에 시행하는 다원수면검사와 낮 동안 4~5차례 걸쳐 시행되는 수면잠복기반복검사(Multiple Sleep Latency Test; MSLT)로 진단한다.

(3) 기면증

정의	• 정상인에게는 각성상태에서 REM으로 가는 사이에 NREM이라는 보호장벽이 있어 잠든 뒤 적어도 한 시간 반가량은 있어야 REM 수면이 발생한다. 그러나 기면증은 이러한 보호 장벽을 뚫고 각성상태에서 수면이 REM으로 침범하는 병으로 반복적으로 견딜 수 없게 잠에 빠져드는 현상이 적어도 주 3회 이상, 3개월 이상 지속되는 경우를 말한다. • 성인의 약 0.02~0.04%에서 남녀 비슷하게 나타나며, 15~25세, 30~35세에 발병률이 가장 높다. 학령전기나 초기 학령기부터 증상이 있다가 주로 청소년기에 문제가 된다. 40세 이후의 발병은 드물고 대상자의 절반 정도가 사회심리적 스트레스나 갑작스런 수면양상의 변화와 관련이 있다.
임상양상	• 주체할 수 없이 쏟아지는 수면발작, 의식의 변화 없이 근육의 긴장과 조절력의 갑작스런 소실이 있는 탈력발작, 의식의 각성이나 소실은 불완전하나 근육의 긴장도가 일시적으로 소실되어 움직이지 못하는 수면마비, 잠들 무렵 환시, 환청을 경험하는 입면환각, REM 수면 동안의 행동장애를 보이는 REM 수면행동장애 등의 증상을 보인다. • 기면증은 대개 20분 이내에 끝나지만, 몇 시간 후에 또 졸리고 격한 감정과 연관되어 있는 경우가 많다. 자동차 운전이나 기계 조작 중에도 잠들어 버릴 수 있기 때문에 자기 자신이나 다른 사람에게 손상을 입힐 위험이 있다.
원인	최근 히포크레틴(hypocretin)의 결핍으로 알려졌는데, 이는 신경펩티드의 일종으로 자율신경계와 내분비를 활성화시키고 감정이나 동기를 유발하는 시상하부에 집중적으로 나타난다.
치료	주로 중추신경자극제인 메틸페니데이트, 암페타민, 페몰린 등이 사용된다.

기면증 진단기준(DSM-5)

A. 억누를 수 없는 수면 욕구, 깜박 잠이 드는 것, 또는 낮잠이 하루에 반복적으로 나타난다. 이런 양상은 3개월 동안 적어도 일주일에 3회 이상 발생한다.

B. 다음 중 한 가지 이상이 나타난다.

1. (a)나 (b)로 정의되는 탈력발작이 1개월에 수차례 발생함
   a. 장기간 유병된 환자의 경우, 웃음이나 농담에 의해 유발되는 짧은(수초에서 수분) 삽화의 의식이 있는 상태에서 양측 근육긴장의 갑작스러운 소실
   b. 아동이나 발병 6개월 이내의 환자의 경우, 분명한 감정 계기 없이 혀를 내밀거나 근육긴장저하를 동반한 얼굴을 찡그리거나 턱이 쳐지는 삽화
2. 뇌척수액 하이포크레틴(hypocretin-1) 면역반응성 수치를 이용하여 측정된 하이포크레틴 결핍증(동일한 검사에서 측정된 정상 수치의 1/3 이하 또는 110pg/mL 이하), 하이포크레틴-1의 낮은 CSF 수치는 급성 뇌손상, 염증, 감염으로 인한 경우에는 관찰되지 않음
3. 야간 수면다원검사에서 급속안구운동(REM) 수면 잠복기가 15분 이내로 나타나거나, 또는 수면 잠복기 반복 검사에서 평균 수면 잠복기가 8분 이내로 나타나고, 2회 이상의 수면 개시 REM 수면이 나타남

(4) 호흡 관련 수면장애

분류 기준	폐쇄성 수면 무호흡 저호흡, 중추성 수면무호흡증, 수면 관련 환기저하로 분류한다.
수면 중 무호흡	수면 동안 호흡하기 위해 자주 깨기 때문에 낮에 심하게 졸리거나 불면증이 나타날 수 있다. 책을 읽거나 TV를 보다가, 또는 지루한 모임이나 연주회에서도 참기 어려운 졸음을 경험하며 심하면 대화 도중이나 식사, 보행, 운전 중에도 잠에 빠질 수 있다.
폐쇄성 수면 무호흡, 저호흡	• 호흡하려고 애쓰지만 상기도가 막히면서 무호흡이 나타나는 것으로 가장 흔한 형태로 다원수면검사상 10초 이상 호흡이 멈추는 경우가 30회 이상 나타나는 경우를 말한다. • 중년 성인의 2~15%, 노인의 20% 이상이 폐쇄성 수면 무호흡 저호흡에 이환된다. 보통 20~30초 동안의 호흡정지 뒤에 짧게 헐떡거리고 큰소리의 코골이가 나타난다. • 코골이는 부분적으로 막힌 기도를 통해 공기가 이동하면서 발생하는데 때로 청색증을 동반하기도 하고 곁에 자는 사람의 수면을 방해할 정도로 시끄럽다. 그리고 무호흡 후에 웅얼거리거나 신음소리를 내고 몸부림칠 수도 있다. 대개 이런 대상자는 비만한 경우가 많고 목이 짧고 살이 많으며, 턱이 작거나 비구강이 협소하고 혀가 구강에 비해 큰 신체적 특성이 흔하나 그와 같은 특징 없이도 올 수 있다. 코를 고는 것과 밀접한 관련이 있으며 수십 년간 지속되는 경우가 많아 대부분 만성적인 증상이나 합병증을 유발한다.
중추성 수면무호흡증	기도 폐색 없이 호흡정지를 보이는 것이다. 심장질환이나 신경학적 질환이 있는 노인에게 흔하고 체인스토크 호흡을 보인다. 체인스토크 호흡이란 무호흡 후 10~60초 정도의 과호흡이 있은 후 호흡이 점차 감소하다가 다시 무호흡이 되는 것을 말한다.
수면 관련 환기저하	이산화탄소 증가와 관련해서 호흡저하를 보이는 장애로 다른 내과적 또는 신경학적 장애, 물질이나 약물 사용으로 인해 일어나기도 하지만 독자적으로도 발생한다.

호흡 관련 수면장애 진단기준(DSM-5)

폐쇄성 수면 무호흡 저호흡

A. (1) 또는 (2) 중 하나 이상이 있다.

1. 수면다원검사에서 수면 시간당 적어도 5회 이상 폐쇄성 무호흡이나 저호흡이 있고 다음 중 한 가지 이상의 수면 증상이 있음
   a. 야간 호흡 장애: 코골이, 거친 콧숨/헐떡임, 또는 수면 중 호흡 정지
   b. 충분한 수면을 취했음에도 주간 졸림, 피로감, 또는 개운하지 않은 수면으로, 다른 정신질환(수면장애 포함)으로 더 잘 설명되지 않으며 다른 의학적 상태로 인한 것이 아님
2. 동반된 증상과 관계없이 수면다원검사에서 확인된 수면 시간당 15회 이상 폐쇄성 무호흡 그리고/또는 저호흡

중추성 수면무호흡증

A. 수면다원검사에서 수면 시간당 5회 이상의 중추성 무호흡이 존재한다.

B. 장애가 다른 수면장애로 더 잘 설명되지 않는다.

수면 관련 환기저하

A. 수면다원검사에서 이산화탄소 농도의 상승과 연관한 호흡저하 삽화들이 나타난다.

※ 주의점: 이산화탄소의 객관적인 측정이 없는 경우에는 무호흡/저호흡 사건과 연관 없이 지속적으로 헤모글로빈 산소포화도가 낮은 수치를 유지하는 것이 환기저하를 의미한다.

B. 장애가 현재의 다른 수면장애로 더 잘 설명되지 않는다.

(5) 일주기 리듬 수면-각성장애

정의	일주기 리듬은 뇌에 들어 있는 자동시계에 의해 결정된다. 환경에 따라 수면과 각성주기가 변경되면 수면-각성 주기와 개인의 내적 일주기 수면-각성주기가 일치하지 않아, 자고 싶을 때 잘 수 없고 깨어 있어야 할 때 졸리고 잠이 오는 것이다.
수면위상: 지연형	보통 수면-기상 시각보다 2시간 이상 지연되는 경우를 말하며, 유병률은 성인의 0.17%, 청소년의 경우 7% 이상이다. 이런 유형은 수면-각성 시각을 시계에 맞추어 앞당기는 능력이 부족하므로 사회적으로 통용되는 시간에 잠들거나 깨기 어려워 만성적으로 수면박탈 상태에 놓인다. 하지만 수면주기는 지연된 채 안정되어서 자기 자신의 스케줄에 따르게 두면 일정한 시간에 잠들고 일어날 수 있다.
수면위상: 선행형	보통의 수면-기상 시각보다 2시간 이상 일찍 당겨지는 경우를 말하며, 성인에게서 1% 정도 유병률을 보인다.
교대근무로 인한 일주기 리듬 수면-각성장애	일주기 수면-각성 양상과 일정이 맞지 않을 때 나타나는 수면각성장애이다. 교대근무로 인해 수면-각성 시간이 변해야 하므로 일주기 리듬이 깨지고 적응하기 매우 어렵다. 교대근무 일정이 낮 → 오후 → 야간근무 순으로 되는 것이 적응에 도움이 되는데, 나이 들수록 적응이 더 어려워진다.
치료방법	문진과 2주간의 수면일기를 작성하도록 하여 다른 수면장애와 감별 진단한다. 이 경우 수면제 등의 일반적인 치료로는 쉽게 호전되지 않는다. 대신 일주기 리듬과 수면-각성주기를 맞추어 주는 시차적응치료나 빛을 통해 시차를 조절하는 광선치료법을 실시한다.

일주기 리듬 수면 - 각성장애(DSM-5)

A. 일차적으로 일주기 리듬의 변화 또는 내인성 일주기 리듬과 개인의 물리적 환경 또는 사회적, 직업적 일정에 요구되는 수면-각성 일정 사이의 조정 불량으로 수면교란이 지속되거나 반복되는 양상이 있다.
B. 수면 방해는 과도한 졸림 또는 불면, 또는 두 가지 모두 초래한다.
C. 수면 교란은 사회적, 직업적, 또는 다른 주요한 기능 영역에서 임상적으로 현저한 고통이나 손상을 초래한다.

→ 다음의 경우 명시할 것
- 삽화성 : 증상이 적어도 1개월 이상 3개월 미만으로 지속된다.
- 지속성 : 증상이 3개월 이상 지속된다.
- 재발성 : 2회 이상의 삽화가 1년 내에 발생한다.

(6) 비렘수면 각성장애(사건수면) [2023 기출]

수면보행증	• 자다가 일어나 돌아다니는 행동을 보이는데 흔히 몽유병이라고 알려져 있다. 서파수면 동안 시작되며, 야간수면의 초기 1/3에서 나타나고 멍하니 한 곳을 응시하며 말을 걸거나 깨워도 거의 반응을 보이지 않는다. 10분 이상 지속되지는 않지만 문을 열거나 창문을 여는 등의 행동도 할 수 있으므로 위험하고, 완전히 깬 후에는 그 사건을 기억하지 못한다. • 전 인구의 1~6%에서 볼 수 있으며, 아동의 10~30% 정도가 최소 한 번 이상 경험하는데 5~12세 아동의 15% 정도, 성인의 0.5~1%에서 나타난다. • 야뇨증을 동반하기도 하며, 증상을 보이는 동안 신경 생리적으로 뇌간은 깨어 있으나 대뇌피질은 계속 잠자고 있는 분리상태이다. 따라서 사고의 위험이 있으므로 특히 주의해야 한다. • 아동의 경우 큰 정신병리 없이 정상발육 중에도 나타날 수 있으나 자라면서 사라져 중추신경계의 성숙이 늦은 것이 원인일 것으로 추측한다. • 성인의 경우 정신병리를 보이는데, 35%가 정신분열병이라는 보고도 있고 특히 적개심이나 공격심을 표현하지 못하고 억누르는 경우에 발생빈도가 높다. 이에 대한 특별한 치료법은 없으며 사고가 나지 않도록 예방하는 것이 가장 중요하고 3, 4단계 수면을 억제하는 약물을 사용한다.
야경증 [2023 기출]	• 수면 중 반복적으로 강한 공포가 발생하는 장애이다. 갑작스럽게 소리를 지르면서 깨는 것이 특징이며, 약 3% 미만의 어린이가 경험한다고 한다. • 야간수면 초기 1/3 특히 델타수면(3, 4단계 수면) 때 보통 발생하고 1~10분간 지속된다. 악몽장애와 달리 부분적으로 잠에서 깨어나고 지남력 상실도 있으며 혼란스럽고 아침에 일어나면 사건에 대해 잘 기억하지 못한다. • 아동의 1~6%에서 볼 수 있고 3~5세 사이에 흔하다. 아동의 경우 큰 정신병리가 없다면 자라면서 없어지므로 특별한 치료는 하지 않는다. • 성인의 2.2%에서 야경증을 경험하는 것으로 보고하고 있지만 전체 유병률은 밝혀지지 않았다. • 성인의 경우에는 정신과 치료가 필요한데, 수면 일정이 불규칙하거나 신체적으로 피곤한 경우 또는 스트레스가 야경증을 유발시킬 수 있으며 원인을 제거하고 일정한 취침시간을 지킬 것을 권한다. 심한 경우 디아제팜을 소량 투여할 수 있다.

비렘수면 각성장애(DSM-5)

A. 대개 주요 수면 삽화의 초기 1/3 동안에 발생하는 잠에서 불완전하게 깨는 반복적인 삽화가 있고, 다음 중 한 가지 이상이 동반된다.
  1. 수면보행증: 수면 동안 침대에서 일어나서 걸어다니는 반복적인 삽화, 수면 중 보행 동안 개인은 무표정하게 응시하는 얼굴을 보이고, 대화하려는 다른 사람의 노력에 비교적 반응을 보이지 않음. 깨우기가 매우 어려움
  2. 야경증: 돌발적인 비명과 함께 시작되는 수면 중 급작스럽게 잠이 깨는 반복적인 삽화, 각 삽화 동안 심한 공포와 동공산대, 빈맥, 빈호흡, 발한 같은 자율신경계 반응의 징후가 있고, 삽화 동안 안심시키려는 다른 사람의 노력에 비교적 반응하지 않음

B. 꿈 이미지를 전혀 또는 거의(예 단지 시각적 한 장면) 회상하지 못한다.

C. 삽화를 기억하지 못한다.

D. 삽화가 사회적, 직업적, 또는 다른 중요한 기능 영역에서 임상적으로 현저한 고통이나 손상을 초래한다.

E. 장애가 물질(예 남용약물, 치료약물)의 생리적 효과로 인한 것이 아니다.

F. 공존하는 정신질환과 의학적 장애가 수면보행증이나 야경증 삽화를 충분히 설명할 수 없다.

03

(7) 기타수면장애

악몽장애 [2023 기출]	• 수면 동안 무서운 꿈을 꾸다가 반복적으로 깨어나며 잠에서 깨면 꿈의 내용을 상세하게 기억하면서 각성상태로 되돌아오는 것이 특징이다. 이는 REM 수면장애에서 발생하므로 주로 새벽에 발생하며 수면박탈이나 제대로 자지 못했을 때, 그리고 스트레스에 노출되었을 때 발생하는 경향이 있고 자율신경계의 가벼운 반응인 빈맥, 가쁜 호흡, 피부 홍조, 발한, 동공산대, 근육긴장 등을 보인다. • 주로 3~6세의 아동 10~50%에서 발생하고 성인은 극히 내성적인 성격이나 정신분열적 성격에서 잘 나타나기도 하고 예술가적 기질이 있는 사람에서도 흔히 나타난다. 또한 외상 후 스트레스장애에서 극심한 충격으로 인하여 발생하기도 한다.
급속안구운동(REM) 수면행동장애	REM 수면 중에는 전신 근육에 힘이 빠진 이완증 상태가 되어야 정상인데, REM 수면 행동장애는 말을 하거나 복합적인 운동성 행동을 보이는 것이다. 꿈을 꾸는 동안 몸이 마비되지 않으므로 꿈속의 행동(뛰어내리기, 떨어지기, 달리기, 주먹 날리기, 때리기, 발차기 등)을 실제로 하게 되어 자신이나 곁에서 자는 사람에게 상해를 입힐 위험이 높다. 유병률은 0.38~0.5% 정도이고, 치료로는 clonazepam, carbamazepine을 투여하는 것이 효과적이다.
하지불안(편) 증후군	• 잠들 때나 수면 중에 하지에 설명하기 어려운, 즉 아프지는 않으나 매우 괴로운 불편감(다리에 근질거리는 이상감각, 초조함, 움직이고 싶은 충동)으로 인해 수면에 방해를 받는 질병이다. 2.0~7.2%의 유병률을 보인다. 이는 임신, 요독증, 류마티스 관절염과 관련이 있으며 여성에게 더 많이 나타나고, 30세 이하에서는 드물며 연령 증가에 따라 유병률이 높아진다. • 주기성 사지운동장애는 수면 중에 근육 경축이 반복적으로 나타나 다리를 차듯이 움직이며 발목과 발가락이 후굴되고 심하면 무릎과 고관절이 굽혀지는 현상도 나타나는 것이다. 60세 이상 노인의 34%에서 나타나며 노인 불면증 원인의 20~30%를 차지한다.

물질/ 치료약물로 유발된 수면장애	• 수면장애를 유발하는 약물로 중추신경 자극제인 암페타민, 코카인, 카페인 등이 있다. 약물 사용 초기에는 불면증이 올 수 있으나 내성과 금단증상이 생기면 과다수면증이 나타난다. 알코올은 초기에는 잠을 쉽게 들게 하나 이후에는 뇌기능을 억제하여 불면증을 초래하며 낮에 심하게 졸린다. • 수면제를 연속적으로 장기 복용(30일 이상)하는 경우에도 불면증을 유발하며 수면제를 끊으면 불면증이 더 심해진다. 이외에도 불면증을 유발할 수 있는 약물로는 항암제, 항고혈압제, 자율신경계 약물, 항경련제, MAO 억제제, 스테로이드, 피임제, 테오필린, 갑상선 치료제, 니코틴 등이 있다.
일반적/의학적 상태로 인한 수면장애	다양한 의학적 상태 및 신체적으로 불편한 증상으로 인하여 특별히 수면을 방해하는 신체질환들을 보면 야간 근연축, 하지불편증후군, 장염, 위식도 역류, 내분비와 대사성 질환, 수면 무호흡증, 만성폐쇄성 폐질환, 천식 등의 호흡기 질환, 저산소증, 관절염이나 편두통 같은 통증질환, 열병, 가려움증, 협심증 같은 심장질환, 종양, 잦은 소변 등의 비뇨기질환 등이 그 원인이 될 수 있다. 또 수면과 관련된 간질, 치매인 경우에도 불면증이 발생될 수 있다.

4 수면 간호중재

(1) 사정

사정내용	평소의 수면양상과 문제가 되는 수면의 특성, 수면각성장애를 일으킬 만한 정신장애나 의학적 상태 확인, 수면각성장애를 유발할 수 있는 물질 사용여부 확인	
수면양상 측정	수면다원검사, 수면잠복기검사, 수면관찰, 면접이나 질문지	
	수면다원검사	잠자는 동안의 전기생리적 변인들을 측정 → 뇌파, 안구운동, 근전도성
	수면잠복기검사	잠드는 데 걸리는 시간 측정
	면담	환자의 주된 호소, 수면각성장애 병력, 과거 수면양상과 수면각성장애 발생 후의 수면양상, 수면위생습관, 복용하는 약물과 기호식품, 전반적인 신체상태와 수술병력, 전반적인 정신·심리 상태
	수면일지	잠자리에 누워있는 시간, 수면시간, 깨어 있는 시간과 기타요인에 대해 2주일 이상 기록 → 총 수면시간, 수면효율, 밤중에 깬 횟수, 기타 지표들을 계산
	함께 자는 사람으로부터 정보 수집	

(2) 중재

약물간호	• 수면제나 진정제 처방 → 단기간 처방 • 벤조디아제핀 → 수면 잠복기를 감소시키고 총 수면시간을 증가시킴 • 졸피뎀, 조피클론 • 항히스타민제(독실아민, 디펜히드라민) → 각성저하 효과 • 항우울제, TCA(탈력발작 치료 – REM 수면 억제) • 페몰린, 메칠페니데이트, 암페타민 → 수면과다에서 지나친 졸음 예방
인지행동요법	걱정이나 불안을 이완요법, 명상요법, 바이오피드백, 수면제한법, 자극조절로 치료 • 수면제한법: 잠자리에 누워 있는 시간을 줄여서 수면욕구를 증대시키고 증가된 수면압력으로 수면 중 깨는 빈도나 시간을 감소시켜 수면유지 효과를 얻는 것 • 자극조절치료: 침실 환경의 수면증진 효과를 최대화하는 것, 침대나 침실을 가능한 한 휴식이나 수면과 연관시키고 수면을 방해하는 행동과 연관시키는 기회를 최소화하는 것
생활양식 수정치료	• 폐쇄성 무호흡증후군: 체중 감소, 옆으로 누워 자도록 → 잠옷 등 쪽에 주머니를 달고 테니스공이나 불편한 물건을 넣어 입고 자도록 함 • 수면위상 지연형: 시간용법 → 적절한 시각에 잠들고 기상할 때까지 야간수면 스케줄을 1~2시간씩 점차 늦추어 맞춤

(3) 수면위생

규칙적인 수면시간	주말이나 휴가 중에도 규칙적으로 자는 게 바람직함
적절한 수면환경	적당한 온도의 어둡고 조용한 침실, 소음을 없앰
마음의 진정	취침 30분 전 일을 마치고 안정, 스트레스로부터 이완하는 시간 가짐
자극조절	수면과 관계없는 자극을 침실에서 제거 예 책보기
잠이 오지 않으면 일어나 다른 일 하기	잠자리에 누운 지 15~20분이 지나도록 잠이 들지 않으면 억지로 자려하지 않음
저녁 시간에 알코올, 카페인 음료 금지	카페인은 수면을 방해하고, 알코올은 입면은 용이하나 깊은 수면 방해하며 수면을 분절시킴
늦은 밤 고트립토판 간식	한 잔의 우유, 과자, 바나나 등은 입면에 도움이 됨
규칙적 운동	유산소 운동은 서파수면을 증가시킴 그러나 취침하기 3시간 전부터는 운동 ×(자율신경계 각성으로 인해 입면 방해)
낮 동안의 활동 권장	낮잠은 자더라도 짧게

출제경향 및 유형 (정신건강증진)

1992학년도	
1993학년도	
1994학년도	
1995학년도	
1996학년도	
1997학년도	
1998학년도	
1999학년도	
후 1999학년도	
2000학년도	
2001학년도	
2002학년도	
2003학년도	
2004학년도	
2005학년도	
2006학년도	
2007학년도	
2008학년도	
2009학년도	
2010학년도	
2011학년도	
2012학년도	위기의 종류(발달, 상황, 재난)
2013학년도	
2014학년도	
2015학년도	
2016학년도	
2017학년도	
2018학년도	
2019학년도	
2020학년도	재난위기
2021학년도	
2022학년도	
2023학년도	

Chapter

03 정신건강증진

01 죽음

1 Kübler–Ross(1959) : 임종을 맞이하는 사람의 반응과 간호

(1) 부정(Dinial)

반응	• 위중하다는 의학적 증거를 믿지 않는다. • 자신의 상태에 대해 마치 남의 말을 하듯 한다. • 의사가 실수하든지 잘못 진단했을 것이라고 말한다. • 자신의 증상이나 질병에 대해 말을 해줘도 들으려 하지 않는다. 예 "아직도 우리 애들이 나를 필요로 하는데… 하나님은 나를 불러갈 만큼 잔인하지 않다."
간호	• 부정하는 시간도 필요하다. 그러나 부정 자체는 인정하지 말아야 한다. • 사실을 받아들일 준비가 되었다고 느끼면 감정을 말로 표현하도록 격려한다. • 질병에 대한 좀 더 현실적인 견해를 제공한다.

(2) 분노(Anger)

반응	• 의료진이나 가족 등 모든 건강한 이에게 화를 낸다. • 의료진의 치료절차를 거부한다.
간호	• 대상자의 분노, 질투를 이해하려고 노력한다. • 죄의식이나 비난 없이 환자가 감정표현을 할 수 있도록 격려한다.

(3) 타협(Bargaining)

반응	• 운명, 신, 하늘 혹은 권위적인 대상에 생명연장을 애청한다. • 강렬한 소망은 때로 생명을 연장시키기도 한다.
간호	대상자의 협상하는 노력을 미숙하고 환상적인 것으로 간주하지 말고 협상 자체는 중요한 노력이며 다음 단계로 넘어가는 준비 기간임을 명심해야 한다.

(4) 우울(Depression)

반응	• 슬픈 표정, 자주 운다. • 말이 많아지는 사람도 있고 적어지는 경우도 있다.
간호	대상자가 슬픔의 감정을 느끼고 표현하도록 지지한다. 침묵을 지키며 옆에 앉아 있어 주거나 기다려 주는 것이 도움이 되나, 기분전환 시키려는 노력은 별 도움이 안 된다.

(5) 수용(Acceptance)

반응	• 대상자는 평안해 보이고 외부세계에 대해 관심이 적어진다. • 침착하고 뚜렷한 감정을 갖고 있다.
간호	대상자가 만나기를 원하는 사람을 접촉하도록 돕는다.

02 위기

1 위기와 간호

위기	• 스트레스를 받는 사건이나 개인의 안녕을 위협하는 것으로부터의 전환점 → 스트레스 사건이나 개인의 안녕 위협에 대한 지각으로 인해 유발되는 내적 불균형 • 갈등, 문제, 중요한 상황이 위협적으로 지각 → 과거에 사용한 해결 방법 적용 → 해소되지 않으면 위기
위기의 특성 (Lindeman & Caplan)	• 개인의 위기상태는 위험 및 위협사건에 의해 유발됨(유발사건: 상실, 전환점, 도전, 복합된 스트레스 사건 등) • 위기에 처한 사람은 긴장 및 불안이 고조되므로 효율적인 문제해결능력이 상실됨 • 위기는 병적인 상태가 아니고, 현재의 문제를 해결하기 위한 시도이며, 현재문제를 해결하거나 위기상황이전의 문제를 재조정하는 기회가 될 수 있음 • 시간제한: 위기의 경험은 끝없이 느껴지나 4~6주 안에 긍정적 혹은 부정적으로 해결됨(위기는 일반적으로 4~6주간 지속됨) • 위기 중재는 환경의 특성을 변화시키거나 개인의 대처양식을 변화시킴으로써 평형상태가 회복됨, 회복된 평형상태는 위기 이전의 평형상태와 같거나 더 좋아지거나 나빠질 수도 있음

2 위기의 단계

1단계		특별하고 확인할 만한 스트레스를 촉진하는 유발사건 발생, 불안 당황
2단계		사건이 위협적으로 지각되고 불안 증가, 위험하고 혼란스러운 감정 → 위기에 대한 대처 및 해결을 위한 시도
3단계		증가된 불안과 혼란이 인지적, 신체적, 행동적, 사회적으로 표출, 절망, 무감동
4단계		개인은 내·외적 자원동원, 무력하고 절박한 상황에서 도움 구하고 수용, 새로운 문제 해결 방식을 시도하고 위협을 재정의 → 이전의 방식을 유효하게 함
Fink 위기단계	충격단계	• 최고의 스트레스를 느낌 → 불안, 무력감, 혼동, 공황, 이인화 • 1~2시간부터, 1~2일 지속
	현실화 단계	• 평소의 문제해결능력은 사용할 수 없고 판단력이 상실되고 불합리한 행위 보임 • 불안이 상승하는 시기
	방어적 후퇴단계	• 현실을 부정하고 도피하려는 경향이 나타나며 많은 대처기전을 사용 • 부정, 도피, 합리화, 투사
	승인단계	• 객관적으로 현실을 인식하고 문제해결을 시도 • 해결이 어려운 경우: 불안상승, 자아개념 붕괴, 자살가능성 증가
	적응단계	• 재조직과 안정의 시기 • 최고의 성숙과 적응 수준에 도달
Caplan 위기발달 단계	1단계	• 스트레스 촉진사건 발생: 긴장 고조 • 평소문제해결 기술 사용
	2단계	평소 문제해결 기술 실패 → 불안고조, 혼란, 무력감, 무질서한 느낌 증가
	3단계	증가된 불안과 혼란이 인지적·신체적·행동적·사회적으로 표출, 절망, 무감동
	4단계	• 새로운 문제해결 기술 사용: 내외적 가능한 자원을 동원하여 새로운 문제 해결 기술을 사용 • 실패: 정서 및 정신장애, 부적응적 방법으로 위기해결, 사회적 기능 손상

3 위기의 형태 [2017 · 2023 기출]

성숙위기 (발달위기)	삶의 주기에서 점차로 일어나는 예상 가능한 삶의 사건으로 신체적 변화, 결혼, 출산 등
상황위기 [2023 기출]	예상치 못한 사건이 개인의 생리적, 사회적, 심리적 통합을 위협할 때 발생하며, 사랑하는 사람의 죽음, 직업의 변화나 상실, 원치 않은 임신 등이 포함
재난(우발적, 사회적)위기 [2017 기출]	우발적이고 흔하지 않고 다양한 상실이나 광범위한 환경적 변화를 포함하는 예상치 못한 위기로 지진, 전쟁, 폭동, 학살, 대구 지하철 가스 폭발 등

4 위기의 증상

과도한 공포, 걱정들, 자기비난, 죄책감, 짜증, 분노, 슬픔, 수면문제 및 악몽, 식욕감퇴 또는 과식으로 인한 체중문제, 동요나 차분하지 못한 모습관찰, 두통 또는 복통과 같은 신체적 불편감 호소, 퇴행 행동 또는 공격성, 학교 또는 활동에 있어 집중력 부족, 흥미부족

5 위기중재

<table>
<tr><td>정의</td><td colspan="2">위기에 처한 사람에게 직접적 도움을 제공하는 단기적 치료 직접적 문제해결에 초점을 두고 6주 정도의 시간제한을 둔다.</td></tr>
<tr><td>중재</td><td colspan="2">• 환경적 조정: 상황적 지지, 스트레스 제거를 위한 주변 환경변화
• 심리적 지지제공: 심리적 응급처치, 사회적 지지
– 안심, 온정, 승인, 감정이입, 돌봄, 경청, 돕고자 하는 의지와 같은 치료적 의사소통
• 위기집단 모임: 감정표현, 고립감소, 자존감 증가, 해결방법 제안
• 위기가족 중재: 가족 구성원에게 미치는 문제영향분석
→ 유용한 자원, 가능한 해결책논의, 누가, 언제, 무엇을 할 것인지 정확한 활동계획 세움
• 위기중재기법: 감정정화, 제안, 조작, 강화행동, 명료와, 방어기전의 기지, 자존감의 고양, 해결책의 탐색
• 위기중재기법 적용의 원칙
– 대상자가 자신의 위기상태에 대해 지적으로 이해하도록 조력
– 현재의 느낌을 말로 표현하도록 조력
– 적응방법 또는 대처기전에 대해 탐색
– 사회와의 관계 재형성
– 긴장과 불안을 감소하는데 효과적이었던 적응기전 강화</td></tr>
<tr><td rowspan="6">위기중재기술</td><td>제반응</td><td>• 사건에 대한 느낌을 털어놓을 때 감정이 해소됨
• 정화는 종종 위기중재에서 사용되는 방법임</td></tr>
<tr><td>명료화</td><td>환자가 사건, 행동, 감정 간의 관계를 인식하도록 도울 때 사용하는 방법
→ 대상자가 감정을 좀 더 정확하게 이해하고 위기상황을 일으킨 원인을 인식하도록 도움</td></tr>
<tr><td>암시</td><td>• 한 개인에게 생각화 신념을 받아들이도록 영향을 주는데 쓰이는 기법
• 환자를 도울 수 있다는 확신이 환자의 불안을 다소 감소시킴</td></tr>
<tr><td>조작</td><td>치료과정에서 이득을 위해 환자의 감정, 희망, 가치 등을 이용하는 기법</td></tr>
<tr><td>행동강화</td><td>• 건강하고 적극적인 행동을 하는 환자에게 이루어짐
• 대상자가 스스로 감정을 인식함으로써 긍정적인 반응을 강화함</td></tr>
<tr><td>지지적 방어체계</td><td>간호사가 부적응적 방어체계를 막고, 건강한 방어기전을 사용할 수 있도록 돕는 것</td></tr>
</table>

<table>
<tr><td rowspan="5">위기중재</td><td rowspan="4">중재단계</td><td>환경적 조작</td><td>대상자의 물리적, 인간관계 환경을 직접적으로 변경
예 6명의 자녀를 양육하는데 어려움을 호소하는 대상자는 몇 명의 아이를 조부모에게 맡김으로써 스트레스 감소</td></tr>
<tr><td>일반적 지지</td><td>• 간호사가 환자 옆에서 감정을 사정하고 도움을 주는 중재
• 중재기간동안 온화함, 수용, 돌봄, 격려 등을 통해 중재제공</td></tr>
<tr><td>일반적 접근</td><td>• 가능한 신속하게, 고위험에 속한 개인과 집단에 도달하기 위한 것
• 유사한 위기에 직면한 대다수의 사람들에게 특별한 방법을 제시, 하나의 특정 위기를 분석하고 연구
예 재난사고로 희생된 가족과 같은 고위험집단이 슬픔을 극복할 수 있도록 하기 위하여 사용하는 방법이 통합적 접근법임</td></tr>
<tr><td>개인적 접근</td><td>• 환자의 독특한 성격을 이해하고 위기에 적응적인 반응을 보일 수 있는 중재를 수행하여야 함
• 상황적 위기와 성숙적 위기의 혼합형태에서 유용함</td></tr>
<tr><td>특징</td><td colspan="2">• 과거의 무의식 갈등에 초점 × → 현재 문제 해결에 초점을 둠
• 즉각적 중재
• 위기에 처한 사람에게 직접적인 도움을 제공하는 단기적 치료
• 신체적 문제 우선 중재
• 환자와 함께 중재 한계선 설정, 중요한 인물 선택
• 대상자의 대처능력, 강점, 잠재적, 문제해결 능력에 초점을 맞춤</td></tr>
<tr><td>간호평가</td><td colspan="3">• 대상자의 기능이 위기 전 단계로 돌아왔는가?
• 촉진적 혹은 긴장적인 사건으로 인해 위협을 받았던 대상자의 원래욕구가 충족되었는가?
• 대상자의 효과적인 대응기전이 다시 기능을 찾았는가?
• 대상자가 강한 지지체계에 의존하고 있는가?</td></tr>
</table>

03 재난간호

1 재난간호

목적	재난으로 인한 스트레스를 완화하고 개인이나 지역사회가 되도록 조기에 재난이전의 기능수준을 회복하도록 돕는 것
대상	재난 경험자
방법	방문활동, 자문활동, 교육활동, 재난 경험나눔 활동, 위기상담활동 → 적극적 문제해결과 대처능력의 회복, 예방적/전략적/교육적, 일상생활상의 문제 집중

유형	• 자연재난: 태풍 · 홍수 · 호우 · 강풍 · 풍랑 · 해일 · 대설 · 가뭄 · 지진 · 황사 · 적조 그밖에 이에 준하는 자연현상으로 인하여 발생하는 재해 • 사회재난: 화재 · 붕괴 · 폭발 · 교통사고 · 화생방사고 · 환경오염사고 그밖에 이와 유사한 사고로 대통령령이 정하는 규모 이상의 피해와 에너지 · 통신 · 교통금융 · 의료 · 수도 등 국가기반체계의 마비와 전염병 확산 등으로 인한 피해

2 petak 재난 관리 과정

1단계	재해의 완화와 예방	재난 발생 전에 위험성 분석 및 위험지도 작성, 관련 법과 정책마련
2단계	재해의 대비와 계획	재난 발생 전에 재난 대응계호기 및 비상경보체제 구축, 비상통신망 구축, 통합대응체계 구축 등
3단계	재해의 대응	재난 발생 후 재난 대응 적용, 재해진압, 구조구난 응급체계 운영, 대책본부가동 등
4단계	재해복구	재난 발생 후 잔해물 제거, 감염예방, 이재민 지원, 시설 복구 등

3 하인리히의 5단계 도미노 이론

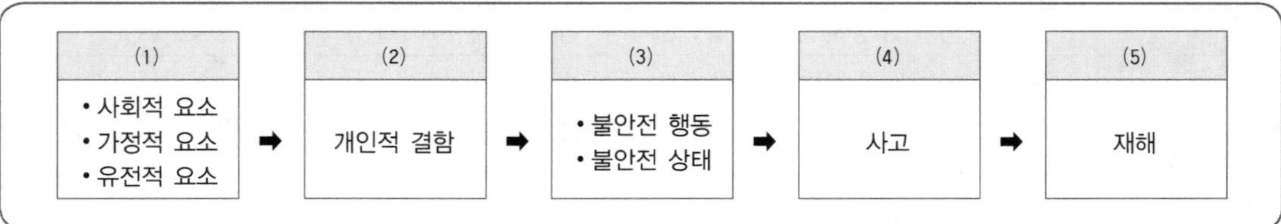

사회적 환경	바람직하지 못한 사회적 환경에 의한 결함 예 공중 도덕이나 준법정신의 결여, 인명경시 풍조 등
인간의 결함	개인적으로 신체적 또는 정신적으로 결함이 있거나 안전에 대한 의식이 미흡하거나 기능이 부족한 경우
불안전 행동	안전수칙을 지키지 않거나 기계 등을 잘못 사용하는 경우나 미숙한 경우
사고	불안전한 행동 및 불안전한 상태가 직접적인 원인 되어 고의성이 없이 일어난 인적, 물적인 손실을 가져올 수 있는 사건
재해	위의 단계 중 어느 하나에 문제가 발생하면 연쇄적으로 영향을 미치는 도미노 현상이 일어나 사고가 발생함

4 재난의 심리적 반응

쇼크기	부정, 공황, 회피, 공포, 자제력 상실
반응기	무력감, 강박행동, 우울, 죄책, 소화불량, 불면, 정서불안
회복기	자제력 회복, 가족기능 회복, 지역사회 안정감

5 사람의 재난반응단계

1단계	충격단계	• 극심한 두려움, 판단력과 현실검증력 저하 • 자기파괴적 행동
2단계	영웅단계	• 친구, 이웃, 응급구조팀 사이의 협조정신 • 건설적 활동으로 불안과 우울감 극복 • 과도한 활동으로 소진 야기
3단계	밀월단계	• 재난 1주 혹은 수개월 후 • 다른 사람을 돕고자 하는 욕구는 지속 • 다시 생활터전으로 돌아가 심리적, 행동적 문제들이 간과됨
4단계	환멸단계	• 약 2개월에서 1년까지 지속 • 사건을 경험치 않은 이웃의 처지와 비교 • 원망시기 : 적대감 표현, 실망과 후회, 좌절과 분노경험
5단계	재구성과 재인식 단계	• 재난 후 수년 동안 지속 • 자신의 문제 재확인 • 건설적인 방식의 삶을 추구 • 재난 후 6개월 이내 시작되지 않는다면 지속되는 심리적 문제는 크게 증가

6 재난 단계별 중재

1단계	응급단계 : 재난 현상에서의 응급심리지원 • 상해관리, 음식과 보호소 제공서비스 • 심리적 응급처치 목표 : 피해자가 받는 충격 반응을 완화시켜 기억으로 남는 것을 최소화하는 것 • 신체적 응급처치 및 심리적 응급처치 후 전문기관에 의뢰 • Ruzek의 8가지 핵심활동 : ① 접촉과 참여, ② 안전과 안위, ③ 안정화, ④ 정보수집, ⑤ 실제적 보조, ⑥ 사회적 지지와의 연결, ⑦ 대처 지지에 대한 정보, ⑧ 협력적인 서비스와의 연결 • 기본적 간호 : 생존과 안전욕구 충족, 개인적 비밀보장 및 사적 공간 마련, 신체적 문제해결, 가족이나 친지의 안전 확인해주고 연락할 수 있도록, 정상적 일상생활의 단계적 수행 도움, 상실을 슬퍼할 수 있는 기회 제공, 사회적지지 자원 발굴 및 연결

2단계	응급~1개월: 심리적 회복을 저해할 수 있는 상황에 재노출 예방 • 재난 발생수준과 피해수준 조사, 선별검사를 통해 심리상태에 따라 고위험 대상자 파악 • 위기중재: 문제정의, 지지제공, 대안적 지지자원조사, 대처기전 향상, 건설적 사고 과정 강화하기 → 짧은 시간에 걸쳐 개인의 기능을 재난 수준으로 되돌려야 함
3단계	1개월~3개월: 재난상황에의 재노출 예방, 외상 후 스트레스 장애 이행 예방 • 피해자: 재난 이전 상태로 회복 or 극단적 혼란으로 심리상태 와해 • 급성스트레스의 만성화 또는 질병화 예방
4단계	3개월 이후: 장기적 중재 • 개인, 집단, 가족치료, 인지행동적 접근, 약물관리, 정신과적 치료, 자조집단결성
목표시간 관리제	재난 대응 목표시간관리제: 골든타임제 - 화재의 초동진압과 응급환자의 소생률 향상을 위한 시간으로 화재 또는 환자발생 후 최초 5분을 말함

MEMO

출제경향 및 유형 (정신 장애의 치료와 간호)

1992학년도	
1993학년도	
1994학년도	
1995학년도	
1996학년도	
1997학년도	
1998학년도	
1999학년도	
후 1999학년도	
2000학년도	
2001학년도	
2002학년도	
2003학년도	
2004학년도	
2005학년도	
2006학년도	
2007학년도	
2008학년도	
2009학년도	
2010학년도	미누친의 구조적 가족치료
2011학년도	
2012학년도	
2013학년도	
2014학년도	보웬(M. Bowen)의 다세대가족치료(가족체계치료)
2015학년도	인지행동치료법-체계적 둔감법, 사고중지법
2016학년도	인지적 왜곡(과잉일반화, 개인화), PTSD 양상, 워커(I. Walker)의 가정폭력의 주기
2017학년도	인지행동치료-인지적 왜곡, 합리적 행동치료 ABCDE 모형
2018학년도	인지행동치료-인지적 왜곡, 구조적 가족치료의 경계선 유형, 사티어(V. Satir)의 경험적 가족치료의 역기능적 의사소통 유형
2019학년도	인지행동치료(자기감시법)
2020학년도	인지행동치료(자기감시법, 형성법)
2021학년도	
2022학년도	인지행동치료(모델링, 자기주장훈련)
2023학년도	

Chapter

04 정신 장애의 치료와 간호

01 정신건강 간호 모형 및 정신치료

1 정신분석 치료모형(통찰정신치료) [2021 기출]

(1) 통찰정신치료

행동일탈	각 발달단계마다 성취해야 할 과제가 있는데 만약 그 단계를 지나치게 강조하거나 갈등이 있는 경우 정신적 에너지(libido)는 이 갈등을 다루는 데 고착되고 이때 발생되는 불안을 통제하기 위해 너무 많은 에너지가 소비될 때(갈등으로 인한 불안을 다루려는 노력의 결과) 신경증적 증상이 나타날 수 있음	
	사례	강박적으로 손을 씻는 것은 항문기 동안 어머니가 불결하다고 한 자기를 깨끗이 하려는 시도라고 볼 수 있으며, 조절하지 못하는 생각이나 느낌, 행동이 충동적으로 나타나는 것으로 해석
치료적 접근	• 프로이트는 감정적으로 힘든 문제를 드러내는 것이 정신 질환을 일으키는 상처를 치유하는 잠재력이 있음을 설명함 • 자유연상(free association)과 꿈의 분석을 이용	
	자유연상 [2021 기출]	어떤 의식적 점검이나 검열 없이 떠오르는 대로 생각과 느낌을 그대로 언어화하는 것
	저항	대상자가 무의식적으로 회피하는 영역의 유형을 찾는데, 이와 같이 대상자가 논의하거나 인식하는 것을 회피하는 갈등의 영역
	꿈의 분석	• 꿈(정신내적 갈등의 상징)의 해석은 이와 같은 저항의 본질에 대한 통찰력을 제공 • 해석은 대상자에게 꿈이라는 상징의 의미와 논의 또는 회피하는 문제의 중요성을 설명해 줌
	전이	• 이 과정은 전이라는 현상으로 말미암아 복잡해질 수 있음 • 전이는 대상자가 치료자에 대해 강한 긍정적 또는 부정적 감정을 발전시켜 나갈 때 일어남. 이 감정은 치료자와는 관계없고 대상자에게 중요했던 부모와 같은 사람에 대한 반응을 나타내는 것
	강한 긍정적 전이	상자가 치료자를 만족스러워하고 자신의 행동에 대한 치료자의 해석을 수용하도록 만듦

	강한 부정적 전이	대상자로 하여금 치료자의 중재를 강하게 저항하게 하여 치료과정을 방해함
	역전이	대상자에 대한 치료자의 역전이 또한 치료과정을 방해할 수 있음
환자/치료자의 관계	환자 능동적 참여자	떠오르는 대로 모든 생각을 표현하고 모든 꿈을 묘사
	치료자/음영자 (shadow person)	• shadow person의 역할(해석) • 비언어적으로만 격려 • 치료자는 개인적인 어느 것도 표현하지 않아야 함 • 자유연상이 잘 되도록 대상자를 편안히 눕히고 치료자는 대상자의 시야 밖에 앉아 비언어적으로만 격려하여 환자에게 영향을 미치지 않도록 함 • 언어적 반응은 흐름을 방해하지 않는 수준에서 "아~", "계속 하십시오", "좀 더 이야기하십시오" 등 간결하게 사용함 • 치료자가 해석을 제시할 때는 대화방식을 바꾸게 됨. 대상자가 수용 또는 거절하도록 해석을 제시하는데, 이때 대상자의 거절은 저항을 의미함 • 대상자가 치료자에 대해 표현하는 좌절은 전이로 해석할 수 있음

(2) 정신분석 치료 과정

정신분석치료	마음의 기능	정신분석에서는 마음의 기능을 갈등적인 힘의 표현으로 본다.
	정신분석 치료 목적	대상자의 무의식에 억압되어 내재되어 있는 요소들을 의식화시킴으로써 대상자가 더 성숙된 방식으로 자신의 갈등을 이해하고 다루면서 정신 내적인 갈등을 해소할 수 있도록 도와주는 것이다.
	치료의 원리	무의식적 요소의 의식화 작업으로 인해 대상자는 통찰이 생겨 인격의 병적 부분이 수정되는 것이다.
준비단계	• 분석을 시작하기 전 먼저 일대일 면담을 몇 차례 갖는다. • 치료자는 대상자가 가진 문제의 본질을 확인하고 분석이 가능한 사람인지를 결정한다.	
진행단계	• 대상자가 연상을 시작하게 되면 말하고 행동하는 모든 것은 대상자의 무의식적 정신과정에 대한 단서를 제공하는 것이므로 주의 깊게 관찰한다. • 치료 초기에는 주로 '지금 그리고 여기' 의식에 가까운 것부터 다룬다. • 그리고 방어를 지적함으로써 갈등을 일으킨다. 갈등을 일으키기 위해서 치료자는 방어의 성질이 어떻다는 것을 지적해주고 대상자가 인식할 수 있도록 돕는다. • 대상자가 방어기전을 인식하게 되면 방어기전을 덜 사용하게 되며 자신의 문제를 인식할 수 있게 된다. 치료 초기단계는 3~6개월 정도 지속된다.	

진행과정	전이의 발달	• 치료 동안 대상자들이 치료진에게 정서적으로 중요한 의미를 부여하는데 이를 '감정의 전이'라고 한다. 치료 초기부터 나타나며, 긍정적 혹은 부정적 감정을 강하게 보인다. 이 감정은 대상자가 자기 인생을 통해 어떤 중요한 인물에 대해 품었던 소망에 관한 아동기 시절의 무의식적 갈등이 표현되는 것이다. • 정신분석이란 긍정적 또는 부정적 전이를 해석함으로써 해결되지 않은 아동기의 갈등을 의식화시킬 수 있고 이러한 과정이 치유과정인 것이다. • 전이의 분석은 정신분석의 핵심이다. 전이는 비현실적인 것이므로 대상자로 하여금 현실과 환상, 과거와 현재를 구별하도록 해준다.
	통찰과 훈련	• 이 단계는 전이 분석이 시작되어 지속되는 기간으로 분석과정과 함께 진행된다. • 분석과정에는 전이뿐 아니라 역전이나 저항의 분석 및 해석이 포함된다. • 역전이는 대상자에 대한 치료자의 반응으로 치료자의 무의식적 갈등에서 일어나는 것이다. 치료자는 자신의 문제와 대상자의 문제를 혼동하지 않도록 역전이를 해결해야 한다.
	저항	• 대상자의 저항은 치료가 진행되면서 대상자가 어느 순간 말문이 막히는 등 연상이 제대로 진행되지 않을 때 또는 약속시간을 잊어버리거나 늦는 등의 다양한 방법으로 관찰된다. • 무의식 영역이 의식화되는 것을 막기 위해 나타나는 행동이다. • 대상자의 저항 밑에는 근본적인 갈등이 숨어있음을 뜻하므로 치료자는 주의 깊게 해석하여 대상자가 통찰력을 갖도록 돕는다.
	해석	• 해석은 대상자가 이전에는 이해하거나 깨닫지 못했던 심리적 사건을 설명하여 주는 것으로 대상자의 불안정도, 부정적 전이, 현실에서의 충격정도를 고려하여 적절한 시기에 이루어져야 한다. • 치료 동안에 반복되어 나타나는 갈등을 훈련함으로써 대상자는 현실을 회피하거나 부인하지 않으면서 과도한 불안반응 없이 갈등상황에 당면할 수 있게 된다.
종결단계 (전이의 해결)	• 전이가 해결되면 치료는 종결단계에 이른다. • 이 단계에서는 대상자의 증상이 갑자기 심하게 악화될 수 있다. 이는 대상자가 치료를 종결할 준비가 되어있지 않고 이들의 관계가 지속되기를 무의식적으로 치료자에게 전달하는 것이다. 또한 억압되었던 기억이 떠오르며 이제까지 감추고 있던 소망을 드러내기도 한다. • 종결단계에서는 분석이 끝난 후 일어날 일에 대해 대상자가 품고 있는 환상을 철저히 분석하여 문제의 재발 가능성을 낮춰야 한다.	

(3) 치료기법

정신분석 치료 시 대상자는 누워 자신의 마음에 떠오르는 생각, 심상, 느낌을 왜곡, 억제, 사전에 판단하지 않고 진실하게 있는 그대로 표현하도록 요청한다. 이 방법은 자유연상으로 정신분석에서는 꿈의 해석과 함께 무의식적 세계를 이해하기 위한 방법으로 사용된다.
치료자는 대상자 뒤에 위치하여 대상자의 연상을 경청하면서 적절한 시기에 해석을 해준다. 치료자는 객관성과 중립성을 유지해야 한다. 또 다른 중요한 기법인 꿈의 해석은 무의식적 자료의 분석에서 아주 중요한 방법이다. 꿈은 현재몽, 잠재몽으로 나누어 설명할 수 있다. 현재몽은 보통 꾸는 꿈으로 잠에서 깬 뒤 기억이 나거나 또는 나지 않는 꿈이다. 잠재몽은 무의식 속에 갖고 있는 소망, 욕구 등의 내용을 그대로 가진 꿈으로 꿈의 진정한 의미를 갖고 있다. 잠재몽의 형태로 그대로 분출되어 나오면 괴로워하게 될 인간의 잠재몽 내용을 검열하여 받아들일 수 있는 형태로 변형시켜 현재몽으로 내보내는 것을 꿈의 작업이라 한다. 정신분석은 과학과 예술을 합친 것과 같은 치료방법으로 시간과 비용이 많이 드는 단점이 있다.

통찰 (insight)	통찰	대상자가 억압된 감정이나 사회적으로 수용 불가능한 사고, 분노 등에 대한 의식적인 자각이 있을 때 통찰(insight)이 있다고 한다.
	지적 통찰	증상이나 행동의 원인과 결과에 대한 이해를 의미한다.
	감정적 통찰	증상이나 행동과 관련된 고통스럽거나 놀라운 분노의 감정을 이해하거나 재경험하는 것이다.
	감정정화 (catharsis)	이러한 재경험을 감정정화(catharsis)라고 하며, 이는 정서적 성장을 가능하게 한다.
억압 (repression)	• 고통스럽고 위협적이어서 의식적로 용납할 수 없는 불쾌한 경험이나 감정, 동기 등을 무의식 속으로 강력히 몰아내는 무의식적 과정이다. • 억압된 자료가 의식에 접근하면 불안해진다.	
자유연상 (free association)	치료 시 긴장을 푼 상태에서 마음속에 떠오르는 것이라면, 그것의 적절함이나 관계를 판단하지 말고 무엇이든 말하도록 하는 것이다.	
저항 (resistance)	저항	무의식적 과정으로 자아가 관여하기에는 괴롭고 불안한 일이 더 이상 드러나지 않도록 피하는 것이다.
	예	침묵, 연상불능, 치료 환경에 대한 트집 등
	사례	대상자는 갑자기 뚜렷한 이유 없이 주제를 바꿀 때도 있으며, 고통스러운 인식과 감정의 억압 뿐 아니라 회상에 대한 저항을 보인다.
전이 (transference)	전이	대상자가 자신에게 중요한 사람 흔히 부모에게서 느꼈던 감정을 치료자에게로 향하는 무의식적 현상이다.
	치료자 전이	대상자는 치료에서 그들 생활 속의 중요한 사람에게 반응하는 것과 똑같은 방식으로 치료자에게 반응한다.

	중요점	과거에 관련이 있었던 사람들에 대한 중요한 이미지를 치료자에게 투사하므로 전이는 치료자가 상징하고 있는 개인과 대상자와의 관계를 밝혀준다는 점에서 중요하다. 이러한 전이 행동에 의해서 중요한 무의식적 요인이 드러난다.
역전이 (counter transference)	치료자가 무의식적으로 대상자를 과거 자신에게 어떤 중요한 인물로 부각시켜 그에게 느꼈던 감정을 대상자에게서 느끼는 것을 의미한다.	
해석 (interpretation)	해석	대상자가 치료과정에서 노출시킨 경험과 호소하는 행동, 증상 간의 관계를 치료자가 관찰하고 이해하여 가설적인 설명을 해주는 것이다.
	기능	증상의 무의식적 근원이나 그 의미를 알게 된다.
	효과	대상자는 자신의 느낌, 사고, 행동을 지속시키는 역동적 동기에 관한 통찰력을 갖게 된다.
꿈의 분석 (dream analysis)	꿈	• 무의식에 접근하는 수단으로 보며 꿈은 일종의 내재된 욕구나 만족이나, 갈등의 해결을 꾀한다. • 이드(id)는 깨어있을 때보다 꿈을 꾸는 동안 더욱 자유롭기 때문에 꿈의 광범위한 기억과 언어적 상징을 사용한다.
	효과	꿈의 분석은 꿈과 관련된 자유연상을 포함하며, 그것을 통하여 분석자는 깊은 무의식의 의미와 내재된 상징을 알아낼 수 있다.
실행 (working through)	치료의 마지막 단계이다. 대상자는 이 시점에서 고통받아오던 감정과 행동 양상을 잘 이해하게 된다. 대상자는 이용가능한 정서적 에너지가 풍부해지고 세계를 폭넓게 인식하고 새로운 시각을 형성할 수 있다. 실행은 대상자의 통찰이 일정기간에 걸쳐 논의되고 재작업화되는 것을 의미한다. 통찰력과 이해를 새로운 행동으로 옮기는 것은 실행의 마지막 단계이다.	

2 지지정신치료(supportive therapy)

(1) 개요

지지정신치료	대상자가 의식하고 있는 문제만을 다루는 치료 방법으로 안심, 지지, 마취합성, 환기, 제반응, 설득, 암시 등의 기법을 시용하여 대상자의 취약해진 자아를 지지해줌으로써 갈등에 견디고 현실에 잘 적응할 수 있게 해주는 정신치료를 의미한다.
치료에 포함될 수 있는 문제	고통스러운 여러 가지 갈등, 관계, 경험 등을 의미한다.
치료효과	내부의 고통을 환기시킴으로써 밖으로 표출하게 되면 대상자로서는 무거운 짐을 나누어 지게 되고 카타르시스와 제반응도 되므로 치료적인 효과가 있다.
주요관심	증상의 제거나 경감을 의미한다.
치료	• 치료자가 대상자의 불안이나 갈등을 불러일으키는 것을 삼가고 심리적 방어기전을 인정하고 안정된 역동상의 균형을 찾게 한다. • 대상자가 전이적 욕구가 생기면 이를 충족시켜 줌으로써 신경증적 불안을 야기할 자극을 감소시킬 수 있다. • 치료자가 대상자에게 모델로서 모범을 제시할 수 있다.
치료적 관계	• 치료자와 대상자 간의 신뢰 형성이 가장 중요하다. • 신뢰를 바탕으로 한 치료적 관계를 형성함으로써 대상자는 자신을 개방적으로 노출시킬 수 있으며 치료자는 이타성을 바탕으로 대상자를 수용함으로써 대상자의 불안과 긴장을 감소시킬 수 있다. • 하나의 치료법으로 쓰이기도 하고 분석적 정신치료의 보조 방법으로 사용되기도 한다.
치료법 적응대상	첫째, 근본적으로는 원만한 성격을 지닌 사람이 감당하기 어려운 정도의 스트레스로 인해 일시적인 동요를 일으켰을 때 응급처치의 수단으로 사용된다. 둘째, 경계선상 상태(borderline state)의 대상자나 의존적 성격의 대상자에게 장기적 치료 방법으로 사용된다. 셋째, 통찰치료가 필요하지만 지금 당장은 치료를 감당할 만큼 자아가 강하지 못할 때 자아를 보강하기 위한 일차적 치료 방법으로 사용된다. 넷째, 통찰치료를 받는 도중에 갑작스럽게 감당하지 못할 정도의 불안이 야기될 때 잠정적인 치료 수단으로 시용된다. 지지정신지료는 꼭 전문가만이 행하는 것이 아니며 친구, 성직자, 교사, 변호사, 친지, 사회봉사요원 같은 주변 사람들에 의해 이루어질 수 있다.

(2) 지지치료기법

안심 (reassurance)	가장 흔히 쓰이는 방법으로 슬프거나 불안한 대상자의 말을 주의 깊게 경청한 후에 치료자의 권위를 이용해서 위로하고 상대방의 마음을 든든하게 해주는 것이다. 이 방법의 효과는 대개 일시적이지만 증상이 가벼운 경우는 매우 좋은 효과를 보이기도 한다.
지지 (support)	대상자의 이야기를 진지하게 듣고 고개를 끄덕이고 수긍을 해주며 동정적인 말투로 과연 그렇겠다고 이해하는 자세를 취하거나 '어려운 처지에서 용케도 견딘다'는 식으로 격려하기도 하며, '앞으로 조금만 더 버티면서 이러한 태도를 취하면 더 낫지 않겠느냐'는 충고도 해주고 대상자가 처한 어려운 환경을 직간접으로 조정해주기까지 하는 것이다. 이 방법 역시 일시적 효과만을 나타낼 수 있다.
마취합성 (narcosynthesis)	마취합성은 대상자가 표현하기 어려운 정신적 문제를 의식적으로 억제하여 긴장이나 증상이 심해질 때 시용하는 방법이다. 대상자를 눕힌 뒤 잠재우지 않으면서 긴장을 풀 정도까지로 sodium pentothal이나 sodium amytal을 정맥 주사하면 대상자는 의식적인 통제(conscious control)가 사라지고 억제(inhibition)에서 해방되어 의식 밑에 깔렸던 것이 쉽게 의식계로 나오게 된다. 이때 설득, 암시를 통해 문제를 극복하거나 해결하도록 도와준다. 이 방법은 급성 불안 상태(acute anxiety states), 외상성 신경증 초기(early traumatic neurosis), 전환장애(conversion disorder), 심인성 기억상실(psychogenic amnesia), 심인성 둔주(psychogenic fugues)의 치료에 좋다.
환기 (ventilation)	차마 남에게 말하지 못할 불안, 걱정, 죄책감을 치료자에게 속 시원히 표현함으로써 불안, 초조, 꽉 막혔다는 느낌에서 다소 해방되는 '후련한 느낌'을 갖도록 하는 방법이다. 이때 치료자의 태도가 중요한데 치료자는 가급적이면 대상자 이야기를 방해하지 말고 이해 · 공감한다는 자세를 가져야 한다. 또한 대상자 문제의 주된 내용들은 대개 의심, 충동, 불안, 죄책감, 가정의 문제 등으로 사실 이 방법은 예로부터 종교에서 '고해'라는 형식으로 시용되어 왔다.
제반응 (정화, abreaction)	제반응은 신경증적 장애를 일으킨 스트레스 상황을 감정적으로 다시 체험함으로써 불안을 완화시키는 방법으로, 무의식 속의 억압(repress)되었던 기억이 되살아나면서 동시에 쌓이고 쌓였던 감정이 분출되는 것이다. 무의식 속에 억압되어 있었던 억울한 기억이나 감정을 표현해버림으로써 스트레스나 긴장이 완화되게 하는 치료법이다. 감정적으로 긴장이 고조된 상황에서 유용한 치료 방법으로 이때 방출되는 감정은 주로 애도, 분노, 공포 등이며 치료자에 대한 적개심도 있을 수 있다. 이 제반응은 때로는 저절로 일어날 수도 있고 암시나 바비탈계의 약물로 촉진될 수도 있다.
설득 (persuasion)	치료자가 권위를 이용하여 행동이나 욕구 불만, 잘못된 생각이나 습관을 대상자의 이성과 도덕에 적극적으로 호소하고 교육적인 설명도 해주어 대상자의 약화된 자아를 지지해 줌으로써 증상을 극복하려는 방법이다. 강요보다는 치료자에 대한 신뢰를 바탕으로 권유, 설명을 통해 스스로 자기 문제를 비판하고 자아를 강화함으로써 증상을 완화시킨다. 설득은 대상자의 인격과 인격 형성에 관련된 역동을 이해하기보다는 이성, 도덕, 의지에 직접 호소하는 데 초점을 둔다. 대상자의 문제 증상을 억압 또는 완화시키며 혹은 보다 견디기 쉬운 대상으로 전환시키거나 새로 만들어내기도 한다.

암시 (suggestion)	치료자가 간접적으로 넌지시 대상자의 괴로운 증상이 없어질 것이라는 생각이나 확신이 들도록 마음을 편안하게 해주는 치료 방법이다. 이때 치료자가 자신만만하고 권위 있고 동정적인 태도를 취하는 것이 치료의 성패를 좌우한다. 대상자는 치료자를 믿고 따르기 때문에 이성보다는 감정적으로 치료자의 말을 그대로 받아들이게 되는 것이다. 암시는 병식을 증가시키기보다는 오히려 감소시키는 단점이 있는데 이는 대상자가 자기 자신을 역동적으로 이해하지 못하기 때문에 진정한 변화는 일어나지 않는다. 때로는 증상이 좀 낫는 듯하다가 다른 증상으로 바뀔 수 있기 때문에 암시요법과 재교육을 병행하는 것이 좋다. 암시는 어린이, 덜 지적인 사람, 미숙하고 히스테리적 성격을 지닌 사람, 심각한 성격장애가 없는 경우, 사고 뒤에 오는 불안 상태, 최근 발생하여 뿌리가 아직은 깊지 않은 히스테리성 전환 증상의 경우에 좋은 효과를 볼 수 있다.

3 대인관계 모형 [2011 기출]

대표적인 이론가로는 설리반(Sullivan), 페플라우(Peplau)가 있다. 대인관계 모형은 설리반에 의해 처음 소개되었다.

(1) 설리반 이론

성격형성	인간은 근본적으로 사회적인 존재로 인간의 인격은 사회적 상호작용에서 결정된다.	
성격	성격은 인간생활을 특징짓는 지속적 대인관계 상황에서 인격의 건전한 발달에 생리적 욕구와 상호작용 욕구의 만족과 타인과의 대인관계에서 안정이 필요하다.	
자아개념 (자아체계) 형성	• 자아개념을 형성하는 데 있어서 어린 시절이 중요한 역할을 한다. • 왜곡된 자아개념은 원만하지 못한 대인관계와 앞뒤가 맞지 않는 행동유형을 야기한다. • 어린 시절의 욕구와 대인관계 경험에 바탕을 둔 불안으로부터 자신을 보호하기 위해 채택한 안정성 추구방법으로 자아 보호 수단이다.	
자아체계 (자아상)의 3요소	설리반은 아동기에 초기 대인관계에서 갖는 경험으로부터 자아체계가 형성되는 것으로 보고 자아체계의 3요소를 제시하였다.	
	좋은 나	• 타인으로부터 보상, 평가로 인해 발달한 성격의 부분이다. • 어머니의 자애로움 속에서 얻어지는 자기상으로 주 양육자의 긍정적 피드백에 대한 반응으로 발달한 성격의 부분이다. • 만족과 기쁨 경험을 배우고 자기체계로 합입된다.
	나쁜 나	• 타인으로부터 불안을 유발시키는 평가로 인해 발달한다. • 양육자와 상호작용할 때 부정적 피드백에 대한 반응으로 발달한 성격의 부분으로 불안이 증가하는 상황에서 불만족, 스트레스로 부정적 감정을 특정 행동으로 대치하는 것을 학습하며 자신이 나쁘다고 믿는다. • 어린이는 특정 행동을 변경시킴으로써 불편과 고통을 피하는 것을 배운다.

<table>
<tr><td></td><td>내가 아닌 나
(the not me)</td><td>• 내가 아닌 나는 공포, 심한 두려움, 혐오에 대한 압박감으로 인해 발달된다.
• 극도의 긴장, 불안, 공포와 관계에서 얻어진 자기상이다.
• 공포, 두려움을 경험하는 아동은 불안 감소를 위해 이런 감정을 부정함으로 '나 아닌 나' 가짜 자기가 된다.
• 공포, 심한 두려움, 혐오에 대한 압박감으로 인해 발달된다 – 억압/해리
• 어린이는 불안을 경감시키기 위한 노력으로 이러한 긴장감을 억압하거나 해리시킨다. 이와 같은 감정들이 의식으로부터 사라지게 되면 내가 아닌 나로 잔존한다.</td></tr>
<tr><td rowspan="3">인간행동</td><td colspan="2">두 가지 본능적 욕구, 만족과 안정을 위한 욕구에서부터 나타난다.</td></tr>
<tr><td>만족</td><td>배고픔, 수면, 성욕, 외로움 등 기본적 욕구가 충족된다.</td></tr>
<tr><td>안정</td><td>개인적 가치가 사회적 규범이나 문화적 요구와 일치한다.</td></tr>
<tr><td>이상행동</td><td colspan="2">초기대인관계에서 형성된 부정적 자기체계로 인한 대인관계의 왜곡이다.</td></tr>
<tr><td rowspan="4">주요개념
[국시 2006]</td><td>욕구만족</td><td>산소, 물, 음식, 온기, 부드러움, 휴식, 활동, 성적 표현과 관련된 기본적 욕구인 생리적 욕구와 구강기적 욕구, 상호작용 욕구를 충족하는 것이다. 충족되었을 때 불안감소, 안녕 상태에 놓이고 욕구들이 충족되지 않으면 불안, 두려움에 빠진다.</td></tr>
<tr><td>대인관계
안정성</td><td>모든 욕구가 만족되고 대인관계 안정성을 가지면 완전한 안녕상태를 경험한다.</td></tr>
<tr><td>불안</td><td>• 욕구를 충족시킬 능력이 없거나 대인관계상의 안정성을 성취할 수 없을 때 불안이 발생한다.
• 어떤 고통스런 감정이나 정서로서 사회적 불안정이나 만족감의 차단으로 인한 긴장에서 비롯된다.
• 모든 안전수단은 개인이 불안으로부터 자신을 방어하기 위해서 혹은 자아체계를 이루는 자존감을 유지하기 위해서 사용한다.</td></tr>
<tr><td>자기체계 :
인격화</td><td>• 어린 시절의 욕구와 대인관계 경험에 바탕을 둔 불안으로부터 자신을 보호하기 위해 채택한 안정성 추구방법으로 자아 보호 수단이다.
• 불안이 발생하여 불안을 감소시키기 위한 행동은 바람직한 성격에 주요 방해물 역할을 한다.</td></tr>
</table>

03

(2) 설리반의 대인관계이론 성격발달 단계별 특징

<table>
<tr><td rowspan="2">영아기
0~18개월</td><td>구강기적 욕구
[국시 2005]</td><td colspan="2">젖먹기, 울기, 엄지손가락 빨기 같이 입과 관련된 활동을 통해 구강기적 욕구의 만족을 통한 불안 감소 등이 일어난다.</td></tr>
<tr><td>접촉 욕구</td><td colspan="2">상호작용 욕구는 생명체와 부드러운 것과의 접촉 욕구이다.</td></tr>
<tr><td rowspan="4">아동기
18개월~6세</td><td rowspan="2">참여 욕구</td><td colspan="2">참여 욕구를 가지며 다른 사람과 의사소통을 명확히 하는 법으로 대인관계 형성이 용이해진다.</td></tr>
<tr><td>참고</td><td>2~5세 언어 발달이 가장 빠르게 진행되는 시기이다.</td></tr>
<tr><td>만족지연</td><td colspan="2">만족을 지연하여 욕망을 통제하고 만족지연이 부모의 인정 과 보상을 받게 됨을 인식하면서 편안하게 느낀다.</td></tr>
<tr><td>성역할</td><td colspan="2">성개념을 발달시켜 남성 및 여성에 따른 성역할에 동일시시킨다.
cf) 남근기 : 남녀의 성차이를 인식하고 성차이에 호기심을 가진다.</td></tr>
<tr><td rowspan="3">소년기
6~9세</td><td>또래집단</td><td colspan="2">동성, 이성의 또래집단과 만족스러운 관계 형성으로 다른 사람과 관계를 폭넓게 하고 경쟁, 협동을 통해 사회화 성취가 이뤄진다.</td></tr>
<tr><td>지적 성장</td><td colspan="2">지적 능력 증가로 눈부신 지적 성장이 일어난다.</td></tr>
<tr><td>내적 통제력</td><td colspan="2">내적 통제에 의해 행동을 관리하여 내적 통제력 발달이 된다.</td></tr>
<tr><td>청소년 전기
9~12세</td><td>단짝 관계</td><td colspan="2">• 동성과 관계를 발달시키는 데 중점으로 사랑과 애정을 보여 주는 능력이 발달하기 시작하면서 다른 사람과 관계를 깊게 한다.
• 친한 친구가 없으면 절망적인 고독감에 빠져든다.
• 다른 사람과의 참된 사랑의 관계에 참여하고 다른 사람을 위한 배려심이 발달한다.
• 단짝을 가짐으로 타인의 문제에 민감하다.</td></tr>
<tr><td rowspan="2">초기 청소년기
12~14세</td><td>성적 욕구,
이성교재욕구</td><td colspan="2">사춘기에 생리적 변화와 생식기 돌출 현상과 함께 상호작용 욕구는 이성과 애정관계를 형성하는 욕구로 성적 만족욕구가 나타난다.</td></tr>
<tr><td>자아정체감 발달</td><td colspan="2">• 부모에 대한 반항과 독립심이 현저해진다.
• 부모로부터 분리와 독립은 자아정체감을 발달시키기 위해 노력한다.</td></tr>
<tr><td rowspan="2">후기 청소년기
14~21세</td><td>성적충동억제,
친밀한 관계 유지</td><td colspan="2">한 이성과 친밀한 관계를 유지하는 것이 중요하다. 선택적인 성적 활동의 형성에서 성욕을 억제하는 방법을 배우며 책임감 있고 만족스러운 관계를 만들어간다.</td></tr>
<tr><td>자아정체감 확립</td><td colspan="2">자아정체감이 확립하여 지적 성장과 확대된 시각으로 사회적 · 정치적 문제로 관심을 확장하고 사회, 정치, 세계에 관심을 가진다.</td></tr>
<tr><td>성숙기
24세 이후</td><td colspan="3">자아인식을 하고 자아존경을 하는 성숙한 인간관계의 능력을 가져 사회화가 완전히 이루어지고 부모의 통제로부터 완전히 독립한다.</td></tr>
</table>

(3) 대인관계 모형의 치료적 견해

<table>
<tr><td>이상(일탈) 행동 견해</td><td colspan="3">• 성격은 인생 초기 유아가 대인관계인 어머니를 통한 기본적 욕구인 생리적 욕구 만족과 대인관계 안정성을 해결하려는데 방해를 받는 경우 불안을 인지하고 정신적으로 상처를 입고 부정적 자아개념을 형성한다.
• 인격발달 초기에 기본적 두려움은 거부의 공포이며 양육이나 애정 부족으로 거절, 박탈을 당하면 신뢰감, 대인관계 장애, 조현병에 걸린다.
• 부적응 성격은 대인관계에 의한 자기체계와 진정한 자아와의 간격이 커짐으로 형성된다. 성인기에 다른 중요한 사람과 관계에서 생리적 욕구와 상호작용 욕구 만족인 대인관계 안정성에서 방해를 받는 경우 불안을 경험한다.</td></tr>
<tr><td rowspan="7">치료적 접근</td><td>치료목표</td><td colspan="2">대상자가 치료자와 건강한 인간관계를 경험한다.
→ 기본 욕구 해결과 만족할 만한 대인 관계를 형성한다.
→ 신뢰감↑, 안정감↑, 자긍심 증진 등이 이루어진다.</td></tr>
<tr><td>치료과정</td><td colspan="2">보다 만족스러운 관계 성취를 이어나간다.
→ 진정으로 관계를 맺고, 느낌 및 반응을 공유한다.
→ 신뢰감형성, 공감을 용이하게 한다.
→ 자존감을 증진시킨다.
→ 친밀감 형성, 건강한 행동을 위한 성장을 촉진한다.</td></tr>
<tr><td rowspan="4">페플라우 치료단계</td><td colspan="2">‘심리적인 모성적 돌봄(psychological mothering)’ 과정이다.</td></tr>
<tr><td>첫째</td><td>대상자는 욕구를 만족할 수 있는 관계의 참여자로서 무조건적으로 받아들인다.</td></tr>
<tr><td>둘째</td><td>성장을 위한 대상자의 준비를 인정하고 반응한다.</td></tr>
<tr><td>셋째</td><td>관계 내에서 환자가 주도권을 갖고 만족을 연기할 수 있으며 또는 목적 달성에 에너지를 투자할 수도 있다.</td></tr>
<tr><td colspan="3">치료과정은 대상자가 만족스러운 인간관계를 확립함으로써 기본 욕구를 달성할 수 있을 때 종료된다.</td></tr>
<tr><td rowspan="3">환자/치료자의 관계</td><td>치료자</td><td colspan="2">‘참여관찰자’로, 대상자를 치료과정에 참여시키고 신뢰감을 형성하며 공감하는 역할이다.</td></tr>
<tr><td>환자-치료자 관계</td><td colspan="2">파트너십</td></tr>
<tr><td>대상자 역할</td><td colspan="2">치료자와 관심을 공유하고 상호관계에 참여하는 것이다(적응적 대인관계).</td></tr>
</table>

	간호사-환자 관계	예비단계	서로를 인간으로서 알게 되고 간호사를 신뢰하는 것이다.
		작업단계	관계를 통해 처리해야 할 문제를 확인하고, 확인된 문제를 처리하기 위해 관계의 맥락 속에서 가능성과 대안을 환자 스스로 찾아보도록 기회를 주고 필요시 정보나 교육을 제공하는 것이다.
		해결단계	환자를 지역사회와 연결시키고 사회적 지지를 강화하며 관계를 종료한다.

(4) 페플라우의 대인관계 모형 [2011 기출, 국시 1998 · 2014]

간호	• 치료적 대인관계 과정이다. • 환자와의 대인관계에서 환자의 생리적 욕구 만족과 대인관계 안정성을 갖는다.	
간호역할	이방인 (낯선 사람)	대상자와 간호사가 처음 만났을 때의 역할이다.
	자원인	소비자인 대상자에게 건강 정보를 주고 치료나 의학적 계획을 설명하는 역할이다.
	교육자	대상자가 경험을 통해 배우고 성장하도록 돕는 역할이다.
	지도자	대상자가 민주적으로 수행되는 간호과정에 능동적으로 참여하도록 돕는 역할이다.
	대리인	정신분석학적 전이 현상에서와 같이 대상자와 중요한 관계에 있었던 사람으로서의 역할이다.
	상담자	대상자가 질병과 관련된 사실 및 감정을 자신의 전 생애의 경험 속에 통합하게 돕는 역할이다.
간호단계 [2011 기출]	• 대인관계의 초점은 간호사의 대상자 사이에 발생하는 대인관계 과정에 있으므로, 대상자의 개인적 요인에 대한 사정뿐 아니라 간호사 자신에 대한 자기성찰도 중요하다. 대인관계 과정은 간호사-대상자 관계, 의사소통, 통합양상 및 간호사의 역할 등의 개념을 포함한다. 치료적인 간호사-대상자 관계는 페플로 대인관계 간호이론의 핵심이다. • 페플라우는 간호를 4단계로 구성된 상호관계의 단계로 기술하였다.	

1단계		2단계		3단계		4단계
• 대상자와 첫 만남을 계획함 • 상담자 자신의 느낌 탐색	➡	• 상호관계 계약을 수립함 • 대상자의 생각 탐색	➡	• 관련 있는 스트레스원에 대해 탐색 • 저항행위 극복하기	➡	• 치료의 진전사항과 목적의 성취여부에 대해 고찰함 • 상실감 탐색

| 페플라우의 대인관계 모델에서 치료적 인간관계 형성을 돕는 4단계 과정 | [2011 기출]

1단계 초기단계	대상자와 첫 만남을 계획함, 상담자 자신의 느낌 탐색	소개단계로 간호사와 대상자가 낯선 사람으로 만나, 사회생활의 즐거움을 서로 나누어 서로가 타인의 역할을 명확히 하는 과정이다.

2단계 확인단계	상호관계 계약을 수립함, 대상자의 생각 탐색	간호사는 대상자가 감정을 표현하도록 도와주고, 이전의 삶과 건강관리 경험에 비추어 잘못된 생각들을 명확히 밝혀 주고 교정해 준다. 이러한 과정에서 간호사와 대상자는 서로가 독특한 체계인 임을 경험한다. 결과적으로 대상자는 간호사에게 고도의 신뢰감과 수용을 갖게 된다.
3단계 이용단계	관련있는 스트레스원에 대해 탐색, 저항행위 극복하기	대상자는 간호사-대상자 관계에서 만족할 만한 가치를 끌어내기 시작한다. 대상자가 문제해결과정을 통해 보다 나은 기술을 갖게 됨으로써 병이 회복되기 시작한다. 회복기에 대상자와 간호사는 간호사-대상자 관계에서 해결단계로 들어가며, 관계를 공감하기 위한 준비는 이미 소개단계에서부터 시작되어야 한다.
4단계 해결단계	치료의 진전사항과 목적의 성취여부에 대해 고찰함, 상실감 탐색	간호사와 대상자가 한계를 종결함으로써 작업을 완성한다. 이상적으로 간호사와 대상자는 경험을 달성하면서 과정에서 자유로워짐으로 인해 종결을 맺는다. 간호사는 전문적인 달성을 경험하고, 대상자는 인간적 성숙이 증가한다.

4 사회 모형

사회모형은 개인 차원을 넘어 사회적 환경이 인간과 그의 생활 경험에 영향을 미친다고 여긴다. 자즈(T. Szasz)와 캐플란(G. Caplan)은 문화 그 자체가 정신질환을 정의하고 치료를 처방하고 대상자의 예후를 결정해주는 데 가장 유용하다고 생각한다.

<table>
<tr><td>사회모형</td><td colspan="2">개인 차원을 넘어 사회적 환경이 인간과 그의 생활 경험에 영향을 미친다.</td></tr>
<tr><td rowspan="3">이상(일탈)
행동 견해</td><td colspan="2">사회 환경적 조건이 불안과 증상을 일으키는 스트레스를 만든다.</td></tr>
<tr><td>캐플란
(G. Caplan)</td><td>• 정신건강영역에서 1차, 2차, 3차 예방모델을 발전시켰으며 특히 1차 예방에 중점을 두었다.
• 사회적 상황(빈곤, 가정의 불안정성, 부적절한 교육 등)이 개인에게 정신질환의 소인이 될 수 있다.</td></tr>
<tr><td colspan="2">불리한 상황은 스트레스 대처 능력을 제한하고 환경적 지지도 부족하게 하여 부적응적 대처 반응을 야기한다.</td></tr>
<tr><td>치료적 접근</td><td colspan="2">사회 환경적 상황개선: 1차 예방</td></tr>
<tr><td rowspan="3">대상자와
치료자의 역할</td><td>대상자</td><td>문제 표현</td></tr>
<tr><td>치료자</td><td>사회체계자원 중 이용 가능한 자원 탐색, 대상자가 변화할 수 있도록 협력해야 한다.</td></tr>
<tr><td colspan="2">캐플란은 사회가 3가지 수준의 예방을 포함하는 광범한 치료적 서비스를 제공할 도덕적 책임을 갖는다고 생각했다.</td></tr>
</table>

5 실존 모형

(1) 이상행동: 엘리스, 글래써, 펄스

<table>
<tr><td>특징
[국시 2020]</td><td colspan="2">• 지금-여기에 초점
• 인간의 과거 경험에 관심이 없음</td></tr>
<tr><td>목적</td><td colspan="2">자신과 주위 환경에 확실한 자기 인식으로 자기존재에 진실한 인식을 하여 자신의 정체감 발전</td></tr>
<tr><td rowspan="4">이상(일탈) 행동 견해
[국시 1999 · 2020]</td><td>자기 인식에서 괴리</td><td>개인이 자신이나 환경에서 멀어질 때인 자신이나 환경으로부터 자아수용, 자기인식의 결여로 인한 자기소외 시
→ 일탈 행동↑</td></tr>
<tr><td>자신으로부터 소외</td><td>• 무력감, 슬픔, 외로움↑
• 자유로운 선택이 불가능하고 다른 사람의 요구에 따라 선택하는 경향</td></tr>
<tr><td>자기비판과 자기 인식 부족</td><td>• 진실하고 보상적인 관계에 참여 ×
• 다른 사람과의 진정한 관계가 불가능</td></tr>
<tr><td colspan="2">정신질환자는 고통스러운 현실을 포기함으로써 주체성↓ 비현실감↑</td></tr>
<tr><td rowspan="4">치료적 접근 (과정)</td><td>만남에 초점</td><td>만남에 초점을 두는데, 만남이란 단순히 두 사람 이상이 만나는 것뿐 아니라 서로의 존재에 대한 그들의 진정한 평가를 포함</td></tr>
<tr><td>만남</td><td>만남이란 다른 사람의 실존까지 이해하며 만남을 통해 과거를 받아들이고 이해하고 현재를 풍요롭게 하고 미래에 기대하도록 도움</td></tr>
<tr><td>선택</td><td>자신의 삶을 자유롭게 선택하여 진정한 자기존재를 깨달음</td></tr>
<tr><td>책임</td><td>대상자가 치료자에게 의존이 아닌 자신의 행동에 책임지도록 격려</td></tr>
<tr><td rowspan="3">대상자와 치료자의 역할</td><td>치료자</td><td>치료자는 대상자가 변화해야 할 부분을 직접적으로 지적 자질로서 돌봄의 능력과 온화함이 강조</td></tr>
<tr><td>치료자와 대상자</td><td>• 치료자와 대상자는 개방적이고 솔직해야 함
• 일상적 생활에서 실제적 위험이 일어나기 전에 새로운 행동을 시험해 볼 수 있음</td></tr>
<tr><td>대상자</td><td>대상자는 진정한 자아를 찾아 의미 있는 경험을 하고, 치료자는 대상자가 자신의 가치와 상황을 파악하도록 도움을 줌</td></tr>
</table>

(2) 실존주의 정신치료

① 의미 치료(logotherapy) : 프랭클(Frankl)은 2차 대전 중에 유대인이라는 이유로 아우슈비츠 강제수용소에 끌려가 처참한 생활을 했다. 전후 자신의 체험을 토대로 독자적 이론을 정립하고 '의미 치료'라고 명명했다.

- 실존적 공허(existential vacuum)
- 자기이탈(self detachment)
- 역설적 지향 = 역설적 의도(paradoxical intention)
- 의미에의 의지(will to meaning)
- 유머감각
- 반성제거 = 탈숙고(dereflexion)

프랭클	인간	자유와 책임이 있는 존재
	신경증	실존적 공허나 의미에의 의지에 대한 좌절에서 생김
	의미치료	인간은 병든 심신유기체의 현상인 정신병이나 신경증에 복원하는 힘도 아울러 몸에 지니고 있다고 보았음. 이 복원력을 매개로 하여 인생의 의미나 가치의 문제에 접근하는 것이 의미 치료의 기본
치료기법	의미 치료의 기본원칙	인생에는 의미가 있음을 믿으며, 의미를 발견하려는 의지가 있고 의미를 추구하려는 자유가 있다고 봄
	역설적 지향 (역설적 의도)	자기이탈이라는 인간 특유의 능력은 역설적 지향 기법을 통해 발휘됨. 다시 말하면, 자기 자신으로부터 자기를 분리시킬 수 있는 능력을 말함. 여기에는 건전한 유머감각이 이용되는데, 유머는 초연한 상태에서 자기 자신을 바라보게 함으로써 곤경을 초월하도록 도움 예 악필로 고생하는 사람이 '휘갈겨 써보자.', '내가 얼마나 악필인가를 사람들에게 보여주자.' 하는 것
	반성제거 (탈숙고)	반성제거는 자기 관찰의 강요, 과도한 지향, 과도한 주의를 그만두는 것
의미치료 효과	의미치료는 신경의 단기치료로 효과가 있으며, 특히 예기불안이 문제가 되는 불안신경증, 강박신경증에 유효함	

② 게슈탈트 치료

• 게슈탈트	• 전경(foreground)
• 배경(background)	• 지금－여기(now & here)
• 자각(awareness)	• 접촉(contact)

<table>
<tr><td rowspan="5">게슈탈트 이론</td><td colspan="2">현재강조</td><td>현재의 자기 표현, 자기 탐색, 자아의식을 강조</td></tr>
<tr><td colspan="2">게슈탈트</td><td>개체는 대상을 생각할 때 산만한 부분들의 집합이 아니라 하나의 의미 있는 전체, 즉 '게슈탈트(gestalt)'로 만들어 지각한다고 함</td></tr>
<tr><td colspan="2">전경</td><td>어떤 대상이나 상황을 지각할 때 관심 있는 부분, 즉 어느 한순간 관심의 초점이 되는 부분</td></tr>
<tr><td colspan="2">배경</td><td>관심 밖으로 물러나는 부분</td></tr>
<tr><td colspan="2">게슈탈트 형성</td><td>개체가 어느 한순간 가장 중요한 욕구나 감정을 지각하여 전경으로 떠올림</td></tr>
<tr><td rowspan="8">치료</td><td colspan="2">개인</td><td>총체적 자아와 주위세계를 자각하고, 문제의 자각은 개인을 변화할 수 있게 해줌</td></tr>
<tr><td colspan="2">치료자</td><td>구성원이 자신들의 감정과 성장을 자신들의 경험으로부터 표현하게 함</td></tr>
<tr><td colspan="2" rowspan="2">자각</td><td>개체가 자신의 욕구나 감정을 지각한 후 게슈탈트로 형성하여 전경으로 떠올리는 행위나 능력을 의미</td></tr>
<tr><td>이 자각은 누구에게나 자연적으로 갖추어진 능력이지만 접촉－경계 혼란이 개입하여 개체는 자신의 자각을 인위적으로 차단하고, 그 결과 게슈탈트 형성에 실패하고 말 것</td></tr>
<tr><td colspan="2" rowspan="2">접촉</td><td>• 전경으로 떠오른 게슈탈트를 해소하기 위해 환경과 상호작용하는 행위
• 에너지를 동원하여 실제로 환경과 만나는 행동을 하는 것</td></tr>
<tr><td>게슈탈트가 형성되어 전경으로 떠올라도 이를 환경과의 접촉으로 완결 짓지 못하면 배경으로 물러날 수밖에 없음. 환경과의 접촉을 통해 당장 해결할 수 없으면 전경과 배경의 교체에 실패가 일어남</td></tr>
<tr><td rowspan="2">지금－여기</td><td>개체</td><td>지금－여기(now & here)에서 자신의 욕구와 감정을 자각함으로써 환경과의 생생한 접촉을 가능하게 하고, 에너지가 집중되어 있는 자신의 신체부분에 대해 자각하도록 요구함으로써 대상자의 감정상태를 더욱 명확하게 알 수 있게 함</td></tr>
<tr><td>치료자</td><td>대상자의 행동이나 언어를 과장하여 표현함으로써 대상자의 욕구나 감정을 명확히 깨달을 수 있도록 함</td></tr>
</table>

③ 게슈탈트 치료의 주요 개념

<table>
<tr><td>욕구와
감정의 자각</td><td colspan="2">개체가 자신의 욕구와 감정을 자각하면 환경과의 생생한 접촉이 가능해지기 때문에 게슈탈트 치료에서는 대상자로 하여금 치료자가 대상자의 생각이나 주장 혹은 질문의 배후에 있는 욕구와 감정을 자각하는 주의를 환기시켜 자신의 욕구와 감정을 자각하도록 도와주는 것을 매우 중요시한다. 특히 지금–여기에서 자신의 욕구와 감정을 자각하는 것이 중요하다.</td></tr>
<tr><td>신체자각</td><td colspan="2">에너지가 신체 어느 한 부분에 집중되는 것은 대체로 억압된 감정과 관련이 있으므로 에너지가 집중되어 있는 신체 부분에 대해 자각하도록 요구함으로써 대상자의 감정 상태를 더욱 명확히 알 수 있다. 에너지의 집중은 흔히 근육의 긴장으로 나타나거나 심하면 통증으로 체험되므로 이를 자각함으로써 소외된 자신의 부분을 접촉, 통합할 수 있다.</td></tr>
<tr><td>과장하기</td><td colspan="2">어떤 상황에서 자신의 감정을 체험하지만 그 정도와 깊이가 아직 미약하여 그 감정을 명확히 자각하지 못할 때, 치료자는 대상자의 행동이나 언어를 과장하여 표현하게 함으로써 감정을 자각하도록 도와줄 수 있다.</td></tr>
<tr><td>반대로 하기</td><td colspan="2">평상시 행동과 반대되는 행동을 해보도록 요구하여 개체가 억압하고 통제해 온 자신의 다른 측면을 접촉하고 통합할 수 있도록 도와줄 수 있다. 이 기법은 대상자가 회피하는 행동과 감정을 접촉하도록 해주어 스스로 차단하고 있는 자신의 성장 에너지를 접촉하게 해주는 방법이다.
예 매우 협조적이고 고분고분한 사람에게 심술궂고 비협조적인 행동을 해보도록 하기, 냉정하고 쌀쌀맞은 사람에게 매우 유혹적이고 따뜻한 행동 연기해 보도록 하기</td></tr>
<tr><td>언어적 접근</td><td colspan="2">개체가 말하는 방식은 그의 성격을 반영한다. 그러므로 내적 사고, 감정, 태도를 이해하는 수단이 된다.</td></tr>
<tr><td rowspan="2">빈 의자 기법</td><td>개념</td><td>사이코드라마에서 사용하는 기법과 동일한 지금–여기, 즉 현재 존재하지 않는 타인과 상호작용이 필요할 때 빈 의자에 그 사람이 현재, 지금–여기 앉아 있다고 상상하고 대화하는 기법이다.</td></tr>
<tr><td>장점
효과</td><td>• 자신과 그 사람과의 관계를 직접 탐색해 볼 수 있다.
• 어떤 행동적 상호작용을 통해 문제해결까지 가능하다.
• 그 사람에 대한 자신의 감정을 명료화시킬 수도 있고 또 새로운 행동을 시도해 볼 수도 있다.
• 자신의 내면세계를 더욱 깊이 탐색할 수 있다.</td></tr>
<tr><td>머무르기</td><td colspan="2">• 감당하기 어려운 감정에 부딪치면 덮어버리거나 회피하고 싶어 한다.
• 이는 일시적으로 고통스런 감정을 중단시킬 수는 있으나 해결할 수 없으며 습관화된다.
• 치료자는 이러한 행동을 보이는 대상자에게 자신의 감정을 피하지 말고 계속 직면하여 그 상태에 머물러 있도록 요구함으로써 미해결 과제를 완결시킬 수 있도록 도울 수 있다.
• 지금 안에 있는 자기 경험에 '머무르기(staying with)'를 요청하여 대상자 자신의 자기의식을 확장시키는 것을 도울 수 있다.</td></tr>
</table>

| 실존적 요법의 개요 |

요법	창시자	과정
지정요법	엘리스	• 적극적이고 지시적인 인지치료법으로 인간의 신념이 정서와 행동에 크게 영향을 미친다는 점을 강조 • 환자가 자기행동에 대한 책임을 지도록 직면시키고 있는 그대로의 자신을 수용함으로써 새로운 행동을 하도록 격려
의미요법	프랭클	• 의미에 대한 탐구가 1차적으로 이루어지며 의미가 없는 삶은 실존적 공허상태로 봄 • 치료의 목적은 환자가 생의 의미를 발견하고 자기책임을 깨닫도록 도와주는 것
현실요법	글래서	• 현실, 정의, 책임이 강조되며 환자는 자기 생의 목적과 그 목적을 달성하는 길을 스스로 깨닫도록 도움을 받게 됨 • 주된 치료기법은 RWDEP(환경조성, 바람 찾기, 현재 하고 있는 행동 탐색, 평가, 새로운 행동계획 세우기)임
게슈탈트요법	펄스	• 지금 바로 여기(here and now)를 강조 • 게슈탈트는 개인이 자신의 욕구나 감정을 하나의 의미 있는 전체로 조직화하여 지각하는 것을 뜻함 • 환자는 자신의 감정을 파악함으로써 인식을 증진시키며 이는 자기수용으로 인도됨
실존적 집단요법	로저스	• 집단 내 친밀한 상호작용을 확립하는 데 초점을 둠 • 치료는 현재 지향적이고 자신의 행동에 책임을 지도록 하며 느낌은 강조되고 주지화는 억제시킴

6 행동 모형

대표적인 이론가는 아이젠크(H. J. Eysenck), 울프(J. Wolpe), 스키너(B. F. Skinner) 등이다. 인지행동치료(cognitive-behavioral therapy)가 사용되고 있는데 개인의 인지적 틀을 이해하고 비효율적인 사고의 틀을 수정하여 좀 더 기능적으로 변하도록 하는 인지치료와 문제행동을 수정하는 행동치료를 혼합하여 치료하려는 입장이다.

이상(일탈) 행동 견해	바람직하지 않은 행동	바람직하지 않은 행동이 강화되어져 왔을 때 정상규범에서 일탈한 이상행동이 발생
	학습	모든 행동이 학습된다고 믿었기 때문에 일탈 행동도 학습이론을 이용하여 변화시킬 수 있는 습관적 반응으로 보았음. 자극에 따라 반응이 일어나고 반응은 강화됨으로써 학습이 됨. 따라서 일탈 행동은 학습이 적절히 일어나지 않았거나, 전혀 학습이 되지 않았거나, 적절히 강화되지 못했을 때 나타난다고 보았음
치료적 접근	치료자의 주관성은 배제하고 구체적 행동을 정확히 기술하고 측정하면서 치료 시작	
	행동요법개발	조작적 조건화의 강화, 보상, 소거, 이완훈련, 바이오피드백, 체계적 둔감법, 혐오치료, 토큰경제 등의 개발
	인지행동수정	인지의 역할을 도입한 인지행동수정요법(사회기술화 훈련, 역할극)
가장 흔한 행동치료	탈감작법(desensitization), 이완법	다양한 수준의 실제 혹은 상상 속의 불안을 경험할 수 있는데 이완술을 연습하거나 최면으로 불안해소를 시도함
	자기주장 훈련(assertiveness training) [2022 기출]	• 관계에서 생기는 불안완화에 특히 유용함 • 자기주장은 다른 사람의 권리를 침해하지 않으면서 자신의 권리를 표현하는 것으로 자신의 권리를 무시하는 수동적 행동이나 다른 사람의 권리를 침해하는 공격적 행동과는 다름. 역할극과 연습을 통해 자기주장 태도는 증진시키면서 행동이 변화하고 이에 따라 자긍심과 조절감이 증가하면서 관계에서 생기는 불안이 감소됨
	혐오치료(aversion therapy)	• 전기충격 등 혐오자극을 이용하여 행동 변화를 일으키는 것 • 고통을 유발하는 점에서 도덕적, 윤리적 비판이 있음
	명목화폐제도(token economy system)	• 장기 입원 환자의 적응적 행동을 늘리기 위해 쓰는 긍정적 강화 치료 • 바람직한 행동을 보이면 토큰으로 보상하고 바람직하지 않은 행동을 보이면 토큰을 뺏는데 토큰으로 담배, 간식, 외출권 등을 얻을 수 있음
대상자와 치료자의 역할	대상자	학습자
	치료자	교사, 행동전문가
	행동강화	학습동기를 이용하여 행동목표를 설정하고 환자의 바람직한 행동을 강화함(숙제를 내주기도 함)
	치료완료	증상이 사라지면 치료가 완료

7 의사소통 모형

(1) 개요

<table>
<tr><td rowspan="5">이상(일탈) 행동 견해</td><td>일탈행동</td><td colspan="2">• 언어 및 비언어적 메시지가 왜곡된 의미로 소통된 것이다.
• 와츠라위크와 동료들은 일탈행동은 붕괴된 의사소통형태 때문에 나타나는 것으로 보았다.</td></tr>
<tr><td>행동장애</td><td colspan="2">• 의사소통과정에 장애가 있는 것이다.
• 의사소통장애는 불안과 좌절을 일으킨다.</td></tr>
<tr><td rowspan="2">번(Berne)</td><td>자아형태</td><td>부모형, 성인형, 아동형</td></tr>
<tr><td>의사소통</td><td>• 사람들은 3가지 자아상태(부모형, 성인형, 아동형)로 의사소통을 한다.
• 의사소통 상황에서 한 자아상태에서 다른 자아상태로 향하는 메시지가 무엇을 기대하고 그에 따른 반응이 어떠했느냐에 따라 의사소통 양상이 달라진다.</td></tr>
<tr><td>의사소통 교류 유형</td><td colspan="2">• 상호보완적 교류, 교차적 교류, 저의적 교류
• 교차적 교류나 저의적 교류로 서로의 의견이나 감정의 교류가 안 될 때 의사소통은 중단되거나 갈등을 초래한다고 보았다.</td></tr>
<tr><td>치료적 접근</td><td colspan="3">• 의사소통형태를 사정, 진단하여 피드백을 제공한다.
• 상호교류분석은 개인상담과 치료뿐 아니라 집단상담과 치료에도 적합하다.
• 치료의 목적은 대상자가 세 가지 자아상태가 조화롭게 기능하며, 상황에 따라 자아상태를 적절하게 이용하도록 도움으로써 개인생활을 자기긍정 – 타인긍정의 자세가 지배하는 생활로 변화시키는 것이다.</td></tr>
<tr><td rowspan="2">대상자와 치료자의 역할</td><td>대상자</td><td colspan="2">자신의 자아상태, 일탈형태의 의사소통을 확인하여 의사소통을 명료화한다.</td></tr>
<tr><td>치료자</td><td colspan="2">의사소통을 해석하고 교육(성공적인 의사소통을 하면 긍정적 피드백을 주어 효율적 의사소통을 강화, 비효율적인 의사소통은 대안을 토의)한다. → 치료자는 의사소통을 시범 보일 수 있으며, 언어적 비언어적 의사소통의 일치를 강조한다.</td></tr>
</table>

(2) 번(Berne)의 상호교류분석모형에서 "상호교류분석"의 의미

구분	내용
구조분석 (구조와 기능 분석)	구조와 기능분석에서 사고, 행동, 감정을 드러낼 때 어느 자아 상태에 놓여 있는지, 이 자아 상태에서 일어나는 사고, 행동, 감정이 적절한지 부적절한지 깨닫고 부적절한 내용을 변화시킨다. 특정 자아 상태에 묶이지 않고, 세 자아 상태를 모두 활용한다.
상호교류 분석	• 두 사람 간의 교류유형인 상호보완적 교류, 교차적 교류, 저의적 교류를 발견하고 분석하여 비효율적인 교류유형에서 벗어나도록 돕는다. • 다른 사람과 어떤 유형의 교류(의사거래)를 하는지를 확인하고, 이러한 교류가 의사소통에서 일으키는 문제점이 무엇인가를 분석 · 확인하여 문제를 해결한다.
게임분석 (게임과 라켓 분석)	• 게임분석은 이면교류를 분석한다. • 게임분석의 목적은 대인관계에서 자기 통제에 있다. • 게임이란 대인관계 중에서 반복되어지는 나쁜 습관이다. • 게임이 이루어지는 이유와 게임의 결과와 게임의 속성을 이해한다. • 자신이 알지 못하고 비생산적인 방식으로 타인을 조작하거나 타인에 반응하는 경향을 알아차리고 자신을 통제한다.
각본분석	• 각본분석이란 인생을 하나의 드라마로 보고 그 시나리오를 분석하는 방법으로 인생계획을 스스로의 통제하에 두는 것이다. • 인생 초기 경험과 관련하여 만들어진 무의식의 인생계획을 분석하여 자기패배적인생각각본을 깨닫고 적절하고 효율적인 대안을 찾아 자율성을 획득한다.

(3) 자아상태

<table>
<tr><td>자아상태</td><td colspan="2">• 감정, 사고 및 이에 관련된 행동양식을 종합한 하나의 체계
• 이는 의사소통 상황에서 한 자아상태에서 다른 자아상태로 향하는 메시지가 무엇을 기대하고 그에 따른 반응이 어떠했느냐에 따라 의사소통 양상이 달라지는 것을 의미</td></tr>
<tr><td rowspan="5">부모자아</td><td colspan="2">부모나 교사에 의해 교육받거나 영향을 받아 형성됨</td></tr>
<tr><td rowspan="2">비판적 부모자아
(CP)</td><td>훈계, 처벌적, 거절, 승인하지 않음</td></tr>
<tr><td>VS 도덕과 전통유지, 규범과 이상추구, 신념, 선악의 판단</td></tr>
<tr><td rowspan="2">양육적 부모자아
(NP)</td><td>친절하게 타인을 보살피고 관심을 가짐, 안전하고 보호적</td></tr>
<tr><td>VS 과보호, 과간섭, 맹목적 잔소리, 희생적</td></tr>
<tr><td rowspan="2">성인자아</td><td>합리적, 현실지향적, 객관적 성격</td><td>VS 감정이 배제되며 지성과 이성에 관련됨</td></tr>
<tr><td colspan="2">→ 인간미 결여, 계산적, 타산적, 냉정</td></tr>
</table>

어린이 자아	어린이다운 정직함/매력/통찰력, 자발성, 창의력, 충동 등 감정↑	
	자유스런 자연적 어린 자아 (FC NC)	타인을 의식하지 않고 감정을 자유로이 표출
		VS 반항, 공격적, 자유분방, 자기중심, 충동적, 공포
	어린 교수자아 (LP)	창조적 탐구적 조정적 기능의 선천적 지혜, 통찰
	순응적 어린자아 (AC)	지나치게 규범적, 수동적, 눈치 보는 행동
		VS 감정통제, 적응, 타협, 퇴행, 겸손, 양보

(4) 의사소통모형에서 강조하는 의사소통 유형(교류모형)

상보적 교류 (보완교류)	상호신뢰가 있거나 사이좋은 관계에서의 대화형태 → 하나의 자아상태에서 상대방의 어떤 자아상태로 메시지를 보냈을 때 실제로 반응을 보인 자아상태가 암묵적으로 기대했던 것일 때	
	사례	전달자의 부모자아가 수신자의 아동자아에게 말할 때 수신자의 아동자아가 부모의 자아에 대해 반응하는 것 or 전달자 성인자아, 수신자 성인자아
교차교류	바람직하지 못한 인간관계에서 상호교류는 상대방의 예상외 반응으로 불쾌, 거부감을 느끼며 의사소통을 단절시키고 문제를 발생시킴	
	사례	전달자의 성인자아가 성인자아에게 말할 때, 수신자의 부모자아가 전달자의 아동자아에게 반응을 보내는 경우 → 우유 한 컵만 가져다 줄래?: "직접 가져다 먹어, 나 바빠."
저의적 교류 (이면적 교류)	사회적 수준과 심리학적 수준을 가지며 겉으로 합리적 대화를 하는 것 같으나 대화이면에 다른 동기나 진의를 감추고 있는 대화형태 → 의견, 감정교류가 되지 않아 의사소통이 단절, 문제가 발생됨	
	사례	성인형 자아상태가 다른 성인형 자아상태에게 말하는 것처럼 보이나 이면에서는 부모형, 아동형일 때

8 스트레스 - 적응 모형 [2023 기출]

(1) 적응모형

<table>
<tr><td>스트레스 모형</td><td colspan="2">적응(adaptation) 개념은 주어진 환경에서 더 잘 살아남기 위해 개체의 전체나 일부가 변형되는 것으로 정의할 수 있으며, 개체는 적응 과정을 거치며 내외적 상황에 대처해 나간다고 말할 수 있다. 셀리(1974)는 스트레스를 유발하는 자극, 스트레스원(stressor)과 적응반응 간의 관계를 일반적 증후군(general adaptation syndrome, GAS)이라고 설명하였다.</td></tr>
<tr><td rowspan="6">이상(일탈) 행동 견해</td><td colspan="2">경고반응(alarm reaction), 저항단계(resistance stage), 탈진단계(exhaustion stage)로 나눌 수 있다.</td></tr>
<tr><td>경고반응</td><td>인체가 스트레스 자극을 인식할 때 바로 생리적 경고반응들이 나타난다.</td></tr>
<tr><td>저항단계</td><td>스트레스에 장기간 노출되면 저항단계가 시작되고, 이때 사람들이 살아남기 위해 보이는 대응 전략은 적절할 수도 있고 그렇지 않을 수도 있다.</td></tr>
<tr><td rowspan="2">탈진단계</td><td>피로, 체중 증가, 식욕 증가, 탄수화물에 대한 갈망, 면역기능의 저하, 기억력 감퇴 등이 나타나고 이 상태가 지속되면 탈진단계에 이른다.</td></tr>
<tr><td>단계에서는 피로, 어지럼증, 만성 변비나 설사 등 신체 증상도 있지만 수면장애, 우울, 좌절감, id의 정신적 증상이 나타나고 심하면 자학적인 행동, 자살충동, 대인관계 장애, 집중력 장애, 업무수행능력 감소, 물질남용 등으로 이어질 수 있다.</td></tr>
<tr><td>치료적 접근</td><td colspan="2">라자루스(Lazarus)는 인간이 스트레스를 받았을 때 일반적인 반응을 보이지 않는다고 생각하면서 수년간의 연구를 통해 스트레스와 대처에 대한 이론을 정립하였다. 인간의 스트레스 반응은 스트레스 상항에 대한 지각, 자기 통제능력에 대한 평가, 그리고 실제 대처행동이 중요하다고 하였다. 대처란 어떤 개인 자원의 한계를 초과하는 것으로 평가되는 내외적 요구를 관리하는 과정인데, 중요한 것은 스트레스 자극을 어떻게 평가하느냐(인지적 평가)에 따라 대처가 달라진다는 것이다.</td></tr>
</table>

| 정신간호를 위한 이론적 모형 |

모형	행동 일탈에 대한 견해	치료과정	환자와 치료자의 역할
정신분석 모형	초기 아동기에 해결되지 않은 갈등이 근원이 되어 자아가 불안에 대해 부적절한 방어(증상)를 보이는 것	자유연상, 꿈 분석, 전이형성, 저항해석 등	• 환자 : 능동적 참여자 • 치료자 : 음영자
대인관계 모형	대인관계에서 거부에 대한 두려움으로 불안을 보이는 것	교정적 대인관계 경험, 심리적, 모성적 돌봄과정	• 환자 : 적극적 참여자 • 치료자 : 참여적 관찰자 환자와 치료자 간 파트너십이 중요

사회 모형	사회적, 환경적 스트레스로 인해 생긴 불안과 이로 인한 행동장애	위기중재, 환경적 조작, 사회적 지지체계, 사용가능한 자원 탐색	• 환자: 소비자 • 치료자: 지역사회에 기반을 둔 전문가나 비전문가
실존 모형	자신과 환경으로부터 소원해지는 것	진정한 자기를 배울 수 있는 의미 있는 경험에 참여	• 환자: 능동적 참여자 • 치료자: 안내자
의사소통 모형	왜곡된 의사소통	언어적, 비언어적 의사소통의 분석과 피드백, 상호교류 분석	• 환자: 변화의 책임자 • 치료자: 효과적 의사소통자
행동 모형	불안 감소를 위한 바람직하지 않은 학습의 결과	훈련을 통한 생산적 행위의 강화, 숙제: 탈감작화, 이완요법, 자기주장 훈련 등	• 환자: 학습자 • 치료자: 교사
스트레스-적응 모형	만성적인 스트레스에 적응하는 과정에서 나타나는 비효율적 반응	문제중심대처, 선제적 대처, 정서중심적 대처, 이완법, 명상, 약물치료, 인지치료, 자조집단, 사회적 지지	• 환자: 자기관리 주체 • 치료자: 자기관리를 돕는 지지자, 교육자
지지치료 모형	생물, 정신, 사회적 요소의 결과로 인한 현재의 부적응적 대처	현실검증, 자긍심 증진, 사회적 지지, 적응적 대처반응 강화	• 환자: 동참자 • 치료자: 적극적 지지자
생물학적 모형	생물학적 질병과정으로 생리적, 유전적, 환경적, 사회적 요소의 결함	진단검사, 신체적 치료, 약물치료	• 환자: 수동적 참여자 • 치료자: 의사
간호 모형	잠재적, 실제적 건강문제에 대한 개인의 부적응적 반응	간호과정(사정, 진단, 계획, 중재, 평가) 함께 참여하는 협동적 과정	• 환자: 능동적 참여자 • 치료자: 간호숙련가

(2) 합리적 · 정서적 행동치료(Rational Emotive Behavior Therapy; REBT)

| 엘리스 심리치료법(ABCDE이론) | [2016 · 2017 기출]

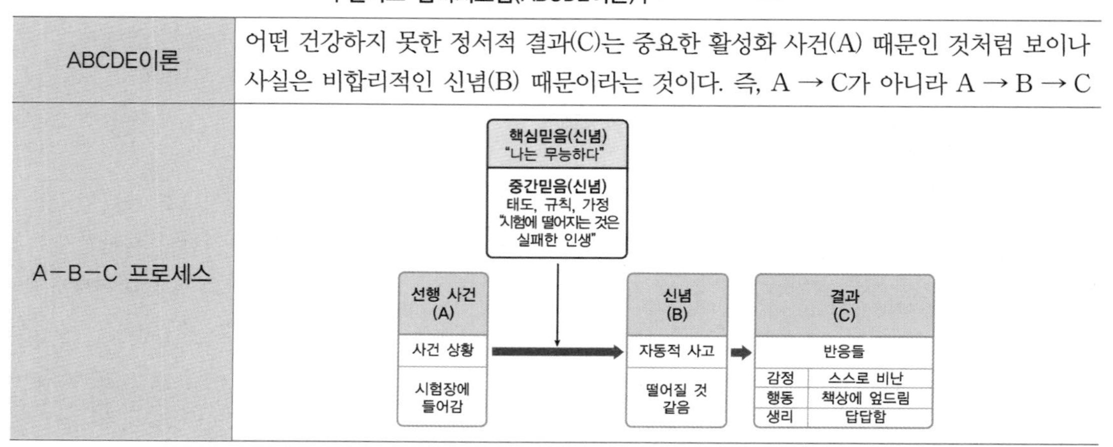

ABCDE이론	어떤 건강하지 못한 정서적 결과(C)는 중요한 활성화 사건(A) 때문인 것처럼 보이나 사실은 비합리적인 신념(B) 때문이라는 것이다. 즉, A → C가 아니라 A → B → C
A-B-C 프로세스	

<table>
<tr><td>A(Activating Event)
선행사건</td><td>인간의 정서를 유발하는 어떤 사건이나 현상 또는 행위, 내담자가 노출되었던 문제 장면이나 선행사건을 의미한다. 예 실직, 시험에 떨어짐, 상사에게 꾸지람</td></tr>
<tr><td>B(Belief system)
신념체계</td><td>• 어떤 사건이나 행위 등과 같은 환경적 자극에 대한 개인의 태도로서, 그의 신념체계 또는 사고방식이라고 할 수 있다.
• 문제 장면에 대한 내담자의 신념 → 합리적 비합리적 신념
• 사건이나 행위를 수치스럽고 끔찍스런 현상으로 해석하여 스스로를 징벌하고 자포자기하거나 세상을 원망하는 사고방식을 말한다.
<table><tr><th>합리적 신념</th><th>비합리적 신념</th></tr><tr><td>논리적, 내적 일치</td><td>논리적 비일치, 극도의 과장된 표현 등을 한다.</td></tr><tr><td>경험적으로 증명 가능하다.</td><td>경험적 현실과 일치하지 않는다.</td></tr><tr><td>절대적이지 않고 조건적이며 상대적이다.</td><td>절대적이며 고의적이다.</td></tr><tr><td>논리적, 현실적, 실용적, 융통성을 가지고 있으며 적절한 정서와 적응적 행동에 영향을 준다.</td><td>논리적 모순이 많고, 현실적 경험과 불일치, 삶의 목적 달성에 방해, 절대적이며 경직되어 있다. 부적절한 정서와 부적응적 행동에 영향을 준다.</td></tr></table></td></tr>
<tr><td>C(Consequence)
결과</td><td>• 유발사건(선행사건 A)에 접했을 때 개인의 태도 내지 사고방식으로 그 사건을 해석함으로써 느끼는 정서적 행동적 결과를 말한다. → 건강하지 않은 부정적 정서
• 비합리적인 사고에 의해 느끼는 불안, 원망, 비관, 죄책감 등을 말한다.</td></tr>
<tr><td>D(Dispute)
논박</td><td>비합리적인 신념이나 사고, 상념에 대해 도전해보고 그 생각이 사리에 맞고 합리적인지 다시 생각하도록 하기 위한 치료자의 논박이다.</td></tr>
<tr><td>E(Effect)
효과</td><td>비합리적인 신념을 직면, 철저하게 논박함으로써 합리적 신념을 갖게 된 다음에 느끼는 자기수용적인 태도와 긍정적인 감정의 결과이다.</td></tr>
<tr><td>합리적 신념으로
대치해주는 기법</td><td>역할연기, 주장훈련, 둔감화, 유머, 조작적 조건형성, 암시, 지시 등</td></tr>
</table>

02 인지행동치료 [2011 · 2015 · 2016 · 2018 · 2019 · 2020 기출]

인지행동치료는 행동치료에서 개발되어 온 다양한 기법에 인지적 기법을 도입하여 인지적 문제와 행동상의 문제를 함께 다루는 치료법이다.

1 연합이론

(1) 고전적 조건화

개념	파블로프가 개에게 종소리를 들려주는 것(중성자극)만으로는 침이 분비되지 않지만, 종소리와 함께 고기(무조건자극)를 줌으로써 개가 종소리가 나면 침을 분비하도록 학습하게 한 실험에서 비롯되었다. 그리고 이러한 상황이 계속되면, 종소리(조건자극)만으로도 침의 분비(조건반응)가 일어나게 된다는 것이다. 즉 무조건자극과 조건자극을 반복적으로 짝지음으로써 조건자극과 조건반응 간에 새로운 연합이 생기는 것이다.
치료기법	체계적 둔감법, 홍수법

(2) 조작적 조건화

① 조작적 조건화

개념	• 자발적인 행동과 환경 사이의 관계에 관심을 둔다. • 조작적 조건화의 기본가정은 행동은 환경에서 제공하는 결과에 의해 영향을 받아 발전된다는 것이다. • 긍정적인 결과, 즉 강화를 받는 행동은 보다 반복되며, 반면에 부정적인 결과를 가져오는 행동은 약화되어 발생빈도가 낮아진다는 것이다. • 강화는 반응행동의 가능성을 증가시키는 과정을 말하며, 강화에는 적극적 강화와 소극적 강화가 있으며, 이 둘 모두 반응행동의 가능성을 증가시킨다.
기전	• 자극 → 반응 → 강화자극 • 스키너는 긍정적인 결과를 가져오는 행동은 반복될 것이고, 부정적인 결과를 가져오는 행동은 발생빈도도 낮아진다고 하였다.
종류	(아래 표 참조)

유형	자극	행동반응	강화자극
긍정적 강화	어질러진 방	아이가 자신의 방을 치운다.	아이가 방을 치운 대가로 용돈을 받는다.
부정적(소극적) 강화	어질러진 방	아이가 자신의 방을 치운다.	아이가 엄마에게 꾸중을 듣지 않는다.
혐오 요법	어질러진 방	아이가 자신의 방을 치우지 않는다.	아이가 엄마에게 꾸중을 듣는다.

② 조작적 조건화의 과정

행동 증가	• 적극적 강화 – 정의: 행동의 결과로 긍정적인 보상자극을 제공함으로써 그 행동이 다시 일어날 가능성을 증가시키는 것 예 행동 → 보상자극 → 행동↑ • 소극적 강화 – 정의: 행동의 결과로 혐오스러운 자극을 제거함으로써 그 행동이 다시 일어날 가능성을 증가시키는 것 예 혐오스런 자극 → 행동 → 혐오하는 자극 제거 → 행동↑
행동 감소	• 벌 – 정의: 행동의 결과로 혐오스런 자극을 줌으로써 그 행동이 다시 일어날 가능성을 감소시키는 것 예 행동 → 혐오스런 자극 → 행동↓ • 반응대가 – 정의: 행동의 결과로 강화물을 제거 또는 감소시켜 그 행동이 다시 일어날 가능성을 감소시키는 것 예 행동 → 강화물 제거 → 행동↓ • 소멸 – 정의: 행동의 결과로 강화물을 유보(보류)함으로써 그 행동이 다시 일어날 가능성을 감소시키는 것 예 행동 → 강화 → 행동 → 강화 없음(강화유보) → 행동↓

2 인지이론

개인에게 내재된 신념체계는 어떤 특정 상황에서의 그 사람의 지각에 영향을 주며, 상황 특정적인 자동적 사고를 통하여 표현된다. 그리고 자동적 사고는 그 사람의 감정에 영향을 주며, 더 나아가서 행동과 생리적인 반응에도 영향을 준다.

(1) 인지모델의 주요 개념

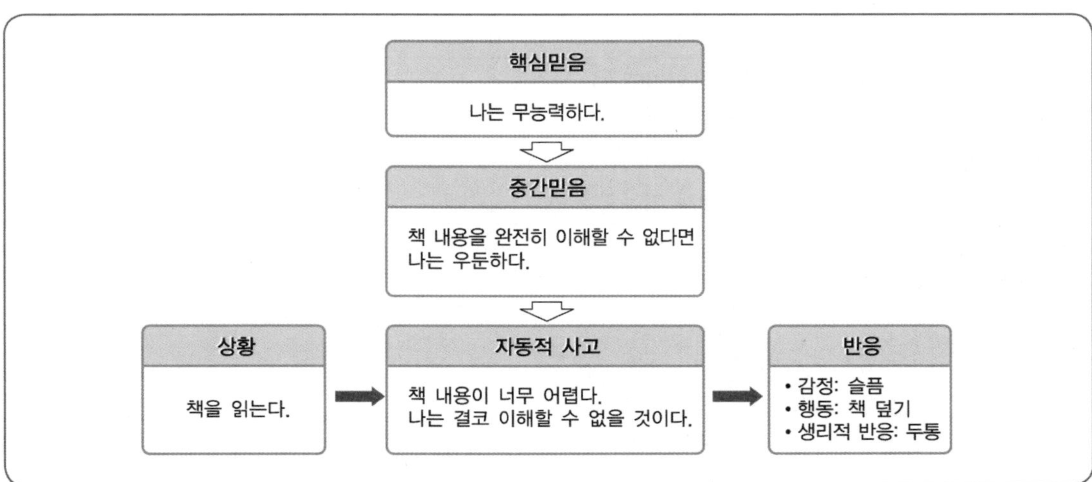

핵심믿음	가장 근원적인 수준의 믿음으로 본인도 잘 인식하지 못한다. 핵심믿음은 모든 영역에 영향을 미치며, 경직되어 있으며, 일반화되어 있다.
중간믿음	중간믿음은 상황 특징적인 자동적 사고와 핵심믿음 사이에 있으며, 핵심믿음의 영향을 받는다. 중간믿음은 개인의 태도, 규칙, 가정들로 구성되어 있으며, 평상시에는 잘 인식하지 못한다.
자동적 사고	어떤 특정한 상황에서 그 사람의 마음속에 스쳐 가는 단어나 영상 등을 말하며, 인지의 가장 표면적인 수준으로 간주된다.
개념화	지지치료에서 개념화는 치료자에게 대상자를 이해하는 기본 틀을 제공한다. • 치료자는 대상자가 제시한 자료를 근거로 하여 그에 대한 그림, 즉 가설을 세운다. 가설은 새로운 자료가 추가되어 가면서 정확성이 입증되거나 수정될 수 있기 때문에 유동적이다. 치료자가 세운 대상자에 대한 가설이 정확하다면 대상자는 자신의 상황에 들어맞는다는 느낌을 가지며, 치료자가 파악한 사항에 대해 동의하게 된다.

(2) 인지적 왜곡 [2015 · 2016 · 2018 기출]

① 행동분석방법

선행사건 A	• 행동 전에 발생하고 증상을 일으킨 자극 • 선행사건은 물리적 환경, 사회적 환경, 행동, 기분, 사고
행동 B	행동은 대상자의 구체적인 행위나 말
결과 C	대상자의 행동의 긍정적, 부정적 효과
예	• 문제 = 불안 • 두려워하는 결과 = 통제 상실 또는 죽음 • 선행사건 = 집 밖으로 나가는 것 • 행동 = 가게, 식당, 공공장소 회피 • 결과 = 일상생활의 제한
자동적 사고의 수정	• 자동적 사고가 왜곡(인지왜곡) • 자동적 사고에 대해 평가 • 합리적인 사고로 수정 • 그에 따라 대상자에게 기분과 행동의 호전
인지치료의 목적	비이성적인 신념, 잘못된 합리화, 부정적 자기진술을 고치는 데 있음

② 인지적 왜곡의 사례 및 정의

<table>
<tr><td rowspan="2">파국화, 비극화,
재앙적 사고
(catastrophizing)
[2018 기출]</td><td>사례</td><td>• 박 양이 비서 일을 시작하는 첫날에 상사가 다른 회사에 편지를 작성하여 서명할 수 있도록 책상에 놓아두라고 했다. 그녀는 그 편지를 써서 놓고 점심 식사하러 나갔다. 그녀가 돌아왔을 때 잘못된 글자에 빨간색으로 다시 해달라는 메모와 함께 자기 책상위에 놓여 있었다, 박양은 "그래, 나는 이제 분명히 해고되는 거야."라고 생각한다.
• "나는 승진 신청을 하지 않을 것이다. 왜냐하면 나는 어차피 안 될 것이고 나는 괜히 기분만 나빠질 것이기 때문이다."</td></tr>
<tr><td>정의</td><td>• 항상 최악의 상태를 생각한다.
• 사람과 사건에 대해 극단적으로 나쁘게 생각한다.
• 긍정적일 수 있는 결과의 가능성은 고려하지 않고 지나치게 과장해서 사람과 사건에 극단적으로 나쁘게 생각하여 최악의 일이 일어날 것이라고 생각하고 두려워한다.</td></tr>
<tr><td rowspan="2">과잉일반화,
절대적 사고
(overgeneralization)
[2016 기출]</td><td>사례</td><td>• 시험에 실패한 한 학생이 이번 학기의 다른 시험에도 통과하지 못할 것이고, 성적이 나빠서 퇴학당하리라고 생각한다.
• 한 두 번의 실연을 당한 사람이 항상, 누구에게나 실연 당할 것이라고 생각한다.
• "이 세상에서 더 이상 안전한 것은 없다."라고 말한다.
• 정상체중을 가졌었는데, 행복하지 않았다. 그래서 체중 증가는 기분을 나쁘게 만든다.
• 김 교수는 간호학술지에 논문을 제출했으나 거부당했다. 김 교수는 "어떤 학술지도 내가 쓰 는 논문에 흥미를 가지지 않을 거야."라고 생각한다.
• "어제 아무것도 먹지 않았어도 괜찮았어요. 그래서 1~2주 동안 먹지 않아도 괜찮을 것 같아요"</td></tr>
<tr><td>정의</td><td>• 자신과 관계없는 사건을 자신에 대한 반영으로 해석한다.
• 한 가지 사건을 근거로 여러 가지 결론을 유도한다.
• 한 가지 경우에서 진실인 경우 그것을 약간 유사한 경우에도 모두 적용하여 생각한다. 한두 개의 사건에 근거해서 전반적 경험과 관계에 대한 여러 가지 전반적이고 포괄적인 일반적 결론을 내리거나 관계 없는 상황에 적용하여 일반화한다.</td></tr>
</table>

개인화 (personalization) [2016 기출]	사례	• 사장이 우리 회사의 생산량이 올해 감소했다고 말했지만 그것이 나 들으라고 하는 소리인 줄 안다. • 진공청소기를 방문판매하는 박씨는 정씨 부인에게 2시간 동안 시범을 보였다. 시범이 끝날 때 정씨 부인은 시범에 대해 고맙다고 말했지만 진공청소기를 살 수 없다고 말했다. 박씨는 "나는 형편없는 판매원이다."라고 생각한다. 사실은 정씨 부인의 남편이 지난 주 실직을 당해서 새로운 진공청소기를 살 수 있는 여유자금이 없는 상황이었다.
	정의	• 근거 없이 외부의 사실을 자신과 연결시킨다(자신과 관계없는 사건을 자신에 대한 반영으로 해석한다). • 결과에 영향을 미칠 수 있었던 다른 상황적 요인들은 고려하지 않고 자신이 부정적인 상황에 책임을 지려한다.
이분법적 사고 (dichotomous thinking)	사례	• "만약 남편이 날 떠난다면 차라리 죽는 것이 나을 거야." • "크게 성공하지 않으면 완전히 실패라고 생각한다." • "다른 사람이 나의 의견에 동의를 하면 나를 좋아하는 것이고 동의하지 않으면 나를 완전히 싫어하는 것이야." • "좋은 사람이 아니면 나쁜 사람이지." • "세상일은 가치가 있는 것과 가치가 없는 것으로 나누어져."
	정의	• 항상 좋은 것 아니면 나쁜 것이라는 식으로 극단적으로 생각(선과 악)한다. • 모든 것을 어떤 극단인 두 개의 범주로만 범주화하여 이해한다. • 사물을 흑백논리(all or non way)로 보며 중립을 인정하지 않는다.
선별적 추상화, 선택적 추론화 (selective abstraction) [2018 기출]	사례	• 남편과 관계된 일 중에서 남편이 늦게까지 일하고 늦게 돌아오는 것에 대해서만 초점을 두고, 자신을 사랑하지 않는다고 생각을 하며, 남편의 애정 표현이나 남편의 선물, 남편의 전화 등에 대해서는 무시한다. • 김 양은 3.98/4.00평점으로 학교를 졸업했다. 집근처의 지방대학에서 장학금을 제의해 왔다. 또한 고등학교에서 스포츠와 활동에 적극적이었고 동료들도 그녀를 좋아했다. 그러나 지원했던 국립대학으로부터 장학금을 받지 못했다는 생각에 빠져서 매우 우울해 했다.
	정의	• 사소한 일에만 관심을 두고 연관된 다른 정보에는 무관심하다(전체 문맥에서 사소한 것을 취하여 전체 경험을 오염시키는 데 사용한다). • 어떤 상황을 이루는 많은 요소 중 연관성 있는 다른 정보에는 주의를 기울이지 않고 선택된 단지 하나의 부정적 정보에 초점을 근거로 전체 경험, 의미를 부정적으로 해석하거나 결론을 내린다.

독단적 추론 (arbitrary inference) [2019 기출]	사례	• 젊은 여성이 생일날 축하카드를 받지 못했기 때문에 친구가 더 이상 자신을 좋아하지 않는다고 생각한다. • 두 달 전 B 부인은 오랜 친구의 딸을 위해 결혼선물을 보냈다. 그러나 아직 그 선물에 대한 감사하다는 말을 듣지 못했다. B 부인은 "그들은 분명히 내가 형편없는 감각을 가졌다고 생각하는 거야."라고 생각한다.
	정의	• 뒷받침할 만한 증거 없이 부정적 결론을 유도(경험으로부터 잘못된 결론을 내림)한다. • 지지할 만한 사실, 증거도 없거나 모순되는 증거에도 불구하고 한 사건에 자동적 · 부정적으로 잘못된 최종 결론을 내린다.
다른 사람 마음 읽기 (독심, 관심법, reading mind)	사례	• "사람들은 나를 뚱뚱하고 게으르다고 생각할 거야." • "단 것을 먹으면 즉시 복부비만이 될 거야."
	정의	"근거 없이 자신이 다른 사람의 마음을 알고 있다"고 생각하는 것이다.
극대화/극소화 (magnification/ minimization)	사례	• "내가 저녁밥을 태운 것은 나의 무능력함을 바로 나타내는 거야." • "내가 시험을 잘 본 것은 어쩌다 운이 좋아 그렇게 된 것이니 대수롭지 않은 거야."
	정의	• 사건의 중요성을 과장하거나 하찮아 하는 것이다. • 어떤 사건의 중요성이나 크기, 의미를 평가할 때 부정적 의미를 과장하거나 개인의 불완전성을 실제보다 과장하는 과대평가를 한다. • 어떤 사건의 중요성이나 크기, 의미를 평가할 때 사건의 긍정적 의의, 중요성이나 개인의 좋은 점이나 성취를 최소화한다.
완벽주의 (perfectionism)	사례	"시험에서 A 학점을 얻지 못하면 난 실패자가 될 것이다."
	정의	자신이 만족할 때까지 모든 것을 완벽하게 해야 직성이 풀리는 경우이다.
자기 가치의 외면화, 외재화 (externalization)	사례	• "늘 친절하게 보여야 해. 그렇지 않으면 친구들이 나와 안 어울리려 할 거야." • "늘 멋져 보이지 않으면 친구들이 나와 어울리려고 하지 않을 것이다."
	정의	다른 사람으로부터의 인정을 바탕으로 자신의 가치를 결정한다.
미신적 생각	사례	"단 것을 먹으면 즉시 복부비만이 될 거야."
	정의	미신적 인과관계를 믿는다.

3 인지행동치료 접근전략 [2014 · 2015 · 2016 · 2018 · 2019 · 2020 기출]

인지행동치료는 겉으로 드러나는 행동이나 태도를 단순히 변화시키는 것에 중점을 두기보다 대상자의 행동에 영향을 끼치는 인지적 과정에 대한 수정을 통하여 대상자의 행동이나 태도에 변화를 가져오는 것에 중점을 둔다.

(1) 인지행동치료의 기본 가정 3가지

인지적 활동이 행동에 영향을 끼친다.	행동은 단지 자극에 영향을 받아 나타나는 반응이 아니며, 그 개인의 기대, 사고, 신념체계 등 인지적 활동이 행동에 영향을 끼친다.
개인은 행동 통제능력이 있으며, 인지적 활동이 중요하다.	개인에게 자신의 행동을 통제할 수 있는 능력이 있음에 주시하며, 자기통제의 관점에서 행동변화를 가져오는 데 중점을 둔다. 또한 자신의 행동을 통제하는 '능동성'을 강조하며 이러한 '능동성'을 지탱하는 요인으로서 인지적 활동을 중시한다.
인지적 활동은 감시와 변화가 가능하다.	-

(2) 인지행동치료의 목표

건강한 대처행동의 획득과 자기통제 획득을 포함한다. 즉, 어떤 문제 상황에 처했을 때 행할 수 있도록 건강한 대처행동을 학습하여 획득하며 이와 같이 획득한 대처 행동을 유지하고 증진하기 위해 자신의 문제를 스스로 해결할 수 있는 자기 통제력을 획득하는 것에 목표를 둔다.

(3) 인지행동요법의 전략 [2011 · 2015 · 2019 · 2020 기출]

인지행동치료는 인지적 접근과 행동치료 기법을 적용하는 행동적 접근을 병용한다.

범주	인지행동치료 프로그램의 내용구성		
불안 감소시키기	• 이완요법 • 체계적인 둔감법 • 홍수요법 재구성 • 안구운동 둔감화		• 바이오피드백 • 감각기관에의 노출 • 반응예방(방지, 차단)
인지 재구성하기	• 사고와 감정의 감시 • 대안 검토 • 재구성		• 증거 탐문 • 탈비극화 • 사고중지
새로운 행동의 학습	행동 증가	• 모델링 • 프리맥의 원리 • 토큰경제	• 정적 강화, 부적 강화 • 형성법(행동형성)

행동 감소	• 혐오요법 • 내재적 민감화	• 외재적 민감화 • 반응대가(반응손실)
기타행동	• 역할극 • 수반관계계약(우발적 계약)	• 사회기술훈련

03

(4) 불안 감소법

<table>
<tr><td rowspan="6">체계적 둔감법, 탈감작요법
[2015 기출]</td><td rowspan="4">방법</td><td>긴장이완훈련</td><td>• 먼저 머리에서부터 차차 아래로 내려오면서 점진적으로 이완
• 긴장이완훈련만으로도 불안이나 공포장애의 치료에 효과적</td></tr>
<tr><td>불안의 위계설정</td><td>불안을 야기하는 원인(사건) 목록을 근거로 주관적 불안 정도를 자기보고식으로 서열화 또는 불안유발 상황에 대해 역할극을 함으로써 불안요인목록을 위계 설정(불안을 야기하는 상황을 약한 것에서 강한 것까지 점진적으로 겪으면서 열거, 이때 각 단계에서 불안과 상반되는 이완 훈련을 함께 함)</td></tr>
<tr><td>상상 둔감</td><td>대상자가 마음 속에 불안이 없는 상태에서 차츰 불안을 많이 일으키는 상태로 나아감을 따라 이완 상태를 유지하는 것을 상상</td></tr>
<tr><td>노출 둔감</td><td>실제 노출에서 이완 훈련으로 불안 감소</td></tr>
<tr><td>효과</td><td colspan="2">불안과 고통을 일으키는 특정한 자극을 둔감시켜 불안 감소</td></tr>
<tr><td colspan="3">체계적 둔감법(Systematic desensitization) 의 사례 [2015 기출]
• 치료자는 대상자에게 편안한 자세에서 완전히 이완되도록 한 후 불안위계 설정표에서 가장 덜 불안한 수준의 장면부터 상상하게 한다. 예로써 고소공포증 대상자에게 첫 단계로 “당신은 2층 창가에 서 있습니다.”로 상상시켜 어느 정도 불안이 없어지면, 차차 올라가서 마지막에 “당신은 지금 20층 옥상에서 아래를 내려다보고 있습니다.”라고 상상을 하게 한다.
• 치료자는 이때 대상자가 그 상황에 실제로 접한 것처럼 생생하게 상상할 수 있도록 상세하게 묘사해야 한다. 대상자는 각 장면을 한 번에 약 15초 동안 상상하고 불안이나 불쾌감정을 경험할 때는 손가락을 올리는 행동 등으로 치료자에게 신호를 보낸다. 이때 치료자는 “상상을 멈추고 몸을 계속 이완시키세요.”라고 지시한다.
• 한 단계를 별 불안 없이 상상할 수 있게 되면 다음 단계로 차차 넘어가고, 만일 어느 단계에서 불안해하면 다시 한 단계 돌아와서 시도해야 한다.
• 이런 작업이 성공적으로 되면 대상자는 실제 생활에서도 특정 불안을 이겨낼 수 있게 된다. 그리고 상상으로 극복한 불안을 실생활에서 경험해 보는 단계적인 훈련을 병용하면 더욱 효과적이다.
• 이 과정에서는 단계적으로, 천천히 서두르지 않고 훈련하는 것이 무엇보다 중요하며 대상자가 서둘더라도 말려야 한다.</td></tr>
</table>

<table>
<tr><td rowspan="3">이완요법</td><td>방법</td><td>• 치료자는 운동을 시작하기 전 불안이 근육긴장과 어떻게 관련이 되어있는지, 이완절차가 어떻게 진행되는지에 대해 간단한 설명을 함
• 진행방법은 근육을 우선 긴장시키고, 그런 다음 한 번에 힘을 빼서 그 부분이 이완되었다는 것을 확실하게 느끼도록 함
• 이완시키는 부위의 진행 순서는 보통 손과 팔/얼굴/목/어깨/흉부/배/등/다리/전신</td></tr>
<tr><td>효과 및 정의</td><td>• 긴장과 두려움을 효과적으로 감소
• 점진적 근육이완법은 몸 전체가 이완될 때까지 순차적으로 수의근의 긴장과 이완을 반복하는 것</td></tr>
<tr><td colspan="2">이완 반응
① 생리적 반응
• 맥박수 감소 • 말초혈관 확장 • 대사율 감소
• 호흡수 감소 • 산소소모량 감소 • 혈압 감소
• 말초 체온 증가 • 동공 축소
② 인지적 반응
• 의식 상태 변화 • 긍정적 제안에 대한 수용
• 한 가지 정신적 심상에 대한 집중도 증가
③ 행동적 반응
• 환경자극에 대해 주의와 관심 결여 • 자의적으로 자세변경 불능
• 언어적 상호작용의 부제 • 수동적 움직임 용이</td></tr>
<tr><td rowspan="2">바이오피드백
(biofeedback)</td><td>방법</td><td>• 장치에 연결된 작은 전극을 대상자의 이마에 부착하고, 그 외 부대 장치를 신체에 연결하면 뇌파, 근육, 긴장도, 체온, 심박동수, 혈압의 작은 변화까지도 모두 모니터링됨
• 이러한 변화는 대상자에게 청각적, 시각적 수단에 의해 전해지며, 대상자가 이완될수록 청각적, 시각적 영상이 더욱 만족스럽게 나타남
• 이 장치는 대상자가 이완을 멈출 때 정지하고, 이완된 상태를 회복하게 되면 다시 시작됨</td></tr>
<tr><td>효과 및 정의</td><td>불안을 감소시키고 행동 반응을 수정하기 위해 인체의 생리적 변화를 알려주는 전기장치를 사용하는 것</td></tr>
<tr><td>감각기관에의 노출
(interceptive Exposure)</td><td>방법</td><td>• 우선 불안을 느끼게 하는 특정한 증상에 대해 위계구조를 조직함
• 자극이 되는 단서에 대상자를 둔감화 시키기 위해 증상을 야기하는 활동을 하도록 요구
• 심박수 증가를 위해 운동을 시킨다든지 머리가 몽롱해지게 호흡을 빨리 시킨다든지 어지러움을 위해 빙빙 돌린다든지 해서 비현실적인 감각을 일으키는 운동을 하게 함
• 이런 증상이 단지 어지러울 뿐이며 죽지 않는다는 것을 이해시켜 잘못된 사고를 바꾸도록 도와줌</td></tr>
</table>

	효과 및 정의	• 빈맥 흐린 시야, 짧은 호흡과 같은 내적인 신체 단서에 대해 극단적인 해설을 하는 사람을 치료하기 위해 사용되는 노출치료의 한 기법 • 광장공포증이 없는 예기치 않은 공황발작을 가진 대상자에게 유용함 → 신체적 감각에 노출로 단지 어지러울 뿐이며 죽지 않는다는 것을 이해시켜 잘못된 사고를 바꿈
홍수법 (flooding) [2011 기출]	방법	노출치료 중 하나로, 가장 불안을 많이 일으키는 자극 단계에 대상자를 충분히 오랜 시간 노출시킴. 불안, 공포를 느낄 이유가 전혀 없다는 것과 불안을 일으키는 상황에서 도망치는 것은 오히려 불안을 강화시킨다는 것을 학습
	효과	• 노출치료 • 가장 불안을 많이 일으키는 자극에 대상자를 즉각적으로 노출시키는 방법 • 대상자로 하여금 그 상황에서 피하지 않고 견뎌냄으로써, 회피하는 행동이 조건화되는 것을 막기 위함임 • 공포증 소멸(특정한 공포증 대상자에게 적용하면 좋은 효과) • 금기 → 심장 질환, 심리적 적응력이 취약한 사람, 심한 불안으로 인해 위험한 결과가 있기 때문에 적용하지 않음
반응예방 (response prevention)	방법	• 불안 감소를 위한 특별한 기법(예 이완요법이나, 탈감작요법 등)을 활용하지 않음 • 불안을 야기하는 자극에 반복적으로 노출 시켜, 불안 자극에 노출되어도 두려운 결과가 나타나지 않는다는 것을 인식하면서 불안 감소를 이끌어 내는 것 • 환자가 특정 불안, 공포 상황에 노출하고 불안, 불쾌감을 줄이기 위해 하는 행동을 하지 않아도 두려운 결과가 나타나지 않는다는 것을 인식하면서 불안 감소를 이끌어 냄 • 예를 들어 공중 화장실을 사용하는 것을 두려워하여 하루에 20번도 손을 더 씻는 경우, 이 기법을 적용하여 30초만 손을 씻도록 계획함. 시간이 지나면서 세균이나 질병에 대한 두려운 결과가 일어나지 않는다는 것을 인식하면서 결국 부적응적 행동이 감소하는 결과를 가져오게 됨 • 오염을 두려워하는 강박환자에게 쓰레기통을 만지고 나서 손을 씻지 않게 함. 알코올 의존장애의 경우에는 술잔을 만지거나 술냄새를 맡게 하여 음주욕구를 유발하되 음주는 금지
	효과	불안 감소
역조건 형성 (호혜적 억제 기법, 상호억제)	방법	• 불안을 야기하는 상황에 불안과 불안으로 인한 수용할 수 없는 행동에 불안과 이완은 상반되는 행동으로 수용적 행동인 이완요법을 실시 • 불안과 수용할 수 없는 불안으로 인한 행동을 감소시키는 이완요법의 긍정적 행동으로 대치
	효과	공포증을 가진 사람에게 이완 운동

(5) 인지재구성

<table>
<tr><th>인지재구성</th><th colspan="3">인지행동치료 프로그램의 내용</th></tr>
<tr><td rowspan="5">사고중지기법
(thought stopping)
[2011 · 2015 기출]</td><td rowspan="4">방법</td><td>상담자
“그만!”</td><td>상담자는 내담자에게 강박적인 사고를 하도록 요구하고 내담자는 그 사고가 떠오르면 손가락으로 신호를 하도록 약속한다. 신호를 보면 상담자는 아무런 예고도 없이 갑자기 큰 소리로 “그만”이라고 소리치면서 큰 소리가 나도록 책상을 힘껏 내리친다. 이렇게 하면 대부분의 내담자들은 놀라서 조금 전까지 떠올랐던 강박적인 사고가 사라지게 되는 것이다. 이후 사전에 정해 둔 긍정적이고 즐거운 생각이나 활동을 하도록 지시한다.</td></tr>
<tr><td>내담자
“그만!”</td><td>상담자에 의한 훈련이 어느 정도 숙달되면 내담자 스스로가 강박적인 생각을 떠올리고 자신에 대해 “그만”이라고 큰 소리를 외치면서 책상을 힘껏 내리치도록 한 다음, 긍정적이고 즐거운 생각을 하도록 한다.</td></tr>
<tr><td>마음속으로
“그만!”</td><td>내담자가 강박적인 생각을 떠올린 후 큰 소리를 외치고 책상을 치는 대신 마음 속으로 “그만!”이라고 외친 다음, 긍정적인 생각이나 활동을 하도록 하는 것이다.</td></tr>
<tr><td>긍정적 생각,
활동</td><td>–</td></tr>
<tr><td>정의 및
효과</td><td colspan="2">• 역기능적 사고는 눈덩이처럼 커지는 효과로 작고 중요하지 않은 문제가 시간이 지남에 따라 중요성이 더해져 멈추기 어려워 침습적, 원치 않는 생각을 제거하는 기법이다.
• 스트레스, 불안, 우울 감소에 효과가 있다.</td></tr>
<tr><td rowspan="2">자기감시법</td><td>방법</td><td colspan="2">역기능적 사고일지(역기능적 사고 형식의 기록)를 사용하여 [국시 2018] 어떤 상황에서 역기능적인 자동적 사고가 나타나고 그에 따라 어떤 감정 및 부적응적 행동이 나타나는지 확인한다. 이를 통해 대상자는 자동적 사고와 연관된 감정들을 식별하는 것을 배우게 되며, 자동적 사고와 부적응적 감정 및 행동과의 관계를 깨닫기 시작한다.</td></tr>
<tr><td>효과</td><td colspan="2">자동적 사고(비합리적신념) 인식이 가능해진다.</td></tr>
<tr><td rowspan="2">두 줄 사고기록지
[2019 기출]</td><td>방법</td><td colspan="2">자동적 사고 인식방법으로 사고기록에서 대상자는 일어났던 상황과 그 상황에 의해 유발되는 자동사고를 기록한다.<table><tr><th>상황</th><th>자동적 사고</th></tr><tr><td>여자친구와 헤어졌다.</td><td>나는 어리석은 사람이다. 아무도 나와 결혼하려 하지 않을 것이다.</td></tr><tr><td>나는 승진에서 제외되었다.</td><td>어리석은 상사, 그는 사람들을 관리할 줄도 모른다. 이건 공평하지 않아!</td></tr></table></td></tr>
<tr><td>효과</td><td colspan="2">자동적 사고(비합리적신념) 인식이 가능해진다.</td></tr>
</table>

<table>
<tr><td rowspan="2">세 줄 사고기록지</td><td>방법</td><td>• 자동적 사고 인식방법으로 사고기록에서 대상자는 일어났던 상황과 그 상황에 의해 유발되는 자동사고를 기록한다.
• 세 번째 줄에 그 상황과 관련된 정서반응을 기술한다.
<table><tr><th>상황</th><th>자동적 사고</th><th>정서반응</th></tr><tr><td>여자친구와 해어졌다.</td><td>나는 어리석은 사람이다. 아무도 나와 결혼하려 하지 않을 것이다.</td><td>우울
슬픔</td></tr><tr><td>나는 승진에서 제외되었다.</td><td>어리석은 상사, 그는 사람들을 관리할 줄도 모른다. 이건 공평하지 않아!</td><td>우울
분노</td></tr></table></td></tr>
<tr><td>효과</td><td>자동적 사고(비합리적신념) 인식</td></tr>
<tr><td rowspan="2">증거 탐문
(소크라테스식 질문,
questioning
the evidence)</td><td>방법</td><td>• 자동적 사고를 뒷받침하기 위해 사용된 증거를 검토해 보는 것이다.
• 왜곡된 생각을 뒷받침하는 정보를 제외한 모든 정보를 무시한다.
• 질문, 정보의 출처 파악, 증거에 의문 제기를 한다.
• 비합리적 믿음과 자동사고가 무엇에 근거하는지 특정한 믿음을 지지, 논박하는 증거를 질문하여 잘못된 생각, 감정, 가정을 논의한다.
• "그 정보의 출처는 어디입니까?"
• "그 생각에 어떤 증거를 가지고 있습니까?"
→ 대상자는 자동적 사고를 뒷받침하는 증거가 잘못된 정보임을 깨닫도록 이끌고, 보다 합리적이고 적절한 해석을 하도록 도움을 줄 수 있다.
예 삶의 모든 것이 좋지 않은 것, 결코 부모님을 기쁘게 하지 못한 것, 선생님과 친구들도 기쁘게 하지 못한 것, 아무것도 잘하는 것이 없다는 믿음과 사고가 무엇에 근거하는지 증거 질문</td></tr>
<tr><td>효과</td><td>비합리적 믿음 인식
<table><tr><td>인지적
왜곡 조사</td><td>치료자가 제시하는 분석적 질문을 통해 찬성이나 반대 증거에 의해 사고의 타당성에 부조화를 일으켜 잘못된 정보임을 명확히 하여 자동적 인지적 왜곡이 조사되고 검증된다.</td></tr><tr><td>현실적 해석</td><td>증거에 적절한 현실적 해석을 하여 비논리적 믿음, 사고를 현실적인 것으로 대치하여 자기비난, 죄책감 극복 등이 가능하다.</td></tr></table></td></tr>
<tr><td rowspan="2">대안검토
(examining
alternatives)</td><td>방법</td><td>• 많은 대상자는 자신이 모든 선택권을 잃었다고 생각한다.
• 자동적 사고에 대한 증거가 되는 정보에 대해 다른 설명이 존재하는지 생각해 보도록 한다.
• 자신의 강점과 자원에 기초하여 대안을 생성하고 검토한다.
• 이를 통해 자신의 강점이나 대처자원에 기초하여 부차적인 선택이 가능하다.
• 고려했던 것보다 광범위한 가능성이 있음을 안내하여 선택하게 한다.</td></tr>
<tr><td>예</td><td>• 치어리더 말고 다른 역할로서도 열정을 가질 수 있다.
• 남자친구 준기 이외의 다른 남자 친구를 사귈 수 있다.</td></tr>
</table>

<table>
<tr><td rowspan="6">재구성
(reframing)</td><td>방법</td><td colspan="2">• 문제를 부정적으로 생각하는 대상자는 상황의 한쪽 면만을 보는 경향이 있다.
• 문제 상황에 대한 인식을 변화시키는 기법으로 문제 상황을 다른 측면에 초점을 두어 파악하거나 다른 시각에서 바라보도록 한다.
• 특정한 믿음의 이익과 불이익을 살펴보는 것으로 문제의 다른 측면에 초점을 두거나 다른 긍정적 시각 에서 문제를 바라보도록 한다.
• 예를 들면, 엄마가 아들에게 '간섭하는 행위'를 '사랑의 표현'이라고 가정해 봄으로써 가족에게 새로운 시각으로 문제를 바라볼 수 있는 기회를 제공한다.</td></tr>
<tr><td>예</td><td colspan="2">• "어제 아무것도 먹지 않았어도 괜찮았어요. 그래서 2주 동안 먹지 않아도 괜찮을 것 같아요.", "먹지 않으면 겉으로 드러나는 증상이 있든지 없든지 간에 몸에 해로워요. 오래 굶을수록, 몸에는 더 많은 이상이 생길 거예요."
• "어젯밤에 폭식을 하고 구토를 했어요. 아무도 나랑 데이트하려 하지 않을 거예요."
• "폭식으로 드는 죄책감은 참 어려운 감정이에요. 하지만 지금 치료를 받고 계시고, 당신의 식사는 주의 깊게 조절되고 있어요."
• "1kg 늘었기 때문에 나는 더 이상 반바지를 입을 수 없어."(확대하기)
• "1kg 늘어도 현재 몸무게가 정상 몸무게보다 7kg이 적으며 반바지를 입을 수 있어요."
• "4개월 동안 참았는데 어젯밤 폭식과 구토를 했어요. 이제 회복될 가망이 없어요."(재앙적 사고)
• "회복 과정에는 좋은 일도 나쁜 일도 있답니다. 계속 증상이 나타나기는 하지만, 그 정도와 빈도가 약해질 거예요."
• 실직을 당한 대상자는 실직을 스트레스로 받아들일 수도 있지만 새로운 직업을 찾을 수 있는 기회로 인식할 수 있다.
• 엄마가 아들에게 과도하게 간섭하는 것이 실제로는 사랑의 표시라고 가정함으로 아들에게 이 문제를 새롭게 바라보는 기회를 제공한다.</td></tr>
<tr><td rowspan="3">효과</td><td>긍정적 시각</td><td>• 대상자가 문제의 긍정적, 부정적 결과를 모두 이해함으로 치우치지 않는 균형을 유지하고 넓은 안목의 새로운 시각을 갖는 데 도움이 된다.
• 문제에 대한 관점을 다른 시각으로 전환하여 긍정적 측면으로 해석하는 것이다.</td></tr>
<tr><td>긍정적 정서</td><td>사고에 대한 의미가 변화하여 정서적으로 긍정적 변화를 유도한다.</td></tr>
<tr><td>해결지향적 행동</td><td>현상에 대한 지각은 인간행동에 영향을 미쳐 상황에 대한 인식 변화로 긍정적 재구성에 의하여 해결 지향적 사고를 하며, 해결 지향적 행동을 한다.</td></tr>
</table>

<table>
<tr><td rowspan="4">해체하기</td><td rowspan="3">방법</td><td>이분법적 사고 해체</td><td>• 내담자들은 흑백논리를 하거나 전부 아니면 아예 포기하는 식의 사고와 진술을 한다. '크기산정'이라는 과정을 적용하여 내담자의 이분법적 사고를 연속선상에 올려놓고 구체적인 가능성 여부를 산정함으로써 이분법적 사고에 직면한다.
• 일상에서 일어나는 활동의 결과가 이분법적 흑백이 아니며 덜 극단적이라는 것을 깨닫는 것이다.</td></tr>
<tr><td>재앙화 해체
(탈비극화)</td><td>• 초래될 수 있는 비극적인 특성을 과대 평가하는 것은 아닌지 생각해 볼 수 있는 기회를 준다.
• "일어날 수 있는 가장 나쁜 일은 무엇인가"</td></tr>
<tr><td>확대하기
(확대된 사고)
해체</td><td>개인의 부정적 성질을 과대평가하는 것은 아닌지를 판단하게 한다.</td></tr>
<tr><td>효과</td><td colspan="2">현실과 일치하지 않는 자신의 사고를 분석하기 시작하여 부정적 자동사고의 타당성을 조사하여 역기능적 부정적 자동사고를 인식하고 해체한다.</td></tr>
<tr><td rowspan="2">탈비극화
(decatastrophizing)</td><td>방법</td><td colspan="2">• 만일 그렇다면, 어떤 일이 벌어지는지 생각해 보도록 한다.
• 초래될 수 있는 비극적인 특성을 과대평가하는 것은 아닌지 생각해 볼 수 있는 기회를 준다.
• 일어나지 않을 것 같은 결과에 지나친 두려움을 해소하는 것을 돕기 위해 what-if technique 하는 가정 기술 기법으로 "일어날 수 있는 가장 나쁜 일은 무엇인가", "그것이 정말 일어난다면 그렇게 끔찍할 것인가?" 등을 떠올린다.
• "치어리더를 위한 실력 테스트에서 합격하지 못한 것과 남자친구가 나와 헤어져 다른 여자를 만난 상황으로 일어날 수 있는 가장 나쁜 일은 무엇인가, 그것이 정말 일어난다면 그렇게 끔찍할 것인가?"
• "성적이 떨어지고 회장으로 선택되지 못한 것의 가장 나쁜 일은 무엇인가?"</td></tr>
<tr><td>효과</td><td colspan="2">상황이 지닌 비극적 특성을 과대평가하는 것이 아닌지 다시 생각해 볼 수 있는 기회를 주고, 결과가 생각하는 것만큼 극단적이지 않음을 깨닫게 한다.</td></tr>
<tr><td rowspan="2">재귀인</td><td>방법</td><td colspan="2">환자의 생활사건에 대한 원인과 책임을 분산시키는 기법이다.
예 "지나갈 때 두 사람은 서로 개인적인 이야기로 웃고, 귓속말로 소곤거렸을 거예요."</td></tr>
<tr><td>효과</td><td colspan="2">• 우울증 환자는 생활사건을 부정적, 왜곡된 방식으로 귀인하여 불리한 생활사건에 자기를 탓한다.
• 우울증 환자의 부정적 내적 귀인에서 외적 귀인으로 수정시킨다.
• 개인화 : 실제로 다른 것 때문에 생긴 일에 자신이 원인이라고 받아들이고 부정적 상황에 책임을 진다.</td></tr>
</table>

심상만들기	방법	• 우울증대상자는 자신에 대한 부정적 이미지 즉, 인지체계가 잘못된 경우가 많다. • 심상 만들기는 잘못된 인지를 교정함으로써 증상이 호전된다. • 대상자에게 과거의 의미있는 기억과 현재의 사건을 그리게 한다. • 이완요법을 병행한다.
	효과	비합리적 인지 교정

⑹ 새로운 행동 학습법

① 행동증가 기법

행동증가 기법	인지행동치료 프로그램의 내용	
정적 강화 (적극적 강화, 긍정적 강화) [2020 기출]	정의	치료목표로 삼은 행동을 했을 때 긍정적 강화인 칭찬, 격려 같은 긍정적인 보상을 제공함
	효과	그 행동의 빈도가 증가하고 자존감 증진
	예	교사가 자리에 똑바로 앉아 있는 학생을 칭찬하면 칭찬받기 위해 다른 학생들도 자리에 똑바로 앉음
부정적 강화 (소극적 강화)	방법	• 행동 → 혐오, 자극 제거 − 행동↑ • 치료목표로 삼은 행동을 했을 때 환자가 겪고 있는 불편감, 불쾌감의 혐오 자극이 제거되어 그 행동의 빈도가 증가하는 것
	예	• 주사 맞는 것을 싫어하는 신경성식욕부진증 대상자가 목표량 이상의 식사를 한 날에는 수액 주사 처방을 하지 않는 것 • 교사가 수업시간에 집중을 잘하고 좋은 질문을 자주 하는 학생에게 청소당번을 면제해 주면서 다른 학생들의 수업 태도와 질문을 격려함
형성법 유형화 (shaping) [2014 · 2020 기출]	방법	• 우선 목표 행동을 명확히 세워놓고, 목표 행동은 아니지만 낮은 수준에서 근접한 행동에서부터 차츰 수준을 높여 최종적으로는 목표 행동을 형성하도록 하는 기법 • 원하는 행동에 근접한 행동을 강화함으로 새로운 행동을 배우는 것. 바람직한 행동을 여러 단계로 나누어 강화함으로 점진적으로 바람직한 행동에 가까워져 새로운 행동을 유도
	예	• 공격적인 아동이 또래 친구와 잘 노는 행동을 했을 때, 칭찬하며 궁극적으로 갈등 상황에서도 공격적인 행동을 보이지 않을 때까지 대상자를 강화함 • 함구증을 가진 아동에게 말을 이끌어내도록 아동이 교사의 입술을 쳐다보고, 교사와 비슷한 소리를 내고, 교사가 말한 단어와 비슷한 소리를 말하면 보상을 함 • '과자 먹고 싶어요.'라는 말을 가르치고자 할 때 먼저 '과자', 다음에 '과자 먹고', 마지막으로 '과자 먹고 싶어요.'의 순으로 강화. 바람직한 행동을 찾기 위해서 관찰하고, 발생할 때까지 기다리고 발생했을 때 강화

토큰경제 (token economy)	방법	• 어떤 행동을 행 한 후 긍정적인 자극이 제시되면, 그 행동이 증가한다고 하는 정적 강화요인을 이용한 치료기법 • 대상자가 바람직한 행동을 했을 때 토큰이나 스티커, 점수 등 다양한 방식으로 보상을 제공
프리맥 원리	방법	• 자주 발생하지 않는 반응(R2) → 자주 발생하는 반응(R1) • 숙제 → 친구들과 전화 • 긍정적 강화물인 자주 발생하는 선호되는 활동(R1)을 자주 발생하지 않는 비선호적 활동(R2)에 대한 긍정적 강화물로 자주 발생하지 않는 활동(R2)이 발생하도록 함
	예	• 친구들과의 전화 통화를 숙제를 완성하는 것에 긍정적 강화물로 사용 • 13살인 철수는 지난 몇 주 동안 숙제를 소홀히 하고, 친구들과 전화통화를 하는 데 많은 시간을 보냈음
모델링 (modeling) [2022 기출]	방법	타인이 행하는 행동에 대한 관찰을 통해 그 행동을 모방함으로써 새로운 행동을 학습하도록 하는 기법
	효과	아동의 공포반응을 감소시키는 데 효과

② 행동감소 기법

행동감소 기법	인지행동치료 프로그램의 내용	
혐오요법 (aversion therapy)	방법	• 부적응적 행동에 대해 혐오 자극을 제공함으로써 부적응 행동을 제거하는 것 • 부적응적 행동 + 혐오 자극 → 병적 행동↓ • 부적응적(병적인 문제) 행동이 일어났을 때 즉시 고통을 유발하는 혐오(불쾌한) 자극인 전기자극, 구토를 일으키는 약물, 체벌, 사회적 비난을 가하여 부적응적(병적인 문제) 행동 감소 • 혐오(불쾌한) 자극을 짝지어 지속적인 부적응적(병적인 문제) 행동을 감소시킴
	예	• 섭식장애 환자에게 폭식 행위와 그로 인한 혐오스런 결과를 상상함으로써 폭식 행동을 하지 않도록 도움 • 성도착증 환자에게 성충동을 유발하는 상상을 시키고 전기 자극, 체벌, 비난, 구토약물을 줌 • 대상자가 잡념으로 고통을 받을 때 손목에 있는 고무 밴드를 잡아당겨 아픔을 줌
외재적 민감화	방법	• 바람직하지 않는 행동 + 약물의 불쾌한 결과 → 행동↓ • 혐오요법의 일종으로, 바람직하지 않는 행동에 약물로 인한 불쾌한 결과를 초래하여 바람직하지 않는 행동을 감소시킴
	예	• 알코올 + disulfiram(antabuse)로 불쾌한 결과 → 행동↓ disulfiram(antabuse)는 금주를 원하는 사람을 위한 약 • 혐오요법 치료 중 알코올을 섭취하면, 심한 오심과 구토, 호흡곤란, 심계항진, 두통이 생김

내재된 민감화	방법	• 바람직하지 않는 행동 + 정신적 심상으로 불쾌한 결과 → 행동↓ • 바람직하지 않지만 매력적이어서 압도하는 행동에 약물보다 개인의 상상력, 정신적 심상을 통하여 구역질하는 장면을 상상하여 가벼운 구토감, 불쾌한 증상을 유도하여 행동을 감소
	예	대상자가 통제할 수 있고, 언제 어디서든 필요할 때 사용이 가능
반응대가 (반응손실, response cost)	방법	• 행동 → 강화물의 제거 → 행동↓ • 행동의 결과로 강화물을 제거, 감소로 대상자에게 중요한 가치가 있는 것이나 특권을 제거하여 그 행동을 감소시키는 것
	예	방을 깨끗이 치우지 못했을 때 외출 허락을 취소
벌	방법	• 행동 → 혐오 자극 → 행동↓ • 어떤 행동 후에 혐오자극을 제시함으로 그 행동을 줄이는 것
	예	수업에 방해하는 학생을 격리
소거 (소멸, extinction)	방법	• 획득된 조건 반응에 강화가 주어지지 않을 때 반응이 사라짐 • 행동의 결과로 이전에 주었던 긍정적 강화물이 더 이상 없거나 유보하여 무시하거나 보상을 하지 않음으로 행동이 더 이상 강화되지 않고 그 행동을 감소시키는 것 • 조건반사를 강화하는 무조건 자극을 수반하지 않고 조건 자극만을 되풀이 하면 조건반사는 감소
	예	• 종소리를 타액 분비를 위한 조건 자극으로 만들 수 있으나 음식 없이 종소리만 울리면 종소리는 효과를 잃음 • 분노발작을 하는 아동은 부모가 계속 관심을 가지면 분노발작 행동이 계속되며 부모가 그 장소를 떠나거나 아동을 혼자 방에 두게 되면 행동 감소 집에서 자주 떼쓰는 아이를 여름캠프에 보내는 것. 캠프 첫날 그 아이는 자신이 원하는 침대를 쓰지 못하는 것에 대해 떼를 씀. 그러나 캠프 지도자 가 그 아이를 무시하고 다른 아이들과 재미있게 지내면, 2~3일 동안은 계속 흥분하겠지만 캠프 지도자가 계속 무시한다면 나흘째부터 그 아이는 떼쓰는 행동을 보이지 않음

③ 기타 행동요법

역할극 (role Play)	대상자가 목표 행동을 연기하도록 한 후 그 행동에 대해 피드백을 제공하여 새로운 행동을 학습하도록 하는 기법
사회기술훈련 (social skills training)	사회기술훈련의 전제는 사회적 기술은 학습되는 것이며, 교육을 통해 습득될 수 있다는 것
수반관계 계약 (contingency contraction)	대상자에게 어떤 행동이 변화되어야 하며 변화된 행동에 따라 어떤 결과가 따르게 되는지에 대한 대상자와 치료자 간의 계약

(7) 기타 치료기법

① 자기감시법 [2019 · 2020 기출]

구분	항목	내용
정의	대상자로 하여금 자신의 행동과 태도, 감정, 사고 등을 관찰하거나 기록하게 함으로써 객관적이고 구체적으로 알고 평가할 수 있도록 하는 방법	
활용 방법	역기능적 사고 기록지 [2019 · 2020 기출] 5가지 항목	① 상황, ② 감정, ③ (상황에 반응하는)자동적 사고, ④ 합리적 반응, ⑤ 결과로 구성
	자기관찰기록 (내용)	• 불쾌한 감정을 초래한 사건 • 그때의 정서반응 강도에 대한 평점(100점 만점) • 그러한 감정을 느꼈을 때 자동적 사고의 구체적인 내용 • 자동적 사고에 대한 타당성 평점(100점 만점) • 자동적 사고에 대응하는 합리적 사고의 구체적인 내용 • 합리적 사고의 타당성 평점(100점 만점) • 합리적 사고를 가진 후 정서반응의 강도 평가(100점 만점)

	상황	감정	자동적 사고	합리적 반응	결과
날짜	기록 1. 불쾌한 감정을 일으키는 실제 사건 혹은 2. 불쾌한 감정을 일으키는 생각, 백일몽, 회상	1. 슬프고 불안하고 화나는 감정을 열거한다. 2. 감정의 강도를 1~100으로 평가한다.	1. 감정에 선행된 자동사고를 기록한다. 2. 자동사고에 대한 믿음의 정도 0~100%로 평가한다.	1. 자동사고에 대한 합리적 반응을 기록한다. 2. 합리적 반응에 대한 믿음 정도를 0~100%로 평가한다.	1. 자동사고에 대한 믿음의 정도를 0~100%로 재평가한다. 2. 부차적 감정을 구체화하고 그 정도를 0~100으로 평가한다.
24/09/08	1. 사건 – 남자친구가 우리의 계획에 대해 오늘 밤 전화해서 얘기하기로 했는데 그는 약속을 어겼다. 2. 그는 나한테만 너무 바쁜 게 틀림없어. 아마도 다른 사람을 만나고 있을 것이고 나와는 끝내고 싶어하는 거야.	1. 불안 – 90 2. 슬픔 – 50 3. 분노 – 10	1a. 나는 남자친구와 교재를 지속할 수 없다. – 60% 1b. 나는 좋은 여자친구가 아니다. – 70%	1. 학교에서 많은 남자학우들이 나와 대화를 즐기고 시간을 보내고 싶어하는 것 같다. – 80% 2. 나는 앞으로 더 많은 남자들을 만나고 관계를 발전해나갈 충분한 시간이 있다. – 50%	1a. 나는 남자친구와 교재를 지속할 수 없다. – 30% 1b. 나는 좋은 여자친구가 아니다. – 40% 2. 불안 – 20 슬픔 – 5 분노 – 30

목적	• 대상자로 하여금 자신의 행동과 태도, 감정, 사고 등을 관찰하거나 기록하게 함으로써 자동적 사고를 명확하게 함과 동시에 사고와 감정이 어떻게 연관되어 있는가를 깨닫게 해준다. • 자동적 사고가 왜곡되어 있는 경우 합리적인 사고로 수정하여, 대상자에게 기분과 행동의 호전을 가져오게 한다.
효과	• 대상자는 이런 형식을 이용하여 생각과 감정을 구분하는 법을 배우고, 상황에 대한 적응적 반응을 규명할 수 있다. 또한 대상자는 특정 생각과 부적응적 감정 또는 행동과의 관계를 서서히 깨달을 수 있다. • 이러한 기록들은 자동적 사고를 명확하게 함과 동시에 사고와 감정이 어떻게 연관되어 있는가를 대상자가 깨닫게 해준다. • 자동적 사고가 왜곡되어 있는 경우 자동적 사고에 대해 평가를 함으로써 합리적인 사고로 수정을 한다면, 그에 따라 대상자에게 기분과 행동의 호전을 가져오게 된다

② 인지적 재구성법: 골드프리드(Goldfried) 등에 의해 제창된 기법 [2023 기출]

정의	인지적 재구성법은 대상자의 부정적이고 자기 패배적 사고를 대신하여 긍정적이고 자기향상적 사고를 갖도록 가르치는 체계적인 전략이다.
방법	'인지적 재구성법'의 4가지 단계별 방법은 다음과 같다. ① 인지가 정서반응을 일으킨다는 사실을 안다. ② 대상자 내부의 비합리적 신념과 사고방식을 이해한다. ③ 비합리적 인지가 부적응 행동과 정서 반응을 일으킨다는 것을 이해한다. ④ 비합리적 인지의 변화를 촉진시킨다.
효과	부적응 행동은 대상자가 자신을 둘러싼 상황을 정확하게 분별함으로써 감소시킬 수 있다.

③ 자기표현훈련, 자기주장훈련(assertive training) [2022 기출]

자기주장훈련	• 자기주장 역량과 함께 대인관계를 향상시키기 위해 타인의 권리를 침해하지 않으면서 자신의 생각, 의견, 느낌 등을 솔직하게 표현할 수 있는 방법과 기술을 습득하게 하는 훈련 • 대인관계에서 억제된 생각이나 감정을 적절한 방식으로 표현하게 하는 것 • 대인관계에서 발생하는 불안의 조건화를 해소하는 기법이며, 역할극을 이용 • 자기표현행동이란 표현적이며 자발적, 목표지향적, 자기고양적 행동
자기주장 훈련이 도움이 되는 대상자	• 특정한 상황의 대인관계에서 불안을 경험하고, 만족스럽거나 효율적으로 감정을 표현하지 못하고 불안해하거나 중요한 대인관계를 회피하는 사람들 • 많은 사람들이 자기 자신의 감정을 적절하게 표현하거나 자신의 의견을 주장하지 못하는 데서 불안과 공포를 느끼게 되므로 대부분의 사람들은 정도의 차이가 있을 뿐이지 주장훈련이 필요함
주장훈련의 목적	대인관계에서의 억제된 생각이나 감정을 적절한 방식으로 표현하도록 함으로써 부적절한 정서와 반응을 바꾸거나 비합리적 사고를 없애고 부적절한 행동을 수정하며, 적극적이고 생산적인 생활태도를 갖추도록 하는 것

자기 표현을 위한 인간의 기본 권리	• 존중받아야 할 권리 • 느낌이나 견해, 신념을 표현할 권리 • 죄책감 없이 '아니요'라고 말할 권리 • 실수와 그 책임을 수용할 권리 • 경청하고 진지하게 받아들일 권리 • 생각을 바꿀 수 있는 권리 • 원하는 것을 요구할 권리 • 상황에 맞게 우선순위를 설정할 권리
효과	• 대상자는 자기표현 훈련을 통해 자존감과 자신감을 증가시켜 비평을 수용하고 생산적으로 만드는 방법을 배우고, 효율적인 스트레스 대처방법과 자신과 타인에 대한 긍정적인 자기대화의 효과를 배울 수 있음 • 만족스럽게 대인관계를 발전시키고 개인의 사회적인 목적성취를 촉진하는 사회상황에서 적절하게 언어적, 비언어적 반응을 형성할 수 있는 능력을 키워주는 훈련으로, 강의 및 시범, 토의, 역할시연, 즉각적인 피드백과 재강화, 과제부여의 방법으로 진행되는 집단 훈련을 의미함

④ 심상 만들기

심상 만들기	• 우울증 대상자는 자신에 대한 부정적 이미지, 즉 인지체계가 잘못된 경우가 많다. • 심상 만들기는 잘못된 인지를 교정함으로써 증상을 호전시킨다. • 대상자에게 과거의 의미 있는 기억과 현재의 사건을 그리게 한다. • 이완요법을 병행한다.

4 인지행동치료 기법 [2023 기출]

자동적 사고 파악하기	우울한 내담자에게는 우울한 기분과 관련된 자동적 사고를 관찰하고 검토하게 하기 위해 자동적 사고가 무엇인지 쉽고 명확하게 설명해주어야 한다. 자동적 사고를 잘 설명해준 다음 자동적 사고를 기록해오도록 한다.
인지적 오류(왜곡) 찾기	우울한 내담자들의 사고에는 다양한 인지적 오류가 나타난다. 내담자에게 인지적 오류를 설명해주고 자신의 자동적 사고에 나타난 인지적 오류를 검토하게 하는 것은 자동적 사고를 변화시키는 데 매우 효과적이다. 이때 청소년의 수준에 맞게 쉽게 인지적 오류를 설명해 주거나 가장 빈번히 보이는 인지적 오류 4~5가지로 간추려 제시하는 것도 좋은 방법이다.

| 자동적 사고 기록지 |

상황	느낌	자동적 사고
시험공부를 열심히 했는데 성적이 좋지 않을 때	우울하다. 실망스럽다. 화가 난다.	난 머리가 나쁘구나. 내가 공부를 열심히 안 해서겠지.

핵심신념 발견하기	핵심신념은 자신과 인생전반에 관련된 추상화된 가정이나 태도이다. 핵심신념을 변화시키는 데에는 상당한 시간과 끈기 있는 작업이 필요하다. 가장 기본이 되는 방법은 내담자의 일상생활의 사건을 통해 핵심신념이 맞는지 틀리는지를 말해주는 증거를 수집하는 것이다. • 상황 : 나에게 둘도 없는 친구가 며칠 전부터 행동이 좀 이상하더니 오늘은 나만 빼놓고 다른 친구들하고만 이야기한다. → 친구가 나를 싫어하는 것 같다. → 제일 친한 친구도 나를 싫어하는 것을 보니 아무도 나를 좋아해주지 않을 것이다. → 이 세상에서 나를 사랑해줄 사람은 없다. → 나는 사랑받을 가치가 없는 사람이다. • 핵심신념 : 나는 사랑받을 가치가 없다.
대안적 가정이나 대안적 핵심신념 찾기	• 일상생활에서 핵심신념을 지지하는 증거와 지지하지 않는 증거를 모으다 보면 자연스럽게 이전 핵심신념보다 덜 절대적이고 덜 부정적인 대안적 신념을 발견할 수 있다. • '나에게도 사랑받을 만한 구석이 약간은 있다'든지 '나는 어떤 일은 제대로 하지만 어떤 일에서는 실수를 잘 한다'와 같은 대안적 핵심신념은 이전의 절대적으로 부정적인 핵심신념에 비해 큰 차이가 없는 것 같지만 실제생활에서는 이 작은 차이가 큰 행동변화를 가져올 수 있다. • 대안적 핵심신념을 찾게 되면 이것을 지지해주는 증거를 계속 찾아보아야 한다. 누구에게든지 새로운 핵심신념이 이전의 핵심신념처럼 자리 잡기까지는 많은 시간이 걸린다.

03 집단치료

1 개요

임상적으로 훈련된 전문가가 정신적 장애를 일으킨 대상자들의 성격구조의 교정을 위하여 노력하는 방법 절차로, 무의식적 동기에 더 관심을 기울이고, 대상자가 가지고 있는 정서적 장애를 치료하는 것이 주목적으로 장기간을 요하며 주로 의학적 환경과 관련되어져 있는 점이 특징이다.

집단의 기능과 구조	• 모든 집단은 집단의 과업이나 목표를 성취하고, 집단 구성원의 심리적 요구나 정서적 욕구를 만족시키는 집단유지기능을 가지고 있다. • 집단의 구조란 집단의 기본적인 규칙과 질서를 말한다. • 집단의 효율적 크기는 7~10명으로 구성원들이 서로 다른 견해의 표현과 합의에 대한 타당성을 도출하기 위한 기회가 주어지도록 충분한 인원이 되어야 한다. • 집단활동 시간의 경우 저기능 집단에서는 20~40분, 고기능 집단에서는 60~120분 정도의 시간이 필요하다.

<table>
<tr><td>집단역학의 이해</td><td colspan="3">모든 집단에는 개인의 의식과 관계없이 항상 복합적인 힘이 작용한다. 이 복합적인 힘의 상호작용에 의하여 집단의 특정방향으로 변화해 나가는 과정을 발단단계라 한다. 간호사는 항시 유념하여 집단을 보다 바람직한 방향으로 발달시키도록 노력해야 한다.</td></tr>
<tr><td rowspan="11">집단의 구성요소</td><td colspan="3">집단의 배경, 참여형태, 의사소통관계의 형태, 집단분위기, 집단원들의 사회적 관계유형 등이 있다.</td></tr>
<tr><td>배경</td><td colspan="2">처음 모이는 새로운 집단은 과제 선택, 방법 모색에 대부분의 시간을 쓴고, 유지집단은 방해요소와 같은 역동적 요소에 작용할 수 있다.</td></tr>
<tr><td>참여형태</td><td colspan="2">상담자의 일방적 이야기, 또는 집단원들이 서로 이야기를 주고받는 등의 형태가 있다.</td></tr>
<tr><td>의사소통</td><td colspan="2">중요한 양상은 비언어적 수단으로 이루어지므로 개인의 자세, 얼굴표정과 몸짓 등을 통해 느끼고, 생각하는 것을 읽을 수 있다.</td></tr>
<tr><td rowspan="3">역할</td><td>구성과 유지역할</td><td>집단과정과 기능에 관계, 격려자, 타협가, 문지기, 추종자, 규칙제정자, 문제해결자</td></tr>
<tr><td>직무중심역할</td><td>집단의 과제를 완수, 지도자, 질문자, 촉진자 등</td></tr>
<tr><td>개인적역할</td><td>집단의 과제나 유지와는 관련 없고, 자기중심적이고, 독점자, 침묵자, 지각자 등</td></tr>
<tr><td>응집력</td><td colspan="2">공동목표를 향해 함께 작업하고자 하는 욕망의 강도, 즉 단결력이다.</td></tr>
<tr><td>집단분위기</td><td colspan="2">‘느슨하다, 따뜻하다, 허용적이다, 적대적이다’ 등 특징으로 묘사될 수 있다. 집단분위기에 대한 민감성을 개발하고 집단원이 마음 놓고 이야기 할 수 있는 자유스럽고 허용적인 분위기를 조성하는 데 주의를 기울여야 한다.</td></tr>
<tr><td>집단행동의 규준</td><td colspan="2">모임에서 어떤 주제들이 토의될 수 있으며, 어떤 것은 가급적 피하는 것이 좋은지 등이 있다. 보통 명문화되어 있기보다는 암시적으로 통용되는 경우가 더 많다.</td></tr>
<tr><td>집단원들의 사회적 관계유형</td><td colspan="2">우정과 반감의 미묘한 사회적 관계의 유형이 집단활동과 역동관계의 형성에 중요한 영향을 미친다.</td></tr>
</table>

2 집단치료 활동 단계

<table>
<tr><td rowspan="7">집단의
전 단계</td><td colspan="2">집단계획서</td><td>집단 조성에 관해 행정적 허가를 얻기 위해 문서화된 집단 계획서 작성</td></tr>
<tr><td colspan="2">목표제시</td><td>집단의 목표로 '무엇을 할 것인가'</td></tr>
<tr><td colspan="2">집단활동</td><td>집단 목표를 충족하기 위해 활용할 집단 활동은 무엇인가?</td></tr>
<tr><td colspan="2">집단조직</td><td>집단 구조는 모임 장소, 모임 시간, 집단 일정, 회원 수
• 집단원의 수는 10명 이상이 되지 않도록 함. 자연스런 환경조성을 위해 테이블이 없는 것이 구성원들이 좀 더 개방적으로 느낌
• 지도자는 각 모임 때마다 자리를 바꾸어야 함. 각 회합은 1시간 30분간 지속되도록 해야 함
• 집중적 정신치료에서 집단형태는 개방집단이 폐쇄집단보다 바람직함</td></tr>
<tr><td colspan="2">회원선발</td><td>집단 활동에 적합한 회원들을 위해 기준, 선정 과정 설명
• 목표일치도, 동기, 집단 경험 등을 고려
• 이질적 집단이 더 도움 됨 → 성별, 나이, 개별적 역동성을 다양하게 구성
• 동질집단(알코올 중독, 동성애, 과대망상증) → 서로의 방어기전 지지
• 뇌손상, 정신지체, 파괴적 편집증 환자는 부적절</td></tr>
<tr><td colspan="2">평가</td><td>집단 목적을 성공적으로 달성하는 효과의 평가</td></tr>
<tr><td colspan="2">자원</td><td>비디오기기, 시청각 장비, 커피 같은 집단에 필요한 자원과 예상 비용 서술</td></tr>
<tr><td rowspan="5">초기단계
[2011 기출]</td><td rowspan="4">오리엔테이션기</td><td>소개</td><td>집단을 서로 소개하여 구성원 상호 간에 상호작용을 하도록 격려</td></tr>
<tr><td>목표</td><td>집단원과 구체적 목표를 정함</td></tr>
<tr><td>집단
계약</td><td>집단계약으로 집단상담자는 집단운영에 필요한 규칙, 의사소통 규칙(한 번에 한 사람씩 말하기), 진행절차, 모임시간, 구조, 비밀유지를 정함</td></tr>
<tr><td>활동</td><td>• 서로 눈치를 보며 탐색을 시작
• 지도자에게 의존적 경향을 보임 → 행동에 대한 불안감과, 집단 구조의 불확실성 때문
• 지도자는 다른 단계보다 지시적이고 적극적
• 지도자의 과제는 집단 방향을 잡아주는 것과, 집단이 집단 계약에 도달하도록 도와주는 것</td></tr>
<tr><td>갈등기</td><td>표현</td><td>집단에 불만을 표시하고 지도자를 공격하고 집단 안에서 하위집단을 형성하여 집단원 상호 간에 갈등상태에 놓임. 부정적, 긍정적 감정을 모두 표현</td></tr>
</table>

		해결	• 갈등은 필연적이며 토의를 통해서 갈등을 해결할 경우 집단을 성숙시키며 유용하다는 것을 배움 • 그럼에도 불구하고 지도자가 집단 자체에 결정하도록 할 때, 집단은 스스로 문제를 해결해 가게 됨. 치료자는 긍정적, 부정적 감정을 모두 표현하도록 허용하고, 집단원의 불안을 회피하거나, 억제하지 않고 적개심을 표현하도록 격려해야 함
	응집기	응집성	집단리더는 집단의 응집성을 높이기 위하여 모범을 보이고 응집성을 높이는 집단원을 강화함
		자기 노출	• 응집기에 집단원은 자유롭게 자기노출을 할 수 있음. 그 결과 상호간에 신뢰도가 증가되며 한 층 깊은 수준에서의 자기노출을 함 • 갈등단계를 해결한 후 동료에 매력, 집단에 애착으로 자신을 노출하고 내면의 관심사 공유함
활동기	문제탐색	• 문제탐색으로 비효과적 행동패턴을 탐색 • 리더는 집단의 목적을 이야기하고 집단구성원들의 목표를 성취하기 위해 노력	
	문제이해	한 집단원이 문제를 노출하면 다른 집단의 공감과 자기노출을 활용하여 집단원들은 서로 문제와 관련된 감정을 표현하고 이해받고 수용. 감정과 행동 사이의 관련성을 검토	
	문제해결	• 문제에서 해결할 수 있는 바람직한 대안행동을 탐색하고 선정하여 실습하여 실행 • 긍정적인 변화가 나타났을 대 격려하고 지지	
종결기	시간제한	• 종결은 집단형성 시부터 언급하고 마지막 회의 전에 심도 있게 여러 번 다룸 • 종결 시기가 가까워지면 초기 단계에서 합의했던 설정된 시간 제한의 기간을 상기	
	목표달성	집단원들의 목적인 문제해결, 행동변화, 자기성장의 실제적인 결과를 평가	
	상실극복	• 목표달성을 성공적으로 달성한 집단이 상실감, 슬픔, 분노가 현저하므로 상실감에 토의 • 분노는 버림받은 느낌을 반영하므로 이전에 유사한 감정을 유발시킨 상실사건을 이끌어내어 토론 기회로 삶에서 상실을 경험할 때 사용하는 기술을 발전시키는데 도움을 줌	

04 가족치료

1 개요

가족이론	이론가	목표	주요개념	치료기법
정신분석적 가족치료	애커만	무의식적 제약에서 벗어나 현실에 기초한 가족	투시체계, 부모에 대한 양가감정, 감정이입, 전이	감정정화기법
가족체계 이론	보웬	감정적 문제해결, 자아분화	자기분화, 삼각관계, 가족 투사과정, 핵가족 정서형성과정, 다세대 간 전달과정, 정서적 단절, 사회적 정서 전달과정, 형제 위치	치료적 삼각관계, 탈삼각화 고정, 코치하기, 가계도, 과정질문, 관계실험, 나의 입장
구조적 모형	미누친	가족의 재구조화, 기능적 가족	가족구조, 제휴, 권력, 하위체계, 경계	구조형태 그리기, 가족의 재구성(재구조화), 가족과 합류(삼각관계, 상호작용 다루기, 상호작용 조정하기)
경험적 가족치료 (가족의사소통 이론)	사티어, 휘태커	의사소통기술 습득, 선택의 자유, 책임, 독립심, 경험의 확장	자아개념, 의사소통, 가족규칙	조각기법, 수용, 의사소통기술, 빙산탐색, 재정의
전략적 가족치료	헤일리	현존하는 가족문제 해결, 가족의 위계질서와 경계선의 재구조화	메시지로서의 징후 (이중구속, 의사소통, 가성 친밀감과 가성 적대감 등)	역설적 개입, 은유, 의식 재정의, 고된 체험 기법
인지행동 주의적 가족치료	패터슨, 리버만, 스튜어트	특별한 행동유형 수정, 긍정적 행동촉진, 문제해결능력 학습	행동형성, 모델링	조작적 조건화, 토큰강화, 행동교환절차
해결중심 단기가족 치료	스티브 드 세이저 (Steve de Shazer)	가족문제 해결, 작고 성취할 수 있는 목표, 가족의 힘, 자원활용	문제로서 해결, 이상주의적 사고	문제 재정의 (예외질문, 기적질문, 척도질문, 대처/극복 질문, 관계형성 질문, 간접적 칭찬, 증상 처방하기)
이야기 가족치료	화이트, 앱스턴	고정된 관점을 확대하고 이해 선택의 폭을 넓게 함	다양한 내러티브 접근: 반영집단, 언어적 접근, 이야기식 접근	문제 외재화, 질문 형태로 전달, 독특한 결과 찾아내기, 전체 이야기 다시 쓰기

2 정신분석적 가족치료(애커만)

대상	개인의 성장과 성숙 → 대상자가 숨겨진 과거사건으로부터 자유로워지면 증상이 없어짐
목표	개인을 가족으로부터 해방 → 대상자로 하여금 무의식적인 제약에서 벗어나 현실에 기초함으로써 가족 모두가 건강한 개인으로서 상호작용할 수 있도록 돕는 것
특징	• 가족 내에서는 일방향적 관계는 없음 → 상호작용: 서로 감정이나 욕구를 인지하고 교환하는 과정을 통해 갈등을 해결하고 충족함 • 개인의 항상성은 가족의 항상성에, 가족의 항상성은 사회의 항상성에 영향을 받음 • 역할이론: 모든 인간은 가족이나 사회로부터 기대되는 역할을 인지하고 그 역할에 부응하려고 노력하면서 자신의 내적 균형을 유지하고 자아실현을 이룸
치료기법	• 경청, 감정이입, 해석, 중립성 유지, 전이현상, 저항 • 비지시적 태도, 개인의 분석치료에 비해 치료자가 적극적으로 가족의 이해와 통찰을 도움
적용대상	• 성장과정에서 상처를 받거나 제약에서 헤어나지 못하고 있는 가족 • 언어와 지적수준이 높은 성인 대상자를 중심으로 치료 진행

3 구조적 가족치료 [2010 기출]

구조적 가족치료는 1960년대 초반 미누친(Minuchin)이 비행청소년을 연구하고 훈련하면서 상담했던 방법이 이론적으로 발전된 것이다. 이 방법은 가족의 구조와 조직화를 이해함으로써 가족 구성원의 상호작용을 향상시키는 것이다. 구조적 가족치료의 핵심은 가족이 조직화되는 과정에서의 결합이 문제를 발생시킨다는 관점이다. 치료과정에서 가족들의 고착된 왜곡된 상호작용 패턴을 수정하고 관계를 재정립한다.

(1) 미누친의 구조적 가족치료의 목표

가족구조 재구조화	• 가족의 문제가 역기능적 가족구조에 의해 지속된다고 보고 가족의 구조적 변화로 적절한 명확한 경계를 발전시킴으로 문제를 해결한다. • 가족 위계질서를 강화하고 적절한 위계구조는 부모가 권위와 책임을 맡는다.

(2) 주요 개념

가족구조	가족구조는 가족 구성원들이 다른 구성원과 관계하는 방식을 조직화하는 보이지 않는 형태의 규칙이나 기능적 요구이다. 특히 가족의 권위 구조의 적절성에 관심을 갖는다.
가족하위체계	• 배우자, 부모, 형제 및 그 밖의 친분관계를 의미한다. • 치료과정에 이들 모든 하위 체계의 기능이 치료대상자의 과제 수행에 매우 중요하기 때문에 치료적 과제를 모든 하위체계와 적절하게 배분하는 것이 중요하다.

<table>
<tr><td></td><td colspan="3">• 하위체계를 가족구성원의 상호작용 단위체계로 보았다. 하위체계 간에는 보이지 않는 경계선이 존재한다. 경계선은 경직 상태, 명료 상태, 애매한 상태의 연속적 개념으로 구분된다.</td></tr>
<tr><td>위계구조</td><td colspan="3">가족의 위계구조는 하위체계 기능에 의해 발생되는 가족 내의 권력과 책임과 관련된다. 가족이 적절한 기능이 되기 위해서 효율적인 위계구조가 확립됨으로 구성원이 적합한 위치에 있어야 한다. 위계 구조의 문제 발생으로 '제휴'라는 역기능이 나타난다.</td></tr>
<tr><td>경계</td><td colspan="3">• 개인, 하위 체계 및 가족의 본래 모습을 향상시키고 보호하는 정서적 벽이다.
• 경계의 구분에 따라 사람들은 서로 접촉하거나 접촉을 기피한다.</td></tr>
<tr><td rowspan="12">경계선
(boundary)
[2018 기출]</td><td rowspan="3">명확한 경계</td><td>유연가족/
자율성↑</td><td>가족이 적절하게 기능하기 위해 명확하면서도 유연성 있는 경계이다.</td></tr>
<tr><td>권위구조</td><td>• 효과적 가족 권위구조로 부모가 자녀보다 권위와 권력이 많으며, 부모는 자녀에 책임을 갖는다.
• 가족구조 내 위계질서를 잡아주며 자녀 중 나이가 많을수록 책임이 많다.</td></tr>
<tr><td>자율성</td><td>자녀의 성장에 따라 자율성, 독립심을 보장하며 스트레스에 유연하게 대처한다.</td></tr>
<tr><td rowspan="4">엄격한(경직된)
경계</td><td>유리가족</td><td>고립, 소외감/자율성↑</td></tr>
<tr><td>감정교류↓</td><td>감정적 교류가 극단적으로 없는 상태로 유리된 관계를 초래한다.</td></tr>
<tr><td>고립</td><td>친밀감, 상호작용, 의사소통, 지지, 보호기능 감소로 거리감, 소외감, 고립 등을 보인다.</td></tr>
<tr><td>자율성</td><td>긍정적 측면에서 자율성을 길러준다.</td></tr>
<tr><td rowspan="4">모호한(산만한)
경계</td><td>밀착가족/
자율성↓</td><td>• 서로의 생활에 지나치게 개입하고 관여한다.
• 부모는 자녀에게 지나치게 개입, 자녀는 의사결정 시 부모에게 의존한다.
• 의존성↑ 자율성↓</td></tr>
<tr><td>소속감</td><td>지나친 소속감과 하위체계 내의 분화부족, 속박된 하위체계가 형성된다.</td></tr>
<tr><td>타인과의 관계</td><td>가족 외의 다른 사람들과 관계 맺는 것을 어려워한다.</td></tr>
<tr><td>대처기술방해</td><td>경계에 의해 하위체계가 보호받지 못하면 하위체계 내 개인들은 대처 기술을 발달시키지 못한다.
예 부모가 자녀들 간 갈등에 중재자 역할로 자녀들이 사회에 나갔을 때 동료 간 갈등에 대처 기술 미발달</td></tr>
</table>

제휴	정의	• 가족구성원의 체계 내에서의 상호작용을 설명하는 것이다. • 서로 협력하는 것을 긍정적인 제휴라고 한다. • 서로 대항하는 것을 부정적인 제휴라고 한다. • 가족의 상호작용과정으로 가족체계의 한 개인이 다른 구성원과 연합 또는 동맹을 가지게 되는 것이다.
	연합 (coalition)	• 연합은 두 사람이 제3자에 대항하기 위하여 제휴를 하는 경우이다. • 세대 간 연합은 부모 중의 한 사람이 자녀와 맺는 부적절한 연합으로 제3자에 대항한다.
	동맹 (alliance)	동맹은 이해를 같이 하는 두 사람이 공동 목적 때문에 서로 협력하는 제휴를 하는 경우이다. 제3자와 적대관계에 있지는 않다.
권력	각각의 가족구성원이 상호작용을 통해 다른 구성원에게 미치는 영향력이 절대적이지 않고 상황에 따라 달라진다.	
치료	• 보다 적절한 경계를 발전시킴으로써 체계 내의 구조적 변화를 가져오는 것이다. • 가족들 사이의 경계를 명확하게 설정하여 가족들이 서로 유연하게 상호작용을 하며 역기능적인 가족의 구조를 수정하도록 함께 노력한다.	

(3) 가족과 결합하는 방법

방법	내용
거울보기와 흉내내기	• 정서, 보조, 의사소통 양상의 연결 • 즐거워지는 것, 침울해지는 것, 안달하는 것, 무뚝뚝한 것
기대하는 가족의 가치	• 가족의 권위체계 지원 • "중심적인 전환점"으로 나타나는 배우자를 통한 모든 의사소통을 표현하는 것
상식적인 요소의 발견	• 문화적으로 초점을 맞추거나 유사한 영역 구축 • "나 역시 청소년기 아들이 있어요."라고 말하는 것
장점 찾기	• 각 가족의 가장 작은 긍정적인 측면의 관찰 • 자아감의 확신을 주기 위해서 사용할 수 있음 • 명쾌한 문장이나 유머 감각을 칭찬하는 것
가족 하부 체계지지	• 가족의 중요한 하부구조의 확인 • 어른과 이야기하는 동안 어린이를 위해 장난감 주기 • 부모들이 자식에게 자기들의 어려움을 이야기할 때 함께 있기
추적	• 구체적이고 상세한 협력과 가족이 토론한 구체적인 내용 요구 • 말하고 있는 사람에게 확신을 주고 가족 구조를 탐색 • 어머니가 아들과 친하다고 할 때, 이유나 근거 확인 → 결과적으로 아버지가 없을 때는 어머니가 아들과 함께 잔다는 사실을 알게 됨

(4) 미누친의 구조적 가족치료의 치료전략

<table>
<tr><td>합류하기와
적응하기</td><td colspan="2">합류란 서로 이해받지 못하고 있음을 주고 받는 악순환의 고리를 끊기 위해 공감적 연결을 제공하는 것이다. 이를 통해 가족 구성원 각자는 물론 가족의 위계질서와 가족체계에 대한 존중을 보여주게 된다.</td></tr>
<tr><td>상호작용
다루기</td><td colspan="2">가족구조는 가족들의 설명이나 토론보다는 가족구성원들의 상호작용방식에서 잘 나타난다. 치료자가 가족구성원 각자에게 얘기할 기회를 주어 다른 구성원에 대해 말하기 시작하게 함으로써 갖고 상호작용이 실연할 수 있는 기회를 이끌어 낸다. 실연 시 치료자는 문제가 되는 연결고리에 주의하고 치료자가 실연을 주도하며, 치료자가 수정하도록 지도한다.</td></tr>
<tr><td>구조형태
그리기
(가족구조평가)</td><td colspan="2">• 가족에 대한 사정은 첫 만남에서 관찰한 상호작용을 기초로 모든 가족구성원이 포함되어야 한다.
• 첫 만남에서 가족들의 상호작용, 표현하는 말의 내용, 문제가 되는 교류방법, 역할 평가가 이루어진다.
• 가족구성원이 언제, 누구와, 어떻게 상호작용하는가를 평가한다.</td></tr>
<tr><td>상호작용
조정하기</td><td colspan="2">가족구성원들의 상호작용을 관찰하다 보면 문제가 되는 관계패턴이 드러난다. 문제가 되는 상호작용을 부각시킨 후 치료자가 강력하게 개입하여 조정한다. 이를 위해 가족들이 말하는 내용보다는 상호작용하는 과정에 초점을 맞춰야 한다.</td></tr>
<tr><td rowspan="3">경계선
설정하기</td><td colspan="2">• 역기능적 가족의 구조적 변화를 위해 가족의 반복되는 병리적 현상을 인식하고 가족구조를 수정한다.
• 가족의 실상에 맞는 가족 규칙의 변화와 재정립을 한다.
• 가족 간의 역기능적 상호교류 유형을 가족이 사용한 방법과는 다르게 기능적 상호교류를 해보는 기법이다.
• 전체 가족구성원이 동참하여 가족들 사이 경계를 명확하게 설정하고 서로 상호작용하여 유연하고 명확한 경계를 돕는다.</td></tr>
<tr><td>밀착 가족
(모호경계)</td><td>치료자가 개입하여 하위체계 간의 경계선을 강화하고 각 개인의 독립성을 고취시킨다.</td></tr>
<tr><td>유리가족
(경직경계)</td><td>가족원 간 상호작용의 빈도를 증가시킴으로 명확한 경계선을 갖는다.</td></tr>
<tr><td>균형
무너뜨리기</td><td colspan="2">가족의 갈등상태가 고착되어 있는 경우 가족체계의 균형을 깨트려서 체계가 재조정하는 방법이다. 이를 위해 치료자가 가족에 합류하여 구성원 한 사람이나 하나의 하위체계에 힘을 실어 줌으로써 하위체계 내에 있는 가족구성원간의 관계를 변화시킨다.</td></tr>
<tr><td>가족신념에
도전하기</td><td colspan="2">가족의 상호관계패턴이 바뀌면 현실에 대한 새로운 관점을 갖게 되는 것과 마찬가지로 가족구성원들이 상황에 대한 관념을 변화시키면 가족구성원들이 관계를 형성하는 방식 또한 바뀔 수 있다.</td></tr>
</table>

4 보웬(M. Bowen)의 다세대가족치료(가족체계치료) [2014 · 2018 기출]

보웬의 이론은 두 개의 핵심적인 변인을 가지고 있는데, 하나는 불안의 정도이고 다른 하나는 자아분화의 통합(the integration of the differentiation of self) 정도이다. 보웬 이론의 핵심은 불안과 긴장에 대한 기본개념을 근거로 개인이 "느끼는 과정과 지각과정(the feeling process intellectual process)" 사이를 구분할 수 있는 능력을 다루는 것이다. 보웬의 심리 · 역동적 이론은 가족의 습관적인 "삼각관계의 정서체계"를 수정하기 위해 만들어진 것이다.

03

(1) 주요 개념

개별성, 분화	자기자신을 위해 생각하고, 느끼고, 행동할 수 있도록 정서적으로 분리된 인간으로 성장할 수 있게 해주는 생명력
연합성	정서적으로 연결되어 있는 상태를 유지할 수 있도록 해주는 생명력
융해 (fusion)	분화와 연합의 불균형 상태
미분화 (undifferentiation)	분화와 연합의 불균형 상태
이상적 가족	가족 내에 연합하고자 하는 힘(togetherness)과 분리하고자하는 힘(individuality)이 서로 조화를 이루는 가족
자기분화	개인이 원가족과의 정서적 융합에서 벗어나 자기만의 방식으로 자율적으로 기능하는 과정

(2) 치료목표

목표	행동문제가 한 세대에서 다음세대로 전수된 정서적 융해 때문에 발생한다고 보았기 때문에 정서적인 것과 지적인 것을 분화하는 것. 다시 말하면 "비분화된 가족 자아집합체"로부터 벗어나도록 하는 것	
	자아 분화 증진	• 자기분화 증진 → 불안을 감소 → 불안의 결과로 생긴 행동상의 문제 해결 • 스트레스를 주는 문제가 발생했을 때 불안에 의해 자동적으로 반응하지 않고 감정에서 사고를 분리시켜 사고 후에 행동을 취함
	탈삼각관계	• 다세대에 걸친 삼각관계속에서 개인을 해방시키는 것 • 원가족과 융합으로 부부 문제가 있을 때 배우자들의 부모와 자아분화수준을 높여 삼각관 계에서 벗어나 부부간의 관계를 증진시킴

(3) 자기분화(differentiation of self) [2014 기출]

<table>
<tr><td>정의</td><td colspan="2">자기분화란 개인이 원가족과의 정서적융합에서 벗어나 자기만의 방식으로 자율적으로 기능하는 과정을 말한다.</td></tr>
<tr><td rowspan="3">자아분화 체계의 구성</td><td>가장 낮은 자아분화 수준 (0~25)</td><td>• 자아 융합의 정도가 심하여 주위 사람들의 감정이나 반응에 민감하고 의존적이고 대인관계 지속이 어렵다.
• 스트레스 상황에 적응하지 못하며 타인에게 심한 정서적 애착/욕구가 충족되지 못할 때 불안하다.</td></tr>
<tr><td>낮은 자아분화 수준 (25~50)</td><td>• 자아정체감이 분명하지 못하다.
• 자기신념과 의견은 있으나 긴장과 스트레스 상황에서는 영향을 받아 쉽게 변화한다.
• 관계 지향적/대부분의 에너지는 사랑과 인정을 받기 위해 사용/자기존중은 다른 사람에게 달려있다.
• 증상과 문제는 관계체계가 균형을 상실할 때 발생하며, 신체적 질병, 정신적 질병, 사회적 역기능의 문제 등을 일으킬 수 있다.</td></tr>
<tr><td>보통 자아분화 수준 (50~75)</td><td>• 정서적 지적체계 사이가 충분하게 분화된 상태이다.
• 불안이 증가할 때에도 정서적 체계에 의해서 지배받지 않고, 자율적으로 자기를 지키고 정상적으로 기능한다.
• 독립적으로 의사결정하고, 자율적으로 결합하거나 독립적이다.</td></tr>
<tr><td rowspan="3">자기분화된 사람</td><td>사고와 감정 분리</td><td>• 분화란 사고와 감정을 분리시킬 수 있는 개인의 능력이다.
• 자기 분화된 사람은 자기 감정에서 사고를 분리시킬 수 있으며, 사고 후에 행동을 취한다.</td></tr>
<tr><td>나와 타인의 분리 능력</td><td>자기와 타인 사이의 분화이다. 자신과 타인을 분리시켜 상대방의 영향에 좌우되지 않으면서 자신의 분명한 입장과 신념을 취하며 행동한다.</td></tr>
<tr><td>가족 분화</td><td>가족의 정서적 혼동을 인식하고 이 혼동으로부터 자유로워져야 건강한 인격을 가진 사람으로 분화되고 건강한 가족은 분화를 격려한다.</td></tr>
<tr><td rowspan="3">자기미분화</td><td>사고와 감정 미분리</td><td>자기 미분화된 사람은 그 순간의 감정만으로 행동을 취한다. 주관적 감정에서 객관적 사고를 분리하기 어렵다.</td></tr>
<tr><td>나와 타인의 미분리</td><td>타인과 쉽게 융합되며 자신과 타인을 분리하지 못한다. 자신의 입장이나 신념 보다 남에게 들은 것에 영향을 받는다.
예 엄마가 아빠는 나쁜 사람이라고 자꾸 그러니까 이젠 아빠가 나쁜 사람 같고 엄마를 괴롭히는 아빠가 싫어졌어요.</td></tr>
<tr><td>가족 미분화</td><td>가족 내 정서적 융합으로 가족의 정서적 혼동의 영향을 받는다.
예 친구들이 놀러 가자고 해도 엄마가 걱정되고, 내가 없으면 위험해질 것 같아 엄마 곁을 떠날 수 없어요.</td></tr>
</table>

(4) 삼각관계(triangle) [2014 기출]

기전	두 사람이 자신들의 정서적인 문제에 다른 한 사람을 개입시키는 현상이다. • 가족구조 안에서 두 사람간의 스트레스를 해결하는 방법은 가족의 다른 구성원을 두 사람의 상호작용 체계로 끌어들여 삼각관계를 형성하는 것이다. • 자아분화 정도가 낮을수록, 관계가 중요할수록 삼각관계 형태는 좀 더 심하고, 관계가 중요할수록 좀 더 강하다. • 지적 체계와 정서적 체계가 융합되기 쉽기 때문에 인간관계에서 오는 갈등과 불안을 객관적으로 평가하지 못하고 제 삼자와의 의존적 관계(융합)를 통해 불안을 극복하려고 한다.
예	문제가 있는 부부가 자신들의 문제를 스스로 해결하지 않고 자녀를 그들 관계에 개입시켜 불안 정도를 낮추려고 한다.
치료	삼각관계에서 벗어나도록 하는 것이다.

03

(5) 보웬의 다세대가족치료(가족체계치료)과정

가족 투사과정 (family projection process)	기전	• 가족들이 자신들의 불안을 다른 가족구성원에게 투사하여 불안을 해소 또는 회피한다. • 미분화된 부모는 특정 자녀와 공생적 관계를 형성하여 미분화에서 오는 자신의 문제를 그 자녀에게 투사한다. 이때 부모와 밀착된 자녀 또한 미분화상태에 머무르게 된다. 투사정도는 자아분화수준이 낮을수록 심하다. • 투사의 표적이 된 자녀는 희생양이 된다. 자아분화가 덜 진행되고 문제의 영향을 많이 받아 정서적 안정과 가족 밖에서 기능에 유해한 결과를 초래한다. 부부의 문제해결보다 자녀의 요구에 초점을 두고 자녀 문제에 집중적으로 개입하게 된다.
	예	돈의 사용 용도를 결정하는 데 갈등을 느끼는 부부가 있다. 이들 자녀 중 한 명이 학교에 서 교우관계에 어려움을 느끼고 있다. 원가족과 정서적으로 단절되어 있는 남편은 아내에게 아주 냉담하고 거리를 두고 산다. 아내는 이러한 남편의 태도 때문에 부부가 자신들의 문제를 해결하지 못하는 경우 자녀에게 문제를 전달한다. 자녀는 이불에 오줌을 싸거나 학교 공포증 증상을 일으킨다.
핵가족 정서 형성 과정	기전	미분화된 가족자아집합체라는 가족 내의 정서적 융합(융해)으로 핵가족 내에서 만들어지는 다양한 정서 과정이다. 핵가족 내에서 결혼 전에 원가족으로부터 자아분화가 되지 못한 사람일수록 불안이 높고 부부간 융합이 심해져 부모는 해소되지 못한 불안이 개인에게서 가족에게로 투사한다. 자녀와의 관계에서 또 다른 융합(융해)을 형성하여 안정을 찾고자하는데 이러한 정서적 융합(융해)는 불안정하기 때문에 부적응 양상의 원인이 된다.
	예	조현병 대상자의 가족

정서적 단절 (emotional cutoff)	기전	• 원가족의 미분화와 그에 따른 정서적 긴장을 피하기 위해 사용하는 극심한 정서적 분리양상이다. • 세대 간 미분화를 처리해 나가는 방법으로 부모로부터 분화의 수준이 낮고 정서적 융합이 심하다. • 세대 간의 융해정도가 심할수록 정서적 단절의 가능성이 높다.
	예	• 불안에 대처하기 위해 정서적 접촉의 단절로 원가족으로부터 이사를 가거나 최소한으로 제한된 방문을 하여 심리적 거리를 둔다. • 부모로부터 벗어나 거리를 둠으로써 문제를 해결하려 하나 결국 또 다른 가족원과의 융해가 반복된다.
다세대 전수과정 (multigenerational process)	기전	• 한 세대에서 다음 세대로 전달되는 상호작용 유형이다. • 상호작용 유형, 태도, 가치, 믿음, 행동은 가족이 많이 개입한 미분화된 가족자아군은 가족 투사 과정을 통해 부모에서 아이에게 다음 세대에 걸쳐 전달자아의 분화 수준, 융합, 삼각관계, 가족투사과정, 정서적 단절 같은 가족정서 과정이 대를 이어 전개되는 것으로 아동은 원가족과 분화가 잘 진행되지 않으며 이로 인한 갈등은 한 세대에서 다음 세대로 이어진다. • 여러 세대에 걸쳐 전수된 미분화된 특성과 투사과정의 결과로 정신질환이 발생한다.
	증상	자신의 아버지가 어머니에게 했던 것과 같이 자신의 배우자와 정서적 거리감을 갖는다.
형제순위 (sibling position)	기전	자녀의 출생순위가 성격형성과 가족역할에 영향을 미친다고 보며 특정 자녀가 가족의 투사과정에 선택되는 기전을 이해한다.

⑹ 보웬의 다세대가족치료(가족체계치료)의 치료기법

가계도	방법	가계도를 활용하여 3세대의 가족체계와 관계로 가족체계의 스트레스, 갈등관계, 주요 삼각관계, 정서적 단절을 사정하고 평가하는 것이다.	
	사정	자기분화	가족구성원의 상호작용을 관찰하여 어떻게 분화되어 있는지를 알 수 있어 가족구성원은 사고하고 느끼는 데 사고 후에 행동을 취하는지를 사정한다.
		삼각관계	스트레스와 긴장이 있는 동안 삼각관계가 형성되는지를 사정한다.
		정서적 단절	누가 서로 가까이 사는지 사정한다.
		다세대 간 전달과정	가족구성원은 그들의 부모나 조부모와 같은 양식으로 상호작용하는지 사정한다.
치료적 삼각관계	치료자가 제3의 인물이 되어 두 가족구성원과 접촉하여 가족들의 삼각관계와 정서적 반응에 말려들지 않고 중립적 입장을 유지한다. 가족의 상호작용과 의사소통 양식에 집중한다. 가족들은 정서적 충동에 의한 반응을 자제하고 자신들의 문제해결에 분명하게 사고하기 시작한다. 불안을 지적인 사고와 행동으로 통제한다. 불안을 감소시켜 분화수준을 높인다.		

관계경험	• 핵심적인 삼각관계를 구조적으로 변화시키기 위한 것이다. 궁극적인 목적은 가족성원들이 체계과정을 알도록 하며, 체계과정에서 자신의 역할을 인식하도록 돕는 것이다. • 관계경험 기법은 정서적으로 가까워지기를 추구하는 사람과 냉담한 사람들을 치료하기 위해 만든 것이다. • 정서적 애착관계를 추구하는 사람에게는 추구하는 것을 억제하고 그리고 요구를 멈추고 정서적인 연결로 인한 압박을 줄이도록 용기를 주고, 관련되어 있는 정서적 과정을 명확하게 하기 위한 것이다. • 냉담한 사람에게는 다른 사람에게 가까이 가는 것과 자신의 생각과 감정에 관하여 이야기하는 것에 관하여 용기를 준다. • 관계경험은 다른 사람의 요구에 대하여 회피하거나 항복하는 것을 변화할 수 있는 방법을 찾도록 하는 것이다.
코칭	• 코칭은 치료자가 가족문제를 가지고 오는 내담자에게 개방적이고 직접적으로 접근하도록 하는 기법이다. • 코치하는 것은 사람이 무엇을 하는가에 관하여 설명하려는 것이 아니고, 가족들이 가족 정서과정과 그 안에서 자신의 역할을 명확하게 알도록 질문하는 것을 말한다. • 코칭은 몇 가지 기본이 되는 행동 원리를 가르쳐 가족들이 자발적으로 행동하도록 한다. • 객관적이고 중립적인 조언을 통해 가족의 정서적 상호작용 과정과 개인의 역할을 이해하도록 돕는다. 삼각관계에 끌려가는 것을 방지하고 스스로 분화를 할 수 있도록 지도한다. • 목적은 이해를 증가시키며, 자기에게 초점을 두도록 하며, 가족성원들 간에 좀더 기능적인 애정관계를 발전시키도록 하는 것이다.
과정질문	가족에게 과정질문으로 가족구성원이 감정을 가라앉히고 인지에 초점을 두고 객관적 관찰과 사고를 통해 문제를 인식하여 해결한다. 예 보건교사: 성철이가 술을 마시고 집에 오면 어머니께서는 어떤 생각을 하세요? 어머니: 화가 막 나요. 보건교사: 성철이가 술을 자꾸 마시는데 어머니께서 한 역할은 무엇인지 아세요? 어머니: 모르겠는데요.
자기 입장을 취함	• 긴장된 상황에 있을 때 가족구성원의 행동을 비난하거나 지적하지 않고 '나의 입장'을 취하여 자신의 감정, 생각을 표현한다. • 다른 사람이 행동하는 것에 관하여 말하는 것 대신에 자신이 느끼는 것을 말하므로 자기 유형을 취하는 것은 정서적인 반응의 악순환을 깨는 것으로 가장 직접적인 방법이다. 예 너는 왜 이렇게 게을러? 대신 네가 나를 도와주었으면 좋겠어. "당신이 그렇게 행동한 것에 관하여 나는 매우 소외감을 느끼고 섭섭하다. 그리고 화가 나서 지금은 어떠한 대화도 하고 싶지 않다." – 대화는 화가 나고 속상한 상태에서 그 원인을 추적하거나 상대방에게 책임을 추궁하는 것이 아니고, 자신의 현재 감정상태를 표현하는 것이다. 따라서 상대방이 말하는 사람의 상태를 이해하게 하며, 반응적이며 악순환적인 대화를 벗어나서 무엇인가 해결 방법을 찾을 수 있는 생각을 시작하게 할 수 있다.

다양한 가족치료	부부와 상담할 때 먼저 한 사람에게 관심을 두고 최소한의 상호작용을 하도록 한다. 이것은 다른 사람은 관찰을 통하여 정서과정을 학습하도록 하려는 데 목적이 있으며, 감정적으로 관여하는 것을 제지시키려는 의도가 있다.
자기자신의 이야기를 들려줌	• 내담자에게 치료장면을 녹화한 것이나 녹음한 것을 보여주고 또는 이야기를 들려주는 방법이다. • 자신의 이야기를 어떠한 방법이든 보거나 듣게 될 때 가족성원 자신들은 방어적인 것을 줄이게 되고 가족 기능에 관하여 배우게 된다.

5 휘테커(Carl Whitaker), 사티어(Virginnia Satir)의 경험적 가족치료 [2018 기출]

(1) 개요

의사소통 이론가	잭슨, 와츠라빅, 헤일리, 사티어
의사소통	아동이 언어적 비언어적 의사소통에 반응함으로써 배우고 성장한다는 것을 발견, 모든 행동이 바로 '의사소통'이라고 본다.
가족의 갈등 역기능적 원인	• 가족의 갈등이나 장애를 잘못된 의사소통으로 인한 역기능적 관계 때문이라 생각한다. • 인간의 역기능적 원인을 자존감, 가족의 규칙, 의사소통 방법에서 찾는다. **정신분석**: • 과거 • 개인적 내적역동 • 가족원 개인의 병리적 측면 **의사소통이론**: • 지금 - 여기(here-now) • 가족구성원의 상호작용과 의사소통 유형에 대한 연구 • 가족원 각자의 자기 역할 규정에 대한 이해
역기능적 의사소통이론	이중메시지를 자주 사용하는 자존감 낮은 대상자의 경우, 치료를 통해 자존감을 높이고 바람직한 일치형 의사소통을 할 수 있도록 돕는다. 사티어는 사람들이 긴장 시 사용하는 대처방법과 대처형태를 관심 있게 관찰했고, 그것을 역기능적 의사소통으로 보았다.

(2) 경험적 가족치료의 목표 및 특징

목표	자기 인생의 선택권을 스스로 갖게 하며, 개인의 자기표현을 강화함으로써 가족 규칙을 합리적, 현실적, 인간적으로 만들고 내담자의 의사소통 유형을 일치적으로 만든다.
특징	• 경험, 만남, 직면, 직관과정, 성장, 존재, 자발성, 행동, 현재와 지금 • 가족문제의 원인: 정서적 억압 • 가족 조직보다 가족 구성원의 경험에 초점을 맞추고, 가족의 실존적 만남 강조 → 개인의 성장과 가족의 결속력 도모 • 치료자가 강력하게 개입

(3) 역기능적 의사소통 유형 [2018 기출]

의사소통 유형과 무시된 부분	 ① 자기 / ② 타인 / ③ 상황 • 회유형: ①이 무시됨 • 비난형: ②가 무시됨 • 초이성형: ①, ②가 무시됨 • 산만형: ①, ②, ③이 모두 무시됨 • 일치형: ①, ②, ③이 모두 존중됨
회유형 (자기↓, 타인↑, 상황↑)	• 어떤 문화에서도 가족들이 가장 많이 사용하는 방법이다. • 자기존중을 무시하고 다른 사람과 상황에 초점을 두어 우리는 중요하지 않다고 하는 메시지를 상대방에게 전달한다. • 회유하는 사람은 다른 사람과 상호작용하는 상황을 존중하지만 자신의 진정한 감정을 존중하지 않는다.
비난형 (자신↑, 타인↓, 상황↑)	• 회유형과 정반대로 상대방을 무시하고 자신과 상황에 초점을 두는 것으로 자기를 보호하고, 다른 사람을 괴롭히고 환경을 비난한다. • 비난하기 위하여 다른 사람의 가치를 격하하고 자신과 상황에만 가치를 둔다.
초이성형 (자신, 타인↓, 상황↑)	• 자신이나 상대방을 과소평가하는 것이다. • 지나치게 합리적인 것으로 상황만 중요시하며 기능에 관하여 말하고 대부분 자료와 논리를 중요시한다. • 자신과 상대방은 무시하고 상황에 초점을 둔다.
산만형 (자신, 타인, 상황↓)	초이성형과는 정반대로 자신, 상대방, 상황 모두 무시
일치형 (자신, 타인, 상황↑)	• 기능적이며 원만함, 책임감, 정직성, 친근감, 능력, 창의성 그리고 현실적인 문제를 현실적인 방법으로 해결할 수 있는 능력 있는 사람들의 의사소통이다. • 사티어는 이 일치형 유형을 치료의 표적으로 삼았다. • 치료를 통해 자존감을 높이고 바람직한 일치형 의사소통을 할 수 있도록 돕는다.

	회유형	비난형	초이성형	산만형
내적 자원	돌보는 것, 예민성	강한 주장, 지도력, 에너지	지식, 세부사항에 주의 집중	즐거움, 자발적, 창의력
일치형으로 변화 위해 첨가해야 할 요소	자기가치감과 평등감	타인존중	자기와 타인 존중, 수용	자기, 타인, 상황을 모두 알아차리고 존중하는 것

간호	자신의 유형을 인식하고 다른 사람들을 돌보듯이 자신을 돌본다.	역할극, 가족조각 기법을 통해 비난하는 사람과 비난받는 사람의 역할을 직접 경험하거나 관찰한다. "어떻게 느끼는가?"를 질문함으로 감정을 인식한다.	애정, 감정과 지적인 체계의 모든 것이 통합되도록 '감정에 귀 기울이기, 가족의 감정에 귀 기울이기'를 훈련한다.	• 내면 어디에도 초점이 없으므로 신체를 통해 내면으로 들어가도록 신체활동을 권고한다. • 심호흡으로 호흡을 느끼기, 산보하면서 느껴지는 감각에 접촉하기, 어머니와 자녀가 눈 맞추기 등에 도움이 된다.

(4) 사티어의 경험적 가족치료의 치료기법

가족 규칙		• 가족 구조 내에서 영향력이 강한 행동 규범으로 개인의 행동을 규제하며 가족성원들의 행동에 영향을 주는 보이지 않는 힘이다. 고통의 원인을 나쁜 규칙, 융통성 없는 경직된 가족 규칙에 둔다. • 가족 규칙을 융통성, 인간적, 현실적, 합리적이게 만든다.
가족조각기법	방법	• 가족 구성원 한명이 자신의 가족 구성원에 대한 개개인의 이미지에 따라 신체적으로 표현하도록 하게 하여 가족관계를 표현해보게 한다. • 가족구성원 한 명을 조각가로 정하여 가족 개개인에 대한 이미지에 따라 다른 가족을 공간에 배열한 후 가족의 얼굴이나 몸을 마음대로 움직여 무언의 동작의 신체적인 표현을 하여 가족관계를 표현하여 가족관계를 파악한다. • 가족 전원의 배치가 끝나면 조각을 만든 사람은 어딘가에 들어가 자신의 모습을 만든다.
	효과	• 자신의 느낌, 생각, 내면적 경험에 강한 정서적 체험을 경험한다. • 문제원인은 환경에 의해서 개인의 감정을 억압하는 것으로 과거의 경험을 통해 내면의 잠재되어 있는 충족되지 못한 욕구와 기대를 드러 내놓는 것이다. 가족조각을 활용하여 자신의 느낌, 생각, 내면적 경험에 표현을 강화하여 강한 정서적 체험을 경험한다. • 조각과정을 통해 가족의 역동성, 의사소통유형, 권력구조, 규칙을 알 수 있다.
빙산 탐색		• 가족규칙, 의사소통 유형 뒤에 내재되어 있는 감정, 개인의 느낌, 기대 등을 사정하고 진단, 개입하는 것이다. • 인간의 심리 내적 경험을 빙산에 비유하여 개입하는 것이다. • 가족 규칙과 의사소통 유형 뒤에 내재되어 있는 감정, 느낌, 기대, 열망을 질문한다. 개인과 가족의 심리 내적 경험을 이해하도록 지도한다. 일치형의 의사소통을 가지도록 한다.

역할놀이	가족구성원들에게 다른 사람의 역할을 수행하여 가족의 입장을 이해하게 한다.
가족예술치료	음악치료, 원예치료, 그림 치료 등 자연스러운 예술적 표현으로 가족의 행동을 변화시킨다.
재정의 (reframing)	• 문제에 대한 정상적인 긍정적인 것으로 재규정함으로 의미를 변화시킨다. • 긍정적인 측면을 강조하고 부정적인 의미를 긍정적으로 변화시키기 위해 사용한다.

6 헤일리(Bateson, Haley)의 전략적 가족치료

(1) 목표

문제 해결	현존하는 가족 문제를 해결 → 가족의 위계질서와 경계선을 재구조화한다.
의사소통변화	• 가족의 상호작용을 변화로 의사소통 유형 변화로 건강한 의사소통 유형은 분명하고, 구체적 메시지, 상황과 연결되어 자연스러움으로 개인의 자존감을 증진시킨다. • 파괴적 의사소통은 부분적으로 의사소통이 모호, 메시지가 불일치, 상황과 관련하여 부적당하며 건강한 자연스러움 억제로 자아 존중감을 감소시킨다.
행동변화	• 마음보다 행동에 주의를 기울이고 행동의 변화로 문제를 지속시키는 행동을 발견하여 수정한다. • 행동이 변하며 감정도 변한다는 믿음을 바탕으로 가족구성원들 사이에 파괴적 행동을 바꾼다.

(2) 특징

특징	가족문제 해결에 필요한 전략을 찾아내는 것
문제해결 강조	문제해결치료, 제2의 의사소통치료(상호작용적 의사소통접근법 사용)
행동이 변하면 감정도 변함	마음보다는 행동에 주의, 행동의 이유보다는 행동의 변화가 목적 → 문제를 지속시키는 행동을 발견하여 수정하고자 함
가족의 상호작용 변화 → 의사소통유형 변화	건강한 의사소통 유형은 분명하고, 구체적 메시지, 상황과 연결되어 자연스러움, 개인의 자존감을 증진시킴
치료자	가족의 변화를 이끌어낼 책임, 지도자 역할 → 가족에게 지시, 과제부과, 가족관계와 의사소통 재조직, 재해석

(3) 주요개념

<table>
<tr><td rowspan="3">이중구속
의사소통</td><td>의미</td><td>• 언행불일치
• 모순된 말이 연속될 때, 비언어적 표현이 언어적 의사소통과 일치되지 않을 때 → 개인의 발달이 방해된다.
• 의사소통장애, 오해증진, 혼돈, 당황, 초조, 무능감, 분노, 양가감정 → 정신적으로 위축된다.</td></tr>
<tr><td>문제점</td><td>• 둘 이상의 상반된 메시지를 받고 어느것에 반응해야 할지 몰라 결국 정서적 혼란에 빠진다.
• 아이는 어느 메시지에 반응해야 좋을지 몰라 혼돈 상황에 빠진다.
• 이러한 메시지를 받는 자녀는 스트레스가 생겨 사고 장애, 정서 장애를 일으킨다.
• 모순된 말이 연속될 때, 비언어적 표현이 언어적 의사소통과 일치되지 않을 때 → 개인의 발달이 방해된다.
• 의사소통장애, 오해증진, 혼돈, 당황, 초조, 무능감, 분노, 양가감정 → 정신적으로 위축된다.</td></tr>
<tr><td>예</td><td>• 항상 남을 때려서는 안 된다고 일러주는 어머니가 아이가 맞고 들어오면 같이 때려주지 않고 왜 맞고만 다니느냐고 야단을 칠 경우
• '슬픈 일을 웃으면서 설명하라.'
• '좋아 죽겠다.'
• '죄가 많은 곳에 하나님의 은혜가 많다.'
• '님은 갔지만 나는 님을 보내지 아니하였습니다.'</td></tr>
<tr><td>가성 친밀감</td><td colspan="2">역기능적 가족체계에서 관계의 숨겨진 의미에 대한 현실적 방어로 실제적 감정보다 겉으로만 친밀하게 보여지는 것이다.</td></tr>
<tr><td>가성 적대감</td><td colspan="2">친밀감을 부정하고 고정적, 엄격한 유형으로 겉으로 가족 구성원들 사이에 만성적 갈등, 소외감을 유지한다.</td></tr>
<tr><td rowspan="2">부분분열
(결혼분파)</td><td colspan="2">• 만성적 불균형, 불일치로 별거의 위협을 경험하는 단계이다.
• 배우자 각각은 성격의 부조화, 자신의 심리적 갈등으로 상호불신임, 배타적 태도, 서로 상대방 비난으로 서로에게 상처를 주고, 결혼에 대한 진실성이 없다. 또한 자녀들과 친밀감을 형성하기 위해 경쟁적이고 자녀들을 자기편으로 끌어들이려고 편애로 가정 내 분파를 형성한다.</td></tr>
<tr><td>결과</td><td>자녀들은 적절한 역할 모델을 제공받지 못한다.</td></tr>
</table>

부부편중 (결혼왜곡)	동등한 협력의 부족으로 한 배우자는 다른 배우자와 관계에서 우위에 있으며, 상대배우자를 지배로 나머지 배우자는 완전히 수동적이다.	
	증상	• 어머니가 독재적, 잔소리가 많으며 적개심이 있다. • 아버지는 성격이 약하고 의존적, 자녀에게 영향력이 적은 경우이다. • 이와 반대로 아버지는 폭군적, 어머니는 지나치게 무기력한 경우이다.
	결과	자녀들은 적절한 역할 모델을 제공받지 못한다.

(4) 주요 치료 기법

지시적 기법	가족에게 구체적인 행동을 지시하여 변화를 시도함
고된 체험기법	변화를 원하는 사람에게 증상보다 고된 경험을 하도록 과제를 주어 증상을 포기하는 기법 (증상이 나타날 때마다 고된 일을 하도록 지시)
역설적 개입	목표와 반대되는 것을 실행하도록 지시하여 효과적 결과를 기대함
재구성(재정의)	어떤 행동, 관계현상을 다른 측면에서 보고 그 특징에 새로운 긍정적 의미를 부여
은유기법	직접적인 의사소통이 효과적이지 않을 때 메시지를 비유로 전달

7 인지행동주의적 가족치료(주요 이론가 - 패터슨, 리버만, 스튜어트)

목표	• 현재의 증상을 완화시키기 위해 바람직하지 않은 행동은 제거시키고 바람직한 행동은 증가시키는 것 • 가족의 효과적인 의사소통과 문제해결능력의 학습	
특징	치료단위	부부나 부모자녀관계 등 한 쌍의 상호작용에 국한됨
	치료자	문제행동에 영향을 주는 상황 파악 → 관찰된 가족의 행동유형을 토대로 행동분석 → 변화시킬 행동 결정, 계획 → 가족 특성에 맞는 기법 선택하여 직접 적용
치료기법	행동형성, 모델링	

8 세이저(Steve de Shazer)의 해결중심 단기가족치료

변화를 위한 질문을 통하여 현재와 미래의 가족문제를 스스로 해결하도록 돕는 치료법

(1) 목표 및 특징

구분		내용
목표	작고 성취할 수 있는 목표	가족이 중요하다고 의미를 두는 치료 목표는 작고 성취할 수 있는 것
	가족 스스로 문제해결	현재 문제해결에 효과가 있는 것에 관한 해결 중심적 대화로 질문을 통하여 가족의 장점, 자원을 활용하여 가족이 문제를 해결하도록 도움
목적지향적 모델		과거보다는 현재와 미래에 초점
문제해결경험		가족이 자신들의 문제를 해결하는 데 효과적이었던 경험에 중점을 둠 → 문제파악보다 가족이 원하는 해결, 새로운 행동유형을 만드는 데 초점을 둠
가족자원		가족이 이미 가지고 있는 강점, 건강한 특성, 능력, 자원 등을 적극 활용
질문		현재 문제해결에 효과가 있는 것을 관한 해결 중심적 대화, 낙천적 대화로 질문을 활용
치료자		대상자와 함께 새로운 이야기를 만들어 냄 • 치료자가 주도, 지시하지 말 것 • 가깝고 우호적인 대화를 통해서 대상자가 자신의 미래를 새롭게 구상해보도록 함

(2) 변화를 위한 질문기법

구분		내용
기적 질문	기전	• 가족이 바라는 목표가 무엇인지 분명하게 하고 기적을 만드는 사람이 바로 자신임을 알고 해결 중심 영역으로 들어가게 한다. • 문제가 해결된 것을 상상하게 하여 가족이 원하는 것을 구체화하고 명료화하는 데 도움이 되는 질문을 이용한다.
	질문	• 무엇을 보면 기적이 일어난 것을 알 수 있는가? • 기적이 일어난 것처럼 하려면 무엇을 해야 하는가? • 하룻밤 사이에 당신의 문제가 해결된다면 어떻게 문제가 해결되었다는 것을 알 것인가?
척도 질문	기전	• 감정이나 기분, 의사소통과 같은 관찰하기 어려운 인간경험에서 변화가 필요할 때 스스로 점수를 매겨보도록 질문한다. • 문제에 심각도의 수준을 숫자로 나타내어 스스로 심각도 수준을 인지하고 변화할 수 있는 동기를 부여받는다. • 지금 제시한 숫자와 앞으로 변화하고자 하는 수준의 숫자와의 차이가 클 때는 변화를 위해 노력할 일이 많다고 가족은 인지한다.

	질문	• "1점은 문제가 아주 심각한 상황이고 10은 당신의 문제가 모두 해결될 때의 상황이라면 현재의 상황은 몇 점 정도인가요?" • "처음 간호사에게 도움을 청하려 왔을 때 공포를 0~10 사이의 점수로 표시한다면 얼마나 될까요? 그리고 지금은?"
예외 질문	기전	• 예외란 가족이 과거에 성공했던 경험이나 현재 잘 수행하고 있는 것으로 성공적으로 잘하고 있으면서 의식하지 못하는 것을 발견한다. • 현재의 부정적인 점에 집착해 있는 가족이 자신의 과거사에서 예외적인 상황을 찾아 가족이 가지고 있는 자원을 찾아냄으로써 가족의 자존감을 강화해 준다.
	질문	• "언제 아이가 짜증내지 않고 이야기를 하나요?" • "언제 바람직한 행동을 하나요?" • "문제가 발생하지 않은 때는 언제인가요?"
면담 이전의 변화에 대한 질문	기전	• 이 세상 모든 것들은 끊임없이 변하고 있다는 것을 적용하여 변화는 가족이 가지고 있는 잠재능력이 되는 중요한 단서를 제공한다. • 치료 이전의 변화를 찾아내는 질문을 하여 그것을 통해 가족의 잠재능력과 가족 스스로 인식하지 못한 해결방안을 모색한다.
	질문	• "이곳에 와서 무엇이 변화되기를 바랍니까?" • "무엇이 변하면 이 문제가 해결된다고 생각합니까?" • "무엇이 변하면 남편/부인/자녀가 문제행동을 하지 않을 것이라고 생각합니까?" • "변화를 이룩하려면 당신이 무엇을 해야 한다고 생각합니까?"
관계성 질문	기전	대상자에게 중요한 다른 사람들의 생각, 지각, 의견, 반응에 대한 질문이 다. 자기중심적 생각에서 벗어나 다른 가족의 의견, 생각, 가치관을 생각하고 이해한다.
	질문	• "지금 이 자리에 아내(남편)이 있다면 그 사람은 결혼 생활을 지속하고 싶은 정도가 어느 정도라고 할까요?" • "네가 약속한 대로 행동하면 어머니는 어떤 반응을 보이는가?" • "네가 그렇게 계속 화를 내지 않는다면 어머니는 어떻게 반응하실까?"
대처에 대한 질문	기전	• 매우 비관적인 상황에 있을 때 치료자의 위로와 격려는 오히려 문제에 집중하게 한다. • 가족에게 약간의 성취감을 맛보게 하는 질문을 한다. • 과거에 사용했거나 가지고 있는 대처기술이나 자원을 활용하도록 자신과 가족의 강점과 자원을 발견하여 해결하기 위해 노력한다.
	질문	• "어려운 상황을 지금까지 어떻게 견디어 올 수 있었는가?" • "어떻게 모든 것을 포기하지 않고 여기까지 지속시켜 왔는지요?"

9 화이트(White), 엡스턴(Epston)의 이야기 가족치료

(1) 화이트와 엡스턴 등의 이야기 가족치료자

이야기 가족치료자	공동저작가
역할	• 가족치료자는 가족구성원이 자신에 대한 새로운 이야기를 쓰도록 돕는 자다. • 과거를 재조명하고 미래와 자신의 삶의 이야기를 다시 쓴다. • 억압당하고 있는 내면화된 이야기로부터 가족구성원들을 해방시켜 주는 역할을 한다. • 더 나아가 가족구성원들은 함께 새로운 삶의 의미를 생성하고 구성하도록 한다.

(2) 목표 및 특징

목표	고정된 관점을 확대하고 넓은 이해 선택의 폭을 넓게 함
새로운 이야기 (대안)	• 이야기 변화가 행동의 변화를 가져옴 • 문제에 대한 객관적 시각, 인내심을 가지고 결속력을 갖게 됨 • 대상자의 이해와 경험, 자신과 문제를 보는 대안이 중요시 됨
공동저작	가족구성원으로 하여금 다름 사람들을 연결시키는 도움이 되는 방법을 강조한 새로운 이야기를 만들게 함 → 갈등에 직면, 정직해지도록 하여 사람과 문제를 분리시킨 후 가족이 연합하여 공동으로 대처하게 함
치료	대상자로 하여금 과거를 재조명하고 미래와 자신의 삶의 이야기를 쓰도록 도움
치료자	치료과정을 통해 부정적이고 패배적인 견해는 반박하고 문제를 해결할 수 있는 힘을 찾아서 이야기를 새롭게 쓸 수 있도록 도움(공동저작자가 되기도 함)

(3) 치료기법

문제 외재화	• 내담자가 자기 문제를 외재화하도록 조력 • 자신을 문제에서 분리된 건강한 개체로 인식 → 문제에 대한 통찰력 갖게 함으로 문제해결에 의지를 갖게 함	
	예	자신의 아들이 ADHD라고 호소하는 어머니에게, "당신의 아들을 괴롭히는 ADHD가 문제로군요."라고 말하기
독특한 결과 찾아내기	• 환자가 비슷한 문제를 처리할 수 있었던 때를 기억함 • 문제 대신 긍정적 결과에 초점을 가짐	
	예	• 거리감(문제)이 있는 두 분이 함께 장보러 가는 것(독특한 결과)을 목격했다면 어떤 느낌이 들까요? • 두 분이 함께 장보러 가는 일이 두 분에게 괜찮은 일인가요, 아니면 별로 좋지 않은 일인가요?

<table>
<tr><td rowspan="2">전체 이야기 다시쓰기</td><td colspan="2">• 독특한 결과와 관련하여 과거에 행했던 일을 구체적으로 질문하고 문제를 다른 시각으로 본다면 어떻게 달라질 것인지에 대해 함께 새로운 이야기를 만들어 냄
• 이야기 초점을 미래로 옮겨 이야기는 과거, 현재, 미래를 갖게 되며 완전한 이야기가 새롭게 구성됨 → 문제가 되는 생각, 감정, 행동에 다른 시각과 새로운 의미 개발, 자신에 긍정적 이야기가 자신의 경험을 구성하고 행동결정</td></tr>
<tr><td>예</td><td>• 과거 행동영역 질문: 어떻게 된 일인지 설명해 주시겠어요? 제일 먼저 어떤 일이 있었지요?
• 정체성 영역의 질문: 그런 일(독특한 결과)을 쉽게 하는데 도움이 되었던 생각이 있었는지요?</td></tr>
<tr><td>회원 재구성</td><td colspan="2">• 독특한 결과를 통해 새로운 이야기(대안적 이야기)를 제작하고 난 후 중요한 사람들과의 관계 속에서 자신의 과거, 현재 모습과 미래 모습에 새로운(대안적) 정체성을 구축함
• 특정 회원을 우대하거나 자격을 해지하는 일, 등급을 올리거나 내리는 일, 특정 의견을 존중하거나 무시하는 일 등 인생 클럽의 회원을 정비할 수 있는 기회를 제공함
• 회원: 대상자의 과거나 현재, 미래의 삶에서 중요한 위치를 차지하면서 대상자의 정체성 구성에 영향력을 행사할 수 있는 사람</td></tr>
</table>

05 가족 스트레스 이론

1 Reuben Hill(1958)의 고전적인 ABC-X 모델

(1) 개요

> A(스트레스 요인이 되는 사건, 혹은 거기에 수반되는 곤란성)
> → B(가족의 적응능력, 가족이 위기를 극복할 수 있는 자원들)
> → C(사건에 대한 가족의 지각과 판단)
> → X(가족 스트레스 혹은 위기 상황)
> → A는 스트레스원을 나타내고 이것은 B(위기극복을 위한 자원들)와 C(스트레스원에 대한 인지)가 상호작용하여 X(위기)를 만든다는 것

가족은 항상 스트레스를 경험하게 된다. 그러나 가족이 스트레스를 어떻게 다루는지에 대한 과학적인 연구는 최근에 이루어지게 되었다.

Hill은 위기에 대한 적응을 롤러코스터로 표현하고 위기에 닥친 가족은 '위기, 조직분리, 회복, 재조직'의 4단계를 겪게 되는 것으로 표현했다. 위기 다음에 이어지는 분열과 회복은 단기 혹은 장기간의 과정이다. 가족은 위기 이전과 같거나 좀 더 나을 수도 있고 나쁠 수도 있는 새로운 조직단계에 이르게 된다.

이러한 롤러코스터 모델에 이어 가족스트레스를 다룬 Hill의 ABC-X 모델은 전쟁 기간 동안 가족이 어떻게 분리되고 재통합되면서 위기에 적응하는지를 기술하였다. 기본가정들은 다음과 같다.

> 어떤 사건(A)이 위기(X)를 생성하려면 가족의 자원(B)과 가족의 사건에 대한 정의(C)와 상호작용한다고 봄

(2) 스트레스원(A)

<table>
<tr><td>스트레스원(A)</td><td>
• 출산과 같이 긍정적인 사건이거나 가족구성원의 죽음과 같이 부정적인 사건을 의미한다.
• 가족 내부 혹은 외부에서 일어난다.
• 스트레스는 규범적일 수도 비규범적일 수도 있다.
  – 규범적인 스트레스: 모든 가족들에게 발생하며, 예측가능하고 단기적이어서 비교적 다루기 쉽다.
  – 통례적 스트레스와 비통례적 스트레스는 다음과 같다.
<table>
<tr><th>통례적 스트레스(예측 가능한 발달 변화)</th><th>비통례적 스트레스(예기치 못한 사건)</th></tr>
<tr><td>• 직장의 부담
• 노부모의 부양
• 은퇴 후의 역할
• 자녀의 독립</td><td>• 가족의 부상 및 상실
• 전쟁, 재난
• 구속, 실직
• 아동학대</td></tr>
<tr><td colspan="2">→ 이러한 상황에 적응하기 위해서 가족생활을 변화시켜야 하며, 그 요구와 노력 사이에서 가족은 스트레스를 겪게 된다.</td></tr>
</table>
</td></tr>
</table>

	• 사건에 대한 가족의 해석에 영향을 미치는 다른 기준은 다음과 같다. – 스트레스원이 가족구성원 개인 혹은 전체에 영향을 미치는지 – 스트레스원이 갑작스럽게 혹은 점진적으로 발생하는지 – 가족이 상황에 적응하기 위해 얼마나 오랜 시간이 필요한지 – 스트레스가 예견된 것인지 – 자연적인지 혹은 인위적인지 – 가족이 위기상황을 해결할 수 있다고 느끼는지 등
자원(B)	• 개인적 자원: 가족구성원의 교육수준, 직업과 개인적 경험, 성격, 직업유무, 기술과 능력 등이다. • 가족의 자원: 지지와 격려를 포함하며, 도구적 자원이나 정서적 자원을 포함한다. • 지역사회의 자원: 교회, 이웃, 친구와 네트워크를 형성하고 문제해결기술을 도와주고 다양한 자원을 찾도록 도와주는 지역사회 기관들이 있다. • 대응 – 스트레스원을 다스리고자 하는 사람이 고려해야 할 또 다른 자원이다. – 대응은 자원과 인지의 상호작용으로 정신내적이거나, 직접적이거나, 혹은 상황에 관련된 정서를 조절하는 것이 특징이다. • 정신내적인 대응: 인지적으로 문제를 재구성하여 심각하지 않은 것처럼 느끼는 것이다. • 직접 대응: 상황에 대해 실제적으로 무언가를 실행하는 것이다. – 이야기를 하거나 종교행사에 참여한다. – 약이나 알코올에 의존한다. • 가족이 어떻게 대응을 하든지 간에 가족이 이전의 기능 상태로 돌아가는 것이 목표이다.
상황정의(C)	• 스트레스원이 개인이나 가족에게 어떻게 해석되는지를 의미한다. • 해석에 따라 자원의 접근성을 결정(쉽게 어렵게)한다. • 인지적 각성과 대응기전은 스트레스원에 대한 심리적인 반응을 중재한다. • 낙관적인 태도는 스트레스원을 위협보다는 도전으로 볼 수 있도록 도와준다. • 가족이나 개인이 위기나 스트레스원을 좀 더 작고 다루기 쉬운 부분으로 나눌 수 있다면 대응은 더 쉽고 결과도 더 긍정적일 것이다. • 그러나 개인이나 가족이 스트레스원을 해결할 수 없다고 믿으면 실패하게 된다.
스트레스와 위기	• 개인이나 가족이 스트레스나 위기 상태에 들어갔는지는 스트레스원과 스트레스원을 조절할 수 있는 자원 및 상황에 대한 정의에 의해 결정된다. • 위기는 개인과 가족이 더 이상 평형을 유지할 수 없을 때 일어난다. • 가족스트레스는 가족에 의해 결정되는 사건으로 가족의 보편적인 감각을 뒤엎거나 가족에 변화를 초래한다. 위기 단계는 가족의 기초를 흔드는 해체의 시기이다. • 스트레스는 가족의 자원을 이용하여 안정된 상태를 유지하지 못하거나 스트레스가 너무 압도적이어서 감당할 수 없을 때 위기가 된다.

2 McCubbin과 Patterson(1982) 발전시킨 Double(이중) ABC-X

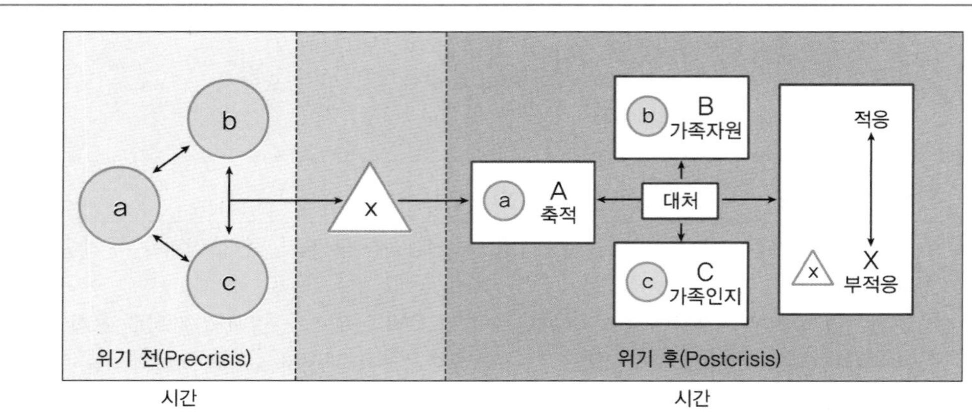

구분	위기 전	위기 후	
A	스트레스 요인이 되는 사건, 혹은 거기에 수반되는 곤란성	Double A 요소 (aA)	• 스트레스의 변화 • 축적, 누적
B	가족의 적응능력, 가족위기를 극복할 수 있는 자원들	Double B 요소 (bB)	• 가족자원 • 현존자원과 신규자원
C	사건에 대한 가족의 지각과 판단	Double C 요소 (cC)	• 가족인지 • X, aA, bB에 대한 인지
X	가족 스트레스 혹은 위기 상황	Double X 요소 (xX)	가족 위기와 적응

Double A 요소 (aA)	스트레스의 변화 – 누적된 스트레스원(스트레스 중첩) • 현재 직면한 스트레스원(A) + 기존에 이루어 왔던 가족생활 예 남편의 실직은 커다란 스트레스원이 되고 그것은 종래의 경제적인 어려움을 크게 가중한다. • 표면적으로 나타나지 않았지만 지속되어 온 부부의 갈등이 어떤 새로운 스트레스원에 직면하게 되었을 때 기존의 갈등이 더 심하게 표출된다. 예 남편의 실직 + 부부갈등 = 가족이 더 위기로 몰아갈 수 있다. • 가족생활의 변화와 통례적인 사건은 처음의 스트레스 요인이 가족을 더 위기 상황으로 몰아넣기도 하고, 처음의 요인과는 관계없이 부가/다수의 스트레스원이 동시에 일어나면 이를 '스트레스 더미'라고 한다.
Double B 요소 (bB)	가족자원(현존, 신규)(새로운 자원과 기술 습득) • 위기가 오기 전에 본래부터 가족들이 이용할 수 있었던 자원 → 스트레스의 충격을 최소화하거나 위기의 가능성을 감소하는 자원이다. • 또 위기상황에 반응하면서 강화되거나 새로 생기는 대처자원을 포함(본래 가족이 이용하던 자원 + 위기상황에 강화, 새로 생긴 대처자원)한다.

Double C 요소 (cC)	가족인지/가족의 지각과 판단(X, aA, bB에 대한 인지)(어떻게 해석하는지?) • 위기상황이 있기 전 얼마나 스트레스를 느끼는가에 대한 가족들의 지각과 위기 후의 그와 관련된 어려움을 말한다. • 상황에 부여하는 위기 후의 가족의 지각(상황에 대한 재인식 또는 종교적 신념들 포함, 위기 전 스트레스 인식 + 위기 후 상황에 대한 지각 − 종교적 신념)이다.
Double X 요소 (xX)	가족 위기와 적응(어떻게 대응하고 적응하는지?) • 위기 전과 위기 후의 ABC 요인들이 복합적으로 작용하여 가족의 적응이나 부적응이 될 수 있다. • 가족생활의 다양한 차원들이 균형을 이루기 위해서는 동화, 적응, 타협이 필요하다. • Double ABC-X 모델은 기존의 ABC-X 모델을 기초로 하며, 위기 후 적응기간은 가족이 초기 위기에만 반응하는 것이 아니라 위기에 따른 사건들에도 반응하여야 한다고 제시한다.

03

3 가족 스트레스, 수정 및 적응의 회복 모형

- 회복 모형은 가족이 스트레스가 많은 생활을 경험할 때의 수정과 적응을 강조한다. Hill의 ABC-X 모델과 또 다른 가족 스트레스 모델에 기초하는 이 모델은 가족의 회복력을 강조하고, 가족의 강점, 역경을 극복하는 능력을 통한 가족의 수정과 적응을 고려한다.
- 회복 모형은 다음의 4가지 가정에 기초한다.
  ① 가족은 자연적이고 예측가능한 변화와 역경에 여러 차례 직면한다.
  ② 개인과 하나의 단위로서 가족은 강점과 능력을 발전시켜 주요한 붕괴로부터 보호하고, 전이와 변화에 직면했을 때에 성장하고 발달할 수 있도록 한다.
  ③ 가족은 기본적이고 독특한 강점과 능력을 개발함으로써 기대하지 못한 비규범적 스트레스원으로부터 보호를 받는다. 또한 이러한 강점과 능력은 가족이 위기나 수요변화 후에 적용하도록 돕는다.
  ④ 가족의 위기 혹은 스트레스 기간 동안 가족은 지역사회 내 자원들과 네트워크로부터 도움을 주고받는다.
- 위기가 결정적이거나 심각하지 않더라도 기존의 방식이 더 이상 적합하지 않기 때문에 가족은 변화하면서 새로운 해결책을 찾아야 한다. 발달위기뿐 아니라 상황적 위기에서도 적응은 필요하다. 이 시기 동안 위기상황에 대한 반응은 스트레스원들, 전이, 긴장 및 요구 이외에도 가족단위의 능력과 강점에 의해 결정된다.

| 스트레스 생활사건에 대한 가족의 반응 |

수정기	가족은 주된 문제를 마주하지 않고 작은 문제들을 조금씩 변화시키고 수정하면서 적응을 유지한다.
적응기	가족은 근본적인 구조 혹은 체계의 변화를 통해 상황에 적응한다.

06 기타 정신치료

1 환경요법

(1) 치료적 환경

대상자가 변할 수 있는 지지적 환경으로 물리적, 사회적, 치료적 환경

(2) 환경요법의 목적

- 안전한 환경 유지
- 기본적인 욕구의 충족
- 자아 지지
- 교육과 학습환경에서 대처기술 증진
- 영적 지지

2 활동요법

다양한 활동을 통하여 대상자가 자신의 에너지를 건설적인 방향으로 사용하도록 유도하여 치료적 도움을 얻도록 하는 방법

활동요법	효과	적용 대상
음악치료	• 신체적, 정서적 긴장이완 • 주의환기, 사회화, 자존감 유지 • 하나의 자극으로서 상상이나 연상 증진 • 억압된 기억이나 무의식 각성, 활기 증진 • 자기표현, 전달하는 의사소통 기회 제공	• 청각장애, 급성기 혼동상태 환자 제외한 모든 환자에게 적용 가능 • 언어사용 어렵거나 거절하는 대상자 • 치료에 비협조적인 대상자
미술치료	• 언어이전의 사고로 표현 • 개인의 무의식 세계가 솔직하게 드러남 • 주관적인 왜곡을 방지할 수 있는 객관적 자료	• 예술적인 피드백 삼갈 것 • 최소한의 지시 • 그림 그릴 때나 그린 후 감정 표현 격려
작업치료	• 환각, 사고장애와 같은 질병증상 감소 • 자기가치감 증가 • 삶의 태도가 능동적, 적극적으로 변화 • 지식과 능력 재확립	• 급성기 환자 제외 • 성취 가능한 활동 선정
오락치료	• 신체적 건강 도모 • 기억력 및 주의력, 집중력 증진 • 자기표현의 기회 • 타환자들 간의 대인관계 • 적절한 경쟁심, 사회성 증가	• 변화를 줄 수 있는 창조적 활동 • 승리와 패배를 경험하고 받아들일 수 있도록 계획 • 규칙이나 제한 명확히 하기

신희원

보건교사 길라잡이

5 아동·여성·정신

● **초판 인쇄** 2023. 6. 20. ● **초판 발행** 2023. 6. 26.
● **편저자** 신희원 ● **표지디자인** 박문각 디자인팀
● **발행인** 박 용 ● **발행처** (주)박문각출판 ● **등록** 2015. 4. 29. 제2015-000104호
● **주소** 06654 서울시 서초구 효령로 283 서경 B/D ● **팩스** (02)584-2927
● **전화** 교재주문 (02)6466-7202, 동영상 문의 (02)6466-7201

저자와의 협의하에 인지생략

정가 48,000원

ISBN 979-11-6987-021-4 | **세트** 979-11-6987-016-0